U0941174

青线轨迹

呼和浩特市城市轨道交通一期建设工程总结

呼和浩特市城市轨道交通建设管理有限责任公司
铁科院（北京）工程咨询有限公司 编著

中国铁道出版社有限公司
CHINA RAILWAY PUBLISHING HOUSE CO., LTD.

图书在版编目(CIP)数据

青城轨迹：呼和浩特市城市轨道交通一期建设工程总结/呼和浩特市城市轨道交通建设管理有限责任公司，铁科院(北京)工程咨询有限公司编著. —北京：中国铁道出版社有限公司，2022. 3
ISBN 978-7-113-28600-2

Ⅰ. ①青… Ⅱ. ①呼… ②铁… Ⅲ. ①城市铁路-轨道交通-交通工程-总结-呼和浩特 Ⅳ. ①U239. 5

中国版本图书馆 CIP 数据核字(2021)第 253873 号

书　　名：青城轨迹——呼和浩特市城市轨道交通一期建设工程总结
作　　者：呼和浩特市城市轨道交通建设管理有限责任公司
铁科院(北京)工程咨询有限公司
书名题字：田家宏

策划编辑：王　亮
责任编辑：陈若伟　卢　笛　毛春玲　　编辑部电话：(010)51873179
封面设计：尚明龙
责任校对：孙　玫
责任印制：赵星辰

出版发行：中国铁道出版社有限公司(100054，北京市西城区右安门西街 8 号)
网　　址：http://www.tdpress.com
印　　刷：中煤(北京)印务有限公司
版　　次：2022 年 3 月第 1 版　2022 年 3 月第 1 次印刷
开　　本：889 mm×1 194 mm 1/16　印张：46　字数：1 220 千
书　　号：ISBN 978-7-113-28600-2
定　　价：268.00 元

编委会

序言

2021年是新中国历史上极不平凡的一年，是中国共产党成立100周年的大喜之年，也是中国城市轨道交通协会成立10周年。恰逢呼和浩特市城市轨道交通一期建设工程总结《青城轨迹》出版，我作为呼和浩特市城市轨道交通从无到有的亲历者和见证者，也是思绪起伏，感慨万千。作此序言，谨以表达个人对呼和浩特城轨的真切情感，同时也对我国城市轨道交通发展之迅猛深感欣慰。

研精覃思，择善而从。内蒙古自治区地处祖国北部边疆，是国家向北开放的重要桥头堡。呼和浩特市作为内蒙古自治区首府，在提出和启动建设城市轨道交通过程中，我正在国家发展和改革委员会基础产业司工作，在当时的条件下，能提出这样的想法可以说非常超前，也是难能可贵的。职责所在，我给予了一定的支持。在大家的共同努力下，经过严格的科学论证与可行性研究，2015年4月呼和浩特市城市轨道交通首期建设规划获得国务院正式批准，他们的后发优势也从此开始显现。这个时期，我对呼和浩特市城市轨道建设有了初步的认识。

岁月如歌，春华秋实。2016年呼和浩特市同时启动两条城轨线路的建设，当时在国内首次修建地铁的城市实属罕见，可见决心之大，愿望之迫切。在建设期间，他们怀着对城轨事业的执着和热爱，持续发扬“蒙古马”精神，用汗水浇灌收获，以实干笃定前行，一寸一寸掘进，一步一步前行。四年多建成开通两条城轨线路在北方城市实属不易，建设期间我也多次与占英同志交流，两次开通仪式我均到场参加，被他们奋斗者的姿态所感染。这个时期，我对呼和浩特市城市轨道交通有了全新的认识。

敢为人先，追求卓越。呼和浩特市城市轨道交通一期工程开通运营以来，各项运营指标稳定，既发挥了城轨交通的便捷性特点，又体现了新技术运用的安全性优势，提升了城市的首位度和广大市民的幸福感获得感。特别是呼和浩特市城轨“云平台”的创新运用，先后获得“中国城市轨道交通行业十件大事”和协会“科技进步一等奖”，为国内城轨交通行业网络化、信息化、智能化发展提供了“呼和浩特样本”。

这个时期，我多次参与“云平台”的技术交流，与他们建立了深厚的友谊。

《青城轨迹》从前期筹划、设计精华、建设管理、调试运营等方面总结了呼和浩特市城市轨道交通一期工程建设的艰辛历程，内容翔实，可操作性强。本书蕴含了呼和浩特市城市轨道建设者的集体智慧，希望业界能够认真研读借鉴，提高国内城市轨道交通建设管理水平，推动城市轨道交通事业高质量发展。

李国勇

2021 年 12 月

前言

此书出版之际，恰逢呼和浩特市城市轨道交通1号线运营两周年。与此同时，传来“呼和浩特市城市轨道交通1号线一期工程荣获国家优质工程奖”的喜讯。这项荣誉取得的背后，是参建单位和人员的不懈努力与责任担当，是1号线一期工程达到国家工程建设最高水准的有力印证。在此时此刻出版此书，更加彰显了编写本书的意义。

2011年1月，《呼和浩特市国民经济和社会发展第十二个五年规划纲要》提出“启动城市轨道交通建设前期工作”，《呼和浩特市轨道交通线网规划》应运而生。2015年4月15日，国家发展和改革委员会正式批复《呼和浩特市轨道交通近期建设规划(2015—2020)》，标志着呼和浩特成为中国内地第39个获批建设轨道交通的城市。随着1号线、2号线一期工程的正式开工，呼和浩特市城市轨道交通线网建设正式拉开帷幕。为积极响应国家政策，呼和浩特市轨道交通公司受呼市人民政府委托，决定采取PPP模式实施呼和浩特市城市轨道交通1、2号线一期工程建设项目，经过充分研究论证，最终将1号线打造成为国内首条采用“投资+建设+总包+运营”一体化PPP模式的地铁项目，为国内地铁建设管理提供了全新思路。

呼和浩特市城市轨道交通1号线一期工程西起伊利健康谷站，东至坝堰(机场)站，线路全长21.719 km，其中地下线18.53 km，过渡段0.377 km，高架线2.852 km；1号线共设置20座车站，其中地下站16座，高架站3座。全线西设三间房车辆基地，东设白塔停车场，并有控制中心1座，主变电所2座。2号线一期工程北起塔利东路站，南至阿尔山路站，线路全长27.3 km，全地下线敷设，共设置24座车站。全线南设西喇嘛营车辆段，东北设新店停车场，并设主变电所2座。

在呼和浩特市城市轨道交通项目如火如荼的建设过程中，“以人为本”的思想贯穿其中。从设计、建设到后期管理，始终采取科学性和创新性相结合、规划性和实施性相结合、定量分析与定性分析相结合、宏观分析与微观分析相结合的方法，确保工程的整体性、系统性、功能性。作为呼和浩特市城市轨道交通发展的首个工程项目，及时总结1、2号线一期工程建设、管理、技术经验，编写一部全面反映呼和浩特市城市轨道建设工程的专业书籍将对于日后工作具有重大意义。

本书主要包含前期筹划、设计精华、建设管理、调试运营4个篇章，涵盖了呼和浩特城市发展与城市轨道交通项目启动、土建工程与设备系统设计、组织策划与管控、车辆与设备系统调试、动态综合监测、工程验收与评估和运营筹备等环节的过程记录。呼和浩特城市轨道交通在建设过程中大胆尝试、不断摸索，应用了自动售检票一码通技术、地铁隧道巡检机器人、能馈式牵引供电技术等多项创新之举，形成了多项创新工法、知识产权与标准著作，其在全国首次采用的云计算技术，更是获得城市轨道交通科技进步一等奖等荣誉；不仅如此，呼和浩特城市轨道交通还积极研判城轨技术发展方向，在交通运输部办公厅《城市轨道交通初期运营前安全评估技术规范　第1部分：地铁和轻轨》（交办运〔2019〕17号）印发前，极具创造性地将轮轨、弓网关系、LTE电磁环境干扰、特殊区段振动、电客车室内及车站环境噪声等高技术测试项目率先纳入联调联试服务，成为国内首条在招标阶段集设备系统综合联调、动车调试服务为一体的线路，为国内后续联调联试项目起到了标杆示范作用。这些创新案例在本书中都有翔实的记录，因而也成为本书编写的亮点。

本书是呼和浩特市城市轨道交通建设管理有限责任公司、铁科院（北京）工程咨询有限公司及各参建单位组织专人参加编写和审核的成果，并由铁科院（北京）工程咨询有限公司作为主审单位进行统筹协调，按照统一格式编辑成书。参加本书编写的单位和个人众多，在此对他们一并表示衷心的感谢！

本书可供城市轨道交通工程管理人员、运营人员、设计人员、监理人员和施工人员学习参考，也可作为城市轨道交通相关专业的大中专院校师生的参考用书。

编　者

2021年12月

目录

第一篇　科学决策——前期筹划篇

第二篇　创新引领——设计精华篇

第三篇　运筹帷幄——建设管理篇

第四篇　功到自然成——调试运营篇

科学决策

第一篇 前期筹划篇

第1章 城市发展概述

1.1 呼和浩特市城市概况

呼和浩特市地处中国华北地区、北部边疆、欧亚大陆内部，是“呼包银榆”经济区核心城市、“呼包鄂榆”城市群中心城市，是连接黄河经济带、亚欧大陆桥、环渤海经济区域的重要桥梁，是京津冀协同发展的辐射区，也是中国向蒙古国、俄罗斯开放的重要沿边开放中心城市。呼和浩特市作为国家历史文化名城，有着悠久的历史和光辉灿烂的文化，是华夏文明的发祥地之一。先秦时期，赵武灵王在此设云中郡，故址在今呼和浩特市西南托克托县境。民国时期为绥远省省会，蒙绥合并后，呼和浩特市成为内蒙古自治区首府。呼和浩特市中心城区本是由归化城与绥远城两座城市在清末到民国合并而成，故名归绥。1954 年改名为呼和浩特，蒙古语意为“青色的城”。

呼和浩特市还是国家历史文化名城、国家森林城市、国家创新型试点城市、全国民族团结进步模范城市、全国双拥模范城市、中国优秀旅游城市和中国经济实力百强城市，被誉为“中国乳都”。2018 年 12 月，被评为 2018 中国大陆最佳商业城市 100 强；2019 年 10 月 23 日，被确定为“第三批城市黑臭水体治理示范城市”；2020 年 1 月，被交通运输部授予“国家公交都市建设示范城市”称号。

呼和浩特市现辖 4 区 5 旗县，分别为新城区、回民区、玉泉区、赛罕区、土默特左旗、托克托县、和林格尔县、清水河县、武川县，总面积为 1.72 万 km^2，其中中心城区建成区面积 260 km^2。2019 年末，全市常住人口 313.7 万人，比 2018 年末增加 1.1 万人。其中，城镇人口 221.0 万人，乡村人口 92.7 万人；2021 年公布的第七次全国人口普查数据显示，呼和浩特市常住人口为 344.61 万人，10 年内增长 57.95 万人。常住人口城镇化率为 70.5%，比上年提高 0.6 个百分点，2019 年全市生产总值 2 791.5 亿元，2020 年全市生产总值 2 800.7 亿元，2021 年全市生产总值 3 121.4 亿元。

1.2 城市发展目标

随着呼和浩特市经济的进一步发展，城市发展进入了加快提升的阶段，按照呼和浩特市政府制定的“十三五”发展目标，将努力实现地区生产总值、规模以上工业增加值、固定资产投资、一般公共预算收入、城乡常住居民人均可支配收入等主要指标年均增速高于全国、全区平均水平；在全面建成小康社会、开启社会主义现代化建设新征程中，走在全区 12 个盟市前列、走在 5 个少数民族自治区首府城市前列、走在西部 11 个省会城市前列；综合实力在全国 27 个省会城市中赶超进位、在全国百强城市中赶超进位。

牢牢把握发展第一要务不动摇，紧紧围绕改造提升传统产业、加快发展战略性新兴产业和现代服务业，不断做精第一产业、做强第二产业、做优第三产业，加快培育新产业新经济新动能，推动高质量发展，努力打造区域发展重要增长极；全面提升城市功能品质和宜居宜业水平，加快构建内联外通的现代立体交通枢纽，持续增强城市的吸引力、影响力和带动力，积极引领“呼包鄂榆”“呼包银榆”经济区协同发展，深度融入京津冀协同发展战略，努力打造现代化区域性中心城市。

主动服务和融入“一带一路”建设，着力创新与俄蒙合作机制，完善口岸、跨境运输等开放基础设施，建设若干开放合作平台，扶持特色产业开放发展，积极参与中蒙俄经济走廊建设，努力打造国家向北开放桥头堡的重要支撑；坚持以人民为中心的发展思想，紧扣我国社会主要矛盾变化，狠抓民生改善和公共服务体系建设，全力改善生态环境，推进社会治理共建共治共享，努力打造充满活力、美丽宜居、和谐幸福的省会城市。

1.3　综合交通发展目标

根据国务院《“十三五”现代综合交通运输体系发展规划》，“十三五”期间，呼和浩特市以建设国家级综合交通枢纽中心城市为目标，着力打造“市内大循环、外围大辐射、区域大联通”的现代化立体综合交通网络。新区的建设和老城区的改造均迫切需要同步加快规划城市轨道交通的建设，实现交通基础设施对城市建设的引导，同时减少中心城市人口密度，拉大城市构架，优化城市布局，增强城市功能，改善交通环境、保护历史文化名城、有效解决城市交通拥堵、方便市民出行。《内蒙古自治区“十三五”时期综合交通运输发展规划》指出，以打造“呼包鄂榆城市群区域性中心城市”为目标，着力加快基础设施建设，促进区域协同发展，扎实推动经济高质量发展，到2020年，基本形成安全、便捷、高效、绿色的现代综合交通运输体系。

(1)着力构筑“铁、公、空”一体化综合交通体系建设，提升综合交通枢纽地位。加快推进以高速公路和轨道交通为骨干，以普通公路为基础的枢纽型、功能性、网络化重大交通基础设施建设。

(2)建设适应城镇化体系发展的“安全、便捷、高效、智能”的公路交通系统。尽快完成呼准鄂高速公路扩能，提升国道110线等级，建设呼和浩特市通往所辖旗县的高速公路，强化旗县之间二级以上公路连接，继续完善各旗县内部骨架道路，实现全市辖区“四横两纵”通往周边主要城市和域内城乡畅通的基本公路体系。修建大青山南坡综合生态旅游区配套道路网及自行车道等项目。

(3)全面推进京呼高速铁路建设，实现呼和浩特市民三小时进京的美好愿望。积极推进呼准鄂城际快速铁路建设，打造呼包鄂一小时经济圈。加快推进呼和浩特—银川高速铁路建设，积极规划建设呼和浩特—太原高速铁路，强化呼和浩特交通枢纽地位。

(4)全面建成呼和浩特新机场，将新机场建成国内重要的干线机场、一类航空口岸机场、首都机场的主备降机场、西部地区大型区域性枢纽机场、国航和天津航空的基地机场。积极有序推进通用机场等基础设施建设；大力发展通用航空器制造、通航飞行、教育培训、应急救援等产业。开展通用航空产业试点，推进呼和浩特市通用航空产业健康有序发展。

第 2 章 呼和浩特市城市轨道交通概述

2.1 呼和浩特市城市轨道交通线网规划

依据呼和浩特市城市总体规划和综合交通规划,《呼和浩特市城市轨道交通线网规划》由 5 条线路组成(见图 2-2-1),总长约 155 km,设车站 123 座,其中换乘站 14 座。其中 1、2 号线是骨干线,3 ~ 5 号线为辅助线。设置停车场 5 处,车辆段 3 处,综合维修基地 2 处。

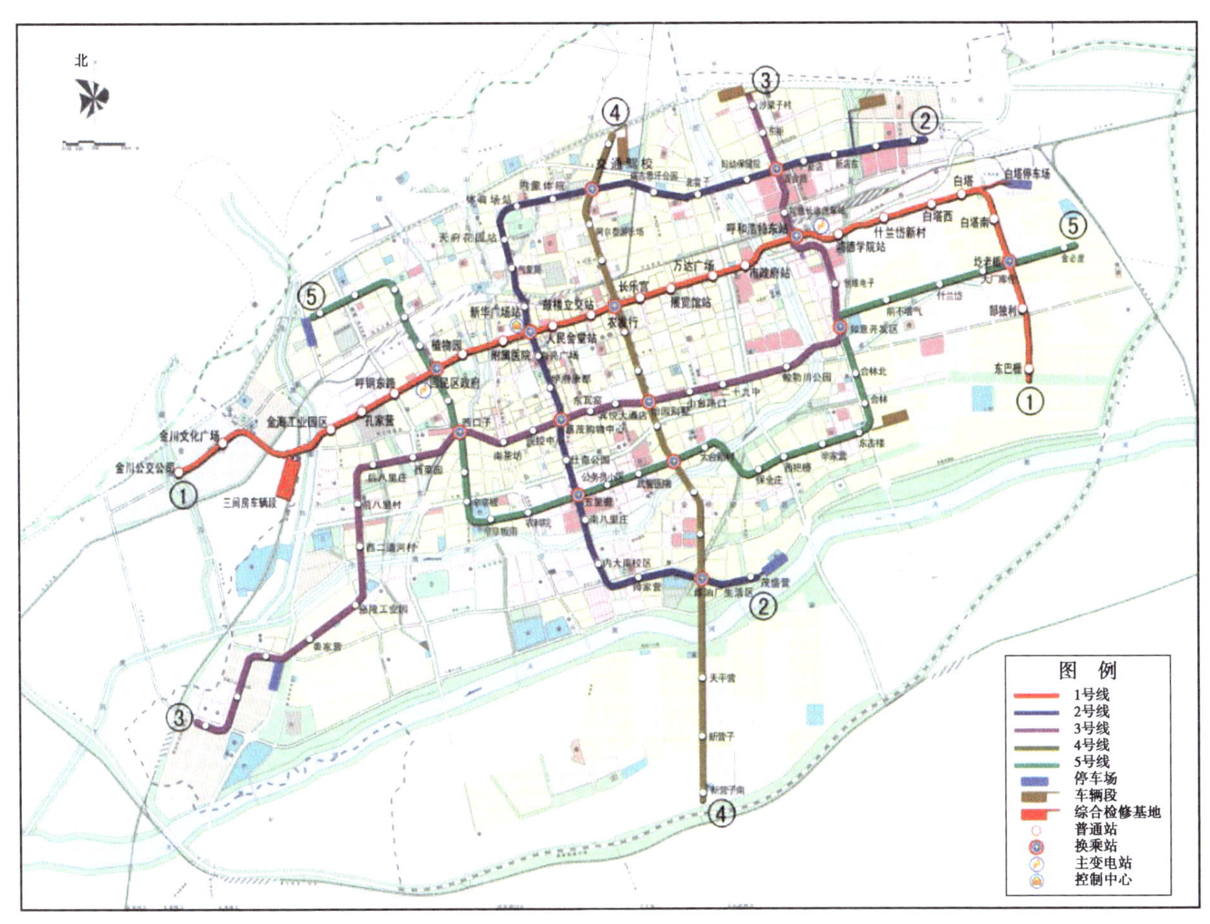

图 2-2-1 呼和浩特市城市轨道交通线网规划

1 号线为东西向骨干线,自金山开发区始发沿新华西街、新华大街、新华东街一线过火车东站、机场后折向南至东把栅,线路全长约 33. 1 km。2 号线为连接东部副中心、主中心、南部副中心之间的"L"形骨干线,自大黑河站始发沿锡林路向北至成吉思汗大街折向东至鸿盛工业园,线路全长约 30. 5 km。3 号线为东北—

西南向的辅助线，自金川南区始发经裕隆工业园区、鄂尔多斯大街、如意东站，折向北经火车东站后至郑家沙梁，线路全长约35.6 km。4号线为南北向辅助线，自警察职业学院始发经兴安北路、兴安南路向南至新营子，线路全长约20.9 km。5号线为西南向辅助线，自青山村始发沿巴彦淖尔路向南，至辛辛板折向东至圪老板，线路全长约34.8 km。

《呼和浩特市城市轨道交通线网规划》提出，预计到2020年，呼和浩特市中心城区公共交通占机动化出行比例达到50%，城市轨道交通占公共交通出行的比例达到15%。由此，呼和浩特市城市轨道交通开始按照“两主三辅”的“L”形轨道交通线网模式实施。“L”线彼此相扣提高可达性，两条骨架线覆盖“十”字轴，其中一条骨干线串三心，进一步突出东西轴线。

2.2 呼和浩特市城市轨道交通近期建设规划

国家发展和改革委员会《呼和浩特市轨道交通近期建设规划(2015—2020)》批复：至2020年，建成城市轨道交通1号线一期工程和2号线一期工程，长约51.4 km(见图2-2-2)。1号线一期工程自金海工业园区至白塔站，线路长约23.2 km，设站19座，投资155.84亿元，规划建设期为2015—2019年。2号线一期工程自新店东至茂盛营站，线路长约28.2 km，设车站24座，投资182.97亿元，规划建设期为2016—2020年。

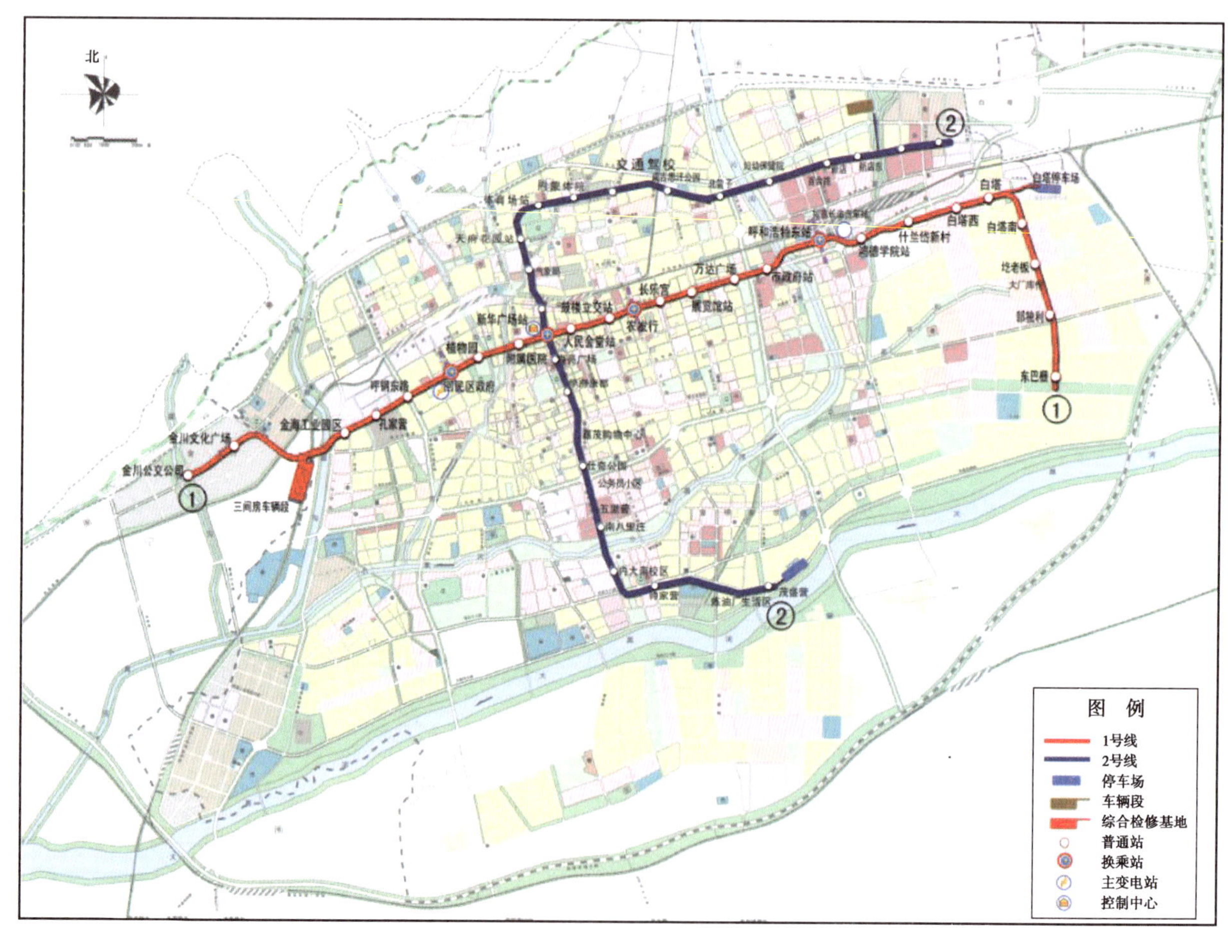

图2-2-2 呼和浩特市城市轨道交通近期建设规划总图

《关于呼和浩特市轨道交通 1 号线一期工程初步设计的批复》(呼城建委发〔2016〕178 号)批复,呼和浩特市城市轨道交通 1 号线一期工程西起金海工业园区站,东至白塔站,线路全长 21. 97 km,其中地下线 18. 42 km,高架线 3. 25 km,过渡段 0. 3 km;设站 19 座,其中地下站 16 座,高架站 3 座,其中换乘站 4 座。线路平均间距 1 187 m,最大站间距 1 952. 736 m,为市政府站至呼和浩特东站;最小站间距 748. 21 m,为新华广场站至人民会堂站。初、近、远期列车均采用 B 型车四动两拖 6 辆编组,列车最高运行速度 80 km/h。线路西段设三间房车辆基地,东端设白塔停车场,均由一期工程实施;设控制中心 1 座,位于新华广场西南角地块内;设回民区政府和呼和浩特东主变电所 2 座。初步核定工程概算总投资为 170. 573 5 亿元。

《关于呼和浩特市轨道交通 2 号线一期工程初步设计的批复》(呼城建委发〔2016〕177 号)批复,呼和浩特市城市轨道交通 2 号线一期工程南起茂盛营站,北至新店东站,全地下线敷设,线路长 27. 3 km,设站 24 座,均为地下站,其中换乘站 6 座。线路平均站间距 1 167 m,最大站间距 2 115 m,为炼油厂生活区站至帅家营站;最小站间距 654 m,为新店站至百合路站。初、近、远期列车均采用 B 型车四动两拖 6 辆编组,列车最高运行速度 80 km/h。线路南段设西喇嘛营车辆段,东北端设新店停车场,均由一期工程实施;控制中心设于 1 号线的 5 条线路共享控制中心内,工程新建主变电所 2 座。初步核定工程概算总投资为 203. 041 4 亿元。

2.3　车 站 命 名

依据《呼和浩特市地名管理条例》相关规定,轨道交通公司从 2016 年 6 月开始通过多媒体平台向广大市民和相关单位征求意见。2017 年 2 月,组织内蒙古社会科学院、自治区住建厅、市民政局、市规划局、市地方志办等单位相关专家对地铁车站站名进行论证,形成会审意见报送市民政局审核。2017 年 8 月,经市人大常委会审议通过并发布公告。

轨道交通 1 号线(以下简称“1 号线”)共设车站 20 座,自西向东依次为伊利健康谷站、西二环路站、孔家营站、呼钢东路站、西龙王庙站、乌兰夫纪念馆站、附属医院站、新华广场站、人民会堂站、将军衙署站、艺术学院站、东影路站、内蒙古展览馆站、内蒙古博物院站、市政府站、呼和浩特东站站、后不塔气站、什兰岱站、白塔西站、坝堰(机场)站。

轨道交通 2 号线(以下简称“2 号线”)共设车站 24 座,自南向北依次为阿尔山路站、喇嘛营站、帅家营站、内大南校区站、锡林公园站、五里营站、水上公园站、诺和木勒站、大学西街站、中山路站、新华广场站、呼和浩特站站、公主府站、呼和浩特体育场站、内蒙古体育馆站、成吉思汗广场站、毫沁营站、成吉思汗公园站、一家村站、东二环路站、新城图书馆站、百合路站、新店站、塔利东路站。

第3章 项目启动

3.1 政府组织

为加快推进呼和浩特市城市轨道交通前期工作,2013 年 8 月,经市人民政府 2013 年第 5 次常务会议研究,决定成立“呼和浩特市交通投资有限责任公司”(以下简称“交通投资公司”),承担城市轨道交通投资、建设、运营管理等工作。为更好地履行企业投资建设主体责任,经市人民政府 2013 年第 7 次常务会议和第 47 次市长办公会议研究同意,2014 年 12 月,由交通投资公司出资组建成立“呼和浩特市城市轨道交通建设管理有限责任公司”(以下简称“轨道交通公司”),专门负责城市轨道交通项目建设投融资和项目建成后运营管理工作。2018 年 5 月,市人民政府召开 2018 年第 10 次常务会议,轨道交通公司从内蒙古青城国有资本运营有限公司(2017 年 10 月,为贯彻落实党中央、国务院关于深化国有企业改革的部署要求,经市人民政府 2017 年第 14 次常务会议研究,由市交通投资公司改组组建)整体剥离,为市人民政府直属比照正处级管理国有企业。

2014 年 10 月,市人民政府决定成立呼和浩特市轨道交通工程建设指挥部,时任市委副书记、市长秦义任总指挥,时任市委常委、副市长孙建华任常务副总指挥。指挥部下设市机场与铁路建设项目办公室(以下简称“机铁办”),负责指挥部日常工作。

2015 年 12 月和 2018 年 1 月期间,呼和浩特市轨道交通项目建设指挥部总指挥、常务副总指挥分别由时任市长、常务副市长担任。

3.2 实施历程

2011 年 1 月,《呼和浩特市国民经济和社会发展第十二个五年规划纲要》提出“启动城市轨道交通建设前期工作”。2012 年初,市规划局牵头通过公开招投标,确定由中国地铁工程咨询公司编制《呼和浩特市轨道交通线网规划》;同年 12 月,市人民政府正式批复《呼和浩特市轨道交通线网规划》。

2013 年 1 月,市人民政府召开关于做好呼和浩特市轨道交通建设规划任务安排会议,安排部署了轨道交通建设规划编制任务,标志着呼和浩特市城市轨道交通建设规划编制工作全面启动。年内,先后委托市城市规划院开展《呼和浩特市居民冬季出行补充调查》,招标确定中国铁路工程咨询有限责任公司为建设规划编制单位,中铁第一勘察设计院集团有限公司为建设规划环境影响专题报告、社会稳定风险分析报告编制单位。其间,市委、市人民政府先后两次组织赴北京、沈阳、长春等城市,重点就轨道交通建设及运营情况进行学习考察;时任国家发改委基础产业司司长黄民同志率领考察团来呼和浩特市调研考察,并就呼和浩特市城市轨道交通线网布局提出了具体意见。

2013 年 10 中旬，市人民政府召开研究落实城市轨道交通近期建设规划研讨会，正式确定呼和浩特市近期建设方案及轨道交通 1、2 号线车辆段、停车场位置。11 月下旬，市人民政府组织召开“呼和浩特市城市轨道交通建设规划专家咨询会”，初步确定了建设规模，审查了相关支持性文件。

2014 年 1 月，呼和浩特市轨道交通建设规划客流预测专家评审会在北京召开，并顺利通过专家评审。3 月初，国家发展改革委、住房和城乡建设部正式受理了我市城市轨道交通建设规划项目的报批工作。5 月下旬，受国家发展和改革委员会（本书简称发展改革委）委托，中国国际工程咨询公司在呼和浩特市主持召开了《呼和浩特市轨道交通建设规划（2014—2020）》评估会。6 月下旬，国家环境保护部正式受理《呼和浩特市轨道交通建设规划及线网规划环境影响报告书》，经审查修订，11 月中旬，《呼和浩特市轨道交通建设规划及线网规划环境影响报告》通过国家环境保护部批复。11 月上旬，委托单位正式向国家发展改革委上报《呼和浩特市轨道交通建设规划（2014—2020）》评估报告，提出了呼和浩特市建设城市轨道交通的可行性、必要性和合理性，对线路方案进行了调整，总投资由 322.93 亿元调整为 338.81 亿元，技术经济指标 6.59 亿元/正线公里。

2015 年 1 月下旬，受住房和城乡建设部城市建设司委托，自治区住房城乡建设厅在呼和浩特市组织召开了《呼和浩特市轨道交通建设规划（2014—2020）》审查会议。3 月上旬，住房和城乡建设部正式向国家发展和改革委回复审查意见，对呼和浩特市建设城市轨道交通的可行性、必要性和合理性充分认可。3 月下旬，国家发展改革委召开主任办公会议，审查通过呼和浩特市城市轨道交通建设规划，正式上报国务院。

2015 年 4 月，经国务院批准，国家发展改革委正式批复《呼和浩特市轨道交通近期建设规划（2015—2020）》（发改基础〔2015〕772 号），呼和浩特市成为中国内地第 39 个获批建设城市轨道交通的城市。

3.3　工程可行性研究

根据国务院《国务院关于投资体制改革的决定》（国发〔2004〕20 号）指出：城市轨道交通项目工程可行性研究的文件组成包括主报告、规划选址意见书、用地预审、社会稳定性风险评价、地形图测绘、岩土勘察报告、客流预测报告、环境影响评价报告、节能评估报告、安全预评价报告、场地地震安全评价报告、地质灾害危险性评估报告、文物保护专题报告、水土保持专题报告。

《国家发展改革委关于加强城市轨道交通规划建设管理的通知》（发改基础〔2015〕49 号）明确：工程可行性研究重点研究拟建轨道交通项目的建设必要性和建设条件；建设年限和工程范围；线站分布与客流预测；车辆、限界和运营组织；系统构成与工程方案；技术难点与可实施性；车辆与设备国产化；环保与节能；征地拆迁和工程筹划；投资估算和造价分析；建设和运营管理体制；资金筹措和还贷方案；社会效益和经济评价；对项目的工程、环境、投资、运营的安全与风险评价等内容。

3.3.1　轨道交通 1 号线一期工程

2015 年 9 月上旬，受内蒙古自治区发展改革委委托，呼和浩特市轨道交通公司组织专家对项目进行了现场评估调研，重点对项目功能定位、工程方案、投资估算等方面提出了咨询评估意见。2015 年 9 月中旬，编制单位对现场评估调研时提出的咨询评估意见进行了回复并修改完善了《可研报告》。主要是补充了项目建设的迫切性分析；优化了地下标准站的布置形式，缩减了车站规模；调整了主变电所资源共享方案；拟在下阶段进一步完善主要工程方案。

《呼和浩特市城市轨道交通 1 号线一期工程可行性研究报告》确定,1 号线一期工程西起金海工业园区站,东至白塔站,线路全长 23.2 km(其中地下段为 19.3 km,高架段为 3.9 km),共设车站为 19 座(其中地下车站为 16 座,高架车站为 3 座),平均站间距 1.19 km,最大站间距 1.93 km(市人民政府—呼和浩特东站),最小站间距 0.797 km(农发行—长乐宫)。分别在回民区政府、新华广场、农发行、呼和浩特东站与其他 4 条线路进行换乘。线路西端设三间房车辆基地,在东端白塔机场以东设白塔停车场。设主变电站两座,分别位于回民区政府和呼和浩特东站附近。全线网设一处控制中心,位于新华广场。项目总投资约 164.73 亿元。工程计划于 2015 年 8 月开工建设,2019 年底建成通车。

《呼和浩特市城市轨道交通 1 号线一期工程可行性研究报告》与《呼和浩特市轨道交通近期建设规划(2015—2020)》比较,从线路走向、敷设方式、车站数量、车辆选型、投融资模式等均一致,为了避免涉及基本农田,仅对三间房车辆综合维修基地选址稍作调整。从有利于工程实施考虑,对车辆基地选址进行小幅调整是必要的,调整基本可行。调整后,项目功能定位未发生变化,线路长度减少 0.965 km(减幅 4.2%),总投资增加 8.9 亿元(增幅 5.7%),工程费用(含车辆购置费)增加 7.1 亿元(增幅 7.06%),符合《国家发展改革委关于加强城市轨道交通规划建设管理的通知》(发改基础〔2015〕49 号)的要求。

3.3.2 轨道交通 2 号线一期工程

2015 年 9 月上旬,受内蒙古自治区发展改革委委托,呼和浩特市轨道交通公司组织专家对项目进行了现场评估调研,重点对项目功能定位、工程方案、投资估算等方面提出了咨询评估意见。9 月中旬,编制单位对现场评估调研时提出的咨询评估意见进行了回复并修改完善了《可研报告》。

《呼和浩特市城市轨道交通 2 号线一期工程可行性研究报告》确定,2 号线为南北向骨干线路,一期工程全长 27.265 km,共设车站 24 座,均为地下敷设,在线路南端设西喇嘛营车辆段,东北端设新店停车场。全线设主变电所 2 座(分别与规划中的 3、4 号线共享),控制中心 1 座(线网级)。

《呼和浩特市城市轨道交通 2 号线一期工程可行性研究报告》与《呼和浩特市轨道交通近期建设规划(2015—2020)》比较,从线路走向、车站数量、车辆选型、投融资模式等均一致,将东北段 5.5 km 原高架线路调整为地下敷设。由于规划条件变化《可研报告》对东北段 5.5 km 线路进行了高架、地下敷设方式比选,从线路条件、有利于居民冬季出行、投资等角度考虑,调整为地下敷设基本合理。调整后,项目功能定位未发生变化,线路长度减少 0.935 km(减幅 3.31%),总投资增加 8.4 亿元(增幅 4.59%),符合《国家发展改革委关于加强城市轨道交通规划建设管理的通知》(发改基础〔2015〕49 号)的要求。

第 4 章 投融资模式

4.1 投融资模式选择

2014 年 12 月，国家发展改革委、财政部发布《关于开展政府和社会资本方合作的指导意见》（发改投资〔2014〕2724 号）、《关于推广运用政府和社会资本方合作模式有关问题的通知》（财金〔2014〕76 号）等文件，鼓励和引导社会投资，增强公共产品供给能力，推荐积极采用 PPP 模式推动基础设施建设。为积极响应国家政策，呼和浩特市人民政府经过充分论证，决定呼和浩特市城市轨道交通 1、2 号线一期工程建设项目采取 PPP 模式实施。

在获得呼和浩特市人民政府批准模式后，市轨道交通公司积极开展研究论证工作，当时国内轨道交通 PPP 项目主要有三种补贴模式：一是按车公里数补贴模式；二是按客流量补贴模式；三是按《政府和社会资本合作项目财政承受能力论证指引》（财金〔2015〕21 号）中公式或者年金公式补贴模式。轨道交通公司先后邀请咨询机构和专家对以上模式进行了认真分析研究认为，由于缺乏可参考的客流量和车公里成本数据，单纯采用客流量补贴和车公里补贴模式不能做到科学决策，决定采用公式计算方式确定补贴额度。同时鉴于两条线路建设工期接近，可以采用不同的公式法验证《政府和社会资本合作项目财政承受能力论证指引》公式和年金方公式的优劣。

4.2 PPP 模式实施方案

呼和浩特市城市轨道交通 1、2 号线一期工程是投资、建设、运营于一体的全周期 PPP 项目，在编制实施方案过程中，严格按照国家发展改革委、财政部相关文件要求进行编制，成功入选财政部第二批示范项目库。在项目初期阶段，考虑到国家开发银行专项资金的使用，轨道交通 1、2 号线一期工程采取 A + B 模式建设。A 部分全部由政府负责投资建设，主要包括征拆、勘察、设计、监理等工作。B 部分由政府与社会投资人共同出资成立项目公司负责，主要包括 B 部分的融资、建设、管理以及轨道交通 1、2 号线一期工程运营、维护、移交。B 部分资本金占项目总投资的 50%，其中政府出资占资本金比例为 49%，社会资本出资占资本金比例为 51%。其余 50% 为债务资金，合作双方按照注册资金比例进行出资。

2016 年 1 月，市财政局与市机铁办联合下发《关于呼市轨道交通 1 号线一期工程 PPP 项目物有所值评价和财政承受能力论证的批复》（呼财金〔2016〕28 号）、《关于呼市轨道交通 2 号线一期工程 PPP 项目物有所值评价和财政承受能力论证的批复》（呼财金〔2016〕27 号）指出：该项目物有所值评价和财政承受能力论证符合相关规定，评价结果为“通过”，请你单位按照 PPP 工作的有关规定，依规开展政府和社会资本合作工作。市人民政府授权市机铁办作为项目实施机构，通过特许经营协议授予特许项目公司轨道交通 1、2 号线一期工程的特许经营权。特许项目公司负责轨道交通1、2号线一期项目B部分投资、建设和运营。特许经营期为30年,包括建设期5年和运营期25年。运营期自全线开通试运营之日起算满25年结束。特许经营期满后,项目公司向市人民政府指定机构无偿移交项目。

4.3 社会资本采购

根据财政部关于印发《政府和社会资本合作模式操作指南(试行)的通知》(财金〔2014〕113号)和《政府和社会资本合作项目政府采购管理办法》(财库〔2014〕215号),PPP项目采购方式包括公开招标、邀请招标、竞争性谈判、竞争性磋商和单一来源采购五种。为加强市场竞争、更好的建设本项目,经过深入分析确定,呼和浩特市城市轨道交通1、2号线一期工程项目社会资本方采购采用公开招标模式。同时,根据《中华人民共和国招投标法实施条例》和财政部《关于在公共服务领域深入推进政府和社会资本合作工作的通知》(财金〔2016〕90号)相关规定,按照“两标并一标”的方式,工程项目由社会资本方总包实施。

在社会资本方采购阶段,严格执行《政府和社会资本合作项目政府采购管理办法》(财库〔2014〕215号),按照资格预审、公开招标、公布采购结果等环节实施。2016年2月,轨道交通1号线一期工程社会投资人公开招标项目评标结果公布,排名前三的社会投资人依次为:中国中铁股份有限公司与深圳市太平投资有限公司(联合体)、中国电力建设股份有限公司、中国铁建股份有限公司。2016年7月,轨道交通2号线一期工程社会投资人公开招标项目评标结果公布,排名前三的社会投资人依次为:中国铁建股份有限公司、中国中车集团公司、中国中铁股份有限公司。

4.4 合同谈判

为保证竞争公平同时选择优秀的社会投资主体,2016年3月初,时任呼和浩特市交通投资有限责任公司总经理刘占英作为呼和浩特市人民政府授权代表组建谈判小组,分别与轨道交通1、2号线一期工程社会投资人公开招标项目评标结果排名第一的潜在社会投资人中国中铁股份有限公司和深圳太平洋投资有限责任公司(联合体)、中国铁建股份有限公司就PPP项目合同体系中相关可变细节问题进行逐一谈判,均与排名第一的社会资本方达成一致意见,签订项目草签协议。项目草签协议签订后,受政策变化等因素影响,政府方与社会投资人进入长达11个月的谈判过程,共计召开谈判工作会议近20余次,一些合同细节进入谈判焦灼状态。最终,与社会投资人在《PPP合同》《股东协议》《施工总承包合同》《公司章程》涉及的348个焦点问题达成有效共识。2016年12月,轨道交通1号线特许经营项目公司“呼和浩特市地铁一号线建设管理有限公司”注册成立;2017年8月,轨道交通2号线特许经营项目公司“呼和浩特市地铁二号线建设管理有限公司”注册成立。2018年市机铁办分别与中国中铁股份有限公司和深圳太平洋投资有限责任公司(联合体)、中国铁建股份有限公司完成轨道交通1、2号线一期工程PPP正式合同签署工作。

4.5 投资模式

轨道交通1号线一期工程,投资双方在《呼和浩特市城市轨道交通1号线一期工程政府和社会资本合作(PPP)项目合同》约定:项目投资划分为A、B部分,其中A部分投资主要包括项目沿线土地征收、房屋补偿、勘察设计及施工图审核、工程监理、文物保护、环境监测、环境监理等工作，总投资 31 亿元；B 部分投资包括管线迁改、道路恢复工程，车站、区间、轨道铺设、装修工程，全线设备设施、系统设备采购、安装及调试，项目开通运营以及运营期间的维护、设备更新改造、移交等，总投资 139 亿元。轨道交通 2 号线一期工程参照 1 号线一期工程模式确定，投资双方在《呼和浩特市城市轨道交通 2 号线一期工程 PPP 项目合同》约定：项目投资划分为 A、B 两部分，其中 A 部分主要为部分工程建设其他费及前期费用，该部分费用由政府承担，总投资约 30 亿元；B 部分投资费用为 173 亿元，由项目公司承担。

通过划分 A、B 部分工作界面，清晰地将工程建设的具体内容进行细化分解，并根据项目特点进行工作的划分，有利于按照参与方的优势进行分别管理。

4.6 资金筹措

呼和浩特市城市轨道交通 1、2 号线一期工程初步设计概算为 373.61 亿元，其中需政府方解决 A 部分和 B 部分资本金出资约 137 亿元，如何落实巨额的建设资金，这是摆在市人民政府面前的头等大事。通过多方努力，积极争取国家开发银行专项贴息贷款 35 亿元；2016 年 7 月，市人民政府与中国政企基金公司签订《呼和浩特市轨道交通 1、2 号线一期工程项目合作协议》，通过转让 2 号线项目公司所持股权引入基金，解决项目资本金 12.3 亿元，成为中国政企基金公司成立之初最大的签约项目，也为国内轨道交通行业提供了可以借鉴的宝贵经验；其余政府方资本金纳入财政预算逐年安排解决。

社会资本方的资本金采用货币出资方式，按实际建设进度逐年到位。轨道交通公司结合项目公司工程建设计划，通过制订详细的资金使用计划，协调政府方资金列入预算安排，并协商社会资本方召开股东会、董事会对项目年初预算进行把关审核，确保资金预算准确。同时积极督促社会资本方按照资本金出资比例及时足额进行出资，保证 PPP 项目工程建设顺利推进。

债务资金融资由特许经营项目公司具体实施。一号线建设管理有限公司通过竞争性谈判，选择中国农业银行呼和浩特市分行为银团牵头行，批复银团贷款总额 73.4 亿元，于 2019 年 3 月底完成银团贷款合同的正式签署工作。二号线建设管理有限公司通过竞争性谈判，选择中国工商银行呼和浩特市分行作为银团牵头行，批复银团贷款总额 89 亿元，于 2019 年 4 月底完成银团贷款合同的签署工作。

创新引领

第二篇

设计精华篇

第5章 总体设计

5.1 总体思路

城市轨道交通作为城市公共交通动脉，是改善城市公共交通条件、提高市民群众生活品质的民生工程，也是拉动经济社会发展、提升城市品质和竞争力的基础工程。呼和浩特轨道交通项目在规划设计之初充分体现"以人为本"的思想，贯彻"智慧地铁、绿色地铁、人文地铁"的理念，综合权衡线路等级规模、设备制式、资源共享等，确保工程的整体性、系统性、功能性，在设计中采取科学性和创新性相结合，规划性和实施性相结合，定量分析与定性分析相结合、宏观分析与微观分析相结合的方法对技术方案进行论证，使工程达到安全可靠、功能完备、技术先进、经济合理、管理高效、乘客满意的目标。

5.1.1 提升地铁服务质量，优化运营管理水平

城市轨道交通智能化建设和运营发展日新月异，不仅限于提升行驶速度和安全性等方面，通过各种智能化技术应用，提升多线路网络化运营效率，推动地铁向精细化增值服务方向发展。因此，智慧地铁是提升轨道交通服务质量、优化运营管理水平的必然要求。智慧地铁是打造一个安全、快捷、舒适、和谐的地铁系统，主要体现在乘客服务、运营管理、设备管理的智能化、自动化。

轨道交通公司在地铁工程建设实施之日起，就考虑了包括弱电系统、供电系统、移动支付等在内的"智慧建设"。在设计中利用 BIM 技术，打造集设计优化、施工管理、资产管理、运营维护等功能于一体的现代轨道交通信息化工作平台，按照"样板先行、全线推广"的实施策略，基于典型工点的应用研究，从站后工程开始全面推广应用 BIM 技术；采用云计算技术，构建线网级云平台，综合承载弱电系统，在国内属于首例，具备国际领先水平；整合 UPS 系统，基于规范提出一级特别重要负荷、一级非特别重要负荷分组供电的设计思路，并对特别重要负荷，采用冗余 UPS 设置，较传统方案系统稳定性更高，同时节约车站机房面积；采用 LTE 技术综合承载信号 CBTC 系统及无线通信集群调度系统，具有无线网络稳定、数据传输带宽大、数据安全性高、节约建设投资的特点，并可支持轨道交通 1、2 号线互联互通跨线调车，在国内处于先进水平（见图 5-1-1）；公安无线通信系统与 LTE 系统共用区间漏泄同轴电缆，在节约建设投资的同时，减少了施工及运维工作量，并使区间隧道线缆规划更加简洁合理；与中国银联共同推进"移动支付便民示范工程"建设，与中国建设银行实施"刷脸乘车"技术应用，增加自动售检票系统（AFC）互联网支付及过闸功能；引进新能源和标准化技术，供电系统采用可视化接地、再生能量制动回馈以等技术方案，均走在全国轨道交通行业前列。5G 网络已经全线覆盖轨道交通 1、2 号线，乘客乘坐地铁即可畅享 5G 网络带来的高速率、低时延、大容量等便捷服务。5G 网络很好地解决地铁站大客流场景下乘客移动支付、高速上网、高清视频通话等需求，为地铁设备提供高效率、高质量、低成本的网络连接。

呼和浩特城市轨道交通1、2号线采用统一的设备布置方案及设计原则，实现互联互通，可达到综合规划城市线网，统筹安排运营计划，实现交通资源的最大化利用的目标，同时降低人员培训、维护等方面的成本，目前处于国内先列。

图5-1-1　车站机房及调度系统

5.1.2　绿色地铁保护生态建设，贯彻可持续发展的理念

根据国家对城市轨道交通建设所提出的高品质要求，结合当代国民经济的快速发展和生态保护的全面提升，从不同角度对绿色环保、节能减排等国家政策加以贯彻、落实和发展，涵盖了环保、景观、节能等多方面内容的“绿色地铁”，也是青城轨道交通建设的必然使命。在地铁规划设计中，以绿色、节能、环保为指导思想，从节地与周边环境、节能与能源利用、节水与水资源利用、节材与材料资源利用、环境质量、轨道运营管理和轨道交通服务等方面来实施绿色优化设计，地铁设计在“绿色地铁”理念指导下进行，保证地铁建设的低成本和与自然的和谐发展。

地下工程建设期间的地下水处理采用“堵水＋坑内降水”的方案，将地铁施工对地下水的影响降到最低；区间联络通道地下水处理多次采用冻结法施工，在保证工程安全的前提下，避免了降水措施对地下水的影响；轨道交通沿线途经大量的居民区、文教区、医院、文物与历史保护建筑等敏感点，轨道选取采用不同等级的减振降噪措施，提供绿色环保的轨道交通环境。

车辆基地局部实施园林化设计，改善办公、检修人员工作环境，同时汲取海绵城市的设计理念，促进雨水资源的利用；充分利用列车停车检修库，并结合当地的日照优势预留设置光伏发电的条件，利用绿色资源，节能省电；结合车辆基地的主要功能进行车辆日常停放及检修，在配置检修设备时，选用新型节能工艺设备，降低能耗；自动化列车清洗机选用节水型清洗设备，洗车水经设备自带处理系统净化处理后能循环使用，从而减少洗车的用水量；列车制动时产生大量再生能量，通过设置在变电所的再生能量利用装置对再生能量再利用，节约能源，并产生良好的综合经济效益。

公共区通风系统采用可调风口站台门通风系统，利用变频调节先进技术、轨行区余热再利用技术及开闭式相结合运行方式等先进技术，保证了冬季闭式运行车站及区间的环境温度和新风量需求，提高了呼和浩特地铁的整体服务水平。

呼和浩特市城市轨道交通采用中压回馈再生制动的形式，列车在制动过程中产生的热量转换为电能回馈至电网上，车体下部无发热设备，通过仿真模拟，呼和浩特地铁取消轨底风道，减少了土建工程，增加了电缆夹层的空间，在国内地铁中处于技术领先水平。

车辆基地公寓楼热水系统充分考虑了当地日照充裕的优势，利用了太阳能清洁性能源，采用了太阳能集中热水供应系统，达到了节能环保的效果。

呼和浩特地铁车辆是目前国内最轻的铝合金地铁车辆，在相同强度下，列车重量较常规的不锈钢车体更轻，大大降低了列车的运行能耗，减轻轨道与车辆的磨耗，车辆外部采用金属漆涂装，既现代美观，又满足车辆的防风沙及紫外线侵蚀需求，符合绿色出行的现代城市发展理念。呼和浩特地铁车辆在国内首次采用了单空调机组的设计方案。针对内蒙古地区温差较大的气候特征，空调机组采用新风装置、变频控制等先进技术实时调节温度，可以根据载客量调节风量，既可以使乘客享受人性化的乘车体验，还可以节省 20% 左右的能耗，使列车成为草原上的节能先锋。

5.1.3　人文地铁突出以人为本根本宗旨，展现青城文化积淀

轨道交通是重大的城市基础设施建设和民生工程，为乘客提供优质、安全、高效的服务是地铁运营的根本宗旨，重视人文关怀、打造人文地铁、注重文化视角是地铁建设中应予遵循的理念。“人文地铁”突出体现“以人为本”的理念，以为市民提供安全、便捷、公平、和谐的交通服务为根本出发点，从交通、行人行为、安全、政策、商业物业、室内环境、文化等方面，最大限度为乘客提供舒适温馨的乘车环境。

在呼和浩特地铁站的设计中，主旨是给市民带来出行便利。车站的出入口尽可能设置上下行自动扶梯，从站厅到站台设置上下行自动扶梯，提高车站的服务标准。在地铁通道和车站环境设计过程中尽可能地创造与地面环境大致相符的外观效果，并附加富有艺术性的装饰效果，缓解人们由地面进入地下的触觉和视觉的反差，最大限度满足人们的生理、心理需求，舒适性是地铁设计实现人性化更高层次的目标。配置无障碍专用设施，方便老弱病残孕等特殊群体使用。在站台层设置公共卫生间，除男卫、女卫外还设置无障碍卫生间，方便市民使用。每个车站都设有单独的母婴室，为携带婴幼儿出行的乘客提供一个安静、私密的哺乳、休息、清洁整理的空间，整体风格是暖色调，氛围温馨。

呼和浩特地铁互联网购票平台与“城轨易行”平台实现对接，乘客通过青城地铁 App 不仅可以在呼市乘坐地铁，也可到其他加入互联互通平台城市（南京、苏州、无锡等）乘车，极大地方便了市民异地出行，同时也有力推动了全国城市轨道交通票务系统的互联互通。

车站装修设计中考虑蓝天、白云、碧水、青山的地域色彩，体现天人合一的草原民族精神世界，内部顶面造型以编制的民族元素展现出多民族团结奋斗的精神。地铁车辆外观以草原人民喜爱的白色和蓝色为主，并以传统蓝白间隔纹样在车门处加以点缀，凸显内蒙古文化特色。最引人注目的便是车头车尾的牛角型车灯，搭配车身内蒙古传统纹样涂装方案，充分展现了“中国乳都”的文化气息。车辆内部的地域特色更加浓厚亲切，绿色的地板布，奶牛花纹的挡风板，使乘客犹如置身于草原之中。值得一提的是，扶手吊环的元素参考了红山文化中的“中华第一龙”的形态，展现中华民族浑厚的历史底蕴和充分的文化自信。

5.2　设计标准

5.2.1　线　　路

1. 最小平面曲线半径

正线：一般情况 $R=300$ m，困难情况 $R=250$ m。

车站正线:车站一般设于直线上,曲线半径不小于 1 000 m。

出入线、联络线:一般情况 $R = 200$ m,困难情况 $R = 150$ m。

2. 线路坡度

区间最大坡度:正线一般情况下 30‰,困难条件下为 35‰,联络线、出入线最大坡度不宜大于 40‰。

区间最小坡度:隧道内和路堑地段的正线最小坡度不宜小于 3‰,困难地段在确保排水的条件下,可采用小于 3‰的坡度。

道岔宜设在不大于 5‰的坡道上,在困难地段可设在不大于 10‰的坡道上。

3. 最小竖曲线半径

1 号线:区间正线为 5 000 m,困难情况下为 2 500 m;车站端部为 3 000 m,困难情况下为 2 000 m。

2 号线:区间正线为 6 000 m,困难情况下为 3 000 m;车站端部为 3 000 m,困难情况下为 2 000 m。

5.2.2 轨　道

(1)轨距:1 435 mm。

(2)钢轨:正线采用 60 kg/m,车场线采用 50 kg/m。

(3)道岔:正线采用 9 号道岔,车场线采用 7 号道岔。

(4)道床:地下及地面正线、配线采用长轨枕整体道床;高架正线、配线采用短枕承轨台式整体道床;场段库内线采用整体道床,库外线采用有砟道床。

5.2.3 车　辆

(1)采用 DC 1 500 V 架空接触网方式供电。

(2)选用三相异步交流牵引电动机驱动、VVVF 变频控制。

(3)外形尺寸:中间车 19 520 mm×2 800 mm×3 800 mm、头车 20 120 mm×2 800 mm×3 800 mm。

(4)载客量:额定载客 1 460 人/列(站立标准 6 人/ m^2)。

(5)最高运行速度:80 km/h。

5.2.4 行车组织与运营管理

(1)系统最大设计运输能力满足远期预测高峰小时最大运量的要求,并留有余量。

(2)远期高峰小时列车开行对数按照 30 对设计。

(3)列车最高运行速度 80 km/h。

(4)系统设计为双线,1 号线一期工程由伊利健康谷站往坝堰(机场)站方向为上行,由坝堰(机场)站往伊利健康谷站方向为下行;2 号线一期工程由阿尔山路站往塔利东路站方向为上行,由塔利东路站往阿尔山路站方向为下行。

5.2.5 车站建筑

(1)站台计算长度:118 m。

(2)站台宽度:

岛式站台宽度≥11 000 mm;

岛式站台侧站台宽度≥2 500 mm；

侧式站台（长向范围内设梯）的侧站台宽度≥2 500 mm；

侧式站台（垂直于侧站台开通道口）的侧站台宽度≥3 500 mm。

（3）站厅层净高≥4 950 mm。

（4）站厅层公共区装修后净高≥3 200 mm。

（5）站台层层高≥5 100 mm。

（6）公共区装修后净高≥3 000 mm。

（7）换乘站采用 T 型结点换乘方式。

5.2.6　结构与防水

（1）地铁结构中主要构件的设计使用年限为 100 年。

（2）地下结构中永久构件的安全等级为一级，相应的结构构件重要性系数 γ_0 取 1.1；临时构件的安全等级为三级，相应的结构构件重要性系数 γ_0 取 0.9；在人防荷载或地震荷载组合下，相应的结构构件重要性系数 γ_0 取 1.0。

（3）在正常使用情况下，隧道结构按满足强度、刚度和稳定性的要求进行设计；同时地下结构考虑了抗浮的要求。

（4）抗震设防烈度 8 度，设防分类为乙类，地下车站结构按抗震等级为二级进行抗震设计。结构设计时采取相应的构造处理措施，以提高结构的整体抗震能力。

（5）地下结构防水等级：车站主体、出入口一级；车站风道、区间二级。

（6）以混凝土自防水为主，车站及明挖区间结构外部设附加全包防水层，盾构法施工的区间隧道管片接缝采用弹性密封垫防水。

（7）以一个车站与一个相邻区间为基本原则划分人防单元，各人防单元按防核武器 6 级、防常规武器 6 级的防护等级进行结构强度验算，防化等级为丁级。

5.2.7　供　　电

（1）供电系统采用集中供电方式，二级电压供电制式，主变电所引入两路 110 kV 电源，中压供电网络采用 35 kV 电压等级。

（2）各类型变电所由两路 35 kV 电源供电。

（3）变电所高压侧额定电压为 AC 35 kV，直流侧标称电压值为 DC 1 500 V，低压侧为 AC 380/220 V。

（4）牵引网电压波动范围为 DC 1 000 V ~ 1 800 V。

（5）供电系统在城市电网接口处的功率因数不低于 0.9。

（6）110 kV 系统接地按电力部门要求、35 kV 为小电阻接地系统、低压 380/220 V 采用 TN-S 系统、1 500 V 直流牵引供电系统正、负极不接地。

（7）全线设电力监控系统（SCADA），并纳入综合监控系统集成。

5.2.8　云 平 台

呼和浩特市城市轨道交通线网级云平台旨在通过统一构建计算、存储、网络资源，为运营生产系统、企业管理信息系统、乘客服务管理系统提供基础设施即服务。呼和浩特市城市轨道交通云平台一期工程主要是为满足轨道交通1、2号线一期工程的正常运营、运维的功能需求，并预留轨道交通3、4、5号线等后期规划建设时的接入能力。

呼和浩特市城市轨道交通线网级云平台由三部分构成：生产中心云平台、灾备中心云平台、站段云节点。生产中心云平台设置在控制中心，作为呼和浩特市城市轨道交通线网级云平台的主服务中心，在线路正常运行时，承担主服务功能。灾备中心云平台设置在轨道交通1号线三间房车辆段，作为呼和浩特市城市轨道交通线网级云平台的备用服务中心，在主中心瘫痪情况下灾备中心云平台能顺利接管主中心云平台日常的业务处理任务，承担备用服务功能。在轨道交通1、2号线车站、停车场、车辆段设置站段云节点，作为呼和浩特市城市轨道交通线网级云平台的站段服务节点，承担业务系统网络汇聚及降级应急处理功能。

5.2.9 通　信

(1)通信系统包含了地铁专用通信(含乘客信息系统、办公自动化系统)、公安通信、民用通信，系统的组网满足运营管理模式及功能的要求。

(2)系统设计立足于整个线网，系统近期工程运营和管理的要求，远期适应工程的接入和其他扩展的需要，能与既有或在建线路以及规划的其他线路的通信系统联网。

(3)通信系统采用技术先进、接口标准、安全、可靠、便于安装、操作和维护的设备，关键部件采取冗余配置，故障时能够自动切换，能够连续24 h不间断运行。

(4)通信各子系统具有集中监控功能，可对设备进行实时的监视、故障定位、系统配置、记录保存等管理。

5.2.10 信　号

(1)系统应满足初、近、远期6辆编组、初近远期行车间隔等运营要求，CBTC列车区间追踪间隔按90 s设计，运行间隔按2 min设计；折返站的折返能力、车辆段及停车场出入能力应与正线运行间隔相适应并留有必要的余量。降级模式下行车间隔要求满足初期高峰小时5 min运行间隔的要求。

(2)信号系统按照互联互通的相关技术要求进行系统设计，实现与1号线的互联互通运行。

(3)信号系统应由正线列车自动控制(ATC)系统和车辆段/停车场信号设备组成。正线采用完整的ATC信号系统。车辆段纳入正线ATS监视范围，段内信号系统独立控制。所有运营列车均配备信号车载设备，原则上列车头尾各一套；工程车及其他车辆不设置车载设备。

(4)正线ATC系统采用基于无线通信技术的移动闭塞系统(CBTC系统)。车地无线通信采用LTE技术，LTE综合承载信号业务和宽带集群调度业务。

(5)正线ATC系统设置两级降级系统，点式系统作为CBTC的降级系统，联锁系统作为CBTC及点式系统的降级系统。

(6)正线、折返线、渡线、停车线、出入段/场线、试车线及与其他线路的联络线均按双方向运行设计。正常情况下，正线单方向运行，特殊情况下可以组织反方向(与运营方向相反)运行。正线站间的反方向运行要求至少具备CBTC控制级别下的ATP防护功能；其他所有正、反方向作业的线路(可不包括与其他线路的联络线)，均要求具备ATP、ATO功能(CBTC级别和点式级别)，列车进站停车要求具备精确停车功能。ATS发车计时器、运营调整仅按正方向设置。

(7)信号系统在CBTC列车控制等级下以车载信号为主体信号，正线采用灭灯处理。点式列车控制等级主体信号由地面信号和车载信号共同组成，联锁控制等级以地面信号为主体信号。

(8)信号系统中央级ATS系统采用云技术，控制中心和备用控制中心ATS设备由融合云平台统一建设。车站级ATS系统不纳入云平台。纳入云平台的ATS系统必须满足相关功能和指标的要求。纳入云平台的ATS系统由云平台实现硬件环境，由信号系统提供软件。

(9)ATP、CI、计轴设备的安全性指标须满足SIL4级的要求，ATO、ATS设备的安全性指标须满足SIL2级的要求。

(10)信号系统信息安全防护等级参照3级进行建设。

(11)信号系统培训中心设置在1号线三间房车辆段。

5.2.11　自动售检票

(1)系统采用非接触式IC卡制式，实现联网运行，满足轨道交通“一卡通”或“一码通”的运营需求。

(2)系统自建手机乘车App，乘客可以扫码购票和过闸进站乘车。

(3)系统按远期超高峰小时客流规模设计，系统设备按近期超高峰小时客流规模配置，并按远期客流规模预留设备布置条件。

(4)以计程计时制为基本票制；预留其他计费方式的条件。

(5)系统采用轨道交通单程票和储值车票两种基本类型的票种并预留有其他票种。

(6)系统满足轨道交通路网各种运行模式的要求。

(7)系统具有良好的安全性、可靠性、可扩展性、可维护性。

(8)系统设备均按工业级标准设计，应能适应7天×24 h不间断工作的要求。

(9)系统设备满足呼和浩特市自然环境条件、车站环境条件和抗电磁干扰的要求。

5.2.12　通风与空调

(1)站台层设置可调通风型站台门，地下车站公共区采用机械通风系统。

(2)地铁内设计温度参数：夏季通风室内空气计算干球温度不高于27.3 ℃，冬季通风室内空气计算干球温度不低于12 ℃。

(3)区间隧道设计温度参数：列车正常运行时区间隧道最高温度不高于40 ℃，列车阻塞在区间隧道内列车顶部最不利点的隧道温度低于45 ℃，冬季区间隧道内平均温度不低于5 ℃。

(4)新风量标准：站厅、站台通风系统过渡季、夏季正常运行时，每个乘客所需新风量不应少于30 m^3/h；冬季按最小新风工况运行时，每个乘客所需新风量不应少于12.6 m^3/h；设备、管理用房新风量每人不小于30 m^3/h，且不小于系统总送风量的10%。

5.2.13　给排水及消防

(1)生产生活给水：工作人员生活用水量50 L/(班·人)，小时变化系数为2.0；车站公共区域冲洗水量为1~2 L/m^2，每次按冲洗1 h计算，每天冲洗1次；不可预见水量按生活、生产总用水量的10%计；生产用水量按工艺要求确定，各附属建筑物用水量按《建筑给水排水设计规范》(GB 50015)确定。

(2)消火栓用水量：地下车站室外消防用水量30 L/s，室内消火栓用水量不小于20 L/s，地下折返线和地下区间隧道消火栓用水量不应小于10 L/s；地下出入口通道消火栓用水量为10 L/s；最不利点消火栓水枪的充实水柱不小于10 m。高架站、车辆段、停车场室内外消火栓水量根据建筑规模及防火规范确定。消防设计按全线同一时间内发生一处火灾计,消火栓系统火灾延续时间按2 h计算。

(3)排水:生活排水量按生活用水量的95%计算;冲洗及消防废水排水量和用水量相同;结构渗漏水量按0.05 L/(m^2·d)计算;生产设备排水量按工艺要求及排水方式确定;洞口排水泵站的排水能力按呼和浩特市50年一遇暴雨强度计算。

5.2.14 火灾自动报警

全线按同一时间内发生一次火灾的救灾能力进行设计,地下车站和区间隧道,保护等级为一级。

5.2.15 环境自动监控

(1)环境自动监控系统分控制中心、车站两级管理,实现中央、车站、就地三级控制。

(2)环境自动监控系统通过接受火灾自动报警系统的火灾指令,对于正常工况和火灾工况兼用的设备,正常工况由环境自动监控系统监控管理,火灾时由火灾自动报警系统发指令给环境自动监控系统,环境自动监控系统由正常工况转入火灾模式运行,控制相应的机电设备进入防救灾工作,火灾工况具有优先权。

5.2.16 综合监控系统

该系统具有两级管理(控制中心级、车站级)和两级控制(控制中心级、现场级)的结构。

5.2.17 安全防范系统

(1)安全防范系统的功能和性能立足于地铁线路的生产管理和安全管理需求,提供有效的电子化防范手段,以满足地铁线路安全运行管理需求,为地铁值班人员、地铁公安值班人员提供有效的监视、控制和管理手段。

(2)系统具有高可靠性、灵活性、可扩展性、可维护性、方便性。

(3)采用模块化设计,可方便进行系统的软硬件升级以及终端的增减。

5.2.18 站台门系统

(1)类型:地下车站采用可调通风型站台门,高架车站采用全高站台门。

(2)标准滑动门开度:1 900 mm。

(3)滑动门净高度:2 100 mm。

(4)应急门开度:≥1 100 mm。

(5)每侧站台应急门数量:6樘。

(6)滑动门开启时间:2.5~3.5 s(重复精度0.1 s);滑动门关闭时间:3.0~4.0 s(重复精度0.1 s)。

(7)滑动门能探测到障碍物的尺寸:5 mm(厚)×40 mm(宽)。

(8)采用在线式不间断电源系统供电方式,蓄电池组可确保所有双扇滑动门30 min内开/关3次。

5.2.19 防灾与人防

(1)本工程应具有防火灾、水淹、风灾、冰雪、地震、雷击和停车等灾害的防灾措施,并以防火灾为主。

(2)地下区间隧道穿过较大的河流时,宜在地下区间隧道河的两侧采取防淹措施。

(3)人防等级按防核武器 6 级、防常规武器 6 级设防,防化等级为丁级。

5.2.20　车辆基地

车辆基地包括车辆段、综合维修中心、物资总库、综合培训中心和其他生产、生活、办公等配套设施。车辆基地的功能、布局和各项设施的配置,根据运营需要、城市轨道交通线网车辆基地的规划布置,实现线网车辆基地的资源共享。车辆基地设计,初、近、远期结合,分期实施。用地范围在站场股道和房屋规划布置的基础上按远期规模确定。车辆基地的选址,用地与城市总体规划协调一致,具有良好的接轨条件,用地面积满足功能和布置的要求,并具有远期发展余地。车辆基地的设计,始终贯彻节约用地、节约能源和资源的方针。

轨道交通 1、2 号线车辆基地的检修规模分别根据该基地所承担检修任务,以车辆的技术条件和参数为依据,车辆的日常维修和定期检修的修程和周期根据车辆技术条件、车辆的质量和既有车辆基地的检修经验制定。

5.3　设计特点

5.3.1　结合实际、合理布局

在线网规划的基础上,进一步结合实际,细化线路具体敷设位置、地铁车站站位、配线设置及场段布置,具体内容如下。

(1)精心选线,降低工程风险,减少拆迁,合理控制投资。如 1 号线乌兰夫纪念馆站—附属医院站区间通过优化绕避了钢铁大桥及新华桥,避免了桥梁的拆改,加大了地铁区间与居民区的距离,减少了施工及后期运营对居民楼的影响,具体见图 5-3-1;2 号线公主府站—内蒙古体育场站区间在穿越扎达盖河桥方案时进行了侧穿和下穿桥梁两种方案的比选,经过比较认为若侧穿扎达盖河桥则需下穿多栋住宅楼,实施难度、工程风险都增加很多,综合考虑最终选择下穿扎达盖河桥方案,扎达盖河桥按照临时拆迁考虑,具体见图 5-3-2 ~ 图 5-3-4。

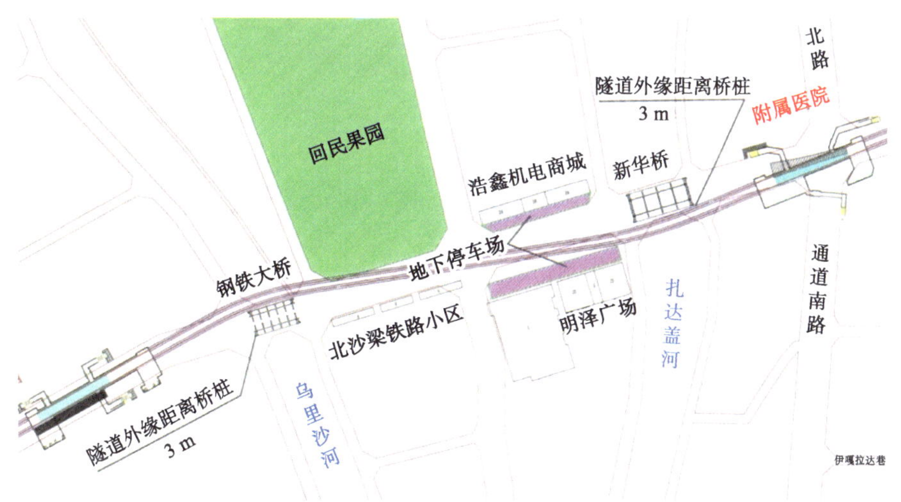

图 5-3-1　乌兰夫纪念馆站—附属医院站区间平面图

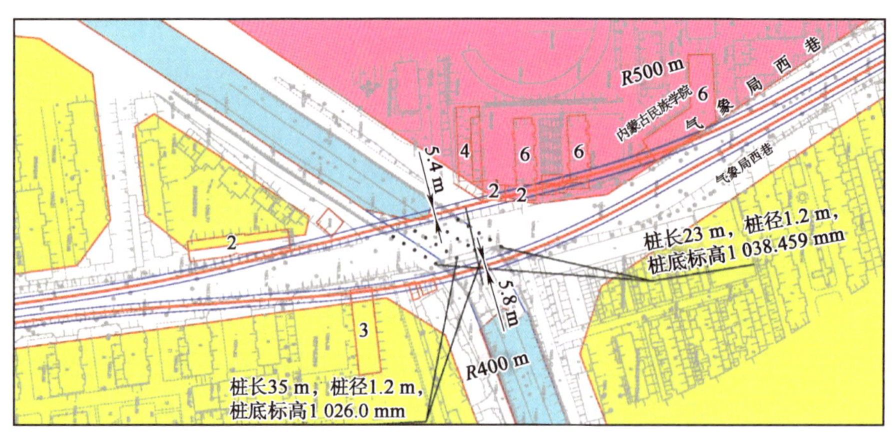

图 5-3-2　公主府站—内蒙古体育场站区间侧穿扎达盖河桥方案平面图

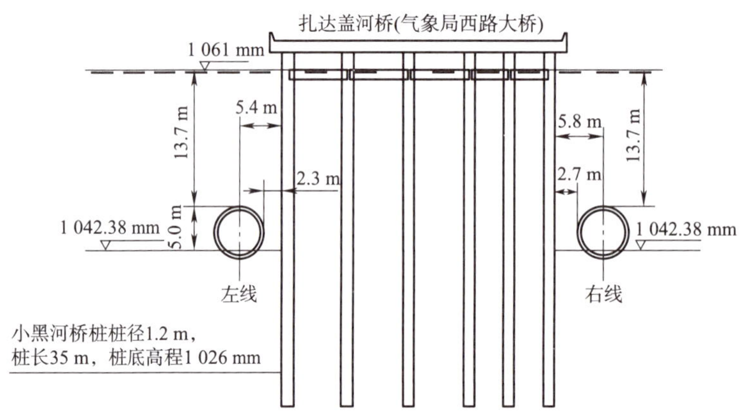

图 5-3-3　公主府站—内蒙古体育场站区间侧穿扎达盖河桥方案剖面图

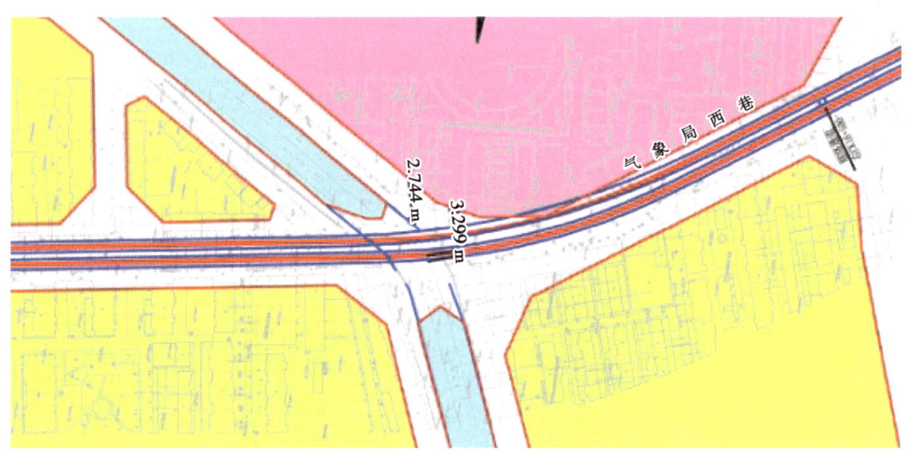

图 5-3-4　公主府站—内蒙古体育场站区间下穿扎达盖河桥方案平面图

(2)车站站位合理布设。本工程各车站设站位置均进行了多方比选、充分研究。1 号线为了与呼和浩特东火车站实现便捷换乘与无缝衔接，地铁车站紧贴火车东站南广场地下空间设置，其前后区间线路均为此做出了较大调整，具体见图 5-3-5；2 号线在火车站设站位置进行了多个方案的必选，具体见图 5-3-6、图 5-3-7，考虑给乘客提供最便捷的服务，最终选择地铁车站设置于火车站南广场既有人防工程下方，施工过程克服了破除及还建人防结构等难题。

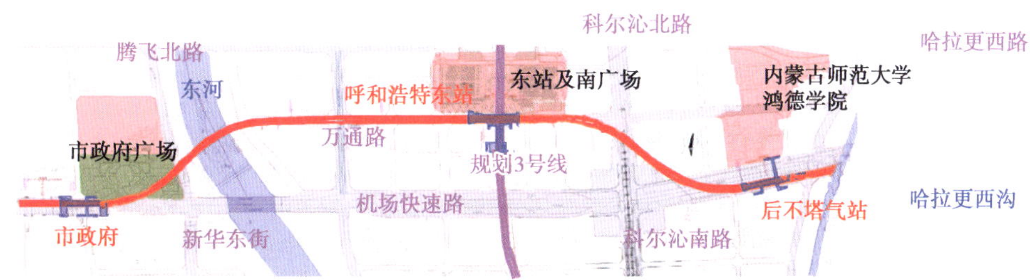

图 5-3-5　1 号线市政府站—呼和浩特东站—后不塔气站线路平面图

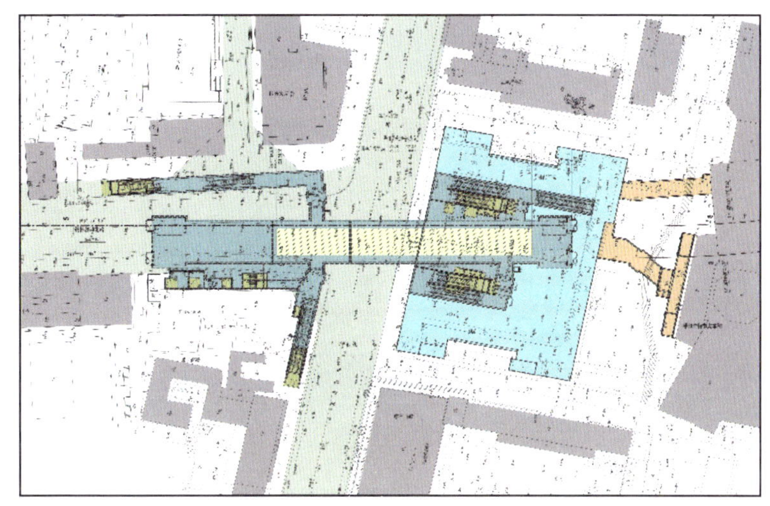

图 5-3-6　呼和浩特站北端头设置于人防工程范围内方案总平面图

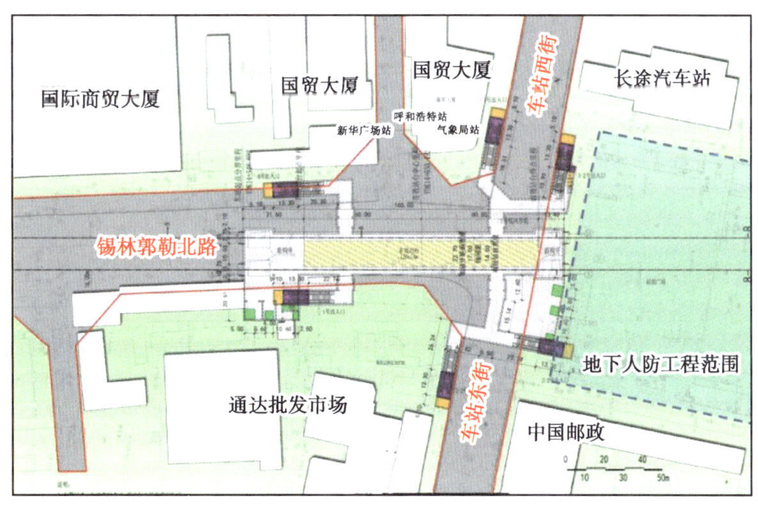

图 5-3-7　呼和浩特站北端头紧贴人防工程设置方案总平面图

2 号线公主府站原方案站位于气象局西巷与海拉尔大街交口处(见图 5-3-8),考虑到海拉尔大街高架桥施工影响、跨路口设置管线迁改困难、气象局院内风亭占地协调时间长等因素,将气象局站整体南移,布置于海拉尔大街南侧,调整后的方案见图 5-3-9。

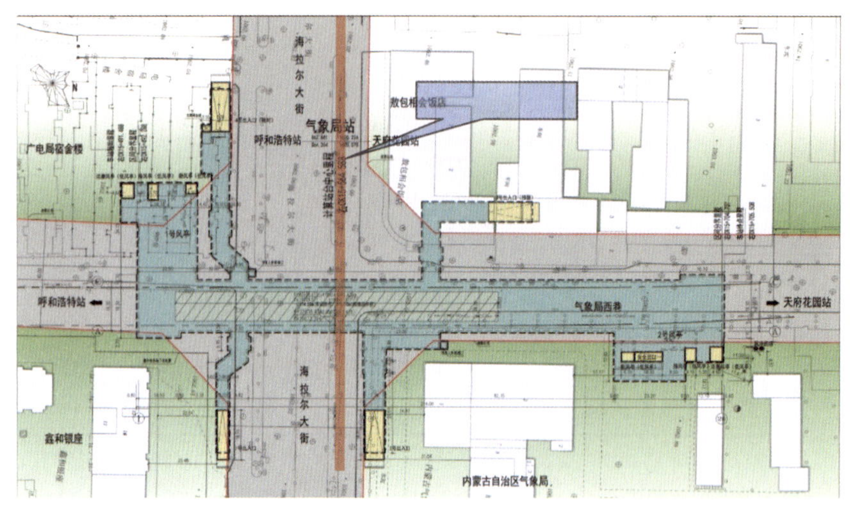

图 5-3-8　公主府站原方案总平面图

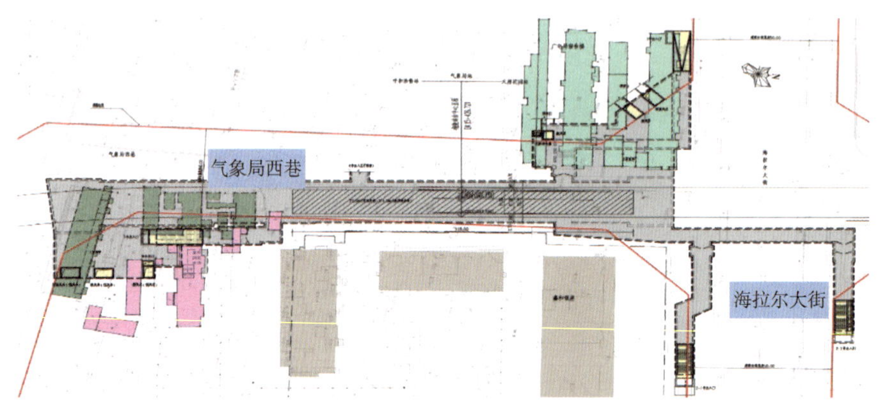

图 5-3-9　公主府站调整后方案总平面图

(3)合理设置车站配线。轨道交通 1、2 号线在车站需设置停车线位置，均采用了双停车线设计，为更加灵活的运营组织提供了基础。具体见图 5-3-10。

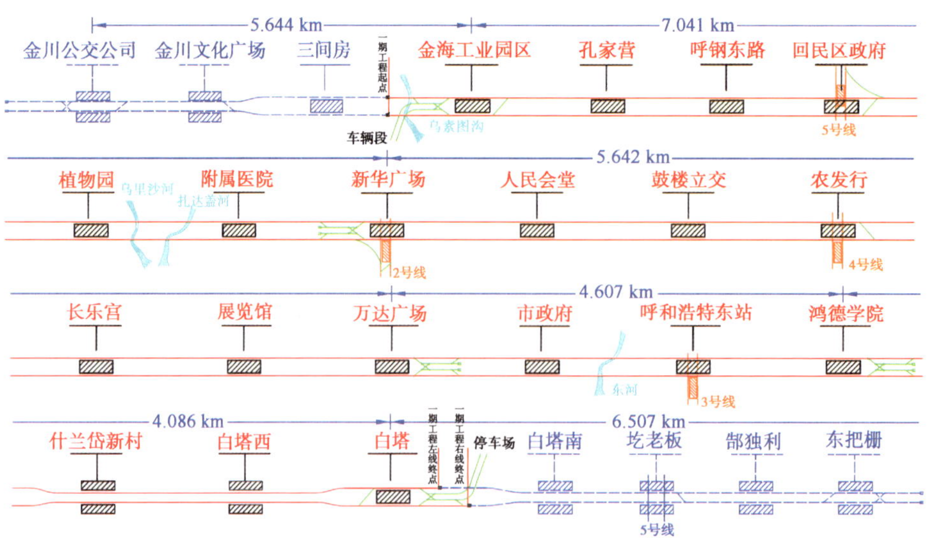

图 5-3-10　1 号线车站配线设计图

(4)精心设计停车场、车辆段总体布局。如 2 号线喇嘛营车辆段,原可研及初步设计方案受段址附近调峰热源厂用地制约,试车线仅能满足中低速试车需求。初步设计后经多方协调,最终克服了金桥热网调峰热源厂征地问题,由此对场段方案进行了多方面优化,主要包括优化了场段主出入口的进出条件、优化试车条件,增长至可满足高速试车需求、根据地形重新对大库区域进行调整,减小占地面积、平面布局调整后洗车线接入入段线,车辆入段后如需洗车作业,可直接进入洗车线,优化了洗车工艺流程,具体见图 5-3-11、图 5-3-12。

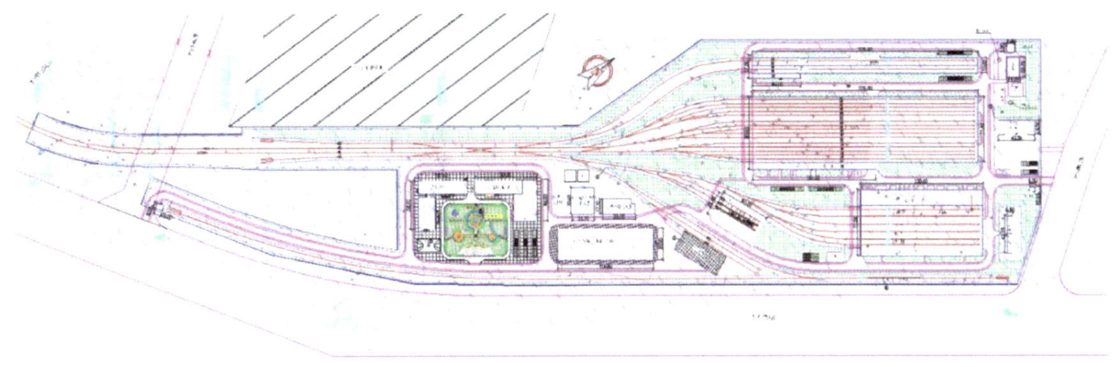

图 5-3-11　2 号线西喇嘛营车辆基地原方案设计总平面图

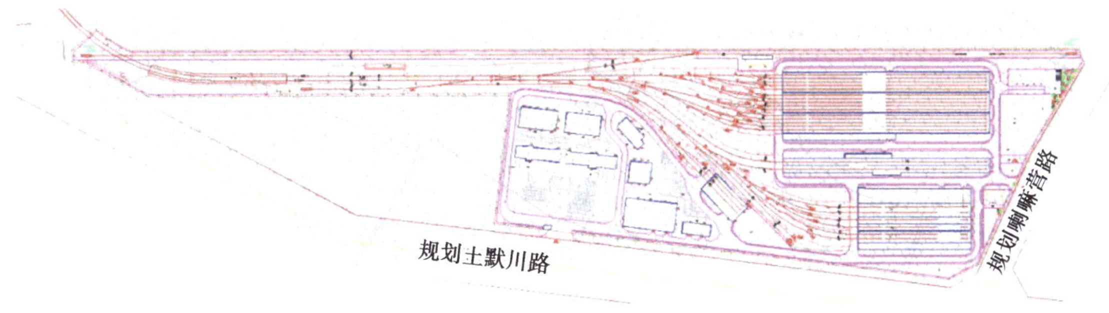

图 5-3-12　2 号线西喇嘛营车辆基地优化后方案设计总平面图

5.3.2　设计标准统一考虑

呼和浩特市城市轨道交通建设一期工程共建设 2 条线路,由于设计单位不同,各单位对轨道交通设计中一些技术方案的考虑并不完全一致。在设计过程中,轨道公司通过综合比较、专家论证等方式对设计中一些相关技术要求进行了统一,其中有标准站建筑设计、地下车站环控系统方案、盾构区间结构、车站地面附属、弱电系统方案、车辆标准等方面。

(1)标准站建筑设计的统一:标准站建筑设计最初有两个方案,具体见图 5-3-13 ~ 图 5-3-16,方案一中的 T 形楼梯的设置对站台层影响较小,乘客能得到更好的视觉感受和更便捷的走行空间,但车站中纵梁在楼梯处需要断开,对结构受力有一定影响,方案二中 T 形楼梯的设置不需要车站中纵梁断开,但其楼梯在站台层延伸较长,对站台层占用空间较大,乘客视觉感受没有方案一好,通过对结构受力及安全的研究,认为中纵梁断开是可行的,故最终统一按照方案一实施。

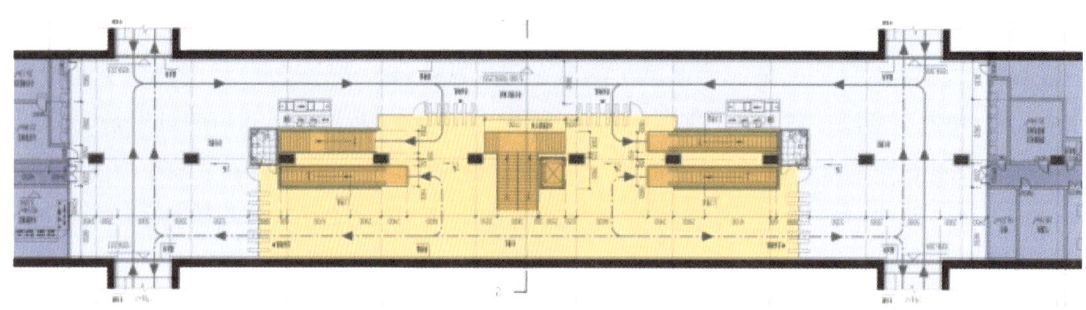

图 5-3-13　标准站方案一站厅层平面图

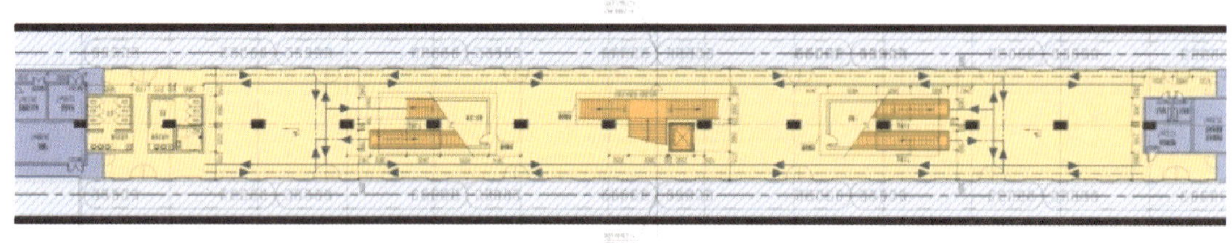

图 5-3-14　标准站方案一站台层平面图

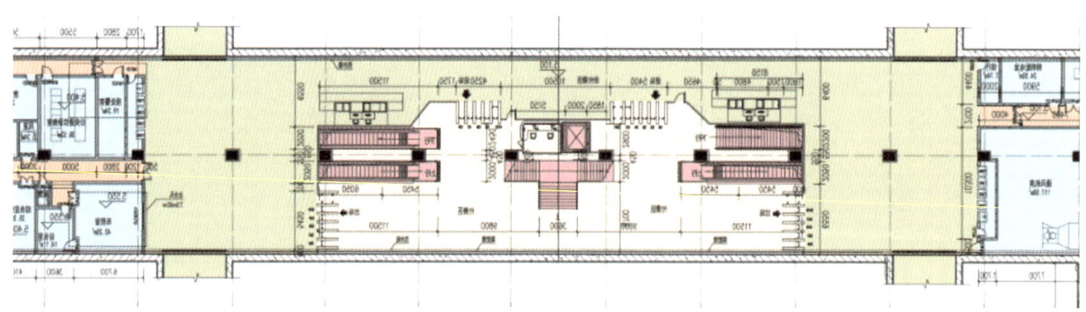

图 5-3-15　标准站方案二站厅层平面图

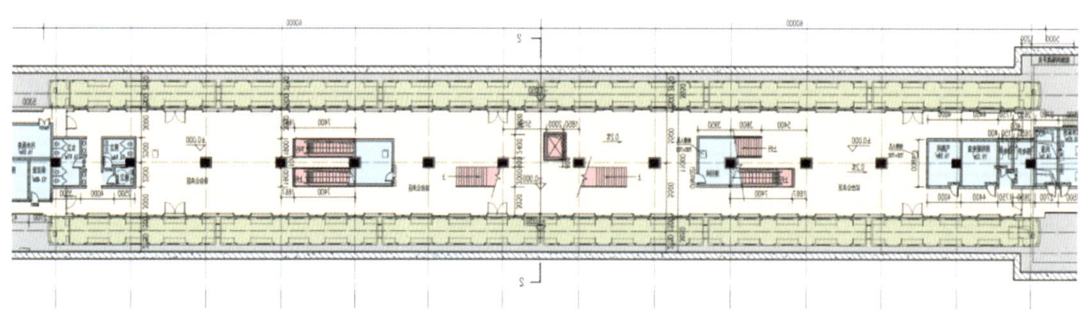

图 5-3-16　标准站方案二站台层平面图

(2)地下车站环控系统方案的统一:轨道交通 1、2 号线环控系统标准在单、双活塞风井方案方面由于不同设计单位的出发点不同,在设计之初,存在异议。双活塞方案,即在车站两端对应每一条线路均设置一条活塞风道及一座活塞风井。单活塞方案与双活塞方案的区别在于取消了双活塞风井方案中的列车进站端的活塞风道,保留出站端的活塞风道,即车站每端只有一条活塞风道和一座活塞风井。方案具体比较见表 5-3-1,根据呼和浩特地区气候条件,最终统一选择了单活塞风井方案。

表 5-3-1　单活塞风井与双活塞风井比较表

方　案	单活塞风井	双活塞风井
方案优点	1. 车站土建规模及地面风亭的征地协调工作量较小，受沿线周边情况限制较小。 2. 方案经济性较好，投资较低	1. 通风换气量较单活塞方案大，区间隧道温度相对较低。 2. 通风模式灵活
方案缺点	1. 隧道通风系统开式运行时，通风换气量较双活塞方案小，区间隧道温度相对较高。 2. 通风模式单一	1. 车站土建规模及地面风亭的征地协调工作量较大，易受沿线周边情况限制； 2. 初期投资高

5.3.3　创新思维引领设计

本工程虽然是呼和浩特市首次建设地铁，面临经验不足等问题，但在创新思维引领下，工程中不仅应用大量的先进技术，同时还取得了很多创新成果。

（1）全国首次将云技术计算首次运用于轨道交通工程中。呼和浩特市城市轨道交通云平台通过统一构建计算、存储、网络资源，为运营生产系统、企业管理信息系统、乘客服务管理系统提供基础设施，创新性地将城市轨道交通与云计算大数据深度融合，提出基于云平台的城市轨道交通业务系统新型架构，充分提高系统硬件资源的利用率，节省耗电成本和空间成本，降低工程总体造价及后期运营成本。

（2）一码通技术。呼和浩特市地铁自动售检票系统在设计时，采用了"互联网 +"的理念，进行了系统架构优化，包括取消车站中心系统，多线路中心和清分中心采用云平台架构搭建等方式，为地铁自动售检票系统的标准化创造了条件，也充分利用系统资源，降低了运营维护难度和成本。呼和浩特市地铁 AFC 系统的互联网业务中采用多码融合技术，青城地铁 App 乘车和银联云闪付、支付宝、微信等第三方 App 均支持互联网乘车业务，但所有 App 采用统一的乘车二维码，发码权由地铁方控制，方便了广大乘客乘车的同时，也能够对各第三方 App 渠道进行权限限制，维护了各方的利益。

（3）巡检机器人。目前地铁隧道巡检仍然以人工巡检为主，少量动态检测车为辅的形式完成，呼和浩特市采用的是在隧道侧壁独立搭建轨道的方式运行，轨道和设备的整体轮都位于列车限界以外，实现了智能巡检装备独立于地铁列车轨道的运行方式。此种情况下，可以实现在地铁列车运营时间段内对地铁隧道进行实时检测，克服了现有技术条件下人工安全检查速度慢、工作强度大、工作效率低等问题，提供一种基于多传感器集成的用于隧道的智能巡检系统，能够实时监测隧道内基础设施的状态，及时发现故障或故障隐患，节省安全检查时间，提高安全检查效率。

（4）车辆技术创新。呼和浩特地铁车辆从设计之初就树立了超前的优化创新理念，在车辆工业设计方案、设计技术方案、工艺技术方案等方面均有较大突破，如采用了单机组空调、列车弓网在线监测系统、列车走行部故障诊断系统、LCU 可编辑逻辑控制单元等。呼和浩特地铁列车车身颜色是本地区人民喜爱的白色和蓝色，车门处点缀了蓝白间隔纹样，车头车尾采用牛角型车灯，车厢内绿色的地板、奶牛花纹的挡风板、"中华第一龙"造型的扶手吊环，让人犹如置身于草原之中，内蒙古的草原文化和地域文化特色展现得更加充分。

5.3.4　因地制宜，控制风险及投资

呼和浩特市地下水位埋深分布不均，沿 1 号线，地下水位东低西高，沿 2 号线，地下水位北低南高，根据这一情况，对于地下车站基坑工程，在地下水位高的区段采用地下连续墙支护，在地下水位低的区段采用围

护桩支护，这样有效节省了投资。在区间工程中，基本采用盾构法施工，在盾构接收始发过程中，对于一些地下水位高的情况，采用了钢套筒始发接收技术，有效控制了风险。工程沿线有河流、铁路、市政管线、文物、各类建筑物等诸多风险点，设计过程中通过风险识别及分级，对等级比较高的风险点进行专项设计，有效减小了风险。

5.3.5 结合地铁预留商业开发空间

呼和浩特市城市轨道交通 1、2 号线均穿梭于城市核心区，涉及大量的商业资源，为了在地铁设计中有效利用这些资源，对沿线物业开发进行专题研究，并且结合地铁车站配线区空间、地面车站等条件，对地铁沿线物业开发空间进行了预留设计。

5.3.6 统筹线网资源，实现资源共享

城市轨道交通资源共享作为一种先进理念，有利于实现资源利用及管理集约化、规模化、规范化，有利于控制投资，在本工程设计中，在车辆基地资源、控制中心资源、主变电站等方面均实现了资源共享。

第6章 土建工程

6.1 土建架构体系

6.1.1 土建工程系统构架组成

现代城市轨道交通工程是一个庞大的智能化交通系统，按照专业、子系统、施工标段进行分解，可分解为土建工程系统、装修工程系统、轨道工程系统、常规设备系统、系统设备系统等，土建工程主要由车站、地下区间隧道、高架桥梁、场段等内容。

车站位于轨道交通线网的线路上，为旅客乘坐轨道交通服务的基本设施。车站是乘客集散和乘降的场所，是全线最重要、最复杂的部分，是城市轨道交通的重要组成部分，可分为地下车站、地面车站和高架车站3类。地下区间隧道是指修建在地下或水下并铺设轨道供机车车辆通行的建筑物，可以分为放坡开挖或护壁施工的明挖结构、用盾构法或矿山法施工的暗挖结构和用沉管法或顶进法等特殊方法施工的结构等类型。高架桥梁是指建在城市里为城市轨道交通服务的高架桥，高架桥梁由上部结构、下部结构和附属结构三大部分组成。上部结构即梁体，下部结构包括桥墩、桥台、基础。高架桥梁按其受力构件分为拱形桥、梁形桥和刚性框架桥3种类型。

6.1.2 建筑设计

1号线一期工程西起伊利健康谷站，东至坝堰（机场）站。正线全长21.719 km，其中地下线18.530 km，过渡段（U型槽及地面线）0.337 km，高架线2.852 km。一期工程共设车站20座（其中地下站16座，高架站3座，地面站1座），其中换乘站4座，线路西端设三间房车辆基地，东端设白塔停车场。2号线一期工程南起阿尔山路站，北至塔利东路站。正线全长27.308 km，均为地下线。一期工程共设车站24座（其中地下站22座，地面站2座，新华广场站为1、2号线换乘站），其中换乘站共6座。线路南端设喇嘛营车辆段，北段端设塔利停车场。在设计中，重点开展了以下几个方面研究工作：一是采用的主要技术标准，二是站位的研究，三是标准站的研究，四是换乘站的研究，五是附属工程设计研究。

1. 车站建筑标准化设计

车站技术标准，较于其他城市主要有以下几个方面进行了优化和改善：

（1）根据运营要求将车站划分为中心站和非中心站，区分设置用房与面积指标，有效控制车站规模。

（2）每座车站在站台层均设置供乘客使用的卫生间，兼作工作人员卫生间，改善办公管理区工作环境，优化规模。

（3）在中心站和换乘站设置客服中心，更加便捷、高质量的为乘客服务。

(4)管理区内的值班休息室与信号值班室合用,有效控制车站规模。

2. 站位研究与确定

1号线沿新华大街东西向敷设,车站基本布点经过充分研究,通过一系列的规划结合、专家审查、配合协调、对周边控制因素的摸排,确定了车站的站位,对站位的选择总结如下:

(1)如没有难以解决的控制因素,车站宜跨主要道路交口敷设。

(2)与大型交通枢纽接驳,站位的设置以便捷换乘作为第一要素。

(3)与城市广场结合设置的车站,要充分利用广场规划,创造富有特点、理念新颖、舒适、宜人的候车空间。

(4)在有突发客流的车站,车站站位应距离客流突发点一定距离。

3. 标准站设计研究

(1)公共区设计特点包括:

①付费区位于中部,非付费区位于两端,站内垂直电梯一般设于非付费区,非付费区在车站长度方向不小于16 m。

②位于城市边缘的二层地下车站站厅到站台采用2组楼扶梯,每组设置一部上行扶梯和一部下行楼梯。位于市区内的车站,设置上下行扶梯,同时在车站中部增设一部T形楼梯。在车站中部结合T形楼梯布置垂直无障碍电梯。

③每座车站站台层设置公共卫生间及无障碍专用卫生间、母婴候车室。

④对于单柱车站,车站站厅层净高(至结构板底)一般按4 950 mm考虑,对于双柱车站,车站站厅层净高一般按不低于5 100 mm考虑,给后期装修提供了较大的造型余地。

(2)设备区设计特点包括:

①设备管理区布置分大小端,将主要管理设备用房集中在大端布置,管理用房、联系较紧密的系统用房尽量集中设置。

②有人房间集中布置在站厅层,该区域设置一个直通地面出入口,满足消防要求。

③对于配线站合理利用配线上空的空间,使上、下层均衡,减少车站规模。

④变电所下部空间按1 610 mm高度设计,当变电所位于线路坡顶位置时,采用局部降低车站底板的方式,解决地板由于变电所下部高度的要求造成的结构地板高低不平的问题。

4. 换乘站设计研究

换乘站设计在每个城市的地铁设计中都是研究重点和难点,如何结合线网规划、建设规划、城市规划及周边环境等因素选择合理的换乘方式、换乘节点的预留形式是前期方案研究的重点。

附属医院站位于呼和浩特市新华西街与通道北路交叉口。1号线沿新华西街敷设,规划5号线沿通道北路敷设,两条线在该处实现换乘。新华西街、通道北路均为城市交通干道,道路交通繁忙,车流量较大。附属医院站总平面图见图6-1-1。

新华广场站位于新华西街与锡林郭勒北路交叉路口处,是城市规划的CBD中心区,是以后城市高密度发展的中央城市商务区。新华广场站属于1、2号线换乘站,较其他站客流大且集中,新华广场是呼和浩特市各有关单位和社会团体举行集会和活动,以及市民休闲的主要场所,对于城市发展及市民生活有着重要的意义。

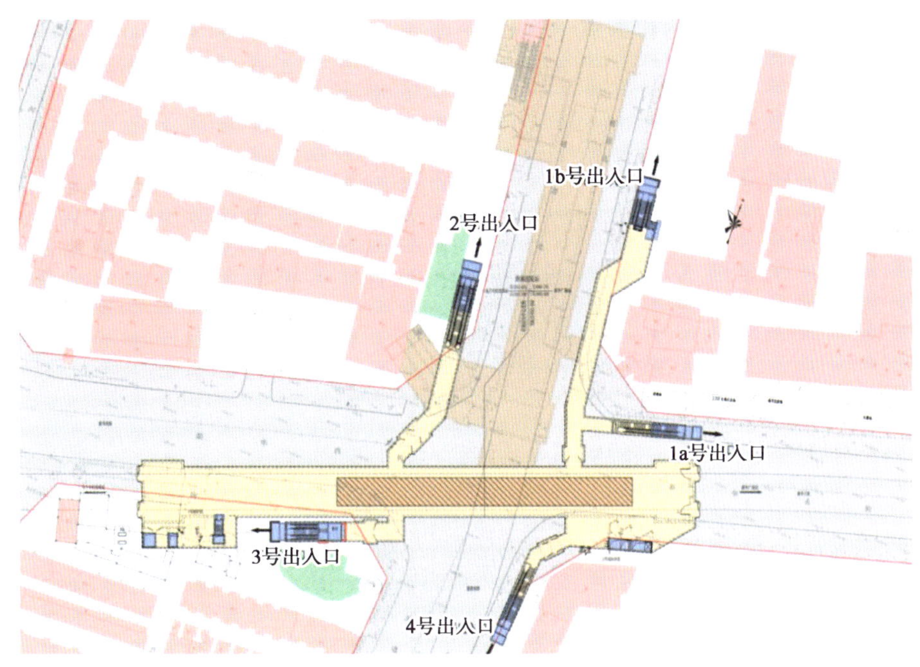

图 6-1-1　附属医院站总平面图

车站位于商业中心区，商业价值高。车站设计充分利用西南角的新华广场用地进行竖向设计，负一层中部为 1、2 号线共用站厅层，两端为物业开发区域，负二层为 1 号线站台层，2 号线设备管理用房，负三层为 2 号线站台层。在满足车站功能的同时，争取到了较大面积的商业空间，实现了“地铁 + 商业”的设计模式，值得借鉴。新华广场站总平面图见图 6-1-2。

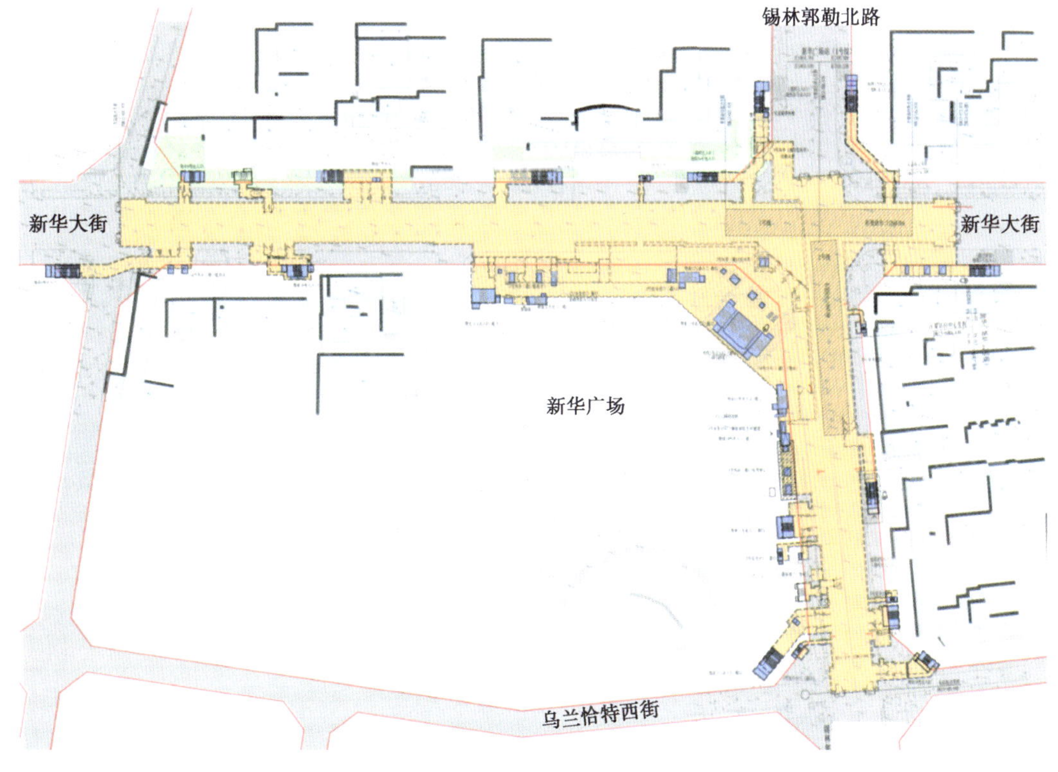

图 6-1-2　新华广场站总平面图

艺术学院站所处位置为呼和浩特市商业中心，周围商业网点密集。1 号线沿新华大街东西向敷设，规划 4 号线沿兴安路南北向敷设，两条线在该处实现换乘。艺术学院站位于新华东街与兴安路交叉口，采用地下两层双柱三跨结构形式。

艺术学院站在路口的四个象限均设有出入口，兼顾四周居民，上下班客流及艺术学院学生，站点对区域周边乘客客流的服务高效便捷，将车站与区域发展良好地结合在一起。艺术学院站总平面图见图 6-1-3。

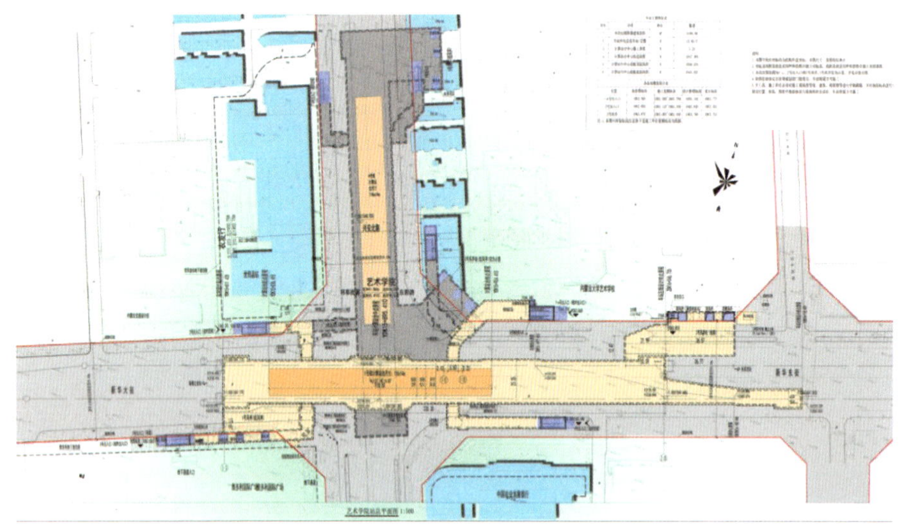

图 6-1-3　艺术学院站总平面图

呼和浩特东站位于呼和浩特市新城区，为 1 号线与 3 号线的换乘站。1 号线车站主体位于国铁呼和浩特东站南广场南侧东站前街，呈东西向布置，3 号线车站主体位于东站前街南侧地块内呈南北向布置。

由于东站南侧的地下两层商业体在地铁工程开工之前就已建成完工，因此只能将地铁布置在南广场南侧的城市道路下方，尽可能使地铁与国铁紧密结合，减少旅客在站内的步行距离，与国铁间实现“无缝衔接”，与南广场地下商业体一起构成了地下步行系统，使乘客方便进站，迅速出站，并在紧急情况下安全疏散。呼和浩特东站总平面图见图 6-1-4。

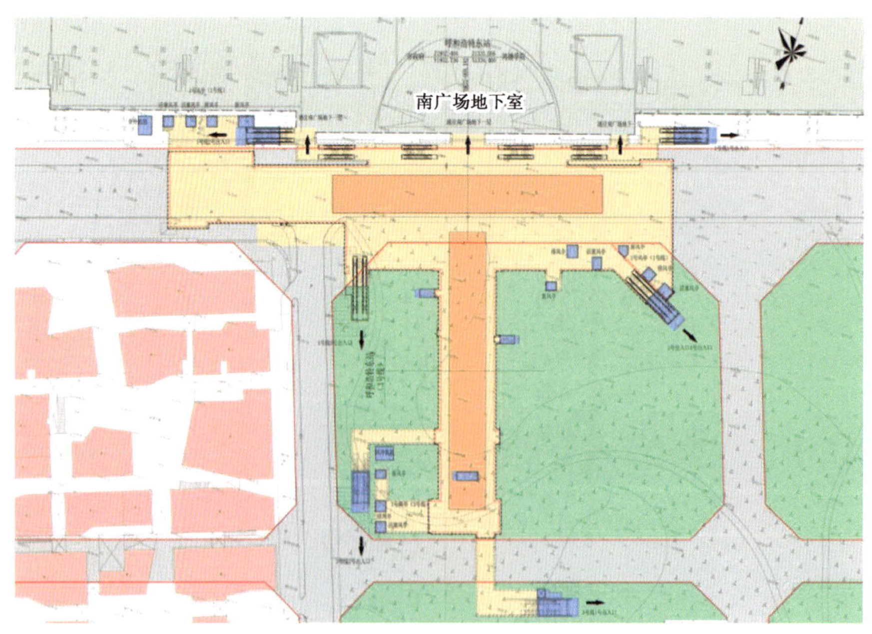

图 6-1-4　呼和浩特东站总平面图

喇嘛营站位于呼和浩特市南丰路与规划兴安南路交叉口。2号线车站沿南丰路路中敷设，呈东西走向，规划4号线沿规划兴安南路南北向布置，两线车站采用通道换乘。2号线车站为地下二层13 m岛式站台车站，车站站厅层公共区中部预留暗梁暗柱，为远期4号线预留换乘通道连接条件。

本站由于南丰路与规划兴安南路路口有220 V高压走廊，且高压走廊迁改困难，故未能实现两线车站节点换乘。喇嘛营站总平面图见图6-1-5。

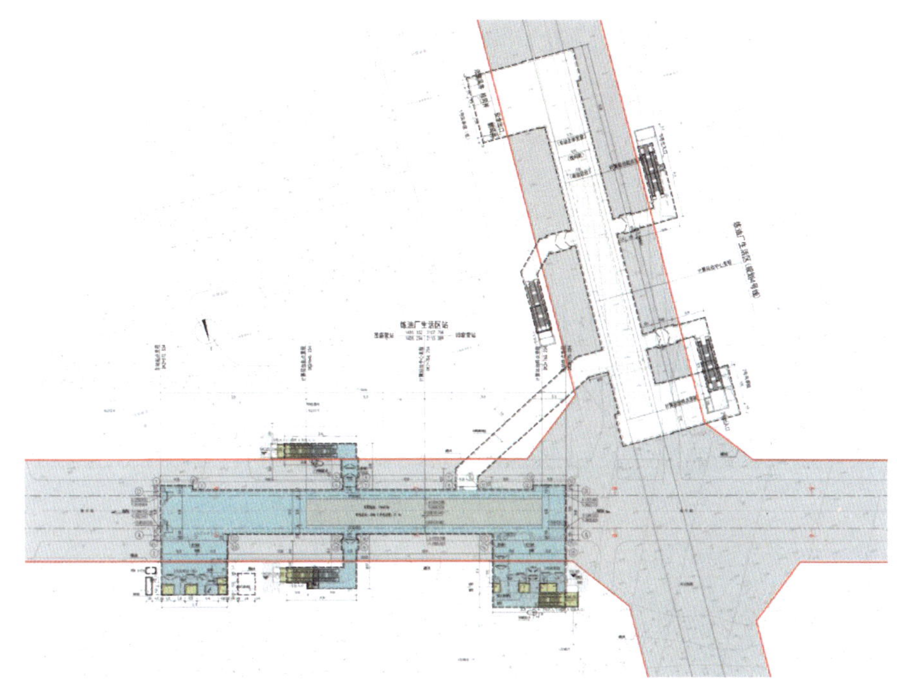

图6-1-5　喇嘛营站总平面图

五里营站位于锡林郭勒南路与包头大街交叉口。2号线车站沿锡林郭勒南路路中敷设，呈南北走向，规划5号线沿包头大街东西向布置，两线车站采用T型换乘。2号线车站为地下二层14 m双柱岛式站台车站（地下一层为站厅层，地下二层为站台层），5号线为地下三层14 m岛式站台车站（地下一层为站厅层，地下二层为设备层，地下三层为站台层），车站公共区中部预留暗梁暗柱，为远期5号线预留T型换乘连接条件。

2号线于本站设置停车线、折返线，由于车站为双层结构，配线上方可进行物业开发，为后期商业接驳预留条件。若远期5号线实施，可较大提升车站商业价值，实现地铁与商业共同发展。五里营站总平面图见图6-1-6。

诺和木勒站位于锡林郭勒南路与鄂尔多斯大街交叉口。2号线车站沿锡林郭勒南路路中敷设，呈南北走向，规划3号线沿鄂尔多斯大街东西向布置，两线车站采用T型换乘。2号线车站为地下二层14 m双柱岛式站台车站（地下一层为站厅层，地下二层为站台层），3号线为地下三层14 m岛式站台车站（地下一层为站厅层，地下二层为设备层，地下三层为站台层），车站公共区中部预留暗梁暗柱，为远期3号线预留T型换乘连接条件。

车站周边商业繁华建筑物林立，边界条件复杂，设计和施工中遇到了换乘方案的选择问题。结合周边物业对接、换乘便捷性、附属设置等多方面因素最终确定采用T型岛-岛换乘方案。诺和木勒站总平面图见图6-1-7。

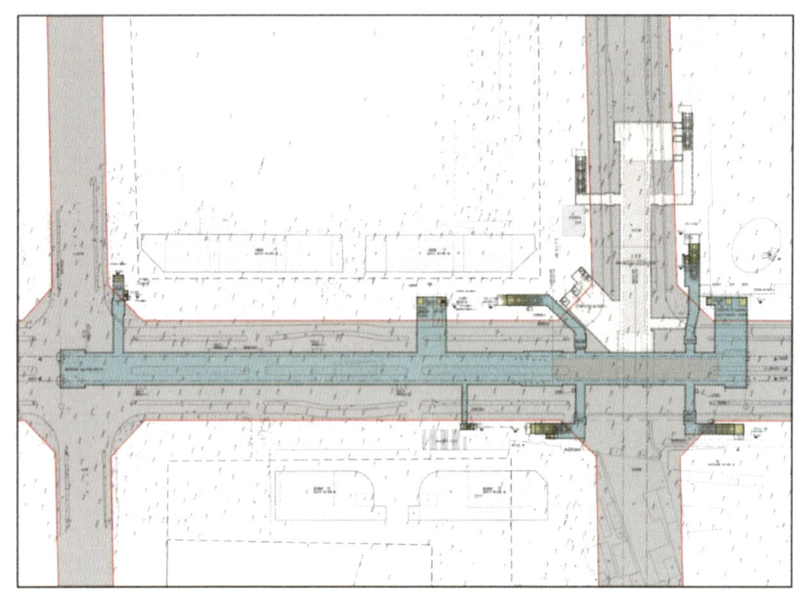

图 6-1-6　五里营站总平面图

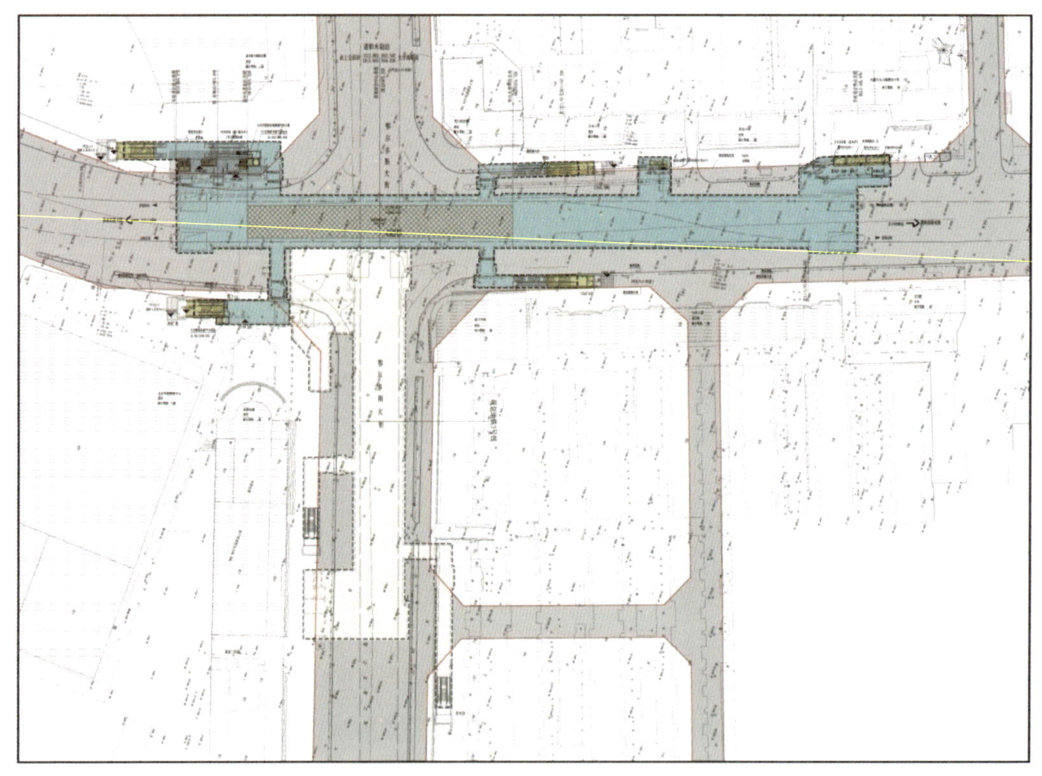

图 6-1-7　诺和木勒站总平面图

毫沁营站位于成吉思汗大街与兴安北路交叉口。2 号线车站沿成吉思汗大街路中敷设，呈东西走向，规划 4 号线沿规划兴安北路南北向布置，两线车站采用通道换乘。2 号线车站为地下二层 13 m 岛式站台车站，车站站厅层公共区中部预留暗梁暗柱，为远期 4 号线预留换乘通道连接条件。

本站 3 号出入口初步设计原为拆除加油站后沿成吉思汗大街敷设，由于加油站未能拆迁，只能将 3 号出入口向兴安北路延伸躲避加油站，导致 3 号出入口通道长度约 96 m。相比兴安北路而言，成吉思汗大街为更主要的城市干道，在成吉思汗大街北侧未留出入口对于乘客而言不太方便，3 号出入口通道处预留了接口，希望后期待加油站拆除之后能够从成吉思汗大街北侧再开一处出入口。毫沁营站总平面图见图 6-1-8。

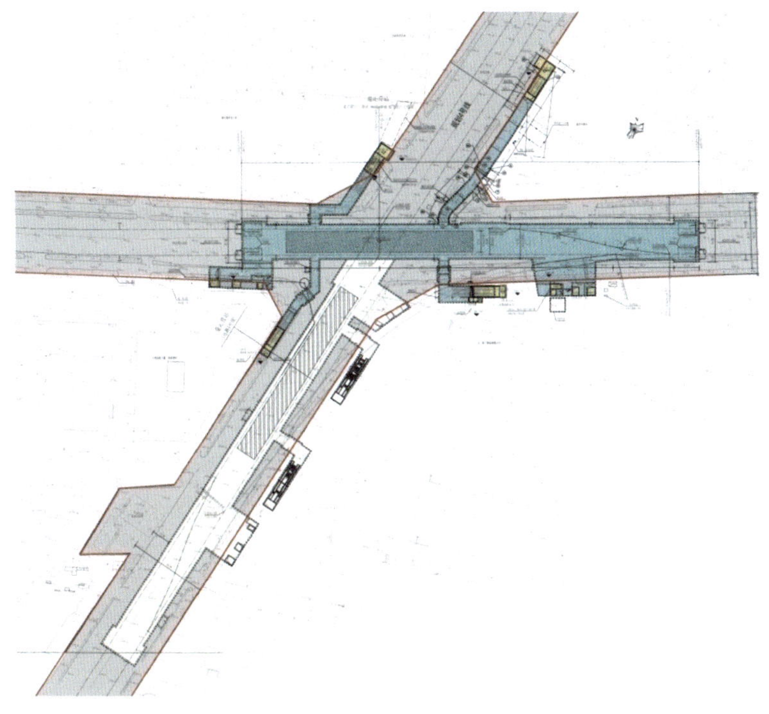

图 6-1-8 毫沁营站总平面图

百合路站位于成吉思汗东街与百合路交叉口，2 号线车站沿成吉思汗东街路中敷设，呈东西走向，规划 3 号线沿百合路南北向布置，两线车站采用T 型节点换乘。2、3 号线在百合路站西南象限设置联络线。2 号线车站为地下两层 14 m 岛式车站，3 号线车站为地下三层 14 m 岛式车站，2 号线车站在北侧预留暗梁暗柱为远期 3 号线实施时联通。

2 号线百合路站设置 4 个出入口 2 组风亭，远期 3 号线实施可考虑在联络线围合的三角区内建设物业开发。百合路站总平面图见图 6-1-9。

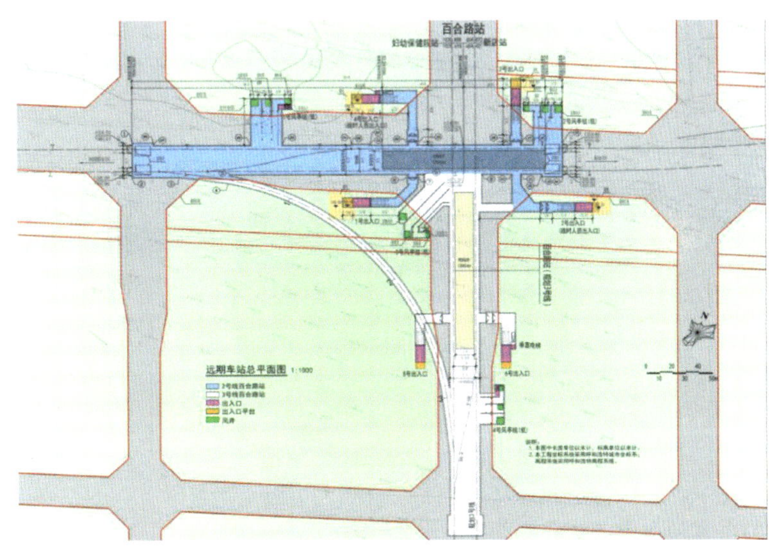

图 6-1-9 百合路站总平面图

1 号线东段共有三座高架站，位于机场范围，是旅客出机场后的第一道景观，具有城市窗口的作用，是城市建筑景观的组成部分。

为更好地处理沿线车站个性与共性的问题，结合车站造型设计特点，提出了“一线一主题，一站一风景”的设计理念：整条线路在顺应地理环境、尊重历史文脉、传承地域文化的同时，在有底蕴、有特色、有新意的创新性设计的主题之下，每个车站围绕着主题展开设计，从建筑的文化要素、场所要素、比例尺度、材质色彩、屋盖选型等方面，来充分考虑“主题的统一性与不同车站个性”的设计要求。

什兰岱站建筑主体融合了草原雄鹰的形象，体现地域文化与现代主义相互融合特征。什兰岱站效果图见图 6-1-10。

图 6-1-10　什兰岱站效果图

白塔西站表现了传统与自然融合的主题。本站融合了草原蒙古包和金莲花的形象，壮丽辽阔的内蒙古草原孕育了淳朴豪放的蒙古人，白色的蒙古包就像是草原上的天然点缀，给辽阔的草原赋予了爱和希望，对草原人民有着特殊的意义。白塔西站效果图见图 6-1-11。

图 6-1-11　白塔西站效果图

坝堰（机场）站位于机场航站楼前侧，作为八方游客进出呼和浩特的门户，选用内蒙古地区最具代表性的欢迎宾客的银碗与哈达，来体现传统文化中草原人民热情好客。坝堰（机场）站效果图见图 6-1-12。

图6-1-12 坝堰(机场)站效果图

地铁附属工程的地面建筑主要包括出入口、风亭、无障碍电梯等。它们虽体量不大,因通常位于繁华道路的两侧,对城市景观影响较大,往往反映了城市建设的水平和设计师对城市文化的理解,其外观对地铁的整体形象起到非常关键的作用。

呼和浩特市是国家历史文化名城,具有深厚的文化底蕴,根据呼和浩特的城市特点和国际设计发展趋势,呼和浩特地铁出入口的造型设计,采用了全网统一造型。全网统一采用标准站式出入口,有助于市民远距离快速识别并准确找到地铁车站出入口,重点站采用特色设计,可以更好地与周边建筑、景观环境融合,彰显城市的文化魅力。在城市广场区域,采用敞开式出入口,融入广场之中。

1号线三间房车辆基地为全线网规划的1处大、架修车辆基地,共包括综合楼、公寓楼、综合培训中心、停车列检库、联合检修库、洗车库及旋轮库、物资总库、工程车库、伊利健康谷站、油脂存放间、混合变电所、信号楼、在线检测棚、换热站、材料棚、蓄电池间、门卫、试车线用房、废水处理站等20个单体建筑(不含车站),总建筑面积124 513.31 m^2。承担1~5号线车辆的大、架修任务和1号线车辆的定临修、双周三月检以及停车列检、乘务等任务。

三间房车辆基地分为车辆段、综合维修中心、物资总库及综合培训中心四部分。车辆基地总平面布置以车辆段为主体,并根据车辆运用、检修的作业要求和段址的地形条件,综合办公楼、物资总库、综合培训中心和其他生产、生活、办公设施的布局,按有利于生产、方便管理和生活的原则进行统筹安排、合理布置。大架修车辆基地采用停车列检库与联合检修库顺向尽端式布置,出入段线可顺向直接进入停车列检库。试车线位于出入段线北侧,试车线有效长为1 400 m,能够满足B型车80 km/h时速的试车要求。停车列检库由17股道组成,可停放34列车辆,库房按6-5-6分跨布置。联合检修库位于停车列检库南侧,检修库分电化区和非电化区,电化区由双周三月检(3股道)、静调线(1股道)组成;非电化区由吹扫线(1股道)、定修线(2股道)、临修线(1股道)、大架修线(3股道,远期预留至7股道)组成,供电分区后方便运营管理。为减少洗车和旋轮作业时对咽喉区的切割次数,布置于入段线一侧,位于停车列检库北侧,工程车库位于出段线一侧,与出段线顺接,方便正线救援与夜间正线巡检。平板车停放线位于工程车库旁,其中平板车停放线设料棚跨1股道设置,且平板车停放线考虑预留地铁车辆采用汽运接车需求。联合检修库后为预留部件检修用地,停车列检库后为主要生产办公用房,综合楼内包含综合办公和综合维修中心功能,食堂、浴室、司机公寓及换热站整合成一个单体，设置综合培训中心承担全线网职工培训任务。主出入口位于车辆段西南侧综合楼前，与既有现状村路相连可直接通向鄂尔多斯西街，一处次要出入口设置车辆段东侧邻近出入段线，一处次出入口设置在东南侧派出所附近。三间房车辆段鸟瞰图见图 6-1-13。

图 6-1-13　三间房车辆段鸟瞰图

白塔停车场位于 1 号线东段，承担 1 号线部分车辆的周、月检任务和停车列检任务。白塔停车场采用运用库、洗车库及工程车库顺向尽端式布置，洗车库及工程车库布置于运用库南侧，出入段线可顺向直接进入运用库及洗车库。停车列检库由 5 股道组成（另预留 10 股道），可停 10 列车辆，主要生产办公用房布置于咽喉区，综合楼包含综合办公、综合维修中心功能、食堂、浴室及司机公寓整合成一个单体。主出入口位于停车场北侧综合楼东侧紧邻河西路，一处次要出入口设置于停车场西侧邻近出入段线。咽喉区北侧与综合楼中间设置地铁公安指挥调度中心及派出所，并单独设置出入口与围墙，与停车场物理隔离。白塔停车场鸟瞰图见图 6-1-14。

图 6-1-14　白塔停车场鸟瞰图

喇嘛营车辆段位于2号线主线路南端，占地约21.49 hm^2，共包括综合楼(含乘务员公寓)、停车列检库、检修库、洗车旋轮库、物资总库、工程车库、油脂存放间、混合降压变电所、列车在线检测棚、换热站、材料棚、门卫、试车线用房、废水处理站等23个单体建筑，总建筑面积71 483.46 m^2。承担2号线配属车辆的定临修、部分车辆的双周三月检以及停车列检、乘务等任务。喇嘛营车辆基地分为车辆段、综合维修中心、物资总库等三部分，培训任务由线网1号线三间房综合培训中心统筹考虑。车辆基地总平面布置以车辆段为主体，并根据车辆运用、检修的作业要求和段址的地形条件，综合办公楼、物资总库、综合维修中心和其他生产、生活、办公设施的布局，按有利于生产、方便管理和生活的原则进行统筹安排、合理布置。车辆基地采用停车列检库与检修库顺向尽端式布置，出入段线可顺向直接进入停车列检库。试车线位于出入段线北侧，试车线有效长为1 310 m，能够满足B型车80 km/h时速的试车要求。停车列检库由15股道组成，可停放30列车辆，库房按5-5-5分跨布置。检修库位于停车列检库南侧，检修库分电化区和非电化区，电化区由双周三月检库(2股道)、静调库(1股道)组成；非电化区由吹扫库(1股道)、定修线(1股道)、临修线(1股道)组成，供电分区后方便运营管理。为减少洗车和旋轮作业时对咽喉区的切割次数，洗车线布置于入段线一侧，位于检修库北侧，洗车线与入段线顺接。工程车库位于入段线一侧，与入段线顺接，方便正线救援与夜间正线巡检。平板车停放线位于工程车库旁，同时平板车停放线考虑预留地铁车辆采用汽运接车需求。停车列检库及检修库东侧为部分附属生产用房及公安派出所。综合办公区位于段址西侧，主要为综合办公楼、综合维修中心、食堂浴室等生产办公用房，综合办公楼中整合乘务员公寓及信号楼功能。主出入口位于段址南侧，综合办公楼前，与规划三环路(原规划土默川路)相接，次出入口设置在车辆段东侧临近停车列检库末端位置处，与规划喇嘛营路相接。喇嘛营车辆段鸟瞰图见图6-1-15。

图6-1-15　喇嘛营车辆段鸟瞰图

塔利停车场位于2号线北端，承担2号线部分配属车辆的双周三月检任务和停车列检任务，占地约11.19 hm^2。塔利停车场采用运用库、洗车库及工程车库顺向尽端式布置，洗车库位于运用库北侧，出入段线可顺向直接进入运用库及洗车库。停车列检库由12股道组成，每股道1列位(另后端预留1列位)，可停放12列车辆。主要生产办公用房布置于咽喉区南侧，综合办公楼包含综合办公、综合维修中心、食堂、浴室等功能。主出入口位于停车场南侧、综合办公楼前，与既有成吉思汗东街相接。次出入口设置于停车场东侧，运用库末端,与规划道路相接。塔利停车场鸟瞰图见图 6-1-16。

图 6-1-16 塔利停车场鸟瞰图

控制中心大楼位于赛罕区机场快速路以南、科尔沁快速路以东地块内,地块东侧为哈拉更沟,南侧为后不塔气村,西侧为赛罕区民族小学。总建筑面积 70 760 m²;其中地上建筑面积为 50 076 m²,运营管理用房地上 11 层;控制中心工艺用房 5 层。控制中心是呼和浩特轨道交通的"最强大脑",负责呼和浩特地铁的综合调度与指挥。

该建筑不仅仅只是交通控制枢纽建筑,而且是承载城市文化的重要载体。控制中心具有技术先进、功能要求高等特点,同时还应兼具一定的地域性、文化性和艺术性。建筑设计采用平实的现代主义手法,建筑主体以轨道交通办公管理为主,一侧裙房以综合调度与控制指挥技术用房为主。建筑体量形成一高一纵布局。

主体建筑以竖向线条为主体韵律,形成以"虚"为主的形体关系。竖向的线条隐喻出现代城市轨道交通的动感、快捷、高效和便利。以地铁车头造型轮廓作为竖向收尾,寓意了该建筑的功能主旨,主体西侧以"实"体量进行呼应,形成了主体建筑的虚实对比关系。

纵向裙房部分建筑造型轮廓如同一辆飞驰的地铁车头,再一次体现出该建筑的功能主旨。建筑主体墙面采用白色铝板,窗户与幕墙采用蓝色玻璃。用色统一、简洁,与呼和浩特"青色之城"的地域文化内涵相吻合,从而使建筑从整体到细部,从色彩到材质都协调一致,表现出地域性、文化性和艺术性。控制中心效果图见图 6-1-17。

6.1.3 结构设计

6.1.3.1 车站结构

1. 设计原则

(1)主体结构及其相连的重要构件,其安全等级为一级,按可靠度理论设计时,设计基准期为 50 年,结构耐久性设计符合结构设计使用年限 100 年的要求。

图6-1-17 控制中心效果图

(2)结构中主要构件与人群荷载密集构件的安全等级为一级，按荷载效应基本组合进行承载能力计算时重要性系数取 $\gamma_0=1.1$。并按设计使用年限为100年的要求进行耐久性设计(含车站内部的钢筋混凝土楼板、站台板、楼梯等)。当地下支护结构作为永久结构的一部分时，在考虑刚度折减的基础上，其设计使用年限为100年。

(3)本工程抗震设防烈度为8度，抗震设防类别为乙类，根据规范要求采取相应的抗震构造措施。

(4)处于一般环境下的地下结构，按荷载准永久组合并计及长期作用影响计算时，钢筋混凝土构件在水中环境、土中缺氧环境下，裂缝宽度不大于0.2 mm，洞内干燥环境或者洞内潮湿环境，裂缝宽度不大于0.3 mm，干湿交替环境裂缝宽度不大于0.2 mm(厚度不小于300 mm的钢筋混凝土结构可不计干湿交替作用)。其他冻融、侵蚀等不利环境，其最大计算裂缝宽度允许值应根据具体情况确定。

(5)结构中主要构件的耐火等级为一级。

(6)地下结构设计按核6级、常规武器6级人防的抗力标准进行验算，并设置相应的防护设施。防化等级按丁级设计。

(7)基坑支护结构设计按《建筑基坑支护技术规程》(JGJ 120—2012)选用相应侧壁安全等级及重要性系数。

(8)明挖法施工的结构顶部覆土厚度应满足地下管线铺设及绿化种植等要求。当位于城市主干道下时，覆土厚度一般不小于3.0 m。

2. 施工工法选择

(1)施工方法对结构形式的确定和地铁土建工程造价有决定性影响。地下车站施工方法的选定，一方面受沿线工程地质和水文地质条件、环境条件(地面建筑物和地下构筑物的现状、道路宽度、交通状况、环境保护等)、地铁的功能要求、线路平面布置、车站埋置深度及开挖宽度等多种因素的制约，同时也会对施工期间的地面交通和城市居民的正常生活、工期、工程的难易程度、城市规划的实施、地下空间的开发利用和运营效果等产生直接影响。

(2)全明挖施工可以适用于各种不同的地质情况，可减少线路埋深，施工工艺简单，技术成熟，特别是北京地铁、上海地铁、广州地铁及西安地铁的成功建设，积累了非常丰富的工程经验。在有施工场且有条件进行交通疏解并不受地下管线制约的条件下，尽可能采用明挖法施工，有利于节约投资和减少施工难度。盖挖法属明挖法的一种。在交通繁忙的城市中心区，为减少施工期间对地面交通和商业的影响，部分车站可采用盖挖法施工。当车站位于城市主干道的交通要道下，城市交通不允许封路；或地下管线较多，迁移困难；或道路狭窄，地面房屋拆迁困难时；即在地面无条件明挖或盖挖的情况下，采用暗挖法。暗挖法施工全部作业均在地下进行，因此对地面交通和人员出行影响较小、房屋和管线拆迁量也比较小，但在浅埋条件下，特别是在高水位的软土地层施工难度较大，工期较长，造价较高。

(3)1 号线一期工程共设 20 座车站，其中 16 座为地下车站，3 座为高架车站，1 座地面站。结合沿线车站所处的地质条件及周围环境的特殊性和复杂性，16 座地下车站施工方法分别采用全明挖法、半盖挖(局部)法和盖挖逆作法施工，部分出入口采用矿山法施工。其中西二环路站—乌兰夫纪念馆站，呼和浩特东站、后不塔气站共 7 座车站交通疏解条件较好，采用全明挖顺做法施工。其余 8 座车站由于站位处于交叉路口、交通流量大、周边环境较为复杂、施工场地狭小，采用了局部铺盖解决交通疏解问题，新华广场站规模大，基坑开挖及主体施工时间长，由于该站位于市中心繁华地段，考虑内蒙古自治区成立 70 周年大庆，为了保证尽早恢复地面交通，新华广场站选用盖挖逆作法。3 座高架站采用“桥—建”组合结构体系，现浇钢筋混凝土框架结构，基础采用钻孔灌注桩基础，主体结构施工采用满堂脚手架支模，现场绑扎钢筋浇筑，屋盖结构采用钢结构体系，采用工厂制作，运至现场安装。

2 号线一期工程共设 24 座车站，其中 22 座为地下车站，2 座地上站。结合沿线车站所处的地质条件及周围环境的特殊性和复杂性，车站施工方法分别采用全明挖法、半盖挖(局部)法和盖挖逆作法施工，部分出入口采用矿山法施工。其中阿尔山站—水上公园站，成吉思汗公园站—塔利东路站共 14 座车站交通疏解条件较好，采用全明挖顺做法施工。诺和木勒站、呼和浩特站—毫沁营站共 7 座车站由于站位处于交叉路口、交通流量大、周边环境较为复杂、施工场地狭小，采用了局部铺盖或局部盖挖逆作解决交通疏解问题。大学西街站、中山路站规模大，基坑开挖及主体施工时间长，由于该站位于市中心繁华地段，为了保证尽早恢复地面交通，选用盖挖逆作法。

3. 地下水处理

地铁工程深基坑地下水的处理有多种可行的方法，从处理方式来说可总分为坑内降水法和坑外降水法两大类。坑内降水法，即通过有效手段，在基坑周围形成止水帷幕，降水井设置于基坑内，将地下水止于基坑之外，如沉井法、灌浆法、地下连续墙等(见图 6-1-18)。坑外降水法，是将一定数量降水井设置于基坑周边，将基坑范围内地表水与地下水排除，如明沟排水、井点降水等(见图 6-1-19)。坑内降水法相对来说成本较高，施工周期较长，对周边环境影响较小，适用于地下水位较高的基坑；坑外降水法施工简便、操作技术易于掌握，易引起周边地表沉降，适用于地下水位较低或者土层固结沉降对于水位变化较不敏感的基坑。

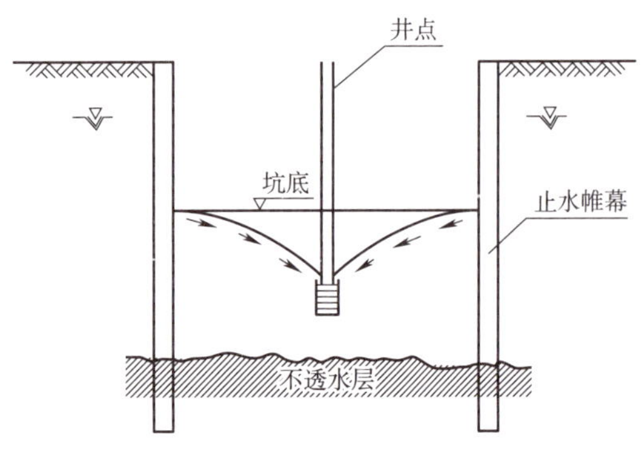

图 6-1-18 坑内降水法

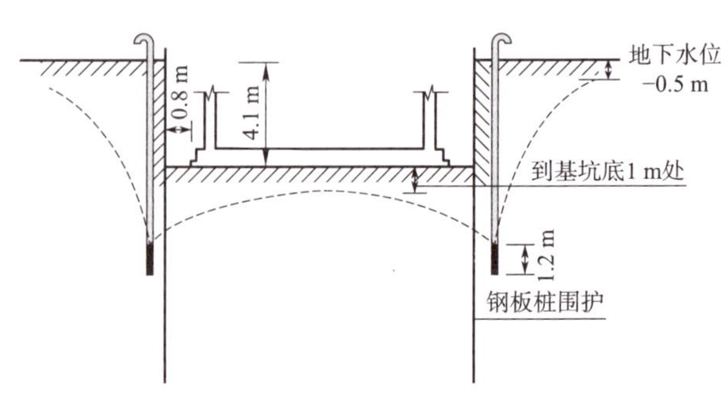

图 6-1-19 坑外降水法

综上所述，全线的地下水处理原则如下：

①各站点地下水控制方案应进行多方案比选，做到技术可行、安全可靠、经济合理；

②地下水控制方案应充分考虑地铁沿线环境特点，力求方案在实施过程中对周边综合影响降到最低；

③必须要考虑地下水控制方案实施的可行性，施工工艺成熟，施工成本合理。

4. 围护结构选型

基坑围护结构是地下结构设计的重点之一。采用明挖法和盖挖法施工时，为控制基坑开挖引起的地表沉降，保证施工安全，需进行基坑支护，其支护型式选择首先应具有施工的可行性，应能满足根据站位环境所确定的基坑保护系数对基坑水平位移和地表沉降的限制要求，在满足上述前提的要求下，依据场地工程地质及水文地质条件、环境情况、开挖深度、施工方法、工期、工程造价、地区常用的围护结构型式作综合的技术经济比较后确定最终的支护结构形式。

地下车站围护结构可采用桩板墙（地下连续墙、混凝土灌注排桩）、土钉墙、喷锚支护等支护型式。各种支护形式的适用性及经济性有较大差异，因此支护形式的选用应综合考虑，因地制宜。

结合轨道交通 1 号线一期工程具体情况，根据沿线周围环境、地质状况并结合本地基坑工程经验，1 号线一期工程共 16 座地下车站，2 号线一期工程共 24 座地下车站，主体大部分采用明（盖）挖法施工。沿线地层条件主要以粉质黏土、粉细砂、中粗砂、砾砂为主，地下水位 3～11 m，1 号线西段及中段、2 号线南段及中段地下水位相对较高，桩间止水效果较差，高压旋喷桩在较大粒径砂卵石地层条件，成桩效果难以保证，考虑地连墙止水效果更好，且支护结构整体刚度大，较深基坑车站主要位于城市主城区中的周边建筑密集或管线较多地段，可有效地保护建筑物的安全及周边管线的使用安全，故采用地连墙结构。1 号线东段、2 号线北段地下水位相对较低，可采用降水施工，且车站站址周边环境相对较好，大部分车站场地较为开阔，地下管线埋深较浅。车站明挖主体基坑采用钻孔灌注桩型式，其中部分车站附属结构周边场地施工条件允许，周边环境较为简单的地段，采用土钉墙型式。

5. 车站结构防水

（1）防水设计原则

①地下结构的防水设计应遵循“以防为主、刚柔结合、多道设防、因地制宜、综合治理”的原则。

②确立钢筋混凝土结构自防水体系，即以结构自防水为根本，采取措施控制结构混凝土裂缝的开展，增加混凝土的抗渗性能；以变形缝、施工缝等接缝防水为重点，辅以全包柔性防水层加强防水。

（2）防水设计标准

地下车站主体、人行通道及机电设备集中区段防水等级为一级，结构不得渗水、表面无湿渍。车站风道、风井防水等级为二级（如风道内有机电设备，防水等级为一级），不允许漏水，结构表面可有少量湿渍；总湿渍面积不大于总防水面积的 2/1 000；任意 100 m^2 防水面积上的湿渍不超过 3 处，单个湿渍的最大面积不大于 0.2 m^2。隧道工程还要求平均渗水量不大于 0.05 L/(m^2·d)，任意 100 m^2 防水面积上的渗水量不大于 0.15 L/(m^2·d)。

（3）结构自防水设计要求

①防水混凝土的施工配合比、外加剂掺量及水泥用量、粉煤灰、磨细矿渣等的添加量必须经过符合资质要求的试验单位进行试配试验，经优化比选达到设计要求的指标，并出具试验报告，经有关单位批准后方可使用。抗渗等级应符合如下要求：结构埋深 0～10 m 时，抗渗等级为 P6；结构埋深 10～20 m 时，抗渗等级为 P8；结构埋 20～30 m 时，抗渗等级为 P10。

②防水混凝土的施工配合比应通过试验确定，试配混凝土的抗渗等级应比设计要求提高一级（0.2 MPa）。

③防水混凝土结构底板的混凝土垫层，强度等级 C20，厚度不应小于 150 mm。

④防水混凝土结构厚度不应小于 250 mm，一般情况下结构迎水面裂缝宽度不大于 0.2 mm，背水面裂缝宽度不大于 0.3 mm，并不得出现贯通裂缝。

⑤一般情况下迎水面钢筋混凝土保护层厚度不应小于 45 mm，背水面钢筋混凝土保护层厚度不应小于 35 mm。

（4）耐久性及材料要求

混凝土原材料（水泥、矿物掺合料、集料、外加剂、拌和水等）中引入的水溶氯离子总量，Ⅰ-A 环境下应不超过胶凝材料重的 0.3%；Ⅰ-B 环境下应不超过胶凝材料重的 0.2%；Ⅰ-C 环境下应不超过胶凝材料重的 0.15%。

混凝土中的最大氯离子含量为 0.06%。

单位体积混凝土中三氧化硫的最大含量不应超过胶凝材料总量的 4%。

有耐久性要求的混凝土，单位体积含碱量（水溶碱，等效 Na_2O 当量）不应超过 3 kg/m^3。

在保证混凝土强度和抗渗等级等其他耐久性指标的前提下，应尽量降低胶凝材料的总用量和水泥的用量，水泥用量不宜小于 260 kg/m^3，胶凝材料总体用量（水泥和掺合料）不应少于 320 kg/m^3。

防水混凝土使用的水泥应采用符合现行国家标准《通用硅酸盐水泥》（GB 175—2020）的硅酸盐水泥或普通硅酸盐水泥。

粗骨料、细骨料应符合现行行业标准《普通混凝土用砂、石质量及检验方法标准》（JGJ 52—2006）中各项技术指标要求。

拌制混凝土宜采用饮用水；当采用其他水源时，水质应符合现行国家标准《混凝土用水标准》（JGJ 63—2006）的规定；高温季节施工时，水温不宜大于 20 ℃。

外加剂应采用符合现行国家标准《混凝土外加剂》（GB 8076—2008）中一等品技术要求的缓凝高效减水剂。冬季施工时，应采用符合现行行业标准《混凝土防冻剂》（JC 475—2004）中一等品技术要求的防冻剂。

防水混凝土中可单独或同时掺入一定数量的粉煤灰和磨细矿渣粉，应采用符合现行国家标准《用于水泥和混凝土中的粉煤灰》（GB/T 1596—2005）的Ⅱ级以上的粉煤灰，或符合现行国家标准《用于水泥和混凝土中的粒化高炉矿渣粉》（GB/T 18046—2008）的 S95 或 S105 级矿粉。

自防水混凝土结构在设计和施工过程中，应采取有效技术措施，保证防水混凝土达到规范规定的密实性、抗渗性、抗裂性、防腐性和耐久性。

（5）外包柔性防水方案及防水施工工艺

一级设防的明挖结构顶板及放坡开挖侧墙采用 2.5 mm 厚单组分聚氨酯防水涂料，二级设防的明挖结构顶板及放坡开挖侧墙采用 2.0 mm 厚单组分聚氨酯防水涂料；冬期施工阶段，应改用 2.0 mm 非固化橡胶沥青防水涂料 +4 mm 厚 SBS 改性沥青防水卷材（PY Ⅱ型）复合防水设防。

有围护结构侧墙和底板采用预铺防水卷材施做。预铺防水卷材采用 1.5 mm 厚单面粘合高分子胎预铺防水卷材（YPS 1.5 mm　GB/T 23457—2009）（粘结层为非沥青类）。

明挖结构顶板考虑植被影响时，应于顶板防水层上部设置根阻措施，建议采用 1.5 mm 厚 EVA 塑料防水板，并与园林绿化单位结合确定。

(6)细部构造防水措施

①施工缝防水技术要求

施工缝部位的防水加强做法分为如下几种：

车站迎水面结构施工缝采用钢边橡胶止水带 + 止水胶进行防水处理。

重点部位如车站与出入口通道接口部位施工缝、车站与区间接口部位施工缝、车站与通风道接口部位施工缝、所有与既有结构接口部位的施工缝(新老结构接口部位)，此类施工缝均采用双道止水胶 + 注浆管进行防水处理。

车站楼板施工缝等非迎水面结构施工缝均采用膨润土橡胶止水条进行防水处理。

施工缝表面需进行认真清理并涂刷优质水泥基渗透结晶防水涂料，用量不小于 1.5 kg/m^2，厚度不小于 1.0 mm。

②变形缝防水技术要求

侧墙和底板施工采用不小于 35 cm 宽的中埋式中孔型钢边橡胶止水带、35 cm 宽中孔型背贴式止水带与预埋注浆管的方法进行防水处理。

由于顶板无法设置外贴式止水带，可采用结构外侧变形缝内嵌缝密封的方法与侧墙外贴式止水带进行过渡连接形成封闭防水，侧墙和顶板内表面变形缝部位预留 200 mm × 30 mm 的凹槽，设置 1.0 mm 厚的不锈钢板接水盒。顶板存在下反梁的变形缝需要穿过纵梁预留洞口设置不锈钢板接水盒。

变形缝两侧的结构厚度不同时，无法设置背贴式止水带。此时需要将变形缝两侧做等厚度处理，在距变形缝不小于 30 cm 以外部位再进行变断面处理，这样不但利于柔性防水层的铺设质量，而且可设置背贴式止水带，确保变形缝部位的防水效果。

加强变形缝、施工缝、穿墙管、预埋件、预留孔洞、各型接头、各种结构断面接口、桩头等细部结构的防水措施，保证良好的整体性，减少结构裂缝的产生，提高结构自防水能力。

(7)冬季施工阶段顶板防水施工

冬季施工阶段顶板表面采用 2.0 mm 非固化橡胶沥青防水涂料 +4 mm 厚 SBS 改性沥青防水卷材(PYⅡ型)复合防水设防。非固化橡胶沥青涂料喷涂(或刮涂法)施工，复合 4 mm 厚 SBS 改性沥青防水卷材(PYⅡ型)防水层，形成无缝防水体系，卷材搭接边用非固化橡胶沥青防水涂料粘结，顶板结构基层进行平整清洁处理，保证防水层与结构基层形成满粘结。

非固化橡化沥青防水涂料施工前，须调试专用加热机械。开工前应就近安排机械，调试完成后，才能进行涂料施工。施工时，因橡化沥青的非固化特性，涂料施工应与卷材施工相配合。

基层应坚实、不得起皮，干净(无灰尘、无油污)，含水不得饱和，不得有明水。凹凸不平和裂缝处应用聚合物砂浆补平，施工前清理、清扫干净，必要时用吸尘器或高压吹尘机吹净。

施工工艺流程：机具准备、材料准备→基层清理→细部附加层施工→大面涂膜防水层喷涂施工→铺贴自粘卷材防水层→质量检查→质量验收→保护层施工。

细部附加层施工：对屋面的管道根部、预埋件、阴阳角等处先刮涂 2.0 mm 厚的橡胶沥青非固化防水涂料做加强处理，附加层宽度为 500 mm。

大面涂料施工：大面喷涂或刮涂非固化橡胶沥青防水涂料。涂料厚度涂刷均匀，不得漏刷并达到设计厚度。

铺贴卷材防水层：随即将防水卷材铺贴于已施工完成的防水涂料表面，要求铺贴顺直、平整、无折皱。

卷材搭接宽度为 100 mm,搭接缝采用涂料以热粘形式粘结,搭接边部位应连同大面卷材一起用非固化橡胶沥青防水涂料封闭(长边去除隔离膜),并用压辊辊压。

保护层施工:质量验收合格,即可进行保护层施工。

6.1.3.2 区间结构

1. 设计原则

(1)主体结构及内部构件的设计使用年限为 100 年。

(2)在按荷载效应的基本组合进行使用阶段的承载力计算时,取 $\gamma_0=1.1$,进行施工阶段的承载力计算时,取 $\gamma_0=1.0$;在按荷载效应的偶然组合进行承载力计算时,取 $\gamma_0=1.0$。

(3)正截面的裂缝控制等级及最大裂缝宽度限值按现行《地铁设计规范》(GB 50157—2013)执行。

(4)地下结构中承重构件的耐火等级为一级,其他构件应满足相应的室内建筑防火规范要求。

(5)地下结构的地震作用应符合 8 度抗震设防烈度,地下区间盾构及明挖隧道结构的抗震等级按二级,矿山法隧道结构抗震设防等级根据断面大小进行判定并不小于二级。对于非承重构件装饰构件、管道安装等,亦应采取必要的抗震措施。

(6)结构按甲类人防工程、工程防核武器抗力级别 6 级、防常规武器抗力级别 6 级的人防荷载进行结构强度核算。

(7)区间隧道及连接通道等附属的隧道结构防水等级为二级。

2. 施工工法选择

(1)施工方法比选

目前国内城市地铁区间施工较为成熟的方法有明挖法、盾构法、矿山法(浅埋暗挖法),各有优缺点,详见表 6-1-1。施工方法对地铁土建工程造价具有决定性的影响,同时也会对工程的难易程度、工期、运营效果等产生直接的影响。

表 6-1-1 明挖法、浅埋暗挖法、盾构法比选表

项　目	明挖法	浅埋暗挖法	盾构法
应用情况	适用于交通量小,管线改移少,房屋拆迁少,可与市政工程建设相结合的工程	适用于地质情况较好,地下水位低,房屋、管线多,交通疏解难,结构断面复杂多变的工程	适用于地层单一,地下水位高,房屋、管线多,交通疏解难,对沉降控制要求严格的工程
结构形式	形式多样的单跨或多跨矩形结构	形式多样的单跨或多跨马蹄形结构	形式单一的圆形结构
对交通影响	有一定干扰	无影响	无影响
对管线影响	遇管线时一般须改移或悬吊	无影响	无影响
对环境影响	对环境的干扰大	对环境的干扰小	对环境的干扰小
对邻近建筑物影响	影响大	影响较大	影响最小
施工难度	技术成熟,难度小	技术成熟,难度小	技术成熟,施工工艺较复杂,难度较小
施工风险	小	较大	小
作业环境	好	恶劣	好
施工降水	需降水	需降水	不需要降水
结构防水	质量好	质量不易保证	质量好
沉降控制	好	较好	好
施工速度	分段施工,综合速度快	速度较慢	机械化施工,速度快

续上表

项　目	明挖法	浅埋暗挖法	盾构法
对车站影响	无影响	无影响	对车站结构和施工影响大
受车站影响	无影响	无影响	影响大
投资可控性	好	差	好
工程造价	与线路埋深、结构跨度关系较大	每延米5万/单线,遇不良地质投资会增加	每延米5万~6万/单线

由表6-1-1对比可以看出,各种工法都具有一定优势及局限性,区间的施工方法的选择应根据各区间的沿线现状条件、周边规划、地质条件、工程投资、风险控制等因素综合考虑后方可确定。

(2)施工方法选择

针对呼和浩特轨道交通工程地质及水文地质条件、结合线路沿线的周边建筑物、地面交通条件,确定工法的选择原则:对于单线隧道,盾构法隧道具有安全度高、施工速度快等优点,首先推荐采用盾构法施工;对于配线区(单渡线、存车线、联络线等)隧道,应综合地面交通情况、地质条件、工期要求、临近车站的施工方法等因素,选择矿山法或明挖法施工,若配线上方有开发条件且周边环境允许的条件下优先采用明挖法施工。

1、2号线一期工程正线地下区间基本采用盾构法。1号线一期工程正线地下区间总长14 361.685双延米,其中采用盾构法施工13 507.187双延米,明挖法施工678.900双延米,矿山法施工175.618双延米;车辆段出入线地下区间长1 254.940双延米,其中采用盾构法施工835.000双延米,明挖法施工419.940双延米(见表6-1-2)。2号线一期工程正线地下区间总长20 853.206双延米,其中采用盾构法施工19 043.263双延米,明挖法施工650.954双延米;车辆段出入线地下区间长489.551双延米,停车场出入线地下区间长413.351双延米,均采用明挖法施工(见表6-1-3)。

表6-1-2　1号线区间隧道结构形式及施工方法汇表

序号	区间名称	区间长度(m)	隧道结构形式	施工方法
1	三间房车辆段出入线	1 254.940	矩形框架+圆形断面	明挖法+盾构法
	伊利健康谷—西二环路	162.380	矩形框架	明挖法
2	西二环路—孔家营	981.670	矩形框架+圆形断面	明挖法+盾构法
3	孔家营—呼钢东路	1 022.600	单线圆形隧道	盾构法
4	呼钢东路—西龙王庙	1 198.650	单线圆形隧道	盾构法
5	西龙王庙—乌兰夫纪念馆	719.950	单线圆形隧道	盾构法
6	乌兰夫纪念馆—附属医院	974.950	单线圆形隧道	盾构法
7	附属医院—新华广场	544.020	单线圆形隧道	盾构法
8	新华广场—人民会堂	541.710	单线圆形隧道	盾构法
9	人民会堂—将军衙署	1 023.820	单线圆形隧道	盾构法
10	将军衙署—艺术学院	681.185	单线圆形隧道	盾构法
11	艺术学院—东影路	518.840	单线圆形隧道	盾构法
12	东影路—内蒙古展览馆	789.171	单线圆形隧道	盾构法
13	内蒙古展览馆—内蒙古博物院	826.200	单线圆形隧道	盾构法
14	内蒙古博物院—市政府	861.536	单线圆形隧道	盾构法
15	市政府—呼和浩特东站	1 700.560	单线圆形隧道	盾构法
16	呼和浩特东站—后不塔气	1 148.825	单线圆形隧道	盾构法
17	后不塔气—洞口	665.618	马蹄形断面+矩形框架结构	明挖法+矿山法

表 6-1-3　2 号线区间隧道结构型式及施工方法汇表

序号	区间名称	区间长度(m)	隧道结构型式	施工方法
1	喇嘛营车辆段出入段线	489.551	矩形框架	明挖法
2	阿尔山路—喇嘛营	1 099.434	单线圆形隧道	盾构法
3	喇嘛营—帅家营	1 844.139	单线圆形隧道	盾构法
4	帅家营—内大南校区	1 498.007	单线圆形隧道	盾构法
5	内大南校区—锡林公园	1 149.123	单线圆形隧道	盾构法
6	锡林公园—五里营	269.256	单线圆形隧道	盾构法
7	五里营—水上公园	848.643	单线圆形隧道	盾构法
8	水上公园—诺和木勒	1 152.819	单线圆形隧道	盾构法
9	诺和木勒—大学西街	599.390	单线圆形隧道	盾构法
10	大学西街—中山路	836.266	单线圆形隧道	盾构法
11	中山路—新华广场	391.213	单线圆形隧道	盾构法
12	新华广场—呼和浩特	762.951	单线圆形隧道	盾构法
13	呼和浩特—公主府	549.152	单线圆形隧道	盾构法
14	公主府—呼和浩特体育场	1 490.226	单线圆形隧道	盾构法
15	呼和浩特体育场—内蒙古体育馆	998.474	单线圆形隧道	盾构法
16	内蒙古体育馆—成吉思汗广场	538.268	单线圆形隧道	盾构法
17	成吉思汗广场—毫沁营	1 068.911	单线圆形隧道	盾构法
18	毫沁营—成吉思汗公园	919.535	单线圆形隧道	盾构法
19	成吉思汗公园—一家村	1 005.837	单线圆形隧道	盾构法
20	一家村—东二环路	868.149	单线圆形隧道	盾构法
21	东二环路—新城图书馆	1 153.47	单线圆形隧道	盾构法
22	新城图书馆—百合路	662.493	单线圆形隧道	盾构法
23	百合路—新店	496.496	单线圆形隧道	盾构法
24	新店—塔利东路	650.954	矩形框架	明挖法
25	塔利停车场出入场线	413.351	矩形框架	明挖法

3. 盾构隧道设计

(1)隧道衬砌内径确定

一般情况下，圆形隧道限界按适应地段的最小曲线半径条件下考虑，根据行车及隧道内设备布置需要，圆形隧道的建筑限界为 D=5 200 mm(见图 6-1-20)。考虑盾构隧道施工时不可避免的施工误差、结构变形、隧道沉降以及测量误差等，在隧道建筑限界周边预留一定裕量。B 型车所采用的两种管片尺寸为 5 400 mm/6 000 mm/300 mm(内径/外径/厚度)和 5 500 mm/6 200 mm/350 mm(内径/外径/厚度)，其预留裕量分别为 100 mm、150 mm。

1、2 号线地质条件差(以砂土、粉土为主)，地下水位较高且渗透系数大，地层承载力较低，地铁建设及运营期间的沉降量相对较大，对沿线建筑物影响较大。综合车辆选型、隧道埋深、工程地质及水文地质等条件，确定管片内径为 5 500 mm。

(2)管片的拼装方式

常用的管片衬砌拼装方式主要有通缝拼装和错缝拼装两种。通缝拼装具有构造简单、施工方便等优点。但错缝拼装则在衬砌环刚度分布、衬砌整体均匀受力以及防水等方面有优势，因而更广泛地得到应用。

从目前国内地铁管片的错缝拼装实践来看，管片衬砌的制作和拼装精度可以满足错缝拼装的要求，衬砌的刚度和防水效果均较满意，故本工程盾构隧道的管片采用错缝拼装方式（见图 6-1-21）。

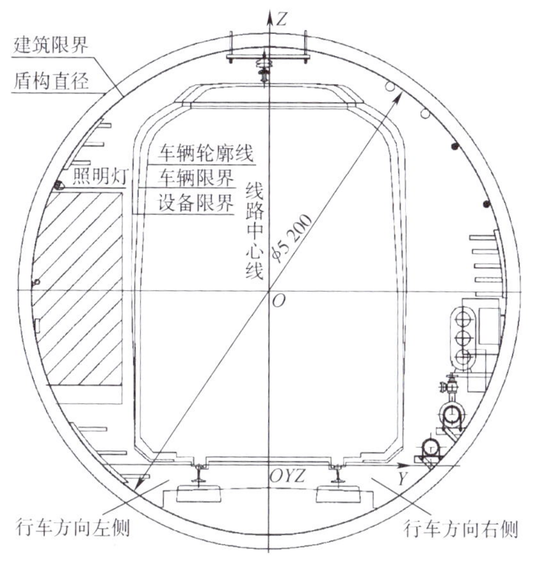

图 6-1-20　圆形隧道建筑限界图（单位：mm）

图 6-1-21　管片错缝拼装现场效果

（3）衬砌厚度

衬砌厚度的确定应根据隧道所处围岩条件、覆土厚度、管片材料、断面大小、施工工艺等因素综合考虑确定，并应满足衬砌构造（如手孔大小等）、防水抗渗以及拼装施工（如千斤顶作用等）的要求。衬砌的厚度对隧道土建工程量以及工程造价有显著的影响。在结构安全、功能合理的前提下，应尽可能采用较经济的衬砌厚度。根据以往工程经验，单层的钢筋混凝土管片衬砌厚度一般为衬砌环外径的 5%～6%，对于外径 6 200 mm的隧道，其管片厚度为 310～372 mm。

综合分析本工程隧道的埋深、工程地质及水文地质条件以及周围的环境情况，经初步计算分析、参考和借鉴其他工程的经验，管片的厚度采用 350 mm。

（4）衬砌分块

衬砌圆环的分块数与隧道直径大小、纵向螺栓个数及管片的制作、运输、吊装以及采用拼装方式有关。就中等直径隧道（3.5～6 m）而言，分 6～8 块居多，极少数采用 4 分块（上海地铁 1 号线试验段，具有试验性质），大多数采用 6 分块，例如：北京地铁、上海地铁、广州地铁、南京地铁、西安地铁等。

4 分块方案从结构受力角度上看，结构刚度大，构造引起的位移小，且在软土地层中，其接缝处弯矩接近零。但由于管片弧长偏长，吊装运输及拼装不方便。6～8 分块较 4 分块不但减小了单块尺寸和重量，而且由于可采用小封顶块，使拼装方式从径向插入改为纵向插入，改善了结构受力。在 6～8 分块相互比较中，6 分块的接缝少、拼装块、更经济；以现有的施工水平，6 分块在制作、运输及拼装过程不存在问题。

根据国内施工实践，衬砌采用 6 分块：3 个标准块 A、2 个邻接块 B、1 个小封顶块 K（见图 6-1-22）。

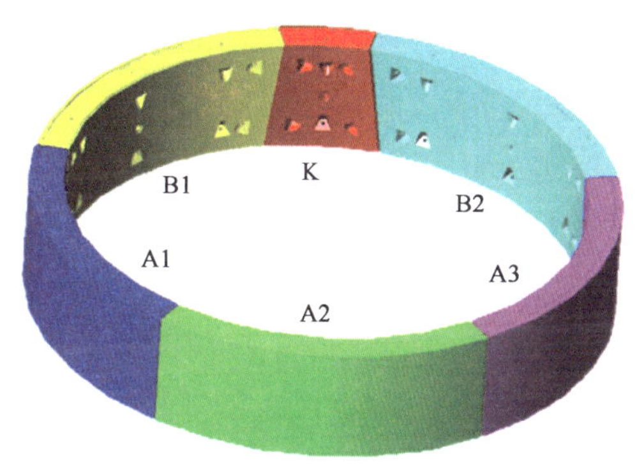

图 6-1-22　盾构管片分块示意图

(5)衬砌环

为了满足盾构区间隧道线路模拟的需要,必须选择合适的衬砌环形式,目前国内有两种形式:标准环和通用环。

标准环即为常用的标准环(整环环宽相同)+左转、右转环(楔形环)方式。目前,国内大部分城市地铁的盾构区间隧道采用了此种管片形式。以该方式拼装的隧道衬砌在直线段用标准环,在曲线段和纠偏施工时用楔形环(或楔形环与标准环按一定比例排版)。管片形式拼装方式较灵活,管片排列较规整。由于存在3种不同形式的衬砌环(标准环、左转环和右转环),工厂预制管片时应准备至少3种不同的高精度钢模,且管片的生产和供应的管片类型及比例,受隧道施工需要管片类型的限制,往往容易出现管片生产供应和施工需求相脱节的现象;另外,在施工现场,也会出现输送至洞内管片类型错误等现象。

通用环只有1种管片衬砌环类型(即通用环)。通用环实际上就是1个楔形环,通用环的楔形量根据衬砌排版方式、线路最小曲线半径、错缝拼装和纠偏施工需要等因素计算确定。衬砌排版时,对于直线线路,采用两个拼装方位角相差180°的管片衬砌环组成的"互补衬砌对"来抵消通用环的楔形倾向;对于不同半径的曲线线路,均以通用环和互补对按一定的比例排版来拟合。因竖曲线半径较大,施工时可采用增设管片间的垫片来解决,也可采用调整通用环的拼装方位角来拟合。该管片形式只有一种钢模类型,钢模利用率高,生产出的管片可随时用于现场拼装,易于施工组织管理,简化了管片衬砌的设计与施工过程,亦降低了工程造价。

从理论上分析,标准环和通用环管片在设计及施工上均有各自特点,我国则两种形式都采用,两者在技术上没有原则上的区别,都能满足盾构法隧道施工的需要。1、2号线线路走向较为顺直,全线隧道线形在设计上均为直线或较大曲线半径,无小半径线路,均采用通用环形式。

(6)管片宽度

管片环宽应综合考虑各方面因素,并根据工程的具体条件、实际的施工经验、盾构机举重臂能力及千斤顶行程等客观条件确定,选择既经济又合理的环宽尺寸。相对较大的管片环宽,有利于减少接缝数量,增加隧道整体刚度,在施工进度方面与工程造价方面有一定的优势,但较大的环宽需增加盾尾长度,将影响盾构机的灵活性,增加盾构纠偏与转弯的难度;小曲线半径施工时,管片错缝、踏步、裂缝与破碎现象加剧,尤其是在施工工艺得不到有效保障的情况下,隧道渗漏现象加剧,防水性能下降,将对隧道的耐久性与运营安全构成严重威胁。

目前机械制造水平已相当高,增加拼装机的起重量和提高施工配套设备能力,已不成问题。管片宽度的增加,有利于加快施工速度,降低工程的施工成本,提高经济效益。广州地铁施工中1.5 m环宽的盾构管片的应用,施工速度明显加快,收到了较好的效益。

从经济上看,增加管片宽度降低了管片制作成本,减少了管片接缝,节约了防水材料及连接螺栓。相对于1 200 mm宽管片,采用1 500 mm宽管片后接缝减少,防水材料用量及连接螺栓均会有所节省,且由于管片块数减少了,管片制作次数少了,成本也自然降低了。从总体上考虑,盾构施工效率提高,施工成本降低,盾构区间总造价也会有所降低。

结合1、2号线的线路条件,为降低地铁造价、提高管片结构性能、提高盾构施工速度,减小施工误差,均采用1 500 mm环宽。

(7)管片设计参数

1、2号线区间盾构管片参数见表6-1-4。

表 6-1-4　管片设计参数表

项　　目	特　　征
管片直径	ϕ6 200 mm
管片厚度	350 mm
管片分块	6 块
管片宽度	1 500 mm
管片拼装方式	错缝拼装
管片接触面构造	管片环、纵缝接触面皆不设榫槽
衬砌环组合形式	通用环

4. 地下区间风险源

1、2 号线一期区间隧道风险源主要包括自身风险源及环境风险源。

(1)自身风险源

施工前应对地质、环境条件进行核查和补充调查,并对地下水难以控制等地质条件复杂部位进行识别;

在周边地质与环境条件核查的基础上,评估地质及环境条件对围护结构、地下水控制、土方开挖等施工方案的影响,并预测施工方案对周边环境可能产生的影响,对成孔、成桩和注浆设备的适应性及开挖、支护施工步骤和参数的可行性进行论证。

评估施工组织设计的合理性、针对性,主要包括施工部署、施工准备、安全风险管理体系建立等方面。

制订专项的监控量测方案,做到信息化施工。根据风险评估结果制定相应的控制标准,设定相应的预警值、报警值、警戒值。对区间隧道、交通道路路面桥梁及相邻房屋均应加强施工监测,严格控制地面沉降量和结构的变形。

施工单位应根据各项工程风险制订专项施工方案,应有专门的应急预案,一旦发现事故苗头,能够立即采取抢险措施,控制事故的进一步发展。

(2)环境风险源

1、2 号线一期区间隧道主要环境风险源见表 6-1-5、表 6-1-6,主要包括:铁路、桥梁桩基、河流沟渠、地面建筑物以及地下管线等,采取以下控制措施:建立环境安全风险管理分级及评估体系,对各风险点进行科学有序管理;建立风险应急预案,以应对可能发生的突发事件;优化线路平面及纵断面,加大区间隧道与建(构)筑物的空间相对距离;优先选用盾构法施工,选择对建(构)筑物影响最小的部位通过,尽量垂直或大角度穿越;适宜的加固处理措施和实施方案,加强监控量测,全过程贯彻“动态设计、信息化施工”理念。

表 6-1-5　1 号线地下区间环境风险汇总表

序号	区间名称	风险源名称	区间工法	风险等级
1	车辆段出入线(含起点区间)	下穿呼准铁路	盾构法	Ⅱ级
2		下穿乌素图沟	盾构法	Ⅱ级
3	西二环路—孔家营	侧穿鄂尔多斯西立交桩基	明挖法	Ⅰ级
4		下穿电厂专用线铁路	盾构法	Ⅱ级
5	乌兰夫纪念馆—附属医院	侧穿钢铁大桥	盾构法	Ⅱ级
6		侧穿新华桥	盾构法	Ⅱ级
7		下穿乌里沙河	盾构法	Ⅲ级
8		下穿扎达盖河	盾构法	Ⅲ级

续上表

序号	区间名称	风险源名称	区间工法	风险等级
9	人民会堂—将军衙署	侧穿将军衙署桩基	盾构法	Ⅱ级
10	将军衙署—艺术学院	下穿十九中地下人行通道	盾构法	Ⅲ级
11	市政府—呼和浩特东站	下穿东河	盾构法	Ⅲ级
12		下穿万通路地道工程	盾构法	Ⅲ级
13	呼和浩特东站—后不塔气	侧穿东客站桥	盾构法	Ⅲ级

表 6-1-6　2 号线地下区间环境风险汇总表

序号	区间名称	风险源名称	区间工法	风险等级
1	阿尔山路—喇嘛营	隧道接近单层景观花园锅炉房	盾构法	Ⅱ级
2		隧道接近单层中油呼炼砖房		Ⅲ级
3	喇嘛营—帅家营	下穿单层砌体结构房屋	盾构法	Ⅲ级
4	帅家营—内大南校区	下穿单层砌体结构房屋	盾构法	Ⅲ级
5		隧道接近恒泰盛都（地上 25 层地下 1 层）		Ⅲ级
6	内大南校区—锡林公园	隧道接近小黑河大桥桩群	盾构法	Ⅲ级
7	五里营—水上公园	侧穿南二环快速路高架桥桩群	盾构法	Ⅲ级
8	水上公园—诺和木勒	隧道接近三层癫痫病医院	盾构法	Ⅲ级
9	中山路—新华广场	下穿过街通道	盾构法	Ⅱ级
10	新华广场—呼和浩特站	隧道接近两层金足鞋城	盾构法	Ⅲ级
11	呼和浩特站—公主府	下穿呼和浩特火车站站场股道	盾构法	Ⅰ级
12		下穿火车站主体站房及高架候车厅桩基群		Ⅰ级
13		隧道接近鑫和银座住宅楼（地上 26 层地下 1 层）		Ⅱ级
14		下穿道北二小区（4 层、6 层）、道北三小区（3 层、4 层、5 层）、美新花园（6 层）		Ⅰ级
15		隧道接近道北六小区（3 层）、广电局宿舍楼（4 层）		Ⅱ级
16	公主府—呼和浩特体育场	隧道接近民族学院 5 号宿舍楼（6 层）、民族学院商业楼（2 层）、天府花园商业楼（5 层）、穿越扎达盖河大桥桩基群	盾构法	Ⅱ级
17		隧道接近财院住宅小区（6 层）、气象局宿舍（6 层）、地震局宿舍楼（6 层），蒙达宿舍楼（6 层）、供电局小区（6 层）、内蒙古地震局宿舍商业楼（2 层）		Ⅲ级
18	成吉思汗公园——家村	隧道接近内蒙古住建厅（地上 22 层，地下 1 层）	盾构法	Ⅲ级
19		下穿成吉思汗公园过街通道		Ⅱ级
20		下穿呼哈铁路（有砟轨道，停运状态）		Ⅱ级
21	东二环路—新城图书馆	下穿东河	盾构法	Ⅲ级
22		隧道接近哈拉沁桥		Ⅲ级
23	百合路—新店	侧穿科尔沁快速路高架桥桩群	盾构法	Ⅱ级

5. 沿线文物的分布及现状

1 号线一期工程沿线共涉及各类文物保护单位 3 处，其中全国重点文物保护单位 1 处，自治区级重点文物保护单位 2 处（详见表 6-1-7），其位置及现状详见图 6-1-23 ~ 图 6-2-27。2 号线无。

表 6-1-7　沿线文物统计

区间名称	文物单位	文物等级
新华广场—人民会堂	呼和浩特市博物馆展厅大楼 内蒙古自治区政府一号办公楼	自治区级重点文物保护单位
人民会堂—将军衙署	清将军衙署及照壁	全国重点文物保护单位

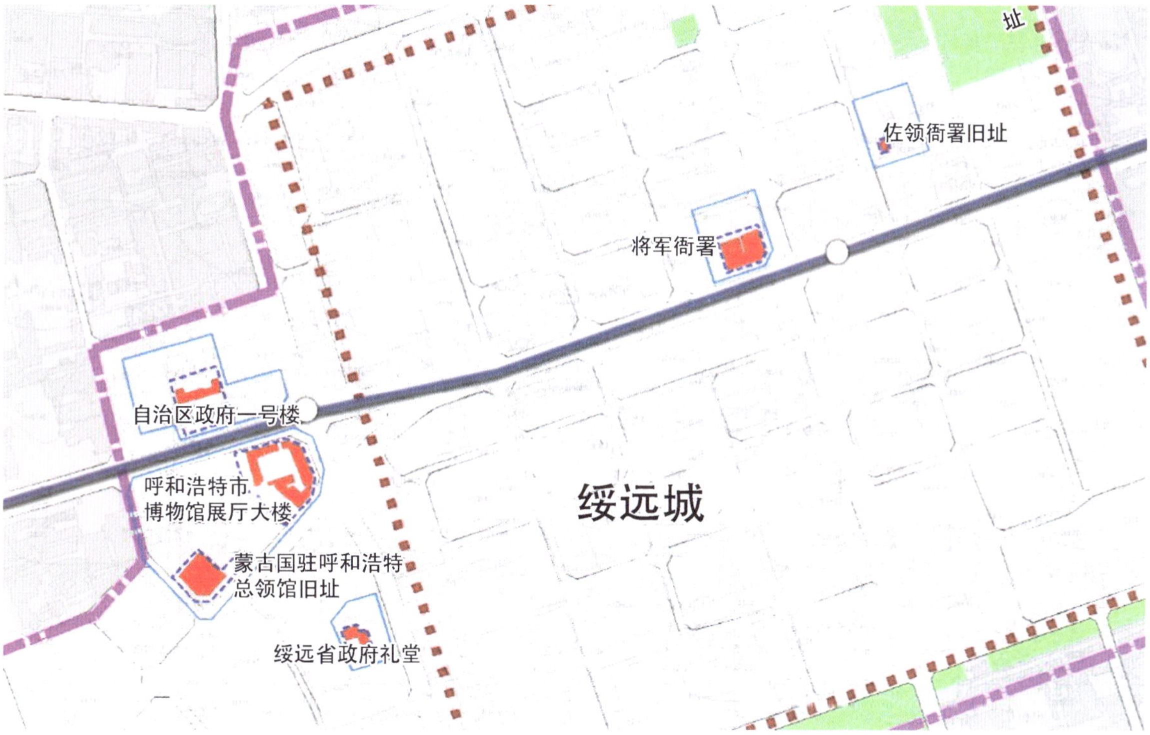

图 6-1-23　沿线文物分布平面图

图 6-1-24　内蒙古自治区政府一号办公楼现状

图 6-1-25　呼和浩特市博物馆（白马馆）

图 6-1-26　绥远城将军衙署全貌效果图

图 6-1-27　绥远城将军衙署照壁现状

6. 地下区间结构防水

(1)结构自防水

地下工程防水混凝土的抗渗等级见表 6-1-8。

表 6-1-8　结构混凝土抗渗标准

结构埋置深度(m)	设计抗渗等级	
	现浇混凝土结构	装配式钢筋混凝土结构
$h<20$	P8	P10
$20\leqslant h<30$	P10	P10
$h\geqslant30$	P12	P12

混凝土结构自防水设计应根据所处的环境条件和使用要求,选用相适宜的掺合材料和外加剂,以满足混凝土自身的抗渗性、耐久性的要求。

(2)接缝防水

变形缝应满足密封防水,适应变形、施工方便、检查容易等要求,止水构件可根据材料来源、施工条件、变形量等采用橡胶止水带、钢边橡胶止水带、塑料止水带等。

穿墙管的主管应在浇筑混凝土前埋设,其中部可设置止水环或遇水膨胀止水条等。

(3)盾构区间隧道防水措施

①盾构法施工的隧道,衬砌自身应具有良好的防水能力,管片混凝土的抗渗等级不得小于 P10。

②盾构区间隧道与旁通道接口的防水要重点加强,因区间隧道的联络通道采用矿山法施工,因此可按矿山法隧道的全包防水做法进行处理。

③应加强盾构隧道与端头井的接头防水,包括施工阶段的临时接头与竣工后的永久接头防水。临时接头主要由帘布橡胶圈及其压紧装置构成,辅以井圈注浆堵水。永久接头指盾构洞口后浇环梁与管片以及内衬混凝土结构之间的接缝,均采用双道遇水膨胀止水条和预埋可多次注浆的注浆管进行处理,注浆管引出的注浆导管间距 4 ~ 5 m。

④盾构管片接缝的密封防水采取"多道设防、综合治理"的原则,具体措施如下:

a. 衬砌管片外弧设置一道防水弹性密封垫;

b. 弹性密封垫在管片张开量为 6 mm 时应能承受 0.6 MPa 的水压;

c. 衬砌管片内弧侧预留嵌缝槽，管片拼装完毕后在拱部和仰拱 90°范围的预留凹槽内采用密封胶进行嵌缝密封；

d. 对每一个螺栓孔、注浆孔均设置密封垫圈；

e. 衬砌管片环向密封垫圈可优先选用三元乙丙橡胶，螺栓孔密封垫圈和注浆孔密封垫圈可优先选用缓膨胀遇水膨胀橡胶。

(4)矿山法结构防水措施

矿山法结构包括采用矿山法施工的区间、区间风道、联络通道、泵房等附属的隧道结构等。

①二级设防要求时柔性全包防水方案

二级设防要求的矿山法结构，均采用 1.5 mm 厚高分子自粘胶膜(非黑色)防水卷材进行全包防水，防水板与基层间设置 400 g/m^2 的无纺布缓冲层，底板平面部位的防水层上表面设置 400 g/m^2 的无纺布保护层，并浇筑 7 cm 厚的 C20 细石混凝土保护层。

②二衬混凝土浇筑完毕后，应对拱顶部位的防水层和二衬之间进行回填注浆处理。

③在区间隧道内设置防水板注浆系统，一级设防要求时，注浆系统的设置间距宜为 3 ~ 4 m；二级设防要求时，注浆系统的设置间距为 4 ~ 5 m。注浆系统包括注浆底座和注浆导管，注浆底座应热熔焊接在防水板表面。注浆导管应采用塑料螺纹管，并应具有足够的抗压强度，确保埋入筑混凝土内的部分不被压扁。

④在矿山法隧道内设置分区系统，分区系统均设置在变形缝部位。分区系统包括与防水板同材质的塑料止水带，止水带宽度不小于 30 cm。

6.1.4　人防、消防设计

1. 人防设计

轨道交通 1 号线一期工程西二环路—后不塔气(除呼和浩特东站)的 15 座地下车站及相关区间隧道。标准车站平时为地下两层岛式地铁车站，战时为核 6 级、常 6 级、防化等级为丁级的紧急人员掩蔽部，掩蔽人数为 800 人。按一个车站加一个相邻区间为一个防护单元的基本划分原则。相邻防护单元之间设置防护密闭隔断门将其分隔，各防护单元的内部设备自成独立系统，2 条线人防单元划分布局见图 6-1-28 和图 6-1-29。1 号线共设置 15 个人防防护单元。

轨道交通 2 号线一期工程阿尔山路—百合路的 22 座地下车站及相关区间隧道。标准车站平时为地下两层岛式地铁车站，战时为核 6 级、常 6 级、防化等级为丁级的紧急人员掩蔽部，掩蔽人数为 800 人。按一个车站加一个相邻区间为一个防护单元的基本划分原则。相邻防护单元之间设置防护密闭隔断门将其分隔，各防护单元的内部设备自成独立系统。2 号线共设置 22 个人防单元。

2. 消防设计

全线消防贯彻“以防为主、防消结合”的消防设计原则，按全线同一时间内仅发生一次火灾设计；对于两条线路的换乘车站，按同一车站同一时间发生一次火灾考虑。

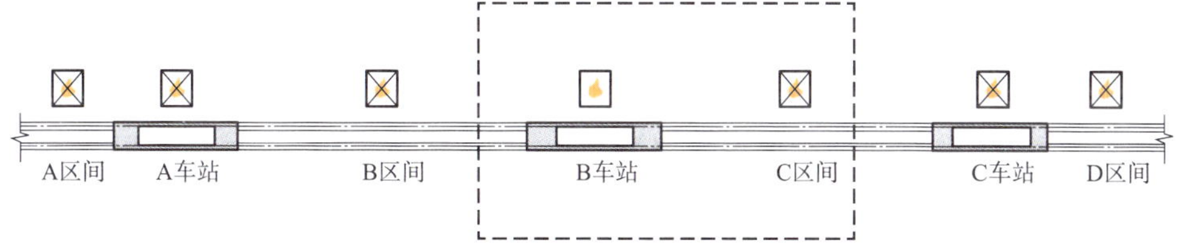

图 6-1-28　人防单元划分布局示意图(一)

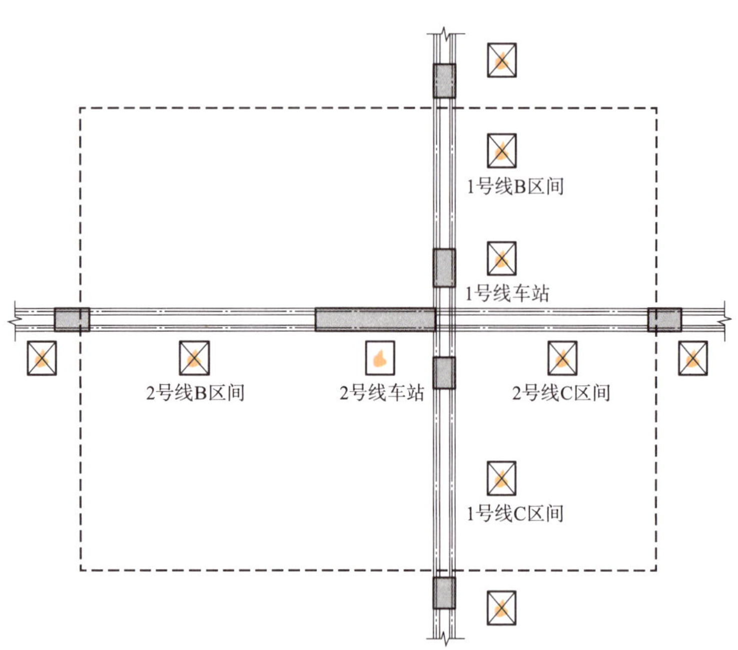

图 6-1-29 人防单元划分布局示意图(二)

地下的车站、区间、变电站等主体工程及出入口通道、风道的耐火等级应为一级;地面出入口、风亭等附属建筑耐火等级不得低于二级。车站宜按功能合理划分防火分区并采取有效分隔。

区间疏散方式:地下区间在行车方向的左侧设有宽度不小于600 mm的纵向疏散平台;区间隧道按不大于600 m间距设有联络通道。当火灾列车被迫在区间内停车时,乘客应从列车门侧向下至疏散平台,再沿着疏散平台或者下至道床后,迎送风方向疏散至相邻车站或通过区间联络通道疏散至对侧区间撤离。疏散通道布局见图6-1-30。

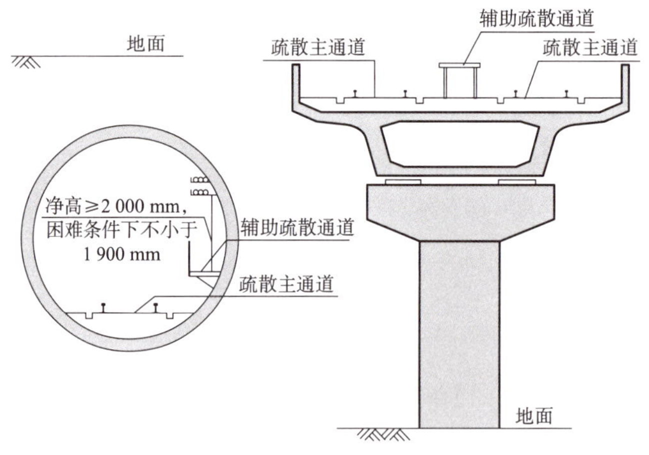

图 6-1-30 疏散通道布局

车站内应设置有效的防排烟系统设置。车站、区间设置消火栓消防给水系统,对重要电气设备用房设置气体灭火系统。站内根据《建筑灭火器配置设计规范》(GB 50140—2005)的要求配置灭火器,以确保能迅速有效地扑灭各种火灾。综合监控系统主要集成了火灾自动报警子系统(FAS)、环境与设备监控子系统(BAS)、电力监控子系统(SCADA)等子系统,全线FAS采用通信传输系统提供的专用冗余通信通道进行数据传输,FAS 中央级、车站级设备由综合监控系统统一配置,功能由综合监控系统实现,但底层网络仍为独立设置(FAS 报警主机、各类探测器和模块及现场网络),在车站设置 FAS 专用工作站。各车站、区间、出入口、通道,均设应急照明,正常情况下由交流供电(一主一备),当两路交流电源都失电后,由蓄电池提供备用电源。

6.1.5 小　　结

轨道交通 1、2 号线均已开通初期运营,从目前实施及运营情况来看,车站建筑布局合理、功能完备,突出了"以人为本"的理念,从交通、行人行为、室内环境、文化等方面,最大限度为乘客提供舒适温馨的乘车环境;消防及人防设计符合规范及行业主管部门要求;施工工法选择合理、结构设计安全可靠,施工期间最大限度保护了周边环境。

轨道交通 1、2 号线为后续建设积累了宝贵经验,有许多值得总结的地方,如车站运营管理用房的设置、旋喷桩止水方案在呼市地区的合理性,深基坑支护设置第一道混凝土撑的必要性,冻结法施工联络通道的优势,是否有必要设置预埋槽道等,都将更好地指导轨道交通新线设计。

6.2 BIM 技术在呼和城市轨道交通工程建设中的研究与应用

6.2.1 BIM 应用的目标

根据轨道交通公司 BIM 工作要求:在轨道交通 1、2 号线全面系统地应用 BIM 技术进行设计、施工、管理、交付,实现以下目标:

(1)立足于三维管综指导施工,减少返工、保障工期、节约成本。在现有三维管综 BIM 模型基础上,深化设计,添加连接末端、设备、阀门等;进行空间检查(检修、操作、配线)、运维路径检查;生成平立剖图、墙洞图,实际指导施工。

(2)基于典型工点 BIM 应用研究,形成全生命周期 BIM 应用体系,为后续新线积累经验。进行典型工点一体化 BIM 模型建设(周边环境、市政管线、地面小品建模、工程本体 BIM 模型),开展各阶段 BIM 应用研究(管线改迁、交通导改、竣工交付、资产管理),形成全生命周期 BIM 数据传递、共享、应用体系。

(3)形成自治区/行业协会标准,打造城市轨道交通 BIM 实施样板工程。通过应用实践,申报自治区、城市轨道交通协会 BIM 应用标准,打造 BIM 实施样板工程,提升企业影响力。呼和浩特城市轨道交通 BIM 建模标准及 BIM 设施设备族库交付标准见图 6-2-1。

6.2.2 组织模式与各方职责

建立轨道交通公司、BIM 总体方、设计方、施工方、设备厂家共同参与的组织架构。由轨道交通公司设计管理部负责整个 BIM 实施体系的履约管理,工程管理部、物资设备部负责现场安装阶段的 BIM 管理工作(见图 6-2-2)。

(1)轨道交通公司职责

①制定图纸、BIM 模型的进度管理和质量审查办法。

②制定针对各参与方的 BIM 工作考核办法。

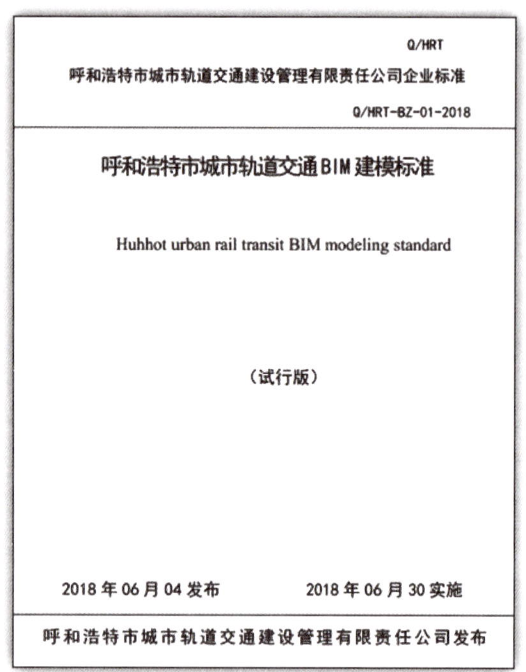

Q/HRT

呼和浩特市城市轨道交通建设管理有限责任公司企业标准

Q/HRT-BZ-01-2018

呼和浩特市城市轨道交通BIM建模标准

Huhhot urban rail transit BIM modeling standard

（试行版）

2018 年 06 月 04 发布　　2018 年 06 月 30 实施

呼和浩特市城市轨道交通建设管理有限责任公司发布

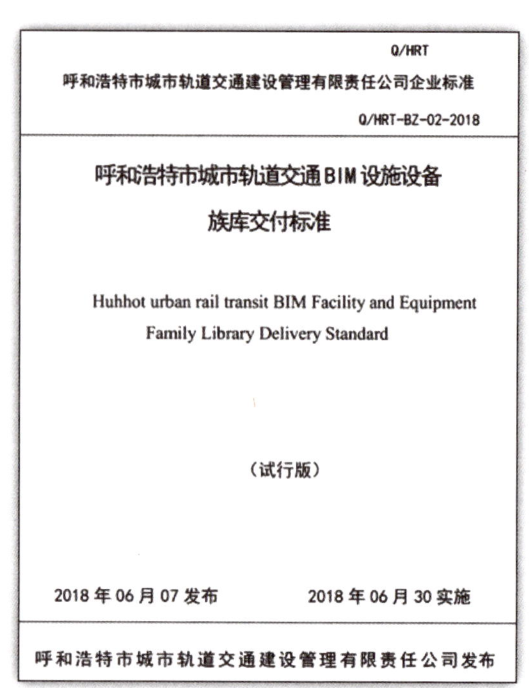

Q/HRT

呼和浩特市城市轨道交通建设管理有限责任公司企业标准

Q/HRT-BZ-02-2018

呼和浩特市城市轨道交通BIM设施设备族库交付标准

Huhhot urban rail transit BIM Facility and Equipment Family Library Delivery Standard

（试行版）

2018 年 06 月 07 发布　　2018 年 06 月 30 实施

呼和浩特市城市轨道交通建设管理有限责任公司发布

图 6-2-1　轨道交通公司 BIM 应用标准

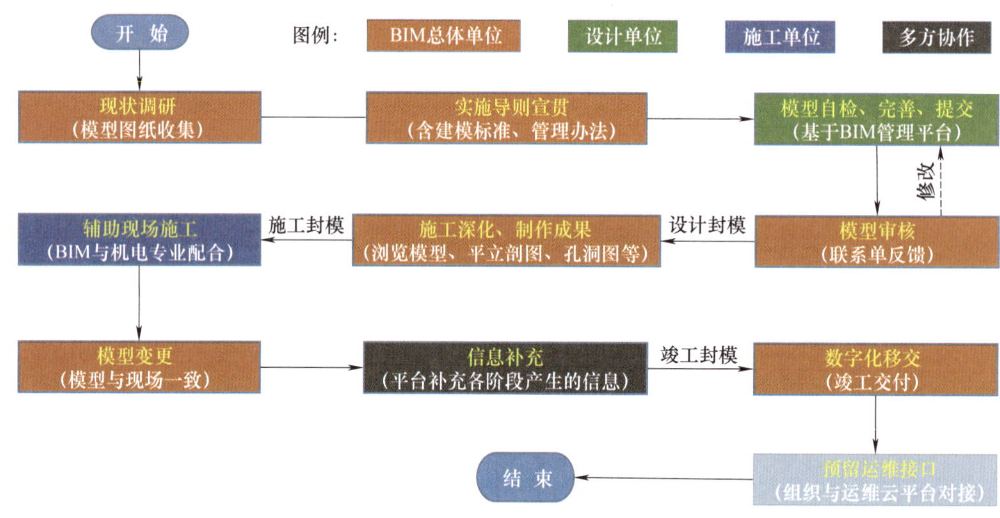

图 6-2-2　BIM 实施体系

③制定基于 BIM 平台的数据管理办法。

(2) BIM 总体方职责

①进行应用标准的制定和维护。

②设计阶段进行 BIM 模型的审核管理,施工阶段进行配合与指导。

③提供 BIM 数据集成与竣工交付平台,并进行平台的培训和维护。

④基于 BIM 数据集成与竣工交付平台进行各阶段、各专业 BIM 模型的集成和更新。

⑤基于 BIM 进行施工深化,指导施工。

⑥竣工模型的构建、整合入库、数字交付。

⑦基于 BIM 的运维管理系统的需求研究。

(3)设计方职责

①完成设计阶段 BIM 模型的创建和基础展示应用工作。

②施工阶段配合施工方进行模型的建设和数据的录入工作。

③配合建设方和 BIM 总体方的 BIM 审核管理。

(4)施工方职责

①配合提供 BIM 建模所需的方案及施工信息资料。

②机电安装阶段,依照 BIM 施工深化成果进行施工,并提供工后信息。

(5)设备厂商负责提供对应的族模型。实施过程中,施工参与方 BIM 负责人整理 BIM 模型成果和 BIM 应用成果提交 BIM 总体方,并按照审核意见修改模型成果,确保成果满足施工要求。

6.2.3　规划设计阶段设计质量检查

1. 环境调查资料检查

应用目的:利用 BIM 的协调性、精确性、模拟性等特点,将轨道交通工程与其周边环境模型整合、分析,为风险工程设计提出具体要求和提供科学依据;为管理部门实行对建设项目的环境管理提供科学依据;为后期施工图设计及施工阶段提供稳定的环境基础。

应用内容:利用 BIM 软件,在建立轨道交通建筑信息模型的基础上,对市政管线建立位置、高程准确的市政管线模型,进行协调性检查及环境影响分析。

应用流程图:包含业务流程、模型数据输入和输出(见图 6-2-3),过程包括以下内容。

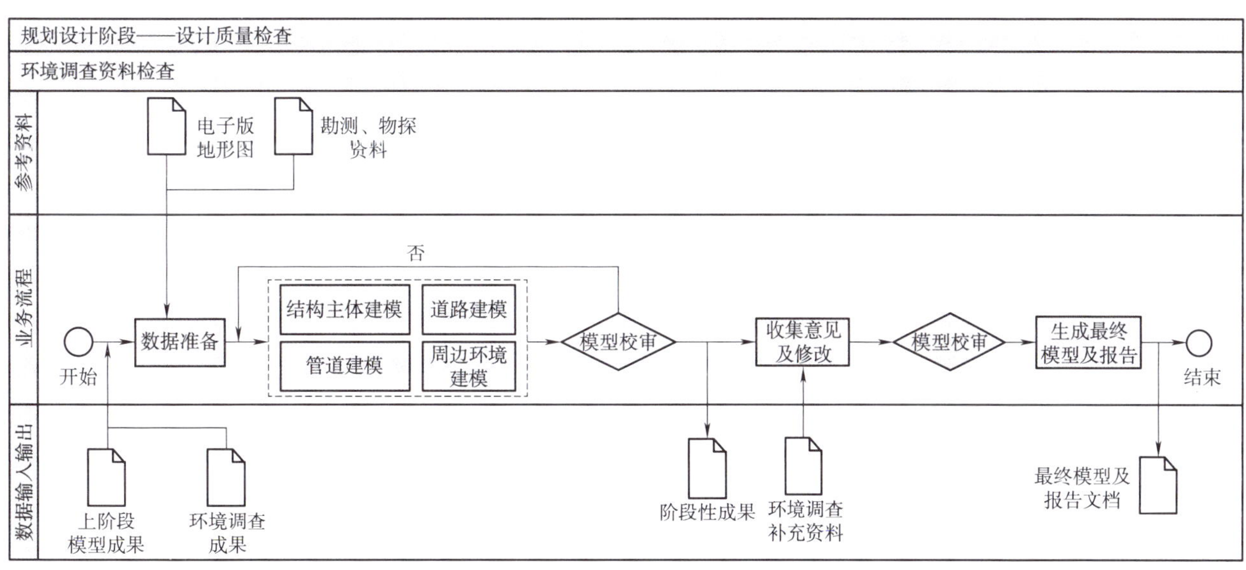

图 6-2-3　环境调查资料检查应用流程

(1)收集数据,并确保数据的准确性。

(2)建立换乘方案模型,包括主体结构建模、道路建模、管线建模及周边环境建模。

(3)对以上模型进行校审,检查模型与图纸的一致性。

(4)根据环境调查补充资料及收集意见对模型进行修改。

(5)模型校审并形成最终模型及报告。

流程图中的包含数据信息说明:模型清晰地展现管线与周边建构筑物位置的关系,重点反映各施工阶段的重点难点(见表6-2-1)。过程中提交阶段性成果,与环境调查单位、建设管理单位、设计单位等相关负责单位沟通检查碰撞、图纸存疑、空间受限等问题,尤其是对工程影响较大的问题进行重新调查。最终建议包含针对既有设计方案的风险工程优化建议以及针对施工阶段的处置的建议。最终提交模型传递至施工方,施工单位进场后,对工程影响较大的管线进行进一步调查。

表6-2-1 环境调查资料检查数据信息说明

模型元素类别	模型元素及信息
建筑模型	主体建筑的外墙、梁、板、柱、内隔墙、门窗、公共区楼扶梯和栏杆、电梯、公共区闸机和栏杆,设备管理用房区楼梯和扶手;附属建筑的地下部分的外墙、梁、板、柱、内隔墙、门窗、楼扶梯和栏杆;地上部分的外墙、梁、板、柱、内隔墙、门窗、楼扶梯和栏杆、地面台阶、雨棚;冷却塔和电阻室的外轮廓。几何信息应包括:准确的位置和几何尺寸;非几何信息应包括:类型、材料、房间用途等信息
道路模型	既有道路信息包含道路宽度、车道数量、与结构位置关系等
管线模型	管线信息包含伸入结构或邻近结构需要迁改的管线类型、尺寸、相对位置关系、与结构位置关系等
周边环境模型	周边主要既有建(构)筑物(含既有地铁结构)、规划建(构)筑物(含既有地铁结构),建筑物模型应包含基础部分。几何信息应包括:准确的位置和几何尺寸;非几何信息应包括:结构周边既有道路信息、既有房屋信息及管线信息;既有房屋信息包含伸入结构的房屋、邻近结构的房屋的楼层高度、占地面积及房屋与结构的空间位置关系

交付成果:环境调查资料检查 BIM 交付成果包括 BIM 三维模型、检查分析报告及最终检查结果调整意见等(见图6-2-4)。

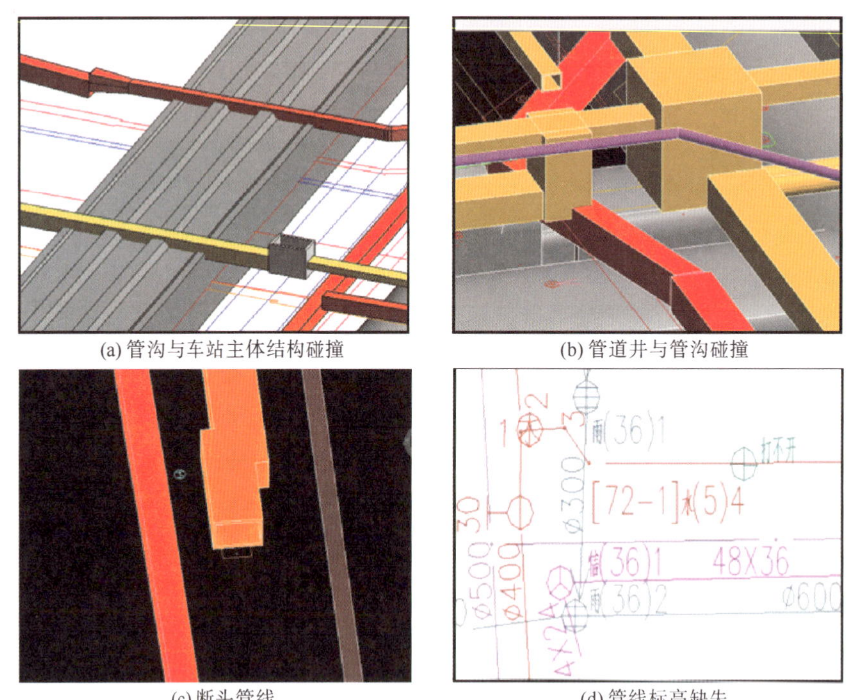

(a)管沟与车站主体结构碰撞　(b)管道井与管沟碰撞

(c)断头管线　(d)管线标高缺失

图6-2-4 环境调查资料检查

2. 环境、土建、设备专业协调检查

应用目的:利用 BIM 模型的协调性,分别创建项目的环境、土建、设备等多专业模型并整合检查,优化各

专业设计质量。

应用内容：创建项目的环境、土建、设备等多专业模型，进行各专业之间及专业内部的协调性检查，并提交协调检查报告。

应用流程图：包含业务流程、模型数据输入和输出（见图 6-2-5），具体包括：

（1）收集数据包括前期交付模型、环境、土建、设备等专业施工图；

（2）搭建各专业模型：根据设计图纸，基于前期交付模型，搭建环境、土建、设备等各专业模型；

（3）校验模型：校验模型的完整性、准确性；

（4）进行协调检查：利用 BIM 软件对整合模型进行协调检查，生成检查报告；

（5）提交协调检查报告：提交协调检查报告，报告相关协调检查问题。

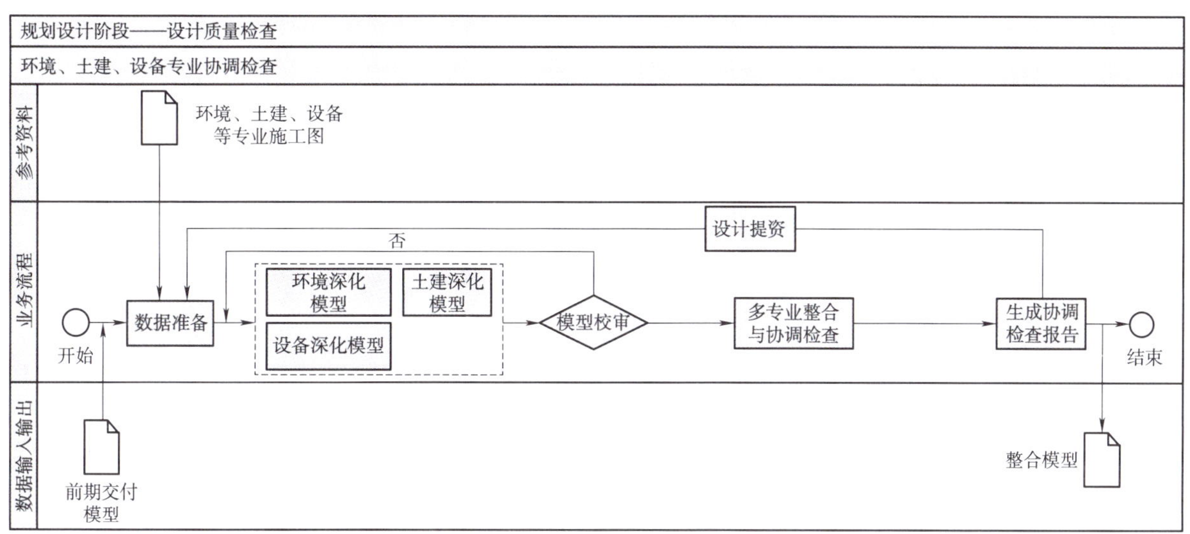

图 6-2-5　环境、土建、设备专业协调检查应用流程

流程图中的包含数据信息说明包括整合模型包含施工图设计深度等级的环境、土建、设备等专业的模型信息（见表 6-2-2）。

表 6-2-2　环境、土建、设备专业协调检查应用数据信息说明

模型元素类别	模型元素及信息
环境、土建、设备等专业施工图	应符合设计图纸深度要求，且要求图纸制图质量较好，便于模型创建
环境模型	车站周边的建构筑物、市政管线、地质模型，既应包括位置、几何尺寸等几何信息，还应包括管线类型、土层类型等非几何信息
土建模型	车站土建主要构件模型，应包括位置、几何尺寸等几何信息
设备模型	车站设备主要管线、设备等构件模型，应包括位置、几何尺寸等几何信息

交付成果有：环境、土建、设备专业协调检查应用成果应包括整合模型、协调检查报告。

3. 预留孔洞检查

应用目的：利用 BIM 技术的协调性、可视化等特点，整合各专业模型，检查墙、柱、板、梁以及二次结构构件的预留孔洞，以免现场临时开孔的工期延误和质量隐患。

应用内容：基于多专业协调检查模型，梳理墙、柱、板、梁以及二次结构构件的预留孔洞，并导出预留孔洞图纸（应包含形状、尺寸、位置等信息）。

应用流程图：包含业务流程、模型数据输入和输出（见图6-2-6），包括：

（1）数据收集。收集的数据包括多专业协调检查模型，要求碰撞调整完毕。

（2）梳理各专业预留孔洞并布置洞口。

（3）梳理墙、柱、板、梁以及二次结构构件的预留孔洞，布置洞口。

（4）校验模型。校验模型（特别是预留孔洞）的完整性、准确性。

（5）导出预留孔洞图纸。基于模型导出预留孔洞图纸，应包含形状、尺寸、位置等信息。

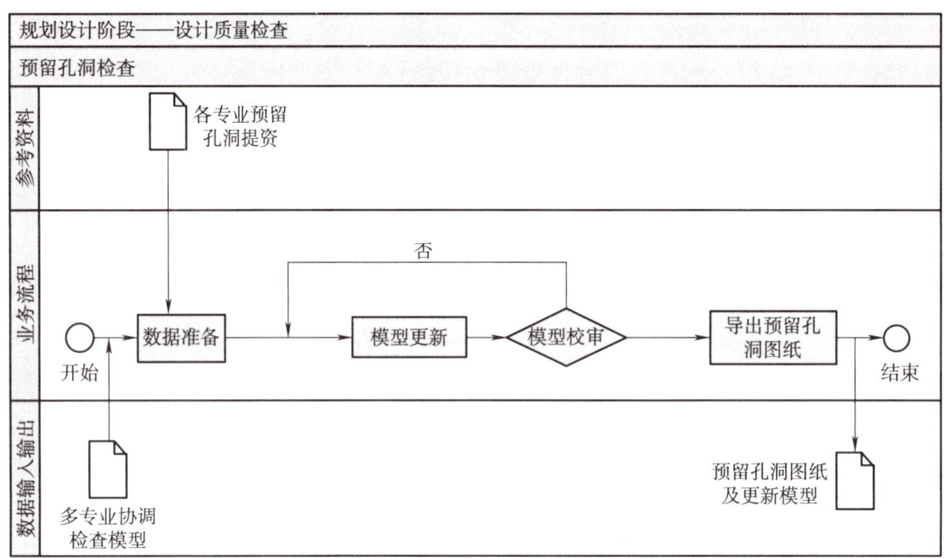

图6-2-6　预留孔洞检查应用流程

流程图中的包含数据信息说明：预留孔洞图纸应包含所有孔洞的形状、尺寸、位置、是否封堵等信息（见表6-2-3）。预留孔洞检查应用的交付成果包括预留孔洞图纸及更新模型（见图6-2-7）。

表6-2-3　预留孔洞检查应用数据信息说明

模型元素类别	模型元素及信息
车站管综模型	多专业协调检查模型，要求全专业碰撞调整完毕
预留孔洞图纸	所有孔洞的形状、尺寸、位置、是否封堵等信息

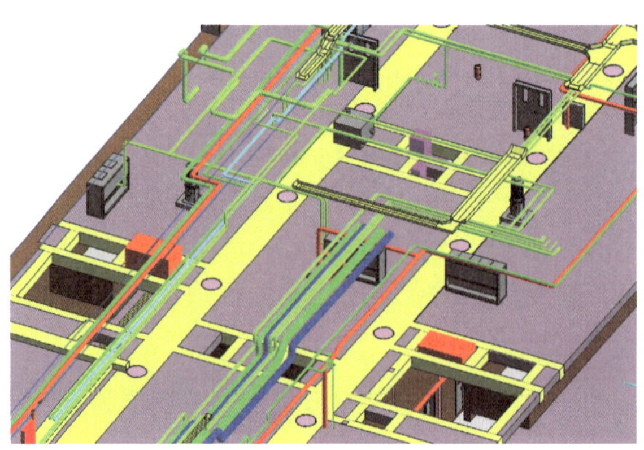

图6-2-7　预留洞口检查

4. 管线碰撞检查

应用目的：检测模型之间是否发生已经发生碰撞或即将发生碰撞；检查模型之间是否满足特定间距要

求;报告和展示模型发生碰撞的位置点或不能满足特定间距要求的位置点或疑似问题点。

应用内容:根据模型的运动状态可以将碰撞检测分为动态碰撞检查、静态碰撞检查。其中在漫游等运动状态中发现碰撞的为动态碰撞检查;反之,通过软件计算报告的方式为静态碰撞检查。

根据碰撞检查的间距要求可以分为零距离碰撞检查和间距碰撞检查。其中,零距离碰撞又称为硬碰撞,是模型之间直接接触甚至互相穿透的情况;与之相对应的,依据模型间特定的距离要求(如安装空间、检修空间等),检查模型间距要求的满足情况,则称为间距碰撞检查。

具体检查的模型对象分类,又可以分为管线间碰撞、管线与建筑和结构的碰撞、结构构件间碰撞等方式。另外,在施工模型过程中,可以模拟搬运安装路径,检查吊装过程碰撞、运输过程碰撞、安装空间碰撞等。

应用流程图:包含业务流程、模型数据输入和输出(见图6-2-8)。

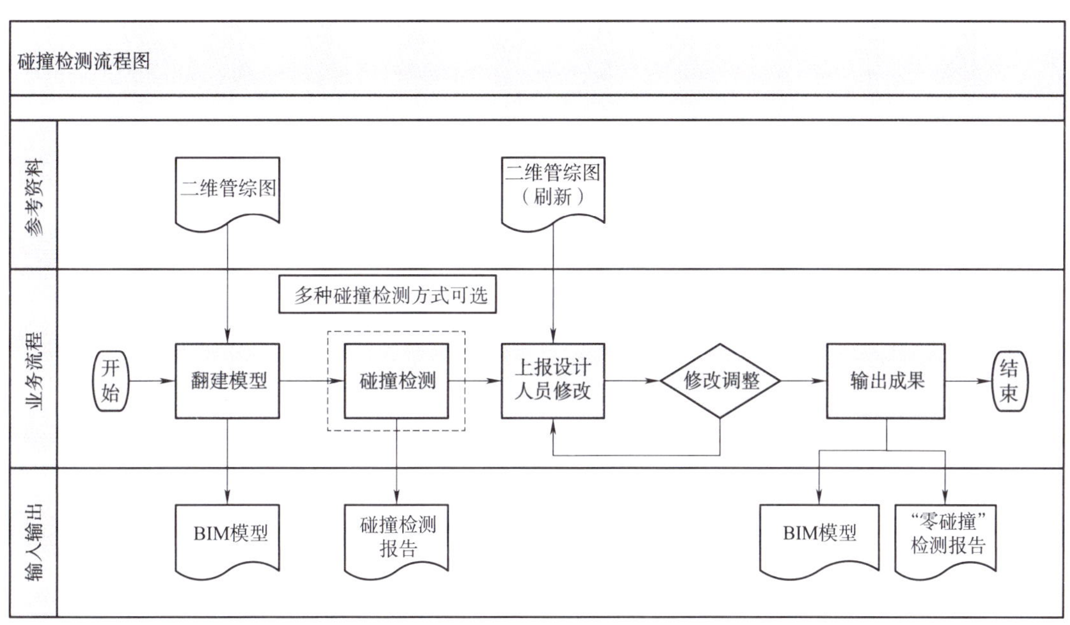

图6-2-8　设计阶段碰撞检测工作流程图

流程图中的包含数据信息说明:BIM模型除应包括施工图设计对应的结构模型、建筑模型外,还应包括环控系统各专业、动照专业、牵变电专业、给排水各专业、气消、通信、信号、综合监控、自动售票、综合监控等各专业的模型,其包含的数据信息说明见表6-2-4。

表6-2-4　设计阶段碰撞检测过程数据说明表

模型类型	模型包含数据信息
二维管综图	二维管综图是地铁车站所有专业管线、桥架综合布置图纸。一般根据各专业二维设计结果,综合完成。二维管综图一般是设计院指定专人完成。具体格式不限,可以是dwg、dgn等常用二维图纸格式
BIM模型	结构模型:车站的结构柱、构造柱、各种梁、腋角、外墙、轨顶风道等;隧道应包括二衬,根据BIM功能要求,可能还要提供初支、锚杆、钢筋网笼等;或露出地面部分路面断面;高架部分的基座、桥面、锚索、钢构等。 建筑模型:车站的内墙、门、窗、楼梯、电扶梯、屏蔽门、站厅层地板、站台层地板及各层板下层等。其中,各楼层板应包含结构开孔、检修开孔等开孔信息。 各专业模型:包括环控专业模型(环控大系统、环控小系统、环控水系统、环控VRV及其设备等);动照桥架模型;给排水模型(给水、消防水、喷淋、透气管、废水管、污水等);气消模型;通信模型;信号模型;综合监控模型;AFC模型;PSD模型等。具体所含专业数量和内容由车站实际功能和布置需求决定。 几何信息应包括:准确的位置和几何尺寸。非几何信息应包括:类型、材料等信息

续上表

模型类型	模型包含数据信息
碰撞检测报告	根据碰撞检测的结果，通过 BIM 工具软件，或者碰撞检测操作员执行观察，生成碰撞检测报告。该报告应能明确指出碰撞发生位置、发生碰撞的模型等。BIM 工作者可以给出解决建议，以便给专业人员参考决策
“零碰撞”检测报告	没有符合碰撞条件的碰撞点发生的报告。碰撞检测活动的结束，应以能够通过碰撞检测，给出“零碰撞”检测报告为标志

交付成果：碰撞检测 BIM 交付成果应包括 BIM 三维模型，碰撞检查分析报告，及最终的“零碰撞”检查报告等（见图 6-2-9、图 6-2-10）。

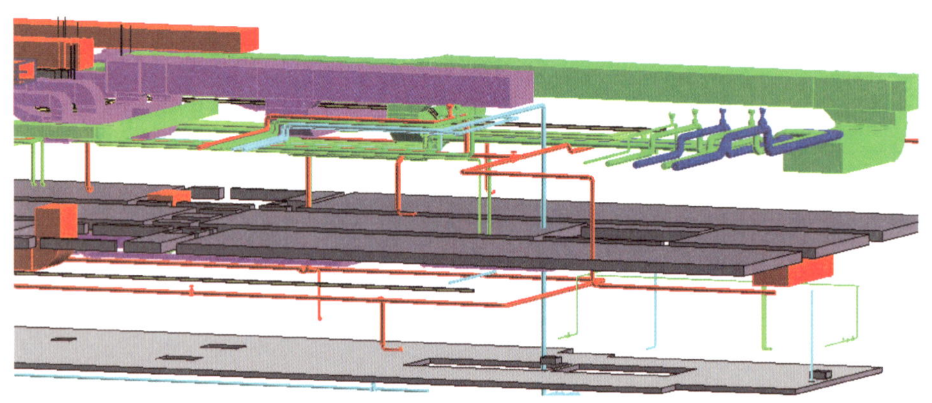

图 6-2-9　全专业 BIM 模型

作业名称	状态	冲突数目	开始自	结束于
AFC	已中止	23		

图像	名称	作业名称	状态	分配至	类型	元素标签 A	元素标签 B	位置
	冲突01	AFC	新建		硬	Triforma	BMP_StraightPipe-Default	2018.3，21031.4，937.3
	冲突02	AFC	新建		硬	Triforma	BMP_StraightPipe-Default	1218.3，21031.4，937.3
	冲突03	AFC	新建		硬	Triforma	BMP_StraightPipe-Default	2818.3，21031.4，937.3
	冲突04	AFC	新建		硬	Triforma	BMP_StraightPipe-Default	3618.3，21031.4，937.3
	冲突05	AFC	新建		硬	BMP_Straight	BMP_StraightPipe-Default	12400.0，8462.6，2000.0

图 6-2-10　管线碰撞检查

6.2.4　三维管线综合

1. 应用目的

三维管线综合设计依托三维技术空间可视化的特点，并结合各专业规范以及地铁站的相关要求，合理布置各专业管线，满足安装空间、检修空间、装修空间、设备运输、以及设备运行等要求，最终确保施工方可按图施工。由于三维管线综合技术可以有效地在设计阶段解决各专业综合设计不足，提前优化设计，解决掉可能阻塞或造成施工反复的问题，逐渐称三维管线综合技术为 BIM 辅助设计技术。

2. 应用内容

(1)搭建车站建筑、结构、风、水、电和设备的BIM模型,检验管线布置与净空的关系,必要情况下,调整建筑、结构设计以使其更功能更合理有效,或者更经济;

(2)合理布置设备区走廊和站台层公共区管线,为综合支吊架施工做好准备;

(3)合理布置公共区管线,满足装修的要求;

(4)合理布置管线,满足设备运行要求和检修空间要求;

(5)合理布置管线,满足设备运输空间要求。

3. 应用流程图

包含业务流程、模型数据输入和输出(见图6-2-11)。

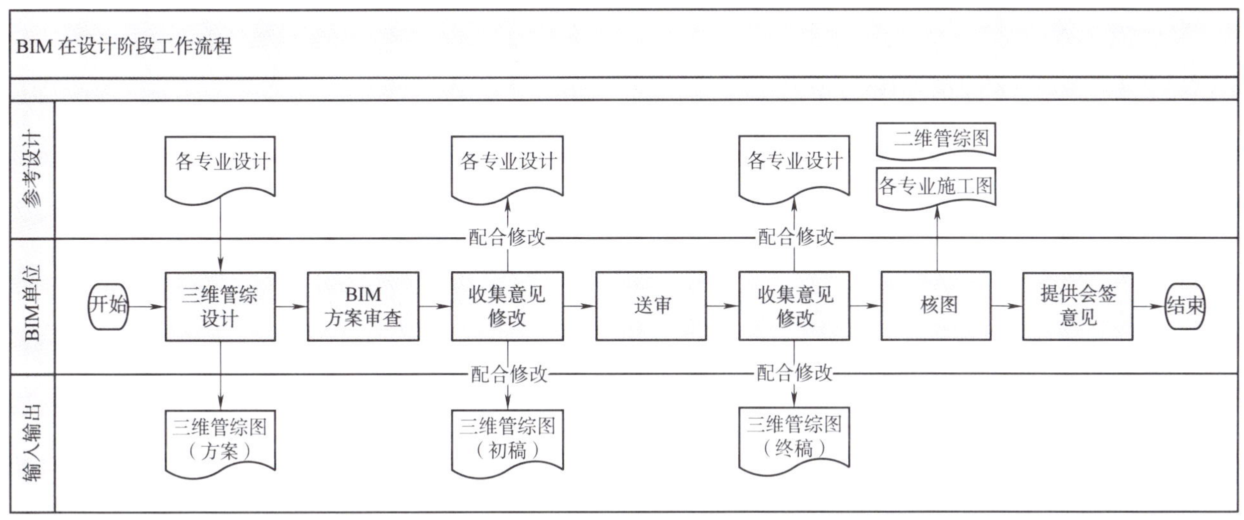

图6-2-11 BIM在设计阶段工作流程图

4. 流程图中的包含数据信息说明

BIM三维管综模型除包括施工图设计对应的结构模型、建筑模型外,还包括环控系统各专业、动照专业、牵变电专业、给排水各专业、气消、通信、信号、综合监控、自动售票、综合监控等各专业的模型,其包含的数据信息说明见表6-2-5。

表6-2-5 设计阶段管线综合设计过程数据说明表

模型类型	模型包含数据信息
结构模型	车站的结构柱、构造柱、各种梁、腋角、外墙、轨顶风道等;隧道应包括二衬,根据BIM功能要求,可能还要提供初支、锚杆、钢筋网笼等;或露出地面部分路面断面;高架部分的基座、桥面、锚索、钢构等。几何信息应包括:准确的位置和几何尺寸。非几何信息应包括:类型、材料等信息
建筑模型	车站的内墙、门、窗、楼梯、电扶梯、屏蔽门、站厅层地板、站台层地板及各层板下层等,其中,各楼层板应包含结构开孔、检修开孔等开孔信息;几何信息应包括:准确的位置和几何尺寸。非几何信息应包括:类型、材料等信息
环控专业模型	环控专业应根据专业的要求,提供环控大系统、环控小系统、环控水系统、环控VRV及其设备等各系统模型。几何信息应包括:准确的设备位置和几何尺寸。非几何信息应包括:类型、设备参数等信息
动照	根据动照专业要求,提供动照桥架模型。几何信息应包括:准确的位置和几何尺寸。非几何信息应包括:类型、材料等信息
给排水	根据给排水专业要求,提供给水、消防水、喷淋、透气管、废水管、污水等建模。几何信息应包括:准确的设备尺寸和管径。非几何信息应包括:类型、材料、设备尺寸及位置等信息

续上表

模型类型	模型包含数据信息
气消	根据气消专业要求,提供气消建模。几何信息应包括:准确设备尺寸和管径。非几何信息应包括:类型、材料、设备位置等信息
通信	根据通信专业要求,提供通信桥架及弱电综合机房等建模。几何信息应包括:准确桥架尺寸、设备尺寸。非几何信息应包括:类型、材料、设备位置等信息
信号	根据信号专业要求,提供信号桥架及其设备等相关建模。几何信息应包括:准确的设备尺寸和桥架尺寸。非几何信息应包括:类型、材料、设备位置等信息
综合监控	根据综合监控专业要求,提供 FAS、BAS、ISCS、ACS 等相关建模。几何信息应包括:准确的桥架几何尺寸。非几何信息应包括:类型、材料、设备位置等信息
AFC	根据自动售票系统专业要求,提供 AFC 桥架等相关建模。几何信息应包括:设备尺寸、桥架几何尺寸。非几何信息应包括:类型、材料、设备位置等信息
PSD	根据屏蔽门系统专业要求,提供 PSD 桥架等相关建模。几何信息应包括:设备尺寸和桥架几何尺寸。非几何信息应包括:类型、材料、设备位置等信息

5. 交付成果

三维管线综合最终以电子文件形式给出最终成果文件,提供的电子文件包含具有模型树的三维 PDF 格式的中间文件和设计默认的格式的三维综合管线设计文件;内容应包含但不限于以下内容:

(1)车站各层综合管线三维轴侧图。

(2)通过模型树状结构打开和关闭车站相关系统专业三维轴测图(站厅层、站台层、站台版下层各分层表示)。

(3)车站管线综合相关关键节点部位(关键节点部位包括不限于:a. 站厅层设备区与公共区交接部位;b. 公共区位与出入口交接部位;c. 管理用房集中区域设备走廊部位;d. 结构层高有变化的部位;e. 走廊交叉处管线变化复杂的地方;f. 站台层安全门端门部位;g. 楼扶梯部位;h. 公共区四个角部位三维剖视图(见图 6-2-12)。

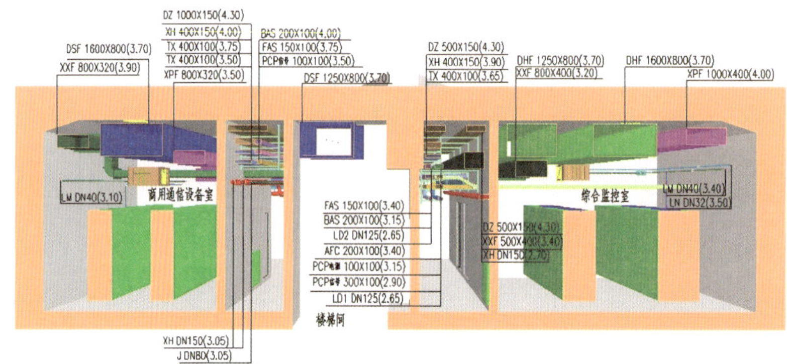

(a) 三维剖视效果图

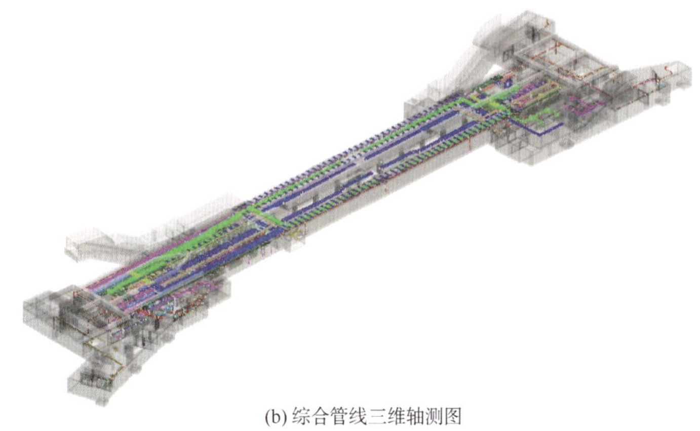

(b) 综合管线三维轴测图

图 6-2-12 三维管线综合

● 车站整体综合管线三维轴测图见图 6-2-12(b)。

● 站厅层通风系统内部碰撞检测和车站各系统专业间的管线综合碰撞检查过程以及设备层、商业层、站台层各系统间的综合管线碰撞检测过程均通过录像生成视频文件。

● 根据综合管线三维图分别切成二维的各系统专业管线图,并进行管线名称和高程的标注,形成综合管线二维专册图,以便二维综合管线设计和各系统管线施工图绘制提供依据。

6.2.5 施工阶段 BIM 应用内容与目标

1. 土建结构施工深化设计

土建隔墙预留孔洞的位置和尺寸直接影响设备房间的管线布置和设备区走廊进入设备房间的管线布置。因此,土建结构深化设计,首先要解决孔洞预留问题。根据 BIM 三维管综图,对应管线桥架等穿墙点,获取对应管线、桥架尺寸、位置和高度等信息,通过剖面图、报表等形式提取孔洞信息。其中剖面图对孔洞的展示清晰、直观。工作流程见图 6-2-13。

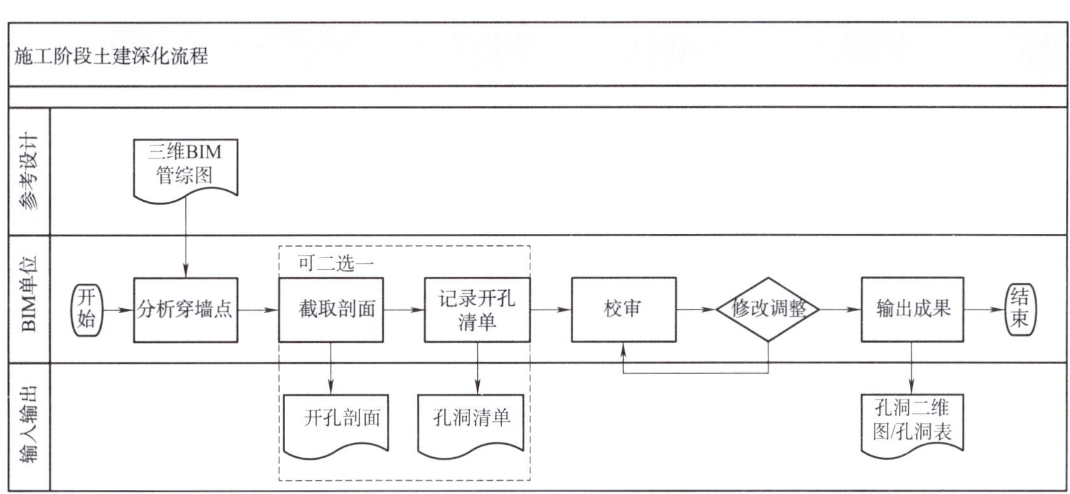

图 6-2-13 施工阶段土建深化设计工作作流程图

施工阶段土建深化模型除应基于建筑施工图,在此基础之上标注孔洞预留,其包含的数据信息说明见表 6-2-6。

表 6-2-6 施工阶段土建深化过程数据说明表

模型类型	模型包含数据信息
三维管综图	三维管综图是设计阶段 BIM 输出成果。BIM 三维管综模型除应包括施工图设计对应的结构模型、建筑模型外,还应包括环控系统各专业、动照专业、牵变电专业、给排水各专业、气消、通信、信号、综合监控、自动售票、综合监控等各专业的模型
开孔剖面	剖切面中孔洞的高度、尺寸,以及剖切面对应的建筑、结构信息
孔洞清单	按尺寸等统计的孔洞信息。包含孔洞编号、尺寸、高度等信息
土建 BIM 深化成果	1. 里程、标高以米计(括号内为绝对标高)、面积以平方米计,其他尺寸以毫米计。标高以本层公共区装修完成面为 ±0.000; 2. 单独孔洞按孔洞图预留,孔洞周边的抱框、圈梁、构造柱设置措施可参见土建结构图纸; 3. 对于管线与本层顶板之间等不易封堵的地方,可根据管线的情况,在管线安装前提前采取措施,如设置防火材料或钢筋混凝土圈梁等; 4. 可以根据一定的尺寸范围,分批次提供隔墙孔洞。施工单位应根据管综图纸,综合考虑孔洞的合并和预留;

续上表

模型类型	模型包含数据信息
土建 BIM 深化成果	5. 孔洞的合并与预留调整，应与设计沟通确认后方可实施； 6. 隔墙预留孔洞实施前，各施工单位应按照管线图纸对隔墙预留孔洞的尺寸和位置进行核对，设计、施工确认无误后方可施工； 7. 隔墙构造柱如若与管线和隔墙孔洞冲突，构造柱进到第一道圈梁

土建 BIM 深化成果应以建筑施工图为基础，在其上标注开孔位置、开孔尺寸及高度、二维图纸格式。另外，如果根据需要提供了开孔剖面和(或)孔洞清单，也可一并包含在土建 BIM 深化成果中。

2. 机电专业综合支吊架深化设计

地铁车站内覆盖数十种专业管线，而布置空间有限，安装要求较高。因此，需选择和设计安装综合支吊架，以便达到节约材料、布置紧凑和质量坚固可靠的效果。另外，具备一定工艺水平的装配式综合支吊架也能在一定程度上满足美观的要求。综合支吊架设计应基于 BIM 三维管综设计成果开展，在存在管道分层排布位置应通过综合支吊架实现管线支吊。如：公共区管道分层排布位置、设备走廊管道分层排布位置，以及存在管道分层排布位置的房间内。管架之间应确保合理间距，既要保证有效受力，又要兼顾施工方便。一般可定为 2 m 左右。吊架应通过应力、抗震要求的需要进行计算等，确保受力安全。在制定综合支吊架方案的同时，关键部位、关键节点的施工工序可以一并分析和交付。需要说明的是：施工工序是可选步骤，可根据业主管理精细程度、项目复杂程度和施工单位实际情况等综合考虑，确认施做。工作流程图见图 6-2-14，流程图中的包含数据信息说明见表 6-2-7。

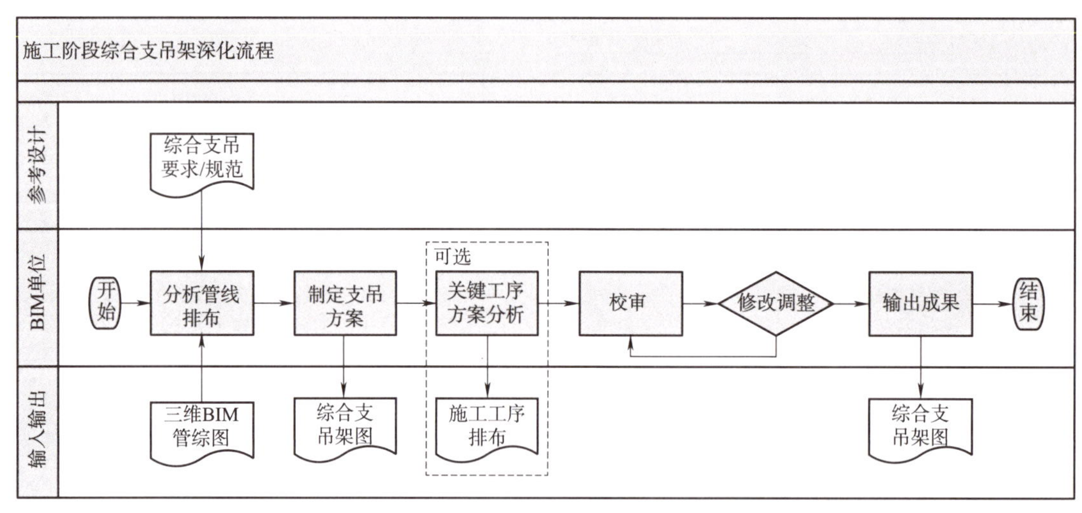

图 6-2-14　施工阶段综合支吊架深化流程

表 6-2-7　综合支吊架设计过程数据说明表

模型类型	模型包含数据信息
三维 BIM 管综图	三维管综图是设计阶段 BIM 输出成果。BIM 三维管综模型除应包括施工图设计对应的结构模型、建筑模型外，还应包括环控系统各专业、动照专业、牵变电专业、给排水各专业、气消、通信、信号、综合监控、自动售票、综合监控等各专业的模型； 三维管综图是综合支吊架设计的输入

续上表

模型类型	模型包含数据信息
综合支吊架图	综合支吊架图以 BIM 成果图纸为蓝本,在此基础之上,标示综合支吊架位置、尺寸; 在绘制综合支吊架时,应基于 BIM 成果。剖面图应详细标示支吊架各层位置、高度、尺寸等数据; 附有综合支吊架计算书

综合支吊架设计完成后应交付经过审核确认的综合支吊架三维图和二维图。综合支吊架二维图纸上应标明综合支吊架的位置、高度、尺寸及支架高程。综合支吊架图纸应为剖面图,图中应详细标示。

3. 装修深化设计

地铁车站是承担地铁交通人员出入、换乘的公共建筑。地铁车站使用人数量大、地理位置重要,因此地铁车站是各个城市的重点工程。某些车站更承担了文化展示、形象展示等功能。基于以上原因,地铁车站的装修要求一般都较高。

地铁车站内各种专业管线和设施布置复杂,装修方案应与车站实际情况相结合。在满足结构要求的前提下,各专业能避让满足装修要求;同时装修方案也应满足车站特定结构要求和最基本的专业管线布置要求。通过装修深化设计,解决对装修设计本身的效果校核、对整个空间设计的校核、各类设施的平衡、管线校核和标高控制;以三维建模方式进行装修深化设计就成为当前地铁车站设计建设中一个重要的工作步骤。

基于地铁的结构和建筑设计提供装修方案初稿。根据装修方案和 BIM 三维管综设计成果进行对比分析,找出冲突位置和冲突问题,装修深化设计流程图见图 6-2-15。重点如下:

(1)当装修方案与结构冲突时,如装修高度大于等于结构梁底部高度(注意下翻部位),应调整装修高度要求;

(2)管线布置应当满足装修高度要求。当管线布置已经达到极限,尚无法满足公共区装修高度要求,则应研讨解决方案或调整为更合适的装修高度要求。注意,此步骤一般在设计阶段通过 BIM 三维管线设计活动完成;

(3)各类设施的放置位置等。装修深化方案将以三维 BIM 图的方式完成。装修深化方案将以三维建模方式呈现装修设计方案,最终成果应可确保装修方案切实可行、无冲突。

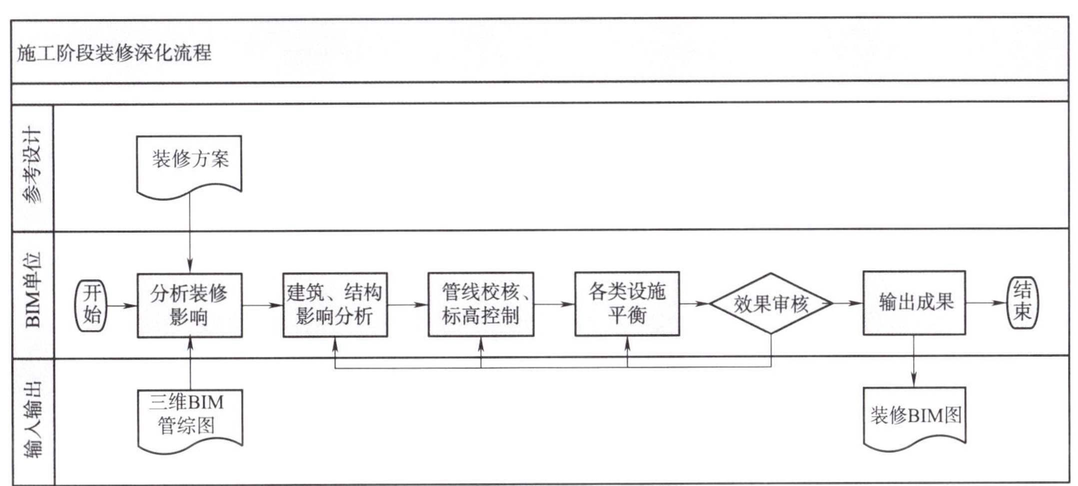

图 6-2-15　施工阶段装修深化设计流程图

流程图中的包含数据信息说明见表 6-2-8。

表 6-2-8 装修深化过程数据说明表

模型类型	模型包含数据信息
三维 BIM 管综图	三维管综图是设计阶段 BIM 输出成果。BIM 三维管综模型除应包括施工图设计对应的结构模型、建筑模型外，还应包括环控系统各专业、动照专业、牵变电专业、给排水各专业、气消、通信、信号、综合监控、自动售票、综合监控、PIS 等各专业的模型；三维管综图是装修方案深化设计的输入
装修深化设计图	装修深化设计图结合三维 BIM 管综成果，及装修方案要求，以三维建模方式提供车站模型成果；应包含车站的结构模型、建筑模型；应包含可能与装修方案产生相互影响的管线桥架及设备；同时应包含装修基本要求的外部可见材料

以三维模型方式交付装修深化设计图，具体格式可以 dgn、dwg 等。在站厅层公共区、站台层公共区等关键部位，应能展现出装修设计意图，并用合适的装修材料进行展示(见图 6-2-16)。

(a) 站厅层装修深化设计示例（局部）

(b) 站台层装修深化设计示例（局部）

图 6-2-16 装修深化设计

6.2.6 施工方案模拟

1. 工程筹划模拟

根据设计图纸选择确定具有可实施性、合理的工程筹划。施工场地布置，对现场资源配置、道路等进行模拟，预先熟悉施工现场，保证布置满足要求。对车站周边环境及构筑物进行模拟，确定管改、拆迁、交通导改方案。结合实际情况制定不同施工方案及对应时间，对方案进行动态模拟，验证各个方案时间的合理性，选择最优方案；同时发现方案中涉及工程施工冲突、不合理等特殊情况的部位，并以此制订专项方案应对。通过施工方案模拟，保证工程筹划具有可实施性及指导价值。同时做好资源配置，根据施工方案及主体工程量对机械设备、人员等进行合理配置。

2. 施工工序模拟

便于技术人员、施工工人等直观掌握工程各阶段施工内容及施工要点。对暗挖区间的复杂断面区段、暗挖车站、管线综合等施工工艺复杂、结构形式特殊或专业施工交叉密集的工程宜进行施工工序模拟。模拟的内容主要为施工方法及施工次序。BIM 技术在施工工序模拟的应用，主要价值体现为明确复杂工序的最优施工方案并进行可视化交底，为管线综合施工及土建工程特殊段落进行模拟。

3. 关键、复杂节点的工艺模拟

施工前熟悉掌握施工方法及内容，提高施工合格率，降低返工率。关键、复杂节点工艺模拟在管线综合方面主要用于多专业交汇区域的管路安装次序演示、空间关系控制及相应书面、可视化交底；土建工程主要用于特殊节点施工方法演示及相应书面、可视化交底。BIM 技术在复杂节点工艺模拟方面的应用，重点在管线综合施工中多专业管路交错区域及土建工程特殊节点。

6.2.7　BIM 协同工作平台建设

1. BIM 协同工作平台（见图 6-12-17）

采用云技术结合 BIM 搭建协同工作平台，实现 BIM 技术应用的协同和管理。满足各参建单位基于互联网，采用 Revit 软件协同开展 BIM 技术应用管理的要求，共享二次开发族块；实现所有 BIM 模型和成果文档的集中管理；项目各参建单位通过权限管理、文档版本控制对建设全过程的 BIM 模型进行管控；实现导出的模型材质及贴图信息实时浏览与查看；提供项目各阶段相关参建单位的信息交流平台。

基于云平台在各参建单位之间开展 BIM 技术应用协同工作，主要用于设计、施工等参建单位按阶段交付数字化成果，管理方可随时查看项目各阶段 BIM 模型。构建云平台核心数据服务器，各相关单位根据自身角色的要求完成各自任务，包括设计、土建施工、机电安装以及其他相关单位按照标准交付各阶段成果，BIM 应用研究项目部根据总体管理方案对各单位成果进行审核、汇总、完善，经审核后的模型上传至平台供随时查阅和调用。管理平台及流程见图 6-2-18 ~ 图 6-2-20。

图 6-2-17　BIM 协同工作平台

图 6-2-18 文件管理

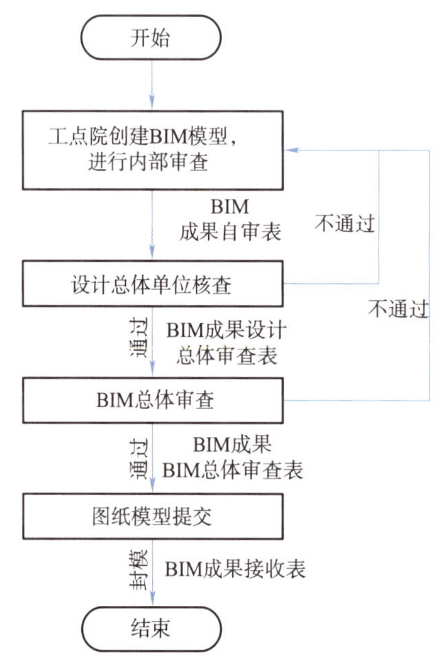

图 6-2-19 管理流程

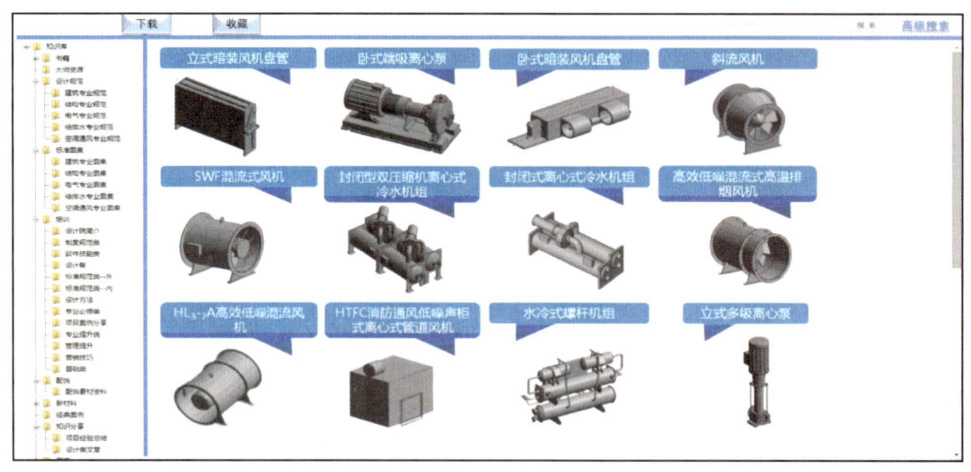

图 6-2-20 族库管理

(1)BIM 协同平台的上线使用保证新线在工程实施中的各种技术资料及信息得到有效管理,版本进行合理控制,达到 BIM 模型和图纸应用的有效性、唯一性、完整性、及时性。

(2)保证 BIM 模型 + 环境模型方便、实时的浏览、查阅、审核。

(3)根据地铁项目的管理目标,通过平台实现对各参与方设计过程的协调与管控,实时了解设计成果进度,基于 BIM 协助图纸审查,协助实现项目进度、质量的管控;提高项目开展的配合效率,降低项目风险,并为施工过程及后期运维提供数据支持。

2. BIM-GIS 数据集成管理平台

(1)BIM-GIS 数据库平台建设的总体目标为建立基于三维 GIS 的 BIM 应用数据库平台(见图 6-2-21),能够融合呼和浩特轨道交通线路的多源数字模型及相关数据,能够以三维可视化集成展示,进行浏览查看,具体目标有:

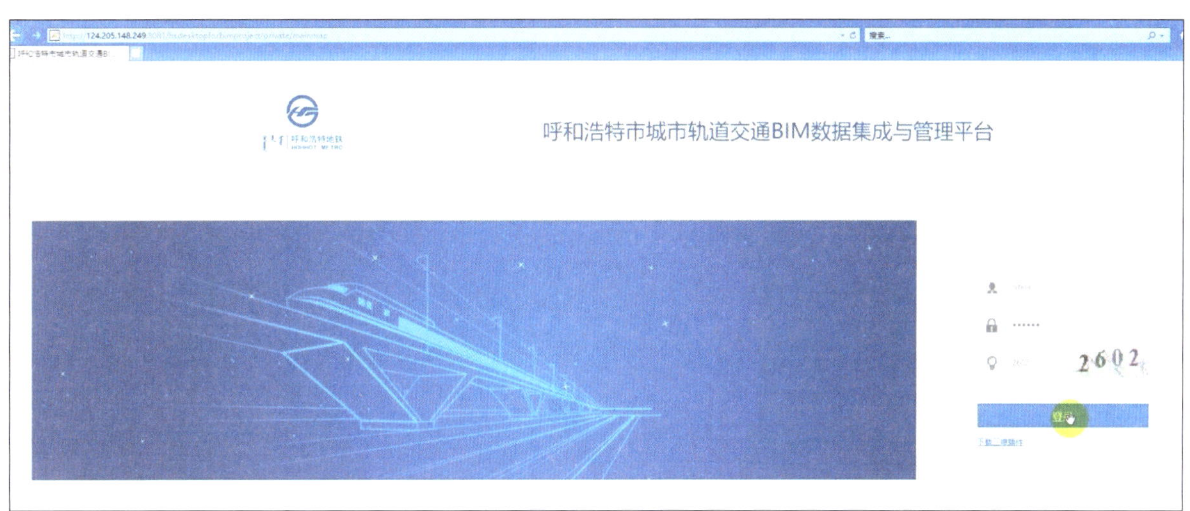

图 6-2-21　BIM-GIS 数据库平台

① 建设项目实施范围内的线路及其周边环境的一体化三维数字模型;

② 建立轨道交通线路组成构件的数据结构标准,明确各种类型构件的属性构成及相关参数;

③ 支持多源数据导入,包括:工程自身、地形地貌、地质、周边环境等空间数据和静态属性数据、动态施工数据、图纸数据、文档数据、视频监控数据、实时监测数据等业务数据;

④ 支持多源模型数据的三维融合展示,能够对合并的模型数据进行检查,支持具有真实感的大场景动态调度;

⑤ 支持 PC 端、移动端、大屏等多种方式的模型漫游浏览(见图 6-2-22 ~ 图 6-2-24);

⑥ 集成视频监控、实时监测等外部业务系统,在三维场景中对施工建设过程实时监测,进行安全风险管控;

⑦ 实现三维可视化漫游浏览、属性查询,支持大数量的查询调度;

⑧ 提供业务访问接口,实现外部系统对模型数据的跨平台安全有效访问。

(2)技术路线及平台架构:数据库的总体建设路线包括模型数据采集和数据库平台建设。针对不同类型的模型数据采用不同的采集方法,最终导入至数据库中,实现多源数据的融合,在此基础上构建基于三维 GIS 引擎的数据库平台。

图 6-2-22　在线漫游

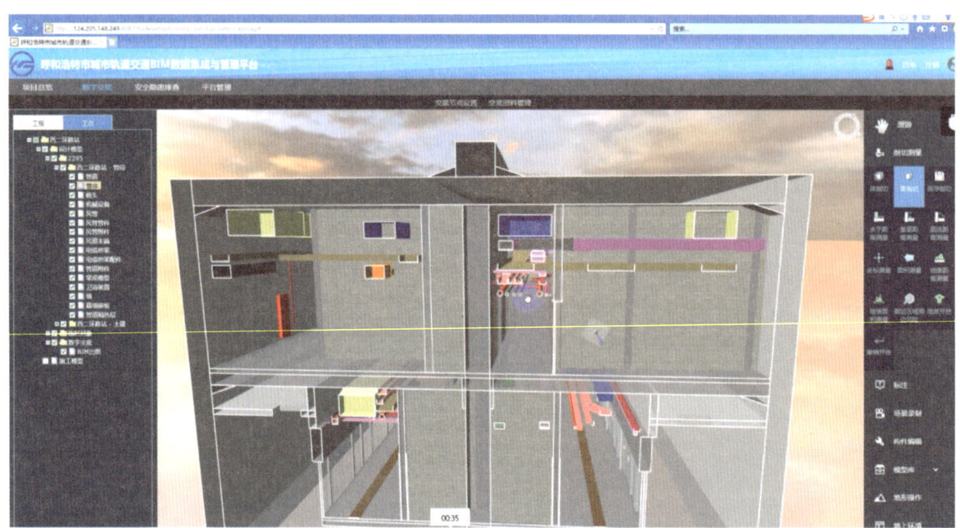

图 6-2-23　剖切测量

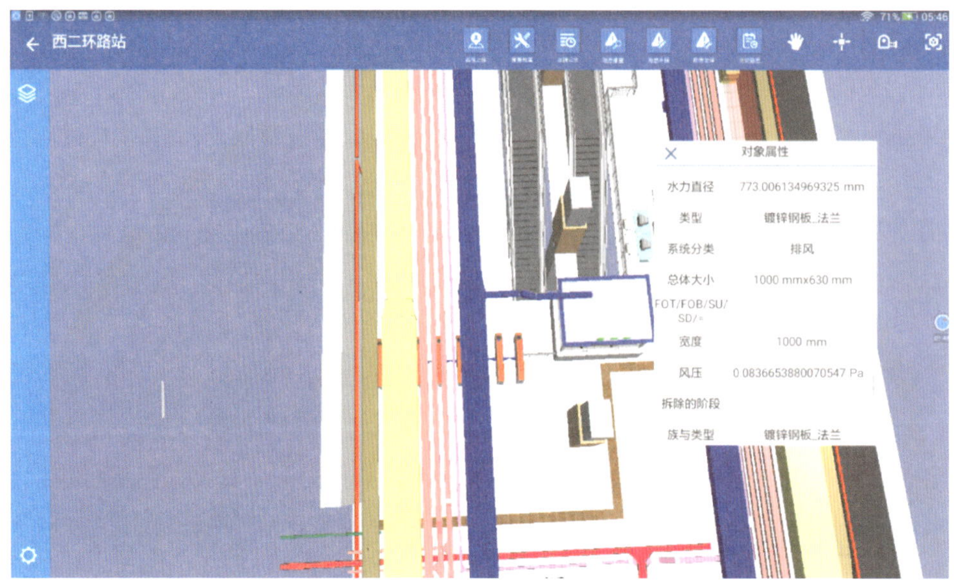

图 6-2-24　移动端浏览

(3)基于三维GIS和BIM模型,建立多源数据一体化管理的三维数据库,对模型数据进行存储、查询、三维展示等综合动态管理,提高模型数据的可视化和精细化程度,为公司其他业务系统提供数据支持与服务,作为轨道交通的全生命周期管理数据支撑。

满足各方在一般电脑配置下,网路化应用BIM成果分析查看,解决了传统的BIM软件耗费硬件配置的问题,解决了各方查看BIM模型成果以及移动端的现场管控问题,同时为后期的各种数据的不断深化奠定了坚实基础。

6.2.8　BIM应用效果与总结

呼和浩特轨道交通开展线路级全生命周期BIM技术应用研究与实践,编制发布了内蒙古自治区地方标准《城市轨道交通信息模型应用标准》(DBJ/T 03-114—2019),为内蒙古乃至全国城市轨道行业BIM技术规范化发展提供强有力的技术支持和科学依据。主要应用效果与特色如下。

1. 全生命周期"BIM封模"应用

将建设过程的BIM封模分为三个阶段:设计封模、施工封模、竣工封模。设计封模由设计单位进行多专业BIM协同设计、BIM设计方案展现、三维管线综合设计,解决设计过程中的"错、漏、碰、缺"问题,保证图纸和BIM模型的一致性;施工封模由施工单位在设计封模的成果上,进行BIM的施工深化,包括:BIM模型细化、管线预制加工、综合支吊架排布、管线末端及设备布置,实际指导现场施工;竣工封模由建设单位、设计单位、施工单位、设备厂商共同进行设施设备BIM模型及关联信息的完善,保证BIM模型与现场、图纸的一致性,实现基于BIM的数字化移交。

2. 站后工程采用全线三维正向设计

基于BIM各专业协同设计,进行三维管线综合排布与设备房间优化布置,精准生成墙体预留洞口图、三维管线综合图、各专业平面图、剖面图,在设计阶段消除管线碰撞、预留管线安装空间,保证检修空间,从而减少施工返工,降低施工成本,提高施工质量,确保在高强度的建设任务下,地铁站后工程建设高质量、高标准推进。

3. BIM工厂化加工,组合式装配

在设计封模成果上进行施工深化:管线分段下料、制作BIM异形管件、设备区走廊综合支吊架排布,在传统的材料清单及二维大样图纸基础上,生成BIM管段、综合支吊架的轴测图以及材料清单,实现工厂化预制加工,按照BIM模型中的定位进行组合安装。从而减少现场作业、物料存放,实现工序化作业。

4. 打造BIM资产运维大数据

构建基于BIM的设施设备分类与编码体系,采用四级分类机制(一级为专业、二级为系统、三级为资产、四级为组成设备)的分解结构,共计28个专业(见图6-2-25)。通过规范设施设备组成架构,满足生命期管理需求,实现城市轨道交通设施设备管理的信息化、科学化、规范化和标准化。

构建基于BIM的"三码(资产、物资、设备)合一"的编码体系,实现财务、物资、维修等信息化系统的互联互通,实现资产一体化管理(见图6-2-26)。

对全线具有独立功能的空间(设备房间、管理房间、走廊、公共区块等)进行可视化位置编码,将空间与设备进行绑定,实现双向联动,为运营可视化管理打下坚实基础(见图6-2-27)。

序号	名称	序号	名称	序号	名称	序号	名称
01	车辆	08	高压供电	15	门禁系统	22	云平台
02	工艺设备	09	接触网	16	变电所综合自动化系统	23	房屋建筑与线路设施
03	自动售检票	10	电扶梯	17	专用通信系统	24	行政设备设施
04	清分中心	11	站台门	18	公安通信系统	25	工具
05	通风空调与供暖	12	综合监控系统	19	信号系统	26	器具
06	给排水与消防	13	防灾报警系统	20	安检系统	27	通用设备
07	低压供电	14	环境与设备监控	21	整合UPS系统	28	楼宇智能化系统

图 6-2-25 呼和浩特市轨道交通设施设备一级分类名录

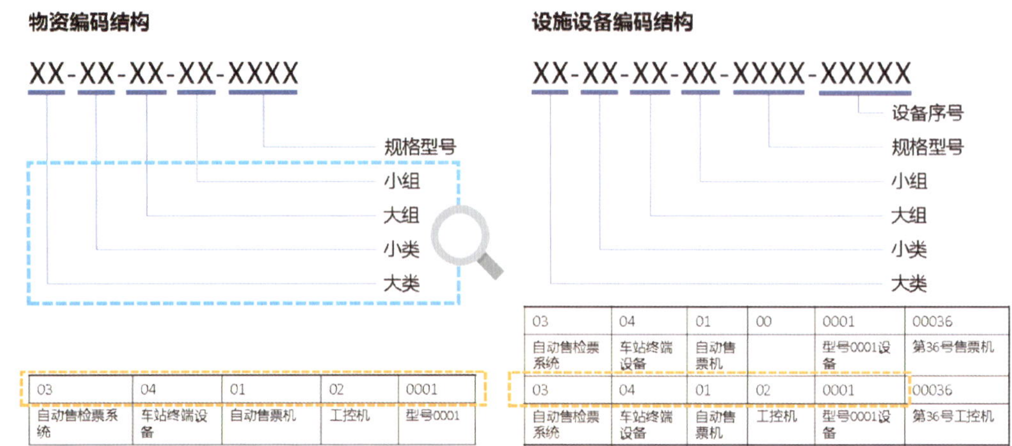

图 6-2-26 呼和浩特市轨道交通设施设备“三码合一”编码体系

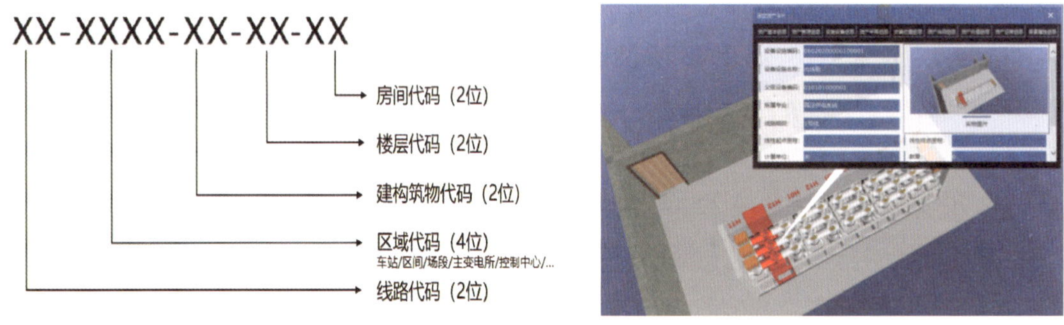

图 6-2-27 呼和浩特市轨道交通空间位置编码与可视化定位

将资产全生命期信息划分设计、生产、建设、施工安装、运营等不同阶段，由不同的责任主体在不同阶段进行采集，搭建以 BIM 城市轨道交通资产全生命期管理为主线的信息化管控系统，实现建设期完整性数据信息的数字化移交，构建数字化地铁，结合呼和浩特轨道交通的云平台优势，打造基于 BIM 的资产运维大数据平台，建设以地铁资产全生命期管理为主线的信息化管控系统，达到“工程建设投产，即可实现资产清晰移交”的先进管理目的。

呼和浩特城市轨道交通应用 BIM 技术有效提高站后工程的施工质量，缩短施工工期，实现城市轨道交通建设的数字化，结合自身的云平台优势，打造基于 BIM 的资产运维大数据（见图 6-2-28）；同时，对城市轨道交通参建各方的 BIM 协作模式进行积极探索，有效推动 BIM 技术在城市轨道交通行业的应用实践。

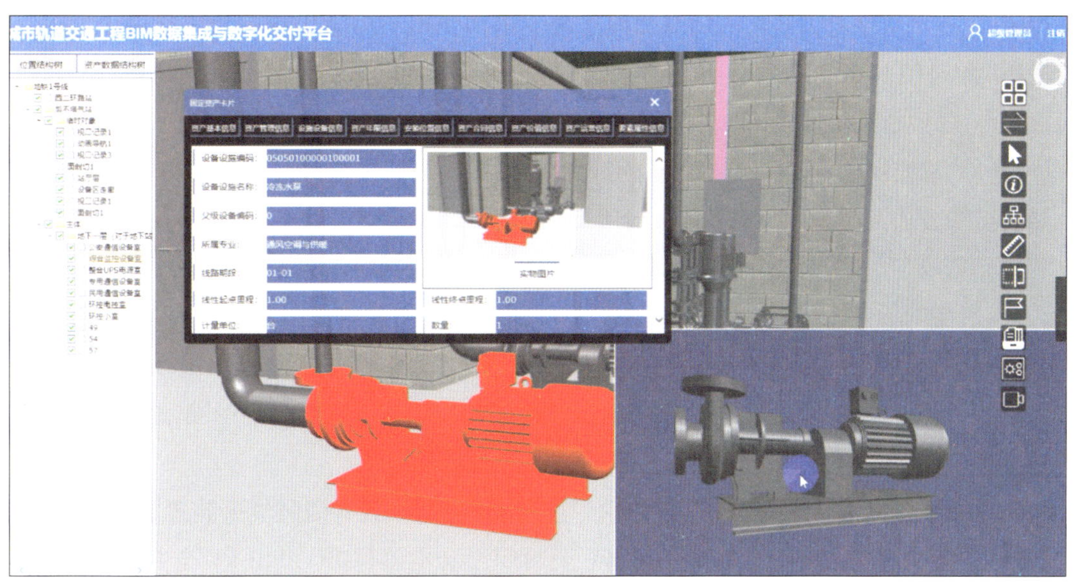

图 6-2-28　呼和浩特市轨道交通资产全过程 BIM 数字化管控

6.3　地下主变电所

6.3.1　工程概述

根据国家发展改革委 2015 年批复的《呼和浩特市城市轨道交通近期建设规划(2015—2020)》,依据城市总体规划和综合交通规划,呼和浩特市城市轨道交通网线由 5 条线路组成,其中近期建设贯穿东西的 1 号线和贯穿南北的 2 号线。1 号线新建两座变电所,分别为西龙王庙主变电所和南店主变电所;2 号线新建两座主变电所,分别为下新营主变电所和水上公园主变电所。4 座主变电所建设模式均采用全户内地下 GIS 变电所。结合近期、远期城市轨道交通建设规划,4 座主变电所近期均安装 2×50 MV · A 主变压器;远期均按照 2×63 MV · A 主变压器预留土建建设条件。

根据呼和浩特市电网情况及地铁主变电所供电时序,1、2 号线近期、远期供电方案如下:

西龙王庙主变电所近期由攸攸板 220 kV 变电站提供两回 110 kV 线路供电;远期由攸攸板 220 kV 变电站、金海 220 kV 变电站分别提供一回 110 kV 线路供电。

南店主变电所近期由科尔沁 220 kV 变电站、察哈尔 220 kV 变电站分别提供一回 110 kV 线路供电;远期由秀水 220 kV 变电站、察哈尔 220 kV 变电站分别提供一回 110 kV 线路供电。

下新营主变电所近期由科尔沁 220 kV 变电站、胜利 220 kV 变电站分别提供一回 110 kV 线路供电;远期由科尔沁 220 kV 变电站、乌素图 220 kV 变电站分别提供一回 110 kV 线路供电。

水上公园主变电所近期由玉泉 220 kV 变电站提供两回 110 kV 线路供电;远期由玉泉 220 kV 变电站、丰州 220 kV 变电站分别提供一回 110 kV 线路供电。

6.3.2　亮点理念

1. 合理的供电方案

根据呼和浩特市电网特点,1、2 号线主变电所由电网采用 110 kV 电压等级供电。城市轨道交通负荷等级为一级负荷，主变电所供电方案均采用双回线路独立电源供电。为满足城市轨道交通供电可靠性要求，每座主变电所两台 110 kV/35 kV 主变压器分列运行，主变 35 kV 低压侧母线分列运行，在两段 35 kV 低压母线之间设置母联开关，满足两段 35 kV 母线互相支援需求。因此，每个供电分区同时由主变电所两台主变各提供一段 35 kV 母线供电，提高了地铁供电可靠性。通过对电气主接线经济技术方案比选，110 kV 采用线路变压器组接线方式，安装二套 110 kV 全封闭组合电器(GIS)设备，35 kV 采用单母线分段接线。

配电装置精心布置、优化改进并有所创新，采用分层分布式微机监控系统，二次设备放置于二次设备室；按照无人值班变电所考虑，最大限度地减少不必要的辅助生产建筑及附属建筑；积极采用新技术、新设备；变电所按照远景规划 2 台 63 MV · A 主变压器布置。变电所共分四层(地上一层，地下三层)，地上为出入口及通风建筑，地下每层中间设 3.6 m 宽的走廊，两个安全出口布置在走廊的两端，通过楼梯直通地上，设置一部消防电梯。

地上一层主要布置有消防电梯前室、卫生间。地下一层主要布置有消防气灭装置室、消防泵室、二次设备室、主变排风设备。地下二层主要布置有 35 kV 全封闭组合电器(GIS)、110 kV 全封闭组合电器(GIS)、SVG、通风设备、主变压器、接地变及小电阻成套装置、工具间、消防电梯间、盥洗间等。地下三层为电缆夹层，通过电缆竖井与室外电缆隧道连接。布局紧凑合理，出线方便，大大减小了占地面积。

110 kV 主变压器选用低损耗三相双绕组自冷式全密封有载调压变压器。110 kV 配电装置采用 SF6 绝缘的全封闭组合电器(GIS)，断路器操动机构选用弹簧机构。35 kV 配电装置采用 SF6 气体绝缘开关柜(GIS)，双列布置。本期 4 回出线，远期规划 10 回出线，预留 3、4、5 号线供电线路。站用变压器选用环氧树脂浇注干式变压器。配电装置采用无油设备，不仅降低了火灾隐患，而且对人身和设备安全提供了可靠保障。

2. 环境和谐城市变电所

随着呼和浩特市经济高速发展，城市化进程加快，城区建设用地日趋紧张，选址愈发困难。城市内建设高压变电所存在环保要求高、防火标准严等特点，且必须与周边环境相协调，因此对高压变电所的建设提出了新的挑战。考虑城市轨道交通 4 座主变电所选址均位于或紧靠城市绿地，选择采用全地下高压变电所的建设形式，布置在绿化用地下方，在满足城市轨道交通用电需要的同时，结合城市总体规划整体要求提高了土地利用率，并妥善缓解了市区用地紧张的问题。110 kV/35 kV 主变压器及其他主要设备均布置于地下建筑内，地上仅保留竖向人行通道和通风设施及其通风通道。主变电所地面部分做绿化处理，不仅改善了城市景观，优化了城市环境，还使城市变电所与周边环境协调友好。

主要噪声房间均设消声墙，在源头减弱噪声，在进、出风口设置双层消声百叶窗，进一步削弱噪声的影响，力求减少对周边环境的影响。

通过建筑、景观设计，使绿化与周边环境自然的过渡，削弱了变电所在城市中的存在感，同时减轻了周围城市居民对电力高压变电所的畏惧感。位于地表的部分送排风口尽可能降低，利用场地种植大量的小型灌木、乔木，对其遮挡，削弱地上送排风口的存在。在 2 个突出地面的主入口建筑周边设镂空的挑檐造型，绛紫色饰面配以灰白色线条，周边绿树环绕，尽可能与城市中的青城驿站相融合。主入口采用玻璃雨棚，通向主所入口的通道做情调别致的花园般的料石嵌草小道。设女儿墙，遮挡屋顶风机及电梯凸出屋面部分。减少通风设备外露影响建筑立面效果。主所地下部分剖面及鸟瞰图见图 6-3-1 ~ 图 6-3-3。

做暗置式散水、暗置式设备吊装口。最大限度增加绿化面积；通透的铁艺围栏，在与周围环境无缝衔接的同时，又起到分隔内外的屏障作用。通过建筑、景观设计，把主变电所打造成为融入城市大环境中的一个

“小花园”。为周边城市居民提供一个精美雅致的生态环境,仿佛在蓝天白云的平日中就可以在这里驻足歇息、聊天漫步。

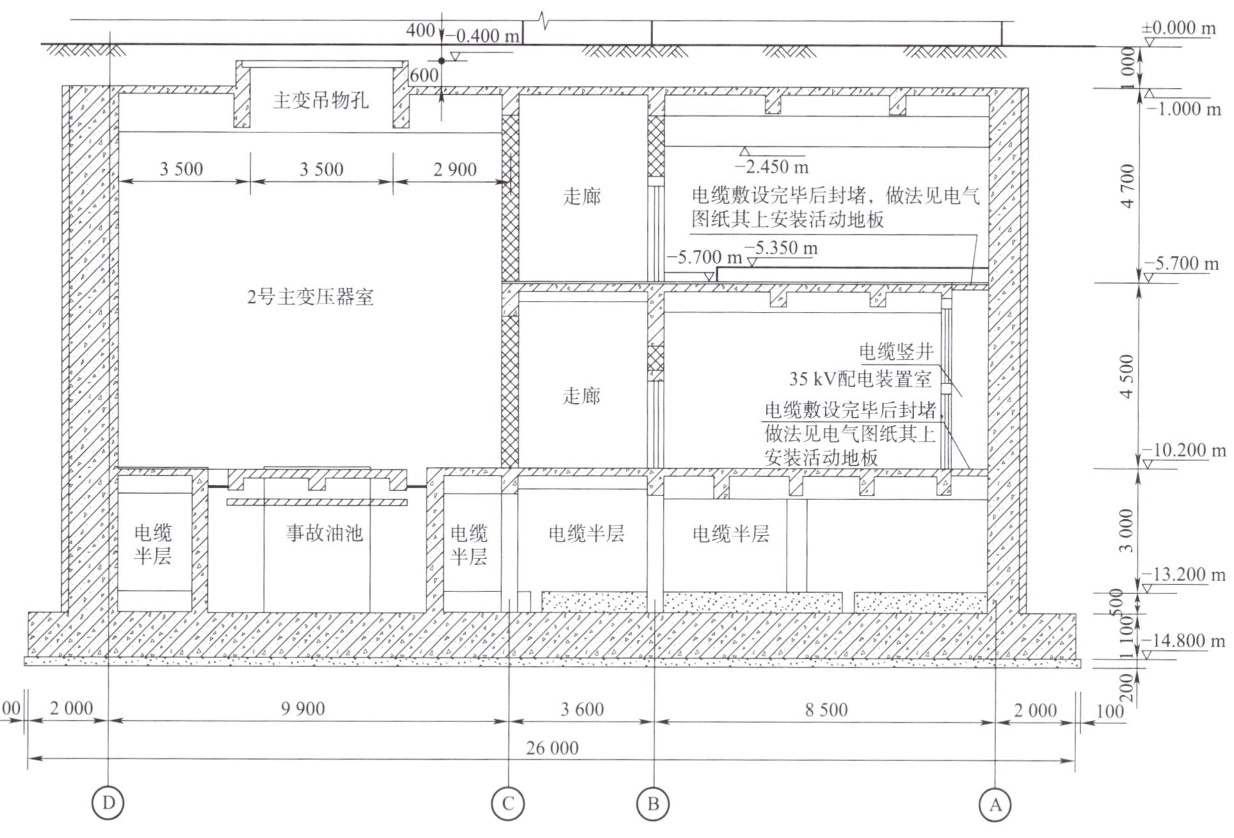

图6-3-1 主所地下部分剖面图(单位:mm)

图6-3-2 主所鸟瞰图1

图6-3-3 主所鸟瞰图2

3. 合理的结构形式

主变电所围护结构采用“地下连续墙+混凝土/钢管支撑”和“围护桩+钢管支撑”的支护形式,采用明挖顺作法施工。

主变电所主体为现浇钢筋混凝土剪力墙结构;主体结构防水形式以自防水为主,外包卷材防水为辅。侧墙纵向、水平施工缝设镀锌止水钢板+遇水膨胀止水条;主变电所基础采用外挑式筏板基础,在外挑筏板上(肥槽内)回填灰土作为配重,起到抵抗地下水浮力的作用;灰土压实后,又减少了渗水的作用,进一步确保了防水效果。

合理的支护形式减少施工期大开挖对周边道路、环境的影响。合理的主体结构形式有效地避免围护结构施工偏差影响主体,降低施工难度。

6.3.3 应用效益

1. 经济效益

南店变位于科尔沁路与东站南街交汇处西北角地块内,西龙王变位于回民区巴彦淖尔南路与新华西街交叉路口东南角地块,下新营变位于哲理木路与北二环路交会处东北角地块内,水上公园变位于锡林郭勒南路与双树村南巷交会处东南角仕奇公园内西北角地块。变电所深入城市内部,靠近用电负荷,可满足本期轨道交通1、2号线供电需要,同时可为远期3、4、5号线供电。从整个城市轨道网供电需求来看,具有良好的经济效益。

2. 环境、人文效益

呼和浩特目前市内多处变电站存在导线外挂,设备外露,影响市容。地上变电所变压器风冷装置噪声较大,夏季用电高峰期的时候,变电站负荷高,产生的噪声更大。高压线路间产生电晕现象,电流击穿空气也会产生噪声。户外敞开式变电站空间敞开,噪声衰减量小。周边居民炎热夏日也只好紧闭门窗,正常生活受到影响。

考虑防火、降噪等影响,城市变电站需增加占地减少对环境的影响。地铁供电的4个主所均位于绿化用地或贴近绿化用地,将主所伸入地下,将其置于绿化用地下,地上恢复为绿化覆盖。主要的风冷设备均位于地下,地面厂界噪声很小。出线均采用电缆出线。采用地下变电所的方式可有效降低噪声。

地下变电所占地面积小,建筑物与地上交通、绿化形成立体空间,有效的利用土地。其中西龙王变结合商业开发,提高土地利用率。与地上变电所相比,地下变电所需要较小的防火间距,具有良好的社会效益。

地上部分绿化按照公园绿化精心设计,灌木、乔木、花卉合理搭配,结合景观小道,提高绿化率。4个主所的绿化率均大于90%。注重细节设计,将地上出入口体量尽量减少,地上精致的建筑也更好地提升了城市的景观美感,既保证了电力供应,又美化了环境。变电站被赋予了更多的人文艺术气息,让环境友好的变电所成为城市的一道风景线,取得良好的环境、人文效益。

6.4 盖挖逆作换乘车站设计关键技术研究及应用

6.4.1 工程概述

呼和浩特城市轨道交通新华广场站位于新华西街与锡林路北路交会处,该站是轨道交通1、2号线T型换乘站,其中1号线部分为地下二层岛式站台车站,双柱三跨结构,车站总长523.1 m,站台宽16 m,标准段宽24.7 m,主体结构底板埋深为16.56 m,顶板覆土约为3 m。2号线部分为地下三层岛式站台车站,双柱三跨结构,车站总长度313.5 m,站台宽16 m,标准段宽24.9 m,主体结构底板埋深为23.6 m,顶板覆土约为3.1 m,1、2号线设置联络线。另外,为了充分利用地下空间,联络线和配线上方设置物业开发,1号线配线上方地下一层面积为5 874 m²,2号线配线上方地下一层面积为3 956 m²,三角区面积为4 951 m²,详见图6-4-1。新华广场作为换乘站,交通十分便利,是本区域的核心地带。车站与广场一体化开发,结合新华广场地上景观广场的改造升级,通过对新华广场地下互联互通空间的建设,充分考虑轨道交通1、2号线出入口、公共交通流等多方面因素,分流一部分人流、车流于新华广场地下空间,利用区域位置优势实现城市交通与周边业态互联互通,解决人行过街等问题,形成以新华广场为核心的地下交通组织。升级改造地面景观广场,通过构筑便捷的步行网络系统,将地铁与周边商业地块进行高效紧密的联系;通过建设地下小汽车停车系统,满足城市中心商业区高密度物业开发的停车需求;通过地下交通附属空间、停车场分别与周边地块地下空间的互联互通,形成立体交通系统,合理组织地下人行、车行流线,形成以新华广场为中心规模宏大的地下空间;同时将地面空间解放出来,打造具有标志性、舒适型、生态型的城市文化主题广场,让呼和浩特市的城市名片焕然一新,使之成为呼和浩特市人民欢迎四方来客的大型"城市会客厅",详见图6-4-2。

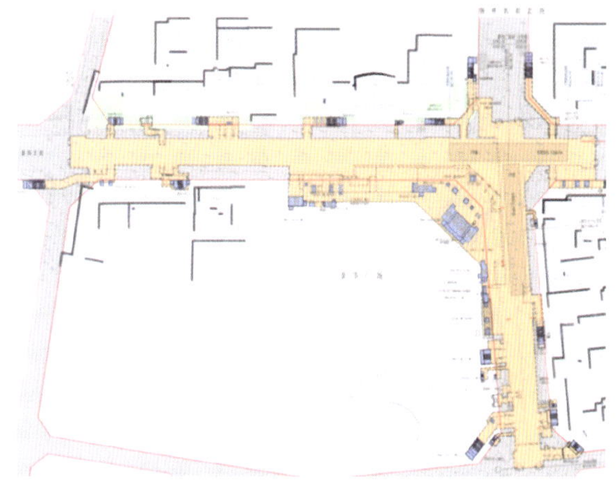

图6-4-1 新华广场站平面示意图

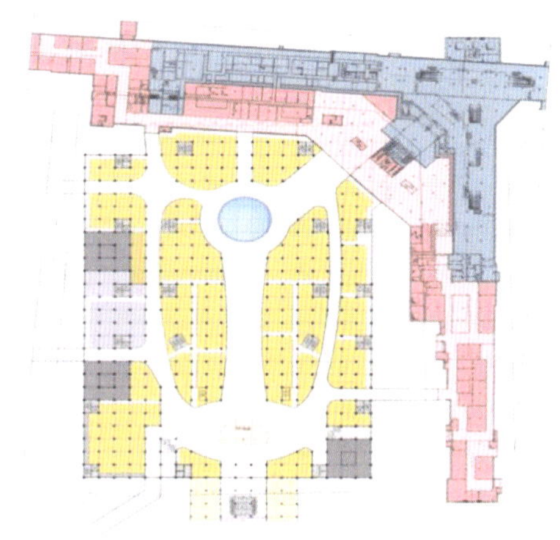

图6-4-2 新华广场开发互联互通示意图

换乘车站主体均采用盖挖逆作法施工,围护结构选用地下连续墙,利用主体结构的梁板作为开挖阶段的水平内支撑体系,并在楼板梁间留有多处出土口,开口处预留连接构件,待逆作施工完成后浇筑封闭,采用一桩一柱竖向承重结构作为竖向支撑体系,钢管柱下桩基在施工期间作为抗压桩,使用期间作为抗拔桩。采用盆式开挖结合盆边留土对称抽条方式进行基坑开挖,依次由上而下施作结构梁板、衬墙及临时支撑,直到完成主体结构底板的浇筑.基坑进行坑内疏干降水。

工程场地位于山前冲洪积平原堆积区,地形平坦开阔,本场地主要位于内蒙古地轴、阴山台拱、大青山隆褶束的南缘,凉城台隆的西北部,属鄂尔多斯地台向斜的北缘,为一中、新生代断陷盆地。本场地地势平坦,该站区所处地层由上至下依次为人杂填土、粉质黏土、粉土、粉砂、细砂、中砂、粗砂、砾砂层及圆卵石层。根据新华广场勘察报告,钻探揭露的场地地下水属潜水类型,钻孔内量测的稳定水位埋深介于7.3~8.7 m之间,相应地下水水位高程介于1 046.50~1 048.50 m之间,水位年变幅1.5~3.0 m。

地下车站结构形式和施工方法的选择,受沿线工程地质、水文地质条件以及所处环境、地面建筑物、地下构筑物、河道交通、道路交通等因素的影响和制约,方案的选择不仅要满足地铁工程本身的使用功能,同时也要满足合理开发利用地上、地下有效空间的要求,并考虑由于施工给周围环境带来的不良影响,对应不同的施工方法,结构形式往往不同。地下车站工程常用的施工方法有明挖法、盖挖法和暗挖法。明挖、盖挖车站施工方法综合比较见表6-4-1。

表 6-4-1　明挖、盖挖车站施工方法综合比较表

施工方法		技术特点	施工条件	环境影响	工期	造价
明挖		1. 施工方法简单； 2. 结构防水效果好； 3. 施工安全、可靠； 4. 施工质量容易保证	1. 场地适应性强； 2. 需要大面积的施工场地； 3. 工作面宽敞，工期短； 4. 对周边环境影响大	1. 地面交通有较大的影响，须有交通疏解条件； 2. 施工范围内地下管线须改移； 3. 有一定的环境污染	短	低
盖挖	盖挖逆作	1. 施工方法简单； 2. 结构防水效果好； 3. 施工安全； 4. 施工质量容易保证； 5. 需设置临时路面，车站跨度较大时还需设置临时竖向支撑及桩基	1. 场地适应性强； 2. 短时间需要大面积的施工场地； 3. 工作面受限制，工期较长； 4. 对周边环境影响较大	1. 对地面交通影响时间短； 2. 施工范围内地下管线须改移； 3. 有一定的环境污染	较长	较高
	盖挖顺作	1. 施工比较复杂，技术比较成熟； 2. 结构防水施作比较复杂； 3. 施工安全； 4. 施工质量不易保证； 5. 需设置临时竖向支撑及桩基	1. 场地适应性强，可有效控制地面沉降，对周围建筑和地下管线的保护具有良好的效果； 2. 短时间需要大面积的施工场地； 3. 工作面受限制，工期较长； 4. 对周边环境影响较大	1. 对地面交通影响时间短； 2. 施工范围内地下管线须改移； 3. 有一定的环境污染	较长	较高
暗挖		1. 施工难度较大，技术成熟； 2. 结构防水施作较复杂； 3. 空间利用率低	1. 受周边交通，管线影响小； 2. 无须破坏地面，施工场地很小； 3. 埋深大，工期长； 4. 对周边环境影响小	1. 对交通及地下管线影响很小； 2. 对环境无污染	长	高

通过比对可以看出，明挖法与盖挖法无论从施工难度、施工工期、结构防水质量及土建工程造价等方面均较暗挖法具有明显的优势。所以，本车站的施工方法宜首先考虑采用明挖或盖挖法施工，由于呼和浩特市2017年7月举办内蒙古自治区成立70周年大庆，路面围挡需退回路面用地范围，恢复交通系统。除此之外，该站规模较大，施工工期较长，需要克服冬季施工的影响，综合比较推荐车站采用盖挖逆作法施工，既满足了短期内恢复路面交通，同时也避免了管线的二次改迁问题，保证了全线对工期的相关要求，适当减小了施工难度。

主要技术难点有：

(1)工程结构跨度大，换乘站盖挖逆作法工序转换多，地层与结构受力转换复杂，地层变形及结构差异沉降控制难度大。

(2)中桩直径大，总长度长，定位及沉降控制难度较大。

(3)新华广场站周围建(构)筑物林立，交通繁忙，需要分幅分期施工，管线密集，施工过程中环境风险控制要求很高。

(4)站区以砂卵石地层为主，中桩(柱)成桩工艺要求高，桩基施工质量控制难度大，由此对控制结构差异沉降带来较大影响。

6.4.2　亮点理念

1. 大直径扩底桩桩后压浆技术应用

AM 工法采用国外先进技术结合国内实际工程地质情况研发，该设备使用了当今最先进的原始土挖掘

全液压扩底技术，由传感设备可视化控制，即全液压电脑管理映像追踪快换魔力铲斗（见图 6-4-3、图 6-4-4），扩底施工过程可控可视。用配套的旋挖钻机（现场采用 LS-180RH、LS-120RH 旋挖钻机）将等径桩成孔到设计深度后，更换扩底钻头（全液压扩底快换魔力铲斗）下降到扩底桩的扩大部位，靠液压打开扩大翼进行切削土体扩大作业。扩底作业前，操作人员需要预先把设计要求的扩底深度及扩底形状、尺寸等数据输入操作室内的控制电脑内，并通过显示器显示这些设计数据和图像，当进行扩底作业时，扩底钻头的位置以及每次切削土体作业结果全部显示在显示屏上，控制每次切削量，逐渐扩大，直到与预先输入的数据、图像重合时作业结束；完成扩底施工后，使用铲斗以及特殊清渣泵清除孔底沉渣，然后下放钢筋笼并浇筑混凝土。施工完成后，控制室内电脑立刻打印出成桩深度、桩径扩底形状等数据及图像，减少人为因素。这样，扩径段就有了一个固定的几何形状，从而可以避免凸凹型成孔的不确定性，并且能够以此为桩基设计的依据。采用此设备施工的扩底灌注桩又称为 AM 工法桩。该技术的应用可以有效解决竖向承载能力和桩墙差异沉降问题，是盖挖逆作法安全实施的强有力支撑。

图 6-4-3　全液压扩底快换魔力铲斗

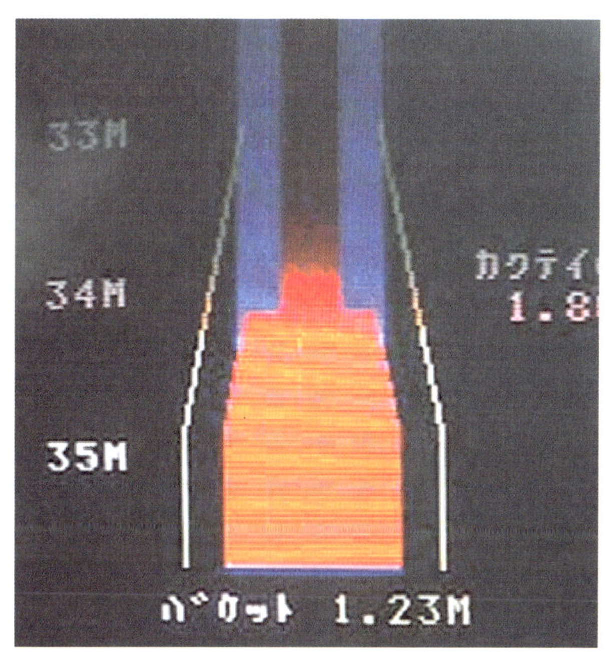

图 6-4-4　扩孔施工电脑控制

2. HPE 液压垂直插入机技术的应用

HPE 插入法的优点是直精度高、定位准确，单柱安装施工周期短，操作人员可避免进入桩孔内作业，降低安全风险；无须埋设外钢套管，可节约能源，降低成本。柱吊放至 HPE 垂直插入机内，凭借自重下入孔内一定深度后，由 HPE 垂直插入机抱紧钢管柱，并复测钢管柱垂直度，确认满足要求后在钢管柱上安装垂直传感器。待浮力大于钢管柱重量后由 HPE 垂直插入机将钢管抱紧，由液压插入装置的液压下压力将钢管柱下压插入孔内。插至混凝土顶面后重新复测钢管垂直度，确认满足要求后继续下压插入混凝土中（见图 6-4-5）。该技术的应用有效解决了钢管柱的插入精度和施工效率的问题。

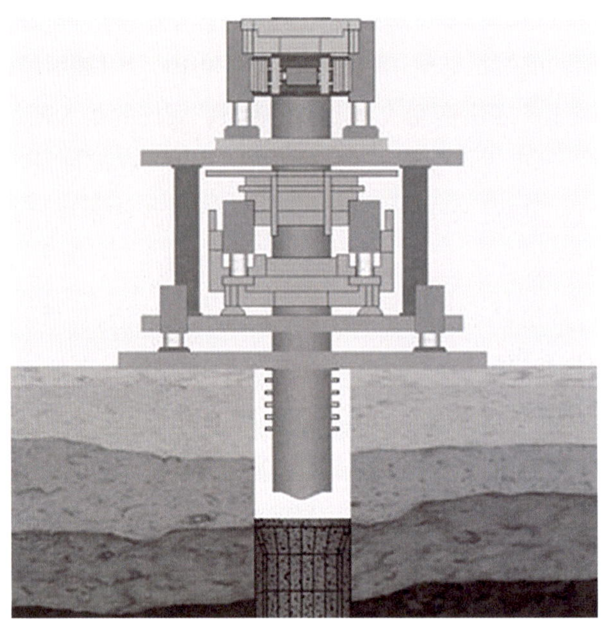

图 6-4-5　HPE 插入机工法原理

3. 地模技术的应用

在盖挖逆作法施工中，为了加快施工进度并节省投资，本工程采用土胎模施工。各位置土胎模做法如下：人工清底后浇注 5 cm 厚 C15 素混凝土垫层，强度满足要求后，用 M10 水泥砂浆抹面找平，安装隔离层（见图 6-4-6）。该技术的应用可有效减少投资。

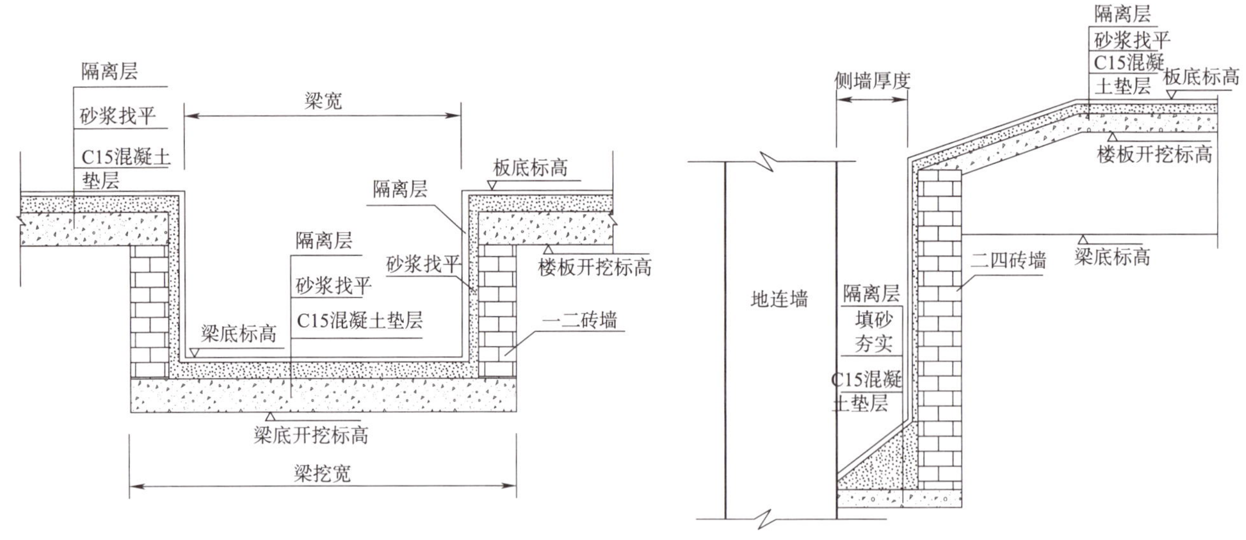

图 6-4-6　地模的施工图

4. 中梁双梁的牛腿的应用

双梁—环形牛腿节点：框架梁采用双梁，双梁之间、钢管的两侧各设置一道次梁，并在节点处设置环形牛腿（见图 6-4-7）。次梁高度宜与框架梁高度一致，宽度不宜小于框架梁的宽度，可设置斜向的加强筋加大节点刚度。该技术的应用有效解决了现场焊接少的问题，提高了施工质量和效率。

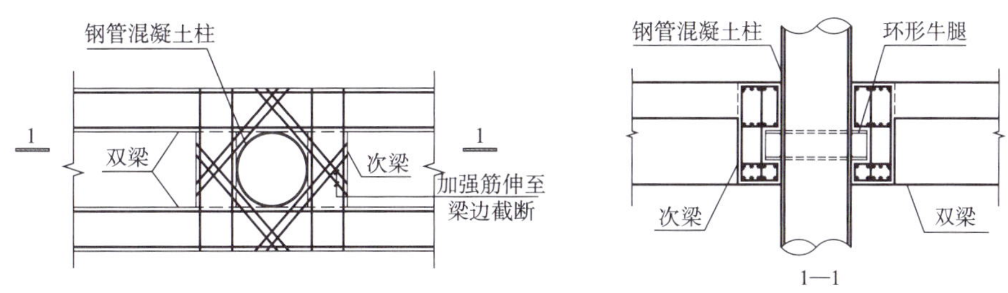

图6-4-7 双梁—环形牛腿节点示意

5. 盖挖逆防水关键节点

顶板与支护结构采用刚接形式，考虑结构受力要求，以及结构钢筋的影响，柔性防水层无法在顶板与支护结构的连接部位直接铺设，可采用涂刷水泥基渗透结晶防水涂料，与顶板防水层和侧墙防水层形成搭接，搭接范围不得小于200 mm，使防水层通过水泥基渗透结晶这类无机刚性防水材料连续（见图6-4-8）。

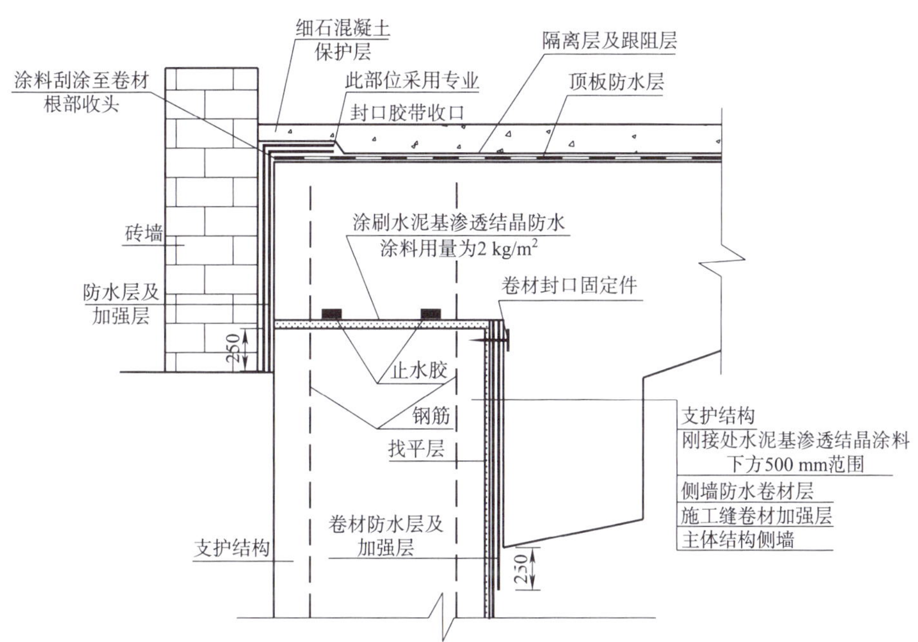

图6-4-8 刚接形式防水做法示意（单位：mm）

盖挖逆作侧墙连接节点的纵向水平施工缝，可采用“预埋注浆管＋遇水膨胀止水胶（条）”的措施。按照混凝土结构施工步序，顶板与侧墙交接处、中楼板与下部侧墙交接处形成的接缝，因逆作导致此处无法预埋中埋式止水构件（包括中埋式钢边橡胶止水带、中埋式镀锌钢板止水带、中埋式丁基橡胶泥子止水带等），采用“预埋注浆管＋遇水膨胀止水胶（条）”的防水措施，遇水膨胀止水胶（条）可双道设置（见图6-4-9）。其他通常的施工缝，包括中楼板与上部侧墙结构之间的施工缝，宜选用中埋式止水构件。

6.4.3 计算分析

1. 增量法计算

所谓增量法，即在每个施工阶段下，对该结构体系施加相较于前次结构相应的荷载增量，将此增量对结构体系产生的内力与位移与前次结构已产生的位移及内力叠加，成为该结构体系在此施工阶段形成的结构内力与位移。

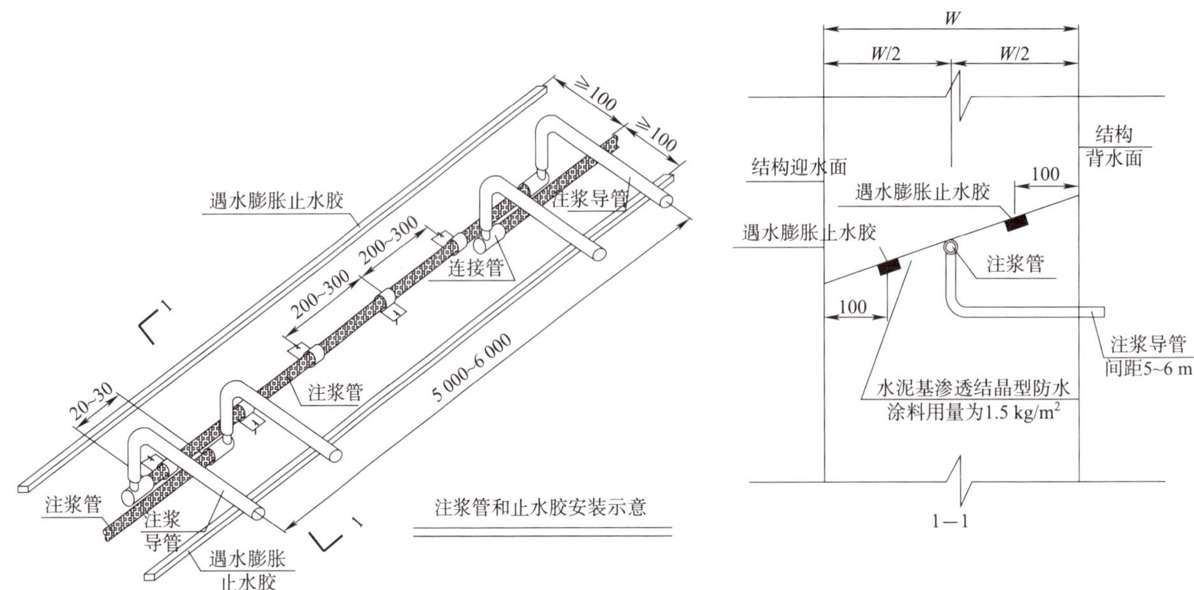

图 6-4-9　侧墙逆作连接节点施工缝防水构造示意(单位:mm)

所以在增量法中,施加在结构上的外力是相较于前一个工况下的荷载增量,最后所求的结构内力和位移也是前一个工况下求得的内力与位移增量,此时保证墙体刚度不变,将所求的增量与前次工况完成后产生的内力与位移叠加,所得该结构在当前施工阶段下所产生的实际内力以及位移。

采用增量法进行围护结构计算简图见 6-4-10。

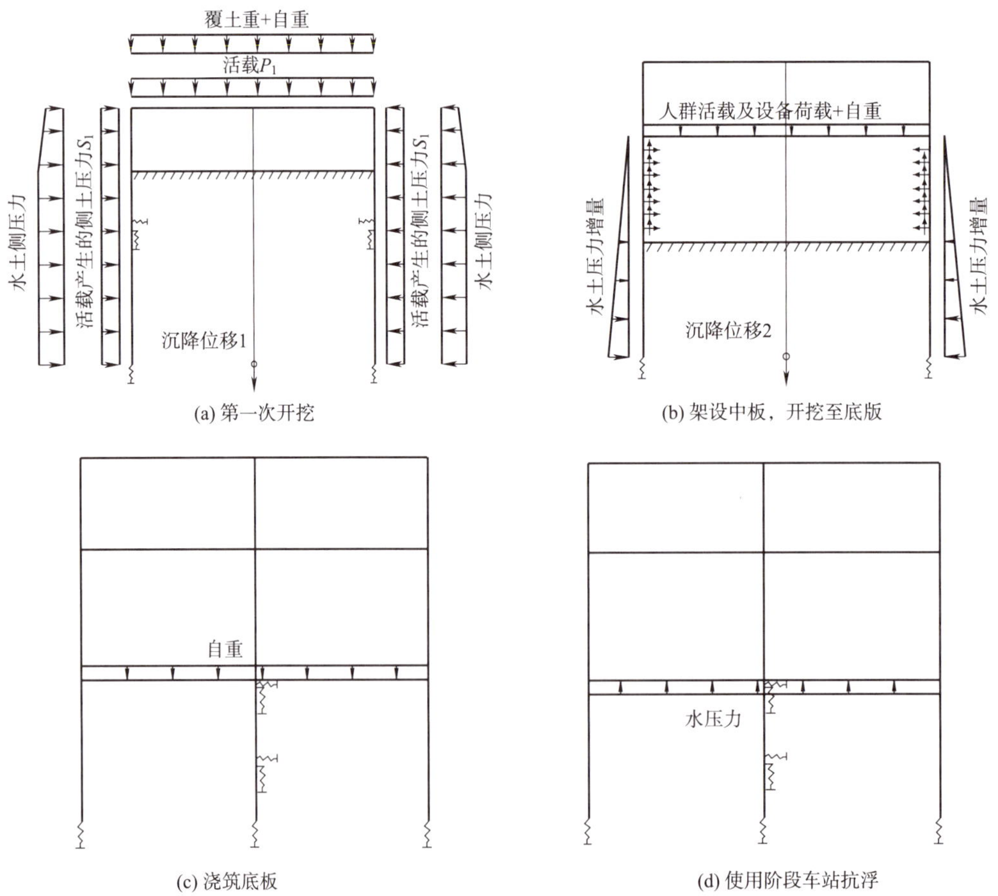

图 6-4-10　增量法计算简图

案例选取新华广场站标准段结构尺寸，顶板厚度：800 mm；中板厚度：400 mm；底板厚度：800 mm；侧墙厚度：700 mm；中间桩钢管柱直径 800 mm；柱下桩基直径 1 800 mm，扩底端直径为 3 200 mm。地连墙嵌固比为 0.7，嵌固深度为 9 m；边跨跨度为 7 m；中间跨度为 7 m；一层层高为 5.7 m，二层层高为 7.1 m。结构剖面图见图 6-4-11。

2. 计算模型

本次结构计算简化为平面应变问题，地下结构的计算属于半无限空间问题，而当此问题作为平面应变问题计算时，则会变成半无限平面问题。根据有关研究，地下洞室开挖后仅会对距洞室中心点 3 ~ 5 倍开挖宽度（高度）范围内土体的应力、应变存在影响，3 倍宽度开挖处的应力变化一般为 10% 以下，5 倍范围内应力变化为 5% 以下，所以在建立模型时，可以建立 3 ~ 5 倍宽度的土体计算。

本次计算模型宽度取 119 m，高度为 100 m，将地层边界条件取为固定支座，限制边界土体位移，有限元模型见图 6-4-12 所示。

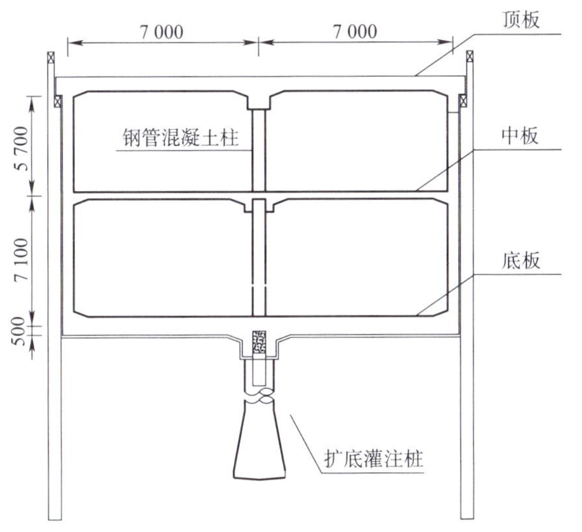

图 6-4-11　车站结构剖面图（单位：mm）

图 6-4-12　有限元模型

施工工况划分：根据围护结构施工步序，将结构施工程分为 7 个施工工况，详见表 6-4-2。

内力计算结果见图 6-4-13 ~ 图 6-4-18。

表 6-4-2　施工工况

工况序号	施工工况
1	平整场地，形成初始应力场
2	打设地连墙、中间桩柱，开挖顶板覆土
3	打设顶板结构
4	回填覆土，开挖负一层土体
5	施工中板及第一层侧墙
6	开挖第二层土体
7	施作底板及第二层侧墙

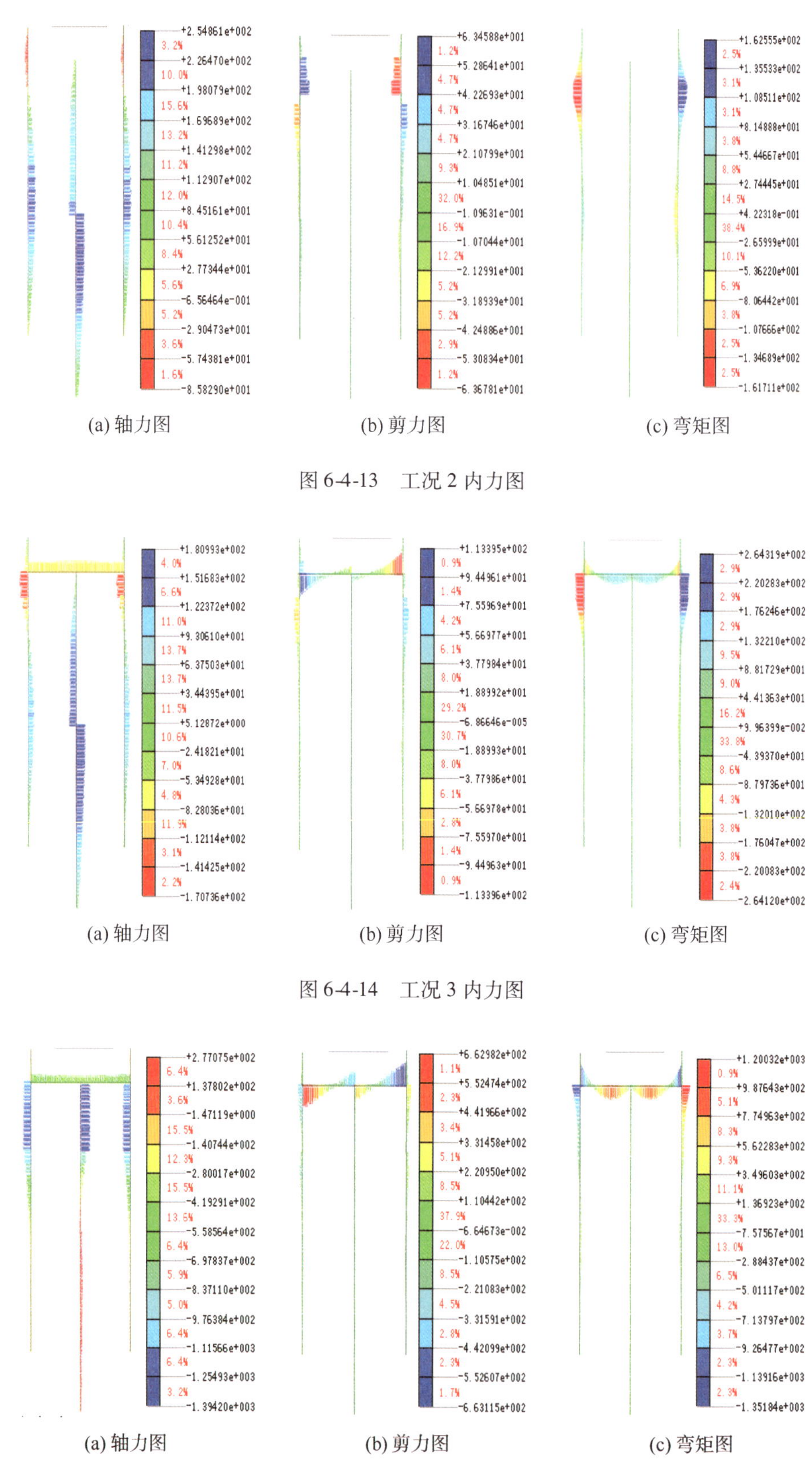

(a) 轴力图　(b) 剪力图　(c) 弯矩图

图 6-4-13　工况 2 内力图

(a) 轴力图　(b) 剪力图　(c) 弯矩图

图 6-4-14　工况 3 内力图

(a) 轴力图　(b) 剪力图　(c) 弯矩图

图 6-4-15　工况 4 内力图

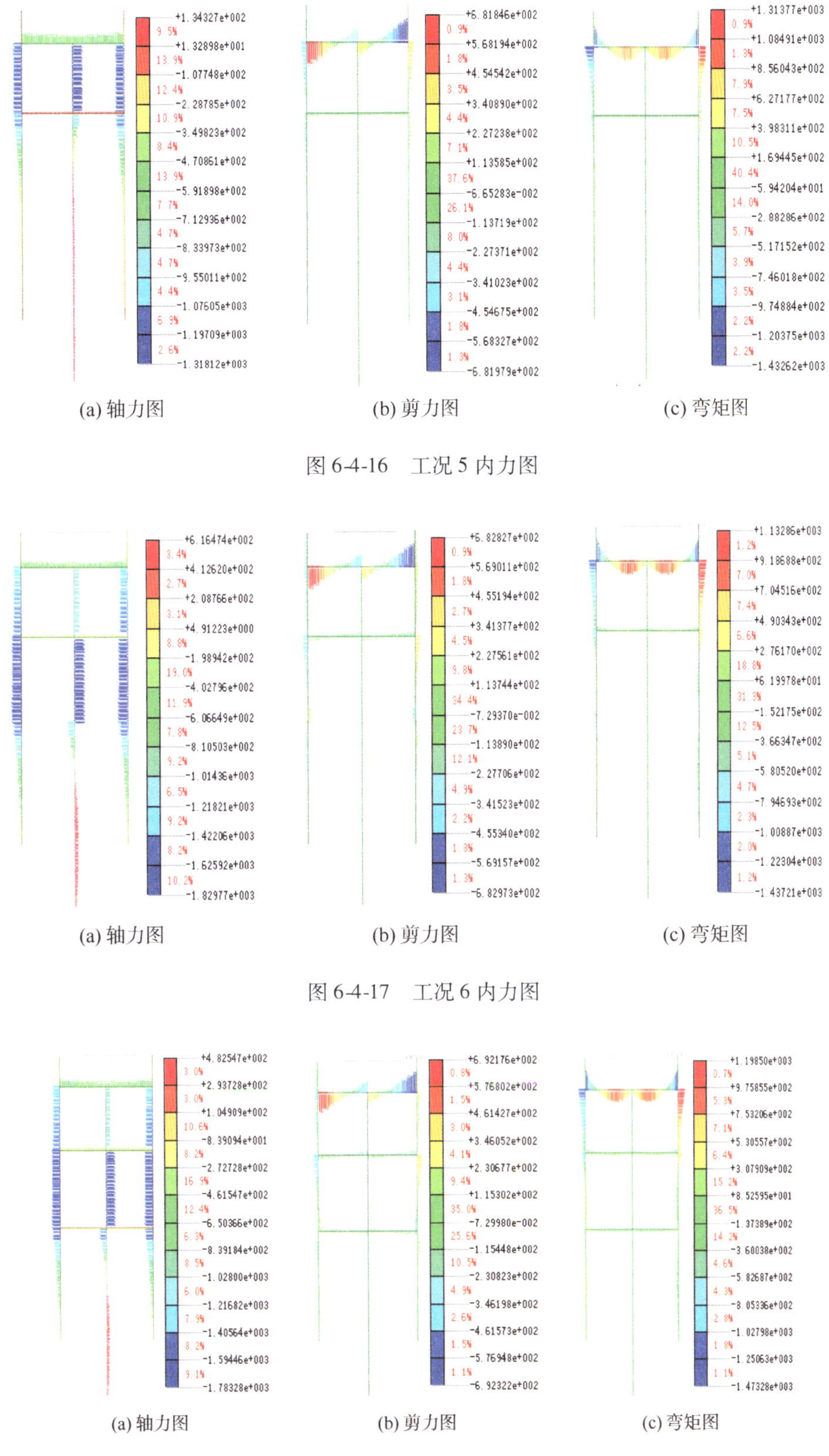

(a) 轴力图　(b) 剪力图　(c) 弯矩图

图 6-4-16　工况 5 内力图

(a) 轴力图　(b) 剪力图　(c) 弯矩图

图 6-4-17　工况 6 内力图

(a) 轴力图　(b) 剪力图　(c) 弯矩图

图 6-4-18　工况 7 内力图

地连墙及竖向立柱桩沉降变形，提取地连墙与中间立柱桩同一节点位置在各工况下竖向位移，计算结果见图 6-4-19。地连墙水平位移见图 6-4-20。

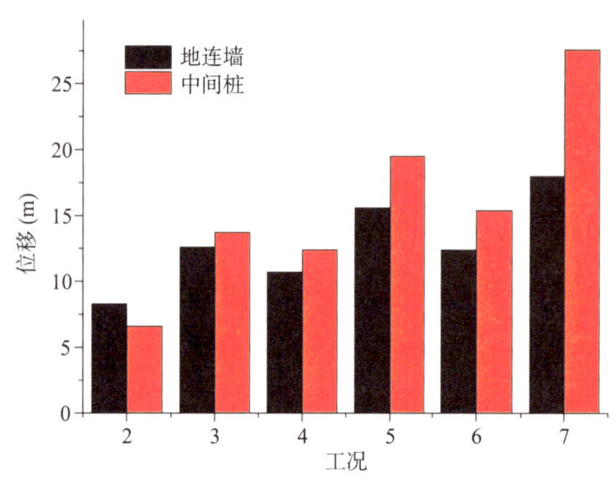

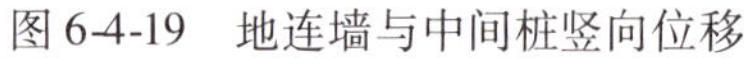
图 6-4-19　地连墙与中间桩竖向位移

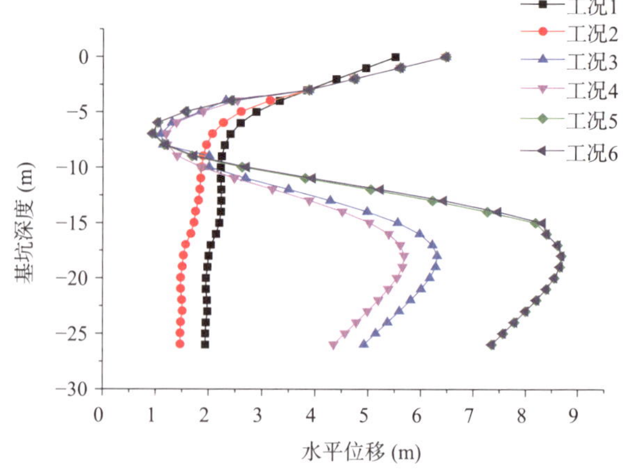

图 6-4-20　地连墙水平位移

计算结论：

(1)最终中间桩沉降量为 27.6 mm，地连墙沉降量为 18.1 mm，稍稍大于一级基坑沉降指标 23.4 mm，小于二级基坑沉降指标 39 mm，可见盖挖逆作法对结构的差异沉降值控制效果良好。

(2)地连墙的水平位移从初期的“弓”字形转到后期的“S”形，主要原因在盖挖逆作法中楼板刚度较大，对地连墙的约束作用较好，最终地连墙位移为 8.91 mm，小于一级基坑控制指标要求的 15 mm。可见楼板支撑对控制结果位移产生了良好作用。

(3)从结构受力分析可以看出，地连墙属于压弯构件，在进行配筋计算的时候不能按照一般的纯弯构造计算，结构最大剪力处于顶板边跨处，若层高较大，基坑较深时，剪力最大值可能出现在地连墙与底板相接处。弯矩最大值出现在顶板边跨处，顶板跨中处弯矩也比较大，这种受力特点是盖挖逆作车站与明挖车站不同的地方，所以在设计中，顶板设计需重要考虑，加强配筋或者是加大截面面积。

3. 换乘节点计算

计算模型中，采用板单元模拟车站各层板以及侧墙，使用一般梁截面单元模拟梁、柱结构，结构模型中梁单元由两个节点构成，每个节点有 3 个平动和 3 个转动共 6 个自由度，具有拉、压、弯、剪、扭等变形刚度，梁单元使用 Timoshenko 梁理论，假定梁变形以前垂直于构件中性轴的截面，梁变形后仍然保持平面，但不一定垂直于变形后的中性轴，即认为弯曲变形是主要的变形，剪切变形是次要的。而对于跨比大于 1/5 的梁，就有必要考虑剪切变形的影响，此时应该以板单元模拟，并细分单元，精确结果。

结构模型中板单元根据刚度不同把板单元划分为了薄板单元和厚板单元，是由平面上 3 ~ 4 个节点构成，每个节点具有 x、y、z 轴平动自由度和绕 x、y 轴转动自由度，板单元具有面内和面外刚度，即面内的抗压抗拉和抗剪刚度及厚度方向的抗弯、抗剪刚度。在建立板单元时，需注意软件里所需要输入的面内和面外厚度，在计算弯矩 M_z 作用效应使用的是面外厚度，在计算轴力和弯矩 M_y 时使用的是面内厚度。而对于匀质实心板单元，面内厚度和面外厚度可取一样。

计算案例：本站轨道交通 1、2 号线同期实施盖挖逆作车站，为 T 型换乘车站，车站换乘节点处剖面图见图 6-4-21、图 6-4-22。换乘节点处平面图见图 6-4-23，换乘节点空间模型见图 6-4-24。

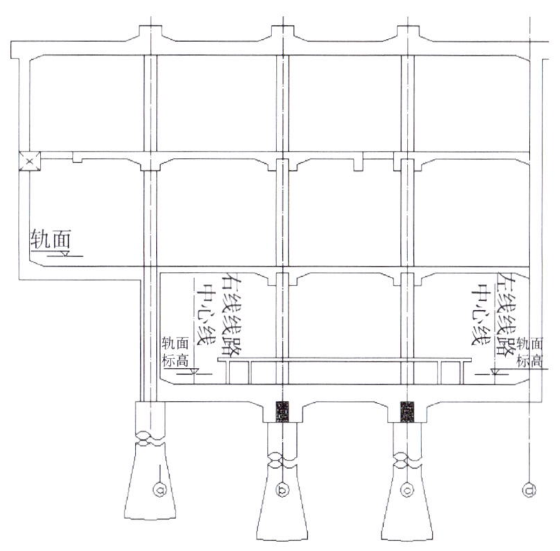

图 6-4-21　换乘节点处横剖图

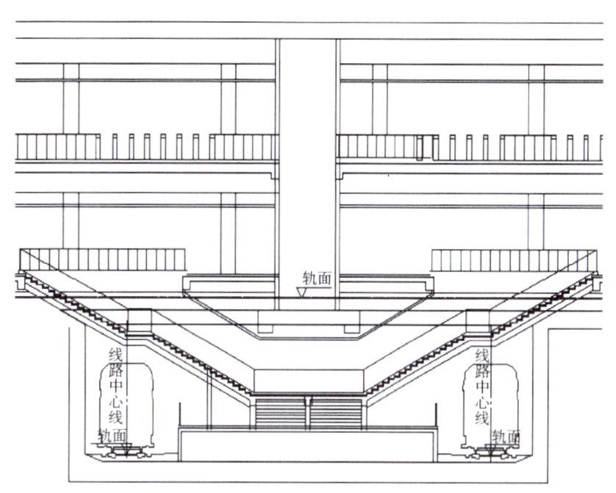

图 6-4-22　换乘节点处纵剖图

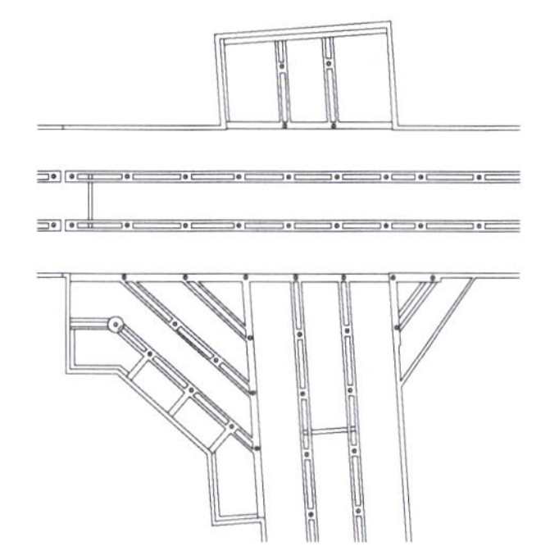

图 6-4-23　换乘节点处平面图

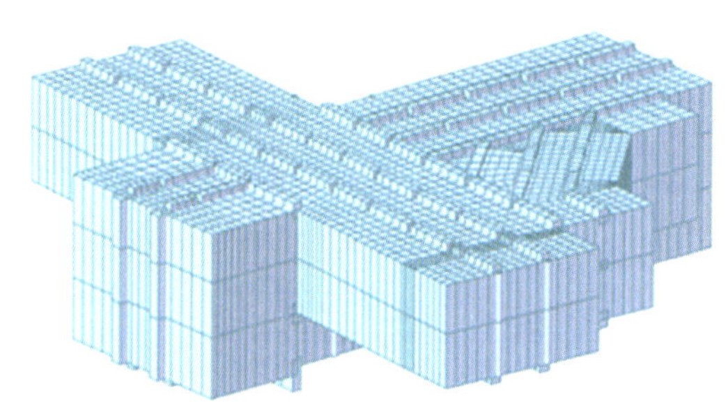

图 6-4-24　换乘节点空间模型

计算模型及工况如下:研究列车移动工况(左线进站 + 右线进站 + 双线进站)以及和使用工况时车站整体受力情况(基本组合 + 列车移动工况)分别研究梁、板受力情况。因车站埋深较大,经过计算,人防荷载和地震荷载不属于控制工况,此次计算不需考虑。具体计算参数见表 6-4-3。

表 6-4-3　荷载组合系数

组合	超载	上覆水土压	自重	侧向水土压力	人群	设备	底板水压力	列车荷载
使用工况	1.4	1.35	1.35	1.35	1.4	1.35	1.35	1.4

通过模型建立,以右手螺旋 y 方向为弯矩 M_x 方向,x 方向为弯矩 M_y 方向,根据本原则读取梁、板结构内力,分析结构最不利受力位置。

中板内力分析:受力云图见图 6-4-25 ~ 图 6-4-30,内力统计表见表 6-4-4。

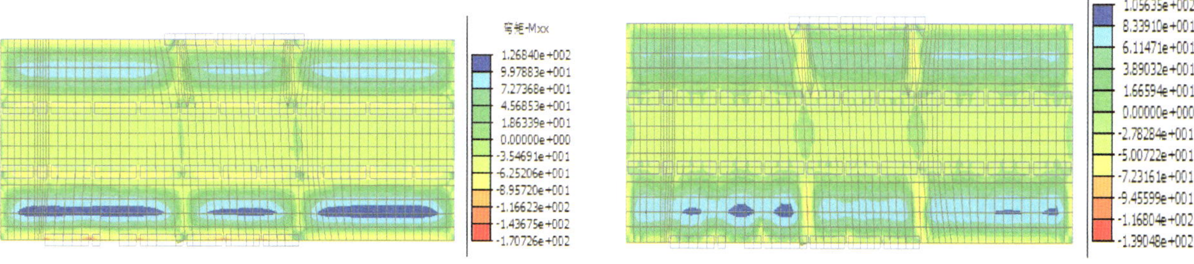

图 6-4-25　列车双线行驶弯矩图(M_x)

图 6-4-26　列车双线行驶弯矩图(M_y)

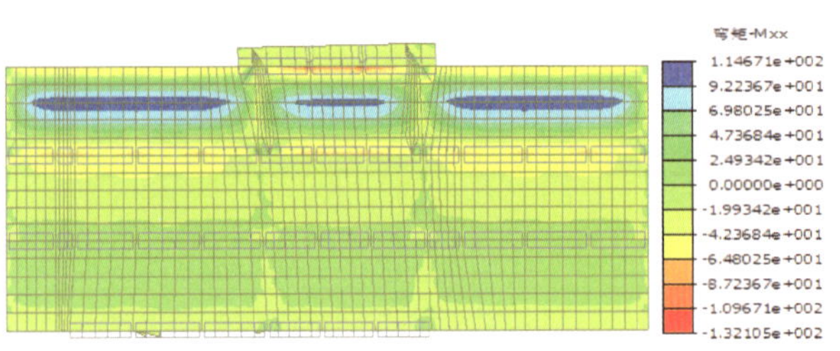

图 6-4-27 列车左线行驶弯矩图(M_x)

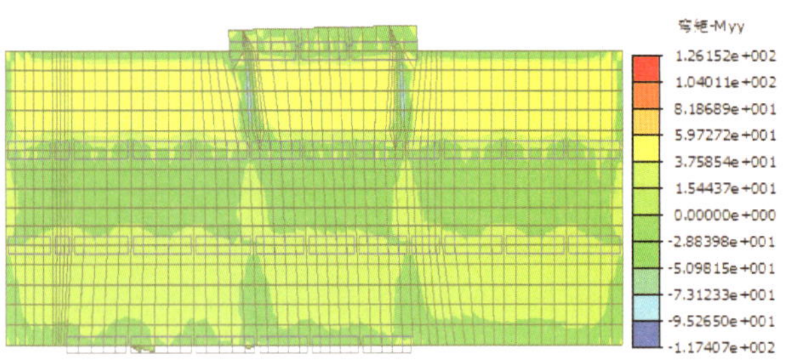

图 6-4-28 列车左线行驶弯矩(M_y)

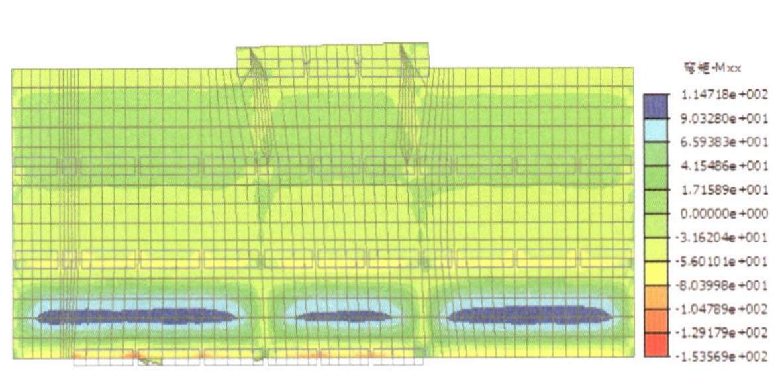

图 6-4-29 列车右线行驶弯矩图(M_x)

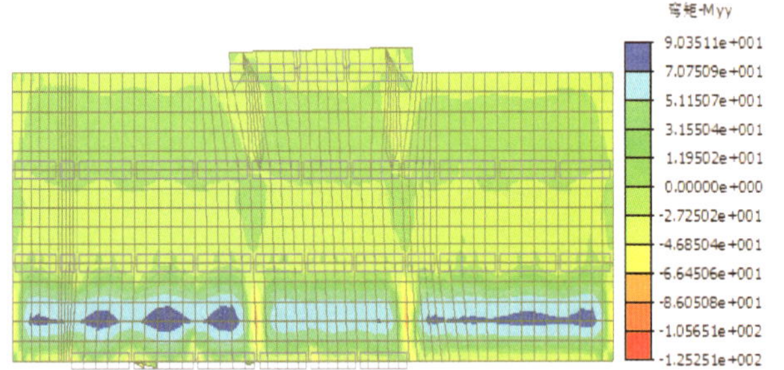

图 6-4-30 列车右线行驶弯矩(M_y)

表 6-4-4 移动荷载工况下中板内力图

分类	弯矩 M_x(kN·m)		弯矩 M_y(kN·m)	
	max	min	max	min
左线	114.67	-132.10	101.15	-117.41
右线	151.46	-208.03	119.28	-165.36
双线	126.84	-170.72	105.63	-139.05

中梁内力分析:受力云图见图 6-4-31 ~ 图 6-4-36,内力统计表见表 6-4-5。

表 6-4-5 移动荷载工况下中梁内力表

分类	弯矩 M_y/(kN·m)		剪力 N_z/(kN)	
	max	min	max	min
左线	467.72	-303.42	229.44	-230.40
右线	723.53	-517.59	368.11	-310.80
双线	603.37	-437.55	309.63	261.17

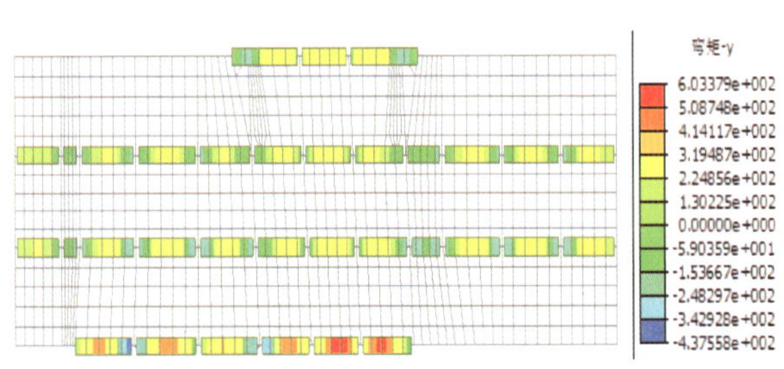

图 6-4-31 列车双线行驶弯矩图

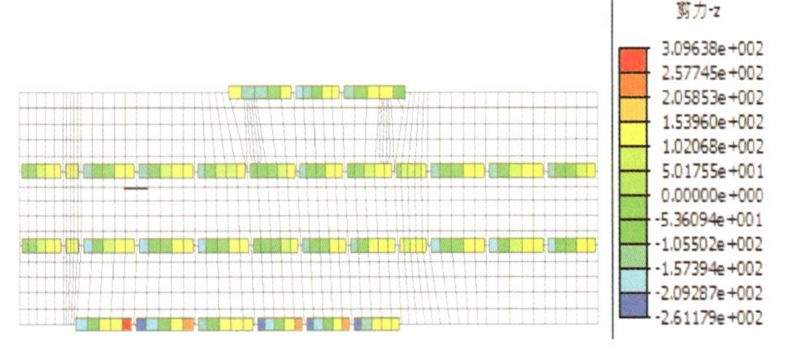

图 6-4-32 列车双线行驶剪力图

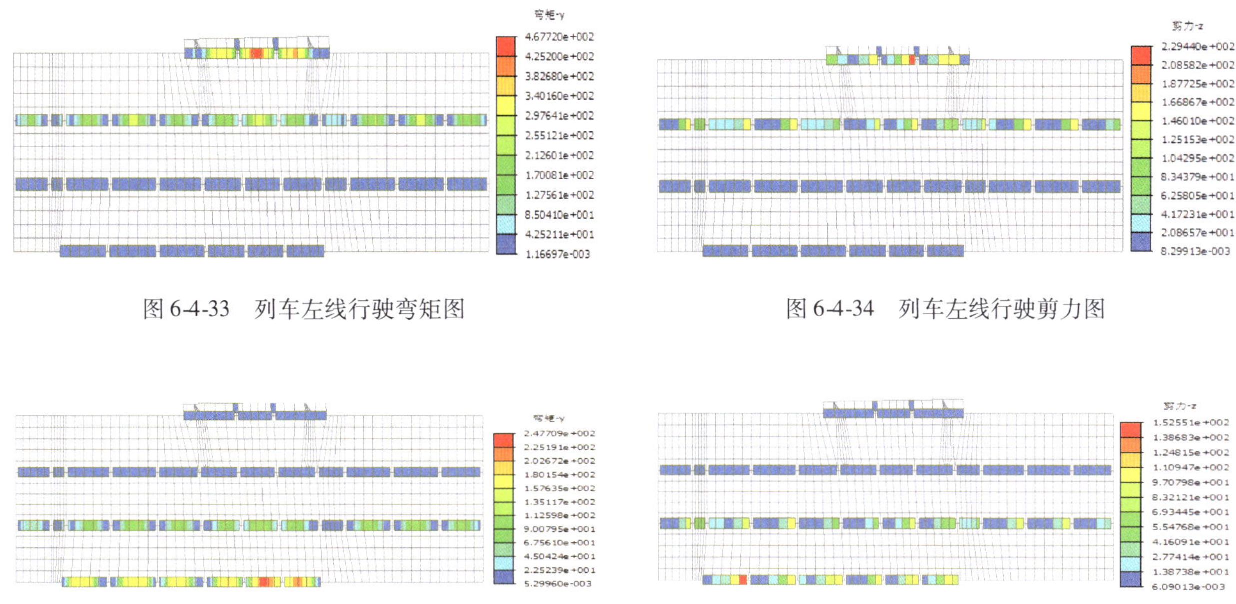

图 6-4-33　列车左线行驶弯矩图

图 6-4-34　列车左线行驶剪力图

图 6-4-35　列车右线行驶弯矩图

图 6-4-36　列车右线行驶剪力图

配筋结果：以上结构分析时均只考虑移动荷载下车站受力情况，具体分析列车进站时结构受力特点，在车站设计中，将车站使用工况联合移动荷载共同考虑，从 2 号线盾构端处沿小里程端分别将四条纵梁编号为 ZZL1 ~ ZZL4，换乘节点处板分为 ZB1 ~ ZB3，其中板计算时取每延米计算，并求出最终配筋，详见表 6-4-6。

表 6-4-6　内力配筋结果表

结构位置	截面(mm × mm)	位置	控制工况	弯矩(kN · m)	纵筋	配筋率(‰)	裂缝(mm)
ZZL1	1 400 × 2 300	支座	左线进站	8 622. 5	22-28	0. 46	0. 290
		跨中	左线进站	7 573. 7	20-28	0. 38	0. 266
ZZL2	1 500 × 1 910	支座	左线进站	−4 833. 6	18-25	0. 31	0. 292
		跨中	左线进站	4 520. 8	17-25	0. 29	0. 285
ZZL3	1 500 × 1 910	支座	右线进站	−5 097. 5	19-25	0. 33	0. 291
		跨中	右线进站	4 144. 7	16-25	0. 27	0. 268
ZZL4	1 400 × 2 300	支座	右线进站	−4 908. 7	13-28	0. 28	0. 264
		跨中	右线进站	4 966. 5	13-28	0. 28	0. 272
ZB1	1 000 × 600	支座	左线进站	−368. 5	−16@ 100	0. 34	0. 293
		跨中	左线进站	181. 4	−16@ 100	0. 34	0. 293
ZB2	1 000 × 600	左支座	左线进站	−368. 5	−16@ 100	0. 34	0. 293
		跨中	左线(右线)	70. 2	−16@ 100	0. 34	0. 293
		右支座	右线进站	−264. 0	−16@ 100	0. 34	0. 293
ZB3	1 000 × 600	支座	右线进站	−264. 0	−16@ 100	0. 34	0. 293
		跨中	右线进站	228. 7	−16@ 100	0. 34	0. 293

从列车移动工况内力分析结果可以看出，单线进站时结构内力大于双线同时进站结构内力，这是因为在结构处于双线进站时，结构受力处于均匀，而当车站受偏载作用时，内力较大。

车站配筋设计看出，换乘节点1号线与2号线相接处梁的弯矩较大，特别是盾构端处纵梁ZZL1，这是因为盾构段车站宽度比车站标准站宽度大，而盾构端处板是双向板，按照双向板受力分配原则，ZZL1会分担盾构端板处弯矩。所以，针对ZZL1在车站设计时需重点考虑。

4. 钢管柱牛腿节点计算

(1)混凝土本构

有限元软件提供了多种混凝土本构模型，本次计算混凝土塑性模型选用损伤塑性模型。混凝土损伤塑性模型是一种基于塑性的连续介质损伤模型，它假设混凝土材料的两种破坏机制：拉伸开裂和压缩破坏。它能够考虑混凝土在受拉受压强度上的差异，以及在循环荷载作用下混凝土模量降低的失效机制，随着塑性阶段进入的加深，混凝土的拉、压刚度逐渐降低。

(2)钢筋、钢管及环形牛腿本构

钢管及环形牛腿均采用Q235钢，钢筋均采用HRB400。对于目前常用的低碳软钢，其典型的应力—应变曲线一般经历了弹性阶段、弹塑性阶段、塑性流动阶段、应变强化阶段以及二次塑流强化阶段。

(3)有限元分析常用的应力—应变本构有：理想弹塑性模、双折线模型(硬化弹塑性模型)、三折线模型(理想弹塑性加硬化模型)。本次计算模型采用双折线模型，屈服应力和极限应力按照材性试验结果计算。轨道交通1号线新华广场站钢管柱中梁牛腿采用双牛腿，本次计算以新华广场站双牛腿为例见图6-4-37、图6-4-38，利用有限元软件对构建进行建模计算，对节点失效及破坏演化过程进行数值分析。

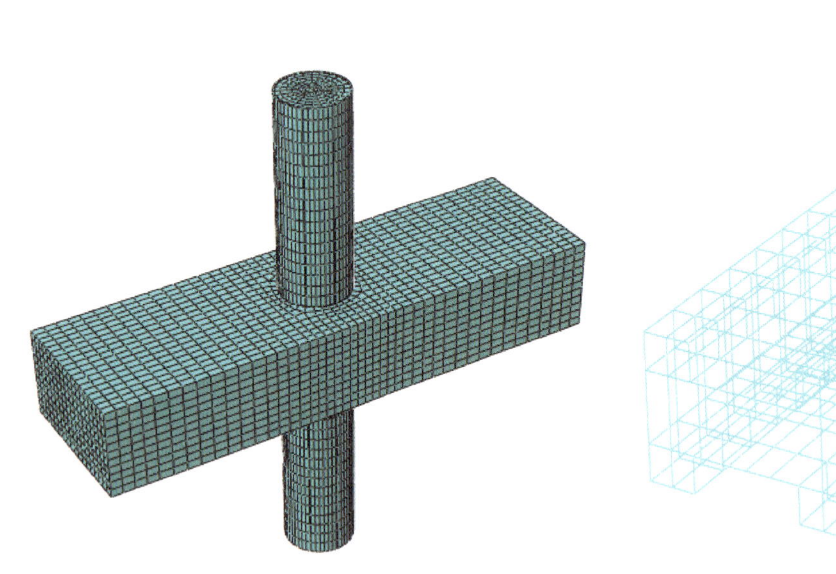

图6-4-37 节点网格示意图

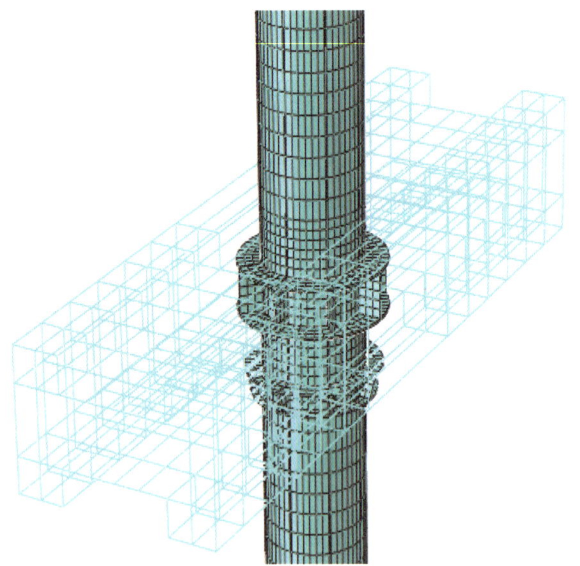

图6-4-38 节点构件网格示意图

混凝土梁的应力分析：混凝土梁的压应力云图如图6-4-39所示，梁压应力最大值位于梁下表面，向两边扩散压应力逐渐减小，且局部压应力已达到屈服状态。

钢管柱应力分析：钢管柱应力云图如图6-4-40所示。最大压应力出现在梁下表面与钢管接触的位置，在明牛腿上方，钢管仍处于弹性阶段，最大拉应力则位于暗牛腿上环板上侧的钢管壁上。

明、暗牛腿应力分析：明、暗环形牛腿应力分布如图6-4-41所示，明、暗环形牛腿局部应力最大值均出现

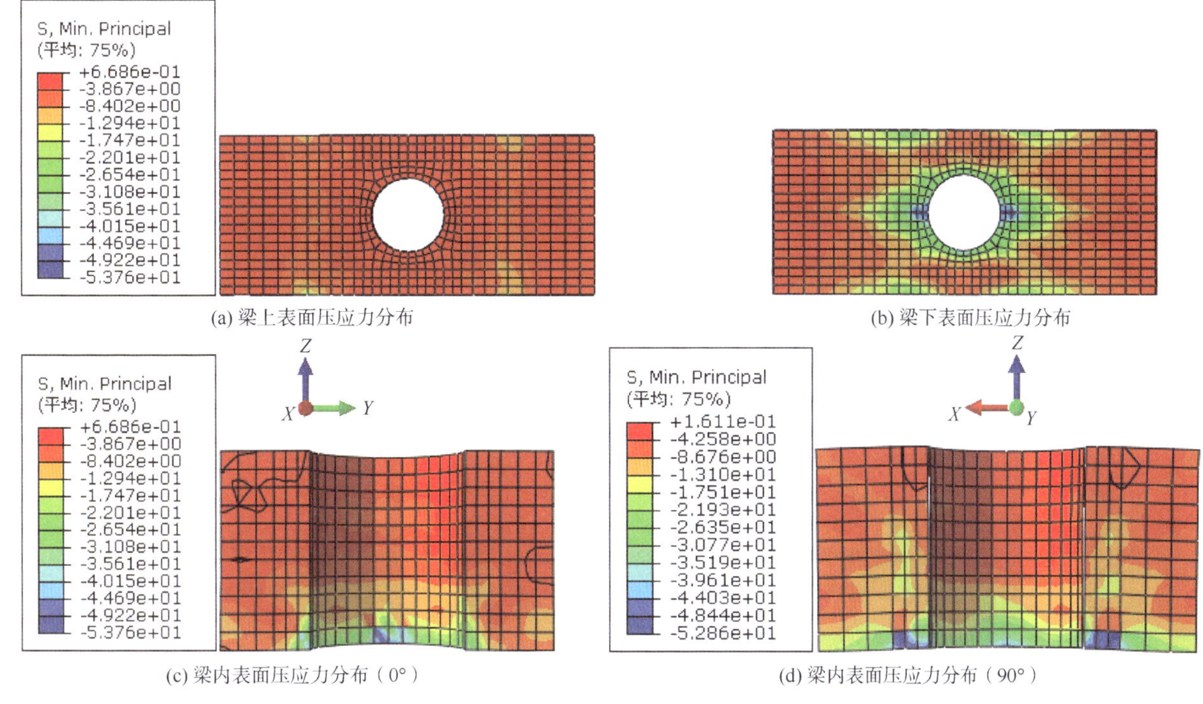

(a) 梁上表面压应力分布　　(b) 梁下表面压应力分布

(c) 梁内表面压应力分布（0°）　　(d) 梁内表面压应力分布（90°）

图 6-4-39　应力分布图

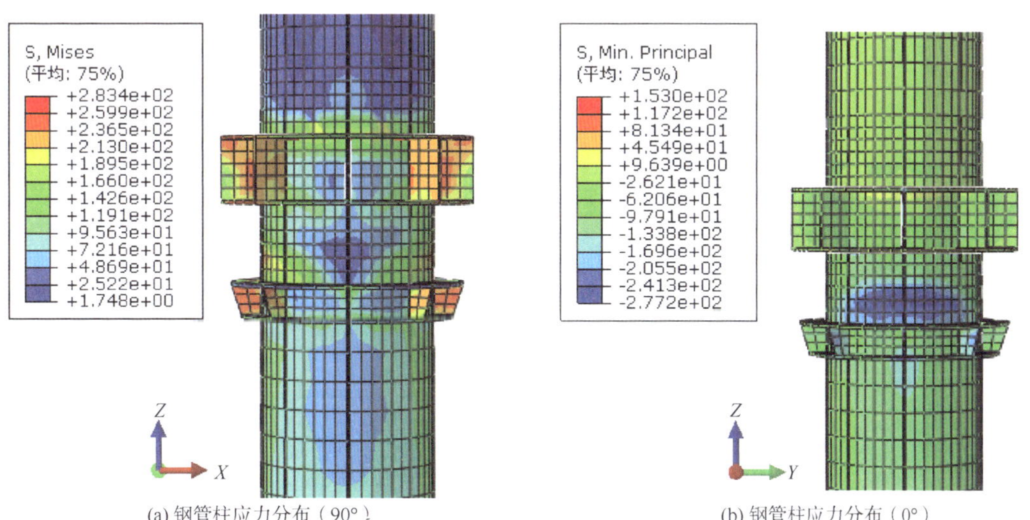

(a) 钢管柱应力分布（90°）　　(b) 钢管柱应力分布（0°）

图 6-4-40　应力分布图

在竖向加劲肋与钢管连接位置。加载初期暗牛腿上环板应力值与下环板较为接近，随着剪力的逐渐增大，梁下表面与钢管壁挤压形成力偶，下环板应力值急剧增大。根据剪应力分布云图，明牛腿与暗牛腿剪应力最大值均出现在竖向加劲肋与钢管壁焊接位置，且应力值大小十分接近，加载结束时，明牛腿与暗牛腿承受相同的剪力，共同发挥作用。

（1）节点区域的破坏机制为：在剪力施加初期，由于剪力值较小，受到钢管壁与梁内表面之间的粘结作用以及环形牛腿上环板的抗剪作用，梁内表面与钢管并没有相对滑移。随着剪力的增大，粘结作用失效，混凝土梁上表面沿径向膨胀，下表面沿径向压缩，挤压下柱钢管，梁有向下转动的趋势，形成一个力偶，受到环形牛腿下环板局部承压作用的阻碍，下环板接触的混凝土梁附近产生很大的局部压应力，达到局部抗压强

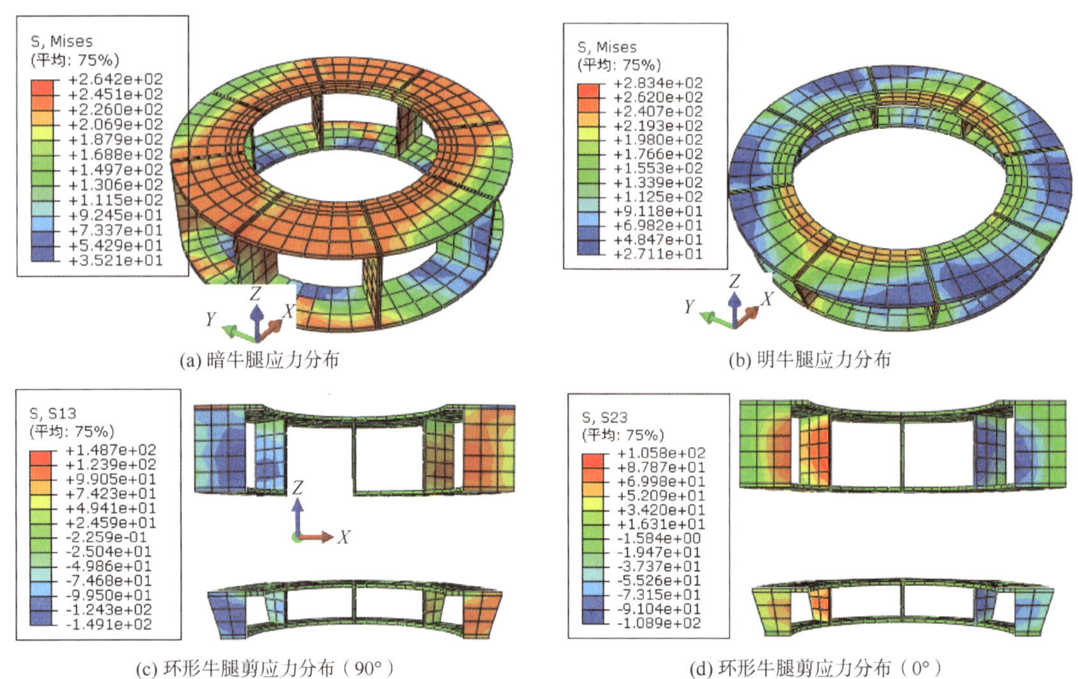

(a) 暗牛腿应力分布　(b) 明牛腿应力分布

(c) 环形牛腿剪应力分布（90°）　(d) 环形牛腿剪应力分布（0°）

图 6-4-41　环形牛腿应力云图

度后，混凝土被进一步压碎、压实形成坚固的楔形体。荷载继续增加，最终核心区梁将在楔形体的作用下发生劈裂破坏，设计时，为了保证环形牛腿的整体强度，建议加强牛腿下环板的强度，防止下环板先屈服，同时下环板附近混凝土梁需采用加密箍筋的方式，提高梁的抗剪强度。

（2）明、暗双牛腿节点在加载初期暗牛腿竖向加劲肋的应力大于明牛腿，随着剪力的增大，明牛腿和暗牛腿竖向加劲肋上应力值差距逐渐减小，暗牛腿先于明牛腿进入屈服阶段后，明牛腿应力急剧增长，节点加载至破坏时，明牛腿与暗牛腿应力趋于相等，承担了相等的剪力，采用明暗双牛腿结构形式，可以有效发挥两个牛腿的强度，保持梁参数相同的情况下，提高节点的承载能力。

5. 大直径扩底灌注桩计算

（1）桩体本构模型：AM 桩采用线弹性模型，其只涉及两个独立的参数：弹性模量和泊松比，这两个参数很容易从试验以及以往经验中获取，并且桩身混凝土材料的弹性模量远远高于桩周土体，在承载时，桩身可以假定始终保持着线弹性状态。

（2）土体本构模型：对于土体，本工程采用 Mohr-Coulomb 模型。Mohr-Coulomb 模型是一种较常采用的理想弹塑性模型，它考虑了土体的剪胀性且由 Mohr-Coulomb 屈服条件确定的屈服面是所有可能屈服面的内极限面。

（3）注浆体本构模型：鉴于对通过钻孔取芯试验所得的水泥土进行强度试验比较困难，致使压浆后所形成的桩侧桩端水泥土材料性状的研究很少，此水泥土与传统意义上的水泥土在组成材料和形成状态上有所区别，水泥浆与桩周及桩端土的作用复杂、没有规律性，关于其本构模型现在更无定论。为得到压浆体相关资料，借鉴了前人室内制备的水泥土材料模型。相对于土体材料来讲，压浆体的应力-应变曲线具有明显的线弹性阶段，而相对于混凝土来讲，注浆体又会产生很大的塑性变形，为简化计算，将压浆体选用同土体材料一样的。

新华广场站是全国第一座采用地下连续墙斜交施工的盖挖逆作法车站，其地下桩基工程中间支撑桩基采用后压浆 AM 桩，作为荷载由上部结构传递到地下持力层的关键环节，对其加强桩基的安全检测是很有必要而且是必须进行的。限于工程场地条件及施工进度的要求，试验桩采用自平衡测试法来确定桩的抗压及抗拔极限承载力。

为验证单桩竖向抗压及抗拔极限承载力，共进行 6 根（1 号线 3 根、2 号线 3 根）后压浆 AM 桩单桩自平衡试验。经过试算，若按有效桩长进行桩基施工，上段桩自重与上段桩侧摩阻力之和小于下端桩阻力及下端桩侧摩阻力，导致平衡点无法选取，为满足自平衡试桩法要求，试验桩均超灌至地面，荷载箱均埋设在桩端以上 3 m 处。桩基详图见图 6-4-42。

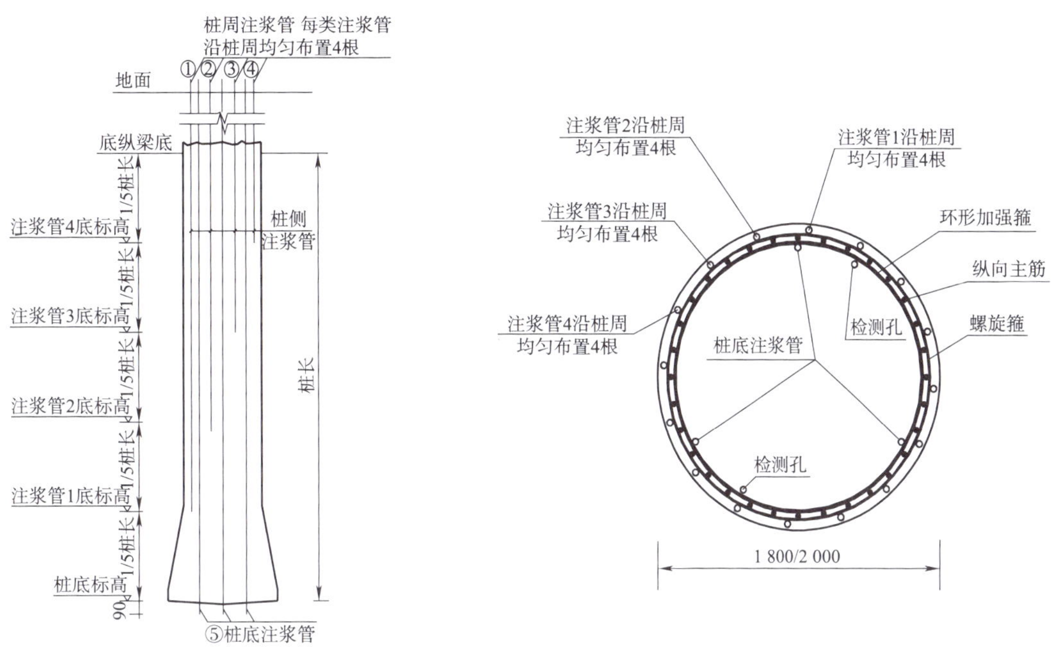

图 6-4-42　注浆管布置图（单位：mm）

按照自平衡法测试的试验桩，建立与其相同参数的有限元模型，并按照实际加载试验相同的加载方式给模型加载。本模型中，扩底桩、注浆体及桩周一定范围的土体全部选用软件自带的 C3D8R 单元，即三维实体 8 节点减缩积分单元。有限元模型见图 6-4-43。

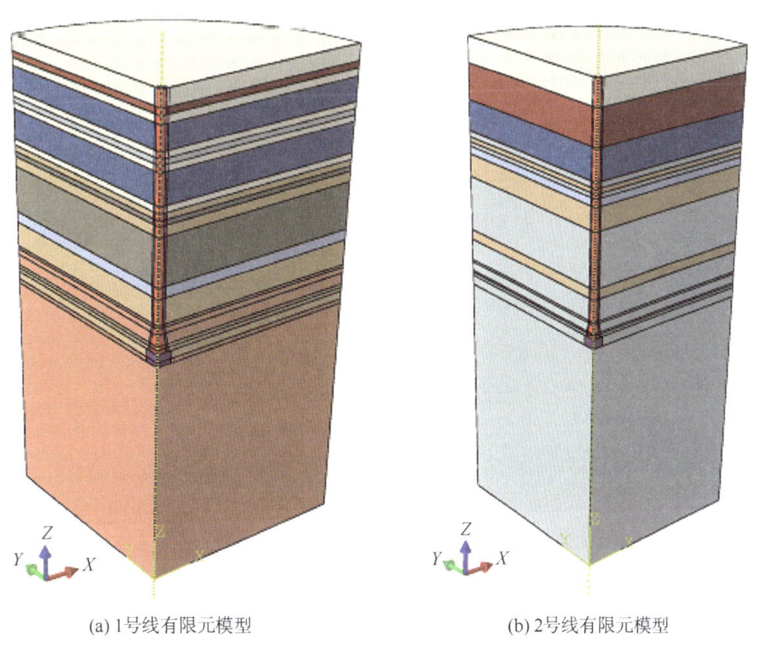

(a) 1号线有限元模型　　(b) 2号线有限元模型

图 6-4-43　有限元模型

计算结果：单桩荷载-沉降曲线分析见图6-4-44、图6-4-45。

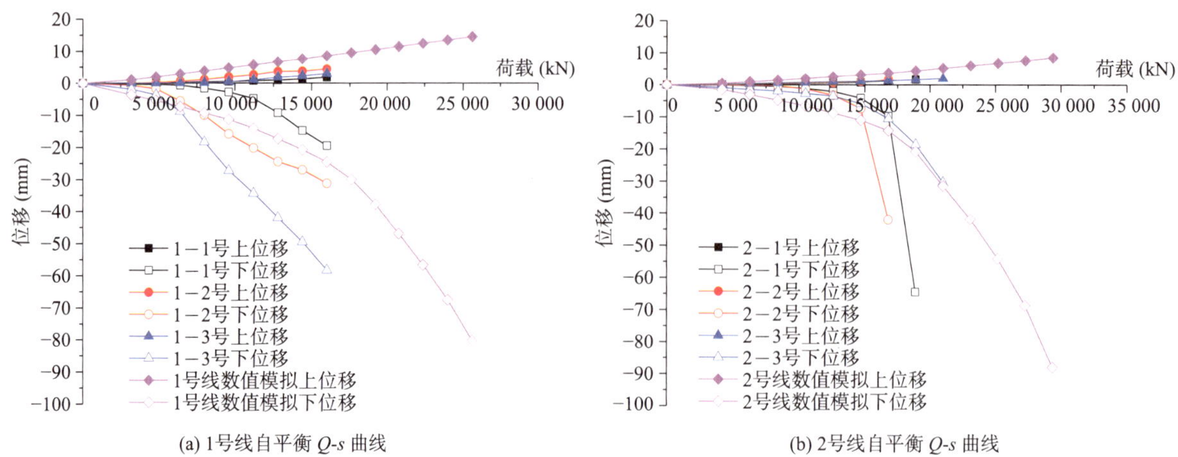

(a) 1号线自平衡 Q-s 曲线　　(b) 2号线自平衡 Q-s 曲线

图6-4-44　自平衡 Q-s 曲线

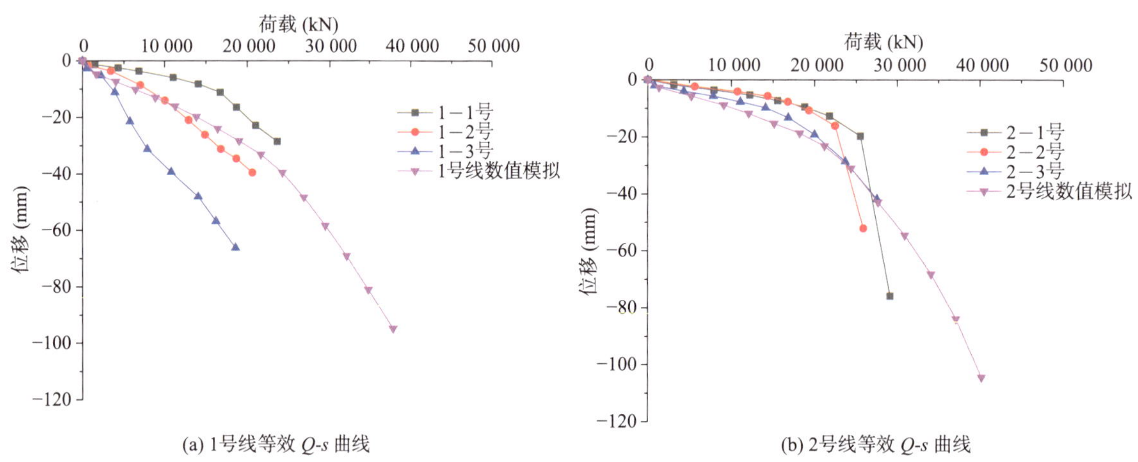

(a) 1号线等效 Q-s 曲线　　(b) 2号线等效 Q-s 曲线

图6-4-45　传统 Q-s 曲线

(2)不同时刻桩身轴力变化见图6-4-46。

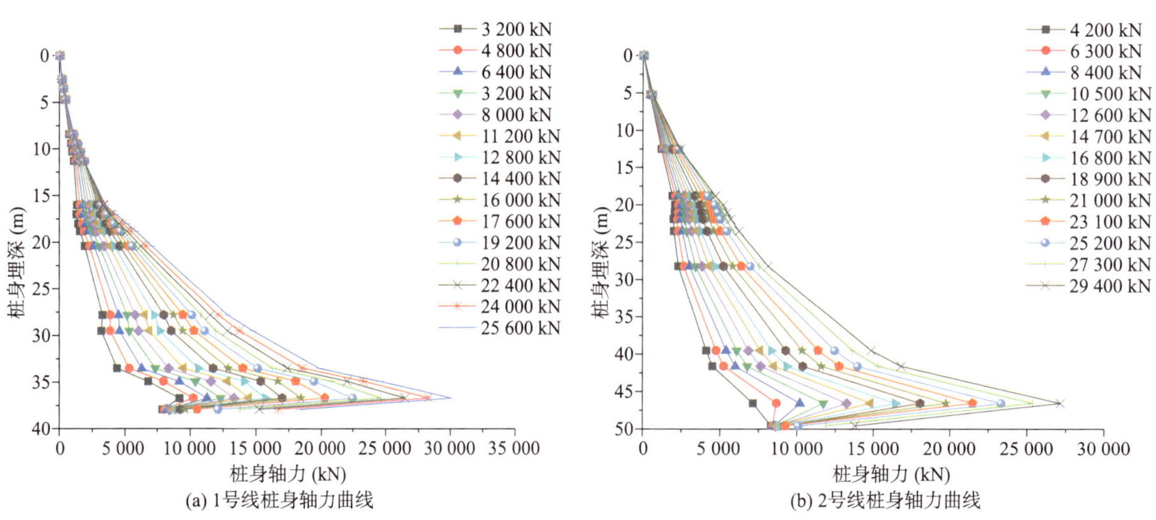

(a) 1号线桩身轴力曲线　　(b) 2号线桩身轴力曲线

图6-4-46　数值模拟桩身轴力曲线

(1) ABAQUS 有限元模拟计算结果与实测的 Q-s 曲线吻合得较好，数值计算的模型建立与参数选取是合理的，以同样的模型和参数可以用于类似工况计算，能后反应扩底桩承载性状的规律性。后压浆 AM 桩单桩真实抗压承载力高于现场自平衡试验所确定的极限承载力约 30%。

(2) 自平衡法上段桩的侧摩阻力是自下而上发展的，首先从最靠近荷载箱的位置开始发挥，随着荷载的不断增加，整个上部土层的摩阻力都得到发挥，但桩顶上部并无持力层，荷载的不断施加会使土体变得松散，导致侧摩阻力的增加量随荷载的加大变得越来减小，但其侧摩阻力值始终小于桩顶加载时的侧摩阻力。下段桩的侧摩阻力与压桩类似。

6.4.4　应用效果

新华广场站采用盖挖逆作法很好地解决了地铁建设对交通的影响，避免了管线的二次改迁，盖挖逆作法施工在顶板下进行，保证了市区文明施工的要求，减少了因地下土体开挖及结构施工对地面的影响，地下结构楼板既作为施工阶段横向支撑，又作为使用阶段的永久受力结构，能节省支撑或锚杆的费用，减少投资。该项目的实施，对于确保呼和浩特城市轨道交通一期建设如期圆满完成，争创“国优工程”具有重要意义，也对提高城市轨道交通工程施工水平具有重要的提升作用。该项目圆满完成可以为城市地铁项目建设中类似换乘车站提供现实借鉴和理论参考价值。

6.5　大跨度桥梁桩基托换技术应用

6.5.1　工程概况

现有城市建设一般是按照安全、经济、适用、美观的设计原则开展，规划上遵循先地上后地下，先易后难的顺序进行建设。目前在城市市政建设中，等地面交通网建设到一定程度后，才开始考虑地下轨道交通网络的规划和建设，难免引起地铁的规划路线要跟地上桥梁和建筑结构重叠，新旧规划线路交叉、新规划线路之间交叉等诸多工程问题。这些线路交叉重叠问题除了增加工程造价外，也使得地铁施工环境也变得异常复杂。当地铁施工需要下穿道路、桥梁、建筑物、各类管线时，确定施工方案时必须考虑施工对地面上已建结构的影响；当地铁上面建筑物的基础埋置过深，或者建筑物基础为桩基时，更会成为地下隧道施工的关键障碍，这不但增加了盾构的施工难度，还给上部结构带来了临时安全隐患。为了保证地铁断面上部已有结构物的安全性和稳定性，当地铁规划路线与上部结构物的基础发生冲突时，必须根据安全、适用的原则，对上部结构的桩基进行改迁或置换。近年来，桩基托换技术在地铁建设中逐渐应用，尤其针对地铁直接通过桩基的情况，通过托换梁承托已建构筑物，荷载传递到“托梁-新桩基”承托系统上，进而截除影响地铁建设的原来桩基。这样就可以在满足地铁建设需求的同时，避免拆除既有建筑物。

呼和浩特市轨道交通 1 号线一期建设将军衙署站位于市中心附近，地处呼和浩特市新华大街与哲里木路十字路口以东，沿新华大街东西方向敷设（见图 6-5-1）。车站周边建筑环境复杂，临近建构筑物众多，其中车站北侧紧贴鼓楼立交桥主桥。该桥有“内蒙古第一桥”之称，C 匝道桥跨越车站主体，其 1 号桥墩侵入车站主体内部。在保证车站正常施工的同时，要求将对桥梁正常通行的影响降到最小。

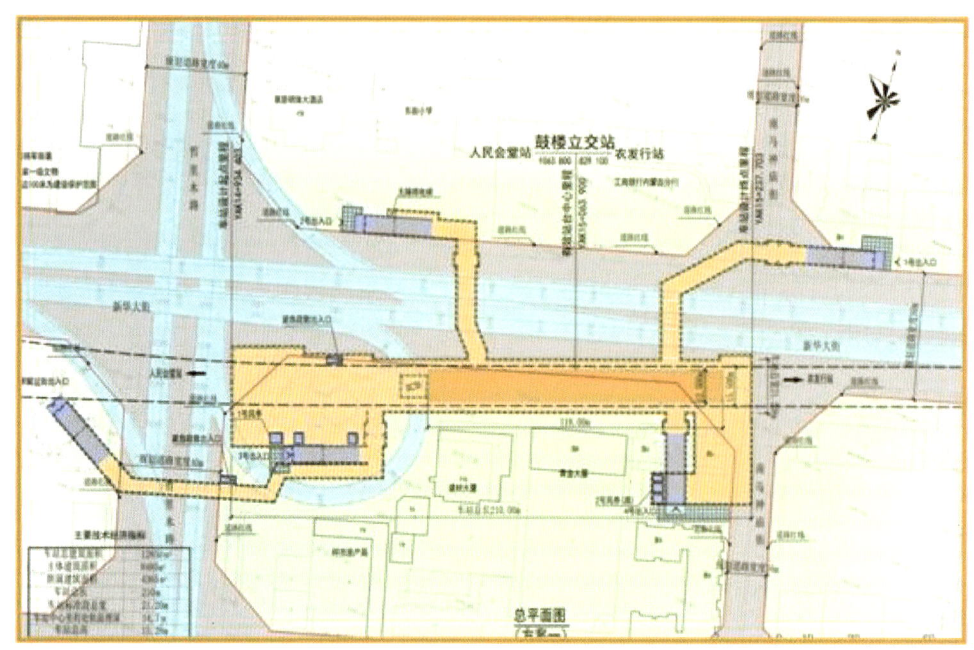

图 6-5-1　将军衙署站平面示意图

6.5.2　设计理念

1. 方案比选

在设计方案研究阶段，对本车站设计方案进行全方位比选。先后研究了结构包桩方案、端头厅＋暗挖方案、叠岛方案、侧站台方案、拆迁复建方案等多种比选（见表 6-5-1）。

其中结构包桩方案是在侵入车站主体结构内部的 C 匝道桥 1 号桥桩承台外围打一圈隔离桩，主体结构镂空将其包住。在方案研究过程中发现，其方案在公共区与设备区相交位置存在宽度约 10 m 的包住桥桩的结构空洞，对车站内部建筑布置，特别是站厅层和站台层公共区与设备区联通，车站出入口和管线综合布置等方面影响巨大。

端头厅＋暗挖方案是将车站分成两个端头厅分别放置于哲里木路两侧，两个厅之间横跨哲里木路段采用暗挖法施工，在方案研究过程中发现，此方案存在拆迁量较大、造价增加较大、施工困难且无法保证对路口西南侧将军衙署照壁文物的保护等问题。

叠岛和侧站台方案可局部避免对车站南侧建筑的拆迁，但还是需要对 C 匝道桥 1 号桥桩进行托换。研究发现这两个方案新带来车站加长、新华大街北侧拆迁增加、造价增加较大、建筑使用功能降低、施工风险增加等一系列问题。

对 C 匝道桥进行拆除复建方案对于地铁建设是有利的，不仅能降低风险还能节约工期。但是存在增加拆除还建费用约 2 000 多万元且施工过程中 C 匝道桥无法使用等问题。

表 6-5-1　鼓楼立交站方案比选表

方案名称	桩基托换方案	结构包桩方案	端头厅＋暗挖方案	叠岛方案	侧站台方案	拆迁复建方案
车站功能	正常	较差	较差	差	较差	正常
文物保护	无影响	无影响	有影响	无影响	有影响	无影响
征地拆迁	较少	较少	较多	较少	较多	较少

续上表

方案名称	桩基托换方案	结构包桩方案	端头厅＋暗挖方案	叠岛方案	侧站台方案	拆迁复建方案
交通管线	无影响	无影响	无影响	有影响	有影响	有影响
施工难度	略高	简单	较大	较大	较大	简单
施工工期	较短	较短	较长	较长	较长	较短

考虑到工程建设风险与实施难度、对将军衙署文物保护、征地拆迁与经济性、交通组织影响、建设工期等多方面综合因素，经过多次专家讨论、评审，最终决定进行车站施工前对 C 匝道桥 1 号桥墩下桩基进行托换（见图 6-5-2、图 6-5-3）。

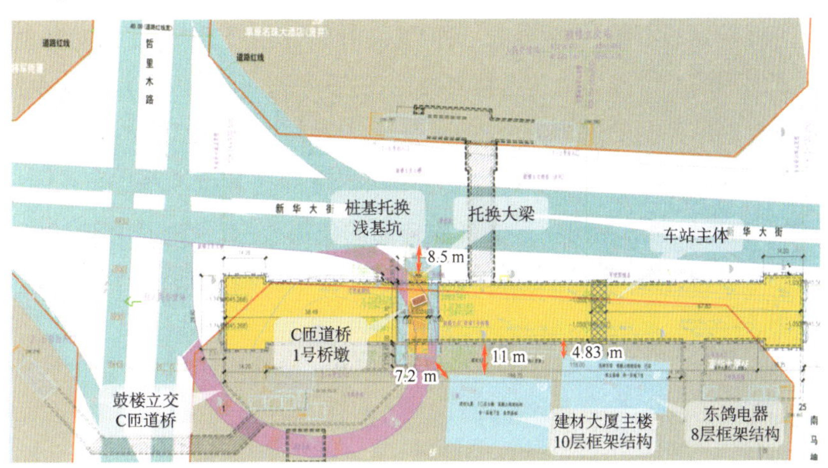

图 6-5-2　将军衙署站车站及桩基托换平面布置总图

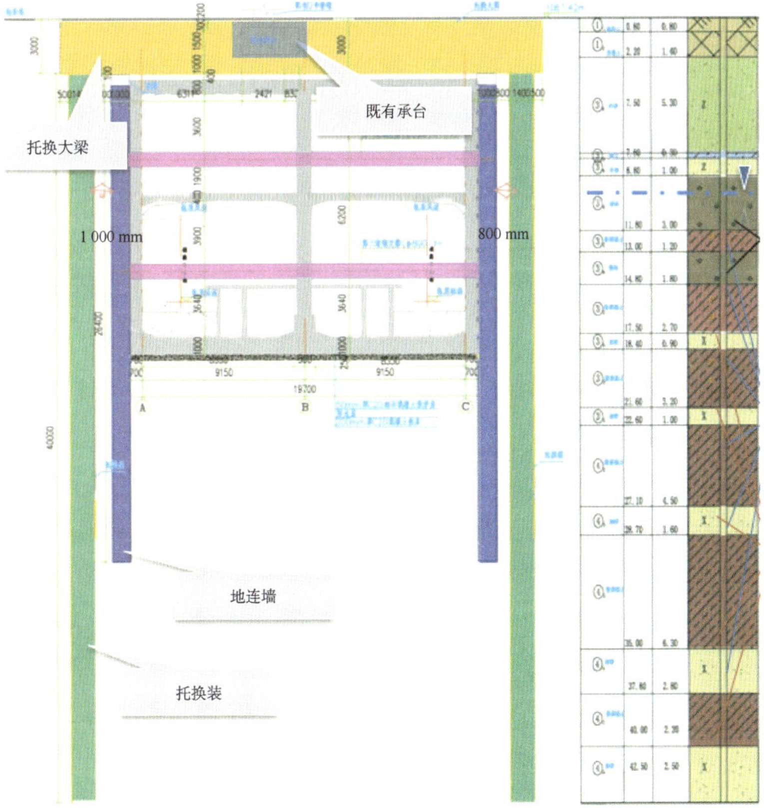

图 6-5-3　将军衙署车站桩基托换剖面示意图

2. 设计重难点

将军衙署站桩基托换工程是在车站范围内实施的比较特殊的“托梁换柱”工程。既要保证C匝道桥结构在整个托换工程实施过程中变形都应处在控制范围内，又要保证绝大部分时间C匝道桥可以正常通行车辆。这样可以兼顾托换施工过程中的安全及经济问题，既保证施工安全，又可将地铁建设对居民正常通行的影响降低到最小。该项目的典型技术难点有：(1)托梁跨度大，托换梁斜着横跨车站，跨度达到27.3 m。(2)托换结构与既有桩基斜交；(3)开挖施工工期长，结构转换体系在施工过程中长时间保持转换状态；(4)斜托梁上承桥墩位于偏心位置，荷载传递不均衡，新桩桩顶力不一致，沉降情况复杂；(5)施工过程中，斜托梁结构和上部桥梁结构在交通荷载作用下变形控制难度较高等。

基托换根据实际工程需要的不同，一般分为三种类型：补救性托换、维持性托换和预防性托换。根据桩基托换后荷载传递方式的不同又可分为主动托换与被动托换两种。所谓被动托换技术，就是当托换荷载较小或者托梁上部构筑物对变形控制要求不太严格时，托换结构直接将上部荷载通过托换梁传递到新桩上，此时托换体系自身的变形可以满足上部构造物的使用要求。主动托换技术是指当托换荷载大、上部结构变形要求严格时，托换体系自身的变形不能满足上部构造物的使用要求，此时需要通过托换体系的主动变形调节来保证变形要求。可以通过预加载，消除部分新桩和托换结构的变形，使托换后桩和结构的变形可以控制在较小的范围内。

6.5.3 设计分析

1. 计算分析

根据桥梁检测鉴定单位对鼓楼立交桥外观、材料强度以及承载力进行的综合评估报告可知，鼓楼立交C匝道桥上部结构为7 m×20 m现浇预应力混凝土连续箱梁，下部结构为方柱式桥墩，桩基接承台，桩基按照摩擦桩设计。鼓楼立交C匝道桥正面和立面见图6-5-4和图6-5-5。匝道桥总体评定为B级(良好状态)，C匝道桥承载能力满足现行规范城市A级荷载等级要求，可以进行托换施工。评估单位根据分析被托换桥墩的变形特征，得出了托换过程中1号桥墩桩基沉降量控制在±3 mm以内，同时给托换工程提供了警戒控制指标。但是在后续地铁施工过程中，开挖地表土阶段，以及开挖地下车站空间阶段，会改变C匝道桥1号墩的墩高和有效桩长，从而影响C匝道桥整体的刚度和稳定性，应采用考虑桥墩和托梁体系的整体结构模型进行重新计算。

图6-5-4 鼓楼立交C匝道桥正面

图6-5-5 鼓楼立交C匝道桥立面

将军衙署站桩基托换工程因为需要达到保证既有桥梁结构安全与正常通行的要求，托换梁所承受荷载较大，变形要求严格，因此采用了主动托换技术进行预防性托换既有桥墩。在将军衙署站桩基托换工程项目中，地铁站下穿城市立交桥，与 C 匝道桩基冲突。托换施工方案包括以下几个步骤：开挖地表，使既有桩基承台裸露；施工地铁站台两侧围护结构（地连墙）；在地连墙外侧施工托梁下新桩基；浇筑托换大梁横跨车站上部，大梁包裹住既有承台；逐层开挖托换大梁下站台部分空间，上部荷载由新桩、旧桩共同承担；截除旧桩，将上部荷载通过托换梁传递至两侧的新桩上，完成托换（见图 6-5-6）。

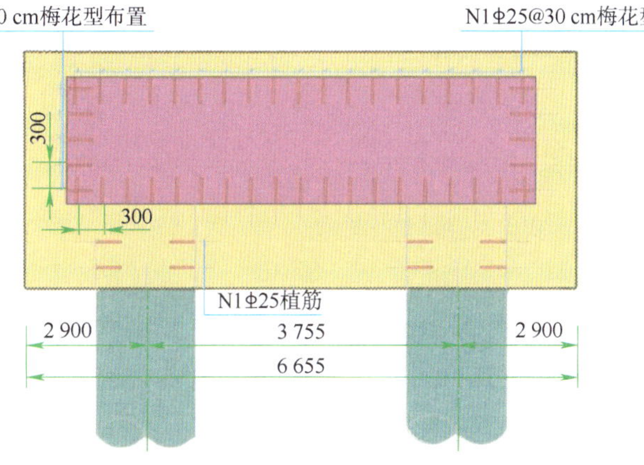

图 6-5-6　将军衙署站桩基托换植筋示意图（单位：mm）

整个设计过程中，应保证减小对上部桥梁的影响，桥墩不能有过大的沉降，并且过大的沉降会引起更大冲击造成桥墩进一步沉降。所以本次主动的预防性托换，不仅要主动控制托换体系的变形，还要实时监测托换体系转换阶段对上部桥梁结构动力性能的影响。

设计利用 Midas GTS、ABAQUS 等有限元软件，建立桥梁结构、托换结构、地连墙以及附近土的整体有限元模型，根据开挖方案对基坑开挖全过程进行模拟分析。有限元模型中，不同构件之间连接、桩土之间接触、桩和地连墙之间相互作用等关键部位的模拟对结构计算精度影响显著，并且不同施工阶段的有限元模型边界条件也不同，根据施工方案对不同施工阶段进行精确模拟，对计算分析结果的可靠性至关重要。

该站托换梁斜着横跨车站，跨度达到 27. 3 m。新建桩基位于地铁站外侧，为增加托换梁刚度，必须尽量减小新建桩基之间距离，故而新桩基与地铁站两侧地连墙距离较近。这样计算新桩基础沉降时必须考虑地连墙和新桩基之间的互相影响，也要考虑新建桩基对地连墙后期变形的影响。因此，在车站基坑开挖过程中，为保证基坑开挖和车站建设过程中桥梁结构的正常使用和结构安全，需要对地连墙、托换结构以及桥梁上部结构进行现场监测。新老结构在托换点处的连接问题，托换梁跨度大，跨中剪力非常大，采用了预应力抗剪措施。

为保障 C 匝道桥在整个施工过程中运营安全可靠，保证托换体系变形在可控范围内，通过在预应力托换梁两端放置千斤顶装置，主动顶升桥墩完成荷载传递路线的改变（见图 6-5-7）。在主动顶升过程中，我们不仅需要对桥墩位沉降和墩顶变形进行监测，还须对托换体系的结构位移和应力进行监控。这就要根据施工方案建立合理的托换结构有限元模型，动态分析托换荷载加载时对既有结构的影响（见图 6-5-8），根据桥梁安全运营的需要，对托梁结构体系提出一个合理的预警指标。

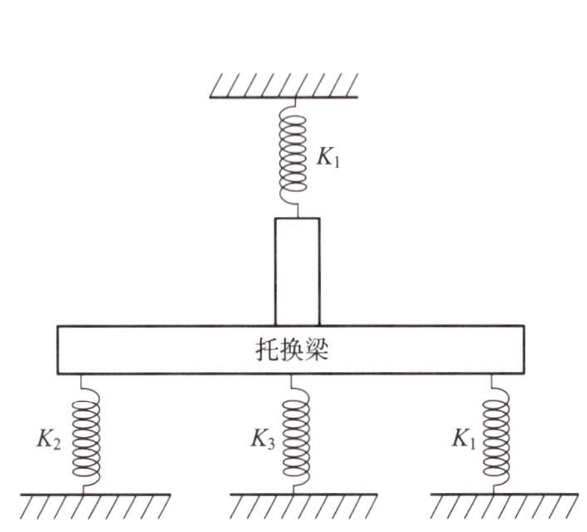

图 6-5-7 常规“二托一”式托换结构力学分析简化模型

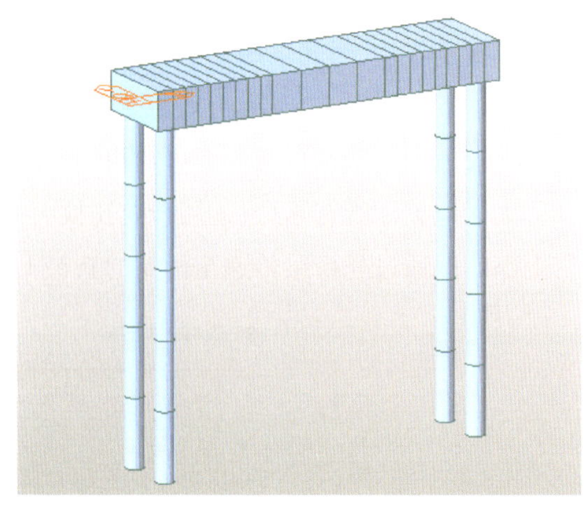

图 6-5-8 将军衙署站大跨度托换梁简算模型

2. 监测分析

将军衙署站桩基托换后，车站基坑开挖时会产生一侧土压力的缺失，导致咬合桩发生侧向变形。由于托换桩与咬合桩距离较近，二者之间相互影响。一方面，咬合桩的侧向变形会引起托换桩基桩周土的扰动，导致托换桩地基承载力发生改变，从而产生桩基沉降；另一方面，桩周土扰动又会反过来影响附近咬合桩的侧向土压力，进一步引起咬合桩局部变形。此外，基坑开挖过程中，托换大梁附近土被移除，导致桥梁下部结构由原“桥墩-承台-桩”结构体系变成“桥墩-托换梁-桩基”新结构体系。因此，在车站基坑开挖过程中，需要对咬合桩、托换结构以及桥梁上部结构进行现场监测，以便保证基坑开挖和车站建设过程中桥梁结构的正常使用和结构安全。

车站基坑开挖全过程桥梁结构安全性分析：车站基坑开挖可根据施工方案分为多个施工阶段，现场监测数据可以反映当前施工阶段结构响应，但无法预测未来施工阶段结构反应。对此，通过数值模拟手段，结合现场监测数据，对未来施工阶段的桥梁反应进行预测，对桥梁结构安全性进行分析评价。

车站基坑开挖过程监测数据预警研究：车站基坑开挖过程中，地连墙的侧向变形会引起附近桩基承载力降低、桥梁基础沉降，基础沉降又导致桥梁主梁线形变化，改变桥面平顺度，影响桥梁上驾驶员的行车舒适性；基础沉降进一步加大，则可能影响桥梁结构的安全。由于本项目结构特殊性，没有具体规范对其施工过程中的安全标准进行指导，无法预测施工过程中结构的安全隐患。因此，参考相关规范，结合现场监测数据和理论分析，对基坑开挖过程中，托换结构和桥梁结构的安全指标进行研究，提出施工过程中结构监测预警值，以便对施工过程进行指导。

(1) 桥梁结构监测主要监测托换桩基沉降对桥梁结构初始缺陷、主梁变形和应力、桥梁基础不均匀沉降的影响。

①桥梁初始缺陷监测：基坑开挖过程中，采用裂缝观测仪持续观察桥梁初始裂缝变化扩展情况。

②主梁变形监测：因托换桩基位于匝道桥，为小半径多跨连续弯桥，下部基础的不均匀沉降可能会造成主梁下挠、倾斜。因此，需在托换桩基位置及相邻桥墩墩顶布置电子位移计，监测主梁倾斜情况。

③主梁应力监测：选取托换桩基相邻 2 跨的桥梁梁体跨中和墩顶截面作为监测截面，在梁体两侧和梁底混凝土表面粘贴应变计。

④桥梁基础不均匀沉降监测：选取托换桩基位置桥墩和相邻桥墩作为不均匀沉降观察对象，采用静力

水准仪监测其在基坑开挖过程中的沉降变化情况。

⑤桥墩倾斜监测：选取托换桩基位置桥墩作为观测对象，采用倾角仪观测基坑开挖过程中桥墩倾斜情况。

⑥桥墩水平位移监测：选取托换桩基位置桥墩作为观测对象，用全站仪监测基坑开挖过程中桥墩水平位移。

（2）托换结构监测主要监测基坑开挖过程中，托换梁下方土被移除，导致的托换梁下挠和应力变化、托换桩基的沉降和水平位移情况等。托换梁应力、下挠、倾斜监测有：

①应力监测：取托换梁原承台下和跨中 2 个截面作为监测截面，分别在上、下面和两侧混凝土表面各粘贴 2 个应变计（共 16 个应变计），监测基坑开挖过程中托换梁跨中应力变化。

②挠度监测：在梁顶两端简支安装刚度足够的钢梁，在钢梁与托换梁顶之间的跨中、桩顶、梁端位置安装 5 个电子位移计测试托换梁挠度。

③倾斜监测：如托换梁两端桩基发生不均匀沉降，则会导致托换梁发生倾斜。对此，采用倾角仪监测托换梁倾斜情况。

④托换桩基沉降和水平位移监测：在托换桩基桩顶布置测点，用全站仪测试基坑开挖过程中桩基沉降和水平位移。

（3）地连墙监测包括地连墙沉降监测和倾斜监测、墙背土压力监测、地表沉降监测。

①地连墙沉降监测：在地连墙顶设置沉降测点，采用静力水准仪监测地连墙沉降。

②地连墙倾斜监测：在托换桩基附近地连墙上预埋测斜管，采用测斜仪监测基坑开挖过程中地连墙倾斜变化情况。

③墙背土压力监测：用土压力盒监测托换桩基附近的墙背土压力。

④地表沉降监测：在托换桩基附近地表设置永久水准点，采用全站仪测试地表沉降。

现场监测设备所需见表 6-5-2。

表 6-5-2　现场监测所需设备

名称	监测项目	仪器设备	测点位置	测点数量
桥梁结构监测	桥梁初始缺陷	裂缝观测仪	桥梁裂缝	—
	主梁变形	电子位移计	托换墩及相邻桥墩墩顶	25
	主梁应力	钢弦应变计	托换墩相邻 2 跨主梁的跨中和墩顶位置	68
	基础不均匀沉降	静力水准仪	托换墩及相邻桥墩	3
	桥墩倾斜	倾角仪	托换墩	3
	桥墩水平位移	全站仪	托换墩	1
托换结构监测	托换梁应力	钢弦应变计	托换梁承台底、跨中	32
	托换梁挠度	电子位移计	托换梁的跨中、桩顶和梁端	5
	托换梁倾斜	倾角仪	托换梁	3
	托换桩基沉降	全站仪	托换桩桩顶	2
	托换桩基水平位移	全站仪	托换桩桩顶	2
	梁-柱接头滑移	电子位移计	梁-柱接头位置	2
地连墙监测	地连墙沉降	静力水准仪	根据现场情况设置	
	地连墙倾斜	测斜仪	根据现场情况设置	

6.5.4 应用效果

将军衙署站鼓楼立交桥C匝道桩基托换采用了主动托换技术进行预防性托换,整个施工过程中,通过检测数据,不断的修正施工工艺,保证桩基托换施工过程中的安全,桥墩沉降控制仅为1.2 mm(控制值为3 mm),将地铁建设对居民正常通行的影响降低到最小。

将军衙署站桩基托换技术的研究应用,很好地解决了地铁建设时对鼓楼立交桥正常使用的影响,并避免拆迁复建带来的经济代价。国内轨道交通工程尚无车站主体进行桥梁桩基托换的相关工程先例,该项目的实施,对于确保呼和浩特轨道交通1号线一期工程如期圆满完成,对提高城市轨道交通工程施工水平具有重要的提升作用。该项目圆满完成,可以为城市地铁项目建设中类似"桩基—地铁"冲突问题提供现实借鉴和理论参考价值。

6.6 富水地层采用钢套筒盾构始发接收

6.6.1 工程概况

呼和浩特市城市轨道交通1、2号线区间结构施工基本采用盾构法施工(1号线15个区间、2号线22个区间),结合呼和浩特地质条件,采用盾构法施工区间结构既能加快施工进度,又能保证施工质量,但盾构的始发与接收,一直以来都是盾构施工的重难点、风险点。轨道交通公司根据原有设计方案,结合现场实施情况,多次组织设计单位、施工单位进行研究比选,经过专家论证,最终在1、2号线高水位区间采用了对周围环境影响小,安全可靠度高、节省空间且可重复利用的钢套筒始发、接收技术,将盾构最危险的始发、接收段从土层中转到可控制安全的钢套筒之中,保证了现场施工的顺利实施。

6.6.2 设计特点

1. 地质条件

呼和浩特市城区位于土默川平原,北依阴山山脉,南濒九曲黄河。呼和浩特市地形南北高、中间低,山前是冲洪积扇裙组成的倾斜平原,中部为大黑河冲湖积平原,西南为黄河冲湖积平原,南部为湖积台地。呼和浩特市整体地势由北东向南西逐渐倾斜。地层主要划分为以下三个大的沉积构造单元地层:上部为现代堆积层素填土、杂填土、第四系全新统~上更系统冲洪积层($Q_{3\text{-}4}^{al+pl}$)及第四系全新统~上更新统冲湖积层($Q_{3\text{-}4}^{al+l}$);下部以下为第四系中更新统湖泊相沉积层(Q_2^l),第一个沉积构造单元地层颜色以黄色、黄褐色为主,成分以砂性土、碎石土为主,后两个沉积构造单元地层以灰绿色、灰黑色黏性土、砂性土为主。

轨道交通1号线西二环路站—市政府站区间段地下水位较高,均位于端头管片底以上,水位最高处区间端头水头位于管片顶上部约13.38 m,水位最低处区间端头水头位于管片底上部0.85 m。市政府站—后不塔气站水位较低,基本都在端头管片底以下。2号线阿尔山路站—内蒙古体育场站区间段地下水位较高,均位于端头管片底以上,水位最高处区间端头水头位于管片顶上部约10 m,水位最低处区间端头水头位于管片底上部3.5 m。内蒙古体育场站—塔利东站水位较低,基本都在端头头管片底以下。地下水属于第四系潜水。根据详勘地质资料,地层主要由杂填土、素填土组成,中部为第四系上更新统~全新统冲洪积层($Q_{3\text{-}4}^{al+pl}$)粉质黏土、粉土、中砂、圆砾层等,粉质黏土、圆砾层分布连续稳定,其间夹有粉土、粉细砂层;下伏第四系中更新统冲湖积层(Q_2^{al+l})粉质黏土,层厚较厚,分布连续,夹细砂薄层。

2. 设计方案研究

(1)设计阶段,经过总体设计、初步设计研究讨论,参考其地方工程经验,经过专家论证,1、2 号线盾构始发、接收均采用常规模式,在盾构始发、接收前,提前对盾构端头土体进行加固处理后,盾构刀片磨碎车站端墙后直接进出洞。1 号线端头加固采用 800 mm×600 mm 双重管高压旋喷加固(见图 6-6-1),高水位地区辅以降水及其他加固措施。加固范围为:横向隧道结构外扩上下左右各 3 m;纵向始发 10 m,接收 12 m,与车站围护结构咬合 250 mm,质量检验宜在旋喷桩施工结束 28 天后进行。加固体 28 天无侧限抗压强度 $q_u \geq$ 0.8 MPa,渗透系数不大于 1×10^{-6}/(cm·s)。2 号线端头加固采用素地连墙与袖阀管注浆加固,端头加固范围预留降水井辅以降水(见图 6-6-2)。加固范围为:横向隧道结构轮廓外 3 m,双线隧道之间均注浆加固;纵向始发 10 m,接收 12 m。素地连墙与车站主体地连墙及端头加固范围地连墙间接口处均采用壁厚 20 mm 的无缝钢管作为锁口管,并确保其刚度和强度,同时应采取可靠成熟的施工工艺,确保锁口管的顺利拔出。注浆导管采用 ϕ48×5 mm、间距 1 m×1 m 梅花形布置的塑料袖阀管,素地连墙及车站主体围护结构侧注浆管与素地连墙及车站主体围护保持不大于 0.4 m 间距。注浆浆液建议采用 42.5 级以上的普通硅酸盐水泥,水灰比为 1.0~1.5,注浆压力为 0.4~0.8 MPa,每段注浆长度 66~70 cm,注浆扩散半径按经验取值为 0.6 m。施工前应根据地层进行注浆试验,确定最佳材料配比、注浆压力等参数确保注浆效果。加固后土体应有良好的均匀性和自立性,其 28 天无侧限抗压强度应达到 0.8~1.0 MPa,渗透系数≤10^{-7}(cm·s)。

(2)施工阶段,结合 1、2 号线一期工程的水文地质条件、施工场地较小、周边建筑物及管线众多等实际情况,同时根据施工现场部分区间已实施情况,采用原方案进行盾构始发接收存在以下问题:

①端头加固场地狭小,且与车站围护结构、土方开挖施工场地相冲突,不便于组织施工,影响车站主体结构施工进度。

②周边环境复杂,管线众多,端头加固区有未迁改的管线(10 kV 高压线、燃气、给水),施工安全风险大。

③施工周期长,整个加固周期约 2 个月。

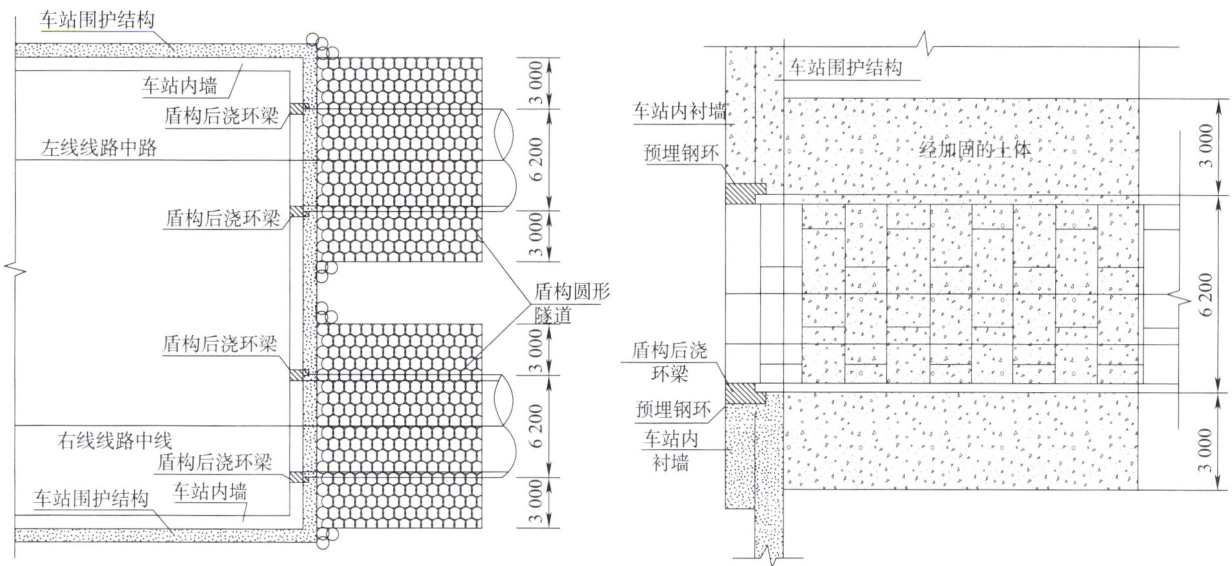

图 6-6-1　1 号线端头加固示意图(单位:mm)

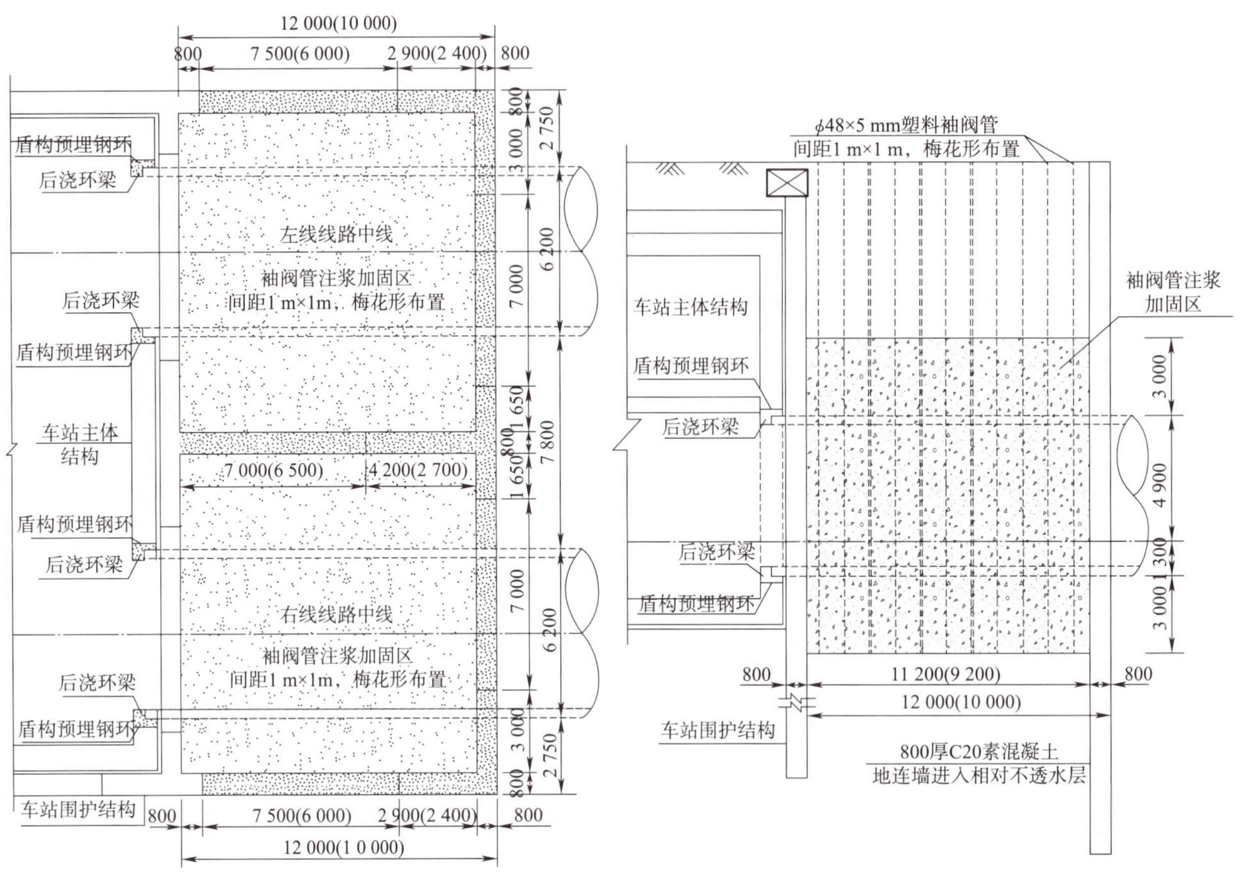

图 6-6-2　2 号线端头加固示意图(单位:mm)

《呼和浩特市轨道交通 1、2 号线一期工程

盾构钢套筒始发、接收方案》专家评审意见

2017 年 7 月 2 日，由呼和浩特市交通投资有限责任公司组织召开了“呼和浩特市轨道交通 1、2 号线一期工程盾构钢套筒始发、接收方案专家评审会”。参会单位有：中铁第一勘察设计院集团有限公司、中国铁路设计集团有限公司；中铁第五勘察设计院集团有限公司、中铁工程设计咨询集团有限公司；北京城建勘测设计研究院有限责任公司、中交第一公路勘察设计研究院；中国中铁股份有限公司呼和浩特市轨道交通 1 号线一期工程建设指挥部、中国铁建股份有限公司呼和浩特市轨道交通 2 号线一期工程建设指挥部及相关单位。会议邀请了五位专家(名单附后)组成专家组进行评审。专家组审阅了相关资料，听取了相关单位的汇报，经质询、讨论后，认为呼和浩特市轨道交通 1、2 号线一期工程盾构始发、接收采用钢套筒方案是必要的，方案内容基本详实、完整，总体可行。同时建议完善如下内容：

1、根据每个站点的水文地质条件、周边环境、隧道线形等因素，进一步完善盾构钢套筒始发、接收的针对性措施；

2、进一步细化钢套筒加工、拼装要求及验收标准；

3、结合工程实际情况及钢套筒始发、接收特点考虑对盾构机的影响；

4、注意盾构机接收姿态控制、出土量控制及出洞前的联系测量，细化工艺流程；

5、根据钢套筒始发、接收特点，完善风险控制措施，例如：洞门破除风险、钢套筒拆除风险等。

专家组长：

专家组员：

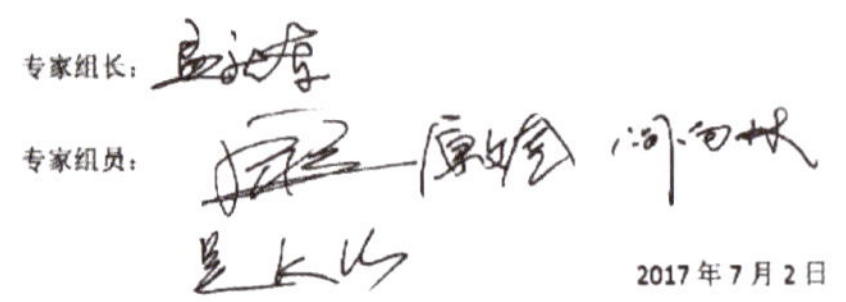

2017 年 7 月 2 日

图 6-6-3　专家评审意见

④ 2 号线连续墙(素墙)+袖阀管注浆加固方案投资大,1 号线旋喷桩注浆加固效果不理想,现场实施过程中,漏水严重。

⑤材料对环境污染大,且为一次性投入,消耗大量材料资源。

针对以上存在问题,轨道交通公司迅速组织设计、施工单位进行研究比选,寻求最佳技术路经,发现采用钢套筒始发、接收有以下优点:

①将盾构最危险的始发、接收段从土层中搬离到控制安全的钢套筒之中;

②受场地条件制约小,仅需在盾构始发、接收井内安装;

③不需要进行管线迁改,对管线无影响,施工安全性高;

④施工周期短,箱体安装约为 15 天;

⑤投资小,较原方案可大量节约投资;

⑥钢套筒箱体可重复利用,且不污染环境。

最终经过专家论证,根据不同加固型式的适用性及优缺点并借鉴其他城市箱体始发、接收的成功经验,将水位较高地段盾构区间端头始发、接收型式进行调整。1 号线新华广场—西二环路 6 个区间粗砂粒富水区段采用钢套筒密闭接收,2 号线阿尔山路—内蒙古体育场区间粗砂粒富水区段端头调整为钢套筒始发、接收,且盾构机刀盘需配置滚刀,以便切削进、出洞地连墙(见图 6-6-4 及表 6-6-1)。

图 6-6-4　钢套筒现场照片

表 6-6-1　1、2 号线钢套筒始发接收统计表

项目	序号	站点名称	盾构工筹	原加固型式	调整加固型式	备注
1 号线端头加固调整	1	西二环路站	明挖	无	无	
			接收	地面旋喷	箱体接收	
	2	孔家营站	接收	地面旋喷	箱体接收	
	4	西龙王庙站	接收	地面旋喷	箱体接收	
	5	乌兰夫纪念馆站	接收	地面旋喷	箱体接收	
	6	附属医院站	接收	地面旋喷	箱体接收	
	7	新华广场站	接收	地面旋喷	箱体接收	

续上表

项目	序号	站点名称	盾构工筹	原加固型式	调整加固型式	备注
2号线端头加固调整	1	阿尔山路站	明挖	无	无	
			接收	素墙+袖阀管注浆	箱体接收	
	2	帅家营站	接收	素墙+袖阀管注浆	箱体接收	
			接收	素墙+袖阀管注浆	箱体接收	
	3	锡林公园站	接收	素墙+袖阀管注浆	箱体接收	
			接收	素墙+袖阀管注浆	箱体接收	
	4	五里营站	始发	素墙+袖阀管注浆	箱体始发	
			始发	素墙+袖阀管注浆	箱体始发	
	5	水上公园站	接收	素墙+袖阀管注浆	箱体接收	
			始发	素墙+袖阀管注浆	箱体始发	
	6	诺和木勒站	接收	素墙+袖阀管注浆	箱体接收	
			始发	素墙+袖阀管注浆	箱体始发	
	7	大学西街站	接收	素墙+袖阀管注浆	箱体接收	
			始发	素墙+袖阀管注浆	箱体始发	
	8	中山路站	接收	素墙+袖阀管注浆	箱体接收	
			接收	素墙+袖阀管注浆	箱体接收	
	9	新华广场站	始发	冻结	箱体始发	
			始发	冻结	箱体始发	
	10	呼和浩特站站	接收	冻结	箱体接收	
			接收	冻结	箱体接收	
	11	公主府站	始发	素墙+袖阀管注浆	箱体始发	
			始发	素墙+袖阀管注浆	箱体始发	
	12	内蒙古体育场站	接收	素墙+袖阀管注浆	箱体接收	
			接收	素墙+袖阀管注浆	箱体接收	

6.6.3 设计要求

1. 始发钢套筒设计

(1)始发钢套筒构造设计

始发钢套筒按照洞门到车站顺序分为过渡环、套筒主体、环梁、液压千斤顶、液压泵站、高强螺栓,过渡环、套筒主体、环梁均分为上下两个半圆(见图6-6-5)。

过渡环长0.5 m,一端设置环向法兰,与套筒主体栓接,另一端与洞门钢环焊接。

套筒主体由4个传力架组成,长度为4×2.5 m。筒体采用20 mm厚的Q235B钢板焊接而成,环梁长0.6 m,沿环向设置四组。

液压千斤顶,每组4台,每台75 t。由液压泵站控制液压千斤顶支顶反力架,防止过大位移。筒体上下半圆之间、筒体之间均采用10.9级M33高强螺栓连接,筒体法兰用40 mm厚的Q235B钢板,法兰上焊接凹槽安装环向密封条,保证筒体密封。

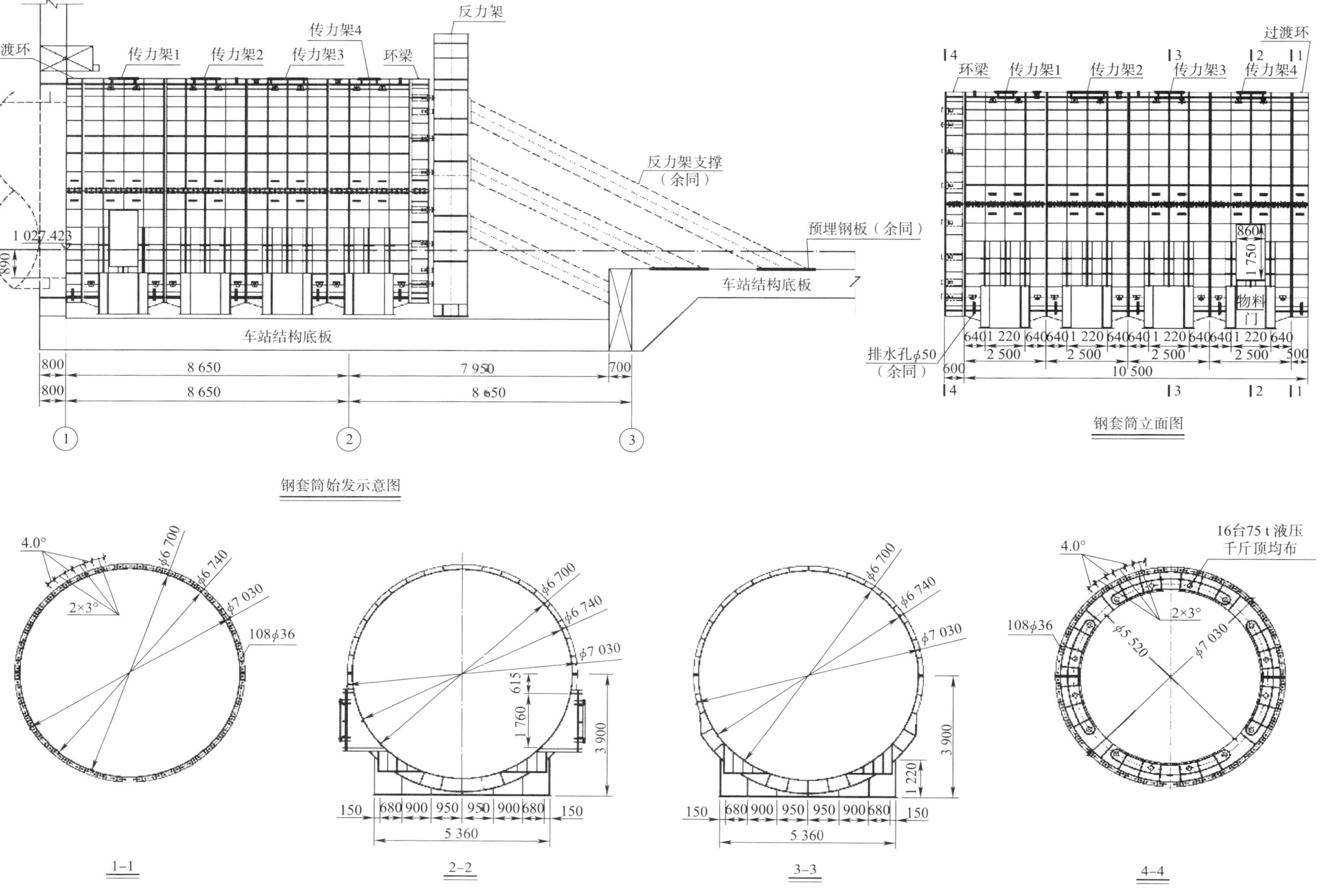

图 6-6-5　车站端头钢套筒始发构造图(单位:mm)

(2)钢套筒始发工序设计要求

①洞门检查:钢套筒安装前需对洞门预埋环板进行检查、清洁。为防止盾构出洞时刀盘切削到连续墙钢筋或工字钢接头,造成刀盘损坏,对洞门圆周一周凿除连续墙的砼保护层,露出玻璃纤维筋,确认洞门范围不存在钢筋,确保盾构始发(接收)的安全、顺利,原则上不得凿除洞门。

②安装钢套筒前应清理车站底板内积水、杂物等,处理钢套筒安装区域的预留钢筋。

③复核洞门中心坐标、洞门钢环及车站底板标高,钢套筒安装过程中要跟踪测量,确保钢套筒安装高度、线型均满足要求。精确钢套筒安装位置,力求钢套筒一次性吊装放到位,避免移动。钢套筒过渡环与预埋洞门钢环焊接,并于接缝处采取遇水膨胀止水条、嵌缝密封胶、涂抹聚氨酯加强防水等措施。结构底板上表面范围找平材料采用C35混凝土,底板预埋钢板与钢套筒底基座相连。

④预埋钢环至结构底板保证套筒底基座稳定、受力满足要求,同时由测量组复核找平层、套筒等关键部位标高。

⑤安装钢套筒下半圆:安装钢套筒前,应首先确定出井口盾体中心线,即钢套筒的安装位置。钢套筒的吊装应一次到位,避免二次移动。吊下第一节钢套筒的下半段,使钢套筒的中心与事先确定好的井口盾体中心线重合,在与第二节的下半部连接过程中应注意水平位置与纵向位置的一致,确保螺栓孔对位准确,并用M33、10.9级的高强螺栓连接紧固。

⑥钢套筒内安装盾构机,在钢套筒内安装盾构机主体,并与连接桥和后配套台车连接。

⑦安装钢套筒上半圆:待盾构机主体安装稳妥,安装钢套筒上半圆,压紧螺栓进行适当调整。同时应对连接部位进行检查,确保其连接的完好性,如发现隐患,应及时处理。上下两半圆以及两段筒体之间均采用M33、10.9级螺栓连接,法兰上焊接凹槽安装环向密封条,保证筒体密封。

⑧钢套筒检查,如果出现钢套筒本体连接端面或者筒体本身出现变形量较大时,要立即采取加强措施,在变形量较大处补加加强肋板,加强肋板可利用现场钢板制作。

⑨安装负环:盾构机刀盘推进至洞门掌子面,钢套筒、反力架安装完毕,盾构机调试完成后,安装负环、盾构机向前推进至刀盘面板贴近洞门掌子面但不切削掌子面。

⑩钢套筒内填砂或者水泥砂浆掺膨润土,填充材料的强度及配比应在施工前由试验确定。在保证施工安全、具备成熟的经验、充分的试验条件下,回填材料可适当调整。

⑪盾构始发、接收掘进:洞门围护结构配筋采用玻璃纤维筋,盾构机在切削围护结构时应严格控制推进速度、扭矩、千斤顶总推力等相关参数。

2. 接收钢套筒设计

(1)接收钢套筒构造设计:接收钢套筒按照洞门到车站顺序分为过渡环、套筒主体、受力架、高强螺栓(见图6-6-6)。

过渡环、套筒主体与始发钢套筒共用,套筒主体由4个传力架组成,长度为4×2.5 m,仅将始发钢套筒的环梁更换为受力架。

受力架封板采用30 mm厚Q235B钢板;后设I56b工字钢横向、纵向加强梁;受力架与套筒之间采用螺栓联结,与结构墙或反力架之间设置钢管支撑。

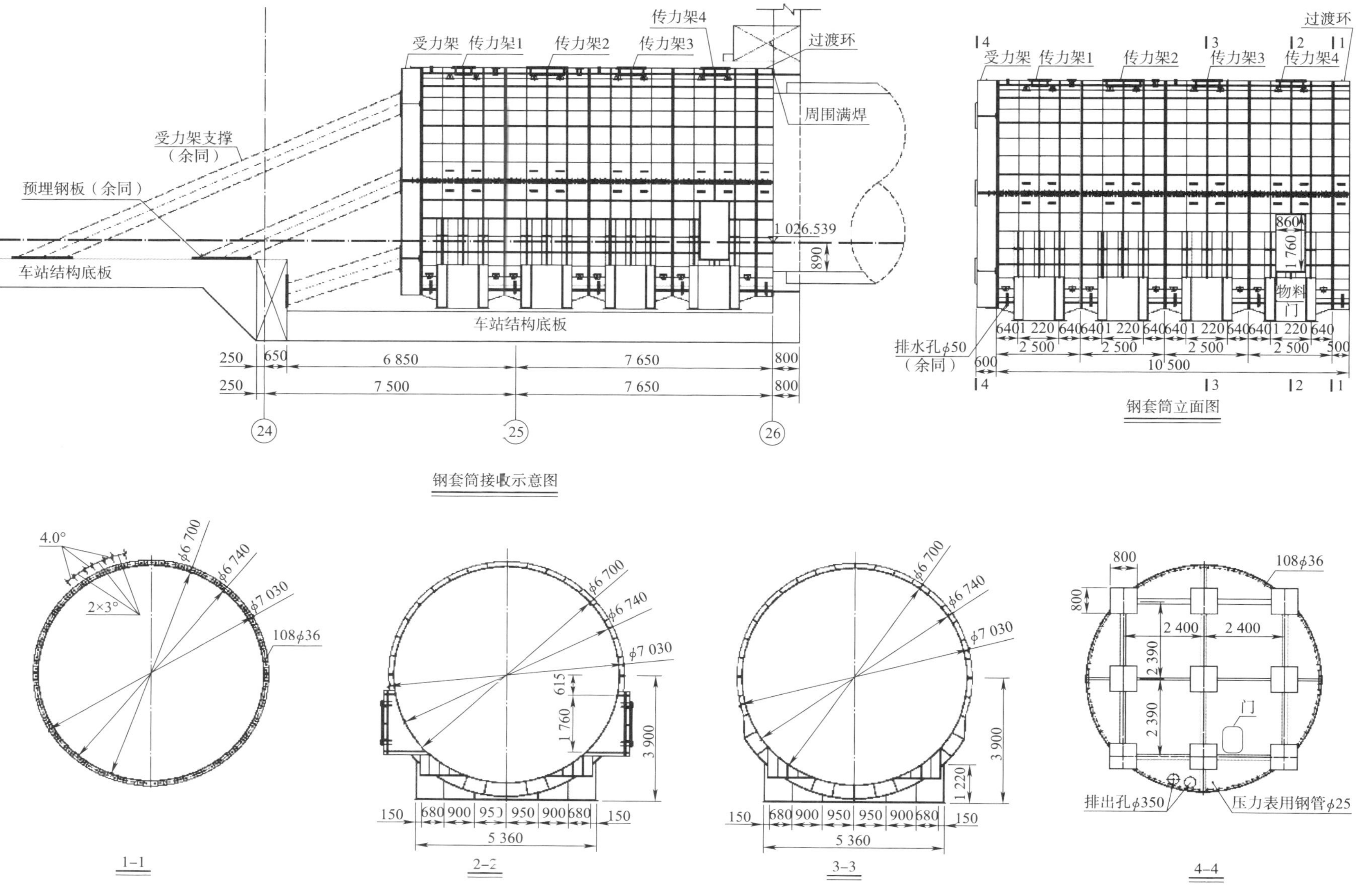

图6-6-6　车站端头钢套筒接收构造图(单位：mm)

(2)钢套筒接收工序设计要求

①洞门检查:钢套筒安装前需对洞门预埋环板进行检查、清洁。为防止盾构出洞时刀盘切削到连续墙钢筋或工字钢接头,造成刀盘损坏,对洞门圆周一周凿除连续墙的砼保护层,露出玻璃纤维筋,确认洞门范围不存在钢筋,确保盾构始发(接收)的安全、顺利,原则上不得凿除洞门。

②安装钢套筒前应清理车站底板内积水、杂物等,处理钢套筒安装区域的预留钢筋。

③复核洞门中心坐标、洞门钢环及车站底板标高,钢套筒安装过程中要跟踪测量,确保钢套筒安装高度、线型均满足要求。精确钢套筒安装位置,力求钢套筒一次性吊装放到位,避免移动。钢套筒过渡环与预埋洞门钢环焊接,并于接缝处采取遇水膨胀止水条、嵌缝密封胶、涂抹聚氨酯加强防水等措施。

④预埋钢环至结构底板上表面范围找平材料采用 C35 混凝土,底板预埋钢板与钢套筒底基座相连。保证套筒底基座稳定、受力满足要求,同时由测量组复核找平层、套筒等关键部位标高。

⑤安装钢套筒下半圆:安装钢套筒前,应首先确定出井口盾体中心线,即钢套筒的安装位置。钢套筒的吊装应一次到位,避免二次移动。吊下第一节钢套筒的下半段,使钢套筒的中心与事先确定好的井口盾体中心线重合,在与第二节的下半部连接过程中应注意水平位置与纵向位置的一致,确保螺栓孔对位准确,并用 M33、10.9 级的高强螺栓联结紧固。

⑥安装钢套筒上半圆:待钢套筒下半圆安装稳妥,安装钢套筒上半圆,压紧螺栓进行适当调整。同时应对连接部位进行检查,确保其连接的完好性,如发现隐患,应及时处理。上下两半圆以及两段筒体之间均采用 M33、10.9 级螺栓联结,法兰上焊接凹槽安装环向密封条,保证筒体密封。

⑦钢套筒检查:如果出现钢套筒本体连接端面或者筒体本身出现变形量较大时,要立即采取加强措施,在变形量较大处补加加强肋板,加强肋板可利用现场钢板制作。

⑧钢套筒内填砂或者水泥砂浆掺膨润土,填充材料的强度及配比应在施工前由试验确定。在保证施工安全、具备成熟的经验、充分的试验条件下,回填材料可适当调整。

⑨盾构接收掘进:洞门围护结构配筋采用玻璃纤维筋,盾构机在切削围护结构时应严格控制推进速度、扭矩、千斤顶总推力等相关参数。

3. 钢套筒设计质量要求

(1)材料规格检查:对材料如螺栓、钢板、千斤顶等进行规格检查。

(2)结构尺寸检查:对钢套筒每个部分的圆度、长度、高度、厚度、内外径及开口尺寸进行检查,保证结构尺寸满足施工及规范要求。

(3)焊缝质量检查:检查焊缝的宽度、均匀程度、焊缝余高以及表面是否有气孔、裂纹、夹渣等,保证焊缝质量。在盾构始发和接收前,必须对钢套筒的焊缝进行探伤检验,对有焊伤的焊缝进行补焊,直到满足要求,确保套筒密闭性。

(4)作用力垂直于焊缝长度方向的横向对接焊缝或 T 形对接与角接组合焊缝,受拉时应为一级,受压时应为二级。

(5)作用力平行于焊缝长度方向的纵向对接焊缝应为二级。

(6)钢套筒密闭性检查:钢套筒组装完成后,在筒体内加水检查其密封性,筒体中心位置水压为 0.3 MPa,若在 12 h 内,压力保持在 0.28 MPa 上,则可满足钢套筒接收要求,如果小于 0.28 MPa,找出泄露部位,检查并修复其密封质量,然后再次进行试压,直至满足试压要求。

6.6.4　应用效果

(1)与传统始发技术相比,钢套筒始发、接收技术建立了一个完全密闭的盾构机始发、接收环境,只要密闭措施得当到位,就会很好地解决了盾构端头施工场地狭小、管线迁改难度大等缺点。该技术通过在钢套筒中模拟盾构掘进土体环境和条件,将盾构最危险的始发、接收段从土层中转到可控制安全的钢套筒之中,很好地解决了涌水涌砂、水土流失等问题,地面塌陷等风险能够得到有效控制,并减少地层注浆加固量,大大减少了对周边水土环境的污染程度,使得盾构进出洞过程更加安全,且可多次重复利用,可靠、经济、环保,保证了 1、2 号线的顺利洞通,也为呼和浩特市以后新线的建设积累了宝贵经验。

(2)钢套筒始发、接收一定程度上减少了端头加固的工程量,但钢套筒一次性制造费用较高,且对盾构机出洞精度控制要求较高。同时盾构进出洞过程中,车站端头偶有出现局部沉降较大情况,建议后期项目采用钢套筒始发、接收时端头采用局部加固,加固范围 3 m,以保证进出洞端头土体稳固。

6.7　大管径圆涵顶管技术应用

6.7.1　工程概况

呼和浩特城市轨道交通 2 号线一期工程丰州 220 kV 变电站—锡林路电缆隧道(丰州变接入点—锡林路段)。整体隧道共有 3 段需要顶管过路。工井采用沉井的施工方式,顶管本体采用顶进法施工,顶管(Ⅲ级管)内径 3.5 m。沉井 2 个,工井持力层主要位于细砂层,顶进段位于砾砂层,场地类别为Ⅱ类,场地土类型为中软土到中硬土。沉井开挖深度约为 14 m,顶管覆土约为 8 m。

6.7.2　设计亮点

轨道交通 2 号线一期工程丰州 220 kV 变电站—锡林路电缆隧道在人口稠密的住宅集中区,路经多处交通主干道,线路沿线地下管线密集,地面交通繁忙,不适宜采用传统的明挖开槽施工技术,另选采用矿山法施工,对周边建构筑物、地下管线变形控制同样难以保证,经综合比选,结合场地、工期、投资、施工难易程度等,择优选取顶管法施工。

顶管法施工顾名思义是在工作区内借助于顶进机械设备产生的推进力,克服管道与周围土壤的摩擦力,将钢筋混凝土管或其他材质的管材沿设计好的角度和坡度顶入地下,并将多余土方输送走。后一段管材沿前一段的坡度继续顶进施工,土层以两管中间的推进力为动力,把顶进设备或连接设备一起穿越工作区直至接收坑,然后将顶进机等机械设备取出,这样管路就埋设在工作区中。

圆涵顶管技术具备诸多优点:①使用顶管技术,由于基本上都是在路基进行之外施工,可以大大降低对路面交通的影响,且挖土量少不会对路面造成下沉。②其施工过程中所使用的工具和涵管材料较为容易获得。施工工具主要包括液压油缸、手拉葫芦以及钢材、木材等常见材料。所使用的顶管材料可以采用现场自制获得,也可以购买预制混凝土管,其管径的大小可以根据内部管线等因素来确定,一般在施工过程中使用的混凝土管直径不大于 900 mm,本项目中采用的预制圆涵的直径可达 3.5 m。③圆涵顶进法对于填方和高填方的路段也是非常实用的,但要求场地土层内不能有大型石块。其施工作业面小,且在地下施工受天气影响程度小,施工更为便利。

在2号线一期工程外电管廊中使用的管涵尺寸更大,所具备更为特殊的特点:

(1)顶管直径较大:常规电力圆涵直径一般为1.4~2 m,给排水用圆涵一般为2~3 m,本工程使用3.5 m混凝土电力圆涵在国内属于较大直径,相应顶管机头也较大。存在顶进阻力较大,施工经验少等困难。

(2)电力混凝土顶管柔性钢承插接口:目前混凝土顶管大都采用混凝土企口或者单纯的钢承口,混凝土企口管承口与插口均为混凝土面,混凝土表面的粗糙面与特性导致几乎无闭水效果,混凝土钢承口管比混凝土企口管略有改进,在承口处增加了一道钢圈,但是钢圈与混凝土插口并不能完全贴合,而且顶进过程中外侧钢圈易松动产生缝隙,极易造成漏水隐患,无法满足电力隧道的防水要求;少量漏水会导致检修困难,大量漏水会影响电缆的安全运行。

本工程地下水位较高,顶管均在地下水位以下,解决电力混凝土顶管接口漏水的技术缺陷问题,势在必行。本工程采用了新型的顶管接口装置,满足了电力顶管的功能要求。

本接口具有以下特点:

①优异的型钢接口形式保证了接头闭水。

工程实践证明使用双胶圈钢承插口接头,闭水抗压、防腐抗渗能力得到验证。接口用型钢见图6-7-1和图6-7-2。

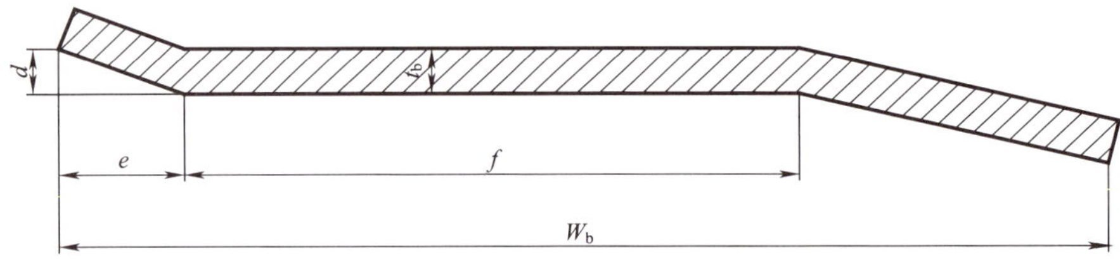

图6-7-1 双胶圈插口钢环用型钢

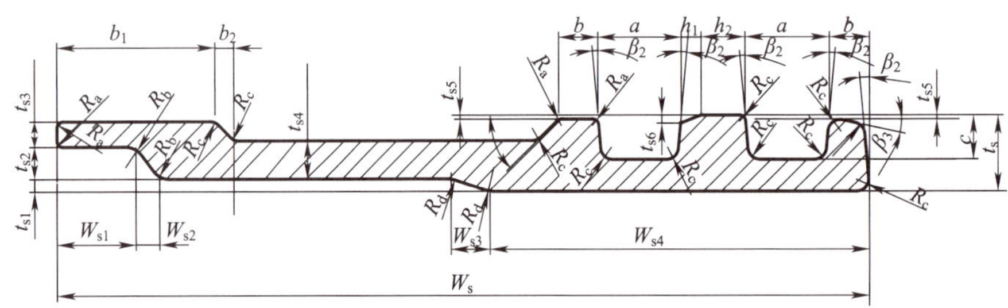

图6-7-2 双胶圈承口钢环用型钢

②管道接口精确的工作面尺寸和胶圈保证了管道接口闭水的可靠性。

承插口圈均采用承插口专用的卷圆机、拌边机、胀圆机等设备加工制作而成,经过胀圆机胀圆定型承插口工作面尺寸精度均控制在0.5 mm以内,控制了承插口尺寸精度从而保证了管道闭水可靠性。

③双胶圈接口可以接头打压实验,保证接头无渗漏后再顶进施工。

接口在双胶圈之间设置接口打压孔,当管道对接安装到位后还未顶进洞之前进行手动打压试验,确保管道接头闭水。

④承口端、插口端外壁设置宽100 mm加强钢环,保证管道顶进施工中端面及接口强度。

(3)长距离大管径顶进作业施工控制

①轴线控制:在施工中最关键的部分就是控制顶推力。考虑到顶管作业中,影响顶推力最突出的要素就是纠偏,顶管机顶进作业中有可能因为受力不均,出现设计轴线偏离的情况,故本次工程作业中选择在机头旋转和前进方向做纠偏,保证机头能够按照预定的线路稳定前进。

②注浆减阻:注浆减阻在长距离、大直径顶管作业中是非常重要的技术环节,其关系到最后能否成功顶管。为了在施工中,减少衬砌外壁摩阻力就需利用该技术,并结合本工程地质情况,现场进行配比试验,合理调配润滑泥浆配方,保证本工程成功实施。

6.7.3　工程效益

1. 社会效益

结合呼和浩特市该区域地层情况,从工期、环境、造价等方面进行深入分析,明确本电力工程采用圆涵顶管施工工艺,并制定相应的设计、施工准则及积极措施。其成果可用于指导呼和浩特地区后续城市轨道交通的建设,提高类似工程建设的设计和施工技术水平,极大的改善城市交通与环境,减少在施工过程中对城市道路、绿化、地下管线等的破坏。同时,也提高了类似工程的设计和施工速度,具有实现综合成本低、施工周期短、安全性好、环境影响小、不影响交通等重大社会意义。

2. 经济效益

本项目顶管施工的应用,大大减少了对沿线周边环境的破坏,避免大量的管线迁改、房屋拆迁,以及对沿线交通的影响,施工周期也大大提前,从而对减少工程综合费用的投入其有重要意义。

6.7.4　结　　论

在长距离大管径顶管施工技术的支持下,顶管作业的成本和风险得到了有效控制,节省了大量经费和工期,经济效益和社会效益非常突出。实践中应用注浆减阻,解决了阻力要求,为轴线控制和快速顶进提供了很大的帮助,降低对周边建筑物、地下管线影响,以及对地面交通的影响。顶管施工综合造价低、无排污、基本上没有噪声和振动,为呼和浩特地区后续类似工程提供宝贵的经验及技术指导。

6.8　地铁控制中心减震抗灾技术

6.8.1　工程概况

呼和浩特市城市轨道交通线网控制中心(以下简称控制中心)工程,是为满足轨道交通资源统一配置、统一管理、信息共享、方便运营指挥的要求而建设的城市轨道交通基础设施,是轨道交通的管理枢纽,对全线的列车运行、客运管理、电力供给、设备监控、防灾报警、票务等实现集中监控及管理、调度指挥。控制中心在非常情况下,也是事件处理的指挥中心,同时也是轨道交通通信枢纽和信息集散和交换处理的中心。

控制中心选址位于机场路以南,科尔沁快速路以东地块内,地块东侧为哈拉更沟,南侧为后不塔气村,西侧为赛罕区民族小学,北侧为鸿德学院,地块临近机场交通便捷。

6.8.2 设计特点

1. 消能减震技术简介

现代消能减震技术的发展已有近半个世纪,技术已成熟可靠。我国是世界上隔震技术比较领先的国家,国内学者对消能减震技术的讨论和研究也比较深入。2008 年汶川地震后,我国《建筑抗震设计规范》从 01 版开始加入了“隔震与消能减震设计”这一章节,明确提出了减隔震的概念。政府也大力推广建筑结构减隔震的应用,云南、四川等越来越多的省份相继出台了“需对学校、医院等乙类建筑结构进行减隔震设计”的强制性条文。

现在已有大量工程采用了消能减震结构。例如宿迁市交通大厦是江苏省宿迁市新区内的重点建筑,主楼高 57.8 m,属于钢筋混凝土框架-筒体结构,抗震设防烈度为 9 度。全楼共安装黏弹性消能器 276 套,不仅提高了结构的抗震可靠度,还节约了总造价的 10%。北京工人体育场为了承办 2008 年奥运会的相关赛事进行了抗震加固改造,在体育馆四周的看台内部安装了黏滞流体消能器,分别为 600 kN 114 套、500 kN 23 套、400 kN 39 套、300 kN 24 套。在不增加原结构梁柱配筋的情况下,满足了最新的《建筑抗震设计规范》(GB 50011—2010)要求。

2. 消能减震必要性分析

线网控制中心位于地震烈度为 8 度的设防地区,设计基本地震加速度值为 0.2g,且由于建筑功能需要框架梁、柱截面较小,层高较大,用钢量大。按照现行国家标准《建筑工程抗震设防分类标准》(GB 50223—2008)的要求,该建筑属于重点设防建筑,应按照高于本地区抗震设防烈度的要求采取抗震构造措施。应重视该建筑结构的抗震能力,增加结构的安全储备,以确保其在地震作用下的安全。此外,该建筑原设计中使用的纯框架结构体系抗侧刚度较小,且不具备多道抗震设防,在地震中容易出现薄弱层破坏。基于上述情况,需要采取相应措施控制结构位移,提高结构的抗震性能。

对于采用传统抗震设计方法的结构,一般是通过结构中的一些次要构件的变形与破坏来耗散结构的地震能量输入。对于钢筋混凝土结构,常规的设计方案一般采用加大柱截面或增设剪力墙等方法提高结构的抗震能力。这种方法在很多情况下是有效的,但也会导致本建筑结构构件截面过大、配筋过多,同时由于结构刚度大幅增加后导致结构在地震中吸收的地震能量也大幅增加等问题。地震能量将主要由结构构件的弹塑性变形来耗散,这将导致结构在大震中损坏严重,结构损伤模式仍然难以控制,不利于结构的安全。与传统抗震结构形式相比,消能减震结构能更好提升结构抵抗地震作用。它通过在整体结构体系中附加一个消能减震装置,与原结构形成一个新的耗能结构体系。当对这个体系输入地震能量时,附加的消能减震装置会主动发生作用,耗散地震能量,从而大大减小地震对原结构的作用,减轻原结构的损伤。采用消能减震方案,不仅保证结构在地震作用下获得更高可靠度,而且与传统设计方案相比还具有施工周期短、减少工程量、对建筑功能限制少等优点。

通过对本工程原有结构方案的分析计算,并综合考虑结构类型、周围环境、设防目标等因素,采取通过设置消能减震装置为结构附加一定的阻尼比来减小结构所受地震力,增加结构安全储备的方式提高结构的抗震性能。

6.8.3　控制中心减隔震技术应用

1. 消能器的选择

消能器的选择包括消能器类型的选择和规格的选择。在概念设计阶段,消能器类型的选用应综合考虑结构类型、周围环境、设防目标、消能器的力学性能及消能机理、消能器的价格、安装及施工费用、消能器的维修费用等因素。对于实际工程而言,在考虑以上因素的同时还应根据结构的位移、受力条件来确定消能器的型号,因此应对消能减震装置的最大阻尼力、最大行程、工作效率等进行选择。还应确保消能构件具有相应的安全富余度,在可动范围内必须避免破坏。考虑到结构特点和消能减震效率,本工程拟采用黏滞阻尼墙作为消能减震元件。黏滞阻尼墙可为结构提供附加阻尼,却不会为结构附加刚度,较一般的阻尼元件具有更大的耗能能力,比较适合用于建筑结构中,是现有比较成熟的消能器之一。

黏滞阻尼墙(Viscosity Fluid Damping Wall,简称 VFW)是速度相关型消能器,VFW 内置阻尼液体,本身不提供静刚度,增设后不影响结构的周期和振型;其滞回曲线呈椭圆形(见图 6-8-1)。

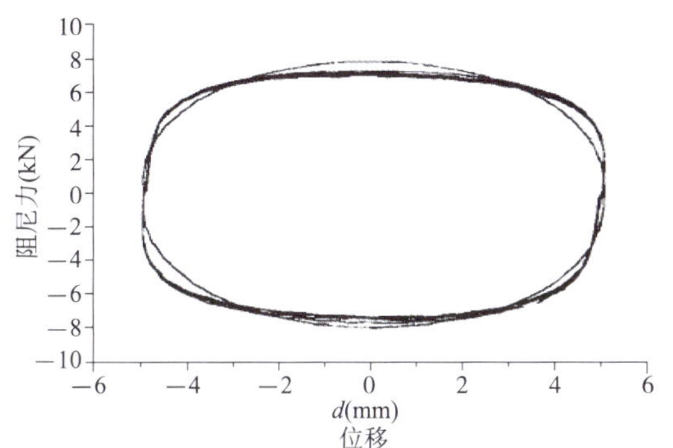

图 6-8-1　VFW 典型滞回曲线

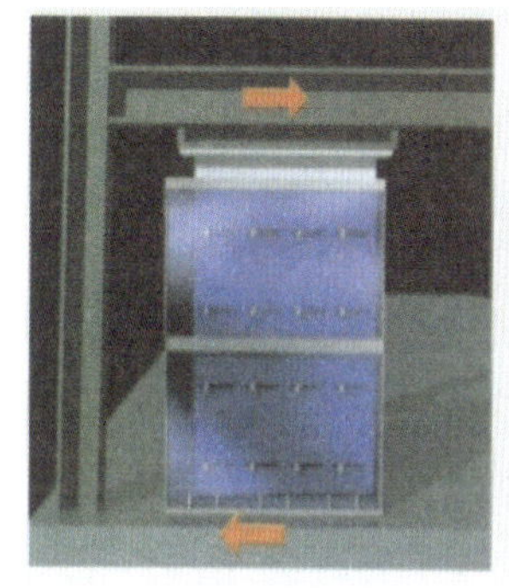

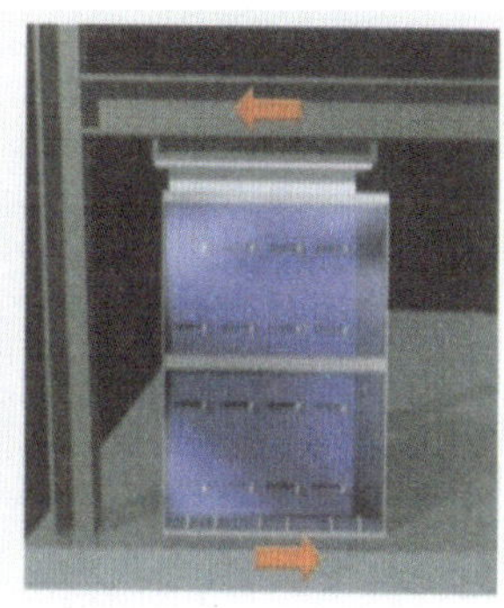

图 6-8-2　VFW 工作原理

VFW 的主要构成单元是充满黏滞体的外部钢板(黏滞体容器)和插入其中的内部钢板(阻抗板)。固定于楼层底部的钢板槽内填充黏滞液体,插入槽内的内部钢板固定于上部楼层,当楼层间产生相对运动时,内部钢板在槽内黏滞液体中来回运动,产生阻尼力(见图 6-8-2)。这种阻尼墙可提供的较大的阻尼作用,不易渗漏,且其墙体状外形容易被建筑师接受。黏滞阻尼墙因其体型轻巧、布置位置灵活、基本不影响建筑外观和建筑功能使用要求等优点,非常适用于建筑结构中。

2. 消能器的布置

消能器布置遵循“大分散、小集中”的原则,尽量使结构阻尼均匀分布,同时尽量减少消能器的个数,以降低成本。同时,消能器及其连接的布置尽量少占用建筑空间,以减小其对建筑使用功能的影响。综合考虑减震目标及建筑功能的需要,本项目共布置 74 台 VFW,具体布置方案见表 6-8-1 及表 6-8-2。

表 6-8-1　黏滞阻尼墙(VFW)布置方案

楼层	X 向		Y 向	
	型号	数量(台)	型号	数量(台)
5	VFW-350-50	6	VFW-350-50	6
4	VFW-350-50	6	VFW-350-50	6
3	VFW-350-50	10	VFW-350-50	10

续上表

楼层	X 向		Y 向	
	型号	数量(台)	型号	数量(台)
2	VFW-350-50	8	VFW-350-50	8
1	VFW-350-50	7	VFW-350-50	7
合计	37		37	

表 6-8-2　本布置方案选用的 VFW 型号及详细参数

型号	阻尼指数 α	阻尼系数 C [(kN(s/m)$^{\alpha}$]	输出阻尼力 F (kN)	极限位移 U_{max} (mm)	数量(台)
VFW-350-50	0.3	500	350	±50	74

3. 消能器的耗能分析

控制中心的能耗分析采用北京盈建科软件有限责任公司开发的 YJK 建筑结构设计软件进行小震下的弹性反应谱计算。并结合清华大学土木工程系开发的 EDStrucDesign 程序(www. jiangezhen. com)进行迭代计算。

采用等效线性化方法进行 VFW 的减震设计,通过在 YJK 前处理时调整结构的总阻尼比来考虑 VFW 为结构提供的附加阻尼。附加阻尼采用《建筑抗震设计规范》(GB 50011—2010)第 12 章中给出的方法进行计算,计算公式如下:

$$\xi_{eq}=\frac{\sum E_{di}}{\sum 4\pi E_{ki}}+\xi_{\text{initial}}$$

根据 VFW 的参数与布置情况,以及控制中心的楼层位移及楼层地震力结果采用 EDStrucDesign 程序进行迭代计算。经迭代三次后,发现计算得到 X 向、Y 向阻尼比与前一次计算结果的误差均小于 5%,认定迭代结果收敛。统计出在 X 向和 Y 向地震作用下各层 VFW 耗能 E_{di} 和弹性能 E_{ki},以及 VFW 在 X 向、Y 向的附加阻尼比见表 6-8-3,迭代过程略。

表 6-8-3　附加阻尼比计算结果

楼层	阻尼系数 C [kN(s/m)$^{\alpha}$]	楼层位移 (mm)	楼层地震力 (kN)	消能器数量 (台)	消能器耗能 E_{di}	结构弹性能 E_{ki}
5	500	19.95	9 979.49	6	8 725.15	99 545.41
4	500	17.39	7 416.2	6	13 444.04	64 483.86
3	500	13.82	9 945.89	10	27 165.03	68 726.1
2	500	9.68	10 146.91	8	27 055.44	49 111.04
1	500	4.78	8 319.43	7	22 922.61	19 883.44
	$\sum$			37	99 312.27	301 749.9
			X 向附加阻尼比			0.026
			X 向结构阻尼比			0.076
楼层	阻尼系数 C [kN(s/m)$^{\alpha}$]	楼层位移 (mm)	楼层地震力 (kN)	消能器数量 (台)	消能器耗能 E_{di}	结构弹性能 E_{ki}
5	500	18.92	9 680.8	6	6 764.43	91 580.37
4	500	16.82	7 467.84	6	12 077.64	62 804.53
3	500	13.54	9 804.02	10	24 540.16	66 373.22

续上表

楼层	阻尼系数 C [kN(s/m)$^{\alpha}$]	楼层位移 (mm)	楼层地震力 (kN)	消能器数量 (台)	消能器耗能 E_{di}	结构弹性能 E_{ki}
2	500	9.72	9 944.14	8	28 293.11	48 328.52
1	500	4.66	7 889.02	7	22 243.07	18 381.42
	$\sum$			37	93 918.41	287 468.1
		Y 向附加阻尼比				0.026
		Y 向结构阻尼比				0.076

VFW 为结构提供的附加阻尼比按照较小值计算，X 向附加阻尼比为 2.6%，Y 向附加阻尼比为 7.6%，建议减震结构附加阻尼比取 1.0%，减震后结构总阻尼比取 6.0%。

减震前与减震后模型计算得到的层间位移角与层剪力信息见表 6-8-4、表 6-8-5。

表 6-8-4　层间位移角对比

楼层	减震前		减震后	
	X	Y	X	Y
5	1/1 339	1/1 537	1/1 414	1/1 636
4	1/1 026	1/1 027	1/1 086	1/1 093
3	1/916	1/853	1/969	1/908
2	1/791	1/690	1/837	1/742
1	1/914	1/854	1/965	1/917

表 6-8-5　层剪力对比

楼层	减震前		减震后		(减震后 - 减震前)/减震前	
	X	Y	X	Y	X	Y
5	11 420.97	10 939.67	10 798.28	10 401.03	-5.5%	-4.9%
4	17 763.84	16 968.4	16 842.39	16 211.92	-5.2%	-4.5%
3	25 437.71	24 141.2	24 196.82	23 215.27	-4.9%	-3.8%
2	32 137.09	30 381.35	30 607.08	29 278.96	-4.8%	-3.6%
1	35 687.99	33 726.77	34 009.13	32 508.46	-4.7%	-3.6%
B1	42 434.01	39 555.9	40 924.01	38 429.61	-3.6%	-2.8%

通过附加阻尼比，结构的位移得到了较好的控制。VFW 方案计算得到的主体结构层间位移角均小于原结构，各层层间位移角满足规范要求且有一定富余；通过附加阻尼比，结构受力得到了较好的控制。VFW 方案计算得到的主体结构各层剪力均小于原结构，结构基底剪力均减小 2.8% 以上。

通过对结构进行罕遇地震下的弹塑性时程分析，得到控制中心主体结构在罕遇地震下层间位移角分别见表 6-8-6、表 6-8-7。

表 6-8-6　结构 X 向罕遇地震对应层间位移角

楼层	B1	1	2	3	4	5
层间位移角	1/3 693	1/196	1/153	1/169	1/200	1/1 256

表 6-8-7 结构 Y 向罕遇地震对应层间位移角

楼层	B1	1	2	3	4	5
层间位移角	1/4 207	1/203	1/150	1/171	1/219	1/1 580

通过罕遇地震下的弹塑性静力分析结果表明，在罕遇地震下，各结构单体能够保持较好的变形性能，罕遇地震性能控制点结构 X 向最大层间位移角为 1/153，Y 向最大层间位移角为 1/150，远小于规范限值 1/50，并有足够富余，结构整体满足“大震不倒”的性能目标。同时结构在罕遇地震作用下，部分框架梁出铰，少量框架柱出铰，满足强柱弱梁的性能要求，同时结构出铰顺序合理，符合设计的预期。从塑性发展程度看，梁柱出铰程度较浅，损坏程度较小，结构具有足够的安全储备。

6.8.4 结　　论

控制中心消能减震方案具备下述几个方面的优势：

(1)采用了消能减震技术的结构体系，在地震作用下具备多道防线，可以提高结构在地震作用下，特别是超过设防水准的地震作用下的安全性。

(2)采用消能减震技术后可有效提高结构的阻尼比，降低地震作用，从而减小主体结构构件尺寸及配筋率。

(3)结构形式得到优化，施工周期明显缩短，施工质量易于保证。消能减震方案主要采用钢结构，施工周期短，无隐蔽工程(植筋锚固，钢筋绑扎)，施工质量可得到有效控制。

(4)有效提升整体建筑的稳定性。在地震中，消能减震结构的地震响应(包括变形和加速度)明显小于未采用消能减震技术的结构，降低控制中心整体建筑在地震波下摆动幅度，可以避免室内重要物品的倾覆，保证室内人员及物品的安全。

(5)降低建设投资成本。尽管消能减震装置需要投入一定的费用，但从建筑整体投资角度考虑，结构主体构件(梁、柱和剪力墙)费用可以明显降低。如果考虑建筑全寿命周期，消能减震结构带来的经济效益和社会效益将更为显著。

综上所述，消能减震技术的发展已经成为一种趋势，它可以有效减小地震的危害，发挥其对经济和社会的作用；其次，随着减震理论和技术的进一步完善，减震概念设计将不断为人们接受，消能减震设计将会得到更多的推广与应用。

6.9 公共空间全网实施概念性设计研究

6.9.1 研究意义与必要性

1. 研究意义

随着城市规模的不断扩大，城市轨道交通建设挑起了再造城市新形象的“现代地标”任务。城市轨道交通空间的公共性被越来越多地关注和重视，通过公共艺术的各种形式使乘客与轨道交通空间发生关系，提高城市居民的公共生活质量，塑造城市文化形象，创造有意义的公共场所，成为城市轨道交通建设和使用中的重要话题。

当前,中国正在进入城镇化水平最快速时期,超巨大城市成为中国发展文化艺术的重要节点。解决城市人口日常生活秩序与持续宣传、弘扬中国的文化艺术之间如何取得平衡的问题成为一个宏大的课题。如上所述,城市轨道交通是城市重要的交通手段,世界各国普遍认识到:解决城市交通问题的根本出路在于优先发展以轨道交通为骨干的城市公共交通系统。而中国当下一线城市的轨道交通站点空间无疑成为这一城市或者整个国家文化艺术的节点。

我们已经充分认识到轨道交通的公共空间已经是中国整个公共文化服务系统中很重要的载体,在不影响交通流线的情况下,它已经超越了文化图书馆、博物馆的空间重要性。因此在国内轨道交通发展这种井喷式的大环境下,公共艺术采用提前介入进行总体规划,实现设计规划、文化规划先行,利用文化规划将一个城市的历史底蕴、精神面貌进行梳理会对这个城市的轨道交通发展有一个很好的前瞻铺垫。

2. 必要性分析

呼和浩特市是内蒙古自治区首府,也是自治区政治、经济、文化中心,国家历史文化名城,我国北方沿边地区重要的中心城市。在自治区成立七十周年之际,习近平总书记提出“建设亮丽内蒙古,共圆伟大中国梦”的指导方针。随着城市迅速发展,交通网络愈加密集,私家车数量猛增,交通压力不断升级。呼和浩特着眼长远,从顶层设计入手,实现可持续发展和“建设亮丽内蒙古”的目标,呼和浩特市城市轨道交通线网规划概念艺术设计成为闪亮一笔。

呼和浩特市城市轨道交通建设之初就认识到并提前进行了总网规划的重要性,在 2017 年 11 月 20 日,轨道交通公司决定以全网文化规划为先导展开呼和浩特市城市轨道交通建设装饰装修工程,开始正式实施《呼和浩特城市轨道交通总网概念规划设计》工作。

呼和浩特市城市轨道交通力求在设计之初从文化角度对城市轨道交通公共空间做出文化定位,以文化为先导指导轨道交通建设;通过对城市文化的梳理,以轨道交通公共空间对城市文化历史、人文精神等进行全方位的展示;通过规划层级的文化定位,明确主题,实现对城市文化脉络、人文精神的全面表达,以期实现呼和浩特城市轨道交通公共空间对城市文化历史及未来发展的全面表达。

6.9.2 技术路线

1. 规划调研分析

按照国务院批复的《呼和浩特市城市总体规划(2011—2020)》,呼和浩特市以建设现代化城市为目标,改造提升中心城区,规划建设东部新区,打造北部生态观光带,建设南部现代产业园,打造区域中心城市(见图 6-9-1)。

2. 文化调研分析

2017 年 12 月到 2018 年 1 月,轨道交通设计单位对自治区及呼和浩特市城市文化进行了研究分析。文化调研对涉及城市历史文化、建筑、文物古迹、自然景观、旅游胜地、非物质文化遗产、民俗风情、服饰歌舞、语言文字等内容进行了全面而翔实的调研,形成最终的文化调研报告。科、教、文、卫建筑统计见表 6-9-1。

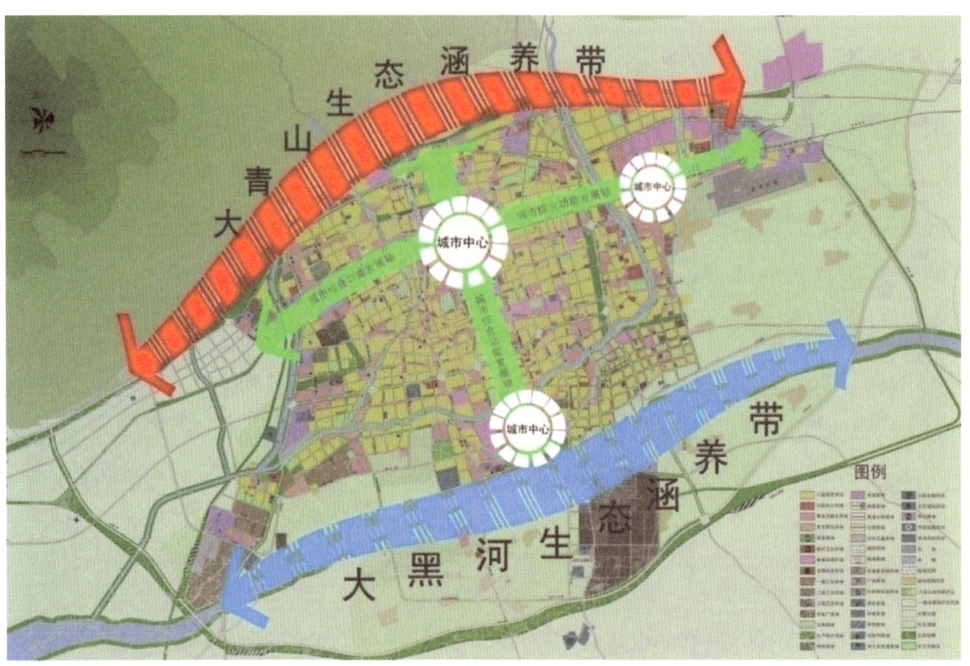

图 6-9-1　呼和浩特市城市规划图

(1)历史建筑

表 6-9-1　呼和浩特市科、教、文、卫建筑统计表

1. 官衙		
绥远城将军衙署	将军衙署博物院	新城区新华大街 31 号
2. 宗教		
金刚座舍利宝塔	五塔寺	玉泉区五塔寺后街与石羊桥路交会处西 50 m 路南
弘慈寺	大召寺	玉泉区旧城南部
万部华严经塔	万部华严经塔	河西路十七公里处
和硕恪靖公主府	呼和浩特市博物馆	新城区通道北路 62 号
乌素图召	乌素图召	乌素图村
清真大寺	清真大寺	回民区通道南街 28 号
喇嘛洞召	喇嘛洞召	土默特左旗毕克齐镇喇嘛洞路北
财神庙	财神庙	玉泉区大南街玉泉二巷 11 号
宝尔汗佛塔	宝尔汗佛塔	鄂尔多斯大街与大南街交叉口西
乃莫齐召	玻璃加工厂	
3. 官邸和宅邸		
乌兰夫宅	乌兰夫故居	土默特左旗 X032
4. 文化及民生事业		
乌兰恰特	乌兰恰特大剧院	新城区新华东街与东二环西北
内蒙古博物馆	呼和浩特市博物馆	新城区通道北路 62 号

续上表

4. 文化及民生事业		
呼和浩特共和医院		
塞上老街		
久久街		
5. 领事馆		
蒙古国驻呼和浩特总领事馆	新华社内蒙古分社	新城区中山东路 5 号
6. 商业设施		
内蒙古电影制片厂标准放映厅		
人防草原地下城	城市轨道交通 2 号线火车站站点	
7. 其他		
旧城北门		
8. 教育和科研		
绥远省高级工业学校	内蒙古工业大学	爱民街 49 号
内蒙古师范学院	内蒙古师范大学	赛罕区昭乌达路 81 号
绥远省贸易干部培训学校	内蒙古财经大学	回民区北二环路 185 号
扫绥学堂	呼和浩特职业学院	新城区通道北路 58
私立奋斗中学	呼和浩特市第二中学	呼伦贝尔南路 1 号
古丰书院	呼和浩特市第一中学	回民区环河街 33 号
扫绥市第三中学	土默特中学	新城区海拉尔东路 473 号

(2)文物古迹

大召无量寺、观音寺、金刚舍利宝塔、席力图召、清真大寺、公主府、昭君墓、绥远城将军衙署、清代绥远城阜安门遗址、乌兰夫故居、大窑文化遗址、兴隆洼遗址等。

(3)非物质文化遗产

爬山调、脑阁、晋剧(中路梆子)、二人台、和林格尔剪纸、王昭君传说、查玛、青城德兴源烧卖、黑矾沟瓷艺、青城面塑技艺、蒙古香牛皮靴制作技艺、炕围画。

(4)民族风情

蒙古包、祭敖包、草原盛会那达慕、哈达。

(5)饮食文化

蒙古族的传统饮食比较粗犷,以羊肉、奶制品、野菜及面食为主。烹调方法相对比较简单,以烤最为普遍,崇尚丰满实在,注重原料的本味。特色美食有烤羊腿、全羊席、手把羊肉、奶酪、马奶酒、莜麦面、卓资山熏鸡、牛肉干、哈达饼、蒙古馅饼、蜜麻叶、烧卖等。

(6)民间舞蹈

蒙古族舞蹈产生于民间,其特点是节奏明快,热情奔放,语汇新颖,风格独特。女子的舞蹈动作多以抖肩、翻腕来表现蒙古族女性欢快优美、热情开朗的性格。男子的舞姿挺拔豪迈,步伐轻捷洒脱,表现出蒙古族男性剽悍英武、刚劲有力之美。保留节目有筷子舞、马刀舞、驯马舞、盅碗舞、挤奶舞、鹰舞、祝福鼓舞等。

(7)蒙古族服饰

蒙古族服饰也称为蒙古袍,主要由首饰、长袍、腰带、靴子4个部分构成,但因地区不同在式样上有所差异。蒙古族服饰具有浓郁的草原风格特色,以袍服为主,便于鞍马骑乘。因为蒙古族长期生活在塞北草原,蒙古族人不论男女都爱穿长袍。牧区冬装多为光板皮衣,也有绸缎、棉布衣面者,夏装多为棉布类。长袍身宽袖长,多红色、黄色、深蓝色。

(8)蒙古族音乐

蒙古族音乐可以分为民间音乐、古典音乐、宗教与祭祀音乐三大类,具有鲜明的民族风格:旋律优美、气息宽阔、感情深沉、草原气息浓厚。

(9)语言方言

蒙古族主要使用蒙古语(内蒙古方言),包括:①内蒙古方言,内蒙古自治区中部蒙古族所使用的察哈尔、巴林、鄂尔多斯、科尔沁、喀喇沁土默特等土语。②巴尔虎-布里亚特方言,包括呼伦贝尔陈巴尔虎、新巴尔虎、布里亚特等土语。③卫拉特方言,包括阿拉善等地蒙古族所使用的土尔扈特、额鲁特、察哈尔土语。

(10)民族文字

内蒙古自治区使用传统蒙古文字,主要通用回鹘式蒙古文,与蒙古国主要使用西里尔蒙古文音同字异。蒙古文字从蒙古人开始记录自己的语言以来,就有很大的变化。在过去蒙古语还未有文字的年代,要记录蒙古语就要采用其他友好邻族的语言文字。传统蒙文是在回鹘文字母基础上形成的。早期的蒙古文字母读音、拼写规则、行款都跟回鹘文相似,称作回鹘式蒙古文。

(11)科技

中国航天事业与内蒙古自治区密不可分,在这块土地上创造了我国航天发射史上诸多第一:1960年9月,我国用国产燃料成功发射了第一枚苏制近程导弹;1960年11月,我国成功发射第一枚国产地地导弹;1966年10月,我国第一次成功实现"两弹结合"实验;1970年4月,我国成功发射第一颗"东方红"人造卫星,1975年11月,我国成功发射第一颗返回式照相侦察卫星等。

1989年8月15日,在旭日干博士主持下,中国第一胎"试管牛"在内蒙古大学实验动物研究中心降生。这是旭日干博士主持的内蒙古大学实验动物研究中心继当年3月10日培育出中国第一胎"试管绵羊"后,所取得的又一项重大科研成果,标志着中国在该领域的研究已跨入世界先进行列。

以科学发展观为指导,按照因地制宜、分区施策的原则,将全区沙化土地划分为5个类型区、19个重点治理区,分别制定治理策略和利用方向,以重点生态工程为支撑,采取生物措施、工程措施和农艺措施相结合的方式,实行综合治理。

3. 各线各站点调研分析

2017年12月,轨道交通设计单位对呼和浩特5条轨道交通线路线位及各线各站点周边进行实地走访调研,调研结果见图6-9-2和图6-9-3。

6.9.3 成果应用

1. 文化地图

通过点、线、面的设计方法。确认了呼和浩特城市轨道交通全网概念规划设计的工作方法,2018年4月17日,轨道交通公司组织召开第一次专家研讨会,来自呼和浩特、北京等地的相关专家对此次规划设计给予

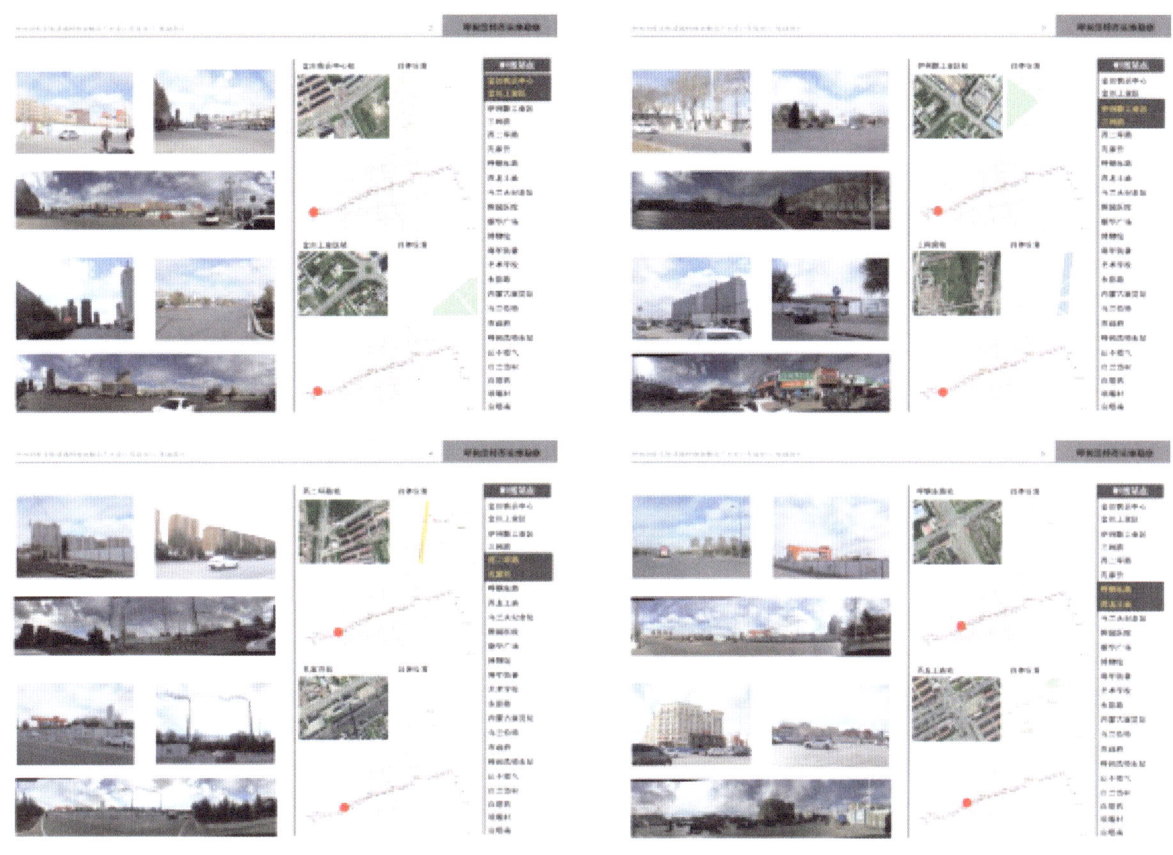

图 6-9-2　全网概念规划文化实地踏勘图(一)

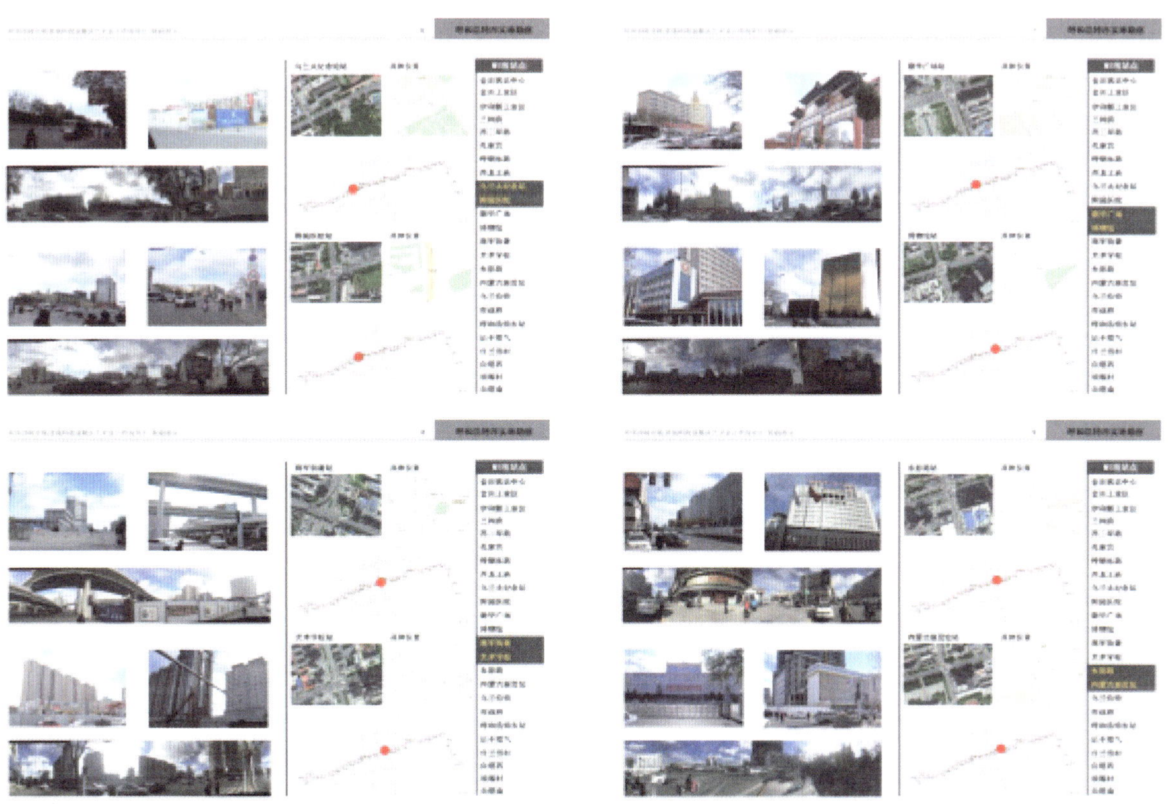

图 6-9-3　全网概念规划文化实地踏勘图(二)

了认可，明确工作方法的切实可行性，并为后续的工作给出了建设性指导建议。

“点”即“车站”，是轨道交通空间文化的具体承载者，所有的设计思想最终都要通过“点”来反映和实现。

“线”即“线路”，是轨道交通车站装修的基本考虑形式，从规划、建设入手，都以“线”为单位开始的。

“面”的区域特性赋予了线与线不同的个性，而“面”又通过“线”的贯穿强化了“面”的特性，两者相互影响和制约。

“体”分为主体和客体。主体代表人，是指人在轨道交通空间中的主观活动性以及空间体验；客体体现线网，通过空间点线面的集合，形成以地下站点文化为主的线网文化生态有机体，具体表现为空间四位一体设计手段（见图 6-9-4）。

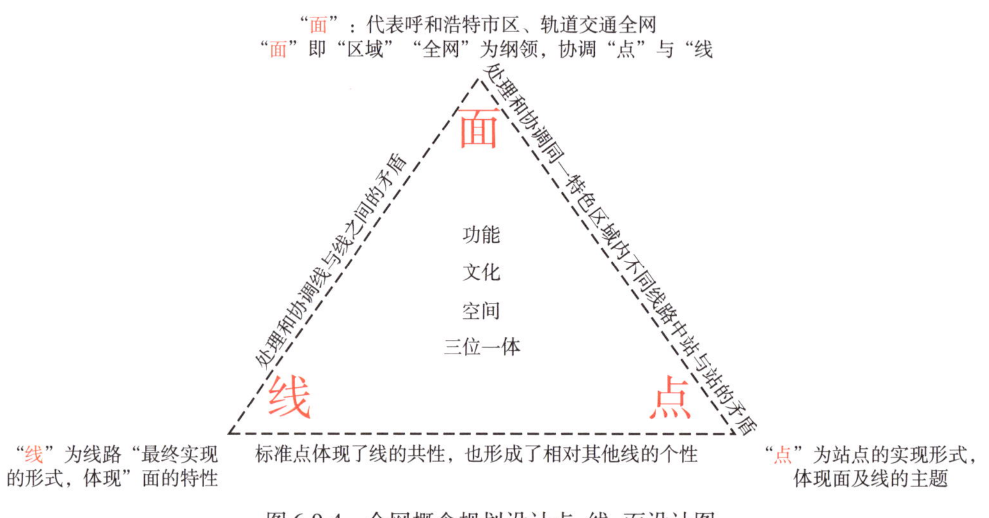

图 6-9-4　全网概念规划设计点、线、面设计图

文化是一个综合复杂的“巨系统”，它由一系列的文化区域及其“子系统”——特征区组成。通过对呼和浩特轨道交通及周边深入调研，结合城市历史文化及未来发展趋势，从历史遗迹、政治中心、交通枢纽、旅游景点、文化教育、商圈、体育、医院、公共空间及绿地、工业区、民俗文化等 11 个主要方面进行提炼，总结出文化区域空间结构、特征区位置和数量，形成城市文化地图（见图 6-9-5 和图 6-9-6）。

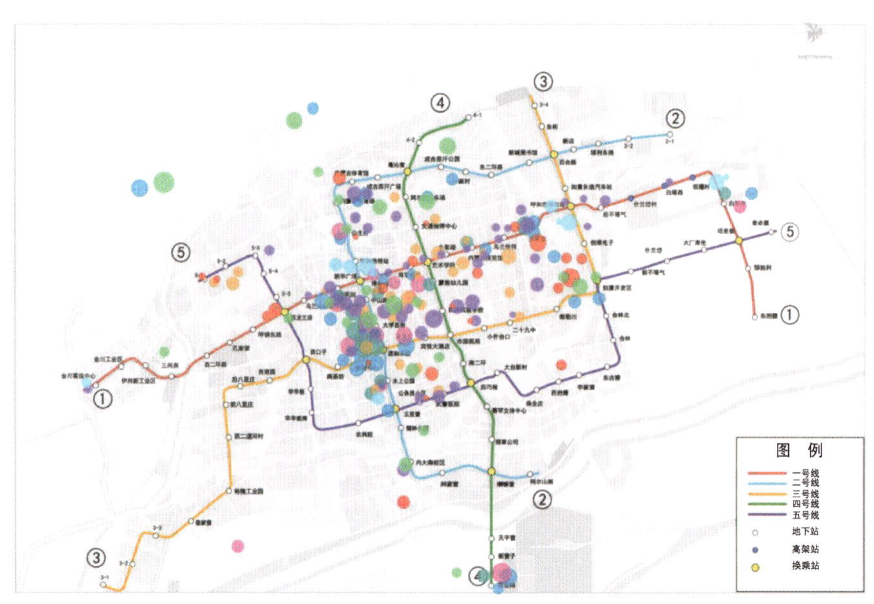

图 6-9-5　全网概念规划线网图

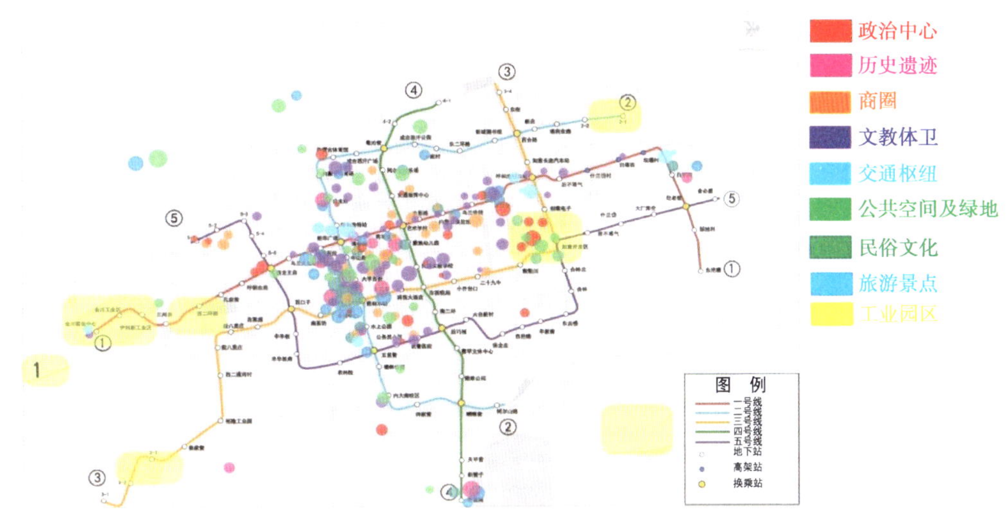

图 6-9-6 全网概念规划设计各线周边文化示意图

轨道交通空间作为整体城市空间的一个组成部分，也是城市文化的载体，因此地下空间应该与地上空间形成有机联系，地下空间文化应该与地上空间文化形成有机互动（见图 6-9-7）。

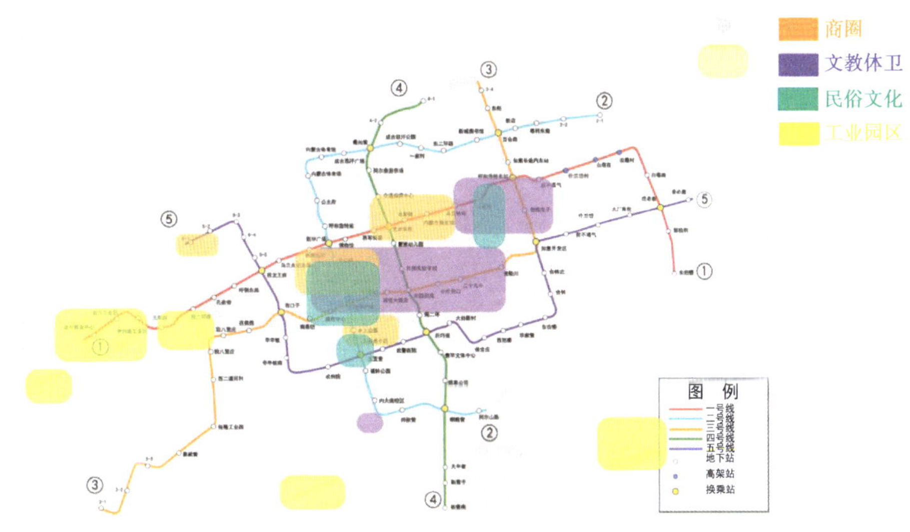

图 6-9-7 全网概念规划设计各线周边文化区块图

2. 全网概念设计

2018 年 4 月，呼和浩特市城市轨道交通全网概念规划设计全面展开。

呼和浩特市城市轨道交通体现了鲜明的设计主题，主题的表达也体现出站点的地域性和文化性。空间设计文化主题明确，方案新颖，文化艺术的表现力更加强烈，对公共空间的整体把握也更加成熟。各个城市轨道交通公共空间环境尤为重视文化属性，所以轨道交通公共空间就成为文化的传递者和表达者。

以文化为先导的总网规划之下，将文化艺术与轨道交通功能诉求进行系统分析。城市轨道交通总网规划一般包含三个层面的内容：城市文化主题定位，各线路主题定位及各站点主题定位。

（1）全网文化主题定位

2018 年 5 月，呼和浩特市城市轨道交通全网概念规划设计全线主题进行定位确认。

城市文化主题定位，是对城市历史文化脉络及未来发展的定位，在此基础上实现全网总的文化主题方向。城市轨道公共空间设计在改善城市公共交通环境、文化宣传、城市形象塑造、价值观展示等方面具有自己独特的魅力和优势。轨道交通公共空间作为城市文化的重要载体，逐步成为城市新的公共文化服务设施。提升城市文化底蕴，以轨道交通公共空间为契机来推动文化建设以及相关政策的落实，在坚持践行“文化自信”背景下，轨道交通公共空间环境成为重要的文化载体，承担起了传承城市文化的使命。全网文化主题正是城市面貌的缩影和城市对外宣传的口号。

随着党的十九大的顺利召开，整个内蒙古自治区的经济、文化以及生态建设，得到飞速发展。城市轨道交通的规划建设，使呼和浩特市的全面发展势头如策马奔腾，驰骋于世界舞台。因此，通过“点”“线”“面”的全面分析为呼和浩特市轨道交通线网绘制出一幅祖国北疆的丝路蓝图。呼和浩特市轨道交通线网主题定位为“丝路云景 · 天赐骄城”。

(2)各线文化主题定位

2018 年 5 月，呼和浩特市城市轨道交通全网概念规划设计在全线主题定位的基础上进一步明确各线主题定位。

在各线路各站点进行实地调研了解各区域特征及文脉，了解城市历史、风俗、行政、商业、工业、教育、自然风景、名胜古迹、人文古迹等物质非物质文化内容。对城市文脉进行全方位分析，结合城市未来发展规划，绘制城市文化地图。在文化地图的梳理下，完成对各线路的主题定位，从经济、历史、文化、科技教育、创新发展、风俗民情等角度实现各线主题定位，同时确定出各线路特色及各线空间主体风格(见图 6-9-8 和图 6-9-9)。

图 6-9-8 全网概念规划设计各线文化特色示意图

M1——协调——协调于政·融合予民——行政文化主题

M1全线站点27个，其中8个重点站，其余为标准站

M2——开放——开放北国之窗·共建草原丝路——商业旅游文化主题

M2全线站点26个，其中7个重点站，其余为标准站

M3——共享——牧舞丰歌·共享青城——民俗文化主题

M3全线站点28个，其中5个重点站，其余为标准站

M4——绿色——绿色内蒙·守望之源——生态宜居主题

M4全线站点17个，其中2个重点站，其余为标准站

M5——创新——日新盛德·众创图强——科教创新主题

M5全线站点29个，其中3个重点站，其余为标准站

图6-9-9 全网概念规划设计各线概念主题

1号线概念主题

线路属性:协调——民族融合文化线

线路概念:协调于政·融合予民

概念诠释:轨道交通1号线是轨道交通线网中的第一条线,同时也是内蒙古自治区的第一条轨道交通线路,线路经过乌兰夫纪念馆、新华广场、人民会堂、将军衙署、市政府、呼和浩特东站、白塔机场,是内蒙古以及呼和浩特市的门户线。在概念设计中应注重整个自治区的经济文化发展,因此将1号线路主题定义为策马宏图。

协调于政:体现内蒙古自治区在党中央的引导下飞速发展。

融合予民:表达内蒙古自治区民族融洽,体现民族团结。

2号线概念主题

线路属性:开放——商业旅游文化线

线路概念:开放北国之窗·共建草原丝路

概念诠释:轨道交通2号线为南北方向放射骨干线。连接东部副中心、主中心、南部副中心,由东向西、由北向南串联了东部副中心、铁路以北地区、火车站、中心城区、南部副中心,经过市内诸多代表性旅游景点,是呼和浩特的城市名片。

3号线概念主题

线路属性:共享——民俗文化线

线路概念:牧舞丰歌·共享青城

概念诠释:轨道交通3号线为东北—西南方向辅助线,内蒙古是一个多民族地区,各民族之间的民俗文化源远流长,南耕北牧、东林西矿是内蒙古的民俗特色。3号线应深度挖掘内蒙古自治区的民俗文化,使乘客在美丽的青城,共享内蒙古自治区全域的民俗文化。

4号线概念主题

线路属性:绿色——生态宜居线

线路概念:绿色内蒙·守望之源

概念诠释：轨道交通 4 号线一期主要沿主干路兴安北路、兴安南路敷设，是城市中心区南北向的主客流走廊。4 号线北枕大青山，南至大黑河涵养带，中拥成熟居住群，在线网中是一条生态宜居线，内蒙古人民付出的努力和精力防风治沙，守护这座生态宜居的城市，换来了一望无际的碧波原野和温馨家园。

5 号线概念主题

线路属性：创新——科教创新线

线路概念：日新盛德 · 众创图强

概念诠释：轨道交通 5 号线在线网中定位为科教文化线，线路主要串联起城市的各居住组团以及新开发区域；秉承“创新、协调、绿色、开放、共享”的发展理念，在 5 号线中着重强调创新精神，体现内蒙古创新产业以及创新精神。

(3)各站点文化主题定位

2018 年 5 月，呼和浩特市城市轨道交通全网概念规划设计，在全线主题及各线主题定位的基础上，进一步明确全线各站主题定位。

在线路重点站中表达该线路重要的文化属性内容，使地上文化属性与站点文化主题相互交融，营造一种持久的人文环境氛围，充分强调了站点周边的文化属性。同时在此基础上确认各站点公共艺术的主题及表达方式(见表 6-9-2)。

表 6-9-2　1、2 号线重点站及艺术品拟定题材

线路	站点名称	站点级别	拟定题材
1 号线	新华广场	全网重点站	以草原民族金色大帐为题，提取草原吉祥纹样为装饰元素，寓意各民族大团结，共同发展的美好愿景
	人民会堂	线重点站	以“人民当家作主”为题，寓意在中国共产党的引领下，全国各族人民当家作主，同舟共济美好场景
	将军衙署	线重点站	以传统中式建筑为题，回应地面文物古建筑“将军衙署”，寓意建立现代与历史建筑的结合
	内蒙古博物院	线重点站	以草原民族传统文化为题，提取蒙古族吉祥纹样与马头琴为装饰元素，整体空间简洁大气并局具有文化特色
	呼和浩特东站	全网重点站	以迎八方来客为题，将丝带与轨道有机结合，寓意团结与包容概，充分体现地铁与高铁快速发展的特点
	成吉思汗公园	全网重点站	以为蒙古族传统舞蹈为题，提取舞蹈元素作为装饰特色。以舞动的曲线作为空间的切入点，体现出草原人民热情与活力
2 号线	内蒙古体育馆	线重点站	以奥林匹克精神为题，提取奥运五环、“火炬”为设计元素，运用在车站空间设计中，充分展示内蒙古的活力与朝气
	呼和浩特站	全网重点站	以绽放为题，提取丁香花瓣作为设计元素。通过艺术灯光辅助，营造出具有城市特点的艺术空间
	中山路	线重点站	以商业氛围为题，提取蒙古族民族服饰为设计元素，营造出充满时尚、活力的车站空间
	诺和木勒	线重点站	以多“织”多彩为题，提取纺织线条为设计元素，将线的起伏柔美与空间结合，象征着呼市的商业发展的演进
	内大南校区	线重点站	以“智慧结晶”为题，从"智慧结晶"中提取抽象的形态语言，与站内装修相融合
	帅家营	线重点站	以乡村振兴为题，通过分割与衔接，展示新时代乡村振兴的美好生活全景画卷

因此，城市轨道交通公共空间是城市公共空间中的构筑体，它更是城市文化地图的文化“因子”，相对于传统文化设施，轨道交通公共艺术空间具有便利性和多样性的特点。公共空间的文化表达、艺术程度、视觉追求、人性化和对乘客的直观性影响也更为强烈。乘客可以通过和各个站点内的公共空间，对城市文化、历

史文脉产生更多的认识与理解，最终使城市轨道交通公共空间服务于更多的城市大众。

3. 线网颜色规划设计

在全线主题及各线主题定位明确的基础上，将各线路颜色在满足色彩设置原则的基础上，结合各线特征及线路属性完成设计（见图 6-9-10）。

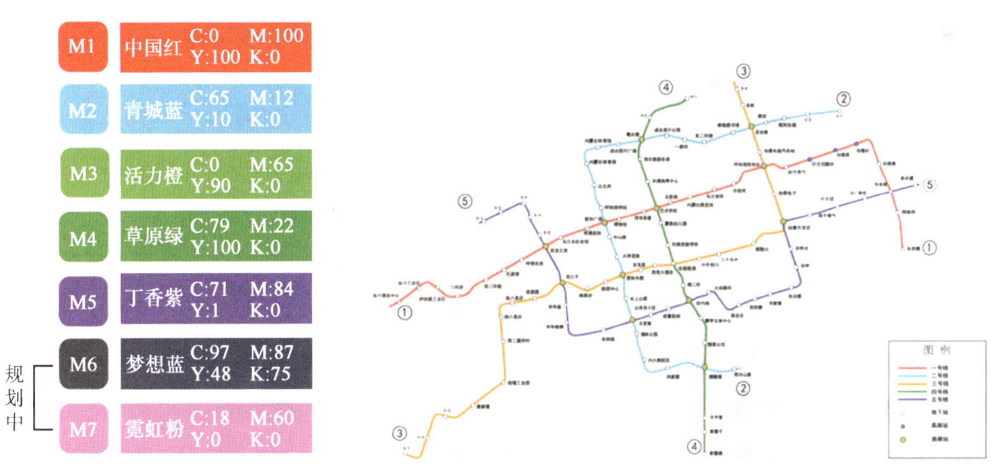

图 6-9-10　全网概念规划设计线路用色

4. 全网车站艺术品规划概念设计

2018 年 5 月，呼和浩特市城市轨道交通全网概念规划设计，在全线主题、各线主题及重点站文化主题定位明确的基础上，将各重点站公共艺术品主题概念作出了定位（见表 6-9-3 和表 6-9-4）。

表 6-9-3　1 号线重点站艺术品主题

线路	站点名称	站点级别	拟定题材
1 号线	呼和浩特东站	全网重点站	《盛世迎宾》
	内蒙古博物院	线重点站	《草原薪火》
	将军衙署	线重点站	《青城拾纪》
	人民会堂	线重点站	《同舟共济》
	新华广场	全网重点站	《民族团结一家亲》

表 6-9-4　2 号线重点站艺术品主题

线路	站点名称	站点级别	拟定题材
2 号线	成吉思汗公园	全网重点站	《金色丝路》
	内蒙古体育馆	线重点站	《活力青城》
	呼和浩特站	全网重点站	《壮美千年》
	中山路	线重点站	《商贸通衢》
	诺和木勒	线重点站	《民俗织彩》
	内大南校区	线重点站	《书山有路》
	帅家营	线重点站	《日新月异》

2018 年 4 月至 5 月在第一次专家会的指导建议下，完成了呼和浩特市城市轨道交通全网概念规划设计工作。2018 年 5 月 29 日，轨道交通公司组织召开了终审专家研讨会，来自呼和浩特、北京等地的相关专家对此次规划设计给予了认可，专家一致通过了评审，肯定了呼和浩特市城市轨道交通总网概念设计对呼和

浩特市城市轨道交通建设起到良好的指导作用。明确了全网概念设计的切实可行性,对即将建设的呼和浩特市城市轨道交通 1 号线及 2 号线的概念主题、整体装修风格及公共艺术品创作等后续的工作给出了非常有价值的指导建议。

轨道交通公共艺术和空间设计需要进行总体规划,从城市的整体概念出发,对总线路、重点线、重点站、普通站等进行整体、系统的安排和有针对性的设计方案,这使得呼和浩特城市轨道交通公共艺术和空间设计呈现出有序、价值感,真正实现有效的公共文化服务功能。

呼和浩特市城市轨道交通总网概念规划设计,是对于公共文化服务系统视野下城市轨道交通公共空间设计方法的研究与分析,是当代中国轨道交通空间设计方法新趋势,通过实际规划项目的实践找到了城市轨道交通文化规划方法,填补这一国内还鲜有的室内空间领域的文化设计实践研究。

6.10 环境、艺术与地铁的融合

6.10.1 车站装修

1. 线网概念方案

(1)1 号线

呼和浩特市城市轨道交通 1 号线是轨道交通线网中的第一条线,同时也是内蒙古自治区的第一条地铁线路,线路经过乌兰夫纪念馆、新华广场、人民会堂、将军衙署、市政府、呼和浩特东站、白塔机场,是内蒙古自治区以及呼和浩特市的门户线。在概念设计中应注重整个自治区的经济文化发展,因此将 1 号线线路主题定义为策马宏图。

①线路属性:协调——民族融合文化线。

②线路概念:协调于政,体现内蒙古在中央的引导下飞速发展;融合予民,表达内蒙古民族融洽,体现民族团结。

轨道交通 1 号线车站串联老城区、新城区、行政区、商业区。线路定位为内蒙古名片,线路是沿城市中心区传统发展轴新华大街敷设,沿途记录内蒙古发展的历史。1 号线应把握住新华大街的风貌特色与新区建筑的时代特征,做到统一中有变化,完全呈现呼市的历史文化。考虑到以上因素,再结合呼市使用地铁人群的生活状态和 1 号线附近地域属性,糅合进导视、照明、公共设施、艺术品等功能性因素,力求向市民展示一种新颖、实用又不失趣味性的全新地下交通空间。

具体空间形态上,提取了蒙古包及蒙元纹样,体现一种生活状态,加以归纳概括和秩序化,融入上述功能要素,形成了本示意方案基本空间形态

(2)2 号线

轨道交通 2 号线为南北方向放射骨干线,连接东部副中心、主中心、南部副中心,由东向西、由北向南串联了东部副中心、铁路以北地区、火车站、中心城区、南部副中心,经过呼市诸多代表性旅游景点,是呼和浩特的城市名片。2 号线是呼市中心城区内名副其实的快速交通走廊,途经新城区、赛罕区,同时将呼市老城区、商业中心、旅游中心、生活中心等一系列市区内比较大的旅游客流集散点连接在一起。

2 号线旅游文化机理多元、无序,且颇具城市文化内涵,实现呼市旅游文化成长线路与 2 号线的空间对接,要重点处理好换乘站的多线路密集站点如新华大街站,其文化创意的呈现,要寻求多线路之间的和谐、均衡,完

成链接多线路旅游文化主题的角色担当。以“律动青图”为设计主题概念,强化城市节奏,展现城市魅力。

线路属性:开放——商业旅游文化线

线路概念:开放北国之窗 · 共建草原丝路

2. 1、2 号线的标准站公共区装修设计

(1)1 号线标准站设计

1 号线标准站设计中提取了内蒙古呼和浩特蓝天、白云、碧水、青山的地域色彩,空间采用一体化设计手法把柱面与天花有机结合在一起,通过设计手法展现出内蒙古多民族团结奋斗精神,天花造型以编织的民族元素展现出内蒙古多民族团结奋斗的精神。标准站在标准化和模块化基础上,方便运营维护,进一步表现出呼和浩特本身的历史文化气质(见图 6-10-1)。

图 6-10-1　1 号线标准站站厅、站台层方案

(2)2 号线标准站设计

2 号线标准站方案通过提取蒙古包的建筑结构元素,中部以弧形挑高作方案的空间语言,与装修结构相互融合,将民族色彩作为点缀与装修构件结合,将功能和装饰融合为一体。整体空间色调坚持以蓝白色为主,装修色为局部点缀,突出结构空间关系。空间整体简约大气,将城市文化以结构构件的语言出现,画龙点睛又不会显得烦琐复杂,呈现一体化空间效果(见图 6-10-2)。

图 6-10-2　2 号线标准站站厅、站台层方案

3. 1、2 号线重点车站装修设计

(1)1 号线重点车站装修设计(含艺术墙)

新华广场站提取草原民族金色大帐的元素,局部柱面提取草原吉祥纹样,顶部用 12 个花瓣象征内蒙古

12盟市团结在以呼和浩特首府为中心,共同发展的美好愿景,应用于1号线与2号线换乘节点,既能体现金色大帐的大气风格,又方便乘客对1、2号线换乘识别(见图6-10-3和图6-10-4)。

图6-10-3 换乘节点和站台层方案

图6-10-4 1、2号线站厅层方案

新华广场是美丽青城的窗口与象征,是各族人民团结进步、守望相助的结晶,新华广场站艺术品名称为——民族团结一家亲,以民族团结为主题,56个民族载歌载舞欢聚一堂。背景蒙古大帐贯穿整个画面。蒙古包,对于蒙古族人民可谓是“家”的图腾。国家,有国才有家,只有国家团结统一,才有人们安居乐业的家。工艺材质主要采用石材、铸铜(见图6-10-5)。

图6-10-5 新华广场站站厅层艺术墙方案

人民会堂站墙体上的彩色钢丝，配合和谐多元的民族色彩与中国传统色。悬吊的琉璃砖嵌刻反映"人民当家作主"理念的语句，共同组成船的剪影，寓意在党的引领下，全国各族人民当家作主，同舟共济。彩色钢丝内部贯穿主支撑线，形成托起船体的波浪，令人联想"水能载舟亦能覆舟"古训，显示了中国古代民本思想的渊源（见图6-10-6）。

图6-10-6　人民会堂站站厅层艺术墙方案

将军衙署站采用传统中式建筑语言回应地面文物性古老建筑——清代"将军衙署"，红色的柱列，现代语汇表达的斗拱，雕梁画栋，整体空间既符合轨道交通的设计美学，又对地面文物建筑、古老城区积极回应，建立现代与历史的对话（见图6-10-7）。

图6-10-7　将军衙署站站厅、站台层方案

本站车站公共艺术品名称为《青城拾纪》，作品以“一座将军衙，半座青城史”为立意，将衙署作为记忆载体，透过衙署，展现呼和浩特城市变化发展的历史长卷。作品整体呈现两个层次，内层选取厚重的石材作为基底，将呼和浩特市曾经的城市风貌镌刻在石材之上，突出岁月的痕迹与历史的沧桑。外层选取刻有图案的透光琉璃砖，仿佛一扇时光之门，将观者带回过往的时空中。作品传递了将军衙署是城市变迁的见证者与倾听者的理念，回望历史，面向未来。工艺材质主要采用石材雕刻、琉璃铸造，并辅以专用灯光照明（见图6-10-8）。

图6-10-8　将军衙署站站厅层艺术墙方案

内蒙古博物院站提取草原民族纹样与具有代表性的马头琴为元素巧妙地运用在天花与柱子上，既体现周边商业繁荣的文化特色，整体空间又简洁大气（见图6-10-9）。

图6-10-9　内蒙古博物院站站厅、站台层方案

本站公共艺术品名称为《草原薪火》，主要以马为设计元素，蒙古马精神是草原精神的高度凝练，同时也是草原文化薪火相传的见证。经过历史的沉淀与实践的熔铸，“蒙古马精神”已融入边疆各族人民的血脉，成为各族群众团结奋斗、开拓进取的重要精神源泉与纽带。文字是文明的薪火，也是民族灵魂的纽带，从甲骨文、金文到篆书、隶书，再到行书和楷书，一部文字的嬗变史映射出中国文化的千年传承（见图6-10-10）。采用激光切割、点焊等技术手段对石材、冲孔板进行加工。

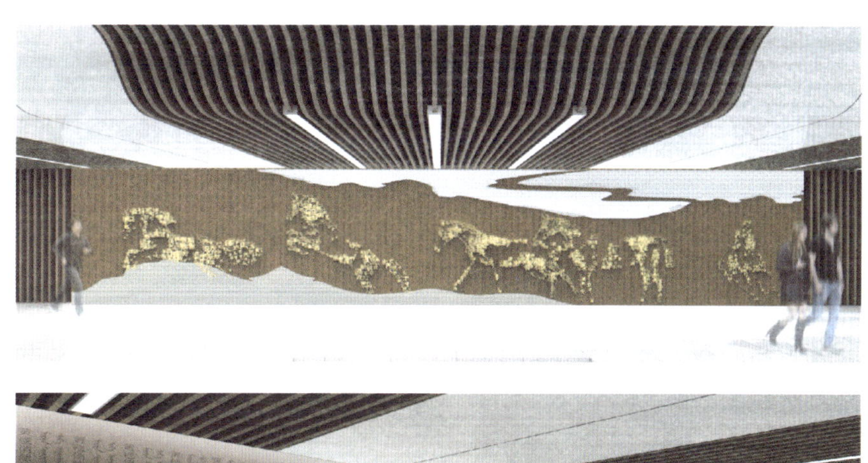

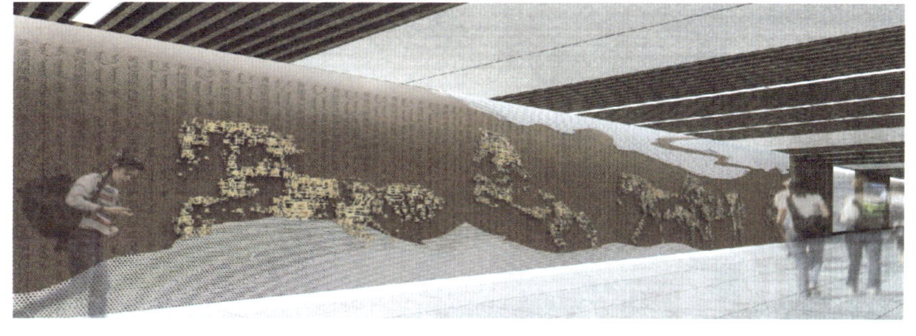

图6-10-10　内蒙古博物院站站厅层艺术墙方案

呼和浩特东站为高铁站，具有迎接八方来客的功能，因此设计将条带与火车轨道交织的形态有机的结合，寓意团结与包容概念主题，同时充分体现本站高铁发展与速度的特点（见图6-10-11）。

图6-10-11　呼和浩特东站站厅、站台层方案

本站公共艺术品名称为《盛世迎宾》，左侧乐师用蒙古族代表性乐器演奏着悠扬的乐曲，一对风华正茂的青年正跳着筷子舞和顶碗舞；右侧草原上骑马、摔跤、射箭的男子汉们英姿勃发；中间是幸福的蒙古一家人，手捧哈达和马奶酒，唱着悠扬的长调，欢迎来自五湖四海的朋友，在他们的周围点缀蒙古族特色的酒壶、酒袋、鼻烟壶、火镰（见图6-10-12）。背景用弧形的图案分割构图透露出辽阔的气魄，吉祥图案配色采用蒙

古族最常用的白、蓝、红、黄和黑色。白色是蒙古族自古以来最崇尚的颜色。在他们看来，像乳汁一样洁白的颜色是最为神圣和崇高的。蓝色也是蒙古族崇敬的颜色之一，在蒙古族看来，蓝色代表自然景色、山河人物，象征着永恒、坚贞和忠诚，繁荣、美好与气魄。红色是太阳和火的颜色，给人温暖、光明和愉快，蒙古族以红色来象征繁荣昌盛、幸福快乐。蒙古族还以黄色为权威、名誉、精神和力量的象征，用黑色来象征魁梧、牢固和庄严。建筑材料主要使用铸铜人物、石材雕刻。

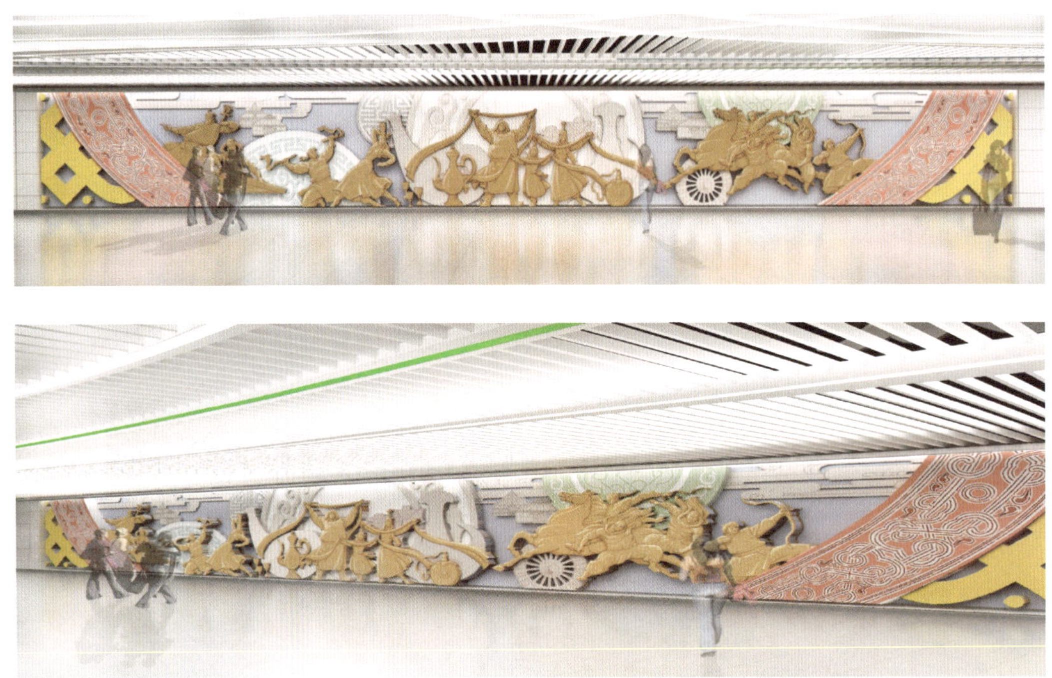

图 6-10-12 呼和浩特东站站厅层艺术墙方案

(2)2 号线重点车站装修设计(含艺术墙)

大青山旅游发展带的核心区段，自然资源质量较高，文化资源立体丰富，呈现青山圣水，活力新城。下一段成吉思汗公园站的装修元素从内蒙古传统的舞蹈中提取了形态元素。以舞动的曲线作为空间的切入点。通过对站厅建筑空间的分析，将空间处理为中间挑高的形式。以柱子为发散点，将柱面，天花，墙面三个界面联系起来，坚持空间一体化的设计原则，同时将蒙古族传统的纹样和服饰上的颜色融入站厅空间之中，突出律动青城的主题概念(见图 6-10-13)。

图 6-10-13 成吉思汗公园站站厅、站台层效果图

作品提炼了代表草原丝绸之路历史记忆的经典元素，在哈达丝带般的条带上，精心勾勒各地建筑、商旅驿站、海贸船只等，以海洋之蓝、沙漠之金、草原之绿，调和出绚丽而典雅的视觉效果。蜿蜒流动条带，似跨越天际的彩虹，象征着延绵不绝的经济文化交流与沟通。层叠的线条，如层积的时光记忆，充满历史的厚重感。背景装饰以承载地域文脉与文化传承的蒙古族传统吉祥纹样与符号，铭刻着金色的丝路记忆（见图6-10-14）。

工艺材质：金属锻造、艺术混凝土、马赛克剪拼、灯光。

图6-10-14　成吉思汗公园站站厅层艺术墙方案

内蒙古体育馆站从奥运五环提取空间色彩构成，充分展示内蒙古的活力与朝气，以"火炬"形态的划分和组合形式与装修的天花相融合，同时将五环的颜色融合在火炬造型之中（见图6-10-15）。

图6-10-15　内蒙古体育馆站站厅、站台层效果图

内蒙古体育馆站艺术品主题为活力青城，意在展现拼搏进取的体育精神与青春动感的城市气息。画面以蒙古三艺（骑马、摔跤、射箭）为主体视觉形象，利用抽象的、像素化的构成方式营造画面的视觉冲击感。

背景将竞技体育的运动种类用图标的形式加以体现。整体艺术品在彰显地域文化特色的同时,也传递了民族体育与世界体育交流融合的理念(见图 6-10-16)。

工艺材质:金属锻造、钢板 UV 喷绘、综合材料、灯光。

图 6-10-16　内蒙古体育馆站站厅层艺术墙方案

呼和浩特站位于锡林郭勒北路和车站东、西街交汇处,是呼和浩特传统的商业区、物流港,商圈内以批发市场为主。设计师通过分析本站的建筑特点,充分利用本站站厅较高的特点,确定中间部分做挑高处理。对呼和浩特站作为重要的交通枢纽,成为城市的重要门户,成为城市对外发展和宣传的重要信号。以“绽放”的姿态对外宣传呼和浩特城市的发展进程。设计师以绽放为设计主题,将立柱和天花整体的处理为一体化的形式。通过艺术灯光的辅助,营造出一个具有呼和浩特城市特点的艺术空间,同时边跨加入彩色方通为站厅空间增加颜色的点缀(见图 6-10-17)。

图 6-10-17　呼和浩特站站厅、站台层效果图

作品以诗意的方式诠释了青城壮美的人文自然风光，在火车站这个城市窗口营造浪漫的艺术气息，使宾客感受到耳目一新的呼市风情。画面以艺术化的手法，表现文字从书籍中飘散出来，与大窑遗址和红山文化出土文物的剪影，在草原风光的背景中共同凝聚成呼和浩特“HOHHOT”的英文字样，结合灯光的渲染，使整体设计呈现出兼具现代与古典的浪漫文艺气息(见图 6-10-18)。

工艺材质：钢板切割、锻造、灯光。

图 6-10-18　呼和浩特站站厅层艺术墙方案

诺和木勒站所处路段原为诺和木勒大街，是呼和浩特市毛纺中心，纺织一条街。诺和木勒站设计元素提取了纺织的线的元素，将线的起伏柔美与空间结合，天花中心的彩色波纹律动向前，象征着呼和浩特市的商业发展的演进，是呼和浩特市活跃的商业源泉，艺术品则利用彩色线穿插编织形成民族图腾纹样(见图 6-10-19)，表达人们对美好生活的向往，同时激活经济带动城市发展。

图 6-10-19　诺和木勒站站厅、站台层效果图

诺和木勒地区历史上曾经是呼和浩特市的纺织工业区,所以此站艺术品设计以“编织”的概念展开,艺术品主题为多姿多彩的民俗风情。诺和木勒站以蒙古族传统吉祥图案盘肠纹为视觉中心形象,将呼和浩特市白昼与夜晚的城市形象植入编织的纹理中(见图6-10-20)。艺术品寄寓了对呼市城市未来发展美好图景的畅想与祝愿。

工艺材质:金属锻造、烤漆、灯光。

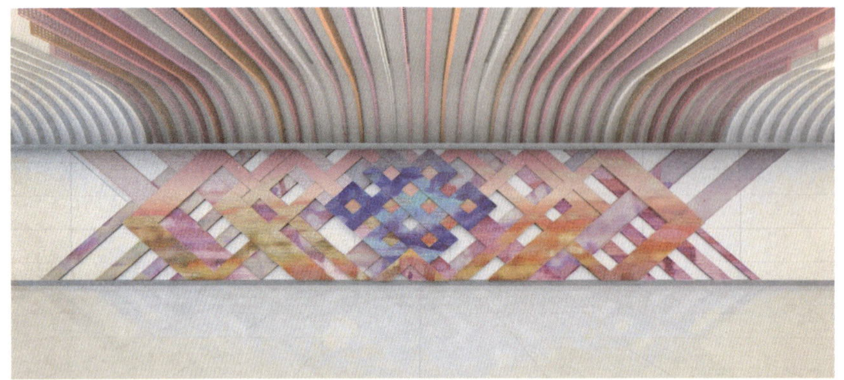

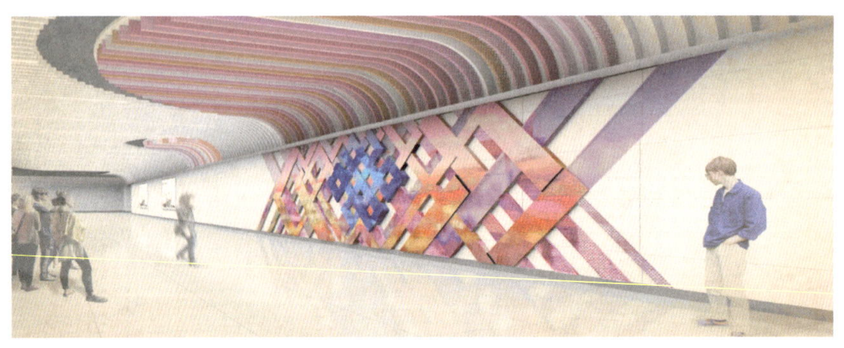

图6-10-20 诺和木勒站站厅层艺术墙方案

中山路站位于呼和浩特市最繁华的中山路商圈核心地段,尽享青城历经百年厚重的城市商业积淀。同时周边临近青城公园、伊斯兰风情街、清真大寺等景观建筑。基于对此站周边区域文化的分析,将“商业氛围”作为此站装修的主导方向。将呼和浩特民族服饰和建筑中充满时尚的、活力的暖色作为主色调,提取建筑中的结构进行解构演化为天花的排布形式(见图6-10-21)。同时艺术品中加入市民娱乐生活的缩影,进一步烘托了本站旅游商业的特点。

图6-10-21 中山路站站厅、站台层效果图

中山路站艺术品以青城的商贸属性为主题。中山路由西南至东北贯穿城市的核心区，其西段更是呼和浩特市的核心商圈，所以此站以商贸繁荣为画面主体形象，选取呼和浩特市具有代表性的建筑元素加以抽象概括，并将商贸交易的不同场景利用剪纸的艺术手法描绘展现，艺术品意在营造呼和浩特市中山路繁华热闹的商业图景，凸显呼市作为古丝绸之路与“一带一路”倡议中节点城市的重要商业地位（见图 6-10-22）。

工艺材质：金属锻造、艺术混凝土、灯光。

图 6-10-22　中山路站站厅层艺术墙方案

内大南校区站位于锡林郭勒南路与规划世纪大街交叉路口，周边有内蒙古大学南校区。作为呼和浩特市的国家重点大学，内蒙古大学为呼和浩特的发展培养了大量的科技人才。设计者将“智慧结晶”作为此站的设计主题，与内大南校区站的属性作为呼应，从“智慧结晶”中提取抽象的形态语言，与站厅的装修相融合（见图 6-10-23）。

图 6-10-23　内大南校区站站厅、站台层效果图

艺术墙以大青山和中国传统金碧山水为灵感来源。以晶格化的线条结构提取大青山的轮廓走势，隐喻着知识的积累凝聚出科技与思想的结晶，地质运动般演化为文明创新的高峰。金色线框蜿蜒山脉间，寓意知识的"含金量"点亮攀登知识高峰的道路。山峰以青绿渲染，既有金碧山水的灵韵，又彰显了"绿水青山就是金山银山"。背景由蒙汉双语书籍书墙构成，点明了科教主题和"书山有路勤为径"的励志立意，颇具文化气息（见图 6-10-24）。

图 6-10-24　内大南校区站站厅层艺术墙方案

帅家营站设计天花时提取民族图腾纹样以方通穿插手法呈现，绽放的柱子造型托起民族精神；整体空间弘扬廉洁文化精神，提高廉洁文化建设氛围，不仅能够增加全社会成员的思想水平和文化修养，而且还能树立良好风清气正的社会形象，增强群众的幸福感（见图 6-10-25）。

图 6-10-25　帅家营站站厅、站台层效果图

帅家营站艺术品以乡村振兴为核心立意，表现呼和浩特市乡村建设发展的变化历程。作品分为若干个故事情节：反映农业生产的农田耕种及现代化农业生产；反映草原风情的畜牧养殖及草原人家；展现乡村发展新风貌的城乡建设及幸福生活等。采用插画风格的表现形式与清新亮丽的蓝绿色调，营造绿色、生态与自然之感。艺术品中间设置的屏幕，作为动态内容的补充，把一个更加鲜活的时代变化展现给公众（见图6-10-26）。

艺术墙工艺材质：金属锻造、马赛克剪拼、灯光、综合材料。

图6-10-26　帅家营站站厅层艺术墙方案

4. 出入口与低风亭设计

出入口设计说明：参考了草原民族最有代表性的哈达，采用哈达绸带进行抽象处理，引入地铁出入口的造型中，整体方案采用实板与玻璃的有机结合，整体通透性较强，整体风格现代、简洁、大气（见图6-10-27）。

1号线风亭设计应建筑体型规整、简洁，景观设计因地制宜、结合环境，或通过景观弱化处理，将其融入城市的景观当中，或根据周边环境的情况，加入多样的设计要素，独立风格，将其成为城市的景观小品。

图 6-10-27 蓝白色方案纯白色方案

低风亭周边以高度 600 ~ 1 000 mm 的灌木或其他常青植物为主，其他植物高度从中间向两侧递减，形成较为立体的绿篱，花坛树植结合适应广场人行和休息功能，设置于广场边沿，不影响人行通道，并充分考虑便于人们休憩（见图 6-10-28）。

图 6-10-28 1 号线低风亭

整条线路高风亭设计元素来自生态“树”。从树干与枝杈抽象出的结构，形成树枝的纹理丰富的立面，有规律地组合，让每站形成与众不同的树形态，使全线高风亭统一又有区别（见图 6-10-29）。绿色的树林交织在城市街区内，使周围的空间更加鲜活、有趣。从生态环境绿色树林中提取抽象现代的形体，既体现现代城市的生长力量又体现自然生态的环境。

图 6-10-29 附属医院站高风亭

将军衙署站高风亭从周边环境与建筑上提炼古典中式建筑的精髓，斗拱及色彩，进行现代抽象化提炼，在保证功能的基础上既美观又与环境融合(见图 6-10-30)。

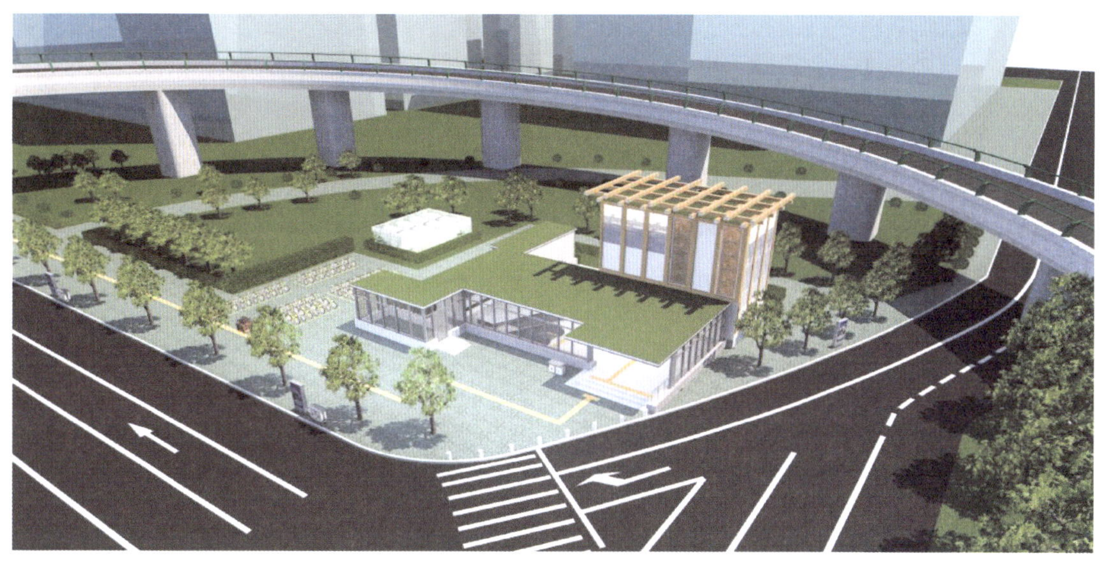

图 6-10-30　将军衙署站高风亭

市政府站高风亭采用蜂巢和树木元素抽象化处理，代表市民辛勤耕耘的寓意，并在保证风亭通风功能的基础下，内部采用格栅化与周边建筑环境相协调(见图 6-10-31)。

图 6-10-31　市政府站高风亭

2 号线风亭减小建筑体量，或采用轻型结构降低厚重感，弱化高风亭的存在感。采用与周边建筑类似的设计风格和表面材质，使风亭融入周边环境中。高风亭结合大体量、大高度的特点，将风亭打造成公交车站、指引标识等新功能建筑，开阔思维创造高风亭城市新功能，建筑体型设计应规整、简洁(见图 6-10-32)。

低风亭结合体量小、方便遮挡的特点，风亭周边以高度 600～1 000 mm 的灌木或其他常青植物为主，其他植物高度从中间向两侧递减，形成较为立体的绿篱、花坛、树植，特殊站结合广场人行和休息功能，设置于广场边沿，不影响人行通道，并充分考虑便于人们休憩(见图 6-10-33)。

图 6-10-32　诺和木勒站高风亭方案效果图

图 6-10-33　2 号线低风亭效果图

6.10.2　建筑外立面

1. 高架与地面车站情况概述

(1)1 号线高架段概述

线路在后不塔气站之后出地面,终止于白塔停车场,三座高架站分别为:什兰岱站、白塔西站、坝堰(机场)站。

高架车站是指站厅与站台等车站设施皆架设于高架构造物之上、离地面有一定高空落差距离的车站。轨道交通高架车站是城市建筑景观的组成部分,在部分地区,甚至是城市景观的重要标志物,要求建筑物既能满足轨道交通便捷、高效、工业化的特性,又能融入环境,同时还承载着使用功能、景观功能、人文风情等多种功能的传达作用。且高架段位于机场范围,是八方来客出机场后的第一道景观,具有一定城市窗口的作用。

轨道交通高架车站,其自身的功能和特性决定了造型的特点:①交通建筑的简洁明快流畅;②动态的线性城市景观;③独特的序列景观。优秀的高架车站建筑,以优美的造型、独特的风格,完善与丰富着城市的功能，融入当地的环境（自然的和人文的），与城市对话，成为一道靓丽的风景；否则，如果与所处的环境冲突，就会成为城市不和谐的音符。

为更好地处理沿线车站个性与共性的问题，结合车站造型设计特点，提出了“一线一主题，一站一风景”的设计理念：整条线路在顺应地理环境、尊重历史文脉、传承地域文化的同时，在有底蕴、有特色、有新意的创新性设计的主题之下，每个车站围绕着主题展开设计，从建筑的文化要素、场所要素、比例尺度、材质色彩、屋盖选型等方面，来充分考虑“主题的统一性与不同车站的个性”的设计要求。

什兰岱站位于呼和浩特市赛罕区机场快速路南侧，车站西侧为蔬菜大棚，东侧为什兰岱村，车站沿东西向敷设，为地上三层侧式车站。车站造型整体采用雄鹰展翅的形象，体现交通建筑的简洁明快流畅（见图6-10-34）。

图6-10-34　什兰岱站鸟瞰效果图

白塔西站位于规划空港大道中部，南侧为民航呼和浩特空管中心，北侧为机场动能保障部，为地上三层侧式车站。白塔西站效果图见图6-10-35。

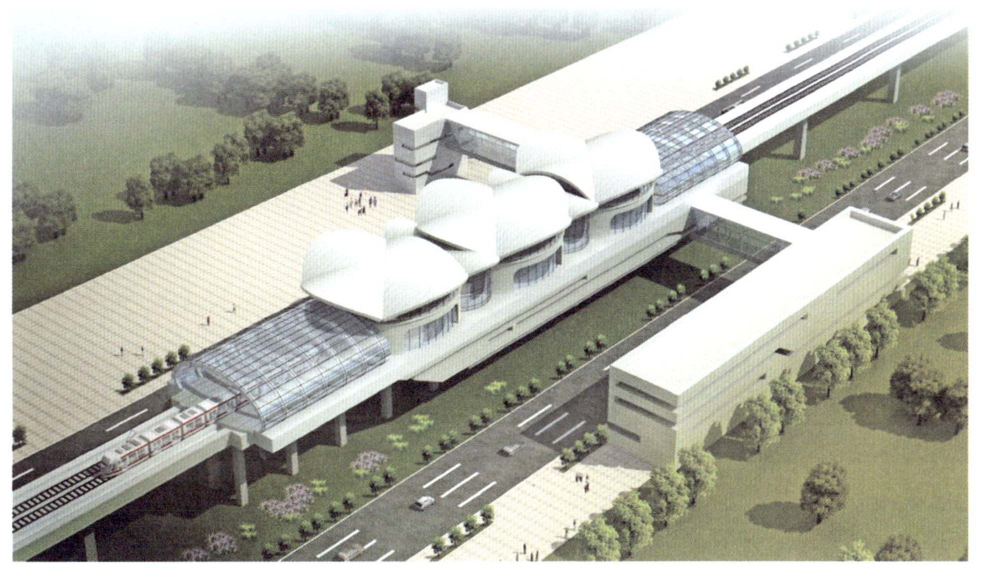

图6-10-35　白塔西站鸟瞰效果图

坝堰(机场)站为1号线东段终点站,位于空港大道与启航路相交路口西侧,沿空港大道呈东西向布置,车站主体北侧为天津航空公司,南侧为绿化带,西南侧为白塔机场航站楼,为地上三层岛式车站。车站采用了哈达与银酒杯的造型,自空中俯瞰,哈达承托着迎客的酒杯,象征着内蒙古人民的热情好客。

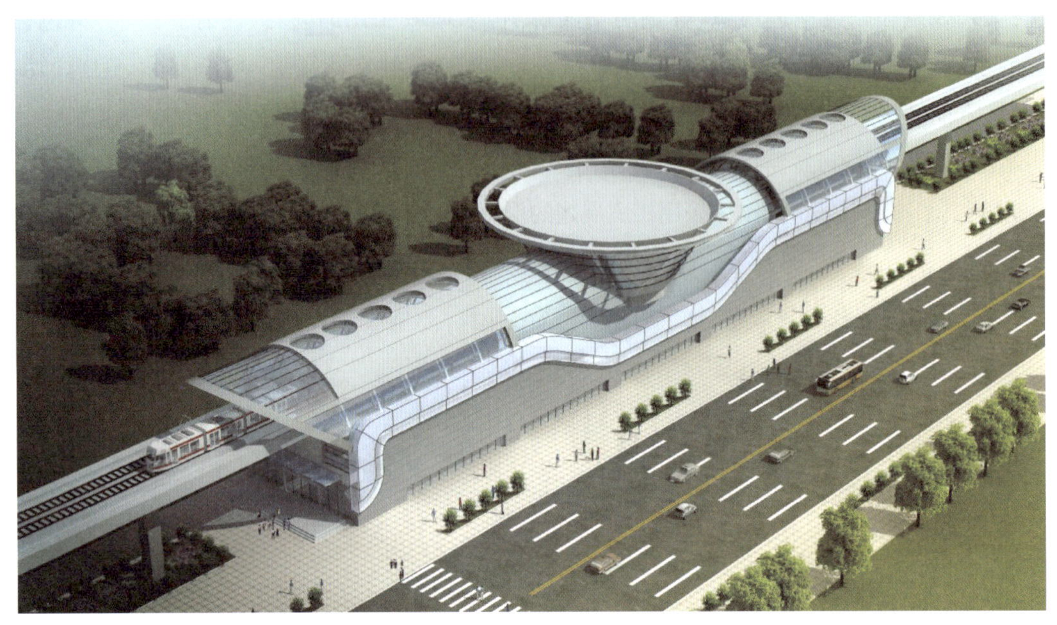

图 6-10-36 坝堰(机场)站鸟瞰效果图

(2)2号线地面段概述

新店站、塔利东路站为2号线一期东端两站,两车站位于成吉思汗东街路侧,站厅层均位于地上,新店站为地面一层车站,塔利东路站为地面四层车站。两地面站以呼和浩特"蒙元为主、多民族聚居"的特色为创意出发点,深度挖掘民族传统为设计构思,并融合现代建筑造型手法,加入呼和浩特地铁快速、快捷、安全的属性、综合塑造出呼和浩特地铁独特的气质特征。强调具有流畅与张力并存的美感设计手法,结构稳健,四通八达,展现出和谐与发展、进取与开拓的精神元素,传达出畅通无阻,沟通未来的呼和浩特城市文化理念。

2. 方案研究——什兰岱站

(1)设计思路

建筑主体进行现代主义风格设计,以体现地域文化与现代主义相互融合特征。本站融合了草原雄鹰的形象,并采用现代主义的设计风格,以体现地域文化与现代主义相互融合的特征。

(2)方案概述、特征

①整体造型具备交通建筑通透轻巧、简洁明快、造型美观、富有时代气息的特点。应结合当地的自然环境,按照以人为本的原则,采用生动连续的形态,创造出自然流畅的造型,体现交通建筑的流动感和速度感。

②车站位于规划道路中部,因此建筑底层架空,形成开敞通透的空间,避免对道路行车产生影响,利用车站下方空间进行绿化,以美化城市环境。同时由于周边属于待开发区域,车站底部采用通透的设计有利于车站与周边区域环境协调统一。

③屋顶檐口在水平向横向沿线路方向出挑,使得整个车站的造型舒展,犹如一只展开巨翅的雄鹰,象征着速度和地铁事业的腾飞。

④建筑开窗竖向排列,所形成的竖向线条与横向展开的车站与屋顶形成对比,充分体现了现代主义设计手法。充分结合线条的组合设计,更好地体现车站的特性,呈现出建筑物的层次感。

⑤站台层采用钢结构,外装材料采用玻璃幕墙、铝镁锰板、石材等现代化装饰材料,整体风格现代、大气,并有利于进行快速施工安装。

(3)效果图(见图6-10-37)

图6-10-37 什兰岱站效果图

3. 方案研究——白塔西站

(1)设计思路

传统与自然。壮丽辽阔的内蒙古草原孕育了淳朴豪放的蒙古人,白色的蒙古包就像是草原上的天然点缀,给辽阔的草原赋予了爱和希望,对草原人民有着特殊的意义。本站融合了草原蒙古包和金莲花的形象,意在诠释传统与自然的主题。

(2)方案概述、特征

①利用车站与线路桥梁的密切关系及自身功能布置的要求,产生线性的、流动的视觉,如一幅幅展开的画卷,创造出自然流畅的造型,体现交通建筑的流动感和速度感,也保证了全线景观的延续性。

②车站位于规划道路中部,因此建筑底层架空,形成开敞通透的空间,避免对道路行车产生影响,利用车站下方空间进行绿化,以美化城市环境。

③车站中部三个圆柱形单元的组合,象征着草原蒙古包群落。

④自空中俯瞰顶部造型犹如金莲花瓣,寓意着希望、象征着繁荣。

⑤车站南侧为高层办公建筑,车站沿线路横向展开,与之形成鲜明对比,相得益彰。

(3)效果图(见图6-10-38)

4. 方案研究——坝堰(机场)站

(1)设计思路

传统文化的隐喻,选用内蒙古地区最常见的欢迎宾客的酒杯与哈达,来体现草原人民热情好客,其中的代表就是哈达和酒,而坝堰(机场)站位于机场航站楼前侧,作为八方游客进出呼和浩特的门户,本站拟采用哈达和酒碗的形象,表达草原人民热情好客的精神。

图 6-10-38 白塔西站效果图

(2)方案概述、特征

①建筑顶部进行抽象化设计,自空中俯瞰建筑二层曲线伸展的檐口造型如同纯净洁白的哈达,整体形成哈达托着银碗的造型,表达了草原人民热情好客的精神,象征着内蒙古人民喜迎八方来客。

②两端采用大悬挑结构,整体造型为厚重与现代相结合的风格,外装材料采用钢结构、玻璃幕墙、石材等现代化装饰材料,整体风格鲜明、稳重、大气。

③现代技术的运用使该建筑实现了丰富的开敞空间。

④车站西南侧为白塔机场候机楼,体型舒展,本站采用相类似的造型与之相协调,增强形式创新和艺术表现力。

(3)效果图(见图 6-10-39)

图 6-10-39 坝堰(机场)站效果图

5. 方案研究——新店站

(1)设计思路

新店站原规划设计车站形式为地下一层岛式车站(地上一层站厅,地下一层站台),是呼和浩特地铁 2 号线一期仅有的两个地面站之一。新店采用地下一层站台、地面站厅岛式车站,这种车站一般设置于路侧,当路中绿化带较宽时,也可布置于路中绿化带内。此种车站功能较好,车站规模不大、工程造价较低,适用于客流量较小、有地面设站条件的车站。

以呼和浩特"蒙元为主、多民族聚居"的特色为创意出发点,深度挖掘民族传统为设计构思,并融合现代建筑造型手法,加入呼和浩特地铁快速、快捷、安全的属性、综合塑造出呼和浩特地铁独特的气质特征。强调具有流畅与张力并存的美感设计手法,结构稳健,四通八达,展现出和谐与发展、进取与开拓的精神元素,传达出"畅通无阻,沟通未来"的呼和浩特城市文化理念。

(2)方案概述、特征

"简单时尚、实用大方",立面采用竖向线条视觉上增加立体感,高贵的香槟色铝板幕墙与无色玻璃幕墙和谐相融,凸显时尚大气之风,与周边环境融合,成为城市中一道时尚亮丽的景观。用现代建筑语言形式,突出城市轨道交通快速发展的现代化的文化特色,彰显呼和浩特北国边疆中心城市现代、科技、高速发展的特色和形象;以现代、简洁的建筑造型展示地铁建筑在未来城市现代化国际化形象,打造有地域特点的地铁建筑地标。

简单的长立方体建筑主体造型,变化的立面长方形几何图形,用不同材质、不同大小板块的精心组合,让建筑充满现代科技感,展现呼和浩特地铁建筑与时俱进的形象;设计用大块的竖向长短一致、横向宽窄不一的长方形铝板,形成竖直线条的韵律感;铝幕墙板采用金色与香槟金色参差排列,高大的竖向落地玻璃幕墙玲珑剔透,让单调的长方体建筑表面立体灵动不显呆板;现代建筑元素与现代建筑材料并用,外墙采用现代流行的金属质感强烈的铝板、通透的玻璃幕墙材料,体现地铁建筑的科技与现代。

(3)效果图(见图 6 10 40)

图 6-10-40 新店站效果图

6. 方案研究——塔利东站

(1)设计思路

现代青城。塔利东站原规划设计名称是新店东站,原规划设计车站形式为地下一层侧式车站(地上一层站厅,地下一层站台),车站分级为首末站,车站类别为轨道交通 2 号线一期起点站,位于城市的边缘新开发区域。地下一层站台地面站厅侧式车站,虽然设置于路侧,但有足够的开阔空间可以利用。周边只有对面少数几个民用居住小区,没有形成地域建筑风格环境协调约束,建筑风格可塑性强。作为 2 号线起点站,应具有地铁独有的易识别的建筑特点,成为区域内标志性建筑。

立足于呼和浩特"蒙元为主、多民族聚居""区域中心城市、北方边疆发展中的现代中心都市"特点为创意,深度挖掘民族传统为设计构思,并融合现代建筑造型手法,加入呼和浩特地铁快速、快捷、安全的属性,综合塑造出呼和浩特地铁独特的气质特征。强调具有流畅与张力并存的设计手法,结构稳健,四通八达,展现出和谐与发展、进取与开拓的精神元素,传达出"畅通无阻、沟通未来"的呼和浩特城市文化理念。

(2)方案概述、特征

用经典的欧式建筑语言形式,融合多民族的文化特色,彰显呼和浩特北国边疆中心城市悠久历史地位和形象;以庄重、经典的建筑造型展示未来多民族共同发展的现代化国际化城市建筑形象。打造有地域特色的地标建筑,结合全国地铁建设经营发展新形势,充分利用宝贵的土地资源,增加建筑使用功能,向空间要经济效益。耸立的钟楼是起点的标志,时钟的转动是与时俱进的脉搏,象征着呼和浩特城市朝气蓬勃、生生不息、源远流长的历史与未来;经典的三角形山花、柱式屋顶栏杆、弧形拱窗和谐地集成了欧式建筑经典建筑元素与现代建筑材料使用,象征着城市国际化的文化经济的交织;外墙采用的毛面效果石材质感质朴厚重,彰显地域的民风朴实敦厚意志坚强。使用地产石材,建筑更具有地方风韵特色,粗旷坚硬的质感,展现当地民族的性格和品质,同时就地取材选用内蒙古出产的石材,有利于控制工程造价,物美价廉。

(3)实景照片(见图 6-10-41)

图 6-10-41　塔利东站实景

7. 控制中心

(1)项目概况

位于内蒙古自治区呼和浩特市赛罕区，机场路以南，科尔沁快速路以东地块内，地块东侧为哈拉更沟，南侧为后不塔气村，西侧为赛罕区民族小学，北侧为鸿德学院。总建筑面积 70 760 m^2，其中地上建筑面积为 50 076 m^2，包含运营管理用房地上 11 层，控制中心工艺用房 5 层。控制中心总平面图和景观总图见图 6-10-42。

呼和浩特市城市轨道交通线网控制中心是呼和浩特市轨道交通的最强大脑，负责呼和浩特市地铁的综合调度与指挥。

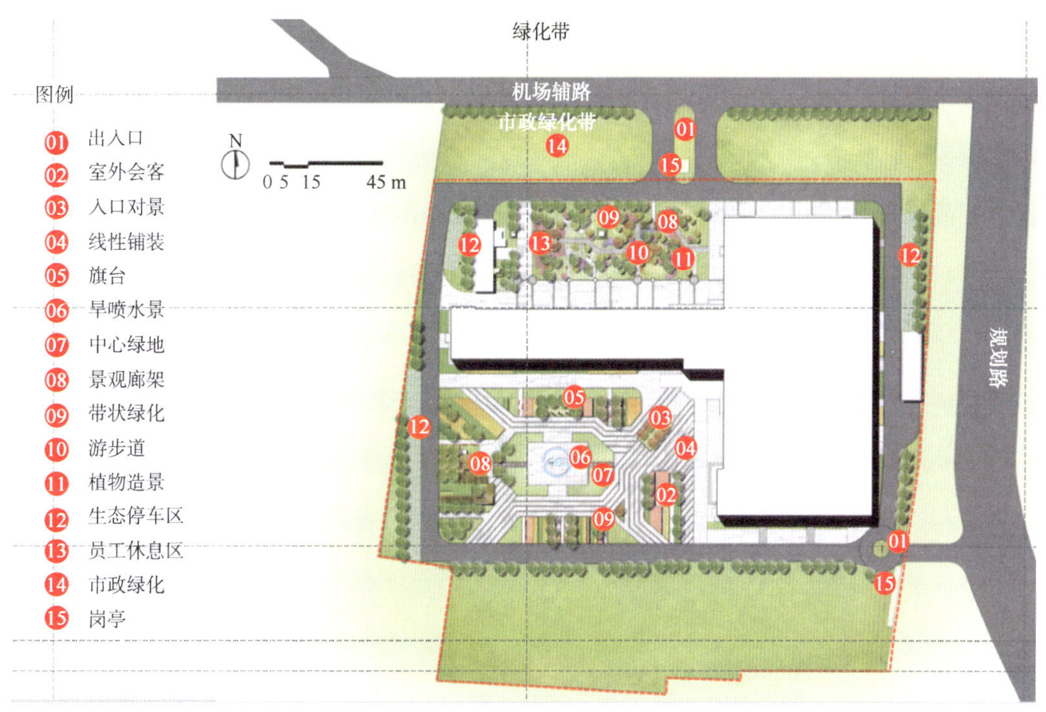

图 6-10-42　控制中心增设总平面图、景观总图

(2)设计思路

该建筑不仅仅只是交通控制枢纽建筑，而且是承载城市文化的重要载体。控制中心具有技术先进、功能要求高等特点，同时还应兼具一定的地域性、文化性和艺术性。建筑设计采用平实的现代主义手法，建筑主体以轨道交通办公管理为主，一侧裙房以综合调度与控制指挥技术用房为主，建筑体量形成一高一纵布局。

主体建筑以竖向线条为主体韵律，形成以“虚”为主的形体关系。竖向的线条隐喻出现代城市轨道交通的动感、快捷、高效和便利。以地铁车头造型轮廓作为竖向收尾，寓意了该建筑的功能主旨，主体西侧以“实”体量进行呼应，形成了主体建筑的虚实对比关系。

纵向裙房部分建筑造型轮廓如同一辆飞驰的地铁车头，再一次体现出该建筑的功能主旨。

建筑主体墙面采用白色铝板，窗户与幕墙采用蓝色玻璃。用色统一、简洁，与呼和浩特“青色之城”的地域文化内涵相吻合，从而使建筑从整体到细部，从色彩到材质都协调一致，表现出地域、文化、艺术性。

在景观设计方面，以打造简约、现代、舒适的办公空间景观为主。

①人本需求:功能上控制中心是办公空间,应该具备大面积硬化集散场地及员工交流空间。

②企业形象:控制中心是对外展示的窗口,承载参观展示功能。

③景观设计:应和建筑语言协调统一,在铺装材料、色彩、风格等方面统一。

④绿色办公空间:将生态融入办公环境,突出地铁的低碳绿色出行。

(3)方案概述、特征

主楼通过竖向线条、裙楼通过水平线条体现轨道交通设计理念。

主楼上部、裙楼南侧北侧通过弧形线条体现"地铁车头"元素。

景观设计采用直线条较为现代的构图形式,和建筑的线条相吻合。同时满足两栋建筑横纵轴线及主出入口斜线简洁大方的空间关系,同时满足行政办公庄严气质。

景观设计考虑高空俯瞰的效果,南北两侧不是生硬的广场,而是融入绿色植物,绿化比例达 36.4%,创建绿色办公空间。

南广场是主要的交通枢纽,人流量较大,以大面积线性广场铺装为主,具有指引性。

作为公共开放空间,简洁开敞的中心广场,构图对称,草地干净整洁,体现行政办公空间的气质,同时运用铁轨样式铺装,展示轨道交通主题。

(4)效果图(见图 6-10-43)

图 6-10-43　控制中心效果图

6.10.3　三间房车辆基地方案研究

1. 项目概况

(1)概况

轨道交通 1 号线三间房大架修车辆基地定位为 1、2 号线大架修段,并预留 3、4、5 号线大架修条件和用地。

根据《呼和浩特市城市轨道交通线网规划》《呼和浩特城市轨道交通近期建设规划（2015～2020 年）》，全线网规划 1 处大、架修车辆基地（1 号线的三间房车辆基地），承担 1～5 号线车辆的大、架修任务；考虑线网的修建时序以及后续线路（3～5 号线）制式的灵活性，规划将 3 号线的沙梁车辆基地作为备用大架修车辆基地。

三间房大架修车辆基地除承担线网车辆大架修任务外，还承担 1 号线车辆的定临修、双周三月检以及停车列检、乘务等任务。

（2）项目区位

三间房大架修车辆基地位于呼和浩特市土默特左旗台阁牧镇，鄂尔多斯西街以南、京包铁路以东、西二环快速路以西，占地约 36.42 hm^2。段址位于大东营村与三间房村之间，场地内有民宅、农耕地、工厂、果园、大棚以及金子路幼儿园等。

（3）项目规模

三间房车辆基地总用地面积 36.42 hm^2，总占地面积 9.37 万 m^2，总建筑面积为 12.47 万 m^2，容积率为 0.34。车辆基地内包含综合楼、培训中心、公寓综合楼、洗车库及镟轮库、停车列检库、联合检修库、物资总库、三间房站等共计 19 个建筑单体组成。

呼和浩特城市总体规划向东向南发展，项目所在位置位于城市发展较为边缘地带。现场环境较为杂乱，但是也有内蒙古工业大学金山校区等有特色的富于地标性质的建筑，对于城市区域发展也产生良好影响。

2. 方案研究

（1）场段功能布局

三间房车辆基地场段由四大部分组成，分为厂前区、检修区、生活办公区、预留区，其中生活办公区为车辆段人流的核心部分也是车辆段立面设计的主要区域。在设计构思阶段，将生活办公区的三个组成建筑（综合楼、培训中心、公寓综合楼）按院落式空间围合布局，形成独立的空间，同时中央广场也形成厂区员工户外活动的场所。车辆基地主入口设置在基地西侧靠近生活办公区处，同时将主入口定义为基地面向城市的主界面。

（2）对工业厂区“枯燥”印象的思考

工业厂区通常给人们的印象是刻板、枯燥、绿化率低、缺乏生气，工作在其中的人们不能感受到环境带给人视觉美的感受，所以在构思三间房车辆基地设计时，希望建造一个厂区环境优美、建筑线条舒缓、绿化率高、能体现人文关怀的场所。为了达到想要的设计效果，办公区设置了院落式的空间布局，色彩以砖红色为主色调，线条以舒缓的横线条为主，同时各建筑单体建筑形象多样且风格统一。

3. 设计元素

（1）院落式布局

车辆基地内包含综合楼、培训中心、公寓综合楼、洗车库及旋轮库、停车列检库、联合检修库、物资总库、三间房站等共计 19 个建筑单体组成。建筑单体多、功能不同的条件下，合理的分区与布局是塑造环境的第一步，在“核心”的生活办公区，建筑采用围合式的院落式布局，围合成的广场结合景观、绿化同时形成员工户外活动、休憩的场所。

（2）色彩

整个场段的色调定位以砖红色为主，以灰色、白色为辅。建筑以暖色调为主更适宜创造温馨的环境，呼和浩特为严寒地区,冬季漫长,砖红色从四季时间角度上也更加适合人情化工业厂区的营建。

(3)舒缓的横向线条

重复的水平线条能带给人舒缓、平静的视觉感受,抵消了工业厂区给人的枯燥“工业”的印象,所以我们选择水平线条作为车辆基地的主要视觉元素。

(4)建筑立面多样,风格统一

在一个建筑群中,建筑形式多样而风格统一也是至关重要的。建筑形式单一会给人枯燥刻板的印象,建筑形式既多样又风格统一,丰富人的视觉感受,最终形成了一个愉悦的环境。

4. 效果图(见图6-10-44~图6-10-47)

图6-10-44 三间房大架修车辆基地鸟瞰图与综合楼效果图

图6-10-45 综合楼效果图

图6-10-46 公寓楼与大门效果图

图6-10-47　检修库效果图

6.10.4　其他基地

1. 白塔基地

白塔停车场场址位于白塔机场以北、既有河西路以南、腾家营以西、坝堰村以东的地块内，总征地面积13.35 hm^2，占地9.33 hm^2，总建筑面积31 974.77 m^2。场内主要设置运用库、洗车库、混合变电所、污水处理站、锅炉房等生产厂房，综合楼、门卫、地铁公安派出所及地铁公安指挥调度中心等生活办公服务房屋，总平面布置以运用库为中心，其他建筑根据场形和场内空地合理布置。效果图见图6-10-48。

图6-10-48　白塔停车场鸟瞰效果图

白塔停车场综合楼共5层，高度22 m，总建筑面积8 825.48 m^2，建筑基底面积2 266.23 m^2，集办公、综合维修、基地车辆控制等功能于一体。综合楼主体与食堂呈L型布局，其中食堂1层，主体建筑5层，建筑造型采用现代设计手法，以横向线条为主，结合玻璃幕墙及横向长窗，设计母体重复，形成具有韵律感的建筑立面，具有较强的视觉效果。开阔的入口广场与建筑主立面的玻璃幕墙相互呼应，结合2层与4层的横向玻璃，形成横向延伸的动势，建筑整体端庄大气且具有灵动性。每层的横向线条均宽度不等，在维持建筑外立面风格统一性的同时又富于变化，注重建筑的整体性、协调性。综合楼效果图见图6-10-49。

图 6-10-49　白塔停车场综合楼效果图

2. 喇嘛营基地

喇嘛营车辆段设于 2 号线主线路南端，位于正喇嘛营村东南侧，东喇嘛营村南侧，炼油厂生活区东侧以及大黑河北侧所围的矩形地块。喇嘛营基地定位为定修段，总用地 22.30 hm^2，总建筑面积 7 1187.65 m^2，地上最高建筑物 6 层，建筑最大高度 23.80 m。效果图见图 6-10-50。

图 6-10-50　喇嘛营车辆段鸟瞰效果图

喇嘛营车辆段综合办公楼共 6 层，高度 23.45 m，总建筑面积 6 583.3 m^2，建筑基底面积 1 087.3 m^2，集主要使用功能包括安防、通信、信号、行政办公、乘务员间休室等功能于一体。整体风格是现代简约型，外立面材质全部采用干挂石材，石材颜色为冷色，突出综合办公楼的庄严大气。窗户采用当代主流的条形窗，通过干挂石材的包裹，显得凹凸有致，整体性与美观性更加突出。加上通过现代成熟的材料进行线条勾勒，使造型更加丰满，韵律感十足。综合办公楼效果图见图 6-10-51。

图 6-10-51 喇嘛营基地综合办公楼效果图

3. 塔利基地

塔利停车场设于2号线主线路北端，承担本线车辆停车及日常检修任务。停车场出入线于新店站接轨，段址位于成吉思汗东街北侧、科尔沁北（快速）路东侧730 m处，停车场现状为农田和绿地，塔利停车场由三大功能区构成，包括地铁列车的维修保养和运营停车的生产区、办公生活中心，以及为地铁及停车场服务的附属物资库房、地块呈东西向布置，长约0.9 km，宽约0.13 km，占地约为11.20 hm^2。效果图见图6-10-52。

图 6-10-52 塔利基地停车场鸟瞰效果图

塔利停车场综合楼共4层，高度22.30 m。总建筑面积4 864.2 m^2，建筑基底面积1 169.2 m^2。集FAS/BAS、安防、通信、信号、工务、供电、机电、综合监控、行政办公，配套服务等功能（包括乘务员公寓、淋浴间、职工食堂等）于一体。整体风格是现代简约型，外立面材质全部采用干挂石材，石材颜色为冷色，突出综合办公楼的庄严大气。窗户采用当代主流的条形窗，通过干挂石材的包裹，显得凹凸有致，整体性与美观性更加突出。加上通过现代成熟的材料进行线条勾勒，使造型更加丰满，韵律感十足。综合楼效果图见图6-10-53。

图 6-10-53 塔利停车场综合办公楼效果图

6.11 海绵城市理念在场段景观设计中的应用

6.11.1 地铁车辆段海绵城市设计

海绵城市，是新一代城市雨洪管理概念，是指城市在适应环境变化和应对雨水带来的自然灾害等方面具有良好的“弹性”，也可称之为“水弹性城市”，国际通用术语为“低影响开发雨水系统构建”。下雨时吸水、蓄水、渗水、净水，需要时将蓄存的水“释放”并加以利用。

在新形势下，海绵城市是推动绿色建筑建设、低碳城市发展、智慧城市形成的创新表现，是新时代特色背景下现代绿色新技术与社会、环境、人文等多种因素下的有机结合。

1. 海绵城市的政策

2013 年 12 月，中央城镇化工作会议提出：“建设自然积存、自然渗透、自然净化的海绵城市。”综合采取“渗、滞、蓄、净、用、排”等措施，最大限度减少城市开发建设对生态环境的影响，将 70% 的降雨就地消纳利用。

2015 国务院办公厅年《关于推进海绵城市建设的指导意见》中指出，建设海绵城市，统筹发挥自然生态功能和人工干预功能，有效控制雨水径流，实现自然积存、自然渗透、自然净化的城市发展方式，有利于修复城市水生态、涵养水资源，增强城市防涝能力，扩大公共产品有效投资，提高新型城镇化质量，促进人与自然和谐发展。通过海绵城市建设，最大限度减少城市开发建设对生态环境的影响，将 70% 的降雨就地消纳和利用。到 2020 年，城市建成区 20% 以上的面积达到目标要求；到 2030 年，城市建成区 80% 以上的面积达到目标要求。

根据《海绵城市建设技术指南》，呼和浩特市年径流总量控制率 80%～85%，年径流总量控制率 85% 对应的呼和浩特市设计降雨量 22 mm。

2. 海绵城市的特征

“海绵城市”材料实质性应用，表现出优秀的渗水、抗压、耐磨、防滑以及环保美观多彩、舒适易维护和吸音减噪等特点，成了“会呼吸”的城镇景观路面，也有效缓解了城市热岛效应，让城市路面不再发热(见图 6-11-1)。

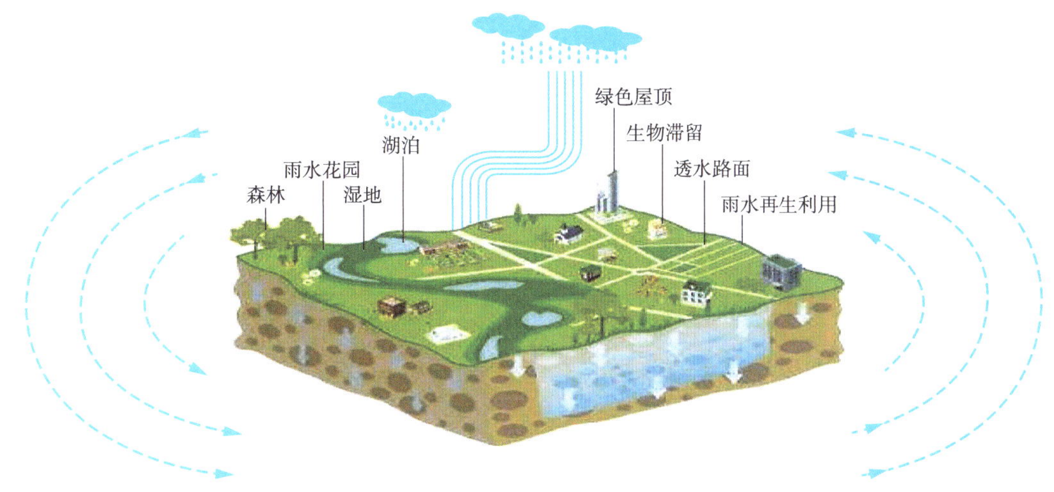

图 6-11-1　海绵城市示意图

建设海绵城市，首先要扭转观念。传统城市建设模式，处处是硬化路面。每逢大雨，主要依靠管渠、泵站等“灰色”设施来排水，以“快速排除”和“末端集中”控制为主要规划设计理念，往往造成逢雨必涝，旱涝急转。根据《海绵城市建设技术指南》，城市建设将强调优先利用植草沟、渗水砖、雨水花园、下沉式绿地等“绿色”措施来组织排水，以“慢排缓释”和“源头分散”控制为主要规划设计理念，既避免了洪涝，又有效地收集了雨水。

呼和浩特地区，地下水长期超采，造成地面下降、地下水水质污染、地裂缝、土地沙化、土壤盐渍化等一系列的环境问题。因此在兼顾内涝防治的情况下，海绵城市建设的重点应以雨水资源化利用为主(见图 6-11-2)。

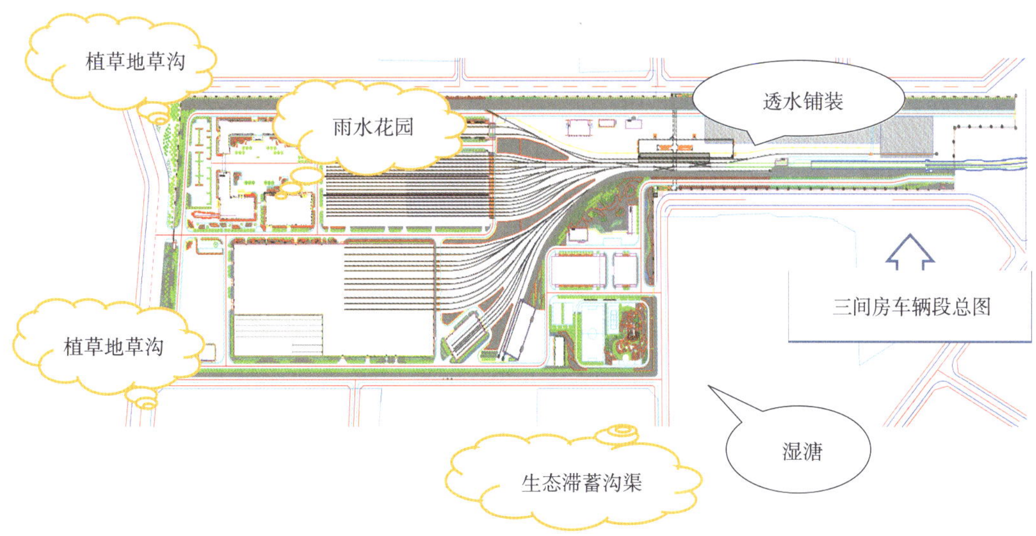

图 6-11-2　三间房基地海绵城市总平面图

6.11.2 海绵城市亮点理念在场段景观设计中的应用

呼和浩特市城市轨道交通 1 号线三间房大架修车辆基地(后简称三间房车辆基地)位于鄂尔多斯西街以南、西二环以西,紧邻呼准铁路的地块内,车辆段占地面积36.17 hm^2。三间房大架修车辆基地位于1 号线主线路西端,定位为 1、2 号线大架修段,并预留 3、4、5 号线大架修条件和用地。车辆段出入线于伊利健康谷站接轨,总用地面积约为 36.42 hm^2,总建筑面积为 124 357.71 m^2,绿化总面积为 125 211 m^2,容积率为 0.34,绿地率为 34.9%。

呼和浩特市城市轨道交通 1 号线三间房大架修车辆基地的雨水由屋面雨水、道路雨水、站场雨水等组成。初设方案:车辆基地雨水经场地内道路雨水管网收集后,经雨水泵站提升排放至段外。根据施工图阶段工作进展:车辆基地周边市政管线无法同期配套;排向乌素图沟路由需穿越呼准铁路。根据 2018 年 4 月 11 日"1、2 号线车辆段停车场及控制中心市政接驳进度汇报会"会议精神,呼和浩特轨道交通线网控制中心,1、2 号线三间房车辆基地、白塔停车场、喇嘛营车辆段、塔利停车场按照段内分散设置雨水调蓄池,自行消纳雨水,并结合海绵城市理念进行设计。呼和浩特市城市轨道交通线网控制中心、停车场及车辆段具有以下共性特征:

(1)径流面积较大,需结合雨水管网资料及竖向资料,划分区域,分区设计。

(2)布置与传统社区有所区别,室外轨道区较多。

(3)空间布局不均匀,检修库等大型仓库建筑面积较大,屋面面积所占比例较高且相对集中,而屋面径流系数较大,存在大径流系数分布不均匀的情况。

(4)车辆段室外轨道区域面积较大,如果存在无砟轨道,则径流系数较高,有较大的调整空间,如果是有砟轨道,也可进行与绿化相结合的设计。

6.11.3 车辆段海绵城市设计方案

1. 设计目标

(1)根据海绵城市建设技术导则,年径流总量控制率 85%,对应设计降雨量 40.7 mm/年,年径流污染控制率不低于 60%。车辆基地的雨量计算及调蓄需求。

(2)场地内绿化整体降低标高。

(3)雨水口位置调整。

(4)根据总图布置,结合绿化设置若干储水渗透设施:下沉式绿地、植草沟、渗透塘。

(5)三间房车辆段硬化地面采用透水铺装。

2. 设计方案

三间房大架修车辆基地海绵城市设计,除了采用低影响开发措施实现规划控制目标外,还根据车辆段特点,有针对性地进行海绵城市的设计,并结合科学、自动化的管理,最大限度发挥各项低影响开发措施的功能(见图 6-11-3)。其中针对性的设计要点如下:

(1)室外轨道排水沟不采用常规做法,设计成具有滞蓄功能,且对油类有初步截留、处理功能的滞蓄生物沟渠。

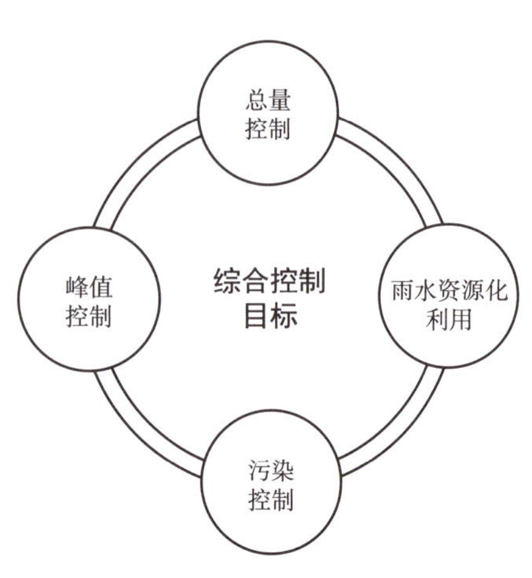

图 6-11-3 海绵城市技术示意图

(2)室外轨道尽量避免采用无砟轨道,采用级配碎石,增加绿化,增加下沉空间,提高渗水率,另外考虑与排水沟的排放衔接,使雨水得到多级处理。

(3)开发雨水回用一体化装置,装置的特点是雨水分质回用、自动化控制、暴雨预测与提前排空,以及与中水回用系统的衔接。

另外,对于车辆段海绵城市设计的技术方案,应遵循以下原则:

(1)尽量由上游低影响开发措施实现控制目标,能力不够时,由下游低影响开发措施补充实现。

(2)综合采用渗透措施和调蓄措施,包括:应用于屋面的绿色屋顶、高位水箱;应用于路面的透水沥青、透水铺装;应用于绿地的下凹式绿地、生态滞留沟、滞蓄树池、绿色花园;大规模雨水收集回用的蓄水池等。

(3)对于场段特有的轨道区域、排水沟进行海绵城市特殊设计。

车辆基地雨水经场地内道路雨水官网收集后,经雨水泵站提升排放至段外。按照段内分散设置雨水调蓄池,自行消纳雨水,并结合海绵城市理念进行设计(见图 6-11-4)。设置下沉式绿地、雨水花园、传输型植草沟、透水铺装、雨水收集系统等“海绵”设施随处可见,与轨道、站房等“硬件”建筑相得益彰,仿佛让人置身于山水园林间。一处铺设鹅卵石,种上美人蕉、亮叶朱蕉等水生植物的湿塘分外醒目。一侧是向前延伸的轨道,一侧是清澈见底的湿塘,错落有致的植被与道路巧妙融合,营造出原生态的自然风情,一座雅致的凉亭在葱茏绿意中更添诗情画意。

3. 融入“海绵城市”建设理念打造绿色地铁

“海绵车辆段”有别于以快排和防洪为重点的传统排水设计方式,融入“海绵城市”建设理念,结合场地自然景观进行海绵化设计,降雨时可以吸收、渗透、滞蓄、净化场地内的雨水,干旱时还能释放此前的蓄存水,有效调节水循环,改善了生态环境,也保证了地铁的安全运行。

在车辆段轨道旁建设湿塘,湿塘是一个多功能调蓄水体,它通过雨水管网收集轨道区的雨水,能储存场地 70% 以上的雨水。这样一来,下小雨时,湿塘能储存一定的雨水,补充景观用水需求,实现“小雨不积水”;发生暴雨时,湿塘则能调节、削减峰值流量,保障车辆段不受内涝影响,实现“大雨不内涝”。

除了能蓄水,湿塘还将经过沉淀过滤及消毒的雨水由水泵提升至地面回用,供绿化、景观补水及道路浇灌使用,实现水资源循环。此外,车场内的所有绿地植被下方依次铺盖着砾石、粗砂、细沙等,并配备多条雨水管,兼具吸水和蓄水功能。

4. 车辆段海绵城市低影响开发具体措施

(1)雨水回用

由于场段车辆检修库等屋面面积较大,屋面雨水较为洁净,可作为雨水回用的主要水源,将屋面雨水汇集至地面蓄水池,经处理后作为绿化、道路冲洗使用。

(2)透水路面 + 路边下凹式绿地

场段道路为机非共用道路,机动车通行量较少,可根据道路强度要求采用快速透水沥青路面,减小路面的径流系数。路面可不设雨水口,道路两旁设置下凹式绿地,绿地内设置溢流雨水口,雨水量超出控制能力时溢流进入雨水管。

序号	技术类型（按主要功能）	单项设施
1	渗透技术	透水铺装
2		绿色屋顶
3		既有设施改造
4		下沉式绿地
5		生物滞留设施
6		渗透塘
7		渗井
8	储存技术	湿塘
9		雨水湿地
10		蓄水池
11	调节技术	调节塘
12		调节池
13	传输技术	传输型植草沟
14		干式植草沟
15		湿式植草沟
16		渗管/渠
17	截污净化技术	植被缓冲带
18		初期雨水弃流设施
19		人工封渗滤

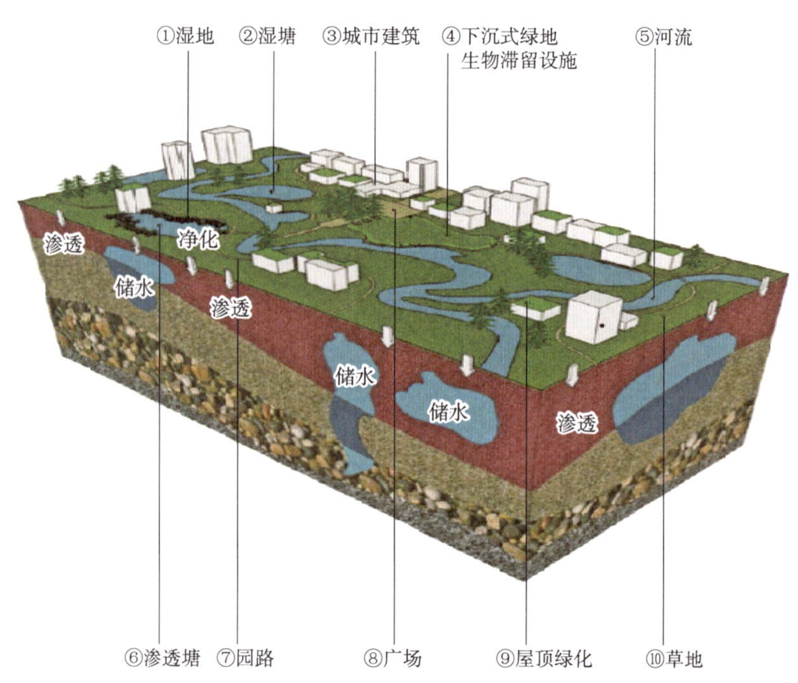

图 6-11-4　三间房基地海绵城市布置图

(3)透水铺装

车辆段内广场路面采用透水铺装，减小径流系数。

(4)滞蓄生态树池 + 生态滞蓄沟渠 + 植草沟 + 雨水花园

场段内绿地分布广泛，绿地本身径流系数较小，绿地低影响开发措施主要功能是调蓄、净化周边路面、建筑等区域的径流雨水，是对其他低影响开发措施的补强。例如：建筑周围绿地设置生态滞蓄沟渠，可净化屋面初期雨水；停车场周围设置雨水花园，可调蓄净化停车场径流雨水；在道路两旁设置滞蓄生态树池，可调蓄路面径流雨水。

(5)轨道区域绿化 + 排水改造

室外轨道区域碎石路面较多，虽然径流系数较小，但进行绿化设计，增加下凹式绿地等低影响开发措施，既提升了该区域雨水净化调蓄的能力，又有美观效果。轨道区域的排水往往是通过排水暗沟来实现，若将沟渠设计成生态滞蓄沟渠，则满足排水功能的同时又实现了调蓄净化功能。

(6)雨水管网设施

雨水管网虽然不是海绵城市中低影响开发措施的主要内容，但在雨水管网上做改进，对于整个雨水系统的能力和环境效益也很大提升空间。

5. 设计与计算

海绵城市的设计与计算，在满足《室外排水设计规范》(GB 50014)的同时，可参照指南中相关内容以及各地海绵城市相关图集。

其中雨水资源利用率：

$$W = \alpha \psi HA$$

式中　W——年均可利用雨水资源量，m^3；

H——多年平均降雨量，m；

A——汇水面积，m^2；

ψ——综合径流系数；

α——季节折减系数。

表 6-11-1　雨水量设计标准

呼和浩特市暴雨强度公式	$167 \times (5.842\,6 + 5.675\,2\,\lg P)/(t + 7.838\,8)^{0.746\,4}$
重现期	5 年
集流时间	20 min
径流系数	0.55
汇水面积	36.17 ha
暴雨强度	136.52 L/(s·hm²) 0.82 mm/min

表 6-11-2　根据设计流量计算不同重现期所需容积

重现期	设计雨水流量(L/s)	调蓄量(m^3)
1	1 617.63	7 679
2	2 090.63	9 924
5	2 715.9	12 893
10	3 188.91	15 138
20	3 661.91	17 384
50	4 287.18	20 352
100	4 760.19	22 597

用于削减排水管道洪峰流量时，雨水调蓄池的有效容积可按下式计算：

$$V = \{ -[0.65/n^{1.2} + b/t \cdot 0.5/(n+0.2) + 1.10]\lg(a+0.3) + 0.215/n^{0.15} \} \cdot Q \cdot t$$

式中　V——调蓄池有效容积，m^3；

a——脱过系数，取值为调蓄池下游设计流量和上游设计流量之比；

Q——调蓄池上游设计流量，m^3/min；

b，n——暴雨强度公式参数；

t——降雨历时，min。

表 6-11-3　根据降雨量计算 5 年重现期下不同降雨历时所需容积

暴雨历时(min)	降雨量(mm)	径流总量(m^3)
30	24	4 888
60	49	9 777
90	73	14 665
120	98	19 554

结论:所需储存容积 14 665 m^3。

根据道路施工图,绿化标高整体降低 200 mm 左右。前后方案图见图 6-11-5 和图 6-11-6。海绵城市路边绿化带和路边绿地及路缘石的设计见图 6-11-7 ~ 图 6-11-9。

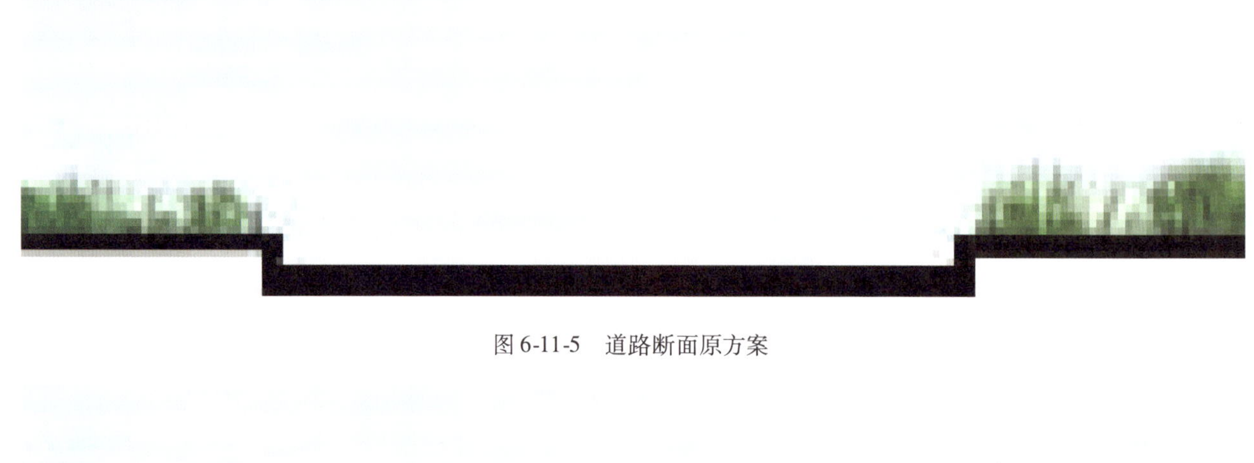

图 6-11-5　道路断面原方案

图 6-11-6　道路断面调整后方案

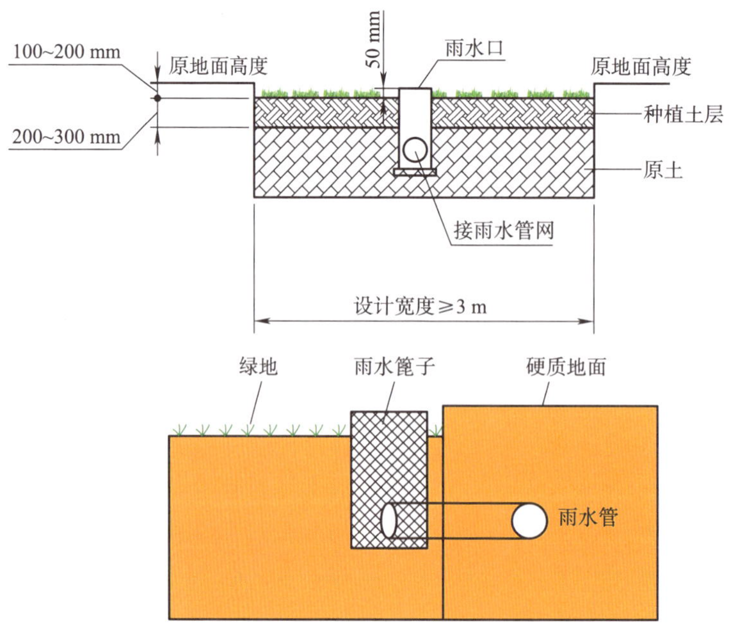

图 6-11-7　路边绿化带海绵措施示意图

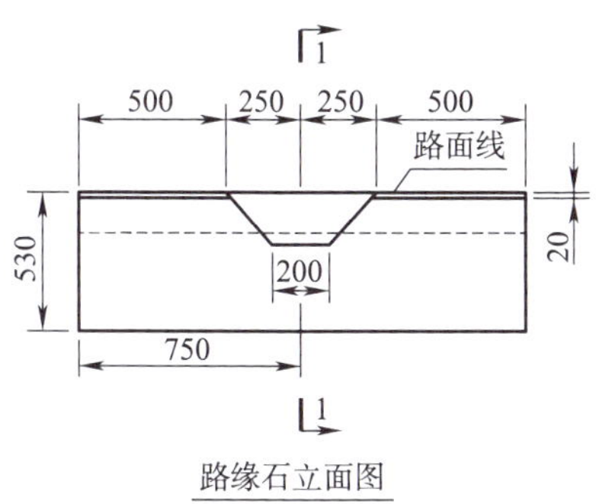

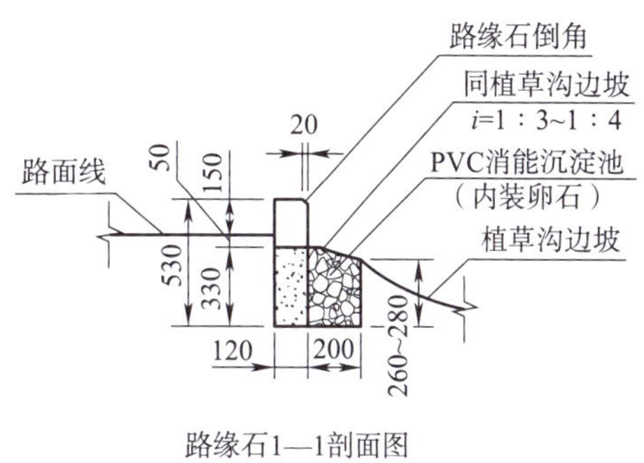

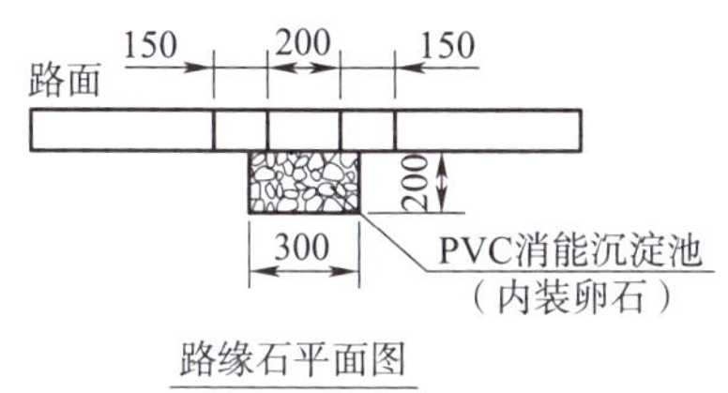

注：1. 本图尺寸以mm计。
2. 本做法可用于植草沟路缘石雨水集中入口处，每间隔10 m布置一个。
3. 路缘石抗压强度≥300 MPa。若为混凝土产品，其骨料采用碎石，严禁采用卵石或砾石。
4. 路缘石应有足够的埋置深度、合适的背后支撑、填土应夯实。路缘石应以干硬性砂浆铺砌，保证砌筑稳固，路缘石背后及基础以下填土按设计要求夯实，避免出现差异沉降后产生路缘石失稳倾斜现象。
5. 路缘石铺设应勾缝均匀，密实平整，相邻两块缝宽允许偏差3 mm，相邻两块高差允许偏差3 mm，顶面高程允许偏差10 mm，以达到整齐美观的效果；暴露面应平整光滑，安装后用1：3水泥砂浆抹缝，缝宽不大于10 mm。
6. PVC消能沉淀池所用PVC应满足安装及使用强度要求。

图 6-11-8　路边绿地内排水示意图

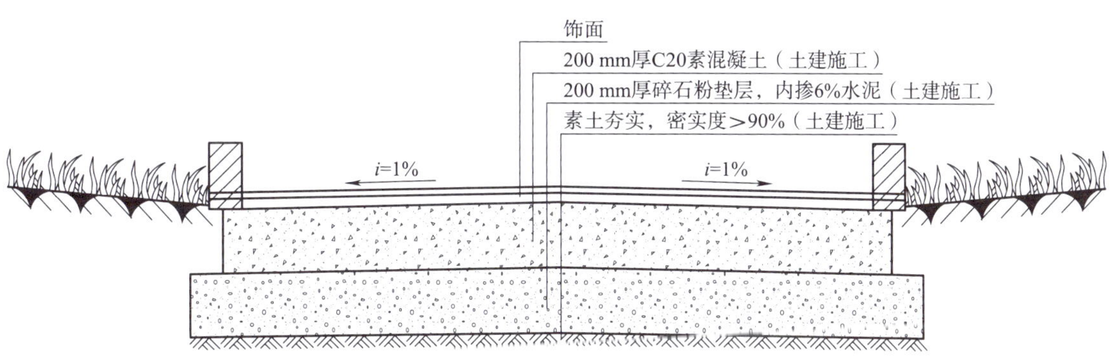

图 6-11-9　海绵城市路缘石

6.11.4　应用效果

1. 经济效益

海绵城市理念在场段景观设计中的应用注重对天然水系的保护利用，大大减少了建设排水管道和钢筋混凝土水池的工程量。调蓄设施往往与城市既有的绿地、园林、景观水体相结合，“净增成本”比较低，还能大幅减少水环境污染治理费用，降低城市内涝造成的巨额损失。基于海绵城市的控制目标，更好地评估海绵城市的生态环境效益，重点考量项目在水生态维护、水污染控制及水资源节约三个方面的表现情况。

（1）海绵城市的经济效益主要为扣除总投资和运营管理费用后的收入，包括替代自来水后节省的费用，虽然投资回收期往往较长，但经济效益仍然很可观。

（2）场段内生产用水量大，需要设置中水回用系统，相比于生产废水回用，雨水回用具有水质好、处理流程简单的优点，作为中水回用的补充，可缩减成本。

(3)雨水集蓄工程建设可降低城市雨洪压力和排水管网负荷,可降低雨水管道投资。

2. 环境效益

(1)“渗”——呼和浩特属于缺乏水地区,海绵城市中的渗透型低影响开发措施补充了场段附近区域的地下水。

(2)“净”——海绵城市中低影响开发措施的净化功能减少了场段及周边的面源污染,以及降低了对下地水资源的污染。

(3)“滞”“蓄”——海绵城市中低影响开发措施降低了雨洪压力、节约了水资源。

第7章 设备系统

7.1 系统架构设计

7.1.1 设备系统工程构架组成

近年来,城市不断扩张,机动车更是超越道路设施发展速度而迅猛增长,交通拥堵问题愈加凸显,市民渴望畅顺出行的诉求也愈加强烈,建设城市轨道交通的呼声逐渐成为社会主流意见,并明确为城市未来可持续发展的系统工程和民生工程。

城市轨道交通是指以轨道交通运输方式为主要技术特征,具有中等以上运量的轮轨交通系统,主要为城市公共客运服务,是在城市公共客运交通中起骨干作用的现代化立体交通系统。

现代城市轨道交通工程是一个庞大的数字智能化交通系统。如何实现轨道交通工程的智能化,将是设备系统工程研究设计的方向。

呼和浩特市城市轨道交通的设备系统工程按照专业划分,主要设备系统可分为车辆、供电系统、弱电系统(BAS、FAS、综合监控、通信、信号、UPS电源、门禁、自动售检票、安防等)、常规设备系统(风、水、电)、轨道系统、电扶梯及站台门、云平台等设备系统。

7.1.2 车辆系统

1. 设计原则

(1)列车应有良好的可靠性、可操作性、可维修性和安全性。

(2)列车应装设列车自动控制系统(ATC),含自动驾驶系统(ATO)、自动防护系统(ATP)和自动监控系统(ATS)。列车间应能实现机械、气路和电气的自动摘挂。

(3)列车应能在本工程线路条件下正常运行,并能在最小曲线半径线路上进行车辆摘挂作业。

2. 车辆编组

(1)车辆型式:车辆采用B型车。

(2)列车编组:初、近、远期均为4动2拖6辆编组。

3. 载客量(见表7-1-1)

表7-1-1 载客能力表

座位	带司机室车厢	36(座/辆)	载客总量
	无司机室车厢	46(座/辆)	

续上表

载客量 （站立 5 人/m^2）	带司机室车厢	198（人/辆）	1 260（人/列）
	无司机室车厢	216（人/辆）	
定员载客量 （站立 6 人/m^2）	带司机室车厢	230（人/辆）	1 460（人/列）
	无司机室车厢	250（人/辆）	
超员载客量 （站立 9 人/m^2）	带司机室车厢	327（人/辆）	2 062（人/列）
	无司机室车厢	352（人/辆）	

4. 车体及其装置

（1）车体材料

采用铝合金车体。

（2）车体装置

采用轻量化设计，整体承载，车体设计寿命至少 30 年。

客室每侧设 4 对塞拉门，传动方式为电动。车门开度为 1 300 mm，门区净高度不小于 1 800 mm。车辆之间设有贯通道。座椅沿车体两侧纵向布置，高度距底板面 430 mm。车内设置广播喇叭、紧急报警开关、扶手、吊环以及适量的灭火器。

（3）转向架

转向架为无摇枕外置式轴箱结构，H 型构架由低合金钢板焊接而成。

（4）电气牵引系统

采用 IGBT 元件、模块构成的 VVVF 主逆变器；由鼠笼式三相异步交流牵引电动机驱动；在定员情况下（AW2），车轮半磨耗时（ϕ805 mm）在平直干燥轨道上和额定电压下运行参数如下：

加速度

平均启动加速度（0～40 km/h）：≥1 m/s^2

平均加速度（0～80 km/h）：≥0.6 m/s^2

最高运行速度：80 km/h

车辆构造速度：90 km/h

（5）制动系统

采用再生制动空气制动两种方式，并由微机协调控制。制动优先级以再生制动为最高，空气制动次之。车辆应具有空重车调整功能；应有电子防空转、防滑系统。

（6）辅助电源系统

采用 IGBT 元件构成的静止逆变器，低压电源装置及免维护型蓄电池。辅助逆变器应具有自举功能。

（7）通风与空调

采用首创单空调机组。

（8）列车控制及故障诊断系统

（9）列车信息系统

①有线广播要求

司机可通过广播系统向乘客进行广播及报站，紧急时乘客可与司机室进行双向通话。

②无线通信要求

OCC 通过无线电，用广播系统可对乘客进行广播。

③视频信息系统要求

每节车厢内设置 8 个 LED 可视频显示单元，播放高质量的视频图象，可实现信息播放的功能，并留有可通过车载无线设备实现即时插入的播放接口。

每节车厢内的每对车门上方设置高亮度 LCD 电子地图报站装置，用于方向、换乘信息及到站显示。

④列车专用电话功能

具备司机室和司机室之间、控制中心和司机室之间（通过无线通信系统）进行双向通信。

7.1.3　供电系统

1. 系统组成

供电系统主要由供电系统外部电源、主变电所、中压供电网络、牵引供电系统、电力监控系统、杂散电流防护系统、供电车间组成。其中，牵引供电系统包括牵引变电所与牵引网。

2. 系统功能

（1）接受并分配电能功能

通过主变电所将来自于城市电网的高压交流电降压为地铁供电系统使用的中压交流电源，通过中压供电网络向牵引供电系统和动力照明配电系统供电。

（2）降压整流及传输直流电能的功能

接受中压网络传输来的中压电能，在牵引变电所内经降压整流后，向沿线的牵引网系统供电，轨道交通沿线安装的牵引网系统，接受由牵引变电所降压整流后的直流电能，同时，不间断地供给地铁列车电能，以保证地铁列车安全、可靠、快速地运行。

（3）降压变配电功能

降压变电所将中压电源降压后变成低压 380/220 V 电源，再经低压配电系统供给车站、区间的动力照明设备使用，以保证车站设备和照明系统的正常运行。

（4）对供电设备实施电力监控的功能

在轨道交通线网控制中心（OCC），通过综合监控系统的电力调度控制站、通道、被控站，对整个地铁供电系统的主变电所、牵引降压混合变电所、降压变电所、牵引网等供电设施的运行状态进行实时监视、控制、数据采集及处理，实现供电设备的自动化调度管理，保证设备的正常运行。

（5）对杂散电流进行防护的功能

通过对地铁回流系统采取必要的绝缘、设置杂散电流收集网以及建立杂散电流监测系统等措施，保护地铁结构和沿线金属管线，使之不受杂散电流的腐蚀。

（6）防雷及接地：对沿线容易受到雷电、过电压侵入而损坏，从而影响系统运行的供电系统电气设备，提出设置避雷器、过电压保护装置的要求。全线设置统一、高低压兼容、强弱电合一的综合接地系统，为设备及人身安全提供防护。

（7）供电车间：对供电系统设备的运营管理和维护。

3. 系统应用

本工程外部电源供电方式采用集中式供电方式，设置 2 座地铁主变电所从城市电网引入 110 kV 电源。中压供电网络采用 AC 35 kV 电压等级，各变电所之间通过 AC 35 kV 电缆连接，构成地铁 AC 35 kV 供电网络。每个供电分区均从主变电所35 kV侧两段母线上分别引接一路电源，实现两路不同的电源对各变电所的供电。牵引变电所设两套整流机组，牵引降压混合变电所35 kV侧采用单母线分段接线，两套整流机组并联接在同一段35 kV母线上，牵引变电所DC 1 500 V侧母线采用单母线接线方式，每座牵引变电所馈出DC 1 500 V电源向接触网供电。降压变电所两台配电变压器一次侧分别通过断路器接在不同段35 kV母线，通过低压配电系统向地铁除电动客车以外的所有动力照明负荷供电。接触网系统采用DC 1 500 V架空接触网方式，其中地下段采用架空刚性悬挂，地上段采用架空柔性悬挂，向电动客车提供电源。电力监控系统对变电所、牵引网等主要供电设施的运行状态进行实时监视、控制、数据采集及处理，实现对整个供电系统设备运行的自动化调度管理，确保全线牵引供电系统和动力照明配电系统安全、可靠、经济运行。杂散电流防护系统按照"以堵为主、以排为辅、防排结合、加强监测"的原则，采用积极的防护措施，并设置杂散电流监测系统，对杂散电流及其腐蚀保护情况进行监测。在车辆段综合维修中心设置供电车间，负责全线供电设备的维修、保养及事故抢修工作。

7.1.4 弱电系统

7.1.4.1 信号系统

信号系统是城市轨道交通自动化系统中的重要组成部分，该系统以安全为核心、以保证和提高列车运行效率为目标，在保证列车和乘客安全的前提下，通过调节列车运行间隔和运行时分，实现列车运行的高效和指挥管理的有序。

1. 系统构成和功能

城市轨道交通信号系统的自动化水平较高，系统协同性较强，通常又被称为列车自动控制(ATC)系统。采用完整的基于无线通信的移动闭塞列车自动控制系统ATC，包括列车自动监控子系统ATS、列车自动防护子系统ATP、列车自动运行子系统ATO、计算机联锁子系统CI、数据通信子系统DCS、维护支持子系统MSS子系统、培训设备。

ATS子系统是实现行车调度指挥功能的设备，由位于控制中心、备用控制中心、正线各车站、车辆段/停车场的ATS设备通过网络及传输设备构建而成，具备线路监控、列车监控、列车运行控制及调整、时刻表/运行图管理、车辆段/停车场ATS管理、系统故障复原处理、维护和报警、运营记录、系统管理、与其他系统的信息交换等功能。

ATP子系统是保证列车运行安全的设备，由地面车站ATP设备、轨旁ATP设备和车载ATP设备共同构成，提供列车运行间隔控制及超速防护功能。具备列车定位、移动授权计算、车门/站台门监控、临时限速管理、区域防护、紧急制动等功能。

联锁子系统是保证列车运行安全，实现列车进路上道岔、信号机、轨道区段之间正确联锁关系及进路控制的安全设备，由各集中站设置的联锁主机、驱采设备组成，具备进路控制、轨道区段检测、区段故障解锁、信号机控制、道岔控制、本地监控、维护及与其他专业接口等功能。

ATO子系统是自动控制列车运行的设备，由车载ATO设备和地面ATO设备组成。ATO子系统在ATP子系统的安全防护条件下使用，根据ATS的指令实现列车的自动驾驶，负责列车车速的调整和列车运行的控制，完成列车启动、牵引、巡航、惰行和制动的操作。实现列车的站间运行、车站的定点停车、折返控制等。ATO子系统有利于行车效率的提升、列车节能、提高旅客乘坐的舒适度和减轻司机的劳动强度。

DCS子系统实现各信号子系统间的信息传输。包括：有线通信网络和无线通信网络两部分。

维护子系统提高信号系统的可用性和可维护性，由各子系统的维护设备、维修中心及车站/段/场维护设备组成。维护监测系统利用计算机、网络和通信技术，实现对全线信号系统设备的状态集中监视和报警、实时监测信号设备的使用情况，分析故障原因、统计故障时间等功能。

培训设备由中心 ATS 培训和培训中心维护培训设备，实现对调度人员、维护人员的培训及实物操作功能。

2. 专业特点和在呼和浩特市应用的特点

信号系统是确保行车安全为前提，提高行车效率和运营舒适度的运营指挥和列车控制系统，具有高可靠性、可用性。信号系统具有技术先进的特点，即信号系统设备采用先进的技术、工艺、部件等以保证更好地实现系统的功能，达到系统的各项指标要求，并更有利于操作、自诊断、维护及功能扩展；信号系统符合国内外城市轨道交通信号技术的发展方向同时具有较高的性能价格比。

信号系统中凡涉及行车安全的子系统或设备必须满足故障-安全的原则，系统中主要行车设备或子系统的计算机系统必须采用多重冗余技术，热备切换时间须不影响设备工作的连续性，应做到无扰切换。

结合综合承载、信息化、云平台、大数据技术的发展，在呼和浩特市项目中应用信号系统具有以下特点。

(1)技术创新，有据有序。为国内首个应用云平台方案建设信号 ATS 中央级系统的工程，在大量研究和测试的基础上确定了实施方案。节省信号中央级 ATS 硬件设备，为大数据信息交互提供基础。

(2)综合承载，资源共享。在车地无线通信网络中应用 LTE 技术，综合承载 CBTC 及宽带集群信息。采用双漏缆覆盖，其中一根漏缆与公安通信共用，合理利用频点资源，实现资源共享。由于信号传输承载宽带集群业务，信号系统 DCS 部分供电需满足通信系统 2 h 后备时间的要求，电源设备采用分时下电技术。

(3)互联互通，线网建设。采用满足《城市轨道交通基于通信的列车运行控制系统(CBTC)接口规范》的信号系统，制定呼和浩特本地区互联互通技术标准，实现 1、2 号线互联互通运行。为后续线网建设提供技术标准，实现全线网的运营规划。

7.1.4.2　通　　信

1. 系统构成及功能

(1)专用通信系统

专用通信系统由传输系统、公务电话、专用电话、无线通信、视频监视系统、广播、时钟、乘客信息、集中告警、办公自动化、通信电源及接地等子系统组成。

①传输系统

传输系统是地铁通信网络的基础承载平台，不但通信各子系统的信息需其传输，而且还需为信号、门禁、自动售检票(AFC)、综合监控、火灾自动报警(FAS)等专业提供可靠的、冗余的、可重构的、灵活的传输信道。由于各系统所需信道和接口种类各不相同，因此地铁传输系统的最大特点在于它的综合业务承载能力。地铁传输系统应满足以下功能要求：

a. 承载控制中心、各车站、车辆段、停车场之间需传送的各种信息。

b. 接口种类丰富，具备在沿线各站点灵活分下、插入信息的功能。

c. 可按需为各类信息提供主、备用通道。

d. 具有较大的带宽扩展余量和吞吐、处理能力，具备对突发事件的承受能力。

e. 设备采用模块化设计，使用灵活，易于扩展，故障影响面小且提供的每一种接口应是独立模块。

f. 关键设备插板热备份，故障时具有自动切换的功能。

g. 系统应具有自诊断功能，可进行故障管理、性能监视、系统管理、配置管理，并具有集中告警维护、统一管理的网络管理功能。

h. 预留与其他线传输系统的通信接口。

呼和浩特市城市轨道交通采用增强型 MSTP 方案构建地铁专用传输系统。

②公务电话系统

公务通信系统主要是用于管理部门、运营部门、维修部门等工作人员进行内部及外部公务联系的通信子系统。公务通信系统应满足以下功能要求：

a. 本线内部能限制用户作国内、国际长途直拨呼出，对有权用户长话计费宜采用自动计费方式。

b. 能将“119”“110”“120”等特种业务呼叫自动转接到市话网的“119”“110”“120”，并具备电话跟踪功能。

c. 具有会议电话功能，能召集 1 +30 方会议电话。

d. 完成轨道交通内部用户间的呼叫及其与市话网用户间的出入呼叫。

e. 能为集群无线交换机提供中继接口并满足其信令方式要求。

f. 具有识别用户数据、用户传真等非话业务的功能，以确保非话业务不被其他业务中断。

g. 具有系统和用户数据管理、线路维护测试、硬件和软件故障诊断、故障显示告警、话务统计的功能。

h. 本系统除提供公务电话通信外，还可实现站间行车电话等通信功能。

i. 对于本线各种用户群，如工务、电力、信号维护等，可采用虚拟网功能实现群内用户通信功能。

j. 根据软交换技术发展情况及运营需求，下阶段适当考虑研究利用软交换技术实现视频会议及 OA 数据传输功能。

本工程公务电话系统采用软交换设备进行组网构成。

③专用电话系统

专用电话系统是为控制中心调度员、车站、车辆段的值班员组织指挥行车、运营管理及确保行车安全而设置的。系统包括调度电话系统、站(段)内局部电话、站间行车电话及专用录音系统。

④专用无线通信系统

系统应具有以下基本功能：

a. 调度员与无线用户以及无线用户之间具有通话呼叫功能，根据不同用户之间的业务联系，可以下几种方式。

➢ 单呼；

➢ 组呼及全呼；

➢ 紧急呼叫：是无线用户处在紧急状态时的单呼或组呼，其中移动台只允许对相应的调度台发出紧急呼叫；

➢ 广播呼叫、电话互联呼叫(全双工)等。

b. 列车车载台与控制中心、车辆段及停车场之间具有数据传输功能，且需要为关系到安全生产的信号系统提供数据信息的传输通道。

c. 列车调度员对运行中的列车具有广播功能。

d. 调度员对通话台的标识码、用户名、通话内容等具有显示功能。

e. 调度员对通话台的通话内容可进行录音和检索。

f. 具有多级优先呼叫功能。

g. 具有系统网络管理功能。

h. 系统应能实现通过定义可二次开发的特殊功能。

⑤视频监视系统

视频监视系统（CCTV 系统），是轨道交通运营管理现代化的配套设备，是调度员和车站值班员监视列车运行、掌握客流大小和流向、提高行车指挥透明度的辅助通信工具，是列车司机在车站停车后监视旅客上下车、掌握开关车门时间的重要手段。在正常情况下用来加强运行组织管理，提高效率，保证安全正点地实现运送旅客。当车站发生灾情时，视频监视系统可作为防灾调度员指挥抢险的指挥工具。

a. 中心调度员可选择本线任一摄像机的画面进行监视，可实现自动循环切换、手动切换和对摄像机的云台、焦距的控制。

b. 车站、车辆段、停车场值班员可选择本站任一摄像机的画面进行监视，可实现自动循环切换、手动切换和对摄像机的云台、焦距的控制。

c. 各调度员、值班员可根据需要调看录像回放。

d. 司机可调看站台视频监控图像，观察乘客上、下车的情况，便于安全、准时发车。

采用网络高清方案组网，采用 H. 265 编码格式进行存储及传输。

⑥广播系统

广播系统是线网控制中心调度员和各车站值班员向乘客通告列车运行以及安全、向导等服务信息，向工作人员发布作业命令和通知的重要手段。在灾害状态下，广播系统具有控制中心调度人员及车站值班员，向乘客发出通告并指挥疏导乘客的作用。

⑦时钟系统

a. 中心一级母钟设备接收外部标准时间信号进行自动校时，保持同步。同时产生精确的同步时间码，通过传输网络向二级母钟传送，统一校准二级母钟。二级母钟在传输通道中断的情况下，应能独立正常工作，产生各子钟的驱动信息，使各子钟能够进行正常的时间显示。

b. 日期、时间显示

中心一级母钟能产生全时标信息，格式为：年，月，日，星期，时，分，秒，毫秒，并能在设备上显示。

中心一级母钟和二级母钟均按“时：分：秒”格式显示时间，具备 12 h 和 24 h 两种显示方式的转换功能；数字子钟为“时：分：秒”显示（或可选用带日期显示）。

c. 中心一级母钟设备设有多路标准时间码输出接口，能够在整秒时刻给其他各相关系统提供标准时间信号。

d. 一级母钟配置有主、备母钟组成，具有热备份功能，主母钟故障出现故障立即自动切换到备母钟，备母钟全面代替主母钟工作。主母钟恢复正常后，备母钟立即切换回主母钟。

e. 一级母钟脱离卫星信号、二级母钟脱离一级母钟、子钟脱离母钟时应具备自走时功能，一级母钟自走时精度应在 10^{-7} 以上；二级母钟自走时精度应在 10^{-6} 以上。

f. 中心一级母钟应配备北斗时间接收单元，能接收北斗系统信号，实现与 GPS 时钟单元互为主备。

⑧乘客信息系统

乘客信息系统通过文字、图像为进出车站的旅客提供列车到发等有关信息，引导旅客快捷方便的乘车，而且可为候车旅客提供新闻节目、播放广告等服务。本系统应满足如下功能需求：

a. 乘客信息系统作为提高地铁服务水平和创造经济效益的辅助系统,不能影响地铁的正常运营和管理。

b. 系统应具有标准接口,能接收信号ATS系统、有线电视系统、时钟系统的的信号输入,并能兼容多种终端信息显示设备。

c. 系统能向旅客提供包括新闻、天气、通告、视频广告等信息;在出入口可实时显示地铁的运营状况(正常、关闭、拥挤),系统应能打断原来时间表正在播放的内容,播放特别信息或者紧急信息。

d. 系统应具备紧急疏散引导显示程序。当事故发生时,操作员按下紧急按钮便能启动一系列的自动疏散程序。

e. 系统应具有网管功能,能监控至各终端显示节点的状态以确保系统正常,各项网管功能(参数设定、监视、维护、报警)应能在控制中心主机上实现,其网管主机还应能提供至中心集中监测告警系统的输出接口。

f. 能够在车辆与车站间提供双向的宽带传输通道,实现车地之间视频流的双向传输。

⑨集中告警系统

集中告警系统是为实现地铁通信网络管理自动化的应用系统,通过对各类实时或非实时数据的综合处理,可为维修中心提供日常检修、故障告警、故障判断以及事故抢修支持,为控制中心提供整个地铁通信系统设备运用分布情况、运行状态,以及运营管理与决策支持。

集中告警系统应满足以下功能要求:

a. 实现通信各子系统的集中告警,并实现告警信息的定向输出;

b. 实时掌握系统运行状态,提升系统的运营管理水平;

c. 通过各子系统的联动和信息交互,快速确定故障地点,大大缩短故障历时;

d. 实现系统的综合管理:通过全面占有数据和统计分析数据,系统向维护管理人员提供了系统运行状态、故障情况、设备情况、资源情况以及计划实施等一系列数据,支持维护管理人员实现系统的综合管理。

e. 提供故障趋势和资源趋势信息,为管理者决策提供支持。

f. 采用模块化结构,适应性强、扩展性强。

g. 提供地理信息系统图形化支持,可实现通信资源分布的可视化管理。

⑩办公自动化系统

办公自动化系统主要是为地铁管理部门的日常事务性工作提供服务,应与地铁各运营指挥相关系统保持相对独立,但为方便管理部门的管理决策,办公自动化系统可读取被授权的部分运营数据。

办公自动化系统的目的是建设一个安全、可靠、开放、高效的信息网络和办公自动化、信息管理电子化系统,为管理部门提供现代化的日常办公条件及丰富的综合信息服务,实现档案管理自动化和办公事务处理自动化,以提高办公效率和管理水平,实现地铁管理各部门日常业务工作的规范化、电子化、标准化。其要求实现的基本功能为:

a. 强大的工作流程设计及应用自定义功能。

b. 公文流转模板的自定义和审批签名电子化,可真正实现无纸化办公。

c. 能发布即时消息,并可根据需要方便的通过公共网络向有关管理人员发布各种信息(如短信、电子邮件)。

d. 具有远程接入能力,实现强大的远程办公功能。

e. 具备对人事、档案等数据的搜索功能。

f. 及时周全的办公提醒，系统以消息机制及时通知待处理的工作。

⑪电源及接地系统

为保证轨道交通各通信系统正常工作，一个安全可靠的通信电源及接地系统是必不可少的。一旦通信电源发生故障，将对通信系统产生较大影响，甚至会造成通信中断。因此，通信的外供电源必须十分可靠。在外供电源停电时，应使用备用蓄电池为通信系统暂时供电。同时如果接地系统出现问题，必将危及通信设备正常工作和人身安全，对于地铁这样的电气化线路，建立安全可靠的接地系统也同样重要。

采用交流不间断电源（UPS）供电，通信系统设备所需要 -48 V 直流电源通过各系统直流电源模块转换方案。控制中心、车站、车辆段、停车场均由电力专业提供综合接地体，分别引至设置于通信机械室内接地盘，接地电阻不大于 1 Ω。各系统的终端设备引入机柜前均考虑防雷保护。

（2）公安通信系统

公安通信系统包括公安视频监视、公安消防无线通信、公安传输、计算机网络、公安有线电话和公安通信电源及接地等子系统构成。

①公安视频监视

地铁公安视频监视系统是公安部门维护地铁正常运营管理秩序的重要手段，是为各级公安人员实时监视、提高地铁治安水平，保证地铁列车安全正点运送旅客的有效工具。通过设置在现场的摄像机对地铁各车站重要区域旅客流动及治安情况进行实时监控，以便及时发现、震慑和打击违法犯罪行为，为查缉破案提供录像取证。

地铁公安监控系统从使用上应可满足车站警务室、派出所、地铁公安分局监控中心的三级监视需求，并与市公安局互联。

采用与运营相同的高清视频监视方案，采用 H. 265 编码方式。

②公安无线通信系统

a. 系统应能与市公安局集群通信系统联网。

b. 系统应覆盖站厅、站台及隧道区间，并且实现地下车站之间、车站与地面之间、在车站上执勤的民警与指挥中心或派出所之间、现场执勤民警与指挥中心以及与市公安局其他警种之间的无线通信，同时提供从指挥中心或现场任意一台手持机和基地台到公安各部门的全呼、一对多组呼、一对一单呼以及在紧急情况下的强拆、强插等调度功能。

c. 系统应具备呼叫、广播、录音、存储、显示、检测和优先权等功能。

d. 具备远程无线遥控、遥测及系统管理功能，可进行远程跨站组呼。

e. 调度台具有选呼、接收功能，可显示基站信道工作状态及呼叫信息，可自由参加和退出组呼，可插话或监听，具有数字录音和检索放音功能，并支持公安计算机网络授权调听录音。

f. 具有可靠的系统备份功能，电源、控制板等主要部件均能实现冗余，确保系统稳定可靠。

公安无线通信系统引入工程的建设，应遵循市公安局统一领导、统一规划、统一组网、统一管理的原则，坚持开发性、标准性和可扩展性，满足市公安局的通信业务需求。

本系统采用 PDT 数字集群构建，以保证地铁内公安无线通信系统与市公安无线网方案保持一致。

③公安传输系统

地铁公安通信系统建立一套独立的传输系统。

本工程公安传输系统承载的业务主要有:视频监控信息、计算机信息、无线中继信息、有线电话信息、各子系统网管、控制信号等。

根据承载的业务类型分析,公安传输系统中承载的业务主要为 IP 两类,因此本工程公安传输系统采用了以太网交换机方式构建。

④公安计算机系统

地铁公安计算机网络是地铁公安通信系统的一个组成部分,可以实现地铁公安各管理部门的办公自动化,提高地铁公安的快速反应能力。通过与市公安局计算机网络的联网,使一线办公点的地铁公安人员可以通过网络访问公安计算机网。公安计算机网络系统按警务室、派出所及分局三级管理机构设置。

⑤公安有线电话系统

有线电话系统是地铁公安通信系统的一个组成部分,是地铁公安的内线电话,为地铁公安各管理部门之间以及与市公安各管理部门之间进行公务联络的一种专用工具,以利于地铁公安各管理部门工作的顺利开展。

⑥公安电源及接地系统

公安电源系统采用交流不间断电源(UPS)供电,通信系统设备所需要 -48 V 直流电源通过各系统直流电源模块转换方案。控制中心、车站、派出所、公安分局均由电力专业提供综合接地体,分别引至设置于通信机械室内接地盘,接地电阻不大于 1 Ω。各系统的终端设备引入机柜前均考虑防雷保护。

2. 呼和浩特城市轨道交通通信系统特点

(1)呼和浩特市城市轨道交通的乘客信息系统、公务电话系统、集中告警系统均采用线网云平台统一承载,通过集中部署各系统所需计算、存储、网络及安全等设备系统,简化了车站级服务器、存储等资源,采用桌面云设备取代传统物理机设备,实现各系统资源的统一分配及管理,提供了系统各方面资源的利用率及管理水平。

(2)呼和浩特市城市轨道交通视频监视系统采用线网级 + 车站级的两级构成方案,不仅优化了系统构成,减少了线路级系统,而且还实现了视频监视系统的线网统一运维统一管理。同时呼和浩特市城市轨道交通视频监视系统采用公有云存储方案,采用租赁方式解决了视频监视系统海量存储自己建设自己维护麻烦的问题。

(3)呼和浩特市城市轨道交通乘客信息系统、公务电话系统统一承载于呼和浩特市城市轨道交通线网云平台上,将传统的线网级、线路级、车站级及现场级四级构成方式优化为线网级、车站级及现场级三级构成,优化了系统构成、精简了管理流程,对呼和浩特市城市轨道交通 1、2 号线及后续线路的各系统车站级和现场级设备统一管理和控制。

7.1.4.3 自动售检票系统

1. 系统构成及功能

自动售检票系统(简称 AFC 系统)是由计算机集中控制的自动或半自动售票、自动检票及进行票务管理、财务结算、客流统计分析的自动化管理系统。采用 AFC 系统可实现计程计时票价制,合理收费。AFC 系统不仅能为乘客提供方便、快捷的售检票服务,而且是实现城市轨道交通综合自动化,提高运营管理水平的必要手段。

AFC 系统由清分中心系统、多线路中心系统、车站计算机系统、车站终端设备、车票五层构成。其中清分中心系统完成整个线网的全局性管理功能,多线路中心完成呼和浩特各条轨道交通线路的数据采集和集中管理功能并向清分中心上传数据,车站计算机系统为车站终端无法连接至多线路中心系统时提供孤岛运行模式。

(1)清分中心系统

清分中心系统是轨道交通 AFC 系统控制管理中心,实现轨道交通路网内各运营商的统一协调以及系统和安全管理;主要负责轨道交通各线一票通、一卡通及其他运营管理、票务管理、轨道交通与城市一卡通清算中心系统的清算、对账及与各线路间的清算,以及对外的信息服务,实现轨道交通多线路中心有效接入清分中心。

(2)多线路中心系统

多线路中心系统(MLC)为地铁 AFC 系统的核心部分,应能实现对地铁各接入线路 AFC 系统内的所有设备进行监控并提供设备状态信息供综合系统轮询,应能实现系统运作、收益及设备维护集中管理功能,实现系统数据的集中采集、统计及管理功能,实现与轨道交通清分系统的联网。

(3)车站级系统

传统 AFC 系统建设模式下,车站计算机系统是 AFC 系统运行在各个车站的计算机网络管理系统,主要是用于监控、管理车站 AFC 系统的运营情况,同时与线路中心进行网络通信和数据交换。本工程传统车站计算机系统功能上移至多线路中心系统 MLC。当各站终端设备无法接入多线路中心 MLC 时,由各车站云服务器部署的车站计算机系统对车站终端设备进行汇聚管理,并保存各类数据,满足“孤岛运行”的需求。

(4)车站终端设备

AFC 系统终端设备主要包括车站售检票终端设备主要包括:自动售票机、半自动售票机、自动检票机、互联网取票机和便携式检票机等,能与多线路中心系统进行网络通信和数据交换。

(5)互联网购票

互联网自动售检票系统是基于移动互联网和云计算的新型的 AFC 自动售检票系统,可以解决传统 AFC 系统乘客购票时间长、单程票成本高、运营维护困难、系统建设投资大的问题。乘客使用互联网方式购买电子票,通过闸机可以节省乘客购票时间,从而使得地铁运营减少单程票的采购和管理、减少传统的自动售票机,利用移动支付技术,减少现金的使用和管理。通过移动终端的查询和移动终端检票,可以大大改善乘客的使用体验。

2. 呼和浩特市城市轨道交通自动售检票系统特点

(1)呼和浩特市城市轨道交通的自动售检票系统均采用线网云平台统一承载,通过集中部署各系统所需计算、存储、网络及安全等设备系统,简化了车站级服务器、存储等资源,采用桌面云设备取代传统物理机设备,实现各系统资源的统一分配及管理,体现了系统各方面资源的利用率及管理水平。

(2)呼和浩特市城市轨道交通自动售检票系统统一承载于呼和浩特市城市轨道交通线网云平台上,将传统的清分中心系统、线路级、车站级及现场级四级构成方式优化为清分中心系统、线网级及现场级三级构成,优化了系统构成、精简了管理流程,对呼和浩特市城市轨道交通 1、2 号线及后续线路的各系统现场级设备统一管理和控制。

7.1.4.4　车场安防系统构成及功能

车场(车辆段/停车场)安防系统主要由以下 6 个部分组成:周界报警系统、安防视频监视系统、门禁系统、电子巡更系统、广播系统、安防集成平台、出入口停车管理系统。

1. 周界报警系统

车辆段、停车场地域相对偏僻、空间大、设备贵重,做好安全防范十分重要。设置周界防范系统,可以有效的协助安全防范工作。本次研究在车辆段、停车场设置周界防范系统，为独立系统，为车辆段、停车场提供人员进出监控、作业流程监控以及周界入侵报警、安全防范等服务。

2. 安防视频监视系统

安防视频监视系统集成于车场安防集成平台，安防中心值班员可通过安防集成平台的控制界面，在安防视频监视系统设置的监控终端上实现安防视频监视功能。同时，安防监控中心值班员也能够通过本系统设置的操作终端（含控制键盘）将安防系统设置的摄像机摄取的图像调入安防中心监视墙的各监视器和视频监视终端上进行监视。采用与正线车站相同的网络高清方案组网，采用 H.265 编码格式进行存储及传输。

3. 门禁系统

车场门禁由正线门禁系统统一考虑，并将车场门禁互联到车场安防系统集成平台中。其中车场区域的门禁卡可由正线门禁系统统一完成授权，也可由车辆段安防监控中心门禁工作站实现授权，下阶段结合运营管理需求确定授权方案。

4. 电子巡更系统

（1）巡更工作站上预设巡更路线，要求保安人员在指定时间，按预设更路线到达指定巡更点，并通过巡更器确认，任何时间和路线异常，系统发出报警并记录。

（2）预设巡更路线可以按月或周任意设置、变更。

（3）巡更路线与巡更状态须以电子地图形式显示在监控屏幕上。

5. 广播系统

根据安防系统的功能需求并结合车场的实际情况，设置广播系统，并对广播系统划分播音区域，在周界报警系统完成入侵定位的同时，人工或自动实现对指定区域的广播或喊话。

6. 出入口停车管理系统

停车场管理系统是一套成熟的停车管理系统，目前各停车管理单位均普遍采用基于现代化电子与信息技术，在停车区域的出入口处安装自动识别装置，通过非接触式卡或主动车牌识别对出入此区域的车辆实施判断准入/拒绝、引导、记录、收费、放行等智能管理，其目的是有效控制车辆与人员的出入，记录所有详细资料并自动计算收费额度，实现对场内车辆与收费的安全管理。

7. 安防集成平台

安防集成平台集成范围包括视频监控子系统、周界报警子系统、巡更子系统、车场门禁子系统、车场广播等。

7.1.4.5 安检系统构成及功能

人检、机检结合。人检即车站现场安检人员对乘客进行普检和疑点排查；机检即通过 X 光机、手持仪器、液体检查仪等设备对包裹、行李包、液体等进行检查。

按照“逢包必检、液体必检、人机结合”的思路，实现地铁安检需求的人检、机检“二检一体”的安检模式，即对大型行李使用固定式“X 光行李检查机”进行逐一检查，防止大容量危险品进入地铁；对乘客随身携带的小件物品进行检查，增加安检系统的严密程度；对检查出的可疑物品，使用爆炸物探测器等仪器确定具体性质。

安检过程中，安检员负责引导乘客，并操作安检设备对包裹、行李包、液体等进行检查；安检员负责对发现的危险品、可疑物品进行先期处置。

7.1.4.6 门禁系统

1. 系统构成及功能

(1)系统构成

根据轨道交通工程的特殊条件和特点,为确保安全运营,保证授权人员在授权情况下方便地进入设备及管理区域,防止非授权人员进入限制区域,本工程设置门禁系统。

门禁系统包括线网级门禁系统、线路车站级门禁系统和现场级门禁系统组成。线路车站级、线网级门禁系统通过云平台网络互联。

(2)系统功能

①系统应对受控区的位置、通过对象及通过时间等进行实时控制,应有报警功能。

②系统应适应地铁站点多,距离远的特点,适应系统复杂的网络结构,满足多级的管理模式,快速准确的通行授权的要求。

③系统应具有开放性,标准的控制接口,以便与其他系统进行集成和交换数据。

④系统应能独立运行,应能与安全管理系统联网,与报警系统、视频监控系统联动。

2. 呼和浩特市城市轨道交通门禁系统特点

呼和浩特市城市轨道交通门禁系统统一承载于呼和浩特市轨道交通线网云平台上,将传统的线网级、线路级、车站级及现场级四级构成方式优化为线网级、车站级及现场级三级构成,优化了系统构成、精简了管理流程。

7.1.4.7 综合监控、FAS、BAS

1. 火灾自动报警系统(FAS)

(1)系统构成

火灾自动报警系统通过通信专业提供的通信信道与控制中心相连,组成全线环网。控制中心单独设置FAS中央级设备,车站级FAS设置单独的显示终端。火灾时,火灾报警控制器接收到确认的火灾信息后,控制消防专用的防救灾设备,同时向BAS及ISCS发布火灾模式指令,控制消防专用的防救灾设备以外的相关设备转入火灾模式运行。

火灾自动报警系统(FAS)组成中心、车站两级管理,中心、车站、就地三级控制模式。

FAS在控制中心设置一套火灾自动报警控制器(网络型)、两台互为备用的图形工作站;火灾自动报警控制器(网络型)通过网络接口与全线火灾自动报警网络相连,作为网络的节点与各车站级火灾报警控制器(联动型)保持通信。

车站级FAS由车站值班员工作站、火灾报警控制器、气体灭火控制器、消防专用电话主机、联动控制盘(由ISCS统一配置)等设备组成。

(2)系统功能

中央级是全线FAS的调度中心,对全线报警系统信息及消防设施有监视、控制及管理权,对分控级的防救灾工作有指挥权。控制中心主要负责监视全线各车站、车辆段的火灾报警、消防设备故障报警、网络的故障报警等,并显示报警部位、防灾设备的运行状态及气体自动灭火系统的有关信号,系统接收和处理信息的能力和配置应满足远期预留工程(呼和浩特地铁2号线后续工程)纳入系统时的需要。

各车站、车辆段、主变电站的消防控制室不设专职消防值班员,而由值班站长或值班员兼任,监视火灾报警、确认火灾灾情、报告OCC、接收OCC发出的消防救灾指令、控制有关消防联动设备和组织现场救灾。

(3)工程应用特点

呼和浩特市城市轨道交通一期工程设置火灾自动报警系统。FAS 系统通过通信系统提供的光纤组建令牌环网,实现各车站、车辆段与控制中心的高速实时通讯。FAS 在车辆段、停车场的运用库、物资总库等高大空间用房,设置红紫外光束感烟探测器,减小固体颗粒、粉尘颗粒吸入等对火灾烟雾探测的干扰,提高火警预警报警的灵敏度和精确度,减小误报率。FAS 在区间设置感温光纤探测系统,及时对区间进行火灾预警报警

2. 环境自动监控系统(BAS)

(1)系统构成

BAS 由中央级、车站级、现场级三级构成。

BAS 系统不单独组建网络,在中央级及车站级由综合监控系统集成,中央级集中监控功能、车站级监控功能由综合监控系统完成,由综合监控系统组建全线监控系统。

BAS 中央级对各个车站及地下区间隧道通风空调设备、给排水设备、照明设备、自动电/扶梯、EPS/UPS 等设备进行监视或控制。BAS 中央级集成在综合监控系统中,设备由综合监控系统负责配置,功能由综合监控系统负责实现。

车站级采用 PLC 自动控制系统,由 PLC 控制器、RI/O、通信模块、各类传感器、各类模块和调节阀等组成。

车辆段、停车场按照特殊站点考虑,采用单套冗余 PLC 控制器。

BAS 车站现场控制级由主、从端 PLC 控制器(冗余配置)、RI/O、各类通信转换接口模块、控制网络、各类传感器等组成。

(2)系统功能

BAS 在中心由综合监控系统集成,BAS 中央级功能由综合监控系统实现。中央级负责集中管理全线系统的运行,监督全线机电设备的运行工况;确定全线机电系统运行模式、更改运行工况,对地铁内被监控设备发布运行工况的调控指令;接收各车站报送的设备运行状态、故障报警信息、环境检测数据、机电设备运行累计计时。完成数据处理,作历史资料存档管理,为设备维修和运营管理部门提供设备检修和主备设备切换报告。

BAS 在车站级与综合监控系统集成,主要负责正常和事故工况下对车站设备的监视、控制及管理。车站管辖范围内所有受控设备直接显示在操作员工作站的显示器上。

(3)工程应用特点

呼和浩特市城市轨道交通工程 BAS 系统采用工业以太网作为 BAS 系统核心网络。相比传统的总线方案,以太网网络将传统的 ControlNet 双总线方案改进为光纤自愈工业以太网 EtherNet/IP 环网,通信速率从 5 M 大幅度提升为 100 M。同时协议为开放性,采用光纤介质,大大提高抗电磁干扰性、安全性,同时简化了设计施工和调试工作。

3. 综合监控系统

(1)系统构成

综合监控系统应围绕行车和行车指挥、防灾和安全、乘客服务等开展设计,以进一步提高运营行车管理的水平。

综合监控系统采用的软硬件应适应新 IT 云平台架构下,系统与云平台的兼容性,采用的软硬件搭配应

合理可靠，技术标准、性能及可靠性不应低于传统架构。

综合监控系统采用云平台架构，云平台资源按照业务系统划分资源池，考虑业务系统的灵活部署以及互联互通。

综合监控系统硬件主要由服务器、交换机、存储设备、FEP前置处理器、工作站、网络安全设备等组成，其中服务器、存储设备及网络安全主要由地铁线网云平台提供。

①控制中心综合监控系统

②车站综合监控系统

(2)综合监控系统功能

综合监控系统采用多系统集成、互联方案，通过一个统一的软硬件平台，实现整个集成系统、互联系统的管理和监控。

(3)工程应用特点

呼和浩特市城市轨道交通工程综合监控系统采用基于云平台架构的综合监控系统，形成呼和浩特市轨道交通线网综合监控系统的扁平化整体架构，有效提升了系统资源利用率，降低工程投资。综合监控系统验证了多种方式下、多种场景下的冗余切换机制，提升了系统的稳定性。同时，综合监控设置车站后备系统，保证车站的降级运行，进一步提升系统的整体可靠性。

7.1.5 常规设备系统

7.1.5.1 通风空调系统

通风空调主要功能是为提供人呼吸所需要的氧气，稀释室内污染物或气味，排除室内工艺过程产生的污染物，除去室内的余热或余湿。

1. 系统组成

(1)区间隧道活塞通风、机械通风兼排烟系统。

(2)车站站厅层和站台层公共区(含车站站台轨道区)通风空调与采暖系统兼排烟系统(简称“大系统”)。

(3)车站设备管理用房通风空调系统兼排烟系统(简称“小系统”)。

(4)车站设备管理用房空调水系统(简称“水系统”)。

(5)多联机空调系统。

2. 系统功能

(1)隧道通风系统

隧道通风系统其功能是保证区间隧道通风要求，正常运行时通过列车活塞效应通风换气，事故情况下，根据全线统一的运行管理要求，由区间风机(含TVF隧道风机、射流风机)排除隧道内空气和烟气或向隧道内送风。

(2)车站通风空调系统

车站通风空调系统由站厅公共区通风空调兼排烟系统和站台公共区通风空调兼排烟系统两部分组成。大系统所服务范围为车站站厅、站台和出入口通道等供乘客使用的公共区域，以及位于公共区内的商铺、银行营业网点、票务中心等。车站公共区通风空调系统采用站台门上方设置电动可调风口的通风系统，开闭式相结合的运行模式。其主要功能为夏季排除车站站厅和站台公共区的余热和余湿，保证车站公共区达到设计的温湿度和空气质量标准,同时通风空调系统兼作公共区事故排烟系统。冬季采用闭式运行模式,利用区间及车站公共区等处的可在用热,预热进入区间及车站公共区新风,从而保证冬季车站公共区的环境温度和新风量需求。

(3)设备管理用房通风空调系统

车站设备管理用房的通风空调系统其主要功能为排除设备及管理用房的余热和余湿以保证房间内空气环境质量满足人员舒适感的要求和各种设备正常运转的需要,并兼设备管理用房的事故排烟系统。地铁车站的设备管理用房根据功能、性质和使用要求不同,通常分为管理办公用房、发热量较大的强电电气设备房、发热量小的弱电电气等其他设备房屋、卫生间及泵房和机房等辅助房屋等。

(4)多联机空调系统

多联机空调系统主要设置在与行车安全紧密相关的重要设备用房,信号设备室、通信设备室、UPS 电源室等房间。

3. 运行模式

(1)区间隧道通风系统运行模式。

(2)车站公共区通风空调系统运行模式。

(3)车站设备管理用房通风空调系统运行模式。

7.1.5.2 给排水及消防系统

1. 生产及生活给水系统

系统构成:系统主要由地下车站、车辆段、停车场、主变电站等附属建筑的人员生活给水系统、车站地面和污、废水泵房等冲洗给水系统、检修车辆、设备给水系统、冲洗车辆给水系统组成。

系统功能:生产给水系统主要供给冲洗用水及检修车辆、设备用水;生活给水系统主要供给车站及附属建筑卫生间、盥洗间、茶水间及部分房间的洗涤池用水。

2. 排水系统

系统构成:排水系统分为废水、雨水、污水三类。污水系统包括生产、粪便及生活污水排水系统;雨水系统包括车站出入口、低风亭等雨水系统和隧道洞口敞开段雨水系统;废水系统包括结构渗漏水、消防废水、冲洗废水等。

系统功能:排水系统应能及时排除地铁运营过程中产生的生产污水、粪便污水、冲洗水、消防废水、结构渗漏水、隧道洞口、地下车站敞开出入口和风亭的雨水。

(1)废水排水系统。

(2)雨水排水系统。

(3)污水排水系统。

(4)区间排水系统。

(5)排水泵控制方式。

BAS 系统中央级管理、BAS 系统车站级管理、就地级控制。

3. 消防系统

系统构成:消防系统包括消防给水系统和灭火器的配置。消防给水系统由站内消火栓系统、自动喷水灭火系统、地面水泵接合器及站外消火栓系统组成。

系统功能:地铁的消防给水系统和灭火器的配置应能迅速有效的扑火各类初期火灾,以确保地铁的正常运营。消防给水系统以水为主要灭火剂,以消火栓系统为主要系统,在立足自救、结合外救的基础上扑灭地铁沿线车站、区间及附属建筑物内的初期火灾。

7.1.5.3 气体灭火管网系统

气体灭火管网系统设计范围地下车站的通信设备室、通信电源室、信号设备室、信号电源室、公安通信设备室、民用通信设备室、变电所的控制室、高压室、低压室、整流变压器室、站台门控制室、通风空调电控室、照明配电兼蓄电池等设备用房设气体灭火系统;地下主变电所及控制中心的相关电器房间。

IG541 灭火系统采用全淹没组合分配系统对各车站的所有保护区进行保护。

气体灭火系统管网系统设备由灭火剂瓶组(包括灭火剂、储存容器及容器阀)、启动瓶组、选择阀、高压软管、集流管、安全阀、单向阀、减压装置、自锁压力开关、喷头及低压泄漏阀等组成。

7.1.5.4 动力配电及照明系统

1. 动力配电主要设计原则

(1)消防与非消防设备自变电所0.4 kV 馈线处分开配电。

(2)消防设备的供电:所有的消防设备及火灾时需要继续工作的动力设备皆属于一级负荷,其配电电源为双电源、双电缆,在末级配电箱处进行切换;变电所低压柜至通风空调消防负荷进线柜、应急照明集中电源装置、EPS、消防泵及 FAS 的电缆选用矿物绝缘电缆,其余消防时仍需运行的设备电缆(线)选用低烟无卤阻燃耐火电缆(线)。所有电线电缆阻燃性能不低于 B 类。

电缆沿封闭桥架进行敷设,导线穿钢管敷设,消防配电回路暗敷时敷设在非燃烧体结构内,保护层厚度不小于 30 mm,明敷时钢管外涂防火涂料,凡电缆穿越的隔墙,楼板孔洞均应采用防火堵料封堵。

(3)消防设备的控制:消防泵、专用排烟风机及相关阀门、防火卷帘、挡烟垂帘、气灭等火灾专用消防动力设备,平时由 FAS 监视其状态,火灾时 FAS 系统联动其动作。

(4)动力设备的启动应满足规范要求,当单机容量较大(≥55 kW)可采用软启动。根据工艺要求,可采用变频启动方式。兼消防设备及消防专用设备在火灾时采用工频启动,末端配电断路器在过载时只报警不跳闸。

2. 照明配电主要设计原则

(1)车站应急照明

①车站设置正常照明和应急照明。正常照明火灾时切除。车站设备管理用房应急照明灯平时由双控开关进行控制,火灾时由 FAS 强启;车站公共区应急照明长明不设控制。

②应急照明设置:应急照明包括疏散照明和重要房间的备用照明。

疏散照明由疏散照明灯、出口标志灯、指向标志灯及导流标志灯组成。在车站出口和其他通向站外的应急出口处以及车站控制室、气体灭火保护区、风道出口的门顶均设置出口标志灯;在站台、站厅、楼梯、通道及通道转弯处附近,应设置的疏散指示标志灯。安装间距不应大于 10 m;在走道拐弯处,不应大于 1 m;导流标志灯设于车站内沿疏散走道的地面上,采用蓄光型疏散标志。

备用照明设置于车站综控室、通信信号机房、变电所、消防泵房、消防风机房、环控电控室、配电间等重要房间,上述房间的备用照明设双控开关,火灾时可由 FAS 系统联动点亮,不受就地开关的位置影响。

③应急照明的电源设置:应急照明中的备用照明选用 EPS 电源集中供电,外部电源由变电所 0.4 kV 开关柜两段母线各取一路电源供电,一用一备,在 EPS 内进行切换。在交流电源都失压的情况下,由蓄电池提

供备用电源,经逆变后供电。蓄电池的持续放电时间不小于60 min,蓄电池初装容量在事故状态下应满足不少于1.5 h的用电要求,同时满足人防用电要求。应急照明中的疏散照明选用疏散照明集中电源装置供电,外部电源由变电所0.4 kV开关柜两段母线各取一路电源供电,一用一备。在交流电源都失压的情况下,由疏散照明集中电源装置提供备用电源,集中电源装置的持续放电时间不小于60 min,蓄电池初装容量在事故状态下应满足不少于1.5 h的用电要求,同时满足人防用电要求。

④应急照明照度:车站站厅、站台、出入口通道为10~20 lx;综控室、站长室、通信机房、信号机房、售票室、消防泵房、配电室、变电所等场所备用照明的照度不小于正常照度的10%~100%;附属用房的内走道不低于5.0 lx。

(2)区间应急照明

区间设置工作照明、应急照明。区间应急照明作为正常照明的一部分与工作照明交叉布置,各占50%数量,每隔10 m设一套灯具。区间隧道每隔10 m设置可控方向的疏散指示标志,联络通道设置带语音的出口标志灯。区间工作照明配电箱设在车站与区间分界处端头,区间照明不设置区间照明分箱。工作照明配电箱电源引自车站变电所两段母线,就地切换后进行配电。区间应急照明的电源由车站疏散照明集中电源装置接引。

7.1.6 轨道系统

轨道结构是地铁系统中车辆走行的基础,起到导向、承载和传递车辆荷载的作用。同时,减振轨道结构也是地铁系统穿越城市重要地段减振降噪的主力军,通过轨道结构的特殊设计,在满足环境保护振动和噪声要求的前提下,使得地铁在城市繁华地段、文保单位、医院及学校等地段铺设得以实现。

正线铺设60 kg/m、25 m定尺长、U75V无孔钢轨区间缝线路,地下线和高架线采用整体道床,道岔区采用长枕埋入式整体道床,出入段线及出入场线地面段铺设有砟轨道。

1. 钢　　轨

正线采用耐磨性、抗拉强度、屈服强度和拉伸性能均较高的60 kg/m、25 m定尺长、U75V无孔钢轨。

2. 扣　　件

扣件设计满足本工程使用性能要求,先进成熟、经济实用、少维修,尽量标准化,型式力求统一,以及能够持久保持良好的弹性。正线地下线除中等减振地段外铺设DTⅥ2型扣件,高架线铺设DTⅥ2型扣件小阻力扣件。

3. 轨　　枕

正线地下线铺设预应力混凝土长轨枕,高架线及特殊减振地段铺设混凝土短轨枕,道岔区铺设预应力混凝土长岔枕。

4. 道　　床

正线地下线铺设长枕埋入式整体道床,高架线铺设短枕承轨台式整体道床。

5. 减振轨道设计

中等减振地段采用双层非线性减振扣件,该扣件高度较低,设置双层铁垫板,板之间设置弹性胶垫及连接机构,使扣件在垂向具高弹性的同时仍能保证轨头横向位移不超限,以确保行车安全。减振性能10 dB以上。

高等减振高等减振地段采用梯形轨枕结构,梯形轨枕轨道结构由扣件、预应力混凝土梯形轨枕、底部减振垫、侧向缓冲垫、钢筋混凝土基础等组成。在梯形轨枕混凝土纵梁上直接预埋扣件尼龙套管，梯形轨枕混凝土强度等级采用C60，沿纵向采用双层预应力配筋，横向采用箍筋。此外，还预埋了吊装预埋件供制造及安装时使用。梯形轨枕整体道床范围内设置中心明沟，水沟上方需设置水沟盖板，盖板安装在中心水沟两侧道床上，以方便巡道及紧急疏散行走。减振性能12 dB以上。

特殊减振钢弹簧浮置板道床由钢轨、扣件、短轨枕、C40钢筋混凝土浮置式道床板、C35钢筋混凝土基底、隔振器及其他附属设施组成。浮置道床板通过嵌固于其中的液体阻尼钢弹簧隔振器实现。减振性能15 dB以上。

6. 道　　岔

正线铺设60 kg/m钢轨9号道岔。道岔容许通过速度：直向为100 km/h，侧向为35 km/h。道岔全长28.3 m，*a*值12.570 m，*b*值15.73 m。

7.1.7 电扶梯

1. 主要设计原则

(1)自动扶梯

①自动扶梯选用公共交通型重载扶梯，其特点是：安全、可靠、耐用。

②扶梯类型分为：室内型扶梯和室外型扶梯。原则上在车站站内及与物业结合的出入口选用室内型扶梯，车站敞开和半敞开出入口及高架站可能受到雨淋的扶梯采用室外型扶梯。

③自动扶梯选用名义速度为0.65 m/s，维修速度为0.13 m/s，维修速度同时也作为节能速度。梯级标准宽度1 000 mm，倾斜角度30°，单台自动扶梯输送能力7 300人/h。

④为确保乘客安全，要求自动扶梯上、下端部应有不小于1.6 m长的水平梯级，即4个水平梯级。

⑤载重条件为：自动扶梯每天连续运行不应小于20 h，每周运行不应小于140 h，每3 h应能以100%制动载荷连续运行1 h，其余2 h按60%制动载荷，允许手拉行李箱和小型手拉行李车随人上扶梯的要求。

(2)电梯

①车站电梯选用无机房电梯。

②车站优先通过设置客货两用电梯实现残疾人无障碍通道。

③站台至站厅电梯宜设置在付费区；出入口至站厅电梯配置在非付费区，采用无人值班方式，乘客能自行操作电梯升降，以减少车站服务人员。

④站内无机房电梯底坑按不渗水设计施工，优先考虑自流排水，无自流排水条件时，底坑外设排水装置。出入口电梯在底坑外设置集水井。

⑤电梯尽量避免采用贯通门。车站站厅至站台的电梯原则上采用透明井道电梯。地下站出入口电梯采用土建井道电梯，高架车站出入口电梯设置视情况定，原则上采用透明井道电梯。电梯井道采用包容原则设计。

2. 运营模式

(1)自动扶梯

启停需有专人管理。管理人员在没有人乘坐自动扶梯时才能启动自动扶梯或关停自动扶梯。启动自动扶梯只能用专用的钥匙。

在运行过程中，当自动扶梯上没有乘客之后约10 s左右，自动扶梯自动转入节能模式运行。

(2)电梯

付费区至付费区(或非付费区至非付费区)的电梯可由乘客自行操作,不需要专人管理。

3. 节能措施

(1)扶梯节能方案选用全变频节能,即扶梯的供配电始终通过变频器,扶梯的速度可任意选择在 0 ~ 0.65 m/s 中的任何速度运行。如设定扶梯上无乘客时,扶梯按 0.13 ~ 0.2 m/s 的节能速度运行,当扶梯前端探知有乘客进入时,扶梯从 0.13 ~ 0.2 m/s 加速至额定速度 0.65 m/s 运行;当扶梯上无乘客时,扶梯又减速至 0.13 ~ 0.2 m/s 的速度运行。

(2)车站电梯曳引机选用永磁同步无齿轮曳引机:永磁同步无齿轮曳引机采用永磁同步电机,无减速机构,与传统的曳引机相比,机械系统效率大幅度提高,节能效果明显。

7.1.8 站台门

1. 系统构成及功能

(1)系统构成

站台门系统主要由门机、可调通风百叶(地下车站)、门体、电源、控制 5 个部分组成。门机主要包括门机梁、驱动电机和减速器、传动装置、门锁等;可调通风百叶(地下车站)主要包含固定百叶和电动风阀;门体主要包括梁柱结构、滑动门、固定门、应急门、端门、门槛、绝缘件、顶箱盖板等构成;电源是指从低压配电与照明专业自动切换箱至站台门电机及其他用电设备的中间所有元器件,主要包括隔离变压器、UPS、断路器、继电器、电缆等;控制系统主要包括中央接口盘、门控单元、就地控制盘、与综合监控系统及信号系统间的接口设备、系统软件等。

(2)系统功能

站台门系统的设置防止乘客掉下站台;减小噪声及活塞风对站台候车乘客的影响,改善乘客候车环境的舒适度,为轨道交通实现无人驾驶奠定了技术基础。

2. 控制及运营模式

站台门系统可实现系统级控制、站台级控制和手动操作三级控制方式,同时还有 IBP 盘紧急开门功能及单道门单元的维修控制功能。

3. 安全防护措施

(1)滑动门每扇门都设有锁紧装置。滑动门关闭后该锁紧装置可防止外力作用将门打开。滑动门自动开启时,门锁能自动释放;手动开门时,采用开门把手和钥匙使锁紧装置释放。锁紧装置正常运行时可自动解锁,该锁应与手动开门把手钥匙联动,故障情况时可进行手动解锁。

(2)滑动门应有障碍物探测装置,能探测到的最小障碍物厚度 5 mm。当站台门在关闭过程中夹住人或物时,如果门体对于障碍物的作用力大于设定值,滑动门立即停止关闭,同时泄掉夹紧力,解脱被夹的人或物。

(3)为满足《地铁设计规范》(GB 50157—2013)限界的要求,站台门和列车门之间存在空隙。为避免在这个空隙中夹住人,在满足限界的前提下,在滑动门底部设计防攀爬装置,避免乘客夹在站台门和列车门之间。

(4)另外在列车尾部端门处安装瞭望灯带,列车司机在站台门关闭后发车前进行瞭望,以确定车门与站台门没有夹人,但该措施只适用于直线站台。下一步将根据站台门产品发展形势,做进一步研究选用合理措施,以防站台门夹人。

（5）在站台边缘设置防踏空胶条，防止乘客上下车时踩空。

7.1.9 云平台

1. 云平台系统构成

云平台是轨道交通指挥列车运行、组织运输生产、提高运营管理效率和服务质量的重要手段。呼和浩特市城市轨道交通线网级云平台旨在通过统一构建计算、存储、网络资源，为运营生产系统、企业管理信息系统、乘客服务管理系统提供基础设施即服务（IaaS）。本次建设的云平台主要保证轨道交通1、2号线工程的正常运营、运维的功能需求，预留3、4、5号线后期规划建设时的接入能力。

本标段由以下几部分构成：

（1）生产中心云平台；

（2）灾备中心云平台；

（3）站段云平台。

2. 云平台主要功能

（1）生产中心云平台

生产中心云平台设置在控制中心，作为呼和浩特市城市轨道交通线网级云平台的主服务中心，在线路正常运行时，承担主服务功能。

生产中心云平台主要为运营生产系统（包括综合监控系统、自动售检票系统、乘客信息系统、门禁系统、公务电话系统、通信集中告警系统、列车自动监控系统、数据挖掘系统）、企业管理信息系统（包括：资产管理一体化平台、运营一体化平台、协同办公一体化平台）、乘客服务管理系统（包括：邮件系统、外部网站、互联网购票子系统手机App平台）提供IaaS服务，统一部署各业务系统传统模式下中心级硬件所需的计算、存储资源，并将车站、场段传统应用服务功能上移至中心虚拟资源中。另外，云平台同时为运营生产系统、企业管理信息系统提供云桌面服务，满足线网中心调度员、车站调度员、站长与值班员、运营团队的云桌面服务需求。

生产中心云平台将运营生产系统、企业管理信息系统、乘客服务管理系统传统架构下中心级、车站级资源云化统一部署，应用架构与传统架构一致，系统层级扁平化，简化数据业务处理流程，实现资源有效利用、运维集中化管理。同时，利用服务器虚拟化、存储虚拟化、桌面虚拟化、网络虚拟化技术和云计算管理等技术构建易于管理、动态高效、灵活扩展、稳定可靠、按需使用的云计算模式的数据中心，统一提供计算、存储、网络资源，满足业界通用虚拟化、弹性计算、高等级安全、跨地理位置分布、大规模性、一致性等要求，并为后续智慧地铁系统各业务子系统智能联动、大数据分析等智能应用提供基础平台支撑。

（2）灾备中心云平台

灾备中心云平台设置在1号线车辆段，作为呼和浩特市城市轨道交通线网级云平台的备用服务中心，在主中心瘫痪情况下灾备中心云平台能顺利接管主中心云平台日常的业务处理任务，承担备用服务功能。

灾备中心云平台主要为灾备模式下运营生产系统（包括综合监控系统、自动售检票系统、乘客信息系统、门禁系统、列车自动监控系统）所需的计算、存储、网络资源以及企业管理信息系统、乘客服务管理系统业务灾备网元部署所需的存储资源，并将车站、场段传统灾备应用服务功能上移至灾备中心虚拟资源中。

目前对于云平台承载的运营生产系统，灾备中心云平台满足列车自动监控系统应用级容灾的能力，满足综合监控系统、自动给售检票系统、乘客信息系统、门禁系统数据级容灾的能力。对于企业管理信息系统、乘客服务管理系统均满足数据级容灾的能力。

(3)站段云平台

在1、2号线车站、停车场、车辆段设置站段云平台,作为呼和浩特市城市轨道交通线网级云平台的站段服务节点,承担业务系统网络汇聚及降级应急处理功能。

在线路正常运行时,站段云平台为运营生产系统(包括综合监控系统、自动售检票系统、乘客信息系统、门禁系统、公务电话系统)、企业管理信息系统现场级设备提供网络传输通道,实现各业务系统与中心云平台计算、存储资源的数据交互,承担网络汇聚功能。

在车站/场段与生产中心云平台、灾备中心云平台失去联系时,为运营生产系统(包括:综合监控系统、自动售检票系统、乘客信息系统)系统提供紧急处理所必备的IaaS服务,统一部署以上业务系统降级模式下现场级硬件所需的计算、存储资源,承担降级应急处理功能。

车站/场段云平台纳入生产中心线网级云平台的统一管理,通过云平台保证资源的快速交付和统一管理,支撑业务快速上线、融合运营、统一运维。

7.2 云计算技术应用

7.2.1 城轨云平台建设背景及意义

1. 背　　景

(1)云计算技术

云计算是一种新兴的共享基础架构的方法,它可以将巨大的系统池连接在一起以提供各种IT服务。云计算也可以理解为是一种商业计算模型,它将计算任务分布在大量计算机构成的资源池上,使用户能够按需获取计算力、存储空间和信息服务。

这种资源池称为"云"。"云"是一些可以自我维护和管理的虚拟计算资源,通常是一些大型服务器集群,包括计算服务器、存储服务器和宽带资源等。云计算将计算资源集中起来,并通过专门软件实现自动管理,无需人为参与。用户可以动态申请部分资源,支持各种应用程序的运转,无需为烦琐的细节而烦恼,能够更加专注于自己的业务,有利于提高效率、降低成本和技术创新。云计算的核心理念是资源池,资源池将计算和存储资源虚拟成为一个可以任意组合分配的集合,资源池的规模可以动态扩展,分配给用户的处理能力可以动态回收重用。这种模式能够大大提高资源的利用率,提升平台的服务质量。

之所以称为"云",是因为它在某些方面具有现实中云的特征:云一般都较大;云的规模可以动态伸缩,它的边界是模糊的;云在空中飘忽不定,无法也无需确定它的具体位置,但它确实存在于某处。之所以称为"云",还因为云计算的鼻祖之一Amazon公司将大家曾经称为网格计算的东西,取了一个新名称"弹性计算云"(Elastic Computing Cloud),并取得了商业上的成功(见图7-2-1)。

云计算具有以下特点:

①超大规模。"云"具有相当的规模,Google云计算已经拥有100多万台服务器,Amazon、IBM、微软和Yahoo等公司的"云"均拥有几十万台服务器。"云"能赋予用户前所未有的计算能力。

②虚拟化。云计算支持用户在任意位置、使用各种终端获取服务。所请求的资源来自"云",而不是固定的有形的实体。应用在"云"中某处运行,但实际上用户无需了解应用运行的具体位置,只需要一台笔记

图 7-2-1 云计算示意图

本或一个 PDA,就可以通过网络服务来获取各种能力超强的服务。

③高可靠性。“云”使用了数据多副本容错、计算节点同构可互换等措施来保障服务的高可靠性,使用云计算比使用本地计算机更加可靠。

④通用性。云计算不针对特定的应用,在“云”的支撑下可以构造出千变万化的应用,同一片“云”可以同时支撑不同的应用运行。

⑤高可伸缩性。“云”的规模可以动态伸缩,满足应用和用户规模增长的需要。

⑥按需服务。“云”是一个庞大的资源池,用户按需购买,像自来水、电和煤气那样计费。

⑦极其廉价。“云”的特殊容错措施使得可以采用极其廉价的节点来构成云;“云”的自动化管理使数据中心管理成本大幅降低;“云”的公用性和通用性使资源的利用率大幅提升;“云”设施可以建在电力资源丰富的地区,从而大幅降低能源成本。

(2)国外城轨云平台现状

据报道,2017 年初,瑞士西门子公司与瑞士戈内格拉特齿柜铁路公司(GGB)共同建成了世界上第一套基于“云计算”的调度控制系统。

(3)国内城轨云平台现状

温州市市域铁路 S1 线综合监控系统(ISCS)和自动售检票系统(AFC 含 ACC)分别搭建了各自单线路单系统云,目前处于项目实施阶段,但线路尚未开通。

深圳地铁 6、10 号线计划采用单线路综合云技术方案,综合云平台计划融合 ISCS、CCTV、ACS、PIS 系统,目前已完成初步设计修编及评审,正在编写用户需求书。

(4)呼和浩特市发展城轨云背景

云技术是我国战略性新兴产业之一。经过近十年的发展,云计算已从概念导入进入广泛普及、应用繁荣的新阶段,已成为提升信息化发展水平、打造数字经济新动能的重要支撑。结合“中国制造 2025”和“十三五”系列规划部署,国务院、工信部陆续出台《云计算发展三年行动计划(2017—2019 年)》、云计算“十三五规划”等一系列促进云计算产业发展的指导性文件,鼓励云计算技术与行业应用的深度融合,充分发挥云计算、大数据的共享优势,提升各行业生产管理效益。

2016年,内蒙古自治区获批全国唯一大数据基础设施统筹发展类综合试验区。内蒙古自治区《"十三五"规划纲要》中明确提出基于"繁荣丝绸之路经济带"、"进一步畅通中蒙俄经济走廊和亚欧国际货运大通道"等战略,要进一步加强云计算、大数据等信息基础设施建设,重点发展以大数据为代表的互联网经济,将打造以呼和浩特为中心的呼包鄂智慧岛。

呼和浩特市在发展云计算产业中,具有优越的地理自然条件和充足的能源保障条件,有利于云计算企业降低生产成本。而且在网络基础体系中,呼和浩特地处"三北"交会处,不仅是三大电信运营商光缆大动脉的重要交会点,还是"呼包银榆"经济区的光缆通道中枢节点。经过几年的发展,呼和浩特"中国云谷"初具规模,中国电信、中国移动、中国联通云计算数据中心投入运营,百度、腾讯等30多家IT企业相继入驻,云计算服务能力达到70万台,成为全国乃至亚太最大的数据存储基地,发展基础雄厚。呼和浩特市委、市政府为了推动云计算大数据产业发展、先后出台了《云计算产业发展规划(2011—2020年)》《加快服务业发展的实施意见》《加快云计算产业发展若干政策的意见》《现代服务业发展三年行动计划(2016—2018年)》等政策,在云计算产业项目用地、用电、创新、财税、投融资等方面提供全方位的保障。呼和浩特市一直在"把能源储备转化为信息储备、把能源输出转化为信息输出"的转型之路上不断创新发展。

呼和浩特市作为内蒙古自治区首府,承担着经济社会发展重要使命,但是多年的交通拥堵一直是制约城市发展的"心头病",市委、政府为了有效缓解交通拥堵问题,多措并举,从路面交通、地下交通、空中快速路等多管齐下。城市轨道交通作为一种大容量的公共交通方式,以其运量大、污染轻、方便、快捷等特点,成为解决城市交通拥堵、提升城市品质生活的有力措施,但是发展地铁交通需要投入大量人力、物力、财力。在资金投入有限的条件下,高效运行地铁基础设施、提高地铁运用效率以满足人们日益增长的交通需求成为关注焦点,地铁智能化云平台技术应运而生。

呼和浩特市城市轨道交通1、2号线是近年首府宜居城市建设的重大民生工程,也是自治区重点项目,项目总投资373.61亿元。1号线一期工程全长21.97 km,2019年12月31日通车试运营;2号线一期工程线路全长27.30 km,2020年10月1日通车试运营。

城市轨道交通智能化云平台是融合了信息技术、通信技术、管理与决策技术、物联网、分布式云计算技术、大数据挖掘技术等先进手段的,以实现信息采集、传输、处理和共享为基础的,面向市民、乘客、运营管理者的,融合通信应用、信息和数据应用、互联网应用、传媒应用的轨道交通ICT智慧系统。云平台助力城市轨道控制系统实现多系统信息互通、数据共享、实时反馈,大数据平台就像是城市轨道交通系统的"大脑",综合分析、处理、挖掘系统信息,并做出合理决策。

呼和浩特市轨道交通公司作为呼和浩特市城市轨道交通建设管理方,经过广泛深入的调研,在中国城市轨道交通协会的大力支持下,创新性的将城市轨道交通与云计算大数据深度融合,提出基于云平台的城市轨道交通业务系统新型架构。本项目主要创新点有:

①业务系统线网统一部署

突破了城市轨道交通各生产系统独立部署和按线路建设的思维,构建城市轨道交通综合监控系统、自动售检票系统、乘客信息系统、视频监控系统、门禁系统、列车自动运行监视系统的线网级部署。

②业务应用架构优化

对城市轨道交通各生产系统(如ISCS、AFC、CCTV、ACS、PIS、ATS、电话等系统)应用架构进行了优化创新。以ISCS系统为例,在线网部署服务器,采用集中式部署方式,服务器资源利用率高;简化实时数据处理,提高实时性;通过虚拟机模板可批量创建,云平台硬件集中,可通过云管理软件维护系统,维护方便;历史数据集中存储,可方便后续利用大数据等技术开发智慧地铁、智慧运营等相关应用。

③节省车站系统机房等资源分配

减少车站系统设备配置,将部分车站功能上云,减少对地下车站的机房空间、电力、环控、消防等资源占用,降低工程投资。

④网络安全保障策略创新

与城轨交通传统的按独立专业系统进行网络安全防护的策略不同,在线网高度,从网络层面统筹规划、统一设计,实现网络安全保障体系创新。

⑤运营指挥管理体系创新

车站级维护管理工作量大大降低,主要集中在线网层面,取消线路级运营指挥。对城市轨道交通节约人力资源,具有重大意义。

⑥项目实施与规范制定相结合

不仅完成科研测试和工程建设,还结合工程实例制定相关的规范与标准,涵盖了应用、平台、网络等内容。通过示范研究带动相关规范的制定,规范的可行性和适应性在规划和建设中试点验证,从而推动城轨交通行业的规范、健康、可持续发展。

2. 意　　义

采用云计算技术,可以充分提高系统硬件资源的利用率,节省耗电成本和空间成本,降低工程总体造价。同时,若轨道交通各业务应用系统都按照云计算的统一标准进行开发实施、注册部署,可以方便地对各类业务工作进行标准化管理,从统一运维的角度对系统进行规范管理,在大大降低管理成本的同时,也会大量节约系统的运行成本,进一步提高了轨道交通项目的建设水平。基于融合的云平台架构,可以构建基于该平台的 PaaS 层服务,实现各业务系统数据的智能联动,真正提升城市轨道行业的信息智能化,为构建智慧地铁奠定基础。

7.2.2　项目实施历程

1. 组织管理

本工程由呼和浩特市轨道交通公司负责工程的管理、协调和实施,负责组织相关单位进行项目的研究和工程化实施等。

中国铁路设计集团有限公司牵头完成工程的项目需求确定、功能设计,并对研究成果进行工程转化。

本工程以整体规划、分步实施为原则,在借鉴行业领先信息化管理经验基础上,以业务需求为推动,以生产计划管理为主线,搭建运营生产一体化管理信息系统平台,实现运营业务各专业数据的集成和统一。地铁运营以生产计划的制订和执行为主要管控手段,通过生产计划制订、执行、检查、分析、考核五个环节实现闭环管理,确保年度生产计划顺利实现和各专业管理能力有效提升。信息化建设以一体化平台为主体架构,各业务子系统围绕生产计划的制订、计划执行、生产指标统计、目标考核进行项目实施,在一体化平台中实现企业战略、业务目标、业务流程的集中管控。

本工程按照项目管理的模式,构建项目组,对项目实施统一的管理。项目管理工作组负责项目的组织与管理实施。召集国内知名专家论证项目可行性,包括目标、研究内容、项目设置、年度计划、经费预算和验收考核指标等,根据专家意见修正项目可行性论证报告,并就所设项目分别论证,确认项目可行性。对项目实行年度评估制度,按项目合同检查、考核项目进展情况,建立项目执行情况数据库,包括实验研究、技术突破、工程建设、设备制造与安装调试、资金到位和使用等。

2. 进度管理

本工程分为科学研究、工程设计和工程实施3个阶段，执行周期为4年。各阶段计划及安排如下：

(1)科学研究

①科研立项:2017年2月14日，完成项目建议书及科研项目可行性专家评审。

②开题评审:2017年3月17日，完成科研项目开题报告及科研测试方案专家评审。

③线路级测试:2017年4月—5月，完成前两批线路级现场测试。

④测试报告编写:2017年6月—7月，完成线路级现场测试报告编写。

⑤测试报告评审:2017年7月21日，完成前两批测现场试报告及云平台技术方案评审。

⑥线网级测试:2017年8月—10月，完成线网级科研测试。

⑦科研结题:2017年11月底，完成线网级科研测试报告及科研报告结题评审。

(2)工程设计

①专题研究:2017年10月—2018年1月，完成云平台工程化应用需求、云平台技术方案、云平台安全方案、通信网络设计方案和土建及配套设施修改等专题研究。

②初设修编:2017年12月—2018年1月，完成初设修编。

(3)工程实施

①确定打包方案:2018年2月。

②用户需求书:2018年3月底完成用户需求书编制。

③工程开通:和正线工程一起于2019年12月开通。

7.2.3 城轨云平台方案介绍

7.2.3.1 业务系统需求说明

1. 线网级系统

一般情况下，城市轨道交通线网级系统主要有应急指挥中心系统(TCC)、线网运营信息化系统(NCC)、自动售检票清分清算管理中心(ACC)、乘客信息系统总编播控制中心(PCC)。

本次研究主要从系统功能定位、服务对象以及部署位置等方面进行了需求分析(见表7-2-1)。

表7-2-1 线网级系统业务需求分析

序号	系统名称	功能定位	服务对象	部署位置
1	TCC	1. 轨道交通线网的统一运营协调与管理中心； 2. 轨道交通线网应急处理中心； 3. 轨道交通线网信息与外部信息交换的服务中心	轨道交通企业应急领导小组； 轨道交通企业主管安全的部门； 轨道交通各线路控制中心； 市交通运输应急指挥中心等	线网级控制中心
2	NCC	1. 轨道交通数据一体化整合； 2. 线网信息统计分析； 3. 信息发布服务； 4. 线网综合运维管理	轨道交通企业运维管理部门等	线网级控制中心
3	ACC	1. 轨道交通线网AFC系统各线路各类数据汇总．处理唯一中心； 2. AFC系统各种运营参数统一协调管理的唯一中心； 3. AFC系统运行状态监控管理中心； 4. AFC系统各线路之间和对外统一的技术接口； 5. AFC系统票务客服处理以及对外信息服务和管理的主要窗口	“一卡通”公司； 银行及第三方支付企业； 轨道交通各线路AFC系统等	线网级控制中心

续上表

序号	系统名称	功能定位	服务对象	部署位置
4	PCC	1. 负责线网节目的统一制作并发布给各线中心 PIS； 2. 统一制定 PCC 与线路 PIS 的接口要求； 3. 轨道交通 PIS 系统与外部信息源（如电视、新闻、地面交通、广告、气象等）的唯一出口	各线路中心 PIS； 电视台； 广告公司； 气象台等	线网级控制中心

2. 线路级系统

本次呼和浩特市城市轨道交通融合上云平台的综合监控系统（ISCS）、自动售检票系统（AFC）、乘客信息系统（PIS）、视频监控系统（CCTV）、门禁系统（ACS）、列车自动运行监视系统（ATS）等系统，针对这几个系统分别从功能定位、服务对象、部署位置、等保要求等方面进行了调查分析。

（1）ISCS 系统

综合监控系统根据需求集成互联电力监控系统、环境与设备监控系统、火灾自动报警系统、乘客信息系统、视频监视系统、门禁系统、列车监控系统、AFC 系统等。在控制中心、车站对多个系统获取的信息进行综合处理并整合，为管理者提供一个友好、完整和统一的人机界面，使各机电系统在统一的信息平台的监控下可靠、高效、节能的运行，实现地铁设备、环境、供电等监控的集中运营管理，从而提高地铁运营管理的自动化水平，降低人工操作的复杂性及强度。

传统综合监控系统分线路中心级、车站级两级管理，线路中心级、车站级和现场设备级，三级控制，设置线路中心级、车站级服务器及终端（见图 7-2-2）。

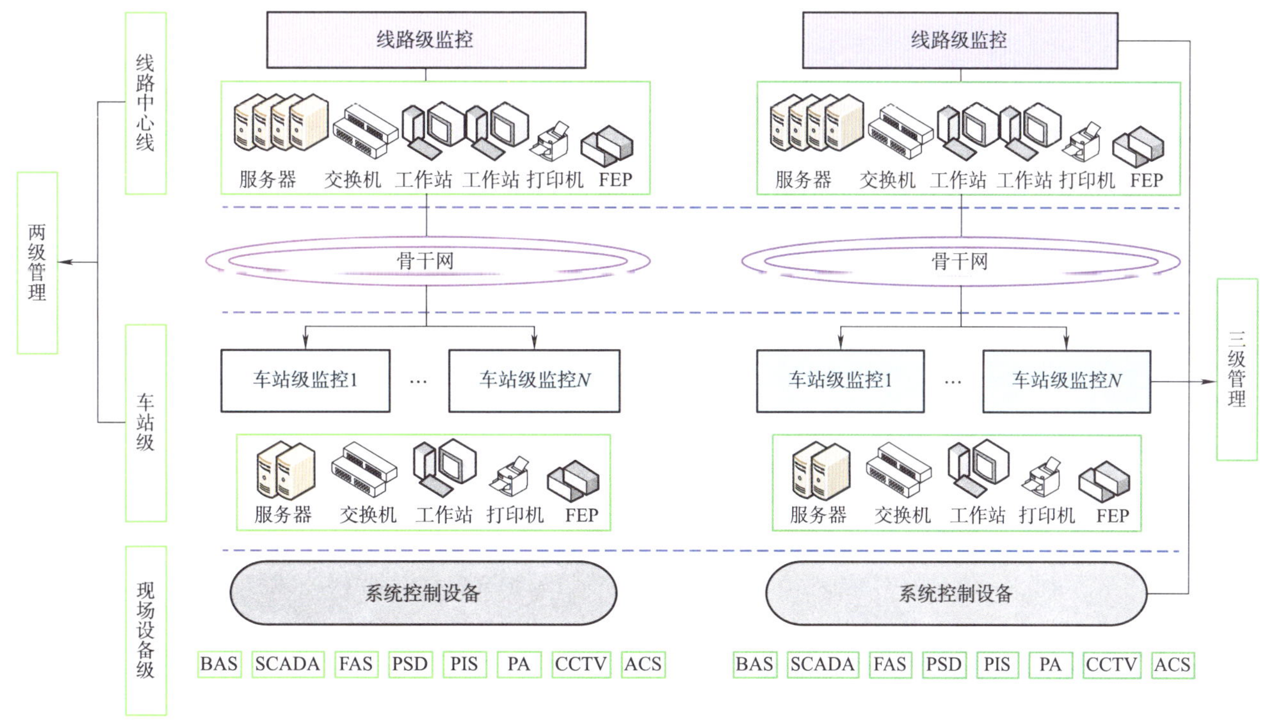

图 7-2-2　ISCS 系统构成图

①功能定位

实现全线设备、环境、乘客、灾害的综合监控管理；提供各系统间业务关联和触发联动，提高对事件的应急处理能力；提供全面信息和辅助决策支持功能，提高地铁运营指挥管理的智能化水平。

②服务对象

➤ 控制中心各调度员；

➤ 车站值班员。

③部署位置

➤ 控制中心；

➤ 车站。

④等保要求

一般情况下，车站二级、控制中心三级。

(2) AFC 系统

自动售检票系统（简称 AFC 系统）是由计算机集中控制的自动或半自动售票、自动检票及进行票务管理、财务结算、客流统计分析的自动化管理系统（见图 7-2-3）。采用 AFC 系统可实现计程计时票价制，合理收费。AFC 系统不仅能为乘客提供方便、快捷的售检票服务，而且是实现城市轨道交通综合自动化，提高运营管理水平的必要手段。

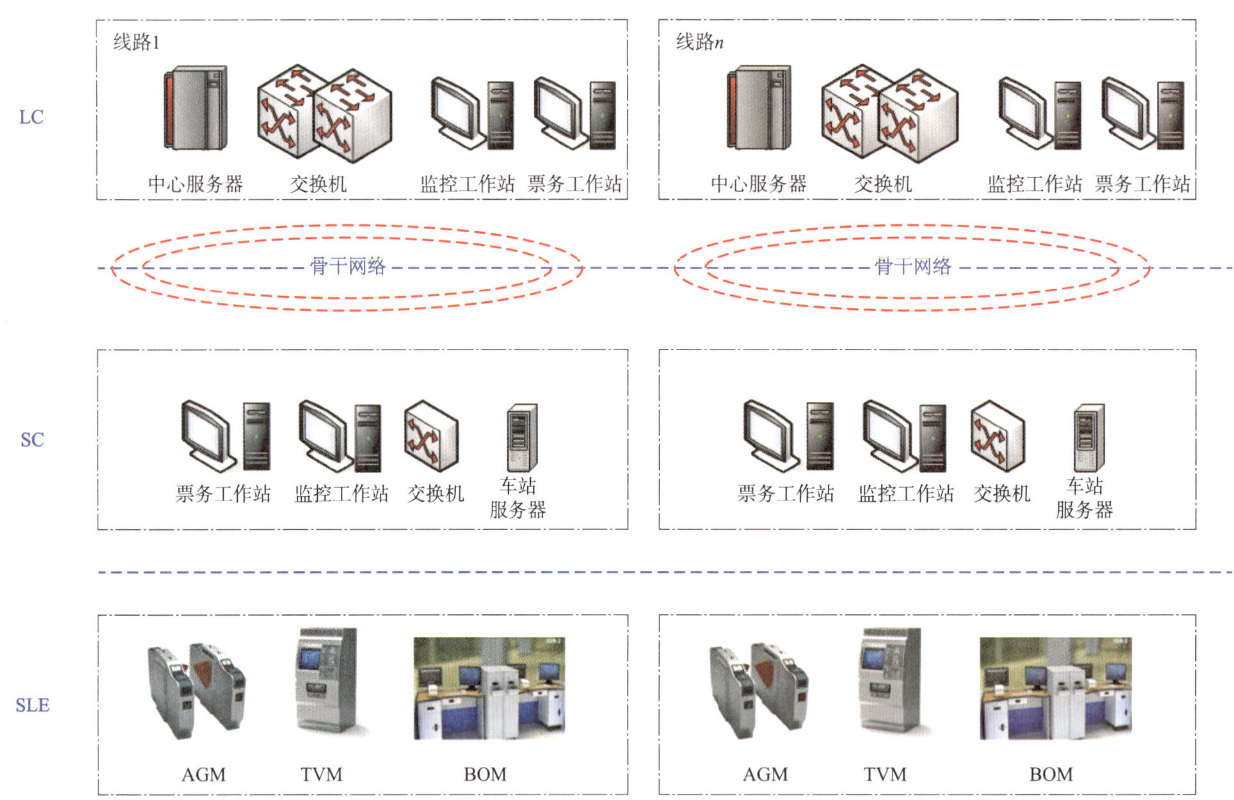

图 7-2-3 线路级 AFC 系统构成图

传统 AFC 系统由清分中心系统、线路中心系统、车站系统、检售票终端、车票五层构成。其中清分中心系统完成整个线网的全局性管理功能，线路中心完成本条线的集中管理功能并向清分中心上传数据，车站系统处理本车站的数据并向线路中心上传数据。

一条线路的 AFC 系统，分线路级、车站级和现场终端设备级共三级。

①功能定位

AFC 系统是由计算机集中控制的自动或半自动售票、自动检票及进行票务管理、财务结算、客流统计分析的自动化管理系统。

②服务对象

➢ 控制中心票务人员；

➢ 车站票务人员；

➢ 乘客。

③部署位置

➢ 控制中心；

➢ 车站。

④等保要求

一般情况下，车站按二级，中心按二级。

(3) PIS 系统

乘客信息系统通过文字、图像为进出车站的旅客提供列车到发等有关信息，引导旅客快捷方便的乘车，而且可为候车旅客提供新闻节目、播放广告等服务。

传统乘客信息系统主要分线路中心级、车站级、现场终端设备级共三级（见图 7-2-4）。

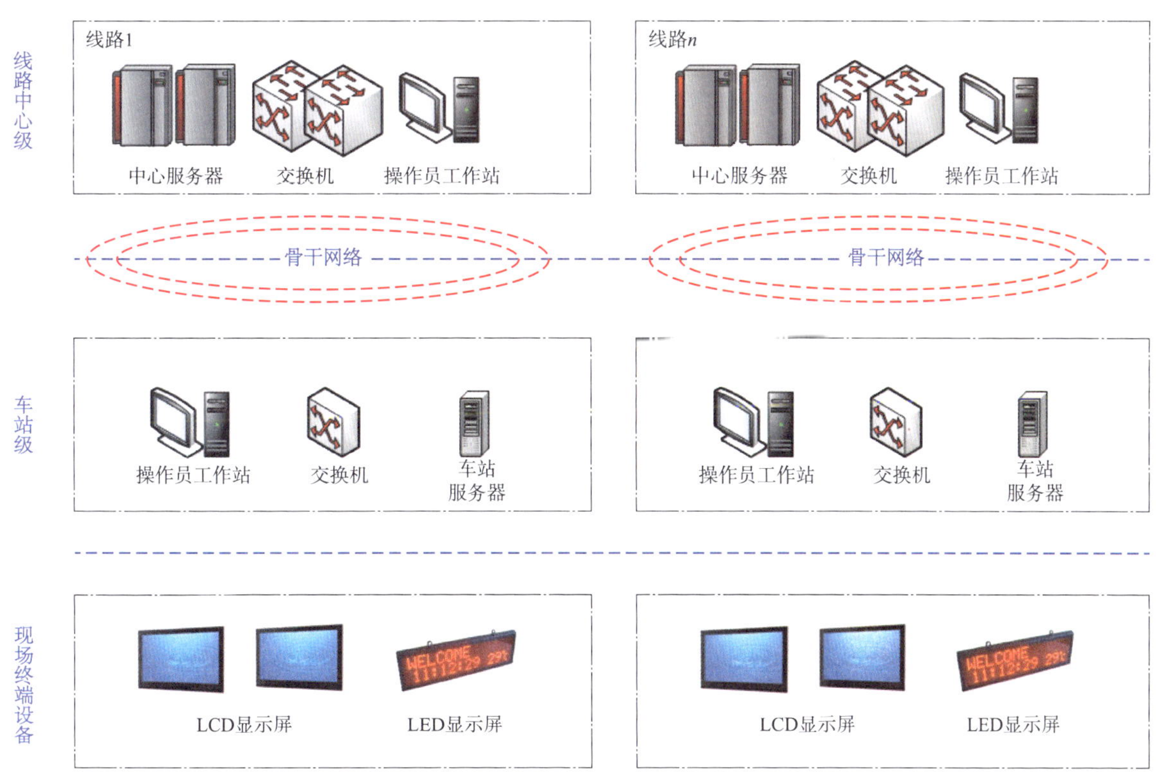

图 7-2-4　PIS 系统构成图

①功能定位

PIS 系统通过文字、图像为进出车站的乘客提供列车到发等有关信息，引导乘客快捷方便的乘车，而且可为候车乘客提供新闻节目、播放广告等服务。灾害情况下，具备紧急疏散引导显示功能。

②服务对象

➢ 控制中心操作员；

➢ 车站值班人员；

➢ 乘客。

③部署位置

➢ 控制中心；

➢ 车站。

④等保要求

一般情况下二级。

(4) CCTV 系统

视频监视系统是轨道交通运营管理现代化的配套设备，是调度员和车站值班员监视列车运行、掌握客流大小和流向、提高行车指挥透明度的辅助通信工具，是列车司机在车站停车后监视旅客上下车、掌握开关车门时间的重要手段。在正常情况下用来加强运行组织管理，提高效率，保证安全正点地实现运送旅客。当车站发生灾情时，视频监视系统可作为防灾调度员指挥抢险的指挥工具。

传统视频监视系统主要分线路中心级、车站级、现场终端设备级共三级（见图 7-2-5）。

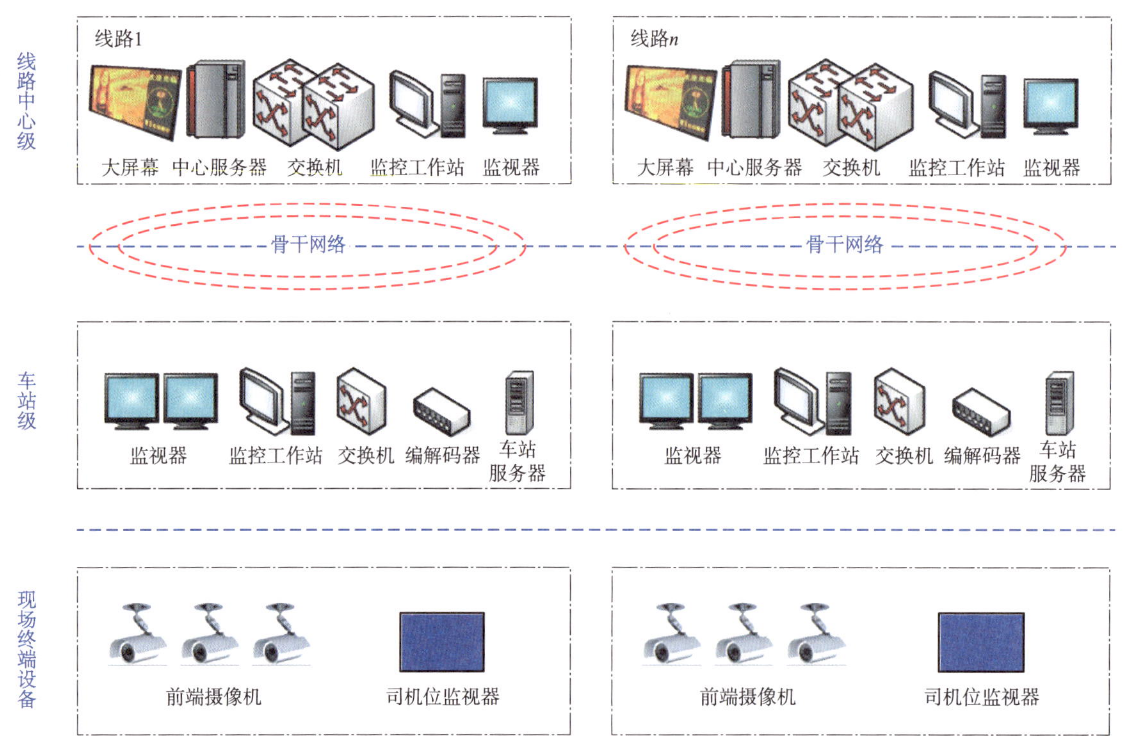

图 7-2-5 CCTV 系统构成图

①功能定位

监视列车运行、掌握客流大小和流向、提高行车指挥透明度的辅助通信工具，是列车司机在车站停车后监视旅客上下车、掌握开关车门时间的重要手段。灾害情况下，作为防灾调度员指挥抢险的指挥工具。

②服务对象

➢ 控制中心各调度员；

➢ 车站值班人员。

③部署位置

➢ 控制中心；

➢ 车站。

④等保要求

暂按二级考虑。

(5) ACS 系统

根据地铁工程的特殊条件和特点，为确保城市轨道交通安全运营，保证授权人员在授权情况下方便地进入设备及管理区域，防止非授权人员进入限制区域，在控制中心、车站、车辆段的设备房及管理用房设置门禁系统。

传统门禁系统主要分线路中心级、车站级、现场终端设备级共三级（见图 7-2-6）。

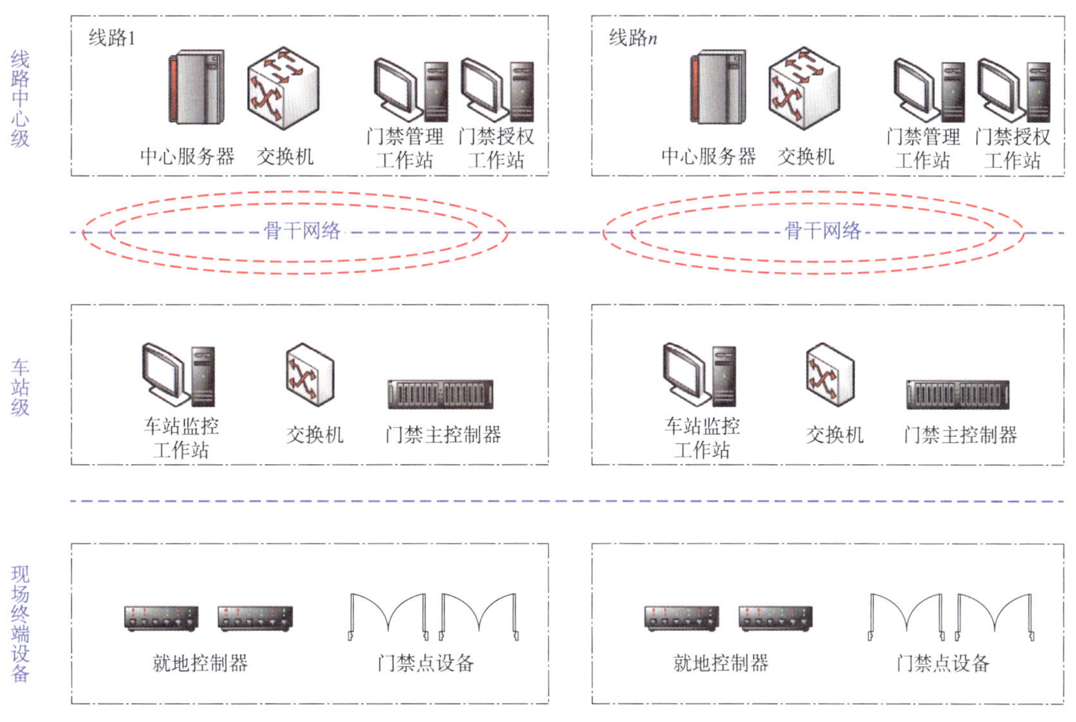

图 7-2-6　ACS 系统构成图

①功能定位

根据城市轨道交通工程的特殊条件和特点，为确保城市轨道交通安全运营，保证授权人员在授权情况下方便地进入设备及管理区域，防止非授权人员进入限制区域。

②服务对象

➢ 控制中心、车站工作人员；

➢ 乘客。

③部署位置

➢ 控制中心；

➢ 车站。

④等保要求

暂按二级考虑。

(6)ATS 系统

列车自动运行监视系统是城市轨道交通信号列车自动控制系统(ATC)的重要组成部分,主要完成列车信息(位置、车次号、运行状态)、进路、轨旁信号设备监督,运行时刻表编制、调整,运营数据统计查询等功能。ATS 系统与信号其他子系统(ATP,ATO,CI)通过信息交换网络构成闭环系统,保证行车安全、提高综合运营效率,缩短行车间隔,促进管理现代化和提高服务质量。

传统 ATS 系统由中心级 ATS 设备、车站级 ATS 设备及现地控制设备和 ATS 承载网络组成(见图 7-2-7)。正常情况下,中心 ATS 系统按时刻表自动控制全线列车运行,中心设备或通道故障时可转为车站自动控制或车站人工控制(现地控制)。

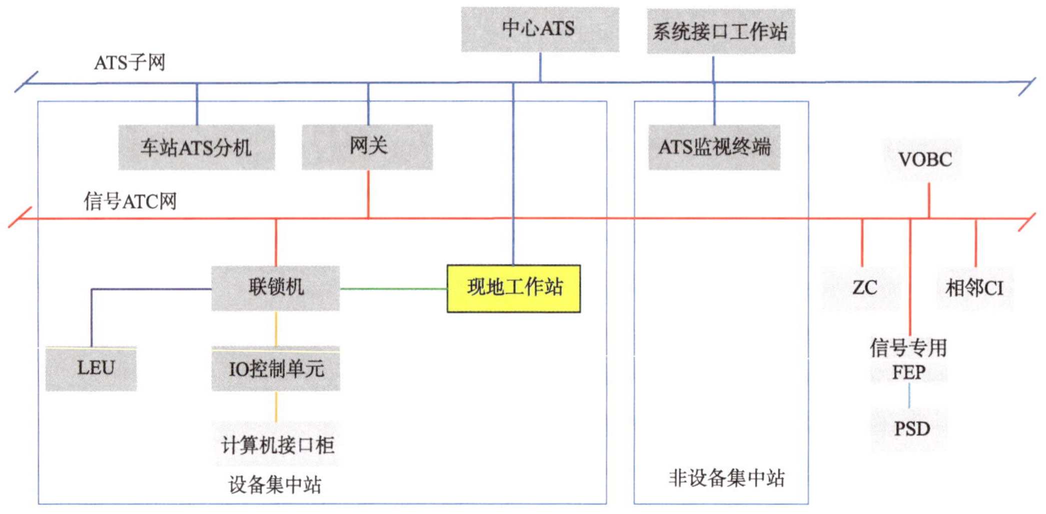

图 7-2-7　ATS 系统构成图

①功能定位

ATS 作为列车运行控制系统(ATC)的组成部分,用于实现列车、线路监控,列车运行控制,列车时刻表/运行图管理、编辑,故障复原等功能,保证行车安全。

②服务对象

➢ 控制中心调度员、值班人员;

➢ 车站值班人员。

③部署位置

➢ 控制中心;

➢ 车站。

④等保要求

按等保三级考虑,另外 ATS 系统作为信号系统的重要组成部分,需保证安全完整性等级达到 SIL2 级功能安全防护等级。

3. 车站应用集中部署需求

传统系统架构下，每个车站均设置有各业务系统（除门禁外）车站级服务器、终端，需设置综合监控、通信、AFC机房，对地下车站的机房空间、电力、环控、消防等资源占用大；服务器及终端分布式设置方式存在运用风险、运维管理不便；地下车站机房环境较差，受地铁运行震动影响，致使CCTV等系统的存储设备故障率较高。

针对上述问题，为了提升运营维护管理水平，提高应用及数据的安全性，有必要将车站服务器、主机设备集中部署。

4. 多线应用统一部署需求

呼和浩特市城市轨道交通多条线路共用控制中心，集中运营管理需求如下：

（1）实现多条线路的统一管理，降低建设和运营成本；

（2）解决业务规则的技术实现不统一，提高易用性、通用性；

（3）有利于实现数据的安全性管理；

（4）有利于保证系统运营的连续性、缩短故障处理时间。

当前先进成熟的云平台技术为多线路多业务应用系统统一集中部署提供了有效的技术支撑。

7.2.3.2 主要技术路线

1. 云平台架构方案

传统架构下，车站、中心分别设置物理服务器及物理终端，业务系统部署周期、稳定运行、资源利用以及运维管理等与ICT资源规划强相关。

云平台架构下，车站、中心服务器集中统一部署，云平台按需为各业务系统及时提供计算、网络、存储、安全等服务，保障业务服务的良好体验。云平台集中管理、统一运维，提升效率。

2. 云业务规划方案

VDC（Virtual Data Center）：虚拟数据中心，通过虚拟化技术将数据中心内的物理资源抽象整合，动态进行资源分配和调度，实现数据中心的自动化部署。VDC是基于物理设备构建的专属虚拟化资源池，可以按照业务或线路来划分VDC，同一VDC内可进行虚机迁移。

VPC（Virtual Private Cloud）：虚拟私有云，在VDC内按需划分VPC，能够提供安全、隔离的网络环境。

云业务规划有两种方案见表7-2-2。

表7-2-2 云业务规划方案比较1

方案	方案1	方案2
方案描述	按业务划分VDC，业务VDC内根据需求按线路划分VPC	按线路划分VDC，线路VDC内根据需求按业务类型划分VPC
云平台	VDC数量少、按照业务扩展，VDC内的资源池按线路扩展	VDC数量多、按照线路扩展，平台资源池随线路成倍扩展
应用平台	多条线路统一部署业务应用系统，业务应用类型少，应用模式统一	各线部署各自的业务应用系统，业务应用类型多，应用模式多
工程实施	1. 与传统模式比较，工程实施会增加一定难度。 2. 多线路统一部署中心级各业务系统，需制定相关的技术标准、进行兼容性测试，后续线路接入时，可能存在中心、车站不同应用类型的情况。 3、实施过程中，可能存在业务厂家垄断或互设壁垒的情况	1. 与传统模式相似，工程可实施性较强； 2. 线路中心与车站系统属于同构系统（同一厂家），各线之间不存在业务厂家垄断或互设壁垒的情况

续上表

运维管理	1. 可实现统一管理、业务流程的标准化,有利于提高运营生产及管理效率。 2. 创新运营管理模式,需制定与之相适应的运营管理体制及管理办法	1. 与传统模式类似,以线路为单位管理; 2. 不同线路业务应用类型不同,增加了运营及运维管理的复杂度、难度

综合比较,推荐按业务划分 VDC 的方案 1。

3. 车站应用部署方案

传统部署方案下,线路中心、车站分别部署线路级、车站级应用服务器。

在云平台下,对于车站应用部署有两种方案:

方案一,车站服务器上移云平台方案;

将车站应用服务功能上移至线路中心虚拟资源中,系统应用架构与传统架构一致。

方案二,取消车站服务器方案;

优化了应用架构,取消各专业车站服务,车站应用整合进线路中心应用中,使系统层级扁平化,简化数据业务处理流程,实现资源有效利用、运维集中化管理。

综合对比,推荐方案二。

4. 车站降级方案

传统架构下,当主干网络中断或线路级系统宕机情况下,车站进入降级模式。各系统降级需求和实现方式见表 7-2-3。

表 7-2-3 各系统降级模式

序号	系统名称	降级需求	实现方式
1	ISCS	车站车控室仍需能监控到各系统状态信息	车控室内监控工作站通过车站级服务器监控本车站设备管理
2	AFC	车站终端设备自启孤岛运行模式; 车站车控室仍需能监控到本系统终端设备状态信息	车控室内监控工作站通过车站级服务器监控车站终端设备
3	PIS	车控室仍需能监控终端设备、发布服务信息	车控室内操作工作站通过车站级服务器监控车站终端设备状态和发布服务信息
4	CCTV	车控室仍需能监控车站内图像	车控室内监视器通过车站级服务器监控车站内视频图像
5	ACS	启动孤岛运行模式	由车站门禁主控制器实现
6	ATS	中心 ATS 故障时,系统自动降级为车站自动控制	在车站自动控制方式下,车站 ATS 分机可以根据时刻表或接近列车的车次号及目的地号等信息进行列车进路的车站自动控制

根据降级 + 应急情况,ISCS、AFC、CCTV、PIS 系统需要在车站设置备用服务器实现降级应急功能,在车站单独部署一台通用物理服务器,并采用虚拟化技术,为多个业务提供降级服务。综合考虑 ATS 系统车站降级应急功能需求、信号 ATS 系统安全性要求、与信号其他子系统(联锁、车载等)强关联性等特点,ATS 系统车站级分机采用单独部署物理服务器方式设置。

7.2.3.3 系统构成方案

1. 云平台业务系统架构

云平台下,各业务系统框架规划,从下至上有:

(1)现场:布置各类业务终端设备。

（2）车站级：根据业务系统需求布置云桌面，为 ISCS/CCTV/AFC/PIS 部署共用车站备用服务器，以及 ISCS 的 FEP 设备，ATS 分机及现地工作站，网关计算机等。

（3）线路中心级：部署基础设施资源池、各业务系统应用及云桌面。

2. 云平台总体架构

针对呼和浩特市城市轨道交通实际项目情况，同时考虑到业务可靠性，云平台采用生产中心、灾备中心架构设计。该信息化云平台融合承载了安全生产业务、内部服务业务以及外部服务网业务。生产中心承载安全生产业务应用、内外部服务业务应用的主用服务，灾备中心承担备用服务。而对于运维管理、开发测试以及仿真培训等应用，灾备中心提供主服务，生产中心提供备用服务。

3. 计算资源池配置方案

根据虚拟机资源池和物理机资源池的各自特点，城市轨道交通中 PIS、ACS 以及企业管理、运营管理、桌面云等业务应用，采用通用型云主机服务；ISCS、AFC、CCTV 等业务应用，建议采用高性能云主机服务；城市轨道交通中的各类数据库业务应用，建议采用物理机服务。

4. 存储资源池配置方案

目前，主要存储类型由 FC SAN、NAS、Server SAN、视频云存储等。

通过对这三种存储类型的传输类型、数据类型、特点等方面分析、以及考虑各自典型应用场景，建议 ISCS、AFC、PIS、ACS 等业务数据库应用，采用 FC SAN；CCTV 业务的视频存储，采用视频云存储；运营管理、企业管理，OA 等管理类应用及桌面云等，采用 Server SAN。

5. 云平台网络方案

（1）整体网络方案

①网络整体方案采用中心级和车站级进行部署；

②主数据中心和灾备数据中心在网络层通过线网骨干传输实现网络同步；

③CCTV 子系统采用云化集中、实时存储后，对带宽需求增大，车站级汇聚，中心级单独组网；

④内部服务网和外部服务网物理隔离，数据互访通过网闸和数据交换区实现，主要是内部服务网为外部服务网提供数据；

⑤运维各自独立设置，车辆段/停车场的维修、培训业务设置在内部管理网，同时本地提供和车站相应业务接入。

（2）线路级承载网

以呼和浩特市城市轨道交通 2 号线为例，24 个车站、1 个车辆段、1 个停车场，根据通信各业务系统，及上云系统的总体带宽为 25 G（其中，视频监视带宽需求 21 G）。

线路骨干传输网组建以 OCC 和车辆段为相交点的环网。线路骨干传输设备采用 40 G 的增强型 MSTP 设备，支持物理硬管道做业务的物理隔离。

①企业管理业务、安全生产业务等分别采用独立的物理管道传输；

②分组业务采用 MPLS-TP 保护方式，TDM 业务采用 SNCP 保护方式；

③线网级承载网

线网承载网随线路增加带宽递增，采用 MS-OTN 组建一个线网承载环网，承载网带宽支持 100 G，200 G，400 G 大流量承载。

按线路增加线网承载网节点，对接线路车辆段传输设备。

因为 OCC 与线网数据中心共址建设,OCC 到主用中心通过光纤直连。

车辆段到灾备中心通信,通过线网承载环网节点传输数据到灾备中心的传输节点。

主用中心和灾备中心之间通过骨干 MS-OTN 节点对接传输数据。

6. 等保方案

信息化等保方案涵盖了中心级和车站级。中心级包含网络、虚拟化平台、数据、运维等各个层面的安全,通过对应的安全技术来进行实现。同时车站级的业务融合后,对网络、终端的安全也应采取相应的措施进行安全防护。生产网云平台安全采用信息安全三级等保方案。

(1)线网中心信息安全

网络安全:通过网络平面隔离、VLAN 隔离、安全组、防 IP 和 MAC 仿冒等方式实现。

虚拟化安全:通过 vCPU 调度隔离、内存隔离、内部网络隔离、磁盘 IO 隔离等方式实现。

数据安全:通过数据访问控制、剩余信息保护、控制台密码认证等方式实现。

运维管理:通过管理员分权分域、传输加密、数据库备份等方式实现。

(2)车站级信息安全

网络安全:各业务系统虚拟网络隔离,业务互访通过防火墙访问控制;

终端接入安全:通过多种接入认证(密码/Ukey/指纹/动态口令)、传输通道 SSL 加密等方式部署。

7.2.4 创新点

1. 业务系统线网统一部署创新

本工程突破了城市轨道交通各生产系统独立部署和按线路建设的思维,构建城市轨道交通综合监控系统、自动售检票系统、乘客信息系统、视频监控系统、门禁系统、列车自动运行监视系统的线网级部署。

2. 业务应用架构优化创新

本工程对城市轨道交通各生产系统应用架构进行了优化创新。

(1)对于 ISCS 系统,在线网部署服务器,采用集中式部署方式,服务器资源利用率高;简化实时数据处理,提高实时性;减少对地下车站的机房空间、电力、环控、消防等资源占用,降低工程投资;通过虚拟机模板可批量创建,云平台硬件基中,可通过云管理软件维护系统,维护方便;历史数据集中存储,可方便后续利用大数据等技术开发智慧地铁智慧运营等相关应用。

(2)对于 CCTV 系统,资源集约化,统一服务器、交换网络、存储系统等资源配置,提高资源利用率;结构更优化,优化掉线路平台,减少数据处理层级。流程处理、数据接口更便捷,业务及数据处理更简捷;统一标准,规避了传统轨道交通视频监视架构下,系统异构难的问题;数据云化,系统数据云化,系统可靠性更高,为后期非结构化数据处理及大数据应用提供基础。

(3)对于 ATS 系统,与多专业共同应用云平台,控制中心服务器数量总体下降,摆脱"一个应用一台服务器"的传统模式;系统维护时,可实现安装镜像的保存、复制等功能,可在设备故障后及时恢复系统运行;日常维护具备统一的管理平台进行各设备的运行状态,及时发现问题,及时处理。避免按系统设置维护人员的情况,降低维护成本;对于延伸线路进行设备扩容时,系统部署方便。

(4)对于 AFC 系统,平台架构方面,采用云平台架构后 IT 集中、层次清晰;应用软件架构方面,减少了数据的冗余存储、减少子系统间的通信接口。管理创新,打破以前的多层多线路管理模式,变为车站设备管理和后台系统管理。

(5)对于 PIS 系统,首次使用云平台技术管理服务器及存储设备,可以线网级实施监控设备状态;系统架构扁平化,减少了很多不必要的设备及数据通信;使用 Restful API 架构实现通信协议,与云架构平台深度融合;真正实现 PIS 系统线网级统一管理,为运营提供效率、降低成本提供基础;各线路 PIS 系统真正实现互联互通,为各厂家系统无缝对接制定规则及规范。

(6)对于 ACS 系统,安装部署简化,线路级和车站级门禁软件系统取消,只需安装主控制器,采用云端通讯,无需在每个车站部署通讯服务程序,通过云平台分配所需资源,简化基础软硬件平台的安装配置工作;维护简化,车站级维护工作量大大降低,线路和车站级门禁软件系统取消,无需维护;可靠性高,系统层级大幅简化,减少故障点,通过云平台的配置,实现高可用性;通用性高,符合市场主流 ACS 厂家架构和技术规范,兼容性好,较好平衡厂家对接开发难度和工作量。

3. 车站系统机房等资源分配创新

减少车站系统设备配置,将部分车站功能上云,减少对地下车站的机房空间、电力、环控、消防等资源占用,降低工程投资。

4. 网络安全保障策略创新

与城市轨道交通传统的按独立专业系统进行网络安全防护的策略不同,本工程站在线网高度,从网络层面统筹规划、统一设计,实现网络安全保障体系创新。

城市轨道交通网络可分为安全生产网、内部服务网、外部服务网三张网络。三张网络的边界根据需要采用逻辑隔离、物理隔离、数据交换等手段,基于可信安全技术和统一的安全策略,构筑不同安全等级的网络防护系统,从外层到内层对内部生产系统形成三道网络安全保护。

线网网络安全保障体系按照信息安全等级保护的国家标准,根据系统总体环境、业务复杂程度及可能的安全威胁,采用层次化的保护策略,从基础设施、应用与数据、访问控制与认证授权等方面对技术要求、管理要求的相关内容进行多重防护,并建设集中安全监控平台,形成城轨交通网络安全保障能力。

此外,本工程依照信息网络自主建设、管理、维护的原则,在保证城轨交通信息网络的完整、安全、可靠的前提下,有利于实现系统的扩展和业务应用的开发。

5. 运营指挥管理体系创新

车站级维护管理工作量大大降低,主要集中在线网层面,取消线路级运营指挥。对城市轨道交通节约人力资源,具有重大意义。

6. 项目实施与规范制定相结合

本工程不仅完成科研测试和工程建设,还结合工程实例制定相关的规范与标准,涵盖了应用、平台、网络等内容。通过工程带动相关规范的制定,规范的可行性和适应性在规划和建设中试点验证,从而推动城轨交通行业的规范、健康、可持续发展。

7.2.5　示范效益

1. 社会效益

城市轨道交通云平台建设,其成果有助于提升整个城市轨道交通信息化建设水平,推动城轨智能化、智慧化发展。城市轨道交通是一个专业性很强的领域,对专业人才的依赖非常高,随着城市地铁建设的加快,资源与人才的缺失难以支撑;而通过融合云平台建设,构建强大的信息化系统,大幅减轻人工作业量,降低对专业人才的依赖程度。此外,通过融合云方案科研成果的推广应用,可以实现各专业系统间信息实时共享,从而大幅提升轨道交通运营效率与安全管控;尤其是未来从线路到线网运营模式转型过程中,提供统一的平台支撑。

2. 经济效益

城市轨道交通业务系统采用传统的物理部署方案,业务独享资源,资源利用率低;通常各业务系统:CPU资源利用率约5%~10%,存储资源利用率低于36%,网络资源利用率小于50%。由于各业务系统采用烟囱式建设模式,设备种类 & 数量多,系统投资大,运营效率低,维护成本高:人均维护小于100台,人力维护费占运营成本12%;各系统独立设备独立运行,数据中心能源利用率低于20%。采用地铁融合云技术方案,实现各业务系统的云化部署,可节省约35%~75%的TCO成本:约降低40%的软硬件投资,70%~80%的运营维护成本;云化部署方案可极大提升运营部署效率,使得部署时间从小时级缩短到分钟级;另外各业务系统可进行资源的统一管理与调度,动态按需调整资源分配,提升资源利用率。

3. 环境效益

本工程可以减少各设备机房面积和用电量,降低对土地资源的占用量,从而降低系统运行的资源、能源消耗。在优化行业资源配置、规范业务流程和推动产业转型升级等方面,具有极大的行业推广和示范作用。

本工程实施后,在线运行的服务器、存储设备等信息化基础设施相对减少;通过虚拟化、实时迁移电源管理技术,还可以降低在线设备的数量和运行时间,进而实现节能减排。

7.2.6 小 结

城市轨道交通云平台的建设是未来城市轨道交通的发展方向,呼和浩特城市轨道交通云平台作为全国第一个线网级云平台,对全国城市轨道交通云平台的建设有着重大的借鉴意义。城市轨道交通云平台打破传统"信息孤岛",在大大降低管理成本的同时,也大量节约系统的运行成本,进一步提高了轨道交通项目的建设水平,有着巨大的社会、经济以及环境效益。同时,城市轨道交通云平台的建设为智能交通和智慧城市的建设奠定了基础。

7.3 信号系统互联互通

7.3.1 国内发展趋势及建设意义

我国城市轨道交通行业发展至今,一直采用单线建设、单线运营的模式,随着行业的发展和城镇化进程的加快,城市轨道交通的新线和延伸线建设及一些区段的网络化运营及对列车运行控制系统的互联互通提出了更高的要求。目前国内轨道交通中,由于不同线路设计标准不一样,所以大多数是独立运行的,不仅影响相关资源共享,而且还在整体上降低了工作效率。因此互联互通的实现是城市轨道交通的进步的一大步,不仅可以提升人力资源、培训资源的利用率,而且还能对车辆调配和备品备件的统一配备,进而有效实现了路网各线的联通联运,大大提升线路的利用率。

7.3.2 现有研究基础及实现程度

呼和浩特市城市轨道交通1、2号线信号系统通过规范系统总体架构、通信协议、工程设计标准等,在信号系统层面实现CBTC及降级模式下的互通互换及联通联运,已经完成《内蒙古城市轨道交通信号系统互联互通规范》。

7.3.3　主要研究内容及技术经济指标

车辆互通互换是指不同线路列车可在同一条线路上以 CBTC 及降级模式运营，例如，1 号线的列车可以在 2 号线线运营，2 号线的列车亦可在 1 号线运营，剥离同一供货商车载与地面的一一对应关系，从而在以下方面节约了投资：

（1）互联互通线路之间的配属列车可以统筹考虑，即根据互联互通的客流情况，统一考虑运营列车、备用列车及检修列车的配属数量，从而减少可能的车辆重复投资。

（2）线路开通后的车载设备增购，可不局限于单一的车载供方，采购方可以在实现互联互通厂家内进行多种选择。

7.3.4　达到的目标、主要成果

形成内蒙古自治区的城市轨道交通信号系统互联互通规范，并实现呼和浩特市不同供货商信号系统之间形成联通联运是互联互通的最终目标。联通联运以网络化运营为出发点，根据客流需求，实现列车跨线联通联运，以减少乘客线间换乘，提高服务质量。

7.4　整合 UPS（不间断电源）

7.4.1　应用背景

呼和浩特市城市轨道交通 1、2 号线一期工程信号系统、专用通信系统、公安通信系统、自动售检票系统、综合监控系统、环境与设备检测系统、火灾自动报警系统、云平台等弱电系统，由各系统服务器、控制计算机、网络交换设备及自动化控制设备等设备组成。以上系统不仅承担着城市轨道交通运营指挥、电力调度、设备监控、环境监控、信息传递和乘客导引等主要运营功能，是轨道交通安全运营的基础保障设备群。且根据《地铁设计规范》相关条文规定，以上各系统供电负荷等级均为一级负荷中特别重要负荷或一级负荷，应增设应急电源。因此，为保障各系统可靠、稳定、安全运行，按照常规设计惯例，以上各系统应按需配置 UPS 系统为其提供应急电源，确保其电源的可靠性、连续性及电源质量。当工作电源输入正常时，UPS 将市电稳压后供应给负载使用，此时 UPS 发挥交流式电稳压器的作用，同时保持后备供电所需电池处于浮充状态；当工作电源中断（事故停电）时 UPS 立即将电池的直流电能，通过逆变器逆变为 220 V 交流电供应给负载继续使用，使负载维持正常工作并保护负载软、硬件系统不受损坏。

7.4.2　UPS（不间断电源）常规建设方案介绍

按照常规设计惯例，城市轨道交通弱电系统 UPS 系统配置方案，多采用分散式 UPS 系统，在车站、车辆段、停车场、控制中心为各弱电系统配置专用 UPS 设备。

1. 优　　势

各弱电系统采用专用 UPS 系统提供不间断电源，当单系统 UPS 发生故障时，影响面较小，不会对其他弱电系统 UPS 产生影响，进而单系统 UPS 故障将不会影响全线弱电系统正常运行。

2. 不　　足

(1)在城市轨道交通运营维护过程中,各弱电系统一般不配置专业电源维护人员,使电源系统存在少维护或维护不当的状况,致使蓄电池容量非线性衰减,进而无法满足备用供电时间要求。国内城市轨道交通曾发生过因蓄电池维护不到位等原因,造成行车中断的事故。

(2)各弱电系统所需的 UPS 电源容量较小,对系统内供电波动的抗冲击能力较小。且各弱电系统 UPS 电源的蓄电池资源不能互相共享,存在一定程度上的资源浪费及重复投资。

(3)各弱电系统 UPS 分散配置,使得 UPS 设备品牌不统一、设备及备品备件种类繁多,为维护及运营管理增加了难度。

(4)各弱电系统 UPS 分散配置,均需设置独立的 UPS 设备房间,不仅土建房间占地面积大,且需独立配置相关设备,满足其过压保护、接地、对环境温度等技术要求,造成建设投资不合理。

7.4.3　建设方案介绍

基于以上分析,近年来在城市轨道交通建设领域,正在逐步探索通过整合 UPS 系统设备,实现提高各弱电系统及应急电源系统稳定性,降低运维工作量,节约建设投资及运营成本的目标。轨道交通 1、2 号线建设期间,经过广泛调研、分析讨论、专家论证等多轮技术会商,决定在轨道交通 1、2 号线弱电系统应急电源建设方案中整合各弱电系统 UPS,采用整合 UPS 建设方案。

各车站、车辆段、停车场设置 1 +1 冗余并机 UPS 设备,为信号系统、专用通信系统、BAS 系统供电;各车站、车辆段、停车场设置单机 UPS 设备,为综合监控给、门禁、自动售检票、公安通信系统供电;设置 2 +1 冗余并机方案的 UPS 为云平台主备中心设备供电;控制中心设置 1 +1 冗余并机 UPS 设备为控制中心非上云弱电系统供电。

UPS 设备采用分时下电的供电模式,以满足各弱电系统对后备供电时长的需求。专用通信系统、公安通信系统采用 2 h 后备;综合监控系统采用 1 h 后备;BAS、FAS 系统、自动售检票服务器采用 0. 5 h 后备;自动售检票终端采用 5 min 后备。

7.4.4　建设模式分析

呼和浩特市城市轨道交通 1、2 号线一期工程,所采用的整合 UPS 系统建设方案,具有技术先进性及运营维护前瞻性,符合城市轨道交通建设领域 UPS 系统发展趋势,具备如下技术优势:

1. 技术优势

(1)UPS 整合系统具备稳压以及净化电源功能,相关技术指标满足现行国家电能质量规范要求。因此 UPS 整合系统可保证为各弱电系统用电提供安全、可靠的电源。

(2)UPS 整合系统在设计时充分考虑所有被电源整合的各系统对回路数量、后备时间、负载性质、运行模式、切换时间等技术要求,并根据需求统一计算和选择 UPS 以及蓄电池容量,以达到节约蓄电池容量的目的,进而节约建设投资成本。

(3)UPS 整合系统满足各弱电系统设备及 UPS 系统设备的过压保护、接地、对环境温度等要求,并将 UPS 系统的监控信息应接入综合监控系统,达到了统一监控、统一管理的同时,节约了监控、环境控制等设备投资。

2. 管理优势

(1)整合 UPS 电源后,各弱电系统 UPS 系统集中设置,在节约设备房间使用需求的同时,各弱电系统 UPS 电源蓄电池资源可以互相共享,节约了数量可观的建设投资成本。

(2)整合 UPS 系统使得设备统一采购,所使用设备品牌单一,备品备件种类较少,降低了维护及运营管理的难度。相较于由各弱电系统各自维护 UPS 系统,整合 UPS 系统由运营公司供电部集中管理,不仅明确了统一归口管理部门,提升了维护管理工作质量,相对延长了 UPS 系统蓄电池使用寿命,而且减少运营维护人员,节约了运营维护成本。

7.4.5　技术前景展望

通过呼和浩特市城市轨道交通 1、2 号线整合 UPS 系统建设实践,在后期线路建设中,利用云平台优势,优化车站各弱电设备用房布局,优化运维制度及工班设置,达到降低建设、运营成本,提高运维效率的终极目的。

随着 UPS 技术的不断进步,UPS 系统稳定性日益提高,城市轨道交通领域采用整合 UPS 建设方案的案例也将逐渐增多,该方案在技术先进性、维护便捷性、投资经济性上都具有显著优势。随着城市轨道交通信息化程度的不断提高,各弱电系统互相促进,互联互通,最终融合,是智慧型城市轨道交通发展的大势所趋。因此,作为弱电系统应急电源的 UPS 系统设备,进行整合也是必然之举。

7.5　轨行区环控系统方案研究

7.5.1　可调风口站台门

1. 可调风口站台门构成

可调通风百叶位于站台门门体顶箱以上土建预留顶梁以下空间,由电动风阀、固定百叶、固定件、密封板等组成。电动风阀和站台门门单元对应设置,主要包括驱动电机、百叶和百叶箱等组件,百叶固定于电动风阀箱内,通过转轴与驱动电机相连,驱动电机带动百叶转动来实现站台侧空间的封闭和非封闭的转换。固定百叶位于顶箱上方,与顶箱前面板平齐,是电动风阀和站台侧之间的屏障,起装饰性作用,与整体车站站台装修一致。

站台门门体高度按 2 100 mm 考虑,门体顶部灯箱高度 550 mm。此时,风口距离站台面 2 650 mm 向上至站台顶梁 3 150 mm 之间有 500 mm 的空间,风口均位于固定门及应急门之上,风口高度为 500 mm,长度方向上除站台两端各有一个电动百叶风口尺寸为 600 mm,其他均为 1 000 mm,端门上亦各布置一个电动百叶风口,尺寸为 1 000 mm × 500 mm,经计算该空间内考虑设置风阀时的净过面积(扣除站台门立柱)约 45 m^2。因此,在考虑对站台门不进行改造,不影响站台门整体效果和安全的前提下,在站台门顶部预留的 500 mm 空间安装风阀情况下其过风面积仅比最小需要面积小 10%,基本能满足要求,因此,本次设计考虑为保证合理的通风面积需要,除在站台门顶部空隙部位设置电动可调风口外,对站台门不再做其他任何改造。

通风系统对站台门上部的电动可调风口的基本要求如下:承压按 1 500 N/m^2,耐温应保证在 250 ℃条件下能连续有效工作 1 h 考虑。电动可调风口设置位置见图 7-5-1。

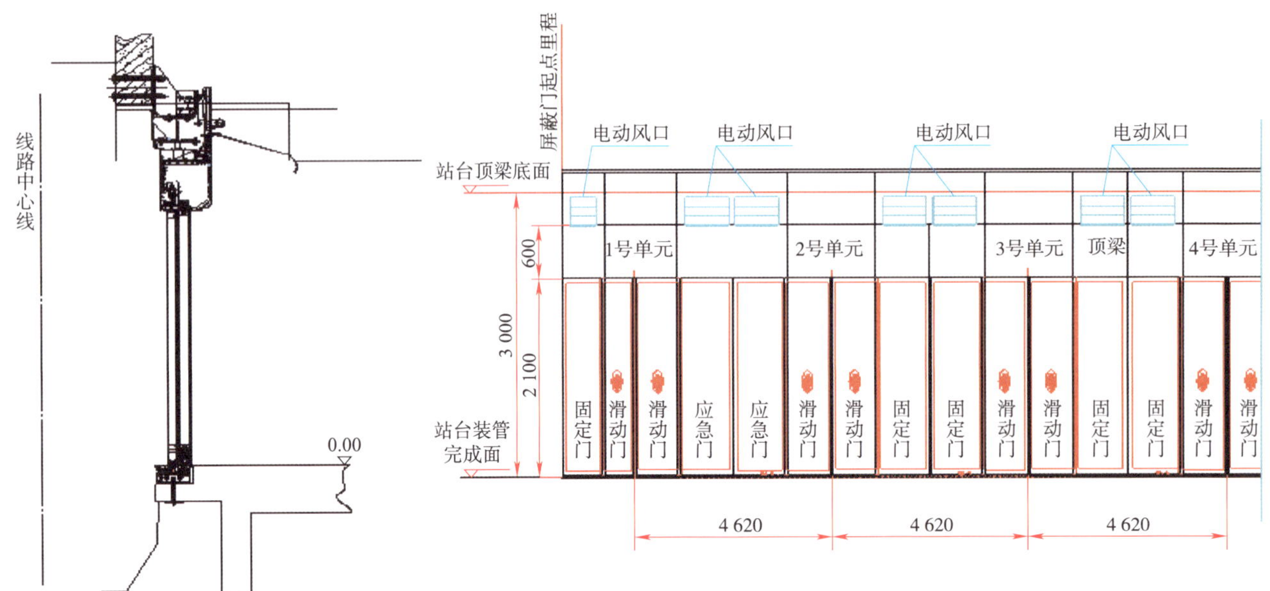

图 7-5-1　百叶风口设置位置(单位:mm)

电动百叶风口的驱动系统可采用同步带的传动方式,由驱动电机通过同步带来带动与铝合金百叶连接的主轴的转动,来完成对通风百叶的翻转动作。电动通风百叶的控制系统采用成熟的工控技术(PLC),性能可靠稳定,不需要进行额外的控制软件。目前电梯门机的控制形式就是上述的控制和驱动形式,技术成熟,在电动通风百叶上面进行应用只需要进行结构形式上的转化,能够满足电动通风百叶的需求。

2. 站台门电动可调风口的功能设置

地铁车站站台边缘设置站台门,在上部设置电动可调风口。在夏季充分利用轨行区的排热风管及站台层的排风管排风,轨行区与站台形成负压区,新风由出入口补充,经过车站公共区,通过站台门顶部的敞口部位进入轨行区,从而排出车站内余热余湿;过渡季节充分利用列车运行产生的活塞风通过站台门顶部的敞口部位对车站进行自然通风换气,从而可节约通风空调系统在过渡季节的设备运行能耗。因此,对站台门顶部电动可调风口大小的研究确定就显得十分重要。

将站台门通风带布置在站台门门体的上半部分或者门体的下半部分均存在破坏站台门门体整体结构布置、风口设于门体最显眼部位其美观效果差、风口高度处于站内乘客头部高度或者小腿部位,吹风感明显,容易形成“吹帽风”和“吹裙风”,舒适性差。而将风口布置于站台门门顶部,其优点在于风口位置距离站台面较高,风口位置较隐蔽,站台范围内整齐布置,对车站环境的美观影响不大;气流组织好,且在站台火灾时能较好的将烟气层控制在顶部,有利于事故排烟。因此本次设计考虑将电动可调风口设置于站台门的顶部。

全线 SES4.1 软件模拟计算分析结果表明:通过单侧站台门的净过风面积 49.4 m^2 为满足需要的下限值,当过风面积小于该数值时,则有存在过渡季节列车活塞风对车站站台公共区的通风换气次数不满足 5 次换气次数的要求。与站台门专业沟通,站台门门体高度按 2 100 mm 考虑,门体顶部灯箱高度 550 mm。此时,风口距离站台面 2 650 mm 向上至站台顶梁 3 150 mm 之间有 500 mm 的空间,经计算该空间内考虑设置风阀时的净过面积(扣除站台门立柱)约 45 m^2。因此,在考虑对站台门不进行改造,不影响站台门整体效果和安全的前提下,在站台门顶部预留的 500 mm 空间安装风阀情况下其过风面积仅比最小需要面积小 10%,

基本能满足要求。因此,本次设计考虑为保证合理的通风面积需要,除在站台门顶部空隙部位设置电动可调风口外,对站台门不再做其他任何改造。

3. 可调风口站台门优点及控制

电动风阀无论采用何种形式,都应开闭灵活,在冬季能关闭严密,不会漏风;在其他季节,电动风阀能顺利开启;电动风阀的驱动机构应采用电动装置,便于控制,且功能应简单、可靠,正常情况下每年实现开关两次操作即可,即冬季将电动风阀关闭,其他季节将电动风阀打开;在春夏秋季节,电动风阀开启后,不会有啸叫声,且在活塞风压作用下开启或关闭时均不会有明显震动;电动风阀的设计应充分考虑地铁环境恶劣、多粉尘等特点,结构特点应方便后期运营维护和清扫。

电动风阀与土建顶梁绝缘安装。

电动风阀采用电动控制方式,一般在季节交替时进行操作,使用频率较低,因此不采用远程自动控制模式,电动风阀的开、闭可通过电动风阀控制柜(暂定位于站台门设备室)进行操作;在火灾情况下,电动风阀的开、闭可通过 IBP 盘进行操作。电动风阀的电源由站台门电源系统馈出提供。

电动风阀也可采用手动控制方式,在特殊情况下或单个电动风阀故障情况下,站台人员可对故障电动风阀进行手动开启或关闭。

7.5.2　基于轨行区热回收的冬季送风方案设计

7.5.2.1　方案设计目的

呼和浩特为北方寒冷城市,属中温带大陆性季风气候,冬季漫长而寒冷,其中 1 月最冷,月平均温度 -11.6 ℃,昼夜温差极大,可达 20 ℃。为保证车站公共区及区间隧道的温度满足设计要求,冬季区间隧道及公共区通风系统需闭式运行,以隔绝外界冷空气的影响。同时,为保证乘客及工作人员的生命健康安全,根据《地铁设计规范》的规定,闭式运行时,又需为乘客提供一定量的室外新风。

呼和浩特冬季由于室外气温极低,考虑到直接向车站送新风局部区域会产生冻害,对乘客热舒适产生影响并且可能产生送风结露等问题,因此需要对送风温度以及送风量进行分析。

7.5.2.2　送风温度研究方法与评价指标

CFD(Computational Fluid Dynamics)是计算流体动力学的简称。它可以对地铁车站、隧道及停车场、车辆段局部各种复杂气流条件下温度场、气流场、污染物的浓度分布、人体舒适性以及火灾情况下的通风模式与烟气流动状况等参数的变化进行详细的三维可视化仿真模拟,其模拟结果可以从温度和环境热舒适度来进行评价。国际上普遍接受的用于评价室内热舒适性的指标为丹麦的范格尔(P. O. Fanger)教授提出的预测平均投票数(Predicted Mean Vote,简称 PMV)模型。

该标准中,对 *PMV* 的推荐值在 -0.5 ~ +0.5 之间,认为在该范围值内热舒适度最理想。《中等热环境 *PMV* 和 *PPD* 指数的测定及热舒适条件的规定》(GB/T 18049—2000)是对 ISO 7730:1994 的等效采用,规定了预测处于中等热环境中的人对热的感觉和不舒适程度的方法,并规定了可接受的热舒适条件。另外,《民用建筑供暖通风与空气调节设计规范》(GB 50736—2012)中认为 $|PMV| \leq 1$ 表示热环境是满意的。规范中对人体热舒适性标准并未给出明确的指标,国内外在地铁人体热舒适性研究方面也不尽相同,但对地铁乘客热舒适性的研究共识是温度并不是唯一因素,而是车站内部环境综合因素的体现,包括空气温度、空气流速、相对湿度、平均辐射温度、乘客活动程度以及乘客的衣服热阻等因素。在没有相关规范给出标准的前提下,考虑借鉴以上规范,计算 *PMV* 值以及分析 *PMV* 值变化趋势用于评价地铁人体的热舒适性具有一定的实际意义。

计算出反映人体热舒适感觉的 *PMV* 值后可按表 7-5-1 的刻度表明当前乘客的热感觉。

表 7-5-1 *PMV* 热感觉标尺

热感觉	热	暖	微暖	适中	微凉	凉	冷
PMV	+3	+2	+1	0	-1	-2	-3

7.5.2.3 车站正常工况热模拟计算及分析

呼和浩特轨道交通某地铁站台建立物理模型，未避免活塞风对车站公共区造成影响，站台门形式应按全封闭站台门考虑。根据客流资料为基础计算冬季新风量，结合车站公共区设备及人员发热量，以呼和浩特市冬季室外通风温度 -11.6 ℃及 -5 ℃、0 ℃、+5 ℃为送风温度进行研究。

部分模拟结果如下（以送风温度为 +5 ℃为例）：

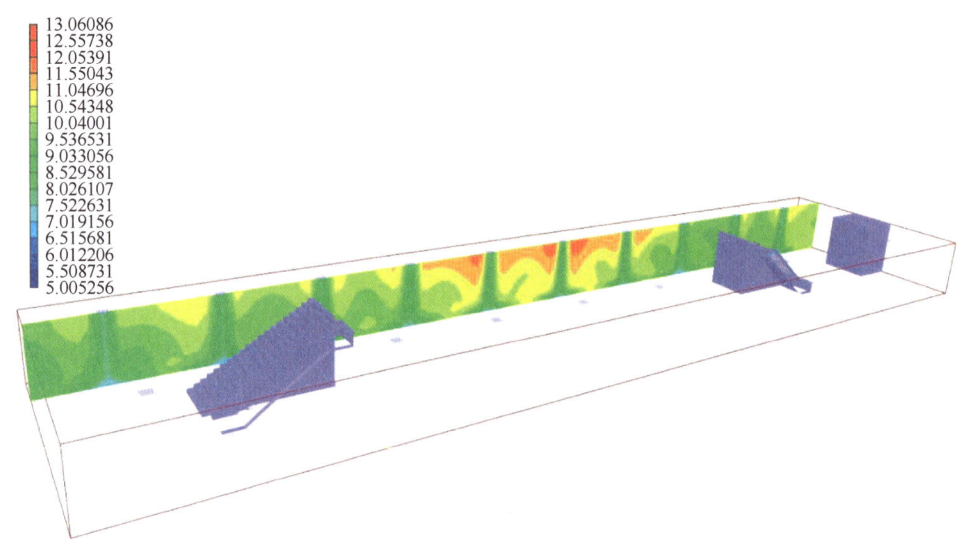

图 7-5-2 +5 ℃送风工况风口纵断面温度场

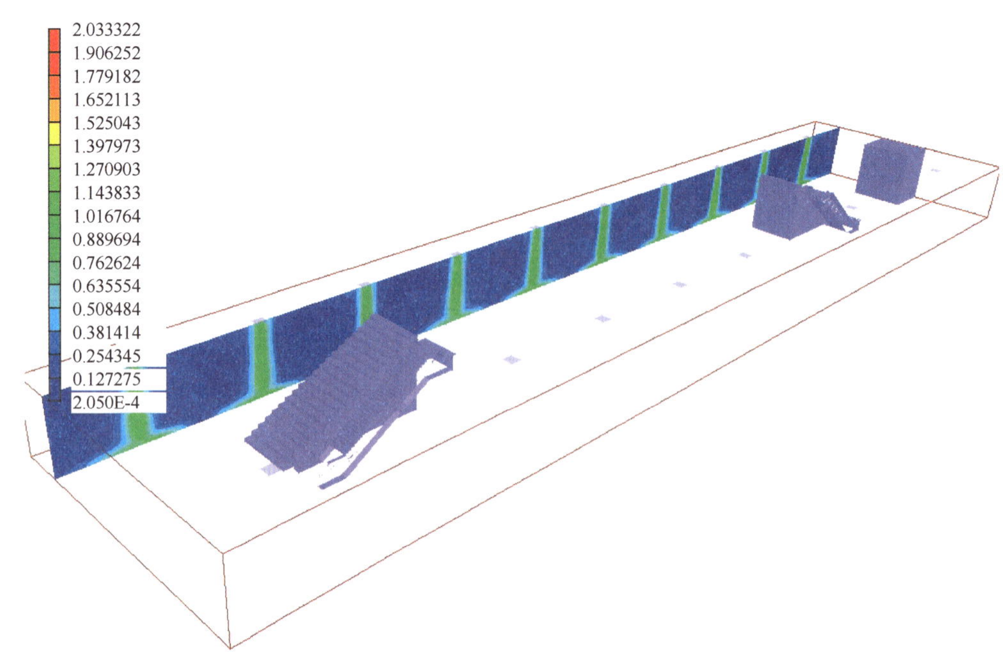

图 7-5-3 +5 ℃送风工况风口纵断面速度场

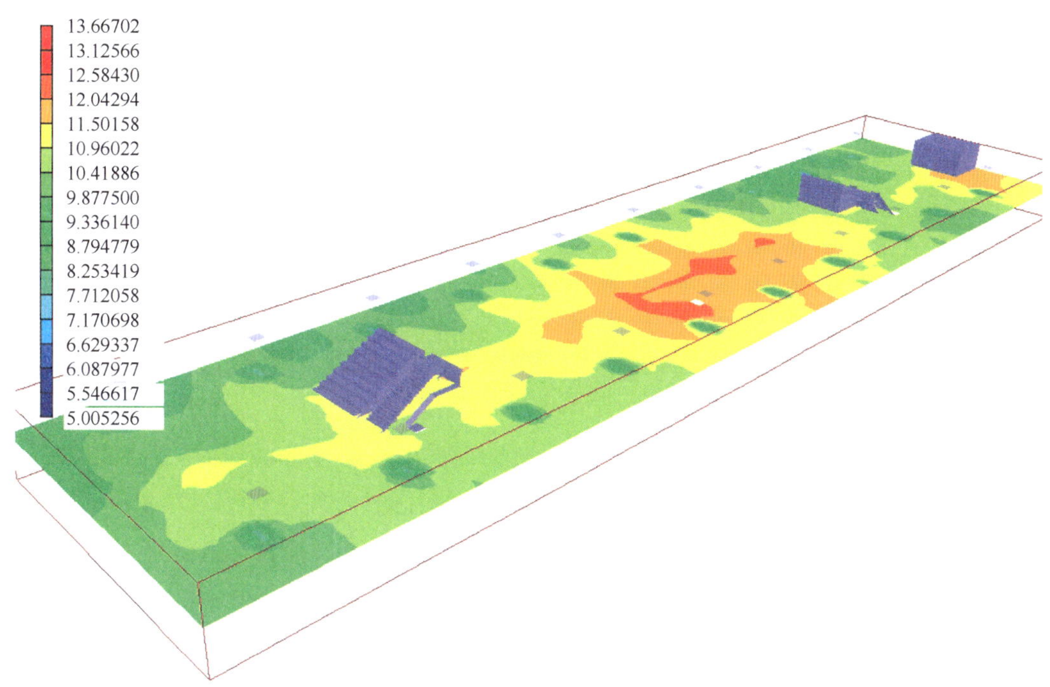

图 7-5-4　+5 ℃送风工况乘客头部(1.65 m)横断面温度场

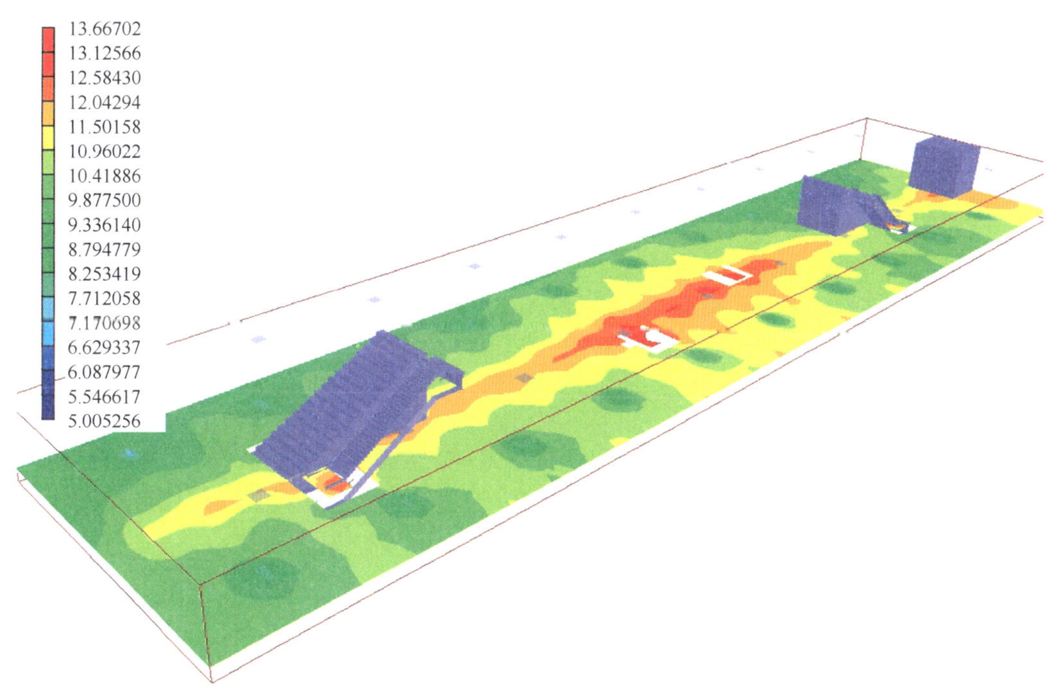

图 7-5-5　+5 ℃送风工况乘客膝部(0.5 m)横断面温度场

由图 7-5-5 可以看出，+5 ℃送风时距地 1.65 m 风口下方约为 9 ℃，站台其他区域约为 11 ℃，乘客头部会感觉适中。

根据全部模拟结果，当送风温度选取呼和浩特市冬季室外通风温度 -11.6 ℃时，计算 *PMV* 值约等于 -3；当送风温度选取 -5 ℃时，计算 *PMV* 值约等于 -2；当送风温度取 0 ℃时，计算 *PMV* 值约等于 -1；当送风温度取 5 ℃时，计算 *PMV* 值约等于 0。

综上，当送风温度为 -11.6 ~ -5 ℃时，*PMV* 值在 -3 ~ -2 之间，送风温度 *PMV* 值偏低，根据 *PMV* 热感觉标尺可以看出人体感觉较冷；当送风温度为 -5 ~ 0 ℃送风，*PMV* 值在 -2 ~ -1 之间，*PMV* 值较低，根据 *PMV* 热感觉标尺可以看出人体感觉微凉，热舒适性较差；当送风温度为 0 ~ 5 ℃送风，乘客的热舒适性会有明显改善，*PMV* 值可达到 0 左右，并且此时室内状态按相对湿度 40% ~ 60%变化，露点温度在 -1 ~ 4.5 ℃之间，可以有效地减少了送风结露现象。因此，确定送风温度不应低于 5 ℃。

7.5.2.4 冬季送风温度的实现方法

呼和浩特市冬季室外通风温度为 -11.6 ℃，如采用 5 ℃送风，则需对新风进行加热。根据行车与客流资料计算可知，每座车站按两台小新风机考虑，则单台平均风量约为 8 m^3/s。若采用电加热，则单站电加热功率 320 kW，全线约 7 700 kW，电耗巨大，不具有可行性。而采用水暖盘管进行加热，则需引入市政热源，并在车站设置换热站及二次网，土建规模增加且涉及市政接口费；此外，部分车站不具备引入市政热源的条件。因此，需设法利用地铁中本身就存在的天然“热源”，并尽量减少活塞风对车站公共区的影响。

可调式通风站台门能够在夏季充分利用轨行区的排热风管及站台层的排风管排风，轨行区与站台形成负压区，新风由出入口补充，经过车站公共区，通过站台门顶部的敞口部位进入轨行区，从而排出车站内余热余湿；过渡季节充分利用列车运行产生的活塞风通过站台门顶部的敞口部位对车站进行自然通风换气，从而可节约通风空调系统在过渡季节的设备运行能耗。该功能的实现主要依托于可调式通风站台门的百叶，百叶位于门体顶箱以上土建预留顶梁以下空间，由电动风阀、固定百叶、固定件、密封板等组成，电动风阀的驱动机构采用电动装置，便于控制，且功能应简单、可靠。

地铁列车在区间隧道内运行，产生大量的牵引及制动热，从而导致区间隧道空气温度上升。夏季需要利用活塞风将此部分热量排除，而冬天则可利用此热量加热室外新风。呼和浩特轨道交通地铁区间隧道埋深范围内地层温度约为 10 ℃，运营后轨行区温度应高于 10 ℃。因此，冬季拟采用“混风模式”，即抽取车站轨行区“高温”空气与室外低温空气混合后，以达到送风温度要求后，将一部分送入车站公共区，保证车站人员新风量要求及车站公共区正压，抑制出入口冷风侵入；另一部分送回车站轨行区，保证区间隧道人员新风量要求及区间隧道空气平衡。

7.5.2.5 公共区及隧道通风系统原理及冬季运行模式

呼和浩特轨道交通地铁隧道通风系统采用单活塞系统，开闭式运行相结合；公共区采用机械通风系统。典型车站每端设置两台区间隧道风机和一台轨行区排热风机，站台层端头设置迂回风道及风阀。车站公共区通风系统每端设置一台送风机、一台排风机和一台冬季小新风机。冬季采用混风模式时，排风机逆转变频运行，切换风阀至轨顶风道，从车站轨行区抽取空气(图 7-5-6 中红色箭头)，在混风室内与小新风机送入的室外空气(图 7-5-6 中深蓝色箭头)混合后，一部分送入车站公共区，以满足公共区人员新风要求，并保证公共区处于正压状态，阻止室外冷空气通过出入口侵入车站；另一部分通过活塞风孔送回车站轨行区(图 7-5-6 中浅蓝色箭头)，以满足区间隧道人员新风要求，并保证区间隧道空气平衡。

7.5.3 排热风道的优化设计

7.5.3.1 设置的目的

轨底排热风道的设置与车辆设备的刹车制动系统是息息相关的，如果车辆设备负载刹车制动电阻，制动电阻在刹车时会产生大量的热量，从而在车站设置轨底风道，有利于及时排出余热；如果采用中压回馈再

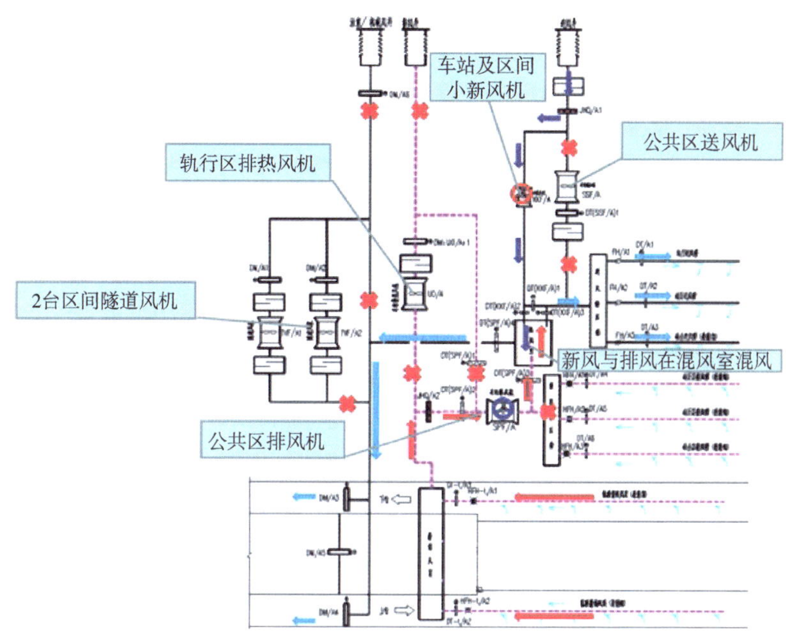

图7-5-6　车站公共区及区间隧道通风系统原理及冬季混风模式示意图

生制动(无车载电阻)技术,则在车站可以不设置轨底排热风道。因此,设置轨底排热风道的主要功能就是排除列车制动系统产生余热。

呼和浩特市城市轨道交通车辆的制动系统采用中压回馈再生制动系统,即牵引电动机从电动机工况转变为发电机工况,将列车动能转化为电能,再反馈给接触网,可提供给相邻运行的列车使用,未被吸收的能量通过逆变回馈型再生制动能量吸收装置把多余的能量逆变回馈至交流电网,而不需要电阻消耗。

7.5.3.2　车站轨道排热(兼排烟)系统

车站公共区通风系统兼轨道排热系统担负车站轨道区域的通风排热排烟功能,采用在有效站台范围内设置轨顶(OTE),采用土建风道,每站每端排风量应根据计算合理确定,同时为适应近期列车行车密度,车站公共区通风系统兼轨道排热系统风机近期变频按低风量运行;轨行区火灾工况时,系统兼作排烟系统,同时站台层发生火灾时,开启车站公共区通风系统兼轨道排热系统风机。

车站轨道排热(兼排烟)系统的功能实现离不开可调式通风站台门系统。可调式通风站台门的百叶位于门体顶箱以上土建预留顶梁以下空间,由电动风阀、固定百叶、固定件、密封板等组成。在夏季充分利用轨行区的排热风管及站台层的排风管排风,轨行区与站台形成负压区,新风由出入口补充,经过车站公共区,通过站台门顶部的敞口部位进入轨行区,从而排出车站内余热余湿;过渡季节充分利用列车运行产生的活塞风通过站台门顶部的敞口部位对车站进行自然通风换气,从而可节约通风空调系统在过渡季节的设备运行能耗。

电动风阀的驱动机构应采用电动装置,便于控制,且功能应简单、可靠,正常情况下每年实现开关两次操作即可,即冬季将电动风阀关闭,其他季节将电动风阀打开;在春夏秋季节,电动风阀开启后,不会有啸叫声,且在活塞风压作用下开启或关闭时均不会有明显震动;电动风阀的设计应充分考虑地铁环境恶劣、多粉尘等特点,结构特点应方便后期运营维护和清扫。

电动风阀采用电动控制方式,一般在季节交替时进行操作,使用频率较低,因此不采用远程自动控制模式,电动风阀的开、闭可通过电动风阀控制柜进行操作;在火灾情况下,电动风阀的开、闭可通过IBP盘进行操作。电动风阀的电源由站台门电源系统馈出提供。

典型车站隧道通风系统原理如图 7-5-7 所示。

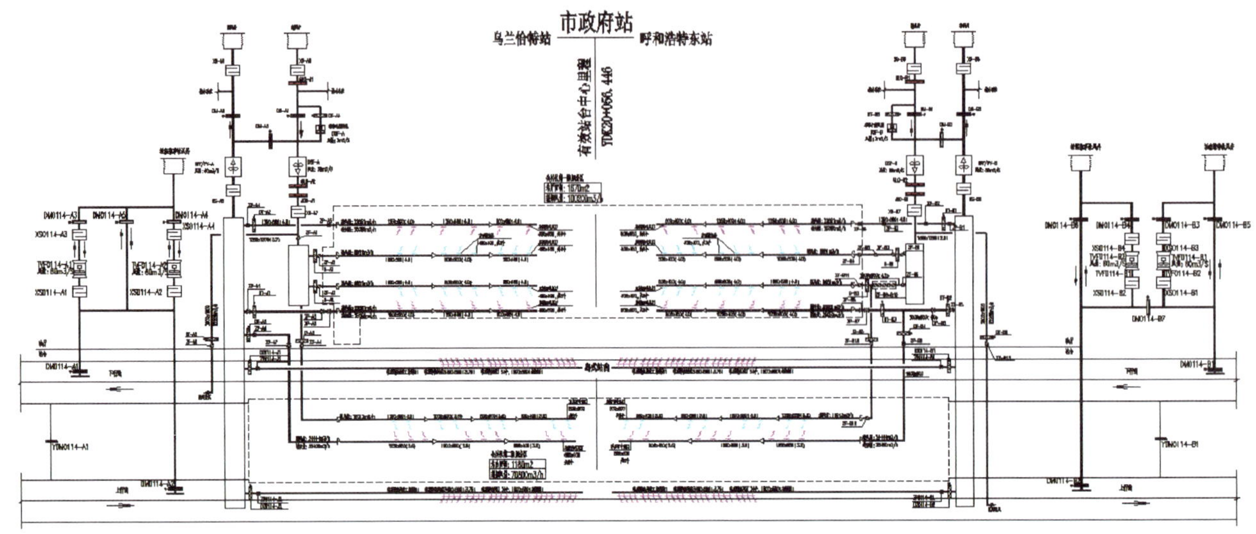

图 7-5-7　典型车站隧道通风系统原理图

7.5.3.3　设置轨底风道的区间温度分析

采用 SES 模拟软件，对轨道交通 1 号线一期工程隧道通风系统各种工况进行仿真模拟。

1. 设置轨底风道

在设置轨底风道的情况下，通过输入线路、车辆（含车载电阻）、行车（大交路运行 30 对/h）、客流资料、土壤热工特性、车站建筑等专业数据，并开启车站两端活塞风道、车站风机，得到正常工况下的远期晚高峰区间隧道温度曲线（见图 7-5-8）。

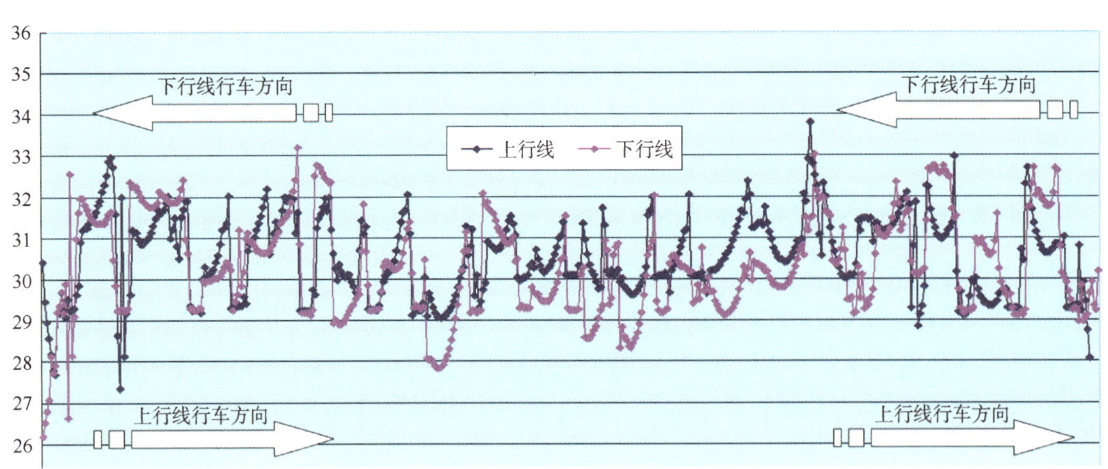

图 7-5-8　地下区间远期夏季上下行线区间温度曲线

从图 7-5-8 的模拟结果可以看出，地下区间远期夏季高峰时刻温度值均在 28～33.7 ℃之间，满足正常工况下隧道通风的温度要求。冬季高峰时刻温度值比夏季高峰时刻温度值低 14 ℃左右，因此冬季高峰时刻温度值在 14～20 ℃之间，满足正常工况下隧道通风的温度要求。

2. 不设置轨底风道

在设置轨底风道的情况下，通过输入线路、车辆(中压回馈再生制动系统)、行车(大交路运行 30 对/h)、客流资料、土壤热工特性、车站建筑等专业数据，并开启车站两端活塞风道、车站风机，得到正常工况下的远期晚高峰区间隧道温度曲线(见图 7-5-9)。

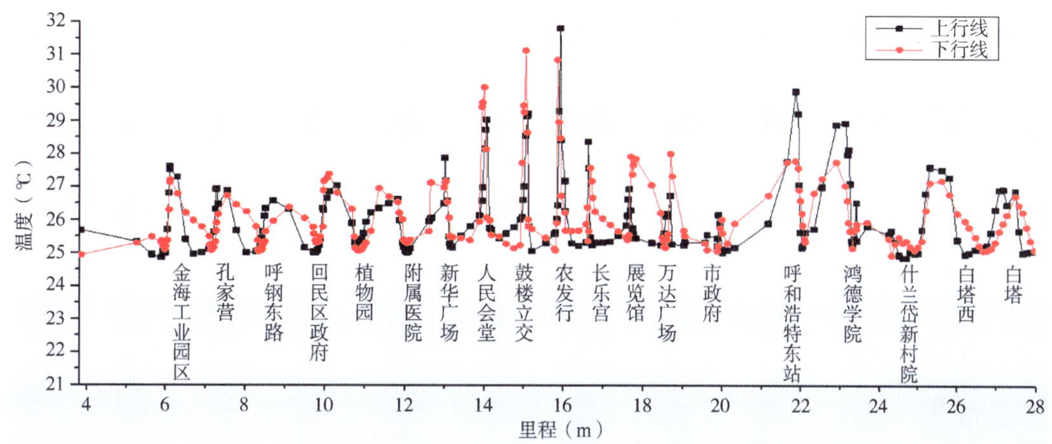

图 7-5-9　地下区间远期夏季上下行线区间温度曲线

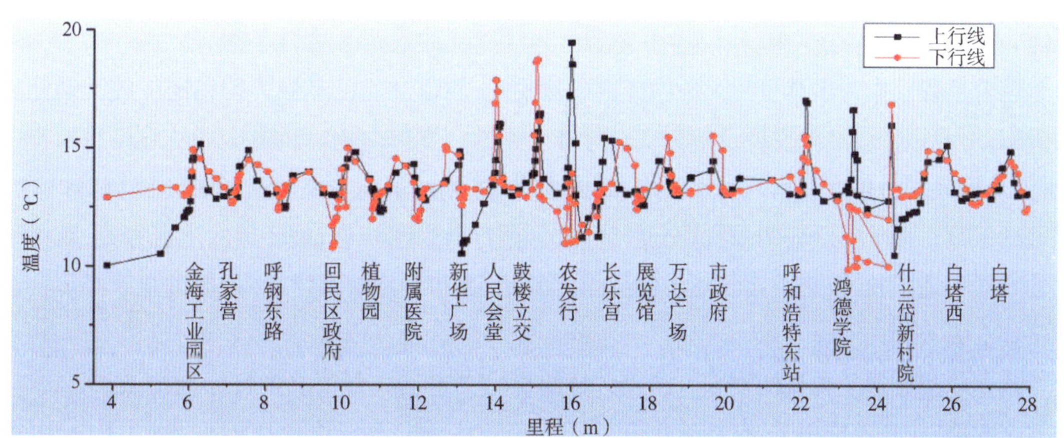

图 7-5-10　地下区间远期冬季上下行线区间温度曲线

从图 7-5-9 的模拟结果可以看出，地下区间远期夏季高峰时刻温度值均在 25～32 ℃之间，满足正常工况下隧道通风的温度要求。从图 7-5-10 的模拟结果可以看出，地下区间远期冬季高峰时刻温度值均在 11～18 ℃之间，也满足正常工况下隧道通风的温度要求。

3. 对比分析

由上述可知，不管车辆采用何种制动型式，均能满足正常情况下隧道通风的温度要求，但是相比较而言，车辆采用车载电阻制动系统时，地下区间温度略高，采用中压回馈再生制动系统时，地下区间温度略低，一般温差约为 3 ℃左右。

从节能角度来看，夏季地下区间温度越高，会影响车辆空调的效率，也会影响车站的温度环境，不利于地铁的节能运行；冬季地下区间温度越高，会提高车站的环境温度，保持区间内的环境温度，有利于其他设备的正常运行。因此，车辆采用电阻制动系统时，应采用设置轨底风道的方式来调节控制区间温度的变化需求,而采用中压回馈再生制动系统时,可以不设置轨底风道。

7.5.3.4 轨底风道的影响

优化取消轨底风道对土建影响主要有两个方面。其中一个方面是可以减少风道与梁冲突,减少设置下翻梁处的影响范围,提高了土建施工及铺设防水等方面的便捷性、可靠性、安全性,降低了土建施工的难度,节省了投资;另一方面是为环网电缆的架设安装提供了便利,同时扩大了站台板下的电缆夹层,为后期运营维护创造了更好的检修空间。

同时,由于轨行区隧道内环境恶劣,轨底排热风口维护检修、调试困难,风口间排热风量较难平衡、风口金属部件易腐蚀,与轨顶风道相比,其排热效率较低,同时也存在运营维保工作量较大的情况。另外,火灾时轨底排热风口不参与排烟,需要关断轨底风阀,操作控制复杂,对火灾排烟的可靠性也有一定影响。

7.6 巡检机器人

7.6.1 项目背景

近年来,随着我国城市化进程的不断加快和城市人口规模的快速增长,为缓解日益严重的城市交通拥堵问题,国内 200 万人口以上的大城市纷纷投巨资大力发展快捷、准时、安全、舒适、运量大、能耗低且污染轻的轨道交通。据推算,"十三五"末,我国将拥有超过 14 万 km 的铁路总运营里程、超过 6 000 多 km 的城市轨道交通总运营里程。作为最具可持续性的交通运输模式,轨道交通已经成为国民经济的大动脉和现代城市运行的骨架,对我国社会经济发展及国家安全起着全局性的支撑作用。轨道交通核心科技的自主创新和国产化,更是从国家安全角度提出的基本要求,并成为实施"创新驱动发展""建设制造强国"和"走出去"战略等重要基础保障。多年实践证明,轨道交通已经成为最符合中国特色、最环保的出行方式,其中地铁是百姓最重要的日常交通工具,直接关系到民生的感受。因此,呼和浩特地铁建设,是促进全区经济社会健康发展的重大工程。

安全始终是轨道交通最首要的要求。国家科技部现代交通重点专项总体目标指出:到 2020 年,在轨道交通系统安全保障、综合效能提升、可持续性和互操作等战略方向要形成包括核心技术、关键装备、集成应用与标准规范在内的成果体系,满足我国轨道交通作为全局战略性骨干运输网络的高效能、综合性、一体化、可持续发展需求,并具备显著的国际竞争优势。也就意味着,在轨道交通系统安全保障领域,存在着巨大的技术空白和市场机会,亟待轨道交通领域的主要参与者,政府、研究机构、企业、用户一起去探索、创新和发掘新产品和新市场。

本项目拟以呼和浩特市城市轨道交通 1、2 号线的轨道建设为切入点,实现以"地铁隧道智能巡检机器人"为核心的地铁隧道安全监测与故障报警系统的示范应用,获取地铁隧道和站台整个大范围状态实施监控和感知、灾害识别、可视化管理等自动化测量系统的直接应用数据,监控车辆、隧道及路轨健康状态及变化趋势,提升地铁隧道各项安全指标检测的准确度,有效提升安全运营水平,保障呼和浩特轨道交通实现安全、准时、高效。

根据前期调研和专家评审,2018 年 11 月,轨道交通建设管理有限责任公司与北京天乐泰力科技发展有限公司、北京瑞途科技有限公司共同签署科研项目合作协议,在 1 号线孔家营至呼钢东路左线区间加装地铁隧道智能巡检机器人,共同研究隧道智能巡检机器人在实际地铁隧道环境中的落地应用,为后续大规模推广地铁巡检的智能化和无人化做好准备。

7.6.2　项目概况

1. 项目成果

北京瑞途科技有限公司和北京天乐泰力科技发展有限公司联合开发的地铁隧道智能巡检机器人，在世界上首次将机器人技术与轨道交通智能巡检需求相结合，通过运动控制技术、检测技术、数据融合与处理等技术的综合运用，研制了运维巡检智能化装备产品——地铁隧道智能巡检机器人。

目前地铁隧道巡检仍然以人工巡检为主，和少量动态检测车为辅的形式完成。现存地铁人工巡检方式的问题主要包括：

(1)人工巡检作业量大，隧道作业环境差、作业强度高，在浓雾、火警等情况下，人员无法进入；

(2)巡检只能在空窗期进行，无法与地铁列车运行同步展开，发现和反馈运行突发状况或故障的实时性较差；

(3)人工巡检属于单点、单次观测，信息量离散、不完整；

(4)巡检结果依赖人工判断，难以保一致性和客观性，漏检率高；

(5)人员需求量大，人力成本高，招聘相对困难。

本装备专门为了解决以上地铁巡检领域的痛点而研发，投入实际应用以后将改变地铁隧道巡检完全依赖人工巡检的现状，通过专用检测算法实现对巡检数据的智能辨识和评价，大大提高地铁隧道巡检的自动化程度。装备的投用还可以大大改善巡检工人的工作环境、减少夜班工作时间、减少巡检人员的人员需求，通过多种报警终端实现远程的智能运维。通过智能化平台存储所有的巡检数据，实现巡检数据的长期保存和分类记录，通过人工智能和大数据的最新算法实现巡检结果判定的高可靠性和隧道缺陷的趋势预测，真正实现地铁隧道的智能化运维，引领隧道巡检迈入 AI 时代。

本装备具备“实时巡检”“常规巡检”“定期巡检”“抢险救灾”等多种工作模式，在各种工作模式下可以根据搭载的不同模块分别完成地铁隧道实时视频监控、限界入侵检测、异物入侵检测、电缆超温检测、隧道裂纹检测、隧道渗漏检测、隧道三维模型构建、隧道曲率变形检测、轨道几何变形检测、有毒气体探测等众多性能。各项性能说明如下：

- 限界检测：对侵入限界的物体实时给出报警信息；
- 异物检测：识别掉落隧道的异物或进入隧道中的人员、动物；
- 电缆超温检测：实时检测隧道内电缆的温度和坐标值；
- 裂纹检测：检测隧道壁面的裂纹，并对裂纹的发展趋势进行分析和预测；
- 渗水湿渍检测：检测隧道壁面温度与渗水湿渍，给出相应的报警信息；
- 隧道三维模型构建：隧道精确三维立体模型建立；
- 隧道穹顶曲率变形检测：通过对历史隧道三维立体模型的分析，对曲率变形的发展给出分析预测；
- 轨道几何位形检测：获得轨道的几何形状数据，通过与历史数据及标准数据的比对，确认几何变形量；
- 实时视频监控回传最高分辨率≥720 P，流畅无卡顿，支持夜视；
- 有毒气体检测、粉尘浓度检测等功能均采用全球领先的高精度传感器实现。

本装备在世界上首次实现了打破了地铁巡检时间和空间上的限制，实现了地铁运行过程中的实时巡检，各项功能指标均达到国际先进水平。本装备在多个点上实现了创新性的突破，其中 7 项创新点经权威第三方的全球查新确认为全球首创。

2. 本项目成果目前研究进展情况

(1)第一代(原型样机)

2017 年 6 月份完成第一代原型样机的研发,第一代原型样机产品集合高清相机、激光雷达及红外成像等精密检测设备,初步实现了限界检测、异物检测、红外温度检测、隧道裂纹检测等功能,新一代样机研发完成以后,研制单位搭建了模拟的实验隧道。机器人在模拟隧道内进行了数百公里的运动及功能测试,达到的预定的设计目标,为下一代机器人的迭代设计提供了丰富的实验参数。

图 7-6-1 第一代机器人样机及模拟隧道

(2)第二代(测试样机)

2018 年 6 月,在北京国际城市轨道交通展览会上,瑞途科技和天乐泰力联合呼和浩特市轨道交通公司共同发布了全新的智能巡检机器人设备。在展会上亮相的是迭代研发的第二代智能机器人设备(见图 7-6-2)。第二代机器人设备在汲取第一代样机设计经验的基础上,对外观进行了升级,同时优化了运动机构及检测算法。在模拟隧道环境中进行了大量的功能场景模拟试验,为机器人的商用做好了充分准备。

(3)第三代(产品样机)

2018 年 10 月,在前两代样机的基础上对机器人进行了全面的升级,为北京地铁燕房线及呼和浩特市城市轨道交通 1 号线示范项目生产了产品样机。产品样机采用全金属外壳,在保证功能实现的基础上,对部分检测硬件进行了升级,对检测算法进行了优化,对上位监控软件进行了升级,并对功能参数进行了更严苛的测试。将机器人设备首次部署到地铁运营区间进行了试运行(见图 7-6-3),智能巡检机器人设备在示范项目中的成功示范为将来的大规模应用做好了准备。

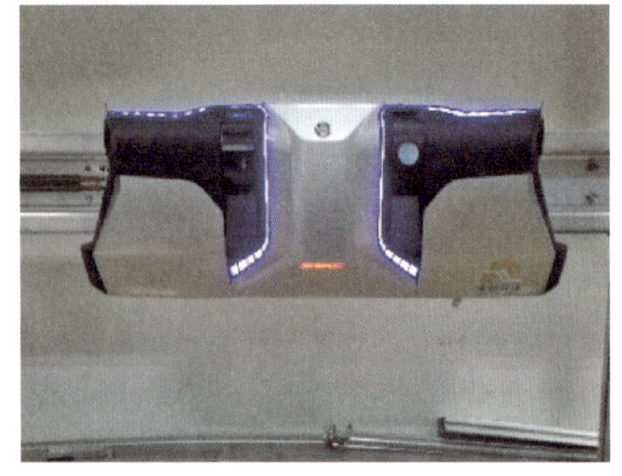

图 7-6-2 第二代机器人测试样机

图 7-6-3 第三代产品样机在测试现场

在完成三代机器人研发的同时，起草并完善了智能巡检机器人装备的企业标准。在呼和浩特市城市轨道交通 1 号线的项目立项过程中，邀请了众多的业内专家对隧道内安装机器人的可行性和机器人的功能进行了评审，专家评审会一致确认了机器人产品的创新性和可行性，并建议在示范项目中实施。在燕房线项目的实施过程中，研制单位委托中铁设计咨询集团的设计院对项目实施方案进行了咨询评议，设计院专门出具了设计方案咨询报告对燕房线智能巡检机器人示范项目实施方案的可行性进行了审核确认。

另外为了确认产品的可靠性，委托有资质的第三方单位对机器人产品进行了以下测试，并全部测试通过：

➢ 风洞测试：代表机器人设备抵御隧道活塞风的能力，机器人安全通过了 50 m/s（180 km/h）的风洞测试；

➢ 电气安全性能：代表了机器人设备的整体绝缘、介电、接地、电源适应性和防雷措施等电气安全性能，所有测试全部通过；

➢ EMC 测试：代表了机器人设备抵抗外部电气干扰的能力，所有测试全部通过；

➢ 机械振动测试：代表了机器人在轨运行时抵御导轨振动的能力和长时间振动环境下自身的可靠性，机器人顺利通过加速度 10 m/s^2，最高频率达 150 Hz 的振动测试；

➢ 高低温测试：代表了机器人设备可以适应的温度范围，机器人设备顺利通过了 −20 ℃的低温存储，−20 ℃低温工作及 55 ℃高温工作测试；

➢ IP 防护等级测试：代表机器人的防尘防水能力，机器人顺利通过了 IP55 等级的防护测试；

➢ 噪声测试：测试表明机器人运动所产生的噪声不超过 70 dB。

2019 年 7 月 12 日，中国机械工业联合会在北京组织召开了北京瑞途科技有限公司和北京天乐泰力科技发展有限公司联合自主研发的“城市轨道交通远程运维巡检智能化装备”科技成果鉴定会。鉴定委员会听取了研制单位研发、应用情况汇报，审查了相关技术资料，经质询和讨论，形成鉴定意见如下：该技术装备创新点突出，关键技术具有自主知识产权，填补了轨道交通隧道智能巡检领域的空白。技术装备整体达到国际先进水平，其中全天候实时巡检和基于大数据的故障预测等技术达到了国际领先水平。鉴定委员会一致同意通过该项科技成果鉴定。

7.6.3　研制技术路线

1. 总体技术方案

城市轨道交通远程运维巡检智能化装备机器人地铁巡检方案如图 7-6-4 所示，在地铁隧道的左右两侧分别布置两台机器人——左侧机器人和右侧机器人，两台机器人可根据控制系统指令，沿各自轨道前后精确运动。轨道采用“几字形”结构，在支承机器人重量的同时，集成供电接口，兼顾功能和可靠性；机器人上安装各类型传感器，含线阵 CCD、面阵 CCD、激光雷达、热成像仪、航姿系统等，可检测地铁运行限界，检测轨道变形，获取隧道的裂纹、变形、水渍等病害信息，检测电缆是否存在阴燃等异常情况。

左侧机器人和右侧机器人在地铁两相邻站点之间运行，获取两个站点之间的数据，为了实现整个地铁线路的巡检控制和巡检数据处理，采用图 7-6-5 所示的分层式巡检平台方案，其中第一层用于对整个线路的机器人巡检作业进行规划，将巡检作业的关键数据和结果存储在数据库，并完成数据的一些综合和处理；第二层包括各站点服务器，用于接收线路巡检控制服务器的指令，并将本站点数据反馈至第一层服务器；第三层包括各站点的巡检机器人,可按站点服务器的指令进行巡检作业,并负责传感器数据的采集,数据的实时处理,以及数据处理结果的上传。

图 7-6-4　机器人地铁巡检方案

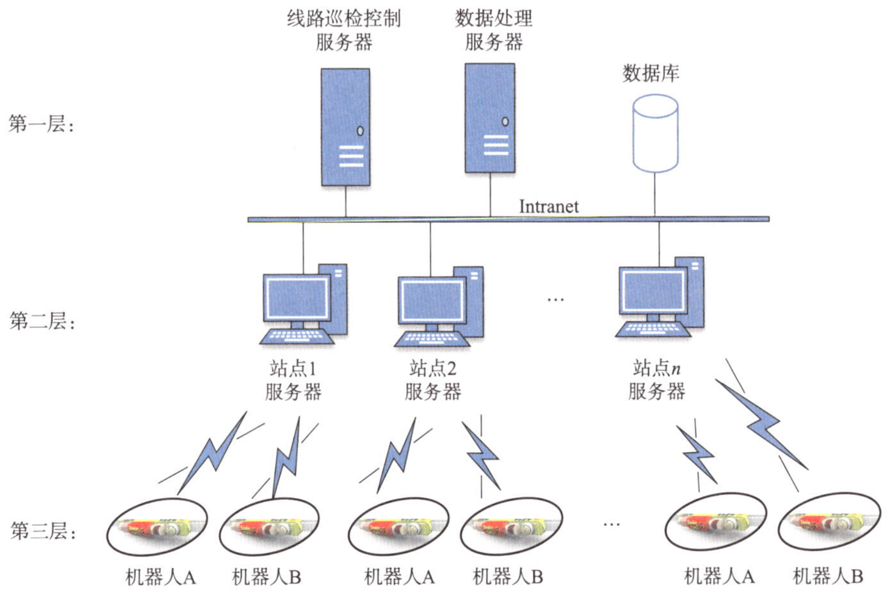

图 7-6-5　地铁隧道巡检机器人分层式平台方案

2. 关键技术研究

(1)机器人总体设计与优化技术

受限于地铁限界空间,巡检机器人的总体布局、重量和外形尺度受到刚性约束。因此,机器人的总体设计包括运动形式选择、设备布局、尺寸和重量估算、控制方案设计、性能估算和任务可行性研究等具有创造性与科学性,需反复迭代,并综合权衡和优化。首先,通过机构学、流体力学、控制理论等工具完成理论建模、控制仿真等完成运动、检测及处理方法的分析;其次,通过对关键技术和试验样机的仿真分析和试验验证,总结出相关关键技术并提出解决方案;第三,根据样机的技术验证情况,完成运动单元、数据处理单元的详细方案设计与验证,并根据各约束条件,完成各部件的方案设计、接口设计等工作,最终完成拟定的项目研究内容。

(2)高精度运动单元结构设计

在结构的设计上,将建立机器人的全三维数字样机模型,通过仿真分析,获得结构的模态参数和应力应变参数,对机器人进行结构分析和优化设计,提高运动单元的平稳性和定位精度,从而提高数据采集精度,并结合虚拟装配、运动机构仿真等手段,在设计阶段完成运动单元的设计、分析和性能评估,从而缩短产品周期,加快产品迭代速度。

(3)实时控制系统架构设计

针对巡检机器人的工作特点,研制配置有多种通信总线的实时控制系统;实现多种总线设备数据的快速交互,并开发相关的任务管理、遥控与遥测软件、高精度运动伺服控制器、实时姿态解算和图像在线处理的要求。其中,实时姿态解算和图像在线处理采用NI专用的实时处理平台构建,高精度运动伺服控制器实现底层电机的驱动,获取机器人车体的姿态,并实现传感器的实时触发、机器人定位、紧急情况处理等功能。

(4)基于深度学习的多传感器融合技术

计算机视觉、三维激光雷达、红外测温等传感器是实现地铁限界检测、隧道病害检测的核心技术。为此,研究三维激光点云的获取、滤波、分割、配准、特征提取、识别、曲面重建和可视化;研究视觉图像的阴影、光照、图像分割、提取等处理技术,实现基于视觉的机器人定位和目标识别;研究针对机器人应用模式的机器人红外、雷达、视觉等传感器的数据匹配技术,并基于深度学习技术实现隧道病害的识别和病害发展趋势分析。

(5)机器人研制与性能测试

开展结构、控制、能源、驱动等各分系统研制,完成平台的集成装配、性能分析与测试,并对关键技术的完成情况进行验证。

7.6.4 创新点及技术性能指标

1. 本项目创新点

本项目的7项创新点均委托权威第三方机构进行了全球查新,确认所有创新点均为全球首创,各创新点详细描述如下。

(1)地铁隧道智能巡检机器人是一种全新原创的用于地铁隧道的实时化智能巡检系统。本装备采用在隧道侧壁独立搭建轨道的方式运行,轨道和设备的整体轮都位于列车限界以外,实现了智能巡检装备独立于地铁列车轨道的运行方式,此种情况下,可以实现在地铁列车运营时间段内对地铁隧道进行实时检测。克服了现有技术中在人工进行安全检查时检查速度慢、工作强度大、工作效率低等问题,提供一种基于多传感器集成的用于隧道的智能巡检系统,能够在实时隧道内基础设施的状态,及时发现故障或故障隐患,节省安全检查的时间,提高安全检查的效率。

(2)地铁隧道智能巡检机器人采用专利设计的运行轨道和导向装置,能够使智能巡检机器人在沿着导轨方向运动时平稳转向并减少颠簸现象的产生,同时在使用过程中能够方便的安装、拆卸。竖向布置的"几字形"轨道包含上下支撑和中间凹槽,机器人通过上下各两组导向轮实现对轨道的环抱,通过嵌入凹槽的两组驱动轮实现驱动。此种设计确保机器人与导轨结合的可靠性,避免了因单个车轮失效时机器人从导轨脱落侵入地铁列车限界的风险,确保机器人不会出现脱轨事故,增加了机器人在隧道内运行的安全性。

(3)地铁隧道智能巡检机器人采用一种基于激光雷达的创新性检测方法实现实时的隧道限界检测。本系统克服了现有技术中隧道侵限检测存在误差偏大,无法实现实时性等问题,提供一种基于激光雷达的在线检测方法，通过空间坐标投影简化的形式，大幅度减少雷达数据的运算量，能够实现在线实时检测，且具有较高的准确率。

(4)《城市轨道交通远程运维巡检智能化装备》系统通过采用专门研发的轨道交通隧道检测的成像系统实现对隧道内裂纹、渗漏等精细缺陷的检测。本系统克服了现有技术中由于隧道内光线不足而影响智能巡检机器人检测精度的技术问题，提供一种用于轨道交通隧道检测的成像系统，通过激光光源与线阵相机的匹配，能够为智能巡检机器人的检测提供足够的光强度，同时能够通过对光源焦距和视角的调整实现在隧道内部的定向光照，为机器人采集到清晰稳定的图像用于后期处理分析提供了保障，可以大幅度提高检测效率和检测精度。

(5)《城市轨道交通远程运维巡检智能化装备》系统的安全及状态自检系统。本系统开发了智能巡检机器人对其运行的轨道以及自身运行状态无法自己检测的技术问题，提供了一种用于轨道交通智能巡检机器人的自检系统，能够对智能巡检机器人运行的轨道以及巡检机器人本身的状态进行监控，及时发现存在的安全隐患，有效的提高了轨道交通运行系统的安全性和稳定性。

(6)《城市轨道交通远程运维巡检智能化装备》系统的故障诊断及智能预警方法与系统。本系统开发了轨道交通故障诊断过程工作强度大、效率低，且故障诊断的准确性易受人员因素干扰的问题，提供了一种用于轨道交通故障监控与智能预警的方法及实现其方法的系统，能够快捷、准确地确定故障类别与故障地址，并能够对可预见的故障提前进行预警。智能巡检机器人应用在地铁隧道环境下，通过多传感器融合的检测手段结合专用的数据处理算法，来代替人工实现限界检测、异物侵入检测、隧道壁面变形和健康检查，以及路轨几何参数位形检测，这些自动化、智能化的检测手段在国内外均属首创。

(7)地铁隧道智能巡检机器人的大数据分析技术。智能巡检机器人通过长期的数据采集建立丰富的数据库，借助和集成大数据、云计算、专家系统、深度学习等当前最活跃的技术，采用相关分析方法，对各个时间点采集的路轨几何参数、隧道几何参数等数据进行趋势性分析，通过趋势性的判断来实现隧道曲率变形和轨道几何变形等方面的故障预测。实现了人工智能在轨道交通领域的深度应用。

2. 技术性能指标

地铁隧道智能巡检机器人的主要技术性能指标如下：

- 环境温度：$-20\sim45$ ℃
- 环境湿度：最大相对湿度 95%
- 抗风能力：≥50 m/s
- 抗振能力：≥10 m/s^2
- 机器人本体防护等级：≥IP55
- 供电电压:220 V ±33 V
- 供电功率：不小于 2.0 kW
- 机器人最大运行速度：不低于 1 m/s
- 机器人重复定位精度：±2 cm
- 通信接口:4G 网络,5G 网络、Wi-Fi 及其他专用通信网络

7.6.5 项目成果应用情况

针对地铁智能巡检机器人的技术研究、试验测试及产业化情况，为进一步推进地铁线路运维的智能化

水平,2018 年 6 月,北京瑞途科技有限公司、北京天乐泰力科技发展有限公司与呼和浩特市城市轨道交通建设管理有限责任公司达成了智能巡检机器人设备应用的合作意向,共同在北京国际城市轨道交通展上对智能巡检机器人进行了新品发布。此后瑞途科技和天乐泰力一起与轨道交通 1 号线的设计单位——中铁第一勘察设计院集团有限公司及其他相关建设单位进行了详细沟通,确认机器人示范应用的区间及实施方案。并于 2018 年 8 月 18 日召开了由众多业内专家参与的示范项目立项评审会,评审会一致决议认为“前期工作基础扎实,项目研究目标清晰,研究内容全面,场景设计合理。技术路线可行”,并同意立项。2018 年 12 月,三方正式签署了示范项目科研合作协议。

本项目于 2019 年 5 月中旬正式启动安装工作,截至 2020 年年底,机器人导轨及相关设施已经安装完成,电缆敷设及配电箱安装也基本完成,现场测量安装及机器人导轨见图 7-6-6、图 7-6-7。

图 7-6-6　现场测量安装

图 7-6-7　现场机器人运行导轨

本项目上所用的机器人样机也已经完成加工组装,正在调试过程中,在现场具备调试条件以后便入场调试。

7.6.6 效益分析

地铁隧道内巡检轨的设立解决了地铁运营期间隧道巡检无法实施的难题,填补了隧道实时巡检的空白,同时为地铁隧道内的应急抢险情况提供了丰富的解决方案,不但提升了地铁隧道巡检的效率,还大大提高了地铁运营的安全保障水平。

通过将先进制造业导入轨道交通建设,推动互联网、大数据、人工智能与轨道交通建设、运维的深度融合。通过机器人在轨道交通中的应用,实现轨道交通建设与运维的转型升级,解决了劳动力成本迅速上升等社会问题。

经过三轮样机研发和充分的实验室测试,智能巡检机器人产品的主要核心技术方案先进、成熟。选用的生产设备和配件先进高效、实用可靠,采用的生产工艺、生产流程符合产品质量要求,具有很强的适用性和可操作性。作为一种机器人产品,智能巡检机器人科技含量高、效益好、市场前景广阔,符合国家产业发展政策,具有较高的技术水平,生产工艺成熟,具有良好的市场前景和一定的抗风险能力,竞争优势明显。项目的实施可以促进高端装备的发展和地铁运维水平的提升,并推动我国地铁建设和运维的发展。

7.7 车辆段轮对及受电弓在线检测系统

7.7.1 概　　述

1. 设置地点

呼和浩特市城市轨道交通1号线三间房车辆基地出入段线上。

2. 用　　途

轮对及受电弓在线检测系统采用非接触式测量技术对地铁车辆轮对及受电弓进行监测,并具备系统自检、数据通信及数据管理功能,自动判别通过车辆的轮对踏面尺寸超差、踏面擦伤故障;自动检测受电弓磨耗、轮廓、中心线偏移、羊角变形、受电弓接触压力;同时具有车顶状态观测功能;并能自动判别列车运行方向、自动识别列车车号、自动测速和自动计辆计轴。能准确检测受电弓及车轮各相关部位的尺寸和踏面缺陷。

7.7.2 主要功能描述

1. 轮对动态检测系统主要功能

(1)轮对外形尺寸自动检测。

踏面磨耗、轮缘厚度、轮缘斜度 Q_r 值、车轮直径、轮对内距、轮缘高度等,轮对外形尺寸报表包括数据报表和曲线报表。

(2)车轮踏面擦伤检测。

自动检测车轮擦伤,自动报告踏面擦伤深度、不圆度,若超限即报警,并能将测量数据与前10次的数据进行比较,及时发现轮对状态的突变。

(3)车轮不圆度检测。

自动检测车轮不圆度,自动报告踏面擦伤深度、不圆度,若超限即报警,并能将测量数据与前10次的数据进行比较,及时发现轮对状态的突变。

(4)视频图像擦伤监测。

通过车轮擦伤及不圆度检测模块检测出来的擦伤能通过图像监测显示终端反映出来,能反映一个轮对圆周的所有图像,方便用户进行观察判断踏面擦伤情况。

(5)车号及端位自动识别(自动识别与手动输入车号功能可转换)。

系统默认为自动识别端位及车号,同时具备转换到手动输入车号及端位以及修改车号及端位的功能。

(6)自动绘制车轮踏面外形曲线,并可实现超限报警显示。

自动绘制车轮踏面外形曲线,跟标准原型曲线进行对比,蓝色为自动绘制的曲线,红色为标准曲线,显示的数据为测量数据,具有超限报警功能。

(7)具有检测结果存储、查询、统计、分析、对比、打印功能,以及数据联网管理功能。

报表采用B/S(浏览器/服务器)模式开发,访问方便,无需安装专门的客户端软件,与服务器在同一网段内的任何一台电脑只需要有IE浏览器及相应的用户名及密码即可访问。B/S报表程序基于Java技术,继承其强大、稳定、安全、高效、跨平台等多方面的优点,具有良好的数据联网管理功能。除具有检测结果存储、查询、统计、分析、对比、打印功能,以及数据联网管理功能外,系统还具备档案管理、系统设置。

(8)提供检测轮对技术状态的综合评价,报告超限车轮的超限数据及顺位信息。

(9)提供数据输入/输出接口。

轨道交通车辆基本信息输入接口、走行公里数输入接口、人工反馈信息输入接口、车辆基地网络访问接口等。

(10)精确的自动测速和自动车辆计轴。

2. 受电弓动态检测系统主要功能

(1)动态非接触自动图像分析处理并记录受电弓滑板磨耗值:采用动态非接触自动图像测量技术,自动分析处理并记录受电弓滑板磨耗值,包含碳滑板最小剩余及其位置、最大剩余及其位置、平均剩余、剩余差、最大磨耗差及其位置。

(2)动态非接触自动图像分析处理并记录受电弓中心线偏差值:采用动态非接触自动图像测量技术,自动分析处理并记录受电弓中心线偏差值。

(3)自动动态检测并记录受电弓工作位接触压力值:采用杠杆原理,自动动态检测受电弓工作位接触压力值检测。

(4)车顶监控视频大屏幕实时显示、存储及不同速度回放。

(5)车顶异物及车顶关键部件室内可视化观测及判断:多角度获取车顶高清图像,具有车顶状态视频观察功能;通过大屏幕实时显示、不同速度回放,可实现车顶异物及车顶关键部件状态室内可视化观测及人工判断。

(6)车号和端位自动识别:系统默认为自动识别端位及车号,同时具备转换到手动输入车号及端位以及修改车号及端位的功能。

(7)提供检测项目的图像及数据报表输出:动态非接触式图像测量技术分析处理并记录受电弓滑板磨耗值(包含碳滑板最小剩余及其位置、最大剩余及其位置、平均剩余、剩余差、最大磨耗差及其位置)、电弓中心线偏差值。通过对历史数据的综合分析,总结受电弓的磨耗规律,绘制磨耗趋势图,预测受电弓滑板运用到限时间。通过数据的综合分析比较(按时间段、运行公里数对同类型受电弓检测数据进行综合分析比较)对受电弓的技术状态做出综合评价,给出优化的综合维护保养方案,以指导受电弓的检修。

(8)提供检测结果的查询、统计、综合分析、打印、故障预警及网络共享管理。

(9)具有对检测出的数据进行分析、判断、整理的能力。

①通过对历史数据的综合分析,总结受电弓的磨耗规律,绘制磨耗趋势图,预测受电弓滑板运用到限时间;

②通过数据的综合分析比较(按时间段、运行公里数对同类型受电弓检测数据进行综合分析比较)对受电弓的技术状态做出综合评价,给出优化的综合维护保养方案,以指导受电弓的检修;

(10)具有网络功能,能提供与地铁车辆段信息管理系统的接口,并可通过该接口上传数据和下载车辆及受电弓的技术档案和数据。

(11)提供丰富的数据接口:基本信息输入接口、走行公里数输入接口、人工反馈信息输入接口、车辆段的网络访问接口等。

3. 车号识别系统主要功能(系统组成见图 7-1-1)

(1)采用图像自动识别技术,能准确识别本线轨道交通列车的头车车号,及判读列车中间车的顺序号。

(2)能有效、准确地判别车号,满足轮对尺寸动态检测及管理系统、踏面缺陷动态检测及管理系统对车号进行识别的要求。使各子系统能够按照车号信息对检测数据进行跟踪、统计、分析。

(3)系统在工作时,不对轨道交通车辆上安装的各类设备和地面上安装的各类设备造成干扰、如轨道交通线路中信号系统,车载无线系统,PIS 系统等。

(4)能满足其他管理系统对车号进行识别的要求。使相关系统能够按照车号信息对检测数据进行跟踪、统计、分析。

7.7.3 主要技术参数

受电弓及轮对在线检测系统主要技术规格如下:

1. 轮对动态检测系统

(1)轮对外形尺寸检测技术指标

轮缘高度测量范围:25 ~ 40 mm

轮缘高度测量误差: ±0.2 mm

轮缘厚度测量范围:20 ~ 40 mm

轮缘厚度测量误差: ±0.3 mm

轮对内侧距测量范围:1 345 ~ 1 365 mm

轮对内侧距测量误差: ±0.6 mm

不圆度测量误差: ±0.2 mm

车轮直径测量范围:750 ~ 1 150 mm

车轮直径测量误差: ±0.6 mm

Q_r值测量范围:0 ~ 13 mm

Q_r值测量误差：±0.4 mm

(2)车轮擦伤(不圆度)检测技术指标

擦伤深度测量范围:0～15 mm

擦伤深度测量误差：±0.3 mm

车轮不圆度测量误差：±0.3 mm

(3)列车通过速度:3～15km/h

2. 受电弓及车顶状态检测系统

滑板磨耗检测精度：±0.5 mm

滑板有效检测长度:1 000 mm

受电弓中心线偏差检测精度：±3 mm

受电弓中心线偏差检测范围：±400 mm

受电弓工作位接触压力检测精度：±5 N

接触压力检测范围:0～200 N

车顶异物及车顶关键部件观测分辨率:3 mm

3. 车号识别系统技术指标(系统组成见图 7-7-1)

摄像头像素:1 296×960

识别准确率:≥99%

识别距离:1.8～2.4 m

识别适应车速:≤30 km/h

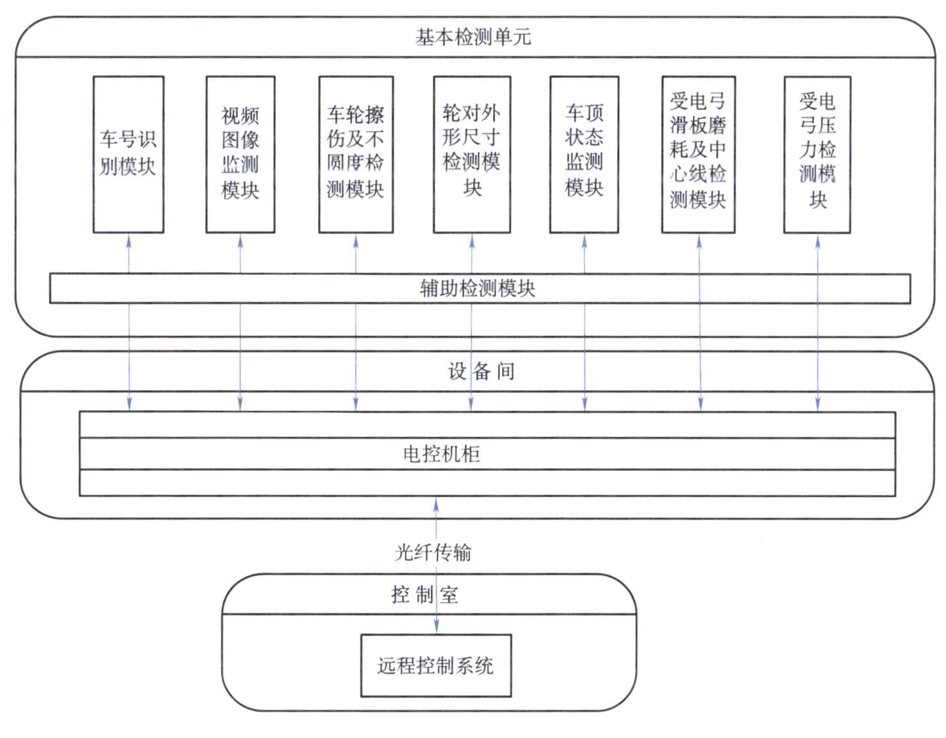

图 7-7-1　系统组成框图

7.7.4 设备组成及检测原理

7.7.4.1 轮对动态检测系统

基本检测单元的主要作用是获取轮对外形和踏面缺陷的原始检测数据，以及车号及端位信息。包括车号识别模块、轮对外形尺寸检测模块、车轮擦伤及不圆度检测模块、视频图像擦伤监测模块等 4 个基本检测模块。为了辅助基本检测单元的工作，在基本检测单元的前后方分别设置有车辆接近检测单元、车辆离去检测单元、自动测速单位、自动计轴计辆单元等辅助检测模块。基本检测单元实物见图 7-7-2。

图 7-7-2　基本检测单元

1. 轮对外形尺寸检测模块

用于检测轮对关键外形尺寸和踏面外形轮廓曲线。检测的轮对关键外形尺寸参数包括：踏面磨耗、轮缘厚度、轮缘斜度 Q_r 值、车轮直径、轮对内距、轮缘高度、同轴轮径差、同一转向架上的最大轮径差和同一节车的最大轮径差等。轮对外形尺寸检测模块见图 7-7-3。

图 7-7-3　轮对外形尺寸检测模块

2. 轮对外形尺寸检测模块详细布局

尺寸检测模块主要由 8 组激光相机组合而成，负责采集车轮外形激光曲线，其分布见图 7-7-4，其中 LD 箱体见图 7-7-5，CCD 箱体见图 7-7-6。

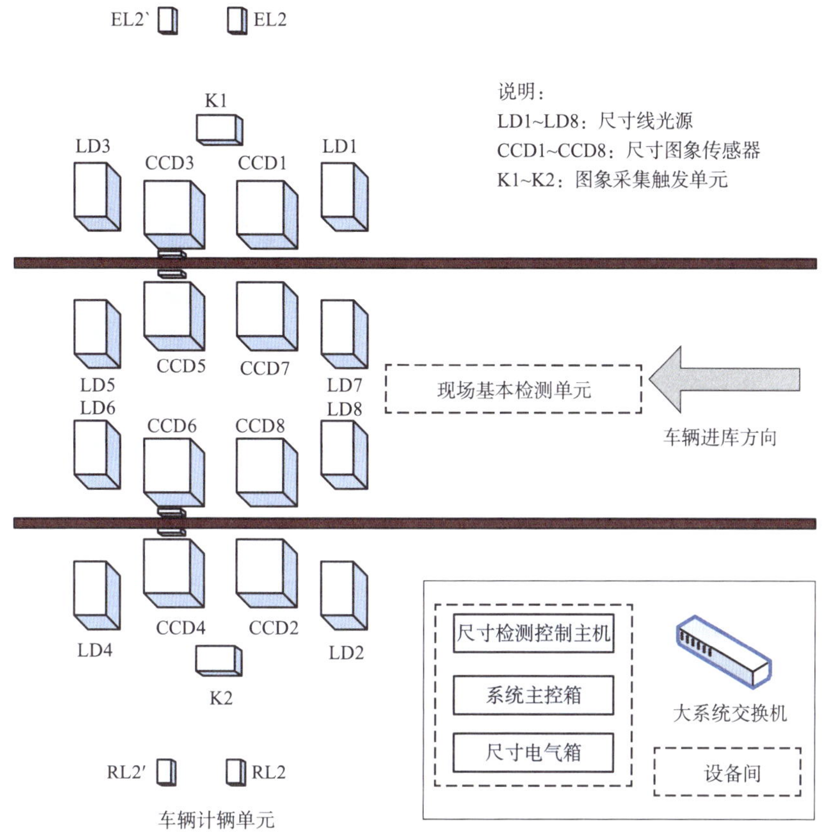

图 7-7-4　轮对外形尺寸检测模块组成及布局

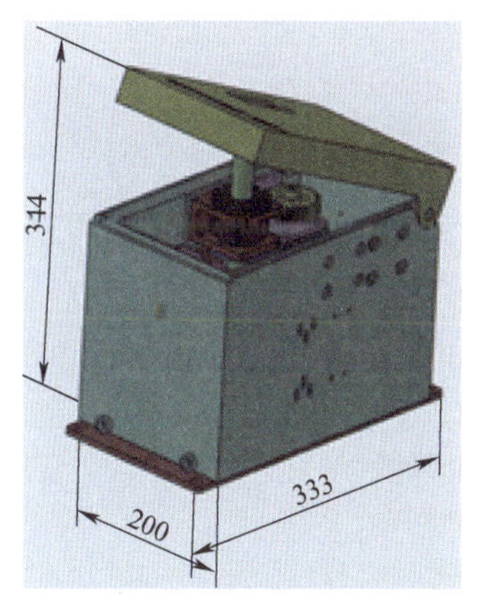

图 7-7-5　LD 箱体(单位:mm)

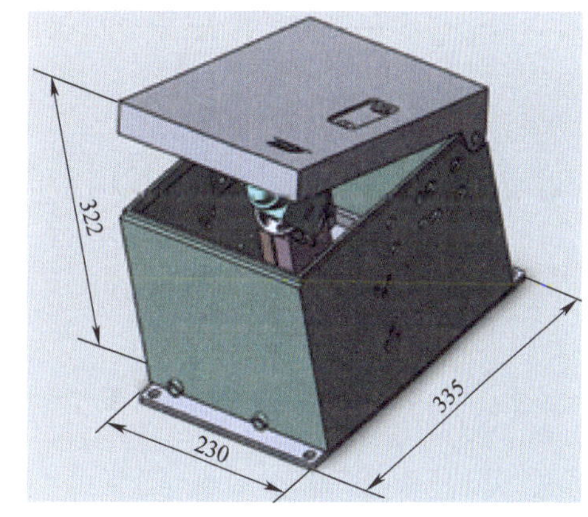

图 7-7-6　CCD 箱体(单位:mm)

3. 轮对外形尺寸检测原理

尺寸单元采用先进的“光截图像测量技术”进行车轮尺寸检测,“光截图像测量技术”主要采用激光三角测量技术和多激光测量技术测量轮对关键尺寸。该技术是 2013 年发展起来的新技术,在单边车轮采用 4 组激光-相机组合单元,车轮直径等外形几何尺寸参数,采用多点测量方法,从而保证系统的测量精确性。升级后的尺寸单元具有非接触式、精度非常高、适应速度高等特点。目前,该检测技术在国内的动车、机务和地铁领域有大量的成熟应用。尺寸检测单元激光原理见图 7-7-7,多激光技术原理见图 7-7-8,轮对外形关键尺寸的计算见图 7-7-9。

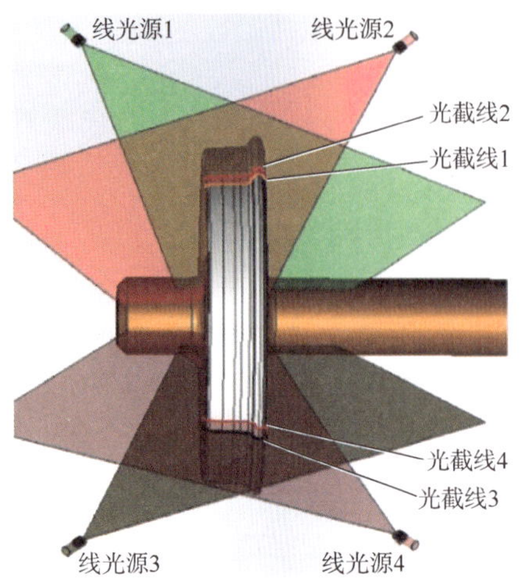

图 7-7-7　尺寸检测单元激光原理示意图

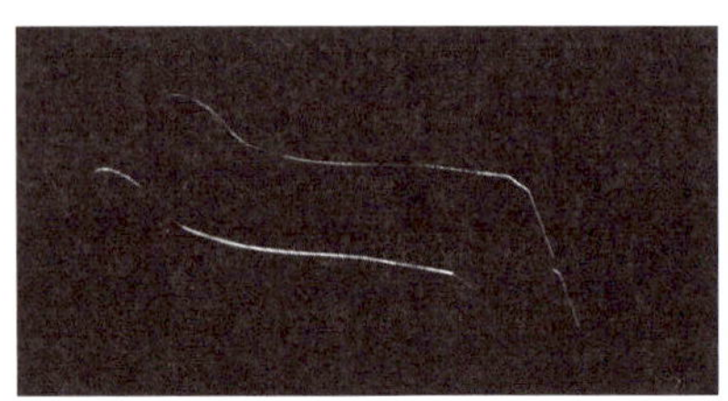

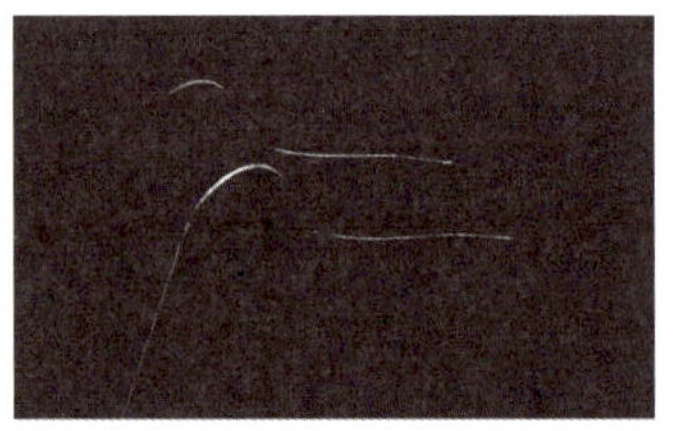

图 7-7-8　多激光技术原理

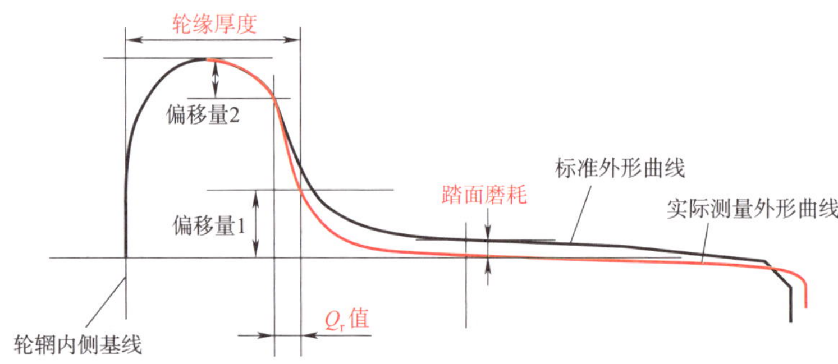

图 7-7-9　轮对外形关键尺寸的计算图

(1)计算模型

为了保障系统的高检测精度,系统设计了多个测点完成轮对检测,采用同步拍摄多幅图片方式获得轮周多个点的外形光截曲线图像(见图 7-7-10)。系统在数据处理中将综合所有测点的数据,择优选择数据,对有效数据进行综合统计分析从而计算得到最优的车轮外形尺寸参数。系统采用“多光束光截法”有效保障了系统检测精度高,数据重复性高。

(2)车轮直径检测原理

通过光截法的三点测量法来获得车轮直径,基于光截法的测量原理,利用两个方向入射的 4 条线光源在踏面形成的光截曲线图像,选择最佳的 3 条求出 3 个踏面测量点的坐标,通过三点法即可测得车轮直径(见图 7-7-11)。

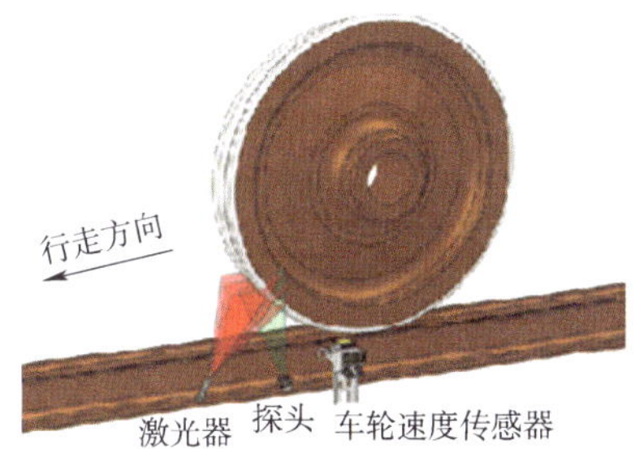

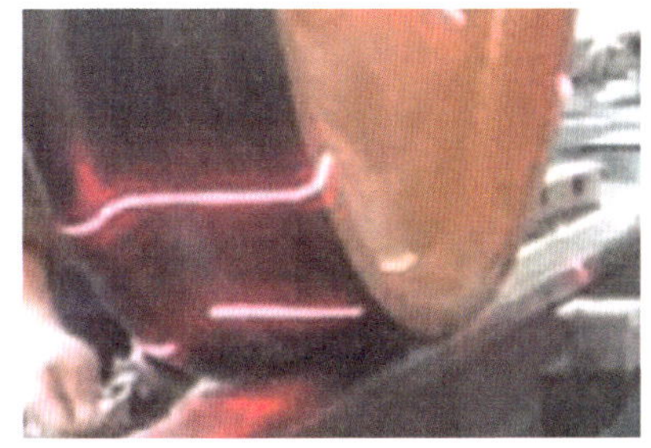

图 7-7-10　多束激光打光方式示意图及多束激光打光方式

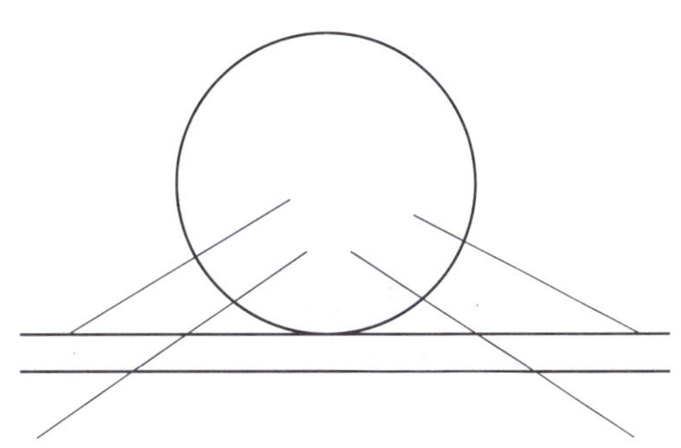

图 7-7-11　车轮直径测量原理

(3)轮对内距测量原理

系统结构设计具有空间固定的坐标原点,通过测量左右轮对在坐标系中的位置变化,即可计算得出轮对内距(见图 7-7-12)。

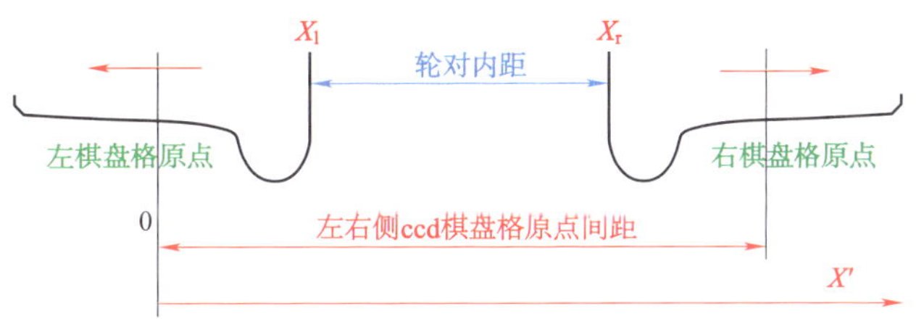

图 7-7-12　轮对内距测量原理图

4. 轮对内侧距检测原理

设备的技术优势如下:

(1)三维空间标定技术:系统由原有的二维面标定发展成三维空间标定技术,系统在标定简化程度和准确度方面有质的飞越(见图 7-7-13)。

(2)图像抗干扰技术:为避免在尺寸检测中阳光直射和反光的干扰,系统尺寸检测单元应该采用极窄绿光镜头配合轮廓背景图层识别技术,对检测中的阳光和反光进行过滤处理。

(3)自动拼接技术:根据轮对的曲线特征,自动进行内外图像的在空间区域的拼接操作,相对于手动操作来说,能够更好的完成角度的旋转,畸变的校正,与对齐的精度(见图 7-7-14)。

(4)自动校正算法:无需进行标定计算固定模板,减少了信号前期的标定和模板建立过程。

(5)采用智能轮廓跟踪算法:在基础跟踪算法基础上,实现了智能的跟踪虫算法,能够根据图像的轮廓

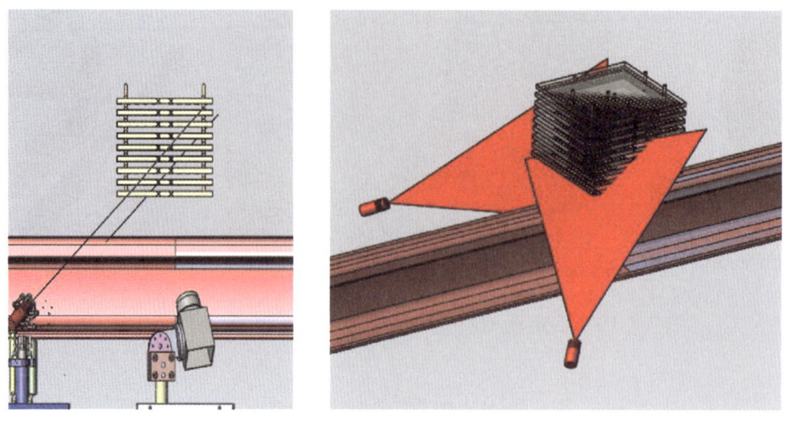

图 7-7-13　三维空间标定技术

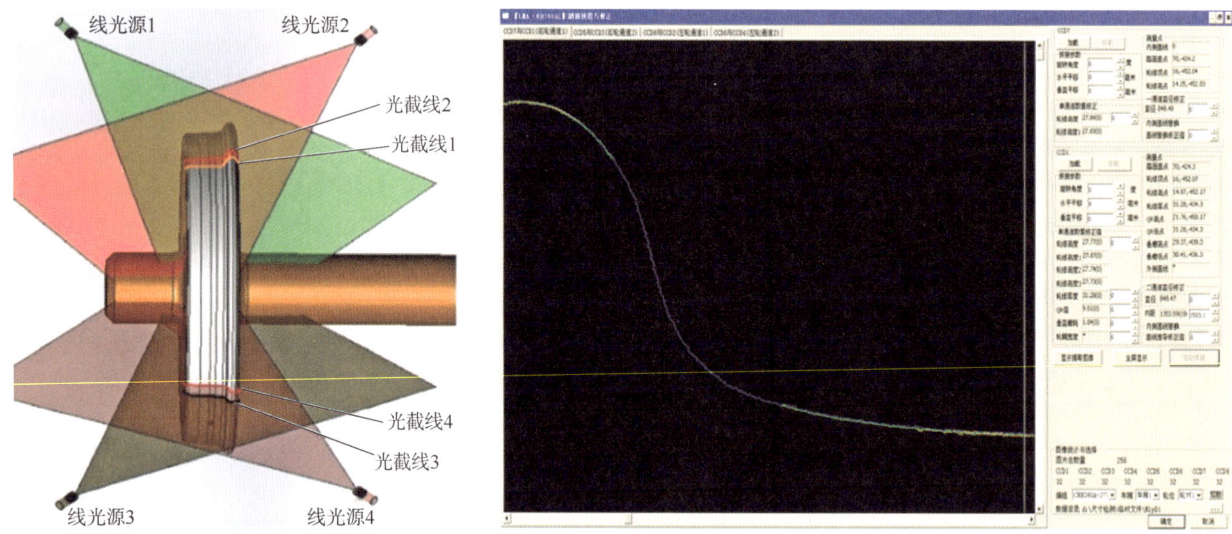

图 7-7-14　多激光自动拼接结果

趋势，自动地进行跟踪方向的调整，能够对多段成像单元进行自动识别，并分别进行跟踪和提取，解决图像遮挡造成的提取不完整。

(6)多光束激光技术，配合多激光提取处理，可实现多条轮廓的优化选择，提高外形检测精度，多点实测数据能大大提升直径的准确性(见图 7-7-15)。

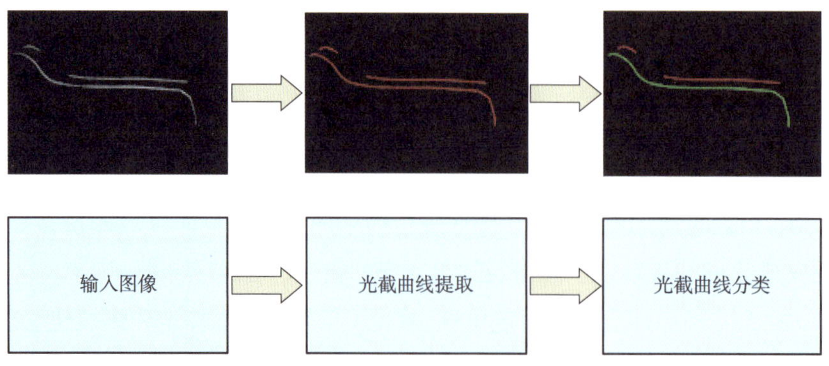

图 7-7-15　多轮廓曲线的提取分类

（7）光学元件防水防尘：采用纳米的防水材料来进行光学元件的防尘、防水，提高设备的自洁净及免维护能力（见图 7-7-16 和图 7-7-17）。

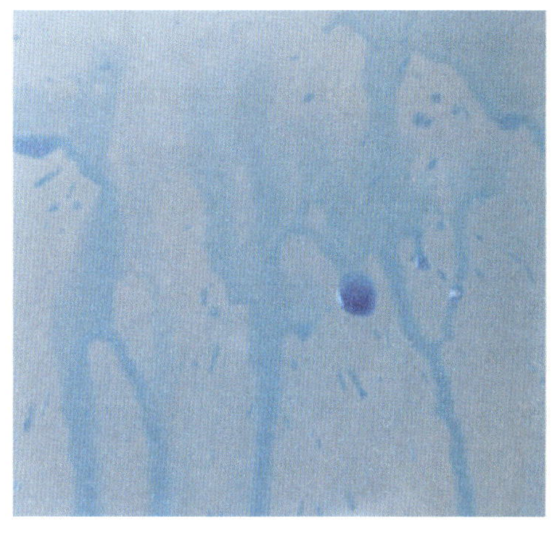

图 7-7-16 普通光学玻璃镜头图

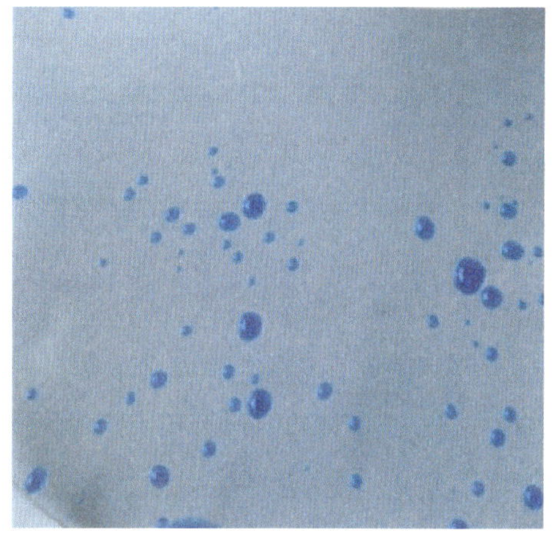

图 7-7-17 纳米镀膜玻璃镜头图

（8）采用在线动态检测方式，检测过程自动完成，不需人工干预；检测速度快、效率高、数据查看便捷。

（9）不影响列车正常运行，安全可靠，可全天候工作。

5. 车轮擦伤及不圆度检测模块

车轮擦伤检测模块采用的平行四边形平动机构，能够自动检测车轮不圆度及踏面擦伤深度和长度［轮轨接触区域，踏面滚动圆（70 ± 15）mm 范围内］。用接触式检测方法，在轨道两侧加装一定数量的位移检测单元与轮对接触，在轨道两侧加装一定数量的位移监测单元与轮对接触，定量检测轮对车轮圆周的擦伤深度（见图 7-7-18）。

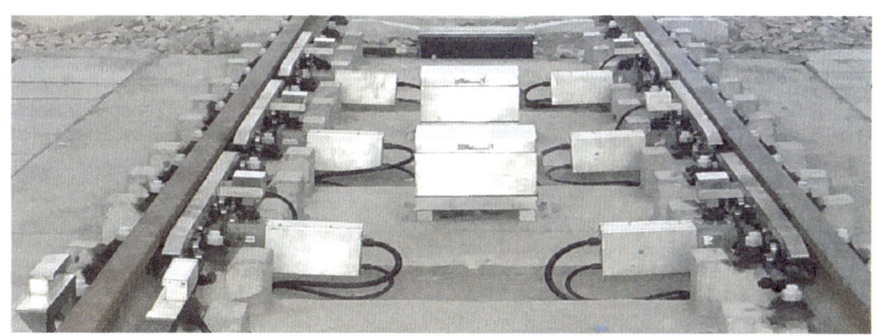

图 7-7-18 车轮擦伤及不圆度检测模块实物照片

（1）车轮擦伤及不圆度检测模块详细布局

车轮擦伤及不圆度检测模块由 6 套平动机构、列车接近检测传感器、车体辨向计数传感器、信号调理箱及擦伤电气箱组成。其中 CS1 ~ CS6 为擦伤检测传感器。D3 为开始检测传感器，RL3，RL3′为车体判向计数传感器。T × 1，T × 2 为信号调理箱。系统组成及布局如图 7-7-19 所示。本模块共配置两个擦伤信号调理箱，用于擦伤传感器信号放大器的安装防护，传感器信号的前置处理与转接，每个擦伤信号调理箱中可安装 4 个传感器信号放大器。信号调理箱安装在整体道床中间，根据擦伤杆配置不同安装于不同位置。

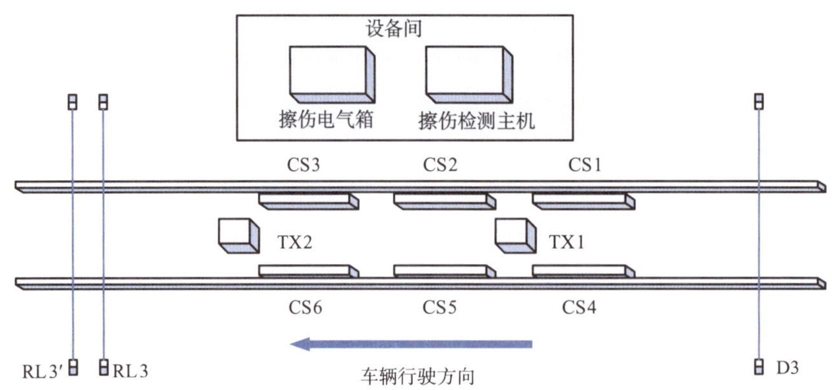

图 7-7-19　车轮擦伤及不圆度检测模块的组成及布局图

在轨道两侧加装 6 根擦伤杆和 6 个位移检测单元与轮对接触，安装时保证擦伤杆摆放无倾斜，并使用高度尺测量擦伤杆与钢轨上表面中心位置高度差，使高度控制在一定的距离距离。

设备与车轮直接接触的部件为擦伤杆，擦伤杆骨架采用优质模具钢经过锻造加工而成，宽度为 42 mm，厚度为 32 mm，从材料，加工工艺和结构上保证足够强度（见图 7-7-20）。

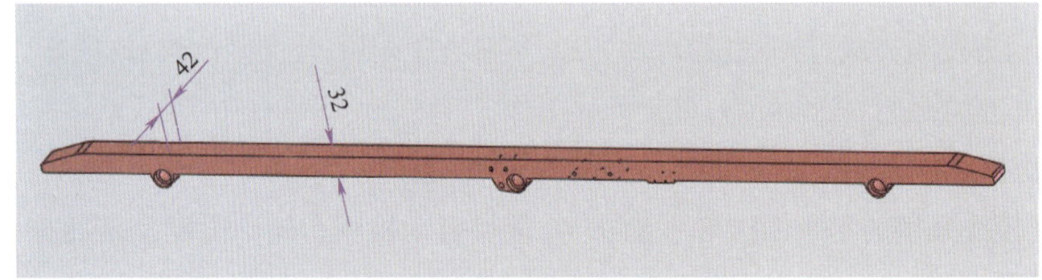

图 7-7-20　擦伤杆图（单位：mm）

擦伤杆具有良好的防撞击保护功能，每根擦伤杆两端设计有缓冲斜坡，有效缓解与轮缘接触瞬间的作用力（见图 7-7-21）。擦伤检测杆现场安装实物见图 7-7-22。

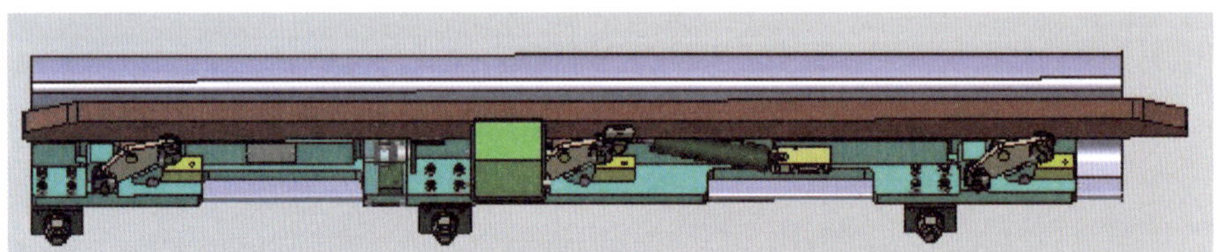

图 7-7-21　擦伤检测杆两端有斜坡缓冲

图 7-7-22　现场安装实物图

擦伤检测装置采用了气动下压装置，当不检测或外部条件不能满足系统检测要求时，系统会自动对其压下并形成保护（见图 7-7-23）。

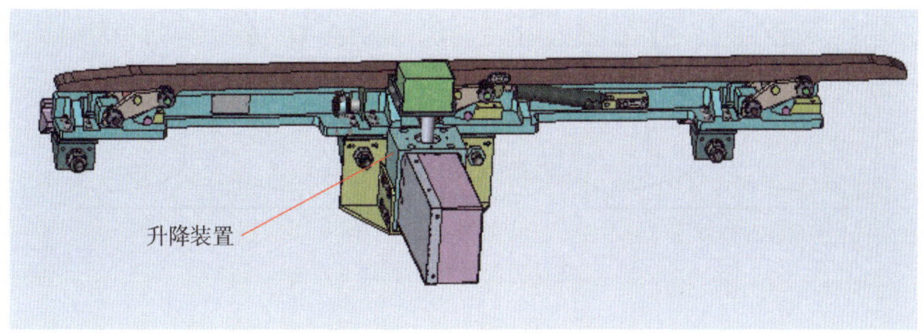

图 7-7-23　擦伤升降装置

系统接触式擦伤杆采用自升降保护功能，检测到来车信号及来车速度，由系统自动判断是否启动升降保护。若来车超速不满足检测需求（超速和倒车情况），自升降装置自动降下擦伤杆，防止系统装置被损坏。当来车满足检测需求范围，升降装置自动上升，擦伤杆对机车车轮进行检测；当检测完毕或不需要检测时，升降装置自动下降，擦伤杆处于安全高度位置。实物升降装置见图 7-7-24，测速装置见图 7-7-25。

图 7-7-24　实物升降装置

图 7-7-25　测速装置

（2）设备原理

①轮对擦伤的基本检测原理

通过接触式测量车轮一周的轮缘高度变化，实现对踏面擦伤定量检测。

检测原理如图 7-7-26 所示，踏面滚动圆与轮缘圆周为同心圆，轮缘顶点的位置变化反映了车轮踏面滚动圆受损的信息。所以测得轮缘顶点的相对位移 h 沿圆周的分布情况，就可得到当前车轮踏面滚动圆处的擦伤深度值。

车轮滚动圆与钢轨接触，当滚动圆有擦伤时（擦伤位置处轮缘高度增大），引起车轮整体下降。擦伤杆与轮缘顶点紧密接触，高度随轮缘顶点发生相应变化。通过传感器检测擦伤杆高度变化，即可检测出滚动圆上的擦伤。以上检测原理及结果见图 7-7-27 ~ 图 7-7-31。

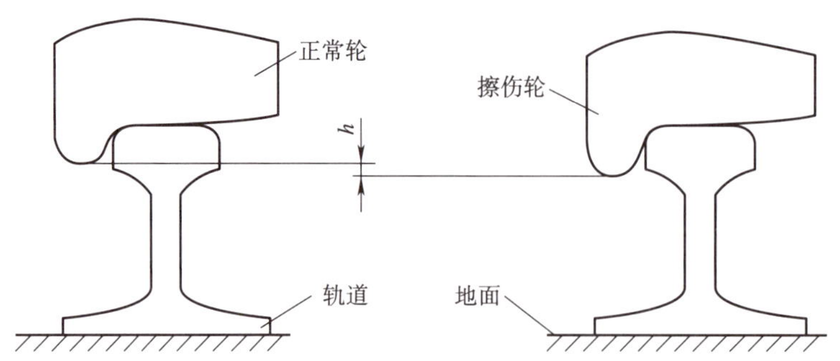

图 7-7-26　检测原理

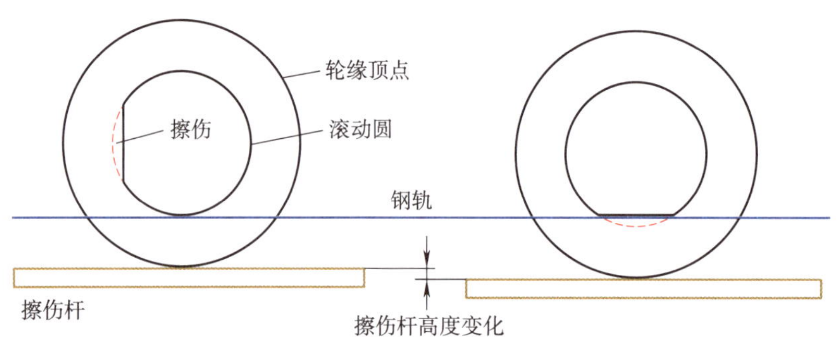

图 7-7-27　车轮擦伤接触式检测原理

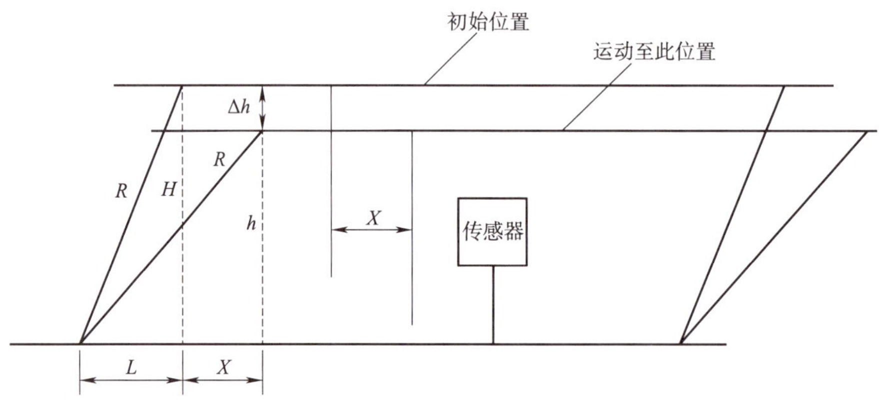

图 7-7-28　擦伤检测计算示意图

图 7-7-29　擦伤杆高度变化曲线

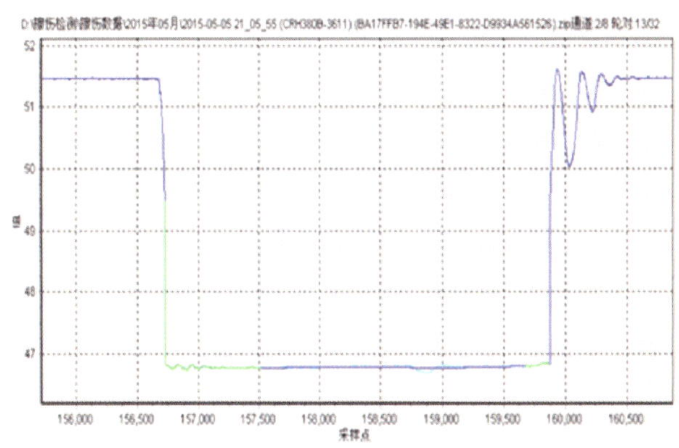

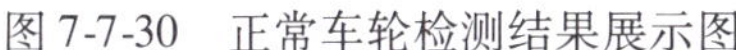

图 7-7-30　正常车轮检测结果展示图

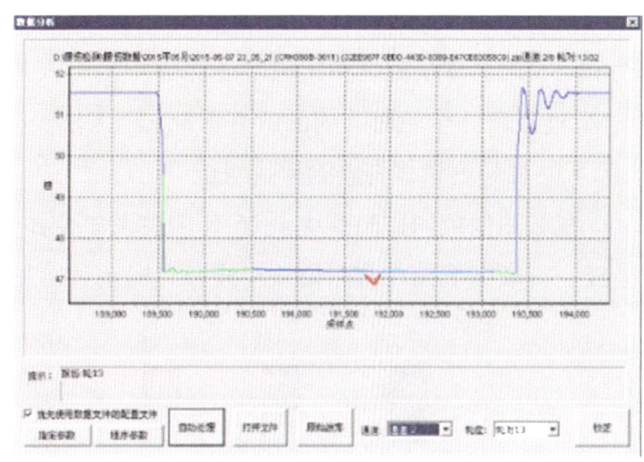

图 7-7-31　缺陷车轮检测结果展示

②技术优势：

a. 采用在线动态检测方式，检测过程自动完成，不需人工干预；检测速度快、效率高、数据查看便捷。

b. 自动校正算法，无需进行标定计算固定模版，减少了信号前期的标定和模板建立过程。

c. 根据偏差分析器的内部算法修改，对不同应用进行配置，使用广泛。

d. 国内精度最高且能定量检测擦伤及不圆度的检测技术。

e. 检测过程自动完成，不需人工干预。

f. 不影响列车正常运行，安全可靠，可全天候工作。

g. 系统接触式擦伤杆采用自升降保护功能，检测到来车信号及来车速度，由系统自动判断是否启动升降保护。若来车超速不满足检测需求，自升降装置自动降下擦伤杆，防止系统装置被损坏。当来车满足检测需求范围，升降装置自动上升，擦伤杆对机车车轮进行检测；当检测完毕或不需要检测时，升降装置自动下降，擦伤杆处于安全高度位置（见图 7-7-32）。

图 7-7-32　擦伤杆及其自升降保护装置

6. 视频图像擦伤监测模块

踏面图像监测模块采用高清工业相机多角度拍摄及高精度控制技术实现对轮对踏面一周 360°无死角

的图像拍摄,系统采用图像处理算法,将曲面图像转换为平面图像。该系统由图像采集单元、触发单元、补光单元及配套现场控制箱组成。还能够将接触式擦伤模块检测出来的擦伤能通过图像监测显示终端反映出来,能反映一个轮对圆周的所有图像,方便用户进行观察判断踏面擦伤情况。

(1)视频图像擦伤监测模块组成

视频图像擦伤监测模块由16套图像采集及补光单元(ACQ)、触发单元(CF),以及一个配套现场控制箱组成。视频图像擦伤监测模块组成及布局示意图见图7-7-33,实物图见图7-7-34。

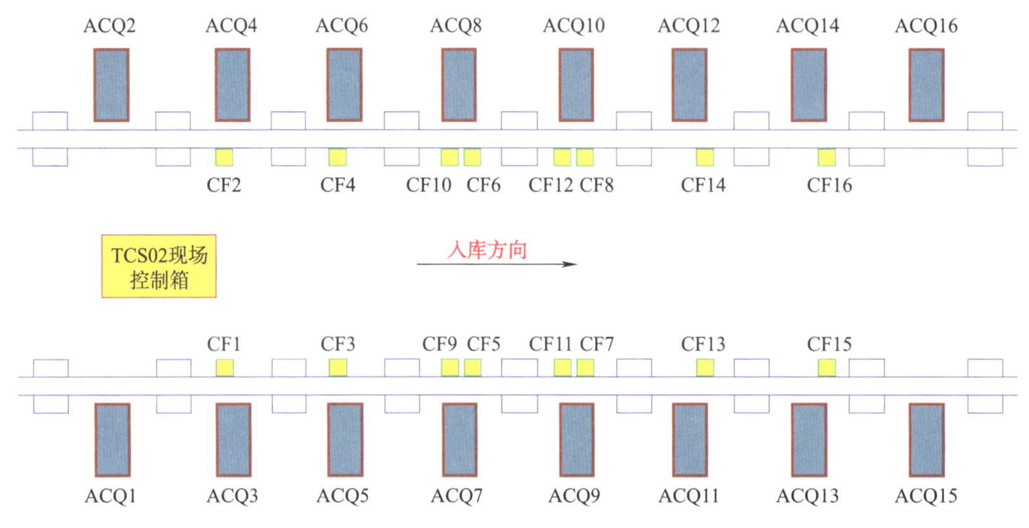

图7-7-33 视频图像监测模块组成及布局

图7-7-34 视频图像擦伤监测模块实物图

(2)视频图像擦伤监测模块检测原理

系统沿轨道的线性排列多个的高分辨率相机,当车辆经过检测区的时候采用磁钢传感器作为各个车轮的到位信号触发相机,以初始化图像采集系统和触发CCD摄像机实时抓拍(原理见图7-7-35),依次采集车轮的表面情况,完成一个车轮圆周的图像记录,然后通过图像采集卡对所采集到的模拟图像信号进行数字化(踏面图片见图7-7-36);最后图像处理系统对所采集到的图像进行图像复原、通过图像算法进行优化显示。本系统中采用单边车轮布置8台相机-补光单元阵列,依次追踪拍摄轮对踏面,形成一个完整的圆周。

在地铁领域,图像擦伤与接触式擦伤检测擦伤模块相结合,优势互补。该模块设备和接触式擦伤设备

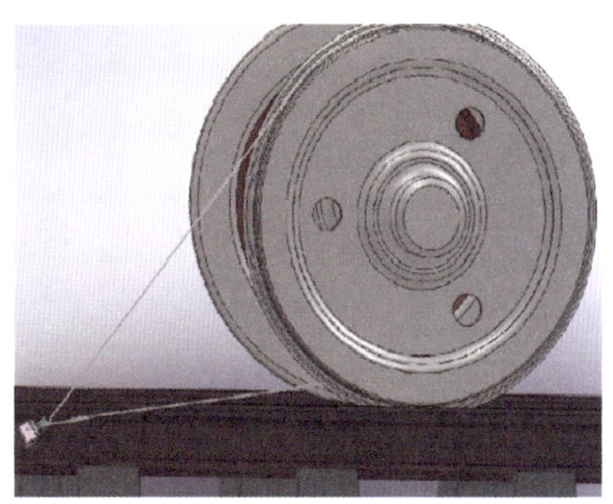

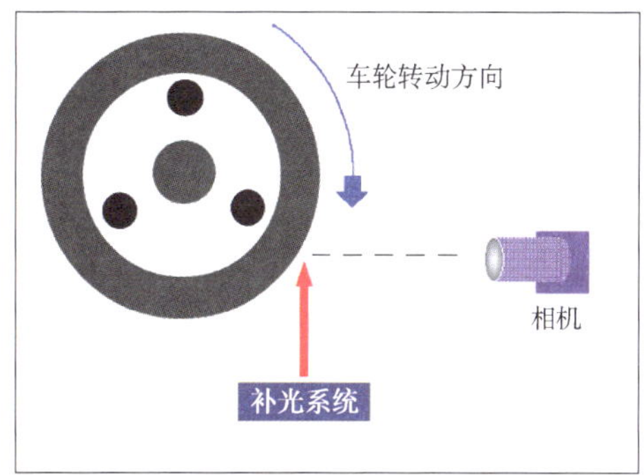

图 7-7-35　视频图像监测模块检测原理

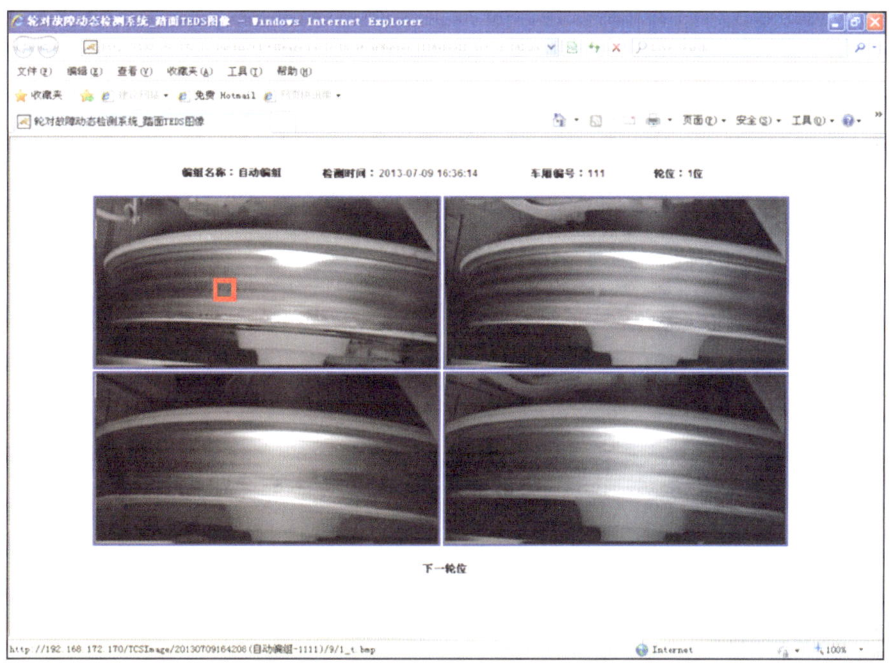

图 7-7-36　车轮踏面一周图像展示

联合判伤。当接触式擦伤报警时，通过直观图像辅助接触式擦伤进行超限数据复核，快速有效地剔除误报。优势互补，有效提升设备使用价值。

(3)设备技术优势点

①特殊光源与相机组合，克服踏面强反光。

②高分辨率图像对细小部件进行分析。

③轨边布置 16 个采集单元连续采集轮对踏面图片，覆盖一个整圆周踏面。

④机器视觉技术进行特征提取及识别，具备对踏面缺陷的预警功能。

⑤图像缺陷检测与接触式擦伤踏面联合判伤，提高报警准确性。

7.7.4.2　受电弓动态检测系统

基本检测单元的主要作用是获取受电弓及车顶的原始检测数据。包括受电弓磨耗及中心线检测模块、受电弓工作位接触压力检测模块、车顶监控模块。

1. 受电弓磨耗及中心线检测模块

(1)受电弓磨耗检测

采用非接触式测量技术,自动检测受电弓滑板磨耗,图像测量法实现受电弓滑板磨耗的动态非接触自动图像检测。受电弓磨耗检测模块主要由滑板磨耗现场检测设备主要包括触发和控制、图像采集、补光等部分(见图 7-7-37)。

图 7-7-37　基本检测单元现场实物图

(2)受电弓磨耗检测模块详细布局(见图 7-7-38)

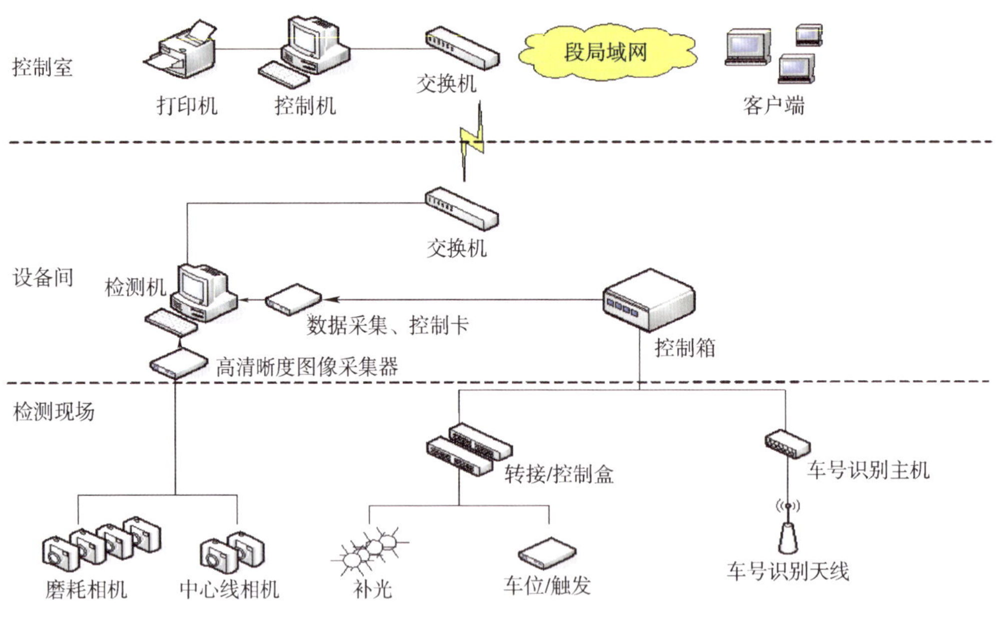

图 7-7-38　详细布局

触发控制部分主要由"车体判断对射式光电传感器""受电弓触发对射式光电传感器""轮对计数光纤传感器""转接/控制盒""控制箱"等组成,完成识别车体运动和连挂、判断升弓情况、触发图像采集、控制补光系统等功能(见图 7-7-39 ~ 图 7-7-41)。

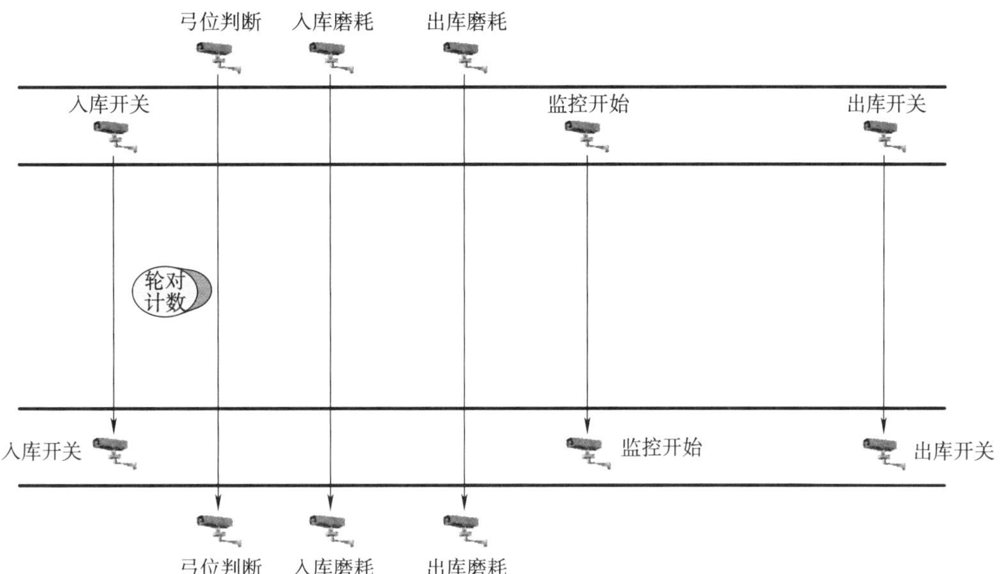

图 7-7-39　触发和控制部分布局图

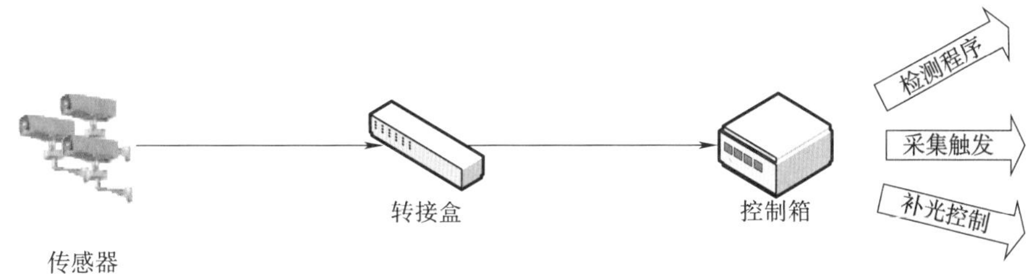

图 7-7-40　触发和控制部分信号链路

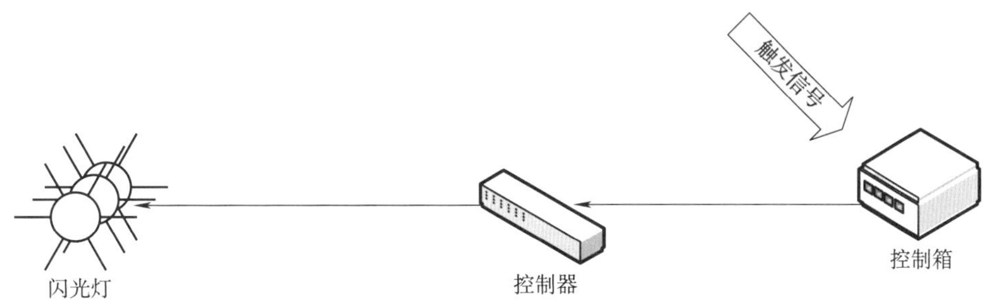

图 7-7-41　补光信号链路

(3)滑板磨耗检测技术及原理

采用“图像测量法”实现受电弓滑板磨耗情况的非接触动态检测。用高分辨率相机以设计角度对受电弓进行拍摄,则图像中包含了受电弓滑板的全貌并包含尺寸信息(见图 7-7-42 和图 7-7-43)。经过图像算法实时处理,得到受电弓滑板厚度曲线。

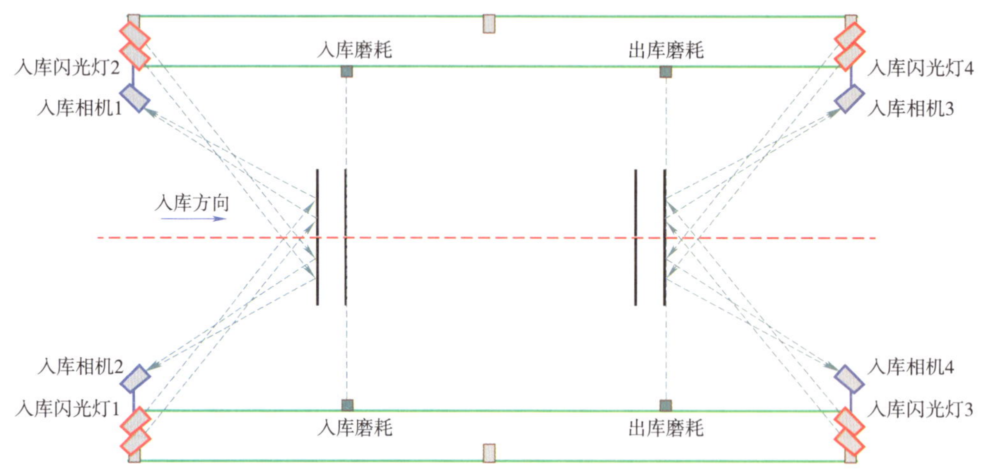

图 7-7-42 相机布局

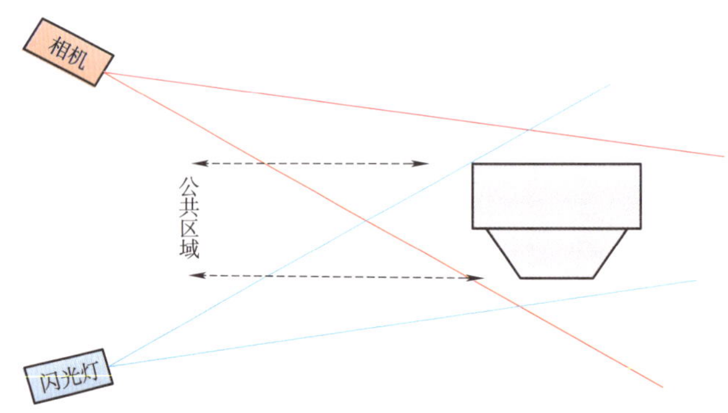

图 7-7-43 滑板磨耗“图像测量法”原理

拍摄的实际效果图见图 7-7-44。

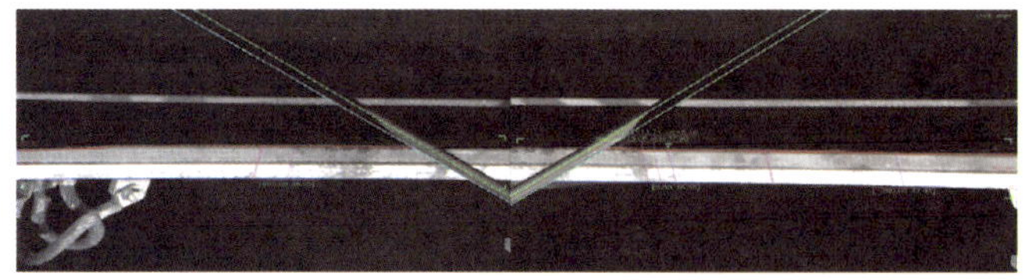

图 7-7-44 拍摄的受电弓滑板效果图

系统在实际实施中,为提高检测检测精度,采用 2 个相机分别拍摄滑板的一部分,图像处理时对检测结果进行拼接,形成完整的受电弓滑板磨耗曲线。

(4)受电弓中心线检测

受电弓中心线偏移检测模块详细布局:主要由中心线偏移检测模块现场检测设备和位于设备间的控制、支持和处理设备组成。现场检测设备主要包括触发和控制、图像采集、补光等部分。

(5)受电弓中心线偏移检测技术及原理

采用“图像测量法”实现受电弓滑中心线偏差的非接触动态检测(见图 7-7-45)。用高分辨率相机以设计角度对受电弓左右两端的羊角进行拍摄,则受电弓羊角在图像中的位置包含了受电弓相对于轨道中心线的位置信息见图 7-7-46。经过实时图像处理,结合标定信息,得到受电弓中心相对轨道中心线的偏移量。

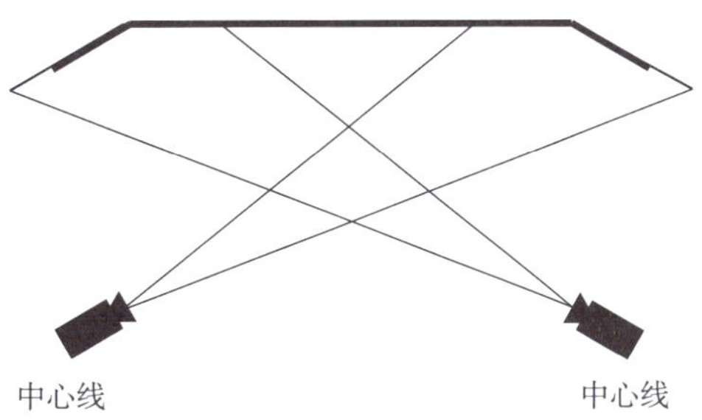

图 7-7-45　中心线偏差“图像测量法”原理

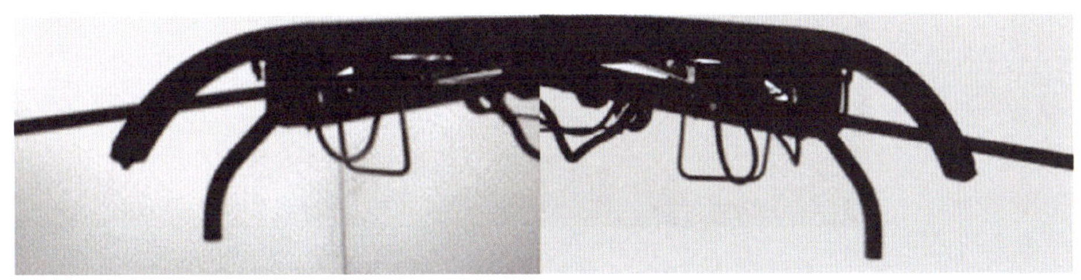

图 7-7-46　拍摄的受电弓羊角效果图

2. 受电弓工作位接触压力检测模块

使用杠杆原理自动动态检测并记录受电弓工作位接触压力值，并对压力超差情况进行预警，由现场检测设备和设备间设备组成。现场检测设备主要由压力检测装置、对射式光电传感器及其转接盒组成，实现压力数据采集的启停控制和压力数据的采集（见图 7-7-47）。

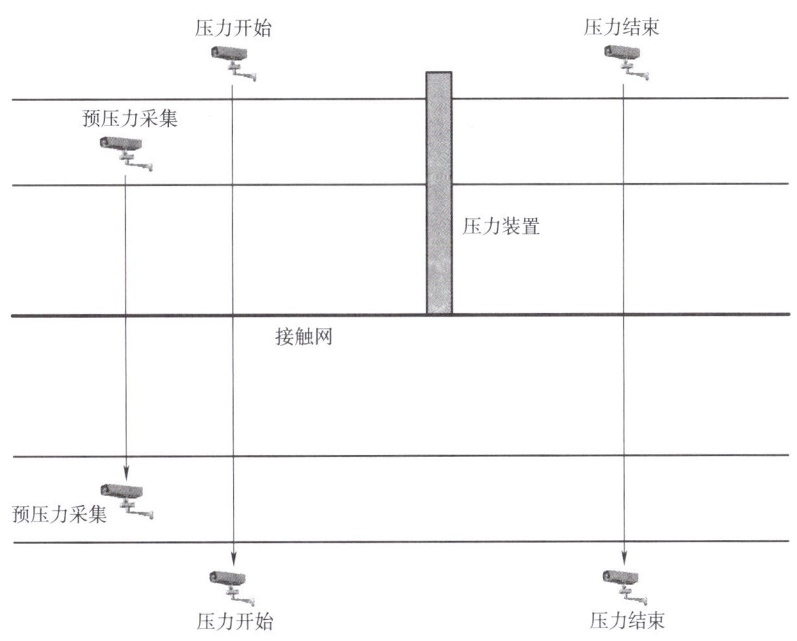

图 7-7-47　压力检测模块现场设备布置图

设备的绝缘子主要由金具、芯、裙套三部分组成（见图 7-7-48），绝缘子安全距离为 1.75 m。实际安装图见图 7-7-49。

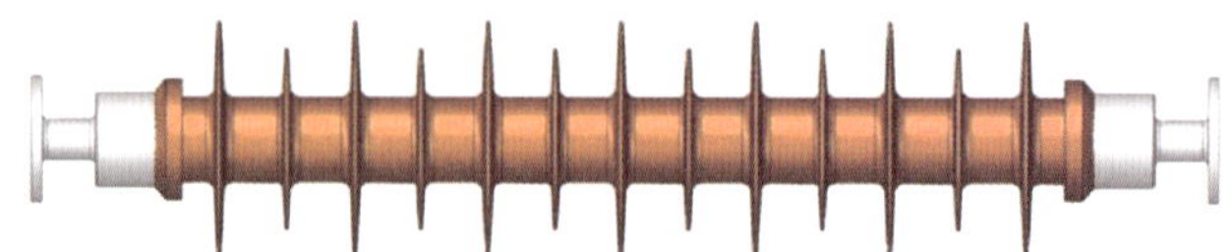

图 7-7-48　绝缘子实物图

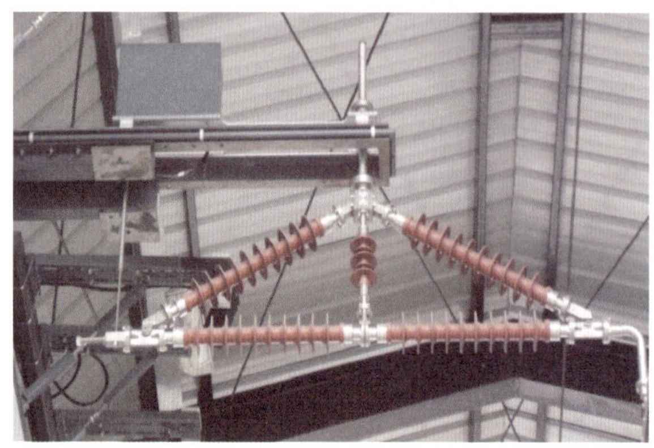

图 7-7-49　实际安装图

(1)受电弓工作位接触压力检测模块检测原理

受电弓对接触网有一个向上作用的力 F(动态接触压力),该力通过压力装置的测量臂传递到压力传感器,通过测量压力传感器输出,即可得到原始压力数据(见图 7-7-50)。

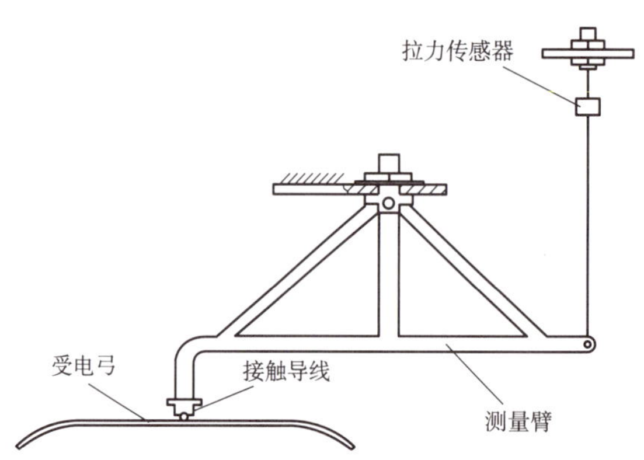

图 7-7-50　受电弓工作位接触压力动态检测原理

当系统接收到到压力开始指令时,系统开始采集压力数据,直至接收到压力结束采集命令时停止采集。通过对这一时段压力数据变化情况的分析,结合车速和温度等因素的修正和补充,得到受电弓工作位的基本压力特性。受电弓工作位接触压力检测的关键是剔除高电压环境下的电磁干扰以及弓网冲击力的影响,同时准确的建立动态条件下受电弓工作位接触压力与静态下压力的数学模型。系统通过力传递机构,测量压力传感器信号,通过计算机查表的形式,考虑温度、速度等多种修正和补偿,得到动态接触压力值。

(2)受电弓工作位接触压力检测模块技术优势

①采用在线动态检测方式,检测过程自动完成,不需人工干预;

②不影响列车正常运行,安全可靠,可全天候工作;

③检测速度快、效率高、数据查看便捷;

④专利技术检测受电弓动态接触压力,检测精度高;

⑤采用高精度传感测量技术,系统可靠性高,代替人工传统检查方;

⑥通过对检测数据的综合分析、判断和整理,给出检测结果,系统智能化程度高。

7.7.4.3　车顶监控模块

车顶监控模块安装在地铁车辆入库线上,以不停车检测的方式,自动完成对车顶及车顶侧面的高清图像获取。用于实现车顶状态的图像监测,并提供清晰完整的车顶图像。系统适用于地铁车辆日常动态检测。

车顶监控模块由 4 套高速高清晰度摄像系统组成,包含监控相机、照明系统、视频采集卡和工控机。

1. 车顶监控检测模块详细布局(见图 7-7-51)

车顶监控模块由 4 套高速高清晰度摄像系统组成,包含监控相机、照明系统、视频采集卡和工控机。

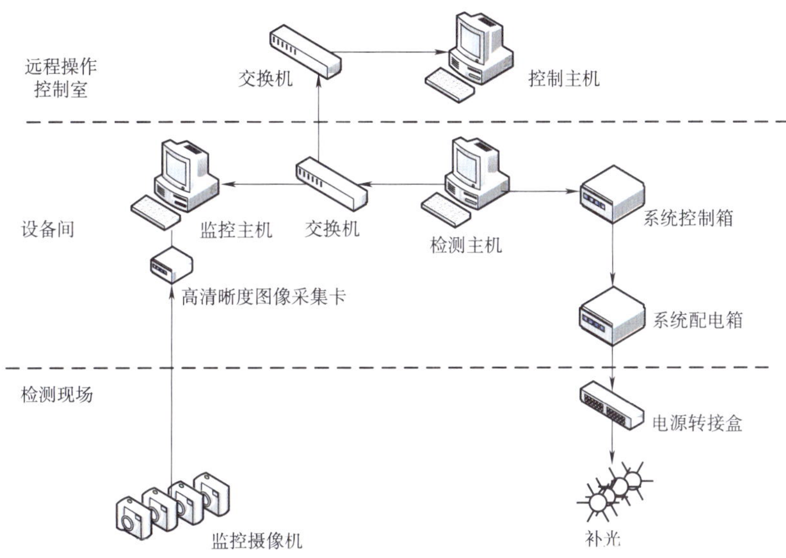

图 7-7-51　车顶监控模块布置图

2. 车顶监控模块检测原理

当地铁车辆进入设备监控区时,车顶关键器件及车顶状态观测单元开始录像,同时控制中心大屏幕转换到车顶监控视频以便实时观察。系统使用高清晰、高分辨率相机从不同角度拍摄车顶通过的全过程(相机布局见图 7-7-52),采用高速无损视频压缩技术对监控录像进行压缩,存储在计算机硬盘上。

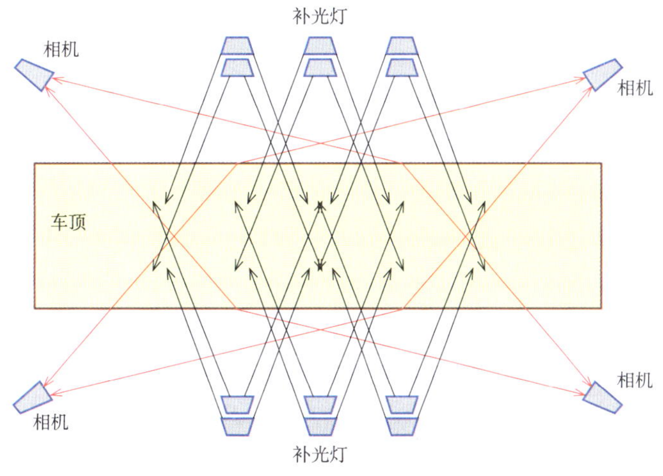

图 7-7-52　相机布局

当地铁车辆离开系统监控区时录像停止。操作人员可在高清高分辨率大屏幕上回放录像，对车顶异物和车顶关键器件状态进行检查。如发现异常情况，可对相关情况填写记录，系统将用户填写的情况和对应的高分辨率图像存储在数据库，可生成报表或进行历史查询。车顶状态观测效果见图 7-7-53 和图 7-7-54 所示。

图 7-7-53　车顶监控效果图

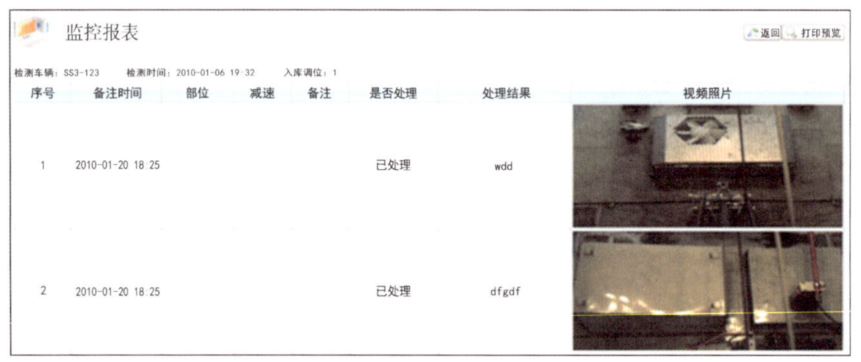
监控报表

返回　打印预览

检测车辆：SS3-123　检测时间：2010-01-06 19:32　入库调位：1

序号	备注时间	部位	减速	备注	是否处理	处理结果	视频照片
1	2010-01-20 18:25				已处理	wdd	
2	2010-01-20 18:25				已处理	dfgdf	

图 7-7-54　车顶关键部件状态可视化观测及判断

3. 车顶状况监测模块技术优势

(1)采用在线动态检测方式，检测过程自动完成，不需人工干预；对车顶状态进行高清录像，供计算机处理和人工观察，监控录像查看便捷。

(2)与车辆无直接接触，能够适应较高车速。

(3)采用高亮度 LED 对车顶进行补光，缩短了相机曝光时间，保证地铁车辆在高速 80 km/h 的时速下监控不拖尾。

(4)室内实时监控和回放，方便观察和检查车顶状态，代替人工上车顶检查作业。

(5)不影响列车正常运行，安全可靠，可全天候工作。

7.7.4.4　车号识别系统

车号识别模块安装在轨旁，实时采集列车侧部高清图像，通过图像分析与自动识别技术实现对列车车号的快速自动识别。设备不间断工作不小于 24 h×30 天，具备自恢复功能。

用于识别轨道交通车辆车号，能自动识别通过列车端位及运行方向：车号识别系统采用图像智能车号识别系统，在车辆不停车的情况下，图像识别通过列车的车号信息，并及时将车号数据信息上传到服务器，对进出车辆进行自动统计，并保存数据。

主要由轨边一体化图像采集模块、轨边支架、图像处理与分析主机等主要部分组成。图像车号采集盒安装在车辆途经线路上，采用以实时采集列车侧部高清图像的方式，通过图像分析与自动识别技术实现对列车车号的快速自动识别。车号识别摄像头见图 7-7-55。

图 7-7-55 车号识别摄像头实物照片

1. 车号识别系统详细布局

车号识别系统主要由 1 个图像采集盒及适合识别主机构成，其中图像采集盒安装在轨边，采集盒内安装有高清工业相机、高亮 LED 补光灯、控制主机，车号主机为一台安装有图像处理、识别软件的工控机，安装在设备间机柜内。车号识别系统结构见图 7-7-56。

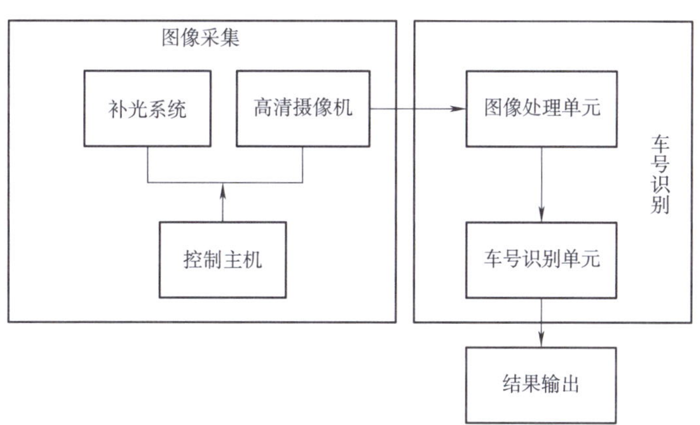

图 7-7-56 车号识别系统结构

通过轨边车号抓拍摄像机采集到的车号图像，在图像处理与分析主机里自动分析出车号信息。基于图像的车号识别工作流程见图 7-7-57 所示。

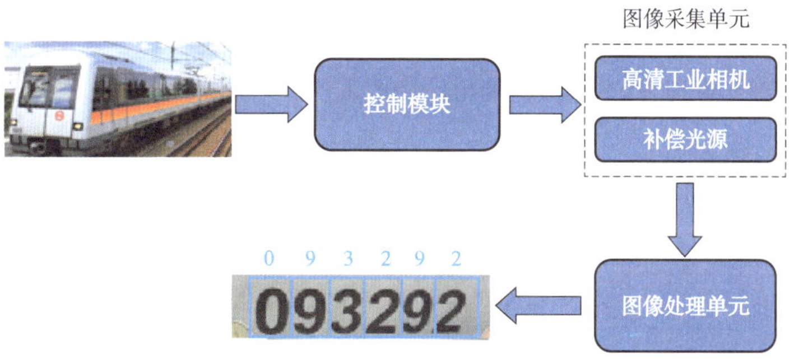

图 7-7-57 图像车号识别工作流程

2. 车号识别系统检测原理

图像识别车号检测单元安装在车辆途经线路上，利用钢轨线路路一侧安装的高精度图像传感器，实时采集列车侧部车号标识信息的方式，通过图像分析与字符自动识别技术实现对列车车号的快速自动识别。图像车号识别示意图见图 7-7-58，图像识别车号流程见图 7-7-59。

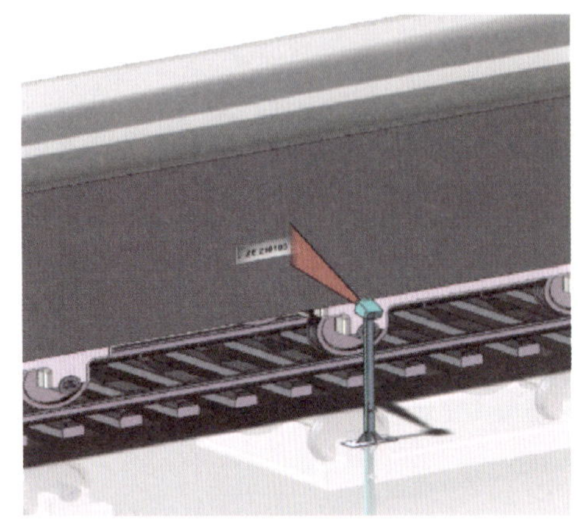

图 7-7-58　图像车号识别示意

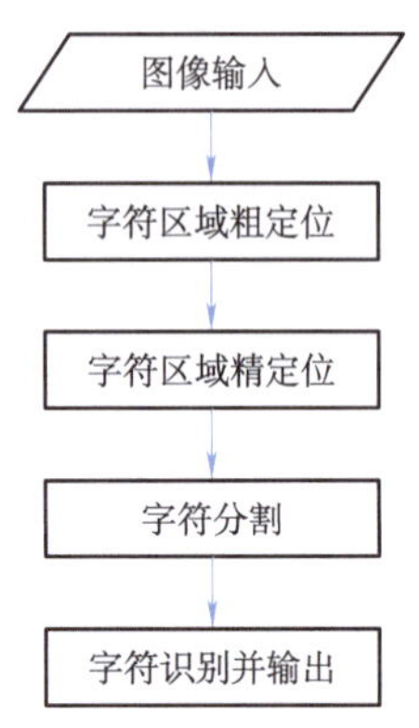

图 7-7-59　图像识别车号流程

(1)字符区域粗定位

粗定位主要采用纹理定位法结合灰度定位法。其中纹理定位法，是通过寻找图像边缘的方法来定位车号位置，适合于光照偏弱、偏强或不均匀的情况；灰度定位是通过灰度分类来找到车号位置，是很好的辅助定位手段。

(2)字符区域精定位

精定位主要采用数学形态学的定位法结合神经网络定位法。其中神经网络方法对于车号倾斜和变形等情况有很好的定位效果。

(3)字符分割

采用投影法和模板匹配法对字符和数字进行有效的分割(见图 7-7-60)。

图 7-7-60　字符分割效果

(4)字符识别

具体步骤为：首先对数字和字母进行采样，然后输送给 svm 进行训练和学习，最后得到一个关于 svm 的多分类器，完成对字母和数字进行识别，识别效果见图 7-7-61。手动录入系统见图 7-7-62。

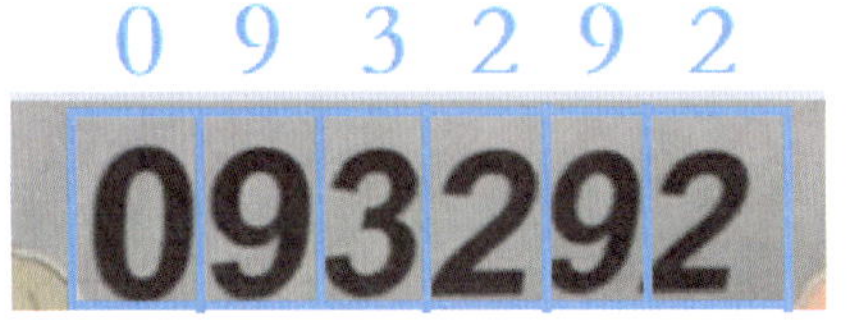

图 7-7-61　字符识别效果

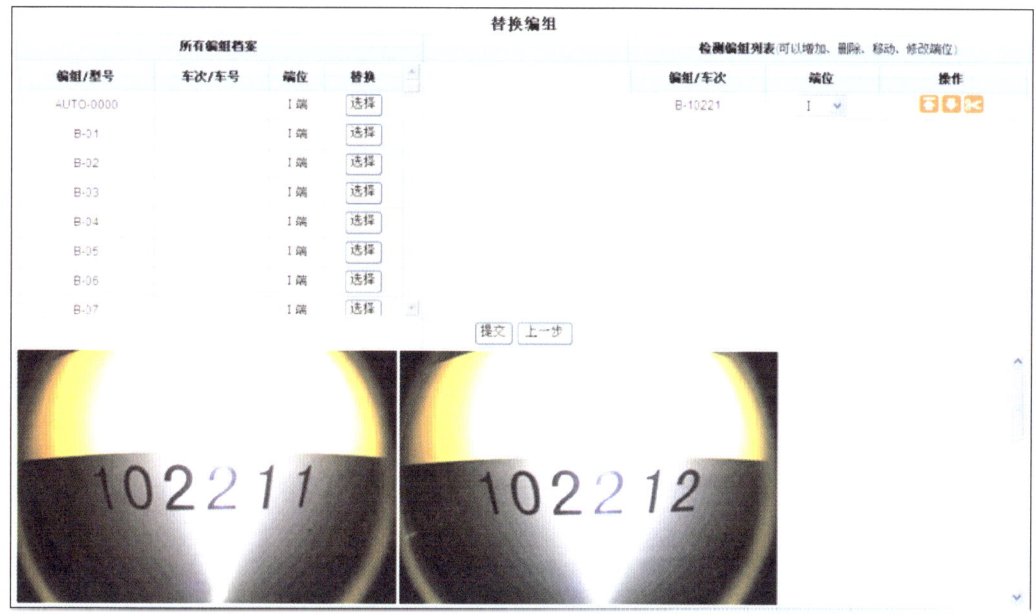

图 7-7-62　手动录入车号及端位的界面

3. 车号识别系统技术优势

(1)采用在线动态读出或图像处理识别,不影响机车、列车编组正常运行,安全可靠。

(2)自动识别车号和端位。

(3)系统采集盒具备防水、防尘功能、防护等级达到 IP65。

(4)系统适应过车速度 0 ~ 45 km/h。

(5)车号识别准确率大于 99%、端位识别准确率大于 99%。

(6)系统适应白天、晚上等各种环境。

(7)系统稳定可靠,可连续工作 24 h × 30 天,具备自恢复功能。

(8)采用图像方式,无需对地铁车辆做任何改动,更无需在车辆上面加装设备。

7.7.4.5　设 备 间

1. 设备间设备组成

设备间设备具有对数据实时采集、处理、存储、传输及设备自动控制功能。设备间通过实时采集处理基本检测单元的测量信号,形成检测结果,并以一定的格式与控制室内的主机通信,接收控制室主机的控制命令,向控制室主机发送状态信息和检测结果。另外,设备间还负责控制现场监控设备的工作,处理监控信号。设备间设备内包括现场控制系统、数据采集系统、数据处理系统、监控系统主控机(见图 7-7-63)。

图 7-7-63 设备间实物照片

2. 设备间设备工作流程

设备间设备通过现场控制程序实现整个系统的自动控制,例如来车识别及命令下发、自动车号识别及编组下发、自动测试与触发拍照、自动补光、数据自动上传及处理等。

包含一台处理机柜,机柜内有控制系统,通过 PLC 及控制软件通讯,在列车到来时,向现场轨内检测单元发布开机、检测、监控、数据收集、分析处理等命令,数据采集系统通过现场轨区检测单元内的各类传感器开始采集各类数据;并将采集到的信号通过通讯协议,传输到机柜内的数据处理机,由数据采集软件进行计算、分析处理,录入数据库,形成数据报表,各过程监控系统主机协调完成。通过数据传输系统,将现场数据库、现场控系统与控制室建立联系通道,可由远程控制系统向现场检测子系统发布控制命令及访问现场数据库查阅数据情况,并实时监控现场检测情况。

完整的工作流程如下:远程控制室系统→现场控制系统→现场检测单元→数据采集系统→数据处理系统→数据库系统→监控系统→远程控制室系统

7.7.4.6 控 制 室

控制室,是系统的控制中心、数据管理中心,由操作控制台、监控系统、数据库、数据综合分析及管理软件、车顶观测大屏幕构成。控制室用于控制受电弓动态检测系统的启停,监控设备的运行状况,管理最终的检测结果,提供用户访问界面、数据输入/输出接口、数据联网管理。软件易于扩展,并预留网络化端口,可接入车辆段管理系统。在控制室,可以设置系统参数,监控设备的运行状态和检测过程,查看、统计、分析、打印检测数据,通过大屏幕显示器回放车顶状态监控录像。工作站具备存储 3 个月以上所有通过列车的各项检测原始数据的能力。利用段场内部局域网可登陆查看浏览检测数据(见图 7-7-64)。

图 7-7-64　控制室实物照片

设备间设备完成检测后,处理计算出轮对数据,通过网络发送给控制室设备,控制室设备接收数据,将数据写入数据库中。数据管理软件通过连接数据库,实现检测数据浏览、查询等功能(见图 7-7-65)。

轮对故障动态检测系统

清除缓存　退出系统

主菜单

- 记录查询
  - 最新记录
  - 过车记录
- 数据查询
  - 超限数据
  - 历史数据
  - 重复性分析
  - 数据趋势图
  - 轮径差数据
  - 最后检测数据
- 档案设置
  - 机车车辆
  - 编组信息
  - 车型模板
  - 踏面型号
  - 转向架信息
  - 分级标准
  - 设备信息
- 数据分析
  - 数据统计
- 系统设置
  - 单位信息
  - 操作记录
  - 角色信息
  - 用户信息

当前操作员：数据中心　　今日过车超限数据未处理完成

最近过车　　导出Excel　打印预览

序号	检测时间	编组车次	端位	尺寸	探伤	擦伤	所属段	处理状态	查看	操作
1	2014-10-09 12:13:18	CRH3-074C	A	复查判断	状态良好	状态良好	广州南动车所-设备1-联2道	未处理	超限 上传	修改 删除
2	2014-10-09 10:55:00	CRH380D-6601	A	状态良好	状态良好	状态良好	广州南动车所-设备1-联2道	无超限	超限 上传	修改 删除
3	2014-10-09 10:23:53	CRH3-057C	A	跟踪控制	状态良好	状态良好	广州南动车所-设备1-联2道	已处理	超限 上传	修改 删除
4	2014-10-09 04:11:03	CRH3-034C	A	状态良好	状态良好	状态良好	广州南动车所-设备1-联2道	无超限	超限 上传	修改 删除
5	2014-10-09 02:53:54	CRH380B-6429L	A	状态良好	状态良好	状态良好	广州南动车所-设备2-联5道	无超限	超限 上传	修改 删除
6	2014-10-09 01:49:07	CRH3-059C	A	状态良好	状态良好	状态良好	广州南动车所-设备1-联2道	无超限	超限 上传	修改 删除
7	2014-10-09 01:35:31	CRH3-030C	A	状态良好	状态良好	状态良好	广州南动车所-设备1-联2道	无超限	超限 上传	修改 删除
8	2014-10-09 01:31:22	CRH380B-6482	A	状态良好	状态良好	状态良好	广州南动车所-设备2-联5道	无超限	超限 上传	修改 删除
9	2014-10-09 01:23:41	CRH3-017C	A	状态良好	状态良好	状态良好	广州南动车所-设备1-联2道	无超限	超限 上传	修改 删除
10	2014-10-09 01:11:36	[illegible]	A	状态良好	状态良好	状态良好	广州南动车所-设备1-联2道	无超限	超限 上传	修改 删除
11	2014-10-09 01:02:07	CRH3-040C	A	状态良好	状态良好	状态良好	广州南动车所-设备2-联5道	无超限	超限 上传	修改 删除
12	2014-10-09 00:54:06	CRH3-055C	A	状态良好	状态良好	状态良好	广州南动车所-设备1-联2道	无超限	超限 上传	修改 删除
13	2014-10-09 00:44:52	CRH3-028C	A	状态良好	状态良好	状态良好	广州南动车所-设备2-联5道	无超限	超限 上传	修改 删除
14	2014-10-09 00:36:28	CRH380B-6477	A	状态良好	状态良好	状态良好	广州南动车所-设备1-联2道	无超限	超限 上传	修改 删除
15	2014-10-09 00:33:58	CRH380D-6602	A	复查判断	状态良好	状态良好	广州南动车所-设备2-联5道	已处理	超限 上传	修改 删除
16	2014-10-09 00:23:57	CRH3-046C	A	状态良好	状态良好	状态良好	广州南动车所-设备1-联2道	无超限	超限 上传	修改 删除
17	2014-10-09 00:04:44	CRH380B-6432L	A	复查判断	状态良好	状态良好	广州南动车所-设备2-联5道	已处理	超限 上传	修改 删除
18	2014-10-08 23:56:03	CRH3-065C	A	状态良好	状态良好	状态良好	广州南动车所-设备1-联2道	无超限	超限 上传	修改 删除
19	2014-10-08 23:53:42	CRH3-033C	A	状态良好	状态良好	状态良好	广州南动车所-设备2-联5道	无超限	超限 上传	修改 删除
20	2014-10-08 23:40:01	CRH3-042C	A	状态良好	状态良好	状态良好	广州南动车所-设备1-联2道	无超限	超限 上传	修改 删除

页　　共38条记录 共2页 当前第1页

成都主导科技(SCLEAD) 版本：V1.0.3.8

图 7-7-65　数据综合分析及展示平台

控制室设在检修调度室内或生产调度室,控制室设备有一台远程控制主机,系统通过终端控制分析单元与现场控制单元建立的光纤通道,向设备间设备发布各种合令(包括启停命令等),实时监控现场设备的工作状态,访问设备间的数据库主机,查阅检测报表、打印所需报表。负责建立与段局域网的通信联系,以便各职能人员进入数据库,查阅所需检测数据报表。

具体工作流程如下:

各职能人员局域网终端→远程控制主机→现场数据库/现场控制系统/监控系统

7.8 车辆技术优化创新

呼和浩特地铁车辆没有照搬之前B型车的方案，而是从设计之初就树立了超前的优化创新理念，在车辆工业设计方案、设计技术方案、工艺技术方案等方面均有较大突破，如采用了单机组空调、列车弓网在线监测系统、列车走行部故障诊断系统、LCU可编辑逻辑控制单元等。呼和浩特地铁列车车身颜色是蒙古族人民喜爱的白色和蓝色，车门处点缀了蓝白间隔纹样，凸显草原特色。车头车尾的牛角型车灯，更加体现了草原文化。列车车厢，绿色的地板、奶牛花纹的挡风板、“中华第一龙”造型的扶手吊环，让人犹如置身于草原之中，内蒙古和呼和浩特的地域文化特色展现得更加充分。

下面以单空调机组为例，陈述主要创新点。根据呼和浩特地区温差较大且夏季时间短的气候特点，呼和浩特地铁车辆在国内轨道交通行业首开先河，每节车辆采用单空调机组的设计，采用制冷季节根据载客量调节新风量、过渡季节利用新风、压缩机变频控制等多项节能技术，在风量、客室温度均满足乘客需求的基础上，使乘客享受人性化的乘车体验。相对于以往项目的两台机组还可以节省20%左右的能耗，同时也节约了备品备件和维修维护成本。

7.8.1 目的、意义和必要性

目前B型地铁车辆均采用双空调机组的型式，双台空调机组能满足大客流量、炎热地区的使用情况。呼和浩特属典型的温带大陆性气候，夏季短暂，年平均气温8 ℃左右，最热月平均气温17 ~22.9 ℃。且客流量较北京、西安等北方大型城市预测客流量要少。目前国内双空调机组重量较大，能量损耗较高。开发单空调机组B型地铁车辆，可以有效降低能力损耗，减轻车体重量，既满足地区实际需求，又响应国家节能减排的号召。

7.8.2 国内外研究现状和发展趋势

目前，国内地铁均采用双空调机组的型式，研发出单空调机组B型地铁车辆后，为我国北方类似呼和浩特地区在地铁车辆上提供了新的选择。单空调机组B型地铁车的开发，将对于降低能耗起到示范作用。

7.8.3 现有研究基础、特色和优势

呼和浩特市城市轨道交通建设管理有限公司作为呼和浩特地铁的管理和实施单位，拥有丰富的地铁建设和运营管理经验，同时对于呼和浩特的气候特点有着深入了解，并对开发单空调机组进行了可行性论证。

7.8.4 主要研究内容、技术关键与创新点

1. 空调机组开发

选择适合单空调机组车辆的出风型式、压缩机参数、送风机参数等。

2. 车体研发

研发出适应空调机组在车体中央的单空调机组车体结构，车体强度、刚度及振动频率均满足要求。

3. 气流组织研究

合理布置送风和回风通道，使气流组织更加合理。

4. 隔音隔热性能研究

提高车辆隔音隔热性能，降低空调负载，从而降低能耗。

7.8.5 主要技术经济指标

每辆车空调机组可直接节省费用约5万元，两条线项目共计312辆车，直接经济成本预计节省1 560万元。

使用一台空调额定工况下能耗约为20 kW，两台空调的能耗约为27 kW，每台车空调能耗降低7 kW，按每天制冷7 h，每年制冷时间为4个月的情况下，每辆车每年约节省电费7 kW ×4 月 ×30 天/月 ×7 h/天 ×0.65 元(kW · h) =3 822 元，两条线共计每年可节省约119万元。

7.8.6 研究路线与方法

通过理论分析和实验的方式，选择合理的送风和回风通道，开发适合的空调机组，研发与之匹配的单空调机组车体结构，并提高整车隔热性能，降低空调负载。

7.8.7 达到的目标及主要成果

1. 额定风量

每辆车送风量不少于6 000 m^3/h，新风量为不少于2 500 m^3/h，紧急通风情况下，新风量不少于2 820 m^3/h。

2. 制冷能力

在环境温度为+33 ℃时，能保证客室内温度不高于(28 ±1) ℃，相对湿度不大于65%。

3. 车体强度

车体结构设计符合标准EN 12663:2000“铁道车辆车体结构要求”中P-Ⅲ类型要求。

4. 隔热系数

整车隔热系数≤2.5 W/(m^2 · K)。

走行部故障诊断系统通过安装在走行部关键部件上的复合传感器，同时采集振动、冲击、温度3个物理量，并通过基于“广义共振与共振解调的故障诊断技术”，实现走行部关键部件的车载在线实时诊断，故障诊断准确率高达98%；对于故障能实现早期预警和分级报警，准确指导车辆的运用和维修。同时能实现轮轨振动、冲击信息的实时连续采集与运行位置公里标自动定位，可实现轮轨振动频谱瀑布图、波磨等详细分析功能，实现轨道健康评估和维修建议自动输出，为轨道维护提供指导。

电池监测系统主要功能为电池状态估算、故障报警以及数据监测及通信；可实时监测蓄电池的容量及状态信息，提供精确的维护参考数据；系统通过对数据的分析可进行故障报警，如对过充电或过放电进行监测，避免对蓄电池造成损伤；对故障的电池做出早期的预测，防止因单体蓄电池的损坏造成整体电池组寿命降低；对蓄电池温度信息进行监测，对电池过温进行实施上报及火灾预警等；本地具有大容量的存储硬件，可确保至少6个月的过程数据存储，配置以太网、RS485、MVB等通信接口实行大数据的管理，方便用户调取蓄电池的历史状态信息，分析蓄电池的车载充放电情况和性能状态，及时掌握蓄电池的使用维护情况，通过数据来制定维护方案，提高电池维护效率，降低维护成本。

车辆采用了先进的智能专家诊断功能，可实时获取牵引、制动、空调等车辆关键系统的故障及状态信息，并通过对信息的实时监控处理和统计分析，以图表和报表形式直观展现给用户，全程对车辆运行状态监控，实时跟踪故障报警，为车辆检修维护提供决策支持。

车辆受电弓及车顶状态在线监测系统采用非接触式图像测量技术，实现对受电弓滑板磨耗、中心线偏移、工作压力等关键特性参数的在线监测和车顶异物，车顶关键部件缺失、变形等异常监测功能。系统可以有效提高地铁车辆受电弓及车顶状态的检修效率，有效保障地铁车辆的运营安全。

继电器故障概率高、影响大：继电器故障率约2.9次/10^5 km；深圳地铁1号线2011—2012年正线5~10 min晚点2次，2~5 min晚点5次，清客下线8次，救援故障2起；每月至少1起故障；失效分析，假设继电器失效率(浴盆曲线)为0.001%，某控制回路由15个继电器串联，每天动作50次，共20列车，那么30天内至少发生1起继电器故障的概率为98.8%。继电器应对策略：整改换型(将关键回路中继电器更换为SMITT、安川等品牌)；周期性更换(关键部件3年换，非关键部件5年换)；增加大旁路(降低司机处置难度，一步式安全动车退出服务)

可编程逻辑控制单元(LCU)实现了车辆逻辑控制电路的设计可编程化、驱动无机械触点化、设备维护智能化。有效解决了采用继电器等有机械触点部件，因器件变形、触点老化、触点粘连、小电流驱动难、设备检修困难导致的电路整体性能下降，严重影响到列车日常运营的难题。且具有智能的故障诊断功能和较长的设计使用寿命，大大降低了车辆运营维护成本。

7.8.8 LCU发展历程

第一代，机车逻辑控制单元，机车重要部件，国内第一批采用无触点驱动控制技术的机车LCU供应商。

第二代，地铁逻辑控制单元，国内首创热备双冗余架构(1oo2D)，并投入载客运营。

第三代，高安全性三取二/二乘二取二逻辑控制单元，首批参与国家级/地铁重要技术装备(三取二LCU)研制的民营企业。

避免继电器电路中出现“触点粘连”“短路故障导致区域故障”等问题。

LCU具有完全相同的两套硬件系统，两套系统间相互冗余，确保了系统具有更高的可靠性。LCU的输出信号采用两层结构的安全输出技术，确保输出信号的安全性。LCU具有更好的故障保护和隔离方式，确保单点故障不会引起系统故障。

LCU系统采用分布式控制架构，每节车厢各安装一台LCU装置，负责本节车厢的输入采集、逻辑运算和输出驱动。LCU装置之间通过双CAN总线进行数据交互，实现替代列车线等功能。列车两端的LCU装置通过MVB接口与TCMS进行数据交互，并相互冗余。

每台LCU的A、B两个工作组分别通过1个断路器连接到蓄电池，实现分组供电(可以在设备出现严重故障时分组断点保护)。每个模块通过两层控制结构控制安全输出，第1层为受诊断控制的电源驱动，第2层为受应用逻辑控制的信号驱动。所有输出导向安全(0输出导向安全)！出现驱动器件击穿(常导通)或模块与主控板通信中断时，控制输出截止(两级输出全部关断)，确保输出为0。

7.9　LTE 综合承载 CBTC、无线列车调度系统

7.9.1　背景介绍及发展情况

2015 年 2 月,工业与信息化部发布了《关于重新发布 1 785 ~ 1 805 MHz 频段无线接入系统频率使用事宜的通知》(工信部无〔2015〕65 号),明确指出 1 785 ~ 1 805 MHz 频段可用于城市轨道交通行业专用通信,解决了城市轨道交通车地通信迫切需要的专用频率问题,城市轨道交通车地无线系统已开始广泛使用 LTE 技术。

LTE 与 3G 相比,支持的数据传输速率更高,分组传送、延迟更低,支持广域覆盖和向下兼容。LTE 技术在 20 MHz 频谱带宽能够提供下行 150 Mbit/s、上行 75 Mbit/s 的峰值速率。经历了多年的研究,LTE 技术目前已经成为一个成熟的宽带无线技术。LTE 技术在设计时考虑了 350 km/h 速度下传输性能、完善的业务优先级调度策略、实时性和高吞吐量的需求,完全满足城市轨道交通实时传输及综合承载时业务优先级需求。

LTE 在地铁车地无线通信领域的应用,拥有以下优势:

(1)业务可靠性高

LTE 拥有 9 级 QoS 算法,带宽可基于轨道交通业务按需分配。

LTE-M 系统以 IP 方式承载所有业务。对于城市轨道交通车地通信系统中的不同业务,分别定义不同的 QCI 的值见表 7-9-1。

表 7-9-1　LTE-M 不同业务的 QoS 映射

业务类型	QoS 设置		
	QCI	资源类型	优先级
列车控制业务数据	1	GBR(保证比特率、Guaranteed Bit Rate)	2
集群调度业务(语音)	1	GBR	2
列车运行状态信息	2	GBR	4
紧急信息文本下发	2	GBR	4
视频监控	6	Non-GBR(非保证比特率、Non-Guaranteed Bit Rate)	6
PIS 流媒体业务	6	Non-GBR	6
集群调度业务(视频)	7	Non-GBR	7

(2)移动适应性强

LTE 采用自动频率校正等机制,能够支持 350 km/h 以上的移动速度。

(3)抗干扰能力强

采用专用频率,且采用小区间干扰协调和干扰抑制消除等算法,有效降低干扰。

(4)终端掉话率低

单小区覆盖距离长,有效减小终端切换次数。

(5)维护简单

单个设备覆盖距离长,区间设备部署少,产品稳定性高,有效降低维护工作量。

LTE 分为 TD-LTE 和 FDD-LTE 两种制式,相对于 FDD-LTE 来说,TD-LTE 是我国拥有核心自主知识产权的国际通信标准,在我国有大规模商用和成熟产业链。TD-LTE 完全能够综合承载城市轨道交通的生产业务,各项性能指标满足要求。此外《关于重新发布 1 785 ~1 805 MHz 频段无线接入系统频率使用事宜的通知》(工信部无〔2015〕65 号)明确要求 1 785 ~1 805 MHz 频段采用时分双工(TDD)方式。推荐采用 TD-LTE 制式。

7.9.2 研究方式

1. 调查研究

了解现阶段 LTE 在城市轨道交通车地无线通信应用的发展方向和各城市应用情况,跟踪中国城市轨道交通协会关于 LTE-M 的相关标准。

2. 坚持从工程实际需求出发

课题坚持从呼和浩特市城市轨道交通的需求出发,对城市轨道交通行业无线通信系统承载的各种业务做全面梳理,有针对性地研究解决方案。

3. 交流论证

根据调研结果,深入研究,制订解决方案,并邀请行业内专家进行多次技术论证,优化实施方案。

4. 以行业发展的角度看问题

通信行业技术发展迅猛,主流技术迭代速度快,城市轨道交通行业中新标准、新应用层出不穷。在研究城市轨道交通车地无限通信技术过程中,需立足于未来无线通信行业主流技术发展方向和城市轨道交通业务网、承载网的演化趋势,避免闭门造车、刻舟求剑。

5. 兼顾标准体制与管理体制因素

在工程实施阶段,兼顾城市轨道交通公司现行的建设标准与运营维护管理的需求,例如考虑城市轨道交通复杂环境对 GPS 同步带来的不利影响等,进行方案优化。

7.9.3 承载业务

2015 年 3 月,中国城市轨道交通协会发布了《关于转发工信部 1 785 ~1 805 MHz 频段使用适宜通知及有关落实工作的意见》(中城轨〔2015〕008 号),2016 年 2 月,中国城市轨道交通协会技术装备专业委员会发布了《关于发布〈城市轨道交通车地综合通信系统(LTE-M)规范〉中 7 个子规范的通知》(中城装备〔2016〕009 号),明确城市轨道交通车地无线通信可考虑承载业务有:CBTC 系统、列车运行状态监测系统、无线列车调度系统、CCTV 系统、PIS 系统、紧急文本业务。

呼和浩特市城市轨道交通 1、2 号线采用 LTE 系统承载 CBTC 系统、无线列车调度系统。业务需求具体分析如下。

1. CBTC 系统

基于通信的列车自动控制系统(Communication Based Train Control System,CBTC)通过不依赖轨旁列车占用检测设备的列车主动定位技术,连续车地双向数据通信技术,以及能够执行安全功能的车载和地面处理器而构建的连续式列车自动控制系统。

CBTC 技术先进，代表了国际 ATC 的先进水平。目前国际上主要的信号供货商、有关国际组织、部分国际大都市的地铁建设、管理当局均在进行相关的系统开发、标准制定及工程实施等工作。

移动闭塞 ATC 系统即基于通信的列车控制系统（CBTC 系统），它是在现代通信技术和计算机、网络技术基础上发展起来的先进的列车控制系统。系统不依靠轨道电路，而是采用自由空间无线天线、交叉感应电缆环线、漏泄电缆以及裂缝波导管等方式实现车地间双向实时的数据传输。CBTC 系统车载设备通过速度传感器计算自身位置，通过环线的交叉点或信标对计算位置进行校准，并通过连续车地通信设备将自身位置和设备状态实时地传递给轨旁 ATC 设备。轨旁 ATP 设备根据列车的位置信息和进路情况计算出每一列车的移动权限，并动态更新，通过连续车地通信设备发送给列车。

车载设备根据接收到的移动授权和自身的运行状态计算出列车运行速度曲线和防护曲线，在 ATP 子系统的防护下，ATO 子系统或司机人工驾驶控制列车在该速度曲线下运行。后续列车可最大限度接近前行列车尾部，与之保持一个安全距离。在保证安全的前提下，CBTC 系统能最大程度地提高区间通过能力，不受轨道电路区段分割的限制。

CBTC 系统主要包括列车自动监控（ATS）、列车自动防护（ATP）、列车自动运行（ATO）、计算机联锁（CI）四个子系统。各子系统之间相互协调，实现地面控制与车上控制结合、现地控制与中央控制结合，构成一个以安全设备为基础，集行车指挥、运行调整以及列车运行自动化等功能为一体的列车自动控制系统。构成见图 7-9-1。

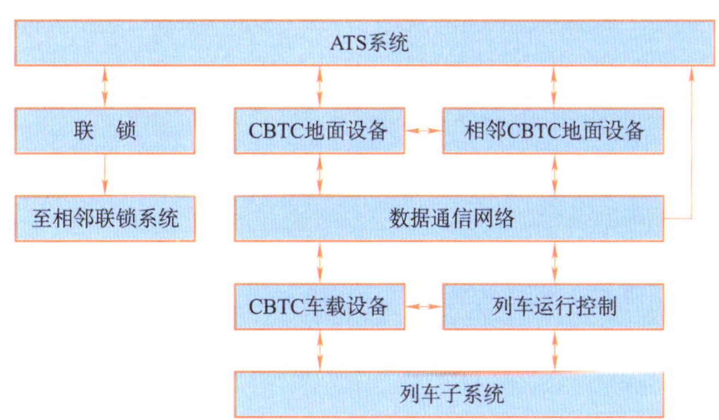

图 7-9-1　CBTC 系统构成示意图

2. 无线列车调度系统

城市轨道交通无线列车调度系统为控制中心调度员、车辆段调度员、车站值班员等固定用户与列车司机、防灾、维修等移动用户之间提供迅速、有效的通信手段，是提高运输效率、确保行车安全及应对突发事件的必要保障。无线列车调度系统组成示意见图 7-9-2。

在发生自然灾害、行车事故或其他突发性公共事件时，为确保救援指挥需要，在突发事件现场与应急救援指挥中心之间、应急救援指挥中心与应急救援指挥分中心之间以及突发事件现场内部，无线列车调度系统能提供紧急的话音通信业务。

在城市轨道交通的无线列车调度系统中，车地之间（上行）、地车之间（下行）主要传输语音信息。

无线列车调度系统车地通信采用半双工通话方式，系统具有选呼、组呼、群呼、优先呼叫、强拆、强插等功能和特点。

无线列车调度系统要求上行每列车传输速率不小于 100 kbit/s，下行行每列车传输速率不小于 100 kbit/s。

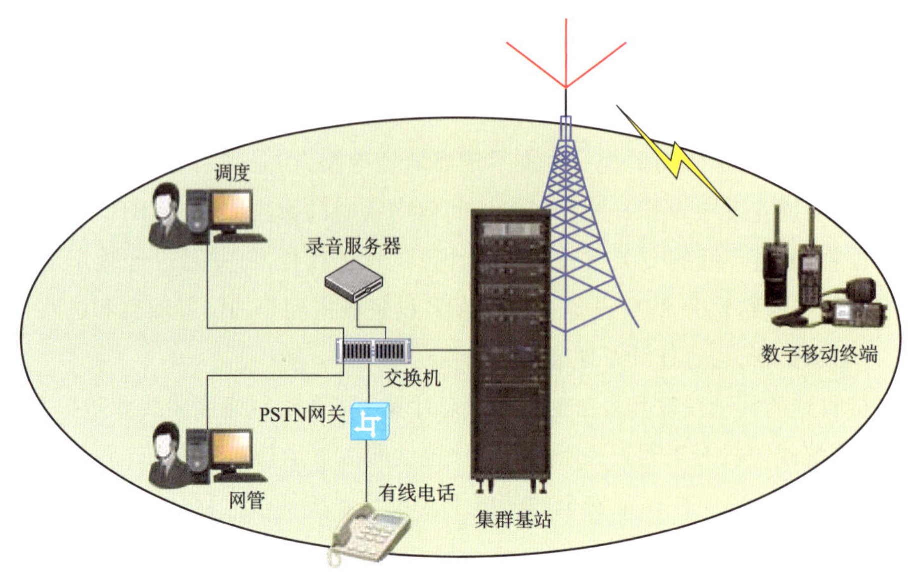

图 7-9-2　无线调度系统构成示意图

7.9.4　主要成果

呼和浩特市城市轨道交通 1、2 号线，地下区间采用 1 790 ~ 1 805 MHz，地面区间采用 1 795 ~ 1 805 MHz，作为 TD-LTE 工作频段。综合承载 CBTC 业务、无线列车调度业务，并采用 A、B 网冗余组网方案，具有很强的系统可靠性。

呼和浩特市城市轨道交通 1、2 号线共同建设线网级 LTE-M 无线综合承载系统，可支持 1、2 号线之间跨线路调车。

相比于传统方案，LTE-M 系统具有数据传输带宽大，稳定性高，安全性好，适应于高速移动列车的技术特点。本工程 LTE-M 系统在城市轨道交通包括区间、车站、场段、换乘站等情况下的覆盖方案，对后续工程设计和实施具有指导意义。

本工程在国内城市轨道交通领域系统性对 LTE-M 干扰问题（尤其是机场高架段）进行了分析研究与实践，并给出相关干扰避免方案。网络规划时应满足 TD-LTE 系统和 DCS1800、FDD-LTE 以及其他行业 TD-LTE 的系统间隔离度要求，对公网无干扰引入有重要意义。

7.10　可视化接地

7.10.1　概　　述

轨道交通的安全运行离不开高质量的检修，在接触网（轨）检修过程中，需要在作业区间装设临时接地线，保证检修人员的安全。传统操作方式是遇到检修时，检修人员携带接地线和验电器到达现场，验电、挂接地线，检修完成后，再拆除接地线。

在整个过程中，存在以下安全隐患：

（1）挂接地线之前，没有进行强制验电，存在带电挂接地线的可能。

(2)无法采集、上送地线的实时状态,OCC电调无法掌握全线接触网(轨)接地情况,存在带接地线送电的隐患。

(3)验电、挂接地线作业完全依赖于人工,任务繁重,作业时间长,工作效率较低,严重挤压了正常检修作业时间。

随着科技的进步、技术的发展,目前已具备条件,利用技术手段来改进接触网(轨)接地作业方式,提升作业安全管控水平和作业效率。

接触网(轨)可视化接地操作管理系统,实现中央级(OCC控制中心)、站级(值班点)、就地三级接地操作及监控。在保证安全的情况下,可有效降低作业人员劳动强度,缩短作业时间,提高工作效率。

7.10.2 系统特点

1. 作业管理可视化

远方、就地均可实时监视操作过程及接地刀闸位置状态。

2. 操作方式自动化

支持远方、就地自动化控制及就地手动后备操作方式。

3. 安全保障全面化

系统装置在运行、操作、检修等工作状态下均具有安全可靠的防误操作联锁、在线诊断等功能。

4. 流程管控网络化

可与工作票、操作票、调令相结合,形成闭环的网络化流程管控体系。

7.10.3 系统结构

可视化接地操作管理系统由中央管理层、站级管理层、间隔设备层组成。

中央管理层:在OCC配置独立的系统服务器(含系统平台及应用软件)和系统工作站,主要负责提供全线的接地操作安全管控和监视功能。

站级管理层:在车站综控室、DCC检调设置所级可视化接地控制主机和手持终端等设备,具备站级接地操作安全管控和监视功能,手持终端用于操作人员就地操作。

间隔设备层:根据供电区间安全接地原则,在接触网(轨)设备区隔离开关附近配置可视化直流验电接地装置。系统各层设备通过网络连接,网络结构见图7-10-1。

1. 中央管理层

(1)中央级系统服务器及系统工作站

在OCC控制中心设备房,配置独立的中央级系统服务器,为整个系统提供数据存储和系统应用服务。在OCC电调办公席,提供中央级系统工作站,作为监控后台,对全线接触网(轨)的接地操作进行监视、控制。系统工作站接收现场可视化直流验电接地装置遥信、遥测、遥视信息,并具备防误闭锁和遥控功能,所有信息均实时显示。

(2)接触网工区系统工作站

根据需要还可在接触网工区等地点设置工作站,对全线接触网(轨)的接地操作进行监视、控制。

2. 站级管理层

(1)车站级可视化接地控制主机和手持终端

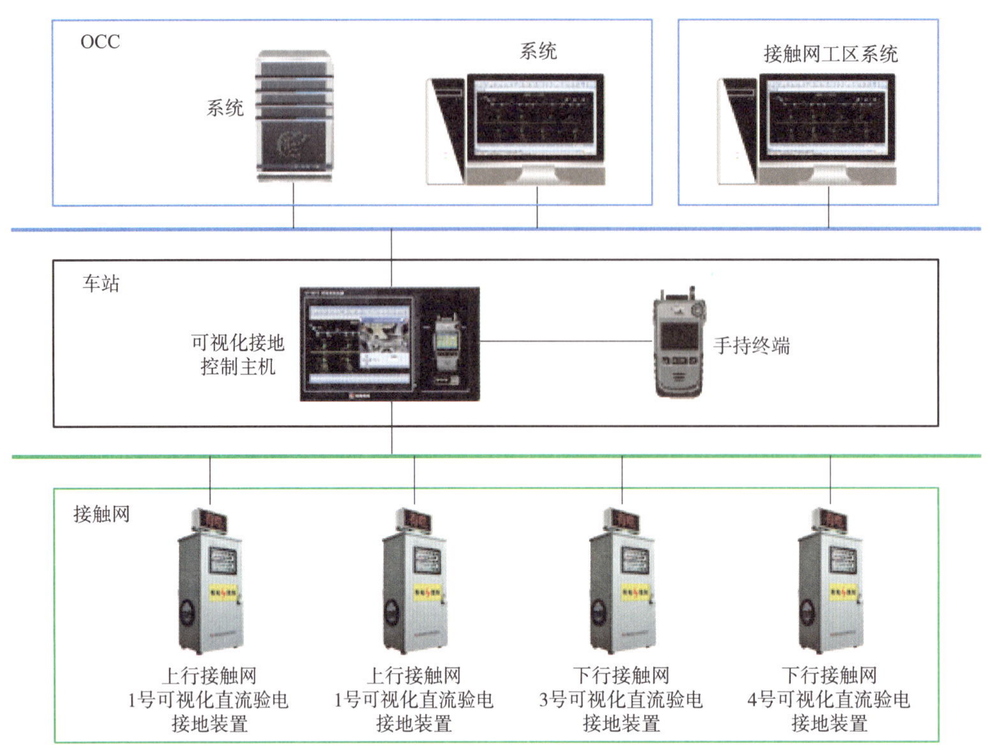

图 7-10-1　可视化接地操作管理系统网络结构图

配置有可视化直流验电接地装置的车站，在综控室设置可视化接地控制主机，挂墙安装或组屏安装，作为可视化直流验电接地装置的操作后台，接收现场可视化直流验电接地装置的遥信、遥测、遥视信息，并提供软件界面显示（见图 7-10-2），用户可以直观地看到刀闸分合状态、刀闸视频信息及接触网带电信息。可视化主机还具备遥控功能，能够发送遥控命令，操作现场接地刀闸。所有遥控操作都必须通过系统的防误判断，否则无法进行遥控操作，防止误遥控发生。

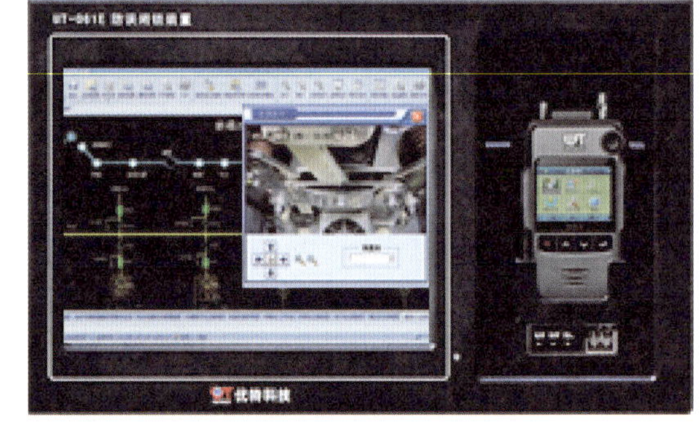

图 7-10-2　可视化接地控制主机

车站配置手持终端，用于接收操作票、接地装置就地操作。同时还配置紧急解锁钥匙，用于紧急情况下进行解锁操作。

3. 间隔设备层

（1）可视化直流验电接地装置

在接触网（轨）设备区隔离开关附近，设置可视化直流验电接地装置（简称验电接地装置），其主要功能是将验电操作和接地操作融合在一起，完成轨道交通中接触网（轨）接地操作。可视化直流验电接地装置中内置了接地刀闸、电动操作机构、摄像头、直流验电闭锁控制器、操作按钮、指示灯等部件，是整个系统的执行终端和信号采集终端。接地装置见图 7-10-3。

（2）状态指示器

状态指示器主要有 LED 显示屏和指示灯两种形式，可以显示带电、接地等信息，其中 LED 屏还可以显示电压值、接地点等信息。状态指示器有两种安装方式，一种是直接安装在验电接地装置顶部，另一种是引

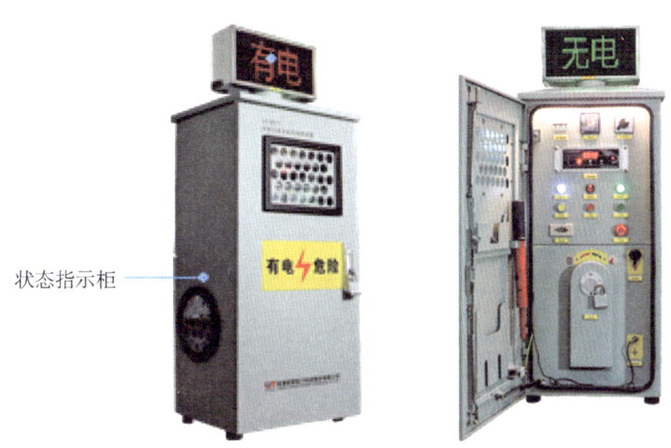

图 7-10-3　可视化直流验电接地装置(外形尺寸 550 mm 宽 × 400 mm 深 × 1 050 mm 高)

出式安装,可根据现场实际情况选择适当的安装方式。

(3)安装方式

可视化直流验电接地装置采用落地安装方式,固定于隧道内或室外道床上,保证装置不超过设备限界。柜体内置接地刀闸,一端与接触网引下线相连,另一端与接回流轨电缆相连,接触网引下线与接回流轨电缆采用下进下出的方式。安装方式见图 7-10-4。

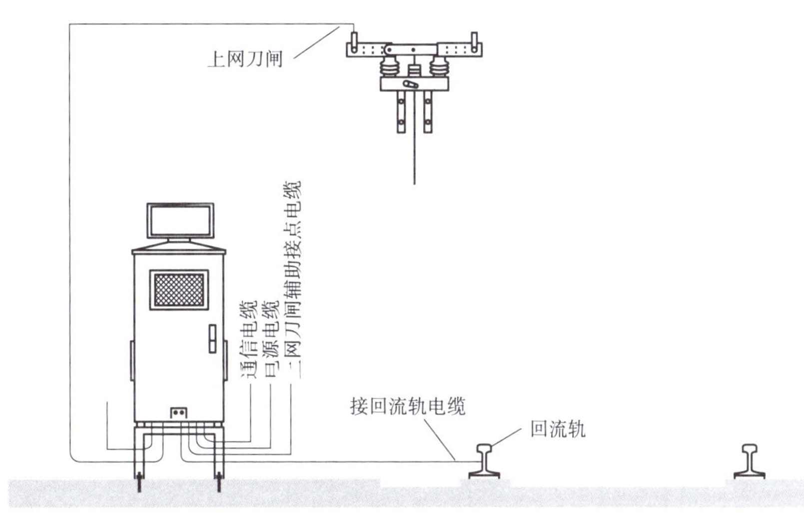

图 7-10-4　可视化直流验电接地装置现场安装示意图

7.10.4　系统功能

1. 接地作业管理

(1)三级控制管理:可实现接地作业的三级控制管理,包括中央级(OCC 控制中心)、站级(值班点)、现场就地。

(2)多种操作方式:支持远方遥控、就地电动、就地手动等多种操作方式。

(3)基于全线的安全接地作业管控:系统基于全线工况信息,进行整体判断,还可与工作票、电调调令、操作票、作业分工单等流程环节技术关联,提供完善的接触网接地作业安全解决方案。

2. 操作安全保障

(1)防误逻辑判断:系统基于全线工况信息,进行整体防误逻辑判断,保障操作安全。

(2)验电接地联锁:可视化直流验电接地装置内安装直流带电显示闭锁装置,无论远方遥控操作还是就地操作,都具有验电、接地联锁功能。

(3)防止误遥控:远方操作具有系统逻辑闭锁和控制回路硬接点闭锁双重安全保障,有效防止误遥控。

(4)就地操作闭锁:具有柜门身份识别和操作机构强制闭锁,防止现场走错位置或误操作。

(5)远方/就地切换:柜内设置远方/就地切换按钮,实现远方遥控和就地操作的切换,保障操作权唯一。

(6)紧急操作:系统配置紧急解锁钥匙,用于紧急情况下的解锁操作。

(7)急停控制:现场发现问题可就地通过急停按钮,及时断开电机电源,能够保证操作的完整性和正确性。

(8)检修安全防护:在周期性维护或故障检修状态下,设备被隔离闭锁,保障人员及设备安全。

3. 信息采集和监视

(1)远方可视化:验电接地装置内置摄像机,能将视频信号上送至远方,实现接地刀闸的远方监视。

(2)就地观察窗监视:装置正面、背面、侧面在适当位置均设置观察窗,能够查看柜内一、二次设备的状态。

(3)装置信息采集监视:验电接地装置具有完善的二次设计,能够采集并远传接地刀闸状态、接触网(轨)带电状态及远方/就地切换按钮状态。

(4)上网刀闸状态采集监视:对上网隔离刀闸进行状态采集和视频监视,并作为接触网(轨)能否接地的判断依据。

4. 安全警示

(1)灯光警示:装置具有引出式信号灯或LED显示屏,用于直观显示接触网带电及接地状态,起到安全警示作用。

(2)分合闸指示:装置面板上具有接地刀闸分合闸指示灯,直观显示接地状态。

(3)短信提醒:接地操作后,系统自动发送短信给相关负责人,让相关人员及时掌握接地动态。

5. 装置运行监控

(1)柜内温湿度控制:验电接地装置安装有温湿度传感器,能够根据环境温度的变化自动调节柜内温湿度。温湿度信息可上送至系统后台,实现远程监视。

(2)故障自诊断:系统通过各种技术手段,在线检测接触网引下线、接地电缆断线及装置异常等故障,并具有就地、远方双重警示功能。

7.11 再生制动能量吸收

7.11.1 目的、意义和必要性

轨道交通作为一种大运量、高密度的交通工具,在城市公共交通中扮演着越来越重要的角色,其列车运行具有站间运行距离短、运行速度较高、起动及制动频繁等特点。目前轨道交通普遍采用的VVVF动车组列车,其制动一般为电制动(再生制动、电阻制动)和空气制动两级制动,运行中以再生制动和电阻制动为主,空气制动为辅。

传统的列车电阻制动做法是将制动电阻装设在车辆底部,当再生电阻不再起作用时采用空气制动。传

统的列车电阻制动产生的大量热量散发在隧道内，在大运量、高密度的运行条件下，使洞体的温升加剧，提高了对通风系统的要求。

因此，上述列车制动方式存在的弊端主要体现在以下两点：一是部分再生制动能量不能被相邻车辆吸收，通过车辆上制动电阻发热消耗或空气制动消耗，浪费了大量电能；二是上述制动方式发散热量在隧道内，既升高了隧道温度，又增加了环控设备用电量。

此外，目前诸多线路采用直线电机系统（如广州地铁 4 号线、北京机场线）和独轨系统（如重庆轻轨），车辆上布置电阻制动装置困难。如果考虑在线路沿线设置合理的再生能量吸收装置不但可以使有效减少隧道温升等问题，还能通过能源再次利用产生良好的综合经济效益。鉴于此，各地区的轨道交通建设也日益关注车辆再生能量的吸收及利用问题。

由以上特点分析可以看出，本工程的诸多特点对车辆是否能够最大限度地利用再生制动，减少空气制动频率有很大影响。目前节能减排已成为国家的一项基本国策，尤其是目前列车普遍采用 VVVF 技术，在变电所设置再生能量吸收装置能够使列车最大限度使用再生制动，减少环境污染，降低隧道温升，还能够对再生制动能量进行有效利用，达到节能的目的。

7.11.2　国内外发展现状

为了减少制动能量在列车制动电阻上的耗散，抑制隧道内温度的升高，从节能角度考虑，一般可在牵引变电所的直流母线上设置再生能量吸收装置，所采用的吸收方案主要包括电阻耗能型、电容储能型、飞轮储能型和逆变回馈型四种方式。其主要工作原理是：当处于再生制动工况的列车产生的制动能量不能完全被其他车辆和本车的用电设备吸收时，牵引网电压将很快上升，网压上升到一定程度后，牵引变电所中设置的再生能量吸收装置投入工作，吸收掉多余的再生电流，使车辆再生电流持续稳定，以最大限度地发挥再生制动性能。北京地铁 10 号线二期工程现场测试结果见图 7-11-1 和图 7-11-2。

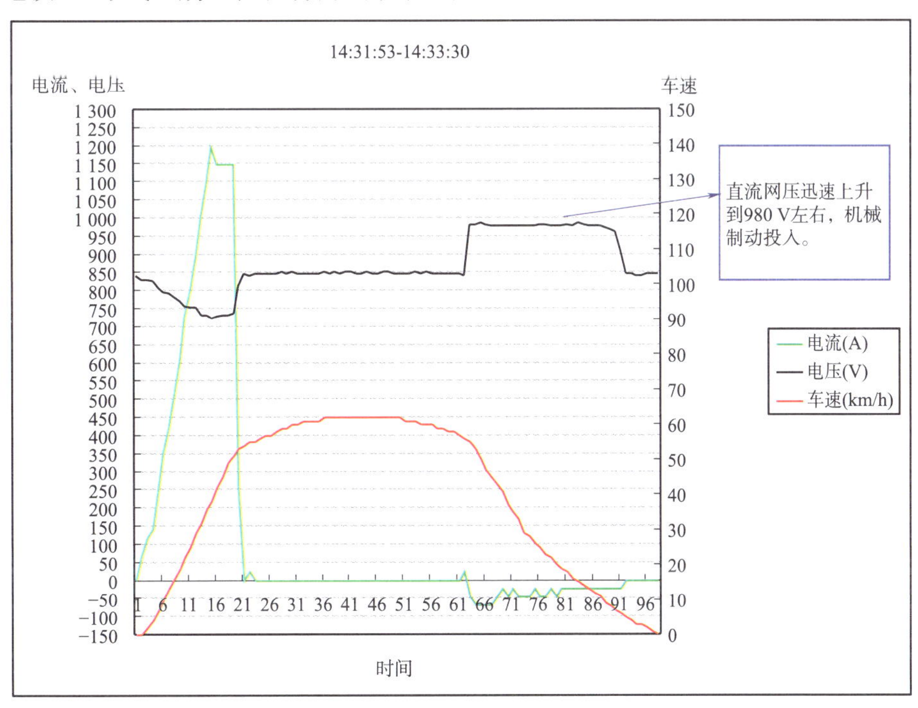

图 7-11-1　能馈装置未投入时列车直流电压、电流与速度曲线

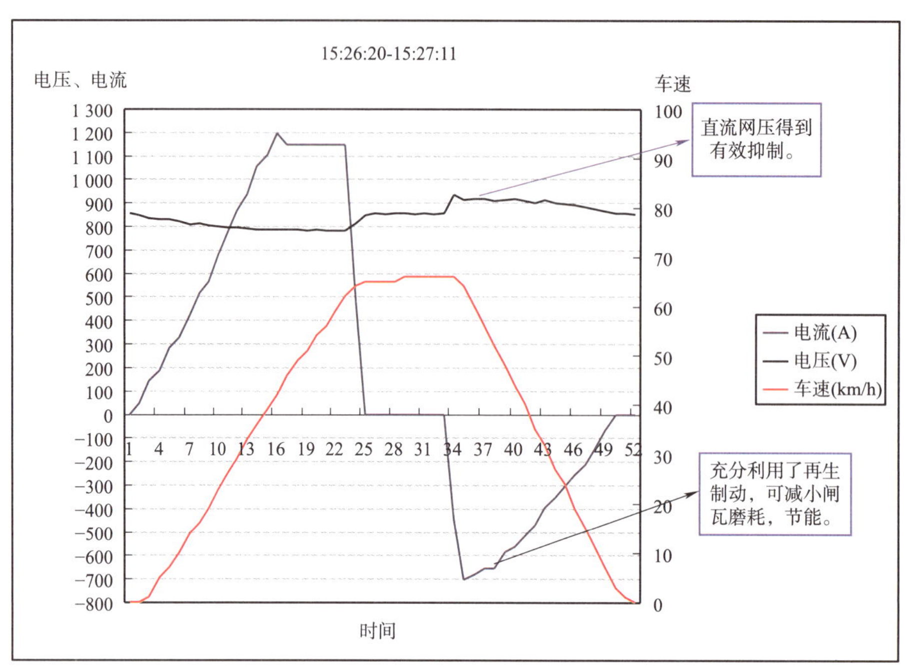

图 7-11-2 能馈装置投入后列车直流电压、电流与速度曲线

国外如日本多摩、冲绳、东京、大阪的轻轨和地铁线路，加拿大多伦多轻轨及意大利米兰 3 号线等地铁均采用了再生能量吸收装置。

国内的北京地铁首都机场线、5 号线、6 号线、7 号线、8 号线、9 号线、10 号线二期、14 号线、15 号线、房山线、昌平线、亦庄线，重庆轻轨，郑州地铁 1 号线，天津地铁 1 号线，广州地铁 4 号线、5 号线、6 号线均采用了再生能量吸收装置。

1. 电阻耗能型

电阻耗能型再生能量吸收装置主要采用多相 IGBT 斩波器和吸收电阻配合的恒压吸收方式，根据再生制动时直流母线电压的变化状态调节斩波器的导通比，从而改变吸收功率，将直流电压恒定在某一设定值的范围内，并将制动能量消耗在吸收电阻上。该装置主接线示意见图 7-11-3 所示。

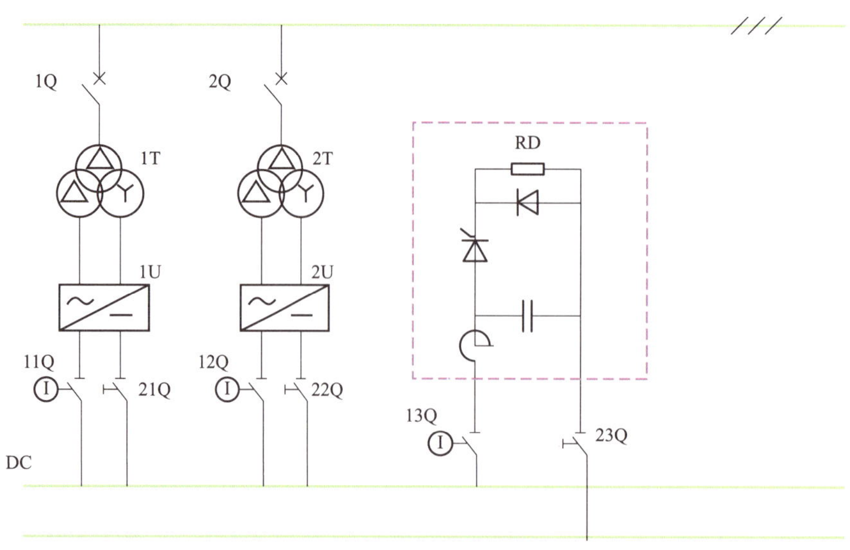

图 7-11-3 电阻能耗型设备主接线

目前电阻耗能型再生能量吸收装置已在国内多条城市轨道交通线路中应用，如北京地铁机场线、6 号线、8 号线二期工程、房山线、亦庄线、昌平线、15 号线一期，广州地铁 4 号线、5 号线、6 号线，重庆地铁 2 号线，郑州地铁 1 号线等线路（见图 7-11-4）。

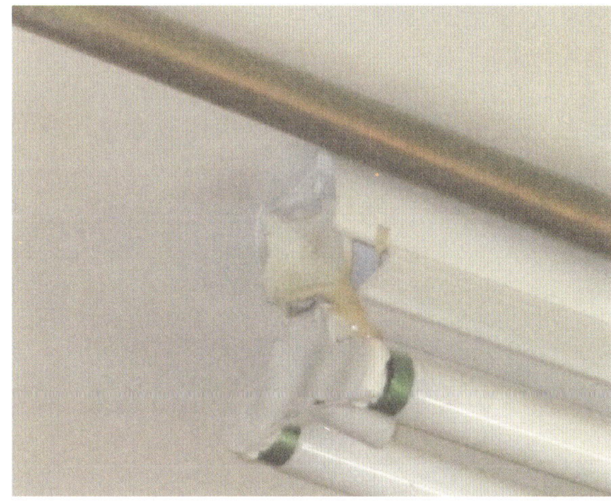
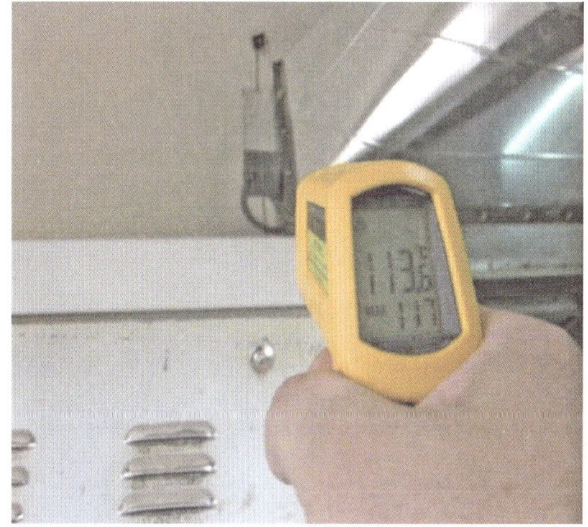

图 7-11-4　电阻耗能型装置安装现场图

该装置的优点：控制简单和直观，可以取消（或减少）列车电阻制动装置，降低车辆投资，提高列车动力性能；能够降低隧道温度、减少闸瓦制动对闸瓦的消耗和闸瓦制动粉尘、净化隧道环境，而且国内有比较成熟产品制造，价格较低；判断是否有再生能量需要吸收的判断条件完善，不会引起误判，造成电能的额外消耗。

该装置的缺点：再生制动能量消耗在吸收电阻上集中发热消耗，对再生能量不能有效利用；电阻散热导致环境温度上升，当该装置设置在地下变电所内时，电阻柜需单独放置，并且该房间需采取措施保证有足够的通风量，需要相应的通风动力装置，也增加相应的电能消耗。制动电阻元器件为铜片或者钢片，再制动能量小号过程中由于斩波远离，制动电阻产生较大的噪声，对周围环境造成影响。从节能和环保的角度，不代表再生能量吸收技术的发展方向。

2. 电容储能型

电容储能型再生能量吸收利用装置主要采用IGBT逆变器将列车的再生制动能量吸收到大容量电容器组中，当供电区间内有列车起动、加速需要取流时，该装置将所储存的电能释放出去并进行再利用。该类吸收装置主接线示意见图7-11-5。

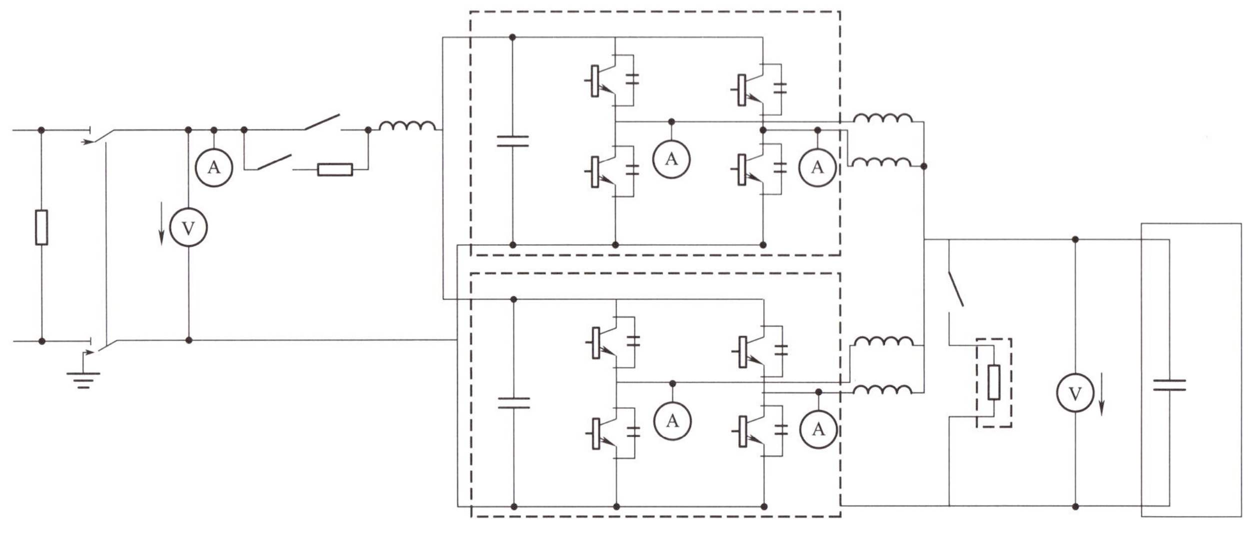

图7-11-5 电容储能装置接线示意图

该装置优点：该技术有效利用了列车制动时再生能量，节能效益好；直接接在牵引网或变电所正负母线间，再生能量直接在直流系统内转换，对系统不会造成影响；该装置为静态电容储能装置，维护和元器件更换较为方便，并可减少或取消列车制动电阻的容量。

目前该产品主要是德国西门子生产的SES成套产品，在欧洲的法兰克福和马德里轨道交通中有应用，北京地铁5号线在4座牵引变电所设置了该产品，主要设在牵引供电区间较长和坡度较大区间的牵引变电所内。其电容储能装置具有储能（储存车辆再生能量）和稳压（稳定牵引网电压）两种工作模式。两种工作模式可以相互切换。

但西门子提供的这4套电容储能装置存在以下几个问题：

（1）多次发生故障，甚至发生限流电阻烧红出现异味的故障，导致在运营时间难以投入使用。

（2）在多次要求供货商进行整改后，仍不能解决问题。

（3）投入使用后，装置频发故障，且故障种类多，难以对故障进行检修。

由于4套电容储能装置采用进口产品，每次发生故障，需供货商提供技术支持时，均需要等待西门子公司从德国指派技术人员赶到现场进行服务，从而造成技术支持时间拖延长、问题解决困难的现象。经过运营公司多次努力，多次与供货商对以上问题进行沟通，均未能将上述问题解决。因此目前以上车站的4套电容储能型装置处于闲置状态，没有投入使用。并且由于西门子公司对其技术方案的保密性，目前对以上问题没有解决方案，已列入北京地铁5号线改造项目。

2013年，国内的中国南车公司以已研制出超级电容储能装置，并已生产出一套样机在试验线上投入使用，其原理见图7-11-6所示。

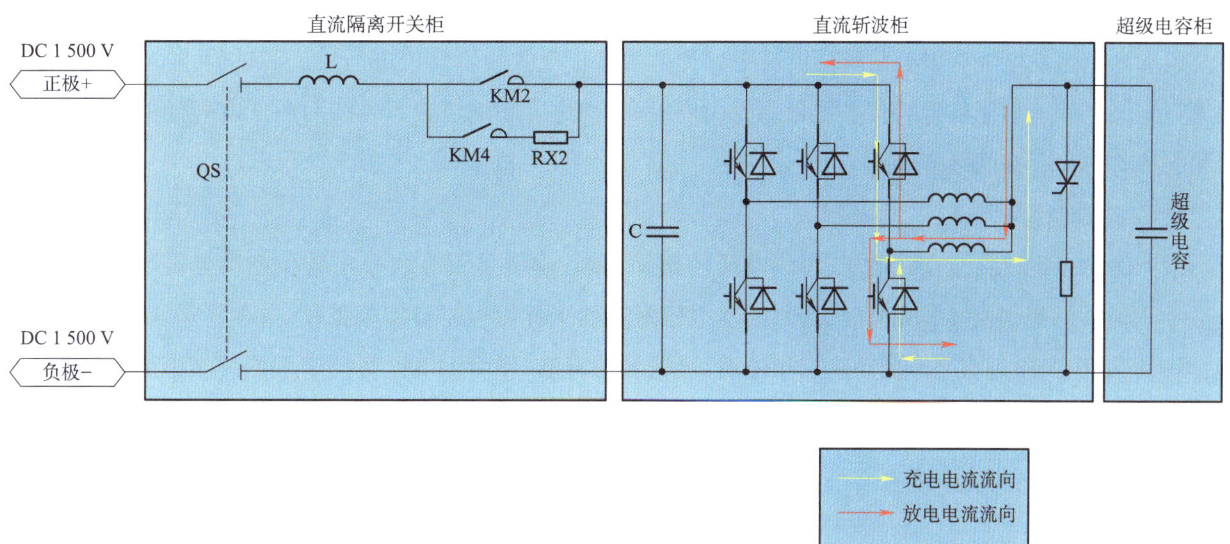

图 7-11-6　电容储能型装置原理图

工作原理：当车辆在储能装置附近制动时，车辆的再生制动能量进入直流牵引网中，会引起牵引网电压升高，储能装置实时监测直流牵引网，当检测到直流牵引网升高并且达到储能装置的门槛启动电压时，直流斩波柜双向变流器导通，向超级电容器组充电，再生制动能量储存在储能装置中。从而一方面使网压保持在规定限度内，不至于过高，又能将车辆再生能量储存在利用，而且还有效避免了车辆将制动能量消耗在制动电阻上，或降低了车辆采用机械制动的频率。

当车辆在储能装置附近启动或加速时，车辆将从牵引网中吸收能量，网压会下降。此时储能装置的检测器会检测到网压的变化，从而控制双向变流器导通方向，超级电容器组放电，将能量从储能装置回送牵引网，以稳定网压。

超级电容的优点如下：

- 低内阻、高功率特性：可数千、上万安培输出
- 高能量特性：与普通铝电解电容相比，可达 104 倍，单体容量：7 000 F
- 长寿命：10 年、100 万次
- 宽工作温区：-40～65 ℃（主要性能指标几乎无差异）
- 免维护：全密封结构，无需维护
- 环境友好型产品：无污染，可回收
- 超级电容采用绿色材料，其使用的材料（多孔碳极材料）具有可回收性和可降解性。

电容寿命计算经验公式：

$$T(\theta,V)=5\ 000\times 2^{(70-\theta)/10}\times(1.5)^{(2.7-V)\times 10}$$

式中　θ——使用温度，℃；

V——使用电压，V；

20 ℃、2.63 V 时的寿命，计算得知为 174 850 h，约 19.96 年；30 ℃、2.63 V 时的寿命，计算得知为 87 440 h，约 9.98 年。

由于超级电容技术在国内发展迅速，目前如中车株洲电力机车有限公司、中车青岛四方车辆研究所有限公司和湖南恒信电气有限公司等厂商对电容型再生能量吸收装置样机进行生产和试验，小功率的样机即将进行挂网试验。由于供货和技术服务均为国内厂商，避免了北京地铁5号线西门子电容储能型设备在技术和服务等方面存在的诸多问题。

3. 飞轮储能型

该产品对变电所直流空载电压、母线电压的跟踪判断，确定是否有列车在再生制动且再生能量不能完全被本车辅助设备和相邻车辆吸收，当判断变电所附近列车有再生能量需要吸收时，飞轮加速转动，储存能量；当判断变电所附近有列车启动牵引用电时，飞轮转速降低，作为发电设备向牵引网反馈电能。该产品除具有电能吸收功能外还具有稳压功能，通过设置运行状态，可在牵引网电压较高时吸收电能、在电压较低时释放电能，稳定电压。该类吸收装置原理示意见图7-11-7。

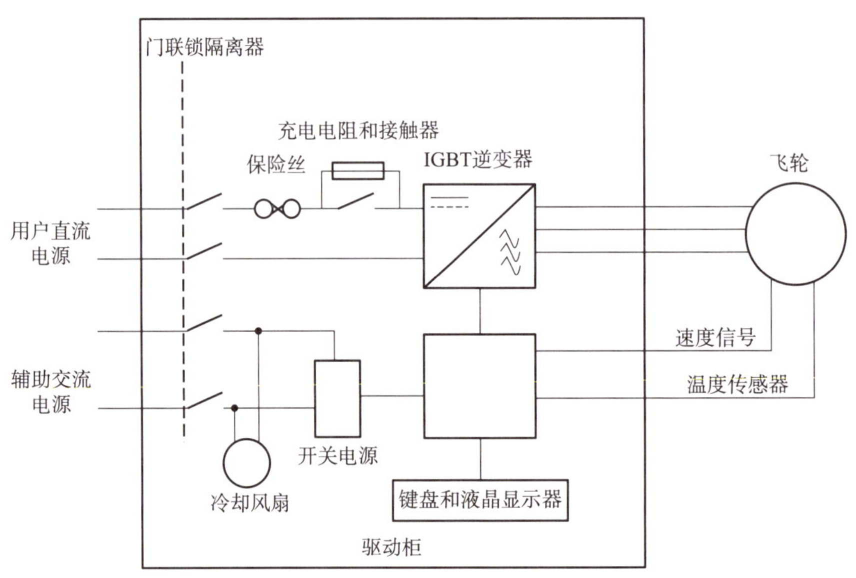

图7-11-7　飞轮储能装置原理示意

英国UPT电力公司有成熟飞轮产品，在英国、香港电力系统、纽约部分地铁、香港巴士公司有应用。西门子公司曾研制出该产品，但因飞轮关键技术不过关，寿命评估很低，目前已经不再改进和生产。国内清华大学某实验室有类似的小功率产品研制，但飞轮寿命和转速、功率均较英国公司产品相差较大，目前无法在工程中应用。

美国Calnetix公司研制的飞轮储能装置拟在美国洛杉矶地铁进行示范应用，该公司目前也在寻求合作伙伴，装置可对国内出口，但其飞轮储能设备的价格较高，且核心技术国内目前无法掌握。美国罗特能源公司也有相应产品，在2002年曾有小容量产品投入使用，目前运行情况良好。

目前国内冀东水泥股份有限公司位于美国加利福尼亚州KTSI工厂生产的相关技术和产品，实现了技术和设备的国产化，有利于飞轮储能型装置在国内的发展，但目前成品样机的容量较小，仅为1.5 kW・h，国内相关设计单位也参与了相关的技术交流工作，正在积极参与装置在国内线路示范应用的前期准备工作。其产品见图7-11-8。

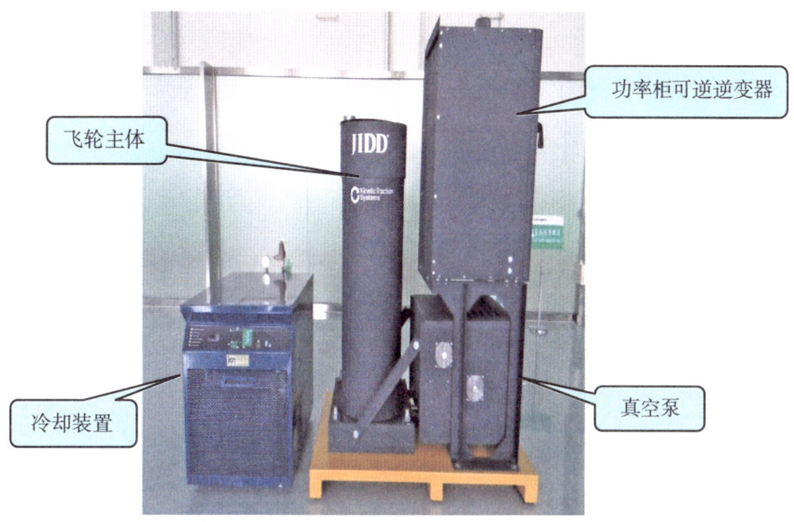

图 7-11-8 飞轮储能型装置成品图

该产品的优点：该技术有效利用了列车制动时再生能量，具有节能效益；直接接在牵引网与回流轨间或变电所正负母线间，再生能量直接在直流系统内转换，对系统不会造成影响。

该产品的缺点：飞轮毕竟是高速转动机械产品，尽管采用了真空环境和特殊轴类制造技术，且厂家保证使用寿命可以到达20年，但目前没有工程应用的先例，难免担心其使用寿命是否能满足要求，维护维修是否方便。对于运量较大的城市轨道交通线路，目前的产品单体容量较小，不能满足完全吸收列车再生能量的需要；若采用几套装置并联工作的形式使容量满足要求，将使设备价格将成倍增加。

4. 逆变回馈型

逆变回馈型再生能量吸收装置主要采用电力电子器件构成大功率三相逆变器，该逆变器的直流侧与牵引变电所中的整流器直流母线相联，其交流进线接到交流电网上；当再生制动使直流电压超过规定值时，逆变器启动并从直流母线吸收电流，将再生直流电能逆变成工频交流电回馈至交流电网。该装置主接线原理示意见图 7-11-9。

逆变技术在日本及新加坡轨道交通中应用较多，日本日立、明电舍和德国西门子公司均有生产该产品的业绩。另外还有一种产品是利用 IGBT 技术的双向变流器（同时实现整流和逆变的功能），该技术在起重机、轧钢机、卷扬机设备中已有实际的工业运行实例，国内轨道交通行业尚无实际应用实例，但已有厂家在北京地铁、广州地铁进行挂网试验。

逆变至 AC 0.4 kV 网络的再生能量吸收装置受容量限制须与电阻结合才能满足目前城市轨道交通再生能量吸收的需求，因此通常采用逆变＋电阻的型式。而中压能馈型再生能量吸收装置由于将能量逆变至中压 35 kV 网络，设备容量较大，因此目前通常不再增加电阻设备。

逆变＋电阻再生制动能量吸收系统原理见图 7-11-10。中压能馈型再生制动装置的的系统构成见图 7-11-11 所示。

该类型装置的优点：充分利用了列车再生制动能量，提高了再生能量的利用率，节能效果好，并可减少列车制动电阻的容量；其能量直接回馈到中压环网或车站 AC 0.4 kV 电网，不需要配置储能元件；对环境温度影响小，在大功率室内安装的情况下多采用此方案。

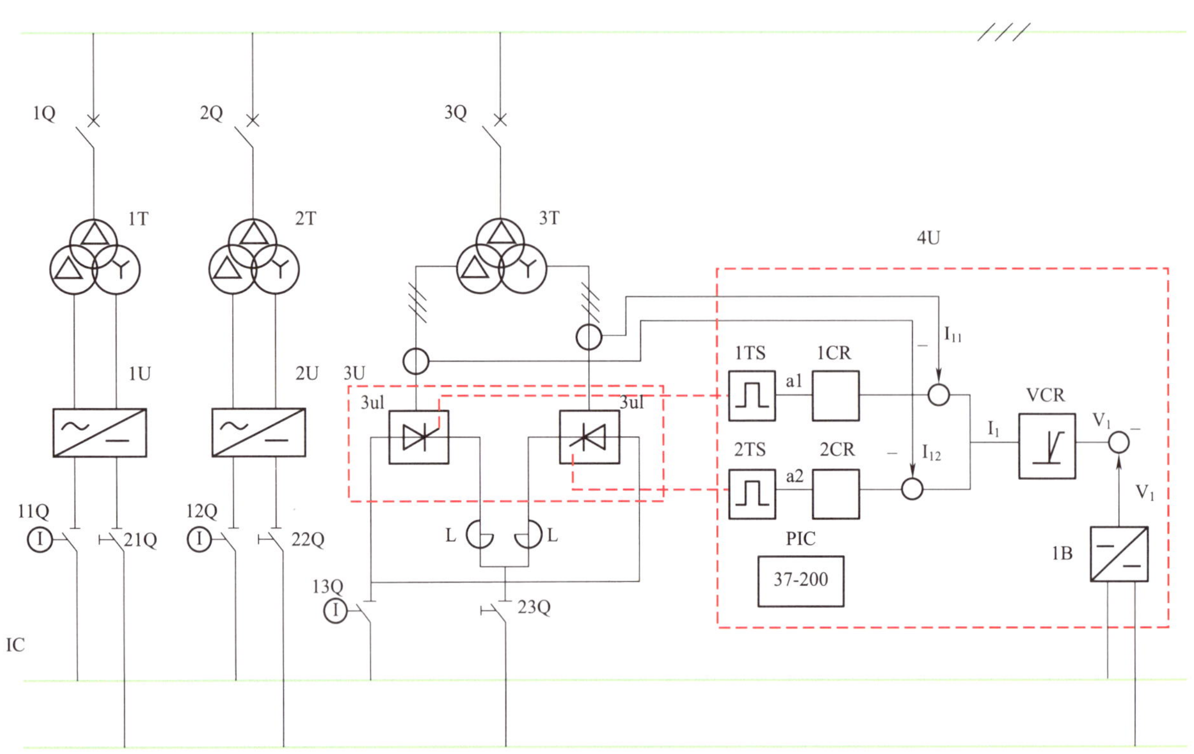

图 7-11-9　逆变 + 电阻型装置原理图

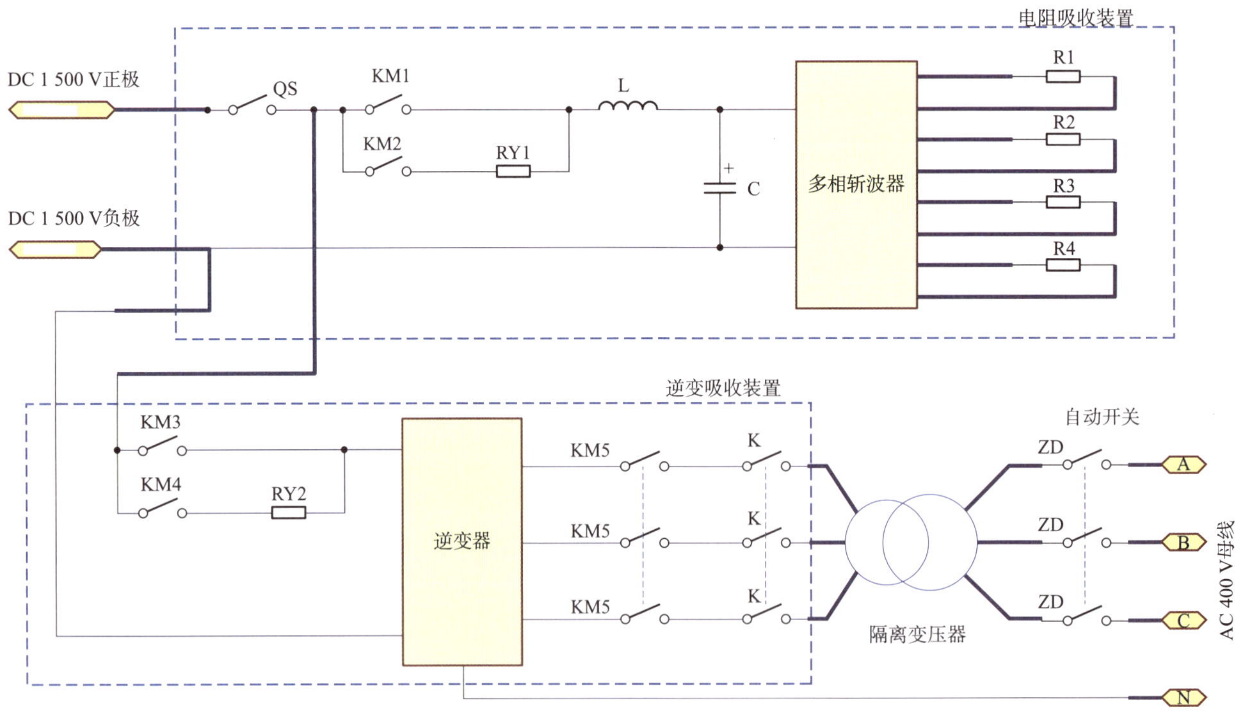

图 7-11-10　逆变 + 电阻型混合制动能量吸收系统原理示意

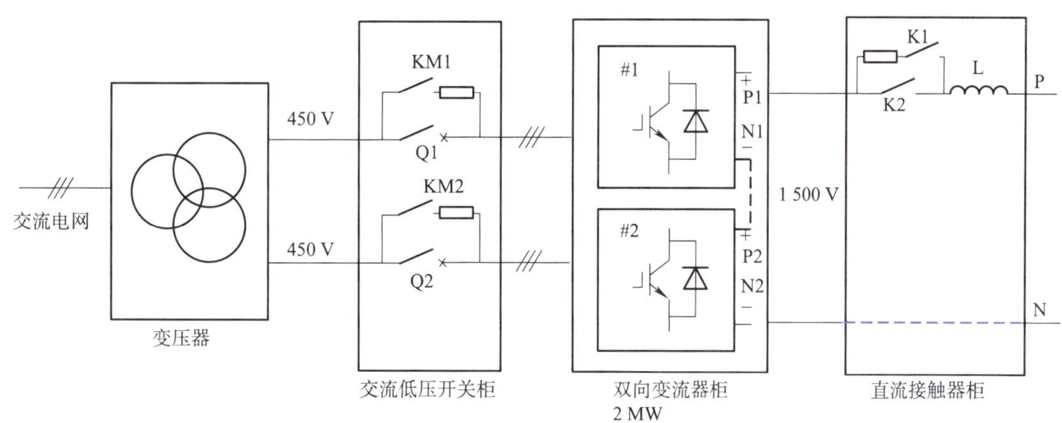

图 7-11-11　能馈型再生制动装置系统构成示意图

该类型装置的缺点：逆变至中压环网技术虽在国内已研制成功，并进行了设备的挂网运行，但仍没有大规模工程应用经验，存在逆变能量向地区电网反送电的情况。

重庆地铁 1 号线、3 号线及 6 号线均采用逆变 + 电阻型装置，其中 1 号线和 3 号线该装置已投入运营，运行工况良好。

逆变 + 电阻型装置在北京地铁 9 号线申报了节能的科研和示范应用，目前已投入运行，运行稳定，具体测试结果见图 7-11-12，由实际运行测试结果可以看出，节能效果良好。

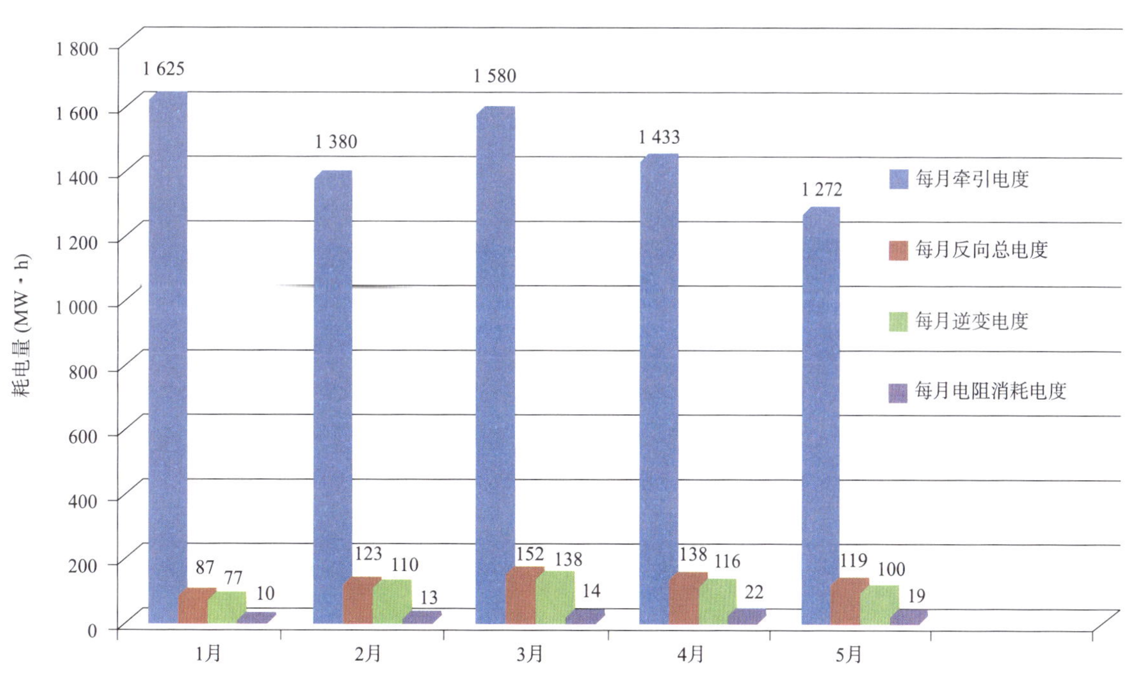

图 7-11-12　北京地铁 9 号线逆变 + 电阻型装置电能测试图

中压能馈型再生制动装置已在北京地铁 10 号线二期工程十里河站、西钓鱼台站和 14 号线西段工程中园博园站、大井站设置，具体测试结果如表 7-11-5 及图 7-11-13，由实际运行测试结果可以看出，装置节能效果良好，目前已开通的北京地铁 14 号线东段和 15 号线西段工程均采用了中压能馈性再生制动装置。

表 7-11-5　北京地铁 14 号线西段园博园站、大井站中压逆变装置反馈电能统计表

日期	每天反馈电能(kW·h)		日期	每天反馈电能(kW·h)	
	园博园	大井		园博园	大井
2013/6/14	2 536	3 904	2013/6/21	1 727	5 569
2013/6/15	3 148	3 950	2013/6/22	3 079	1 875
2013/6/16	2 486	4 024	2013/6/23	2 177	3 877
2013/6/17	2 146	2 658	2013/6/24	2 007	4 500
2013/6/18	2 189	2 172	2013/6/25	2 191	2 206
2013/6/19	2 246	4 654	2013/6/26	2 249	3 516
2013/6/20	2 449	1 645	2013/6/27	2 084	5 189

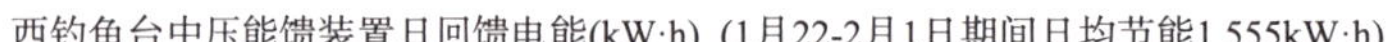

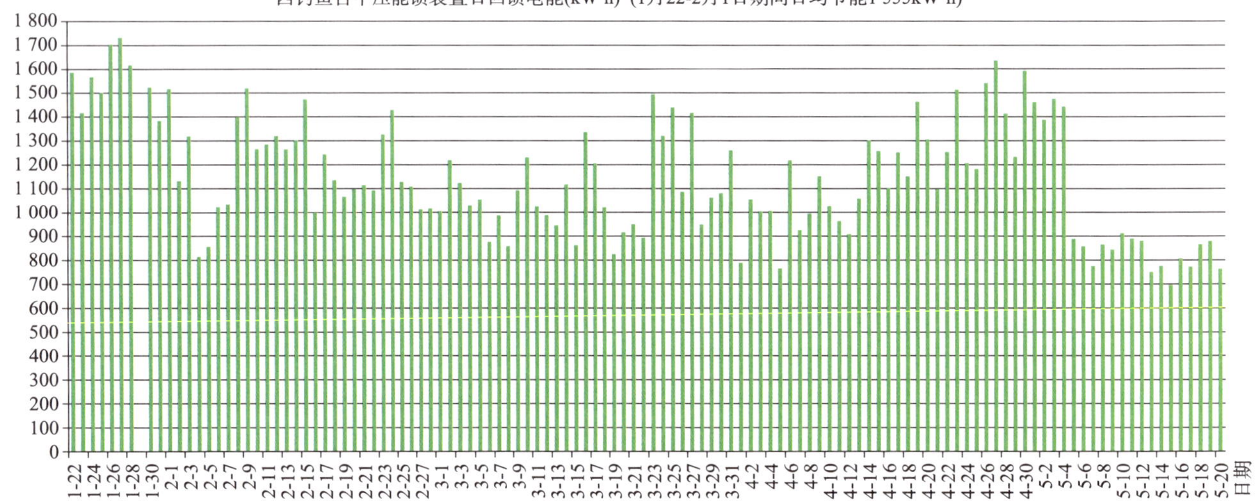

图 7-11-13　北京地铁 10 号线二期西钓鱼台中压能馈装置反馈电能图

经过技术调研,目前出现了一种介于逆变型和电容储能型之间的再生能量吸收利用技术,即逆变＋电容型再生能量吸收利用技术,该技术综合逆变装置和电容储能型装置的优点,弥补了目前单体电容器容量较小的缺点,但目前处在方案论证阶段。

7.11.3　仿真计算

在假设各牵引所设置再生能量吸收装置的前提下,选取 6 辆编组车辆列车四种典型追踪间隔下的模拟计算结果,各牵引所再生能量吸收装置的回馈能量的指标统计图见图 7-11-14～图 7-11-17。

从以上仿真计算结果可以看出:

(1)随着列车发车间隔的不断缩短,列车之间相互吸收的再生制动能量比率总体呈增加趋势,但由于列车间吸收的再生制动能量与线路条件、发车间隔、车站设置等因素密切相关,因此列车间相互吸收的制动能量与发车间隔不成线性关系。

(2)虽然在随着列车发车间隔的不断缩短,列车间吸收的再生制动的能量比率升高,但以远期全天运行

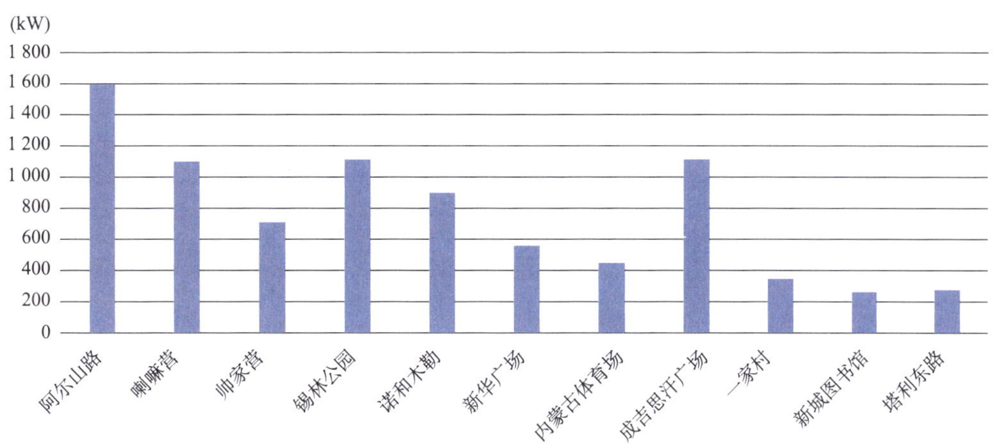

图7-11-14　12对/h,不同运行图下回馈电能各项指标的平均统计值

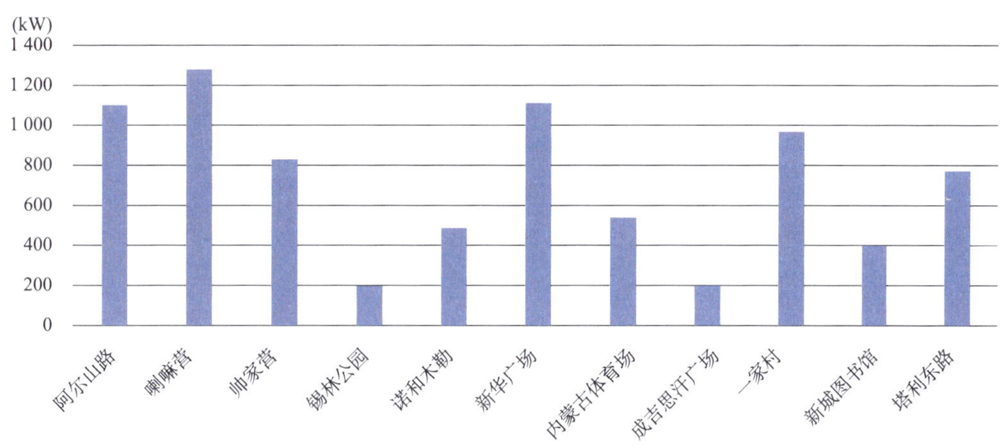

图7-11-15　15对/h,不同运行图下回馈电能各项指标的平均统计值

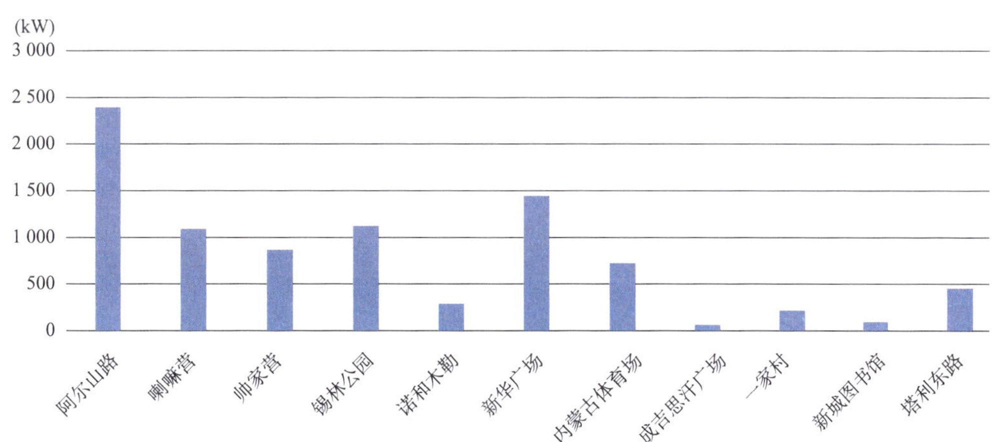

图7-11-16　21对/h,不同运行图下回馈电能各项指标的平均统计值

交路综合分析,通过模拟计算,高峰小时时不能被相邻车辆吸收的再生制动电能约为6 536 kW,是比较可观的,而这样大的功率只能以热能的形式由列车制动电阻或机械制动消耗在地下隧道和车站中,既浪费了电能又增加环控系统的负担,在牵引所设置再生能量吸收装置的目的就是对这部分能量进行吸收、利用。

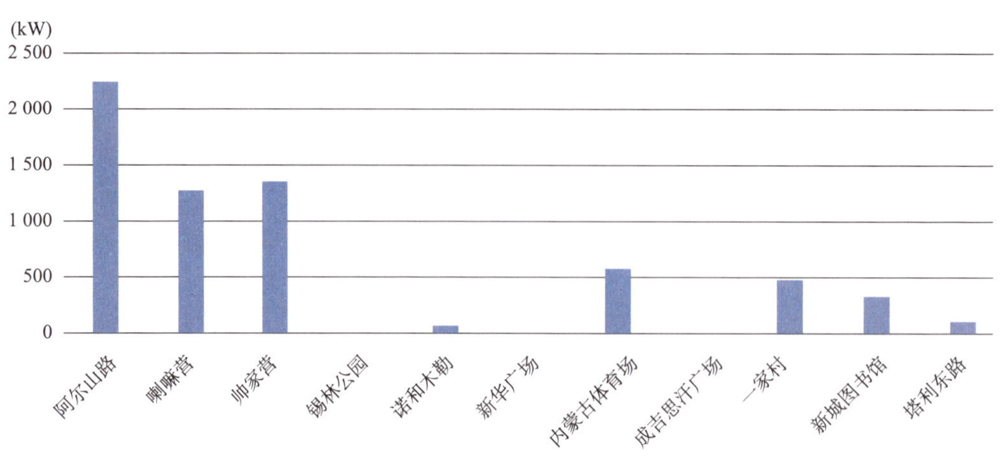

图 7-11-17　30 对/h,不同运行图下回馈电能各项指标的平均统计值

(3)在发车对数 12 对/h 及 15 对/h 时,再生能量吸收功率较大,按照以上运行图进行的仿真结果进行测试,安装一套 1 500 V/2 000 kW 的再生制动能量吸收装置近期发车对数时,日均回馈电能约 3 000 kW · h,参考工业用电价格 0.7 元/(kW · h),一天节省运行成本约 2 100 元,年节省成本约 77 万元。

(4)结论

目前节能减排已成为国家的一项基本国策,尤其是目前列车普遍采用 VVVF 技术,在变电所设置再生能量吸收装置能够使列车最大限度使用再生制动,减少环境污染,降低隧道温升,还能够对再生制动能量进行有效利用,达到节能的目的。由以上分析可见,在牵引所内设置再生能吸收装置是十分必要的。

7.11.4　组成及功能

1. 系统组成

能馈型再生制动能量吸收装置由逆变柜、隔离变压器、正极电动隔离开关柜、控制柜、测控保护系统构成,并设置相应配套的直流断路器柜、负极隔离开关柜(见图 7-11-18)。

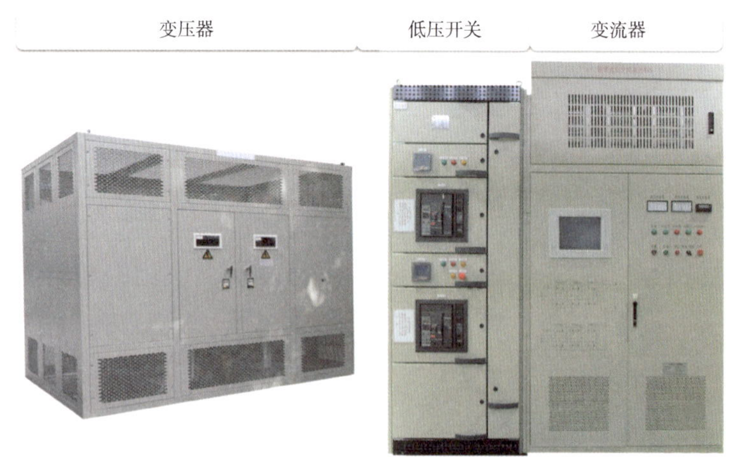

图 7-11-18　再生制动能量吸收装置系统设备

电阻型再生制动能量吸收装置由电阻柜和斩波柜组成,并设置配套的直流断路器柜。系统构成见图 7-11-19。

电动隔离开关作为牵引变电所正母线与成套逆变回馈装置的隔离电器使用，须在不带负荷的情况下分断。

逆变柜设置交流电网欠压、过压保护、直流电网欠压、过压保护、功率模块过流保护、功率模块过热保护、内部断路器故障、散热风机故障保护等保护。

中压能馈控制柜、正极隔离柜设置框架泄漏保护装置。

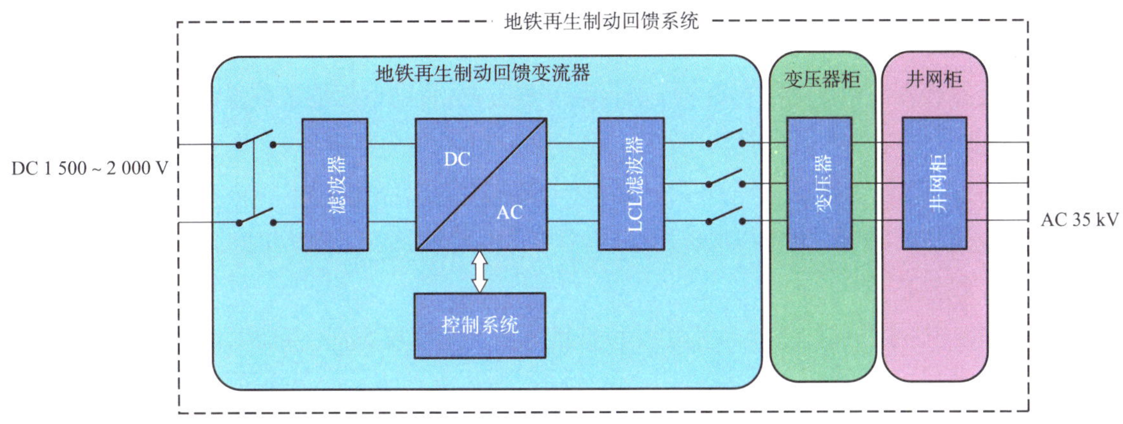

图 7-11-19　再生制动能量吸收装置系统构成

2. 系统功能

(1)再生制动能量吸收装置的投入必须具有先进的网压判断技术，网压的判断条件应分别取自交、直流侧。设备只在车辆再生制动且其再生制动能量没有被其他用电设备消耗的条件下进行工作，车辆启动、加速、惰行、夜间停车等工况下设备不得投入。当车辆再生电制动完毕，设备应可靠撤出，处于待命状态。

(2)再生制动能量吸收装置在投入、撤除及在投入时间内的任何运行状态下，都不应影响供电系统继电保护装置的工作；在任何情况下不允许由于装置自身产生过压导致供电系统电压升高，影响车辆正常运行及设备正常工作。

(3)再生制动能量吸收装置响应时间应小于车载制动电阻装置的响应时间。

(4)再生制动能量吸收装置运行时对交流母线电压的谐波影响应满足国家标准《电能质量公用电网间谐波》(GB/T 24337—2009)要求。

(5)再生制动能量吸收装置直流侧电能质量标准应与牵引变电所 24 脉波整流机组直流侧相当，符合相关标准的要求。变流装置的运行不应影响直流牵引供电系统、车辆、通信、信号系统的正常工作。成套装置的电磁兼容性标准符合有关电磁兼容标准的规定。

(6)当再生制动能量吸收装置处于逆变运行模式时，通过将直流牵引供电网络中列车再生制动产生的电能逆变为交流电能并回馈中压供电网络来稳定直流牵引网电压，抑制其超过标准允许值，保障列车再生制动功能的发挥。当列车再生制动回馈牵引网电功率容量大于变流装置逆变功率额定容量时，其直流侧应能够适应牵引网电压的上升，变流装置应能够处于逆变额定功率正常运行。

(7)再生制动能量吸收装置具备无功补偿功能。

7.11.5 应　　用

通过前面的技术比较可以看出,由于飞轮储能技术的限制及价格因素,该装置不适于本工程。电阻耗能型再生能量消耗装置技术已经较为成熟,该方式在国内城市轨道交通市场中占据了一定的市场,但其设置原因主要因列车取消车载制动电阻,设置该装置可辅助列车制动、降低隧道环境温度,但没有节能效果,不推荐采用。再生能量逆变技术在国内正处于发展高峰,逆变 + 电阻型再生能量吸收设备已在重庆轻轨 1 号线及 3 号线运行,经北京地铁 9 号线科研方测试验证,装置运行稳定,节能效果良好。中压能馈型装置和电容储能型装置代表了再生电能利用技术的最新发展方向,目前中压能馈装置已在国内多条轨道交通线路进行应用,如北京地铁 10 号线二期两座车站、北京地铁 14 号线大部份车站、北京地铁 15 号线一期工程西段等线路,设备性能稳定,经测试,节能效果良好;对于电容型再生吸收装置,国内已生产出具有节能环保效果同时又具有快速充放功能的电超级电容器,电容器寿命相对较长,达到 10 年以上,基本能够满足城市轨道交通再生能量吸收的需要。

综上所述,中压能馈型和储能型代表了再生电能利用技术的发展方向,目前国内中压能馈型装置技术及设备制造工艺已成熟,电容储能型装置也已基本成熟,但需要更多的工程实践和验证,同时应结合运营实测数据对方案及装置进行不断的改善。而再生能量吸收装置的设置方案将直接影响牵引变电所面积、环控设备配备、车辆的制动电阻配备、工程投资等问题。

因此,呼和浩特城市轨道交通在正线牵引变电所车站设置中压能馈型再生电能吸收装置,其中车辆段采用储能型再生电能吸收装置,对储能型再生能吸收利用技术进行工程实践、验证。同时考虑车辆段试车线要求全工况进行试车,因此从节约成本考虑,在车辆段设置电阻型制动电能消耗装置。

7.11.6 无功补偿的意义

1. 无功补偿的意义及必要性

供电系统的功率因数主要由牵引负荷和动力照明负荷的性质所决定。对于牵引负荷,由于采用 24 脉波整流方式,理论基波因数在 0.989 以上,不可调变流器的位移因数在 0.95 以上,因而其总功率因数可达 0.96 左右。对于动力照明负荷,随着应用技术的发展,照明负荷功率因数已达到 0.9 甚至 0.95 以上;动力负荷功率因数多数达到 0.8 以上。

在线路运行初期,由于感性负荷较小,35 kV 电缆产生的容性无功无法被中和,以致返送至电力系统。我国已开通运营的城市轨道交通系统,如天津津滨轻轨、广州地铁、上海地铁等,在运营初期不投入 0.4 kV 无功补偿装置的情况下,仍有容性无功返送至电力系统。电力部门采取“无功反转正计”的计费方法,导致主变电所功率因数达不到电力部门的要求,遭受电力部门的罚款,一条线一年的罚款数额约数百万元,大大增加了运营成本。

2. 目前常用无功补偿方案

根据地铁负荷的特点,地铁负荷在高峰时段需要采取容性无功补偿,在低谷时段需要采取感性无功补偿。因此,需要一种既能补偿容性无功又能补偿感性无功的设施,采用普通的并联电容无功补偿已经不能满足要求。结合地铁供电系统负荷特点及无功功率考核方法,对几种可行的无功补偿方式分析如下。

方案一:在主变电所 35 kV 母线设置并联电抗器。

由于电抗器输出容量不可调节,因此,该方案难以满足动态补偿的需求。

方案二:在主变电所35 kV母线设置SVC。

静止式无功补偿装置(Static Var Compensator,可缩写为SVC),主要由晶闸管阀组、35 kV相控电抗器、数字控制及保护系统及TCR故障自诊断系统组成,该装置可跟踪系统有功、无功及功率因数变化,动态调节电抗器的输出容量,以实时地中和系统过多的容性无功,提高主变电所功率因数,但是SVC装置本身会产生谐波。

方案三:在主变电所35 kV母线设置SVG。

所谓静止无功发生器(Static Var Generator,可缩写为SVG),就是专指由自换相的电力半导体桥式变流器来进行动态无功补偿的装置。20世纪70年代就有人提出SVG的概念,限于当时的器件水平,采用强迫换相的晶闸管器件是实现自换相桥式电路的唯一手段。随着电力电子的发展,IGBT技术的成熟,采用IGBT的SVG已经研制生产,它能够根据系统功率因数及时发出或吸收系统要求的无功,保证功率因数保持在0.95甚至0.99以上。该技术代表了无功补偿技术的发展方向。

3. 利用中压能馈型再生能吸收装置的无功补偿方案

虽然SVG装置能够实时跟踪主变电所110 kV侧进线功率因数进行动态补偿,理论上使其功率因数达到1。但是,由于需要采用国外进口IGBT元件,价格较高,且发热量较大,噪声较大。随着PWM四象限变流器及其控制策略的发展,为系统无功补偿提供了新的思路和方案,该方案属于分散补偿(见图7-11-20)。

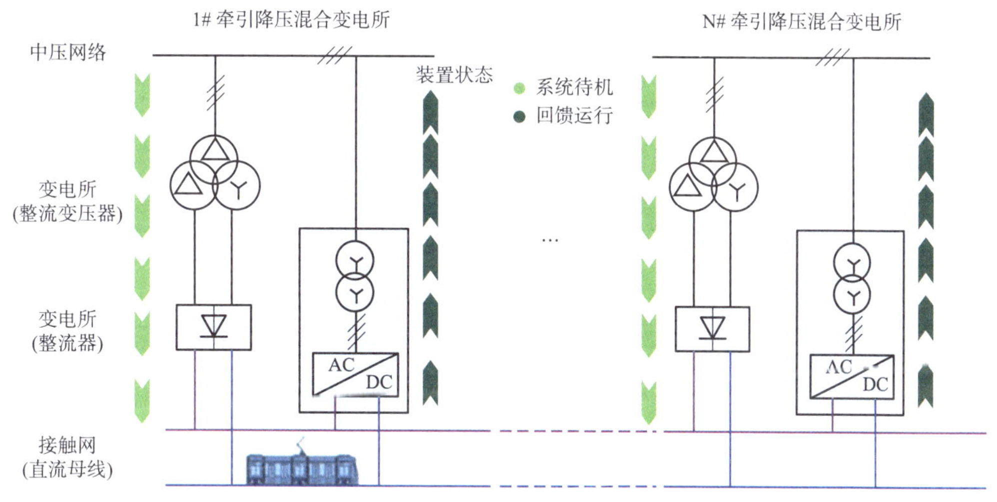

图7-11-20　中压能馈型再生能回馈装置设置方案示意图

目前国内对中压逆变型再生能回馈装置的研制已日趋成熟,并在轨道交通供电系统牵引网挂网试运行,其目的是用于对列车再生能量的回收再利用。由于再生能装置内部采用PWM四象限变流器进行能量回馈,使其不仅能够在列车牵引时为列车提供能量,而且还能在列车制动时将多余的再生制动能量反馈回交流电网。不仅能够抑制直流网压的大范围波动,减小直流电压纹波,提高供电质量;更重要的是还能避免列车再生制动能量在能耗电阻上的白白消耗,节约电能。因此,借助于大功率PWM整流器功率因数任意可调的特性,可实现分散式无功补偿功能。

由图7-11-21至图7-11-23可知,为了实现无功补偿功能,即实现对变电所交流电流的相位控制,需要通过控制策略不断调整PWM四象限变流器的输出电压幅值及相位。

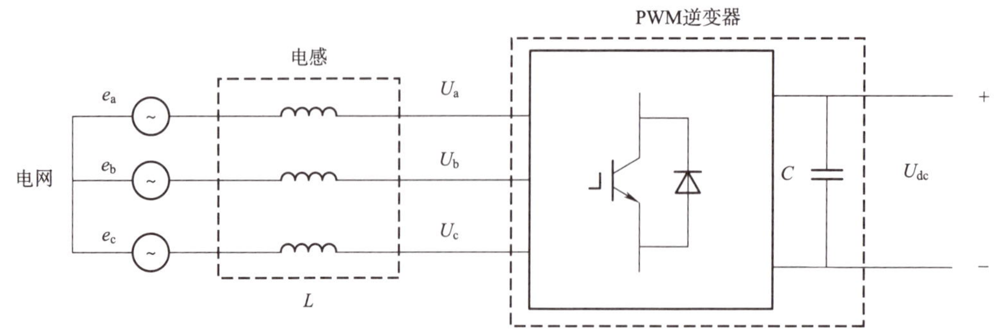

图 7-11-21 PWM 四象限变流器主电路原理图

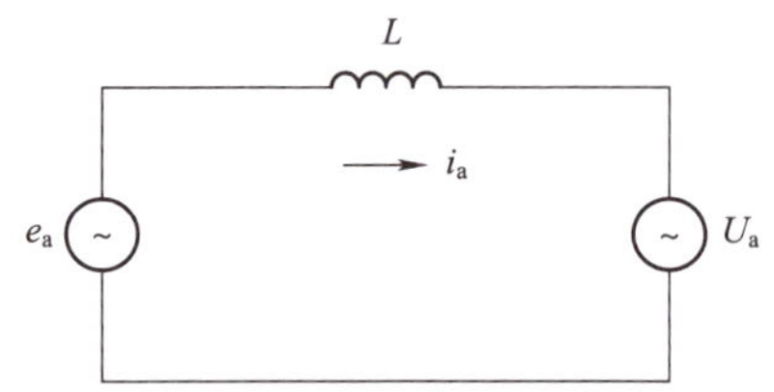

图 7-11-22 PWM 四象限变流器单相等效电路

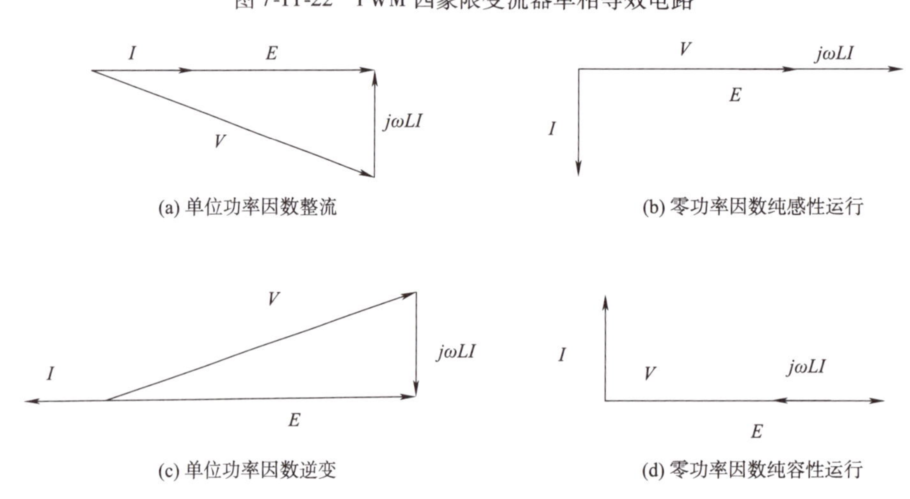

图 7-11-23 PWM 四象限变流器的典型工况

供电系统采用 110 kV/35 kV 两级电压集中供电方式,35 kV 环网均采用电力电缆。三相电力电缆由于相间及相对地存在电容,因此在正常或单相接地时,均有电容电流流过线路。当线路牵引负荷较小时,特别是在夜间休车时段,牵引负荷为零,动力照明负荷也只有白天的 10% 左右,供电系统由于电缆的充电无功效应,产生了大量的容性无功倒送到电力系统,对运营部门造成大量电力损耗及罚款,而使用中压能馈型再生能装置实现分布式无功补充能够很好解决此类情况。需特别指出的是,在线路运营初期,由于牵引及动力负荷(主要为感性)较小且环网电缆的充电无功作用显著,导致再生能装置内的 PWM 四象限变流器频繁切换于容性与感性工作模式间,使得实时监测牵引变电所内电压与电流间相位关系显得尤为重要。因此,必须对变电所内的电压幅值及相位进行实时精确检测,并作为四象限变流器控制参照,实现牵引变电所的电源进线电流与电网电压间相位同步,使功率因数得到提升。

因此,可利用全线牵引变电所内配备的中压能馈型(PWM 四象限变流器)的再生能装置对列车再生电能进行吸收利用,并可利用其多余的容量对系统进行无功补偿。

7.12　视频云存储项目

7.12.1　背　　景

呼和浩特市城市轨道交通按照轨道交通技术发展方向、互联网 + 业务发展趋势、自治区及呼和浩特市云计算大数据战略性新兴产业发展规划，于 2017 年 12 月提出视频云存储建设的思路，2019 年 4 月完成招标。本次设计的视频云存储系统由视频监视车站级设备、线网级设备和云存储设备三部分组成。其中视频监视车站级设备和线网级设备由轨道交通公司建设和管理，云存储设备采用租用运营商共有云设备的方式进行。主要保证 1、2 号线工程的正常运营、运维的功能需求，预留后期规划建设时的接入能力。

7.12.2　建设意义

轨道交通视频数据需要长时间持续地保存到存储系统中，并要求随时精确调用，对存储系统的可靠性和性能等方面都提出了新的要求。在未来的复杂系统中，数据将呈现爆炸性的海量增长，提供对海量数据的快速存储及检索技术，显得尤为重要，云存储系统正在成为视频监控技术未来发展的方向。

本次呼和浩特市城市轨道交通视频云存储系统配合视频管理软件实现视频流存储。从线网中心至云存储系统之间的传输承载平台冗余配置，保证全线网摄像机均能无缝融合在统一的系统平台中，并能满足系统功能及技术指标要求。

7.12.3　实施情况

当前，呼和浩特市城市轨道交通视频云存储系统已顺利接入，投入运营。

7.12.4　预期效果

（1）满足呼和浩特市城市轨道交通 1、2 号线一期工程视频存储 90 天的要求。

（2）满足后续线路、工程接入及扩容的存储要求。

（3）满足视频安全性和保密性要求。

7.12.5　创 新 性

（1）高性能、易扩展，满足用户海量存储需求。

最大可支持 200 个以上的存储节点，达到数十 PB 的存储容量，高效管理上百亿个文件，单目录可以有效支持千万级的文件数量，能够满足用户对海量存储空间的需求。

所有文件在写入文件系统时进行分块处理，用户可以同时读取多个数据块，以提高数据读取效率。在容量不足时，可通过添加数据节点进行在线扩展，无需中断业务进行。

（2）智能化平台，易于管理，有效降低用户成本。

（3）全方位高可用系统架构，最大程度保证业务连续性。

（4）系统关键系统均采用了全冗余设计，不存在单点故障，保证系统的高可用性。

7.13 一码通技术(便捷出、入站)

7.13.1 概　　述

呼和浩特市城市轨道交通在建设之初,充分考虑到了国内外地铁行业和国家相关技术的发展方向,响应国家提出的互联网+的概念,以行业中的前沿技术和理念,以互联网的思维、云平台的技术,对自动售检票系统进行了创新设计。对国内地铁自动售检票系统在互联网信息化时代下的发展方向做出了重要的探索,也为地铁乘客提供了丰富的乘车手段,对国内各地铁公司今后的建设提供了重要的参考和示范作用。

7.13.2 项目实施历程

(1)需求调研

(2)需求设计

(3)需求专家评审

(4)深化设计

(5)招标

(6)合同签订

(7)设计联络(3次)

(8)系统设计

(9)软件开发

(10)单体测试

(11)云平台兼容性测试

(12)正式系统云平台安装部署

(13)系统测试

(14)系统联调

(15)压力测试

(16)144 h 测试

(17)预验收

(18)运营组织演练

(19)试运营

7.13.3 自动售检票系统优化方案

1. 系统架构优化

呼和浩特市城市轨道交通自动售检票系统在设计时,充分考虑了国内外地铁行业的经验,采用了当前"互联网+"的理念,对自动售检票系统进行了一系列的创新。

呼和浩特市城市轨道交通自动售检票系统采用扁平化设计,打破了传统的票卡、设备、车站中心、线路中心、清分中心的五层架构体系,设计了票卡、设备、多线路中心、清分中心的架构体系,取消了车站中心系统，多条线路共用一个多线路中心，各车站设备直接连接多线路中心，物理上减少了车站系统的存在，减少了资源，同时，由于车站设备直接连接多线路中心，给自动售检票系统的标准化带来了先天的优势，各线路的设备可以互相利用，对于资源的优化有着重要的意义；

自动售检票系统的多线路中心和清分中心采用云平台架构搭建，与各系统共用一个云平台，充分利用系统资源，进一步节省了系统搭建的成本，由于多系统公用云平台，以后的维护难度和成本都较低；

自动售检票系统在设计时就考虑了当前的 AFC 系统互联网化，采用了第三方系统专线接入、互联网公网接入等多种互联网接入方式，实现 AFC 系统的互联网业务。

2. 多码融合技术

呼和浩特市城市轨道交通 AFC 系统的互联网业务包括：银联闪付卡联机预授权乘车，呼和浩特市城市轨道交通二维码乘车和互联网购票和互联网小额支付业务。

互联网购票和小额支付业务仅在地铁官网 App 上实现，增加了官网 App 的黏性。

互联网乘车业务包含地铁官网 App 乘车，银联云闪付、支付宝、微信等第三方 App 扫码乘车业务，所有 App 采用统一的乘车二维码，发码权由地铁方控制，方便了广大乘客乘车的同时，也对各第三方 App 渠道能够进行控制，维护了各方的利益。

7.13.4　效益分析

1. 社会效益

为广大乘客提供的多样化的乘车手段，方便了乘客乘车，系统与互联网、第三方支付渠道充分结合，利用官网 App、第三方的渠道对呼和浩特市城市轨道交通、呼和浩特市、内蒙古自治区进行宣传，把呼和浩特市城市轨道交通打造成呼和浩特市乃至内蒙古自治区的一张名片，扩大了呼和浩特市的知名度和影响力，对于本地的旅游等行业有着一定的促进作用。

呼和浩特市城市轨道交通自动售检票系统提供了多种多样的乘车手段，乘车体验高，开通后会有越来越多的乘客选择地铁出行，降低了城市核心区的地面交通强度，对郊区的经济也有拉动作用。

2. 经济效益

呼和浩特市城市轨道交通自动售检票系统采用了云平台的系统架构，多线路中心和清分中心与其他系统共同部署在一个专属云平台上，同时取消了车站中心系统，降低了建设成本，后期的维护成本及难度也随之降低。

互联网购票业务和小额支付的引入，降低了购票设备中价格昂贵的纸币和硬币支付模块的使用频率，延长了模块寿命，设备的故障率也相应降低，维护费用大幅降低；现金使用的减少，降低了现场工作人员的工作强度。以重庆为例：互联网支付业务引入半年后，购买单程票采用互联网支付业务的比例已经达到了 60% 以上，大幅减少了纸币模块、硬币模块的使用频率。

互联网乘车业务的引入，减少了各类票卡的使用率，闸机的票卡回收模块及票卡的损耗降低，运营维护费用大幅降低。当前各地的互联网乘车业务乘车总业务的比例都占到 30% 以上，效果明显。

自动售检票系统可以利用各种票卡（单程票、纪念票等）卡面对呼和浩特市及内蒙古自治区进行宣传，互联网业务与互联网和银联等国内知名企业合作，利用各种渠道对呼市进行宣传，对于呼和浩特市的旅游等行业可以起到一定的促进作用。

3. 环境效益

城市轨道交通是一种低碳环保的出行方式,自动售检票系统的乘车方式多样化和便捷化将使更多的乘客选择地铁出行,提高了当地的环境质量。

7.13.5 小　　结

呼和浩特市城市轨道交通自动售检票系统通过全方位的设计,降低了系统的建设及运营维护成本,提高了乘客出行体验,带动了本地社会经济等各方面发展,体现了地铁在本地各方面的社会价值。

运筹帷幄

第三篇

建设管理篇

第 8 章 组织策划

8.1 项目管理模式

8.1.1 项目管理模式及界面分析

国内城市轨道交通 PPP 管理模式因城市政策环境不一样,具体管理模式多种多样,如何选择适合呼和浩特市城市轨道交通的 PPP 管理模式,是市政府和轨道交通公司面临的重要决策。为此,轨道交通公司利用行业调研优势,对各城市 PPP 模式进行了调研。国内总体模式有以下几种:一是社会资本方作为投资人,负责资金筹措,实际不参与建设管理;二是全部由社会资本方进行建设,政府方只承担少部分资金,如大连模式;三是社会资本方参与设备出资和运营,政府方负责土建工程,如北京地铁 4 号线;四是纯运营模式的 PPP,如杭州地铁。呼和浩特市城市轨道交通建设面临诸多实际困难,一是没有足够的专业技术人员从事建设管理,二是政府对于大型项目建设管理经验不足,三是还要兼顾为后续线路培养人才。经过分析优势、劣势,国内已有模式都不太适合呼和浩特市城市轨道交通 PPP 管理。轨道交通公司综合考虑,决定按照双方各自优势,共同组建项目公司负责建设管理以实现优势互补和资源共享,培养本地化人才。同时,严格按照 PPP 相关法规组建管理架构,划分管理界面。

根据呼和浩特市政府授权,呼和浩特市机场与铁路项目办公室为呼和浩特市城市轨道交通 1、2 号线一期工程 PPP 项目的实施主体,呼和浩特市城市轨道交通建设管理有限责任公司为 PPP 项目的出资人代表。为加强项目管理,提高管理效率,轨道交通公司根据 PPP 模式特点,将各参与方管理界面进行梳理,根据市政府批复的 PPP 项目实施方案,整个项目投资主体划分为 A、B 两部分,A 部分由政府直接出资建设,主要包括项目沿线土地、房屋征收补偿、勘察设计、监理等工作,考虑到征地由政府负责,地方企业具有协调方面的优势,由轨道交通公司负责实施;B 部分建设内容主要以 PPP 项目范围内工程实体建设、投资为主,包括管线迁改、道路恢复工程,车站、区间、停车场、轨道铺设、装饰装修工程,全线设备的采购、安装和调试,以及项目开通运营和运营期间的维护、设备更新改造、移交等。考虑到社会资本方在建设管理、安全质量方面的经验,由中国中铁股份公司、中国铁建股份公司与轨道交通公司组建的呼和浩特市地铁 1 号线建设管理有限公司及呼和浩特市地铁 2 号线建设管理有限公司负责实施(以下简称项目公司),承担建设主体责任。各方具体职责如下。

1. 呼和浩特市机场与铁路项目办公室

(1)作为项目实施机构签署 PPP 项目合同,在政府授权范围内承担项目履约监管责任。

(2)作为项目建设期协调委员会成员参与解决建设期争议问题。

(3)牵头聘请第三方咨询机构组成法律、审计、咨询团队,实行项目全过程咨询。

(4)对资本金到位情况实施监督。对融资合同进行备案。对 I 类、Ⅱ类设计变更费用会同财政评审中心委托造价咨询公司进行核定。

(5)对《设计变更管理办法》,项目工程、货物和服务招标/采购管理办法,招标项目目录和招标计划等进行审核、批准、备案。

(6)组织制定轨道交通管理条例,项目建设、运营方面的规章制度,应急预案等。

(7)与财政、交通等部门一同对项目公司运营绩效进行考核。

(8)协调各方,以公平价格及时地向项目公司提供轨道交通项目设施等以及运营、维护项目设施等所需的所有公用设施,包括水、电和通信设施。

(9)参与运营筹备、组织方案评审工作,对项目监管情况、项目综合性评价体系等内容进行核查备案。统筹建立项目综合性评价体系。

(10)配合做好项目资产移交工作。

(11)完成合同约定的其他甲方义务和市政府交办的其他相关工作。

2. 呼和浩特市城市轨道交通建设管理有限责任公司

(1)负责项目前期工作。提供项目设施用地(包括车站、车辆段、停车场等),履行呼和浩特市城市轨道交通1、2号线一期工程A部分(以下简称A部分)的投资及建设,对A部分建设工程承担全部责任;在符合PPP合同规定的关键工期和进度计划的条件下,组织完成呼和浩特市城市轨道交通1、2号线一期工程B部分(以下简称B部分)的施工图设计及设计文件变更;对勘察、设计及监理单位工作进行管理,及时向项目公司提供基础资料。

(2)负责对项目公司资金到位情况进行监督管理;对Ⅰ类设计变更立项进行审批,对Ⅱ类设计变更立项进行备案,对Ⅰ类、Ⅱ类设计变更费用进行审核。配合做好轨道交通1、2号线一期工程项目财政投资评审工作。

(3)对B部分建设工程委托有资质监理单位进行依法依规监督。负责项目质量安全监督管理,检查质量控制计划,配合政府相关建设管理部门依法参与本项目的质量安全管理工作。

(4)对工程质量控制计划等进行备案管理。

(5)审查项目公司提交的运营筹备、组织方案,请示市机场铁路办后组织评审;协调市政府相关部门参与试运行期间的具体工作;配合市交通运输局组织初期运营评估工作。

(6)核查备案年度运营计划,对运营计划的实施进行检查监督、审查备案。对运营期管理、财务等制度的建立情况进行审查备案。

(7)协调项目公司做好资产移交工作。

(8)负责编制《设计变更管理办法》,报送市机场铁路办备案;研究制定轨道交通建设、运营管理等方面的规章制度、应急预案等。

(9)对项目公司运营情况进行监管,将项目监管情况及时报送市政府。

(10)配合市政府相关部门依法组织监督检查、工程验收。

(11)做好项目档案资料组卷管理工作,定期接受相关部门监督检查。

(12)完成市政府交办的其他相关工作。

3. 呼和浩特市地铁1、2号线建设管理有限公司

(1)按照有关项目协议的约定,完成本项目融资义务,负责项目贷款管理;与贷款人签署符合合同约定的各项融资文件。

(2)在建设期应当加强投资、安全、质量、进度等方面的控制。制定工程投资控制、安全、质量、进度管理

目标控制机制,确保建设总目标的实现。严格按照规定控制 B 部分建设成本,确保建设成本在约定的概算范围内,并接受轨道交通公司委托的监理单位的监督。

(3)根据法律的规定,申请 B 部分建设工程建设需要的所有批准并有义务满足法律所规定的获得和保持相关批准所要求的条件,并积极促进前述批准的获得和保持。

(4)负责 B 部分建设工程。

(5)依照轨道交通建设工程技术标准和相关规范以及设计文件所确定的工程规模、技术标准实施建设。按合同规定的关键工期、进度计划和建设标准完成 B 部分工程的全部建设,并承担相关的一切费用、责任和风险,并对 B 部分建设工程承担全部责任。

(6)配合政府相关职能部门的质量、安全、进度、文明施工、风险等监督、检查工作;负责领导、指挥、协调、检查各施工单位,对工程工期、安全、质量、文明施工、施工风险等进行直接管理,并向参与承包单位、供货单位等依照合同支付工程款、货款等。

(7)向政府部门提供与工程建设相关的各项工作的信息、资料和文件(包括招标文件、进度信息、性能指标等,前述信息、资料和文件的电子版(如有)亦应同时提供)。

(8)对Ⅰ类设计变更立项进行审核,对Ⅱ类设计变更立项进行审批,配合Ⅰ类、Ⅱ类设计变更费用审核,并配合轨道交通公司报市机场铁路办与财政局委托的造价咨询公司审核。

(9)按合同约定组织进行工程试运行,按照法律法规相关规定完成工程项目的竣工验收。

(10)按合同规定接受市政府的监督和检查。

(11)按照合同的规定在建设期为本项目建设工程的建设购买保险。

(12)在合同约定的时间内,提交合理可行的运营组织方案,并接受甲方对运营组织方案进行的评审。

(13)在整个特许经营期内,应根据法律和合同的约定,承担呼和浩特市城市轨道交通 1、2 号线一期工程运营、维护、设施设备的更新改造和追加投资,自行承担运营期间风险和费用。

(14)按照合同约定及《城市轨道交通运营管理办法》(建设部〔2005〕140 号)、《城市轨道交通试运营基本条件》(GB/T 30013—2013)、《城市轨道交通运营管理规范》(GB/T 30012—2013)、《地铁运营安全评价标准》(GB/T 50438—2007)、《城市轨道交通客运服务》(GB/T 22486—2008)等国家、自治区、市现行法律法规和相关技术标准,提供客运服务,并确保城市轨道交通安全运营。

(15)执行市政府制定的城市轨道交通运营票价,并根据法律和合同的约定接受各方的价格监督检查。

8.1.2　项目公司管理模式研究

2014 年 11 月 29 日,财政部发布的《政府和社会资本合作操作指南(试行)》(财金〔2014〕113 号),要求项目实施机构可以根据项目的具体情况综合评估选择是否设立项目公司。我们充分考虑到市轨道交通 1、2 号线一期工程结构化融资需求、风险分担以及国内大多数 PPP 项目是由项目公司作为实施载体进行的实际情况,决定设立项目公司。项目公司是一个独立的法人主体,能够独立承担风险及法律责任,设立项目公司对社会资本主体而言,起到了风险控制的作用,是一种保护机制。项目公司设立目的主要是完成 PPP 模式下政府和社会资本的合作项目,其设立、存续到解散的全过程是围绕该项目的全生命周期,公司决策、管理模式、运营方式等都是为项目本身服务的,必须符合项目本身的生长特点和特殊规律。

项目公司采用何种管理架构,一直是轨道交通公司重点研究的问题。最后,按照利于工程项目建设推进、确保公益项目政府方利益的原则,项目公司法人治理结构设定为股东会、董事会、监事会、经理层四个层级,决策机制按照议事方式和表决程序进行。考虑轨道交通项目为公益项目、百年工程,为提供一个百姓放心满意的项目,轨道交通公司合理设置股东会表决机制。除按照《公司法》约定股东会会议由股东按照实缴出资比例行使表决权,决议由代表1/2以上表决权的股东表决通过外,专门研究了涉及公共安全、公共利益、政府方资金等25条事项,必须由代表2/3以上表决权的股东表决通过。

8.1.3 项目公司管理特色

轨道交通公司重点围绕监督管理、厘清公司管理界面、加强公司法人结构治理、规范建立健全公司管理体系、优化人力资源管理体系、突破项目建设瓶颈、狠抓安全质量管理、阳光运作招标采购、超前策划运营筹备、积极开展党建工作等方面,严格按照合同约定协调政府相关部门,保障项目公司的高效运转,实现项目顺利推进。具体措施如下。

1. 加强监督管理,健全管理体制机制

轨道交通公司要求项目公司制定"三重一大"管理办法,项目公司涉及工程质量安全、造价、变更、资金使用、进度等决策事项必须经董事会通过才能实施,重大事项按PPP合同约定上报政府实施机构决策,且对项目公司制定的重要制度进行把关,经轨道交通公司审核同意后方能颁布使用,同时轨道交通公司在过程中进行监督,项目公司按照相关制度办法开展管理工作。

依据《PPP项目合同》《股东协议》《公司章程》《施工总承包合同》等四大纲领性文件,轨道交通公司确定了项目公司职能;根据项目公司职能定位,构建了管理体系,明确了各系统职责;按照各系统职责制定了全体系管理制度。经总经理办公会、董事会、股东会决议后,项目公司相继印发了相关管理制度,管理制度的下发和执行营造了良好的建设环境。

2. 发挥各自优势,提高团队工作效率

项目公司成立之初,经过双方多次探讨,从同工同筹、优劣互补的原则出发,决定利用双方人员的各自优势,派驻人员共同组建公司。轨道交通公司利用地域协调方面的优势,派驻人员主要集中在征地拆迁、管线迁改、财务管理、综合管理等方面。社会资本方利用工程建设、安全质量等方面的技术优势,派驻人员主要集中在工程建设相关部门。同时考虑到轨道交通公司的监督职能兼顾锻炼队伍,提高技术人员管理水平,现场业主代表由轨道交通公司委派。

在队伍搭建初期,双方人员受各自企业文化、职能分工影响,团队凝聚力不足。轨道交通公司会同各项目公司共同研究,对人员进行团队建设配合,组织活动,增进了解,缩短磨合时间,尽快提升团队工作效率,工程推进十分顺利。特别是面对征地拆迁、前期迁改、方案稳定、设计出图四座制约工期的大山,轨道交通公司发挥统领作用,定期召开专题会议,逐条梳理、分解任务、设置期限、责任到人,多措并举,将重难点问题专题向市领导汇报,在市政府各部门大力支持下,得到有效解决,1号线实现了提前15个月开通的可喜成绩。

3. 夯实党建基础,发挥战斗堡垒作用

发挥党建引领作用,利用组织管理凝心聚力。项目公司成立党支部,受轨道交通公司党委领导。日常在轨道交通公司党群综合部指导下开展支部活动,通过组织建设凝聚战斗力,充分发挥党组织基层战斗堡垒作用,主要开展如下党建和党风廉政建设工作。

一是突出党组织机构建设,将党组织机构设置、党建经费和人员保障事项都写入公司章程,纳入公司治理体系,按照工资总额预算的1%列支党建工作经费,配备3名党务工作人员,从源头上保障了党组织与公司治理结构的融合和有机统一。二是突出党员学习教育,深入推进"两学一做"学习教育常态化,深入学习宣传贯彻党的十九大和十九届二中、三中、四中、五中全会精神,积极开展党员教育和主题活动等。三是突出“三重一大”管控,公司重大事项均通过支委会、董事会、总经理办公会等会议研究,同时为了保证工作协调统一,针对建设期招标工作较多的实际,公司成立了招标工作领导小组,定期研究工程和设备招标工作,保证公司各项决策的依法、民主、科学、规范。四是突出廉政机制建设,认真落实“一岗双责”,认真落实党风廉政建设责任制,建立联防联建合作机制,认真开展招标工作、节前廉政自律警示教育活动,定期检查督促分管部门党建和党风廉政建设情况,从廉洁风险点入手检查各部门工作落实,确保了党风廉政建设深入推进,营造了风清气正的工作氛围。

8.2　PPP 模式下建设管控模式

8.2.1　PPP 模式背景及自身需求

呼和浩特市城市轨道交通 1、2 号线一期工程于 2016 年 4 月和 8 月相继开工建设,这不仅是呼和浩特市乃至内蒙古自治区首个地铁项目开工建设,也是呼和浩特市有史以来投资额最大,建设难度最为复杂的城市基础设施建设工程,承载了 300 多万市民对于地铁梦的无限期盼。轨道交通 1、2 号线一期工程总投资额相当于 2015 年呼和浩特市一般公共预算收入和支出的 1.5 倍和 1 倍,如果采用传统投资方式,一方面市政府现有财力很难保障这项工程的资金需求,会承担巨额的短期债务;另一方面,也会挤占其他公共领域的资金。恰逢国家在公共服务领域推广 PPP 合作模式,鉴于增强呼市公共产品和服务的供给能力,拓宽融资渠道,提高城市轨道交通建设和运营水平,市政府决定采用政府和社会资本合作模式(PPP)投资、建设、运营和维护呼市轨道交通 1、2 号线一期工程,并列入国家财政部第二批 PPP 示范项目,PPP 推进工作很快取得了实质性进展。

和传统工程项目相比,PPP 模式下轨道交通 1、2 号线一期工程项目参与方较多,规模急剧扩大,建设范围越来越广,资源需求量激增,技术难点众多,工序衔接及沿线环境复杂,工期及投资规模要求严格,管理难度及跨度大大提升。项目对政府管理经验及社会投资人的企业资质及施工经验提出了严格考验,不仅政府方需要组建轨道建设、运营专业管理公司并配备建设和运营专业管理人员,社会投资方也需要施工(或设计)总承包特级资质并承担过一定数量的建设和运营城市轨道交通工程。基于资金匹配及呼和浩特市城市轨道交通发展需要,充分利用政府方和社会资本方各方优势,发挥各自职能,呼和浩特市轨道交通 1、2 号线一期工程采用 A + B 模式建设。在 PPP 合作模式下创新工程项目建设管理模式,形成“自建 + PPP” + “总包 + 分部”管理模式贯穿建设主线,对于进一步促进呼和浩特轨道交通工程建设项目组织实施方式进行改革,现有体系基础上开展管理优化、资源共享,积极引导社会投资方以投资带动工程总承包,不断提升工程项目管理创新水平具有重要意义。

8.2.2　建设模式的策划过程

城市发展,交通先行。自 2011 年起,呼和浩特市委、市政府多次组织调查研究,优化城市交通体系,并在“十二五”规划中提出“加快推进轨道交通建设前期工作”。轨道交通 1、2 号线一期工程在 2012 年至 2015 年之间相继完成《建设规划》《可研报告》等相关手续报批工作,同时在设计方面也取得实际成果。

基于初步设计概算,充分利用中央专项债券资金,考虑政府资本金投入,并保障社会资本方合理回报原则,提出 5 种投融资方案,每种方案考虑 3 个运营期限,即 20 年、25 年和 30 年的 3 种背景。2015 年 6 月,市政府同意轨道交通 1、2 号线一期工程建设项目按照 PPP 模式实施,初步拟定合作期限为 30 年,建设期 5 年,运营期25年。同时决定采取特许项目公司中政府方股权比例为49%,社会资本股权比例为51%。

8.2.3 建设组织机构的设置

轨道交通建设管控模式在“自建＋PPP”＋“总包＋分部”引领下为地铁建设、运营在管理创新供给“双引擎”,为全市经济持续发展培育增长新动力。轨道交通PPP项目的参与方涉及政府方(主要包括市机铁办、市轨道交通公司,其他涉及委办局)、社会资本方、设计方、监理方、咨询单位、检测单位、测量单位、监测单位、承包商和分包商、设备供应商、保险公司及金融机构。基于轨道交通建设管控模式均要考虑整个项目管理与组织,从上述各参与方岗位间的匹配度,涉及职能结构、层次机构、部门结构、职权结构及管理流程五大要素。首先要梳理管控组织关系,包括合同关系,各公司之间的关系,绘制建设管控组织架构图,形成完备组织架构体系,从而有利用建设期管理,进而为地铁运营创造良好的组织基础。

1. 管控组织关系

(1)管控架构合同关系

轨道交通公司依据相关法律规定对社会投资人进行公开采购,择优选择社会资本方,签订呼和浩特市城市轨道交通1、2号线一期工程政府和社会资本合作(PPP)项目合同,甲、乙双方依据法律、合同及招投标文件设立“地铁1、2号线建管公司”,双方派驻人员在地铁建管公司履行建设甲方职责。

市轨道交通公司依法对设计单位、监理单位及第三方(含咨询、检测、监测、测量等)进行招标,形成勘察、设计合同、监理合同及其他合同关系,履行PPP合同中A部分相关职能,形成“自建＋PPP”管理模式;地铁1、2号线建管公司依法对施工总承包单位及相关第三方进行招标,形成施工合同及其他合同关系,履行PPP合同中B部分相关职能。市轨道交通公司和地铁1、2号线建管公司形成“综合甲方”,履行建设方相关职能,形成建设、勘察、设计、监理、施工的综合五方责任主体关系。

(2)市轨道交通公司、社会投资方与地铁建管公司的组织关系

市轨道交通公司、社会投资方在地铁1、2号线建管公司担任股东方,履行股东协议相关职能,并按PPP合同股东协议要求派驻董事、监事,董事会选拔高层管理人员及相关人员对地铁1、2号线建管公司进行管理,履行建设方相关职能。同时市轨道交通公司在工程建设期承担城市轨道交通工程1、2号线一期工程代表政府方对其进行监督管理,也承担轨道交通沿线资源开发、工程咨询、科技创新及运营监管等相关工作。

(3)地铁建管公司与总包单位、地铁运营公司的组织关系

地铁1、2号线建管公司承担轨道交通1、2号线一期工程履行B部分工程项目,承担运营、维护、移交等相关工作。在建设期,履行B部分建设,依法对施工单位及相关第三方进行招标,中标总包施工单位设立呼和浩特市轨道交通1、2号线一期工程建设指挥部作为施工总承包单位派驻施工项目管理机构,总包单位依法在各自分部、子公司进行招标,确定具体施工分部,由各分部按分工完成施工任务,形成“总包＋分部”管理模式,各分部接受市轨道交通公司委托监理公司对其实施监理。在运营期,运营工作由地铁1、2号线建管公司共同成立呼和浩特市地铁运营有限公司进行专业运营管理,对地铁运营公司承担股东方相关职责。

2. 组织架构原则

呼和浩特市轨道交通1、2号线一期工程组织架构科学设计应达到如下几方面的条件:职能齐全,业务无重叠、无冗余、无缺失;层级清晰,授权充分,权责对等,管理的幅度与深度适度;部门分工合理,业务协调与监督机制科学,部门结构与岗位设计系统规范;职权结构既集中统一,又便于协作,内部结构动静结合,便于

自我调整与修复；核心业务清晰，各项流程顺畅，利于破除部门间壁垒，从而达到最终符合企业发展的整体要求；明确各公司内外部业务的职责，权利与义务；规范业务流程与接口上的时效性和准确性；保证各项工作顺利有效地开展与推进，确保人才、资金、物资、技术在工作中的充分准备。组织架构搭建应遵循下列原则：一是战略导向，突出重点原则。轨道交通 1、2 号线一期工程建设和运营目标是项目管控组织存在和发展的根本所在，是为实现轨道交通建设项目的战略任务和经营目标服务目的，必须深入分析项目的环境、规模及战略发展目标，确保其目标的实现。二是专业分工与协作原则。项目建设和运营的管控工作量大、专业性强、管理难度较高，分别涉及不同政府职能部门及不同参建公司。要有利于专业化的管理，分工要利于管理子系统间的调节、利于权力的集中与决策的贯彻执行，保障整体管理水平的提升。三是管理层次和管理幅度均衡的原则。管理层次是指直线行政系统中分级管理的层次数，管理幅度如轨道交通公司至项目公司、项目公司至总包单位、总包单位能有效地领导分部单位，确保层级之间应合理均衡，实现信息的灵活沟通。四是稳定性和弹性相结合原则。组织的稳定性是正常开展活动的前提条件，外部环境和内部条件会经常发生变化，应具有良好的适应能力，克服僵化状态，使组织在变动的环境中具有一种内在调节机制。同时要保持组织运行中的弹性，又需要在组织中建立明确的指挥系统、责权关系及规章制度，保持内在的自动调节机制。五是精简效能原则。“精简高效”不能简单理解为通过精简机构设置、减少人员配备来实现城市轨道交通的高效运营。“精简高效”是利用市场经济思维经营、管理城市轨道交通；利用信息技术达到城市轨道交通的集成化管理实现资源优化的有效途径。

3. 管控组织架构（见图 8-1-1）

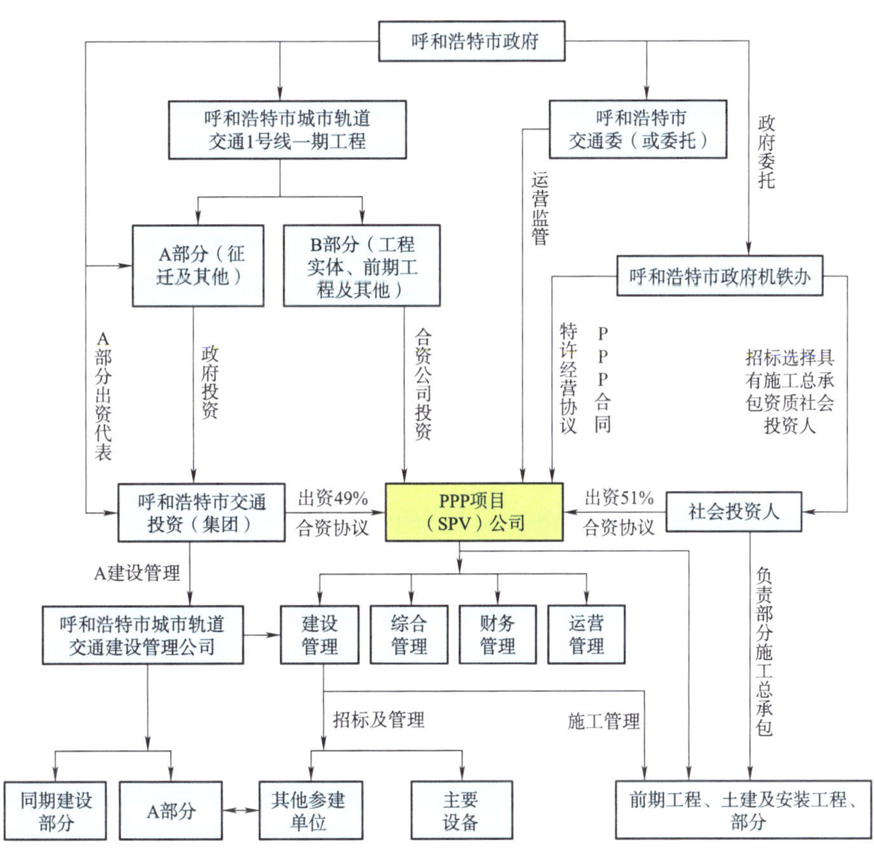

图 8-1-1　管控组织基本架构图（1 号线为例）

8.2.4 组织机构职责

PPP 协议由轨道交通 1、2 号线中标社会资本方与市轨道交通公司共同成立项目公司分别与政府授权的实施机构市机场铁路办进行签订,协议明确项目基本情况,双方合作基本原则和方式,以及成立项目公司双方应当履行的相关权利及义务,确立项目公司章程,全面约定项目公司成立后应该履行的责任及义务,明确项目公司在该项目建设运营中享有的权利。

1. 市轨道交通公司职责

市轨道交通公司在建设轨道交通 1、2 号线一期工程中采用 PPP 模式进行管理,突破自我专项工程项目管理瓶颈,有效整合社会资源,对项目进行宏观控制,对整个轨道交通建设具有决策权和监督权。在建设期提供轨道交通 1、2 号线一期工程项目设施用地(包括车站、车辆段、停车场等),在建设期促使并确保公司履行 A 部分的投资和建设。

(1)投资控制

一是投资人角色作为第一层次,是控制成本、优化资金流向和节奏的重要手段。在估算、概算、预算等阶段都对工程造价进行优化,对政府审批施加合理影响,以较低价格实现项目建设、功能和全生命周期营运费用最低的目标,并优化资金投入强度和节奏,在满足项目进度需求的前提下平抑投资峰值,减轻投资压力。二是设计作为第二层次是对于投资总体控制的最有力抓手,通过对设计把控,合理降低建设成本,并在运营期提高收益、降低维护成本,同时也优化设计可有效降低施工难度,避免进度和投资控制风险,保证施工方合理利润水平。三是负责对项目公司资金到位情况进行监督管理,按项目投资策划控制资金使用节奏,配合社会投资人实现资金投入计划,实现施工进度与资金注入基本匹配。

(2)进度控制

一是负责对项目总进度进行统筹规划,制定出轨道交通 1、2 号线一期工程总工筹,明确工程建设起讫时间及各里程碑事件,用以指导项目公司、指挥部及标段进行各级计划编制,同时审核年度施工计划。二是 PPP 进度管理的一大特点是在不违反基本建设程序的前提下可科学合理地安排交叉、搭接工作,如在征地拆迁与工程建设、勘察设计、初步设计与施工图设计、设计与施工、控制性工程与普通节点工程进度控制方面可以合理地交叉、搭接,这体现了 PPP 项目的效率,发挥各方优势科学地安排工作,合理排布工期。

(3)质量管理

一是统筹建立质量保证体系。在建设期形成"轨道公司 + 监理单位 + 施工标段"与"建管公司 + 总包指挥部 + 施工标段"两条主线质量保证体系,对工程质量控制计划等进行备案管理。检查质量控制计划,将 PPP 绩效考核的精神贯彻到质量控制的各个环节中,将 PPP 绩效考核的理念传导至各参建单位,使工程质量达到约定的标准和绩效考核的标准。

二是合理设计,确保工程质量。在符合 PPP 合同规定的关键工期和进度计划条件下,组织完成呼和浩特市轨道交通 1、2 号线一期工程 B 部分的施工图设计及设计文件变更;对勘察、设计及监理单位工作进行管理,及时向项目公司提供基础资料。对 Ⅰ 类设计变更立项进行审批,对 Ⅱ 类设计变更立项进行备案,对 Ⅰ 类、Ⅱ 类设计变更费用进行审核,报政府方委托的造价咨询公司审核。

三是审核建管公司建设过程建设期报告。报告包含:上个月已完成的施工或建设情况;每一关键工期的进展情况;质量、投资控制情况;合同规定的变更的执行情况;施工安全情况;其他合理事宜。

四是监控施工，紧抓监理，确保精品工程。从监理单位进场之日起，根据监理合同和监理规范，制定监理管理办法，要求监理主要以监理例会、监理月报、监理工作总结等形式向轨道公司与建管公司上报工程质量控制情况，并定期和不定期地深入现场对施工和监理工程进行检查，保证监理对施工质量进行有效监控，保证工程规范有序地进行。

(4)安全管理

轨道交通工程项目的危险性重大分部分项工程较多，安全风险大。负责组织项目总体及专项安全风险评估工作，建立各级危险源清单；统筹开展“路容路貌”专项整治活动，总体协调沿线防汛备汛、降尘降噪等环境保护与水土保持工作，在长大线路多点作业时确保工程施工对沿线环境的影响降低到最低程度；定期开展安全检查，考核评比。

(5)运营管理

一是审查项目公司提交的运营筹备、组织方案，协调市机场铁路办组织评审；协调市政府相关部门参与试运行期间具体工作；配合市交通运输局组织完成项目初期运营安全评估工作。

二是对项目公司运营情况进行监管，将项目监管情况及时通报市机场铁路办、市交通运输局备案。建立项目综合性评价体系，上报市交通运输局审核。制定统一的 ACC 和 OCC 的运营管理办法、收费标准、信息收集和披露制度，以及统一调度和统一结算的安排，报送市机场铁路办、市交通局备案。

三是核查备案年度运营计划，对运营计划的实施进行检查监督、审查备案。对运营期管理、财务等制度的建立情况进行审查备案。

2. 项目公司职责

负责 B 部分建设工程，申请 B 部分工程建设需要的所有批准义务满足法律规定的获得和保持相关批准所要求的文件，并积极促进前述批准的获得和保持。

完成本项目融资义务，与贷款人签署符合合同约定的各项融资文件。

在建设期应当加强投资、安全、质量、进度方面的控制。制定工程投资控制、安全、质量、进度管理目标控制机制，确保建设总目标的实现。严格按照规定控制 B 部分建设成本，确保建设成本在约定的概算范围内，并接受甲方委托的监理单位的监督。

依照轨道交通建设工程技术标准和相关规范以及设计文件所确定的工程规模、技术标准实施建设。按合同规定的关键工期、进度计划和建设标准完成 B 部分工程的全部建设，并承担相关的一切费用、责任和风险，并对 B 部分建设工程承担全部责任。

按本合同规定接受市政府的监督和检查。配合政府相关职能部门的质量、安全、进度、文明施工、风险监督、检查工作；负责领导、指挥、协调、检查各单位，对工程工期、安全、质量、文明施工、施工风险进行直接管理，并向参与承包单位、供货单位等依照合同支付工程款、货款等。

向政府部门提供与轨道交通 1、2 号线一期工程建设相关工作的信息、资料和文件(包括招标文件、进度信息、性能指标等，前述信息、资料和文件的电子版亦应同时提供)。

按合同规定组织进行轨道交通工程试运行，按照法律法规相关规定完成轨道交通工程的竣工验收。

按照合同的规定在建设期为本项目建设工程的建设购买保险。

在合同预定的时间内，提交合理可行的运营组织方案，并接受甲方对运营组织方案进行评审。

3. 总承包单位职责

为适应 PPP 工程项目的发展趋势、破解 PPP 模式下工程项目的施工管理难题，通过明确总包职责及“服务、监督、保障、指导”的工作思路，采取“模块化＋专业化”管理方式、强化对重要工程指标的管控、执行“三集中”，确保资源集成化、建设信息化管理平台及加强季度综合考评，打造总包管理品牌，实现 PPP 模式下轨道交通建设工程项目短期保质低成本竣工。

社会资本中标 1、2 号线后，成立地铁 1、2 号线总包指挥部，代表其实施“总包＋分部”组织模式下的 PPP 项目施工管理任务。一般情况下，将合同总金额按照 6 亿～10 亿元（或按车站和区间）为划分单元，交由分部实施。分部选择由总包严格招标，土建及站后均须具有市政工程施工总承包壹级资质的子公司组建。分部经理由参建子公司任命，并满足相应从业资质及工作经验要求，由持有一级建造师证书的人员任分部项目经理，主持日常项目管理工作。

总包在项目实施全过程中高度介入、深入参与、严格管控，为分部专心实施精细化施工创造有利平台。总包站在工程全局角度规划和安排总体工作，整合各方资源，避免分部各自为政、重复投入、重复建设，掌控全局进度，对合同管理、工程变更、大额资金支付、大宗材料采购及劳务工程单价等重大事项，统一规划，集中管控，放权定责。

对接市轨道交通公司、项目公司、设计单位、监理单位及属地政府，针对大型复杂工程项目技术复杂、施工难度高的特点，在利用后方公司专家组资源基础上，总包积极拓展社会资源，与国内知名科研院校、社会专业机构建立协作关系，建立“外脑专家库”，提高对分部的技术服务水平。

总包作为集约化管理的中心，是在项目组建之初就逐步形成了自我完善、自我强化的严密监督机制。从项目整体组织架构上讲，总包指挥长是项目经理，分部经理是项目生产副经理。一般情况下，PPP 项目实行“总包→分部→专业班组”三级管理体系；如遇工期、安全、质量等重大或突发事件处理等特殊情况，总包可按照“下管两级”的原则，将管理手段直接深入到“专业班组”一级。

强化总包的管理职责，应在项目实施过程中起主导作用，通过一系列管理手段引领各分部在总包的管控下完成各自的施工任务和经营指标，严格执行“三集中”，即大宗材料集中采购、经济合同集中结算、项目资金集中管理。

总包根据建设单位下达的计划货币工作量，编制劳动竞赛方案，制定节点工期目标，分解货币工作量计划下发给分部，以签订目标责任状的形式约束分部经营管理行为，并对分部的工程实施和资源配置方案提出指导性意见。经过轨道交通 1、2 号线探索实践，PPP 模式下将轨道交通工程总项目部的工作思路确定为“服务、监督、保障、指导”。服务是“先礼”，监督是“后兵”，保障是“平台”，指导是“引领”。

总包通过推行“模块化＋专业化”管理模式，统一施工管理流程及管理制度，整合后形成管理合力，将分部的各项生产经营行为管细管严。总包将项目施工管理分解为技术管理、施工管理、质量管理、经营管理、安全管理、行政综合管理、设备管理、材料管理、人力资源管理、财务管理等十余个标准化管理模块，每个模块细化为若干个子模块及管理单元。将车站工程、区间隧道工程、桥梁工程、铺轨工程、机电工程分解为若干专业化工序。通过模块单元之间的有效衔接形成规范的管理流程，通过编制专业化工序标准工艺工法和执行专业化工序分包，消除施工现场各类安全质量隐患。

以档案资料管理台账化、表格化、模板化、标准化为例。总包按照制度落实、人员落实、资源落实、责任落实的工作原则，建设标准化档案室，以分部内单位工程为单元，编制全部质量保证资料的预立卷目录，用以界定预立卷的范围，然后将预立卷目录印发给各分部，集中收集归档分部合格有效的质检资料和施工组织设计、开工报告、工艺试验总结、专项施工方案、工程照片、施工日志等专项资料原件。逻辑性、数据性错误较多或真实性、及时性、规范性、完整性、准确性无法保证的技术质量档案资料，退回分部限期整改，达到模板化或模块化的要求后再存档。轨道交通工程项目需要进行专家评审的重大施工方案及危险性较大分部分项工程安全专项施工方案较多，总包采取模板化集中编制、内部集中评审、最终报送专家评审的措施，确保各类方案严密规范。

总包统筹在驻地建设、场站建设（桥梁预制场、钢筋加工场、管片预制场及拌和站）、组织机构及企业文化建设等方面，推行标准化管理，通过统一标识规范（Visual Identity，VI）、员工道德与行为规范（Behavior Identity，BI），大力弘扬企业理念（Mind Identity，MI），确保总包与各分部之间统一思想、步调一致，形成管理合力。

4. 分部单位职责

分部对总包负责，在总包的严格管控下完成施工任务和经营指标。分部负责完成各自管段内的征地拆迁、施工组织、安全质量及环保管理，在总包下达的分包指导价的基础上完成内部经营成本控制。

分部作为精细化施工的主体，其主要工作对象放在各自管段内的施工现场进度、安全、质量等方面的管理上。在某种程度上，分部的角色类似于专业化分包商。

8.2.5　管理界面交叉

1. A、B 部分工作界面梳理及分析

鉴于在 PPP 实施过程中，社会投资人中标开展相关工作后项目公司未成立之前，不具备行使独立法人资格，先行由政府方相关单位对 B 部分的前期工程、第三方监测、检测、测量、征地拆迁等相关工作代为实施的，以及 A 部分管理部分项目管理整合委托项目公司代为管理，相关联各方的合同关系及工作流程需要梳理明确，理顺工作关系、界定明确工作职责，实现 PPP 合同履行合规、合法。出现 A、B 部分管理交叉的一个重要原因，即 PPP 合同要履行相关法律程序未能及时签署，项目公司未注册成立，不具备履行相关合同关系的条件。因此，进行 A、B 部分管理权限转移的时间节点应为签署 PPP 合同、项目公司注册成立。双方交接包括：一是政府方先行代管代建的 B 部分项目，主要涉及与产权单位签署的框架协议、施工的现场管理、已完工程的计量支付，第三方监测、检测、测量等服务单位的管理；主要涉及对第三方服务单位的招标采购相关事宜、已签署的服务合同、合同履行过程中的现场管理、已完工作的计量支付，工程保险单位采购；主要涉及对工程保险单位招标采购相关事宜、已签署的服务合同、合同履行过程中的款项支付、已发生的工程保险事项。二是项目公司整合管理 A 部分项目工程监理及相关服务，主要涉及工程监理及相关服务合同约定事项、委托管理协议、管理权限移交、合同履行过程中的现场管理、计量支付。

2. 接口工程或需委托代建工程同期实施

呼和浩特市城市轨道交通的同期实施工程管理统一利用呼和浩特市地铁一号线建设管理有限公司实施工程管理职能，提升管理水平，充分发挥政府投资效益和充分利用代建人的良好管理经验，严格控制项目投资，便于工程总体协调，减少工程接口，确保工程安全、优质、高效的顺利推进，将同期实施部分的工程管理权限委托项目公司进行。同期实施包括：一是新华广场站同期实施部分：包括施工前期准备工程，车站的土建、装修、通风空调系统、给排水及消防系统、动力照明、人防工程、区间联络线等工程（不含轨道工程及系统设备工程）；二是呼和浩特东站同期实施部分：包括施工前期准备工程，车站的土建、人防工程等工程；三是运营控制中心同期实施部分：包括土建工程、装修、通风空调、给排水及消防、动力照明、弱电智能化系统、电力等外部管网接驳、景观及绿化等工程。

8.2.6 管理特点及效果

经过呼和浩特市城市轨道交通1、2号线一期工程PPP项目全寿命周期探索,在“自建+PPP”+“总包+分部”组织模式下,更能适应当前呼和浩特市城市轨道交通工程的建设管理要求,为优化产业布局,提高市属国有企业核心竞争力,推动企业转型升级做出了贡献。

1. 计划超前完成,顺利实现初期运营

从2016年4月开建至2019年底,历时3年9个月,比传统地铁项目工期提前1年多就实现城市轨道交通1号线一期工程开通初期运营,2号线一期工程从2016年9月开工,于2020年10月1日开通初期运营,同样实现了提前完工。主要归功于PPP项目充分引入社会资本方的资金和技术,和政府方优势资源的充分结合,才使得城市轨道交通1号线成为祖国北方草原驶向现代化的“加速器”,开启了内蒙古自治区驶入“地铁时代”的新纪元。PPP项目优势互补与结合,实现进度超前、质量平稳、安全可控、综合管理规范,逐步打造了“政府满意、社会资本方认可”的管理品牌。

2. 节约资本资源,提高公共服务能力

PPP项目的成功实施逐步由传统的实体工程施工转向大型复杂工程总项目部综合运作,破解了大型复杂工程项目管理难题,促进了企业信息化管理的创新,解决了企业对项目给予技术支持、远程服务等问题,提高了企业运行效率,赢得了产业链优势的先机,有效防范了经营风险,政府方更能凸显“以人为本”理念,迅速升级城市公共服务能力,真正意义上实现双赢。

3. 践行社会责任,促进各方和谐发展

PPP大型复杂工程管理,PPP社会资本方为项目建设提供优秀工程人才,解决政府方发展城市轨道交通人才不足问题,同时也促进市属国有企业和社会资本方企业人力资源结构的不断优化,为员工提供了良好的职业发展空间,吸引了大批优秀管理人才加入呼和浩特市城市轨道交通工程。此外,工程建设中吸引了大量农民工就业,轨道交通公司建立健全了农民工工资发放专用账户及相关管理制度,统筹按时足额发放农民工工资,切实维护了农民工的合法权益。在项目实施过程中,公司站在全局的角度,深刻领会市民需要,践行社会责任将工程施工对沿线环境的影响程度降到最低,促进了企业乃至区域和谐发展。

第9章 标准化管理

呼和浩特市城市轨道交通一期工程是内蒙古自治区首个城市轨道交通建设项目，在2016年城市轨道交通1、2号线一期工程开工建设之初，市轨道交通公司就以超前的意识，提出标准化管理的战略思路，确立了标准化管理的战略方案。通过考察学习国内其他城市地铁建设标准化管理成功经验，将标准化工作纳入企业发展战略、经营方针和目标。

为了响应市委市政府号召，保证城市轨道交通1、2号线一期工程保质保量按期完工，实现高标准开通的目标，市轨道交通公司承担建设单位责任，发挥引领作用，在建设管理过程中提出了“推动政府完善地方标准建设；通过建设管理标准化，实现技术、质量以及安全管理标准化，推进人性化服务、精细化管理和标准化施工”的工作方针，从无到有，不断搭建和完善，形成了一套适用于呼和浩特市城市轨道交通工程建设管理标准化体系。本章着重从推动地方标准建设、建设管理标准化体系、质量管理标准化、安全管理标准化四方面进行总结。

9.1 地方标准建设

面对自治区在城市轨道交通方面地方标准建设尚属空白的事实，为了实现呼和浩特市城市轨道交通高标准、高质量开通，高效有序地解决工程建设过程中遇到的安全质量、环境保护、工程档案等多方面管理问题，市轨道交通公司在建设初期按照“有国家、地方标准的执行现有标准；无标准的参考其他省市标准执行，同步申请编制适用于内蒙古自治区当地特点的城市轨道交通地标”的原则开展项目建设，积极对接自治区主管部门，根据地方标准建设需要，梳理出拟编制地方标准清单，结合自治区区域性气候、地质、地方规定和城市轨道交通特点等实际情况，推动地方标准建设完备。

按照呼和浩特市城市轨道交通建设在工程技术资料、BIM全生命周期应用、施工及第三方监测管理、信号系统的互联互通及工程动态验收等方面标准制定的急迫需求，根据项目开展不同阶段的实际需求先后推动了《呼和浩特市轨道交通工程资料管理规程》《城市轨道交通信息模型应用标准》《呼和浩特市城市轨道交通信号系统互联互通标准》3个标准的出台，正在编制《呼和浩特市城市轨道交通工程监测技术规程》《呼和浩特市城市轨道交通工程动态验收技术规范》等地方标准。

9.1.1 工程技术资料管理

为了适应城市轨道交通建设发展的需要，规范呼和浩特市城市轨道交通工程建设中建设、设计、施工、监理等单位工程资料的规范化管理和过程控制，提高工程管理水平、保证工程实体质量，统一轨道交通工程施工质量验收以及工程文件归档的技术要求，建立完整、准确、系统的工程档案，轨道交通公司于2016年立项“呼和浩特市城市轨道交通工程资料管理规程编制专项服务项目”，组织石家庄铁道大学和参与呼和浩特市城市轨道交通工程建设的设计、施工、监理等单位共同编制了《呼和浩特市轨道交通工程资料管理规程》。2018 年 8 月 16 日由内蒙古自治区住房和城乡建设厅批准，成为内蒙古自治区工程建设地方标准，并于 2018 年 10 月 1 日开始正式实施。

《呼和浩特市轨道交通工程资料管理规程》依据国家现行的相关工程建设的法律、法规、规范、标准以及内蒙古自治区、呼和浩特市有关规定，结合呼和浩特市城市轨道交通工程的特点和实际，在广泛调查研究的基础上，汲取了北京、广州、深圳、杭州、青岛、石家庄等多城市轨道交通工程资料管理的实践经验进行编制，考虑了城市轨道交通工程施工管理的现状和发展，并广泛征求了有关参建单位和专家的意见。

本着“结合实际、方便实用、科学管理、注重时效”的指导原则，资料管理规程制定了建设全周期的资料管理流程，划分了工程的各种施工工法，并设计了相应验收表格。为了满足工程资料逐步采用计算机管理的需求，不断提高资料管理工作的质量和水平，形成齐全、完整、准确的电子数据，并逐步实现以电子工程档案代替纸质工程档案发展趋势的需求，编制了管理规程配套软件。配套软件具有自动编号、录入编辑、分类组卷及打印功能，可以实现城市轨道交通工程文件的形成、积累、整理和归档与工程建设进度同步，确保工程档案的完整性、准确性和系统性，真实反映工程建设的全过程，保证其具有有效的查考利用价值和完备的质量责任追溯功能，并按规定进行移交。

在工程标准化管理过程中，工程资料管理规程起到了良好的引领作用，使工程资料编制系统化，施工资料对应现场环环相扣，能准确地反馈现场实际情况，为建设单位对各参建单位日常检查，季度、年度考核，工程验收中内业部分检查和验收提供了标准和依据。解决了工程建设资料因个人理解不同，造成填报要求不统一的问题，通过资料软件和资料编码管理能及时避免报验不及时，避免随意修改、伪造资料的发生，避免了工程技术资料管理混乱和后期竣工资料不能及时验收移交。同时《呼和浩特市轨道交通工程资料管理规程》的编制，为今后内蒙古自治区其他城市轨道交通工程建设提供了规范工程技术资料档案管理的地方标准。

9.1.2 信息模型应用

结合全国其他城市先进轨道交通工程建设经验，轨道交通公司聘请 BIM 总体设计单位，积极推动信息模型（BIM）技术在呼和浩特市城市轨道交通全生命周期的应用，并提出“全面数字化建造、全面 BIM 移交运营”建设标准，建立一体化 BIM 模型。在设计、施工、竣工交付各阶段开展 BIM 应用内容如下。

（1）在总体设计阶段开展：规划控制管理、规划符合性分析、景观效果分析、噪声影响分析、征地拆迁分析、地质使用性分析等工作；初步设计阶段开展控制因素分析、换乘方案模拟、交通疏解、管线改迁模拟、设计方案比选等工作；施工图设计阶段开展设计进度管理、设计质量管理、管线综合设计、材料清单统计等工作。

（2）在前期工程阶段开展：场区布置、安全风险排查、管线迁改路由优化、交通疏解方案优化等工作。

（3）在土建施工阶段开展：风险源分析、可视化安全技术交底、施工步序、质量跟踪等工作。

（4）在装饰装修和设备安装阶段开展：全线推动 BIM 正向设计，解决设计过程中的“错、漏、碰、缺”问题，生成单专业管线施工和二次结构预留墙洞图；解决设备区走廊检修空间不足的弊病；施工单位在设计 BIM 模型基础上进行机电深化设计、装修深化设计、管线预制加工、综合支吊架排布、大型设备运输路径模拟、关键复杂节点施工模拟、工程筹划模拟、管线末端及设备房间优化布置，使 BIM 技术实际指导现场施工。

(5)在竣工交付阶段开展:推动基于 BIM 的数字化移交,构建基于 BIM 的设施设备分类与编码体系,采用四级分类机制(一级为专业,二级为系统,三级为资产,四级为组成设备)的分解结构,打造基于 BIM 的“三码(资产、物资、设备)合一”的编码体系,实现财务、物资、维修等信息化系统的互联互通;对全线具有独立功能的空间(设备房间、管理房间、走廊、公共区块等)进行可视化位置编码,将空间与设备进行绑定,实现双向联动;将资产全生命期信息划分设计、生产、施工安装、建设、运营等不同阶段,由不同的责任主体在不同阶段进行采集,搭建以 BIM 城市轨道交通资产全生命期管理为主线的信息化管控系统,达到“工程建设投产,即可实现资产清晰移交”的先进管理目标,实现基于 BIM 的数字化移交,进行资产运维管理。

通过对全生命周期 BIM 的应用实践,结合现场实际情况,对各阶段 BIM 的应用内容与应用成果进行提炼总结,参考国内外 BIM 标准规范和应用经验,形成 BIM 数据传递、共享、应用体系,在广泛征求各方意见的基础上,编制出了适用于内蒙古自治区的地方标准《城市轨道交通信息模型应用标准》。

相对于现有的国家标准、行业标准、地方标准,《城市轨道交通信息模型应用标准》通过 BIM 应用和云平台的技术的结合,将呼和浩特市城市轨道交通“打造数字运营,云上地铁”,有利于自治区城市轨道交通工程的科学、高效发展,尤其是对运营阶段设施设备的数字化、信息化、可视化管理提供具体指导和要求,促进城市轨道交通的绿色节能发展,引导自治区城市轨道交通工程 BIM 应用的发展战略。

9.1.3　信号系统互联互通

在呼和浩特市城市轨道交通信号系统互联互通工作开展过程中,发现现行多个行业规范,并不能很好地满足呼和浩特市城市轨道交通建设需求。结合本地特点及项目实施经验,需要对现有规范进行针对性补充和细化,具体情况如下(包括但不限于)。

(1)需要增加 ATS 人机界面规范,ATS 站场信息显示根据呼和浩特线路特点及运营需求,通过多次会议评审,形成终版界面规范。界面规范的形成满足了运营各线调度的统一培训以及运营制度的统一编写。

(2)需要统一列车识别号,为跨线运行、共线运营打好基础。既有的互联互通行业规范中未对列车识别号做统一要求,根据呼和浩特市本地运营要求,将线路号、服务号、车次号、目的地号、车组号等列车识别号信息统一,做到规范化调度,统一化运营。

(3)需要细化互通车载人机界面规范,根据项目实际经验,考虑到通信中断的出现频率高于列车完整性丢失出现的频率,所以调整了两图标的位置,使通信中断图标位于更中间位置,便于司机观察。同时将门打开状态显示成绿色,与门允许命令区分,有利于司机识别目前的车门状态。

(4)需要细化互联互通系统设计规范,从线路设计过程把控需求,细化协会规范,增加可实施性,提高系统可靠性,对线路建成后的互联互通运行打下基础。主要有四点内容:

①细化轨旁应答器布置要求:对于非精确停车应答器的安装精度,协会规范中为不大于 ±100 cm;呼和浩特市设计规范中将安装精度提高到 ±50 cm,做到精细化设计,精细化施工。

②细化站台精确停车应答器布置原则:为了提高系统可靠性及运营服务质量,呼和浩特市设计规范中明确要求站台区域用于精确停车的应答器按照首尾冗余布置。

③在协会规范的基础上,呼和浩特市标准细化了对信号设备的命名原则。其中包含的设备有:正线自然站编号、信号机、应答器、计轴、道岔、轨道区段、发车计时器、紧急停车按钮、无人折返按钮、站台门、逻辑区段等。所有信号设备的命名在系统设计中是唯一的、明确的,为信号系统互联互通的功能实现打下基础。

④在协会规范的基础上,标准细化了"移动授权生成原则"。移动授权计算应考虑因素其中包括不限于的因素有进路方向、信号机状态、道岔位置和状态、保护区段状态、前方通信列车位置、前方非通信列车位置、地面 ATP 设备的控制区域边界、轨道末端等。

移动授权的生成应遵循的原则:在 CBTC 模式下,ZC 给 VOBC 发送的移动授权终点是 VOBC 无论如何不能越过的防护点;在点式模式下,VOBC 处理后的移动授权终点是 VOBC 无论如何不能越过的防护点。ZC 计算移动授权时,应针对不同的危险点考虑安全余量。

⑤考虑后续线路互联互通无人驾驶的可能性,《互联互通车载电子地图技术规范》需要基于协会规范,预留统一电子地图,改进车地安全通信协议。呼和浩特市车载电子地图规范采用与全自动驾驶互联互通电子地图相兼容的格式,预留了分相区表、SPKS 表、车库门表、逃生通道表等。同时在呼和浩特市电子地图中单独增加了线路中的停车点列表,扩展了停车点属性,补充了 RSSP-I 参数表,细化说明各种属性是否共存的条件。呼和浩特市电子地图技术规范与工程项目实际结合,更具有可实施性。

为了保证呼和浩特城市轨道交通互联互通线路的整体规划、设计、建设、改造和运营,保证互联互通线路信号业务在列车共线或跨线后能够互联互通,以 1、2 号线一期工程为工程实体依托。2019 年 7 月 18 日,市轨道交通公司组织卡斯柯信号有限公司、交控科技股份有限公司等单位共同编制地方标准《呼和浩特市城市轨道交通信号系统互联互通标准》。2019 年 12 月 10 日内蒙古自治区住房和城乡建设厅发布了内建设〔2019〕206 号文,批准《城市轨道交通基于通信的列车自动控制系统互联互通标准》为内蒙古自治区工程建设地方标准(DBJ/T 03-112—2019),并于 2020 年 2 月 1 日实施。各参编单位均参与了呼和浩特市城市轨道工程的建设,积累了大量翔实的第一手资料,为规程的编制奠定了坚实的数据基础与实践积累,能够保证对现行行业规范部分内容的补充工作有序推进。

呼和浩特市城市轨道交通信号系统互联互通标准通过对行业规范的细化,对实践工程的成果总结、提升,使轨道交通信号系统互联互通工作在当地有更好的适用性标准,有利于呼和浩特市城市轨道交通工程建设更加科学、安全发展,进一步指导呼和浩特市地区乃至自治区内地下空间开发、轨道工程互联互通建设工作的规范运行,引导内蒙古其他城市深入实施互联互通的发展战略。

9.1.4 施工及第三方监测

呼和浩特市位于山前冲洪积平原堆积区,冬季严寒漫长,四季昼夜温差大,地下水渗透系数大。在轨道交通 1、2 号线一期工程施工和第三方监测工作开展过程中,发现现行《城市轨道交通工程监测技术规范》(GB 50911—2013)并不能全面指导呼和浩特市。结合呼和浩特市水文地质、气候特点以及实际施工情况对监测数据进行分析研究,需要对现有规范进行针对性补充和细化。

(1)对呼和浩特市寒冬时期的明挖车站基坑支撑轴力变化和温度变化的对应情况,地表沉降冻胀情况进行归纳总结,在《城市轨道交通工程监测技术规范》给定的监测控制值范围内,再结合实际情况进一步细化;

(2)根据呼和浩特市寒冬结束后的冻融期气候特点,给出合理的基点联测(特别是水准控制点联测)的时机或频率标准;

(3)对进行过冬季施工的盾构区间的监测数据进行充分研究,给出冻融期后跟踪监测的要求;

(4)明挖车站围护结构桩或地下连续墙在开挖过程中大多出现一定的上浮情况,相对于全国其他城市来说出现的概率偏大,因此需要更加深入的进行分析研究,在《城市轨道交通工程监测技术规范》给定的监测控制值范围内再进一步细化,为设计单位提供更加合理的控制值范围,减少不必要的预警。

(5)在实际应用中发现国标规范某些指标需要完善。

①监测点布设方面未提出地下水位孔的布设间距和布设位置要求,需要补充;

②监测控制指标方面未提出地下水位控制值(双控指标:累计变形和速率)的要求,不利于实际监测工作的开展,需要补充;

③轨道交通高架段主要测项的监测控制指标需要补充;

④结合本地气候特点,对悬吊管线的各项监测要求在充分调研、总结归纳后慎重给出,需要补充。

为了使城市轨道交通监测工作在呼和浩特市城市轨道交通有更好的适用性标准,以轨道交通1、2号线一期工程为工程实体依托,通过对实践工程的成果总结、凝练、提升,通过参考现行国家和其他地区标准,2019年5月17日,市轨道交通公司组织内蒙古大学、北京城建勘测设计院有限责任公司等单位共同编制地方标准《呼和浩特市轨道交通工程监测技术规程》,积极地推动了呼和浩特市监测工作地方标准的补充,有利于呼和浩特市城市轨道交通工程建设更加科学、安全发展,进一步指导呼和浩特地区乃至内蒙古自治区内地下空间开发、轨道工程建设等监测工作的规范运行,使工程安全可控,在内蒙古自治区内具有引领示范标杆的作用和意义。

9.1.5 工程动态验收

在城市轨道交通领域,新线移交初期运营前需对各子系统及全系统完成一系列的调试与验收工作,主要包括单系统调试、动车调试、系统联调、试运行、单位工程验收、项目工程验收、竣工验收、初期运营基本条件评审等。其中,调试工作内容主要包括单系统调试,信号、供电等机电设备系统联合调试,调试手段以系统功能验证与确认为主,验收工作则以静态验收及专家评审为主要手段开展。在这些环节当中,缺少动态的、也就是在列车运行状态下的车辆与轨道、供电、桥梁、路基、隧道、通信等系统间的联动功能测试与检验,以及接地性能、电磁辐射、振动噪声等对于环境影响的检测。对于这些方面尤其是轮轨、弓网系统动态检测内容与验收要求的缺失,容易导致一些与行车直接相关的安全隐患和系统间接口匹配问题不易识别,在建设阶段没有及时发现的问题隐患在运营阶段暴露,不仅影响城市轨道交通的运营安全、降低线路的运营品质,同时也将带来巨大的整改难度与经济代价。

目前城市轨道交通缺少动态验收环节,究其原因是动态验收方法与标准的缺失。针对这一不足,交通运输部于2019年初印发了《城市轨道交通初期运营前安全评估技术规范　第1部分:地铁和轻轨》(交办运〔2019〕17号),要求城市轨道交通工程新建项目在开通运营前须依据相关要求完成初期运营前安全评估工作,初期运营前安全评估在原有初期运营基本条件评审以建设竣工静态验收和专家评审为主要手段的基础上,增加了行车相关系统的性能指标检验内容,即轮轨关系与弓网关系检测。但是,对于车辆与隧道、桥梁、路基、通信系统、电磁环境、供电能力之间的动态匹配性能,仍没有相关具体要求。

因此,有必要开展新线动态验收相关研究和标准制定工作,根据设计和相关技术标准在规定速度范围内对系统功能、动态性能和系统状态进行检测,对行车条件下的轨道几何状态、车辆运行状态、弓网匹配关系、限界、桥梁、隧道、车地无线传输、信号、牵引供电性能、振动噪声、电磁辐射等接口关系的匹配性能参数进行全面检测和评价,对于预防新建线路行车安全相关设施设备病害故障,保障新线运营下的安全性和舒适性具有重要意义。

为了更好地对呼和浩特市城市轨道交通新建工程的建设质量进行把控,有力保障新建线路安全、舒适地交付运营,以1、2号线一期工程动态综合检测项目为依托,2019年初,市轨道交通公司组织中国铁道科学研究院集团公司共同编制呼和浩特市地方标准《城市轨道交通工程动态验收技术规范》。

本项标准的研究与制定对于呼和浩特市城市轨道交通工程的发展具有重要意义,使城市轨道交通工程验收工作体系变得更加科学与规范,进一步保证城市轨道交通建设工程质量,能够有效提升呼和浩特市城市轨道交通运营服务品质。

9.2 建设管理标准化体系建设

建设管理的标准化是指在标准化原则的指导下,优化管理组织、管理方法,把建设管理的成功做法和经验,通过在相同或相似管理模块内进行复制,使建设管理实现从粗放式到规范化、流程化、模板化的方式转变。建设管理的标准化,涵盖了从工程准备到竣工全过程管理的标准化。

城市轨道交通是个"大联动机",专业庞杂,其建设管理本身也是一个复杂的系统,建立健全建设管理标准化体系势在必行。呼和浩特市城市轨道交通1、2号线一期工程通过借鉴全国其他先进城市地铁工程建设经验,结合呼和浩特市当地特点和工程实践,不断总结优化,在有限的管理人员情况下,通过简约的管理制度,搭建起了一套有序、高效的建设管理标准化体系。

9.2.1 建设单位标准化体系的建设

建设单位是工程安全质量管理的核心,轨道交通公司安全质量管理标准化体系的建设,在城市轨道交通1、2号线建设安全质量管理过程中起着关键性的作用。

1. 合同明确安全质量目标

在工程立项之初就明确"必保省优,争创国优"的安全质量生产目标,并将其分解后纳入对公司各业务主管部门和参建单位的考核中去,同时在与总承包施工单位PPP合同签订中明确安全质量生产管理的责任和义务,提出创优要求。

2. 设立两级安全质量管理机构,明确分工职责

设立了轨道交通公司和地铁1、2号线建管公司两级安全质量管理组织机构,采取分级管控模式,开展质量安全生产管理工作。分别确立公司安全质量管理监管部门,成立安全质量管理委员会,清晰划分各部门的安全质量生产职责,推进各层级责任体系有效落实,强化红线意识,履行主体责任。

3. 通过制度建设搭建管理体系

轨道交通公司和地铁1、2号线建管公司作为新生企业,各项规章制度从无到有,通过积极推动地方标准和公司规章制度建设,建立健全安全质量管理体系,使公司内部管理形成一个有机的整体,与各建管公司、子公司步调一致、沟通顺畅,与各参建单位统一标准、高效协作,与市各委办局、外部协作单位高效沟通,通过标准化体系建设对各参建单位实现系统性管理。

为充分发挥建设单位在工程建设安全质量管理中的首要责任,通过制度建设明确各参建单位职责,强化落实安全质量责任制,督促、监督各参建单位安全、质量体系高效运行。建立健全双重预防机制,着力构建城市轨道交通工程安全风险管控和隐患排查治理双重预防机制。

建立健全安全生产管理委员会、安全质量管理、安全文明工地标准、开工前条件验收等近百项管理办法,明确开展轨道交通工程关键节点施工前安全核查,强化盾构施工安全风险防控;对参建各方安全质量活动进行检查、监督和指导工作;严格把控危大工程专家评审、开工条件核查、重要部位和关键部位开工条件

核查、首件验收等措施、施工方案及现场准备情况。做到从源头上把控工程的质量和安全；加强突发事件的应急响应管理，检查应急响应预案的演练及突发事件的处理；每月定期（或不定期）对全线进行巡检，发现施工中存在的安全质量问题（或隐患），及时责令整改；每季度组织召开安委会会议，对指挥部上季度质量安全工作进行总结、风险监控中心对上季度风险把控及风险监控平台应用情况进行汇报并对下季度安全质量重点工作进行部署；定期召开各项安全、质量教育培训会议，提高全员安全质量意识；不定期对参建单位内外业安全质量履约情况进行检查考核，促进参建单位安全、质量过程管控能力。

同时，通过工程实践不断优化建设管理办法，做到在确保安全达标、质量合格的前提下，做到项目的综合指标最优，即“安全、质量、工期、功能和成本”的协调统一。

4. 成立技术委员会

为全面提高公司在轨道交通机电设备、土建工程方面的技术论证和技术决策水平，特成立公司技术委员会。技术委员会由公司常务委员会、专业技术委员会及专家顾问委员会组成。委员会主任由公司总经理担任，副主任由分管副总、总工程师担任。

负责对公司较大技术方案的技术可行性进行论证，为公司及管理审批部门提供决策依据，论证结果最终的确定需符合相关管理文件及招标文件约定的条款，并履行相关手续。若技术委员会遇议题存有歧义无法达成共识或技术方案需确定等情况，由技术委员会组织聘请外部专家，进行外部专家技术论证。

负责重大设计变更、重大工程变更的前期技术论证。对公司科研项目进行立项初评审和科研成果内部评审鉴定。对采用新技术、新材料、新工艺、新设备进行技术论证。在地铁建设、运营过程中出现突发事件时，技术委员会成员第一时间赶赴现场并提出应急处理的技术意见和建议。

9.2.2　施工方标准化体系建设

1. 建立健全工程安全质量管理体系

要求总包建设指挥部及标段施工单位在项目组建之初就以《建设工程质量管理条例》《建设工程安全生产管理条例》《建筑施工企业主要负责人、项目负责人和专职安全生产管理人员安全生产管理规定》等法律法规和部门规章要求以及建设单位下发的管理办法为依据，建立健全工程安全质量管理体系，编制相应安全质量标准化管理办法，以制度规范约束，严格落实，实现标准化管理。

设立安全生产管理机构，按规定配备专职安全生产管理人员。建立健全以项目负责人为第一责任人的项目安全生产管理体系和质量保证体系，依法履行质量安全生产职责，实施项目质量安全生产标准化工作。建筑施工项目实行施工总承包的，施工总承包单位对项目安全生产标准化和质量管理标准化工作负总责。施工总承包单位组织专业承包单位等开展项目安全生产标准化和质量管理标准化工作。

2. 强化安全责任落实

建立健全安全生产责任制度，落实全员责任，积极推行班组长安全质量责任，层层签订包保责任状，压实安全质量生产责任，并按要求进行考核。施工总承包的，总承包单位应当与分包单位签订安全生产协议书，明确各自的安全生产职责并加强履约管理。按规定执行建筑施工企业负责人及项目负责人施工现场带班制度。严格落实项目领导“党政同责，一岗双责，齐抓共管，失职追责”的领导责任。要求项目经理和项目书记每周轮流带队对施工现场安全、质量、文明施工进行一次检查，做好率先垂范，强化责任担当。要求项目总工、安全总监、生产经理等相关部门负责人及劳务队现场负责人参与每周检查，落实“管业务必须管安全，管生产必须管安全”，抓好少数关键，落实决策部署。

3. 规范安全风险管控和隐患排查

坚持预防为主，规范安全风险分级评估，做到风险动态管控，全面受控。要求各标段按规定提取和使用安全生产费用。在有较大危险因素的场所和有关设施、设备上，设置明显的安全警示标志。按规定建立健全生产安全事故隐患排查治理制度。每季度对项目安全管理保障体系进行一次自评。每月对生活区、办公区、施工现场进行一次全面的风险辨识评估和隐患排查，规范四级风险评估，更新各类隐患清单和风险库，用以培训教育管理人员和一线作业人员，同时制作成检查用表作为隐患排查的依据，指导现场隐患排查。要求各标段动态跟踪风险控制措施落实情况及风险通过情况，每周例会进行风险管控情况汇报及纠偏。要求各标段积极落实安全风险调度制度，各项目设置安全风险调度岗位，监督、预警、收集、整理、传递风险信息等。要求各标段一、二级风险在施工现场设置危险源告知牌，明确风险管控责任人、风险级别、防范措施等。按规定制定生产安全事故应急救援预案，并定期组织演练。以安全文明施工常态化为目标，强化过程考核，除实行安全一票否决外，加强对施工过程中安全管理的考核，日常检查考核权重占60%，季度考核检查评比权重占40%。

9.2.3 参建单位标准化体系建设

为规范质量管理行为，参与项目建设的有关单位，按照国家规定和项目特点建立健全安全质量管理体系。要求各参建单位紧密围绕全面落实安全质量主体责任工作主线，强化建设单位首要责任、施工单位主体责任，有效布控安全质量防范措施，全体参建单位员工认真落实质量终身责任制，逐步提升管理水平。严格按照国家、自治区、市安全生产、工程质量法律法规和有关文件精神，始终坚持“安全第一、质量至上”的原则，确保工程建设安全质量不留隐患、不留死角。

要求监理单位按规定编制监理规划和监理实施细则，建立健全安全质量监督管控机制。以国家规定和建设单位下发的管理办法为依据，审查施工组织设计中的安全技术措施或专项施工方案，审核各相关单位资质、安全生产许可证、“安管人员”安全生产考核合格证书和特种作业人员操作资格证书并做好记录。按规定对现场实施安全监理。发现安全事故隐患严重且施工单位拒不整改或不停止施工的，应及时向政府主管部门报告。在管理过程中，做好“事前、事中、事后”三控制，对工程安全质量一抓到底，对施工每一道工序做好监督，严格把关按照标准验收，并组织推进工程安全质量标准化，每日形成安全质量管理日报，报建设单位业主代表，定期组织编制施工安全质量总结报告。

建设单位还聘请了第三方检测、测量、监测单位介入整个施工过程，并制定相关管理办法对施工全过程完成监督、检查、校验工作。第三方检测、测量、监测单位根据建设单位要求上报检测、测量、监测方案计划执行工作，并建立相应反馈机制，如有问题第一时间反馈至建设单位主管工程师处，履行相关程序。

通过安全质量管理体系的建立将建设、施工、监理、第三方等参建单位的安全质量保障制度和标准化管理体系有机结合起来，形成一张安全质量管控的大网，把安全质量技术管理牢牢地抓在手心，通过多重管控机制，通过层层监督，责任到人，从根本上杜绝安全质量事故的发生。

9.3 质量管理标准化

呼和浩特市城市轨道交通工程是内蒙古自治区重要的民生工程，轨道交通公司主动践行高质量发展要求，将高质量贯穿到整个建设全生命周期中去，通过质量管理工作，使建设项目科学决策、精心设计、精细施工,确保工程项目的质量,保证投资目标的实现。

按照城市轨道交通工程土建施工质量标准化管理技术指南和公司相关质量管理办法的要求,推动质量行为和实体质量标准化管理。通过合同管理将质量责任落实到各家参建单位,通过质量标准化建设提高管理效率,加强工程建设各环节质量管控,严格落实单位工程验收、项目工程验收和竣工验收制度。通过动态的管理实现质量管理工作的不断改进,通过严要求加大落实力度,努力做到建设工程高质量完工。同时,通过高质量降低了因返工、工期延误而带来的成本,通过高质量提高项目的生产率,为后期的运营创造一个稳定的环境。

9.3.1　材料设备的质量控制

原材料、半成品及设备是构成工程实体的基础,其质量是工程项目实体质量的组成部分,故加强原材料、半成品及设备的质量控制,不仅是保证工程质量的必要条件,也是实现工程项目投资目标和进度目标的前提。对原材料、半成品及设备进行质量控制的主要内容为:控制材料设备性能、标准与设计文件的相符性;控制材料设备各项技术性能指标、检验测试指标与标准要求的相符性;控制材料设备进场验收程序及质量文件资料的齐全程度等。

1. 原材料、半成品及设备招标管理

在招标管理过程中对甲控原材料、半成品及设备招标履行建设单位职责,对招标程序的合法、合规性进行监督,对中标候选厂家的企业资质、质量保证体系和措施、业绩、生产能力、试验检测能力等进行现场实地考察,在同等条件的情况下优先选用大品牌供应商,确保中标供应厂家的供货能力。

2. 对土建和装饰装修材料严格现场管理

严格落实材料进场报验制度,按规定施工单位完成自检和监理单位平行检验,同时聘请第三方检测机构进行现场抽检,对不合格材料严格履行退场程序。对装饰装修材料严格履行封样管理制度;对石材等工程量大、成品质量控制难度大,容易出现色差和规格尺寸不符合设计要求的材料,派驻专业监理工程师进行驻厂监造;地面石材设计规格为 600 mm × 900 mm,墙面干挂瓷砖为 600 mm × 1 200 mm,为了保证墙地对缝和地面石材缝为 2 mm,要求石材厂家将地面石材长宽都减小 1 mm(石材宽长为 599 mm × 899 mm);对大宗材料(如混凝土)管理,实行招标备案制,原则上每个站点配备一主一备两个搅拌站供应。

3. 对于关键设备的质量控制

严格按照机电设备样机验收、出厂验收、设备监制和关键设备到货验收及移交管理办法中相关条款,加强沟通渠道,严格履行样机验收程序,必要时派驻监理单位进行监造,保证设备在正式排产前设计的各项要求落实到位,确保制造的设备原则上是合格的。出厂验收是设备出厂前最后一次验收,且工厂内部具备施工现场所不具备的检测设备和仪器,为了保证设备质量和性能要求,出厂验收时需对设备进行全面的检查和验收,并形成验收报告。

9.3.2　方案管理标准化

1. 施工组织设计(方案)管理

工程项目开工前,根据现行规范标准以及项目施工危险源、施工工艺、作业条件、施工人员素质等情况和工程项目特点编制有针对性、指导性、可操作性的施工组织设计,制订相应的安全技术措施,并完成审批手续。安全技术措施中需明确规定针对危险源的具体防护措施和施工作业安全注意事项。

2. 专项安全技术方案管理

危险性较大的分部分项工程是指建筑工程在施工过程中存在的、可能导致作业人员群死群伤或造成重大不良社会影响的分部分项工程。

严格监督施工单位履行住建部印发的《危险性较大的分部分项工程安全管理规定》(住建部〔2018〕37号令)规定,施工单位在编制施工组织(总)设计的基础上,针对危险性较大的分部分项工程应单独编制专项施工方案。对于超过一定规模的危险性较大的分部分项工程如起重机械、高支模、深基坑等分部分项工程,严格执行施工方案编制、论证及实施等制度。要求业主代表必须参加专项方案专家论证会,严格把控危大工程安全专项施工方案编制、专家论证和审批程序(见图9-3-1)。

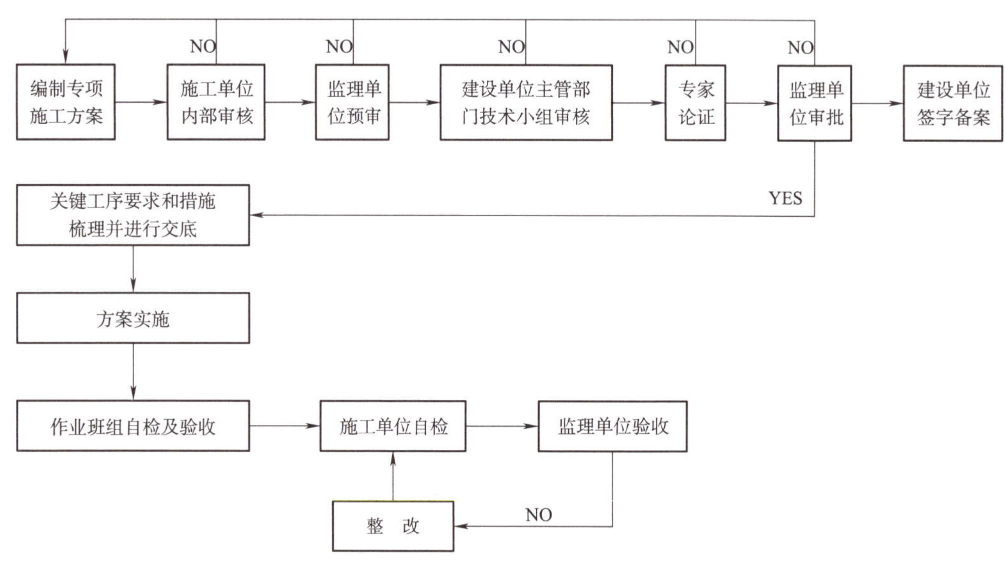

图9-3-1 专项安全技术方案编制和落实流程图

3. 专项方案管理

专项方案(工程)关键工序质量控制与一般工程的关键工序控制因其工程的重要性或产权单位的介入在管理程序上稍有不同。其一,因其方案(工程)的重要性,原则上要编制专项方案,其中对关键工序质量控制措施必须详细描述,并经专家和产权单位的论证通过后方可实施,且在实施过程中除接受政府主管部门、建设、监理监督和管理外,还要接受产权单位的监督(见图9-3-2)。

4. 样板实施方案管理

坚持"高标准起步,高效率推进,高质量达标"的建设要求,轨道交通公司提出"先策划,后实施"质量管理策略。

根据工程建设不同时期的工程进展,结合现场进度编制有针对性的样板实施方案。从施工现场场地布置,临建施工,到主体结构施工、装饰装修及设备安装工程,每道工序都严格按照"样板引路的管理思路,推进标准化施工"。样板示范工程按照采用样板(首件)工序、样板段(样板设备房)、样板站三种形式引入现场,根据样板管理办法编制样板实施方案(见图9-3-3)。

方案编制前施工单位应对众多影响施工安全和质量要素进行调查分析、优选决策和组织协调,通过专项例会和方案研讨的方式研究各种资源配置,选择最优施工方案,并严格按照流程报监理审批,建设单位主管部门备案。样板方案的实施,充分遵循样板引路的宗旨,通过样板工程建设,优化相应施工工艺、工法和材料选择,积累施工经验为后续该工序全面开展打下坚实基础。

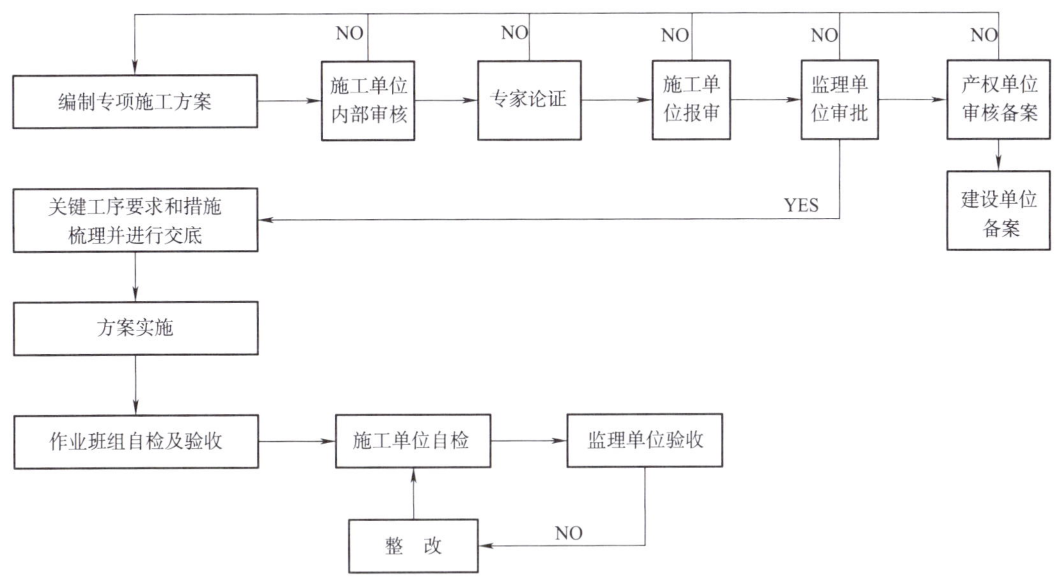

图 9-3-2　专项方案(工程)方案编制和落实流程图

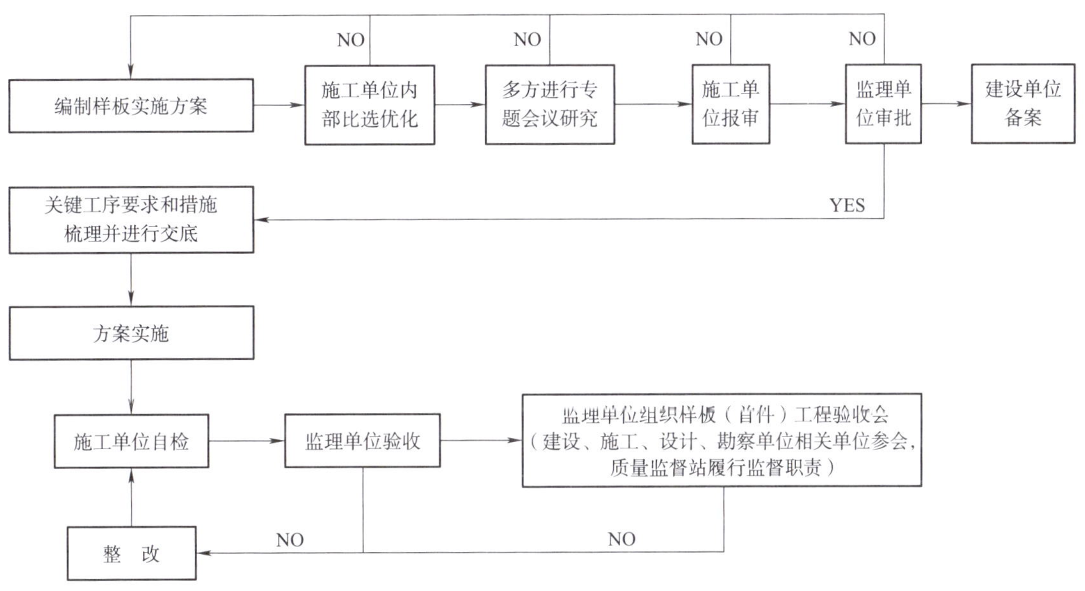

图 9-3-3　样板实施方案编制和落实流程图

9.3.3　施工工序的质量控制

轨道交通公司坚持“强化工程过程控制，始终坚守质量第一”的要求，将质量控制的关键要素具体化、指标化，持续完善工程质量管理监督责任制和工程质量管理控制体系，高度重视质量精细化管理，充分发挥投资效益，提高社会效益，促进工程质量向程序化、标准化、规范化、科学化发展，坚持技术标准，推行质量标准化、样板示范工作，强化现场管理，确保达到工程建设质量管理目标。

质量目标的实现是以各工序质量的实现为基础的，控制工序质量是质量控制的关键。根据现场各方项目管理关系，工序质量的控制按照图 9-3-4 工序质量检验及验收流程图所示的程序执行，对于特殊工艺或引进工艺的施工，还应在专家指导下进行，质量检验工作也在专家的参与下进行。

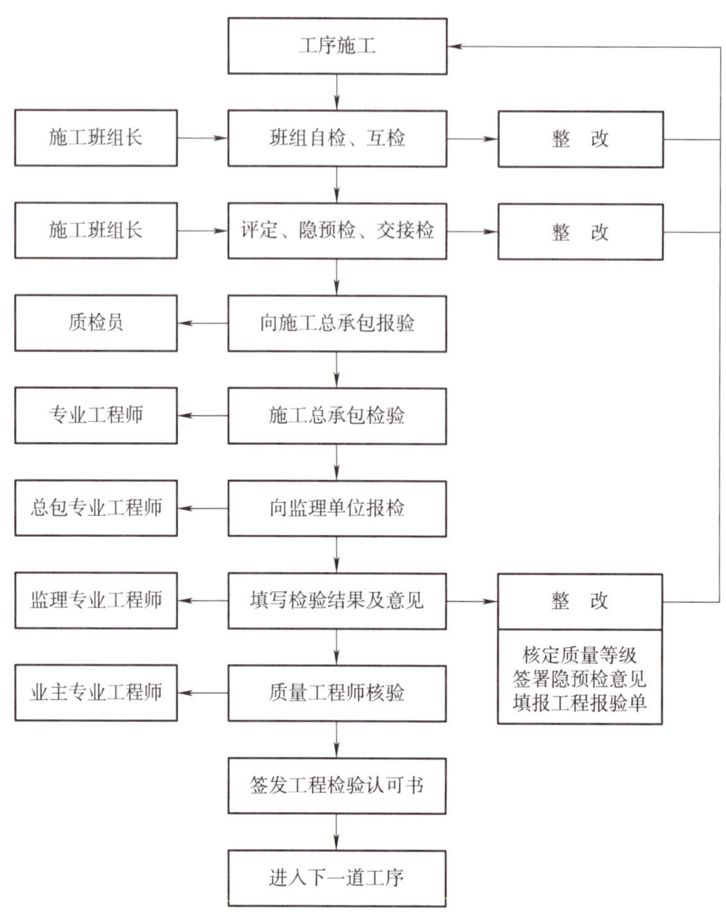

图 9-3-4 工序质量检验及验收流程图

关键工序和关键部位，即关系使用性能、使用安全性，影响工程质量的重点工序、影响工程质量的关键部位。包括：施工工艺有特殊要求或对下道工序有重大影响的工序和部位；质量不稳定，出现质量事故较多的工序和部位；根据工程经验在以往项目调查反馈质量信息，意见较多或意见较突出的工序和部位；项目质量有特殊要求，需重点防护的工序和部位。

1. 统一关键工序施工标准

关键工序，是工程建设过程中需要严密控制的工序。城市轨道交通工程工期紧、任务重，如何有效地控制工程建设质量，减少工程质量通病的发生，规范现场质量标准化建设，提高工程建设技术管理水平，在整个建设管理中尤为重要。为统一关键工序施工标准，由建设单位主导编制了工程质量管理点及控制措施见表 9-3-1。

表 9-3-1 工程质量管理点及控制措施

序号	质量管理点	控制措施
一	土建工程	
1	土方工程	
1.1	基底超挖	根据结构基础图绘制基坑开挖基底标高图，经审核无误方可使用。土方开挖过程中，特别是临近基底时，派专业测量人员控制开挖标高
1.2	基底未保护	基坑开挖后尽量减少对基土的扰动，如基础不能及时施工时，应预留 30 cm 土层不挖，待基础施工时再开挖

续上表

序号	质量管理点	控制措施
2	地下防水	
2.1	空鼓	施工时要严格控制基层含水率;卷材铺贴时,要将空气排除彻底,接缝处应认真操作,使其黏结牢固。对阴阳角、管根等特殊部位,在防水施工前,应做增强处理
2.2	渗漏	卷材末端的收头处理必须用嵌缝膏或其他密封材料封闭;防水层施工完成后,要做好成品保护,并及时按设计要求做保护层

2. 编制过程识别和控制书

开工前,根据站点的水文地质等客观实际情况和设计要求,由业主代表组织施工单位、监理单位研究讨论,根据建设单位制定的工程质量管理点及控制措施,编制适用于本站点各关键工序的过程识别和控制书。明确施工过程流程、需要关注的问题、预防措施和纠正措施,并标明关键过程和特色过程进行重点盯控。图 9-3-5 为土方开挖工程的过程识别与控制书。

过程识别与控制书

土方开挖工程

施工过程流程图	▪定位放线 R、YU → 确定开挖顺序和坡度 → 沿灰线切出槽边轮廓线 → 分段分层开挖 → 降排水 → 放坡、修 → 临时支撑加固 → ▪留出预留土层、清理整平 → 钎探 R → 验槽 R、YIN		
	质量方面	环境方面	安全方面
需要关注的问题	1.基底超挖★　2.基底未保护 3.施工顺序不合理 4.开挖尺寸不足，边坡过陡	土方运输遗洒	避免边坡坍塌
预防措施	1.①根据结构基础图绘制基坑开挖基底标高图，经审核无误方可使用。 ②土方开挖过程中，特别是临近基底时，派专业测量人员控制开挖标高。 2.基坑开挖后尽量减少对基土的扰动，如基础不能及时施工时，应预留 30 cm 土层不挖，待基础施工时再开挖。 3.开挖时应严格按施工方案规定的顺序进行，先从低处开挖，分层分段依次进行，形成一定坡度，以利排水。 4.基底的开挖宽度和坡度，除考虑结构尺寸外，应根据施工实际要求增加工作面宽度	1.运输车辆不超载。 2.现场出口搭设脚手架平台，派专人对运输车辆进行拍打和修整，并加盖好帆布。 3.现场出口设洗车池，每辆车必清洗，池内清水可以作为现场洒水、养护等重复利用。 4.堆在现场的土，应该用绿网式帆布覆盖严密，以防止粉层对大气的污染	1.基坑开挖放坡坡度要严格执行《建筑地基基础工程施工质量验收规范》的相关要求，不得随意放坡。 2.基坑采用护坡时，必须制定经计算分析的可靠护坡锚固方案，并制定护坡专项方案。 3.基坑开挖过程，派专人对基坑的稳定性进行观察，以便有情况及时发现处理。 4.当开挖较深时，应采取措施防止基坑底部土的隆起并避免危害周边环境
纠正措施			

注：▪XXXX——关键过程　◆XXXX——特殊过程　带★的为需要制定纠正措施的方面
R—记录或报告　YIN—隐检　YU—预检

图 9-3-5　土方开挖工程的过程识别与控制书

3. 严格现场质量控制

施工到关键工序时,施工单位应先进行严格的自验,自验合格后报监理单位验收。未经监理单位验收严禁进行下道工序施工,否则监理单位应以书面通知的形式责令施工单位返工。在接到施工单位验收申请后,监理单位应及时进行验收。项目总监(现场负责人)必须到场,对关键工序验收部位进行 100% 检查,验收合格后填写《关键工序检查记录单》上报业主代表备案留查。关键工序实行施工单位技术、质检、试验人员和现场监理工程师跟班作业制度。

4. 严控报检程序,监理工程师严把质量关,加强质检试验工作

严格遵守每一环节每一工序必须报检,资料填写及时、准确,签字手续完善,下道工序施工前,必须在上道工序监理检查合格、签字手续完善后方可进行。严把原材料关、质量关,杜绝不合格材料进场和使用,加大检查频率,加强试验及质检工作。

5. 业主代表做好监督、检查、反馈工作

业主代表负责监督施工单位、监理单位对关键工序检查的执行力度和工作程序，并按关键工序检查分级原则规定、频次进行现场抽查和验收。关键工序现场验收，项目总工必须参加，原则上要求项目经理到场验收，验收过程须留存图片、视频资料。根据检查情况填写《关键工序检查记录单》并归档备案。

业主代表通知建设单位工程管理部验收时，应将各方签字确认的《关键工序检查记录单》及业主代表到场验收照片提前送至建设单位工程管理部。

建设单位工程管理部结合公司日常巡查、工程联查、现场施工样板验收、工程阶段性验收等工作，检查业主代表现场对关键工序检查的组织与管理，及时向公司通报各项目过程关键工序检查的执行情况。

6. 留存关键工序档案资料，便于归纳总结

业主代表要求施工单位、监理单位在常规工程资料之外，单独建立关键工序检查档案，检查档案需分工序、分部位整理成册，便于业主代表抽查。

业主代表按公司档案管理的要求，建立关键工序检查档案保存相关资料。

7. 总结和推广

每一个关键工序完成后，由监理单位组织施工单位进行总结，并形成总结报告，报业主代表审核后，报工程管理部备案。

每月召开一次质量管理工作总结会议，业主代表督促，总监理工程师组织设计、监理、施工、第三方相关人员，结合现场实际情况，针对关键工序现场实际施工质量情况，总结每道工艺具体实施、控制要点，并对实施中的每道环节全程监控。做好从书面控制到现场过程的全方位指导。

在全线首个完成的关键工序、对关键工序各环节控制优秀、现场安全文明施工控制良好的，进行全线表彰，并组织其他施工和监理标段进程观摩学习。实践表明，大力推行关键工序标准化施工有力地促进了呼和浩特市城市轨道交通建设水平稳步提高。

9.3.4 样板工程创建

呼和浩特市城市轨道交通1、2号线一期工程坚持“强化工程过程控制，始终坚守质量第一”的要求，科学提出样板引路的工作理念，从现场临建工程到主体结构各道工序再到机电安装及装饰装修工程，制定以点带面、样板引领的工作理念。

“标准化施工”是“样板引路”开展的必要条件，施工工程中应得到充分重视，呼和浩特市城市轨道交通1、2号线一期工程施工过程中秉承“先样板(首件)，后推广”的施工管理理念，科学有序地推进工程标准化建设。建设单位为了加强现场施工质量管理，强化质量检查程序，以及规范作业人员的质量意识和行为，以达到从施工源头上确保质量目标的实现，在城市轨道交通1、2号线各站点推行地铁施工质量样板体验区和首件验收制度。

施工单位在每个施工标段按标准制作施工质量样板体验区，展示其在本工程所采用的材料及其质量、施工工艺、施工流程、技术水平及施工质量，设置施工质量样板体验区同时也是探索施工技术的一种有效手段。

样板(首件)验收制度是对工程质量管理程序的进一步完善和加强，以样板(首件)的标准在分项工程每一个检验批的施工过程中得以推广，认真落实质量控制程序，实现工序检查和中间验收标准化，统一操作规范和工作原则,从而带动工程整体质量水平的提高。对于涉及结构安全及使用功能的严格执行首件制度,将每一分部工程涉及的所有分项工程的第一个检验批作为样板(首件)验收的对象。

施工单位在样板(首件)工程施工中按照客观规律科学组织施工,积极为施工创造必要条件,保证正确与顺利施工;确保工程质量,缩短工程周期,安全生产,降低物耗;提高施工组织管理整体技术水平,每个分项工程正式施工前,首先由施工单位技术人员对现场施工作业人员进行针对性的技术交底。各分项工程首件开始施工后,监理工程师全程参与施工过程,加强过程控制,保证首件产品能达到验收合格标准。当每个分项工程首件产品施工完毕后,由施工单位项目总工组织自检,自检合格后上报监理工程师申请样板(首件)验收(管理流程见图 9-3-6)。

监理单位负责组织样板(首件)验收、主持召开样板(首件)验收准备及总结会议并参与验收;在施工前、施工中、施工结束后等,全过程履行质量监理职责,在验收过程中进行内业和外业方面的检查并提出指导性建议。

样板(首件)验收小组主要成员由建设、设计、监理、施工单位和政府质量监督部门人员组成,必要时在关键工序验收中聘请行业知名专家。

对于一次性通过验收的首件产品进行会签,并对同一分项其他部位或下一道工序提出施工和指导意见,确保样板引路。

对验收指标不达标的分项首件必须返工,并按参会各方提出的问题逐一进行整改,并对问题产生的原因进行分析,对相应的作业人员进行培训教育,提高其业务水平及质量意识,整改完成后再次组织各方验收,提高产品样板(首件)验收合格率,并形成奖罚机制。

经评审达标的分项首件工程,要严格要求管理人员、施工班组按照确定的施工工艺、施工参数、操作规程组织施工,推动施工过程中切实落实全面质量管理体系、层层分解落实质量目标、细化施工程序,实施工程质量精细化管理,以分项工程优质保证工程整体质量的优质,以达到“先样板(首件),后推广”的施工管理理念。

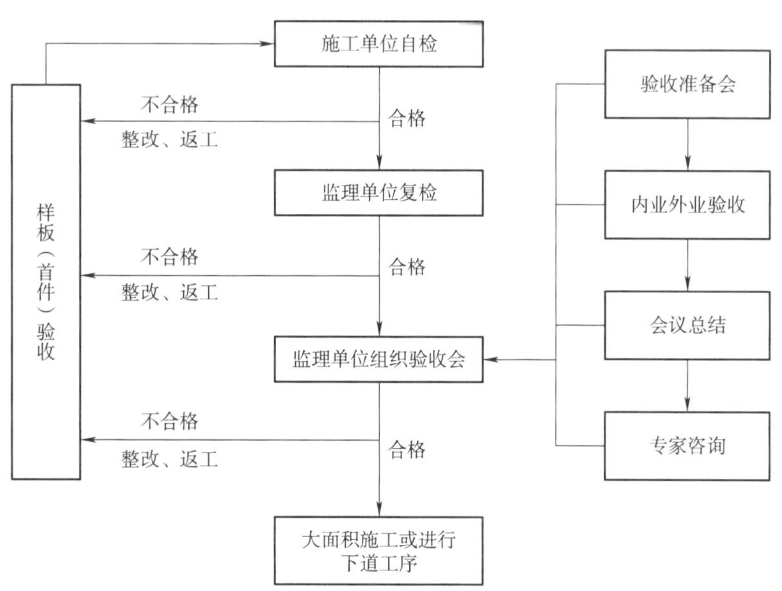

图 9-3-6　样板(首件)验收管理流程图

9.3.5 日常管理标准化

在工程的日常管理中，每一个专业工程师因个人工作经历不同，对规范的理解不同，在管理过程中的管理风格和标准总会不尽相同。为了便于公司对工程的日常管理，并能实现相对统一管理标准，轨道交通公司对工程日常的管理标准进行了统一，也使得各参建单位工作有规可依，不会无所适从，从而提高工作效率。

1. 业主代表管理标准化

结合公司管理办法和其他城市轨道交通管理经验编制业主代表管理手册和工作日志范本，通过业主代表管理手册，更系统的规范建设单位工程管理人员的管理行为，使其规范化、程序化、标准化。

2. 统一年度、季度检查考核标准

为规范城市轨道交通工程质量安全检查工作，提升检查标准化水平，响应住建部对城市轨道交通工程质量安全检查的要求，结合呼和浩特市当地实际情况，参照住建部下发的《城市轨道交通工程质量安全检查指南》（建质〔2016〕173 号）对本单位开展质量安全自查工作的同时，督导勘察、设计、施工、监理等各方主体以及施工图审查、第三方监测、检测等单位同步开展质量安全自查工作。结合建设单位对各参建单位的管理，开展年度和季度的质量安全检查工作，检查结果作为履约管理及评价的依据。

3. 统一工程资料管理标准

为了统一和规范轨道交通工程施工质量验收以及工程文件归档的技术要求，建立完整、准确、系统的工程档案，轨道交通公司组织编制了《呼和浩特市轨道交通工程资料管理规程》。同时将《呼和浩特市轨道交通工程资料管理规程》作为各参建单位季度、年度考核，工程验收中内业部分检查和验收的标准和依据。

4. 统一日常装饰装修机电安装检查验收标准

因装饰装修机电安装工程涉及材料多，施工细节标准多，为统一管理标准和细节要求，通过总结 1 号线管理经验，编制完成了《装饰装修及机电安装检查验收标准》，作为公司内部对装饰装修机电安装工程管理的标准和依据。

5. 引入第三方机构严把质量关

通过公开招标的形式引入第三方质量检测机构，加强质量管控。在施工单位按合同规定完成设计、规范规定的试验检测工作的基础上，建设单位通过招标引入第三方质量检测机构对工程原材料及专项试验检测项目进行检验，从源头把关，加强和规范原材料进场及桩基等质量检测试验工作，对装饰装修材料采用关键材料多重监管的管理策略，确保工程质量。对于城市轨道交通建设工程而言，建筑工程施工质量尤为重要，为此建设单位及时制定下发了土建和站后工程材料监督、检测和现场管理等多个管理办法，明确参建各方主体责任，加强对工程材料的监督管理，明确工程材料采购和使用监督管理内容，规范工程材料采购和使用监管流程，对材料供应商质量保证体系运行的考核，同时要求第三方检测及监理单位做好进场原材料抽检和平行检验工作，杜绝不合格原材料进场使用，有效保障工程质量。

通过公开招标的形式引入第三方测量单位，加强施工控制。参建各方均必须坚持测量复核制，严格执行交接桩制度，强化施工控制测量、细部放样、竣工测量和其他测量等作业基础上，实行第三方测量单位复核制，确保全线建（构）筑物、设备、管线安装按设计要求准确就位。

6. 质量标准化和实体模型展示

（1）质量标准化展示区。按要求每一条线路必须设立至少一个质量标准化展示区，把现场要用到材料、构配件采用标准化样品的形式，综合的展示在质量标准化展示区内供学习参考。用实物样品、图片展示、亲身观摩学习等直观方式，将施工现场常见的质量通病及预防措施、正确施做方法和样品具体化、实物化，让一线作业人员通过视觉、听觉、触觉来寻找自己施工过程中存在的不足，有意识地规范施工行为，增强一线作业人员的质量意识和管理人员的管控意识，以减少或避免质量事故的发生。根据现场施工工艺可调整展示内容，包括工艺展板展示、地连墙施工展示、标准钢筋笼展示、梁柱钢筋节点展示、结构板浇筑标准件展示、模板及脚手架标准化展示等。

（2）实体模型。城市轨道交通建设结构复杂、涉及工艺多、设备多、管线多、专业多，为了让施工管理和作业人员更好地在宏观上了解所从事工程的施工工艺原理、现场设计方案布置，减少返工，通过实体模型模拟直观、形象的展示，让施工人员看懂设计图纸，并形成深刻理解，保证设计效果的实现。

实体模型展示包括车站平剖面模型、地连墙成槽机模型、盾构机模型等。通过实体模型直观、形象地展示，让施工管理和作业人员更好地在宏观上了解所施工工程的各部分组成和位置关系，在工艺上明白各工序施工工作原理，让其“知其然知其所以然”，从而减少施工返工，降低施工成本，提高施工质量。

9.3.6　质量信息标准化管理

随着时代的进步，在城市轨道交通工程质量管理中诸多手段实现了信息化管理。

1. 技术文件和工序管理实现信息化

根据工程施工进展，要求标段施工单位组织召开关键工序专项交底会，业主代表、监理单位参加。通过编制的技术交底和工序过程识别与控制书，对参与建设的每一个现场操作人员进行详细的技术交底，使每个现场操作人员熟悉施工要达到的目的、技术要求、质量标准以及施工工艺，从而确保施工质量。

与时俱进，利用“互联网 +”，实现质量信息化，用二维码为现场管理人员、工人进行交底。项目部提前将工程技术、安全技术、施工工艺等信息制作成二维码，粘贴到工人进场、作业等醒目位置。在施工过程中，现场作业人员只要拿起手机“扫一扫”就能全方位了解各方面信息。要求内容及时更新，做到凡事有人负责，凡事有据可查，凡事都可追溯。

2. BIM 技术的应用

要求标段在项目开工前制定适合本项目的“BIM”信息化管理实施应用策划。实现改变传统建筑业的粗放式管理模式，实现精细化施工。

通过 BIM 各专业深化设计，对各站点进行三维管线综合排布与设备房间优化布置，精准生成墙体预留洞口图、三维管线综合图、各专业平面图、剖面图，在设计阶段消除管线碰撞、预留管线安装空间，保证检修空间，通过 BIM 技术模拟直观、形象的展示，让施工作业人员更好地了解设计意图，从而减少施工返工，降低施工成本，提高施工质量，确保在高强度的建设任务下，高质量、高标准完成施工任务。利用 BIM 模型实现对施工人员工序可视化技术及安全交底。利用 BIM 技术，做好施工质量信息化管理。将施工现场构件的设计参数、预制装配信息、施工进度要求、检验批验收信息、成本信息、施工作业人员、作业时间关联至 BIM 模型，形成全过程数字化技术资料，可以随时进行质量责任追溯。同时基于 BIM 移动端进行现场隐患排查，在三维空间中精准定位至隐患部位，跟踪隐患治理情况。

3. 资产管理标准化

通过信息化管理的手段，将资产信息录入资产管理平台，简化以往资产移交庞大的工作量，提高移交质量和效率。

因城市轨道交通 1 号线一期工程竣工后，资产信息化录入系统才正式启用，后续资产信息化录入过程中各参建单位仍需要集中完成大量审核和信息码粘贴工作。为了提高资产信息化录入效率和准确度，结合BIM和“互联网+”技术可以将设备和管材上粘贴的资产信息码和二维码标识统一起来，实现现场安装和资产信息化录入同步开展，提高工作效率和质量，更便于信息审核工作开展。

9.3.7 预制构件及材料工厂化加工

城市轨道交通建设质量标准高、工程难度大、工程任务重、工期要求紧，老旧的工地化生产模式很难适应现代轨道交通工程建设的需要。因此，轨道交通公司从成立以来积极探索工厂化施工在城市轨道交通建设中的应用，认真研究工厂化对施工现场质量安全管理水平的促进作用，通过同第三方企业合资办理预制加工厂、协调施工单位自建或委托现有工厂加工等多种手段推动工厂化在呼和浩特地铁迅速展开，先后在城市轨道交通1、2号线建设中试验推广了钢筋集中加工、高架U梁生产、隧道管片、装饰装修材料、管材的工厂化施工，获得了第一手的管理经验和相关统计数据，为后期全面推广应用打下了坚实的基础。

1. 工厂化施工的优势

(1)稳定统一质量标准

通过标准化设计、工厂化生产、装配化施工，减少了人工操作和劳动强度，提高了预制构件或材料加工精度，确保了构件质量，从而提高了工程质量。

(2)明显缩短工期

U梁、管片厂内生产和现场组装可同步进行，建造、安装一次完成，相比传统建造方式大大缩短了工期，更能适应目前城市轨道交通对项目工期要求，利于实现投资效益的最大化。

(3)合理的造价控制

实现工厂化加工后，利于资源集中管理和统一调配，可有效降低人员成本、材料损耗、设备成本、管理成本，避免了现场加工在资源调配和管理上的分散性消耗，大幅节约管理成本。

(4)文明工地管理

现场加工场地往往比较简陋，乱摆乱放，文明施工较差。实现工厂化生产，原材料、半成品、成品、废料各功能区分区明确，标识清晰，减少资源、能源消耗，施工扬尘和建筑垃圾大大减少，极大的利于保护环境和现场文明施工管理水平的提高。

2. 工厂化施工在我市城市轨道交通工程的应用情况

呼和浩特市城市轨道交通1、2号线建设中试验推广了钢筋集中加工、高架U梁生产、隧道管片、装饰装修材料、风管水管的工厂化施工，钢筋集中加工、高架U梁生产、隧道管片、装饰装修材料的工厂化加工。虽然在呼和浩特城市轨道交通建设中首次应用，但在其他城市轨道交通建设中已较为普遍，下面只对结合BIM技术的推广和应用实现风管水管工厂化施工的相关内容进行总结。

环控和给排水及消防专业，涉及大量风管和水管，如若按照传统施工工艺，均在现场加工将会占据大量作业空间，将使本就紧张的场区更加混乱。利用BIM技术通过设计建模，在电脑上模拟出所有管线布置路径，并优化出最佳方案，生成BIM管段模型和材料清单，从而实现工厂化预制加工。现场只需按照BIM模型中的定位进行组合安装即可。呼和浩特市城市轨道交通1、2号线站后工程所有风管、水管均采用工厂化加工，其优势体现如下：

(1)减少了现场作业、物料存放，利于工地标准化建设。站后工程专业施工交叉多，站内场区有限，地上工作场地窄小，风管和水管采用工厂化加工后，施工现场减少了备料区、加工区、成品堆放区，同时减少了切割、焊接工艺，避免了管材加工过程中的杂乱现象和对其他专业施工的干扰，提升了工地形象，利于工地标准化管理。

（2）生产设备智能化程度高。工厂加工风管、水管等管材，有利于利用工厂既有智能系统控制设备、高精度大型机床进行折弯、打孔、焊接、喷涂等工艺，提高加工精度、减少原材料的浪费、节约能源等。

（3）提升管材整体质量，减少资源浪费，同时可以大量节约成本。管材采用工厂化订制后，在工厂一次成型，能精确的达到相关技术要求，大幅降低不合格率，使之在现场安装过程中各部件能完美的契合，是现场工人手工加工无法比拟的，使管材整体质量得到大幅提升。同时管材在工厂加工能大量节省管材因分割产生的资源浪费，降低了整体材料费用，同样减少了管材加工的人工成本，可以节约大量资金，让有限的资金用在“刀刃”上。

3. 经验和反思

坚持 BIM 设计工作先行，必须保证 BIM 设计根据现场实际情况封模后，再组织工厂排产，否则 BIM 设计无意义，并起不到作用，出现现场大量管线碰撞、管线排布凌乱、管材浪费等情况。

实现工序化作业，提高现场施工质量，提升现场施工效率。结合 BIM 和“互联网 +”技术，管材在生产过程中，工厂根据 BIM 模型，对每一节管材进行二维码标识，现场施工人员只需扫描二维码可以明确该管材在施工中应安装的位置，只需按顺序安装即可。使原本复杂的工序简单化，大大提升现场施工效率和质量。

随着全国 5G 技术的推广，进入万物互联的时代，各行各业将产生新的变革。公司将积极吸取已实行工厂化加工的项目经验，进一步改进施工工艺，同时探索更多构件的工厂化、预制化的可能，使城市轨道交通建设更高效、更科学、更节约，稳步有序加快推进城市轨道交通工程施工工厂化的步伐。

9.4 安全管理标准化

安全管理标准化是指通过建立安全生产责任制，制定安全管理制度和操作规程，排查治理隐患和监控重大危险源，建立预防机制，规范生产行为，使各生产环节符合有关安全生产法律法规和标准规范的要求，人、机、物、环处于良好的生产状态，并持续改进，不断加强企业安全生产规范化建设。

呼和浩特市城市轨道交通工程在建设过程中不断改善从业人员的工作和生活环境，积极贯彻落实国家、自治区、地方法律法规和有关文件精神，整体达到了安全、优质、高效的建设管理要求，总体上形成安全生产持续稳定和有序可控的格局。

9.4.1 标准化图集的制定

为规范呼和浩特市城市轨道交通工程项目的标准化管理，构建结构清晰、职责分明、内容统一、行为规范的标准化管理体系。按照国家和行业相关规范标准要求，秉持安全、绿色、创新、可持续的发展理念，树立安全发展理念，弘扬生命至上、安全第一的思想，以“依法治安、预防为本、紧盯重特、加强应急"为主线，推动呼和浩特城市轨道交通建设高质量发展，保障城市轨道交通工程项目安全、优质、高效、有序推进，结合其他城市管理经验以及本市特有情况，通过多次调研编制了《呼和浩特市城市轨道交通工程安全文明施工标准化图集》。该图集从安全防护、现场标准化、施工文明形象、信息化监控四个方面全方位地对施工现场标准化建设提出了统一标准。

安全文明施工标准化图集下发后，要求对已开工的工地，各单位按照标准化图集整改；对新开工的工地，开工前，各单位必须根据本图集制定标准化建设方案，建立健全管理机构，配足有关安全、质量、文明施工等专职人员及相应设施，理清管理程序、管理规定，明确建设标准和规模。制订的标准化建设方案应满足地方政府的有关规定、合同要求，在建设过程中必须严格执行。

执行过程中，沿线各标段均能主动担当，承担相应责任，现场执行标准均不低于本图集。积极推行现场安全文明工地标准化建设，施工工艺、工序标准化施工，安全质量管理标准化管理。总结经验，树立典型，组织各标段相互学习参观，以点带线，促进全线标准化工作逐步落实，确保建成精品、优质工程。

9.4.2 市场行为标准化管理

市场行为标准化主要从以下四个方面进行管理：

(1)施工资质、安全生产许可准入管控。在 PPP 社会投资方资质能力合格的基础上，轨道交通公司和 PPP 项目社会投资方达成共识，严格控制各参建标段施工单位必须具备相应资质及安全生产许可，近年来无重大安全责任事故，且资信良好的施工单位。

(2)资质机构与人员管理。进行劳务分包的，分包单位由施工总包全面进行管理，监理单位对分包方资质和资格实施进行审查，并报建设单位备案。标段施工单位安全管理三类人员必须持证上岗，项目负责人、专职安全生产管理人员与办理施工安全监督手续资料一致，人员数量必须按要求配置。

(3)安全生产文明施工。安全生产文明施工实施动态管理，对施工过程不良行为情况建立台账进行考核，奖优罚劣，激励先进。

(4)安全标准化工地达标管理。要求所有参建单位必须达到自治区、市标准化工地建设标准，并进行考核评比，对达标工地进行奖励，对出现不合格的情况跟踪整改，达标后重新组织评定。

9.4.3 现场临建设施标准化管理

1. 管理制度标准化

为了提升施工现场安全管理水平，实现安全标准化管理的任务和目标，应结合相关法律法规，建设单位编制了《呼和浩特市城市轨道交通工程安全文明施工标准化图集》从安全防护、现场标准化、施工文明形象、信息化监控四个方面全方位的对施工现场标准化建设提出了统一标准。

2. 场区布置标准化

各施工单位根据《呼和浩特市城市轨道交通工程安全文明施工标准化图集》及相关规定，编制标准化建设方案，对临建、临水、临电、消防方案以及场区周边规划进行专项布置。经监理审批完成后，报建设单位主管部门审核，并备案。如施工分多期开展，则按期分别报送审批，审批通过后方可实施。通过对标准化建设方案的多重管控，切实满足规范和实际施工使用需要，实现建设单位对现场标准化管理的总体把控。同时在场区布置方面，汲取其他城市地铁施工经验，原则上建议：

(1)市区内标准站场区布置，原则上采用车站长度方向，两侧端头场地 45 m，特殊情况可以根据实际情况适当放宽至 55 m，宽度方向一侧 8 m，另一侧 3 m 的场区布置，既能满足场区必要作业区条件，又不过多地占用市政道路。

(2)在满足场区必要作业区条件下，交通疏解实行“占一还一”原则，确保做到还路于民。

3. 现场管理标准化

施工现场配电箱、临时围挡、永久围挡以及临边防护栏杆，因涉及施工安全且数量巨大，市场上几类产品质量参差不齐，故采取由 1、2 号线总包指挥部按照标准化图集要求集中采购的方式，以保证标准统一，安全美观，并且可利用规模效益，降低采购和物流成本，以达到节约施工措施费用和安全文明施工管理的目的。

现场入口处应设置平面布置图，明确划分办公区、施工区、生活区等，在主要通道设置不同安全警示牌，在危险区域设置标识。根据标准化管理的需要，在施工现场布置视频监控、环保监测采集、人员信息采集和识别系统，以及必要的车辆清洗、降除尘设备。设备、设施、工艺管理的选择和使用应符合国家现行标准要求。

4. 临时设施管理标准化

（1）临时宿舍建设必须满足消防及环保要求，宿舍使用安全电压，室内用品及设施应摆放整齐，食堂、洗浴间等设施应满足要求，现场应配备药箱、绷带等急救器材。

（2）现场各种机械、材料应按照施工平面图布置，不同类别应分区堆放，存放材料场地应平整，现场材料应结合材料特点采取保护措施。设置应急物资库，根据施工方案配备足够的应急物资，以备不时之需。

（3）在沿线各站点围挡醒目部位设置文化墙。文化墙是以倡导文明、宣传公益、绿色环保、宣传城市文化、推动城市品牌建设以及帮助地铁站提升品牌形象为己任，把墙景美化作为支持城市精神文明创建工作的一项行之有效的载体，与改善美化车站内景结合起来，与城市的形象品牌有效融合，描绘和谐、文明、人文、艺术的地铁风景线。

（4）建立民工夜校和图书阅览室，设置座椅、讲台、黑板、图书、照明及消防器材以及电视及播放系统。通过民工夜校，提升施工现场管理人员和劳务作业人员的安全防护意识和安全防护能力，通过对施工现场管理人员和劳务作业人员的安全知识培训，使施工现场管理人员和劳务作业人员了解安全生产、文明施工中应知应会的基本常识和应掌握的基本技能及防护的重点环节，确保安全生产。通过建立图书阅览室，提升施工现场管理人员文化、技术、管理等方面素质，给员工提供一个学习知识、互相交流的空间，帮助年轻管理人员快速成长提高。

5. 安全防护标准化

项目建设中使用的悬挑平台、脚手架及防护网等应按照相关规定进行布设。此外，明挖车站基坑外侧设置防护栏杆进行封闭，高空作业时必须系好安全带。通道口、电梯井口及楼梯口等位置，结合具体情况设置防护栏杆等防护措施，必要时加装安全网，并设置安全标识。必须拆除或改变安全防护设施时，需经施工负责人同意后方可拆除，并提前做好替代安全措施，在作业完成以后立即将安全防护措施恢复。

6. 建设安全体验中心

在建轨道交通线路设立安全体验馆，按“每条线不得少于两个”的要求布设，用实景模拟、图片展示、亲身体验等直观的方式，将施工现场常见的危险源、危险行为与事故类型具体化、实物化，让一线作业人员通过视觉、听觉、触觉来体验施工现场危险行为的发生过程和后果，感受事故发生瞬间的惊险，增强一线作业人员的安全意识和自我保护意识，以减少或避免事故发生。体验内容包括：坠落体验，搬运重块体验，安全帽撞击体验，过电流体验，有毒有害气体逃生体验，安全带使用体验，综合用电体验，VR 体验区等。

轨道交通建设现场安全生产尤为重要，通过新建成的安全体验馆，不仅可以模拟施工现场可能发生的各种安全事故，让体验者亲身体验不安全操作行为带来的危害，也让体验者能熟练掌握安全操作规程以及紧急情况的安全对策，更重要的是促进项目安全生产管理工作，提升了项目安全管理水平。

9.4.4 环保标准化管理

1. 绿色工地建设

(1)现场环境监测

施工现场设置环境监测设备,与环境监测部门同步联网,实时对施工现场扬尘、噪声进行监测。现场配备环保监测LED显示屏,让一线施工人员可以随时了解自身所处施工环境,自觉控制施工扬尘和噪声,同步采取控制措施。同时要求:遇有4级以上大风天气不得进行土方和拆除作业,严禁扬尘和焚烧有害物质;严禁强噪声施工机具和施工工艺造成噪声污染,夜间施工严格按照有关部门的规定执行,特殊情况经有关部门批准后方可进行夜间施工,并公告附近居民取得谅解,有效避免了噪声扰民事件的发生。

(2)场区布置及周边交通安全

地铁沿线各工点施工现场的大门口5 m以内场地和临时道路进行硬化处理。重车行走区域应经实际荷载计算布设钢筋网片,同时提高混凝土标号和厚度。路面不得有沉陷、突起现象,出口处应设置自动洗车槽及高压冲洗设施、三级过滤池,排水设施及储水池循环使用,确保出场车辆清洁,杜绝带泥上路。

围挡外横向30 m,纵向50 m内的道路及交通安全设施,为各单位的文明施工责任范围,各单位应成立专门清洁队伍对围挡及围挡外道路与交通安全设施进行清理。

(3)现场防尘设施

为了防止扬尘污染,保护和改善大气环境质量,根据《中华人民共和国环境保护法》《中华人民共和国大气污染防治法》及各级人民政府有关扬尘防止管理等法律、法规有关规定,要求各施工企业切实加大项目的环境保护、文明施工管理制度;地铁沿线各工程项目部均制订扬尘污染防治实施方案和计划,按照标准化工地要求,对各站点场地内所有外露裸土进行密目网覆盖,存放超过3个月以上的裸土进行植草皮绿化。每个站点均配备洒水车、除尘喷雾车、围挡喷淋、地面清扫车等设备车辆,遇有4级以上风级情况时,停止所有土石方施工作业,对产生扬尘污染的工艺,采取有效措施,最大限度地减少、控制施工产生的扬尘对环境的不利影响,力争达到施工与环境的和谐。

2. 废水、废气、固体废弃物处理

(1)废水处理

积极对接市水务部门,办理相关降排水手续。同时为保护地下水资源,对施工降水产生的排水,采用回灌井补偿到地下水中,部分需要排放的地下水,因水质较好,不会造成污染,同市政公司沟通后直接排入市政雨水管网中。

对基坑周边地面雨水、施工废水,因废水中含有大量泥沙,集中引排至三级沉淀池内,经充分沉淀,部分回收利用,如车辆冲洗、浇灌绿植等,剩余部分排入市政污水管网。

(2)废气处理

建筑工地产生的废气主要为厨房产生的生活废气,为了保证施工人员生活环境清洁,所有工地厨房均采取油烟净化设施,从源头解决生活废气污染问题。

(3)固体废弃物垃圾分类处置

对工程垃圾如石子、土方、建筑垃圾和渣土,按照市委、市政府相关要求,统一采用绿色环保运输车辆清运,采取密闭、覆盖措施,避免泄露、遗洒,并倾卸于规定地点,在后期对弃土场进行绿化处理,防止固体废弃物污染。

为响应国家环保回收再利用的号召,在宿舍区和施工现场设置分类垃圾箱,对生活垃圾进行分类收集,由市政环卫公司统一清运,为施工厂区以及宿舍区营造良好的环境。

9.4.5　操作标准化管理

根据《住房城乡建设部关于印发工程质量安全手册(试行)的通知》(建质〔2018〕95 号)、《住房城乡建设部关于开展工程质量管理标准化工作的通知》(建质〔2017〕242 号)、《城市轨道交通工程土建施工质量标准化管理技术指南》等相关规定和指南,轨道交通公司编制了《重点岗位、重大风险、重要工序应知应会手册》《深基坑施工安全手册》《地铁车站建设工序工艺规范化作业控制要点》等各类安全质量管理制度及办法,明确安全环保责任,简化项目管理事务,通过明确岗位操作的具体内容和风险管控要求,通过手册实现安全管理简单化、卡片化,让现场作业人员更便于掌握相关知识。

通过三级进场教育、班前教育、安全技术交底、安全体验馆、开展应急演练活动等多种教育培训手段,增强其安全质量意识,做到居安思危;增加其安全质量知识,做到应知应会;激发其安全自愿性,提升自主安全、质量管理能力,让安全生产深入人心提供了制度保障。

执行过程中,加强施工人员安全生产的操作管理,达到保证各项操作行为的规范性和施工工序的合理性,更要做好建筑施工现场的监督管理工作,每项施工项目完成后一定要严格检查,反复确认合格后,再进行下一个项目的施工。

9.4.6　风险管控标准化管理

风险管控应包括施工风险源辨识、应急管理、职业病风险防控等 3 项内容。

1. 工程施工风险源辨识

针对轨道交通工程线路长、站点多、各专业交叉作业频繁等施工特点,组织各参建单位并邀请专家全面梳理辨识各施工阶段风险源,形成风险源清单,并按施工进度定期发布月度重大风险点提示。各专业工程根据发布的风险源清单,分别建立安全生产分级管控体系。在完善体系的基础上,将安全管理责任落实纳入日常、月度检查重点内容,督促各参建单位明确各工点风险源清单及管控措施,按照风险动态管控的原则进行安全风险分级管控。严格每日巡查,按责实行分级管控。通过现场问题进行奖惩,提高现场各级人员隐患排查治理主动性。

同时,引进安全风险咨询单位,建立城市轨道交通 1、2 号线一期工程安全风险监控信息管理系统,对工程施工风险源进行辨识,建立健全安全风险管理体系。

2. 应急管理

建立应急管理制度,建设单位建立救援指挥领导小组,建管公司、建设指挥部及施工单位联合成立现场应急指挥中心。同时要求标段施工单位建立以项目经理为首,安全生产经理为主的应急管理小组,进行综合协调和分类管理,明确任务,完善职责,把生产和安全管理结合起来,构建全方位、多层次的应急机制,如遇紧急情况能有效、准确地向建设单位进行汇报。配备充足的应急物资,满足现场应急管理使用需求,并对应急设备进行定期检查维护,以备不时之需。

3. 职业病风险防控

对现场可能的职业病风险进行识别,制定切实有效的职业病防治措施,为现场作业人员配备符合国家标准规定等级的劳动保护用品,防止意外伤害,同时作业人员必须办理意外伤害保险,并定期组织体检。

9.4.7 安全信息标准化管理

建筑安全标准化管理体系在运行过程中需要信息在各层面上进行交流，因此，安全信息管理在建筑安全标准化管理工作中起到了基础作用。

1. 建立安全风险监控和预警体系

通过视频监控系统、风险管控信息化平台、轨行区调度指挥系统（小黄机）等多种方式，对整个作业面进行全覆盖，将信息管理设备延伸到最前沿，以预防为主为目的，统一管理流程，通过动态管理的方式，实时监控和分析及时发现工程建设潜在的安全问题和风险，及时采取相应的措施以避免问题的发生，最大限度地减少安全事件带来的风险和损失，实现安全管理信息化，提高管理效率。

2. BIM 技术应用

按照“样板先行、全线推广”的实施策略，BIM 透过数字信息仿真实际建筑物具有的真实信息，可视化虚拟建筑显示建筑内外部空间格局，达到优化建筑性能设计，对节水节电、安全防护、防污染设备合理布局，有效管控施工工期，降低成本及建材浪费，达到持续发展与节能低碳等全方位效益。

3. 资料管理

为了保证信息的可靠性和系统性，从工程开始就制定出全面的原始记录标准，同时还要制定安全信息分析方法，逐级建立安全资料岗位责任制。施工现场安全资料对着工程项目的进度进行同步收集与整理，一直保存到工程竣工完成。工程安全工作负责人主要负责施工现场安全资料管理工作，施工现场安全资料的收集与整理安排专人负责。

第10章　计划与目标管理

工程计划是确定一个工程项目未来一定时期内工程进度、质量、安全、投资等目标，是实现目标、方案、程序的指南，是工程建设人员组织、指挥施工生产以及实现进度控制的依据。呼和浩特市城市轨道交通1、2号线一期工程始终落实计划先行，通过市城市轨道交通项目建设指挥部的集中调度，推动前期工程的快速实施，实现了施工单位当年进场、当年开工；通过建设单位合理的调查、研讨，优化施工工法及措施，推进了建设计划的有效实施；通过各参建单位的不懈努力、精心组织，保证了各项节点按期完成。1号线历经45个月，2号线历经49个月，如期完成建设并开通试运营，突破了高寒地区大型基础建设工程施工周期长的难题，为北方严寒地区大型基础建设施工提供了宝贵经验。

10.1　计划管理

10.1.1　计划分解

呼和浩特市城市轨道交通项目以实现开通运营为目标，对项目总体建设计划进行分解。按照时间轴线分为年度建设计划、季度计划、月度计划、周计划，形成层次分明、相互关联的计划管理系统，作为项目进度控制的依据。

呼和浩特市城市轨道交通项目按照建设职责不同，由轨道交通公司进行编制整条线路的总体工筹计划、年度计划；总承包指挥部依据轨道交通公司总体工筹计划及年度建设计划分解编制季度计划、月度计划，并上报轨道交通公司审核；监理单位依据轨道交通公司总体工筹计划及年度建设计划协调施工单位、设备供货商等各参建单位细化季度计划、月度计划、周计划，由总监理工程师审核后上报轨道交通公司备案。轨道交通公司工程计划管理部门结合总体工筹计划、年度计划以及实际完成情况对总承包指挥部、监理单位上报计划进行审核修订，下发各参建单位，明确下阶段进度目标。

10.1.2　计划制订原则

城市轨道交通作为城市客运的交通工具，其建设需下穿构(建)筑物及经过各类地下管线等复杂环境，且在建设期内对周边交通环境影响较大。轨道交通公司结合项目特征与线网布设情况，综合评定影响工程建设进度因素。主要有征地拆迁、交通、管线等问题，同时呼和浩特市地处北方严寒地区，其漫长的冬季也是影响工程建设进度的重点。

轨道交通公司结合总体工筹计划以及建设环境实际情况，制订专项计划，推动城市轨道交通项目建设进度。

1. 征地拆迁专项计划

征地拆迁包含永久征地、临时征地以及构(建)筑物征收拆除等工作。轨道交通公司结合轨道交通项目总体建设计划，制定征地拆迁专项计划。专项计划编制遵循以下原则：

(1)保证先开站点的用地计划,为轨道交通项目正式开工奠定基础。

(2)按照前期调查情况,将争议少、征收快的建设用地列入计划,保证轨道交通项目全面开工。

(3)争议多、征地拆迁慢的作为专项计划最后主攻的难点。

2. 交通疏解、管线迁改专项计划

交通疏解包含道路改(扩)建、新修、恢复等工作;管线迁改包含管线迁移、管线悬吊保护、管线回迁等工作。轨道交通公司按照站点开工顺序,遵照“分专业、分节令,统筹作业、永临结合”的原则,制订交通疏解、管线迁改专项计划。

10.1.3 计划管理体系

城市轨道交通项目计划管理以建设单位为主体,始终将计划管理贯穿整个建设过程,协调调动各参建单位。呼和浩特市政府为了推动城市轨道交通1、2号线建设进度,成立了呼和浩特市城市轨道项目建设指挥部,以解决建设过程中存在的问题,计划管理体系见图10-1-1。

(1)市轨道交通项目建设指挥部职责:按照轨道交通项目建设总体建设计划,协调推进前期工程施工,抓好城市轨道交通建设进度。

(2)各区、职能部门职责:按照前期工程专项计划,督促落实完成征地拆迁、交通疏解、管线迁改等各项工作。

(3)建设单位职责:按照轨道交通项目建设总体建设计划协调各方关系,落实城市轨道交通建设各项节点按计划完成。

(4)产权单位职责:按照市轨道交通项目建设指挥部及建设单位要求,遵照各项节点计划完成各自分属专业,为城市轨道交通建设提供作业环境。

(5)监理单位职责:按照建设单位下达建设计划,督促施工单位按节点时间完成。

(6)总承包指挥部职责:按照建设单位下达建设计划,再次细化,指导、督促施工单位落实各项节点,配合协调各参建方。

(7)施工单位职责:落实建设单位及总承包指挥部下发节点计划,配合各产权单位按节点完成前期工程。

(8)其他参与城市轨道交通项目参建单位职责:落实建设单位节点计划,全面配合各方完成计划任务。

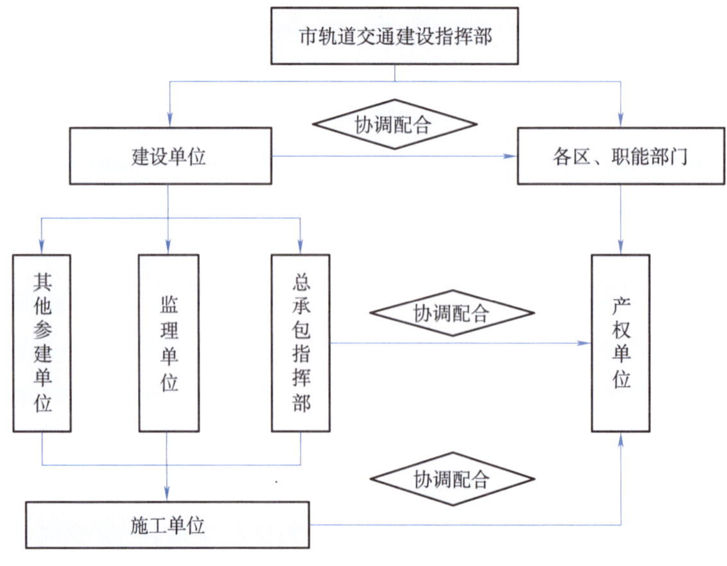

图10-1-1 计划管理体系图

10.2 计划实施

计划是目标，是理论基础，实施是方式方法，是将理论变为现实的工具。实施包括两个环节，即计划行动方案的交底和按计划规定的方法及时按要求展开建设工作。首先要做好计划的交底和落实，包括组织落实、技术和物资等落实。其次，在按计划进行的施工作业中，依靠质量保证体系、推动计划有序执行。统一思想工作体系，加强人员思想教育；依靠组织体系，完善组织机构，全面落实责任制、规章制度等，做好建设工程的各项任务指标。

呼和浩特市城市轨道交通 1、2 号线一期工程建设以计划为指导，针对重难点工作制定专项措施，推动落实计划节点。

10.2.1 成立总体协调调度体系

市政府按照城市轨道交通建设需要，成立轨道交通项目建设指挥部，下设工程建设组、管线迁改组、征地拆迁组、交通疏导组等全面负责协调轨道交通建设中遇到的问题，为推动轨道交通主体工程建设扫清障碍。

轨道交通项目建设指挥部由市分管领导牵头，市各职能部门、各区政府及轨道交通建设主管单位负责人负责制的调度体系，按照职责分工，定期组织调度会议，全面调度各家产权单位，推动前期工作按期完成。

建设单位作为城市轨道交通项目的主体单位，全面协调配合各区、职能部门，推动前期工作，抓好主体工程建设。

10.2.2 特色管理

呼和浩特市城市轨道交通建设依据建设总体计划，分析重难点，梳理卡控点，制定专项措施，推进各项工作按节点实现。

1. 确定实施主体，推动构(建)筑物征拆

城市轨道交通作为大运量的城市交通系统，其建设跨度大，涉及区域广。为了推动征地拆迁工作，按征地拆迁专项计划节点时间完成临时、永久用地及拆迁工作，按期开始城市轨道交通项目建设，制定相应组织措施。

城市轨道交通项目建设指挥部充分调动“主人翁”意识，化整为零，制订“以区为主体”的管理方案，由各区政府自行研究征地拆迁法律、法规的政策指导、宣传，完善征地拆迁安置手续，落实轨道交通项目建设用地及土地储备、征用报批、房屋征收补偿、安置工作。

各区政府按照计划节点时间，成立征拆办公室，及时与轨道交通公司完成用地范围对接，按站点分批次、分类别对各个站点建设用地情况进行梳理。对于用地性质审批简单及用地征拆快的，内部完善手续后，将土地交付与建设单位，开展施工；对于建设用地争议大、征拆困难的，找出原因，制定专项措施。

2. 制定规则，保障交通畅通

城市道路是市民出行必须条件，合理的交通疏解方案是实现建设与市民出行共赢的举措，是实现轨道交通主体工程快速建设的重要手段。

交通疏解方案本着“先修路、再围挡”的原则，以“占一还一”的方式保障道路交通畅通。建设单位、监理

单位、施工单位为了计划的有效实施,提前做足准备工作,一是加强沟通,按照项目建设指挥部工作组分工,由市公安局与交管支队配合完成交通管制,为轨道交通工程建设提供保障。建设单位与施工单位根据计划时间,提前做好沟通工作,完善审批手续;二是做好交通导改指引,按照交通导改计划,提前做好交通导改宣传与交通指示标的安装,实现导改不断路。同时,为了更有效地引导车辆及行人,建设单位增加交通协管员,辅助交通导改的实施;三是“占一还一”,保障道路畅通。为了不影响施工站点交通运行,一切依照先行交通导改,再行车站围挡,由此进行“占一还一”循环施工,推动建设与交通互不影响。

3. 优化资源配置,保障连续作业

鉴于呼和浩特市特殊的地理环境特点,轨道交通公司在组织编制整体建设工期计划时从施工现场施工时间、施工主体及施工措施充分考虑。

(1)合理调整人、材、机投入,延长施工时间。按照建设工期要求,同时轨道交通建设的局限性,施工单位按照建设任务,适时调整施工现场人、材、机的配置,根据气温变化情况实行“两班”或“三班”制的方式,延长施工时间,推动建设计划的实现。

(2)合理编制施工计划,实现主体工程施工的连续性。建设计划的编制考虑呼和浩特市的地理环境特点,按照冬季施工项目与非冬季施工项目进行调整。如受气温影响严重的混凝土工程、砌体工程等要按非冬季施工项目进行编制,从而加快施工进度;开挖工程、拼装工程、安装工程、敷设工程等按照冬季施工项目进行编制,减少因气温低影响施工进度及施工质量,从而实现主体工程连续性施工,推动建设工期提前完成。

(3)合理采取冬季施工措施,确保全年施工不间断。根据建设计划及施工内容,采取保温毯、电阻丝、蒸汽锅炉、搭暖棚等措施,减少外界气温对施工进度及施工质量的影响,从而有效地实现了全年不间断施工。

4. 调整工法及方案,控制建设工期

“工欲善其事,必先利其器”,合理的工法及方案对于工程建设进度能够起到决定性作用。设计阶段选择合理、先进、成熟的工艺,促使建设总体策划的编制更加合理化;施工阶段根据建设总体策划及环境因素,对工艺及方案再次优化,使其更具合理性、可操作性,确保轨道交通建设快速实施。

施工阶段对工法及方案调整,究其原因是环境因素导致设计方案实施有难度,无法按照建设计划执行。在施工单位进场后,再次充分调查周边环境,对工法及方案进行优化,本着合理性、可操作性,选用更加合适的工法及方案,推动建设计划的实现。如地处市中心,无法进行明挖法施工,优化为盖挖法施工,有效推进因场地受限无法进行明挖施工的车站;盾构区间施工由原设计“地连墙+注浆”优化为钢套筒始发、接收,实现了工序提前,有效推动建设计划的完成;联络通道由原设计“旋喷桩”与“素混凝土地连墙+注浆”优化为冷冻法施工,从场地到工序,充分进行了优化,实现地面无扰动,工期快速推进的目标,达到建设工期快速推进。

5. 严格调度制度,压缩协调时间

在建设的不同时期,都有关键的节点工作。对于关键节点需制订更加详细的计划,要实现节点的层级化、细部化。从日计划、周计划、月计划跟踪,推进各项节点目标实现。

为了推动专项计划的有效落实,建设单位、总承包指挥部及施工单位三级公司建立互通调度机构全面进行资源整合优化,施工标段进行包保,全面负责安全、质量、进度,为施工现场做好服务,协调各方关系,督促施工,解决难题,加快施工进度。同时,成立协调小组及项目推进小组,利用信息手段(微信、QQ),成立协调问题上报群、综合联调群、进度推进群等工作群,实现问题的有效反馈、跟踪落实、现场事项的及时处理,共同对施工生产进行统一调度,及时解决施工过程中遇到的各类问题,共同服务于施工现场,齐抓共管推进

施工进度。

同时，根据会议目的，制定两级会议制度：一级会议制度以开通运营为目标，根据工程建设进展由建设单位不定期组织召开；二级会议制度以现场生产保障为目标，由建设单位及总承包指挥部每周组织召开，实现资源整合，避免重复调度。从而达到指令明确、责任到人、落实有力的目的。

6. 承诺工期，签订责任状

建设单位为了明确各个年度建设任务，同时对于上年度计划进行调整的施工单位，在确保呼和浩特市城市轨道交通 1、2 号线一期工程建设总工期的前提下，督促施工单位按时完成年度建设任务，制定相应的奖罚措施，并要求施工单位主管领导参加动员大会，签订工期责任状，将其作为合同的一部分，加强合同的严肃性，对施工单位起到约束工期的作用。

10.3　检 查 管 理

计划落实是一个复杂的动态过程，只有以计划为依据对工程进展情况严格检查，及时获取计划落实情况的各类信息，才能掌握现状、分析现状、纠正偏差，为工程建设进度把好舵。

检查一般包括两个方面，一是检查是否严格执行了计划方案、检查实际条件是否发生了变化、总结成功执行的经验、查明未按计划执行的原因；二是检查计划执行的结果，即施工质量和进度是否达到要求，并对此进行确认。

10.3.1　检查依据

为有效指导我市城市轨道交通工程各项检查工作，科学评价质量安全管理现状，推动建设、勘察、设计、施工、监理以及施工图审查、第三方监测、检测等单位落实工程计划以及质量安全执行情况，提升检查工作标准化水平，专门制定了《呼和浩特市城市轨道交通建设工程安全质量管理办法》《呼和浩特市城市轨道交通安全文明工地标准》《轨道交通建设工程施工测量管理及考核办法》《工程计划工作管理办法》等相关管理办法，作为执行检查的依据。

10.3.2　检查频次

按照检查频次可分为日常巡查、专项检查、季(月)度检查、定期检查、不定期抽查等。

1. 日常巡查

监理单位对照计划，每日对现场施工动态进行检查落实，对施工进度情况及时进行预警。同时，按照监理工作条例，每周组织监理例会，总承包指挥部、施工单位主要人员参会，由总监理工程师对本周现场施工进度、安全、质量进行通报及预警，要求施工单位及时采取措施，改进与解决进度偏差，保证后续计划顺利实施。

2. 专项检查

建设单位工程计划管理部门每月对工程项目施工现场安全、质量、进度落实情况至少进行一次检查，并针对日常巡查中发现的倾向性问题、生产状况较差的工程项目，组织专项检查。专项检查结合工程项目施工状况及进度进行，如沟槽、基坑土方的开挖、脚手架、施工用电、吊装设备专业分包、劳务用工等问题，专业性较强的应由技术负责人组织专业技术人员、专项作业负责人和相关专职部门进行。通过检查对存在问题进行记录，结合现场情况进行分析纠偏，保证后续工序按计划施工。

3. 季(月)度检查

建设单位牵头负责组织检查工作，以季度、月度为周期进行检查，由建设单位工程计划管理部门、监理单位、总承包指挥部、设计单位、施工单位进行联合检查。全线各施工站点逐一进行检查，各参建方主要人员全程参与。

季(月)度检查是对施工单位本月、本季度工作的全面考核，也是对日常巡查及专项检查中发现问题的落实情况的检查，以便掌握情况，合理编制下期计划。

10.3.3 检查内容与方法

1. 检查内容

检查内容重点从工作量的完成情况、工作时间的执行情况、计划与进度的互配情况、上一次检查问题的处理情况进行检查。

2. 检查方法

检查方法按照定期统计总承包指挥部、施工单位的进度计划以及报表，监理单位现场跟踪检查工程建设实际进展情况、监理例会通报工程进度情况以及对现场施工形象进度、安全、质量等进行分组检查，对存在问题进行记录，现场评价计划节点完成情况，同时下发安全、质量问题整改通知单。

通过不同形式的检查统计，及时掌握现场施工进度，利用 Project 软件形成计划全过程跟踪，为真实反映现场进度偏差与对后续工序影响分析及纠偏提供依据。

10.4 考核分析

考核是在检查的基础上，把成功的经验加以肯定，形成标准，作为推广依据，巩固成果，同时采取措施，进行考核和纠正计划执行中的偏差，克服缺点，改正错误。

10.4.1 考核管理

按照呼和浩特市城市轨道交通建设主体合同及市轨道交通项目建设指挥部相关考核管理规定，对参与轨道交通项目的参建各方均纳入考核管理。

1. 市轨道交通项目建设指挥部考核管理

市轨道交通项目建设指挥部全面负责呼和浩特市轨道交通项目的考核管理。按照总体建设计划对各区、职能部门、相关产权单位及轨道交通公司进行考核，适时跟踪进度情况，集思广益，分析影响计划推进滞点。

2. 轨道交通公司考核管理

轨道交通公司全面负责呼和浩特市城市轨道交通1、2号线建设考核管理。按照建设计划协调前期工程涉及各区、职能部门、相关产权单位及对参与轨道交通主体工程的各参建单位进行考核。

轨道交通公司按照 PPP 投资管理及合同主体，成立以建设单位牵头，监理单位、总承包指挥部、设计院、施工标段、第三方检测、第三方监测等参建单位抽调专业工程师配合的方式，全面落实轨道交通工程主体工程施工考核，查进度、查安全、查质量，汇总分析影响轨道交通建设进度节点滞后的原因。

3. 评比与奖惩

(1)前期工程由市轨道交通项目建设指挥部按照相关考核管理规定,进行考核评比。

(2)轨道交通主体工程由轨道交通公司按照考核管理办法及合同主体约定,对各参建单位进行综合评比排名,在全线进行通报表扬并给予前三名相应奖励,后三名给予相应处罚并约谈其公司主管领导。

10.4.2　计划分析纠偏

为了保证工程计划的严肃性,原则上不予调整。建设单位通过每月、季度的检查,及时进行计划对比分析,发现进度偏差。当计划出现偏差时,影响到了关键线路上的关键工序,由建设单位对下月或下季度计划进行调整,同时,要求施工单位针对滞后工点,采取资源调配、工序调整、加强管理等措施,促进滞后工点赶上计划进度,保证调整后的计划按期实现。同时,建设单位对调整后计划重点盯控、指导,保证计划的顺利实施。

10.4.3　考核效果评价

(1)通过考核,发现问题,理清管理思路。在对全线进行综合评比时,不断加强标准化管理的检验标准,同时暴露出管理中的优点与缺点。通过汇总分析每次检查管理中的优缺点、剖析缺点造成因素、探讨避免缺点出现的方法,提高参建人员的管理水平,制定下一阶段重点管理工作,从而督促各参建单位标准化、规范化施工。同时,根据下一阶段重点工作内容,通过组织观摩学习、邀请行业专家授课、制定专项检查等方式,对各参建单位人员进行理论武装、实践考核,从根本上提高各参建单位施工管理水平,确保工程进度、质量、投资可控,保证进度、安全、质量管理目标的实现。

(2)通过考核,提升争先创优的动力。各参建单位通过日常管理、季度考核、年度考核,提升了项目管理水平,为项目建设提供了进度、安全、质量保障,为其公司在当地经营业绩树立了良好形象。对于考核中不达标的监理单位、施工标段,通过约谈其单位主管领导,使其全力配合建设单位共同抓好在建项目管理。

(3)通过考核,总结计划中的不足,及时对计划节点进行纠偏,实时跟踪分析对后期节点的影响,制定专项计划措施,最终形成各项节点全过程跟踪。

第 11 章 工程管控

11.1 前期工程管控

11.1.1 城市管网系统现状特征

管网系统是一个城市基础设施的重要组成部分,在保障人民生活水平和城市发展中起到了举足轻重的作用,是城市正常运行的“生命线”。随着呼和浩特市人口逐渐增多,工商业经济的日益繁荣发展,城市规划进行过多次调整和修编,城市规划的深度和广度得到进一步发展,行政区划随之发生过多次变更,城区建设以老城区为中心,呈圈层式向外发展。但是,呼和浩特市在拓展城市发展空间的进程中,对于城市管网总体规划还是相对滞后,例如,引黄入呼、天然气入呼、电网改造、给排水及集中供热等基础设施建设步伐在2000年以后才不断加快。部分管线因建设年代久远,很多方面不能尽如人意,存在不少问题,比如管网埋设布局较混乱,个别管线线路走向及埋深不详,管网老化,管材相对低劣,管网配件质量差,管网抗压强度低,抗冲击力、抗腐蚀能力差,管线接口技术落后,造成城市管网跑、冒、滴、漏现象较为普遍。

对于城市雨污水管网,个别管线存在就近混接现象,雨水管网排水量增加时,造成污水外溢;对于天然气管网来说,管网规模相对较大,输气管网网络布局复杂,管道在输气运转过程中,具有管道线路长,管道压力大及口径大等特点,管网信息不全,在工艺施工方面,个别管道埋深与竣工资料不符,绝缘防腐做得不好,部分建造年代较久的燃气管网腐蚀及老化严重,并且部分燃气管线与既有弱电管线交叉或平行,安全距离不足;由于历史遗留问题,城市管网建设还未形成整体规划,建设部门众多,各部门管理标准不一,存在分阶段设计、分阶段建设现象,导致各专业管网及专业之间管网在空间布局上相对混乱,管线安全距离不足,城市管线综合图与管网实际布局及埋深不符。城市管网线缆种类繁多,管线产权单位由于人员更换调动或历史遗留问题,对自身的管网资料管理标准不一,管网档案资料管理薄弱,个别管线资料缺失,甚至资料与现场实际不符,特别是部分弱电管线入廊前未与管道产权单位沟通,导致弱电管道的线缆产权归属及线缆走向不明确,甚至部分管线无法找到产权单位,给管线改迁造成了很大的困难。

11.1.2 地铁影响范围改迁管线的特点

由于城市轨道交通工程是线状走向,线路固定、线路里程相对较长,涵盖到城市主中心和郊区,跨涉的行政区域较多,特别对于呼和浩特市城市轨道交通1、2号线一期工程来说,大部分车站、出入口及风亭均采用明挖的方式,对沿线既有管线影响范围较大,涉及的改迁面相对较广,涉及的管线种类也较多,市政管线种类基本都能涉及到,管线改迁社会牵涉面广,制约因素也多,导致整个改迁过程中协调工作量大。因为管线改迁与众多单位或专业有关,形成了众多接口,改迁过程中互相影响,在开挖过程中不可控因素较多,导致其复杂性高于新建工程。特别是在闹市区开展管线改迁工作，管线实际数量、埋深、走向及种类与管网综合图不一致；管线改迁时间跨度长，分别为主体实施阶段管线改迁、附属实施阶段管线改迁及地铁管线引入市政接驳工作阶段；由于改迁的管线 95% 在市区，造成改迁管线地形环境复杂，限制条件多样化，管线改迁的空间较小或不足，甚至有些管线必须采取顶管施工，顶管过程遇到不可控因素较多，比如跨路顶管，遇到人防隧道或其他管线等；大部分需要改迁的管线沿地暗敷，许多地下资料因年久缺失，物探困难，直接影响到管线改迁方案的稳定性；管线改迁过程保护要求高，安全风险较大，尤其是埋深不详、年代久远的高危管线，必须采取人工挖探的方式，特别是燃气管道、电力管道、弱电干线管道或引黄管道，在改迁实施前，必须落实可行的施工方案，有的方案要经过多轮论证。

呼和浩特市气候特点是冬季漫长而寒冷，少雪；夏季短而温热，降水集中。气温日差和年差大，冷暖变化剧烈，降水少且集中，气候干燥，对于热力管道改迁或临时封堵受季节性时限影响，热力管道改迁或临时封堵需要避开供暖期，同时要考虑热力管道注水及放水时间，改迁时段只有 5 个月的时间，热力改迁每年的有效工期较短，区域供暖管网需要提前调查清楚，特别是改迁末端管道时，需要通盘考虑末端管路的扬程和压力。城市地下管网系统数量庞大，管道类型、材质众多，修建年代不同，管道埋深不一，产权归属不统一，个别专业改迁或原位施工工艺要求较高，比如引黄入呼供水管道位于个别车站附属位置上，改迁时限长，如果采取改迁方案，对城市居民供水造成影响涉及范围比较大，通过方案等技术因素比选，采取原位悬吊保护；对于承插管道来说，对沉降非常敏感、管道接口处理工艺技术就要求相对较高、悬吊管道整体均匀受力计算及施工工序卡控要求高。

地铁沿线周边建筑多，环境复杂，限制条件多，许多地下管网物探资料因年代久远缺失，改迁管线材质、直径、埋深、走向与实际不符，特别是管线走线及埋深的判断，直接影响了改迁设计方案和地铁车站主体及附属设计方案的制订，所以需要提前对计划改迁的管线开展现场调研与对接工作。

11.1.3　管线改迁总体思路与原则

1. 管线改迁总体思路

施工单位进场之前，轨道交通公司成立前期管线调研小组，对地铁沿线管线进行详细的现场摸排调查，就遗漏的管线或走向与实际不符的管线进行人工挖探，进一步核实管线的埋深等现状情况，并委托第三方单位对改迁管线开展测量工作，通过测量工作补测到管网综合图上；建立管线改迁台账，同步启动前期管线调研与设计改迁方案的论证研究工作；积极与管线产权单位开展对接，位于主体范围或出入口范围内永久改迁的管线，同步核算车站及附属顶板埋深是否满足永久改迁管线埋深。对不满足埋深的位置，采取车站整体下压或对车站位置进行微调；在不提高管线改迁标准的基础上，管线改迁尽量一步到位，永久改迁难以实施的，采取临时改迁或分期改迁。改迁过程中必要情况下，邀请产权单位参与过程验收；管线改迁工作由总承包单位负责改迁过程中的安全、质量及进度卡控以及外部协调工作，建设单位做好重要节点工期卡控以及改迁过程疑难问题协调和支持，跟踪落实好管线改迁资金拨付工作，并做好改迁验收移交牵头管理工作；同时建设单位安排专职负责人做好地铁施工这项民生工程的宣传工作，地铁施工带来的不便要取得市民谅解。

呼和浩特市地铁车站基坑大部分采用明挖的方式，管迁改迁方案要结合地铁车站及附属平面位置关系、施工工期、施工方案、气候特点、管线改迁时限等多种因素综合考虑，改迁方案需取得产权单位确认，并在产权单位做好方案备案工作。管线改迁时必须满足当地生产、生活需求，以及各类管线正常运行，确保地铁工期不受制约的情况下,综合研究管线改迁施工方案,这样既保证了城市管网的正常运行,又满足了城市轨道交通工程施工工期需求。涉及车站两端头加固区域内,结合场地实际情况,采取改迁或原位加固的方案;区间范围内的管线采取日常监测和巡查的方式,不再考虑改迁,在满足施工需求的前提下,尽量压缩围挡,优化交通疏解方案,合理调整管线改迁路由或出入口位置,附属范围内的管线改迁或回迁到主体顶板上,这样避免了因占地协调延误工期。

2. 管线改迁总体原则

地铁施工影响范围内的管线实施分期设计、分期改迁、分期验收,第一步先研究车站主体及端头加固区域范围内的管线改迁,其次再研究附属施工范围内的管线改迁,改迁实施过程结合车站施工工法及现场实际情况,按永久改迁、临时迁移、原位悬吊保护三种方案考虑,一般不具备原位悬吊保护的,优先考虑一次性永久改迁,一次性永久改迁无法满足产权单位需求的,研究临时改迁出主体施工范围外,主体施工完成后,再回迁到主体顶板上,永久改迁的管线一定要避开附属施工范围,临时改迁的管线要结合附属施工工期,根据现场实际情况,可以临时改迁到附属上,在附属施工前,回迁到主体顶板上。管线改迁方案要综合考虑管线改迁的可行性、工程投资额及实施工期,特别是对于强、弱电干线割接影响范围大,申报、审批时限长及埋深较深的重力流大管径管道尽量采取避让措施或采取军便梁悬吊保护措施。

管线改迁过程要先完成新建管线建设,并投入使用,再对施工有影响的既有管线进行拆除,管线改迁走向力求线性顺直,尽量减少弯头,减少管线之间交叉,特别是燃气管道与强弱电管线之间交叉。主体范围内管线改迁方案要通盘考虑附属施工的影响,尽量不要把主体范围内的管线改迁至附属影响范围内,这样避免了管线多次改迁现象,节约时间和投资;同时车站施工影响范围内的管线改迁,统筹考虑地铁市政管网接驳预留,避免地铁车站市政管线接驳二次大面积路面开挖。各类管线改迁标准尽量做到与原管网资源一致,既不提高标准,也不降低标准,地铁周边环境原因无法满足管线改迁需求的或改迁工期较长,特别是横跨基坑的管线,对管线采取原位悬吊保护方案,这样既保证了管线正常运营,又满足了地铁施工需求。对于弱电既有管网预留资源,基坑回填前,对预留资源同等质量、同等数量进行建设,对于横跨基坑的雨污水管道,考虑改迁难度大,改迁时限长等因素,结合施工工期,采取临时断管封堵,置换倒流或避让措施;对于热力管改迁,尽量避开供暖期,横跨基坑的热力管道,在非供暖期可以考虑临时断管,在供暖注水前对热力管道完成恢复。

11.1.4 前期工程实施与组织管理

1. 前期工程实施

管线改迁从现场实地调研、改迁方案设计论证、产权单位对接工作统一由轨道交通公司协调领导小组负责,正式开工前,所有前期管线改迁设计方案工作基本完成,并完成分阶段改迁设计方案图出图工作。

为了及早启动前期工程管线改迁工作,给地铁工程施工创造良好的开局,地铁施工总承包单位进场前,轨道交通公司积极与各前期管线改迁单位对接,组织各家产权单位召开多轮专题会议,事先与各产权单位签订管线改迁委托框架协议,由产权单位负责落实管线改迁施工单位及材料设备招标采购工作,积极启动预付款支付流程。在施工单位进场前,基本完成了管线改迁施工单位选定及材料设备储备工作,特别是对于改迁及审批时限长、改迁难度大的强弱电工程(110 kV 干线及国防干线),受季节影响的绿迁、热力改迁及污水改迁工程,结合主体施工工期,先行启动进场改迁工作,改迁过程发生的工程量由建设单位、设计单位、监理单位及产权单位相关负责人共同现场确认,形成四方签认单,并留存影像资料,经第三方造价咨询审核后作为进度款计量支付的依据。这一阶段，主要发挥建设单位积极协调，监理单位现场监管，产权单位积极配合的作用。

总承包单位进场前的各类协调管理工作，由轨道交通公司牵头负责，统筹协调设计、监理及产权施工等单位，设计单位负责日常设计巡查，做好管线改迁设计优化工作，监理单位负责管线施工单位进场技术交底工作及产权施工单位日常管理工作，同时负责现场完成工程量确认及影像留存工作。这个阶段的重心工作是落实改迁单位的进场计划，跟踪各施工单位的材料储备情况，协调解决管线改迁单位进场遇到的各类问题。施工总承包单位进场后，根据站线长度及现场实际情况，将地铁施工划分为相应的标段，施工总承包单位负总责，成立管线改迁协调领导小组，负责全线管线改迁推进对接工作，统筹协调各站点管线改迁资源配置工作，负责全线竣工验收及竣工资料申报工作；各标段施工单位负责对接本标段改迁范围内的产权单位及相应的施工单位对接工作，配合监理单位对产权施工单位做好进场管理及技术交底与指导工作，协调解决产权施工单位在施工过程中遇到的各类问题，配合建设单位做好与产权单位对接沟通工作，负责所属站点前期管线改迁安全、进度、质量及计量支付等工作；建设单位做好过程施工监督检查、计量支付等督导工作，组织关联各参建方召开专题会议，协调施工过程遇到的技术、计量、外协等层面的事宜，积极推进前期工程施工进度，厘清各参建单位的合同关系，按计划组织完成前期工程竣工验收及竣工结算工作。在整个管线改迁实施过程，施工总承包单位负责总体把控管线改迁施工进度，对于改迁滞后的管线，总承包单位内部成立专业的管线改迁突击队，开展管线改迁工作，过程验收取得产权等单位认可。

2. 前期工程组织管理

(1)建立行之有效的管理体系及与之配套的管理办法

根据轨道交通工程筹划及前期工程改迁工作任务，同时结合其他地铁城市的管理经验，从与产权单位对接沟通、方案设计及现场管理等角度考虑，轨道交通公司成立了前期工作部、设计管理部及工程管理部，统筹协调推进前期管线改迁工作，各部门联动积极对接配合管线改迁产权单位，组织各产权单位召开专题宣贯会，宣传地铁工程是呼和浩特市一项民生工程，在施工过程中需取得各管线产权单位的支持与配合；同时根据公司内部系统分工，从改迁方案、进场改迁计划及资金拨付计划等方面，与各产权单位积极开展对接工作，并收集好各单位的意见与建议，逐项梳理，落实到责任部门及责任人。结合项目实际及部门职责划分，先后编制了前期工程管理办法、施工现场签证管理办法、前期工程计量支付管理办法、管线改迁工程安全管理办法及应急预案，并编制了前期改迁工程工作流程图及关键事项，落实了具体责任人、责任事项及完成时间。

作为建设单位，依据各部门管理职责及制定的管理办法，明确各参加方的职责范围，理顺了各参建方的工作关系。工程管理部作为现场最直接的管理部门，在施工单位进场后，组织施工单位、设计单位、监理单位、产权等单位召开第一次现场对接会及技术交底会，全程跟踪管线改迁进展，协调解决过程中遇到的各类问题，对产权单位或产权施工单位提出的技术或施工层面的需求积极解答，配合施工单位做好计量支付审核工作。在管理办法实施过程中，根据实际情况，定期对管理办法做好修编工作。

(2)积极开展改迁管线资料的收集及实地调研工作，及早稳定改迁方案

①管线资料收集及管网综合图核实研究

通过对接规划部门及产权单位，收集整理地铁沿线施工影响范围内的管综图、竣工图及技术说明等资料，以管网资料为基础，组织设计、产权等关联单位进行现场调查，必要的情况下，开展挖探工作。分专业进

行统计梳理,做好管材、管径及数量统计,对既有管线综合图进行一次详细的修编,为设计单位开展管线改迁设计工作奠定了很好的基础工作,同时也为施工单位进场改迁挖探,节省了大量时间。

②现状管线调查测绘与稳定改迁方案

通过委托第三方单位,对沿线改迁管线开展测量调查工作,充分收集地铁沿线范围内既有管线测绘资料,并组织专业人员开展专项调查工作,编制调查、探测和测绘实施计划,对调查管线分类整理,安排专人进行统计汇总,做好管线数字化成果分图层存储及绘图工作,同时对既有管网资料进行比对,并对管网综合图进行修正;在管线调查过程中充分发挥各家产权单位现场巡线员作用,巡线员对各家产权单位的实际管网资源数量、走向及历史遗留问题相对比较清楚。

设计单位依据管线综合图及现场挖探调研工作,根据建设单位制订的设计计划,积极开展管线改迁初设工作,经过公司设计管理部组织产权等关联单位,召开多轮改迁设计方案论证会,确定管线改迁路由,管线改迁设计全盘考虑所有涉及的改迁管线,合理布置改迁管线的位置及埋深,尽量避免改迁管线上下重叠或交叉,满足改迁管线线间距要求,特别是强弱电管线之间与燃气管线间的安全距离。通过听取与会各方的意见,对改迁方案进一步优化,组织设计单位、产权单位及公司关联部门对改迁方案进行逐一研究,先出具改迁路由图,具体实施过程中发生的工程量,由施工单位、总包单位、监理单位及建设单位共同确认,形成四方签认单,留存现场影像资料,根据现场实际实施情况,由设计院出具正式施工图,作为过程计量及竣工结算的参考依据。

(3)压实过程管控,调度各方积极参与共同推进管线改迁进度

依据公司部门职能分工,工程管理部负责管线改迁施工单位进场后的过程管理及现场协调工作,要求总包单位协助管线改迁单位做好改迁施工方案编制及合同签订工作,并积极配合管线改迁施工单位做好施工图预算编制工作,报建设单位委托的第三方造价咨询公司进行审核,顺利完成预付款支付流程,这样有效规避了因预付款支付不及时,管线改迁施工单位进场滞后,或者进场后以各种理由未能很好地积极开展改迁工作。管线改迁材料及设备进场后,建设单位工程管理部及时组织监理单位、总包单位、设计单位及造价咨询单位进行材质及型号确认,并建立原材进场台账,按照进场材质与型号,造价咨询单位对进场原材价格开展市场调研及询价工作,为进度款支付及后期竣工结算提供基础性参考数据,同时建设单位委托的第三方造价咨询公司对现场施工进度质量定期跟踪监督。

现场实际完成工程量由参建各方每日进行共同确认,并建立日形象进度台账,留存施工影像资料,给进度款支付与结算过程提供有力证据;针对各管线改迁专业特点,必要的情况下,对重难点改迁管线召开专家论证会。在交通疏解方面,事先进行车站区域范围车流量与人流量统计分析,并用临时水码进行试围挡,现场优化调整倒流方案,进一步优化主体围挡方案,十字路口主体采用盖挖及附属采取局部暗挖,减少管线改迁及交通影响,争取做到既方便现场施工,又能尽量减少交通影响;市政设施改迁方面,对于能利旧的市政设施设备,尽力协调产权单位利旧使用,特别是涉及经济效益的设施类拆迁(例如广告牌),为避免双方在费用补偿上有分歧,进而影响拆迁进度、制约节点工期,引进了第三方资产评估单位,依据国家有关规定,依照法定程序,选择适当的价值类型,运用科学方法,对资产价值进行评定和估算,取得双方认可,缩短谈判时间,节省投资,及早启动征拆工作,避免扯皮、窝工现象发生;在绿植迁移方面,积极与产权单位对接沟通,进一步做好绿植迁移及还绿计划,明确工程量认定原则,产权单位、建设单位、监理单位、土建施工单位各方现场共同确认,形成四方签认单,并留存绿植原貌及改迁过程中的影像资料,监理单位见证产权单位改迁的绿植运距,绿植改迁后的后期养护由产权单位统一负责;强电改迁方面,从设计、施工及材料设备采购均由产

权单位实施，建设单位与产权供电单位签订框架委托协议，由供电单位全权负责电力改迁及临电引入工作，监理单位做好过程质量、进度、安全监督管理工作。强电改迁停电计划或弱电割接断缆申报计划，由施工单位安排专人对接产权单位，根据施工计划和申报流程，安排专人提前做好申报工作；供排水改迁方面，要统筹考虑主体与附属范围内的所有改迁管线，同时综合考虑地铁车站市政管网接驳事宜，合理给地铁管网接驳预留好管网资源，实施前组织产权单位做好既有管网阀门调查与改迁材料储备，为管线改迁割接做好前期调查工作；管线过路采取半幅施工或夜间临时封路施工，大管径给水管(引黄管)供水范围大，停水影响面大，通过专家论证，采取悬吊保护的方案；热力管线改迁，横跨主体及附属的管线尽量研究就地悬吊保护，大管径热力管线利用停暖期进行临时割接封堵，跨路施工工程，考虑管线埋深大，管线存在交叉，土方开挖量大，对交通影响期长，研究顶管施工，在停暖期加快主体施工，供暖注水前恢复热力管道，在施工过程中尽力减少弯头，避免末端供暖压力不足，影响用户使用；燃气改迁设计与施工由产权单位实施，由于燃气改迁的特殊性，委托有资质的燃气监理工程师进行现场监理，燃气切割要避开用气高峰期，改迁既有管道采用氮气置换处理，避免发生安全事故。

在各类管线改迁及市政设施迁移施工过程中，组织关联各方落实对已拆迁设施、设备数量的共同确认及后期保管与恢复事宜，对于可以利旧的市政设施，在拆迁过程中，关联各方共同确认改迁设备、设施的数量，并留存现状影像，落实保管单位，便于资产管理具有追溯性。日常工程量核定过程中，严格按合同的原则与内容执行，特别是注意增减工程量的签证工作；为保证隐蔽工程的及时准确签证，在改迁施工过程中，施工单位现场技术人员要做好跟班作业，监理单位专业监理工程师要做好全程旁站工作，基坑回填前，组织监理及造价咨询单位进行隐蔽工程量验收，并留存影像资料，全面掌握工程实况。现场工程量签认单要求承包单位编号报审，建设单位工程管理部对现场工程量签认单做好归档管理工作，避免添加涂改或重复签证等现象发生。

前期工程施工阶段是实现工程造价有效控制的关键。通过委托工程造价咨询公司参与工程量及价款过程审核，有效防止施工单位巧立名目，以少报多。在前期管迁日常管理过程中，造价咨询单位依据施工合同、设计图纸、现场签认及形象进度，结合造价工程师的日常巡检，对工程计量进行逐项审核，充分核实，客观公正的出具工程预付款审核报告及竣工结算报告。在主材价格的审定方面，首先参照政府权威部门定期发布的材料信息价，超出信息价比较大的及信息价缺失的部分，造价咨询单位应通过市场调查、询价，再经分析比较后确定(留有书面记录以备核查)。材料的出厂价与进入流通领域的价格肯定不同，但它有一定的幅度，差距不能太大，造价单位在询价过程中，严格做到货比三家，得出一个比较符合实际的材料价格，并做好相关记录。前期工程预算作为合同计价的依据，是整个前期工程造价控制的核心内容，预算编制一定要符合合同文件的要求，每一个子目的工作内容与工作要求应表述准确与完整，应做到不多算、不少算、不漏项、不留缺口，并尽可能减少暂定项目，以防止日后的工程造价追加。前期改迁工程设备材料费用一般占总价60%~70%，此项审查是重点中的重点。承包方提供的订货合同、材料发票价格与当时市场价格不吻合的，进行市场调研，认真审核材料价格的真实性、合理性。严格落实前期工程改迁定额套用的审核，工程定额具有科学性、权威性、稳定性与时效性，其形式、内容和标准不能随意提高和降低，首先看使用何种定额，然后逐个核对子项，看是否与定额一致，对混套的定额坚决予以纠正。

在管线改迁施工过程中，为了防止因地面沉降或塌陷，引起管线破坏，在前期工程管理方面，根据前期现场管线调查资料，以及管线的重要性、修建年代、类型、材质、管径、接口形式、埋设方式、使用状况以及与工程的空间位置关系，通过委托有资质的监测单位对沿线影响范围内管线进行全过程跟踪监测，防止因地面沉陷造成的管线破坏，带来一定的经济损失或社会影响。同时为了顺利完成前期工程竣工验收及报规，委托第三方测绘单位在管线改迁完成后、土方回填前对改迁管线进行跟踪测量，实测各种管线起点、转折点、分支点、交叉点、变坡点中心以及每个检查井中心，实测其管径结构尺寸管底和管外顶的高程，利用测绘数据，可以比对核算原设计与实际施工的量差，准确核算实际完成工程量，为竣工验收和结算以及改迁管线资料报送市规划局提供完备的基础资料。

(4)提前做好前期工程跟踪评审各项准备工作

相关部门提前做好前期工程跟踪评审的各项准备工作，做好现场影像资料的收集、整理归档工作，重点收集整理项目立项及批复文件、招标文件、中标通知书、施工合同、补充协议、图纸会审记录、变更资料、现场签证单、隐蔽工程验收资料、施工图、竣工图、竣工验收报告等资料。前期工程据实结算，首先应该对竣工工程内容是否符合合同条件要求，工程是否竣工验收合格进行研判，只有按合同要求完成全部工程并验收合格才能计列各方面竣工结算；其次，应按合同约定的结算方法、计价规范、取费标准、主材价格等，对工程竣工结算进行审核，按图核实工程数量，竣工结算的工程量应依据竣工图、设计变更单和现场签证等进行核算，并按计算规则计算工程量。

11.2 设备采购

11.2.1 概　　述

呼和浩特市城市轨道交通1、2号线设备主要分为车辆及工艺设备、系统设备、机电设备三大类，在初步设计文件中对各类设备的功能做出了要求，需要通过设备采购工作选择到符合初步设计方案的各种设备。

设备采购包含了用户需求书编制、设备招标及合同谈判、设计联络及工厂验收等一系列工作。建设单位应建立相应规章制度、明确各部门分工界面、制订合理的设备采购计划，在各阶段工作中确保设备采购工作的顺利开展。

11.2.2 用户需求书编制

用户需求书包含工程概况、工程范围、执行规范及标准、技术条款要求、设计联络(含技术文件及图纸交接)、供货及验收、检验和试验方法、工程施工、设备材料提供界面及接口要求、项目管理实施方案及技术服务、质量保证措施、培训等售后服务内容，对设备功能要求、设备技术参数、设备数量清单等内容进行了具体的设计，为各类设备选型及后续工作提供了依据。

根据《呼和浩特市城市轨道交通建设管理有限责任公司用户需求书编制、审核管理办法》要求用户需求书分为初稿、修正稿、会审稿、定稿、发售稿五个阶段进行编制工作。业务主管部门按照管理办法负责组织用户需求书的公司内部审查和外部专家评审并形成审核意见。设计单位根据审核意见编制及修订用户需求书，编制过程要形成过程控制文件。图11-2-1为用户需求书编制、审核管理流程图。

在用户需求书编制过程中需要重点关注以下几点：第一，避免出现设备技术参数为落后的技术参数；第二，坚决避免出现技术指标是单一厂家的特有技术参数，至少保证大于三家；第三，使用国家或行业已颁布通用技术标准的系统设备，如果使用的产品没有通用标准，则必须在用户需求书中要求做通用接口测试，避免出现唯一性产品;第四,严格审查设计总体单位的《系统接口汇编文件》,避免出现需要的设备间接口没有在招标前提出,接口内容的遗漏会对后续工程实施造成不可估量的损失;第五,明确施工单位与设备供应商、设备供应商之间的分工界面,任何分工界面的不清晰在实施过程中都会对工程进度造成极大的影响和经济的损失。

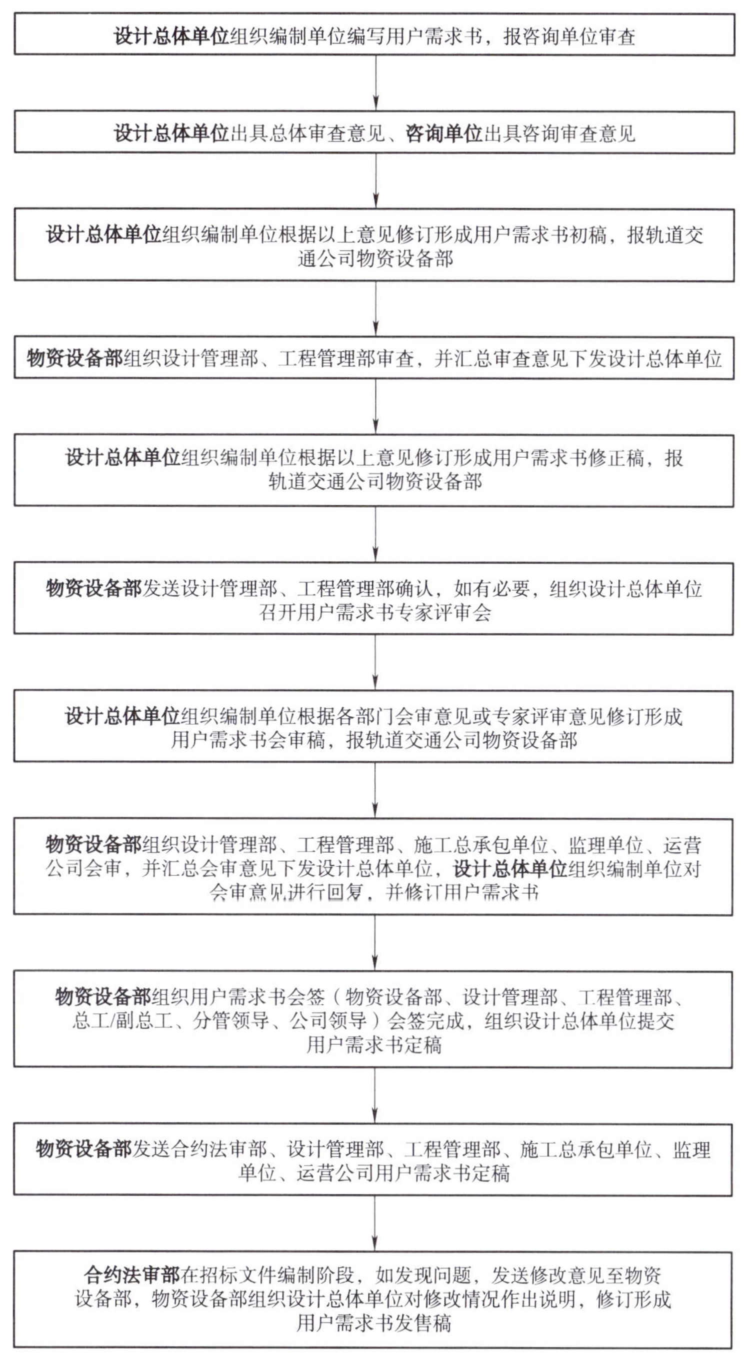

图 11-2-1　用户需求书编制、审核管理流程图

11.2.3　设备招标及合同谈判

设备招标工作均由呼和浩特市地铁 1、2 号线建管公司合同预算部牵头,负责与招标代理及市主管部门

进行工作对接、组织编制招标文件。招标文件要经过招标领导小组会议通过才能形成发售稿进行挂网招标工作。中标通知书发送后，合同预算部组织财务部及相关部门与中标人进行合同谈判工作。在合同谈判工作中需要重点关注以下几点：第一，审核投标文件中所有必答项，找出投标文件中的所有负偏离项目，修正为满足要求项目；第二，对投标人存疑项目进行解答并形成书面文件，文件中坚决不允许出现负偏离项目；第三，技术类问题可作为开口项，在设计联络阶段解决，设计联络会议纪要视同合同；第四，合同谈判中所有提及的内容均以书面形式纳入会议纪要，会议纪要由参会各方签字确认。

11.2.4 设计联络

设计联络阶段是呼和浩特市城市轨道交通建设中各设备系统从设计方案向产品或者实施方案转化过程中的关键环节，是物资设备采购合同执行的先期阶段，是合同双方及设计单位、施工单位、监理单位之间的沟通、联络过程。为进一步规范设计联络阶段的实施行为，提高项目管理的工作效率，使建设单位、设计单位、咨询单位、设备供应商、施工单位、监理单位等项目参与方之间的设计联络工作制度化、规范化、标准化，保证设备质量、避免接口遗漏、降低工程风险，明确设计联络各环节中，与会各方的相关工作内容及要求。

11.2.5 出厂验收

出厂验收是在厂家完成设备生产，准备出厂时进行的。一般由监理工程师主持，建设单位、运营单位、设计单位、施工单位、设备供应商等参加，主要目的是以抽检形式检查批量生产设备的各项性能指标、生产质量记录、外购件质保证明、外观是否符合国家有关标准、规范与合同的要求，确定设备是否能出厂。验收内容包括但不限于：现场外观检查、资料审查、例行试验、搬运与包装情况检查、功能检查等。

11.3 工程施工管控

11.3.1 工程施工单元策划

呼和浩特市城市轨道交通1、2线一期工程是政府和社会资本合作(PPP项目)项目，1、2号线根据PPP合同成立相应项目公司，但因管理层级过多、人员来自不同的单位，造成管理程序及管理难度较大。为了更好地对轨道交通建设进行统筹管理，在初步设计完成之后由轨道交通公司会同相关单位编制了《工程总体筹划》，对工程总目标及里程碑目标、前期工程实施模式、安全质量管理目标等进行综合性的规划和安排。

工程启动之初，建设单位对施工标段划分进行了精心策划，以方便管理及与地方相关单位的协调。1、2号线施工标段划分，首先规模要适当，一个标段基本控制在三站三区间，投资规模平均在6亿~8亿元；其次施工标段划分要和监理标段的监理范围结合，避免出现一个施工标段对应两个以上的监理单位管理，减少交叉管理；第三，施工标段划分，要尽量避免跨行政区划，减少外部因素对施工的干扰。

呼和浩特市城市轨道交通工程建设之初，建设单位联合总承包指挥部对拟中标的标段施工单位要进行业绩考察，优先选择实力强、有轨道交通建设业绩、履行合同好的大型企业，发挥其资本优势、管理优势、经验优势，为后续的顺利施工奠定良好基础。

11.3.2　工程施工管理

呼和浩特市城市轨道交通 1、2 号线一期工程建设期间，土建、装饰装修、设备安装、系统、轨道等工程共划分了 30 个施工标段，15 个监理标段。如此庞大的工程，对建设单位的统筹协调及组织管理能力均有极高要求。1、2 号线一期工程建设从征地拆迁、前期工程实施、主体工程开工、洞通、轨通、电通、联调联试、试运行、政府专项验收、初期运营等历经艰辛，同时也凝聚了各参建单位共同的心血。在此期间，由于是 PPP 项目，管理界面复杂，不可避免地存在各方管理理念的碰撞，但大家求同存异，始终坚持轨道交通公司的统领作用，建管公司主导作用及总包指挥部的执行作用，经过磨合形成一系列行之有效的管理措施。

1. 组织与团队管理

(1)各方组织管理优势

市轨道交通公司作为市政府的代表，全面统领轨道交通的建设，在工程建设期间，按建设需求在日常管理中统一思想、统一意志、统一行动，使管理环节上下顺畅。建管公司作为各方投资人代表，整合双方派驻人员思想，充分发挥双方管理人员优势，履行好作为社会投资人的建设主导作用并承担建设主体责任。总包指挥部作为施工企业代表，应充分发挥大型企业的管理能力，执行好过程建设目标，在项目实施全过程中全面介入、深入参与、严格管控，在进度、安全环保、质量、投资等方面实施精细化管理。

(2)团队及人员管理

城市轨道交通工程不同于一般的市政工程项目，轨道交通工程涉及专业多、范围广，地下未知风险大，工程建设规模及投资大，建设过程中受市民关注非常高，社会影响特别大。因此，轨道交通建设最重要的事情就是做好管理。所有的管理工作最后都会归结于“人”的管理，因此在项目筹划之初就要做好人力资源的规划，紧紧围绕“做好事先管好人”的管理思路，发挥出所有参建单位管理人员的能动性，用其所长，避其所短。这就要求施工管理人员要具有丰富的轨道交通建设管理经验，不断提升工程建设管理水平。

施工及监理单位进场之前，要严格规定管理人员的资格资质。项目经理及总监理工程师除必须具有国家法律法规所规定的职业资格外，还要有担任过至少一条轨道交通线路建设的经历。其他主要施工或监理人员要有至少五年的大型工程建设的管理经历。

为保证进场施工及监理人员满足要求，同时在工程建设过程中发挥出应有的管理能力，市轨道交通公司联合建管公司、总包指挥部每季度组织一次对施工及监理单位的人员履约严格考核，公开考核排名，做到奖罚分明。同时，对在工程建设管理过程中出现重大失误的人员坚决清理出轨道交通建设管理队伍。

从管理经验来看，劳务分包队伍强弱对工程建设的安全质量控制至关重要。为规范轨道交通建设中发包与承包活动中违规违法行为的管理，保证工程质量和施工安全，有效遏制发包与承包活动中的违法行为，建设单位从开工伊始就对劳务队伍的管理非常重视，要求在轨道交通建设市场中杜绝一切转包，重点监控违法分包。所有进场施工的劳务(专业)分包企业必须“三证”(营业执照、资质证书、安全资格证)齐全，法人委托书有效，并严格签订工程施工分包合同，严禁标段施工单位违法分包或以包代管。监理单位要对进场劳务(专业)分包单位按规定严格审批，同时所有分包单位到建管公司进行备案。分包单位要具有相应劳务(专业)分包工程的资质，并有该工程的施工业绩，分包队伍的管理人员要满足工程施工的需要。

施工单位在选择劳务分包队伍时要求：分包方合同主体应为具有良好业绩的企业，入选后按照合同和施工组织的要求及时到场组织开展施工；分包合同应由双方法定代表人或委托代理人签订，且委托代理人必须与办理准入时的授权委托人一致；施工单位对分包方的资金流向进行监管，防止挪用；针对每家劳务队伍的施工内容不同,农民合同工、临时工都应进行上岗前的安全教育培训,视同内部职工一样,同生活、同工作、同管理,并签订劳务合同书;进行劳务动态管理,有退场人员及时办理退场手续,保证在场人员与培训人员相一致。

对农民工工资实行人账合一的管理模式,即入场工人要将身份证、银行卡卡号交由施工单位统一管理,在每月支付工资时,将工资直接打入工人账户中,杜绝分包方拖欠、挪用农民工工资现象出现,避免造成群体性事件的发生。

2. 监理管理

监理单位的管理,其实就是建设单位管理的延伸,代表着建设单位,也是国家法律法规赋予的职责。任何一个工程建设要想取得成功,离不开一个负责任的监理团队。建设单位要授予其相应权利,明确其应该承担的责任,真正实现监理的全方位、全过程管理。

在呼和浩特市城市轨道交通建设中,监理的主要职责有:审查资质(审查施工单位资质:包括主要项目管理人员资质、分包单位资质、主要供货商资质、特殊工种人员资质等),审查设备(审查已进场的各种机械设备是否能满足施工需要),审查材料(对进场的合格情况进行审查,包括送检),审查方案(对施工各类方案进行审查),审查环境(及时监督检查周边环境对地铁施工的影响,包括极端天气情况),组织监理例会(及时解决施工中遇到的各种问题),旁站(对工程关键部位或关键工序的施工质量及安全进行全过程监督),巡视检查(对施工现场进行巡视检查,发现问题要求施工单位及时整改),进度及投资控制(按建设计划要求施工单位满足进度要求并对工程造价进行全面、合理、有效的控制),验收(组织对检验批、分部分项工程进行验收、对单位工程进行预验收)。

监理单位必须拥有一个有魄力能统领各单位的总监理工程师、多方位能独当一面的专业监理工程师、更多踏实敬业的现场监理员。另外,监理单位还需积极主动协调相关单位,为施工创造良好的外部环境。

(1)监理组织机构及人员建设

各监理标段根据监理合同及监理规范并结合工程实际施工情况,考虑监理人员的年龄层次、专业水平等条件,成立监理项目部,并下设驻地组进行各标段车站、区间、附属及站后等工程的监理工作。结合工程特点,配备有安全、质量、计量、试验检测、测量监测、计划统计、安装、资料等多个专业的监理人员,相关人员具有多年工程监理经验,每个专业配备足够数量,满足本工程监理专业化的要求,同时满足各阶段监理服务特殊性要求。人员结构突出老中青相结合的特点,形成一支阵容强大、优势互补的监理队伍。

(2)监理管理工作

①工程质量控制

工程质量控制是监理对工程管理的核心内容之一,也是主要工作目标。为此,监理单位从影响工程质量的五个因素入手,即:施工单位及施工人员的控制,原材料、构配件的质量控制,施工方法、技术措施的质量控制,施工机械设备及环境的控制,分项、分部工程的工序验收控制。运用主动控制与被动控制相结合的方法,对施工质量采取事前、事中与事后控制,确保工程质量达到承包合同、设计文件及相关验收标准的要求。

监理单位结合现场施工进展情况,加强施工现场质量管理力度,严格现场检查,做好各道工序监理验收工作;针对围护结构、地基基础、结构防水、钢筋、混凝土、二次结构、装饰装修、常规设备、电扶梯、直梯、站台门安装施工质量,做好预控工作。通过施工前的协调会、首件验收会、分析总结会等方式,分析总结存在的问题,统一认识,提出后续整改、提高的措施,并跟踪措施的落实工作,以提高现场的整体施工质量。车站及附属主体结构施工后出现的质量缺陷，积极组织缺陷治理和返工（修）工作，确保结构实体质量返修后达到设计和规范要求。

②施工进度控制

工程进度的快慢直接关系到工程建设项目能否按期竣工和投入使用等问题。监理单位根据建设单位的总体建设部署、下达的各年度计划和里程碑节点目标要求，积极参与施工单位的施工筹划与计划安排，督促施工前各项准备工作的落实。严格执行月度计划审批程序，发现偏差通过监理例会、与施工单位及时沟通等方式，督促其调整或修订计划，同时积极参加建设单位组织的调度会议，第一时间将会议精神传达到每一位参建人员，保证进度计划目标的顺利实现。

监理单位通过加强过程安全质量检查，发现问题及时纠正，减少整改、返工等时间延误次数；加强与建设主管部门及协作单位的沟通，持续为施工场地规划、占用、移交创造条件，多方密切配合，创造更加高效的工作环境。按照验收工作计划，提前启动验收工作，提高单位工程预验收质量，保证验收及通车目标顺利实现。

③工程投资控制

依据监理合同，监理单位编制工程造价管理工作程序，并根据建设单位要求及时修订相关内容，用于指导投资工作的开展；施工过程中，结合图纸的到位情况，开展独立核算工作；认真审查施工单位上报的各项资料，提出相关的修改建议和意见，加强与咨询公司沟通，以确保数据的真实；在工程计量支付和洽商、变更的支付中始终坚持公平、公正、及时、真实的原则，统一确认方法，对工程造价进行全面、合理、有效的控制。

④合同管理

在现场监理过程中，监理单位依据法律规定，并根据施工现场相关合同的约定对工程工期、质量进行监督、管理，每月对履约工作真实、客观考评；监督材料采购合同的订立，监督设备合同的履行；掌握合同的副本，了解合同的内容，进行合同跟踪管理，检查合同执行情况，及时准确反映合同信息。认真检查施工合同的履行情况，实现科学管理。

为更高效地开展合同、计量工作，根据项目特点与施工单位实际情况，监理单位不定期组织合约专题会，并邀请建设单位主管工程师参加，针对工作中的问题共同协商解决，持续推进工作。

⑤工程安全、文明施工控制

监理单位按照《建筑工程安全生产管理条例》《内蒙古自治区重大市政工程施工安全技术风险控制规程》和轨道交通公司《轨道交通工程建设安全质量隐患排查治理细则（试行）》要求，对安全、环保、消防、文明施工管理进行预控和过程控制，督促施工单位安全管理体系、安全责任落实到位；全员全过程按照职责及排查频次，全面开展隐患排查工作，及时消除安全隐患；明确风险工程和危险性较大的分部、分项工程安全管理措施，建立了安全风险工程管理台账；结合安全质量隐患排查工作，落实风险、隐患的统一排查，逐级、分时段开展风险监测、预警工作。

⑥合作交流为加强对施工现场工程建设管理，避免出现管理中“熟人化”“人情化”现象，建设单位建立了轨道交通1、2号线监理互检制度，监理单位相互派人到其他线路进行安全质量检查。同时，定期组织1、2号线总监理工程师进行交流，扬长补短。

呼和浩特市城市轨道交通工程开工建设时结合PPP项目特点，监理服务的采购、管理、考核由轨道交通公司独立实施，避免了其他社会投资人对监理工作的干扰。轨道交通公司在施工管理中充分赋予了监理权限，对监理工作给予明确支持，监理在管理过程中牢固树立属地概念。自己属地上的事，不论前期、主体工程，还是协调各方关系，监理都积极组织，主动参与，有效地减轻了建设单位的管理压力，实现监理管理高效，与建设单位良性互动、齐心协力、又快又好地建成呼和浩特市城市轨道交通1、2号线一期工程。

3. 第三方单位管理

轨道交通建设中第三方服务单位，包括第三方测量、第三方检测、第三方监测、风险咨询等单位，是近年轨道交通建设中逐步兴起的一种管理方式，用更专业化、信息化、科学化管理手段替建设单位把关。

第三方质量检测是由独立于建设单位、监理、承包人等参建主体单位的专业化检测公司承担。他们有着专业的队伍和设备，采用科学规范化的运行模式，遵循公正、公开、公平的原则，为轨道交通工程建设科学的采集数据、正确的评价检测结果，为工程建设质量保驾护航。建设单位从建设之初就引进两家原材料检测单位、两家工程实体检测单位、两家盾构管片背后空洞检测单位，独立于市质检检测单位之外，对呼和浩特市轨道交通建设起到超前预控把关作用。在工程建设过程中，对商品混凝土拌和站所进砂石料等原材料定期进行检查检测工作，不合格的严格清除出场。对现场的混凝土标养室提出建设要求，满足需求后方可启用。为防止道路的塌陷，对施工完成的盾构区间背后进行密实度检测并出具报告，督促施工单位进行注浆处理，防止道路存在塌陷风险。

测量工作贯穿于轨道交通工程施工的各个环节，在整个施工过程中至关重要，测量工作的准确性直接影响到工程施工的质量，同时也是标准化施工的关键手段。第三方测量作为专业测量单位，可以配合建设单位统一全线测量标准，进行更加专业的技术管理；同时对各施工单位关键工序测量、成果进行校核，确保测量成果准确可靠，及时发现施工过程中的一些测量错误及低精度的测量成果，避免造成测量事故。第三方测量单位在建设过程中指导监督监理、施工单位测量队伍，将测量误差及时消化。同时对车站、区间的贯通测量、断面测量进行抽检，贯通测量100%，断面测量抽检率50%，为呼和浩特市城市轨道交通1、2号线的铺轨工程起到了保驾护航的作用。呼和浩特市城市轨道交通1、2号线全线轨道工程无调线调坡，创造了业界奇迹。

第三方监测为建设单位对轨道交通工程建设风险管理提供支持，通过安全监测、安全巡视和安全风险咨询管理服务工作，较全面地掌握各工点的施工安全控制程度，为信息管理平台提供基础数据，对施工过程实施全面监控和有效控制管理提供了依据。作为独立的监测方，其监测数据和相关分析资料成为处理风险事故和工程安全事故的重要参考依据。

呼和浩特市城市轨道交通建设过程中，同时采购了第三方检测、测量、监测的服务。第三方单位以独立身份参与到工程建设全过程监督管理与评价中，出具客观、公正的各类报告，成为呼和浩特市轨道交通建设单位的有力助手，同时也是建设单位对工程风险及质量评价的依据。

4. 建设过程变化管理

轨道交通工程建设其所涉及的专业技术、接口管理等，是一般建筑、市政工程无法比拟的，参建的单位多，与外部因素相互作用大，导致计划中的变化多。因此，在建设过程中需要召开大量的各类会议，应对变化，随时解决施工过程中出现的各类问题。为提高会议效率，减少会议过多对施工建设形成不必要干扰，建设单位建立专门会议制度。在轨道交通建设过程中，严控会议数量、规模，并对各类会议进行分级、分类。一般分为调度类及各种专题会议，设计、监理、施工、设备供应商、运营等单位按需参会，分别及时解决施工过程中出现的问题，会议必须及时、高效、主题分明、有的放矢。

呼和浩特市城市轨道交通工程是内蒙古地区首次开工建设的地铁项目，同时建设1、2号两条线路，建设经验少、工期异常紧张、拆迁量大，常规的管理方式难以保证按期通车运营。为应对不断出现的新变化、新问题，轨道交通公司领导充分利用节假日及周末主动到施工一线现场协调解决各类问题，有效压缩了解决问题的时间周期，使工程建设推进以超常规的时间进行。

5. 风险管理

（1）方案管理

工程施工，方案先行。任何一个成功的工程建设都离不开一个好的方案。呼和浩特市城市轨道交通建设开工伊始，轨道交通公司就要求对所有施工方案进行分类管理，严格审查审批。

标段施工单位在施工前，要熟透设计图纸，并结合施工现场编制有针对性、科学性的施工方案，用方案引领后续工程施工，达到安全、高效、高质、及时的目标。重要方案必须多次组织讨论、研究，并邀请相关专家进行指导，进行充分的方案比选及经济技术比较，选取既能满足施工质量安全，又满足进度、成本控制的方案，做到方案优化和完善。同时结合施工现场，收集施工进度、成本、质量、安全信息，及时进行方案调整、优化。

建设单位把施工过程中所涉及的方案分为一般方案和危险性较大方案。一般方案由相关监理单位完成审批即可，危险性较大方案要进行专家评审论证把关，层层审批。每一项重大安全风险工程必须编制专项施工方案，编制专项应急预案，组织专家评审论证，施工前组织安全条件专项验收，施工全过程落实专项监测方案。

施工单位针对危险性较大的分部分项工程在开工前编审完成专项技术方案。危险性较大分部分项工程一般包括：深基坑开挖、起重吊装、高支模工程、暗挖工程、盾构始发与接收、盾构开仓作业、区间联络通道、盾构穿越构筑物、爆破工程等等。各专项技术方案及其专项应急预案编制完成后，要组织专家评审论证，施工单位根据专家意见修改后的方案由监理单位复审通过后方可实施。

标段施工单位在按方案实施过程中，监理单位及建设单位进行全过程监督，监督工程现场施工要严格按方案实施。经过四年的工程建设，呼和浩特市轨道交通建设未发生一起重大的安全质量事故，这与“方案先行，引领现场施工”有密不可分的关系。

（2）开工条件核查管理

为加强轨道交通建设工程施工现场安全质量预控管理，加强现场风险源辨识管理，有效避免或减少安全质量事故，建设单位要求单位工程、分部工程及重要部位、关键工序及重大风险源工程都要进行施工前条件核查。

施工前由施工单位对技术、环境、人员、设备等相关条件是否满足工程质量和安全生产要求进行自检，自检合格后报监理单位，监理单位应立即组织勘察、设计、施工、第三方监测等单位对相关条件进行验收。

对于风险重大的，由建设单位组织相关单位进行验收，参加验收单位的人员必须是主要负责人。如暗挖穿越一级风险源，暗挖穿越（直径 1 m 以上，距暗挖结构顶 3 m 以内）污水管线，暗挖穿越河湖；盾构始发、到达，盾构开仓，盾构穿越一级风险源、穿越铁路建筑物等。标段施工单位严禁将重大风险源降低标准以简化施工前条件核查程序。

施工单位要按要求参加施工前条件验收，并按照验收组意见进行整改，未进行施工前条件验收或验收未通过的，施工单位不得进行开工。施工单位擅自施工的，监理单位下发监理通知，要求施工单位停工并进行从严处罚。

危险性较大的分部分项工程除执行国家法律法规之外，建设单位还要求各参建单位在施工方案评审前，采用内部施工方案审查制度，由总监理工程师组织，各参建单位参加先行对方案进行审查，提出相关意见修改完成后再组织召开专家论证会。

(3)过程监督检查管理

建设单位每月组织或督促监理单位及总承包指挥部开展多种形式的安全质量例行检查活动,加强过程监督,对发现的问题全部登记造册、建立台账、限期整改,对已查隐患未及时整改的加重处罚。建设单位除例行检查外,将更多的针对重要问题进行专项检查,而且对问题比较突出的要进行复查,对复查出现问题仍然比较多的单位进行严肃处理。

专项检查包括重要工序专项检查、重要安全质量风险部位专项检查、重要进场材料专项检查、重大安全风险源专项检查、节假日前安全专项检查、特殊时期安全专项检查、单一问题专项检查等,通过各种专项检查将呼和浩特市轨道交通建设过程中的安全质量隐患消灭在萌芽状态中,强化了建设过程监督管理。

6. 质量管理

(1)临建工程管理

任何工程建设的成功都要有一个高标准的开始。轨道交通公司在轨道交通工程开工前,即制定下发了工程临时建设标准、文明施工管理办法等相关文件。

主要管理措施如下:

①任何一个标段施工单位进场施工前,必须严格按管理办法上报临时建设实施方案。临建实现全线标准化,不能以任何理由降低管理办法上要求的标准。

②对临建方案实行严格审批。监理单位要对方案中围挡的占地面积、占用时间,临建的标准,场地布置(包括风、水、电、路等)等重点审核,监理审查合格后报建设单位再次审核后进行批复。

③轨道交通建设每个标段首开站点临建必须经多方联合验收合格后,方可进行其他站点的工程开工,达到以点带面的效果。

④在各标段施工单位进行临建施工过程中,选择优秀单位组织全线观摩展示,并给予奖励。同时,对落后单位予以处罚。

(2)进场材料管理

原材料的好坏是一切工程质量控制的源头,呼和浩特市轨道交通建设过程中非常重视对原材料的控制,制定了多项管理及检测的办法。

①建设单位对甲控材料的招标采购进行全过程监督管理,对其合法合规性进行重点审查,发现不符合流程的,坚决不予认可。

②标段施工单位建立起完善的物资及设备进场台账。任何进入施工场地的物资材料都要具备可追溯性,进场前要向监理单位报验,完成审批后方可准予进场。

③标段施工单位要制订详细的原材料检测计划。原材料进场后除要提供质量证明材料外,还需要在监理工程师见证的情况下按规定进行复检,复检合格后方可准予使用。

④建设单位为加强对原材料的管理,聘请了第三方检测单位,定时或不定时对施工单位进场的原材料进行抽检。第三方检测工作人员具有丰富的质量检测实践经验,熟悉工程质量控制要点,能够准确判断工程中存在的质量隐患,既能突出重点进行大密度检查,又能根据现场观察,发现质量相对薄弱的部位,有针对性地抽样检测,从根本上保证工程质量。

(3)工序管理

工程的每个分部分项都是由一道道工序组成,只有把每一道施工工序做好,分部分项工程质量才有保障。建管公司要求轨道交通工程建设中每一道重要工序都要制定作业标准化，从质量体系、教育培训、工程管理等多方面建立作业标准流程。

①建立完善质保体系。要求所有参建单位，从设计、监理到施工单位，都必须建立质量保证体系，成立质量管理领导小组，建立重要工序内控标准，强化质量管理。建管公司不定期对各方的体系建设进行检查，并提出要求和合理化建议，使整个轨道交通工程施工工序管理体系完善严密。

②进行质量教育培训，增强质量意识及质量能力。牢牢树立质量是企业的生命这一理念，所有参建单位都要把质量放在首位，对全员开展质量教育。对重要工序开始施工前要对作业人员进行技术交底及技术培训，要做到施工作业标准化，以点带面，最后全面推广。

③建立重要工序验收制。对于首先开工的重要工序，监理要组织相关单位进行联合验收，合格后达到标准化作业方可展开大面积施工。

在建设之初，轨道交通公司组织各参建单位共同编制完成《土建工程标准化作业手册》，用于指导地连墙、钢筋工程、混凝土工程、模板工程、防水工程的施工。

(4)首件工程管理

呼和浩特市城市轨道交通建设过程中严格执行首件验收制，并制定了相应的管理办法，对重要工序制定出施工标准。首件验收制能大大加强现场施工质量管理，强化质量检查程序，规范作业人员的质量意识和行为，从施工源头上确保质量目标的实现，使工程施工质量管理工作能够有章、有序、有效地实施。

每个分项工程正式施工前，首先由施工单位技术人员对现场施工作业人员进行针对性的技术交底工作，将工序的施工工艺、方法及质量控制要点落实到现场操作人员手中，严格按工序施工标准作业。各分项工程首件开始施工后，质检工程师全程参与施工过程，加强过程控制，保证首件产品能达到验收合格标准。当分项工程首件产品施工完毕后，由施工单位项目技术负责人组织自检，自检合格后上报监理工程师申请组织首件验收。

建设单位要求对于涉及结构安全及使用功能的必须严格执行首件验收制度。首件验收由监理单位组织，监理工程师接到施工单位的申请后，通知验收各方。整个验收过程分内业和外业组，分别验收首件产品的内业资料、现场首件产品的质量。对验收指标不达标的工程首件必须返工，按各方提出的问题逐一进行整改，并对问题产生的原因进行分析，对相应的作业人员进行培训教育，提高其业务水平及质量意识，整改完成后再次组织各方验收。工程首件验收制，对做好样板引路工作，提高工程质量，形成大规模流水作业施工起到极大促进作用。

(5)现代化质量管理

建设单位积极推行全面质量管理，开展 QC 小组活动，将宏观管理和微观质量控制更好地结合起来，提高自身质量管理素质。主要采取的措施如下：

①定期举办现代化管理讲座，培养质量管理人才。

②聘请质量管理专家对工程进行技术咨询。

③组织质量管理成果发布工作。

④工程推行全面质量管理效果验收工作。

(6)冬季施工管理

呼和浩特市冬期漫长，轨道交通建设有效施工时间较短，在工期压力极大的情况下必须进行冬季施工。冬季施工在安全及质量控制上压力大，建设单位要求施工单位在冬季施工前编制完成各施工站点冬季施工方案，并准备好冬施物资，监理单位严格审批冬季施工方案。施工过程中按方案要求进行合理的资源配置及冬施安排，施工单位要分工明确、专人专管，实施冬施问责制。同时对管理人员、施工人员进行冬期施工安全技术培训教育、考试及安全、技术交底，分析冬季施工风险因素，制定施工要点及防范风险应急措施。启动冬季施工，有力促进了轨道交通建设速度，成为呼和浩特市轨道交通 1 号线能在 3 年零 9 个月时间达到开通初期运营的因素之一，创造了全国轨道交通建设的“青城速度”。

（7）样板工程管理

为统一工程质量标准，完善标准化作业流程，通过样板引路、以点带面的管理手段，保证轨道交通工程的施工质量。样板工程正式施工前，要对整个工程范围内的每道工序进行梳理，合理策划，确定样板的内容、掌握每道工序的施工要点及质量标准、制定样板工程的实施进度计划等工作，确保整个过程有序进行。

样板工程每道工序开始前，编制工序作业指导书及作业要点，并以书面结合口头交底形式将工序的施工工艺、方法及质量控制要点落实到现场操作人员手中。

样板工程施工完成后，施工单位需进行自检，自检合格后，申报监理工程师进行验收，监理工程师验收合格后方能申请建设单位业务部门验收，初步通过后，建设单位组织召开现场交流观摩会议。

样板工程验收合格后，施工单位再按照样板的标准进行大面积推广实施，过程中建设单位参照样板工序的质量标准进行检查、抽查，督促将样板工程实施做到常态化。

（8）计量管理

严格加强工程计量签认过程管理。所有施工单位的进场物资材料必须严格控制，监理单位无审批的或者进场后未进行复检的不予计量；对安全隐患不整改、质量问题不处理或不合格、质量证明资料不齐全的工程或部位，在计量认证材料当中将此部分的工程量予以剔除。

7. 站后工程管理

站后工程开工实施前，建设单位提出“先策划，后实施”思想，坚持推行“样板引路，试验先行”，即在每道工序开工前，贯穿样板引路的工作理念，从现场临建工程到机电安装、装饰装修工程，确定以点带面、样板引领的工作理念。

（1）样板方案制订

方案编制中要求充分遵循样板引路的宗旨，通过样板工程建设，确定相应施工工艺、工法和材料选择，积累施工经验为全面工程施工质量打下坚实基础，因此样板示范工程的施作重在完善和优化工艺水平及材料定样，在工程设计采用的质量标准和预算范围内进行，不得擅自提高标准，亦不得增加额外投入。

方案编制前施工单位对众多影响施工安全和质量要素进行调查分析、优选决策和组织协调，通过专项例会和方案研讨的方式研究各种资源配置，选择最优施工方案。

呼和浩特市城市轨道交通 1、2 号线一期工程样板方案制定按照项目实施周期采取全过程实施编制，从施工现场场地布置，临建施工，到设备安装、再到装饰装修工程严格按照“标准化施工”，每道工序严格实行样板引路。样板示范工程按照三种形式引入，即采用样板工序、样板段（样板设备房）、样板站等形式。在整个项目实施过程做到方案先行、交底先行、样板先行的“三行”管理制度。

（2）站后工程样板工序管理

样板工序是指各系统专业施工中主要施工工序、关键工序在全线率先施工的作业工序并严格按图纸设计和规范施工，经质量样板管理小组评选为标段或全线具有代表性和推广的样板工序。在工序选择上按各专业中工程量相对较大、重要程度高、影响比较广泛的工序确定为样板工序，分专业划分为以下几方面：

①建筑装修工程:墙体砌筑工程、墙体抹灰工程、防火门窗工程、水泥混凝土地面、防静电地板、地板砖地面、吊顶工程、石材地面、扶手栏杆工艺、公共区墙柱面装饰、大型设备基础、离壁沟、排水沟、墙体装饰与灯箱(孔洞、离壁沟)收口处理、卫生间防水处理、导向标识等。

②常规设备安装工程:大型设备基础制作、风管制作及安装、穿墙风管的封堵、风管保温、冷冻机房工艺管道工程、消防栓安装、区间消防管道安装、电缆桥架安装、综合支吊架、电缆敷设、配电箱(柜)内接线、母线槽安装。重要设备的安装,如 TVF 风机、射流风机、吊装车站风机、吊装空气处理设备、组合式风阀、结构消声器、潜污泵(特别是区间泵房的潜污泵)、各类孔洞封堵等。

(3)站后工程样板段(样板设备房)管理

样板段(样板设备房)是在各系统专业主要的或有代表性的施工部位严格按图纸设计和规范施工且经质量样板管理小组评选为标段或全线推广的样板段(样板设备房)。

样板站选取最早进行施工的车站。样板站选定后施工单位严格按照图纸及标准要求组织人员进行施工,待样板段通过监理组织的验收确认后,并组织建设单位相关部门和样板质量管理小组进行样板工序验收,待验收合格后,对全线其余工点该工序施工起到示范引导作用;各标段的首件/首段样板工序在验收通过后实施挂牌制度,标明该工程名称、专业、工序名称、工序轴线位置并予以保护。

样板方案编制中明确了样板工序验收及评比制度,按照建设单位下发的管理办法进行评比。对评为全线样板工序的工点,建设单位负责组织全线相关标段推广观摩学习,并进行通报表彰和奖励。施工单位未履行样板工序/段施工质量控制职责,未按规定选择合格的施工材料,未按设计及标准组织施工,工程验收不合格,不能按时为下一道工序的施工单位移交合格的工序,将给予通报批评。项目实施过程中根据施工过程控制及质量情况,对表现优秀的施工单位进行奖励加分。

(4)实体质量样板的实施与管理

①装饰装修工程样板的实施

装饰装修工程样板的实施坚持贯彻“样板领路”的工作理念,为全面提升车站公共区装修品质,装饰装修施工过程中实行“四大样板”:a. 场地交接样板;b. 装修材料样板;c. 装修工法样板;d. 成品保护样板。以达到预防和控制质量通病,提高项目品质的目的。

车站的装饰装修有好的设计、专业精细的施工配合、加上符合品质的材料,才能达到最佳的效果。因此,装饰装修工程重在材料的管理工作,在材料管理方面实行材料封样制度。材料的选择方面,装饰材料主要材料均属于建设单位控制,施工总承包方采购,在招标阶段建设单位根据需要对施工单位拟选择的供应商进行实地考察调研,施工单位按建设单位要求提出具体考察调研方案,组织实施。考察调研工作结束后形成考察调研报告,明确的考察调研意见,考察调研结果报建设单位主管部门及领导审批同意后,施工单位应与经审批认可的供应商签订供货合同,合同中明确了具体品种、数量、执行标准、规格型号、尺寸、价格、供应方式、支付条件、供货地点、技术、工期及质量保证措施等。

装饰装修材料首批进场前,监理单位组织建设单位、施工单位共同见证下,施工单位取样,与监理单位送样至国家法定质量安全检测中心检测,并以其出具的有效的检验报告为最终结论。若不合格,施工单位向监理单位申请重新送检或立即退场,由此造成的工程损失由施工单位无条件承担。如装饰装修材料首批进场不宜检测或暂时不具备检测条件,监理单位组织建设单位、设计单位、施工单位共同核对样品,并按规范要求取样,由监理单位封样。

车站公共区样板工程施工过程将顶面喷黑、天棚铝合金 U 型挂片吊顶、天棚铝合金穿孔板吊顶、天棚铝合金方通、干挂陶瓷板墙面、柱面、墙面L型花岗岩踢脚线、柱面搪瓷铝板、站厅层地面混凝土垫层、花岗岩地面石材、离壁墙内排水沟、灯具安装列为主控项目。

样板实施工程中，要求供货商技术督导人员全程指导，施工单位随时接受供货商、监理工程师及设计人员对设备和材料进行的检查与试验。

样板段工程完成后，做三面隔离维护，维护方式采用临边防护方式。中间设进出设备区通道，通道在石材上方20 cm采用脚手架搭跳板方式，通道两边用铁网密封，防止设备区材料搬运过程中跌落，做好成品保护。

②设备设施安装样板管理

设备设施安装样板选择在每个施工标段。设备设施的样板管理主要分为常规风水电设备进场管理和设备安装管理两方面。

a. 常规风水电设备进场管理

为确保产品满足实际需求及合同要求，在设备进场前实行设备样机验收和工厂验收制度，设备进场前严格按照建设单位发布的管理办法进行设备验收，对于非标定制设备，批量设备在定型生产前（包括单台设备和系统软件的验收），通过样机生产（试制）以达到验证设计图纸、验证关键技术和生产工艺的目的，建设单位组织各参建单位相关负责人在设备厂家对设备（材料）的外观设计、结构设计、工艺设计、技术性能、功能等进行验收测试。样机验收结束后，监理单位负责编写“设备样机验收报告”，对样机验收是否合格作出判断结论；对验收合格的设备样机向合同供货商签发“设备样机验收合格证书”。样机验收通过后，表明该合同设备已具备投产条件，待投产前技术准备工作检查通过后，即可正式投产。

样机验收通过后在首批设备正式供货前，为确保产品满足合同要求还要在厂家进行验收测试工作，同时对外观检查、资料审查、例行试验、搬运与包装情况检查、功能检查等，经验收合格的产品允许出厂。

b. 设备安装管理

设备安装样板在已选择的样板站选取样板段和样板设备房作为样板展示区域，展示专业包括：低压配电专业、给排水及消防专业、环控专业、综合监控专业、火灾自动报警专业等，在车站的样板段按照通风环控专业、给排水及消防专业、动照专业分别设置安装质量样板，包括：风管成型、风管法兰制作、法兰与风管连接、风管拼接、风管保温、风管支吊架制作及安装、风管安装、无缝钢管焊接、管道安装、消火栓安装、桥架安装、电气配管、管内穿线、灯具安装。要求每个标段必须在最早开始施工的车站将设备区走廊管线最集中的段落实施样板段作为设备综合管线安装的重点展示区域。

机电施工标段除了设置样板段外在设备安装前设置施工质量样板体验区，包括：动照线管安装样板、压力排水系统安装样板等，针对各站点不同的施工队伍，规定统一标准、统一交底。

通过BIM技术的应用解决设备区走廊管线碰撞和检修空间不足的弊病。设备安装阶段基于地铁车站机电安装工程与其他公用建筑安装工程的区别，具有设计图纸先天不足，各专业存在管线碰撞、地铁空间狭小，安装操作空间受限等特点。目前的施工图纸不同专业由不同的人员设计，甚至是不同的设计院进行设计，相互之间的沟通不彻底，在进行管线综合时审查不够细致，造成各专业之间的管线线路存在较多的冲突，加之是平面图纸，无法合理反映实际状态，容易在空间环境中造成管线碰撞。地铁车站机电安装项目涉及通风、给排水、消防、动力及照明、通信、信号、供电、FAS/BAS、自动售检票等十几个专业，各专业存在管线规格不一、走向不规律，施工作业交叉等弊病，要想在有限的空间内将各专业管线安装排布合理有序、整齐划一，存在难度。通风系统的风管安装完毕后，后续专业如电气、给排水、通信系统专业的管线支吊架的安装失去了操作空间,造成了谁先施工谁得力的现象,后期协调工作困难。

针对上述难点,建设单位要求设备安装前应用 BIM 技术,利用软件建模绘制机电安装内容,使得整个管道综合更加清晰准确地显示在眼前,同时可以通过合理调整,改变管道相互碰撞等情况,使管道排布更加准确、整齐。设备安装大面积施工前,先选取样板站的专业图纸,分别建成了三维土建、机电模型,现场规避碰撞问题,机电安装单位在安装阶段遵照 BIM 深化图纸中管线排布要求,合理规划安装工序,进行各类管线安装。后续各站根据施工进度全面推开。

设备区走廊检修空间不足一直是困扰地铁运营检修的一大难题,为了规避这一通病,利用 BIM 技术在样板站的设备区走廊对综合支吊架进行优化。在样板站作为先行试验车站,在综合支吊架施工前,应用 Autodesk Revit 系列软件的支吊架辅助设计系统,通过在软件中预设的支吊架产品类型与安装要求,自动完成推荐选型、适应尺寸、自动布置、批量生产等功能。直接在 BIM 模型上实现综合支吊架的施工模拟排布、材料统计,并导出含有综合支吊架的管线综合图纸交由支吊架厂家深化设计,最终解决后期运营检修空间不足问题,满足运营检修要求。

(5)站后工程样板总结与推广

每个样板施工完成后,均要求施工单位、监理单位分别进行总结,并整理成册,项目内部推广学习,将样板施工经验推广到全员。

样板总结推广重点在于施工单位的落实,项目实施过程中样板先行制度既为技术交底、岗前培训、质量检查和质量验收提供统一直观的判定尺度,不仅使施工班组有所参照,现场管理人员有所监督,更有利于加强对工程施工重要工序、关键环节的质量控制,从而达到消除工程质量通病、提高工程质量整体水平的目的。

监理单位按照样板制定的要求和标准,监督施工单位在管辖标段内统一标准推广。在项目推行样板先行制度的同时要求监理单位对照样板对工程质量进行检查。

建设单位推动标志性样板的宣贯落实,组织其他施工监理单位进行观摩学习。通过示范观摩,进一步推动对优良工艺做法的学习和宣传,提升责任主体工程施工质量标准化水平,强化各相关单位对建筑工程质量的把控能力,拓宽单位之间交流学习的渠道,推动呼和浩特市轨道交通打造“精品工程、百年工程”。

8. 建设过程问题管理

众所周知,轨道交通工程与一般建筑工程相比,规模大、风险高、专业复杂、涉及主体多、周边环境非常复杂且相互影响大。因此轨道交通施工建设过程中风险大且各类问题易发,呼和浩特市轨道交通在建设过程中建设单位要求标段施工单位及监理单位必须建立施工易发问题清单,以便实时管理。

呼和浩特市城市轨道交通工程建设中风险高且易发的问题主要集中在土建施工阶段。建设单位要求施工及监理单位按以下方面分类进行重点管理。

(1)管线改迁

轨道交通建设前期工程中最棘手和烦琐的就是管线改迁工程。各种类别的管线密布于地下,施工中很容易出现损坏现象,施工单位要特别重点管理,因此要求各施工单位建立各站点管线排查清单台账,须在施工现场标识清楚管线类型、位置、埋深及周边环境情况,在现场开挖作业过程中提前同产权单位核实确认并且需人工探挖,避免出现对各类管线损坏的风险,造成不必要的事故和损失。

(2)地下车站

地下车站施工过程中易发问题主要集中在以下几个方面:围护结构施工质量、深基坑开挖过程中的围护结构变形控制、围护结构的渗漏水(包括突发涌水涌泥)控制、主体结构防渗漏控制、大规模盖挖逆做车站的总体组织、顶板回填质量控制等。

3)区间隧道

区间隧道(包含联络线)施工过程中易发问题主要集中在以下几个方面:盾构法掘进在富水砂层中或穿越重大风险源的控制(易出现沉降、漏水、轴线偏离、管片错台等问题)、盾构的始发与接收风险控制、联络通道及出入口暗挖的控制(易出现坍塌、渗漏涌水、初支变形、沉降过大等问题)。

9. 安全风险信息管理

为提高呼和浩特市城市轨道交通建设风险管理的信息化水平,弥补风险管理专业上的不足,引入了“安全风险管理咨询与服务”第三方单位,通过第三方专业化、信息化服务手段加强安全生产管理。风险管理集成了监理的通知单、停工令、风险源隐患清单、施工方案、施工组织设计、专家评审会、现场视频监控及各参建方人员的考勤,在施工过程中起到了全面可追溯性的作用。

通过第三方的安全风险管理服务,实现了安全风险信息的扁平化管理,突破组织复杂和环节多的问题,各级管理者能实时了解项目动态进展情况;增加了信息的透明度和可靠度,采用信息化手段辅助管理,固化安全管理制度和流程,并通过可追溯的信息化技术,追踪考核安全管理制度的执行;实现实时远程管控,提高工程建设管理的效果和效率;提升实时预警能力,有效增强对现场状态的把控力度;积累安全生产管理经验,提升全员安全风险管理的水平和责任心。

10. 处罚管理

全面加强对施工单位主要管理人员的管理。对不经过建设单位审批擅自更换项目经理或总工等其他主要管理人员的,建设单位按规定要进行严肃处罚。同时,严格对施工及监理单位主要管理人员的考勤,未履行请销假制度擅自脱岗的要严肃处理。

对施工标段或监理标段出现重大问题或项目主要管理人员长期脱岗的,其负责人要在建设单位每季度的安委会上做公开检讨。除按规定进行处罚外,还要向其上级单位(三级或二级公司)进行通报,要具体通报到个人,并约谈其上级单位主要负责人。

对不服从监理单位管理的标段施工单位,除按规定处罚外,还要由建设单位通报至其上级单位。

尽管呼和浩特市轨道交通工程作为内蒙古首次开工建设的地铁,建设经验不足、工期紧、任务重、涉及面广,但其建设与实施过程中却一次次翻越了无数的大山,创造了无数的奇迹。工程建设过程中管理科学、组织严密,确保了1、2号线按计划顺利开通试运营。

11.3.3 重难点应对分析

呼和浩特市城市轨道交通1、2号线一期工程,1号线一期工程设20个车站,2号线一期工程设24个车站,其中新华广场站为1、2号线换乘站。每条线路建设过程中均有部分站点处于城市核心区,周边环境复杂,地上及周围密布各种构、建筑物,地下管线密集,地下水位高,地质情况复杂。下面选取几个典型站点来代表对呼和浩特市轨道交通建设过程中重难点的管控。

1. 新华广场站

(1)项目概况

新华广场站位于市区核心区,为轨道交通1、2号线同期实施的换乘站,二者采用“T型”节点换乘方案。1号线车站为地下两层岛式双柱三跨箱型框架结构,车站总长为523.1 m;2号线车站为地下三层岛式双柱三跨箱型框架结构,车站总长为313.5 m。总建筑面积为75 030.9 m^2,其中主体建筑面积为56 604.5 m^2,附属建筑面积为 18 426.4 m^2。本站共设置 20 个出入口(地铁出入口 5 个、物业开发出入口 15 个)、6 组风亭和 8 个安全出口。1 号线站台层设有双停车线、配线上方为物业开发,2 号线站台层设有单渡线、渡线上方为物业开发;且 1、2 号线设有联络线,联络线三角区为一层物业开发。

新华广场站规模巨大,主体结构复杂,地下管线密集,地质情况不良,地下水位浅。为尽量减小工程对周边交通的影响,全车站采用盖挖逆做工法施工。新华广场站前期管线迁改及交通导改难度非常大,同时,由于地质情况复杂及采用盖挖逆做施工,围护及主体结构施工难度极大。因此,新华广场站的总体施工组织及技术措施采取得当与否是顺利施工关键。

(2)主要组织管理及技术措施

①七大类、12 353 延米管线迁改零失误

新华广场站涉及大口径热力管、大口径雨水管、高压电力线、单束超白根通讯线等 7 类 19 种管线迁改,迁改量达 12 353 延米、占 1 号线全线迁改总量的 1/3 左右。为确保施工范围内无不明管线、或既有管线与掌握信息相符,在各类沟、槽、孔开挖前,施工单位均采用雷迪 RD8100 型管线探测仪进行物探;同时,按照建设单位管理办法严格执行“动土令”,由施工单位技术、安全管理部门和施工作业人员联合签署并进行详细管线交底。施工单位组建的专业化作业班组开挖探坑,为管线迁改顺利实施起到了保驾护航的作用。

②BIM 助力,道路导改六期变三期

新华广场站围挡及施工分期多,只有合理的分期才能节约工期和提高功效。为此,施工单位提前引入 BIM 技术,利用其强大的数据分析和直观的动画演示能力,将拟定的每期围挡及施工方案进行推演和优化,成功将初步设计拟定的六期围挡优化为三期。

③381 处、12 056 延米地下连续墙接缝零渗漏

新华广场站地下水位为地面下 8 m 左右,不但存在砂砾、粗砂等透水性较好的地层,而且地质情况复杂多变。在车站深基坑开挖及结构施工时,为保证围护结构具有良好的止水效果,围护结构形式由初步设计的“围护桩 + 止水帷幕”变更为“地下连续墙”,而地下连续墙止水关键为接缝。施工过程中采取以下措施成功止水:

a. 每幅槽段接头必须采用 UDM-100 型槽壁超声波检测仪进行检测,用成像结果指导施工。

b. 通过经验总结,形成 6 种防绕流措施;针对有绕流现象的接头位置,选取合适的处理办法。

c. 在相邻槽段开挖完成后,采用自制的强制、柔性刷壁器,对各地连墙接头进行刷壁,清除接头附着的泥浆块、混凝土绕流块等。

d. 对于最终仍存在问题的接缝,基坑开挖前,采用大直径超高压旋喷技术在接缝外侧进行加固处理。

④229 根、5 016 延米钢管柱安装零超限

本车站设计为盖挖逆作法施工,中间设置的钢管柱作为车站的永久柱,承担着底板以上的竖向荷载,且为一桩一柱,无法进行替换。同时,设计图纸要求钢管柱垂直度允许偏差为钢管柱长度的 1/1 000 且不大于 15 mm。针对钢管柱如此高的施工精度要求,建设单位联合施工单位组织攻关,采用 HPE 插管技术进行钢管柱施工,该插管技术具有机动、灵活、效率高、电子检测系统灵敏性好、安全性高等特点。同时,成立 QC 研究小组,从人员培训、设备保养、现场拼接控制、测量控制等方面进行探究,以此提高钢管柱安装精度。

⑤出土入料、精心策划,施工工效提升明显

盖挖逆作法车站施工组织的关键在于“一进一出”。所谓“进”,即为材料的进入;所谓“出”,即为土方的外运。新华广场站在开工前即进行策划进出问题。通过三项措施完善进出方案,一是外出调研,先后在

武汉、天津等具有类似盖挖逆做地铁车站城市调研交流，获得经验及技术支持。二是邀请专家，通过施工组织专家论证会，拓展思路、优化方案、明确配置。三是联系设计，在确保结构安全的前提下，根据施工需要设置充分的垂直及侧向运输口。

工程历时 12 个月，累计完成外运土方 39 万 m^3、混凝土浇筑 2.3 万 m^3、钢筋制安 4 700 t。

⑥10 t 以上、1 184 次大型吊装零事故

为保证吊装安全，建设单位要求推行“吊装令”制度管理，遵循“每吊必到，不验不吊”的原则。施工单位现场实行以安全总监为组长，副经理、技术主管、安质部长、领工员、班组长为组员的“吊装组”，每幅安全吊装完成后均给予司机、信号工、班组长一定奖励。通过此项奖惩措施，工程总计完成大型吊装 1 184 次，未发生任何安全事故。

⑦总工筹优化，工期大幅提前

新华广场站位于市中心，换乘节点设置在城市两条主干道交叉处，地下各类管线众多、周围施工环境复杂。初步设计阶段的施工方案为先重点施工换乘节点处的管线迁改及结构施工，然后再向两个方向延伸至施工剩余的结构。

为迅速打开围护结构的施工局面，建设单位会同监理及施工单位经过反复研究和推演，确定先迁改周边管线少的部位、快速实现围挡及围护结构施工，同时进行换乘节点处的复杂管线迁改，为全面进入围护结构施工创造条件。经过对施工方案的优化调整，极大节省了工期。

2. 1 号线东端高架及暗挖段

（1）项目概况

东端高架及暗挖段总长度约为 5.85 km，包含四站四区间和一处停车场。四站：后不塔气站、什兰岱村站、白塔西站、坝堰村站。其中后不塔气站为地下两层双跨框架岛式车站，长 486.4 m，建筑面积为 18 136 m^2，其余三站为标准三层高架站，长度为 118 m，建筑面积共为 25 372 m^2。四区间：后不塔气站—什兰岱村站—白塔西站—坝堰村站—白塔停车场。其中后什区间为过渡区间，包括暗挖段 198 m、明挖段 280 m；高架区间总长度 2 945 m。高架区间上部结构为预制箱梁和现浇连续梁结构，包括 120 个桥墩，2 个桥台，122 个承台，156 片预制箱梁、9 联连续梁和 2 跨现浇梁。

东端高架及暗挖段线路长、专业多、工期紧、任务重，尤其是征地拆迁、管线迁改等前期工程成为本段总体建设的关键性和控制性工作。从后不塔气站到白塔停车场，途径公路管理局、植物园、丽景花卉市场、什兰岱新村、白塔国际机场再到坝堰村的房屋及设施的拆除、补偿、绿化移植、机场停车场还建及强电、弱电、给排水、热力管道、天然气管道等各种管线的迁改和恢复，尤其是白塔机场范围前期工程拆迁量巨大，对接部门多，审批程序复杂，周期长。在前期工程工作中，建设单位及施工标段制订了周密的各专业突破方案，相关部门及人员一刻不离的盯控在前期工程的“每一步”，突破了一个个难关。而暗挖段由于地质条件复杂，地下水位高，也成为本段施工的技术难点。

（2）主要管理措施

①征地拆迁工作

征地拆迁方面，多次协调效果不太明显，建设单位及施工标段共同研究突破方案，征迁费用方面，产权单位和业主之间反复协调，最终取得了双方较满意的费用支付结果；征迁手续方面，指派专人办理，很大程度加快了征迁进度；在施工方面，要求现场积极主动配合征迁工作，并及时现场确认征迁数量，为后续补偿价款做有效的数据支撑。经过努力最终在最短时期内完成了鸿德学院、禽蛋厂、植物园、丽景花卉市场、什

兰岱村、白塔国际机场、气象局增雨基地、坝堰村征地拆迁工作,为车站、区间全面施工奠定了坚实基础,为工期计划节点提供了保障。

②管线改迁工作

后什区间弱电管线影响围护结构施工,弱电管线确定唯一的有效方案,就是破除弱电的混凝土包封,进行管线的拨移,安全风险大,还有 3 条国防光缆,极易造成光缆的断裂。施工单位制订了周密的方案,实行分段破拆、分段专人负责,产权单位技术人员现场盯班,一线员工昼夜一刻不离的盯控在破包封的“每一锤”。最终将影响围护桩施工的弱电管安全拨移,为明挖区间围护结构的安全、顺利施工奠定了坚实的基础。

坝堰村站前期工程涉及强电、弱电、消防、天然气、污水等管道改迁,管线种类较多且旧管线较多,部分管线路由不明,管线改迁工作对接部门较多,流程复杂。在改迁过程中,建设单位各相关部门及施工单位通过多方渠道、分头盯控,针对各类管线改迁工作,分专业制定突破方案和措施,安排现场针对施工部位全面开挖探沟,摸清每一条管线的详细情况,为设计单位提供基础数据,并指派专人负责改迁设计图出图情况。同时充分与机场相关部门建立并保持了良好的业务关系,充分利用机场的窗口期,顺利完成改迁工作,为坝堰村站全面开工奠定了基础。

机场锅炉房供热管道影响出入段线 11 ~ 14 号桥墩基础施工,经多次协调未果,施工单位及时调整思路,积极和建设单位携手工作,及时畅通办事渠道,积极协调并组织机场、市政设计院各专业负责人多次组织现场会,同时跟进工点设计院调整墩位,最终确定了管道改迁的接口位置及路由。协调完成后利用国庆节期间及时组织改迁管沟施工,施工单位领导班子及部门负责人轮班盯控,昼夜加班加点,节日期间完成 102 m 供热管沟施工,提前完成供热管道改迁任务,没有影响 10 月 15 日的供热期。

③暗挖工程

后不塔气—什兰岱村区间暗挖段起讫里程为 YDK23 + 734. 382 ~ YDK23 + 930. 000,暗挖隧道为单线单洞马蹄形断面形式,断面尺寸为宽 6. 48 m,高 6. 72 m,正线线间距 14. 0 m,曲线半径 450 m,两洞间净距为 5. 63 ~ 7. 6 m。

暗挖段隧道采用台阶法、预留核心土方法开挖,初期支护为钢筋网 + 喷混凝土 + 格栅钢架 + 超前支护方式,施工时辅以临时仰拱支护。暗挖二次衬砌厚度为 350 mm,采用 9. 0 m 长整体液压模板台车,分段浇筑 C35 P8 防水混凝土,内设置双层钢筋,采取“仰拱先行,拱墙紧跟”的原则施工,仰拱采用定型钢模施作。暗挖区间防水工程为一级防水,初期支护与二次衬砌之间设置采用 400 g/m^2 土工布 + 1. 5 mm 厚单面粘合高分子自粘膜(非黑色)预铺防水卷材,均采用外防内贴法,人工铺设。平面部位采用空铺法铺设,立面采用机械固定法铺设,仰拱防水卷材上浇筑 70 mm 厚 C20 细石混凝土防水保护层。

后不塔气—什兰岱村区间暗挖段于 2017 年 9 月 15 日顺利开工,暗挖段埋深较浅,覆土最大厚度约为 11. 0 m,最小覆土厚度约 7. 9 m,属浅埋暗挖施工;开挖面地质为砂土层且层间水涌水严重,地质、水文条件较差;开挖断面为马蹄形不能自闭成环,二衬施工必须及时封闭成环;且左线下穿机场高速过街通道,过街通道底距隧道拱顶为 5. 207 ~ 5. 423 m,左线紧邻机场高速,路面距隧道拱顶竖直距离为 9. 807 ~ 10. 023 m,水平距离约 1. 7 m。

由于暗挖工程施工难度大、工期紧,在施工过程中出现各类不利条件,诸如地质条件不利,地下水的影响。建设单位及时组织施工单位在原有设计方案的基础上,邀请相关专家进行咨询,增加断面注浆、地表注浆、真空降水等安全措施,并在现场多次试验,以获取最佳数据。同时,组织技术人员、劳务人员培训学习,掌握施工过程中每道工序的卡控要点及技术指标。为确保暗挖工程施工安全、质量，施工单位管理人员 24 小时轮班现场盯控，暗挖隧道开挖过程中严格控制开挖边线，不超挖不欠挖；小导管施工间距、角度控制在允许范围内；注浆严格按照施工配合比实施，对注浆量和注浆压力双控；格栅钢架施工盯控焊接质量，保证有效连接；严格控制喷锚料的粒径、含泥量、含水率等指标；喷锚过程中，控制喷锚距离、角度，避免影响喷锚面的密实度以及回弹量等等。

通过科学组织、严格过程管控等，暗挖段保质保量、安全顺利地完成施工任务。

3. 2 号线呼和浩特站

(1)项目概况

呼和浩特站地理位置极为特殊，北侧紧邻呼和浩特火车站，南侧靠近国际商贸城高层及通达商场，东侧为中国邮政大楼，西侧毗邻呼和浩特市长途客运站，人、车流量极大。呼和浩特站为地下三层双柱岛式车站结构形式，车站总长 195 m，标准段宽度 22.9 m。车站共设置 4 个出入口，两组风亭。车站主体结构和附属结构均采用明挖法施工，部分主体结构采用盖挖顺做法施工。围护结构采用地下连续墙 + 内支撑体系。本站的地下连续墙及盾构下穿火车站施工是难点，同时呼和浩特站也是整条 2 号线的重难点站之一。

(2)主要技术及管理措施

①解决前期工作难题

车站地处城市中心的交叉路口，管线井盖标记不明，地下情况错综复杂。因此，交通疏解与管线迁改是本工程的重难点。为推动这两项工作顺利进行，建设单位及施工单位积极与交警支队、各管线产权单位沟通咨询，确定现场情况，探讨具体方案。将初步设计拟定的先中间环岛、后车站两端围挡方案优化为北侧、中间、南侧同时围挡方案进行施工。极大地节约了工期，提供了施工工作面。

②地连墙施工难题解决方案

车站范围内的天然气、雨水、污水、给水均已迁出地连墙施工范围。但通信管线位于车站盖挖段，为多孔梅花管结构，宽 1.2 m、高 0.6 m，埋深约 1.5 m。管内有 80 余根通信光缆，涉及的产权单位有联通、交管部门、广电、城发、电信、移动、军用光缆、呼和浩特铁路局集团公司等，且各产权单位无法保证改迁时间。根据以往通信管线改迁施工经验，80 余根通信光缆全部迁出需长达半年左右时间。通过不断的研究讨论，决定不对通信管线进行改迁，而是对成槽机抓斗改造，通过对管线剥离加固及导墙施工、泥浆制备及成槽机配合自制切土箱挖槽施工、钢筋笼分幅加工及钢筋笼吊装施工、双导管水下混凝土灌注施工，从而达到通信管线位置地连墙施工的质量安全要求。

车站地连墙处于较为罕见的富水砂砾层地质中且无法满足静水压力条件，采用地连墙成槽机成槽过程中，槽内出现塌孔，地连墙难以成槽。针对此情况，采取了如下施工技术以实现顺利成槽：成槽过程中对泥浆配比进行调整，添加外加剂提高泥浆黏稠度，提高护壁稳定性；地连墙两侧采用双排旋喷桩达到地层加固的效果，同时具有止水效果，提高成槽率；地连墙两侧设置降水井降低地下水位，提高泥浆水头高度，增加对槽壁的压力，保证地连墙成槽质量。

③盾构下穿火车站创造沉降纪录

在盾构下穿火车站施工过程中，施工单位面对曲线小半径下坡始发、连续性 S 形转弯下穿建(构)筑物，迎难而上、精心部署，施工全程严密监控，全程未出现监测点预警通报，成功实现了火车站站场股道、旅客进站天桥、旅客地道、高架候车厅、主站房的下穿任务。在曲线、连续下穿建(构)筑物过程中，创造了最大沉降数据 2.2 mm 的高质量沉降纪录。

④积极推广新技术

呼和浩特站在施工中严格执行有关技术规范和标准，加强质量控制，将施工质量作为现场控制的核心之一。同时积极推广应用建筑业新技术、新工艺、新材料、新设备。坚持技术创新，持续质量工艺改进，实施的《近邻高层建筑物地连墙施工工法》《富水砂砾石地层全回转套管机桩基拔除施工工法》获 2017、2018 年度内蒙古自治区工程建设自治区级施工工法。

⑤重视安全文明施工

重视现场安全文明施工，坚持绿色施工、以人为本的管理理念，把施工安全作为现场控制的核心之一。施工过程中重视危险源的分析识别与预控，严格落实各项管理规章制度。每个工程都严格按照标准化工地的要求进行规划，合理布置，并进行常态化管理。所施工项目未发生过安全生产事故，成功申报并获得呼和浩特市建筑施工安全标准化示范工地及内蒙古自治区建筑施工安全标准化示范工地。

11.4　安全质量管控

城市轨道交通建设，安全为命，质量为本，安全和质量是建设的根本保证。轨道交通作为城市重要的基础设施，是城市安全、质量文化的重要象征，在建设过程中一定要牢固树立“安全生产只有起点，没有终点”的意识，加大管理力度，提高管理水平，确保安全，提升质量。

11.4.1　建立健全安全管理机构、完善制度体系

1. 建立健全安全管理体系

(1)设立两级质量安全管理机构

建立了呼和浩特市城市轨道交通建设管理有限责任公司(简称轨道交通公司)和地铁 1、2 号线建设管理有限公司(简称地铁 1、2 号线建管公司)两级质量安全管理组织机构，采取分级管控模式，开展质量安全生产管理工作。分别成立质量安全管理委员会，推进各层级责任体系有效落实，强化红线意识，履行主体责任。

(2)严格落实建设各方主体责任

按照 PPP 建设模式特点，轨道交通公司代表政府履行对 PPP 项目实施综合监管以及对 PPP 项目中 A 部分管理；地铁 1、2 号线建管公司实施对 PPP 项目中 B 部分管理，承担建设单位主体责任；施工总承包建设指挥部负责协调、监督各施工标段资源配置、工程总体进度、安全质量管理等工作；施工标段单位实施对承包标段范围工程安全、质量、工期、成本、文明施工等方面管理自控，完成各标段及施工总承包合同约定责任和义务。

(3)强化两级监测密切监控

第三方监测和施工监测密切跟踪监控土建施工进展工况，根据施工图纸和设计方案结合工程现场实际情况制订监测方案(见图 11-4-1)。在工程土建施工期间，对地铁施工影响区域内的重要建(构)筑物、管线、地表沉降和位移实施监测，提供及时可靠的信息，评定施工对周边环境的影响程度，并进行及时、准确的预报，使建设各方第一时间做出反应，避免安全事故的发生。监理单位对施工单位、第三方单位的监测数据进行监督、比对、验算，避免少报、漏报，提供独立、客观、公正的监测数据，作为有关机构鉴定责任的依据。

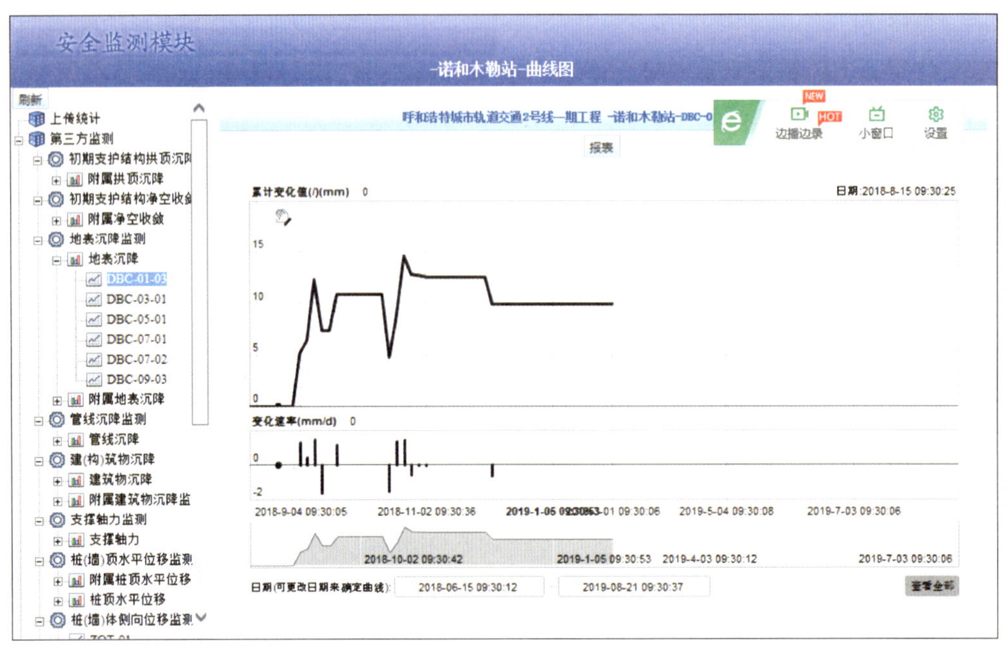

图 11-4-1　强化两级监测系统界面

2. 落实质量安全首要责任

(1)落实建设单位质量安全首要责任

围绕全面落实企业安全生产主体责任工作主线,有效布控安全防范措施。始终坚持“安全第一、预防为主、综合治理”的方针和“五落实、五到位”安全工作要求主线,紧密“围绕一个方针、打好两个基础、严格三级监管、落实四个目标、强化五种意识、严控六个重点、实现一稳一升一提高”的总体思路开展质量安全管理工作。(围绕一个方针:安全第一、质量至上、综合治理;打好两个基础:规章制度建设、责任体系建设;严格三级监控:上级行政监督部门、轨道公司监管部门、建管公司主管部门;落实四个“零”目标:隐患整改零拖延、伤亡事故零发生、实体质量零缺陷、环境保护零污染;强化五种意识:法制意识、责任意识、防范意识、精品意识、环保意识;严控六个重点:基坑结构开挖与支护、周边建筑物及道路的变形量测、地下管线的保护、联络通道矿山法区间施工、大型预制构件的吊装、施工现场临时用电作为安全生产的监控重点;一稳一升一提高:安全生产形势平稳、安全质量标准化水平逐步提升、全员管理素质逐步提高。)

轨道交通公司成立以党委书记、董事长为主任,其他班子成员、副总经理为副主任,各参建单位和公司各部门负责人为成员的安全生产委员会(组织机构见图 11-4-2)。公司主要负责人对公司安全生产负全面责任;分管安全生产的负责人是安全生产直接责任人,对安全生产负直接领导责任;其他分管负责人对各自分管业务范围内的安全生产负领导责任;有双重职务的同时负其责任。各级负责人在管理生产经营工作时,必须同时计划、布置、检查、评比安全生产工作,并把安全生产管理放在首位。

一是坚持安全责任导向,坚守安全红线底线,不断健全管理体系。随着工程进展情况制定了 50 多项安全管理制度及办法,整理了 108 项质量安全类法律法规管理汇编,全面落实企业安全生产主体责任,夯实质量终身责任制、安全生产责任制、质量安全管理过程预控等工作,提升地铁工程质量安全管理工作规范化和程序化。

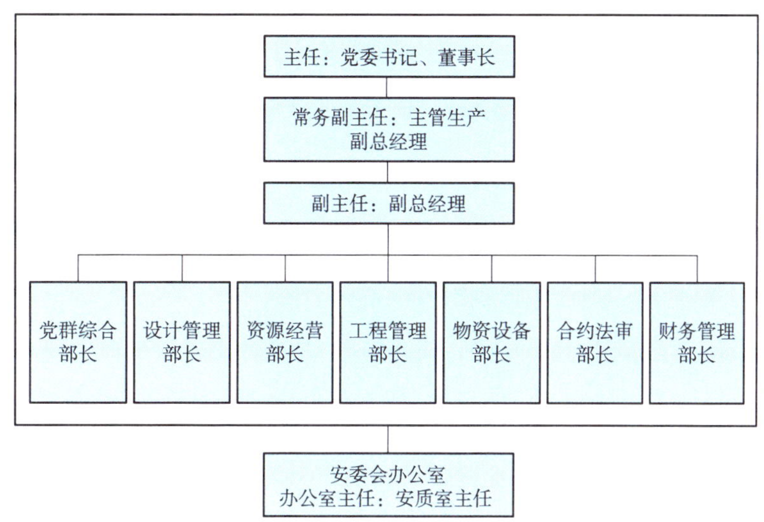

图 11-4-2　安委会组织机构图

二是强化安全生产监察机制。各单位组织安全质量定期检查、专项检查、季节性检查，制订检查计划，明确检查小组人员、分工、检查要求、检查内容和时间安排。认真落实日常检查、月度检查、季度质量安全综合考核评比，并授权两人检查小组，对现场问题进行检查，出具质量安全隐患整改通知单，追踪整改落实，形成多重安全生产监察机制。

三是统领全局，印发《呼和浩特市城市轨道交通建设管理有限责任公司安全生产守则》，明确各级领导、分管负责人、单位（部门）和员工总体安全生产责任。

四是强化市场与施工现场联动机制。对出现严重问题，出现生产安全事故的单位，坚决约谈集团公司主要领导，约定加强改进措施。对措施落实不力、工作执行力不足的单位，执行两场联动机制。

（2）施工前条件核查，重要部位、关键节点、工序管控到位

轨道交通建设工程重要部位和关键节点、工序施工前条件核查验收按照工程自身风险和周边环境风险的危险程度，分为以下两类进行严格管控。

Ⅰ类核查验收项目：暗挖穿越特级风险源，暗挖穿越（直径 1 m 以上，距暗挖结构顶 3 m 以内）污水管线，暗挖穿越河湖；盾构始发、到达，盾构开仓，盾构穿越特级风险源、穿越铁路建筑物。

Ⅱ类核查验收项目：暗挖竖井开挖，暗挖马头门开挖，暗挖扩大端开挖，暗挖穿越一级风险源，暗挖（首次）初支扣拱，暗挖大断面（首段）临时支撑拆除；盾构区间联络通道开口施工，盾构穿越一级风险源；深基坑开挖；模板搭设高度 8 m 及以上（或搭设跨度 18 m 及以上，施工总荷载 15 kN/m^2 及以上）的现浇梁、板混凝土浇筑。

（3）招标引进第三方监测、安全风险评估等单位进行质量安全评估、监控

①引进第三方监测单位对桩顶水平位移、竖向位移、桩身深层水平位移、支护结构测斜、支撑轴力、支撑立柱沉降观测、周边地表竖向位移、预应力锚索、地下水位、周边道路沉降、周边管线沉降、周边地表裂缝进行监测和观测。

②引进安全风险评估单位，重点建立城市轨道交通 1、2 号线一期工程安全风险监控信息管理系统，健全完善安全风险管理体系。进行安全风险信息的收集、汇总、分析、处理跟踪及反馈工作，进行安全风险监控信息管理系统、盾构施工实施监控系统管理、监督，督促相关单位基础资料录入、平台维护和升级。对城市

轨道交通1、2号线施工安全风险状况进行动态评价，对安全风险监控系统、第三方监测单位对视频监控系统的日常监控和管理。配合安全风险预警、事故的调查和处理工作、监控信息报送，设置外埠专家团队，提供后方技术支持，根据工程不同阶段进行全线现场巡查，参与重大风险工程事件的应急抢险或其他工作事项。

11.4.2 推进安全隐患双重预防机制

安全风险分级管控和隐患排查治理是相辅相成、相互促进的关系，安全风险分级管控是隐患排查治理的前提和基础，隐患排查治理是安全风险分级管控的强化与深入，二者共同构建起预防事故发生的双重机制，构成双层保护屏障。构建双重预防机制，严防风险演变、隐患升级导致生产安全事故。全过程贯彻落实安全风险技术管理体系，以体系化、标准化、信息化、智能化思维，建立健全安全管控体系，清晰界定参建各方管理职责，建立信息化安全、风险、隐患、应急管理系统，实现安全管理信息的互联互通，逐步实现智能化安全管控。

1. 有序实施安全风险分级管控

(1)全面开展安全风险辨识

总体设计阶段开展重大风险辨识和必要的专题风险评估，设计单位全面收集城市轨道交通工程相关资料，包括前期规划可研、工程勘察、周边环境调查等资料，系统辨识、分析工程建设过程存在的工程自身、周边环境、自然环境、工程地质等风险，形成风险辨识记录。全面辨识和评估工程建设潜在风险，对重大风险因素进行专项风险分析与评估，制定重大风险工程的风险处置措施，优化完善勘察设计成果文件，降低和控制由于设计方案或工程措施不合理所带来的安全风险。

初步设计阶段开展初步勘察风险管理、环境初步调查风险管理、控制性工程或重大设计方案的审查、初步设计阶段风险评估；施工图设计阶段开展详细勘察风险管理、环境详细调查风险管理、针对重大风险源的专项设计审查、高风险环境现状检测评估及审查、风险分级核查、高风险工程专项设计及审查、施工图强制性审查。按照初步勘察、详细勘察、环境调查、初步设计、施工图设计不同阶段开展相应的风险管理工作，主要通过安全风险管理技术要求制定、过程控制和成果文件审查验收实现对勘察设计阶段风险的控制。

施工阶段建设指挥部组织施工单位按照风险等级评定标准进行施工项目安全风险等级自评工作，完成自评工作后由监理单位负责进行审查，审查完成后上报建设单位，建设单位组织第三方评估单位进行企业风险等级和施工项目风险等级的评定工作。当风险等级确定后及时报送五方主体单位，由各单位按照相应的风险分级管控办法进行风险分级管控工作。

(2)科学评定安全风险等级

设计单位根据工程类型、施工难易程度和邻近区域影响特征等因素，对工程自身风险进行分析与评估；根据工程周边环境重要性和邻近位置关系，对周边环境风险进行分析与评估。按照《城市轨道交通地下工程建设风险管理规范》(GB 50652—2011)等有关标准、规定，对辨识出的每一项风险评定初始等级，编制安全风险初始等级清单。

根据安全风险初始等级，设计单位按照“分阶段、分等级、分对象”的基本原则，面向不同设计阶段、不同安全风险等级、不同风险工程分别开展风险工程设计工作，分析提出科学合理的风险控制措施，降低安全风险等级，保证工程自身及周边环境的安全。

施工单位根据设计阶段风险评估成果，开展工程自身风险和周边环境风险核查；全面辨识组织管理、设备设施、工艺技术等施工作业风险；客观分析自然环境风险，综合评定风险等级，明确施工关键节点、部位，制订专项风险管控方案和措施，编制风险评估报告。根据风险管控措施，综合分析措施失效或弱化等情况，制定现场风险管理基础清单，明确排查事项、内容和频次，建立预报警和响应处置流程，逐一分解落实责任。

（3）有效管控安全风险

①风险源提示和风险源安全风险分布标示

每周、每月编制风险源清单，提前对风险源进行预告预警，针对不同等级的安全风险，提出专项控制措施建议，实行差异化管理。对于重大风险源，实施重点监控，落实 24 h 轮班值守制度，强化现场管理。

施工单位依据安全风险类别和风险等级建立安全风险清单和数据库，绘制施工现场"红橙黄蓝"四色安全风险空间分布图。标示在施工总平面布置图或地理坐标图中，在施工现场醒目位置摆放。

②制订重大风险源专项方案

针对重大环境影响风险，设计单位开展专项风险分析与评估，制订针对性的设计方案或工程措施，降低风险等级。编制重大风险专项设计文件，并经过专家论证。根据采取的风险设计措施等，设计单位对初始风险等级再次进行核准、评估，按照《城市轨道交通地下工程建设风险管理规范》（GB 50652—2011）及其他有关标准、规定，确定安全风险剩余等级。

为有效判定施工过程风险演变的不同状态与级别，设计单位针对工程自身、周边环境、施工作业等风险，采取科学合理的方法，从定性、定量两方面，制定不同风险的控制指标、预警指标。

施工单位根据相关法律法规、规范标准和工程实际情况，在施工准备期编制重大风险专项施工方案，并组织专家论证。监理单位编制包括施工安全风险监理相关内容的监理规划和专项监理实施细则，施工单位和第三方监测单位编制工程监测方案。

③施工现场开展风险动态管理工作

参建单位按照风险动态管控的原则进行安全风险分级管控，当施工工序、环境、工法等发生变化导致安全风险等级出现变化的，及时调整安全风险管控措施。原则上每季度进行一次安全风险等级的复查工作，遇突发情况由建设单位组织安全风险等级的调整工作。

④建立长效教育培训机制

由建设指挥部组织编制重点岗位、重大风险、重要工序应知应会手册，形成对参建人员，特别是一线作业人员、管理人员的长效教育培训机制。在施工过程中随时、随地、随机抽查相关人员安全风险管控及隐患排查治理相关工作内容，使一线作业人员和管理人员真正从思想上明白安全风险管控的重要性，使安全风险管控从被动变为主动。

⑤严格把控关键节点风险管控验收核查制度

严格落实住房和城乡建设部《关于加强城市轨道交通工程关键节点风险管控的通知》（建办质〔2017〕68 号）等相关要求，强化工程重要部位和关键环节施工安全条件审查，加大对轨道交通工程开工前、风险事故易发处所监督检查力度。结合工程建设实际，将基坑开挖、钢筋笼吊装、脚手架作业、盾构始发接收及开仓换刀、特种设备作业、有压管道的破除及切割、带电管线的迁改及保护、井下半密闭空间作业、临近高架路深基坑防护、盾构下穿桩基及主干道、桥梁铺架、变电所启动等关键工序纳入重大危险源序列管理，严格把控危大工程安全专项施工方案编制、专家论证、审批程序。确保各项工程具备所有条件后开工，保证了各项安全质量工作有效实施。

⑥实施安全风险预警预告

呼和浩特市城市轨道交通工程建立安全风险监控和预报警体系，及时掌握安全风险状态。当发生风险超过控制指标，预报警单位及时发布预报警信息，施工、监理、建设等单位按照既定流程，积极采取风险管控措施。安全风险监控和预报警体系界面见图 11-4-3。

轨道交通公司结合地铁工程建设自身特点，引进第三方安全风险咨询单位进行协助管理，建立安全风险分级管控和隐患排查治理信息化平台。实现安全风险分级管控和隐患排查治理工作的信息化、数字化管理，为双重预防机制建设提供强有力的信息化支撑。

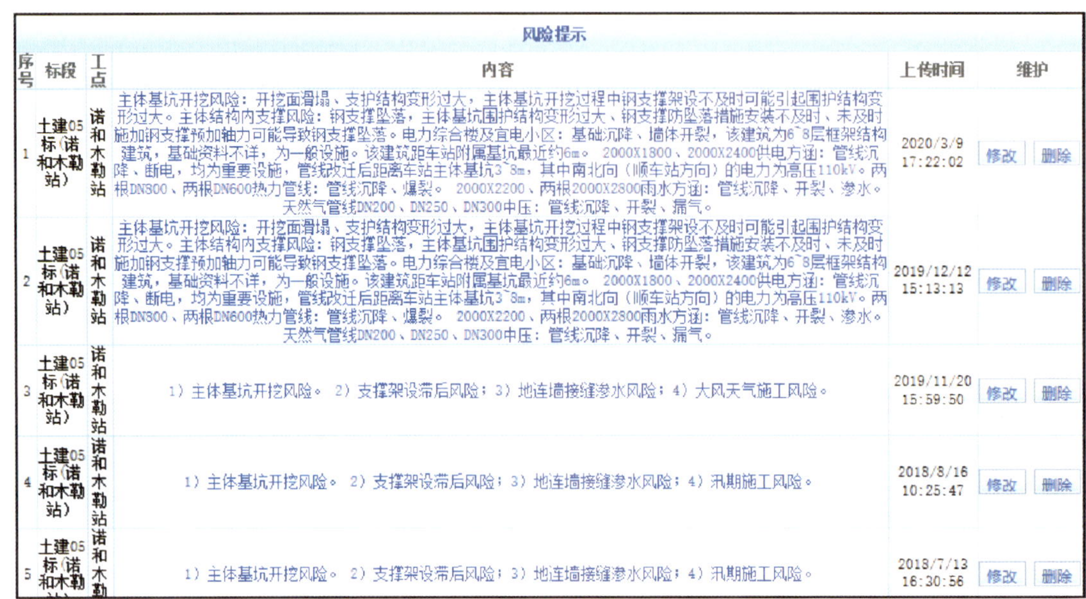

风险提示

序号	标段	工点	内容	上传时间	维护	
1	土建05标(诺和木勒站)	诺和木勒站	主体基坑开挖风险：开挖面滑塌、支护结构变形过大，主体基坑开挖过程中钢支撑架设不及时可能引起围护结构变形过大。主体结构内支撑风险：钢支撑坠落，主体基坑围护结构变形过大、钢支撑防坠落措施安装不及时、未及时施加钢支撑预加轴力可能导致钢支撑坠落。电力综合楼及宜电小区：基础沉降、墙体开裂，该建筑为6~8层框架结构建筑，基础资料不详，为一般设施。该建筑距车站附属基坑最近约6m。 2000X1800、2000X2400供电方涵：管线沉降、断电，均为重要设施，管线改迁后距离车站主体基坑3~8m，其中南北向（顺车站方向）的电力为高压110kV。两根DN300、两根DN600热力管线：管线沉降、爆裂。 2000X2200、两根2000X2800雨水方涵：管线沉降、开裂、渗水。天然气管线DN200、DN250、DN300中压：管线沉降、开裂、漏气。	2020/3/9 17:22:02	修改	删除
2	土建05标(诺和木勒站)	诺和木勒站	主体基坑开挖风险：开挖面滑塌、支护结构变形过大，主体基坑开挖过程中钢支撑架设不及时可能引起围护结构变形过大。主体结构内支撑风险：钢支撑坠落，主体基坑围护结构变形过大、钢支撑防坠落措施安装不及时、未及时施加钢支撑预加轴力可能导致钢支撑坠落。电力综合楼及宜电小区：基础沉降、墙体开裂，该建筑为6~8层框架结构建筑，基础资料不详，为一般设施。该建筑距车站附属基坑最近约6m。 2000X1800、2000X2400供电方涵：管线沉降、断电，均为重要设施，管线改迁后距离车站主体基坑3~8m，其中南北向（顺车站方向）的电力为高压110kV。两根DN300、两根DN600热力管线：管线沉降、爆裂。 2000X2200、两根2000X2800雨水方涵：管线沉降、开裂、渗水。天然气管线DN200、DN250、DN300中压：管线沉降、开裂、漏气。	2019/12/12 15:13:13	修改	删除
3	土建05标(诺和木勒站)	诺和木勒站	1）主体基坑开挖风险。 2）支撑架设滞后风险；3）地连墙接缝渗水风险；4）大风天气施工风险。	2019/11/20 15:59:50	修改	删除
4	土建05标(诺和木勒站)	诺和木勒站	1）主体基坑开挖风险。 2）支撑架设滞后风险；3）地连墙接缝渗水风险；4）汛期施工风险。	2018/8/16 10:25:47	修改	删除
5	土建05标(诺和木勒	诺和木勒	1）主体基坑开挖风险。 2）支撑架设滞后风险；3）地连墙接缝渗水风险；4）汛期施工风险。	2018/7/13 16:30:56	修改	删除

图 11-4-3　安全风险监控和预报警体系

(4)施工现场实施安全风险公告警示

各单位对重大风险和较大风险在醒目位置和重点区域分别设置安全风险公告栏，制作岗位安全风险告知卡，标明主要安全风险、可能引发事故隐患类别、事故后果、管控措施、应急措施及报告方式等内容。对于一般风险和低风险可采用设备风险告知牌和岗位安全风险告知卡等形式进行安全风险公告警示。

建设指挥部负责组织施工单位实施现场安全风险公告警示工作。包括安全风险教育和技能培训、设置风险告知卡、进行每日班前安全风险宣告会、二级及以上风险源位置处设置风险源分级管控告知牌和监测信息告知牌。风险源分级管控告知牌内容包括各单位、各层级负责人联系方式和对于该风险的防控措施等相关信息。监测信息告知牌内容包括监测点信息、监测时间、监测数据、是否异常数据、是否报警等相关信息。

2. 有效推进隐患排查治理体系

(1)建立隐患排查治理规定，隐患排查治理考核制度

风险管控不到位或缺失等，极易演变成隐患。为此，轨道交通公司制定印发了《关于进一步加强隐患排查治理的通知》，要求各施工单位、监理单位全面开展隐患排查治理工作，防范各类生产安全事故发生。

①明确隐患排查方式

事故隐患排查方式分为建管公司、指挥部监督检查，以及班组、岗位、工种日常隐患排查。

建管公司与指挥部监督检查通常包括日常巡查、专项检查、综合检查、定期检查、专家检查、公司领导检查、重大活动及节假日前检查等。

班组、岗位、工种日常隐患排查通常包括岗前、班前、交接班时、班后隐患自查。

②明确事故隐患排查周期

作业班组、各岗位、工种经常性开展隐患自查,监督管理部门、单位根据自身工程实际情况,制定与之相适应的事故隐患排查周期。并根据安全形势的变化、上级主管部门要求等情况,增加事故隐患排查的频次。涉及季节性、节假日、特殊时间段、恶劣天气前后、危险性较大的分部分项工程等出现的风险,针对其特点进行专项排查。

③开展事故隐患排查

施工单位建立全员隐患排查治理机制,严格落实"三个必须"要求。项目作业班组、作业人员,包括关键技术岗位人员、特种作业人员、施工作业人员(如劳务分包队伍)等,根据岗位职责和岗位手册开展隐患排查,排查出的问题隐患纳入项目隐患排查台账。项目工程、设备、技术人员定期开展现场隐患排查;项目安全管理人员加强对项目全体管理人员和作业人员隐患排查治理工作开展情况的监督;施工项目上级企业建立隐患排查工作机制,定期对施工项目进行监督检查,督促、指导施工项目做好隐患排查治理工作。

④事故隐患通知通告

施工单位建立事故隐患自查自报机制,对排查发现的事故隐患建立现场台账,并根据不同事故隐患等级和对周边环境影响程度等,向建管公司、轨道交通公司和行业主管部门报告,事故隐患报告形式可采用书面或信息化平台等方式。事故隐患不得漏报、瞒报、谎报,对于排查发现的重大事故隐患,排查单位立即报告。

⑤事故隐患整改

a. 一般事故隐患整改。参建单位排查出的事故隐患,均由施工单位依据"整改五落实"原则,按照事故隐患排查清单中各级各类事故隐患整改时限要求立即整改。整改完成后,将整改详细情况及时报告回复相关单位。

b. 重大事故隐患整改。施工单位根据审核通过的《重大事故隐患治理方案》组织整改,施工单位上级安全生产管理部门派员监督实施。在重大事故隐患整改过程中,事故隐患责任部门应当采取相应的安全防范措施,防止事故发生。

c. 事故隐患排除前或者排除过程中无法保证安全的,应当从危险区域内撤出作业人员,并疏散可能危及的其他人员,设置警戒标志,暂时停工或者停止使用。

⑥事故隐患验证与销项

事故隐患整改完毕后,提交事故隐患整改报告。事故隐患监督管理部门接到事故隐患整改报告后,安排人员或监理人员对其整改效果复查,验证整改效果。

一般事故隐患整改完成后,施工单位先进行自检,监理单位进行核验。其中,施工单位排查的事故隐患,按照"自查自治"的原则进行整改销项;建设指挥部、建管公司和轨道交通公司排查的隐患,按照"谁排查、谁核准"的原则进行验证与销项。

重大事故隐患整改完成后,按照行业行政主管部门有关要求进行整改销项。

⑦事故隐患现场台账

对排查出的各类事故隐患,施工单位建立事故隐患排查治理现场台账,台账信息包括排查人员、隐患部位、整改措施、整改责任人、整改期限、隐患状态等,事故隐患现场台账进行动态更新。

⑧监督考核

鼓励各单位隐患自查自治，并结合工作实际，建立事故隐患“排查-治理”分离考核机制，按照是否排查、排查是否到位、是否按要求上报、是否按时响应、是否按要求整改等情况分别考核，鼓励各单位参与事故隐患排查治理。建立差异化考核机制，按照施工单位、监理单位、建设单位不同管理层级，对下一级应发现而未发现，被上级发现的，以及重复发生的隐患问题加大考核力度，督促各单位严格落实自身主体责任。

(2)“双重预防机制”实施效果

“双重预防机制”在呼和浩特市城市轨道交通工程1、2号线推广并实施一定阶段后，通过对两条线路事故率、伤亡率等指标统计，风险、隐患等安全问题数量的变化，以及安全管理流程是否闭合等情况的分析，总结“双重预防机制”的运行效果，进而说明机制运行的有效性，使轨道交通工程建设安全处于可控范围内。

根据安全管控的特点及管理模式，对双重预防机制运行效果的持续改善，形成具有呼和浩特市轨道交通工程建设特色的双重预防机制。

根据双重预防机制两个体系的特点，建立适合本地实际的安全风险分级管控的信息化平台，运用互联网、大数据、BIM等信息技术手段，实现安全风险管控和隐患排查治理工作的信息化、网络化、标准化、一体化，实现信息系统自动化分析和智能化预警，为双重预防机制构建提供支撑。

11.4.3 推进安全信息化管理，充分发挥安全风险监控平台的作用

1. 建立风险监控“云平台”系统

呼和浩特市城市轨道交通安全风险监控与管理信息系统为参建各方提供一个协同工作的云平台，以加强工程数据信息的快速传递、分析与反馈，同时推进工程建设过程中各项工作的标准化，提高城市轨道交通工程建设的安全管理水平。

安全风险监控与管理信息系统是融合软硬件技术、网络技术、通信技术、GIS技术，以第三方监测、施工监测、盾构监测、视频监控、参建各方安全管理信息为基础数据，以建设单位及各参建单位为服务对象，结合风险评估、预警模型、专家研判等技术手段，强化地铁建设安全管理的系统工具。

安全风险监控与管理信息系统整合各参建单位综合信息、安全风险管理、监控量测、巡视检查、应急管理、各工序监控、工程资料管理、管理考核、系统管理，实现安全管理信息共享互通，对预警进行及时分析、处置。

2. 安全风险管理信息平台应用

(1)建立安全风险管理信息平台的目的

①建立呼和浩特市城市轨道交通工程建设安全风险管理信息平台，提高监测数据、盾构机关键参数、现场巡查、预警信息、风险预报等信息的传递效率，达到及时评估工程的安全状态，为建设管理方与各参建方搭建一个协同处置工程安全隐患、突发事件的工作平台，第一时间发现问题，第一时间协商会诊与辅助决策，第一时间处置安全隐患与突发事件，实现安全管理的信息化、网络化和标准化，提高安全保障能力，确保呼和浩特市轨道交通工程建设的安全顺利推进。

②结合呼和浩特的地质条件、施工工法、环境特点，将不同工法、地质单元、围(支)护结构、建(构)筑物的预警、预测模型及控制指标植入系统，为呼和浩特市地铁建设提供准确的预警、预测功能。

③安全风险管理信息系统的应用，就是坚持以预防控制为核心，以风险源辨识、风险评估和管理措施为基础，以人的不安全行为、物的不安全状态和环境控制与管理为重点，从管理、技术和信息化手段三个方面进行优化完善，得到更科学、更系统、更有效、更全面的风险管理模式，从根本上提高城市轨道交通建设安全管理水平，实现安全生产的根本好转。

(2)安全风险管理信息平台的优势

①体现追求本质安全管理的核心理念

安全管理是指在一定的资源、经济与技术条件下，在城市轨道交通建设全过程对已知规律的风险源进行辨识、评估、分级，进而对其进行风险预控，实现人员、设备、环境、管理的优化、协调，杜绝较大事件/事故的发生，并使各类事件/事故造成的损失降低到人们的期望值和社会可接受水平的闭环风险管理过程。其目标是通过以预控为核心的、持续的、全面的、全过程的、全员参加的、闭环式的安全管理活动，在生产过程中做到人员无失误、设备无故障、系统无缺陷、管理无漏洞，进而实现"人、机、环、管"的本质安全，切断安全事件/事故发生的因果链。

②提高企业管理水平和预防事故的有效途径

通过安全风险分析、评估与管理，对风险进行预警与警戒，提高灾害性事故的预测和防控能力，有效降低城市轨道交通工程建设的安全风险。

通过建立信息管理系统，对施工监测、第三方监测及盾构机等客观数据信息及时统计、分析与预警预测，结合专家分析判断，对可能产生的工程风险进行预测与预防管理，对已经发生的预警事件进行协同处置，从而实现对全网在建工程风险源的全面管理与重点监控，以保障工程建设的安全、顺利进行。

③安全风险管理信息平台应用不断提高建设单位的管理水平

风险管理模式的各要素都是围绕"风险源辨识、风险评价和风险控制"工作的，首先对既有安全管理体系和不同建设阶段土建安全风险进行评估，并在施工过程中跟踪、控制重大安全风险源，辅以信息化的手段，实现对施工现状的风险管理，不断提高建设单位自身的安全管理水平。

实施风险管理模式，是安全管理从传统凭借经验的粗放型管理向以数据为基础的精细化的现代化管理转变的具体体现，是培养、锻炼和提高安全管理队伍业务技能和综合素质的具体措施。它能在企业内部形成一个系统化、结构化的风险自我管理、自我完善机制。

④安全风险管理信息平台提升安全管理的效率

城市轨道交通建设工程点多面广，信息量巨大，风险错综复杂。就目前的信息传送渠道与管理手段来讲，主管领导与工程管理人员难以及时、全面、直观地掌握工程建设的安全风险现状及变化趋势。

信息管理系统的建立，能很好地提高信息传送效率，解决工程建设安全信息管理化程度低、时效性差、参建各方协同工作难、工程数据共享程度低等问题。能够为参建各方协同开展风险管理工作提供有力工具，提升工程建设安全管理水平和效率，减少传统安全管理的人力、物力，节约成本。

信息管理系统能记录各类预警事件的处置过程，做到参建各方安全管理工作的"留痕"，有助于工程风险管理经验的积累与安全事件/事故的责任追溯。

利用信息管理系统收集、存储工程建设的数据、资料、经验，通过不断积累与总结，逐步形成专家资源系统，以指导工程建设及科学研究，即把工程风险管理从经验型向数字化型转变，使其更科学的发展和传承。

(3)应用安全风险管理信息平台所取得的成果

城市轨道交通工程建设具有投资高、建设规模大、安全事故突发性高的特点,为了确保工程建设的顺利进行,保证施工人员的生命安全,保障工程周边建(构)筑物的安全,应用信息化的安全管理手段已成为必然的趋势,经过4年的不断完善,呼和浩特市城市轨道交通安全风险管控已逐渐形成,并取得了相应的成绩。近几年呼和浩特市轨道交通未发生较大的安全事故,由此可见,安全风险管理信息平台的应用对呼和浩特市城市轨道交通安全管理起着举足轻重的作用,为呼和浩特市严峻的轨道交通安全生产形势提供了坚实的保障,为各建设阶段风险辨识与控制安全风险提供了合理的手段,提升了轨道交通工程建设单位管理者的安全风险管理水平。

3. 强化发挥信息化模块功能作用

安全风险监控与管理信息系统整合综合信息、安全风险管理、监控量测、巡视检查、应急管理、盾构监控、远程监控、信息可视化、工程资料管理、管理考核、系统管理11个模块的信息采集、集中与分发,实现建设单位各部门以及参建单位的层级管理与协同办公,实现安全信息的上传、分析、预警、处置以及消警等各个环节的流程化管理,参建单位通过系统各司其职,共管安全。轨道交通工程建设安全风险监控与管理信息系统界面见图11-4-4。

图11-4-4 安全风险监控与管理信息系统界面

(1)保障制度执行,实现精细化管理

信息化的应用,增加了信息的透明度和可靠度,采用信息化手段辅助管理,固化安全管理制度和流程,并通过可追溯的信息化技术,追踪考核安全管理制度的执行,使得管理制度的执行不因人员的变化带来不确定性。

(2)实时远程监控,提高项目管理效率

通过系统视频监控模块发现现场人员违规作业或现场施工作业面有不安全状态因素时,管理人员可以抓拍或迅速到现场了解与核查情况,对违规作业情况进行及时整改(见图11-4-5);对于不安全状态(如渗水、漏砂)情况,结合监测数据、周边环境、地质条件等综合判断安全状态,并及时发布巡视预警。

(3)提升预警能力,增强现场把控力度

通过信息化采集监控量测、盾构数据等手段,并可对数据的真实和有效性进行校验,实现对超过预警值数据的及时预警,通过手机客户端、短信息等辅助手段加快信息的传递,使预警信息得到及时的处置与反馈,实现闭环管理,从而有效预防安全事故的发生。

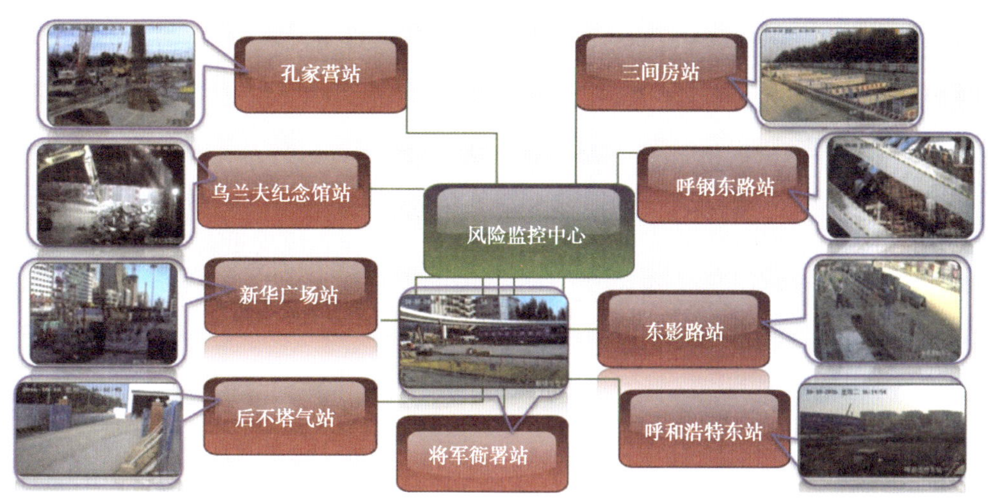

图 11-4-5　实时远程监控

(4)积累管理经验,提升全员管理水平

通过安全风险监控与管理信息系统汇总、存储各条线路在建工点的工程建设安全数据和应急救援相关数据,实现对监测数据的管理与统计分析、重大风险源管理、安全预警管理,以及安全形势评价与专家分析评估等,为建设单位与各参建单位提供一个开展安全管理的协同工作平台,从而强化应急处置能力,推动城市轨道交通建设安全生产管理向科学化、制度化、信息化方向发展,提高安全预警和应急处置的管理水平。

11.4.4　抓住关键重点,布控管控主题

轨道交通公司始终把安全工作放在首位,所有参建人员时刻保持警醒,警钟长鸣,扎扎实实地做好安全生产、环境保护、文明施工等工作。召开月度、季度会议进行贯彻落实,统一思想、齐心协力抓好轨道交通建设安全质量管理工作。结合施工实际情况,以深入开展“安全生产月”和“质量月”活动为契机,将国家、自治区、市“安全生产月”和“质量月”活动精神贯穿于整个建设施工过程(见图 11-4-6)。以此为契机,开展一系列安全教育培训活动和隐患排查治理活动,夯实安全基础管理。

图 11-4-6　深入开展“安全生产月”和“质量月”活动

1. 月度重点管控主题

根据年度的建设施工任务,结合每月安全隐患风险排布,按每月制定重点管控主题。

如:1 月份抓安全方案的制订;2 月份抓冬休安全教育培训;3 月份抓开工双预控;4 月份抓盾构;5 月份抓机械设备;6 月份抓安全月的落实;7 月份抓防汛;8 月份抓标准化;9 月份抓质量;10 月份抓冬施;11 月份抓消防;12 月份抓考核。

2. 日常监控危大工程重点

结合工程实际把深基坑开挖、钢支撑支护、高支模、大型预制构件的吊装、盾构掘进、地下管线及周围建筑物、构筑物的安全、施工现场临时用电以及特种设备作业作为安全监控的重点。杜绝一切违章指挥、违章作业、违反劳动纪律的行为,确保工程实施作业过程中无任何习惯性作业的案例发生,杜绝一切重大社会不良影响和环境影响事故。

3. 过程验收控制

(1)首件验收、百环验收等关键工序验收

严格落实各类关键节点、重要部位首件验收及样板引路制度。所有单位、分部工程中涉及梁板柱等关键节点、重要部位的钢筋绑扎、防水粘贴及涂刷均进行首件验收及样板引路,高标准、严要求,以使整站工程标准统一,规范施工。

根据重要工序对照检查主控条件、一般条件进行验收。

主控条件包括:设计文件、施工方案、监控量测、管线保护、视频门禁、临边防护、应急准备、支护体系、支架预压与验收、地基处理、提升系统、格栅加工、冠梁(锁口圈梁)、超前支护及加固措施、盾构机安装调试、始发托架、反力架及导轨、洞门土体加固、洞门密封、盾构管片、浆液制作、有限空间作业准备、环境风险等。

一般条件包括:材料及构配件、设备机具、分包管理、作业人员、风水电、作业平台等。

(2)监理现场监督

主要为涉及结构安全的重点施工部位和隐蔽工程,影响工程质量的关键工序和特殊过程,施工过程中容易出现的严重质量问题及质量事故处理。

严格审查施工组织设计及施工方案;施工机械的进场审查、性能控制;施工现场布局、安全、文明施工检查;严格审查施工单位及施工分包单位资质;严格审查混凝土及防水卷材供货单位的资质及业绩等;严格执行钢筋、水泥、砂石等原材料、半成品及防水材料报验程序,把好材料及半成品工程质量关;核查施工测量放线成果;核查施工前期准备情况,是否具备开工条件。

施工过程质量控制内容包括:地下连续墙施工中的钢筋笼制作、吊装,包括钢筋笼吊点位置、起吊过程及吊装作业人员,混凝土浇筑过程控制,包括砼配合比、坍落度等;地基加固等施工中的喷注作业,包括送浆情况、水灰比、浆液比重、提升速度、加固深度、注浆压力等;土方开挖及支撑施工中的支撑安装及预应力施加,包括土方开挖及支撑安装时间、支撑预应力施加大小、活络头伸出量等;主体结构中的钢筋接驳器连接安装、防水安装、混凝土浇筑;盾构施工始发、接收准备情况,掘进施工姿态控制;盾构管片钢筋绑扎、套管埋设、养护、防水材料粘贴;轨道工程中的轨排组装、控制基标、轨排井及轨行区统筹管理;装饰装修工程的吊顶支撑、绝缘层、二次结构干挂石材、盲道砖、防火卷帘等;机电设备安装中的风管吊丝、风机风阀、空调箱、消防栓、桥架接地、电缆压接、排水管道安装等。

(3)业主代表过程监督管理

业主代表作为全面履行建设单位管理职责的现场管理人员,代表建设单位对工程的质量、进度、投资、安全生产、环境保护、廉政及精神文明建设等进行全面现场管理,在工程建设中起着至关重要的作用。

主要负责检查参建各方项目部班子的主要管理人员是否按投标文件中的名单到位，其资质和资格是否与合同承诺相一致；重点审查施工单位、专业分包单位安全生产许可证、相关人员证书及证件；施工过程中，负责建立形成分包对总包负责、总包对监理负责、监理对建设单位负责的现场管理机制；建立和完善施工、监理等单位项目管理班子综合评价体系，对履行质量和安全职责情况、工程节点目标完成情况、分包工程是否降低质量标准、是否按约定及时支付分包单位工程款等状况进行评价，以保证轨道交通工程质量和安全；定期检查内业资料、现场文明施工情况；针对不同工程工序进行重点的安全、质量检查；对现场发生的异常情况及时会同施工、监理单位进行处理，并及时报告轨道交通公司；强化风险源防范策划，落实应急抢险措施。督促监理单位组织施工单位对项目风险防范进行策划，针对建设过程制定应急抢险措施和预案，并加强演练；强化关键节点验收，落实开工条件验收报审；督促建设各方建立、健全各项管理制度和信息交流，加强对监控量测信息和远程监控系统的日常监督管理，尤其是预警的分析和处置；组织工程安全、质量、进度、文明施工和各方行为检查，包括日常检查、定期检查、专项检查、巡回检查、季节性检查等；对各类检查中的问题和整改意见，分析原因，制定措施，落实责任，保证问题及时整改到位。

11.4.5　强化教育培训、开展应急演练、有效应急处置

1. 制订阶段培训计划，开展安全技能培训

以习近平新时代中国特色社会主义思想为指导，深入落实党中央、国务院关于工程质量安全工作的决策部署和全国住房城乡建设工作会议要求，牢固树立安全发展理念，提升安全管理水平。

宣贯并落实《呼和浩特市总工会关于"安全生产"的倡议书》，切实提高参建员工的安全防范意识。自 2016 年以来，组织公司安委会成员、安全管理人员、各参建单位负责人、安全负责人、各施工标段项目经理、安全总监、监理单位、第三方监测单位、第三方检测单位、安全风险监控中心等单位三千余人次参加，并邀请了市安监局、市安监站、中国中铁股份有限公司安全质量负责人等相关领导进行了轨道交通工程安全风险案例、城市轨道交通工程质量安全检查指南、消防安全专项培训、危大工程安全管理、初期运营前安全评估、轨行区安全管理培训等，图 11-4-7 为分阶段开展专业安全技能培训现场。从不同角度、不同方位对轨道交通项目相关案例进行了深入剖析，交流相关案例，分析问题原因，深入讲解轨道交通工程施工中存在的各类风险管理环节，对轨道交通工程安全风险管控的必要性及重要性有了进一步深入理解，有效提升了全员安全风险防范能力。

图 11-4-7　分阶段开展专业安全技能培训

2. 编制综合应急预案、评审及发布

2017 年 8 月 22 日，对《呼和浩特市城市轨道交通建设管理有限责任公司综合应急预案》进行了专家评审，并出具专家评审意见。2018 年 12 月 10 日，因轨道交通公司人员变动，对综合应急预案进行了修订，试行发布。2019 年 8 月根据市行政机构改革职能划分及公司人员变动，进行修订，正式发布(见图 11-4-8)。

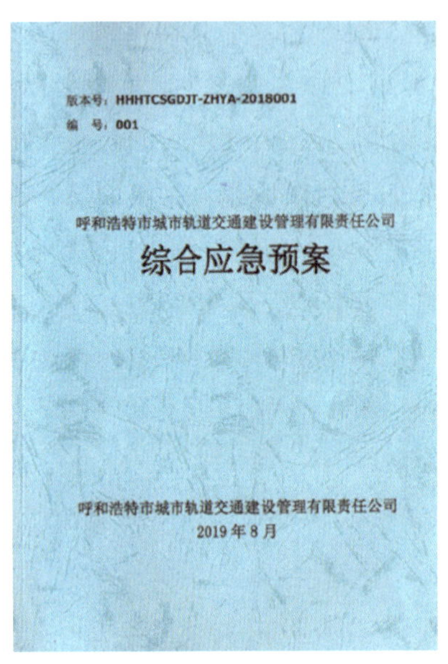

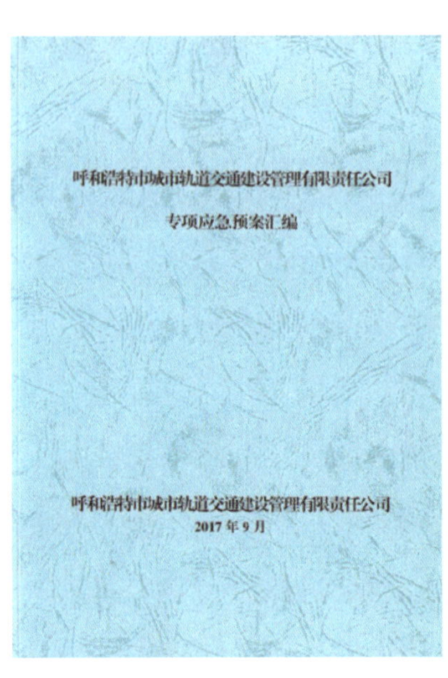

图 11-4-8　发布综合应急预案和专项应急预案

3. 分阶段、分时期开展应急演练

各参建单位每年不定期组织消防、防汛、起重吊装、基坑坍塌、防触电、防意外伤害、防坠落应急演练(见图 11-4-9)，提高了施工人员在突发紧急情况下的快速反应和实战技能，培养了遇险遇急情况下人员相互协作、互帮互助的应急意识，为进一步强化各参建单位应急管理工作、促进轨道交通建设平安稳定提供了有效保障。

图 11-4-9　加强应急管理开展应急演练

4. 加强应急管理制度建设，现场突发事件处置

为更好地适应施工生产的需求，保证各种应急物资处于良好的备战状态，指导应急反应行动按计划有序地进行，有效避免或降低人员伤亡和财产损失，实现应急反应行动的快速、有序、高效。轨道交通公司要求各参建单位充分认识做好紧急重大事件报告工作的极端重要性，明确重要紧急事件的报告原则，严格报告的时限要求。建立、健全重大紧急信息预警报告制度，明确责任分工，健全工作机制，强化力量投入。

应急响应方面，按照发生灾害事故→报告联络有关人员（紧急时立刻报警、打求助电话）→启动救援预案→必要时向社会发出救援请求→实施应急救援、保护现场、上报有关部门等→善后处理。

对于先期处置未能有效控制事态的重大突发事件，轨道交通公司救援指挥领导小组、建管公司、建设指挥部及施工单位联合成立现场应急指挥中心，根据事态发展变化情况，开展现场处置工作，出现急剧恶化的特殊险情时现场救援指挥中心在充分考虑专家和有关方面意见的基础上依法及时采取紧急处置措施。

信息报告方面，紧急事件发生后，现场人员立即核实，在 1 h 内同时向市轨道交通公司和施工、运营上级主管单位报告，2 h 内上报相关书面材料；遇特别紧急情况，可以电话同时向轨道交通公司和行业监管部门口头报告。一般性突发事件要在事件发生 6 h 内向市政府报告。

第12章 创新案例

随着我国城市轨道交通的快速发展，轨道交通工程建设中遇到的新问题亟需新技术、新工法来有效解决，这些新技术的应用很好地解决了施工中的难题，既节约了建设成本，又大大缩短了建设的周期，而且有效地保证了施工安全和工程质量。

管线改迁问题是制约地铁建设开工的一个顽疾，地下管线复杂、涉及产权单位多、建设单位协调工作量大、管线改迁时间节点往往会严重影响建设节点的实现，造成有效施工工期不足，采取有效可靠的处理方法优化改迁方案，可减少管线改迁时间和降低改迁费用。呼和浩特市城市轨道交通1、2号线一期工程建设初期就非常重视管线改迁工作，优化改迁设计、应用BIM可视化排管找出最佳改迁方案，对部分大直径管线进行了悬吊保护。

为了快速高质量完成地铁建设任务，必须进行技术创新，只有技术先进才能加快地铁建设步伐，只有技术革新才能高质量施工、才能保证高水平开通运营。呼和浩特市城市轨道交通建设在技术创新上大胆尝试，不断摸索，多项创新工法为工程实践提供了可靠的技术保证。

12.1 案例一 大管径污水管线悬吊施工

12.1.1 施工背景

呼和浩特市城市轨道交通1号线一期工程后不塔气站（原鸿德学院站）主体结构顶板上方横向交DN1400污水管，管线顶距原地面为8.3 m，管线底部距车站主体结构顶板0.36 m，管道材料为混凝土管，每节管长度为2 m，改迁难度较大，而且污水管线涉及主要市政交通干道，破路改迁对交通影响较大，经多方论证研究，车站主体结构施工时，采用对管线进行悬吊保护方案。

12.1.2 悬吊方案

1. 第一施工阶段（土方开挖基坑及主体结构施工）

基坑开挖至冠梁下方8.1 m深度时停止开挖作业，首先由南向北把管线两侧、下方部分土方清理（由南向北逐步清理），边清理边进行矩形悬吊骨架的安装，矩形骨架采用18a槽钢竖向结合横向18a槽钢焊接而成矩形的刚性悬吊钢骨架，每隔1 m布置一道。冠梁上架设四榀64军便梁作为钢梁。并且在混凝土管接头处设置加强垫板，垫板采用5 mm厚钢板（1.5 m×1.5 m）在混凝土管接茬处下方垫撑并且两侧分别有刚性悬吊骨架托起，保护完成后继续下挖竖井基坑土方进行下一道工序（见图12-1-1）。

2. 第二施工阶段（土方回填施工过程）

主体结构顶板施工完成后达到设计强度后，利用支墩对管线进行托架保护，管线下方采用实心砖砌筑

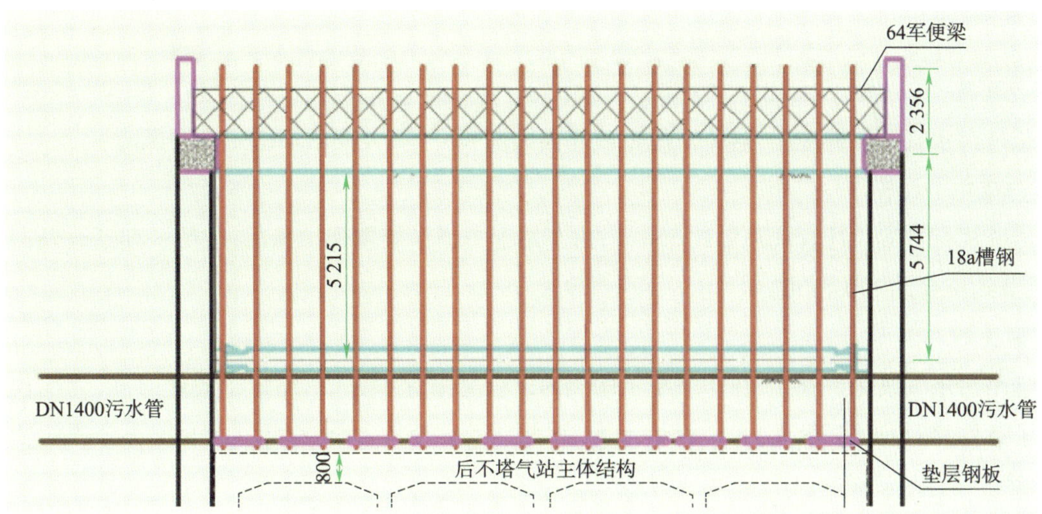

图 12-1-1　第一阶段管线悬立面示意图(单位:mm)

支墩进行对混凝土管的支撑。支撑完成后及时进行土方回填。回填过程中靠近管线两侧 1 m 范围内采用人工夯实,管线顶面 2 m 回填土全部采用人工夯,2 m 以上部位采用机械夯实(见图 12-1-2 和图 12-1-3)。

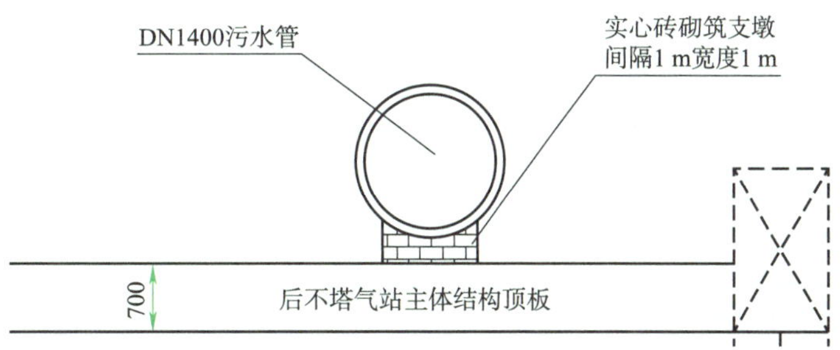

图 12-1-2　第二阶段管线支墩剖面示意图(单位:mm)

图 12-1-3　现场悬吊成功案例

12.1.3 取得效果

1. 安全可靠

采用悬吊污水管线保护施工,避免对原市政路面大面积开挖,大大减小施工安全风险。

2. 节约成本

按照传统绕行方案改迁管线路由约 350 m,由车站上方横穿架空保护悬吊,节约一期迁改及回迁中不必要的投资,节约资金约 120 万元。

3. 缩短工期

采用悬吊污水管线保护施工,在车站施工围挡内进行悬吊保护施工,缩短了改迁时间,为地铁建设快速开始创造了条件,缩短工期 35 天。

4. 有利于周边环境保护

对于传统绕行改迁需要大面积开挖,且带来扬尘污染和交通疏解困难,因此在施工围挡内进行改迁,可避免对周边道路的破坏,减少对周边市民出行影响,有效保证对周边环境的保护。

12.2 案例二 特殊高压热力管线悬吊施工

12.2.1 施工背景

新华广场站为城市轨道交通 1、2 号线同期实施的换乘站,二者采用“T 型”节点换乘方案。1 号线为地下两层结构,沿新华大街呈东西向设置,车站总长 523.1 m,标准段总宽 24.7 m,覆土 2.74 m;2 号线为地下三层结构,沿锡林郭勒北路呈南北向设置。根据一期管线回迁施工及热力管线永迁图纸设计路由,本车站主体结构基坑范围内有 2 道纵穿基坑的 DN1200 热力管道。因车站一期顶板施工范围内热力管道已改迁至设计位置(迁改长度为 394 m),换乘节点内顶板未施工,为了保证正常供暖,需要先改迁换乘节点内热力管道并与原管道进行碰管(换乘节点内迁改 102 m),整体工期调整后,换乘节点处施工压力大,供热(2017 年 10 月 15 日—2018 年 4 月 15 日)期间仍需要进行顶板施工,故需对热力管进行临时支撑(保护长度 76 m)。DN1200 热力管位置在新华大街与锡林郭勒北路交叉路口处,管线情况如图 12-2-1 所示。

12.2.2 临时支撑具体方案

1. 方案介绍

本方案主要考虑供热期间施工车站顶板结构时,需将 DN1200 热力管道周围及底部土方开挖,完成顶板地模浇筑、钢筋绑扎、顶板混凝土浇筑、顶板防水施工等工序,同时须避免热力管道出现不均匀沉降,确保热力管道的使用安全。

因热力管道在充水状态下时的自重较重,为保证土方开挖及后续顶板结构施工时,该部分管道的安全使用,现场采用钢支架悬挂对热力管线进行临时支撑,支撑间距 4 m、支撑高度以不影响顶板施工为准。主要支撑保护方案为:用 H300 型钢作为支撑架的立柱,两根立柱底部使用 100 mm × 100 mm × 6 mm 角钢连接,32a 工字钢作为支撑横梁。所有支撑架按照计算间距设置,因为钢管柱顶法兰焊接需要临时开挖 3 m(长)×3 m(宽)×1.5 m(深)基坑,个别支撑距离钢管柱较近时,为了保证钢管柱顶法兰焊接时不扰动热力支撑基础，个别支撑间距调整为 4.5 m，热力管顶和顶板顶的间距在 0.4～0.8 m，支架的高度相应也是变化值，根据每个支撑处热力管和顶板的位置关系确定支架高度（见图 12-2-1），支撑基础强度达到 30 MPa 之后将热力管道用吊装带悬挂在支撑架上，以保证热力管道的正常使用。

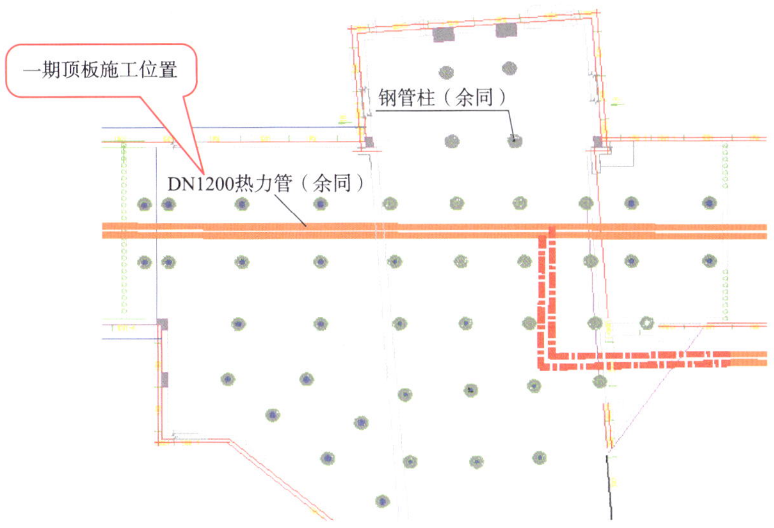

图 12-2-1　管线与车站基坑关系平面示意图

2. 支撑施工概述

支撑架施工流程见图 12-2-2。

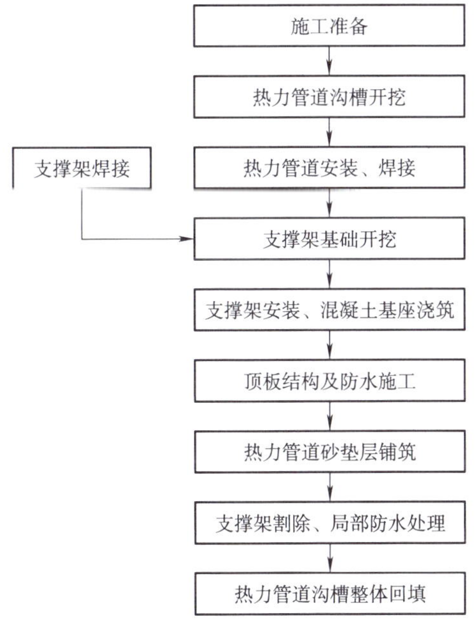

图 12-2-2　DN1200 热力管支撑架施工流程

热力管两侧土方开挖完成后，安全距离范围内土方不能开挖，此时开始侧墙跳仓开挖支撑基础沟槽，即可开始支撑架的安装。热力支撑基础距钢管柱边间距不小于 1.5 m，保证钢管柱顶法焊接基坑的开挖。基础垫层浇筑严格按照现场实测标高浇筑（根据热力管顶实测标高计算），垫层强度达到 75% 后，分别在热力管两侧立柱底垫 1 m×0.5 m×1 cm 钢板，再进行微调立柱底标高，从而保证支架整体标高，调节到位后试安装吊装带，单个支撑安装过程中采用 4 根临时斜撑四个方向进行支撑，保证施工安全，全部准备工作到位后，进行浇筑混凝土基础，基础强度达到 30 MPa 后，安装吊装带，并调节吊带受力状态，保证热力管沉降值在 1 cm 以内。施工示意图见图 12-2-3 和图 12-2-4。

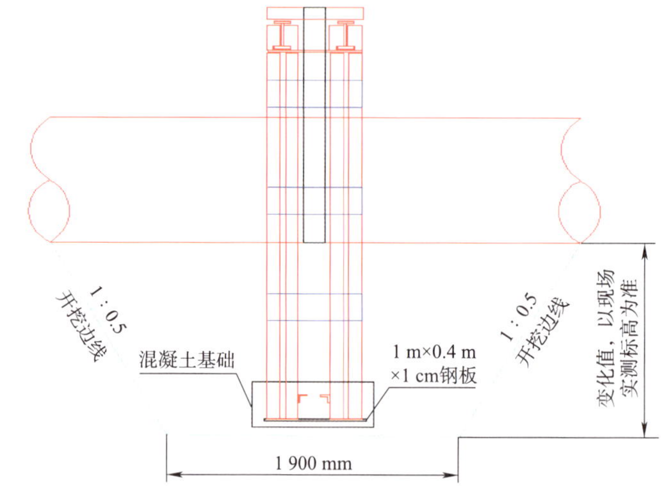

图 12-2-3 支撑基础开挖示意图

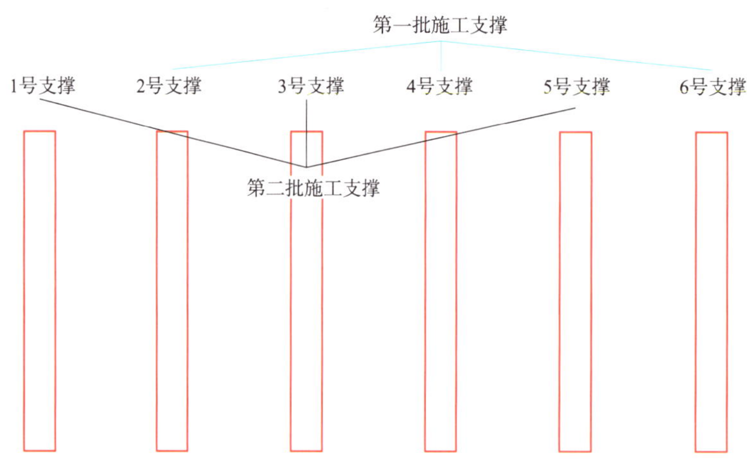

图 12-2-4 支撑跳仓法施工示意图

支撑架焊接接缝牢固、尺寸符合规定要求的高度，在安装前进行验收。

支撑架安装时，要保证垂直度及侧向线型，利于后期侧向连接横梁的焊接。

支撑架安装、调整完成后，及时浇筑混凝土固定墩，确保支撑架竖直，同时，及时连接管道两侧的连接梁，使得支撑架连接为整体，保证受力均匀。

热力管道在打压或降压期间，随时观察管道是否出现上凸，若发生变化，应及时回填沟槽砂石进行反压，确保管道的运营安全。

顶板结构及防水施工完成后，施工临时支撑，临时支撑长 3.6 m，宽 1 m，高度为 0.4～0.8 m，间距为 4 m，高度浇筑至热力管底，同时按照热力管道设计的要求施工永久固定支墩，临时混凝土支撑及固定支墩施工完成后，割除钢支撑，施工防水加强层，最后对管道进行水撼砂回填。

固定支墩达到强度要求后，开始逐步割除外露于顶板上方的临时支撑架，并进行局部防水加强层施工（具体见图 12-2-5 和图 12-2-6）。

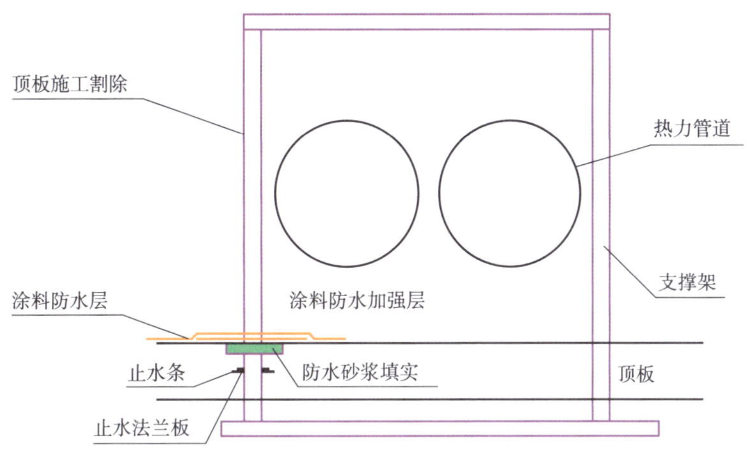

图 12-2-5　DN1200 热力管支撑架处防水施工

图 12-2-6　现场热力悬吊后成功图片

12.2.3　取得效果

1. 避免影响交通

新华广场站位于新华大街与锡林郭勒北路交叉路口处，是呼和浩特市最繁忙的十字路口，采用悬吊原有热力管线保护施工，避免对原道路路面大面积开挖，有效降低因管线改迁影响交通出行。

2. 节约成本

按照传统绕行方案迁改管线路由约 1 250 m，由车站上方临时支护保护悬吊，节约一期改迁及回迁中不必要的投资，节约资金约 850 万元。

3. 缩短工期

采用热力管线临时支撑保护施工，在车站施工围挡内进行。大大减少迁改时间，为地铁车站主体结构建设创造了条件，缩短工期 65 天。

4. 有利于周边环境保护

对于传统绕行改迁需要大面积开挖，且带来扬尘污染和交通疏解困难，因此在施工围挡内进行保护性作业,可避免对周边道路的破坏,减少对周边市民出行影响,有效保证对周边环境的保护。

12.3 案例三 横跨车站大型混凝土管线(箱涵)架空迁改

12.3.1 施工背景

呼和浩特市城市轨道交通2号线诺和木勒站位于锡林郭勒南路和鄂尔多斯大街的交叉路口,沿锡林郭勒南路布置,车站长301 m,标准段宽22.7 m。车站围护结构采用地连墙+内支撑体系(ϕ800 mm钢支撑),本车站地处呼和浩特市中心,车站范围内地下管线多达38条,其中最为复杂的是横穿车站结构的两孔高度为2 m的钢筋混凝土箱涵。其中,一孔为2.0 m×2.8 m雨水箱涵,另一孔为2.0 m×2.4 m电力箱涵。箱涵横穿车站为车站纵向中间位置,埋深约4 m,顶部覆土约2 m,同时该雨水箱涵为城市的主管道,排水量较大。采用传统改迁方案,需要从车站南端绕行改迁,施工时路面开挖需要占用交通主干道4个机动车道,施工困难大、占道时间长,对周边环境影响大,工期节点难以保证。且该车站因前期管线改迁困难,开工时间已滞后节点开工时间约6个月。为了减小对周边环境影响,保证在工期节点内完成车站主体结构,经与产权单位、设计单位多次现场踏勘、研究,结合其他城市地铁项目施工经验,由原绕行车站南端的改迁方案,调整为利用车站9~12轴顶板盖挖顺作法施工的临时格构柱进行箱涵架空改迁,减少了对周边的影响,缓解了交通压力,同时加快了施工进度,节省了改迁费用。为车站争取了有效的施工时间,保证了最终节点工期。

12.3.2 施工方案

1. 本技术适用范围

本技术适用于横跨车站超大型混凝土管线(箱涵),一般情况下管线直径不小于2 m,箱涵断面不小于2 m×2 m,管线(箱涵)自重大,此类管线(箱涵)不宜悬吊保护。利用本工法可以一次永久的迁改大型管线(箱涵),不仅避免大型管线改迁的费时、费力,同时为后续工程施工节约了时间和成本。

2. 新技术施工原理

本技术利用围护结构(地下连续墙)和临时格构柱作为支撑体系。车站基坑宽22.7 m,两侧纵向地连墙作为箱涵两端支点,利用顶板盖挖顺做法的10根临时格构柱中的4根格构柱作为箱涵的支撑体系,同时考虑箱涵自重等因素,由设计单位对支撑箱涵的4个格构柱进行重新设计及受力验算,将4根格构柱改为永久格构柱并伸长出结构顶板,作为横跨车站箱涵的中间支点。在安全保证的同时,做好箱涵自防水质量控制工作,进行架空改迁,既可以减少箱涵改迁的距离,又可以减少改迁的时间。

3. 工艺流程及操作要点

(1)地下连续墙施工

①本工程基坑开挖最深达约18 m,围护结构均采用地下连续墙,设计图纸数量126幅,墙厚为0.8 m,标准幅宽6.0 m,最大深度约32 m。本工程地下连续墙采用工字止水钢板接头,工字钢板与钢筋笼焊接固定一起下放。施工工艺流程见图12-3-1。

②在工字钢接头处(工字钢外侧)安装0.3 mm厚、500 mm宽的防扰流铁皮,可在槽段混凝土浇灌时向外撑开,防止混凝土流入相邻未成槽的槽段,防扰流铁皮与工字钢搭接宽度不小于100 mm,采用一根C16钢筋固定;钢筋笼内设置2根ϕ48 mm壁厚3 mm注浆管,主要作用是对地连墙接缝止水注浆。

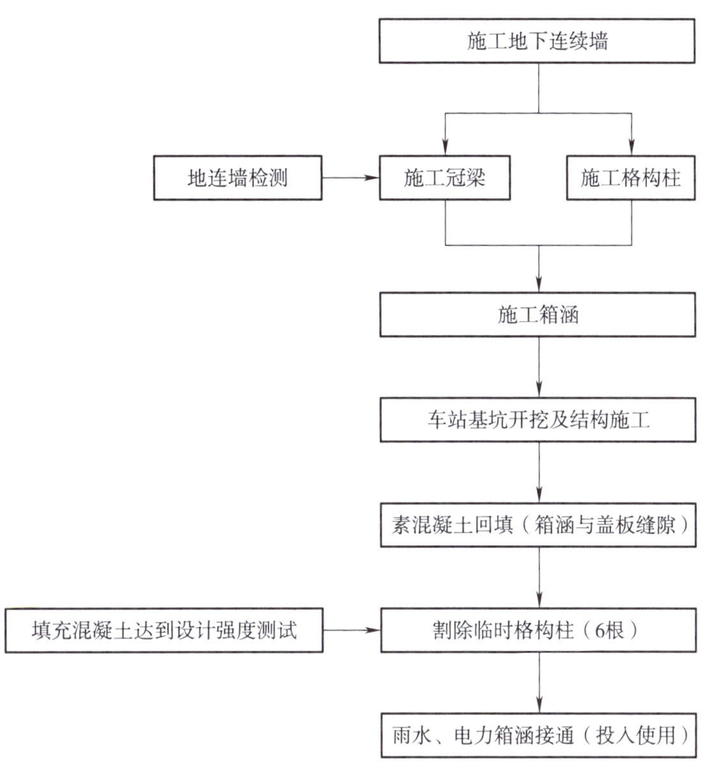

图 12-3-1　施工工艺流程图

③箱涵处地连墙钢筋笼适当减短，浇筑期确保与箱涵底标高吻合，避免影响箱涵施工，带来二期破除及钢筋切割的误工现象（见图 12-3-2）。

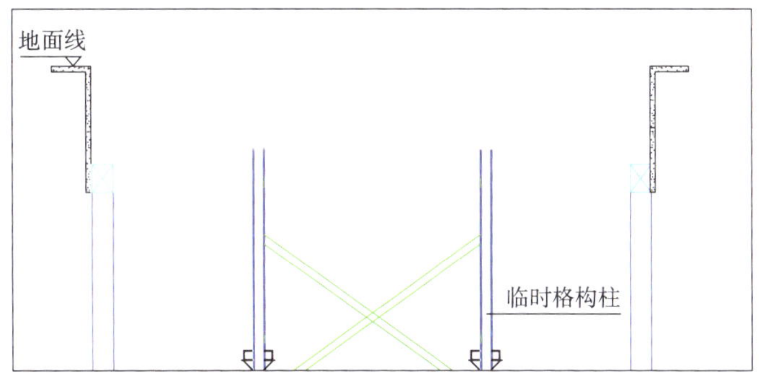

图 12-3-2　地连墙及格构柱横剖面

④临时格构柱设置 10 根，其中 4 根优化为永久结构柱，后期同车站框柱浇筑成整体，位于箱涵迁改正下方。纵向设置 2 排，横向格构柱设置在箱涵的两侧侧壁下，如地连墙及格构柱平面布置图。箱涵与车站结构位置关系见图 12-3-3、图 12-3-4。

（2）冠梁施工

施工围护结构范围内冠梁及混凝土支撑结构。冠梁总长度约 657 m，混凝土支撑梁总计 48 道。冠梁及支撑梁保护层厚 50 mm，浇筑混凝土的强度为 C30，在箱涵改迁部位，冠梁纵向呈下坡趋势，将冠梁的标高降低，确保车站冠梁成整体结构（见图 12-3-5）。

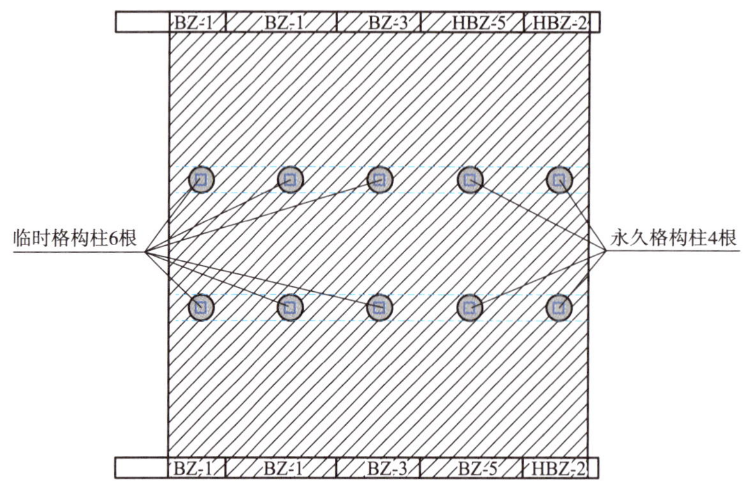

图 12-3-3 地连墙及格构柱平面布置图

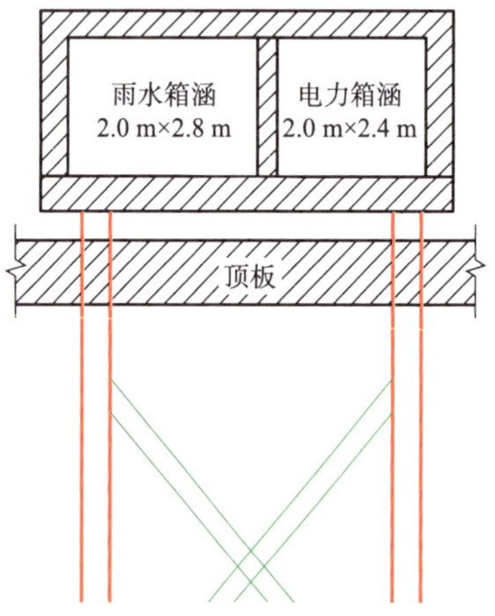

图 12-3-4 格构柱断面图

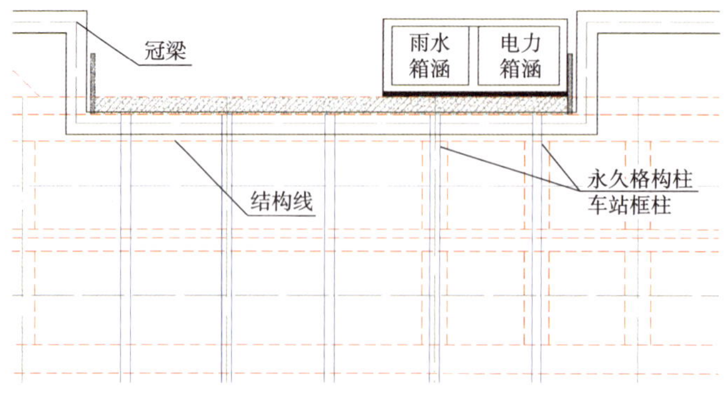

图 12-3-5 冠梁纵断面布置示意图

(3)新箱涵施工

新建的雨水及电力箱涵,与既有的雨水及电力箱涵接驳前,做好地面临时水渠疏导雨水箱涵内积水,在冠梁及格构柱达到设计强度后,在格构柱顶部施工新箱涵,箱涵的尺寸同既有箱涵(2.0 m×2.8 m 和 2.0 m×2.4 m)(见图 12-3-6)。

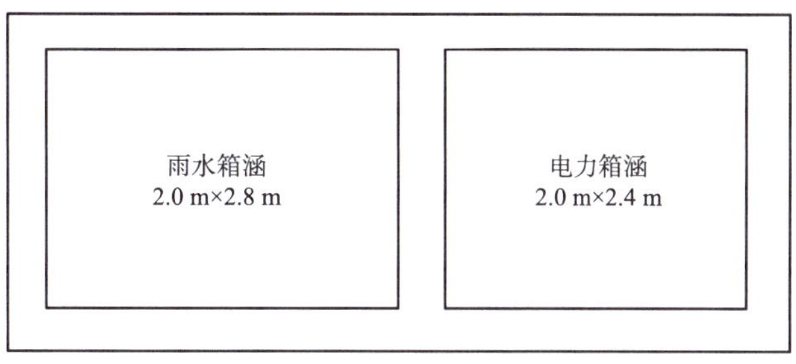

图 12-3-6　新箱涵断面图

首先开挖出地连墙墙头,用风镐凿除超灌混凝土至箱涵底标高,连接面需清理干净,露出混凝土面和钢筋。土方开挖至格构柱顶部,平整场地并浇筑混凝土垫层,在垫层上进行箱涵底板钢筋的绑扎,底板浇筑完成后施工侧墙及顶板,箱涵底板厚度为 50 cm,侧墙厚度为 40 cm,顶板厚度为 30 cm,采用 ϕ22 mm、ϕ12 mm 钢筋进行绑扎,箱涵侧墙钢筋直锚到横向格构柱中。由于箱涵后期为架空形式,箱涵的底板及侧壁按照简支梁的受力进行配筋,钢筋的配筋根据箱涵的重量进行验算确定,经结构应力计算可得最终配筋结果(见图 12-3-7)。

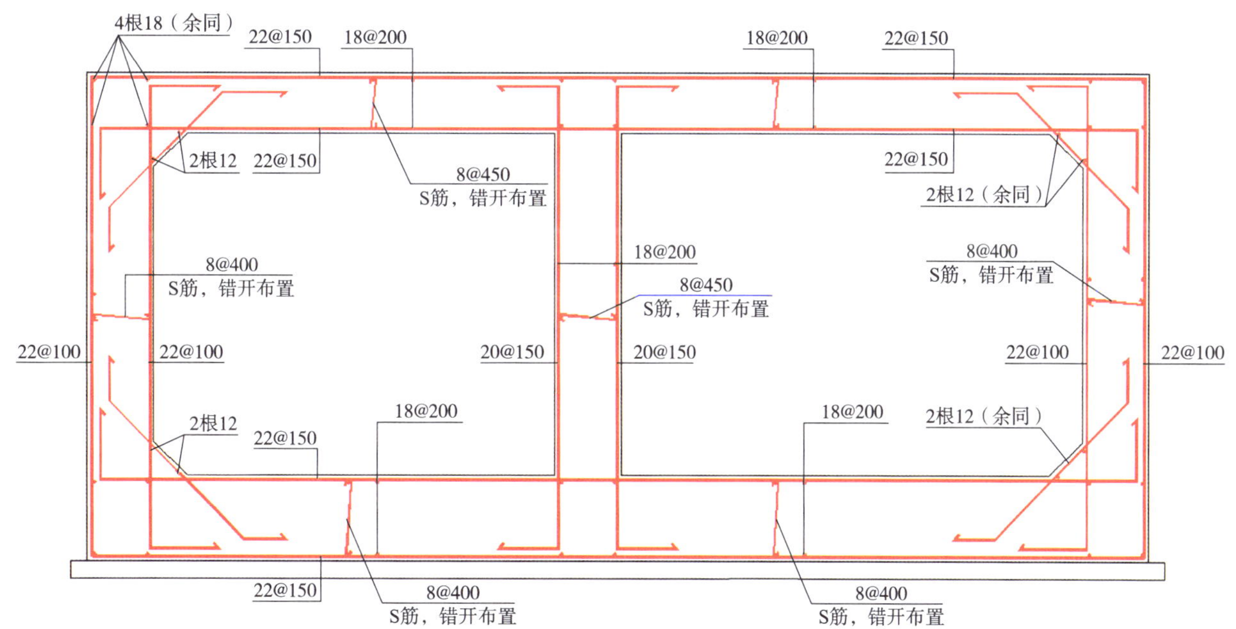

图 12-3-7　箱涵改迁配筋结构图(单位:mm)

(4)车站基坑土方开挖及结构施工

施工车站结构盖板,4 根永久格构柱处施工车站结构框架柱,确保主体结构完整性。新箱涵结构达到设计强度后,开始进行箱涵下部土方开挖并进行车站主体结构施工。土方开挖采用台阶法开挖,开挖至基坑底部后,从下至上施工主体结构(见图 12-3-8 ~ 图 12-3-10)。在开挖及主体结构施工过程中,严禁碰撞格构柱。

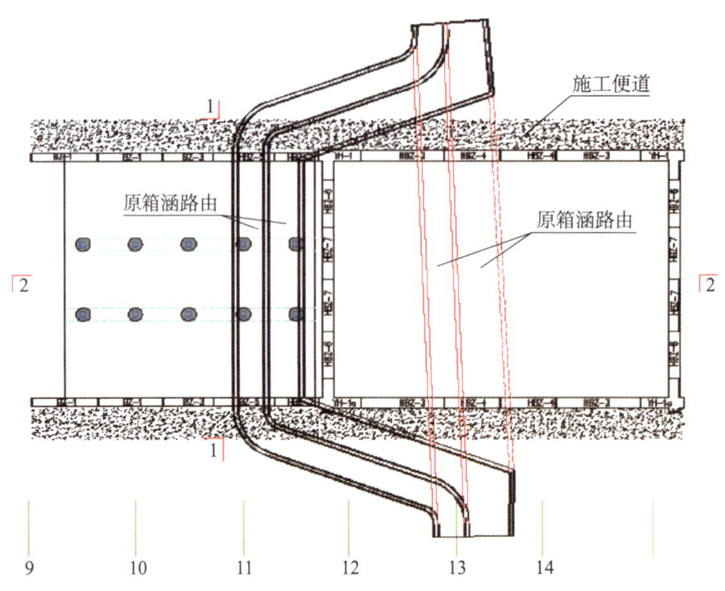

图 12-3-8　箱涵改迁平面示意图

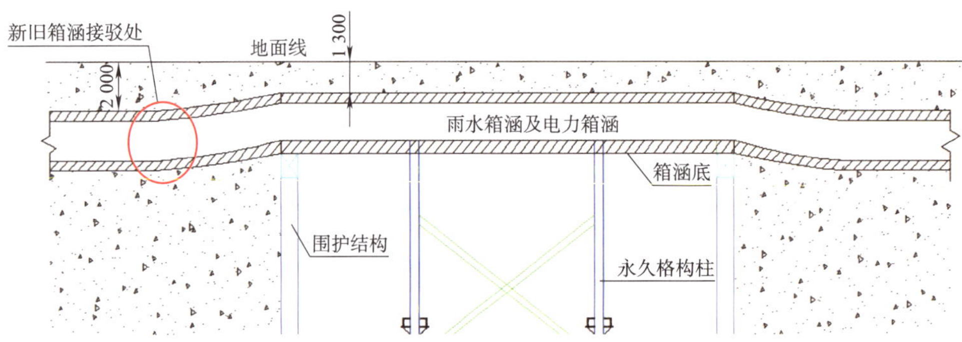

图 12-3-9　箱涵改迁 1-1 纵剖面图(单位:mm)

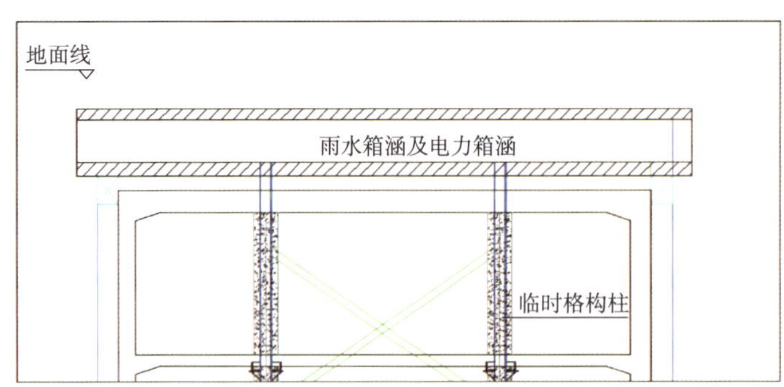

图 12-3-10　主体结构横断面示意图

(5)箱涵底部同结构顶板之间空隙填充

填充顶板及箱涵间 0.5 m 间隙。本箱涵为永久迁改,结构顶板完成后,为了确保车站顶板防水顺利施工,同箱涵底部预留有 0.5 m 空隙,为保证箱涵不变形及沉降,在结构顶板同箱涵之间浇筑自流平混凝土,填充密实(见图 12-3-11、图 12-3-12)。

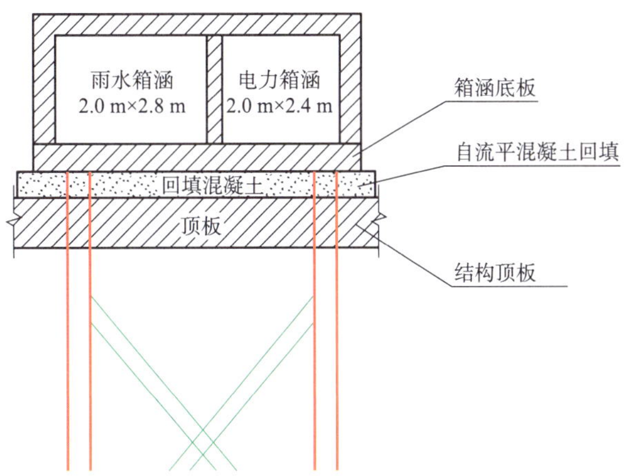

图 12-3-11　混凝土填充横断面示意图

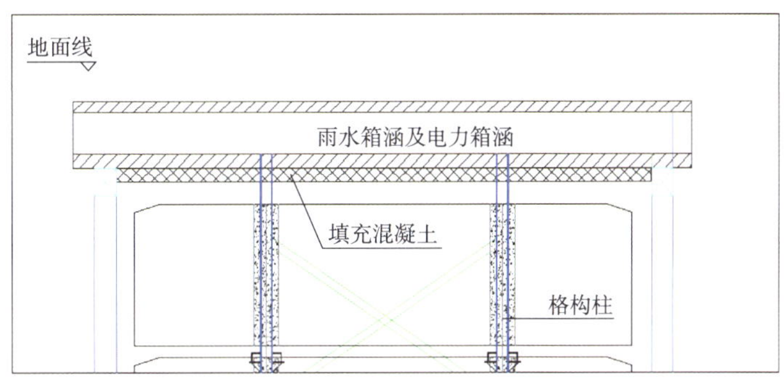

图 12-3-12　混凝土填充纵断面示意图

(6)拆除临时格构柱及施工箱涵接驳点

盖板达到设计强度后,拆除临时格构柱 6 根。同期施工雨水及电力箱涵与原箱涵接驳处,做好止水钢板安装,完成箱涵迁改(见图 12-3-13)。

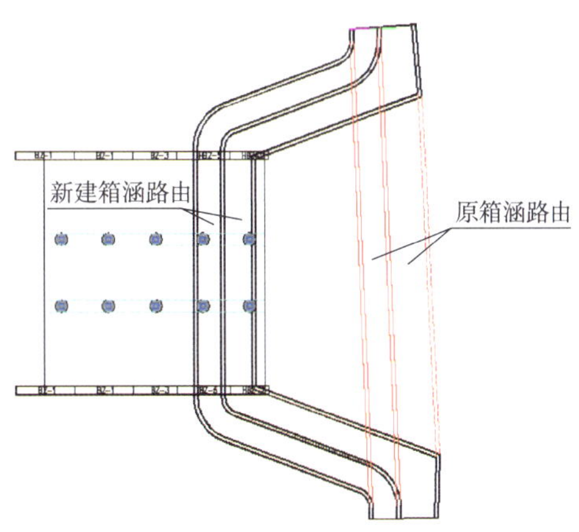

图 12-3-13　箱涵接驳点平面示意图

①利用手拉葫芦,盖板处预埋吊钩固定格构柱,采用氧气、乙炔将格构柱切断,切割操作顺序为先割断格构柱顶部,再割断格构柱底部。

②缓慢下放手葫芦，将格构柱缓缓放平即可，操作过程中应时刻注意格构柱的位置，不要碰撞到主体结构和其他结构。再次利用汽车吊起吊格构柱，在允许范围内将切割完成之后的格构柱水平运输至方便吊装的范围，再运出基坑。

③箱涵结构施工新旧箱涵接驳处，四周应设置橡胶止水带，确保电力及雨水箱涵的渗透水性能满足设计要求。

12.3.3 取得效果

采用架空改迁施工，应用效果非常好，减少了施工对周边环境及地面交通的不利影响，同时避免了箱涵从车站主体结构外绕行施工，减少一次交通导改，加快了施工进度，缩短工期75天，不占用交通道路，相比较原方案箱涵临时绕行改迁280 m，节省费用约150万元。该施工技术对地铁施工中大型管线、重要管线、难于改迁管线的施工具有十分实用的指导意义，将得到越来越广泛的应用。

12.4 案例四 小半径盾构施工质量控制施工工法

12.4.1 施工背景

呼和浩特市城市轨道交通2号线一期工程体育场站—内蒙古体育馆站区间为地下双单线区间，全长998.74 m，曲线长度600 m半径360 m接收，即共计666环，第266环开始转弯至接收。线路纵向坡度呈“V”字形坡，最大坡度26.086‰坡度下坡，区间结构顶板覆土厚度约8.8～19.2 m。区间隧道衬砌管片内径5 500 mm，外径6 200 mm，幅宽1 500 m，厚度350 mm，最大楔形量为40 mm，管片采用错缝拼装。该区间以不采用超挖刀的形式，安全、平稳地通过了360 m小半径曲线，线性质量满足设计要求。

12.4.2 施工方案

1. 不采用超挖刀小半径施工的特点

盾构机为直线型刚体，在曲线条件下，难以拟合小半径曲线，在实际掘进过程中，受土体不规则切削、开挖面应力、地层变化、累计掘进误差等多因素的影响，难以精确控制盾构姿态去贴合隧道轴线。

不采用超挖刀辅助，减小对地层的扰动，有效控制出土量和地面沉降；

本工程实例中，为1.5 m管片，增大了转弯的难度，且为复合的砂卵石地层，盾构参数需及时调整，最大纵坡26‰，需在抵抗盾构机自重的同时兼并转弯，增大单侧推力，管片有碎裂的可能，盾构机铰接形式为被动铰接。

2. 适用范围

应用于小半径地铁隧道盾构施工。

3. 工艺原理

盾构机的转弯主要是通过调整各分区千斤顶的推力加上管片的楔形量，在铰接系统的辅助下实现的。

盾构小半径施工工法，在不采用仿形刀、超挖刀的情况下，设置预纠偏值、以“走弦线不走切线”为原则在盾构机未进入小半径曲线施工时提前控制盾构姿态，调整盾尾间隙，保持盾构姿态引领管片姿态、管片姿态符合盾构行走趋势的状态，保证注浆量填充以实现平稳通过小半径。

4. 小半径转弯控制要点

（1）预调整、预转弯

①盾尾间隙，正式进入小半径曲线前调整盾尾间隙，使上下左右均匀，留有余地调整盾构机和管片姿态的一致性和预防盾构机在前方不可预见的地层中的跑偏。

②铰接油缸，提前 100 环调整铰接油缸至均匀，稍偏于转弯方向，给盾构机行走呈现一个预趋势，行程差控制在 20 mm 以内，每组油缸长度控制在最大行程 1/2 偏下；提前 50 环预转弯，最小铰接大于 20 mm，最大铰接小于 100 mm，行程差控制在 30 ~ 50 mm 为宜，60 ~ 80 mm 为可控状态，超过限度通过拼装点位选择和加大相应推进油缸分组压力及时调整；

③盾构姿态，为了控制成型隧道轴线偏差在规范允许值内，盾构掘进时沿曲线的弦线方向前进，成型管片拼装后位亦在弧线的内侧，使其受侧向分力、向弧线外侧偏移时留有预偏量。预偏量在 -20 ~ -40 mm。

（2）及时注浆

①4 点位同时注浆，为了及时止水、完整填补建筑空隙原则，不考虑转弯处关任意阀门。

②严格控制同步注浆量，考虑到实际施工中的管、罐残留积累和地层扩散，用量定在空隙的 2.0 ~ 2.5 倍。

③配合比水：水泥：粉煤灰：砂：膨润土 =560：150：260：870：50（质量比，1.5 方浆液）。

④二次注浆，满足条件的建议在台车上布设二次注浆设备，求其次跟随台车尾部，忌管片拼装完成二次注浆不及时，避免成型隧道因土体应力、水等因素发生不能弥补的变形。

（3）推进速度

通过弯道时，推进速度控制在 30 ~ 60 mm/min，有利于盾构司机掌控盾构机，及时调整姿态。

12.4.3　取得效果

通过上述措施，将成型隧道轴线偏差控制在 5 cm 以内，管片无碎裂、无渗漏水，节省了弥补质量缺陷的后续投入。按照总量 400 环、修补面积 4 环/m^2、单价 2 000 元/m^2 核算，节省出的修补费为 20 万元，更为重要的是保证了安全质量。施工中隧道及成型隧道见图 12-4-1 和图 12-4-2。

图 12-4-1　正在施工的隧道

图 12-4-2　成型隧道

12.5 案例五 盾构下穿站场多股道施工

12.5.1 施工背景

1. 盾构区间概况

呼和浩特市城市轨道交通2号线一期工程呼和浩特站—公主府站盾构区间左线隧道长545.610 m，右线隧道长549.152 m。盾构从公主府站始发，从北向南依次下穿多处多层建筑物、呼和浩特火车站站场股道、旅客进站天桥甲、旅客地道、呼和浩特火车站高架候车厅、呼和浩特火车站主站房后进入呼和浩特站。区间采用盾构法施工，主体结构为由管片错缝拼装而成的环形结构，盾构管片内径为5.5 m，外径为6.2 m，管片厚度为0.35 m，环宽1.5 m，环间通过螺栓连接。

区间地理位置见图12-5-1。

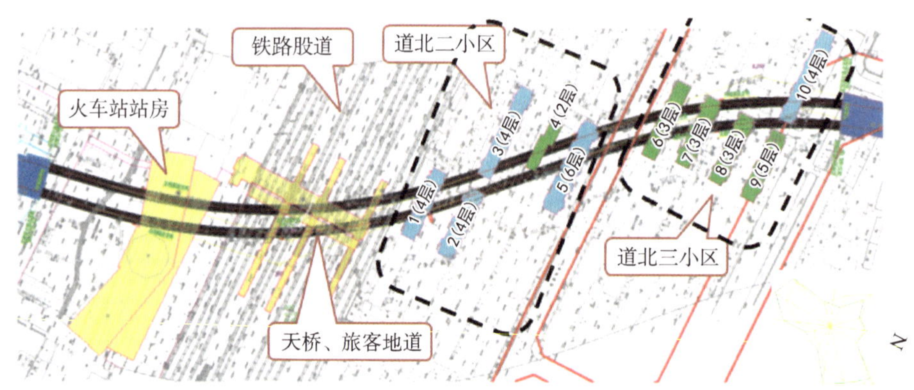

图12-5-1 呼和浩特站—公主府区间线路平面图

2. 盾构隧道下穿呼和浩特火车站站场段概况(见表12-5-1)

表12-5-1

序号	项　目	内　容	风险等级	备　注
1	站场铁路股道段	区间下穿呼和浩特火车站站场铁路股道段，分别为京包客专(2股正线+2股到发线)，唐呼线(2股正线+6股到发线)，下穿段区间左线长度为105.113 m，下穿段区间右线长度105.124 m，盾构外皮顶距轨道路基底最小净距约16.321 m	Ⅰ级	
2	进站天桥甲和旅客地道	旅客进站天桥甲柱子生根于旅客地道侧墙上，旅客地道采用箱型框架结构，盾构外皮顶距旅客地道基底最小净距约9.217 m，盾构外皮顶距旅客地道人工挖孔围护桩底约8.546 m	Ⅰ级	
3	高架候车厅	高架候车厅为桩基础，桩长12.0 m，桩底标高为-15.4 m(站台面相当于±0.000)，盾构外皮顶距桩基底最小净距约3.646 m	Ⅰ级	
4	主站房	接建门厅采用桩基础，桩径1 m，桩长7.3 m，盾构外皮顶距桩基基底最小净距约9.635 m；主站房(B区)为筏板基础，盾构外皮顶距筏板底最小净距约12.793 m	Ⅰ级	

3. 盾构区间下穿施工影响

盾构机掘进期间，一方面由于盾构机外壳与土体、管片与土体存在间隙，以及浆液自身的收缩，导致土体产生地层损失，引起地层产生沉降；另一方面，盾构机对掌子面的预压力和土层的水土压力不一致，引起相应土体受拉、受压，出现沉降或隆起；同时，施工扰动、渗漏水、盾构机低头和抬头、超挖等亦引起地层的沉降或隆起。上述情况将不同程度的引起土体的隆起或沉降，从而引起既有线路范围土体的变形，进而导致铁路路基的沉降或隆起，变形过大时，将严重影响铁路正常运营和安全。

12.5.2　施工方案

1. 盾构区间下穿施工控制标准

既有铁路控制指标主要受路基、线路、轨道及线路养护情况等因素的影响，工程施工必须保证既有铁路的安全运营。既有铁路控制指标主要包括路基沉降、位移平均速率、位移最大速率、轨道几何尺寸容许偏差及轨道坡度允许控制值。

2. 盾构区间下穿施工计算模拟

本次计算模拟采用"地层-结构"模型，在充分模拟研究区域地形地质条件的基础上，建立地层、隧道、主站房基础、高架候车厅基础、旅客地道及地表铁路的整体三维有限元计算模型，运用三维非线性有限元法，开展区间下穿火车站站场的变形分析。计算模型及网格划分见图 12-5-2、图 12-5-3。

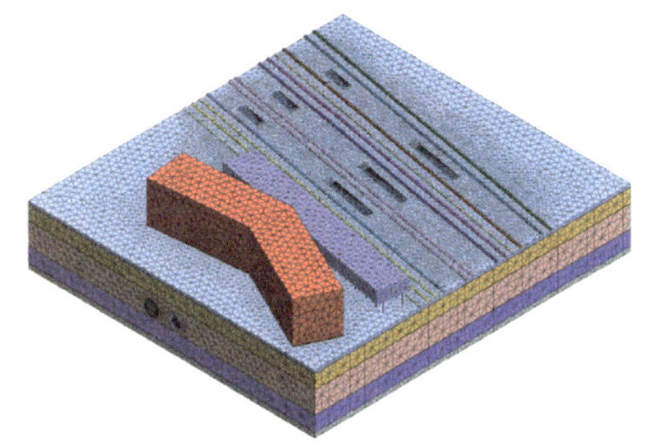

图 12-5-2　有限元计算模型网格划分图

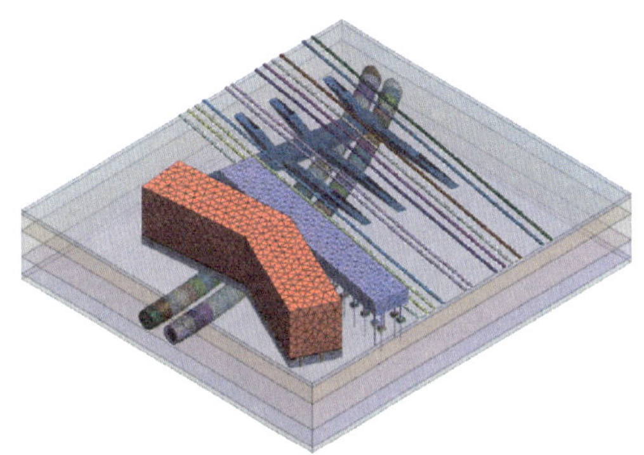

图 12-5-3　盾构区间与下穿构建物位置关系图

根据数值模拟计算结果，盾构下穿呼和浩特火车站在保证各项安全措施实施的情况下，可能变形指标均在规范的要求内。

3. 工程重点和难点

(1)盾构掘进的控制

盾构掘进主要地层为中砂、细砂、粉砂、粉质黏土为主，局部穿过粉砂层。掘进前，轨道交通公司要求施工单位作出如下措施。

①始发前，合理进行道具检修，避免在掘进过程中进行长时间换刀工作，盾构机的机械、后配套、人员必须经过联合组织机构验收合格后，方可掘进施工或者穿越房屋段施工。

②穿越站房及股道前，施工单位必须储备部分盾构机备用件，联系好零件销售商，如盾构机在房屋下临时出现故障，必须在 12 h 内修复完成。

③始发前，盾尾油脂必须满足盾尾密封要求，必须使用进口或国产知名品牌盾尾油脂，禁止使用劣质油脂，盾构穿越房屋段内油脂用量必须≥42 kg/环，加强盾尾油脂压注系统检查、保养，盾构始发前都必须重新更换 3 道新的盾尾刷，且选用在国内外有良好信誉的知名品牌。

④加强钢套筒始发前的测量复核工作，在始发前，施工单位要做好常规仪器测量复核计算工作，监理单位和第三方测量单位测量负责人要对施工单位的测量控制点及测量数据进行认真复核，并根据施工单位上

报的测量方案，逐点复测，对测量成果三方共同签字确认。

（2）合理选择盾构机

①根据本项目地质状况，选择土压平衡盾构机，先进的刀盘及出碴系统的设计，能够有效地控制掌子面超挖及地表沉降，减少刀盘、刀具及螺旋机的磨损，防止喷涌。

②刀盘结构设计充分考虑了圆砾、砾砂、中砂、粉质黏土、粉砂的掘进要求，具有足够的刚度和强度用于支撑开挖面和承受掘进中的推力及扭矩，刀盘配置了足够的适用于本工程地质的刀具。增大刀盘开口率以保证出土的流畅性。

③独立渣土改良系统。在刀盘、土舱壁及螺旋输送机等部位设有泡沫和膨润土注入管路和注入口，用以对渣土进行改良，可以保证每个注入管路的压力都基本相同。

（3）加强盾构施工过程管理

①通过确定正确的施工运行程序和制定严密的管理措施，形成多方位的保证体系，使盾构施工始终处于受控状态。制定盾构施工队伍的管理体系和管理办法，加大施工单位管理力度，做到令行禁止，保证盾构施工严格按照施工方案和操作规程实施。建立有效的监督机制，配置先进的盾构参数自动记录系统，消除人为因素的影响。

②制订详尽盾构施工异常情况的处理预案。由于地下工程的复杂性和不确定因素多，尤其是本工程盾构隧道施工难度大，对于在施工中可能出现的问题做全面、系统的分析，并制订详尽的处理预案，做到有备无患。

（4）铁路路基的沉降或隆起的控制

①在下穿前，对影响范围内铁路采用“3-7-3”扣轨工艺进行加固。

②利用维修天窗点，对道床及轨道几何形态、尺寸进行检测，并根据检测结果及时整修。

③通过穿越轨道前 100 m 试验段，确定合理的土压力设定值、排土率及掘进速度等。

④加强同步注浆管理。严格控制同步注浆量和浆液质量，通过同步注浆及时填筑建筑空隙，减少施工过程中的土体变形，尽量做到填充而不是劈裂，注浆压力应控制在 1.1 ~ 1.2 倍的静止土压力。

⑤对施工监控测量数据，应及时、认真地进行分析、处理，并需书面通知有关各方。

（5）盾构穿越火车站站房等建筑物的控制

①盾构推进过程中，严格控制和调整盾构机的各项参数，使之对周围环境的影响保证在安全、可靠的要求范围内。

②盾构掘进速度应与地表控制的隆陷值、进出土量、正面土压力平衡调整值及同步注浆等相协调。

③配合地面量测及时进行壁后注浆，并严格控制盾尾同步注浆量和浆液质量。

④盾构穿越车站段落时，施作二次深孔加强注浆（采用 16 孔特殊管片），以提高管片背后土体强度和稳定性，减少后期沉降。

⑤施工应急处理措施。

穿越既有铁路，存在较高的施工风险，针对有可能发生的各类突发事件，需从管理、技术和组织等方面进行控制。成立以轨道交通公司主抓安全生产的副总监理为组长的应急领导小组，组建专业应急处理突击队，要求施工单位配备足够的抢险机动设备、材料、加强工程监测、监控，实行信息化施工，一旦监测数据出现预警值，立即报告应急处理领导小组，同时监测、监控小组按程序增加监测频率和监测点。同时，建议现场预备深孔钻机、双液浆及单液浆注浆设备各一套，备足相应的注浆材料。配合地面监控量测情况，如地面沉降变形量较大，可根据情况实施地面跟踪注浆。

4. 正线路基段采用“3-7-3”扣轨加固

盾构掘进过程中，盾构机刀盘上方路基可能会出现塌方，为防止塌方而引起路基的破坏（盾构掘进中引起路基的不均匀沉降），为避免影响线路的正常运营，需对线路进行加固并做好必要的应急措施，方能保障铁路运输安全畅通，避免并不必要的损失，确保列车行车安全和施工安全。

（1）施工流程（见图 12-5-4）

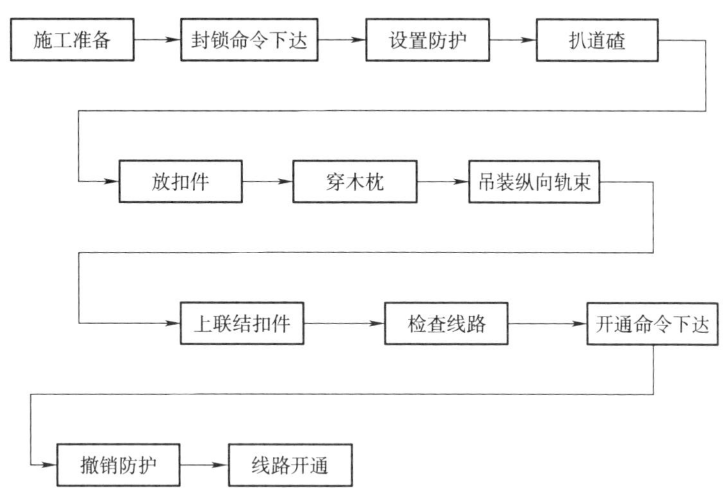

图 12-5-4　“3-7-3”扣轨加固施工流程

（2）扣轨施工方法

在扣轨加固前将所使用的材料存放于不影响行车的位置，扣轨施工设置安全防护和驻站员等密切与铁路运输管理部门对接，确保行车及施工安全。“3-7-3”扣轨纵剖面图见图 12-5-5。

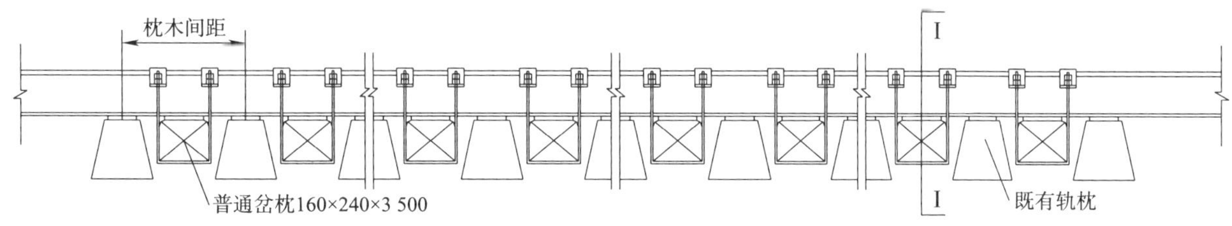

图 12-5-5　“3-7-3”扣轨纵剖面图（单位：mm）

线路加固结合线路状况、隧道结构直径及覆土的土质及厚度不同综合考虑。本区间隧道穿越呼和浩特火车站站场铁路正线（Ⅰ、Ⅱ、Ⅴ、Ⅵ道）路基段采用“3-7-3”扣轨加固，加固范围为盾构中线两侧各 25 m 的铁路。

加固段钢筋混凝土枕间穿插长木枕，并在轨底增设绝缘胶垫和垫板，以加固轨面并减少对电气信号的干扰。实施线路加固前、后，需对无缝线路进行应力放散和焊接，并监测轨温变化，仅正线采用无缝线路。吊轨梁采用 50 kg/m 钢轨、43 kg/m 钢轨，组装方式为“3-7-3”扣轨。吊轨与其下面的普通岔枕用型号 22 的 U 型螺栓和角钢联在一起以增强其整体性，并设置轨距杆。U 型螺栓用 ϕ22 mm 圆钢制成，两端 M22 螺纹，螺纹长度 80 mm，每件包括 4 个螺母及弹簧垫圈。

在线路混凝土枕间穿插木枕，穿插范围满足加固长度要求，枕木下道砟振捣密实。穿插木枕采用隔六穿一、隔一布一，确保线路稳定。穿插后对线路进行全面检查，必须符合轨道施工的有关要求。

铺设吊轨组装形式按"3-7-3"设吊轨。吊轨与其下的普通岔枕采用U型螺栓联结在一起，正线吊轨采用50 kg/m钢轨，到发线吊轨采用43 kg/m钢轨。扣轨施工单股道图见图12-5-6～图12-5-8。

扣轨施工完成后以及拆除扣轨和恢复线路正常运营前，均应对道床进行捣固，以保证道床的稳定。

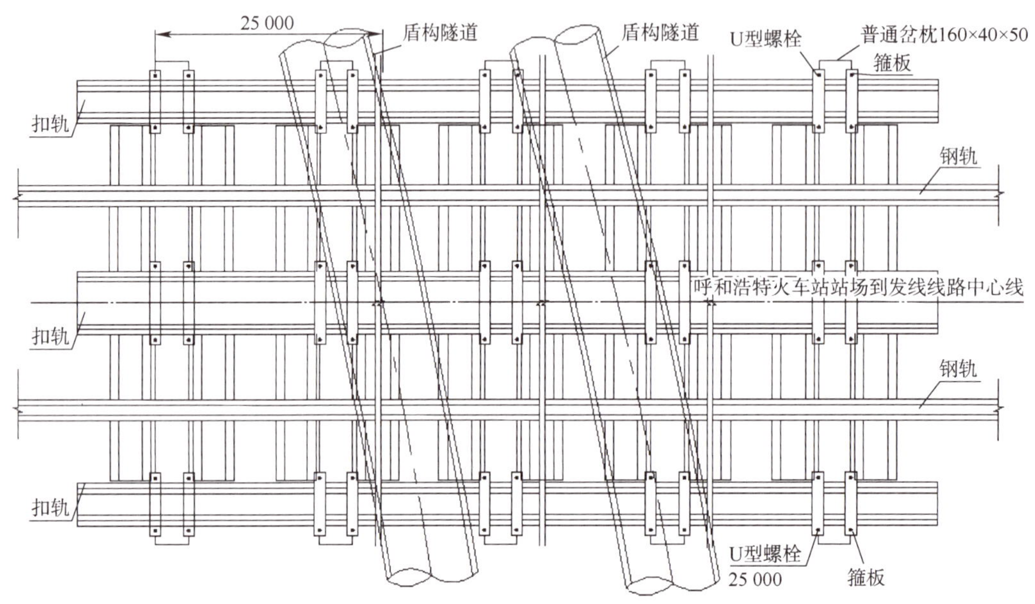

图12-5-6 扣轨施工单股道平面图(单位:mm)

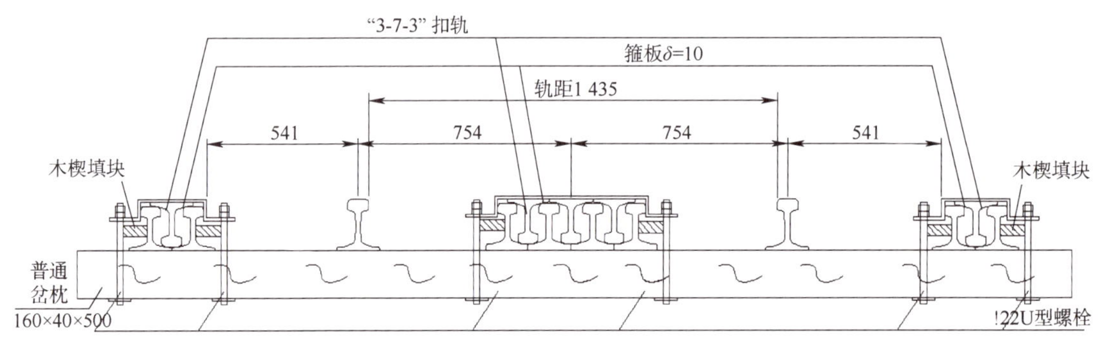

图12-5-7 扣轨施工单股道剖面图(单位:mm)

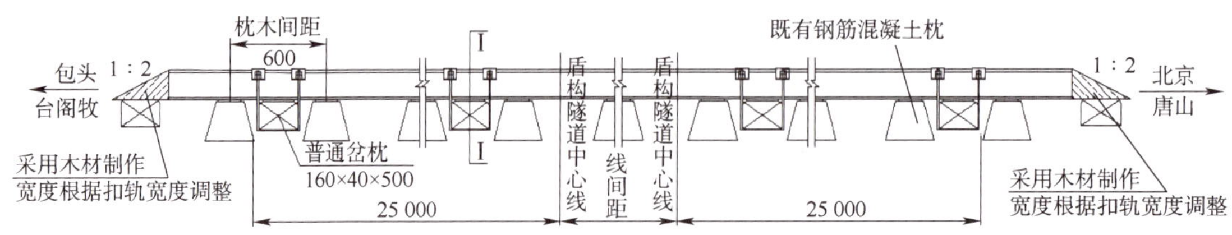

图12-5-8 扣轨施工单股道俯视图(单位:mm)

为确保穿越铁路施工过程中能够及时调整道床轨道高程及几何形态，以满足铁路运行线路标准，并且加大铁路运行安全储备，采用限速运行 45 km/h 条件下，利用维修天窗点上道对道床及轨道几何形态、尺寸等进行检测，并根据检测结果及监测数据对线路进行抬道补砟整修。当实时监测数据达到报警值时，应及时对线路采取抬道补砟整修的措施。

待盾构顺利通过，监测数据稳定时，按照"先装后拆、后装先拆"的顺序拆除临时扣轨，回填道砟，加强本段落线路养护，直至各项监测数据稳定且无不良变化。

5. 施工监测

为保证既有铁路的行车安全和正常运营，在隧道下穿铁路期间，必须对线路进行加密监控控制，监测方式采用自动实时监测结合人工监测，同时进行实时巡查，做好相关记录。

施工期间，及时向设计、施工方反馈既有线路的动态变化信息，使之能迅速调整、优化施工方法，确保工程和铁路行车安全。根据地表沉降及地层内部变形情况，加强监测，调整监测频率，调整盾构机施工参数，及时进行洞内同步注浆、二次注浆。盾构通过此段时做到匀速、小进尺、有步骤地推进，并用监控量测的数据指导施工

盾构施工期间需加强对高架候车厅桩基、旅客通道、路基沉降及轨道等几何尺寸变形的监测，钢轨上沉降观测点的布置应遵循铁路运营部门的相关规定。

主要监测项目包括：地表沉降、线路沉降与偏移、轨道几何形态尺寸、隧道内位移及变形、地下水位，火车站主站房、高架候车厅、出站地道、进站天桥，位移变形、裂缝等。

12.5.3　取得效果

通过上述措施，将成型隧道轴线偏差控制在 5 cm 以内，管片无碎裂、无渗漏水，节省了弥补质量缺陷的后续投入。按照总量 400 环、修补面积 4 环/m^2、单价 2 000 元/m^2 核算，节省修补费为 20 万元。

12.6　案例六　富水砂卵石地层联络通道冻结加固施工技术

12.6.1　施工背景

呼和浩特市城市轨道交通 1、2 号线一期工程线路位于山前冲洪积平原堆积区，地势基本平坦，地面高程由西往东逐渐平缓上升，地貌单元单一，沿线地层分布种类较少，上部地层以砂砾石为主，下部地层则以黏性土为主，其中深部承压含水层埋深大于 60 m，勘察深度范围内地下水类型以浅水含水层为主，地下水类型为潜水，含水地层主要为第四系全新统—中更新统冲湖积砂土及圆砾。大黑河冲湖积平原区由东向西含水层岩性由粗渐细，岩性由第四系全新统—中更新统圆砾、砾砂、中粗砂渐变为粉细砂，含水层增厚，水量渐小，水位埋深由 5 ~ 10 m 渐变为小于 4.5 m。山前冲洪积扇倾斜平原潜水含水层颗粒由扇群顶部向扇前缘由粗变细，由扇裙顶部向扇裙前缘含水层由薄逐渐增厚，地下水位埋深逐渐变浅。在洪积扇的顶部，含水层多由卵砂砾石组成，由南向北含水层岩性颗粒逐渐变粗，以砂砾石为主，间加中粗砂层；含水层厚度从小于 10 m 渐增至 10 ~ 25 m；水位埋深由 10 ~ 20 m 渐变为 5 ~ 10 m。

针对呼和浩特市城市轨道交通工程地下富水砂卵石的特点，防止联络通道开挖过程中出现的涌水涌砂、掌子面及拱顶坍塌等事故。联络通道冻结加固施工技术成功应用到城市轨道交通 1 号线孔家营—呼钢

东路区间联络通道施工和 2 号线帅家营—新华广场区间联络通道施工，根据实际地质情况，部分区间联络通道采用了冻结加固施工技术，均起到了良好的加固效果。

12.6.2 施工方案

冷冻法是人工制冷的方法，将待开挖地下空间周围的岩土中的水冻结为冰并与岩土胶结在一起，形成一个预定设计轮廓的冻结壁或密闭的冻土体，用以抵抗水土压力、隔绝地下水，并在冻结壁的保护下，进行地下工程的施工。

1. 主要施工原理

(1)冻结土体性质的改变

根据工程需要采用盐水冻结将含水地层在结冰温度下冷却，土体空隙中的水转化成冰，岩土的性质将发生改变。该变化具有以下意义：

①土体中水分冻结，提高一定范围内土体的强度；

②降低土体的渗透性，形成一圈止水帷幕。

(2)冻土的形成

为构造高承载力和密封防水的冷冻土体，在土中相应位置布置和施工冻结孔——安设冻结管，通过冻结管中循环的低温冷媒剂将土体中的热量带走，使地层降温并使土中水结为冰。

在冻结初期，冻土仅在紧靠冻结管周围形成冻土柱；随着冻结过程的继续，冻土柱渐渐扩大并相互连接，在预计的冻结时间后，冷冻土体达到设计厚度——形成冻土。冻结原理见图 12-6-1。

(3)盐水循环系统

盐水冻结主要由三大循环系统组成。

①制冷循环：压缩→冷凝→降压→蒸发；

②冷媒剂循环：与冻结管连接，将底层热量带出；

③冷却水循环：将冷媒剂携带的热量释放于大气中。

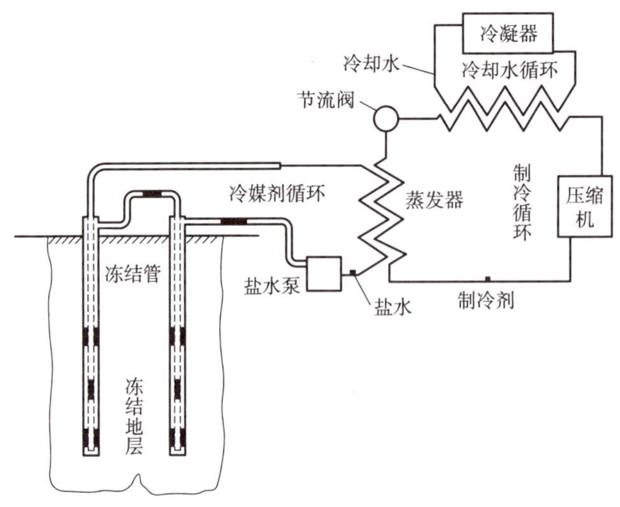

图 12-6-1　冻结原理图

2. 技术主要施工特点

(1)安全性好:冻结加固体强度高,可以做到不漏水,施工安全,隧道进洞开挖后,进展较快。

(2)灵活性好:可以人为地控制冻结体的形状和扩展范围,必要时可以绕过地下障碍物进行冻结。

(3)适应面广:适用于任何含一定水量的松散岩土层,在复杂水文地质(如软土、含水不稳定土层、流砂、高水压及高地压地层)条件下冻结技术有效、可行。

(4)影响范围小:洞内施工环境较好;不受场地及深度限制,且不污染环境,对周边环境影响较小,适合繁华市区内的地下建设。

3. 施工工艺流程

联络通道为拱顶直墙断面,泵站为矩形断面,均采用矿山法施工。结构均采用拱顶直墙断面复合衬砌结构,初期支护采用喷混凝土 + 格栅钢架,二次衬砌采用模筑钢筋混凝土,两次衬砌之间设柔韧性防水层。地层加固采用冷冻法施工(以 1 号线孔—呼区间联络通道施工工艺为例进行介绍)。施工现场见图 12-6-2。

图 12-6-2　冷冻孔钻孔施工

(1)根据具体情况及时进行孔口封堵注浆和地层充填注浆。

打压试漏:钻进施工结束后,进行打压试验。冻结管打压 0.8 MPa 以上,保持 30 min 压力下降不超过 0.05 MPa,再延续 15 min 压力保持不变为合格,施工现场见图 12-6-3。经验收 66 个冻结孔全部达到设计要求。本次施工未发生冻结管泄漏事故。

图 12-6-3　冷冻孔打压施工

钻孔的偏斜测量:利用经纬仪检测开孔前和钻孔时的上下仰俯角及方位角。开孔位置误差控制在 100 mm,开孔间距误差不得大于 150 mm;经验收 66 个冻结孔全部达到设计要求。测量现场见图 12-6-4。

图 12-6-4 冷冻孔偏斜测量

(2)冻结施工

冻结孔施工结束后,即转入冻结系统安装阶段,冷冻站内主要设备包括冷冻机两台、盐水泵两台、清水泵两台,冷冻站安装在隧道左线,距联络通道中心线 15 m 以外,占地约 60 m,其中冷冻机、盐水泵、清水泵各备用一台,并在系统中并联,设备达到随时使用随时开启的状态。盐水系统包括 66 个冻结孔,及隧道内壁冷板。共分 19 组盐水进出回路,充分保证冻结器的冻结效果。施工现场见图 12-6-5。

图 12-6-5 冷冻设备安装调试、冷冻材料添加

冻结系统于 2018 年 4 月 12 日开始试运转,并于 4 月 13 日正式开机冻结至 5 月 20 日冻结运转 38 天,冻结设备及冷冻系统运转正常,冻土帷幕厚度及强度,已达到设计要求,具备开挖条件。施工现场见图 12-6-6,剖面图见图 12-6-7。

图 12-6-6 冻结施工现场

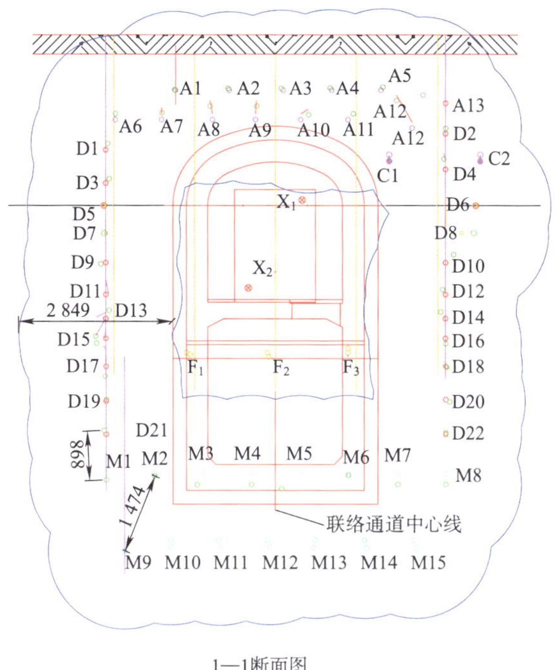

1—1断面图

图 12-6-7　冻结帷幕终孔交圈图(单位:mm)

(3)防护门安装

为保证联络通道施工安全,防止开挖不规范导致涌水涌沙现象,本工程在管片破除前安装一道应急防护门,在防护门上安设了排气管、注浆管及控制阀门,并配备注浆泵为防护门内供水。防护门安装完成后,进行了气密性试验,试验结果满足要求。施工现场见图 12-6-8。

图 12-6-8　防护门安装现场

(4)探孔打设

应急防护门安装完成后,在现场技术人员及监理人员的见证下,对联络通道洞门进行了探孔的打设,均无流水流砂现象。冻结效果已满足开挖条件。

(5)冻结质量

孔家营站—呼钢东路站区间联络通道在冻结完成并验收合格后,于 2018 年 5 月 25 日对管片进行破除,至 2018 年 6 月 7 日完成开挖及支护,6 月 17 日完成了联络通道二衬施工(见图 12-6-9)。在开挖过程中对安排专人对盐水温度及地表沉降进行实时监测,保证冻结壁及路面的稳定,初支施工过程中无异常情况出现。

图 12-6-9 联络通道开挖及二衬施工

12.6.3 取得效果

1. 经济效益

富水砂卵石地层联络通道冻结加固施工技术改变了传统矿山法联络通道加固施工工艺,传统的施工技术主要有:地面高压旋喷桩加固;洞内水平注浆 + 降水 + 超前小导管注浆等。但传统的施工技术均受施工场地的限制,占用地面道路,对交通造成不利影响;受技术的制约,无法确保地层加固效果,施工安全风险极大,施工成本不可估量。

联络通道采用冻结法加固,经过冻结后的地层稳定性好,安全性高。且通过地表沉降的监测数据表明,采用冻结加固施工所引起的地表变化远远小于常规方法。

联络通道采用冻结法加固,自动化程度高,冻结效果好,且有效的改善洞内施工环境,施工过程中无污染,环保效果好。

2. 社会效益

联络通道冻结加固施工技术的成功应用,极大提高了富水砂卵地层联络通道施工质量与工效;不占用地面场地,不影响交通;降低了矿山法施工涌水涌砂的安全风险,为呼和浩特市周边地区进行地下大型工程施工加固土体提供技术参考。呼和浩特市城市轨道交通 1、2 号线一期工程共有 35 个联络通道采用了冷冻法施工都取得了良好的效果。

功到自然成

第四篇 调试运营篇

第 13 章 车辆与设备系统调试

13.1 概　述

城市轨道交通调试工作是指在各设备系统安装完毕及通过阶段性验收的基础上，为确保各系统设备的功能满足设计及合同要求而开展的一系列测试工作。调试工作一般可以分为两个阶段，第一个阶段为实验室室内测试阶段，该阶段主要是在设备厂家实验室或项目所在地搭建临时测试平台开展测试工作，模拟现场实际工作情况，确保设备系统软件逻辑功能正确。同时具备条件可验证与其他设备系统接口功能是否满足相关协议要求，避免设备到场后出现技术问题，影响工程进展；第二阶段为现场测试阶段，该阶段通过对现场就地设备进行实际操作，包括 144 h 不间断运行试验等措施，验证设备系统功能是否满足设计要求。

城轨设备系统调试内容主要包括车辆系统、信号系统、供电系统、通信系统、综合监控系统、站台门系统、消防系统、机电系统等。调试主要内容分为系统各类设备上电测试、机械调校、设备静态测试、动态试验、设备空载和有载试验、设备各种性能参数测量、系统单项功能试验、设备单体试运行等；系统各类设备运转正常，设备单体运行、单项功能测试符合设计和合同要求，再进行系统设备相关接口测试和接口功能试验。

城轨设备系统调试工作呈现技术含量高、专业技术性强等特点，按照调试区域不同可划分为轨行区测试和车站测试两部分。其中车辆、信号系统主要在轨行区开展测试工作。车辆测试包括静态调试、动态调试、车辆型式试验等。信号系统测试包括 ATP 功能测试、信号系统 ATO 功能测试、信号系统性能测试等内容，其特点是整个系统的整体功能性强，测试工作以线性展开；供电、通信、综合监控、站台门、消防、机电系统前期在各个车站开展测试工作，验证本系统就地级和车站级功能。验证通过后，后续进行中央级功能调试，保证系统整体功能实现。其特点是每个车站的测试内容基本相同，各个车站的测试相对独立，测试工作以点-线的形式开展。

为确保调试工作顺利开展，建设单位应设立调试工作组织机构、明确调试工作内容、确定调试前置条件是否满足、制订合理调试计划。通常调试工作组织机构是按照专业来设立，可分为两个层级，第一层为领导层，来负责调试过程中的整体进度，以及解决调试过程中的问题，第二层为实施层，由建设单位各专业分管工程师牵头，成立由建设、监理、设计、施工（集成）、供货单位人员组成的专业调试工作组，具体开展各专业的调试工作。由于调试工作是验证各系统功能是否满足设计要求，所以在调试工作开始前，应确定是否满足前置条件，包括编制调试大纲、调试计划、调试实施方案，同时确认调试人员培训、调试人员安排及调试技术交底等准备工作。为确保调试工作有序进行，应按照整体工期进度要求，制订调试计划，由于建设过程中交叉作业较多，所以调试计划的制定应结合实际情况，既要保证满足节点要求，也要符合现场的时间工程进度，统筹规划、合理安排。

13.2 系统设备调试管理

13.2.1 供电系统

1. 供电系统简介

供电系统是城市轨道交通的重要组成部分,没有供电系统的可靠安全运行,就不可能有城市轨道交通的正常运行。城市轨道交通供电系统由主变电所、牵引变电所、降压变电所、直流馈电线、电力监控系统、杂散电流防护系统等部分组成。其中,主变电所把从220 kV变电所引入的三相高压交流电降压输送到轨道交通沿线的牵引变电所和降压变电所。牵引变电所是将交流电经降压整流后转换成适合于电动列车应用的直流电。直流馈电线是将牵引变电所的直流电输送到接触网上。

呼和浩特市城市轨道交通1、2号线一期工程正线及场段内均设置可视化接地装置,可视化接地装置及其后台管理系统从全线考虑,可整体性解决城市轨道交通接触网接地操作中的作业安全及作业流信息化方面的问题,构建了一个信息化、网络化、可视化、标准化的接触网接地操作安全生产保障体系,满足城市轨道交通接触网安全、规范、可靠的运行要求。可视化接地装置的应用,有效提升了运营单位对作业人员及设备的安全保障能力,同时缩短了作业时间,提高了工作效率,节约了运维成本,对实现城市轨道交通保安全、高效率、低成本的运营目标具有十分重要的意义。

可视化接地装置的三级控制管理,包括中央级(OCC控制中心)、站级(值班点)、现场就地;该装置支持远方遥控、就地电动、就地手动等多种操作方式(见图13-2-1)。可视化接地装置基于全线工况信息,进行整体判断,提供完善的接触网接地作业安全解决方案。

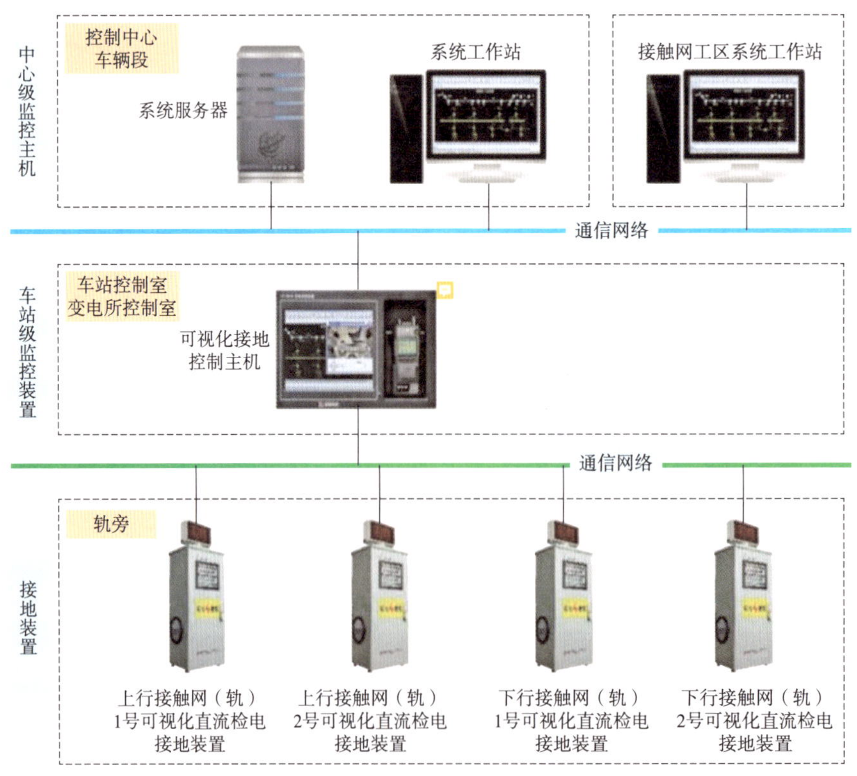

图13-2-1 接触网可视化接地装置系统构成图

电力监控系统是通过通信数据通道及被控变电所综合自动化系统，实现对供电系统设备实时监控和调度。控制中心电力调度通过电力监控系统工作站对 110 kV 主变电所、牵引降压混合变电所、降压变电所、跟随变电所进行遥控、遥测、遥信和遥调。

杂散电流对地铁内部及附件金属结构有腐蚀作用，正线每座牵引变电所设置一台排流柜实现杂散电流的极性排流。杂散电流监控装置设置于牵引变电所排流柜中，杂散电流检测终端通过通信主干网构成环网，实现数据传输和控制。

呼和浩特市城市轨道交通 1、2 号线均采用集中供电方式，即通过 110 kV 主变电所降压输送 35 kV 交流电到地铁沿线各个变电所。本项目建设的 110 kV 主变电所采用线变组接线方式。110 kV 主变压器为油浸式变压器采用中性点经接地变压器接地方式，高压套管采用了目前行业先进的免维护玻璃钢干式套管，进一步的减少了后期的运维成本。110 kV 主变电所内加装了动态无功补偿装置，该装置可以抵消线路中产生的无功，改善供电质量，提高线网电压的稳定性。在此基础上，公司多措并举，创新性的通过牵引变电所中的再生制动能量回馈装置对中压环网线路的无功进行补偿，两者相辅相成，取得了良好的补偿效果。

呼和浩特市城市轨道交通 1、2 号线采用牵引变电所和降压变电所混合设置的模式，从而极大降低了建设成本和运维成本，并在车辆段、停车场等末端处增设了跟随式变电所。其中，在牵引降压混合变电所中创新性地采用了中压能馈型再生制动能量回馈装置，从而进一步提高了呼和浩特市城市轨道交通的科技感。

2. 供电系统调试

城市轨道交通供电系统的首要任务是安全可靠的供电，如果存在任何故障导致停电，都会影响轨道交通的正常运行，给市民带来极大的不便，给国民经济造成较大的损失。因此轨道交通供电系统在建成后能否顺利投入运行，以及投入运行后能否保证各种电气设备运行稳定、性能良好，进行电气设备的试验和调试是非常重要的。在供电系统调试前，要完成电气设备的相关试验，电气试验的目的是检验新安装的电气设备性能是否符合有关技术标准的规定，判断新安装的电气设备是否按照合同谈判、设计联络及出厂验收时的要求进行生产供货。(合同谈判、设计联络、出厂验收等内容不在此处赘述)完成电气试验及测试后方可进入调试阶段，在调试前施工方首先向业主代表、监理提交试验、测试报告及调试计划，详列各项内容、程序及时间，并在完成后做出相应的报告，报告经相关部门人员确认，并确保调试所属接口完好，施工方、监理、设计人员与业主共同参与调试工作。调试范围包括 110 kV 主变电所、牵引降压混合变电所、降压变电所、跟随式变电所设备的单体调试；1 500 V 直流电缆、差动保护通道等项目的测试，以及供电系统联调、接地系统调试、直流短路试验、供电系统与相关系统的联调等。流程图见图 13-2-2。

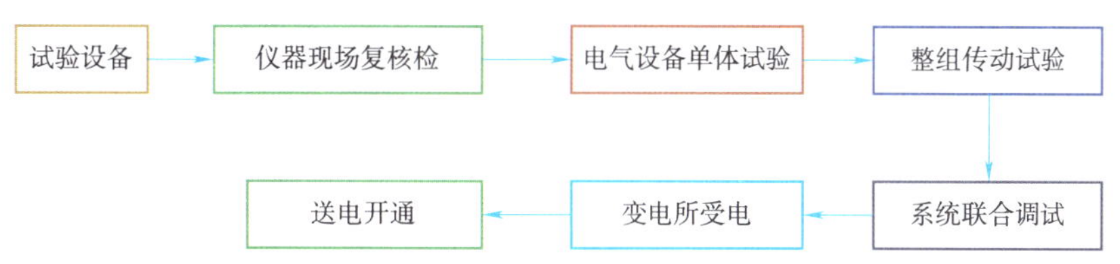

图 13-2-2 供电系统安装调试流程图

(1) 变电所内联调

调试工作在设备安装就位，所内具有稳定可靠的试验电源，且现场环境达到试验要求后开展，针对不同设备使用专用试验仪器，按规定的试验方法对设备的电气参数、电气性能、机械性能等进行调试。

在调试时,第一,各方参加人员要协调配合,保证口令一致;第二,调试前检查设备一二次接线是否正确;第三,调试设备上要悬挂警示标识。

设备单体调试是供电系统变电所内联调的基础,从设备的安装、接线、检查每一步都不能少,只有做好了设备单体调试才能为所内联调提供可靠的保障。

变电所一次设备、二次设备单体调试合格后,为了确保变电所系统功能的可靠性、协调性,应进行全所自动化调试,即整组传动,以保证控制回路、信号回路以及继电保护回路正确显示,可靠动作。

①主变电所调试

呼和浩特市城市轨道交通1、2号线共建设了4座110 kV主变电所,分别为南店变、西龙王庙变、水上公园变、下新营变,均为地下变电所。其中,南店变分别从科尔沁变电所、秀水变电所引入两路110 kV电源,西龙王庙变从攸攸板变电所引入两路110 kV电源,水上公园变从东五里营变电所引入两路110 kV电源,下新营变分别从胜利变电所、科尔沁变电所引入两路110 kV电源。110 kV主变电所内包含110 kV主变压器、110 kV GIS组合电器、35 kV开关柜、继电保护装置、综合监控系统、交直流电源及动态无功补偿装置等设备。在设备完成安装后,要对所有的设备进行单设备或单系统调试,当单设备或单系统调试结束后将进行最重要的全变电所及上游变电所的联合调试。在调试前,应同时与地方供电局办理相关送用电手续,组织相关部门进行验收,具体办理流程如下:

在上游220 kV变电站具备送电条件时,向供电局客服中心提交报装申请,办理间隔审批,待现场勘查后签署供电协议,由客服中心出具供电方案。

在隐蔽工程进行时,向供电局客服中心申请中间验收,在设备调试完成后,向供电局客服中心申请竣工验收,分别联系大用户、输电处、计量处、生产处等相关部门对设备进行验收。供电局客服中心出具供电方案后,与大用户处沟通签订高压供电合同,同时与调度处沟通签订调度协议;待送电手续及相关验收完成后,及时与客服中心沟通召开送电启动会,落实送电日期,取得投运批准书后开始送电工作。

在110 kV主变电所调试过程中要注意以下几点:

a. 上游220 kV变电所中的通信传输与我方110 kV变电所中的通信传输保持畅通,确保双方指令接收无误。

b. 上游220 kV变电所中的差动保护装置与我方110 kV变电所中的差动保护装置要保持畅通,确保发生故障时可以及时作出动作,以免造成更大的事故。

c. 上游220 kV变电所中110 kV出线间隔的电缆相序要与我110 kV变电所中110 kV进线相序保持一致。

在保证上述几点的前提下,对所内的其他设备进行仔细的检查保证没有错误后方可进行送电工作。

②变电所35 kV母联开关备自投试验

模拟Ⅰ段母线无压,Ⅱ段母线有压;母联开关在分位,自投转换开关在投入位。模拟Ⅰ段进线开关差动保护跳闸,母联开关应能自投。检查确认各指示灯及音响信号正确,并查看控制信号屏指示灯及音响信号正确然后复位。

模拟Ⅱ段母线无压Ⅰ段母线有压;母联开关在分位,自投转换开关在投入位。模拟Ⅱ段母线进线开关差动保护跳闸,母联开关应能自投。检查确认各指示灯级音响信号正确,并查看控制信号屏指示灯及音响信号正确后复位。

③框架保护联调

当在负极柜上模拟框架保护，框架保护动作后联跳两个 35 kV 整流机组开关，同时向直流进线开关，直流馈线开关发出跳闸命令，当框架保护的电流元件动作时联跳相应馈线开关，闭锁相应馈线开关；框架保护的电压元件动作后闭锁本所相应馈线开关。每次应检查确认各指示灯及音响信号正确，并查看控制信号屏指示灯及音响信号正确后复位。

④整流机组双机组运行

合上 35 kV 整流机组断路器，直流进线快速开关。分别在 35 kV 断路器侧模拟两台整流机组保护跳闸，则不仅本组的 35 kV 断路器应立即跳闸，另一组的 35 kV 断路器应立即跳闸，本组直流进线开关跳闸，另一组直流进线开关不跳闸。每次应检查确认每个指示灯及音响信号正确，并查看控制信号屏指示灯及音响信号正确后复位。

⑤相邻主变所调试

测试时通过综合监控系统电力调度端操作倒闸，将南店变 1 号主变解列，合上艺术学院环网联络开关（Ⅰ、Ⅱ段依次操作），由西龙王庙变向三、四供电分区支援供电。完成测试倒闸后，空载运行 24 h，随即进行正常试运行。待试运行结束后恢复测试前运行方式。在试运行期间的测试结果，记录了西龙王庙变 110 kV 进线电流、电压，1 号、2 号主变功率、功率因数、绕组温度、油温；35 kV Ⅰ、Ⅱ段母线进线电流、母线电压；坝堰（机场）、白塔停车场（支援供电条件下，长供电分区的正线首端站、末端站）35 kV Ⅰ、Ⅱ段母线进线电流、母线电压。经检测后各参数均在正常范围内，未出现保护报警、动作等情况。在相邻主变电所支援供电的条件下，单座主变电所能够承担全线试运行的用电负荷。

所内联调是验证供电系统所内各设备的整体配合能力，从电气一次设备到电气二次设备都要做到互相的连接无误、通信畅通，只有这样才能保证所内联调可以顺利完成。

（2）变电所间联调

①差动保护调试

变电所之间的联调主要是变电所（牵引降压混合变电所、降压变电所）之间、变电所与主变电所之间及主变电所与上级变电所线路差动保护的联调。差动保护为进线电缆的主保护，它的工作原理是流入电缆的电流与流出电缆的电流应该相等，所以在所间联调时应检查对应进出线开关柜的电流方向和电流大小是否一致。

②相邻牵引所间及越区时直流联跳保护及闭锁关系调试

调试前应具备牵引变电所与隔离开关联调完毕，通信完成。在不越区和越区两种情况下合上开关；模拟负极柜框架保护，当框架保护的电流元件动作时联跳邻所相关直流馈线开关，闭锁本所相关馈线开关，但不闭锁邻所相关馈线开关；框架保护的电压元件动作后不联跳邻所馈线开关，闭锁本所相关馈线开关。框架保护动作后，不启动重合闸。然后观察本所和邻所开关动作情况。分别模拟直流馈线开关大电流脱扣等保护，联跳邻所相关直流馈线开关，并启动重合闸。本站直流馈线开关重合闸成功后，被联跳站的相应快速开关才可自动重合闸，本站馈线快速开关接触重合闸或重合闸不成功时，被联跳站的相应快速开关不能合闸。当馈线快速开关被手动分闸、框架故障保护动作后不启动自动重合闸。

所间联调是供电系统送电前最重要的性能验证试验，在调试过程中要保证每个变电所和邻所之间可以互通，没有电缆接错线、光纤未熔接、机械故障等一系列问题，因此在联调前要对所有变电所内的设备、接线、通信等内容进行充分的检查。当所间联调完成后，正线就可以正式开始送电工作。

3. 供电系统创新

呼和浩特市城市轨道交通1、2号线在原有设计方案的基础上推陈出新，对供电系统进行了进一步的优化和创新，打破了国内地铁行业对首条地铁线"用旧不用新"的惯例。

(1)呼和浩特市城市轨道交通在首期建设的1、2号线中直接采用了行业中最新的中压能馈型再生制动能量回馈装置，该设备可以有效改善接触网网压升高的问题，不仅如此可以将电客车制动时产生的电能重新吸收利用，从而大大降低了后期的运营成本。

(2)在采用了中压能馈型再生制动能量回馈装置后结合设备特点及电网特性首次应用了分散式动态无功补偿方案，利用通信网络实时读取主变电所中无功信息，通过分散式动态无功补偿方案实现了改善功率因素的效果。该方案的成功实施为后续再建城市轨道交通线路提供了成熟可靠的经验。

(3)在中压能馈型再生制动能量回馈装置的基础上，呼和浩特市城市轨道交通1号线完成了双向变流装置的科研应用，以什兰岱站为科研站点，整流机组为主，中压能馈型再生制动能量回馈装置为辅实现了中压能馈型再生制动能量回馈装置代替整流机组的实践应用，从而为后期城市轨道交通建设提供了宝贵的经验。

(4)中压能馈型再生制动能量回馈装置还具备智能融冰的功能。呼和浩特属于严寒地区，接触网在冬季容易结冰，影响行车的安全。通常处理接触网结冰的方式是人工拿着除冰棍沿途击碎接触网上覆盖的冰层，不仅费时而且费力。现在采用智能融冰功能，使接触网上持续通过电流并产生热量，将冰层熔化后自动脱落。该功能的使用可以极大地节省人力成本，提高接触网维护效率。

4. 110 kV线路、35 kV环网送电

(1)110 kV送电前置条件检查

①220 kV变电站输电线路线路切改工作完毕后，并验收合格。

②110 kV主变电所输变电工程电力变压器安装调试完毕，并验收合格。

③110 kV主变电所输变电工程110 kV中性点成套设备安装调试完毕，并验收合格。

④110 kV主变电所输变电工程110 kV组合电器设备安装调试完毕，并验收合格。

⑤110 kV主变电所输变电工程35 kV开关柜安装调试完毕，并验收合格。

⑥110 kV主变电所输变电工程主控室保护系列屏安装调试完毕，并验收合格。

⑦高压试验及继电保护调试完毕并经传动验收合格。

⑧所有临时接地线均已拆除，启动中所用的断路器、隔离开关、接地刀闸都处在断开位置。

⑨综合自动化系统和通信系统已调试完毕，并经验收合格。

⑩确定并标明设备名称和调度编号。

⑪消防设施齐全，站内通信畅通。

⑫运行人员和施工验收人员检查新投运设备无遗留物，拆除施工用电源。

⑬成立启动委员会机构，负责统一指挥。全体人员各就其位，听从指挥。

⑭上述工作完成后，由运行组长向启动委员会汇报，可以投入启动。

(2)110 kV线路送电

①由启动委员会对220 kV变电站输电线路，线路切改工作，进行验收，并验收合格。

②由启动委员会对110 kV变电站电气一次设备、二次设备安装进行验收，验收合格后，110 kV输变电工程110 kV变电站值班员向调度员汇报，调度员与变电站值班员核对保护定值。检查变压器的分接头位置

与系统电压相符,有载调压的分接头位置符合要求。

③检查 220 kV 变电站断路器,隔离开关,接地开关在断开位置。

④检查西龙王庙变。

a. 检查 110 kV 变电站 1 段断路器;隔离开关;接地开关在断开位置。

b. 检查 110 kV 变电站 35 kV 配电柜所有安装的断路器在断开位置;所有的隔离开关在断开位置;所有的接地开关在断开位置。

⑤用 220 kV 变电站 161 断路器,为输电电缆线路各充电(2 次)。

⑥合上 110 kV 主变电所隔离开关、断路器。

⑦用 220 kV 变电站断路器为输电电缆线路各充电(1 次)。

⑧用 110 kV 断路器为主变压器充电(4 次)。

⑨合上 110 kV 主变电所断路器为主变压器及隔开充电(第 5 次)。

⑩用 110 kV 主变电所断路器为 35 kV 的Ⅰ段、Ⅱ段母线、PT 充电,测量两段母线 PT 二次相线电压值是否正常,并记录电压值,在两个 PT 二次侧进行核相,校对两段母线接线的正确性。

⑪给 35 kV 的Ⅱ段母线送电,测量 329PT 二次相线电压值是否正常,并记录电压值,在两个母线 PT 二次侧核对两路进线相位正确。

⑫在母联断路器处带电显示装置处核对 35 kV 的Ⅰ段与Ⅱ段母线相位正确(双重验证)。

⑬断开隔离开关。

⑭检查 1 号、2 号接地变接地电阻隔开在合位,为 1 号、2 号接地变充电(5 次),最后一次无问题不断开。

⑮检查室外电容器组试验合格且具备送电条件,做好防护与隔离,安排专人看护。断开室外电容器组的隔刀。

⑯为电容器组电缆冲击送电三次无问题后带电容器运行。

⑰由 1 号主变带负荷后,通知供电局调度,1 号主变已带负荷,由供电局进行 CT 保护极性验证正确。

⑱由 2 号主变带负荷后,通知供电局调度,2 号主变已带负荷,由供电局进行 CT 保护极件验证正确。

⑲由两台主变分别带两段 35 kV 母线运行。

⑳确认所内屏自动投切已停用,且电缆已接至所内屏,1 号、2 号用变充电(5 次),最后一次无问题不断开。

㉑在所内屏处对 1 号、2 号站用变及 400 V 临时电源核相正确。

㉒检查站内设备运行正常。1 号、2 号站用变空载 24 h 后,带负荷。

(3)35 kV 环网送电前置条件检查

①主变电所带电并具备向下级变电所送电条件。

②35 kV 变电所受电启动、应急、临管方案、单体调试及站级调试合格试验报告、检验批资料均已完成编制审核。

③变电所正式防火门、窗已安装。

④所有夹层孔洞封堵完成。

⑤所有活动门下部防鼠板安装完。

⑥变电所墙面所有相关专业孔洞均做封堵。

⑦变电所人孔盖板、爬梯完成。

⑧变电所内其他专业完成施工(墙面处理),变电所设备房供电设备卫生清扫完成。

⑨电缆夹层积水清理完成、接地端子暴露连接点。

⑩综合接地网检测报告提供且满足规范要求。

⑪配电变压器室内 400 V 开关柜已安装、调试完成,具备向变电所交直流屏送电条件,变电所设备房间正式照明工程完成;400 V 开关柜试验报告在进行验收送电前 2 日内送到运营单位。

⑫变电所消防设施配置到位。

⑬变电所值班及检(抢)修工具已配置到位,值守人员到位,值班人员需培训合格,并做好值守记录。

⑭变电所主接线模拟板已安装。

⑮环网送电通告张贴完成并文件形式通知到各单位。

⑯所有送电前置条件由监理单位,指挥部及建设单位进行核实满足后送电。

⑰车站设备房:内无施工作业。

⑱机电尾工:机电装修标段需完成接地电缆,交流屏交流电缆安装,400 V 设备与变压器之间未连接,(配电变压器冲击完成后,400 V 设备与变压器之间完成连接工作,启动送电)。

⑲土建尾工:变电所人孔爬梯、人孔盖板完成;综合接地检测报告在送电前提供。

⑳环网通道:环网、光缆、联跳电缆送电之前完成。

㉑环网正线:完成电缆敷设、接地连接、线路防护工作,做到封闭管理、站台安保人员到位并提供联系负责人名单。

㉒设计院提供正式整定值。

㉓各个设备供货商送电期间做好各自设备的保驾工作,确保设备处于正常状态。

㉔地下区间通信畅通。

(4)35 kV 环网送电

①需要主变电所送至正线车站依次带电,正线联络开关闭合。

②各站 35 kV 开关柜母线带电完成后向配电变压器、整流机组、1 500 V 直流开关柜送电。配电变压器冲击带电 3 次,第一次持续 10 min,第二、三次持续 5 min,间隔时间均为 5 min。整流机组冲击带电 3 次,第一次持续 10 min,第二、三次持续 5 min,间隔时间 5 min。

③送电完成后进行 24 h 空载试验。

7. 总　　述

城市轨道交通供电系统是一个看似单一实则复杂的系统。从最初的用户需求书的编写、招标文件编制、挂网招标、合同谈判、设计联络会、出厂验收、供货、开箱验收、安装、试验到最终的调试送电,其间每个过程都充满了艰辛,都是每位工作者克服各种困难逐步完成的结果。全线完成送电具有里程碑意义:首先,保证其他系统设备调试工作可以顺利进行;其次,是车辆动调和综合联调的大前提;再次,是地铁线路安全运行的重要保障。

13.2.2 接触网

1. 接触网概述

呼和浩特市城市轨道交通 1、2 号线一期工程接触网正线地下段采用 DC 1 500 V 架空刚性悬挂,正线高架段、车辆段及停车场采用 DC 1 500 V 架空柔性悬挂接触网供电(见图 13-2-3)、走行轨回流方式。正线地下段

DC 1 500 V 架空刚性接触网采用 CTA150 型镀锡铜银合金接触线，正线高架段、车辆段及停车场架空柔性接触网采用 CTA150 型铜银合金接触线，线路沿线设贯通架空地线，架空地线采用 JT120 型铜绞线。正线地下段在有牵引变电所的车站进站端设置电分段，电分段采用绝缘关节方式，正线间渡线、折返线、存车线与上下行正线间设置电分段，电分段采用分段绝缘器，折返线及存车线与上下行正线间设置电动隔离开关。

图 13-2-3　架空柔性接触网示意图

2. 施工主要工序（见图 13-2-4 和图 13-2-5）

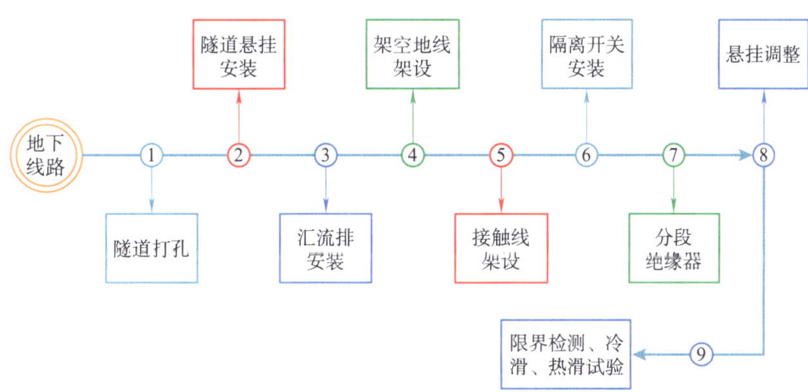

图 13-2-4　刚性接触网施工工序图

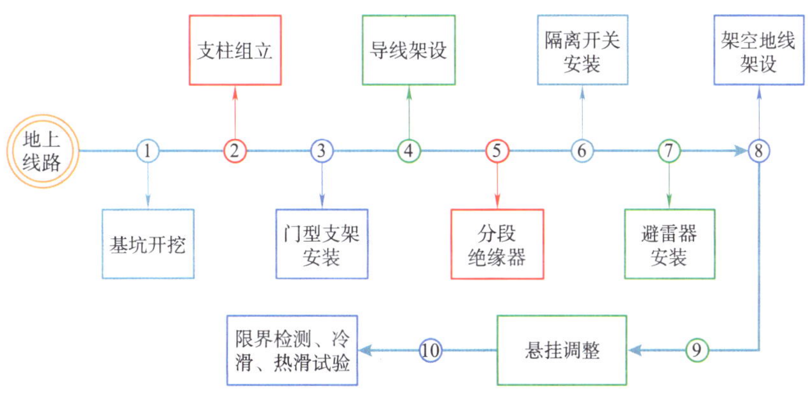

图 13-2-5　柔性接触网施工工序图

3. 接触网送电

(1)送电前置条件

①送电范围内接触网工程已按设计文件全面竣工,分部分项验收合格。

②所有开关状态进行确认。

③送电范围内接触网已完成冷滑试验,发现的问题已处理达标,静态验收完毕。

④隧道清洗完成,如送电前未完成隧道清洗,送电后行车将造成较多灰尘附着在绝缘子上,如灰尘附着过厚极易造成绝缘子击穿故障。

⑤接触网上方所有孔、洞、井封堵完成。因车站两端轨行区上方卧式风阀安装预留井在接触网正上方,如卧式风阀安装在接触网送电前未完成,预留井上方施工极易造成异物掉落或触电事故的发生,如无法完成安装,则必须对预留井采取临时封堵措施。

⑥变电所与接触网供电分区已确认正确。按接触网供电分区测试确认接触网绝缘良好。接触网供电分区导通试验工作完成,确认电路接通可靠。

⑦送电开通区段各车站及重要地段的安全设施完备。

⑧不符合安全运营要求的隧道内、车站内、场段内构筑物等均已处理完毕。

⑨所有均回流箱及电缆已连接完毕,牵引供电回流通路已按设计可靠连接。

⑩所有接触网支柱及非带电金属配件已可靠接地。

⑪各种标志牌、杆号牌、高压危险牌等均已按设计安装。

参加送电开通的人员,安全、技术培训已完毕,并考核合格。

⑫轨道绝缘测试合格,由轨道测试、电力及接触网施工、监理人员见证。

⑬沿线及车站送电公告已发布完毕。

(2)送电

①各站整流器柜带电后,确认 1 500 V 直流开关柜断路器处于断开位置,确认上网开关打开状态。

②闭合上网隔离开关,闭合变电所内相应的断路器,电压冲击断路器,检测、记录供电臂带电情况。

③开断路器,断开上网隔离开关进行下一个供电臂送电步骤。

④直至送电完成。

4. 试验

(1)采用标准

《铁路电力牵引供电工程施工质量验收标准》(TB 10421—2003);

《地下铁道工程施工及验收规范(2003 年版)》(GB 50299—1999);

《地铁设计规范》(GB 50157—2013);

《地铁限界标准》(GJJ 96—2003);

《城市轨道交通直流牵引供电系统》(GB/T 10411—2005)。

(2)限界检测及冷滑

①限界检测及冷滑的目的

a. 限界检测的目的

轨行区所有设备安装完成后,利用轨行车辆动态检查所有轨行区设备安装限界是否侵入设备限界。

b. 冷滑试验的目的

接触网进行全面静态检查合格后，在接触网不受电条件下，对接触网质量状况进行的动态试验检查。即通过受电弓与接触线接触，检测弓网磨合状态，特别是检查锚段关节、道岔、分段绝缘器、受电弓磨合状态，找出事故隐患和质量缺陷进行整改，保证车辆安全可靠受电。其目的是检查接触网系统设备安装和调试的性能是否符合设计要求，检验接触网的安装质量能否满足机车运行要求，是热滑试验的准备阶段。

②限界检测及冷滑试验需具备的条件

a. 限界检测前置条件

➢轨行区各专业所有设备安装完毕，并完成静态验收。

➢轨行区所有行车障碍、垃圾及废弃材料设备已清理完毕。

➢轨道精调完成。

b. 冷滑试验前置条件

➢冷滑区段的轨道道岔、线路已到位，且经过测试，具备轨道车高速运行条件。

➢冷滑试验前，先进行一次线路清理，待冷滑试验区段线路上所有障碍全部清除，排除所有影响冷滑试验的障碍，满足冷滑试验车高速运行的要求。

➢为保证冷滑试验的安全，需提前在沿线各车站出入口、进入轨行区的临时通道张贴冷滑试验通告，各车站进入轨行区的出入口和通道进行全部封锁，严禁非试验人员进入轨行区。

➢冷滑区段的接触网工程已全面完工，接触网拉出值、接触线高度、坡度按设计调整到位，并通过分项验收且整改完毕，质量符合设计要求及验收标准，达到冷滑试验要求。

➢冷滑试验车辆编组及设备调试完毕，行车路线已确认，行车调度命令已批准。轨行区联合调度室已发布命令，封锁待冷滑试验区段，严禁任何单位进入轨行区，满足冷滑试验车组安全运行的要求。

➢接触网号码牌、终点标志牌已安装到位，冷滑终点左右线临时车挡。

➢已检查受电弓包括联络线内无任何设备，接触网各类线夹无碰弓、刮弓现象。

➢地下段区间照明已正常使用。

③限界检测及冷滑试验的形式

限界检测采用按限界设计图在平板车四周外围安装限界框架的方式检测。

冷滑试验采用在机车顶部按正式受电弓高度及尺寸安装临时受电弓，过程中观测和记录受电弓状态的方式进行。采用摄像头全程监控，并保留影像资料。

④限界检测及冷滑试验的具体内容

a. 限界检测的具体内容

动态检测轨行区内有无设备侵入设计设备限界。

b. 冷滑试验的具体内容

➢将受电弓对接触线的压力调整至设计要求。

➢由检测记录人员在轨行车作业平台上观察弓网关系，接触线高度变化是否平顺有无突变或受电弓突然跳动的现象。

➢观察接触线导高、拉出值是否满足设计要求。

➢受电弓在交叉渡线处有无碰撞主线或渡线的情况，是否平稳过渡、无脱线、刮弓现象。

➢受电弓通过锚段关节、道岔、分段绝缘器、中心锚结线夹、电连接线夹、刚柔过渡段等部件时是否平稳，有无碰弓刮弓现象,有无硬点。

➢接触导线无弯曲、扭转、碰弓、脱弓现象,线面角度是否正确。

➢接触网定位管、定位器及各类线夹无碰弓、刮弓现象。

➢检查受电弓至接地体的动态距离是否大于 100 mm。

➢观察其他设备有无侵入接触网限界的现象。

⑤限界检测及冷滑试验步骤

a. 限界检测及冷滑试验总体步骤

冷滑试验一般可分为三个阶段,第一个阶段为地下段上行线、下行线、侧线、渡线、道岔限界检测及低速冷滑试验,第二个阶段为车辆段电气化股道限界检测及冷滑试验,第三个阶段为地下段上行线、下行线中速冷滑试验。

b. 限界检测及冷滑试验速度

冷滑试验速度:车辆段 5 ~ 15 km/h 共试验 1 次,正线 5 ~ 15 km/h、30 ~ 40 km/h 共试验 2 次,地下段侧线、渡线及道岔 5 ~ 15 km/h 共试验 1 次。每次完成冷滑,进行冷滑问题整改后,再进行第二次冷滑试验。

限界检测速度:与冷滑 5 ~ 15 km/h 试验速度时同步检测。

(3)热滑试验

①热滑的目的

为保证城市轨道交通 1、2 号线一期工程列车上线的运行安全,在列车上线投入使用前必须进行供电系统热滑试验。重点检测车辆受电弓取流是否良好,供电系统设备运行是否正常。通过热滑试验能够全面了解机车受电弓的运行状态,跟踪弓网受流关系,记录弓网受流出现火花的处所,检验回流系统状况,并在热滑后进行有针对性的整改,以确保电客车上线后正常运行。

具体内容如下:

➢正线电客车以低速、中速、高速进行热滑,车辆段及地下段侧线、道岔以低速进行热滑,检验接触网设备在动荷载作用下的几何尺寸参数及结构是否牢固可靠,是否满足设计标准。

➢检测接触网系统和回流系统回路是否按设计标准连通和顺畅。

➢观察接触网的接触线是否平滑,有无突变和跳动,有无硬点,接触线的导高与拉出值是否存在突变。

➢检查接触网悬挂、锚段关节、中间接头、中心锚结、分段绝缘器、道岔区等部件的安装状态,是否有偏磨、碰弓、脱弓或刮弓现象,观察在热滑过程中有无严重火花的出现。

➢检测电客车受电弓跟随性是否良好,观察受电弓与接触网的切入与滑出状态,检查受电弓在关节处、线岔处过渡是否平顺;检查受电弓在通过分段绝缘器、锚段关节处是否发生对电客车失电现象。

➢检查供电系统设备是否满足列车带电运行的需求。

➢热滑后检查受电弓有无异常磨耗状况,分析接触线的导高和拉出值是否符合设计要求。

②热滑试验前置条件

➢接触网已完成冷滑工作并对缺陷进行了整改,通过确认符合热滑条件,出具冷滑试验工作报告。

➢限界检测已经完成,侵限问题已全部整改完毕并通过复查确认符合标准,出具限界检测报告。

➢牵引变电所直流系统及接触网已带电。

➢热滑用的电客车弓网视频监控和燃弧监测均安装调试到位,并具备数据下载功能。

➢无线调度台满足车辆上线需求,宽带集群手持终端(EP820)满足车辆上线需求。

➢轨道设计出具全线限速表，经设计总体和咨询审查后报备建设单位；车挡安装牢固、安装距离符合要求，警示标志符合要求；线路信号标识标志安装齐全、且满足要求；调试轨行区范围内轨道设备完成验收工作。

➢热滑线路信号设备安装施工完成，道岔密贴调整完毕，转辙机具备手摇转换和锁闭道岔的功能。

➢站台门、区间防淹门、人防门、防火门、区间消防水管、区间给排水管、区间动力照明、区间水泵安装完成及区间线缆敷设完成，且固定良好、牢靠。

➢已安装的卧式风阀处于锁闭状态，暂未安装卧式风阀的孔洞应全部密封遮盖（且有临时接地），屏蔽门全部封闭且有绝缘及接地措施。

➢送电热滑区段轨行区封闭、隔离措施已落实，不送电区域的临时接地已安装。

➢轨顶风道垃圾已清理完成，隧道顶部的模板、浮浆、横幅、临电、临水等管线全部拆除完成，轨行区已冲洗干净，垃圾、淤泥已清理完。

➢车站泵房、区间泵房能正常运行，轨行区无积水。

➢事故抢修组织及人员、车辆、物资、器材等均已按热滑方案落实，准备就绪。

➢各种安全防护、警告牌、标牌等设置齐全，送电热滑区段内的安全宣传均已就绪。

➢所有正线的回流箱、均流箱接钢轨回流电缆全部焊接完毕，有可靠的回流保证。

➢轨道公司组织各监理、施工单位完成对热滑区段的安全大检查，确认线路无影响列车行车安全的物品和工器具。

③热滑试验的具体内容

➢召开热滑试验预备会，确认参加试验单位和人员全部到位，明确分工，现场指挥组长下达热滑开始指令。

➢参与热滑人员从三间房车辆段 L24 道乘车，确认人员全部上车后，随车调度确认现场进路。

➢路开放后，现场指挥组长下达发车指令后，随车调度指挥司机按运行交路图人工确认进路进行热滑。

➢司机严格按照随车调度员的指令，按限速进行热滑，试验人员记录相关数据。

➢热滑结束后，电客车返回三间房车辆段，由热滑现场指挥组组长报告领导组组长，热滑结束。

➢热滑完成后，相关单位根据现场存在的问题申请作业点进行整改。

（4）短路试验

①短路试验目的

➢通过抽样试验，校验牵引供电系统保护装置的功能完备性，获取现场数据供设计校验各设备保护参数配置，保证在牵引供电系统发生短路故障时，供电设备能及时迅速切除故障部分，确保人员设备的安全；

➢通过抽样试验，验证直流牵引供电系统运行的可靠性和直流牵引回路的完整性。

②采用标准

《地下铁道工程施工及验收规范（2003 年版），（GB 50299—2018）；《城市轨道交通架空接触网技术标准》（CJJ/T 288—2018）。

③试验范围选取

在选取最远端进行测试时，最好要选取区间长度较长的作为试验地点。根据呼和浩特市城市轨道交通 1 号线一期工程目前工程状况，本次短路试验范围选择在艺术学院至呼和浩特东站进行，近端短路点选择在艺术学院站左线附近，架空线短路点选在乌兰恰特站右线，远端短路点选择在和呼和浩特东站右线附近，依据呼和浩特市城市轨道交通 1 号线一期工程供电系统图，艺术学院至呼和浩特东站区段共有艺术学院站、乌兰恰特站、呼和浩特东站 3 个牵引降压所，有关情况见表 13-2-1。

表 13-2-1　牵混所容量及间距示例图

牵引降压所名称	艺术学院站	乌兰恰特站	呼和浩特东站
车站中心里程标	DK15 +895.410	DK18 +728.210	DK22 +009.182
牵引变电所间距(km)	2.822		3.280
整流机组容量(kW)	2×2 500	2×2 500	2×2 500

从短路试验的角度，要考虑直流牵引系统的如下因素：

a. 变电所的整流机组容量；

b. 直流 1 500 V 供电臂的长度；

c. 直流保护的配合：大电流脱扣、ΔI、d*i*/d*t* 等。

④短路试验前置条件

➢方案编制完成后监理单位应组织相关单位及设备供应商进行评审，方案确定后由施工单位进行报审。

➢最终方案应经监理单位及建设单位审核、批准后方可实施。

➢设计应提供相关短路试验的保护整定值；牵引变电所的相应直流开关柜及交流开关柜应在试验前 2 h 内事先确认保护能可靠动作，跳闸回路及紧急分闸回路的完整性并有试验记录。

➢牵引所已经正常运行，接触网已受电。

➢钢轨回流线及均流线应施工完成并经过检查。轨电位限制装置已安装调试完毕。

➢检查轨电位限制装置的电缆连接情况。

➢轨道专业完成正线钢轨纵向电阻测量，测量结果符合规程要求并出具相应报告。

➢为保证数据准确度，直流柜电流测量回路的精确性再次验证。

➢应保障牵引所与短路点的通信联络畅通，并经过事先通话。

➢短路试验前退出所有馈线重合闸保护及牵混所备自投装置，断开排流柜所有支路，首次短路试验前检查相关牵引混合所负极柜、排流柜、回流箱回流电缆连接是否可靠。

➢施工单位负责配备建设范围内每个短路点所需试验工机具、材料，负责配备各所内所需材料。

➢短路试验可能会对钢轨、通信、信号设备造成损坏，需建设单位、轨道专业、通信与信号专业、供电专业配合，试验前后确认相应设备状态，相关施工单位准备相应抢修料具。

➢试验前，施工单位提前确认呼和浩特市城市轨道交通 1 号线接触网状态，轨道专业确认钢轨绝缘状态，同时配合现场处理好试验点的钢轨打磨工作，施工单位、建设单位、设备厂家、监理单位共同确认具备试验条件。

➢设计单位提供短路试验相关设备的保护整定值正式通知单。

➢轨道专业负责试验区段的钢轨绝缘测试并提供测试报告。

➢钢轨短接后进行回路电阻测试并提供测试记录。

➢由于高架段施工未完成为保证高架段施工安全，需核对 DK23 +756.16 处钢轨的临时绝缘接头是否满足绝缘要求，并在高架段钢轨上临时设置两处接地保证钢轨可靠接地。

➢地下段与高架段叉区围挡处钢轨处于断开状态。

⑤短路试验步骤

➢监理组织检查确认试验区段及变电所系统正常运行。

➢全线的接触网处于停电状态；电动隔离开关在断开位置。

➢为安全起见，在试验变电所由试验人员在远端临时控制台操作，不直接在开关柜面板上操作，并由专人负责直流开关柜合闸操作。直流馈线柜合闸由外接线引出合闸。为防止直流馈线柜断路器在试验时无法自动跳闸的情况，在直流馈线柜断路器引出分闸的控制回路，如短路试验不能及时分闸，这时应同时用引出的分闸控制回路分闸对 35 kV GIS 整流变馈线柜紧急分闸。

➢试验前应明确所有负极隔开位置。

➢核对短路试验区段的保护定值及整定时间。

➢检查相关电动隔离开关触头闭合情况，直流柜厂家在试验前对设备进行全面检查，必要时使用仪器测量触头接触电阻。

➢示波器设备接线完成。

➢确认直流开关采用直接合闸方式，以避免自动重合闸电路投入。

⑥短路试验建议

由于短路试验为破坏性试验，建议招标或合同谈判中明确试验手车由厂家提供。

(5)牵引接触网(轨)越区供电测试

城市轨道交通 1 号线一期工程正线设 9 座牵引降压混合变电所，分别是西二环路、呼钢东路、乌兰夫纪念馆、新华广场、艺术学院、内蒙古博物院、呼和浩特东站、什兰岱、坝堰(机场)。牵引供电臂长度见表 13-2-2。

表 13-2-2　接触网供电臂长度统计表

牵引变电所	西二环路	呼钢东路	乌兰夫纪念馆	新华广场	艺术学院	内蒙古博物院
所间距(m)		2 342	2 395	2 305	2 808	2 833
牵引变电所	内蒙古博物院	呼和浩特东	什兰岱	坝堰(机场)		
所间距(m)		3 281	3 034	2 408		

①目前测试情况

结合电客车型式试验 AW3 模式科目测试，同期开展了正线两个区段的接触网越区供电测试。

a. 测试区段

➢艺术学院牵引所解列，新华广场—内蒙古博物院大双边越区供电。

➢什兰岱牵引所解列，呼和浩特东站—坝堰(机场)大双边越区供电。

b. 测试过程

AW3 重载电客车在包括测试区段在内的正线上下行往复运行。变电所值班人员在列车制动、通过、启动时段，记录大双边区段 DC 1 500 V 相关馈线开关最大电流、DC 1 500 V 母排最低/最高电压等参数。

c. 测试记录

新华广场—内蒙古博物院测试区段，在测试期间读取到的馈线开关最大电流为 3 078 A，母排最低/最高电压为 1 632/1 848 V。

呼和浩特东站—坝堰(机场)在测试期间读取到的馈线开关最大电流为 2 552 A，母排最低/最高电压为 1 676/1 829 V。

d. 测试结果

测试期间,未引起供电系统系统保护启动或出口,未引起车辆牵引封锁/主断跳闸等相关故障,供电系统及电客车运行正常。母线电压瞬时超过 1 800 V,后续在试运行中(多车)持续观察。

注:DC 1 500 V 馈线开关相关保护整定值:延时过流保护启动值 4 000 A,延时 30 s。

13.2.3 信号系统

1. 系统简介

呼和浩特市城市轨道交通 1 号线含地下站 16 座,地面车站 4 座,共 20 座车站,设置设备集中站 11 座。其中一级设备集中站 3 座,二级设备集中站 8 座,全线设一段一场,配置车辆 24 列,均在一期工程实施。呼和浩特市城市轨道交通 2 号线全部 24 座地下站中,设置设备集中站 9 座。其中一级设备集中站 4 座,二级设备集中站 5 座,全线设一段一场,配置车辆 28 列,均在一期工程实施。

1 号线使用的 LCF 型 CBTC 信号系统,2 号线采用 TRANAVI200 型 CBTC 系统。1、2 号线由 6 个主要的子系统组成,包括列车自动监控、列车自动防护、列车自动驾驶、计算机联锁、信号维护监测子系统、数据通信(见图 13-2-6)。

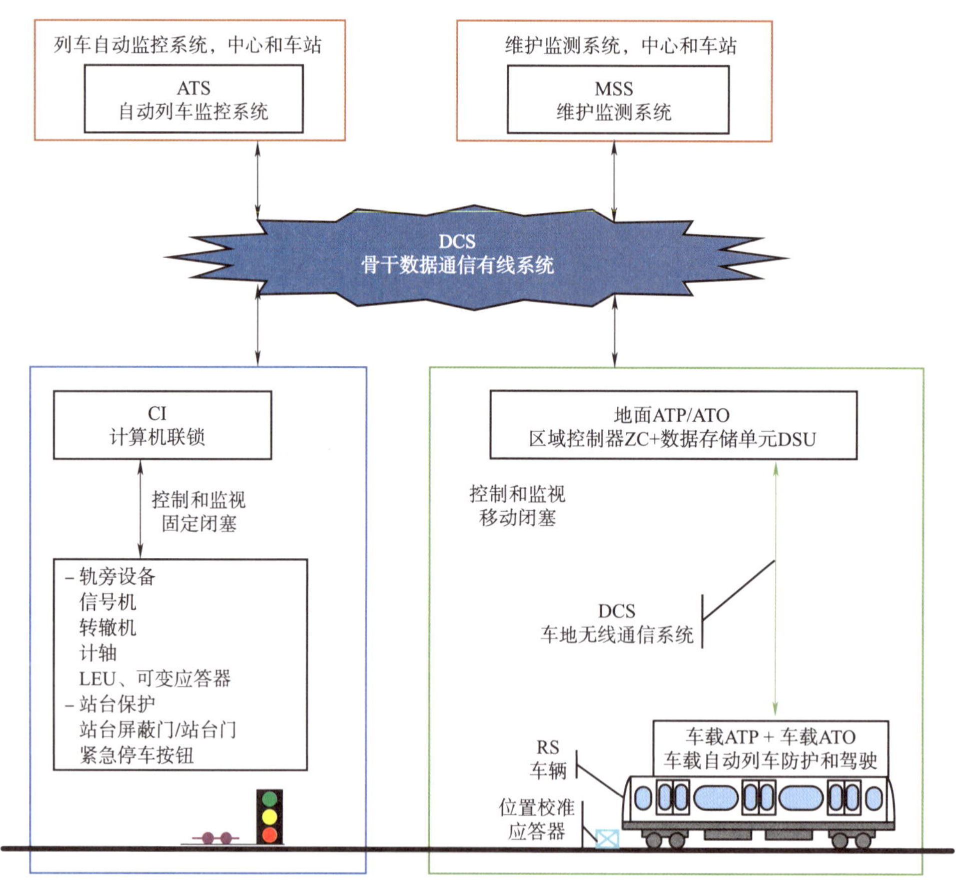

图 13-2-6 基于 LTE 承载列控图

呼和浩特市城市轨道交通一期工程设置线网级控制中心 1 座、于 1 号线车辆段设置灾备控制中心 1 座、线网级综合培训中心 1 座。1、2 号线信号系统按照互联互通方式建设,所有系统均为国产自主化系统,由 LTE1. 8 GHz 承载 CBTC 及宽带集群业务。信号系统轨旁设备见图 13-2-7。

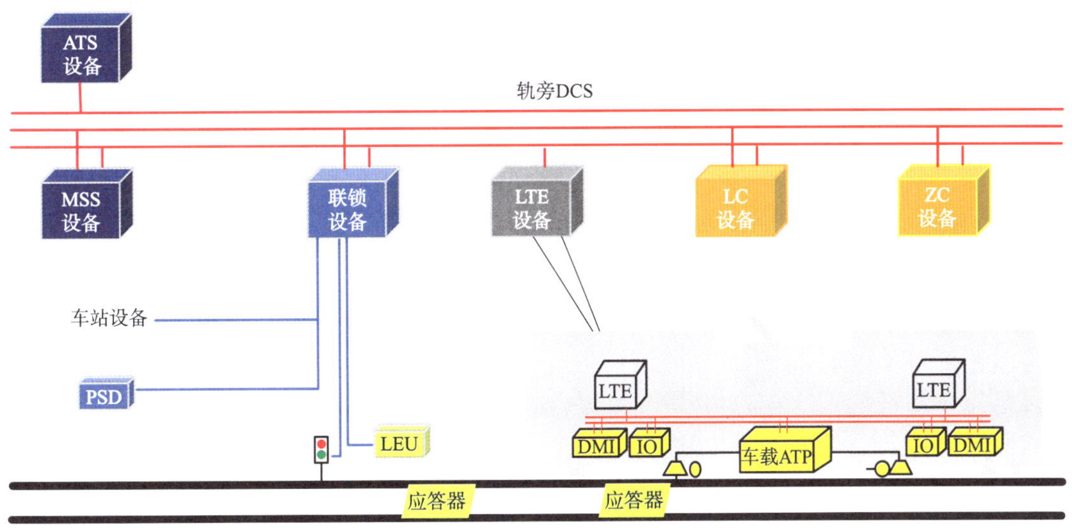

图 13-2-7　LTE 系统架构图

2. 系统调试简介

信号系统调试包括轨旁单系统调试、车载 VOBC 静态和动态单体调试、一致性测试、系统确认动车调试。信号系统区别于其他系统，在按照整体工筹考虑系统完成调试下，还需考虑集中区区域性调试，这就需要将设备到货计划、安装计划和调试计划很好地契合在一起。因此，本工程按一级集中站先、二级集中站后、非集中站最后的原则安排到货、安装、调试次序，并按照联锁区设备安装情况、铺轨情况统筹制定各工作计划（系统调试计划见图 13-2-8）。

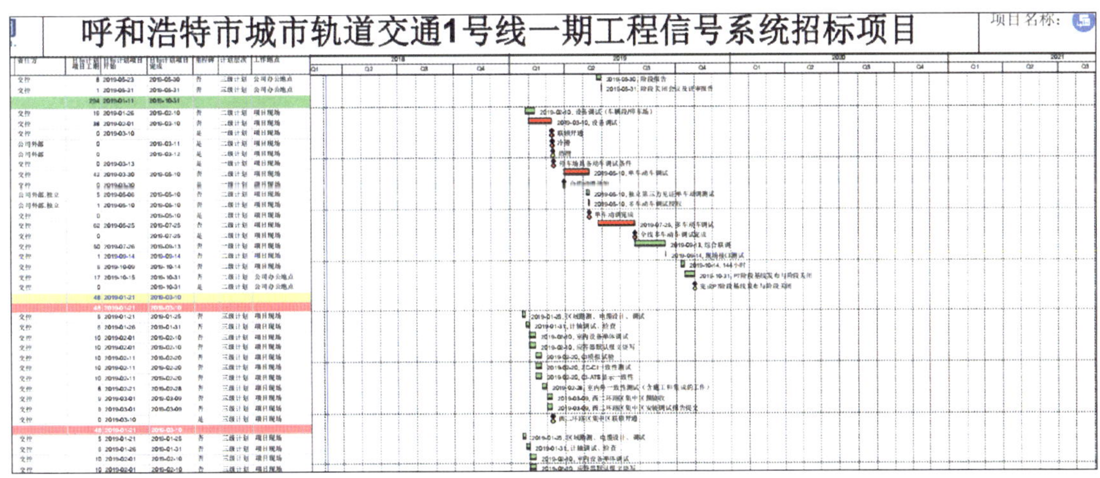

图 13-2-8　系统调试计划

3. 轨旁单系统调试

单系统调试是设备安装完后进行的设备单独调试。主要针对 ATS 子系统单体调试、CI 子系统单体调试、ZC 子系统单体调试、DSU 子系统单体调试、BDMS 子系统单体调试、应答器子系统进行安装后的单体调试工作，安排专业的项目实施团队依据相关安装手册、调试手册、使用手册、技术规格书、工艺标准等，主要通过黑盒测试手段进行测试验证，并输出相应的单体调试报告及过程记录文件供相关部门审核和确认。相关调试计划见图 13-2-9 和图 13-2-10。

呼和浩特市城市轨道交通1号线后不塔气联锁区信号系统工期安排表

序号	项目名称	开始时间	完成时间	施工天数	备注
1	室外光电缆径路图	—	2018年9月15日		
2	室内图（订货）	—	2018年8月30日		
3	供货时间（室内）	—	2018年12月10日		
4	室内正式图	—	2018年11月30日		
5	定标定测	2018年11月18日	2018年11月30日	12	后什区间需求11月10日短轨通，实际铺轨计划后不塔气站内2019年4月8日短轨通
6	光电缆敷设	2018年12月1日	2019年1月30日	60	需区间短轨通，铺轨计划为呼后区间2018/11/1短轨通；后什区间2019/4/22短轨通
7	RRU安装	2018年12月30日	2019年1月30日	31	
8	信号机机安装	2018年12月1日	2019年1月30日	60	
9	转辙机安装	2018年12月1日	2019年1月30日	60	
10	计轴安装	2018年12月30日	2019年1月30日	31	需长轨通
11	应答器安装	2018年12月30日	2019年1月30日	31	
12	后不塔气室内机柜安装配线	2018年12月10日	2019年1月19日	40	设备房需在12月10号具备室内施工条件
13	呼和浩特东室内机柜安装配线	2019年1月15日	2019年1月25日	10	设备房需在2019年1月15号具备室内施工条件
14	什兰岱村站室内机柜安装配线	2019年1月20日	2019年1月30日	10	设备房需在2019年1月20号具备室内施工条件
15	后不塔气联锁关系测试	2018年2月1日	2018年3月16日	43	电源系统单体调试、联锁系统单体调试、点对点试验、联锁关系测试（此部分可采用临时电）、联锁关系监理验收（含春节15天假期）
16	信号机点灯试验	2019年3月16日	2019年3月25日	9	
17	计轴电路调试	2019年3月16日	2019年3月25日	9	
18	道岔单操试验	2019年3月16日	2019年3月25日	9	
19	室内外一致性验收	2019年2月25日	2019年3月1日	4	监理完成室内外一致性验收
20	后不塔气集中区联锁授权	2019年3月2日	2019年3月16日	14	获得后不塔气集中区联锁授权

图 13-2-9 联锁区调试计划

呼和浩特市城市轨道交通1号线动车调试计划

动车调试内容	测试用例	工作时间						配合车辆	人员需求	需要外部条件
		月份	需要天数	开始日期	结束日期	开始时间	结束时间			
单车动车调试阶段										
点式ATP系统测试	电子地图验证（线路打点）	7月	2天	7月5日	7月6日	9:00	9:00（次日）	2	交控4人；车辆厂2人；司机2组（动调）；随调2人（动调）；行调1人（动调）	动车调试开始需具备条件： 1.外电源投入，接触网送电； 2.线路冷热滑完成； 3.至少需要3列完成信号静态、动态调试车辆（1列调试）； 4. 800 W通信具备使用条件；
	DCS无线测试	7月	6天	7月7日	7月12日	9:00	9:00（次日）	2	交控4人；车辆厂2人；司机2组（动调）；随调2人（动调）；行调1人（动调）	5.需车辆段综合楼提供一间房间现场办公、一间房间休息到2021年6月； 6.每日调试时间为绝对调试时间，每日9点前需完成登记工作； 7.单车动车调试阶段需提供4列电客车供信号测试，两班倒
	5.1.1 列车长检查 5.1.2 列车自检 5.1.3 列车日检 5.1.4 信号机瞭望测试（现场） 5.1.5 线路限速检查—点式 5.1.6 列车运行状态实时性和显示的正确性测试 5.1.7 列车轮径校正 5.1.8 列车测速	7月	3天	7月13日	7月15日	9:00	9:00（次日）	2	交控4人；车辆厂2人；司机2组（动调）；随调2人（动调）；行调1人（动调）	5.1.2 列车自检需要MMS调试完毕 5.1.3 列车日检需列检库DCS设备安装并调试完毕 5.1.7 列车轮径校正需要车辆段具备条件 5.1.26 站台紧急关闭功能需要站台紧急关闭按钮投入使用
	5.1.9 列车位置测定 5.1.10 模式建立与转换 5.1.11 点式下列车在办理一条进路下运行 5.1.12 接近区段的符合性检查 5.1.13 列车停稳及防护区段解锁时间测试	7月	5天	7月16日	7月21日					
	5.1.14 停车窗测试 5.1.15 填充应答器复示信号机状态的功能检测 5.1.16 安全制动距离检查 5.1.17 RM模式运行检查 5.1.18 CM模式运行检查	7月	2天	7月22日	7月23日					

图 13-2-10 动车调试计划

（1）调试流程

各子系统调试都是按照机械安装检查调试、面板状态检查、各设备接口检查，最后输出报告，并且在每一步的检查中如有缺陷则进行修改，并作复测。具体步骤见图 13-2-11。

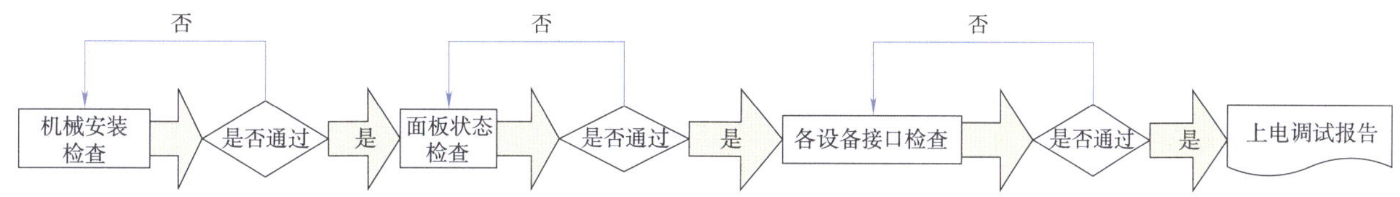

图 13-2-11　设备安装调试规程图

(2)前置及配合条件

信号设备室满足调试环境;设备安装到位;单体调试过程中需要保证设备室电源稳定;机柜电源连接完好,地线连接完好;机柜内设备通过出厂检测。

(3)调试内容

根据合同要求及调试手册提供的测试项,测试机柜内设备的安装检测及相关功能测试,通过笔记本电脑进行网址校对工作等工作。现场调试情况见图 13-2-12。各子系统测试内容简介如下。

①CI 子系统联锁关系测试:通过制作模拟盘来模拟室外计轴、道岔、信号机、紧急关闭按钮、屏蔽门等状态,按照联锁表和测试用例逐项进行信号正常开放、道岔失表关闭信号、道岔位置不对信号不能开放、区段占用关闭信号、灯丝断丝、屏蔽门条件、紧急关闭条件等相关联锁条件测试。

②ATS 调试:通过调试手册提供的测试项如机械安装检查、面板状态检查、各设备接口检查等进行 ATS 机柜内设备的安装检测及相关功能测试,核查 ATS 界面显示,通过笔记本电脑与 ATS 相连进行网址校对工作。

③ZC、DSU 调试:供电状态检查、机械安装检查、内部线缆连接检查、板卡指示灯状态检查、上电测试、内外部通信接口测试、复位测试、故障倒切测试、手动倒切测试、设备 USB 口状态监测等,通过笔记本电脑与 ATS 相连进行网址校对工作。

④BDMS 调试主要分为两部分:第一部分为软件安装及配置,主要包括服务器软件安装、服务器软件配置、工作站软件安装、工作站软件配置等;第二部分服务器机柜及工作站调试,主要包括:磁盘阵列调试、KVM 调试、工作站调试等内容。

⑤应答器子系统调试:启动应答器报文读写器(BP),通过 BP Controler 软件选择与该应答器相对应的报文数据,将报文数据烧录到应答器中。烧录后再对应答器报文进行回读确认,从而保证应答器报文的准确性。

图 13-2-12　现场调试情况

(4)注意事项、小结

①设备安装质量的好坏是保证信号系统调试速度和质量的基础,在安装设备之前组织运营、监理、设计、施工单位、厂家编制了特别针对呼和浩特市城市轨道交通信号系统的施工工艺标准,通过监理例会要求施工标段贯彻到每一位施工作业人员。在首件设备安装完成后组织运营、监理、设计、施工单位、厂家进行了首件安装验收工作,推进安装工艺与质量的落实工作,保证了后续调试工作得以顺利和快速进行。

在 1 号线各子系统单体调试过程中,为加快动车调试进度、缩短现场调试周期,组织集成商在实验室搭建了全线的测试环境，提前进行测试，并组织运营公司、设计单位、监理单位等对出厂的软件系统进行了提前实验室验收，严格把控，避免软件到现场之后再出现问题。

②合理组织施工，根据实际工况将安装调试单位分成三个组，不等、不推、不靠，积极主动抓紧一切时间进行设备安装，待轨旁设备安装完成之后，及时利用临时电源进行调试，保证调试进度。最终，提前 15 天完成地下段信号设备安装调试和室内外一致性测试并按期拿到单车动车调试授权。

4. 车载 VOBC 静态和动态单体调试

(1)静态调试

车载 VOBC 静态调试是电客车完成车辆调试后，进行静态下 VOBC 与车辆的接口调试，主要内容有：机械安装检查、设备配线检查、电源检查、通信接口、ATP 输入接口、ATP 输出接口、ATO 输入接口、ATO 输出接口等。

①调试流程

车载设备调试都是按照机械安装检查调试、面板状态检查、各设备接口检查，最后输出报告，并且在每一步的检查中如有缺陷则进行修改，并作复测。具体步骤见图 13-2-13。

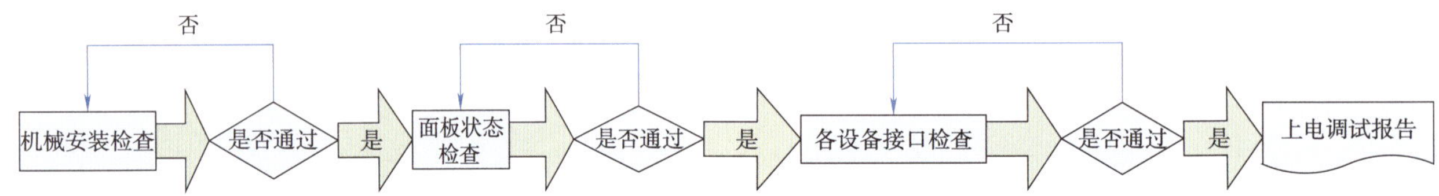

图 13-2-13　车载设备安装调试规程图

②前置及配合条件

车辆专业完成静态调试交于信号专业；在进行包含部分车体外部作业等工程作业时，须预先检查接触网及车辆断电；需车辆调试人员配合调试及排查故障。

③调试内容

机械安装检查、设备配线检查、电源检查、通信接口核对、ATP 输入接口/ATP 输出接口码位核对、ATO 输入接口/输出接口码位核对。

④注意事项、小结

VOBC 设备使用的是 110 V 直流电源，在设备内的端子和外部连接器的插针上都有可能带该电压，测试时应使用适当的防护动作进行作业。

在全部 VOBC 静态调试过程中，均须防护列车的移动。在完成设备配线检查并通过签字确认前，禁止对设备进行上电测试操作。如果在设备配线检查完成前开始任何上电作业，可能会导致 VOBC 设备、车上其他系统设备的损坏，甚至可能会对人身造成伤害。

严格要求设备安装人员戴好静电手套再开展作业，以免安装过程中产生静电损坏机笼中模块及其电子元器件。

(2)动态调试

车载 VOBC 动态调试是电客车完成动态调试、信号完成静态调试后，进行电客车在动态条件下 VOBC 与车辆接口以及 VOBC 相关设备参数测试。主要内容有：轮径校正、雷达系数校正、EUM 模式功能确认方法、AR 继电器吸起时的控车功能确认方法、保持制动测试、速传安装方向测试以及首列车需要进行的列车性能调试。

①调试流程

a. 申请动车调试计划:试车线或者正线平直轨道区域;b. 将调试电客车调至调试线路,进行登记;c. 线路道岔定位锁闭;d. 搭建调试环境:调试笔记本电脑上位机软件通过串口线连接 VOBC;e. 开始动态调试:进行调试记录及问题记录;f. 完成动态调试,记录问题;g. 销记。

②前置及配合条件

车辆完成动态调试;试车线或者试验线路接触网送电最高运行速度需在 40 km/h;需车辆调试人员配合调试及排查故障。

③调试内容

➢轮径校正:列车以 20 km/h 的速度匀速通过两个轮径校正应答器区域进行轮径校正测试。

➢雷达系数校正:列车分别以 30 km/h、35 km/h、40 km/h、35 km/h 的速度进行 4 次惰性运行雷达系数校正测试,停车后软件自动进行雷达系数校正。

➢ EUM 模式功能确认方法:司机将 VOBC 设备切除开关打成 EUM 模式,在 EUM 模式下,司机分别进行以下操作来确认 EUM 模式下司机可以对车辆进行开关门、牵引、制动等操作。

➢ AR 继电器吸起时的控车功能确认方法:司机手柄、方向手柄于零位,关闭司控钥匙,VOBC 自动控制列车运行模拟无人折返下牵引、制动、开关门等作业进行测试。

➢保持制动测试:AM 模式下,VOBC 自动控制列车运行至 10 km/h 速度后停车,测试保持制动施加情况; CM 模式下,需要司机手动驾驶列车运行 5 km/h 速度后停车,测试保持制动施加情况。

➢速传安装方向测试:列车可以向前向后开,观察上位机软件显示列车运行方向是否正确。

➢列车性能调试(首列车):需司机驾驶列车在不同速度下、不同牵引/制动级别下,进行牵引、制动、紧急制动、阻力特性等列车性能参数的测试。

④注意事项、小结

在进行列车动车前,应当将车载设备及其相关设备固定,防止在动车过程中因设备移动发生意外。这些设备包括调试用笔记本电脑、VOBC 上位机与下位机间的连接线缆、VOBC 机柜前后柜门。

做好测试记录,由于车上作业没有地面作业方便,更需要在测试时做好记录工作。保证测试流程完整。

做好安全防护工作,调试人员在调试前要做好安全培训,在作业时不得擅自下车,任何作业需要争得调试负责人和中心调度后再进行。

5. 一致性测试

信号系统一致性测试主要是检查相关子系统或设备之间的室内外显示状态、通信协议、码位等一致性等。

(1)调试流程

①申请施工计划:申请相应区域施工作业计划。

②调试准备:人员准备、测试记录表格准备、施工登记等。

③调试交底及安全教育:调试开始前对调试人员及相关配合人员进行调试内容技术交底以及安全教育。

④开始一致性测试,进行测试记录及问题记录。

⑤完成一致性测试,销记出清(见图 13-2-14)。

(2)前置及配合条件

①各子系统完成单体调试。

②各子系统通信网络完成调试。

③各子系统小组调试人员技术完成交底。

④各模拟条件、封连线由专人进行拆除。

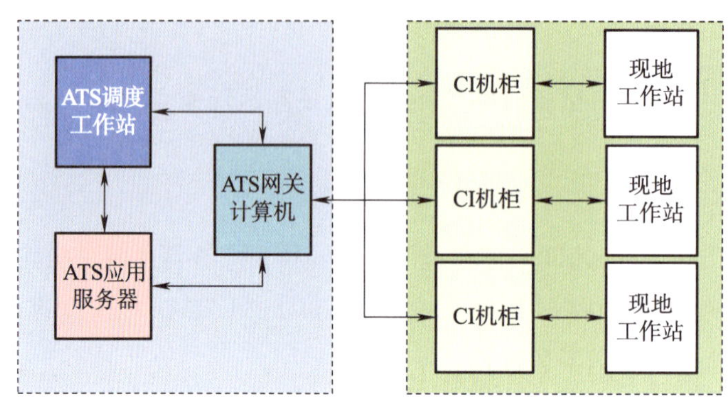

图 13-2-14 ATS 一致性测试环境

(3)调试内容

为测试 ATS 中心调度与现地工作站显示一致性,需要通过办理进路,用通信车及非通信车列车占压等操作或组合操作,查看 ATS 显示终端及联锁现地工作站的显示,确认信号机、轨道区段、进路、道岔等信息的一致性核对。测试主要分为三类:

①信号系统内部一致性测试:LEU 信息-CI 一致性测试、ATS 显示及命令-CI 一致性测试等。

②室内外设备一致性测试:CI-信号机显示一致性测试、CI-计轴逻辑一致性测试。

③信号系统与其他子系统一致性测试:CI-站台门状态一致性测试、CI-站台紧急按钮状态一致性测试、CI 与防淹门状态一致性测试等。

(4)注意事项、小结

一致性测试过程中,信号系统作为最先调试完成的设备系统,主动承担起了推动其他设备系统加快调试进度的任务,保证了联调联试的顺利进行,在测试前一定要对登记在册的封连线及所有组合架后的假条件进行逐一拆除及核查。

6. 系统确认动车调试

现场确认测试工作是由各子系统及接口间全部测试完备后的各子系统进行综合测试,主要针对系统的整体功能、接口、性能及数据进行现场联动确认测试。

(1)调试流程

①编制整体动车调试计划:编制整体动车调试计划,内容需明确调试周期、调试内容、前置条件、配合条件等。

②申请动车调试计划:向动调服务商或运营联调小组申请动车调试计划,按要求进行月计划、周计划、日计划的申报。

③编制当日调试计划及方案:编制详细调试计划,内容应包括:调试时间、前置条件、配合条件、调试区域、运行交路图、调试方法及详细调试内容。

④调试准备:人员准备、工具准备、测试记录表格准备、施工登记等。

⑤动车调试交底：动车开始前，需对配合人员包括司机、车辆、中心调度、随车调度及其他配合人员进行交底，交底内容包括：调试时间、前置条件、配合条件、调试区域、运行交路图、调试内容、限制条件以及注意事项。

⑥开始动车调试：动车调试由控制中心调试负责人统一指挥进行调试，中心行车调度进行进路办理等相关操作，随车调度同从中心行车调度命令指挥行车进行动车调试。

⑦调试记录：进行测试记录及问题记录，记录内容应由详细的调试时间、调试地点、执行人员、调试结果及调试结果详细数据。

⑧完成调试，销记出清调试区域。

(2)前置及配合条件

①信号系统

➢信号系统中心设备表示功能调试完成并投入使用。

➢轨旁设备安装、联锁设备完成调试。

➢完成信号与线路专业配合的道岔转辙设备的调试，并投入使用。

➢车载设备完成静、动调测试。

➢信号系统获得第三方动车授权证书。

②其他配合条件

➢需动调服务商配合批准计划。

➢配备中心行车调度及随车调度指挥行车。

➢轨行区封闭。

➢需配备相应的电客车司机驾驶列车配合测试。

➢需相应数量电客车上正线进行调试。

➢接口测试需各专业人员配合测试。

➢线路完成冷热滑。

➢车辆系统完成静动态调试。

(3)测试内容

在现场针对信号系统进行系统功能的测试验证工作，采用黑盒测试方法，根据现场运营经验、工程系统需求说明书编写工程测试用例，通过执行用例对测试结果进行记录并提交 UR-Tracker。测试的地点为呼和浩特市城市轨道交通 1 号线现场，通过 CI 子系统、ATS 子系统、ZC 子系统、DCS 子系统、应答器子系统制作各种条件，用于与安装有 VOBC 设备的列车进行测试。确认测试主要采用黑盒测试的方法，根据测试大纲要求，通过 CI 与车载设备的设置，在呼和浩特市轨道交通 1 号线正线运行列车，制造各种线路状况与列车工况条件来进行测试验证系统的功能。主要测试内容如下。

①网络优化测试(车地无线通信测试)：无线覆盖测试、Ping 包测试指标汇总、集群语音业务测试、切换指标、速率指标等测试。

②电子地图验证测试(线路打点测试)：通过电客车低速运行采集地面应答器数据，根据实际数据进行电子地图验证及调整。

③单车功能确认测试：ITC-ATP 功能测试、CBTC-ATP 功能测试、ITC-ATO 功能测试、CBTC-ATO 功能测试。

④综合功能确认测试，主要测试内容有：多车追踪测试、故障测试、冗余测试、专项测试、系统性能测试等。

⑤ATS 测试主要测试内容：①ATS 功能测试。②ATS 云平台上模拟抗压测试。③ATS 在云平台上与外部接口如 ATS 与 PIS、PA、ISCS 等接口测试。

(4)注意事项、小结

系统确认动车测试过程中，在热滑过程中同步进行电子地图验证测试，有效节约了一周的测试时间。先进行 ATP 测试再进行 ATO 测试、先进行点式模式测试再进行 CBTC 模式测试、先进行单车测试再进行多车测试，同时并行进行网络优化测试，最后进行 ATS 测试，保证了整个动车调试过程的安全有序。现场调试情况见图 13-2-15。

图 13-2-15 现场调试情况

呼和浩特市城市轨道交通 1 号线 ATS 部署在云平台上，对于第一次使用此次技术的我们保证调试严谨顺利进行是很大的挑战。为了保证动车测试的进行，要求集成商在中国移动数据中心搭建云测试平台部署 ATS 系统进行压力测试，在现场不具备动车调试的情况下使用仿真工具进行 24 列车的跑图测试，提前发现问题、提前规避问题、提前验证方案。经过中国移动数据中心的测试，系统确认动车测试过程顺利完成，整个测试过程中无影响列车运行的问题出现。现场保留一台物理 ATS 机柜保证在云平台未正式启用前进行软件功能调试和动车调试。后续项目建设过程中，建议建设单位要求集成商提前进行压力测试并保留一台物理 ATS 机柜保证云平台未正式启用前进行软件功能调试和动车调试。

7. LTE 综合承载

(1)项目概述及系统简介

2015 年 2 月 28 日，工业与信息化部发布《关于重新发布 1 785 ~ 1 805 MHz 频段无线接入系统频率使用事宜的通知》(无〔2015〕65 号)。文件中明确了城市轨道交通车地无线通信可以使用该频段，文件中规定双工方式为时分双工(TDD)，信道带宽为 250 kHz、500 kHz、1 MHz、1. 4 MHz、3 MHz、5 MHz、10 MHz。其中1. 4 MHz、3 MHz、5 MHz、10 MHz 为 LTE 技术的带宽，结合时分双工方式，明确了该频段可以采用 TD-LTE 技术(见图 13-2-16)。

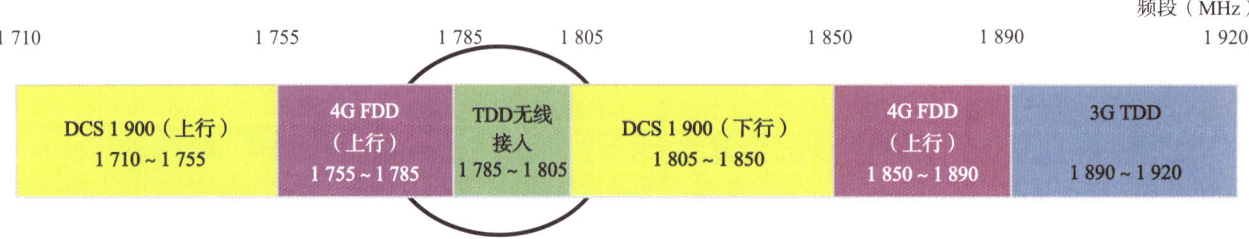

图 13-2-16 LTE 无线专网带宽图

呼和浩特市城市轨道交通 1、2 号线车地无线通信采用的 TD-LTE 系统基于 3GPP 标准,与 ATC 系统和集群系统的接口均满足中城协针对城市轨道交通制定的 LTE-M 规范,系统先进、成熟、稳定。经内蒙古自治区无委会批准呼和浩特地铁地上区段采用 1 795 ~ 1 805 MHz 专用频段,地下区段采用 1 790 ~ 1 805 MHz 专用频段,专网专用,抗干扰能力强(见表 13-2-3)。

表 13-2-3　不同网络频段中心频率表

网　络	频段(MHz)	中心频率(MHz)	备　注
A 网 10 M	1 790 ~ 1 800	1 795	地下
B 网 5 M	1 800 ~ 1 805	1 802. 5	
B 网 5 M	1 800 ~ 1 805	1 802. 5	地上
A 网 5 M	1 795 ~ 1 800	1 795. 5	

1、2 号线使用 TD-LTE 技术承载信号系统 CBTC 业务和宽带集群业务。按照线网级建设核心网 eCNS210 3 套分别为正线 A 网双套热备、B 网单套与 2 号线共用。A 网承载 CBTC 业务和宽带集群业务,B 网承载 CBTC 业务。CBTC 业务的冗余体现在 A/B 网双核心网的布置,集群业务的冗余体现在 A 网中的主备核心网。

A 网主核心网安装在主控制中心 1 号线综合设备室,A 网备核心网安装在车辆段灾备控制中心,B 网采用单套核心网覆盖方案,安装在 2 号线综合设备机房。

CBTC 系统采用 A/B 双网冗余结构(见图 13-2-17)。A/B 双网采用独立网络方式,每张网都由核心网和基站设备组成,A/B 双网基站的天馈接口通过合路器汇接后与漏缆或天线连接,实现无线信号的覆盖。TD-LTE 系统由核心网、基站系统和车载终端组成,其中基站系统由 BBU(基带单元)和 RRU(远端射频单元)组成。TD-LTE 系统的车载终端 TAU 部署在列车编组的前后司机车厢,两套 TAU 分别属于 A 网和 B 网。TAU 通过以太网接口连接车载 VOBC 设备连接,从而建立了车载 VOBC 到信号系统的地面 CI、ZC 等设备之间的点到点连接。综合承载集群业务在站内安装天线为室分天线提供了信号,覆盖站厅、楼梯及地下通道位置。

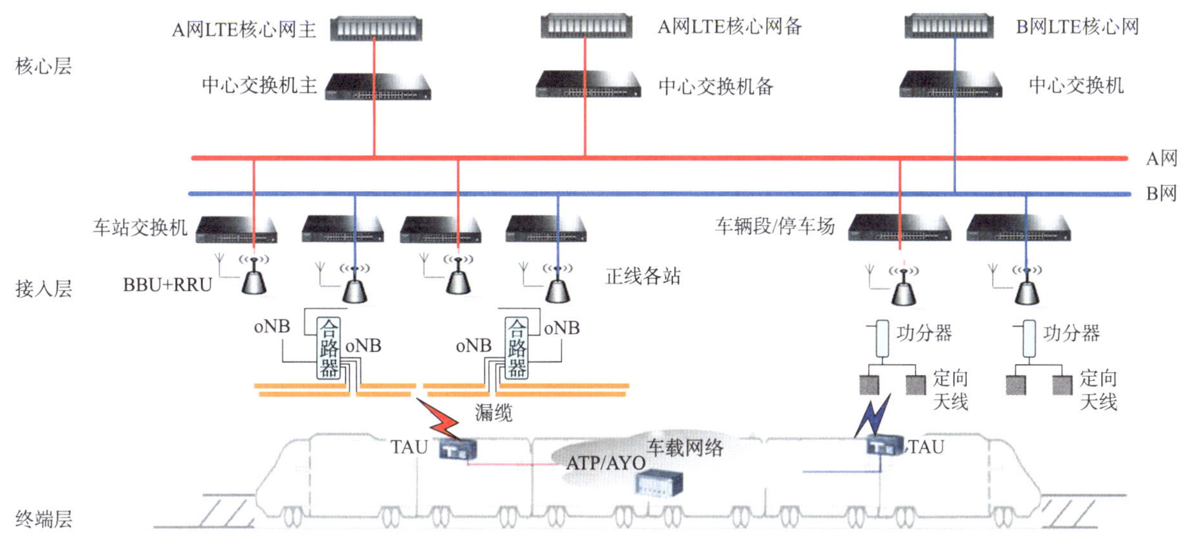

图 13-2-17　车地无线通信网结构框图

本项目 LTE 轨旁信号覆盖分为漏缆覆盖和天线覆盖两种方式，地下段隧道区域和高架段正线区域为漏缆覆盖方式，车辆段、停车场、试车线、U 型槽及高架站台区域采用板状天线覆盖的方式。其中轨旁漏缆分为水平极化和垂直极化两种覆盖方式，水平极化漏缆（上漏缆）承载 CBTC、宽带集群（1.8 GHz）和公安无线业务（450 MHz），垂直极化漏缆（下漏缆）承载 CBTC 和宽带集群业务。漏缆布置采用了 MIMO 技术，即表示多输入多输出，由 m 个发射天线和 n 个接收天线组成的天线系统。MIMO 技术的应用，使空间成为一种可以用于提高性能的资源，并能够增加无线系统的覆盖范围。它能充分利用空间资源，通过多个天线实现多发多收，在不增加频谱资源和天线发射功率的情况下，可以成倍的提高系统信道容量，显示出明显的优势。LTE 设备安装图见图 13-2-18。

图 13-2-18 LTE 设备安装图

宽带集群调度系统完全满足基于 LTE 技术的宽带集群通信（B-TrunC）系统的相关要求，是一个有线、无线相结合的网络系统，由核心网设备、网络管理设备、录音设备、维护终端、调度服务器、调度台、列车车载台、固定台、移动人员手持终端等构成。宽带集群车载台和移动手持台均支持 DMO 直通功能，以满足后备模式下的通信需求。宽带集群调度设备及相关连接方式见图 13-2-19。

（2）系统调试

①LTE 相关调试内容如下：

LTE 核心网：A/B 网核心网设备，基站单元 BBU，基站远端射频单元 RRU，室内分布式天线调试；

a. 调试流程（见图 13-2-20）

b. 前置及配合条件

➢ 设备室具备设备进场安装条件。

➢ 漏缆按照技术要求敷设完毕。呼和浩特市城市轨道交通 1 号线漏缆按照 MIMO 原理进行布置，间距 60 cm。

➢ 轨旁隧道及高架段线路条件满足 RRU、漏缆安装条件。

➢ 轨道线路满足动车条件，以便进行测试及网络优化。

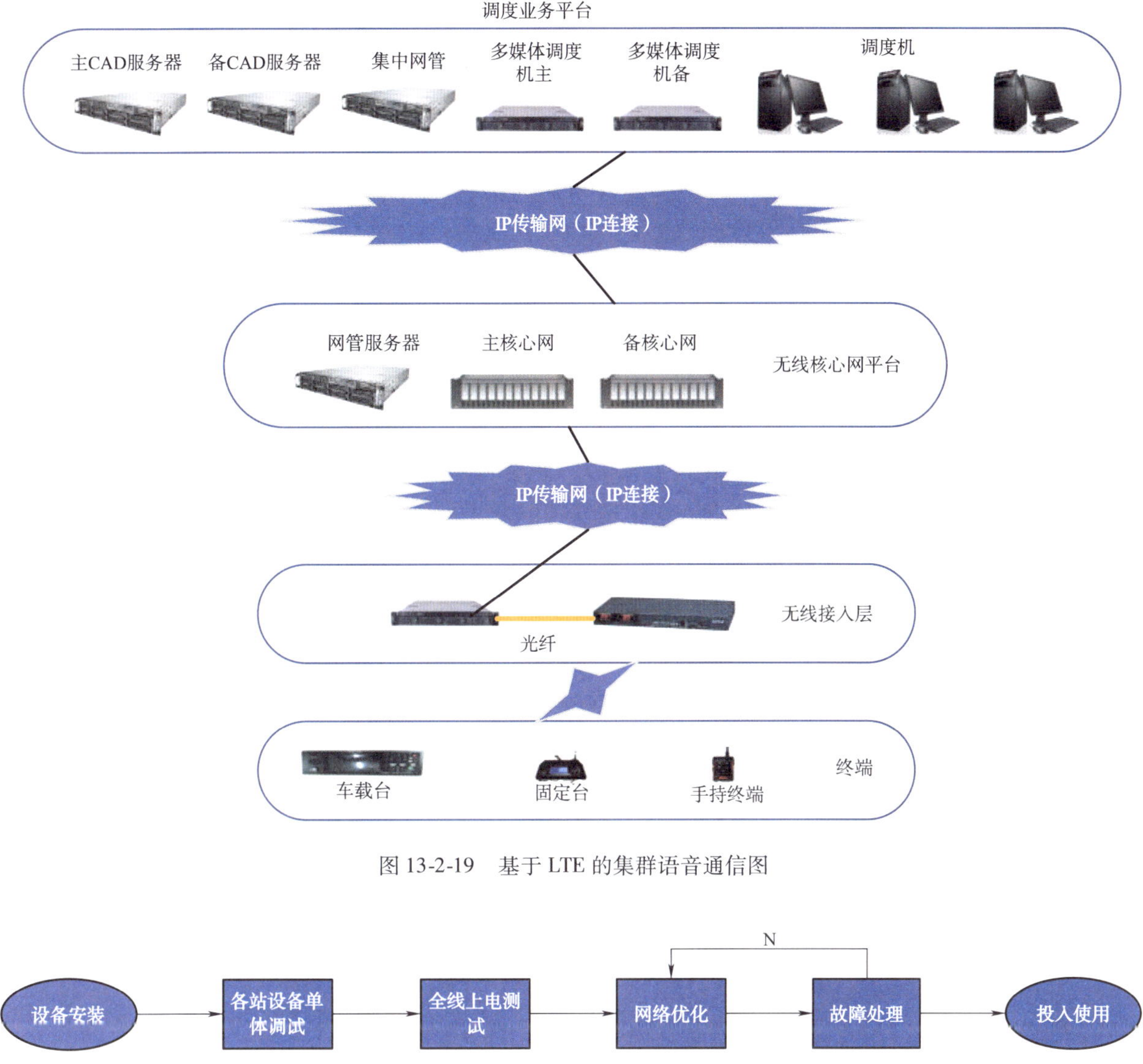

图 13-2-19　基于 LTE 的集群语音通信图

图 13-2-20　LTE 系统安装调试规程图

➢ 站厅层具备室内分布式天线安装条件。

c. 调试内容

➢ 中心级核心网、LTE 网管、时钟服务器等调试：核心网设备上电后对路由器、交换机等设备进行配置及永久的 licence 授权，与信号专业、公务电话、宽带集群的接口调试。时钟服务器包含了 GPS 和北斗卫星共两种冗余的校时方式，在正线各站基站调试完毕后用网管软件实时监视相关设备的运行情况。

➢ BBU、RRU 单体调试，漏缆的安装及测试：设备上电后对各站 BBU 设备进行配置及永久的 licence 授权，与轨旁及室分 RRU 进行连接后通过网管终端对 BBU 与 RRU 的连接情况进行监视。漏缆安装地下段高于车顶在隧道壁上，高架段在疏散平台下方，安装完毕后由集成商组织对漏缆的驻波比进行测试，全部符合使用标准。

➢ 车地通信测试：列车在 CBTC 级别下以 ATP 或 ATO 模式在线路上行驶，断开列车一端的车地通信设备，记录列车的运行情况，继续断开列车另一端的车地通信设备，记录列车是否触发紧急制动。测试结果为：车载 ATP 在断开一端车地通信设备时，列车不产生紧制；两端车地通信设备切断后，列车施加紧急制动。

➢ 室内分布式天线的安装及调试：室内分布式天线封闭吊顶与吊顶齐平，开放吊顶时天线位于吊顶上方，由施工单位安装完成后，集成商组织对全线室分信号覆盖进行测试，全部符合使用标准。

d. 注意事项、小结

由于TD-LTE技术在民用方面已经比较成熟，所以在我们轨道交通使用中，主要是要关注工程实施中的细节。

➢ 只允许有资格和培训过的人员安装、操作和维护设备。

➢ 只允许有资格的专业人员拆除安全设施和检修设备。

➢ 替换和变更设备或部件（包括软件）必须由设备供应商认证或授权的人员完成。

➢ 操作人员应及时向负责人汇报可能导致安全问题的故障或错误。

➢ 禁止裸眼直视光纤出口，以防止激光束灼伤眼睛。

➢ 漏缆是车地无线传输的重要介质，这就要求漏缆需高质量完成敷设。在车地无线系统测试前，必须保证所有测试开始前必须对无线信号的覆盖进行检查，检查重点一是垂直极化和水平极化漏缆安装位置、间距是否正确。二是对漏缆接头处进行检查。接头处处理的好坏对传输质量有很大的影响。三是一定要控制好合路器的安装质量。

➢ 车辆段的覆盖和试车线的覆盖要统一进行考虑，做好车辆段和正线的隔离。

②宽带集群：车站固定台、控制台及广播台调试。

a. 调试流程（见图13-2-21）

图13-2-21 带宽集群安装调试规程图

b. 前置及配合条件

➢ 车站及车辆具备设备安装条件。

➢ 控制中心及正线机柜电源符合使用条件，电压范围AC（220±10）V。

➢ 车辆车载台电源符合使用条件，电压DC 110 V。

c. 调试内容

➢ 中心调度服务器A&B、调度台终端，调度终端音频附件配置测试，调度管理系统调试测验。

➢ 车站固定台控制盒网络稳定性测试，固件安装升级，软件更新配置、固定台主机电台入网测试、天线馈线强度及稳定性测试；广播台固件安装升级，软件更新配置、广播台主机电台入网测试及调试。

➢ 车辆车载台主机调试，电台入网注册，车载台控制盒固件升级，TrainComm安装配置，音频附件安装。

d. 调试注意事项、小结

➢ 固定台主机电源为220 V交流电，车载台电源为110 V直流电，在上电之前做好测试。

➢ 在安装主机之前，请务必检查安装螺钉伸出固定台表面下方的长度。固定台主机固定不牢可能会对值班人员造成身体伤害。

➢ 请将固定台安装在便于操作前面板的位置。

➢ 固定台主机前部和控制盒后部应预留足够的空间，以便进行接线；在各个单元安装完成后进行单系统的调试后组织全线的网优测试和宽带集群功能的测试。

➢ 对固定台和话机之间的连线要在出厂检验时请运营人员试验好,否则太长或太短会影响在车辆上使用体验。

宽带集群调试现场见图 13-2-22。

(3)调试总结

此次 LTE 系统设备放在信号系统包内实施,出现了几个问题。一是漏缆、天线等主要设备的安装还是由通信施工,造成问题处理和验收的时候需通信、信号两家共同完成,面对两家施工单位,监理单位增加了很多需协调内容。二是由于信号系统和通信系统实施方式存在差异,信号集成商从调试计划及调试安排造成部分设备调试不到位,问题有遗漏。通过此次项目实施,后续 LTE 系统建设还是建议由通信专业采购实施。

图 13-2-22 宽带集群调试现场

在工程实施之前做好正线和其他使用 1.8 GHz 频段单位的同频干扰测试,在线路土建结束后组织摸查城市轨道交通 1 号线沿线地上路段频段干扰情况。经过扫频测试分析,地铁 1 号线沿线地上路段在 1 795 ~ 1 805 MHz 10 M 频段内无干扰;在飞机场附近 1 790 ~ 1 795 MHz 5 M 频段存在较大程度干扰情况,从飞机场至科尔沁快速路干扰逐渐减弱,科尔沁快速路以西路段 1 790 ~ 1 795 MHz 5 M 频段基本无干扰。在对干扰源分析后我们干扰源进行了隔离,保证了机场和轨道交通互不干涉。

要在大范围施工之前,需现场组织监理单位、运营单位、信号集成商、施工单位对漏缆、轨旁设备 RRU、射频箱及光电箱的安装进行首件定标,以确定全线地下设备的安装标准。

在多条线共建核心网时,要提前安排各条线的到货安装,尽量让各线核心网调试同步实施,如不能同步实施时,需要做好后续各线路接入方案,在施工调试时要做好请点防护工作,避免后续线路调试时影响已运行线路。

要对全线信号光缆和 LTE 光缆全部进行测试,参与单位有建设、监理、运营、信号集成商。测试结果显示全部光缆损耗满足光缆使用标准,测试后生成《光缆中继段性能测试记录表(OTDR)》(见图 13-2-23)并存档。

现场各个设备安装调试完成以后,集成商组织技术人员对正线、场段及站厅层的 LTE 信号覆盖场强进行了测试及网络优化,网络优化从参考电平 RSRP、信噪比 SINR、用户面时延、平均吞吐率(移动测试)几个方面进行体现。城市轨道交通 1、2 号线网络优化工作根据工作重心不同,分为工程初始优化阶段、工程深入优化阶段和性能优化阶段。先后共组织了约 50 余次列车进行测试,经过优化调整和日常测试验证,呼和浩特市城市轨道交通 1、2 号线正线 LTE 网络目前运行良好,各项指标均可满足实际业务需求。测试汇总《呼和浩特地铁1 号线 eLTE 网络优化总结报告》。

8. 互联互通调试

互联互通是指轨道交通路网内,装载不同厂商信号设备的列车跨线和共线运行,从而实现轨道交通路网间的联通、联运。城市轨道交通 1、2 号线信号系统通过规范系统总体架构、通信协议、工程设计标准等,在信号系统层面实现 CBTC 及降级模式下的互通互换及联通联运。

D4-1-3 光缆中继段性能测试记录表(光功率)							编　　号					
单位工程名称	呼和浩特市城市轨道交通 1 号线一期工程通信系统						建设单位			呼和浩特市城市轨道交通一号线建设管理有限公司		
监理单位	北京现代通号工程咨询有限公司						施工单位			中铁武汉电化局集团有限公司		
所在系统	专用通信系统						光缆型号			GYTZA53-96B1		
中继区段	市政府站-呼和浩特 右线						中继段长度			1.93 km		
测试仪表	光功率计 OIDR						测试时间			2019 年 9 月 4 日		
测试项目 / 纤芯号	1 310 nm						1 550 nm					
	A-B			B-A			A-B			B-A		
	$\overline{P_2}$	$\overline{P_1}$	P	$\overline{P_2}$	$\overline{P_1}$	P	$\overline{P_2}$	$\overline{P_1}$	P	$\overline{P_2}$	$\overline{P_1}$	P
73	-6.76	-5	1.76	-6.75	-5	1.746	-6.18	-5	1.182	-6.18	-5	1.179
74	-6.95	-5	1.95	-6.92	-5	1.923	-6.12	-5	1.182	-6.1	-5	1.102
75	-6.54	-5	1.54	-6.54	-5	1.537	-5.95	-5	0.945	-5.94	-5	0.94
76	-6.71	-5	1.71	-6.69	-5	1.687	-5.63	-5	0.627	-5.6	-5	0.604
77	-6.66	-5	1.66	-6.64	-5	1.636	-6.19	-5	1.188	-6.16	-5	1.157
78	-6.9	-5	1.9	-6.86	-5	1.857	-6.07	-5	1.075	-6.06	-5	1.058
79	-6.84	-5	1.84	-6.78	-5	1.78	-5.65	-5	0.648	-5.63	-5	0.626
80	-6.94	-5	1.94	-6.99	-5	1.99	-5.89	-5	0.889	-5.86	-5	0.856
81	-6.8	-5	1.8	-6.74	-5	1.742	-5.81	-5	0.808	-5.79	-5	0.791
82	-6.3	-5	1.3	-6.29	-5	1.29	-6.18	-5	1.179	-6.14	-5	1.142
83	-6.96	-5	1.96	-6.95	-5	1.947	-6.03	-5	1.025	-5.99	-5	0.993
84	-6.78	-5	1.78	-6.73	-5	1.727	-5.82	-5	0.822	-5.79	-5	0.787
85	-6.98	-5	1.979	-6.92	-5	1.922	-5.66	-5	0.665	-5.64	-5	0.644
86	-6.46	-5	1.464	-6.42	-5	1.42	-5.84	-5	0.842	-5.82	-5	0.819
87	-6.85	-5	1.847	-6.83	-5	1.828	-5.93	-5	0.925	-5.91	-5	0.909
88	-6.28	-5	1.277	-6.27	-5	1.272	-6.2	-5	1.199	-6.18	-5	1.176
89	-6.78	-5	1.778	-6.71	-5	1.705	-5.78	-5	0.775	-5.75	-5	0.755
90	-6.73	-5	1.729	-6.69	-5	1.694	-6.15	-5	1.149	-6.11	-5	1.111
91	-7	-5	1.996	-6.92	-5	1.924	-6.2	-5	1.197	-6.2	-5	1.197
92	-6.4	-5	1.404	-6.38	-5	1.378	-5.93	-5	0.934	-5.9	-5	0.897
93	-6.98	-5	1.981	-6.93	-5	1.928	-5.63	-5	0.629	-5.61	-5	0.614
94	-6.79	-5	1.792	-6.78	-5	1.783	-6.16	-5	1.162	-6.16	-5	1.161
95	-6.66	-5	1.656	-6.58	-5	1.584	-5.82	-5	0.82	-5.79	-5	0.787
96	-6.41	-5	1.407	-6.36	-5	1.364	-5.84	-5	0.845	-5.83	-5	0.834
施工单位测试结论	符合要求 施工单位代表：　　　　年　月　日											
监理单位验收结论	合格 监理工程师：　　　　年　月　日											

图 13-2-23　光缆损耗记录表示意图

(1)前期准备工作

进行互联互通调试前需进行充足的准备工作：攻克互联互通关键技术、自主化信号系统的创新应用、工程示范应用和网络化运营组织管理的示范、搭建互联互通系统测试验证平台、互联互通技术规范体系的编制。

(2)调试流程

①编制完整互联互通调试计划。

②编制详细调试计划及方案。

③申请互联互通跨线/共线调试计划。

④调试准备：人员准备、工具准备、测试记录表格准备、施工登记等。

⑤调试交底：调试开始前，需对配合人员包括司机、车辆、中心调度、随车调度及其他配合人员进行交底，交底内容包括：调试时间、前置条件、配合条件、调试区域、运行交路图、调试内容、限制条件以及注意事项。

⑥开始动车调试：动车调试由控制中心调试负责人统一指挥（1、2 号线调度系统联合）进行调试，中心行车调度进行进路办理等相关操作，随车调度同从中心行车调度命令指挥行车进行动车调试。

⑦调试记录：进行测试记录及问题记录，记录内容应有详细的调试时间、调试地点、执行人员、调试结果及调试结果详细数据。

⑧结束调试，出清区域，恢复并验证设备运行状态良好，销记。互联互通调试系统见图 13-2-24。

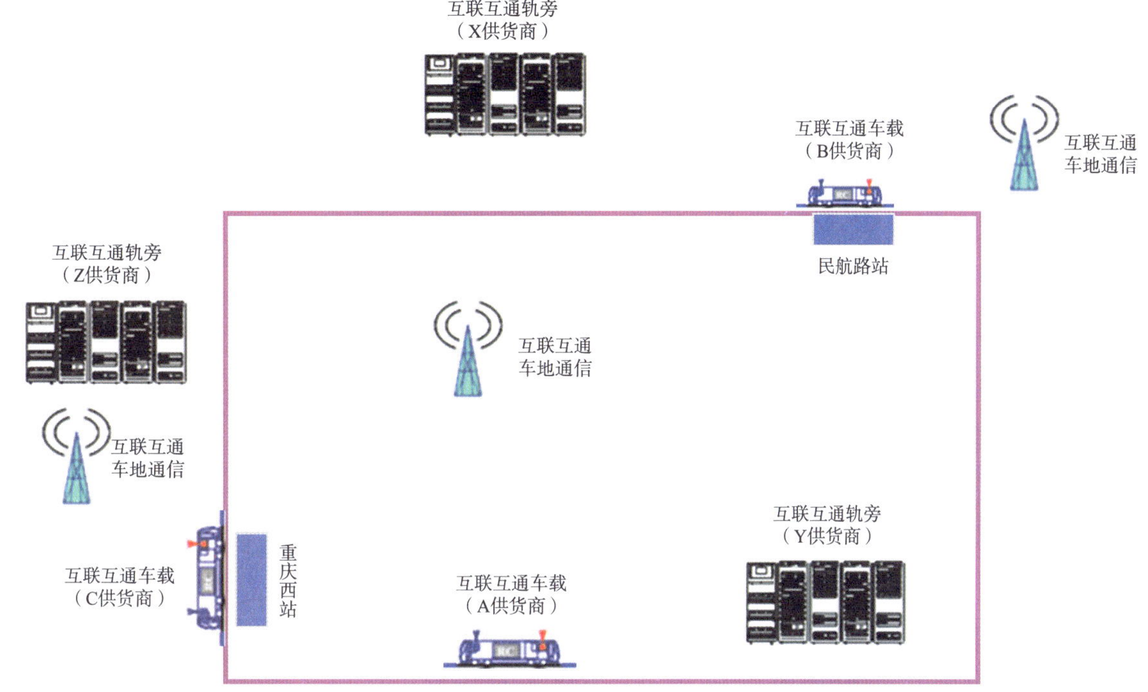

图 13-2-24　基于 LTE 的信号互联互通图

（3）测试内容

互联互通调试主要内容有：共线混跑功能调试、跨线运行功能调试和共线运营性能测试。

①CBTC 互联互通共线混跑功能调试

共线混跑是指装备不同厂家车载信号设备的列车，在统一规定的车地接口要求下，可以在同一轨道交通线路以 CBTC 或点式级别安全可靠运营，并满足该线的功能和性能要求。主要分为以下三阶段：

第一阶段：室内模拟环境测试。在呼和浩特市搭建一套 CBTC 互联互通测试平台；在测试平台软件模拟环境的基础上，分别接入 1、2 号线的实物联锁、ZC 及车载设备，构建一整套 CBTC 互联互通测试平台；在测试平台中可以进行 CBTC 互联互通接口协议测试、公用电子地图测试、通过软件模拟列车的共线运行、跨线运行等 CBTC 功能和点式后备功能。

第二阶段：试车线实物测试。在呼和浩特市 1 号线三间房车辆段的试车线上安装室内外设备，包括信号机、应答器、计轴、室内组合柜等；同时可以接入 1、2 号线的实物联锁、ZC 等设备；在实验列车上分别安装 1、2 号线的车载设备；通过试车线验证 CBTC 互联互通的相关功能。

第三阶段：工程试验段测试。针对 1、2 号线的实际土建情况，每条线选取一段线路进行 CBTC 互联互通现场功能验证。测试功能主要包括：车门开门侧验证、屏蔽门开门验证、信号机状态、道岔状态、防护区域状态、PSD 区域状态、后备模式进路测试、CBTC 进路测试、紧急停车测试、屏蔽门测试、防淹门测试（1 号线）、屏蔽门中心测试等;ATO 精调。互联互通接口功能测试、多车追踪功能测试等。

②CBTC 互联互通跨线运行功能及工程验证

跨线运行是指:列车从一条线路驶入另一条线路,当两线均处于相同的控制级别时,应能够保持列车原有的控制级别及驾驶模式不被降级;当从低控制级别线路进入高控制级别线路时,运营列车满足升级条件时可升级为相应的高控制级别及驾驶模式;当从高控制级别线路进入低控制级别线路时,系统应根据线路边界信息,提前向司机给出相应指示,经司机确认后,可转入 RM 模式运行,在收到即将进入线路的有效控制信息,并满足升级条件时,进行列车运行控制级别和模式转换。除非运营需要,装备列车应能不停车跨线运行。测试内容:将在现场进行跨线功能测试,测试跨线 ZC、CI 直接接口功能和列车跨线功能。

③互联互通共线运营性能测试

共线运营是指:一条线路的多列装备列车和另一条线路的多列装备列车在该线路上以不同控制级别混跑运营,反之亦然。测试内容:将在现场进行试运行测试,测试不同线路的车载设备能共线运营,验证运营性能符合期望值。

(4)其他

①CBTC 互联互通安全认证:为所有具备 CBTC 互联互通共线、跨线运行功能的信号系统提供相关安全认证;包括本线信号系统的安全认证、联络线跨线功能的安全认证以及在本线共线运行的车载信号系统的安全认证。

②互联互通工作机制:需制定完善的互联互通工作机制,主要内容有:有效沟通方式、合理的报告机制、完善的文档管理机制等。

9. 信号系统调试总结

呼和浩特市城市轨道交通 1 号线信号系统从安装到调试完成共经过 10 个月,总结了以下经验。

(1)做好安全管理。安全第一,利用监理例会,和监理对施工单位、供货厂家进行安全教育。严格检查施工单位、供货厂家三级安全培训及考试情况。业主和监理不定期对现场进行检查,发现安全问题上传到安全风险平台进行到期销号管理,对安全问题决不放过。不定期组织监理进行安全专项检查。安全教育现场见图 13-2-25。

图 13-2-25 安全教育现场

(2)做好计划管理。在整体调试计划中要充分考虑施工、调试计划和第三方安全授权计划,将三个计划统筹考虑很好的契合在一起,严格控制计划节点,通过施工、调试日报(见图 13-2-26)实时跟踪提前对到期节点进行预判,通过监理例会及时协调各单位之间问题。

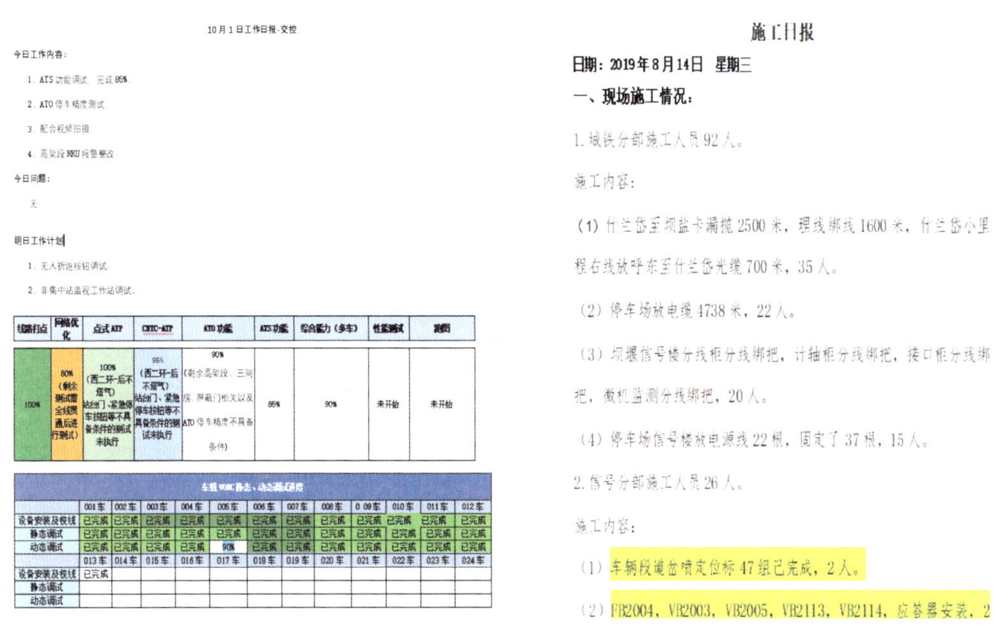

10 月 1 日工作日报-交控

今日工作内容：

1、ATS 功能调试，完成 85%

2、ATO 停车精度测试

3、配合视频拍摄

4、高架段 RRU 报警整改

今日问题：

无

明日工作计划

1、无人折返按钮调试

2、非集中站监视工作站调试。

线路打点	网络优化	点式 ATP	CBTC-ATP	ATO 功能	ATS 功能	综合能力（多车）	性能测试	[illegible]
100%	80%（剩余测试需全线贯通后进行测试）	100%（西二环-后不塔气）站台门、紧急停车按钮等不具备条件的测试未执行	95%（西二环-后不塔气）站台门、紧急停车按钮等不具备条件的测试未执行	90%（剩余高架段、三间房、屏蔽门相关以及 ATO 停车精度不具备条件）	85%	90%	未开始	未开始

车载 VOBC 静态、动态调试进度												
	001 车	002 车	003 车	004 车	005 车	006 车	007 车	008 车	0 09 车	010 车	011 车	012 车
设备安装及校线	已完成	已完成	已完成	已完成	已完成	已完成	已完成	已完成	已完成	已完成	已完成	已完成
静态调试	已完成	已完成	已完成	已完成	已完成	已完成	已完成	已完成	已完成	已完成	已完成	已完成
动态调试	已完成	已完成	已完成	已完成	90%	已完成	已完成	已完成	已完成	已完成	已完成	已完成
	013 车	014 车	015 车	016 车	017 车	018 车	019 车	020 车	021 车	022 车	023 车	024 车
设备安装及校线	已完成											
静态调试												
动态调试												

施工日报

日期：2019 年 8 月 14 日　星期三

一、现场施工情况：

1. 城铁分部施工人员 92 人。

施工内容：

(1) 什兰岱至坝盐卡漏缆 2500 米，理线绑线 1600 米，什兰岱小里程右线放呼东至什兰岱光缆 700 米，35 人。

(2) 停车场放电缆 4738 米，22 人。

(3) 坝堰信号楼分线柜分线绑把，计轴柜分线绑把，接口柜分线绑把，微机监测分线绑把，20 人。

(4) 停车场信号楼放电源线 22 根，固定了 37 根，15 人。

2. 信号分部施工人员 26 人。

施工内容：

(1) 车辆段道岔喷定位标 47 组已完成，2 人。

(2) FB2004、VB2003、VB2005、VB2113、VB2114，应答器安装，2

图 13-2-26　施工、调试日报

(3)做好监理单位管理。对监理单位的到岗人员质量和数量严格控制，严格对监理单位进行考核，对监理现场检查情况和工作情况利用钉钉打卡和监理人员日报进行监督和管理(见图 13-2-27)。

图 13-2-27　微信及钉钉管理

(4)开好监理例会。适时组织监理例会(见图 13-2-28)，一是了解施工进度、调试进度，二是解决参建单位之间存在问题，三是对整个系统计划推进落实情况进行分析，将到货、施工、调试情况进行协调和调整。

(5)做好设备到货管理。巧妇难为无米之炊，不能出现所有人员等货到的情况。信号系统的组成和结构已经比较成熟，在工期紧的情况下，在第二次设计联络会在设备平面图基本稳定后就开始订购轨旁设备，在联锁表完成后就可以订购组合架及联锁机柜等。

图 13-2-28　信号监理例会现场

13.2.4　通信系统

呼和浩特市城市轨道交通 1、2 号线通信系统划分为三部分：专用通信系统（包含传输系统、公务电话系统、专用电话系统、视频监控系统、乘客信息系统、广播系统、时钟系统、计算机网络系统、专用电源及接地系统）、公安通信系统（包含公安传输系统、公安无线通信系统、公安办公网系统、公安电源及接地系统）、民用通信系统。专用通信系统及公安通信系统由轨道交通公司承建，民用通信系统由铁塔公司进行建设，轨道交通公司进行建设管理。

1. 前置条件

（1）机房装修完成，现场照度足够，防火漆喷涂完毕，现场整洁，无扬尘，机房温湿度达到要求，避免阳光直射，远离能产生强大电磁干扰的干扰源。

（2）具备调试电源、电源电缆敷设完毕，机房接地母排完整，接地电阻符合设计要求。

（3）线缆敷设完成，机柜接地完成连接并测试合格。

（4）设备安装完毕，规格型号与设计文件相符。

（5）测试方案通过审核，测试仪表、人员准备完毕。

（6）配备必要的安全设施、安全用具和灭火设备。

2. 调试工具及仪器仪表

（1）调试仪表

①传输系统：SDH 传输分析仪，网络测试仪，误码测试仪；

②无线系统：驻波比测试仪，Tetra 综合测试仪；

③视频监控系统：彩色图形信号发生器，双通道示波器，便携式彩色液晶显示器，视频综合测试仪，光照度计，图像记录仪；

④电源系统：电力多功能测试仪，电池内阻测试仪；

⑤播系统：阻抗测试仪。

（2）调试工具

包括：数字万用表，相序表，绝缘电阻表，笔记本电脑。

3. 传输系统

(1)传输系统概述

传输系统采用增强型 MSTP 技术为其他系统及业务提供容量大、稳定性高、透明的多业务传输通道。

(2)单机、单系统调试

①传输网元性能测试。

②传输网元的各端口测试。

③光通道保护测试。

④主控板保护测试。

⑤交叉/时钟板保护测试。

⑥电源板保护测试。

(3)系统调试

①光接口板实际接收光功率测试。

②创建和配置网络功能测试。

③时钟保护倒换测试。

④网络保护倒换测试。

⑤各类业务通道测试。

⑥全程误码测试。

本系统方案采用以控制中心为相切节点的两个环型组网拓扑结构见图 13-2-29。

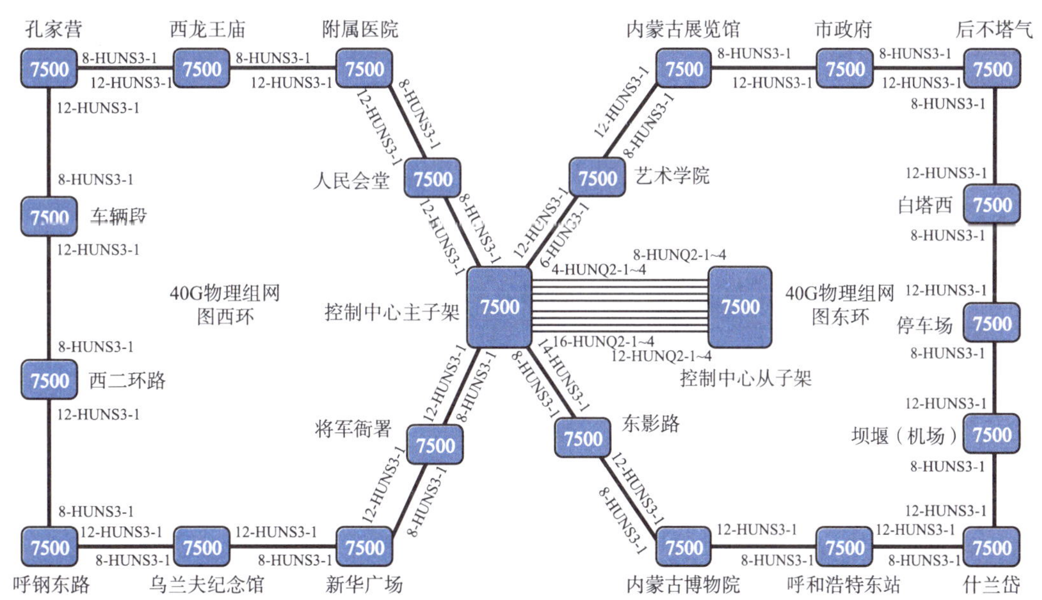

图 13-2-29　呼和浩特市城市轨道交通 1 号线组网方案

4. 公务电话系统

(1)系统组成

公务电话系统中心级设备搭建于云平台上，在车站设置电话交换机、话务终端。主要用于地铁运营、管理和维护部门之间的公务通信以及与公用电话网用户的通信联络，向地铁用户提供话音、非话及各种新业务。

(2)系统调试

①人机维护功能测试。

②车站用户功能测试。

③公务电话常用测试。

④网管功能测试。

⑤话务台/查询终端功能测试

本工程公务电话系统采用两层交换、三级汇聚架构组网,系统组网架构见图 13-2-30。

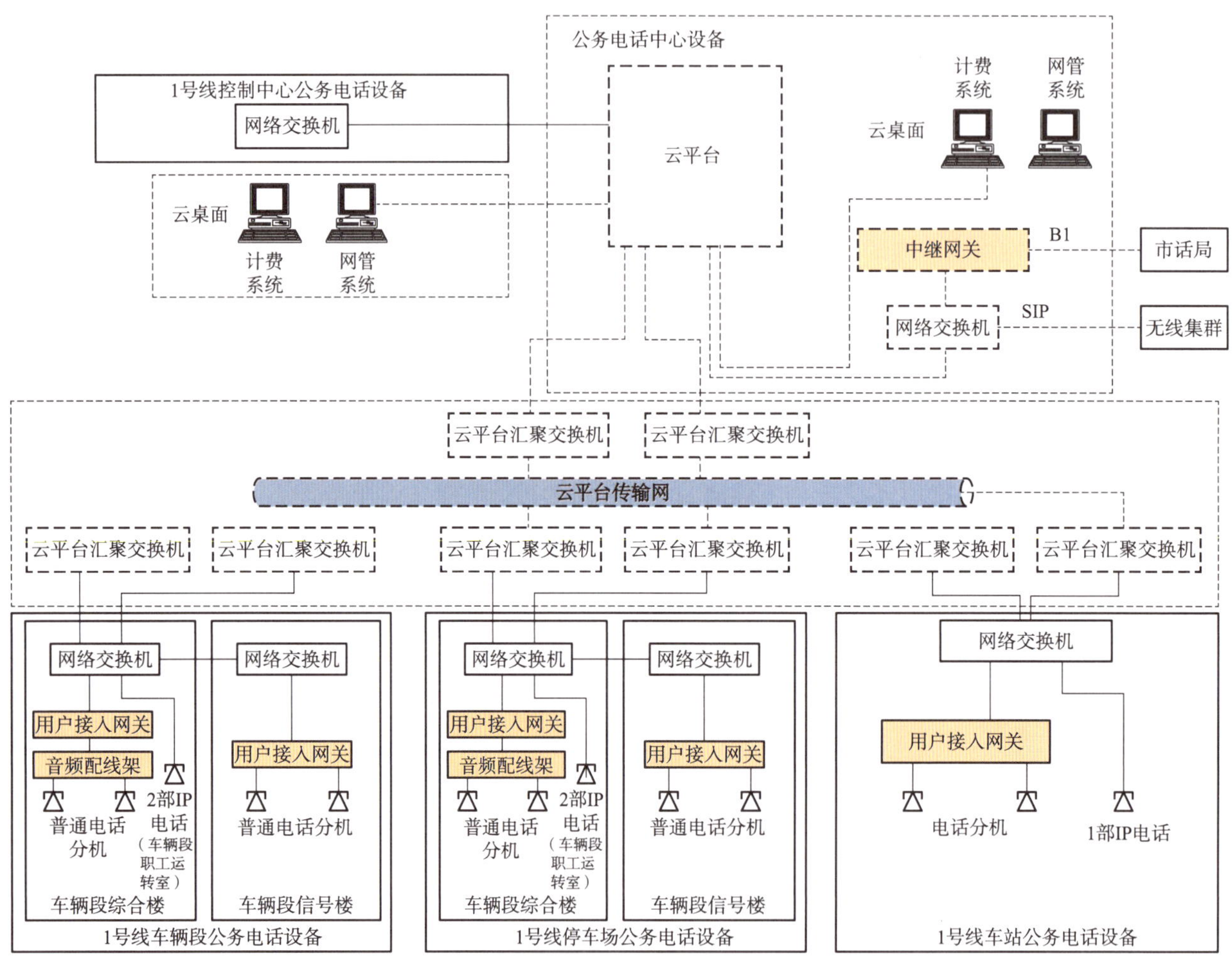

图 13-2-30 公务电话组网系统图

5. 专用电话系统

(1)系统组成

专用电话系统是控制中心调度员、车站(车辆段)值班员指挥列车运行和下达调度命令的重要通信工具,是为列车运营、电力供应、日常维修、防灾救护、票务管理提供指挥手段的专用通信系统。

专用电话系统包括调度电话、站(车辆段)内电话、站间电话及轨旁电话。调度电话是为列车运营、电力供应、日常维修、防灾救护提供指挥手段的专用通信系统,主要包括行车调度、电力调度、环控调度以及总调(兼维调)等;站(车辆段)内电话、站间电话及轨旁电话是供车站、车辆段值班员与站/段内重要部门有关人员进行公务联系的点对点的直通电话。

(2)系统调试

专用电话系统的主要调试内容同公务电话系统一样,包括:

①人机维护功能测试。

②车站用户功能测试。

③网管功能测试。

④录音系统功能测试。

系统组网方案见图 13-2-31。

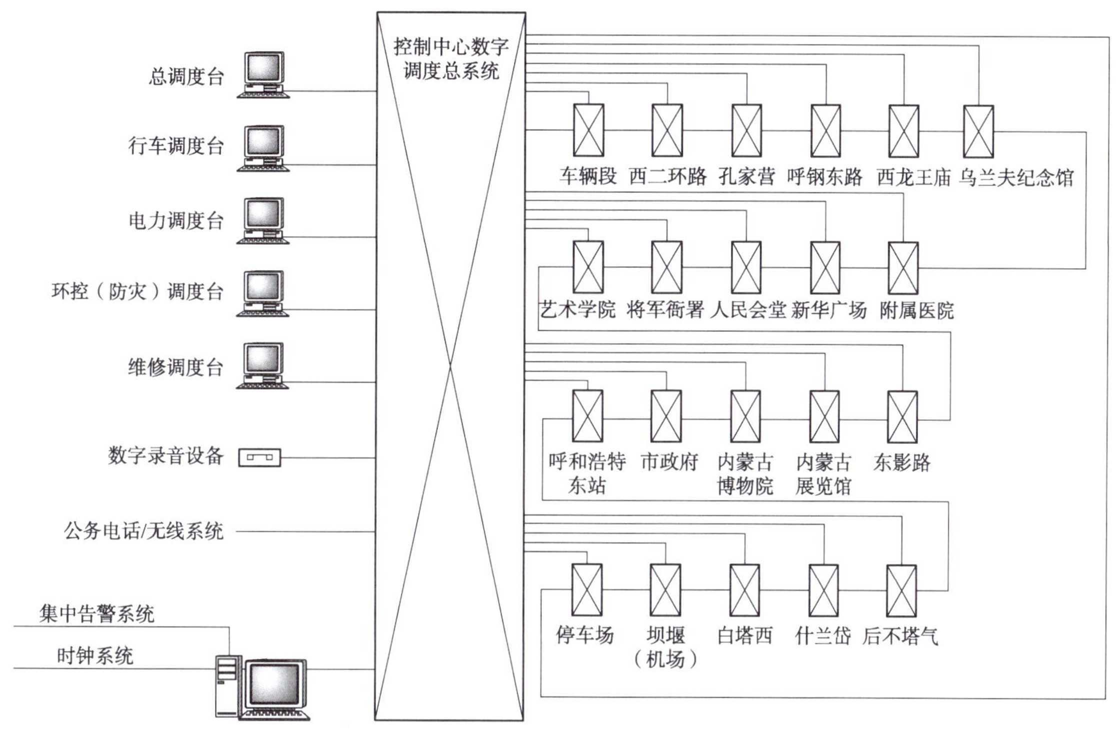

图 13-2-31　专用电话组网系统图

6. 视频监视系统

(1)系统组成

视频监视系统(CCTV)系统主要由车站(含主变电所)、车载、控制中心和车辆段(停车场)各级视频监视系统组成,一般由图像采集设备、图像存储设备、视频处理服务器、数字编解码器(分布式前端或集中式处理)等设备及连接设备的业务通道构成。视频存储采用租用移动公司云存储设备实现 90 天视频图像及数据存储功能。视频监视系统是地铁运营、管理现代化的配套设备,是供运营、管理人员实时监视车站客流、列车出入站及旅客上下车情况,以加强运行组织管理,提高效率,确保安全正点地运送旅客的重要手段。

(2)系统调试

①多功能控制器性能测试。

②网管主机性能测试。

③电源控制器性能测试。

④车站视频管理服务器性能测试。

⑤编码器性能测试。

⑥固定摄像机性能测试。

⑦快球摄像机性能测试。

⑧半球摄像机性能测试。

整体网络结构见图 13-2-32。

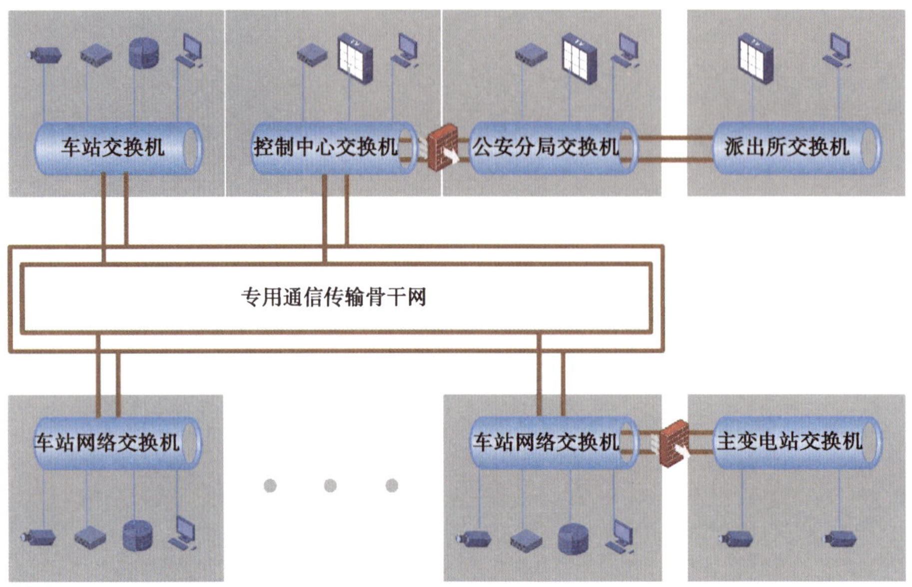

图 13-2-32　CCTV 组网系统图

7. 广播系统

(1)系统组成

广播系统一般由播放设备、语音控制设备、语音合成设备、语音放大输出设备、播放控制设备及设备间业务通道构成,主要用于地铁运营时对乘客进行公告信息广播,发生灾害时兼做救灾广播,以及运营维护广播之用,系统由车站(含中心)广播、车辆段/停车场广播这两个相互独立的子系统组成。

(2)单机调试

①车站广播系统测试:

功放状态检测功能测试。

车站广播播放测试。

功放故障诊断与切换功能测试。

广播状态查询测试。

②车辆段广播系统测试:

功放状态检测功能测试。

车辆段广播播放测试。

③控制中心广播系统功能测试:

单一站广播测试。

全线站点广播测试。

组网方案见图 13-2-33。

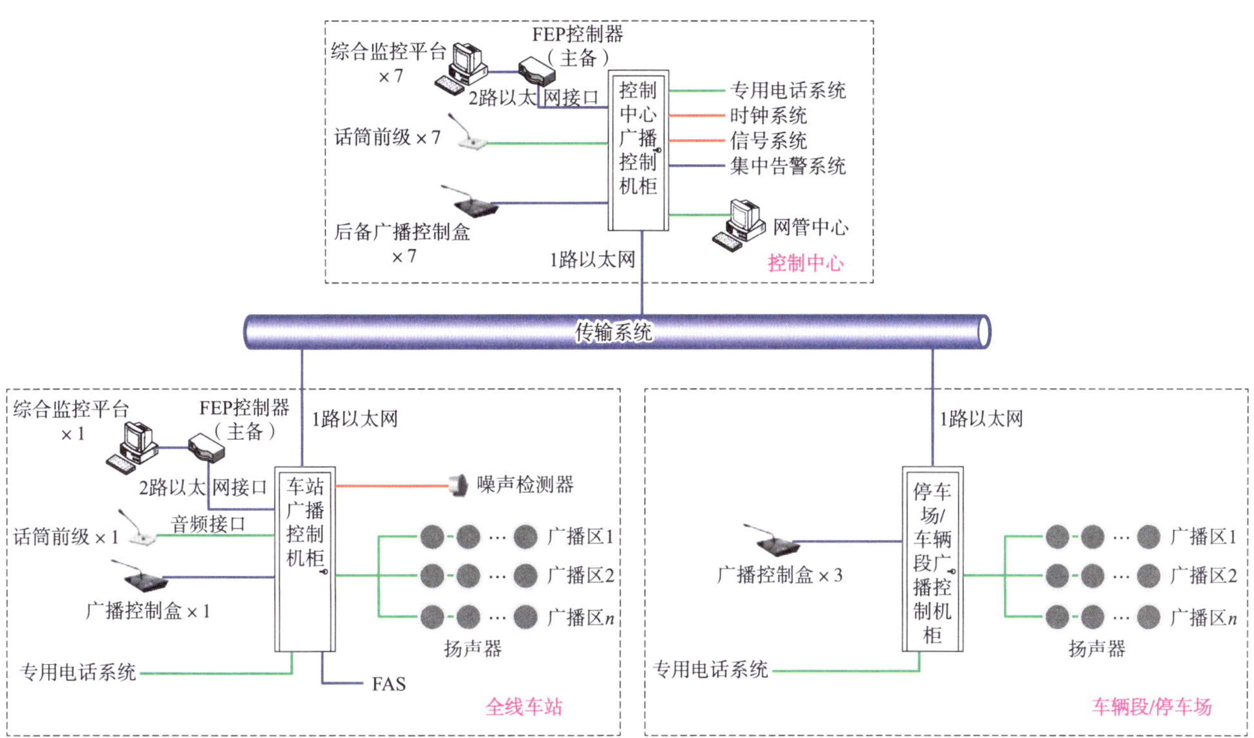

图 13-2-33　广播系统组网系统图

8. 时钟系统

(1)系统组成

城市轨道交通的时钟系统一般由接收标准时间信号的母钟及接受母钟时间校准信号的子钟构成。为控制中心调度员、车站值班员、各部门工作人员及乘客提供统一的标准时间信息,为城市轨道交通的通信系统及其他系统[信号、AFC、ISCS(含 FAS/BAS/PSCADA 等)、ACS 系统等]提供统一的时间信号。时钟系统的设置对保证地铁运行计时准确、提高运营服务质量起着重要的作用。

系统组网图见下图:

(2)单机调试

GPS/北斗时钟标准时间校时功能测试。

母钟的自身校时精度性能测试。

子钟的自身校时精度性能测试。

时钟系统网管具有故障检测及告警功能。

9. 办公自动化系统

(1)系统组成

办公自动化系统主要由多级交换机、交换机之间的物理拓扑结构及连接交换机的业务通道组成。主要分为控制中心部分、车站部分、车辆段部分和不同线路之间的互联部分。

系统组成方案见图 13-2-34。

(2)系统调试

①车站系统调试

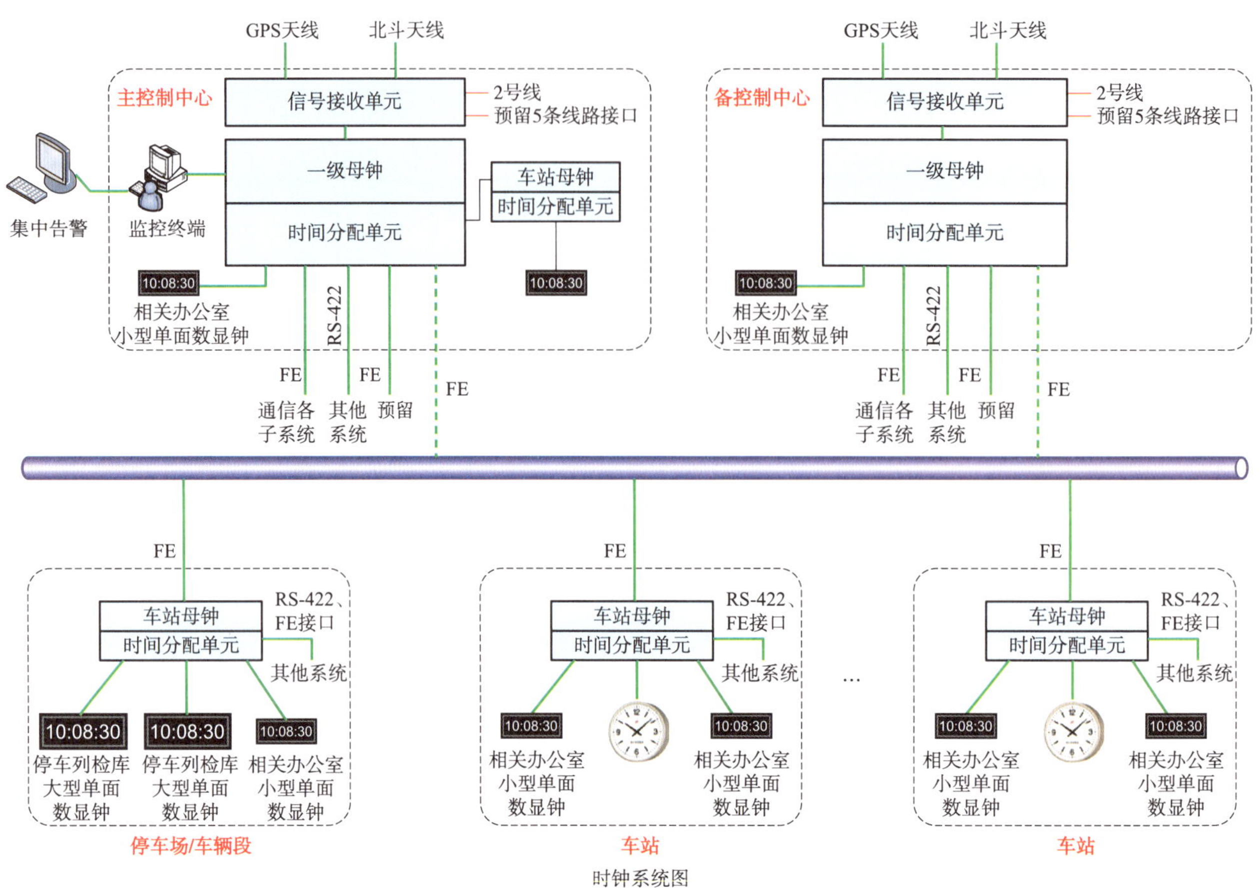

图 13-2-34 公安通信组网系统图

车站单站调试；

车站互联调试。

②车辆段系统调试

车辆段核心交换机调试；

车辆段接入交换机调试。

③不同线路互联调试。

10. 公安通信系统

(1)公安传输系统

本项目公安传输系统采用双环网以太数据网建设。系统组网图见图 13-2-35。

(2)公安视频监视系统

本项目公安视频监视系统与专用通信视频监视系统合一建设(见图 13-2-36)。

(3)公安无线通信系统

本项目公安无线通信系统采用 350 M 频段 PDT 技术建设，全线地下站建设无线基站，直接接入市公安局核心交换机(见图 13-2-37)。

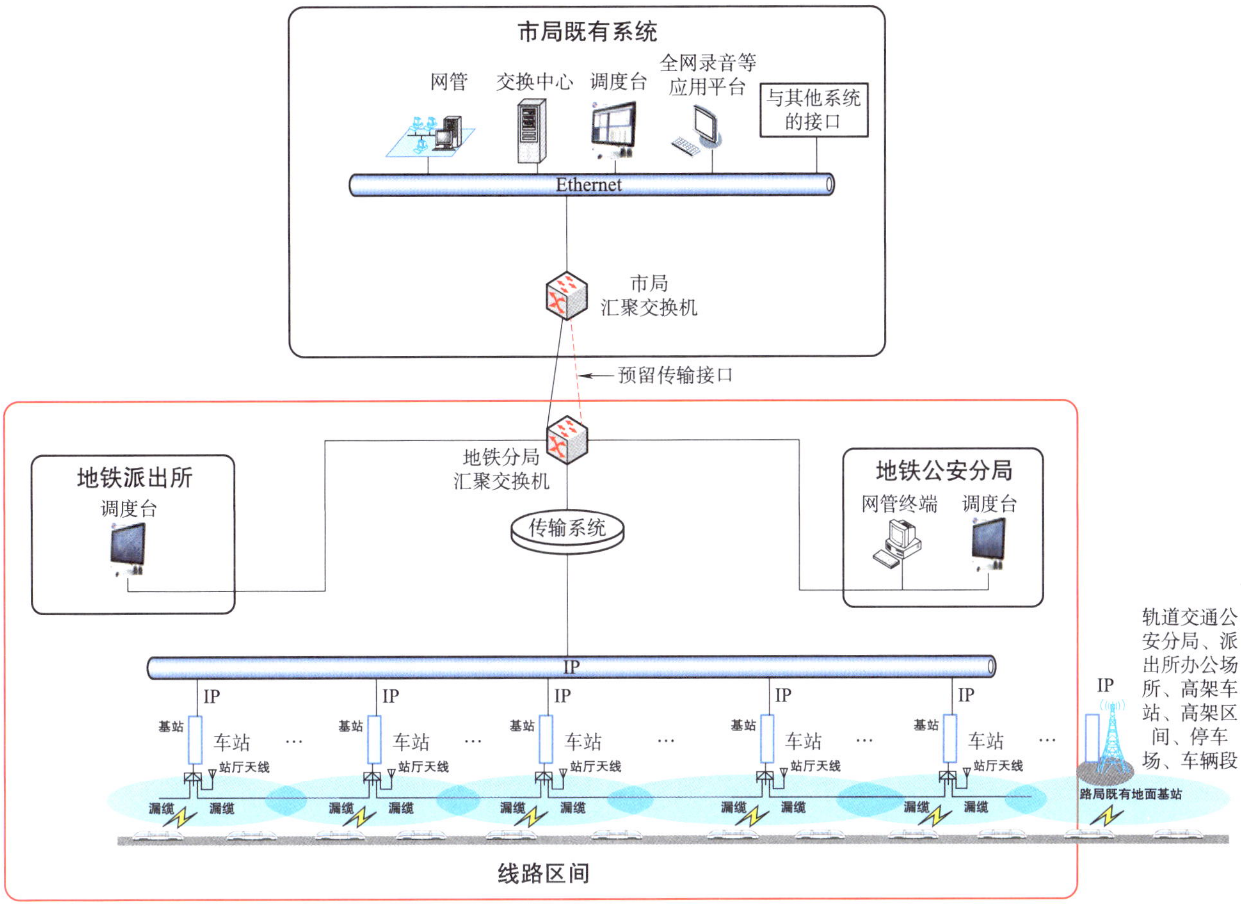

市局既有系统
网管
交换中心
调度台
全网录音等
应用平台
与其他系统
的接口
Ethernet
市局
汇聚交换机
预留传输接口
地铁派出所
调度台
地铁分局
汇聚交换机
传输系统
地铁公安分局
网管终端
调度台
IP
基站
车站
站厅天线
漏缆
轨道交通公
安分局、派
出所办公场
所、高架车
站、高架区
间、停车
场、车辆段
路局既有地面基站
线路区间

图 13-2-35　公安无线组网系统图

地铁公安分局视频网
核心交换机
网管设备
地面公安视频专网
防火墙
白塔西站
坝堰（机
场）站
1号线派出所
汇聚交换机
西二环路站
孔家营站
什兰岱站
后不塔气站
呼钢东路站
西龙王庙站
呼和浩特东站
1号线公安视频专网
乌兰夫纪念馆站
市政府站
附属医院站
内蒙古博物院站
内蒙古展览馆站
新华广场站
东影路站
人民会堂站
艺术学院站
将军衙署站

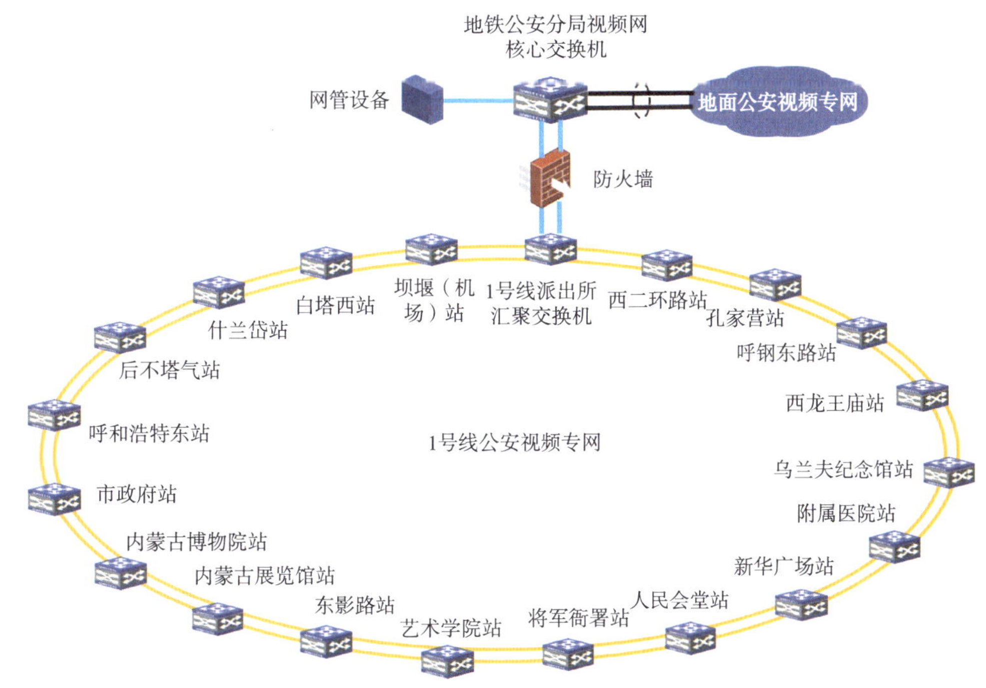

图 13-2-36　公安视频组网系统图

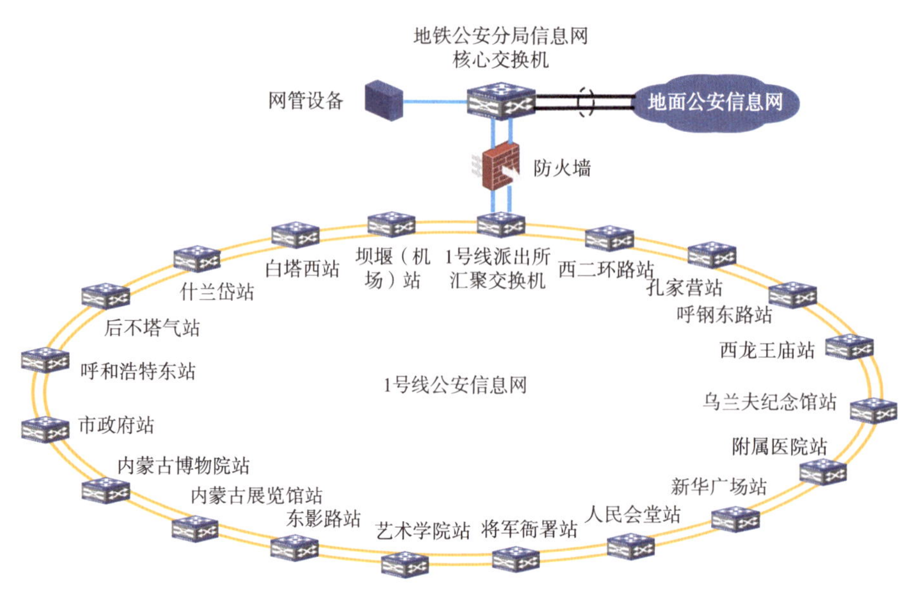

图 13-2-37　公安信息网络系统图

13.2.5　云平台

1. 系统简介

呼和浩特市城市轨道交通 1、2 号线云平台（以下简称“城轨云平台”）是指挥列车运行、组织运输生产、提高运营管理效率和服务质量的重要手段，通过统一构建计算、存储、网络资源，为运营生产系统、企业管理信息系统、乘客服务管理系统提供 IaaS 层服务（基础设施即服务），支撑各系统稳定运行。其承载了运营生产系统中的列车自动监视系统、综合监控系统、自动售检票系统、乘客信息系统、门禁系统、公务电话系统、集中告警系统，企业管理信息系统中的 OA 系统、内部网站、合同管理系统、人力资源管理系统、财务管理系统、运营维护管理系统等，以及乘客服务管理系统中的门户网站、互联网售检票平台等，主要保证城市轨道交通 1、2 号线工程的正常运营、运维的功能需求，预留后期规划建设时的接入能力，由生产中心云平台、灾备中心云平台、站段云平台三部分组成。

2. 前期工作

呼和浩特市城市轨道交通在国内起步较晚，轨道交通公司充分发挥“后发优势”，创新性打造城轨云平台。在行业内专家普遍认可的前提下，经过组织多次专家评审会进行论证，确定了建设城轨云平台的必要性和可行性，通过组织行业内优势资源进行两轮测试，确定了技术方案的可行性。根据轨道交通技术发展方向、互联网 + 业务的发展趋势、内蒙古自治区及呼和浩特市云计算大数据战略性新兴产业发展规划，轨道交通公司于 2017 年 2 月正式提出云平台建设思路，并编写完成融合云平台科研立项报告及 1 号线一期工程融合云平台应用方案。

2018 年 4 月基本确定了呼和浩特市城市轨道交通云平台系统架构的设计（见图 13-2-38），其承载了 1、2 号线列车自动监控系统（ATS）、综合监控系统（ISCS）、乘客信息系统（PIS）、自动售检票系统（AFC）、门禁系统（ACS）、公务电话系统（PBE）、集中告警系统（ALM）等生产系统，以及企业管理信息系统、乘客服务管理系统，构建了横跨安全生产、企业管理和乘客服务三大领域的线网级综合承载云平台，为各业务系统提供计算

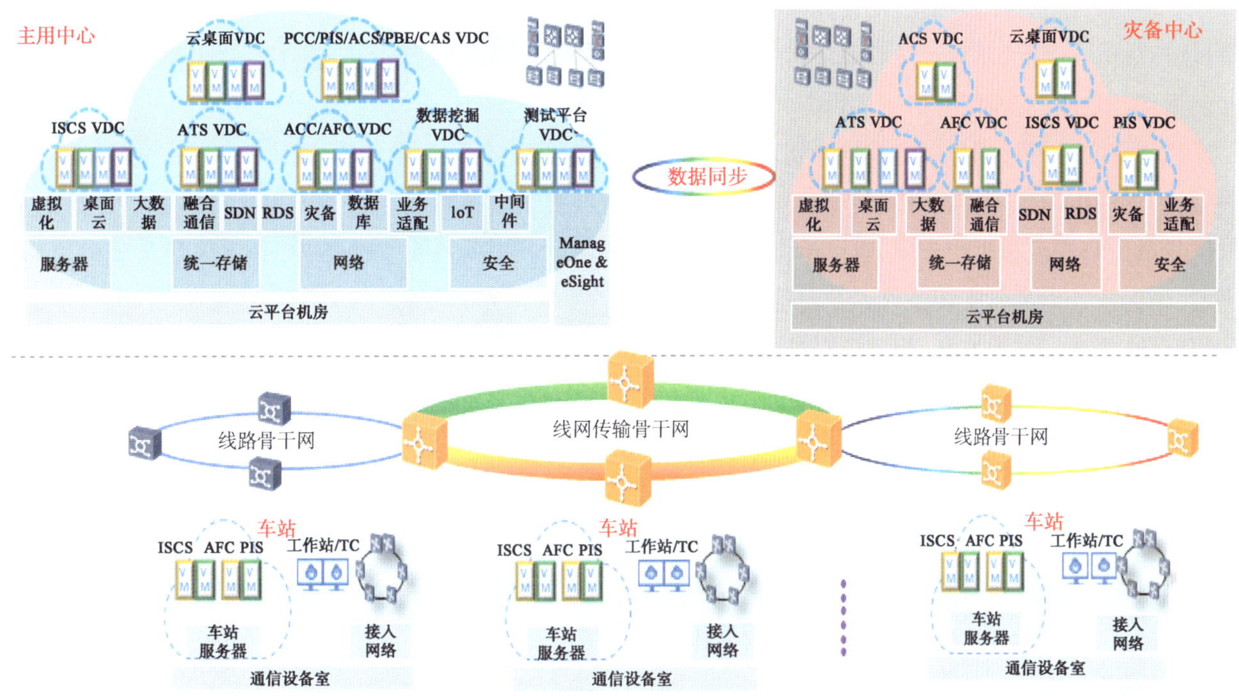

图 13-2-38 呼和浩特城轨云平台系统架构图

资源、存储资源、网络资源、安全资源等，实现基于 IaaS 层的云平台部署。经过多次专家评审和研究讨论，2018 年 9 月完成了云平台用户需求书技术要求的编制工作，2018 年 12 月完成了 1、2 号线城轨云平台的招标工作。

呼和浩特城轨云平台按照线网级架构规划，在招标时 1、2 号线建管公司经沟通达成一致，采用委托招标的形式，确保共同打造一个线网级云平台。由于线网级、多业务的城轨云平台招标在国内尚属首次、并无先例，只有摸索最合理的招标方式才能顺利开展工作，保证招标工作既要满足需求、又能落地实施，还必须依法合规。呼和浩特城轨云平台专业招标较晚，信号、综合监控、AFC 等业务系统招标工作均已经完成，无法与业务系统捆绑招标。经研究，城轨云平台采取独立招标的方式，要求在城市轨道交通行业承担过城轨云平台承载的具有一定规模的主要业务系统项目实施经验的单位参与，确保系统集成商的能力和水平。

虽然在用户需求书编制前，已经进行过了 2 轮测试，详细讨论过呼和浩特城轨云平台的设计方案，但是由于没有前人的建设经验，在实际项目落地过程中，难免还存在可能未识别的风险和困难。为此，轨道交通公司以完成施工图设计、系统部署方案，满足业务系统需求为最终目标，有计划地组织深化设计相关工作。

项目初期，组织设计单位、集成商、施工单位等结合城市轨道交通 1 号线开通的目标，制订了详细的项目执行计划，并确定了搭建测试平台的方案。贯穿项目执行过程，共召开了 3 次设计联络会、5 次专家评审会，循序渐进、稳步推进，确保了项目的平稳落地。

3. 设备供货与安装

(1)设备供货

云平台为 ATS、ISCS、AFC、PIS 等业务系统提供计算、存储、网络资源，是各业务系统进行调试的基础条件，所以其设备供货不仅要考虑自身安装、调试需求，还要满足各业务系统的需求。然而，设备供货受到合同签订、设计图纸、生产周期等因素影响，并且需要综合考虑运输时间、仓储条件、现场安装条件等。如何统筹协调、解决供需矛盾、满足项目需求，是设备供货管理的关键。

合理制订供货计划。第二次设计联络会期间，建设单位召集云平台集成商、供货商、安装单位、设计单位、监理单位、各相关业务系统共同商讨云平台供货需求，列出详细供货计划，经各方确认签字形成书面文件。供货计划中，应全面考虑甲供物资、甲控材料、线缆等。

严格落实供货计划。制订供货计划之后，严格按计划督促集成商、供货商安排生产。首批设备生产完毕，监理立即组织出厂验收，按照合同要求严控设备质量，提出整改意见。为了确保生产进度满足计划，要求供货单位每周汇报生产进度，建设单位协调处理相关问题。提前落实仓储条件，督促现场设备机房移交进度，确保按计划具备安装条件。在设备供货管理中，必须做到实事求是。针对生产进度滞后、无法按期供货等问题，要商讨解决方案、提前应对处理，正面解决。如果拖延至计划节点时间才暴露问题，就会错失解决问题的时机。

适当调整供货计划。项目的执行是一个动态变化的过程，并非一成不变，即使制订了合理的计划，也难免在执行过程中做一些调整。由于控制中心云平台设备房供电、空调等条件制约，设备按期到货、安装后，仍无法上电调试。为解决此问题，对计划做出调整，将生产中心设备直接供应至中国移动云计算中心用于搭建测试平台，充分利用机房送电前的时间完成测试工作。在项目执行过程中，在满足最终目标和关键节点的基础上，应该根据项目实际情况动态调整计划。

(2)设备安装

云平台设备安装的主要范围在生产中心、灾备中心和站段。生产中心云平台承担了业务系统主要资源的提供，是正常运营模式下云平台的主要功能，其安装工作必须提前完成。灾备中心云平台主要实现部分业务系统的灾备功能，不影响综合联调、动调等工作，其安装工作可以放在最后，功能验收前完成即可。站段终端与各业务系统的网络接口影响业务系统上云部署的功能实现，须尽早完成，确保各系统中心、站段联通。云平台设备安装须重点关注三部分内容，分别是：前置条件、安装进度和安装质量。

前置条件主要从设备、材料供货，机房环境等方面把控。设备、材料供货须严格按供货计划执行，确保计划节点；机房环境是云平台设备安装前重点把控的一个环节，须根据安装要求按时完成。地铁建设期机房环境普遍较差，而云平台基本都采用商用 IT 设备、非工业级产品，对安装环境要求较高，须按照数据中心机房标准进行建设。云平台作为各业务系统的基础，其安装工作须在业务系统调试前完成，而在这个阶段装修、通风、照明、正式电源等条件很难达到要求，所以机房环境是云平台设备安装过程中的一个重点问题，也是难点问题，需要尽早做出规划。本项目从以下三个方面进行把控。

第一，工作划分优先级。按照云平台生产中心、灾备中心、站段各项功能，从物理位置和设备类型上划分优先级，首先确保生产中心云平台的功能实现，这是整个云平台的核心；其次确保站段终端网络设备功能及接口，这是云平台与业务系统、站段与中心联通的关键；最后确保站段与灾备中心的其他功能实现，完成云平台收尾工作。划分优先级、主次分明，按照重点依次抓，确保重要机房优先完成。

第二，重点机房提前抓。控制中心云平台机房是整个云平台的核心位置，无论交付时间还是机房环境都有严格的要求。云平台专业在机房设计阶段就参与方案的制订，组织云平台设计、监理、施工、厂家等与机房建设相关设计、施工单位对接，特别是机房模块安装单位与机房建设单位的对接，从机房布局、空调设置、送风方式、顶面防水、地面保温、地板高度、净空高度、机柜排布、线缆布设、孔洞预留等全面沟通、确定方案，并在实施过程中严格监督，确保机房按需、按期、保质完成交付。

第三，见缝插针抢时间。由于控制中心土建、装修及机房配套设施整体安装工期紧，机房移交时间仍滞后于云平台设备到货时间，为了抢回工期，充分利用设备到货与机房移交的时间差，决定搭建测试平台进行各项安装、调试功能的测试验证，待正式环境具备后以最短的时间完成安装、调试工作。

在安装进度和质量的把控方面，严格按照计划进行，个别突破计划的节点，认真分析原因、积极探索解决方案，采取措施避免同类问题再次发生，并通过协调各方资源确保进度。在质量把控方面，充分利用监理单位、供货单位的力量实行项目内监督机制，通过监理旁站监督检查、供货单位安装督导，提前发现问题并责令整改，确保设备安装过程中设备防护到位、安装规范、接地良好，线缆敷设平整、绑扎规范、成端稳固、标识齐全，且整个过程与运营单位积极对接，及时发现不利于后期维护的问题并加以处理。

设备供货与安装阶段，制订科学的计划，合理安排工序、有效衔接，充分利用各方优势资源做好协调管理工作，为后续调试工作奠定基础，是确保工期、质量的重要手段。

4. 搭建测试平台

(1)测试目的

①验证功能

作为国内第一个多线路、多业务的城轨云平台项目，没有成熟的经验可供参考，只有通过测试、研讨、论证摸索前行。在招标前的方案研讨阶段，组织行业内优势资源在苏州 OpenLab 实验室进行了两轮测试，主要验证了各业务系统上云部署的功能实现及兼容性，在此基础上确定技术方案。经过招标阶段、设计联络阶段进一步细化方案，出现的许多技术细节都未得到充分验证，经研究决定，在呼和浩特市中国移动云计算中心搭建测试平台，根据项目实际配置，整体按照“硬件最小化，功能最大化”的思想，以呼和浩特云平台架构为基础，提取城轨云平台系统中的核心设备和典型设备作为最小系统，选取功能和接口全覆盖的最大子集作为首选模型，采用功能接口全部预留和增量式的整体架构，旨在按照项目实际需求做全面的测试，确保方案可行，功能、性能满足要求。

②缩短工期

城轨云平台于2018年底完成招标，距离轨道交通1号线开通初期运营仅一年时间。而云平台是ATS、ISCS、AFC、PIS、ACS等业务系统的基础，必须为业务系统调试以及联调联试、各项验收预留足够的时间，因此，要求云平台最晚须在8月底完成中心部署调试以及与车站的联通。控制中心云平台机房5月底具备进场安装条件，8月初具备送电调试条件，留给云平台部署调试的时间不足一个月。为了解决工期紧的问题，根据现场实际情况分析，充分利用设备到货与现场具备安装条件的时间差，搭建云平台测试环境，模拟现场提前完成云平台部署、调试的测试工作，验证云平台与各业务系统间的接口，发现问题并及时处理，在控制中心云平台具备调试条件后，充分利用测试平台验证过的成果，可以在最短的时间内完成部署调试工作，节约整体工期。

(2)测试内容

①测试平台方案

测试平台整体按照“硬件最小化，功能最大化”的思想，以呼和浩特云平台架构为基础，提取城轨云平台系统中的核心设备和典型设备组建最小系统，选取功能和接口全覆盖的最大子集作为首选模型，采用功能接口全部预留和增量式的整体架构(见图13-2-39)。

测试平台整体架构的搭建遵循如下原则：

a. 保留生产中心、灾备中心双中心结构。

b. 生产中心保留安全生产网(含中心及站段)、外部服务网和运维管理网结构，灾备中心保留安全生产网。

c. 除生产中心安全生产网核心交换机与防火墙外,其他设备均无冗余设置。

d. 仅验证基础安全功能,包括:核心防火墙和核心路由器的联动、审计及漏洞扫描双中心互联、站段互联使用交换机直连模拟,不使用传输。

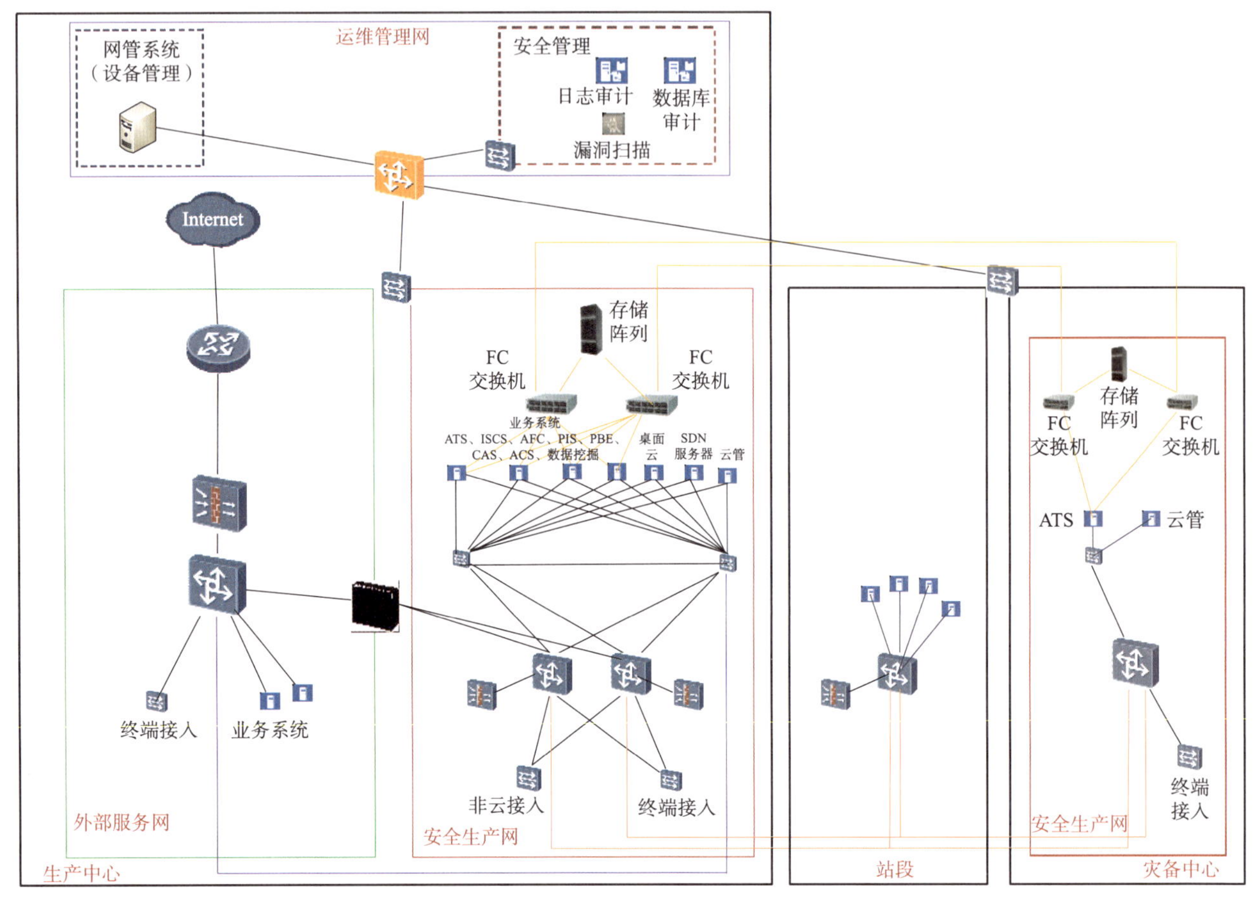

图 13-2-39 呼和浩特城轨云平台测试平台架构图

②云平台自测

云平台自测是在云平台完成自身部署之后,针对云平台本身的基本功能进行测试,如 VDC 管理、配额管理、网络服务、弹性云服务、资源监控、云桌面功能等。云平台自测完成后,确保云平台搭建部署没问题,即可开展下一阶段的测试工作。云平台共测试 67 项用例,执行测试用例 63 项,全部测试通过,剩余的 4 项测试待现场具备条件后再开展,具备下阶段测试条件。在云平台部署与自测过程中,发现很多配置方面的问题,均在现场处理解决,最终确定了本项目正确的配置方式,同时提高了项目执行人员的操作水平,为后续现场部署及调试打下坚实的基础。

③兼容性测试

兼容性测试主要是验证各业务系统上云部署后与云平台是否兼容,是否能正常运行,如果出现不兼容的现象需要修改软件或更改硬件配置予以解决,兼容性测试覆盖所有业务系统。经测试,当前云平台整体网络架构不能完美支持 PIS 系统组播功能,经研究和进一步测试,暂可通过增加带宽的方式或采用虚拟化的方式解决,能够继续开展下一阶段工作,此问题作为遗留问题进一步研究,其他各系统均无兼容性问题。

④功能测试

功能测试是各业务系统上云部署后进行的全功能验证,保证各系统在云上能够正常实现所有功能。功能测试原则上要求覆盖所有系统的所有功能,测试过程中遇到问题立即协调解决处理,为现场正式环境搭建和调试做好充分的准备工作。测试过程中发现,个别功能因实验室环境不具备条件而无法进行测试,确认不影响系统在现场环境的部署和调试后进行记录,对于影响现场部署调试的测试项目,必须创造条件完成测试。如:1 号线 ATS 系统共测试 143 项用例,133 项用例通过测试,确保现场可进行部署调试,未执行的 8 项用例及未通过的 2 项用例,均不影响现场部署调试,待现场环境具备后再行测试;1、2 号线 ISCS 系统共测试 157 项用例,140 项用例通过测试,12 项未通过测试的用例,经过现场解决处理后均完成且通过测试,剩余 5 项用例由于测试环境不具备,待现场环境具备后再行测试,不影响下一步工作的开展。

⑤接口测试

接口测试主要针对互有接口的各业务系统连通性测试,检验云平台提供的虚拟接口是否正常,校验通信数据是否正常。通过对 ISCS 与 PIS、CCTV、AFC、ALM、EMS、ATS 等接口的测试、线网门禁与线路门禁接口测试、公务电话与集中告警接口测试等,验证了云平台所提供的接口功能可正常使用。接口测试不仅验证了云平台承载业务系统的功能,同时也提前进行了业务系统间的接口测试,节约了业务系统后续在现场的调试时间。

⑥性能测试

重点测试 ATS、ISCS、AFC 等业务系统上云部署后性能是否满足要求。采用城轨云平台的优势之一就是节约资源、提高资源利用率,然而把它落到实处,却非易事。在研究方案阶段,我们就大胆提出要减少 ISCS、AFC、ATS 等资源大户的资源分配,当时遭到很多质疑,当然也有支持的声音,最终我们还是做出了优化。现在搭建测试平台进行测试,正好借此机会进行测试,用数据说话,检验资源分配是否可行。若测试结果符合预期,资源配比满足需求,则组织开展下一步工作;如果测试结果说明资源配置偏高,则进一步降低资源配置,节约成本;如果测试结果说明资源配置不足,则利用现场部署调试前的时间增加资源,确保现场实施正常进行。

经测试,ATS、ISCS、AFC 等业务系统上云部署后性能均满足需求,其中 AFC 存在可优化的空间。简单说明如下:

轨道交通 1 号线 ATS 生产中心应用服务器支撑业务正常运行时,CPU 占用率平均值约 6%,最大值不超过 10%,内存占用率平均值约 20%,最大值不超过 50%。ATS 资源分配满足性能需求。

ISCS 区域实时服务器支撑业务正常运行时,CPU 占用率不超过 10%,内存占用率不超过 15%,压力测试时,平均 CPU 占用率不超过 30%,内存占用率不超过 30%。ISCS 资源分配满足性能需求。

AFC 系统 CPU 资源基本满足虚拟机性能需求,针对具体业务会出现 CPU 负荷较高的情况,高负载去除后 CPU 迅速恢复正常,如:消息传输。内存资源基本满足虚拟机性能需求,针对具体业务会出现缓存线性增长的情况,可通过系统命令正常释放缓存,其他硬件性能指标均正常,如:FTP 服务。AFC 系统资源分配基本满足性能需求,针对特殊业务需求,在现场部署调试过程中继续观察,根据需求可适当增加硬件资源。

⑦备份测试

备份测试主要测试文件系统备份功能和数据库备份功能。

文件系统备份:选择目标文件全量、增量备份,删除本地文件。恢复:本机或异机恢复。

数据库备份:选择目标库全量、增量备份,删除、增加表记录。恢复:本机或异机恢复。

经测试，各专业文件系统备份、数据库备份功能均可由云平台实现，可实现手动恢复数据。

⑧灾备测试

分别针对ATS专业的应用级灾备，ISCS、AFC、PIS、ACS等专业的数据级灾备进行测试，确保实现各系统相应的灾备功能，保证运营安全。

ATS进行了生产中心故障时的应用级灾备测试，以及车站ATS故障、中心ATS故障、中心ATS主备冗余、通信前置机主备冗余、ATS网关主备冗余、现场工作站主备冗余等安全功能测试，应用级灾备、冗余切换功能均可实现，满足需求。

ISCS、AFC、PIS、ACS数据级灾备测试均实现了基本的数据灾备和恢复功能。如果灾备中心适当分配计算资源，可实现更完善的灾备功能，在后续调试阶段将继续深入研究，进一步优化。

(3)测试过程

在设计联络阶段，发现资源分配供需矛盾、接口功能有待验证、系统兼容性存在风险、灾备功能存在隐患等问题，于是提出搭建测试平台的思路。但搭建一定规模的测试平台并非易事，遇到的最大问题是如何搭建测试环境，需要数据中心级的测试场地和满足测试需求的测试设备。对此问题，轨道交通公司各级领导非常重视、大力支持，立即组织开会讨论、积极协调，很快确定使用中国移动云计算中心提供的测试场地，使用云平台项目上的设备，充分利用安装空档期进行测试，现场具备条件后及时归还项目。在公司领导的支持下两大问题迎刃而解。

2019年4月9日，轨道交通公司组织运营公司、交控安捷、设计单位、云平台系统集成商、供货商、各业务系统厂家、施工单位共同召开测试平台启动会，明确测试范围、制定测试计划、安排部署测试任务，正式拉开测试工作的帷幕。经过云平台集成商、供货商、施工单位的通力配合，5月20日完成云平台测试平台硬件部署，进入软件平台调试及功能自测阶段。各业务系统按照系统自身特点，编写详细的测试用例，并派遣专业测试团队参与测试。各单位每天汇报测试内容和存在的问题，按节点汇报阶段性成果，整个测试过程可控、有序进行。公司各级领导密切关注测试进展，并多次亲临现场指导(见图13-2-40)。

图13-2-40 城轨云平台测试期间的现场检查

(4)测试结果

经过三个多月努力，完成全部测试工作。测试内容涵盖云平台系统自测、业务系统上云部署方案测试、兼容性测试、功能测试、性能测试、接口测试、冗余测试、备份测试、灾备测试等，在测试过程中发现很多问题并及时处理完毕，最终形成《云平台自测试报告》《云平台与业务系统功能及兼容性测试报告》《云平台与业务系统性能及灾备测试报告》，供呼和浩特城轨云平台项目现场实施参考。

测试工作既按照呼和浩特城轨云平台项目实际情况进行了详细的验证，确保系统功能按预期目标实现，又充分利用项目执行期的工序时间差，弥补项目执行周期短的不足，从系统设备层面保障呼和浩特市城市轨道交通建设工期。初步测算，测试平台在硬件部署、软件安装、资源分配、接口功能、业务功能、备份及灾备等方面的测试成果，至少节约实体工程中云平台及业务系统现场部署调试时间一个月。

5. 搭建临时平台

在云平台测试阶段，控制中心云平台机房不具备设备安装调试条件，但根据整体工期要求，已经开始单系统调试、综合联调、动车调试，为支持相关业务系统顺利开展调试，提出云平台在控制中心搭建临时平台的方案，主要为综合监控系统提供计算资源、网络资源，为 ATS 提供网络资源。

在搭建临时平台方案中，云平台提供综合监控、ATS 所需生产中心网络设备，并提供综合监控所需 7 台区域服务器、1 台历史服务器、2 台电调工作站，综合监控、ATS 提供云外设备。云平台负责将各车站汇聚交换机联通至传输交换机，将中心传输交换机联通至中央设备室；综合监控、ATS 负责将业务系统交换机联通至云平台汇聚交换机。通过各单位的共同努力，按计划完成临时平台搭建，支撑 ATS、ISCS 系统运行，提供综合联调、动车调试条件，成立临时电调、行调组织架构，实现中央级临时调度功能。后续云平台正式完成部署，业务系统部署并完成测试后，再将临时平台迁移至正式平台继续调试。通过搭建临时平台的方式，使相关业务系统提前进入调试阶段，整体节约调试时间，保障轨道交通 1 号线按期开通。

6. 系统调试

(1)控制中心云平台部署

控制中心云平台是云平台的核心部分，是业务系统上云部署的前置条件，所以控制中心云平台的调试是整体云平台调试的重点。

控制中心云平台部署调试的主要内容有：安全生产网部署调试、内部管理网部署调试、外部服务网部署调试、运维管理网调试以及机房动环系统调试。

①安全生产网调试重点内容有：

➢ 服务器初始化

➢ 存储初始化

➢ 网络设备初始化

➢ SDN 部署调测

➢ FCD 执行机安装部署

➢ FCD 部署云平台

➢ 虚拟化安装部署

➢ 桌面云安装部署

➢ 站段与安全生产网联调

➢ 云网联调

➢ 云平台工程调测

➢ 云平台运营配置

➢ 虚拟化平台调测

➢ 桌面云业务调测

➢ 各业务系统部署

➢ 各业务系统联调上线

②内部管理网部署调试重点内容有：

➢ 服务器初始化

➢ 存储初始化

➢ 网络设备初始化

➢ SDN 部署调测

➢ FCD 执行机安装部署

➢ FCD 部署云平台

➢ 虚拟化安装部署

➢ 桌面云安装部署

➢ 云网联调

➢ 云平台工程调测

➢ 云平台运营配置

➢ 各业务发放及联调

③外部服务网部署调试重点内容有：

➢ 服务器初始化

➢ 存储初始化

➢ 网络设备初始化

➢ 虚拟化安装配置

➢ 外部服务网与安全生产网联调

➢ 互联网与外部服务网联调

➢ PBE\AFC 上线

④运维管理网调试重点内容有：

➢ 网络设备调试

➢ 安全设备调试

➢ 运维管理网与车站带外管理交换机联调

➢ esight 网管安装配置

➢ esight 纳管硬件设备

➢ esight 对接 ManageOne

➢ 云平台运维配置

⑤机房动环系统调试重点内容有：

➢ 微模块设备调试

➢ 动环监控设备调试

由于在测试平台已完成大部分测试工作，所以整个调试过程比较顺利，2019 年 8 月 3 日启动调试，8 月 19 日完成云平台自身部署，具备业务系统部署条件，各业务系统陆续开始部署。8 月底 1 号线 ATS 系统、ISCS 系统、集中告警系统，线网 PIS、ACS、公务电话基本完成部署，9 月初 AFC、MLC 基本完成部署。同时，已具备 2 号线 ATS、ISCS、集中告警系统的部署条件，提前为 2 号线业务系统提供基础，有效缩短 2 号线安装调试时间。

由于云平台硬件属于成熟产品，且与业务系统进行过详细测试，所以控制中心云平台部署工作的关键在于前置条件的按时完成以及各业务系统需求的细化明确，如：机房建设、设备安装、线缆敷设、成端等必须满足调试条件的需求，否则会对进度和质量造成很大影响；业务系统资源配置、网络需求、安全策略需求等必须明确才能一气呵成完成部署工作。前置条件具备、资源需求明确后，云平台部署、配置相对比较容易且耗时较短。

（2）站段云节点部署

站段云节点仅提供 ISCS、AFC、PIS 系统降级模式所需计算资源、存储资源，其部署、调试与控制中心云平台部署类似，相对更加简单。站段云节点调试工作中，与各业务系统的接口调试内容是重点，按照设计联络阶段确定的接口方案，将各业务系统与云平台网络打通，实现站段业务系统与中央级的联通，在中心业务系统资源发放完成后即实现业务系统的资源访问。此外，站段云节点调试需要施工单位及各业务接口单位积极配合，才可快速高效完成。

控制中心云平台、站段云节点部署完成，业务系统上云部署完成之后，如果业务系统自身调试完成，即可进行降级模式调试。降级模式调试主要由业务系统进行，云平台配合业务系统完成。

（3）灾备中心云平台部署

灾备中心云平台部署、调试与控制中心安全生产网部署、调试内容类似，内容相对较少，主要包含安全生产网和运维管理网。完成部署后进行业务系统所需镜像制作，完成镜像制作即可根据业务系统调试情况开展灾备功能测试。

灾备中心部署调试的重点是主备中心网络联通，而后进行主备中心平台配置、业务发放、业务部署、灾备功能测试，前置条件与控制中心类似。ATS 应用级灾备功能由信号系统进行测试，云平台配合提供条件，ISCS、AFC、PIS 等数据级灾备功能由云平台测试，业务系统验证功能。

（4）业务系统上云部署

云平台自身部署完成后，协调云平台与各业务系统再次梳理确认系统资源提资情况，明确各业务系统网络互联情况，制订业务系统上云方案，组织开展业务系统上云部署工作。本阶段工作由业务系统牵头开展，云平台配合进行。在测试平台完成详细的业务系统上云部署测试后，现场部署相对比较容易，工作开展比较顺利，按照业务系统自身调试进度和现场情况陆续完成。业务系统部署上云后，业务接口需求导致云平台网络配置比较复杂，业务系统调试过程中遇到的网络问题排查比较困难。因此，必须协调好各业务系统和云平台配合好、共同开展部署及调试工作。

（5）资源分配

云平台向业务系统分配资源，是云平台功能实现的关键。在云平台部署完成，进行业务发放的过程中完成资源分配的操作，操作比较简单，关键在于资源分配的规划。本项目在用户需求书编制阶段就开始研究探讨资源的合理分配，基于目前主流业务系统的资源需求制定初版资源规划，经过多方论证、专项审查，优化资源配置。设计联络阶段，与各业务系统就资源配置进行详细的讨论，个别系统提出资源不足的问题，经过云测试平台的测试后，验证各业务系统资源基本满足使用需求。调试阶段按照规划很快完成资源分配，1、2 号线各业务系统完成资源分配后，剩余资源较为充足，业务系统运行稳定。云平台具有易扩展、资源扩充较方便的特点，在运维过程中将持续对各系统资源使用率进行记录分析、合理调配。

(6)功能测试

完成云平台部署调试以及业务系统部署之后,需进一步展开功能测试,主要包含云平台自身的功能测试和业务系统功能测试两部分。

云平台自身的功能测试是针对后期云平台运营维护进行的,主要包含:VDC 管理、配额管理、产品管理、VDC 自运维、云网络服务、弹性云服务器、镜像服务、云硬盘服务、系统资源监控、容量管理、租户资源监控、运维可视化、线下服务、纳管车站虚拟化、裸金属资源池管理、裸金属服务器使用、云硬盘高可用服务、云服务器容灾服务等。这部分功能在测试过程中,由运营单位、维保单位人员参与共同完成,在各项验收过程中也进行了详细测试,发现的问题都进行整改复测,确保日后运维工作顺利开展。

业务系统功能测试项由业务系统主导进行。主要包含:资源确认、业务功能测试、接口功能测试、业务性能测试、稳定性测试、冗余功能测试、灾备功能测试等。这部分功能在各系统调试、综合联调、各系统验收过程中完成,云平台配合进行。过程中遇到云平台的问题由云平台进行整改,业务系统确认,最终实现功能。目前,云平台资源分配完全满足各业务系统的使用,各业务系统接口、功能测试通过率 100%,各业务系统的降级、灾备功能正常。

7. 小　　结

作为国内第一个多线路、多业务的城轨云平台项目,从设计联络开始到地铁开通初期运营仅用一年时间,成功实现项目平稳落地。过程中遇到很多困难,也获得很多支持,项目的成功来之不宜,需要总结经验,继续前行。

(1)机房建设要先行

机房建设是云平台安装调试的基础条件,又是保障云平台长期稳定运行的关键环境,必须在设备安装前完成机房建设,且应满足数据中心机房的建设标准及云平台的使用需求。如:机房装修完成、防火门安装完成,照明、气灭等房间内施工作业完成,机房具备无尘条件,双回路供电投入正式电源,UPS 系统投入使用,精密空调安装调试完成、能够提供冷源,机房模块安装完成等。一般地铁建设项目中很难按期完成数据中心机房的建设,但云平台不同于常规弱电系统,其特殊性决定了特殊的需求,所以在土建、装修阶段就应提出需求并督促相关单位提前完成。

(2)测试工作要充分

由于云平台承载业务系统较多,与各专业都有接口,其与业务系统的兼容性、匹配性及接口功能必须经过充分测试,才能确保业务系统上云部署方案可行。如果在业务系统上云部署阶段才发现方案存在问题,根本没有足够的时间调整方案,势必会导致项目延期,影响地铁建设工期。所以一定要提前进行充分的测试验证,在系统上云部署、调试前把所有方案确定好,确保现场调试过程中不再出现方案性的问题,保证工程进度和工程质量。

(3)接口界面要划清

为避免项目实施阶段由于接口界面划分不清而出现的责任不明确、推诿扯皮现象,影响项目顺利开展,必须提前划清接口界面。接口范围包含云平台集成单位与施工单位的接口、云平台与其承载业务系统的接口、云平台与建筑装修、供电、空调等的接口。云平台集成商与施工单位的接口属于系统内部接口,云平台与业务系统接口属于系统间接口,云平台与建筑装修、供电、空调的接口属于外部环境接口。用户需求书编制阶段就应考虑接口界面的划分原则,特别是系统间的接口与外部环境接口,各专业设计人员应对接口界面的划分达成一致,确保在招标阶段明确各单位的责任和义务,确保设计联络阶段有依据进一步细化接口范围和责任。设计联络阶段，各集成商、施工单位参与讨论接口界面划分，进一步明确细化已定义的接口，补充完善未定义的接口，由相关各方签署形成接口文件，作为后续项目开展的依据。

(4)实施计划要合理

云平台项目实施计划排布比较困难，土建、装修、机房交付未完成无法进场安装调试，而业务系统部署、调试工作要求云平台必须完成部署调试，另外还受到系统方案、设计图纸、设备供货、施工材料等因素的影响，必须统筹协调各方资源，科学合理排布项目实施计划。首先，要根据云平台内容和范围合理规划最短安装、调试周期，颗粒度细化到日，形成计划排布的依据。其次，根据地铁项目整体工期与各业务系统积极对接，明确各业务系统需求的最晚时间，作为云平台完成自身部署调试的关门时间。第三，倒排工期，对土建、装修及其他相关前置条件提出要求，并沟通可行性，将前置条件、自身所需时间、后续工作时间统筹安排。第四，根据需求制订设计出图计划、设备生产计划、供货计划、施工材料供货计划等，完善整个项目计划。整个计划排布过程中，须与各方充分沟通、适当调整，确保计划的合理性、全面性、可行性，同时，适当留出弹性时间，确保计划的可操作性。

(5)调试工作要全面

云平台是一个基础性质的服务平台，是为各业务系统提供资源的平台，其本身属于成熟的产品，调试工作也比较简单，且调试问题相对较少。但是，云平台应用到地铁建设工程项目中，就不再是一个普通产品，而是一个系统工程，即使云平台本身没问题，配置问题同样会影响业务系统的调试工作及正常运行。因此，云平台的调试工作要全面开展，不光调试云平台自身部署、配置，还要配合业务系统进行业务系统部署、调试，以及配合业务系统测试系统功能、性能、可靠性、冗余、降级模式、灾备功能等，确保业务系统上云后更加安全、稳定、可靠，运营维护更加便捷。

13.2.6　综合监控集成系统

1. 系统简介

轨道交通 1、2 号线一期工程综合监控集成系统由综合监控(ISCS)、环境与设备监控系统(BAS)、火灾自动报警系统(FAS)、门禁系统(ACS)、电力监控系统(PSCADA)组成。参考业内成熟的集成、互联方案，实施中对环境与设备监控系统(BAS)、火灾自动报警系统(FAS)、电力监控系统(PSCADA)进行集成，被集成系统的全部信息都由综合监控系统传输，其中央级和车站级全部功能由 ISCS 系统实现；对广播系统(PA)、视频监视系统(CCTV)、乘客信息系统(PIS)、自动售检票系统(AFC)、站台门系统(PSD)、信号系统(SIG)、门禁系统(ACS)、时钟系统(CLK)、通信集中告警系统(ALM)进行互联，被互联系统具有独立的传输网络和完善的独立运行管理功能，可完全独立运行。

(1)综合监控系统(ISCS)简介

轨道交通 1、2 号线一期工程监控系统(ISCS)由中央级综合监控系统(CISCS)、车站级综合监控系统(SISCS)、主干网络(MBN)、网络管理系统(NMS)、培训管理系统(TMS)、软件测试平台(STP)、设备维修管理系统(DMS)等组成。系统采用两级管理(中央级和车站级)，三级控制(中央级、车站级和现场级)分层结构，集成电调、环调、维调和总调的监视控制功能。依托呼和浩特市城市轨道交通云平台的资源整合优势，我们开拓创新地调整了综合监控系统架构，在国内首次采用线网级平台、扁平化架构的综合监控系统(见图 13-2-41)。

①在国内首次采用线网级平台

a. ISCS 系统在云平台应用，采用云技术与组态技术相结合的方案，采用虚拟化技术实现远程操作功能。

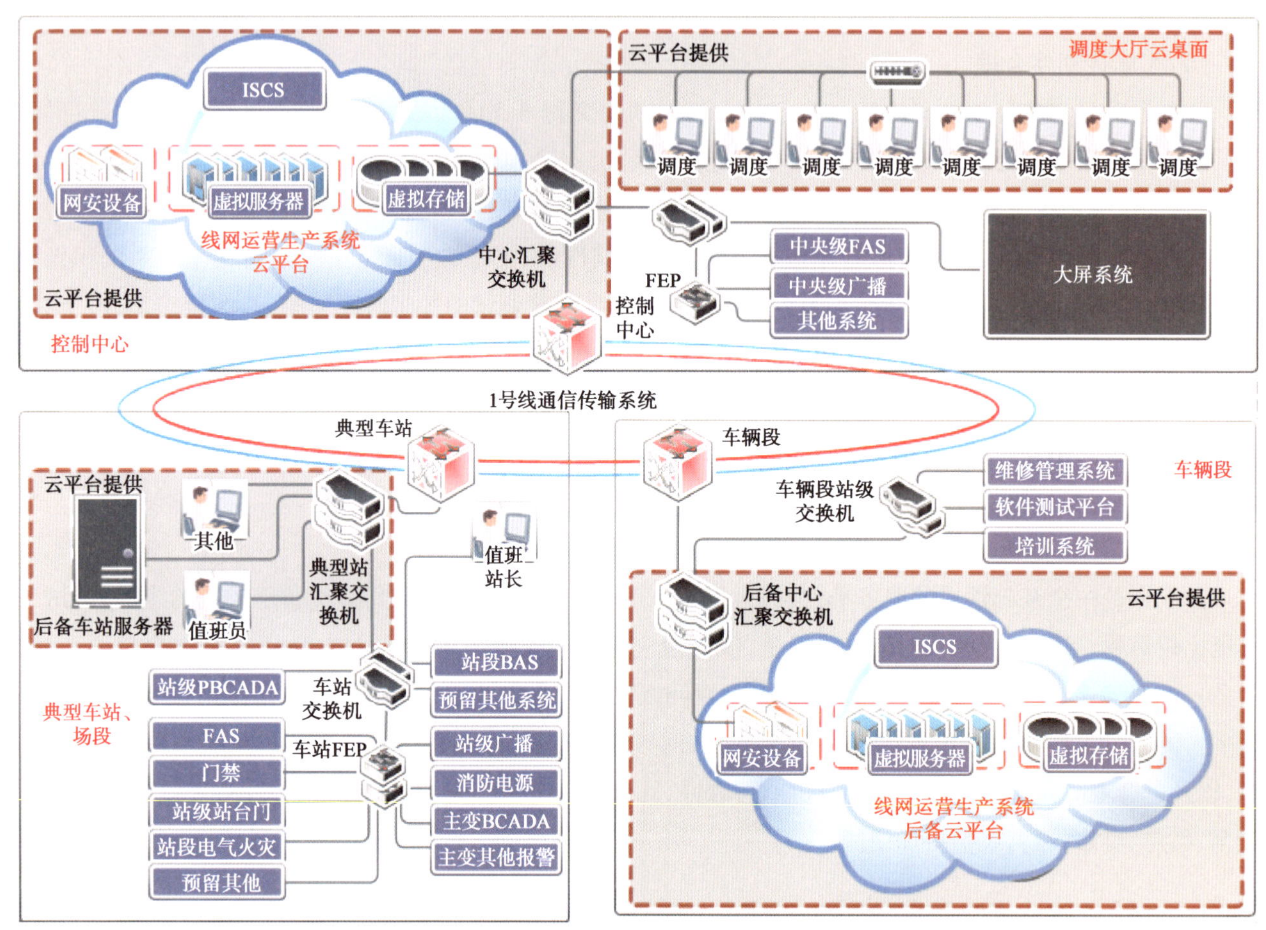

图 13-2-41 呼和浩特市城市轨道交通基于云平台的综合监控系统架构示意图

b. ISCS 系统引入云技术既提高了系统的智能化程度，又提高了系统的可控性，为地铁系统的稳定安全运行提供更好的保障。

②扁平化架构的综合监控系统

ISCS 系统采用扁平化部署方案，与传统 ISCS 系统相比，减少了服务器数量，降低了维护难度和维护成本，消除了扩容瓶颈。实现了按线路调度和按专业调度兼顾的功能，同时也实现了优化系统资源、提升系统管理能力的目的。为实现系统两级管理、三级控制提供了更有力的技术支撑。

(2)环境与设备监控系统(BAS)简介

轨道交通 1、2 号线一期工程环境与设备监控系统(BAS)由 ISCS 系统深度集成。负责全线正常、阻塞、火灾工况下机电设备的运行状态监视控制管理和数据采集等工作，如通风空调系统、风冷冷水系统、给排水系统、照明系统、扶梯系统(自动扶梯、电梯)等设备的状态。

BAS 系统实行中心级、车站级两级管理，实行中心级、车站级、就地级三级控制方式。鉴于车站内被控设备较多，BAS 选用以太网方式组网方案(单环网)，相比传统的双总线式组网方案而言，可支持节点数更多，传输速度更快，抗干扰性更强，通信协议也更加开放；相比传统的三环网式组网方案而言，在单环网方案下一个网络任意的节点接入，可以扫描到该网络上的任意节点，大大方便了后期的维护。

(3)火灾自动报警系统(FAS)简介

轨道交通1、2号线一期工程火灾自动报警系统(FAS)按中央、车站两级调度管理,中央、车站、就地三级监控的方式设置,负责实现火灾探测、向车站控制室及线路运营控制中心发出火灾警报、报告火灾区域,与ISCS系统、BAS系统配合或独立实现消防设备的联动控制。

FAS系统采用光纤组网的方式同时依托于传输网络的物理链路,在保证FAS系统独立组网不受传输系统限制的同时增加了系统可靠运行,减少了传输系统交换机的故障点,便于维护和二期后期扩容。其应用优势在于当光纤网络发生一个开路点时,网络可反方向路由通讯,不影响整个网络的正常通信。当发生2个或2个以上开路点时,其与中心级火灾报警控制器保持连接的网段仍与中心级主机共存于对等网络中,并保持正常通信,接受中心级主机的统一管理和资源调配。而脱离与中心级火灾报警控制器连接的网段,其会自动重生成子网络。

(4)门禁系统(ACS)简介

轨道交通1、2号线一期工程门禁系统(ACS)总体上采用线网级、车站级(含就地级)网络结构(见图13-2-42)。在沿线各车站、车辆段内各自组成车站级ACS系统,进行本区域的门禁管理,各站、段的终端与ISCS系统合设,实现ACS系统车站级的管理、监控功能;在控制中心设置线网级ACS系统,对各线路区域ACS系统进行集中管理,实现ACS系统全线网设备的控制和所有区域的数据采集、统计功能以及管理、授权等功能。线网级ACS系统具备全市线网规划的各条线路接入条件,由2号线ACS系统搭建。

ACS系统在车站、车辆段、控制中心通过与ISCS系统互联,向ISCS系统提供ACS系统工作状态的数据信息。车站级ACS通过云平台系统提供的网络与线路通信服务系统联网,建立基于IP网络的双向数据通道。线网级ACS系统承载于云平台,涵盖各站点的门禁管理数据与事件数据,并可完成数据查看、修改、报表制作,在线网级的ACS系统管理云终端可以查看和控制各线路、站点的ACS系统。负责对全线网ACS系统的统一授权。

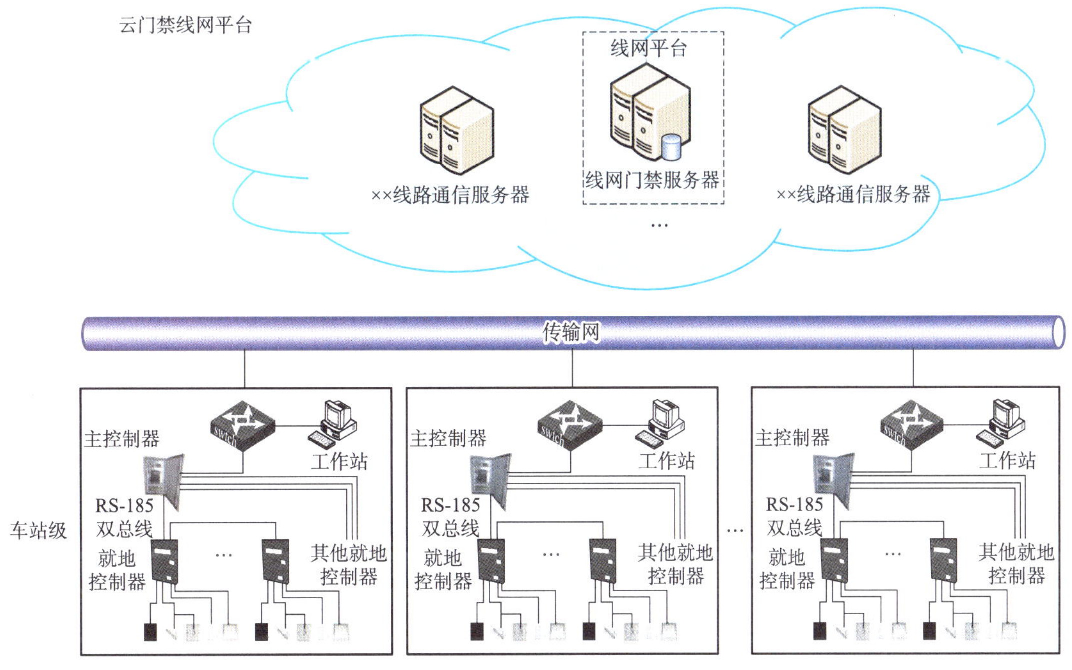

图13-2-42　呼和浩特市城市轨道交通线网门禁系统架构示意图

(5)电力监控系统(PSCADA)简介

轨道交通 1、2 号线一期工程电力监控系统(PSCADA)由 ISCS 系统通过网络把各变电所自动化系统集成起来,完成中心、车站监控功能。ISCS 系统与各变电所综合自动化系统共同构成全线完整的电力远程监控系统,完成对全线开闭所、牵引降压混合变电所和降压变电所内的 35 kV 开关柜、1 500 V 开关柜、400 V 开关柜、牵引变压器、配电变压器、交直流电源屏等供电设备的实时监控管理,指挥供电设施的检修调度及事故情况下的抢修调度工作,保证全线的安全可靠供电。

PSCADA 系统实行中心级、车站两级管理,中心级、车站级和就地级三级控制方式。除了设备的就地操作以外,中心级和车站级监控的重心有所不同,即 PSCADA 系统的监控重心在控制中心,车站控制室保留对供电设备的控制功能但重点是监视;对所控设备,中心级和车站级控制室遥控是互斥关系,即中心和车站不可同时对受控设备进行遥控操作。中心级和车站级通过控制权限管理机制实现控制权管理,即在中心级控制方式下,车站级不能对变电所设备进行控制;反之中心级不能对变电所设备进行控制。

PSCADA 系统在实施过程中由供电系统统一组织调度,具体内容在供电系统章节呈现。

2. 前期工作

城市轨道交通 1、2 号线一期工程综合监控集成系统调试按照本系统监控功能的特点分为两部分,即单系统调试和接口调试。单系统调试主要是对自身各子系统的运行、功能正常的验证,接口调试主要是综合监控系统及各子系统与各接口系统间监控功能是否正常运行的验证。其中,接口调试包含范围广泛、涉及接口多,且前期调试的质量直接影响最终功能的稳定实现,所以是综合监控集成系统调试的重点工作。针对这一问题,在前期的设计联络、设备生产、供货、安装等多环节,以接口的准确性和设备的可靠性为抓手,进行了重点部署。这些环节的工作对于调试而言是关键性的。

(1)设计联络

在设计阶段,根据设计进程和工程进度的要求,需要召开相应的设计联络会议。设计联络的目的是工程参与各方交流设计思想、澄清技术问题、确定技术方案。城市轨道交通 1、2 号线一期工程综合监控集成系统的设计联络共分三个阶段,先后组织建设管理公司、运营、监理、设计、设计咨询、集成商、接口设备供应商、施工等相关单位对系统组成方案、接口、设备技术参数、制造工艺和标准、功能、图纸、安装、调试、培训等内容进行了全面细致的讨论及确定(见图 13-2-43)。

图 13-2-43 城市轨道交通 1、2 号线综合监控集成系统第三次设计联络会

依托于设计联络这一重要环节，在保障接口准确性方面，将接口洽谈单独进行安排，会同各专业负责人统筹组织各接口厂家和各参建单位配合。大方向上，从综合监控集成系统的构成出发，结合轨道交通 1、2 号线一期工程特色，在设计联络会前组织接口类型梳理会，重点梳理 1、2 号线 ISCS 系统的接口类别及其调试要点，打好接口洽谈的基础。在细节上，充分考虑到接口设备的特性，对 87 个接口设备的功能如何实现在前期资料审核及准备、洽谈方向及内容、会序规划等方面做了大量组织及确认工作，最后与会共同制定接口会签文件，审定接口测试大纲，打响打亮接口功能验证的第一枪。

在设备的可靠性方面，由建设管理公司、运营、监理、设计、设计咨询、集成商、接口设备供应商、施工等相关单位共同审定了系统内设备的配置、技术参数是否满足要求、安装设计图纸（机柜、机架布置图、主要设备安装方式图等）、安装要求、制造标准（包括工艺、结构形式配置方案）以及系统功能，共同签署形成优化后的技术规格书，为后期设备制造、安装奠定了基础。

在设计联络期间，除制定准确的接口协议和符合要求的设备标准外，还对很多实际应用方面的内容进行了补充和确定，这部分工作不仅融合了呼和浩特市地铁的规划需求，还充分考虑了后期运营人员的使用习惯和便利性，我们积极地组织运营公司完善这方面工作，力求避免运营使用中的“尴尬”与返工。例如积极响应呼市地铁 IP 地址整体规划布局工作，制定本系统的 IP 地址需求；为增加系统运行可靠性，减少传输系统交换机的故障点，方便后期维护和扩容，将 FAS 系统传输组网方式调整为独立光纤组网且依托于传输网络的物理链路方式；基于后期运营公司的统一管理，规范了系统内所有箱柜 LOGO 和铭牌的格式、样式；呼和浩特市轨道交通在控制中心设置有综合网管室，即通信、综合监控等业务系统线路级网络管理的集中区域，考虑到桌椅统一样式会大大提高室内美观度和工作人员的工作情绪，专题组织 1、2 号线相关厂家统一了桌椅样式；为便于后期运营人员操作使用，组织运营公司及相关单位共同优化了控制中心调度台各专业显示器、设备的摆放顺序，采用切屏设备整合了车控室部分显示器、优化了摆放顺序，同时从使用角度上优化了一体化功能柜柜内的布置。后不塔气站一体化车控室布置效果见图 13-2-44。

图 13-2-44　后不塔气站一体化车控室布置效果图

（2）设备供货

轨道交通 1、2 号线一期工程综合监控集成系统设备种类众多，并且承担了综合联调的主要工作任务。保障了货物供应才能保证施工、调试按时有序进行，保障了自身系统的按时调试也就能为综合联调的开展打下基础，组织其货物按时到位是关键的实操任务。所以，集成商与设备供应商的二级合同签订、图纸深化、生产周期、运输时间、仓储条件、现场安装条件等都是供货组织工作中的细节和要点。统筹协调、化解矛盾、使其满足项目需求是关键。

①制订合理的供货计划

在设计联络阶段便提前组织监理、设计、集成商、施工等相关单位召开会议共同商讨供货需求及计划，综合考虑生产、运输等各方面时间需求和意见后，按照地标规范列出详细的供货计划，组织施工单位填报供货需求计划表，四方签字备案生效，作为日后推动设备供货的依据。

综合监控集成系统在制定供货计划时充分考虑供需条件，结合施工计划（含机房移交计划）和仓库、车站各阶段的接货、存货现实条件的预估，基本上将设备分两类和四个批次，即设备房间内设备和末端设备两类以及第一、二、三批机房移交车站设备和末端设备四批次，并实行动态把控，灵活调整。

②严格落实供货计划

制订了合理的供货计划之后，关键在于落实。所以，在货物到场之前的各个关键环节便是确保货物按时到达的有效抓手。例如，按照节点工期将生产周期（含生产准备时间）、运输时间计算后进行倒排，那么集成商与设备供应商的二级合同签订时间将必须在倒排出的生产开始时间之前，在通过对二级合同的审查能够发现其设备的生产能否按计划开始，是否需要赶工。

行之有效的管理是落实计划的必要手段，严格按照合同、管理办法对供货进行管理，既公平又公正。特别注意的是，集成商与设备供应商的二级合同签订及保障按时供货与建设方付款快慢有直接关系，所以在1、2号线建设期间，资金保障一直做在前面，为厂家按时供货提供了先决条件。

③严格把控设备生产质量

在首件设备生产完成后，按照《机电设备样机验收、工厂验收管理办法》，牵头监理单位组织各相关单位进行出厂验收。在验收过程中，按照合同要求严格把控设备质量，提出整改意见，确保设备生产工艺、质量符合要求。另外，一部分设备属于定制化产品，在要求质量的同时其实用性也很重要。例如，在进行一体化车控室设备厂验时，对临窗工作台面高度是否符合使用需求进行现场试验，对原定高度（较低）存在的不舒适感进行调整。再例如，增加了IBP盘上部用网孔板封顶的要求，既增加了美观度又不影响检修区散热（见图13-2-45）。

在厂验期间确定好具体标准后，可根据生产情况和现场需求情况判断是否需要加急生产。验收后严格审查整改回复资料，每周盯控生产进度、协调处理相关问题。同时，提前落实仓储条件，督促现场设备房间按计划移交，保障设备按计划完成供货后的良好仓储、安装条件。

图13-2-45　后不塔气站IBP盘通顶布置效果图

④规范组织设备到货验收

在批次设备生产完成供货后，第一时间组织监理单位开展开箱验收工作，对设备型号、数量、质量是否符合要求再次检查。针对现场环境不具备开箱验收的，会签到货检查记录表后按照管理办法要求再另行约定时间进行。在管理过程中，要求开箱验收必须落实四方会签制度，即建管方、监理方、供货方、施工方，开箱移交后的设备管理权转交给施工单位，落实四方会签有效避免了后期设备问题的扯皮发生。例如在 1 号线呼和浩特东站 ISCS 工作站显示器安装时发现显示器损坏，因开箱验收时已检查过设备的完好情况，留有会签资料，所以此类问题有依有据责任明确，不会相互推诿。

(3)设备安装

轨道交通 1、2 号线一期工程综合监控集成系统主要有 BAS、FAS、ACS、PSCADA、IBP 盘、大屏幕、调度台等子系统及专业组成。设备安装主要分为机柜安装、重要设备安装(工作站、温湿度传感器等)、放线成端等。

ISCS 系统：网络柜、配电柜、各工作站、各打印机、各交换机等(见图 13-2-46)。

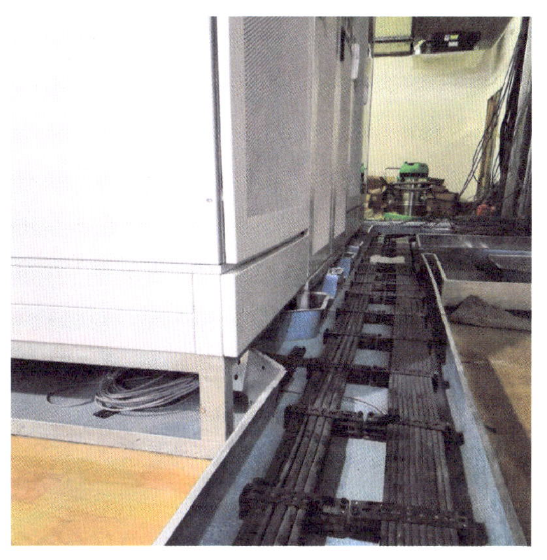

图 13-2-46 安装盖板后的 ISCS 机柜

BAS 系统：PLC 控制柜、BAS 远程模块箱、各类传感器等。

FAS 系统：气灭主机、FAS 主机、烟感、温感、消报、手报、声光报警、感温光纤、感温电缆、消防电话等。

ACS 系统：机柜(含主控制器)、交换机、就地控制箱、单/双门磁力锁、读卡器、出门按钮、紧急出门按钮等。

PSCADA 系统：控制信号盘等。

IBP 盘：盘面、台面、功能柜及相应装修。

大屏幕：DLP 显示屏、处理器、机柜等。

调度台：台面及相应装修等。

针对综合监控系统设备种类多，安装要求不统一的情况，在技术交底、施工督导等流程中我们采取了首件定标、专题突破等方法推进，在施工质量、工艺和成品保护上起到了积极的效果。多环节的管控有效加强了设备可靠性。

①技术交底

组织设计院牵头运营、监理、设计咨询、施工、集成商及相关厂家进行技术交底。交底内容包含图纸、设备尺寸、底座尺寸(考虑承重)、设备重量、安装方式(进线方式)、安装位置、接线方式、成品保护、吊装仓储及其他注意事项等，通过技术交底，提前统一标准、规避问题，大大提高了施工效率。例如，ACS 系统门锁的安装，1、2 号线统一采用 500 kg 电磁锁，但对于少部分非生产区域的木门和窄门框门不适用于已定的安装方案，这部分内容提前在技术交底时列为专项议程进行讨论，制订了针对性的加固安装方案，并及时组织厂家定制加固件供货安装，减少了施工阶段问题，提高了施工效率。

②安装督导

设备开始安装时，由施工单位提前一周约定设备厂家进行安装督导。综合监控集成系统采用首件定标与专题督导的方式，组织运营、监理、设计、设计咨询、集成商、施工单位选取施工进度较快、环境较好的车站对综合监控集成系统内关键、通用的设备进行定标工作，解决安装矛盾、统一标准后其余车站参照执行。对系统内的其他定制类设备则组织监理牵头集成商、施工单位进行专项督导。例如，2 号线 BAS 系统 PLC 控制柜布置于环控电控室，安装标准定为与环控柜以柜门在同一水平面并柜，但 PLC 控制柜底有 200 mm 高的底座与其柜门不在一个水平面上，而环控柜不存在底座，这样就导致 200 mm 高的底座呈凹型，考虑到外观效果，组织集成商定制专用盖板安装，将底座补充平齐，而弱电综合设备室内也同样存在类似问题，进行统一参照解决。

③成品保护

设备安装完成后，组织施工单位根据技术交底和成品保护注意事项对设备进行防护，例如进行防护布加盖、成品保护标识张贴、临时门窗安装及上锁、交叉施工禁止踩踏作业等管控措施，统一责成监理定期盯控，严格要求施工单位落实。

3. 系统调试

(1)系统测试

轨道交通 1、2 号线一期工程综合监控集成系统测试，即软件测试的进一步延续(从软件开发到工程组态再到工程应用)，既是系统软硬件功能、性能协调性的综合测试，也是系统内部接口功能、性能的验证测试，是正式调试前提前发现问题、节省调试时间、确保调试质量的重要环节。呼和浩特市城市轨道交通综合监控集成系统测试主要分为系统自测、接口测试，与云平台的测试三方面。在设计联络阶段已组织运营、设计、监理、集成商对测试方案、大纲、标准以及测试计划、测试预期是否满足要求等内容进行了详细审核，并规定接口测试必须使用本项目设备在项目部、实验室或双方工厂进行测试，规范了测试流程。

根据接口类型，我们将系统测试划分为三类实施，即 ISCS 与云平台、ISCS 与 BAS、FAS、PSCADA 自身、集成系统与各接口三类。在测试过程中我们重点对 ISCS 系统在云平台上的功能、性能、兼容性、降级功能、灾备功能的实现进行验证；考虑到与其他云平台承载系统的接口架构与传统不同，为避免后期调试出现问题，利用云平台在中国移动云计算中心进行承载测试的机会，组织各相关单位在云端将 ISCS 系统与 ATS、AFC、PIS、ACS、ALM 等各上云业务系统进行了协议、通信、点对点、端到端、功能、性能等接口测试，极大缩短了测试环节的用时。

因 2 号线工程晚于 1 号线启动，考虑到门禁系统线网功能的正常使用，我们专题组织施工单位、集成商制定任务，要求门禁系统线网平台与 1 号线门禁系统同期启用，并将工作进行分解，分步盯控推进。在测试期间，组织运营、监理、设计、设计咨询、集成商专题召开了线网级门禁系统软件验收会，特别对线网与线路级接口的功能实现进行了测试与验收。

(2)单机单系统调试

轨道交通 1、2 号线一期工程综合监控集成系统单机单系统调试主要包括 ISCS 系统及其各子系统对自身设备的配置、硬件运行的稳定性、软件开发的完整性进行的现场验证。在调试前，组织监理、施工单位、集成商根据工程进度制订调试计划，组织集成商牵头各子系统供应商总体推进。1、2 号线综合监控集成系统单机单系统调试时因开展较早，现场不具备正式电，故采用临时电开展调试，为保障临时电的稳定和调试按计划推进，我们组织施工单位为现场配置了调试用 UPS，针对性的结合现场施工情况，错开用电高峰，有时利用晚上下班时间进行调试，确保了设备在调试阶段的安全和调试的稳步推进。

综合监控集成系统单机单系统调试由集成商牵头各供应商实施，为有效把控调试进度和调试质量，我们组织监理、设计单位不定期进行检查，邀请运营单位全程参与见证，重点对其调试记录进行检查，及时协调过程中的问题。在调试过程中，存在因产品特性不同而调整调试方案的情况，例如 2 号线 FAS 终端设备的特点是现场录入地址条形码，这种情况下设备安装完成后还需施工单位提供准确的地址条形码才能开发软件进行调试，所以针对这种情况，我们组织各相关单位及时召开 FAS 调试推进专题会，分解前置事项，制订详细的调试计划，按照各站施工进度穿插排布，将安装和调试有机结合，使各站、各项工序有效的衔接在一起，积极保障了调试的有序进行。

再以 ISCS 系统单调举例，ISCS 系统采用扁平化架构，就传统 ISCS 系统数据交换方式而言，是通过云端对中心规划若干对冗余的实时服务器，车站及中心工作站数据均来源于这若干对区域服务器，以几个站点共用一对区域服务器的方式实现，不再区分中央服务器和车站服务器，也不存在服务器车站级到中央级的数据交换。针对扁平化架构下的调试，我们会同设计院、设计咨询、监理、运营单位共同召开专题会议，对区别于传统架构下的调试重难点、注意事项和预期效果能否实现做了深入讨论和分析，调试过程中积极调配调试资源进行，保障 ISCS 系统扁平化架构功能顺利实现。

ISCS 系统承载于云平台，基于云平台的单系统调试可以说是一个新章节，也是 ISCS 系统调试中的重难点。我们按照系统内物理设备将综合监控单调划分为云内设备与云外设备。

①云内设备调试：服务器及调度工作站均由云平台提供，所以 ISCS 单系统调试是在云平台根据 ISCS 系统提供提资表完成虚拟机分配后开始的（这里的虚拟机操作系统由综合监控专业提供）。单系统调试开始时，先在一台云平台客户端上登陆中心任意一个 ISCS 系统云桌面。进入云桌面后，通过远程桌面的方式登录其他所有云桌面和虚拟服务器，确保所有机器的计算机名和网络设置正常（调试前期网络设置问题较多，需与云平台专业多次检查，确保设备之间网络满足互联关系表）。然后根据 ISCS 系统软件环境要求配置操作系统，安装 ISCS 系统软件并使软件正常运行。

②云外设备调试：云外设备主要有交换机和 FEP，在确保 ISCS 配电柜具备正式电、柜内接线完成后开始单系统调试。设备送电前需用万用表测试各空开输入输出电压正常，设备送电运行正常时用便携式计算机连接交换机和 FEP，根据 ISCS 系统所需要求完成配置。需要注意的是交换机的配置，ISCS 系统骨干网是通过综合监控系统交换机以光纤形式接入站内云平台汇聚交换机实现的，配置完交换机后需确保双方交换机网络正常，各车站与中心网络正常。

（3）接口调试

轨道交通 1、2 号线一期工程综合监控集成系统接口调试主要是 ISCS 系统本身及各子系统与各接口系统间监控功能是否正常运行的验证。综合监控集成系统集成和互联的专业众多，具有强大的开放性和扩展性，这是优点，也是难点。监控系统集成系统的综合性决定了该系统与其他子系统的接口众多，且各接口之间的通信协议以及接口设备的施工进度不尽相同，使得综合监控集成系统于各系统之间的调试周期千差万别。同时，综合监控集成系统的调试涉及多专业的接口协调配合，在调试过程中，相关专业的少量变更都会造成综合监控系统的大量变更，从而影响项目调试的进度及质量。调试难度因实际情况时有加大。可见，接口调试是一项非常复杂而且耗时较长的工作。

①接口分类

综合监控集成系统接口从种类上分为与 ISCS 系统的接口、与 BAS 系统的接口、与 FAS 系统的接口、与 ACS 系统的接口、与 PSCADA 系统的接口（如 ISCS 与站台门、BAS 与风机风阀、FAS 与应急照明电源装置、线网门禁与线路门禁、PSCADA 与供电等)。从接口功能上分,则为系统设备接口(如通信、AFC、供电设备等)与常规设备接口(如风、水、照明设备等)。从物理界面上又分云内、外接口(指上云的 ISCS 系统)。

云内接口:由虚拟 FEP 与其他系统云内通信设备实现,主要有视频监视系统(CCTV)、乘客信息系统(PIS)、自动售检票系统(AFC)、信号系统(SIG)、通信集中告警系统(ALM)、能源管理系统(EMS)等。

云外接口:由车站物理 FEP 与其他系统通信设备实现,主要有环境与设备监控系统(BAS)、火灾自动报警系统(FAS)、电力监控系统(PSCADA)、广播系统(PA)、站台门系统(PSD)、门禁系统(ACS)、时钟系统(CLK)、感温光纤系统(TFDS)、消防电源系统(XFD)、电气火灾系统(DQHZ)等。

②调试的组织与实施

轨道交通 1、2 号线一期工程综合监控集成系统调试的整体思路是"样板先行"、"由小到大",充分利用样板站良好的工程条件进行调试定标和问题梳理总结,提前统一全线调试思路,同时也规避了很多共性问题。在调试初期,我们组织监理、施工单位、设备集成商编制了全面的调试方案,再根据其他各专业节点计划、现场进度,将综合监控集成系统与各专业接口的调试计划进行分劈,且在过程中动态调整。

在接口调试过程中我们摸索了一些好的方式方法,例如成立调试工作组,制定调试管理要求,明确由综合监控集成系统集成商为接口调试总调度单位,行使调度职责,建管、监理、设计单位为总体协调单位,全面协调调试资源,确定各接口专业负责人并纳入调试组,邀请运营单位见证,组建调试微信群进行调度、沟通和日报上传、每日消缺跟踪,监理单位每日跟进进度质量。另外还会同综合联调单位共同印发系统调试功能验证记录表,从标准上划定要求和范围。这些措施我们在调试初期建立起来,明确了责任主体,制定了管控措施、建立了信息共享机制,使各参与方在规范工作的基础上形成了良好的工作习惯,行之有效地促进了接口调试进程。

调试开始后,按计划进行和保证调试质量是过程中的重中之重。在线上依托调试微信群及时掌控现场调试情况,在线下则不定时组织运营、设计、监理单位进行检查,针对各种变化及时研究应对方案,特别是 1、2 号线各系统中涉及的创新方案,更是将其列为除进度与质量外的调试重点关注内容。例如 BAS 系统与站台门系统可调风阀的接口调试,站台门可调风阀行业内案例很少,又因需求定制不同,参考经验有限,所以在这个阶段便对可调风阀参与消防联动所涉及的调试进行了重点关注,确保后期消防联动的顺利进行。

我们虽然在调试前和过程中做了充足的准备工作,但是很多问题仍然难以避免,需要及时协调解决。例如 BAS 系统与水泵的接口,加水计划晚于综合监控集成系统调试计划,为保证调试的完整性,我们协调各管理单位配合水泵厂家提前完成点控调试,在没水的情况下完成了功能验证;还有遇到 ISCS 系统接口调试通讯不通情况,ISCS 系统的接口主要为网络接口,通信不通可能是网线头压制时的线序错误或松动,也有可能是双方通信协议或设备的问题,这类问题我们首先明确了牵头负责人,再结合已有信息讨论出初步解决方案后进行排查解决,及时盯控消缺。

(4)综合联调

轨道交通 1、2 号线一期工程综合监控集成系统与各接口设备的模式验证是综合联调的重要组成内容,为保障综合联调按时开展,确保工期不受影响,我们按照综合联调的时间计划和前置条件要求,严格把控综合监控集成系统各专业的施工、调试进度及质量,以确保联调按期顺利开展。在综合联调过程中,更是要求本系统的相关人员提高站位、加强认识,组织集成商及各子系统负责人积极配合联调工作。一是按时参加联调例会,会后立即组织召开专题会议,落实联调相关问题,制定明确责任人和完成节点,布置下一步工作计划,做到及时消缺;二是及时处理现场发现的问题,现场联调发现的问题都必须认真对待,特别是一些细节问题,更不能掉以轻心,做到不忽视、不遗漏。例如防寒卷帘在执行 BAS 系统联动模式时,其开关到位的时间超过了 1 min,超出 BAS 系统模式执行结果的判断时间,导致模式执行失败。针对这一问题,我们及时组织相关单位对解决方案进行研究,最终以不违背规范的前提下将判断时间调到了 3 min;三是积极响应综合联调相关的验收工作,提前做好准备工作,例如第三方消防检测、消防验收、运营组织的其他验收等工作的配合与及时组织落实。

4. 调试总结

作为承载于国内第一个多线路、多业务的城轨云平台项目,我们大胆地尝试综合监控新的系统架构、建设模式,通过一遍遍的整改,一步步地调整,经过一年多的努力,在各方的帮助支持下,最终完成了基于创新基础上的再创新。时间短、任务重,可以说过程是艰难的,但结果是喜人的。

(1)前期工作做扎实

设计联络阶段的接口洽谈和测试阶段的测试工作一定要谈全面、做扎实。呼和浩特市城市轨道交通 1、2 号线一期工程综合监控集成系统虽然在设计联络阶段做了大量的接口确认工作,但在调试时仍然发现了一些未考虑详尽的接口问题,而这些问题恰好在测试过程中未凸显。可见,接口洽谈是基础性的,而且和测试、调试是环环推进关系,所以在设计联络阶段要把所有功能需求细化,特别是接口洽谈一定要全面,明确接口内容、界面、方式,对于 BAS、FAS 接口点位相对较少且能够提前确定的,必须明确详细接口点表,并签订接口文件。

(2)接口测试要到位

由于综合监控集成系统接口众多,与各接口系统的功能实现要提前进行测试,而且要进行充分测试,在系统调试前就把所有方案确定好,确保调试过程中不出现大的问题,确保工程质量和进度。一是要计划合理,要求测试工作符合项目整体计划要求,在现场安装调试前必须完成测试,确保设备到现场后一次到位不用返工,有些批量生产的设备要求在样机生产完毕立即组织接口测试,避免有问题后大批量返工修改。二是要覆盖全面,将所有接口测试都有计划地布置下去,对接口内的各项内容都要进行测试,定期或不定期组织检查测试推进情况和测试工作质量。三是测试要完整,按照项目要求、接口规定,测试设备是否齐全、测试文件是否规范、测试记录是否完整、测试方法是否合理、测试结果是否满足要求,在测试环节的最后都要对这些内容进行检查,不符合要求或者未到位的要严格进行整改。

(3)调试过程要规范

综合监控正式的调试工作内容庞杂,工作量大,周期长,所以调试过程一定要按要求、按标准进行,养成规范的调试习惯,这样能有效避免失误和返工。例如流程上要参照已有办法、标准、方案去执行,坚决避免天马行空的调试节奏,调试上有计划变动的也要通过大家群策群力去调整方案,还有前面提到的要求调试厂家按照建设单位与综合联调单位联合印发系统测试功能验证表划定的框架开展调试,组建调试组等规范化的管理措施。

(4)严格进行各阶段的验收

在工程推进过程中,各阶段的验收工作是对工程各环节成果的检验,也是作为建设单位验证施工是否满足要求的重要手段。地铁建设作为一项浩大的民生工程,其质量的好坏不仅体现在老百姓的使用体验上,更是体现在建设者的使命与担当上,所以各阶段的验收是我们履职尽责、确保工程质量的重要环节,必须受到高度的重视。针对综合监控集成系统各阶段的验收工作,需要注意的是其组织策划的合理性和在验收检查过程中的系统性,以及验收后对问题的整改追溯。验收的组织策划关系着整个验收过程是否顺畅、分工是否合理、资源是否得到充分调配,而验收的过程则需要参验者们在验收主持人员的组织下将应验的内容严要求无遗漏的完成,对于发现的问题整改也要进行追溯消缺,切忌虎头蛇尾。总的来说,验收环节是对整个系统从用户需求书的编制到系统测试完成正式使用前的全程工作检验,是对施工单位、设备厂家工作的检验,更是对建设管理单位管理能力的检验。

13.2.7 整合 UPS 系统

1. 整合 UPS 系统简介

呼和浩特市城市轨道交通 1、2 号线一期工程车站整合 UPS 将弱电系统分为两组,专用通信系统、信号系统、FAS 系统、BAS 系统为一级特别重要负荷,采用两台 UPS 并机、均分电池的方式进行供电,UPS 系统设分时下电装置(信号系统除外),保证各 UPS 系统不同的用电时长需求;综合监控系统、公安通信系统(车站)、自动售检票系统为一级非特别重要负荷,采用单台 UPS 供电,UPS 系统设分时下电装置,保证各 UPS 系统不同的用电时长需求。

控制中心云平台整合 UPS 系统包括三台 400 kV · A UPS 并机,三路交流市电供电,提供控制中心云平台负载供电。

控制中心弱电整合 UPS 系统包括两台 400 kV · A UPS 并机,两路交流市电供电,提供控制中心 1、2 号线弱电负载供电。

车辆段灾备中心整合 UPS 系统包括三台 200 kV · A UPS 并机,两路交流市电供电,提供灾备中心负载供电。

2. 调试过程

整合 UPS 系统于 2019 年 4 月逐步进场开始安装调试,在项目实施过程中面临较多疑难问题。首先,由于 UPS 主机重量、体积较大、在车站吊装过程中存在搬运通道狭窄、搬运难度大的问题。物资设备部组织监理单位、施工单位及集成商逐站排查现场情况,并于现场组织会议,确定搬运方案,形成集成商负责、施工单位配合、监理单位现场监督管理的体制,并编制搬运方案上报物资设备部审核,保证了所有设备安全搬运至设备机房。其次,是面临工期时间紧、调试工作任务重的情况。物资设备部组织集成商、施工单位召开多次会议,针对设备供货、安装及调试计划进行工期倒排,合理规划工期时间。并于 2019 年 7 月 16 日完成全线整合 UPS 系统送电工作,有力保证了动车调试及联调联试工作的开展。

在保障送电工作顺利完成的情况下,为安全保障各系统调试过程中用电安全,物资设备部提前组织集成商完成电源网管系统调试工作,电源网管系统调试完成后,可实现对全线电源系统监控,监控范围可细化至每一节电池的温度、内阻及电压等,对有问题的设备可做到有据可循,极大保证了各系统联调联试工作的顺利平稳开展。

3. 后期运维

建设之初,提出 UPS 系统整合方案,一方面降低了建设投资,另外更为重要的是便于后期运营维护。以往其他城市未采用整合 UPS 系统方案,各系统单独设立 UPS 电源系统,后期运维过程中,由于各弱电系统维护人员仅针对本专业设备进行细致维护,对 UPS 电源设备维护会造成失修、漏修等情况,进而造成电池漏液、UPS 主机失电等事故发生。因而,进行 UPS 整合,后期运营配备专业维护人员,对设备进行专业维修维护,也能更好地保障各受电系统后备电源的长期稳定。

13.2.8 自动售检票系统调试管理

1. 自动售检票系统简介

呼和浩特市城市轨道交通 1、2 号线一期工程自动售检票系统(以下简称"AFC 系统")采用云技术构建,包括中心层(含清分中心系统、多线路控制中心系统,以下简称"MLC")、车站终端设备和车票三层架构体系,单独设置后备车站计算机系统。其中清分中心系统完成整个线网的全局性管理功能,多线路中心完成呼市各条线的数据采集和集中管理功能并向清分中心上传数据,车站计算机系统为车站终端无法连接至多线路中心系统时提供孤岛运行模式。

本工程线网 AFC 系统采用非接触式 IC 卡自动售检票系统,计程、计时票价制,封闭式票务管理,集中控制、统一票务管理的模式,控制级系统分为中央级、车站级(离线模式)和终端设备级。

2. 自动售检票系统单机调试记录

AFC 系统单机调试,需要每个站每台终端设备做好调试记录。

(1)AGM 单机调试记录表(见表 13-2-4)

表 13-2-4　AGM 单机调试记录表

检测内容		检测要求	检测结果	备　注
设备检查	设备外观	设备外观整机安装牢固,无晃动		
		设备外现不锈钢机壳外表面光亮,平整,无划痕等明显缺陷		
	设备内部	设备内部线缆无破损松脱,线芯无裸露,接插件安装牢固		
		设备内部各模块固定紧圊		
	设备安装检查	进出站顶盖,可方便地掀开和闭合,到位时有明显的到位感觉,并锁定		
		维修门各边缝隙均匀,周边没有卡死处		
		锁定可靠,能灵活开关。开启至少 120°并保持这种状态		
功能测试	设备上电	上电开机启动正常		
	主控单元	ECU 各功能实现正常		
	方向指示器	正常显示,无坏点		
	乘客显示器	显示颜色,亮度正常 显示器目测无坏点		
	单程票回收模块	票卡分别回收到回收票箱、废票箱		
	二维码扫码模块	二维码识别速度满足技术要求		
	传感器	感器显示工常		
	乘客通行监控单元	能根据不同的运营要求,提供相应处理方式		
	摆门	打开、关闭的动作平滑、稳定,无振动和异响		
		关闭摆门时对称		
		测试时摆门开合正常		
	维护键盘	显示的按键信息正确		
	读写器	进站读写器重置成功		
		出站读写器重置成功		
	设备声音测试	选择相应的语音文件,发音正确		
	授权指示灯测试	授权指示灯发光		
	报警指示灯测试	报警指示灯发光		
	维修门开关测试	开关门时,到位开关检测正常		
	通行指示灯测试	通行指示灯发光		
	进出站	单程票进/出站		
		储值票进/出站		
		员工票进/出站		

(2)TVM 单机调试记录表(见表 13-2-5)

表 13-2-5 TVM 单机调试记录表

检测内容		检测要求	检测结果	备 注
设备检查	设备外观	不锈钢机壳各外表面光亮、平整,无划痕等明显缺陷		
	设备内部	设备内部线缆无破损松脱,线芯无裸露,接插件安装牢固		
		各模块固定紧固		
	设备安装检查	各模块可方便地拉出和推入,到位时有明显的到位感并锁定模块		
		各模块位置合理,与邻近模块无干涉、磨损		
		维修门各边缝隙均匀,周边设有卡死处		
		锁定可靠,能灵活开关。开启至少 120°并保持这种状态		
功能测试	设备上电	上电开机启动正常		
	主控单元	ECU 各功能实现正常		
	运营状态显示器	正常滚动显示,无卡顿、无坏点		
	一体化触摸显示屏	调整显示屏分辨率;显示屏目测无坏点;触摸屏可正常使用		
	硬币处理模块	硬币箱加币正常		
		硬币箱清币正常		
		硬币回收箱安装正常		
		硬币回收箱卸载正常		
		硬币识别速度满足技术要求		
		硬币找零速度满足技术要求		
	纸币循环处理模块	卸载纸币回收箱正常		
		安装纸币回收箱正常		
		卸载纸币补币箱正常		
		安装纸币补币箱正常		
		纸币识别速度满足技术要求		
		纸币找零速度满足技术要求		
	单程票发售模块	卸载票箱正常		
		安装票箱正常		
		加票正常		
		回收票箱正常		
	IO 测试	各模块自检成功		
	维修面板	维修面板正常		
	单据打印机	凭证打印正常		
	读写器	发售、查询票卡正常		
	售票测试	运营中各种购票方式及各找零方式测试均正常		

(3)自动售检票系统联调

地铁 AFC 系统联调,检测 AFC 系统从购票到进站、出站、票务处理和生成交易报表过程的完整性和准确性,包括自动售票机售票测试、自动检票机进出站测试、人工售票机发售与更新测试、车站与中央控制计算机测试。

3. 进行线路跑票测试和线网跑票测试

(1)线路跑票测试

地铁线路跑票测试主要测试本线路自动售检票系统自动售票机(TVM)上线路各车站的票价解析是否正确,自动检票闸机(AGM)是否能正常处理线路其他车站进站、出站的车票,以及人工售票机(BOM)是否能正常处理线路其他车站进站的车票。

线路跑票测试要求:线路 AFC 设备功能正常;线路 AFC 设备对参数解析正常;线路 AFC 设备功能处理正常。

(2)线网跑票测试

地铁线网跑票测试即在新线和既有测试运营线路选择部分车站进行 AFC 线网互通及跑票测试,主要测试新线自动售检票系统自动售票机(TVM)上线网线路各车站的票价解析是否正确,新线自动检票闸机(AGM)是否能正常处理线网其他车站进站、出站的票,以及新线人工售票机(BOM)是否能正常处理线网其他车站进站的车票。

线网跑票测试要求:ACC 下发的线网参数、MLC 下发的线路参数正确下发至新线相关设备;新线数据能够上传至 MLC 和 ACC;ACC 系统对交易数据的解析、清分结算正确;新线 BOM 退票功能、单程票超时、超程、超时且超程功能正确;接入 MLC 的新线上传的对账文件能够正确与 ACC 生成的对账文件比对。

4. 自动售检票系统 144 小时连续性、可靠性测试

《城市轨道交通运营基本条件》(GB/T 3013—2013)要求地铁自动售检票系统做 144 h 连续性试验,以保证该系统可靠性。

(1)地铁自动售检票系统 144 h 连续性、可靠性测试内容

地铁自动售检票系统 144 h 测试,测试内容覆盖终端设备操作使用、系统日终日切、收益对账等自动售检票系统业务流程和功能。

①TVM 售票:按照日运营基本业务,对 TVM 进行纸币、硬币及单程票的补充;每台 TVM 售卖单程票,售卖金额不限;选用金额购票及选站购票两种方式进行购票;选用投入纸币及投入硬币方式进行购票。

②AGM 进出站:使用售卖的单程票,在闸机上进行进出站测试。

③完成当日营收结算,完成相关表格填写。

④涉及票种:单程票、储值票;单程票正常模式下进出站,储值票正常模式下进出站;涉及设备:AGM、TVM、MLC。

(2)地铁自动售检票系统 144 h 连续性、可靠性测试要求

①各设备运行稳定,在连续运行过程中,对票卡处理正常,且处理速度正常。

②各设备运行期间与上位通信正常,交易、业务、状态数据成功上传。

③AGM、TVM 均具备长时间连续运行的条件,能够连续、稳定地完成日常运营的各项功能。

④自动售票机和半自动售票机的售票速度正常,自动售票机的卡币率和卡票率正常

⑤自动检票机的客流通过速度正常;自动检票机的卡票率正常。

5. 一 码 通

(1)自动售检票系统方案

呼和浩特市城市轨道交通自动售检票系统在设计时,充分考虑了国内外地铁行业的经验,采用了当前互联网+的理念,对自动售检票系统进行了一系列的创新。

AFC 系统采用了创新的系统架构,分为云上系统和云下系统两部分,云上系统包含:清分中心(ACC)、互联网票务平台、云桌面、多线路中心(MLC),云下系统包含各车站售检票设备(闸机、自动售票机和半自动售票机)(见图 13-2-47)。

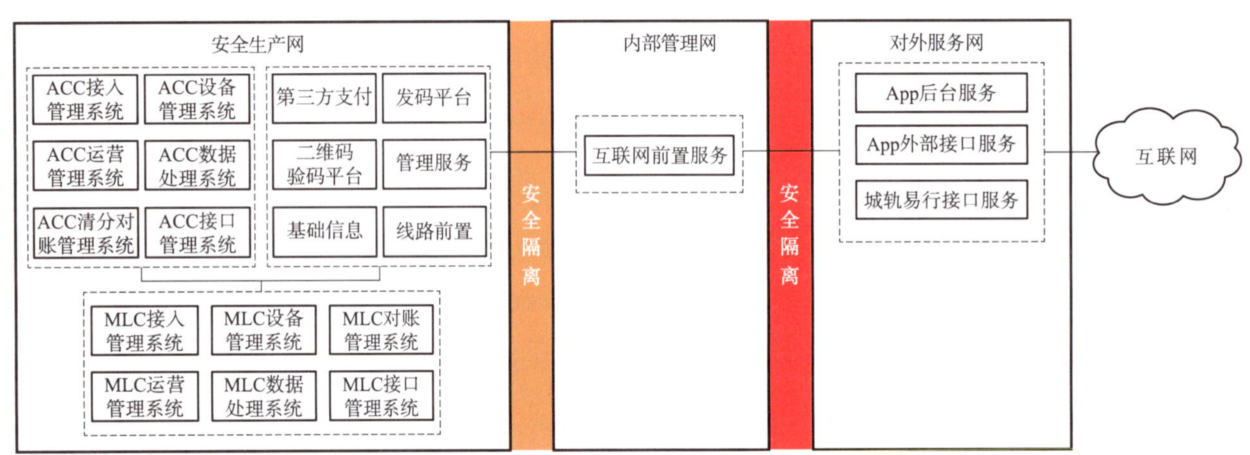

图 13-2-47 ACC 系统云架构图

AFC 系统部署于云平台带来以下优点:

①共享统一的云平台,后台服务全部部署在城轨云上。

②高性价比,能对资源的使用进行优化。统一管理系统资源,ACC、MLC 系统按需进行内存、CPU、磁盘空间的分配,实现资源高效利用。

③良好的可扩展性,在用户、业务量增大时通过资源横向扩展保障业务处理性能,保持良好的响应时间,能够快速响应业务需求变化,系统采用松耦合微服务方式进行设计和构建。

④与传统五层 AFC 架构相比,减少了传统的车站计算机系统,仅在车站配备应急 SC 系统以便在系统出现大面积故障时对车站设备进行紧急情况下的设备控制和监视。

但在项目实施过程中,无 SC 系统方案也成为整个项目实施难点,与传统的 AFC 架构相比,呼和浩特市的 AFC 架构没有传统的 SC 系统,所有的设备直接连接到多线路中心 MLC 系统,集中程度更高,对系统的可靠性、处理性能等要求更高。针对此项问题,物资设备部组织项目实施团队进行多次方案研讨会,针对终端设备与 MLC 接口问题,云平台资源问题等进行逐一梳理,解决问题近百项。并提出制订相应方案策略:

①负载均衡,通过软件负载均衡的方式对设备连接和数据传输进行负载均衡。

②集群部署,对关键业务系统进行集群部署,防止单点故障。

③接入认证,对接入的设备进行接入认证,保障接入安全。

④应急接管,车站站段云上设置应急接管控制系统 ESC,保证异常情况下的运营控制。

同时，根据云平台在中国移动云计算中心的临时测试环境，AFC系统将TVM、AGM、BOM等终端设备均于测试中心部署，提前测试，保证正式系统稳定上线使用。

(2)一码通技术

呼和浩特市城市轨道交通采用自建App方式，同时支持多种过闸方式。以青城地铁App为主，同时可支持银联闪付卡、手机NFC及微信、支付宝扫码购票等多种方式进行购票乘车，极大地方便了乘客乘车，提供便捷高效的乘车服务。

其中，青城地铁App采用双离线模式，即App在线时获取行业授权数据后，可支持在授权有限期内的离线情况下多次脱机生成乘车码。终端设备支持在脱机状态下对乘车码的合法性进行验证，确保闸机在离线状态下正常使用。

整个互联网购票系统采用实名制，所有接入平台的移动应用遵循互联网票务实名制安全要求，在首次申请开通服务时根据平台的接口要求提供用户的实名信息，确保ITP运营的安全。

13.3　机电设备调试

13.3.1　站台门系统调试

1. 站台门系统简介

呼和浩特市城市轨道交通1、2号线一期工程站台门系统是由机械结构与电气自动化结合的机电一体化设备，适用于地铁高强度、大客流的工作环境，满足地铁各种运营模式，是地铁非常重要的组成部分。站台门项目所有设备均采用经验成熟、性能先进、结构简单、维修方便、质量稳定、运行可靠、外形美观的产品，系统的硬件和软件充分考虑了可靠性、可维修性和可扩展性，并具备故障诊断、在线修改等功能，同时遵循模块化设计和冗余设计的原则。

轨道交通1号线站台门系统(以下简称“站台门系统”)共设车站20座，其中地下站16座为设置可调风口全高站台门，高架站3座及地面站1座为全高站台门。

站台门系统由设备进场验收记录、土建交接检验、门槛安装、上部钢结构安装、门体结构安装、滑动门、应急门、端门和固定门安装、紧固件安装、盖板安装、设备柜安装、线槽和线缆安装、电源及监控系统、站台绝缘层敷设、系统调试13部分组成。

2. 系统调试简介

系统调试包括滑动门单体调试(LCB)、站台级PSL、紧急模式IBP、模拟信号(SIG)输入、输出命令测试、安全回路、互锁解除功能、5 000次试验等调试。

站台门专业接口单位多，调试工作量大，呼和浩特市城市轨道交通应用了站台门可调风口系统，现场调试难度进一步加大，为了保证联调联试进度，在站台门5 000次测试时，一次性启动8个站的调试工作，全线20座车站出现问题率控制在千分之一以下，高质量完成了联调联试工作。系统调试流程见图13-3-1。

3. 调试内容

(1)通电试验前检测

检验站台门的绝缘电阻是否满足合同技术规格书的要求、电源输出电压是否正确。采用DC 500 V兆欧表、万用笔检测整侧站台门绝缘电阻，检测驱动电源和控制电源的输出电压，确保整侧站台门绝缘电阻≥0.5 MΩ；驱动

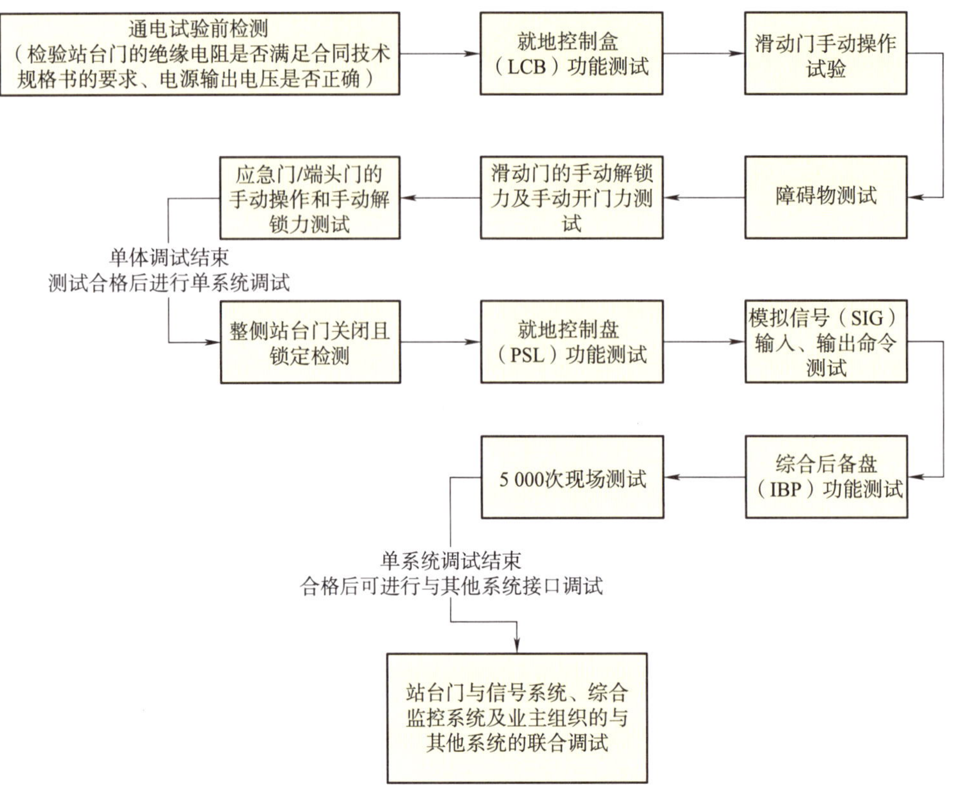

图 13-3-1　站台门调试流程图

电源输出电压应该 DC(110 ±1.1 V)；控制电源输出电压应该 AC (220 ±22) V、DC (24 ±0.12) V。

(2)就地控制盒(LCB)功能测试

①正常情况下，就地控制盒(LCB)上的钥匙开关置于“自动”位，执行来自 PSC 的“开门”“关门”命令。

②将就地控制盒(LCB)上的钥匙开关置于“隔离”位，门控单元不接受外部命令。

③将就地控制盒(LCB)上的钥匙开关置于“维修关”位，滑动门关闭；置于“维修开”位，滑动门打开。

④用 LCB 对站台门进行 30 次“开/关门”循环操作，滑动门应该正常打开和关闭。

(3)滑动门手动操作试验

①将滑动门关闭且锁定。

②在滑动门关闭且锁定的情况下，检验通过轨道侧的解锁把手是否能将滑动门打开并解除电机力，观察滑动门上 PSD 状态指示灯亮的状态，滑动门打开 2 s(0 ~60 s 可调)后，观测滑动门是否能低速自动关闭且锁定、滑动门上 PSD 状态指示灯灭。

③在滑动门关闭且锁定的情况下，检验在站台侧通过专用钥匙是否能将滑动门打开并解除电机力，观察滑动门上 PSD 状态指示灯亮的状态，滑动门打开 2 s(0 ~60 s 可调)后，观测滑动门是否能低速自动关闭且锁定、滑动门上 PSD 状态指示灯是否能灭。

(4)障碍物测试

①当滑动门在关闭过程中夹住人或物时，如果对于人的作用力大于设定值，滑动门立即停止关闭，并释放关门力，2 s(0 ~10 s 内可调)后，门重新关闭。上述过程重复 3 次(重复次数 1 ~5 次可调)后，如果门仍不能关闭且锁定，门全开待修，此时该门状态指示灯闪烁，关门故障报警信号送入中央接口盘。

②将障碍物移开，给一个开门命令，再给一个关门命令后，滑动门能低速关闭且锁紧，门状态指示灯熄灭。

(5)滑动门的手动解锁力及手动开门力测试

①用推拉力计测量门把手解锁所需的力(注：通过 T 形卡座卡在滑动门解锁把手上，再用推拉力计的钩形测试头钩住 T 形卡座，测量通过门把手解锁所需的力)。

②用推拉力计测量使用专用钥匙解锁所需的力(注：通过推拉力计的钩形测试头钩住专用钥匙把手进行解锁，测量解锁所需的力)。

③将推拉力计放在滑动门中间(见图 13-3-2)，滑动门解锁后将滑动门推开至全开位，读推拉力计读数并记录。

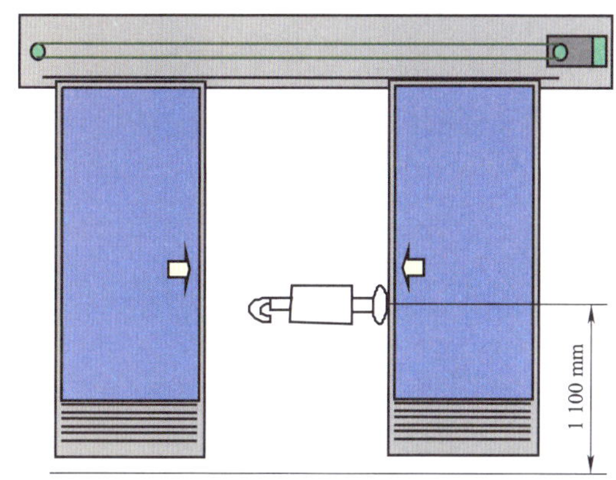

图 13-3-2　手动解锁力与开门力测试示意图

(6)应急门/端头门的手动操作和手动解锁力测试

①在轨道侧，能通过应急门/端头门推杆将应急门/端头门打开，测量完全打开应急门/端头门的力；在站台侧，能通过专用钥匙将应急门/端头门打开，观察应急门/端门状态指示灯状态。

②用推拉力计测量门把手解锁所需的力(注：通过推拉力计的平形测试头卡在应急门解锁把手上，测量采用门把手解锁所需的力)。

③用推拉力计测量使用专用钥匙解锁所需的力(注：通过推拉力计的钩形测试头钩住专用钥匙把手进行解锁，测量解锁所需的力)。

(7)就地控制盘(PSL)功能测试

①就地控制盘(PSL)上的操作允许钥匙开关置于“操作允许”位，观察 PSL 上指示灯状态，观察中央接口盘(PSC)上的“PSL 操作允许”指示灯状态。

②按“开门”带灯按钮，观察该指示灯状态，滑动门是否打开，并观察 PSC 和 PSL 上“开门状态”、“所有门关闭且锁紧”指示灯状态。

③按“关门”带灯按钮，观察该指示灯状态，滑动门是否关闭且锁定，并观察 PSL 上的“关门状态”指示灯状态，PSC 和 PSL 上“所有门关闭且锁紧”指示灯状态。

④操作“互锁解除”自复位钥匙开关，观察 PSL、PSC 及模拟信号系统上“互锁解除”报警指示灯状态。

⑤恢复“互锁解除”自复位钥匙开关状态，观察 PSL、PSC 和模拟信号系统上“互锁解除”报警指示灯状态。

⑥按 PSL 上的“测试”按钮,观察 PSL 盘面上的所有指示灯是否都亮。

⑦将就地控制盒(LCB)上的钥匙开关置于“维修关”或“维修开”位,按 PSL 上的“开门”、“关门”带灯按钮,观察能否控制滑动门的打开和关闭。

⑧将就地控制盒(LCB)上的钥匙开关置于“隔离”位,按 PSL 上的“开门”、“关门”带灯按钮,观察能否控制滑动门的打开和关闭。

(8)模拟信号(SIG)输入、输出命令测试

①按模拟信号装置(SIG)上的“开门”按钮,观察滑动门的动作及 PSC、PSL、IBP、SIG 上的“所有门关闭且锁紧”指示灯的状态和滑动门状态指示灯的状态。

②按模拟信号装置(SIG)上的“关门”按钮,观察滑动门的动作和 PSC、PSL、IBP、SIG 上“所有门关闭且锁紧”指示灯的状态和滑动门状态指示灯的状态。

③将就地控制盒(LCB)上的钥匙开关从“自动”位分别置于“维修关”位、“维修开”位和“隔离”位时,按 SIG 上的“开门”或“关门”按钮,观察滑动门动作。

④将就地控制盒(PSL)上的钥匙开关置于“操作允许”位时,按模拟信号装置上的“开门”或“关门”按钮,观察滑动门有无动作。

⑥将 IBP 上的钥匙开关置于“操作允许”位时,按模拟信号装置上的“开门”或“关门”按钮,观察滑动门有无动作。

注:执行①、②项测试时,须将就地控制盒(LCB)置于自动位,PSL、IBP 置于“禁止”状态。

(9)综合后备盘(IBP)功能测试

①将综合后备盘(IBP)上的钥匙开关置于“操作允许”位时,通过就地控制盘(PSL)、信号系统装置对滑动门进行控制,观察滑动门的动作情况。

②按下综合后备盘(IBP)上的“开门”按钮,滑动门打开,观察 IBP 上的“开门”指示灯状态,观察滑动门是否打开,观察 IBP、PSL、PSC、模拟信号系统上的“所有门关闭且锁紧”指示灯状态,并观察“门状态”指示灯状态和 PSC 上的“开门状态”指示灯状态。

③综合后备盘(IBP)上的钥匙开关置“禁止”位,通过就地控制盒(PSL)、信号系统装置(SIG)对滑动门进行控制,观察滑动门的动作情况。

④按综合后备盘(IBP)上的“指示灯测试”按钮,观察 IBP 上的状态指示灯是否全亮。

⑤当就地控制盒(LCB)处于“维修关”或“维修开”或“隔离”位时,将 IBP 置于“开门”位,观察滑动门有无动作。

(10)5 000 次现场运行测试

①每天开始 5 000 次现场测试前必须在主监视系统上接入显示器、鼠标、键盘,以监视站台门运行情况。

②每天开始和结束时记录 5 000 次循环试验装置计数器的读数,计算的频度(即实际的频度)应与设定的循环频度基本一致。

③检查各挡站台门运行是否正常,观察的项目包括整个站台一侧的站台门的滑动门运动是否顺畅,系统运行时产生的噪声是否正常。

④在站台门运行过程中,打开主监视系统中站台门监视软件,观察其中的显示界面是否正常。

⑤观察 PSC 和 PSL 上的站台门开关指示灯是否正常。

⑥安全措施、警示措施是否正常。

13.3.2　电扶梯系统调试

1. 电扶梯系统简介

呼和浩特市城市轨道交通1号线一期工程20座车站的电扶梯均采用经验成熟、性能先进、结构简单、维修方便、质量稳定、运行可靠、外形美观的产品。

本工程车站站台与站厅间均设有电梯和自动扶梯，各站主要出入口均设有扶梯和供残障人士使用的电梯。自动扶梯选用公共交通重载型，全变频调速，设有语音播报提醒功能。站内设置透明电梯，轿厢采用夹层安全钢化玻璃，美观大方，内设摄像监控，所有电梯按残障人士使用要求设计，设有扶手、盲文指示的按钮及语音到站提醒。扶梯和电梯的运行状态均纳入了综合监控系统。呼和浩特市轨道交通1号线一期工程电梯、自动扶梯专业全线共设258台电扶梯设备，其中正线20座车站共设242台设备（站内扶梯81台，站内直梯21台，出入口扶梯118台，出入口直梯22台）；场段及控制中心共设直梯16台。

2. 系统调试简介

按照提报的调试计划，完成设备安装之后应对设备进行单体调试，对安全装置、控制装置、开关、重要零部件和装配间隙等做适当的调整和试运行。每台设备调试均应认真填写调试记录卡。

在单机调试工作前控制柜需安装完毕，另外，供电专业需按图纸提供正式电源，若正式电源不能到位，可先向地盘申请临时点进行调试。

为确保调试进度，此环节监理及建设单位需经常现场清点安装人数，一旦发现存在人员不足，不到位的情况需立即督促到位。调试流程见图13-3-3.

3. 调试内容

（1）安装运行（慢车运行）条件、检查内容及注意事项

①井道内无异物。如几台梯并排，则底坑相互间应隔离或采取相应措施，井道壁凸出物要清除，以免发生安全事故；机房通向井道的开口孔周围的建筑垃圾已清理干净；机房、井道内电器设备不能有水，保持干燥，确保用电安全。

②电源接地线应可靠；电源零线应可靠；如果为临时电源，必须坚持使用有可靠零线的、独立的供电线路；如果有发现零线可能被人为单独断开的可能，应立即停止电梯任何形式的运行并断开电梯电源，直到问题解决为止；检查电气原理图所要求的屏蔽接地已按要求完成，电气开关无破损情况。

③制动器已初调或已按相关文件检查；曳引钢丝绳绳头开口销保护正确；曳引轮与导向轮钢丝绳防跳装置已调整；安全回路开关无短接线（ETSL开关除外）。所有安全开关已安装，功能正常。如必须进行短接操作，则应按要求进行；安全钳已调整，限速器、限速器钢丝绳已安装，并与安全钳联接。安全钳、限速器联动正常。

④电梯缓冲器已安装。如使用液压缓冲器，缓冲器已注油，油位正确；随行电缆已安装，固定可靠；导靴已初调；厅门门锁可靠，厅门触点工作正常。

⑤不得随意截断带插头的电缆线，以免重新接线时产生错误连接，如果不得不重新接线，必须注意检查；电源线与信号线应分开走线，尽可能保持一定的间距，不可绑扎在一起；第一次送电前，还应仔细检查所有电气接线，注意检查是否有接线松动、连接不可靠的情况；接触印板前，应通过手触摸金属外壳释放人体静电；每次送电前，都应注意检查供电电源的零线及地线是否符合工作要求。

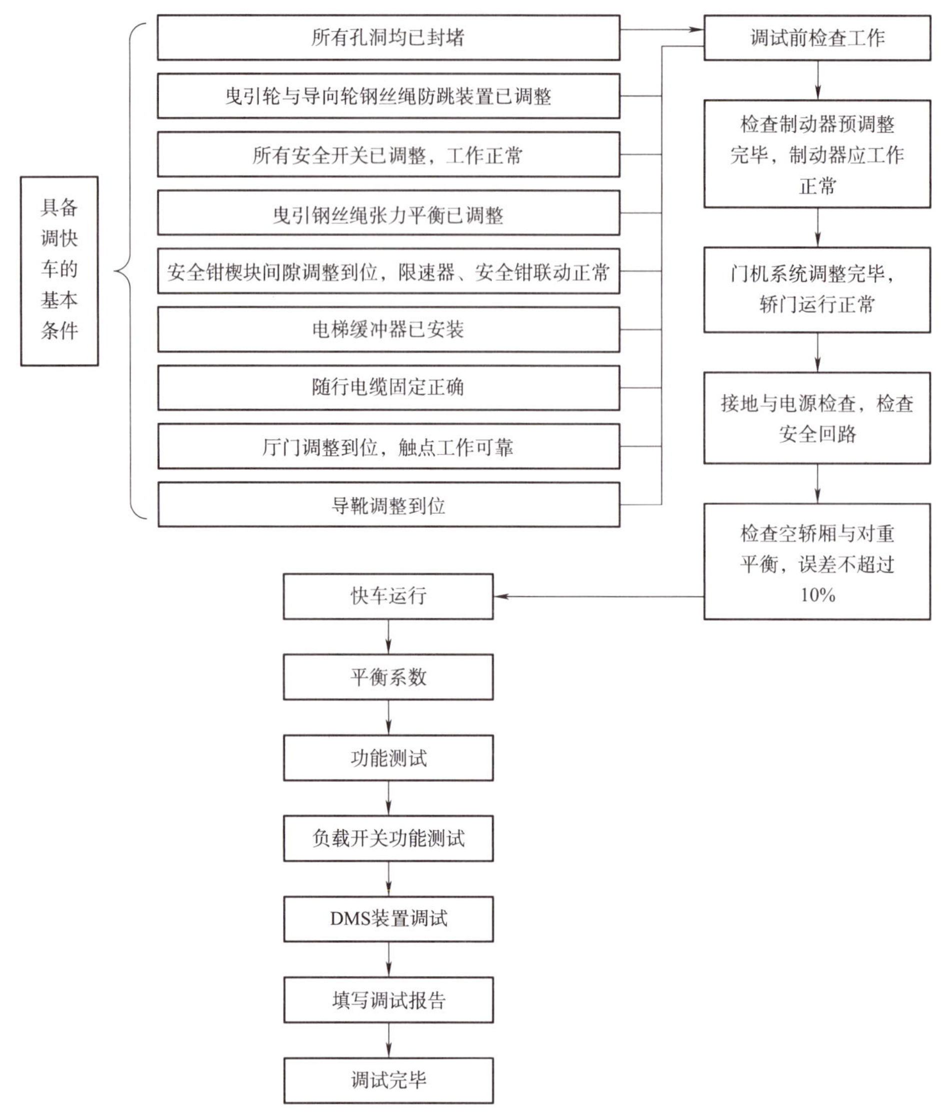

图 13-3-3　电扶梯系统调试流程图

(2)快车运行条件

为保证安全,在快车调试前,调试人员必须检查以下项目:

①所有孔洞均已封堵。如几台梯并排,则底坑相互间应隔离或采取相应措施,以免发生安全事故。

②曳引轮与导向轮钢丝绳防跳装置已调整。

③所有安全开关已调整,工作正常。

④安全钳楔块间隙调整到位,限速器、安全钳联动正常。

⑤电梯缓冲器已安装。如使用液压缓冲器,缓冲器已注油,油位正确。

⑥导轨接头已修光。导轨已清洗。油杯已安装,并加油。

⑦随行电缆固定正确,长度已调整。

⑧导靴调整到位。

⑨平衡链或平衡钢丝绳已安装。

⑩曳引钢丝绳张力平衡已调整,开口销保护正确。

⑪厅门调整到位，触点工作可靠。

⑫电梯机房内需设接地线。

(3)测试项目

其中基础功能测试包含 25 项，轿内指令按钮、轿内楼层显示、轿内运行方向灯、轿内独立功能 JRVC、轿内锁梯功能 JRVCP、轿内照明开关功能、轿内风扇开关功能、轿内司机功能 JLI、司机启动按钮、司机直驶不停按钮、司机运行方向按钮、司机运行方向显示灯、开关门按钮、蜂鸣器、超载灯、警铃按钮、应急灯、对讲装置、语音报站、轿内消防开关 JNFF、前后门功能选择开关、轿内特殊功能选择开关、强迫关门功能、门光幕功能、关门力限制器功能。另外还要完成负载开关功能测试、DMS 装置调试、MIC10 功能测试以及其他功能测试。

电扶梯专业测试项目较多，内部线路复杂，现场由特种设备作业人员完成相关调试工作，每台设备均填写记录表，按项目逐条进行检查核实，在确保运行安全的前提下使得设备各项功能全部实现。

13.3.3　通风空调及采暖系统调试

13.3.3.1　通风空调及采暖系统简介

呼和浩特市城市轨道交通 1、2 号线一期本工程环控系统分车站通风空调系统、控制中心通风空调系统、车辆基地通风空调系统、主变电所通风空调及采暖系统。

车站空调通风系统由中央级、车站级、就地级三级组成。车站通风空调系统包含隧道通风系统、车站公共区通风系统、车站设备及管理用房通风空调系统和车站空调水系统以及车站备用空调系统。

通风空调系统调试流程见图 13-3-4。

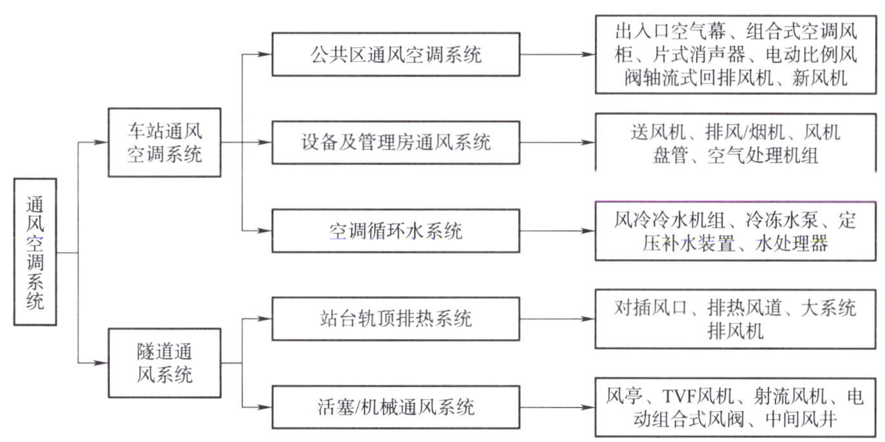

图 13-3-4　通风空调系统调试流程图

车站公共区通风系统由车站站厅层每端各设置一座区间通风机房，机房内设置 2 台事故通风风机(TVF)和活塞/事故电动组合风阀及消声器。车站两端分别设置一条送风道和一条排风道。每端的送风道内依次布置初中效过滤装置、对外土建风道消声器、新风阀、送风机、送风阀，每端排风道内依次布置对外土建风道消声器、排风阀、回风阀及初效过滤装置、排风机(兼做车站事故排烟风机)、对内土建风道消声器。回风阀和初效过滤装置布置于送、排风道之间连通送、排风道用于室外温度高于车轨区温度时使用。送、排风道均通过风管与车站公共区相连进行通风换气。站厅公共区气流组织为上送上回，站台公共区气流组织为上送上回。

车站设备管理用房的通风空调系统其主要功能为排除设备及管理用房的余热和余湿以保证房间内空气环境质量满足人员舒适感的要求和各种设备正常运转的需要，并兼设备管理用房的事故排烟系统。地铁车站的设备管理用房根据功能、性质和使用要求不同，设置不同的通风、空调系统。

设备管理用房空调冷冻水系统由循环水泵、风冷冷水机组及分集水器和管路组成，在车站设备管理用房冷负荷较大一端的地面设置风冷冷水机组；在车站设备管理用房冷负荷较大一端的通风空调机房内设置循环水泵、分集水器。

车站备用空调系统采用变频多联机。

隧道通风系统由设于区间端部（即车站两端）的隧道风机（TVF）和相应的电动组合风阀、消声器、迂回风道及迂回（电动）风阀、以及设置于洞口的射流风机、停车线和单渡线等配线处的射流风机等组成。

控制中心通风空调系统、车辆基地通风空调系统、主变电所通风空调系统等其他建筑均根据功能、性质和使用要求不同配置合理的通风、空调、供暖系统，满足相关规范、标准的要求。

13.3.3.2 系统调试

通风空调及采暖系统调试分为隧道通风系统测试、大小通风系统测试、空调水系统测试及多联机系统调试等。

1. 单机调试需具备的条件

（1）通风系统应具备的条件

①通风机试运转前，风亭、风道及区间隧道内材料物资垃圾移出站外、防火门安装完毕、地面灰尘清扫干净。

②检查通风空调设备的外观和构造有无尚未修整过的缺陷。

③运转的轴承部分及需要润滑的部位，添加适量的润滑剂。

④空调器和通风管道内打扫干净，检查和调节好风量调节阀、防火阀及排烟阀动作状态。

⑤检查和调整送风口和回风口（或排风口）内的风阀、叶片的开度和角度。

⑥检查空调器内其他部件的安装状态，使其达到正常使用条件。

（2）通风设备电气控制系统应具备的条件

①电动机及电气箱盘内的接线应正确、线路绝缘强度良好。

②电气设备与元件的性能应符合技术规定要求。

③继电保护装置应整定正确。

④电气控制系统已进行了模拟动作试验。

（3）空调循环水系统应具备的条件

①管道试压合格。

②管道上的阀门经检查确认安装的方向和位置均正确，阀门启闭灵活。

③排水管道畅通无阻。

④水泵用手盘动叶轮应轻便、正常，不得有卡碰现象。并按设备要求加注了润滑油。

（4）备用空调系统多联机应具备的条件

①室外机和室内机完成安装和连接，并接通电源。

②室外机与室内机的连接良好。

③系统吹误、气密性实验、真空干燥合格。

④计算出来的冷媒量,并完成加注。

2. 通风大、小系统调试

(1)单体风阀调试

电动风量调节阀控制方式由车站控制(集控级)、就地控制组成,就地控制具有优先权。调试程序如下:

①检查电动阀/防火阀安装方向、位置是否正确,熔断器(易熔片)应位于叶片的迎风侧;阀体内应清扫干净,外层应无锈蚀、无变形。

②单机调试时利用就地控制箱对风阀进行开启、关闭、开到位、关到位、故障状态进行试验;操作阀门关闭(开启)若干次,确认叶片无刮壳,关闭严密,开启顺利,微动开关的联锁信号正常;检查并记录相关情况。

③部分电动风量调节阀与风机联动,该部分风阀的联锁启停由环控电控柜完成。

④检查接线是否正常,检测无误后可进行通电测试。

⑤调试结束后,进行数据分析,形成调试记录。

(2)风机调试

风机的就地控制和车站控制的切换在 MCC 操作面板上实现,在风机附近实现一键停机功能。调试程序如下:

①首先检查风机风叶是否损坏,紧固叶片螺栓是否松动,机壳内有无杂物;检查软接头连接情况,看是否牢固,压条是否稳妥。检查接线端子是否松动、接地保护线是否妥当。

②绝缘复测。

③点动风机后立即停止,检查叶轮与机壳有无摩擦和听声音是否正常、有无异常声音。

④检查风机的旋转方向与机壳上箭头所示方向一致,转动部分有无挂、擦等现象。

⑤风机启动时,用钳型电流表测量电动机的启动电流,待风机正常运转后再测量电动机的运转电流。如运转电流值超过电机额定电流值时,将总风量调节阀逐渐关小,直到回降到额定电流值。

⑥风机经试运转检查一切正常后,连续运转时间 2 h 以上。

⑦停车检查。

⑧数据记录、分析及汇总。

⑨调试结束后,形成试验记录。

(3)通风大、小系统调试

通风空调系统无生产负荷的测定与调整包括以下内容:通风机的风量、风压及转速的测定,通风与空调设备的风量、余压与风机转速的测定;系统风口的风量测定与调整,实测与设计风量的偏差不应大于 10%;通风机、空调器噪声的测定。空气处理见图 13-3-5、回风、排风管路见图 13-3-6。

在单机调试合格后,正式进行单系统调试,步骤如下:

①打开、关闭相应工况下的阀门。

②全部打开本系统及房间内各风口。

③做好信号、通信、环控、低压、高压、车站综合控制室等房间的防尘工作。

④以最远端为对象,逐一调整各房间风阀、风口,使送风/排风达到设计要求。风口的风量使用专业工具在风口或风管内测量,在风口处测量可用风速仪直接测量或用辅助风管法求取风口断面的平均风速,再计算出风口风量值。当风口与较长的支管段相连时,可在风管内测量风口的风量。系统风量的调整采用

“流量等比分配法”或“基准风口法”,从系统最不利环路的末端开始,最后进行总风量的调整。

⑤数据记录及汇总。调试结束后,形成相关调试记录。

图 13-3-5 空气处理机组实物图

图 13-3-6 回风、排风管路实物图

3. 隧道通风系统调试

隧道通风系统位于车站两端,负责区间火灾工况下的通风排烟工作。该系统主要包括区间事故风机、区间射流风机和组合风阀及消声器、风口等部件。

(1)区间事故风机、区间射流风机单机调试

①首先检查区间事故风机、区间射流风机风叶是否完好,紧固叶片螺栓是否松动,机壳内有无杂物。

②查软接头连接情况,看是否牢固,压条是否稳妥。

③检查接线端子是否松动、接地保护线是否妥当。

④绝缘复测。

⑤检查自锁风阀动作线是否断开。

⑥点动风机、听声音是否正常、有无异常声音。

⑦转动部分有无挂、擦等现象。

⑧停车检查。

⑨数据记录及分析,数据汇总。

⑩整理调试报告。

(2)电动组合风阀调试

组合风阀控制方式由中央控制(中控级)、车站控制(集控级)、就地控制组成,就地控制具有优先权。

①调试程序如下:

a. 检查风阀固定部位连接是否牢固;检查连杆部件所有螺栓,是否牢固可靠;接线是否符合设计要求。

b. 起掉连杆,无负荷启动执行电动机。

c. 连接连杆,带负荷启动执行电动机。

d. 观察开启是否灵活,有无异常现象。

e. 部分组合风阀与风机启停存在联锁,则该部分风阀的联锁控制由环控电控柜完成。

f. 停车检查。

g. 调试结束后，形成调试记录。

②组合风阀调试注意事项：

a. 风机启动时，人员必须离开风机，特别是切线方向。

b. 凡是发现异常现象，必须马上停车，检查，排除故障后方可再次启动。

c. 整个过程中必须有专人监护。

(3)隧道通风单系统调试

在单机调试合格后，进行单系统调试，步骤如下：

①按照系统模式进行隧道通风系统调试。隧道风机见图 13-3-7。

②数据汇总。

③调试结束后，填写调试记录。

图 13 3 7　隧道风机实物图

4. 空调循环水系统调试

空调循环水系统调试，分空调水泵单机调试、手电两用蝶阀单体调试、风冷冷水机组单机调试及备用空调系统多联机调试。

(1)空调水泵单机调试

①设备运转调试条件

➢ 水泵经机械调整固定，手动盘车试验转动部分灵活无卡阻现象。

➢ 管道及附件安装完毕，水压试验合格，系统冲洗管道内污物，排放干净。

➢ 电气控制，保护系统设备调试完毕，可带电运行。

➢ 系统中其他设备连接完毕，具备通水条件。

②启动试运转

➢ 管道充水并排除管内空气，水泵出口蝶阀处于全关闭状态。

➢ 通电启动水泵并检查电机转向。

➢ 水泵运转并记录泵的最大输出水压，逐渐开启泵出口蝶阀至全开位置，使水泵满负荷运转。调整填料压盖的松紧程度,以有滴状渗漏为宜。

➤ 检查机械运转情况,各连接部分有否松动或泄漏,测定电机定子电流。

➤ 水泵带负荷试运转在电动机空载试验合格后进行;试运转持续时间 2 小时以上。测量轴承温升和填写试运转记录。水泵的滚动轴承运转时的温度不高于 75 ℃;滑动轴承的运转温度不高于 70 ℃。

(2)手电两用蝶阀单体调试

手动调试和站级调试应逐台进行模拟动作试验或真实动作试验。

①调试前需具备的条件

➤ 阀体已安装完毕,阀门安装位置、方向、口径、公称压力均符合设计要求;

➤ 阀门与管道连接通过水压试验检测为紧密状态;

➤ 电动执行器的电源线、信号线接线正确。

②调试步骤与方法

➤ 先将手自动切换开关切换至手动状态;

➤ 用手轮操作阀门的开启、关闭,阀门灵活,开启、关闭均能到位;

➤ 检查阀门关闭时是否有渗漏现象,如有,立即处理或通知厂家修理或更换。

(3)风冷冷水机组单机调试

冷水机组的第一次启动与设备试运转应由厂家技术人员完成;安装方的第一次启动冷水机组必须在厂家技术人员的指导下进行。

①调试的条件

机房清扫干净,通风状态良好,冷冻水、冷却水均已通水试验合格管道冲洗结束;机组的电源及自动调节系统的仪表整定合格继电保护系统的整定数据正确。冷水机房的电气设备及主回路已通过检查与测试。空调水系统的附件设备已安装完成。

②调试过程

a. 开机:启动冷却水泵、冷却塔。风机、冷冻水泵,检查冷冻冷却水的流量是否符合设计要求。检查压缩机转向是否正确,并注意油压表上的油压差。

b. 检查机组的运行工况:参见冷水机组使用说明书对机组的湿度、压力、水流量、油位及冷媒液位进行检查,使机组处于正常工作状况。并调整冷媒的充注量,以获得机组的最佳性能。

c. 冷冻水的温度核准:调节冷冻水恒温控制器直至冷冻水的温度符合设计并得以保持。如一切正常冷水机组应连续运转 8 ~24 h。

d. 空调水系统冲洗:在冲洗过程中要保证管内流速不小于 1.5 m/s,故采用水泵机械循环。在系统水冲洗时不得进入冷水机组、空调机组的表冷器以保证系统的换热效果,做法如下:拆除冷水机组、组合式空调机组,柜式空调机、风机盘管的橡胶软接头采用临时管道连通使系统构成回路。

e. 冷冻水系统冲洗:首先检查各系统阀门的启闭情况除排污阀及泵出口阀门关闭外其余阀门全开,排水系统畅通。开自来水阀向系统补水,观察冷冻水泵吸水口压力表读数(静压力)及膨胀水箱溢流管是否有水流出来,确认系统水是否注满,待系统水注满后在进水端取水样。启动冷冻循环泵并缓慢开启水泵出口阀,启动冷冻循环泵并缓慢开启水泵出口阀使系统循环运转 1 h。停循环泵并开启系统排污阀(全开)泄水,取出排水水样同进水水样比较,泄水完毕后关毕排污阀,并清理过滤器内杂物。定压补水系统见图 13-3-8。

重复以上步骤数遍直至排水颜色同进水接近为止。

图 13-3-8 定压补水系统实物图

(4)备用空调系统多联机调试

①试运转及调试

a. 每个独立的制冷系统(每台室外机)都必须进行试运转。

b. 上电预热 12 h 以上,压缩机润滑油得到充分预热后。

c. 试运转 0.5 h 后开始搜集机组运行参数,以检测机组是否在正常状态下运行。

②检测内容

a. 机组中的风机,叶轮旋转方向正确、运转平稳、无异常振动与声响。

b. 制冷系统及压缩机运转有无异常的噪声。

c. 排水提升泵是否能够动作。

d. 运行控制装置、安全装置是否动作正常,运行参数在设备允许的范围内。

e. 在进行试运转时,应对制冷和制热两种模式分别进行测试,以判断系统的稳定性及可靠性。

③联机试运转及调试

通过试运转检查确保单台机组运行没有问题后,开始联机运行,即多系统的调试。

调试的内容通常按照产品的技术要求进行,并对运行状况进行分析、记录,以便维护和检修。

13.3.3.3 调试总结

通风空调及采暖系统在调试过程中应注意以下几点。

(1)大小系统风机调试前要确保风管路及风道完成杂物清理及卫生清扫,保证系统内部清洁,风道内影响设备正常运行的裸露进风口、排风口以及大型风机的进出风端完成防鼠网或防护网设置。调试过程中,严禁人员在风道中施工。调试完成后,及时对通风换气和空气环境控制功能、排烟系统排烟量、隧道纵向排烟风速、楼梯间加压送风系统余压等进行测试形成合格报告,并整理成册,便于初期运营安全评估使用。通风空调及采暖系统调试流程见图 13-3-9。

(2)因呼和浩特市位于严寒地区,冬季漫长,全年平均温度低,冷水机组调试水系统温度至少满足 18 度的运行需求,在综合全线整体调试计划的情况下,要协调厂家提前进行设备生产和供货,协调标段施工单位

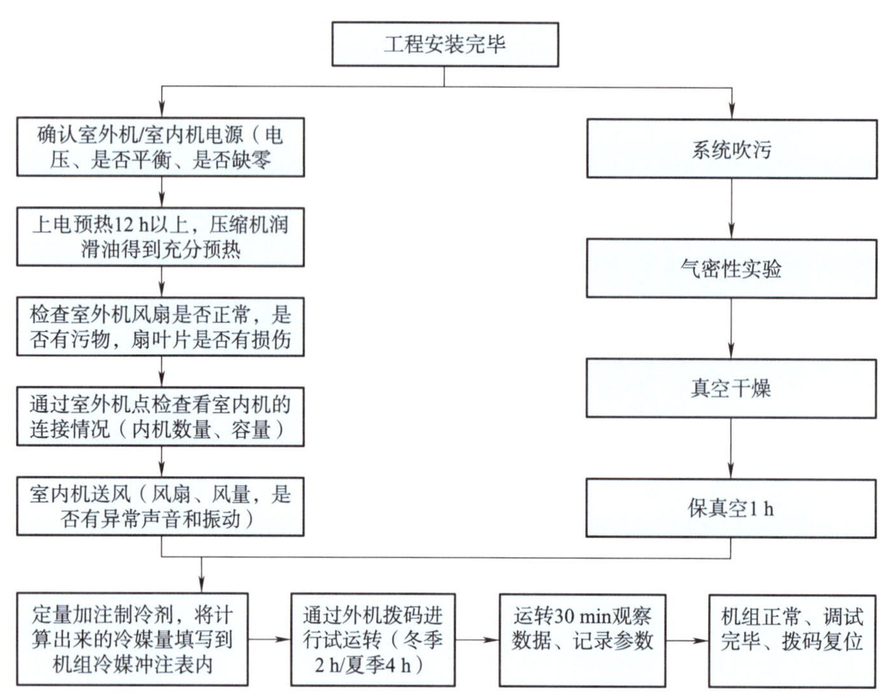

图 13-3-9　通风空调及采暖系统调试流程

对地面冷水机组安装位置提前规划并施作基础,完成设备安装,在降温前完成冷水机组调试,应于每年 5 月 ~ 9 月期间组织调试工作,以免影响整体工程调试进度。同时,冷水机组或多联机调试前,必须完成冷水机组、多联空调的室外机地面硬化,相关排水管路应连接室外排水管网统一接入市政排水系统,冷水机组或多联机室外机周边设置安全防护栏。

(3)做好 BIM 技术在现场设备安装和调试工作中的应用。要通过 BIM 技术建立 3D 模型,优化各风管、风机、风阀、扩散筒以及多联机室内机现场排布位置和尺寸,预留出调试、检修空间,避免出现空调送风口、空调冷凝水管设置在电器设备上方;避免空调柜检修门有影响调试和检修的水管、支架、结构柱等遮挡情况。同时,多联机调试均在安装完成室内吊顶未封顶之前进行,如有问题方便及时发现并进行整改。

13. 3. 4　低压配电与动力照明系统调试

13. 3. 4. 1　低压配电与动力照明系统简介

呼和浩特市城市轨道交通 1、2 号线一期工程低压配电与动力照明系统分为照明系统和动力系统;照明系统分为公共区照明、设备区照明、区间照明,主要涉及设备为 EPS 低压应急照明;动力系统分为动力配电和土建接地,主要涉及设备有 0. 4 kV 低压开关柜、环控电控柜、配电箱,系统内容见图 13-2-10。

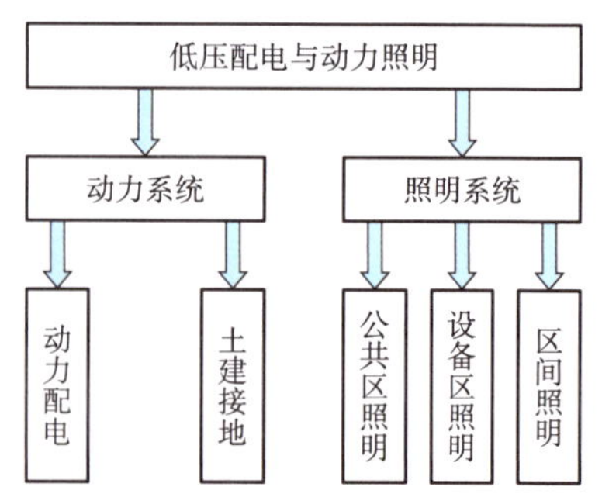

图 13-3-10　低压配电与动力照明系统内容

1. 配电原则

0. 4 kV 低压配电系统采用单母线分段运行,正常情况下,两台动力变压器同时运行,母线分段断路器断开,当一台变压器故障或停电时,自动切除三级负荷，母联断路器自动投入，由另一台变压器向两段母线一、二级负荷供电。

变电所 0.4 kV 低压进线开关、母联开关控制与监视纳入电力监控系统，设现场和集中遥控两种控制方式。各馈出回路设现场控制。变电所 0.4 kV 开关柜设置能源管理系统和电气火灾报警系统。

环控电控室低压系统采用双电源切换器供电，正常情况下，进入双电源切换器的两路电源同时带电，当主用电源故障或停电时，双电源切换器自动进行另一路电路的切换。

2. 照明控制及灯具选用

(1)车站公共区照明控制

车站公共区正常照明采用 BAS 系统控制；设备管理用房照明和区间照明控制分为工作照明和应急照明。设备管理用房工作照明设就地开关控制；场段照明控制采用智能照明控制系统；应急照明由 EPS 装置供电，具备 FAS 强启功能。

(2)照明灯具的选择

LED 照明灯具安装于车站公共区、设备区走廊、站台板下及停车场的库区、道路。车站公共区 LED 照明灯具与建筑装修协调匹配。区间隧道内照明灯具选择防水、防尘、防震型的三防 LED 照明灯具。车控室等人员长期工作的场所采用荧光灯。

13.3.4.2　系统调试

低压配电及照明系统的调试是整个车站系统调试和分专业系统调试的重要环节，它的正确有序进行是确保分系统调试顺利的前提，该系统的试验工作流程：单体试验→系统调试→与其他系统的联动调试。

1. 调试前检查及单体试验

(1)低压开关柜、环控电控、配电箱柜调试前完成外观检查

(2)低压开关柜、环控电控、配电箱柜调试前完成柜内元器件、抽屉柜的检查

(3)测量绝缘电阻

低压开关柜、环控电控、配电箱柜调试前完成测量柜体与地之间、一次回路、二次回路每一支路的绝缘电阻，绝缘电阻值均不小于 1 MΩ；在比较潮湿处，可不小于 0.5 MΩ。

(4)交流耐压试验

低压开关柜、环控电控、配电箱柜调试前完成对柜体连同所接电力电缆及二次回路进行交流耐压试验：试验电压标准为 1 000 V；当回路的绝缘电阻在 10 MΩ 以上时，可用 2 500 V 兆欧表代替工频交流耐压试验，试验时间为 1 min，均无击穿闪络现象。

(5)密集母线槽的试验

低压开关柜、环控电控调试前完成检查密集母线槽螺母是否紧固，外壳是否与地线可靠连接；测量密集母线槽各相间的绝缘电阻，绝缘电阻值不小于 1 MΩ；密集母线槽的交流耐压试验：当绝缘电阻值大于 10 MΩ 时，可采用 2 500 V 兆欧表摇测代替，试验持续时间 1 min，无击穿闪络现象；当绝缘电阻值在 1 ~ 10 MΩ 时，用 1 000 V 兆欧表摇测 1 min，无击穿闪络现象。

(6)电压、电流互感器的检测

低压开关柜、环控电控调试前完成互感器一、二次绕组间及绕组对地的绝缘电阻值测量以及变比试验。

2. 低压开关柜的调试

(1)功能测试

①核查低压开关柜两路进线电源的相序及相位。

②合上两路进线开关 QS1、QS2，测试低压开关柜两进线一母联的联锁关系。

③测试当任一路进线失电时，母联是否可以自动投入，三级负荷总开关是否会自动切除；当失电回路恢复供电时，母联是否会自动分断，进线开关是否能自复。

④测试当任一进线开关故障时，母联是否会闭锁。

⑤测试当一路失电状态下时，三级负荷总开关是否能够手动投入。

(2)在满足设计的要求上，对柜内框架断路器的继电保护整定参数进行调试，使其符合现场需求。

(3)低压电器动作情况的检查

将抽屉柜手柄开关置于试验位置，此时主回路断开，控制回路接通。按下面板上的起停按钮控制接触器的合分闸，接触器动作及指示灯的运行均应符合以下要求：

①开关电器合闸、分闸性能正常。

②各馈电回路输出正常，相序正确。

③机械、电气联锁性能正常。

④带电磁线圈的器件(接触器、中间继电器)吸合、分断正常。

⑤指示灯指示正确，模拟显示正确。

⑥各辅助触点动作正确，外引端子上信号结点输出正常。

⑦断路器、热继电器等保护电器试验跳闸动作正常、复位正常。

⑧测量指示仪表(电压表/电流表/功率因素表/电度表等)指示正确。

⑨控制电器(电容控制器/电压继电器/时间继电器/启动器等)性能正常。

3. 环控电控柜的调试

环控电控柜内控制设备主要分成10种控制设备类型：TVF 隧道灾难风机、DSF 大系统送风机、DPF 大系统排风机、普通风机、高低速风机、正反转风机、消防风机、普通二挡风阀、普通三挡风阀和消防风阀。

使用电脑相关软件对上述的10种类型控制设备和 PLC 进行设置和编程，主要包括：对控制回路的相关控制参数和设备线路进行设置和测试、对控制回路的相关保护参数进行设置和校正、对控制回路的相关通信参数进行设置和测试。

下面是对环控电控柜内各类设备的调试设置功能分类：

(1)控制普通风机、高低速风机、正反转风机的环控电控柜设备，各安装一个马达保护器，用来控制环控电控柜设备是否送电；可以设置通信参数与 PLC 通信，实时控制启停现场风机和反馈现场风机的各种状态；可以设置保护电机的各种保护参数。

(2)控制普通二挡风阀、普通三挡风阀和消防风阀的环控电控柜设备，需要安装远程 I/O 通信模块与 PLC 通信，实时控制开关风阀和反馈二挡风阀、三挡风阀和消防风阀的状态。

(3)控制 TVF 隧道灾难风机的环控电控柜设备，采用软启动器控制和保护 TVF 风机；可以设置通信参数与 PLC 通信，实时控制启停 TVF 风机和反馈现场风机的各种状态；可以设置保护电机的各种保护参数。

(4)控制 DSF 大系统送风机、DPF 大系统排风机的环控电控柜设备，采用变频器控制和保护 TVF 风机；可以设置通信参数与 PLC 通信，实时控制启停现场风机和反馈现场风机的各种状态，并且可以调节现场风机的转速；可以设置保护电机的各种保护参数。

单体调试阶段完成后，环控电控柜的设备要实现设计院规定的相关控制功能，其基本控制功能有以下两个方面：

①在环控电控柜控制现场设备时，确保可以在环控电控柜的面板上控制现场设备，确保可以在现场手操箱面板上控制现场设备；确保 BAS 方可以用 Ethernet 网络控制环控电控柜上的 PLC，进而控制现场设备。

②消防风机和消防风阀需要确保 FAS 方可以控制环控电控柜上的设备，进而控制现场设备。

4. 配电箱的调试

(1)照明配电箱、动力配电箱

①核查箱内进线电源的相序。

②合上各回路的开关，检测馈出回路是否正常，相序是否正确。检查相应插座的电源是否与馈出电源一致。

③对漏电保护回路进行漏电测试，检查漏电保护开关是否能正常分断。

(2)双电源切换箱

①核查箱内进线电源的相序。

②双电源切换器的功能测试。

当双电源切换器处于“手动”状态下时，合上常用电源/备用电源开关，其相应的电源指示灯亮，按下对应的手动合闸按钮，用万用表在双电源切换器的馈出端测量电压，电压应正常，相序与进线电源一致。常用电源和备用电源均送电，先按常用电源合闸按钮，再按备用电源合闸按钮，此时备用电源手动合闸应合不上；相反，先按备用电源合闸按钮，常用电源手动合闸应合不上。

当双电源切换器处于“自动”状态下时，合上常用电源和备用电源的开关，两个电源指示灯都亮，此时常用电源处于合闸状态，将常用电源断开后，备用电源会自动投入；如果先合上备用电源开关，再合上常用电源开关，此时备用电源会自动分断，常用电源自动投入。

调整双电源切换器的切换时间，使其符合设计要求。

5. 应急照明装置(EPS)调试

应急照明电源装置设备的电池上架及接线，设备调试均由供货商负责。施工单位需将蓄电池运至设备房内，如调试时蓄电池未到货，则采用电池旁路的方式进行设备调试。

(1)EPS 柜参数试验

按照设备的操作手册对以下项目进行测试：浮充电装置稳压精度和纹波系数试验；浮充电装置稳流精度试验；控制母线输出电压稳压精度和纹波系数试验；电池活化试验。

(2)双电源切换功能调试

其方法与双电源切换箱的调试方法相同，调整切换时间，使其符合设计要求。

(3)装置功能测试

①按照设备操作手册进行开机，逆变器进入待机状态，此时进线电源经旁路向负载供电，并对蓄电池进行充电，用万用表测量 EPS 柜馈出回路的电压，并核查其相序是否正确。

②当应急照明装置处于“自动”状态下时，断开Ⅰ路进线电源开关，观察装置是否会自动切换到Ⅱ路电源，此时测量馈出回路的电压并核查相序的正确性；再断开Ⅱ路进线电源开关，观察逆变器是否能够正常启动，此时蓄电池通过逆变器将直流逆变成交流向负载供电，测量馈出回路的电压并核查相序的正确性。

③调整 EPS 柜的充放电电压、电流，使其满足设计要求。

6. 照明回路调试

(1)灯具、开关、插座测试

①核查各灯具、开关、插座回路是否与设计图纸一致。

②检查各插座安装是否符合“左零右相”的原则。

③核查每个开关的控制区域是否符合设计要求。

④对每一灯具、插座进行绝缘检测,绝缘电阻值应不小于 2 MΩ。

⑤对每一回路进行绝缘电阻测量,相间及相对地的绝缘电阻不小于 0.5 MΩ。

(2)照明回路的调试

在各照明配电箱通电的情况下,合上照明配电箱内的空气开关,检查各分支回路灯具的通电情况,检查处理不亮的灯具;检查各开关是否能正常控制相应区域灯具的通断;照明灯具连续试运行 24 h 无故障。

13.3.4.3 调试总结

动力照明系统在调试过程中应注意以下几点:

(1)按照整体工筹有序推进动力照明调试,需考虑车站区域性调试,涉及类似环控电控柜单机调试,因下游设备多、接口多,容易受土建及设备安装进度影响,随工程进展,后期调试压力较大,需协调环控电控柜厂家尽早介入调试工作,并保证调试技术人员配备满足需求。

(2)严格按照设备用房和请消点管理办法,规范标段施工单位和设备厂家行为。变电所低压段受电后,在带电区域施工、检修、巡视存在的主要危险源有带电作业、带电设备附近作业和停电倒闸作业,可能发生触电和供电运行事故。在调试前,在监理单位的监督下标段施工单位组织相关人员,对轨道交通公司下发的管理办法进行集中学习,并按要求办理相关请消点手续。

(3)根据责任划分,常规设备调整主要责任为标段施工单位,设备厂家配合。常规设备调试前,标段施工单位做好设备调试以及现场环境进行安全技术交底,确保施工人员人身安全;第一次通电调试前,车站/区间现场各设备试车前检查工作应全部完成,对于重要设备(低压开关柜、环控电控柜、冷水机组、空调泵等),必须要在厂家技术人员现场检查确认后,才能进行通电调试。送电后,现场人员保持交流畅通,无关人员不得进入调试现场。

(4)应急照明装置(EPS),因受现场环境制约,EPS 电池到场后,不具备充电条件,且现场潮湿、粉尘较多,容易造成电池性能损伤,故电池供货不宜过早,应在 EPS 调试前到货并安装就位即可。

13.3.5 给排水及消防系统调试

13.3.5.1 给排水及消防系统简介

呼和浩特市城市轨道交通 1、2 号线一期工程正线给排水及消防系统主要包括给水系统(包括生产、生活给水系统和冲洗用水系统)、排水系统(包括污水排水系统、废水排水系统、雨水排水系统),消防给水系统(包括:消火栓系统、自动水灭火系统)等(见图 13-3-11)。

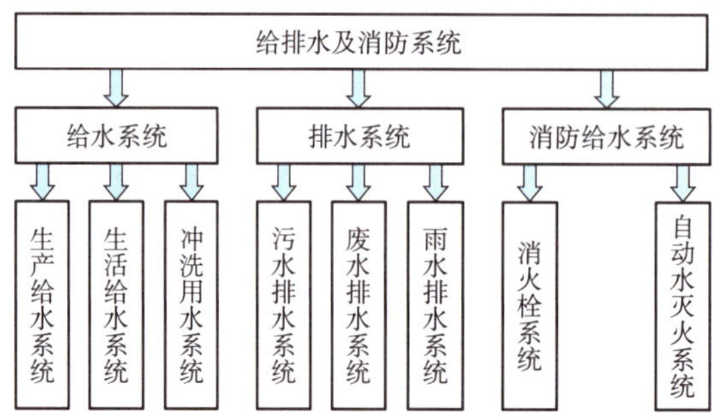

图 13-3-11　给排水及消防系统调试流程图

本工程全线消防给水系统和生产、生活给水系统均采用城市自来水，结合市政管网的压力及水量情况，每个独立单元将市政给水管接入消防水池，经消防泵组加压后供消防用水；消火栓系统在每个独立单元内布置成环状管网，在车站两端分别向地下区间隧道引入消防给水干管，使相邻车站和区间的消防管网相连。

全线车站的消火栓系统均设置消防泵房；新华广场站和呼和浩特东站在站厅层公共区除消火栓系统外，另设自动喷淋灭火系统；停车场、车辆段、控制中心、主变电所单独设置消防泵房和自喷泵房。

生产、生活给水系统在每个独立单元内与消火栓系统分开设置，自成独立系统，布置成枝状管网，车站内主要用水包括：卫生间用水、环控机房用水、污水和废水泵房冲洗用水、公共区冲洗用水等。车辆段和停车场主要用水包括：卫生间用水、工艺洗车用水、冲洗用水等。

排水系统包括：每个独立单元内污水系统、废水系统、雨水排水系统、局部排水系统、地下区间废水排水系统等。

13.3.5.2　系统调试

给排水及水消防系统调试包括水消防系统调试、给水系统调试、排水系统调试等。

1. 水消防系统调试

(1)电动蝶阀单机调试

手动调试和站级调试应逐台进行模拟动作试验或真实动作试验。

①调试前需具备的条件

a. 阀体已安装完毕，阀门安装位置、方向、口径、公称压力均符合设计要求；

b. 阀门与管道连接通过水压试验检测为紧密状态；

c. 电动执行器的电源线、信号线接线正确。

②调试步骤与方法

a. 先将手自动切换开关切换至手动状态；

b. 用手轮操作阀门的开启、关闭，阀门灵活，开启、关闭均能到位；

c. 检查阀门关闭时是否有渗漏现象，如有渗漏，立即处理或通知厂家修理或更换。

(2)消防水泵单机调试

①调试前需具备的条件

a. 消防泵组及管道、附件均安装完成，并经检查验收合格；管道系统已通水，若无正式水源，可采用临时水进行。

b. 检查水泵控制柜内电气元件有无损坏，接线是否松动，发现问题立即处理。

c. 检查电源、电机是否与设备正确连接，接地线是否连接可靠。

d. 检查水泵、电机的电气性能是否正常，用兆欧表测量电机相间及对地是否绝缘。

e. 检查各水泵、电机的机械性能是否正常，水泵能否手动盘动。

f. 提前通知设备厂家技术人员在调试时间到现场进行指导。

②调试步骤与方法

a. 首先进行空载试验，将控制柜主回路开关拉下，只送控制回路电源(或者拆掉电机线)，空载试验控制柜的各项功能(如手动启停、自动启停、故障互投、定时巡检、故障报警、联动启动、FAS 启动等)，以确保元器件在运输及安装过程中无损坏。

b. 空载试验完成后进行带载试运转，由调试组长下达启动命令，指定 2 名以上组员进行配合，一人负责观察泵组和管路的运行状况，一人负责操作电控柜。

c. 先将控制面板上的状态选择开关打到中间停止位置，然后把主电源开关合上，再合上控制电源。

d. 将控制面板上的功能选择开关旋转到手动位置，点动启动1号水泵，观察水泵转向是否正常，若反向则应调换任意两相电机线的相序。

e. 启动1号水泵，检查管路、阀门、水泵、压力表的工作是否正常，若发现问题立即解决后再行调试。

f. 在水泵运行过程中出现故障应报警（声、光及报警接点），控制柜应停止故障水泵运行，自动投入备用水泵运行。并将相关信号上传给FAS系统；通过"信号清除按钮"可以解除故障报警（蜂鸣器），当故障解除消失后，相应的故障指示灯灭。

g. 将控制面板上的功能选择开关旋转到自动位置，带载试验控制柜的各项功能（如手动启停、自动启停、故障互投、定时巡检、其他故障报警等），若正常，则单机调试过程结束，设备自动运行。

h. 形成《水泵检查试运转记录》。

③调试注意事项

a. 设备调试前应确保电源到位，如使用临时电，必须保证相应的电源容量足够大。

b. 进行带载试验前必须通水，否则不能启动水泵，防止机封烧毁。

（3）消防水系统单系统调试

①调试前需具备的条件

a. 检查消火栓系统的各接口、栓口、阀门、水泵结合器、消防泵类及气压设备的安装全部完毕，并且已经形成封闭系统（见图13-3-12）。

图13-3-12 消防泵房及消火栓

b. 系统已经水压试验合格，整个系统无泄露；系统上阀门处于开启状态。

c. FAS系统显示的消防水泵、电动蝶阀、消火栓按钮状态信号与实际情况一致。

②调试步骤与方法

a. FAS系统向系统中的电动蝶阀发出关、开指令（先发关，后发开），对应的电动蝶阀准确动作，同时向FAS系统反馈工作状态。

b. FAS系统远程直接手动启停消防泵，对应的消防泵应准确动作，同时向FAS系统反馈工作状态。

c. 将稳压泵调到自动状态下，打开试验消火栓测试静水压，检查环状管网的流动。检查最不利点的静水压。

d. 在管道系统的适当地点打开阀门做放水试验，使系统压力降低至稳压泵启动下限值，此时压力传感器应发出信号使稳压泵自动启动补水使压力上升，当压力上升至上限值时，压力传感器发出信号稳压泵自动停机。稳压泵状态应在 FAS 系统正确显示。如其他原因导致稳压泵启动应检查管网是否有泄漏等。

e. 接上水带和水枪，打开消火栓阀阀门，同时按下试验消火栓（也可以是任意一个消火栓）按钮，经过 FAS 系统联动控制主机自动启动消防泵。水泵启动后，消火栓按钮接收启泵信号，水泵运行指示灯亮起，FAS 系统同时收到反馈信号。

f. 消防泵启动后测试消火栓系统动态压力，应满足设计及规范要求。

g. 通过 FAS 系统关闭消防泵，消火栓继续使用，使系统压力迅速下降（小流量的稳压泵启动运行不能维持水压），当系统压力降至消防泵启动水压时，压力传感器发出信号，消防泵自动启动供水，并返回信号切断稳压泵的控制电源。此时消防泵和稳压泵的状态显示应正确。

h. 形成消火栓系统联动调试报告。

2. 给水系统调试

（1）水压试验

给水系统在完成管道及阀门安装后，应首先进行水压试验。管道系统注满水后，启动加压泵使系统水压逐渐升高，先升至工作压力停泵检查，观察各部位无破裂、无渗漏时，在将压力升至试验压力稳压 10 min，压力降应大于 0.02 MPa，表明系统强度试验合格。然后再将试验压力缓慢降至工作压力，对管道作外观检验，此时全系统的各部位仍无渗漏，试验合格；室外给水管网在试验压力下 10 min 内压力降不应大于 0.05 MPa，然后降至工作压力进行检查，压力应保持不变，不渗不漏。

（2）系统冲洗、消毒

室内外给水系统冲洗流速不小于 1.5 m/s，室内给水系统冲洗应该先冲洗底部干管，后冲洗各环路支管。将临时自来水接至供水水平主管向系统供水。关闭其他支管控制阀门，只开启干管末端支管最底层的阀门，由底层放水并引至排水系统内，观察出水口处水质的变化。底层干管冲洗后再依次冲洗各分支，直至全系统管路冲洗完毕为止。

冲洗前，结合饮用水消毒规定，先进行处理，即用每升水中含 20～30 mg 游离氯的水灌满管道，并在管中留置 24 h 以上，然后再进行冲洗。

冲洗时水压应大于系统供水工作压力，排放管的截面不应小于被冲洗管截面的 60%。

室外给水管网冲洗采取分段冲洗的原则、冲洗方式同室内给水系统。

（3）系统通水

室内给水系统通水前，把进入各用水点的阀门全部关闭严密，把各分支系统上的控制阀门关闭。由室外给水管网直接供给，检查给水设备的供水是否正常；待正常后，检查是否有水的渗漏。

上述步骤调试成功后，关闭所有支系统的阀门，打开主管阀门对主系统进行调试，检查不渗不漏后开始支系统的调试，支系统由下向上进行，每调试一处必须严格检查阀门压盖、水嘴、冲洗阀、活结、丝扣、集便器等连接处是否严密，确保不渗不漏。

室内生活通水能力检查，按设计要求同时开放最大数量配水点观察是否全部达到额定流量。

3. 排水系统调试

（1）潜水泵单机调试

潜水泵调试前需将集水池、排水沟内及其附近的建筑垃圾清理干净，水池盖板放置符合要求，防止垃圾进入池内，影响水泵运行。

①调试前需具备的条件

a. 检查电源、电机是否与设备正确连接，接地线连接是否可靠。

b. 检查各水泵、电机的电气性能是否正常。

c. 检查浮球传感器是否按设计要求安装固定，并与设定水位一一对应，同时检查液位开关的安装、电线的连接是否正确（此项非常重要，涉及潜污泵能否按设定水位正确工作）。

d. 检查控制线连接是否按照图纸正确接线。

e. 检查控制柜柜内元件有无损坏或脱落，接线有无松动。

f. 确认管路符合运行条件。

②调试步骤与方法

a. 首先进行空载试验，将控制柜主回路开关拉下，只送控制回路电源（或者拆掉电机线），空载试验控制柜的各项功能（如手动启停、自动启停、故障互投、水位控制及报警、联动启动、BAS 启动等），以确保元器件在运输及安装过程中无损坏。

b. 将断路器推到合闸位置，操作选择开关置于手动位置。

c. 按下 1#潜污泵启动按钮，水泵开始运行，同时控制柜上运行指示灯显示。停止时按下 1 号潜污泵停止按钮。2 号潜污泵按同样程序进行。

d. 操作选择开关置于自动位置，测试现场水位自动控制。其控制要求如下：

停泵水位：当水位到达停泵水位时，两台泵均应停止工作。且无论采取手动或自动控制，回路将保证两台泵都无法开启。

第一台泵启泵水位：当水位到达第一启泵水位时，第一台泵开启运行。

第二台泵启泵水位：当水位到达第二启泵水位时，控制回路将保证两台泵都处于运行状态。

危险水位（超高或超低液位）：当水位达到危险水位时，可发出报警信号。

e. 在水泵运行过程中出现故障应报警（声、光及报警接点），控制柜应停止故障水泵运行，自动投入备用水泵运行。并将相关信号上传给 BAS 系统；通过"信号总清"对卫生器具进行清洗，对渗漏点进行补修，对排水不畅处进行处理，清除在室内装修时施工中留下的管内异物。

f. 可以解除故障报警（蜂鸣器），当故障解除消失后，相应的故障指示灯灭。

g. 将控制面板上的功能选择开关旋转到自动位置，带载试验控制柜的各项功能（如手动启停、自动启停、故障互投、其他故障报警等），若正常，则单机调试过程结束，设备自动运行。

h. 形成《水泵检查试运转记录》。

（2）压力排水单系统调试

①调试前需具备的条件

a. 潜污泵单机调试工作已完成。

b. 调试工作对操作人员进行交底。

②调试步骤与方法

a. 将潜污泵控制箱的操作选择开关置于自动位置。

b. 从 BAS 系统远程直接启停潜污泵，无论集水坑内水位处于何种状态，对应的潜污泵均应准确动作，同时向 BAS 系统反馈工作状态。压力废水排水管路见图 13-3-13。

c. BAS 系统应能准确、全面显示全部潜污泵设备的状态。

d. 形成设备调试记录表。

图 13-3-13　压力废水排水管路

13. 3. 5. 3　调试总结

给排水及水消防系统的调试应分别进行单机调试、系统调试、消防系统联合调试，在调试过程中应注意以下几点。

(1)做好设备招标和设备进场管理，按照招标计划和施工计划做好招标监督、厂家考察、出厂验收、进场开箱验收工作，对调试过程中出现问题的设备视情况及时协调标段进行维修和更换，保证招标设备品牌好，设备参数满足设计要求、设备运行可靠。

(2)及早与市给排水公司对接，督促标段施工单位完成车站给排水等市政接驳工作，避免因接驳问题影响车站给排水系统调试。

(3)给排水及水消防系统采取可靠的保温措施和垃圾清理工作。完成车站、车辆基地、控制中心、区间泵房、风亭和各类集水池杂物清埋，完成车站出入口部自动扶梯集水井盖板、出入口与站厅连接处的拦水横截盖板等安装。调试的同时，同步形成生产、生活给水系统各用水点的水量和水压、车站消火栓系统充实水柱和水量压力、设备房自动灭火系统运行、区同水泵安全运行等测试合格报告。

(4)水消防系统调试前对室外消防水池内垃圾进行清理、液位计安装合格，注意室外消火栓井口规范化安装，便以顺利开展调试工作，同时避免影响消防验收。消防系统联合调试应结合室内外水消防系统进行调试，并留存调试记录，以备消防系统验收时统一查验。

13. 4　车辆系统调试

地铁车辆是城市轨道交通系统中最关键、最复杂、多专业综合性设备，是地铁系统的重要组成部分。地铁车辆具有容量大、安全、可靠、快速、美观、节能、利用地下空间等特点。

呼和浩特市城市轨道交通 1 号线一期工程地铁车辆一期配车为 24 列/144 辆，2 号线一期工程地铁车辆一期配车为 28 列/168 辆。编组方式为 4 动 2 拖 6 辆编组，采用的类型均为 B2 型电动客车，设计速度为 80 km/h。列车由空气制动系统、列车网络及监控系统、电气牵引装置、车载弓网动态监测装置、车辆内部设备和车辆电气系统组成。车上配有车载通信系统和乘客信息系统。

城市轨道交通事业的蓬勃发展,轨道列车在安全、可靠、速度、便捷性等方面不断提升的同时,如何为乘客提供舒适的出行服务已逐渐成为列车系统设计的关键性指标。呼和浩特市城市轨道交通1、2号线列车采用单机组变频空调,可根据列车室内实际需求调节运行频率,改变制冷功率,列车室内温差更小乘坐更加舒适、节能;多媒体显示屏采用19寸高清LCD显示屏,乘客视觉更佳;列车电路采用可编程逻辑控制单元(LCU替代机械触电继电器,可提高车辆控制电路的可靠性,减少电气故障);列车采用铝合金车体,除了保证车体足够的机械强度外,还具有更优的减重效果和美观效果,为呼和浩特打造了安全、可靠、绿色、智能、高颜值的草原列车。

13.4.1 车辆静态调试

经济以及科技的发展使得地铁逐渐在各大城市中建立,地铁车辆的出现,极大缓解了地面交通的压力,为人民的出行带来了更大的便利。保证地铁车辆保持良好的运行状态十分重要,静态调试的意义便在于此,因此必须对这一工作加以重视。

地铁车辆是城市交通的重要组成部分,其与城市地面交通的联合,使得一部分城市交通拥堵问题得到了解决,达到了优化城市发展环境的目的。地铁车辆在运行过程中,受振动以及摩擦等因素的影响,在潜移默化中发生磨损,如未关注其中的磨损,当积累到一定程度,很容易导致车辆出现故障,不仅会对乘客的安全造成影响,同时对车辆的维修,也会造成成本的浪费。加强对地铁车辆的静态调试,能够及时发现车辆存在的安全隐患,对于安全问题的及时解决能够提供更好的途径,是提高地铁车辆运行安全的主要措施,同时也是相关领域必须关注的重点问题。

1. 调试筹备

(1)调试人员:地铁车辆的静态调试内容较为复杂,不仅涉及电力领域的问题,同时还涉及制动及机械领域等多专业的问题,因此需要调试相关的多专业技术人员共同参与,联合完成调试过程。为保证静态调试效果,应确保上述人员具备较高的专业素质,至少需要具备2年以上的工作经验。调试过程中,在每一个环节完成之后,都要做好记录,并由调试人员和车辆监理人员签字,证明调试完成,并解决了问题。

(2)调试设备:调试设备要准备好。地铁车辆调试是一个长期的过程,无法在一天内完成,因此应安排好工作内容,准备好所需设备,检查设备的性能与完好性,保证其不存在问题,为调试过程的顺利实现奠定基础。针对计量器具而言,要保证其准确度,这一点十分重要。

(3)调试准备:调试人员应做好绝缘工作,戴绝缘手套,穿绝缘鞋,避免被电击,保护自身安全。应避免身上携带金属物,包括服装以及首饰等,避免触电。应戴好安全帽,如需要在车顶作业,一定要准备系好安全绳避免从车顶坠落,防止安全事故发生。调试应配置监护人员,一人对车辆实施具体调试,一人做好监护工作,在发现问题时,要视问题的严重程度,合理处理,将事故造成的影响降到最低。

2. 调试过程

(1)基础测量

要针对地铁车辆的基础数据进行测量,包括车体的高度以及连轴节偏移量等。为保证操作安全性,在基础数据测量之前,首先应断电,同时保证车辆停靠位置,保证其处于水平轨道,车辆施加止轮器;其次应合理分配工作人员工作内容,协同工作。

①目视检查

检查车辆间风挡、车钩、过桥线、风管已连接完毕；检查车下各箱体、设备连接器安装紧固；检查车下蓄电池箱内电池单体之间连接及温度传感器连接紧固，蓄电池无漏液现象；检查车下空压机油位正常（油位在油柱 2/3 处）；检查车下各设备接地线、转向架与车体接地线安装紧固；检查车内各电气柜内设备外观完好，设备插头连接紧固，继电器无缺失且安装牢固，闭合柜内各断路器（信号系统除外）完好；检查车内客室内各设备插头连接紧固；检查车顶空调机组内无异物，机组连接器安装紧固；检查车顶受电弓接线紧固，碳滑板无破损。

②列车激活

测量蓄电池箱内的线缆，确保线缆无混接现象。列车网络检测，列车激活后，通过 HMI 监控显示屏检查各设备的网络通信，各设备通信应正常（ATC 除外）。受电弓试验，在 Tc 车司机台按下受电弓升弓按钮；Mp1 车、Mp2 车的受电弓升起；受电弓在升弓过程中无冲网现象；确认 HMI 屏上显示 Mp1 车、Mp2 车受电弓状态正常；在 Tc 车按下受电弓降弓按钮。确认 Mp1 车、Mp2 车的受电弓在降弓过程中无砸顶现象；TCMS 屏上显示 Mp1 车、Mp2 车受电弓状态正常。

（2）送电调试

送电调试包括以下步骤：将电压确定为 DC 1 500 V。调试人员与电气工作人员相联系，保证接触网送电。调试人员按照相关步骤以及要求判断送电情况是否符合相应标准。

①辅助电源系统

激活车辆，激活司机室，受电弓升；检查网压表和 HMI 网压显示正常；HMI 监控屏无故障显示，车辆网络通信正常。

②照明系统

激活司机室侧车头左右前照灯处于远/近光状态；所有车客室照明灯、贯通道灯亮；司机室 3 个顶灯亮。

③雨刷、水泵、电笛系统

试验前要给水箱注水，试验完毕后应将水箱排空，水泵电机开始工作，且无异音。位于刮雨器上的喷水嘴有水柱喷出，水流流畅、完全地喷射到玻璃上。刮雨器在雨刷摆动过程中刮刀仍然是垂直位置，同时和挡风玻璃接触良好。电笛控制接触器得带电，触点吸合，电笛开始工作，电笛鸣响正常。

④空调及电热系统

单车空调柜触摸屏应选择“集中控制”模式。在司机室 HMI 屏的主界面中选择“设置”图标，在该界面选择“空调设定”，进入空调设置界面。在空调设置界面点击“自动冷”软键。空调系统开始进入自动冷工况。点击“自动暖”软键，空调系统开始进入自动暖工况；在空调设置界面点击“通风”软键，空调机组处于通风模式；在空调设置界面点击“紧急通风”软键，通风机由紧急逆变器供电工作，其他设备停止运行；在空调设置界面点击“停机”软键，空调机组停机。将司机室/客室电热开关打到开位，司机室电热开始工作，散热风机开始工作，无异音，半小时后确认电热器和风机工作正常。

⑤门系统

司机室门为机械门，侧门装设门锁。检查门锁在司机室内外是否均能方便的锁闭和打开。检查客室门集控开关功能正常，检查客室门内、外紧急解锁功能正常，检查客室门隔离功能正常，检查客室门障碍物功能正常。

⑥广播系统

检查司机室对客室广播正常;检查司机室对讲正常;检查客室紧急报警功能正常;检查手动广播报站功能正常;检查广播系统根据列车信号系统给出的站点信息,自动报站功能正常(需信号系统配合);检查紧急广播功能正常;检查广播系统音量自动调整功能正常;检查广播系统音量手动调整功能正常;检查司机室终点站显示功能正常;检查动态地图显示功能正常;检查监控系统功能正常;检查媒体播放系统功能正常;检查 OCC 广播功能正常。

⑦制动/牵引系统

在司机室操作紧急制动施加/缓解,车辆紧急制动的施加/缓解功能正常;将方向手柄置于向前/向后位;在 HMI 显示屏确认显示方向准确;将司控器主手柄推至牵引/制动区;在 HMI 显示屏确认显示牵引/制动工况,级位比例正确;如发现其存在问题,应及时调整,并做好记录。

3. 动态试验

(1)制动功能测试

牵引车辆,车辆速度达到(20 ±1) km/h,在激活端按下紧急制动蘑菇按钮直至车辆停止,车辆停止后恢复紧急制动蘑菇按钮(要分别对司机室内所有紧急制动蘑菇按钮进行试验)。确认在制动施加过程中,按下的紧急制动按钮制动施加正常,制动过程平稳,无异常故障显示。牵引车辆,车辆速度达到(20 ±1) km/h,在非激活端按下紧急制动蘑菇按钮直至车辆停止,车辆停止后恢复紧急制动蘑菇按钮(要分别对司机室内所有紧急制动蘑菇按钮进行试验)。确认在制动施加过程中,按下的紧急制动按钮,制动施加正常,制动过程平稳,无异常故障显示。

(2)牵引功能测试

将方向手柄打到向前位,按下警惕按钮并将司控器手柄推最大牵引位,车辆移动;车速达到(20 ±1) km/h,司控器手柄推中等牵引位;车速达到(40 ±1) km/h,司控器手柄推最大牵引位;确认车辆运行平稳,HMI 界面上显示方向向前图标和牵引百分比,牵引系统正常,无异常故障显示。确认 HMI 显示屏能正常显示车速达到(60 ±1) km/h,将司控器手柄推最大常用制动位停车。车辆减速且与速度表显示数值一致;确认检修维护界面内数据记录界面的累计运行里程数据相应的增大。试验过程中,确认列车有无异常振动和异音,车辆间有无冲撞。将方向手柄打到向前位,司控器手柄推最大牵引位,向前牵引车辆,速度达到(80 ±1) km/h。车辆施加最大常用制动减速,直至车辆停止。确认车辆运行平稳,HMI 界面上显示方向向前图标和牵引百分比,牵引系统正常,无异常故障显示。确认 HMI 显示屏能正常显示车辆速度。确认检修维护界面内数据记录界面的累计运行里程数据相应的增大。试验过程中,确认列车有无异常振动和异音,车辆间有无冲撞。

4. 静态调试验收

在调试后,应做好相应验收工作,避免出现调试遗漏,提高调试的完整性,保证车辆能够在调试之后安全运行。第一,调试人员整理工具,并对其进行保养和擦拭等,准备下次使用。第二,调试人员对数据记录情况进行检查,确保整改内容无误之后,签字确认,证明车辆调试已经完成。第三,工程师对车辆整体情况进行检查,确认车辆调试已经完成,确保车辆已经处于较为良好的状态并检查调试记录。如发现上述方面存在问题,应要求调试人员再次对车辆进行调试,确保调试有效性。第四,车辆断电。

地铁车辆的安全运行,无论对于地铁车辆本身性能和寿命,还是对于乘客的安全,都十分重要。做好静态调试,是保证地铁车辆安全运行的关键。电气专业及机械专业等相关人员,要联合起来,共同做好调试工作,并在调试过程中做好记录,避免调试过程中出现错误,为地铁车辆的安全运行提供保证。最后,工程师要做好验收,保证调试已经顺利完成,完善地铁车辆的整体性能,延长其使用寿命。

13.4.2　车辆系统联调

地铁车辆需要经过全面的静态、动态调试及完整的型式试验，对电气牵引、制动系统等关键指标进行实际测试。车辆系统测试内容包括车辆动力学、动应力及车辆性能等各项试验，试验数据均需满足设计及相关标准的要求，并出具试验报告。

1. 系统功能验证

车辆型车、编组列车、车辆的电气与机械设备配置以及主要技术参数需符合设计要求。

车辆在制造厂内及现场，按照 IEC61133 标准进行了相关的型式试验和车辆动力学及动应力试验、停车制动试验等，性能和功能满足要求，并出具符合要求的试验报告。

车辆厂内型式试验包括：称重、车辆静态限界、与安全相关的试验、架车试验、开关门循环试验、牵引性能试验、辅助供电系统试验、蓄电池应急能力试验、牵引系统试验、制动系统试验、噪声试验、空调试验、照明试验、前照灯照度试验等。

车辆现场型式试验包括：动力学测试、整车 EMC 试验、列车牵引极限能力测试、列车辅助电源蓄电池极限能力、车辆超速保护功能测试、车门安全防护功能测试、列车故障运营性能试验、救援试验、牵引曲线测试、制动曲线测试、车辆设备系统能力测试、轨道动态几何状态测试、列车弓网配合关系测试等。

车辆动态测试包括：列车人工驾驶模式下的各种功能；配合通号组完成车载信号、无线列调及与地面 PIS 系统的调试。

列车已安装了车载信号设备，车载无线通信设备工作正常，列车可以适应在 ATO 的自动驾驶模式。

车辆与行车设备系统联合调试符合设计要求，满足运营使用需求及技术合同要求。

2. 车辆动力学响应——运行稳定性测试

试验车辆需称重试验合格，经 5 000 ~ 8 000 km 的线路运用考核，确认走行部各零部件运行正常后方可进行动力学试验。被试车辆需切除 ATP，在非限制人工驾驶模式下运行。

(1)试验速度设置

①最高速度级：在线路和列车牵引等条件允许的前提下，以构造速度增加 10 km/h 作为最高试验速度，即 90 km/h 为最高试验速度级。通过曲线的最高试验速度按线路限速执行，通过站台不停车，按照站台限速执行。

②试验速度级：正常工况速度级 40 km/h、50 km/h、60 km/h、70 km/h、80 km/h、90 km/h，共 6 个速度等级。如果部分试验区段因线路原因需要限速，则试验列车通过该区段的速度按线路最高限速执行。

(2)试验方法

①轮轨力采用测力轮对方法测定，测力轮对位于被试 Tc 车和 Mp 车的一位轴，测量两条轮对的轮轨力。

②构架加速度，在被试 Tc 车和 Mp 车 1 位轴端轴箱上方垂直对应的转向架构架上平面分别安装加速度传感器，测量构架横向和垂向加速度。

③轴箱加速度，在被试 Tc 车和 Mp 车 1 位轴端轴箱体上分别安装加速度传感器，测量轴箱横向和垂向加速度。

④车辆运行速度，在被试车 Tc 车 6 号轴端安装一套速度传感器，测量车辆运行速度。

车辆动力学响应——运行稳定性测试要求：轨道状态和车辆运行状态的匹配性，评价需符合车辆安全性要求，即脱轨系数、轮重减载率和轮轴横向力等参数需符合设计和规范要求。垂向平稳性指标和横向平稳性指标在计算中采用不同的频率修正系数，但采取相同的评定等级，需要符合 GB 5599—1985 要求。

评价需符合乘车平稳性设计要求新造车辆在用户正线试验，其垂向、横向平稳性指标应满足优级，即车辆动力运行平稳性指标小于 2.5。

3. 超速保护功能

测试车辆超速保护功能的有效性符合设计要求，确保列车超速达到的最高运行速度不超过车辆的结构速度。

(1)80 km/h 网络系统限速保护功能

①操作 ATP 切除开关至切除位，切除信号限速保护，将列车转入人工驾驶模式。

②手动驾驶车辆从 0 加速至 80 km/h 后继续施加牵引，过程中牵引系统按照网络限速要求减小牵引力以降低速度，观察车辆是否在 80 km/h 时牵引力下降到 0。

③车辆停车，将网络 80 km/h 限速保护解除。

(2)83 km/h 牵引系统限速保护功能

①手动驾驶车辆至 83 km/h 后继续施加牵引，观察车辆是否在 83 km/h 时切除牵引力，观察此时车辆显示屏是否发出报警信息，蜂鸣器响，主页面弹出超速警告图标。无论牵引力是否在 83 km/h 被切除，均及时施加最大常用制动使车辆减速直至车辆静止。

②车辆停车，将牵引系统 83 km/h 限速保护解除。

③ 87 km/h 车辆限速保护功能：手动驾驶车辆至 87 km/h 后继续施加牵引，观察车辆显示屏在 83 km/h 时是否发出报警信息。观察车辆是否在 87 km/h 时，自动施加紧急制动。如未施加，及时手动施加紧急制动。

以上现象均能满足，即为试验通过。

4. 车门安全联锁

列车静止和运行途中拉下车门紧急解锁装置时，对应车门联动功能正确。车门隔离装置有效。车门在关门过程中受到障碍物阻挡时防夹和再关门功能有效。列车客室应急功能等车门安全防护功能正确。车速小于 3 km/h，通过操作内外部紧急解锁功能，实现车门紧急解锁，内外部紧急解锁——操作紧急解锁开关所用力小于 150 N。车速大于 3 km/h，操作内部紧急解锁的车门能够在司机屏上显示，车门无法打开。

5. 车门故障隔离

车门故障隔离测试，功能需符合设计要求。每个车门都配有一个手动操作的隔离装置，隔离装置为机械式，可在车内外操作。车门关闭后，隔离装置才能动作。当车门不能关闭并进入锁闭状态或者发生故障时，乘务员可用钥匙操纵隔离装置。隔离装置触发后，它使车门与其供电回路断开连接，使车门处于持久关闭的状态，紧急解锁装置功能失效，关闭车门的所有控制功能，脱离控制系统。退出服务指示灯则持续明亮，并在司机室的司机显示器上显示车门处于隔离状态。处在隔离状态的车门在未进行隔离装置复位操作以前是不能自动或手动打开车门的，即使操作紧急解锁装置也不能将该门打开。车门隔离并锁闭后可以通过钥匙恢复该车门(见表 13-4-1)。

表 13-4-1　车门故障隔离

检验项目	检验内容	试验数据	评定标准
车门故障切除功能（隔离功能）	被隔离的车门不接受司机室的开关门信号	/	被隔离的车门不接受司机室的开关门信号
	机械方式（紧急解锁）无法开门	/	车门隔离后机械方式（紧急解锁）无法开门
	隔离锁复位后，车门功能恢复	/	隔离锁复位，车门开关门动作正常

6. 车门障碍物探测

通过司机室关门按钮，控制打开的车门关闭，在车门关闭过程中将 25 mm × 60 mm（宽 × 高）尺寸得障碍物塞到车门上、中、下三个位置，确定车门可以识别障碍物，前两次检测到障碍物时车门打开（200 ± 10）mm，第三次检测到障碍物时车门开到最大；当障碍物撤出，司机手动关门后，车门功能恢复正常。在车门关闭过程中将 10 mm × 50 mm（宽 × 高）尺寸障碍物塞到车门中部位置，车门关闭后，用拉力计将障碍物拉出，所用力不大于 150 N（见表 13-4-2）。

表 13-4-2　车门障碍物探测

检验项目	检验内容	试验数据	评定标准
防夹功能（障碍物探测重开门功能）及未关闭好车门的再开闭功能	最小障碍物检测尺 25 mm × 60 mm	/	用 25 mm × 60 mm 尺寸的障碍物能够触发车门防挤压功能。
	如果关门时碰到障碍物，最大的关门力持续 0.5 s 后，车门打开至 200 mm 后再重新关闭。如果障碍物仍然存在，则这一循环将再循环一次。当障碍物探测达到三次，车门处于完全打开状态。障碍物移开后，再次执行关门操作可将车门关闭	(1)203 mm (2)203 mm (3)205 mm	前两次碰到障碍物后车门打开至（200 ± 10）mm，最后一次保持在车门全打开状态。移开障碍物执行关门操作后，车门关闭

7. 车载空调性能

（1）正常通风模式新风量

使用风量罩测量新风量：用风量罩对接风口，直接测量读数。在新风口结构不便于使用风量罩时，可使用多功能主机配合测试风筒测量新风量；测量风筒的长度不应小于风口对角线长度的 2 倍；测点截面位于风筒的中部，且均匀分布，数量不小于 12 个。将空调机组调整至正常通风模式或制冷模式，关闭所有门窗，并至少等待 5 min，记录新风门和回风门开度，使用风量罩或多功能主机测量新风量。保证客室新风量不小于 2 500 m^3/h。

（2）正常通风模式正压力

使用多功能主机测量正压力：在车辆客室区域的几何中心用塑管一端连接车外，另一端连接多功能主机。将空调机组调整至正常通风模式，关闭所有门窗，并至少等待 5 min。新风门和回风门位置与正常通风新风量测试时的风门位置保持一致，使用多功能主机测量正压力，保证正压力应在 30 ~ 50 Pa 之间。

（3）正常通风模式送风量

将空调机组调整至正常通风模式或制冷模式，关闭所有门窗，并至少等待 5 min。新风门和回风门位置与正常通风新风量测试时的风门位置保持一致，使用多功能主机或风量罩逐段测量送风口空气流量，各段累加得出送风量。保证 Tc 车：司机室和客室送风量之和应不小于 6 000 m^3/h。M 车/Mp 车：客室送风量应不小于 6 000 m^3/h。

（4）正常通风模式微风速

在座椅区域距地面 1.2 m 处、在其他区域距地面 1.7 m 处使用多功能主机进行测试，记录车内平均温度使用多功能主机测量微风速。在空调系统运转时，客室内最小气流速度大于0.07 m/s，最大气流速度不大于0.9 m/s。

(5)应急通风模式新风量

将空调机组调整至紧急通风模式；关闭所有门窗，并至少等待5 min；记录新风门和回风门开度。使用风量罩或多功能主机测量紧急通风状态下的新风量或送风量；在客室紧急通风模式下新风量不小于2 820 m^3/h。

8. 车内噪声

车辆在空载状态下，车辆完成全部装配工作，具备在环线上走行条件；车辆踏面不允许有明显擦伤；试验时车门、窗均应关闭；试验时车内限制在最少人数，限制在2~3人；噪声测量时所有辅助系统正常运行。

(1)车内在静止条件下辅助设备的噪声，列车处于静止状态和自由声场内，所有辅助设备正常运行时，按照ISO 3381进行测试，客室内的噪声不超过69 dB，司机室内的噪声不超过65 dB。列车在地面线路道砟轨道上运行时的噪声列车以正常方式加速、惰行或制动时，按照ISO 3381进行测试，客室内噪声不超过74 dB，司机室内噪声不超过75 dB。列车以不超过80 km/h的任意恒定速度（通常为60 km/h ±5%）运行时，测得的噪声不超过73 dB。恒速运行时间不少于60 s。

(2)车外在静止条件下辅助设备的噪声空载列车在静止状态和自由声场内，所有辅助设备同时运行时，根据ISO 3095进行测试，沿水平方向距离走行轨线路中心线7.5 m处，距轨面高度1.2 m处，在列车任意一侧、列车长度范围内的任意点测得的噪声不超过69 dB。测试在ISO 3095规定的自由区域条件下，列车在露天地面区段进行。列车在地面线路道砟线路上运行，以正常方式加速、惰行或减速运行时，沿水平方向距离线路中心线7.5 m处测量，距轨面高度1.2 m处，车辆发出的噪声不超过80 dB。车外噪声的测试根据ISO 3095进行。列车以不超过80 km/h的任意恒定速度（通常为60 km/h ±5%）运行时，沿水平方向距离线路中心线7.5 m、高出在轨道最上端（1.2 ±0.2）m处测量，车辆发出的噪声不超过80 dB(A)。噪声试验，试验结果满足设计要求。

9. 紧急制动距离

紧急制动是列车在紧急情况下采用的制动方式，紧急制动一般采用纯空气的制动方式。地铁车辆的紧急制动是由紧急制动安全环路直接控制的，紧急制动环路的设计通常采用得电缓解失电触发的控制方式。如列车由于某种情况触发了紧急制动，触发信号将传输给列车控制单元和牵引控制单元，牵引控制单元将会封锁牵引，列车无法再次牵引。因此，紧急制动触发后直到列车停止才能恢复。此外，紧急制动不受冲击极限的限制，是制动率最高的制动方式。

在平直轨道上进行测试，列车处于AW0、AW2、AW3载荷情况下，初始速度为80 km/h；通过紧急按钮或警惕按钮施加“紧急制动”；记录列车速度、1个拖车和1个动车的制动缸压力、“紧急制动”信号、制动距离、平均减速度。列车在设计最高运行速度下的紧急制动距离符合设计要求。

10. 联挂救援功能

列车联挂救援功能测试要求：一列车故障不能运行时，能通过救援列车联挂并实现操控列车的功能。

(1)AW0救援AW0试验

设备外围环境温度为22.8 ℃，当地最高环境温度38.5 ℃。折算至最高环温的温度 = 实际温度 − 环境温度 + 当地最高环境温度。救援试验后，记录的温度应不超过以下温升许可值（见表13-4-3）。

表 13-4-3　AWO 救援 AWO 试验电机温升许可值统计表

组 件 名	实际温度(℃)	折算至最高环温的温度(℃)	设计最大温升(℃)
散热板	35.4	51.1	80
电机 M1	33.5	49.2	200
电机 M2	33.5	49.2	200
电机 M3	33.9	49.6	200
电机 M4	33.5	49.2	200

一列 AW0 列车推动另一列 AW0 无动力车辆从辅助线最大坡道起步并运行到车辆段。

(2)AW0 救援 AW3 试验

设备外围环境温度为 26 ℃,当地最高环境温度 38.5 ℃。折算至最高环温的温度 = 实际温度 - 环境温度 + 当地最高环境温度。救援试验后,记录的温度不超过以下温升许可值(见表 13-4-4)。

表 13-4-4　AWO 救援 AW3 试验电机温升许可值统计表

组 件 名	实际温度(℃)	折算至最高环温的温度(℃)	设计最大温升(℃)
散热板	47.6	60.1	80
电机 M1	64	76.5	200
电机 M2	62	74.5	200
电机 M3	64.7	77.2	200
电机 M4	61	73.5	200

列车能在正线最大坡道启动,并能运行到最近车站。

13.4.3　弓网在线监测设备调试

1. 调试流程

采用高清成像技术以及光源补偿技术,实现接触网高清悬挂技术状态的高清成像,能清晰分辨悬挂设备的松脱等。同时利用智能识别技术,实现故障的自动识别;紫外燃弧检测通过紫外光电技术,实现弓网燃弧的在线检测,该检测方式能避免太阳光以及其他杂散光的干扰;采用机器视觉及数字图像图像处理技术,实现几何参数高精度检测,将弓网工况实时高清成像。

2. 调试条件

运车时速 0 ~ 90 km 性能稳定,适应匀速和变速情况适应线路上弯道、坡道、站场的情况。

3. 调试内容

高清悬挂检测:采用两台高清摄像机从两侧对接触网刚性悬挂区域进行拍摄,所摄区域覆盖汇流排、中间接头、膨胀接头、定位线夹、悬吊安装底座、中心锚节、分段绝缘器、刚性悬挂绝缘子、线岔状态等设备。依据实际线路汇流排导高调整,可覆盖常规地铁导高 4 040 mm 的刚性及柔性悬挂零部件。图像分辨率达到高清标准,能够有效观察到接触能够覆盖到沿线经过的所有接触线区域。汇流排损伤;中间接头松动;膨胀接头零件松脱;定位线夹紧固零件松脱;悬吊安装底座紧固件松脱;中心锚节、分段绝缘器松;刚性悬挂绝缘子破损;线岔区域状态等。可不间断工作 24 h 以上,期间功能正常运行(见图 13-4-1)。

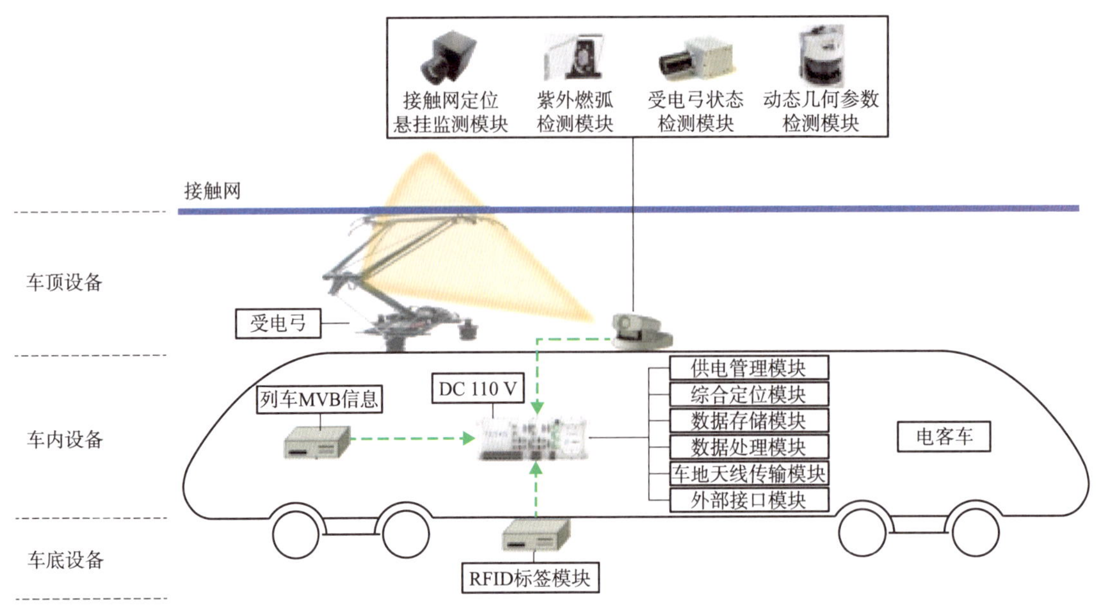

图 13-4-1 弓网在线监测设备结构功能图

13.4.4 走行部车载故障诊断系统调试

1. 调试流程

收集所有诊断结论与原始样本数据;负责将传感器网络传输来的信号进行处理、采集、诊断与存储;内置在线故障诊断专家系统软件,实现在线自动诊断,并实时给出诊断结论;对数据进行对比分析与归类存储;通过数据下载接口实现与配套地面系统的数据连接;信息输出至显示终端;将诊断信息通过 MVB 输出到 TCMS;接收通过 MVB 接收 TCMS 的控制或状态信息;将保存的诊断结论、样本数据使用车辆的无线链路传输到地面系统。

2. 前置条件

需接入干线以太网,用于集中各列车数据、输出维护数据, 接入车地无线传输链路,将离线数据自动传输。

3. 调试内容(见表 13-4-5)

表 13-4-5 走行部车载故障诊断系统调试内容

监测点	传感器类型	安装数量	故障诊断内容
轴箱	复合传感器	1 只/轴箱	通过故障冲击诊断方式识别轴箱轴承故障。通过故障冲击诊断方式识别车轮踏面故障。通过振动敏感元件,获取振动加速度样本。温度采集,作为诊断的辅助参数。独立软件,实现轮轨振动冲击的采集与识别
电机	复合传感器	1 只/电机	通过故障冲击诊断方式识别电机轴承故障。通过振动敏感元件,获取振动加速度样本。温度采集,作为诊断的辅助参数
齿轮箱	复合传感器	1 只/齿轮箱	通过故障冲击诊断方式识别小齿轮轴承故障,识别传动齿轮故障。通过振动敏感元件,获取振动加速度样本。温度采集,作为诊断的辅助参数

车辆走行部车载故障诊断系统通过复安装在轴箱、齿轮箱和牵引电机上的合传感器采集冲击、振动、温度三参数对轴箱轴承、齿轮箱轴承、电机轴承、传动齿轮、车轮踏面进行实时监测,实现被监测部件的自动实时故障诊断、精确定位和分级预报警,保障列车运营安全,指导状态维修;车辆走行部车载故障诊断系统具备报警信息通过网络传输至 TCMS,并能通过车地无线传输通道将报警信息传输到地面 OCC 的功能;通过

对监测数据进行自动化诊断分析,给出车辆走行部健康状态(健康、亚健康、不健康)及维修建议,同时提供维修情况输入接口,实现对车辆走行部健康管理。走行部监测设备安装见图 13-4-2。

图 13-4-2　走行部监测设备安装

13.4.5　逻辑控制单元调试

1. 调试流程

通电后主控板、输入输出板会实时诊断自身电源是否异常。所有带 CPU/MCU 的板卡/模块会对 CPU 进行检测,防止死机,如有死机的情况则重启恢复。通信主控板、输入输出板、通信板会实时诊断自身通信电路是否异常,通信模块。主控板、输入输出板会实时诊断自身输出电路是否异常,采用监测输出控制寄存器、输出驱动芯片状态、输出反馈状态实现监控。主/从控板会监测系统中从模块是否丢失,从而控制输出导向安全。由通信板监听主控、输入输出运行过程数据。当 A/B 组均上电工作时,如果检测到两组同一个输入信号的状态不一致时,进行报警提醒。

2. 前置条件

整车 LCU 系统采用分布式网络控制,各个 LCU 之间功能相互独立,实现各自逻辑控制功能。LCU 通过 TCMS 网络进行数据交互。每套 LCU 包含一个以太网接口,可与列车以太网(ETH)局域网连接,实现 LCU 数据集中维护功能。

3. 调试内容

LCU 系统能够实现车辆的逻辑控制,使电气设备完成相应功能,并具有定时控制、延时控制、车辆状态诊断及上传和故障保护等功能。能通过维护端口进行下载分析,并能通过专用的监控软件实时观察 LCU 的输入输出、中间变量等运行状态等。LCU 机箱见图 13-4-3。各 LCU 彼此独立工作,各 LCU 间总线通信畅通。LCU 双冗余功能相同且可互换控制,当某一组 LCU 控制系统模块发生供电故障、生命信号丢失、输入故障、输出故障等故障时,另一组相同模块能自动切换,且切换时不影响列车运行。光电隔离的开关量信号输入具备抗干扰能力,能准确、快速的接收输入电信号指令。以太网通信接口和 USB 维护端口,可通过便携式诊断单元(PTU)下载子系统存储的各类运行或故障信息。某一路通信总线发生断路故障时,可以正常启动和正常工作。当某一路总线不能收发数据时,不进行 LCU 组切换,维持单独运行;当某一路总线异常时,出现故障的总线应停止发送数据,关闭其发送中断服务,确保另外一条总线收发数据正常。

图 13-4-3　LCU 主机箱

13.4.6　智能运维系统调试

1. 调试流程

系统提供子系统诊断预警页面显示五家子系统，云平台通过子系统智能诊断预警信息推送接口推送的预警数据，显示为列表形式，可以实时显示子系统推送的预警信息，5 个子系统分开显示，可以用 TAB 页面切换，列表提供若干个查询条件。子系统诊断预警信息页面用户点击可以打开与该条预警相对应的子系统云平台的相应页面，但是否可以能够成功访问取决于客户网络是否畅通，地面智能运维平台系统只是提供链接的按钮。车门、空调、走行部、蓄电池、受电弓监测系统详细预警信息界面采用相同的风格展示。以列表的形式显示目前线路列车尚未处理的所有故障。显示每一条故障的列车编号、故障代码、故障名称、发生时间、故障系统、故障等级、状态（见图 13-4-4）。

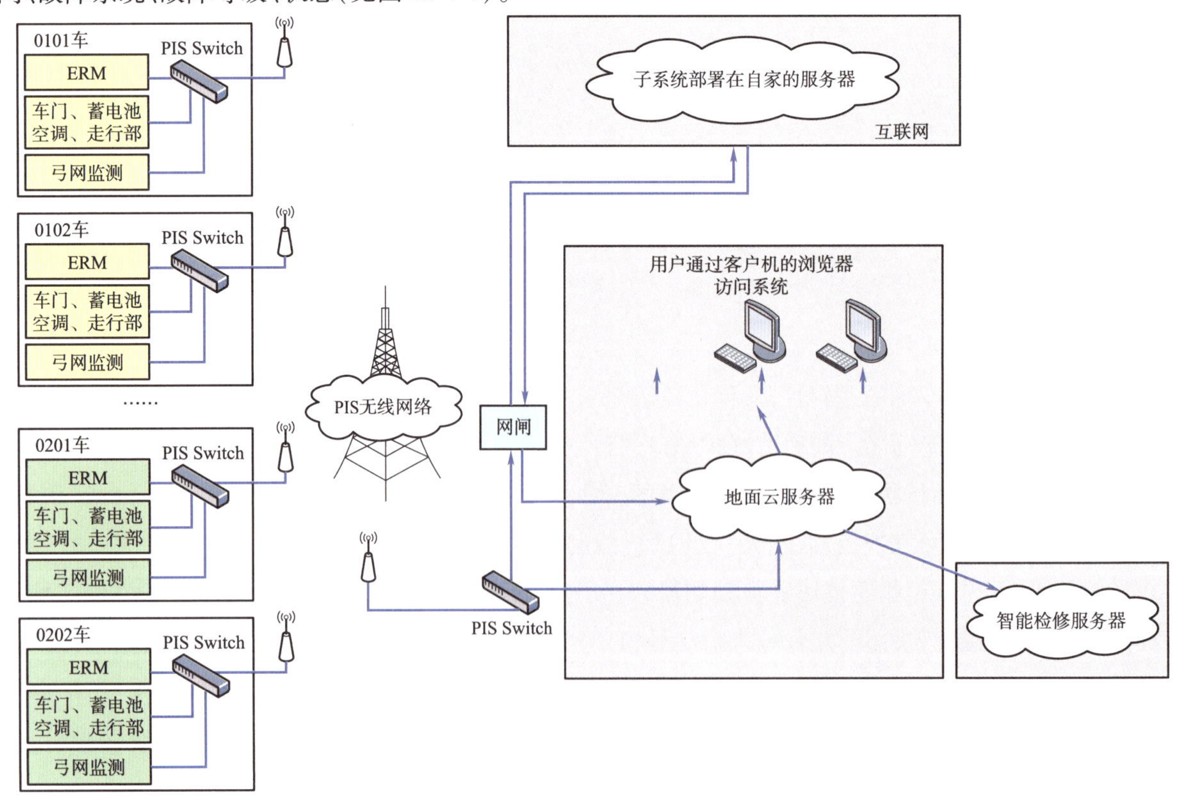

图 13-4-4　列车智能运维系统传输架构图

2. 前置条件

车载局域网内各设备应通过 PIS 无线通道连接至地面 PIS 设备，以实现车辆 MVB 网络的车地传输功能。车辆 MVB 数据、车门系统、受电弓检测系统、走行部系统、蓄电池系统、空调系统的以太网数据传输要求，呼和浩特市城市轨道交通 1、2 号线合计列车无线传输系统最高约占用 20M 带宽，PIS 车地无线通道应可以满足以太网数据的稳定传输。地面服务器通过网闸可以连接外网实现与各个子系统云服务器的通信，子系统智能诊断云平台与地面智能运维平台之间的通信畅通。

3. 调试内容

列车无线传输系统总体架构如图 13-4-4 所示，车载各设备与维护网交换机相连，利用 PIS 系统的车地无线通信系统将故障/状态等数据传输到地面服务器，车载的空调、门、走行部、蓄电池等系统将各自的运行数据通过 PIS 通道再经过网闸传回至各自的服务器；地面服务器经过网闸接收从子系统云端服务器处理的智能预警信息和故障信息，并将这些数据连同车辆网络数据进行处理，形成图形、报表等信息。地面服务器可以将故障数据和预警数据转发给智能检修系统，由智能检修系统来提供检修任务派发和故障诊断，智能检修系统界面见图 13-4-5。

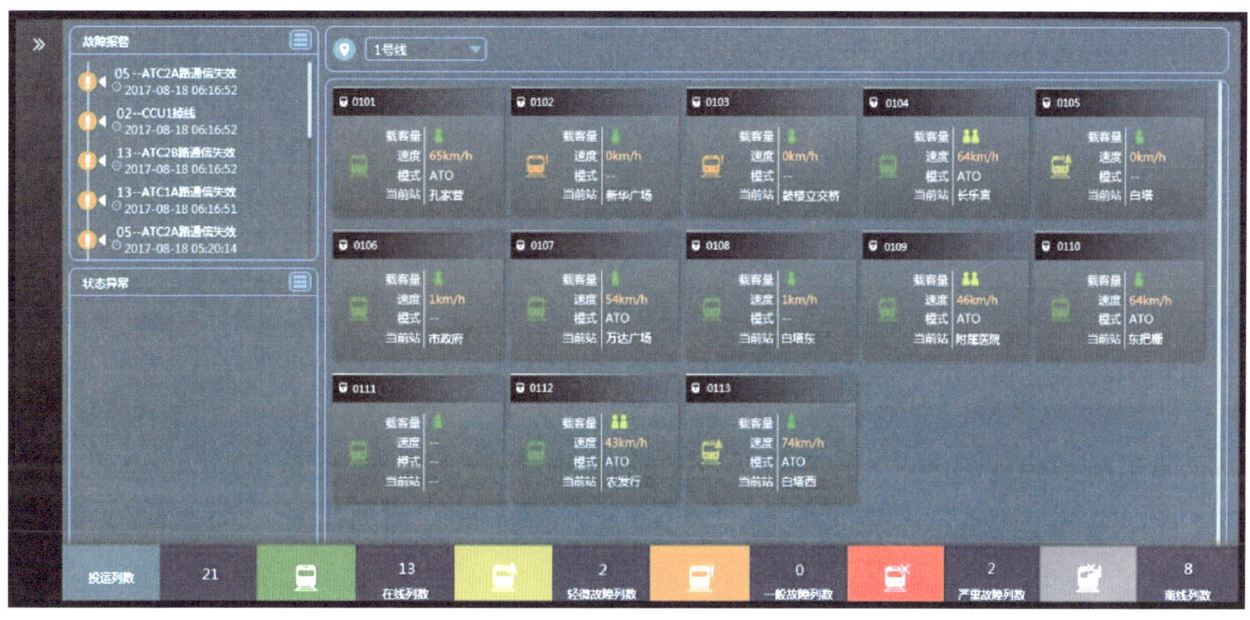

图 13-4-5 智能检测系统界面

13.4.7 车辆调试遇到的问题

调试工作是一项要求非常严格的工作，所有的调试过程和手续都要严格按照规章制度进行，调试车辆的严格检查，决定了车辆在正线运营的安全。调试过程中，由于工作的复杂性，诸多因素都会景响到调试的结果和调试工作的安全，由于调试工作组织不合理、工作不细致导致调试事故的情况时有发生，因此，对调试工作的安全应该引起足够的重视。

（1）调试制度的健全、明确规范制度和规定是调试工作的安全保障。相反，对调试工作不够重视，基础管理制度不健全或制度不规范，则会导致调试工作缺乏制度保障，不能保证调试工作安全。要从制度上保障，从规范上抓起，确保调试工作的安全基础牢固可靠。

（2）技术文件传达不到位，标准不统一。调试工作应该严格按照规定的技术要求进行，如果因为某些原因对车辆技术性能进行了调整，而调试未通知到当班调试人员，容易导致调试过程中因为技术参数的改动而产生次生故障甚至发生危及行车安全的事故。所以，在调试之前应该严格核对相关技术参数文件，技术部门对标准或者技术性能修改后要及时下发和传达相关的技术文件，在文件未彻底传达前，禁止安排相关的调试工作。

(3)调试人员安排不合理，操作流程不熟悉。调试工作对参加的人员的业务水平是有一定要求的，参与调试的人员要求有一定的经验和能力。参与调试的人员要严格遵守调试规定，严格杜绝不符合规定的调试项目，例如 80km 制动试验项目受到调试线路长度的限制，一次加速往往只能做一次试验，所以，在调试过程中严禁擅自缩减调试时间和调试环节。调试负责人只能有 1 个，在任何情况下，动车只能由调试负责人单独指挥，严禁出现多人交叉指挥的现象。

(4)车辆存在隐藏故障，或者故障处理不到位而盲目调试。车辆在运营过程中会出现各种故障，甚至出现影响运营安全的大故障。而故障的处理要细致到位，只有全部故障均已排除才能进行调试工作。针对存在较大故障的车辆，在调试的过程中，调试负责人应严格把控调试的步骤和调试速度，确保调试安全。

(5)其他原因。在正常的调试工作中还会出现一些情况影响到调试的正常进行，例如：工具、设备使用不合规范，使用中出现故障、人员配合不到位、调试与施工计划冲突等，皆有可能影响调试工作的安全性。在调试的过程中一定要严格做好工具、设备的检查。开始调试之前，做好试车线的巡道工作，严格审核调试计划，做到计划合理有序。

13.4.8 车辆调试总结

通过呼和浩特市城市轨道交通 1、2 号线车辆的调试管理，我们总结了一些经验：

(1)车辆系统的调试团队比较成熟，主要是在调试前的准备工作。首列车到段前要做好各项调试准备工作、车辆存放、安保工作、车辆调试供电、车辆段及试车线动车路线等。

(2)车辆系统接口众多，其与各接口系统的功能实现要提前进行测试，而且要进行充分测试，在系统调试前就把所有方案确定好，确保调试过程中不出现大的问题，确保工程质量和进度。车辆系统的调试工作内容庞杂，工作量大，所以调试过程一定要严格按要求、按标准进行，养成规范的调试习惯，尽可能避免失误及返工。

(3)对 LCU 逻辑控制单元新技术要进行着重测试。由于逻辑控制单元涉及到安全，所以要在设计时明确替代继电器的类型和替代电路。在设备出厂前需指定监理去进行出厂验收，在现场的测试中要对全过程进行盯控，着重进行验收。

(4)在调试开始前准备好调试团队在车辆段的办公室和存放调试工具的库房，办公室可以容纳车辆、牵引等专业人员办公和存放设备。

(5)做好车辆调试计划和信号系统调试计划的匹配。因为车辆调试完毕后要交与信号调试，最终获得信号系统安全授权，所以要将车辆系统到货计划、调试计划和信号系统的调试计划和安全授权计划很好地配合起来。现场工作计划表见图 13-4-6。

(6)做好车辆监理的管理。由于公司人员有限，要依靠车辆驻场监理监造所以要管理好车辆监造人员，利用车辆监造日报，每天对车辆监造情况进行跟踪。通过车辆监理例会了解车辆调试存在问题，协调各单位解决(见图 13-4-7)。

试计划　车辆静动调计划　信号专业需求车辆交…

呼和地铁1号线车辆现场工作计划表

修订时间：2019.04.17

序号	列份	设备进场（含验收）				
		到段	静调	动调	预验收（跑和里程除外）	车辆交付信号
1	第一列	2019/3/30	2019/4/23	2019/4/30	2019/5/5	2019/5/10
2	第二列	2019/5/15	2019/5/25	2019/5/28	2019/5/30	2019/6/10
3	第三列	2019/5/15	2019/5/25	2019/5/28	2019/5/30	2019/6/10
4	第四列	2019/5/30	2019/6/10	2019/6/13	2019/6/15	2019/7/10
5	第五列	2019/5/30	2019/6/10	2019/6/13	2019/6/15	2019/7/10
6	第六列	2019/6/30	2019/7/10	2019/7/13	2019/7/15	2019/7/25
7	第七列	2019/6/30	2019/7/10	2019/7/13	2019/7/15	2019/7/25
8	第八列	2019/7/15	2019/7/25	2019/7/28	2019/7/30	2019/8/10
9	第九列	2019/7/15	2019/7/25	2019/7/28	2019/7/30	2019/8/10
10	第十列	2019/7/30	2019/8/10	2019/8/12	2019/8/15	2019/8/25
11	第十一列	2019/7/30	2019/8/10	2019/8/12	2019/8/15	2019/8/25
12	第十二列	2019/8/15	2019/8/25	2019/8/27	2019/8/30	2019/9/10
13	第十三列	2019/8/15	2019/8/25	2019/8/27	2019/8/30	2019/9/10
14	第十四列	2019/8/30	2019/9/10	2019/9/12	2019/9/15	2019/9/25
15	第十五列	2019/8/30	2019/9/10	2019/9/12	2019/9/15	2019/9/25
16	第十六列	2019/9/15	2019/9/25	2019/9/27	2019/9/30	2019/10/10
17	第十七列	2019/9/15	2019/9/25	2019/9/27	2019/9/30	2019/10/10
18	第十八列	2019/9/30	2019/10/10	2019/10/12	2019/10/15	2019/10/25
19	第十九列	2019/9/30	2019/10/10	2019/10/12	2019/10/15	2019/10/25
20	第二十列	2019/10/15	2019/10/25	2019/10/27	2019/10/30	2019/11/10
21	第二十一列	2019/10/15	2019/10/25	2019/10/27	2019/10/30	2019/11/10
22	第二十二列	2019/10/30	2019/11/10	2019/11/12	2019/11/15	2019/11/25
23	第二十三列	2019/10/30	2019/11/10	2019/11/12	2019/11/15	2019/11/25
24	第二十四列	2019/11/15	2019/11/20	2019/11/22	2019/11/25	2019/11/30

备注：1、车辆交付车辆段现场后，现场的管理需要运营公司提供；
2、为节约时间，车辆在现场整备再调试过程中，运营公司一同对功能进行确认，共同完成车辆的到货检查和开箱检验；
3、运营公司配合做好现场工作的协调，包括必要设备、清点上电、司机等。

图 13-4-6　现场工作计划表样式

图 13-4-7　车辆静动调试会议

13.5 车辆段工艺设备系统调试

呼和浩特市城市轨道交通1、2号线分别设置一段一场，分别为三间房大架修车辆基地与白塔停车场、西喇嘛营车辆段与塔利停车场。其中1号线三间房车辆段定位为1、2号线大架修段，并预留3、4、5号线大架修条件和用地。车辆段工艺设备是为车辆段和停车场实现车辆维修、保养、检测、救援等作业需求而专门设置的设备系统，在地铁各设备系统中车辆段工艺设备相对来说是较为独立的一个系统，基本安装、布置在车辆段及停车场内，是车辆段及停车场的重要组成部分。

车辆段工艺设备种类较多，大致可以分为基础性工艺设备、工艺运用检修设备、轨道工程车等三类设备。基础性工艺设备包括不落轮旋床、列车自动清洗机、固定式架车机、移车台、电动起重机、钢结构作业平台、自动化立体仓库、列车在线监测装置等大型设备，这些设备通常体量较大，需要固定在特定的土建基础之上，生产及安装调试周期较长；工艺运用检修类设备主要包括车辆列检/月检成套工具、救援设备、工建车间检修设备、汽车类、台柜类等各类维护检修运用类工器具、设备等，这些设备大多体量较小，较轻，能够移动，方便运用，但是种类繁杂，数量较多；轨道工程车类设备集成性强，1号线配置了2台内燃调机、1台轨道车、1台综合检测车、2台接触网作业车、1台接触网放线车和5台轨道平板车（其中两台带吊机），共计12台。

车辆段工艺设备不同于其他系统设备，车辆段工艺设备大多为非标定制产品，每一种设备都是独特的个体设备，都不一样，有其特殊的技术要求和功能要求，涵盖的知识面比较广，重复性较小，生产厂家也大多不相同，所以供货、安装、调试管理工作量较大，难度较高。一般生产厂家就是设备安装、调试的施工单位，所以在管理过程中对设备厂家的依赖性较强。

车辆段工艺设备中涉及现场调试的主要大型设备有电动起重机、固定式架车机、列车外皮自动清洗机、安全联锁装置、列车在线监测装置、自动化立体仓库和轨道工程车（以综合检测车动车调试为例）调试，下面将依次进行介绍。

13.5.1 电动起重机调试

该设备用于各车间作业时物件的吊装、搬运。呼和浩特市城市轨道交通1号线三间房车辆基地共配置28台。分别安装在联合检修库（车体车间、大架修拆解组装区、转向架检修区、电机检修区、空调/受电弓/门窗检修区、电器电子/制动/钩缓检修区、机电检修车间等分区）、定临修库、物资总库、材料棚、镟轮库、工程车库、备品间、蓄电池间等各单体建筑中。

1. 调试流程

（1）调试前先进行自检

检查电气系统、安全连锁装置、制动器、控制器、照明和信号系统等应符合要求，其动作应灵敏和准确；检查钢丝绳端的固定及其在吊钩、取物装置、滑轮组和卷筒上的缠绕应正确、可靠；检查各润滑点和减速器所加的油、脂的性能、规格和数量应符合设备技术文件的规定；检查盘动各运动机构的制动轮，均应使转动系统中最后一根轴（车轮轴、卷筒轴等）旋转一周不应有阻滞现象；检查行车、大车小车限位均可靠动作保护；检查失压保护和零位保护，各控制器均可零位保护有效；检查对地绝缘电阻，不大于500 V时，不小于0.5 MΩ；检查电铃、主电源划线指示灯均处于良好状态；检查防护栏，栏杆高度1 050 mm，间距350 mm，底部大于 70 mm 挡板。

(2)进行空负荷试运转

操纵机构的操作方向应与起重机的各机构运转方向相符;分别开动各机构的电动机,其运转应正常,大车和小车运行时不应卡轨;各制动器能准确、及时地动作,各限位开关及安全装置动作应准确、可靠;当吊钩下放到最低位置时,卷筒上钢丝绳的圈数不应少于 2 圈(固定圈除外);起重机制动器、缓冲器等装置应能正常工作。

(3)进行静负荷调试

先开动起升机构,进行空负荷升降操作,并使小车在全行程上往返运行,此项空载试运转不应少于三次,应无异常现象;将小车停在起重机的跨中,逐渐加负荷做起升试运转,直至加到额定负荷后,小车在桥架全行程上往返运行数次各部分应无异常现象,卸去负荷后桥架结构应无异常现象;将小车停在桥式类型起重机的跨中,无冲击地起升额定起重量的 1. 25 倍的负荷。

(4)进行动负荷调试

各机构的动负荷试运转应分别进行,当有联合动作试运转要求时,应按设备技术文件的规定进行;各机构的动负荷试运转应在全行程上进行。起重量应为额定起重量的 1. 1 倍。各机构的动作应灵敏、平稳、可靠,安全保护、联锁装置和限位开关的动作应准确、可靠。

2. 前置及配合条件

设备安装调整完毕,电气调整完毕,并经自检合格;根据起重机载重情况准备配重和吊装锁具;行车各润滑点已加注好润滑油;行车车挡设置牢固;有专业的调试组织协调机构,统一指挥,统一协调,试车人员统一听从指挥协调;试车人员必须穿戴好劳防用品;高空作业必须系好安全带;试车前,清除行车周围所有障碍物,确保行车运行无干涉;试车区域的上方及吊车下,禁止施工;试车区域,非试车人员禁止进入。

3. 调试内容

(1)空负荷试运转

调试中分别开动各机构电机,保证电机正常运转、限位开关正常工作。

①大车运行机构:检查大车运行机构无卡阻现象,无异常声响;检查大车驱动轮与轨道接触情况是否良好;检查大车运行机构减速箱油量情况;检查大车减速机密封情况;检查大车减速机有无异响;检查所有安全制动器灵敏程度;检查各缓冲器性能状况是否良好;检查各限位开关灵敏程度;检查所有连接部位坚固情况。

②小车运行机构:检查小车运行机构无卡阻现象,无异常声响;检查小车驱动轮与轨道接触情况是否良好;检查小车运行机构减速箱油量情况;检查小车减速机密封情况;检查小车减速机有无异响。

③起升机构:检查上下限位开关灵敏程度;检查卷筒钢丝绳到下限位置卷筒上钢丝绳数是否满足 3 圈以上;检查钢丝绳润滑情况。

④电气部分:检查电动机绝缘情况;检查控制器与接触器工作状态;检查电阻器工作状态;检查主令联动台使用状态。

(2)静负荷调试

将实验物起吊离地 200 mm,停留时间大于 10 min,反复实验,无异常。

(3)动负荷调试

将实验物吊起,反复试验各电机操作,过程中无异常:检查大、小车各执行机构动作灵敏程度;调试大、小车限位开关、安全保护联锁装置动作准确可靠;调试大、小车行走平稳;检查大、小车各连接部位坚固情况;检查大、小车减速器的密封情况;检查减速器的油量,是否漏油;检查起升各执行机构动作灵敏程度;调试钢丝绳限位开关、安全保护联锁装置动作准确可靠;检查起升各连接部位坚固情况;调试电动机、接触器变频器等电器部分工作状态。

4. 注意事项、小结

(1)特种设备检验

按要求履行特种设备报检手续并配合完成检验,检验结果均为合格。特种设备检验部门及时提供检验合格报告,按照流程取得特种设备使用登记证。

(2)2 台 20 t 起重机调试时临时用电容量不满足需求,调试时需禁止其他用电设备使用。且使用临电调试易在调试过程中跳闸,对设备不利,尽量在以后的项目中使用正式电进行调试。

(3)在调试过程中,发现一些起重机电机出现漏油现象,联系厂家对漏油电机进行了更换。

(4)调试过程中发现库内起重机行走时,与屋顶排风设施产生冲突,导致到达排风设施时,小车不能通行。联系排风设施厂家,把排风设施加高 5 cm,保证起重机的通行使用。

(5)调试过程中,部分起重机检修爬梯与工字梁下面的部分段综合支吊架杆有干涉,因为综合支吊架中管路有坡度要求,最终解决办法是将检修爬梯缩短 20 cm。

(6)部分单体内门设置较小,吊机开不进去,采用手动葫芦吊装。

(7)材料棚顶较低,影响吊机发挥,还是应该在棚顶之前进场安装,施工顺序应统筹好。

(8)材料棚两侧不封闭,雨水锈蚀起重机下轨道工字梁,影响美观及设备使用寿命。

(9)调试时,做好数据统计,并对问题项进行记录。

13.5.2 固定式架车机调试

该设备为 1 套非标设备,位于车辆基地联合检修库内,能起升 6 节编组列车,用于列车架修、大修时的起、落车作业。以方便对列车车体下部的机械、电气部件进行拆卸、维修、保养和更换。

1. 调试流程

(1)调试前检查

由施工人员检查主部件情况、所带设备情况,准确无误后开始调试作业。

(2)PLC 控制系统初步检验

系统上电后,使用笔记本电脑下载调试程序,对设备中使用的限位开关、高度脉冲传感器、手操器及控制柜上的动作按钮、指示灯、坑内积水和通风等进行手动触发,在触摸屏或者笔记本电脑上观察是否有信号返回,信号返回对应的标签有颜色变化。如果没有返回信号,则根据电路图检查原因,直到有信号返回。主要调试各输入输出信号是否正确灵敏、供电是否正确,并填写“PLC 控制系统初步检验记录”。

(3)架车机空载调试

外观检查;性能指标测试;安全连锁内容测试;本地控制器功能检查。

(4)架车机联调调试

架车运行试验,设备与车辆接口测试;车体同步升降,包括车体举升试验、车体下降试验;转向架同步升降,包括转向架举升试验、转向架下降试验。

2. 前置及配合条件

设备安装调整完毕,电气调试完毕,并经自检合格;调试前先请点及配合调试电客车一列,遵照调试负责人安排时间准时安全作业，需要车辆调试人员配合调试及故障排查；调试前对调试环境进行检查，如有不利于调试的因素，提前上报并协调清理；作业范围内设置警戒线，并挂上警示牌，防止非操作人员进入作业范围；调试方案提前讨论，相关配合部门、人员提前沟通，所有参加作业人员必须熟悉调试方案；参加调试人员必须服从统一指挥，统一行动，服从调试负责人指挥，不得擅自行动，严格按照计划安排进行调试；所有参加调试人员必须遵守现场相关安全管理规定，牢记“安全第一，预防为主”的安全生产方针，严格遵守“三不动，三不离”的安全原则。

准备调试工器具包括：①应急救援工具：电工常用工具 1 套，机械安装常用工具 1 套，相关紧急维修工具；②安全工具：安全帽，手套，止轮器，警示灯，医疗箱 1 个，灭火器 1 个；③其他工具：扳手组合工具 1 套，起子组合工具 1 套，万用表 1 个，笔记本电脑 1 台。

3. 调试内容

(1)架车机空载调试

外观检查：使用卷尺测量整体尺寸；检查整体结构是否有变形和损伤；检查表面质量，润滑、防锈处理，涂装是否色泽均匀，无漏刷、脱落；检查机械、控制零部件的安装是否数量齐全、位置准确、安装牢固；检查控制系统布线是否整齐美观，电气设备、电缆、导线等是否接头牢固，标记准确。

性能指标测试：检查运行是否灵活平稳，无异常响动；报警警示是否正常；监控系统是否能够清晰传输画面到操控台；操作转向架举升单元最大起升高度测量是否达到 1 700 mm；操作转向架举升单元同步精度(六编组)测量是否满足≤7 mm；操作车体举升单元最大起升高度测量是否满足约 1 700 mm + 车体支撑面距轨面高度；操作车体举升单元同步精度(六编组)测量是否满足≤7 mm；故障报警与排除方法是否显示正常。

安全联锁内容测试：触发开关车辆定位连锁是否有效联锁；工作模式连锁是否有效联锁；急停保护是否有效联锁；安全区域保护是否有效联锁；安装拆卸转向架时的安全保护是否有效联锁；升降过程托头和车体脱开保护是否有效联锁；更换转向架时和车体的连锁是否有效联锁；车体举升单元承载连锁保护是否有效联锁。

本地控制器功能：检查动作是否灵敏，能起到控制作用。

(2)架车机联调调试

架车运行试验，设备与车辆接口测试：测量转向架举升单元与车辆转向架接口，是否有效支撑；测量车体举升单元托头与车辆顶车座接口，是否有效支撑；测量举升柱内侧距与转向架最大宽度比较，是否转向架能顺利推出；测量转向架举升高度与转向架接口，是否转向架能顺利推出。

车体同步升降：车体举升试验(0 mm 至起点、上升 1 700 mm、上升 2 650 mm)测量是否满足；车体下降试验(下降 1 800 mm、0 mm 至起点)测量是否满足。

转向架同步升降：转向架举升试验(0 mm 至起点、上升 950 mm、上升 1 650 mm)测量是否满足；转向架下降试验(下降 950 mm、0 mm 起点)测量是否满足。

4. 注意事项、小结

(1)施工调试人员必须严格遵守所在场地相关的规章制度，严禁违章施工调试。

(2)调试人员须持证上岗；调试人员严格遵守安全操作规程施工，禁止违章作业。

(3)在调试过程中，均需防护列车的移动，调试现场需设立专职安全员及安全工作组。

(4)调试负责人在调试前做好技术交底，明确调试过程中相关技术要求和各种指挥信号。

(5)调试期间禁止调试人员触及与调试无关的设备。

(6)调试期间安全管理人员等应全部站在安全位置。

(7)进入现场清楚调试地点,佩戴好安全用具,在调试前,认真核对设备不走错间隔,不误登、误动、误碰运行设备。

(8)落实监护制度,明确监护职责。安全组在调试人员未离开作业区前,不得擅自离开。在所有调试人员离开后,安全组必须仔细检查现场情况是否存在安全隐患。

(9)整个调试如果在高压区不停电时进行,工作人员在任何情况下必须保持足够的安全距离。

(10)电气安装、电气测试人员应根据本调试期限事先考虑合理组织人力、落实任务,按照该行业有关安全规定进行调试作业。

(11)所有参加调试的人员不得随意离岗,不得随意离开试验车辆,严格按照试验安排进行测试。

(12)试验期间严禁私自下车、触摸、操作相关设备。

(13)试验司机每次动车前请认真确认信号开放情况,运行期间发现设备显示异常立即停车。

(14)需要人工下车作业时,必须待车辆停稳,得到试验负责人允许后方可下车作业。作业时必须在车辆前后轮对安放好止轮器,防止滑车。

(15)固定式架车机试验中存在风险如下:设备使用不规范对设备造成损坏的风险;设备试验过程中由于违章操作等原因引起的触电风险;设备运行过程中存在的砸伤压伤等风险。针对以上风险提出如下应对措施:相关试验人员熟读设备使用说明书等文档资料,严格按照设备调试使用说明要求进行试验。设备施工调试作业前,相关人员学习相关安全作业规章制度,在设备施工调试作业中,严格按照规章制度执行,严禁违章作业。设备运行过程中严格按照操作使用说明书进行,并仔细观察自身及其他操作人员的状态;一旦存在危险因素,应立即停止作业;待危险因素排除,经安全组确认后方可继续作业。存在安全风险的作业指令,任何人有权利和义务拒绝执行。

(16)调试时,做好数据统计,并对问题项进行记录。

(17)调试完成后,施工负责人到场调处进行销点,并汇总。

13.5.3 列车外皮自动清洗机调试

该设备位于车辆基地与停车场洗车库各一套,适用于清洗地铁列车外表面的灰尘、油污及其他污渍。通过水、清洗剂及清洗刷的作用自动清洗列车的两侧(包括车门和窗玻璃)、车头、车尾及侧顶弧。列车自动清洗机采用列车自行牵引。

列车自动清洗机包括电气系统、控制系统、水循环系统、水过滤系统、水处理系统、清洁系统、实时动态监控系统(含摄像头)和车辆淋雨试验系统等,能够自动完成列车车头、车尾、两侧的清洗工作,整个列车清洗过程实现自动化。洗刷系统带透明的防水护罩,以便操作人员观察,并防止刷车水四处飞溅。

1. 调试流程(见图13-5-1)

首先进行安全、技术交底;做好调试相关准备工作;机械系统安装检查;电气系统安装检查;系统单机调试;系统联机调试;调试时,做好数据统计,并对问题项进行记录;现场清理及办理消点手续。

2. 前置及配合条件

设备安装调整完毕,电气调整完毕,并经自检合格;调试前先请点及配合调试电客车一列,遵照调试负责人安排时间准时安全作业,需车辆调试人员配合调试及故障排查;调试前对调试环境进行检查,如有不利于调试的因素,应提前上报并协调清理;准备好列车清洗机的技术资料及有关设计图纸;施工组织方案应提前编制并审批通过;向工作人员交代系统运行方式、工作范围,组织全体调试人员进行安全学习,了解工作的重点及工作危险点;现场安全保护措施、劳动保护用品等完好齐全;调试阶段用工具及材料准备妥当。所需材料及工器具见表 13-5-1。

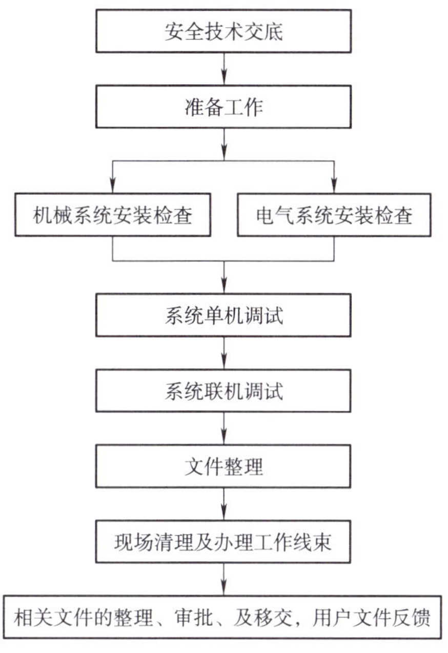

图 13-5-1　调试流程图

表 13-5-1　材料及工器具表

序　号	工器具名称	单　位	数　量
1	绝缘螺丝刀	套	1
2	活动扳手	套	1
3	数显测电笔	支	1
4	六角扳手	套	1
5	万用表	台	1
6	试验用电线、绝缘带、手套、安全带等	套	1

3. 调试内容

(1)刷体机构调试

侧面刷洗机构包括预湿涂抹、初洗、次洗及精洗四道工序。预湿涂抹、初洗采用洗涤剂,次洗采用循环水,精洗采用清水。各侧刷旋转方向与列车行进方向相反,有利于对死角的清洗。圆弧刷洗机构用于清洗列车车顶弧部位。每个机构须单独进行动作试验,在每个单独的机构中又分为摆动、旋转、喷液等一系列动作。调试时主要通过接触器点动、PLC 单独输出、电磁阀手动开关等方法来完成。

刷体机构调试须达到以下标准:①减速机运行正常,无异响,刷轴转动平稳,各连接部位在运动中无卡阻、脱节现象。②摆臂动作正常,气缸运行平稳,无漏气现象;各轴承座、销轴在动作中无异响、卡阻,无漏油现象;各连接部位牢固、无松动。③喷嘴喷水正常,无堵塞;喷水管及各连接处无漏水点。

(2)动力机械系统调试

主要由机械间内各水泵及其附件组成,负责列车自动清洗机的供水、反洗等工作。每个水泵须单独进行动作试验,在每个单独的水泵中又分泵前注水、正常供水等一系列动作。调试时主要通过接触器点动、

PLC 单独输出、电磁阀手动开关等方法来完成。每个水泵应点动试转向，发现有异响时，应及时停机进行检查。

动力机械系统调试须达到以下标准：①水泵运行正常，无异响和噪声，供水压力稳定。②各水泵与泵座或基础的连接牢靠，无振动位移。③各管路、管路与阀门、阀门与水泵之间等连接处无漏水点。④泵前补水管路供水正常，电动阀工作正常，开关灵敏，与其连接的管路无漏水点。

(3)洗涤剂供液系统调试

洗涤剂供液系统由计量泵，管路、阀门(安全阀、止回阀、球阀)和贮液罐体及洗涤剂组成，向主供水管路供给洗涤剂或润湿剂。其中安全阀起调压溢流作用，止回阀防止主供水管路液体回流至本系统；吸液和排液管路中的球阀为方便调试和检修工作。每个计量泵须单独进行动作试验。调试时主要通过接触器点动、PLC 单独输出等方法来完成。调试时应主要观察计量泵工作是否正常，吸液及注射是否良好，调频旋钮转动是否灵活。

洗涤剂供液系统调试须达到以下标准：

①计量泵运行正常，无异响，压力稳定。

②供液频率可调。

③在计量泵工作时，与计量泵连接的管路无漏水点。

④计量泵超压时安全阀排液正常。

(4)预冷、初终冲机构调试

清洗机的预冷、初终冲机构安装在车辆进库端的轨道两侧，用于车辆进库时对车体进行循环水喷淋和车辆出库时对车体进行清水的冲洗，保持刷洗质量。每个机构须单独进行喷水试验，调试时主要通过接触器点动、PLC 单独输出、电磁阀手动开关等方法来完成。调试时应注意喷水压力是否正常，喷嘴角度及喷水的形状是否正确。

预冷、初终冲机构调试须达到以下标准：

①喷水压力正常、稳定，保证其在 0.3 MPa 左右。

②喷嘴无堵塞，喷嘴的角度及出水的形状符合要求。

③可调球型接头和手动球阀转动灵活，并工作正常。

④喷水时各水管及连接处无漏水点。

(5)冷风幕机构调试

冷风幕机构安装在车辆出库端的轨道两侧，用于吹干清洗后的列车表面。通过风机的固定螺栓，调整风机的喷口角度，使风机风向垂直吹向列车表面。风机通电试验，风机运转，无异响。

冷风幕机构调试须达到以下标准：

①风机喷口角度朝向列车表面。

②风机预转正常，无异响，风量稳定、均匀。

(6)总气管道控制系统调试

总气管道控制系统由空气压缩机、气控箱、压缩空气过滤器、储气罐、气控电磁阀集成块、管路等组成，用于供给各工位气控水阀及气缸，保证各气动元件工作正常。空压机、压力传感器须单独进行试验，调试时主要通过接触器点动、PLC 单独输出等方法来完成。各电磁阀也须单独进行试验，调试时主要通过手动方法来完成。每个电磁阀在试验时均须点动，且动作灵活可靠。空气过滤器应在正常工作压力条件下进行检查,以不泄漏为合格。

总气管道控制系统调试须达到以下标准:

①空压机运行正常,无异响,压力稳定,压力上升连续、均匀。

②电磁阀工作正常,各气控箱内无漏气点。

③气动水阀工作正常,无漏水、漏气现象。

④空气过滤器工作正常,不漏气,无堵塞,压力表显示数值准确。

⑤压力传感器工作正常,数值准确。

(7)水处理系统调试

水循环及水处理系统是通过地沟、集水坑来收集洗车后的水,通过地下管道回收到沉淀过滤池,经过曝气等设施过滤后进入循环供水池。达到对洗车用水的再利用,实现节水的目的。多余的水通过循环水池排放,能够达到相应的排放标准。水处理系统的各个部件应作为统一的系统进行调试。由于管路较复杂,调试时须按照原理图观察整体动作及结果是否与原理相符,有无异常情况发生,各部件工作是否正常等。在正常水处理前,应先对活性炭过滤器、机械过滤器进行反洗,再进行正常的水处理工作,以保证循环水池内的清洁。

水处理系统调试须达到以下标准:

①各气动蝶阀工作正常,气动头核心部件转动平稳,无漏气点。

②曝气风机运转正常、曝气池曝气头有均匀气泡产生。

③搅拌电机、加药计量泵运行正常,无异响。

④水处理过程、反洗过程符合原理图的要求。

⑤管路无漏水点。

(8)端面刷洗系统调试

列车自动清洗机端部刷洗机构由左右两个延轨道纵向移动的龙门架、可垂直摆动90°的刷组、驱动/传动机构、喷水装置等组成,水平端刷置于可水平轨向行走的机架上。其主要用于列车端面的仿形刷洗。端刷系统分为左、右两部分,每一部分须单独进行动作试验,在每个单独部分中又分走行、翻转、旋转、提升、喷水等一系列动作。调试时主要通过接触器点动、PLC单独输出、电磁阀手动开关、手操盒控制等方法来完成。在每一部分的动作试验中均要仔细观察动作有无异常、反应是否灵敏,是否有异响,有无卡阻等现象发生。

端面刷洗系统调试须达到以下标准:

①端刷走行、翻转、旋转、提升各动作灵活,无卡阻,减速机运转正常,无异响。

②喷水流畅,无阻塞,喷水形状及角度符合要求,且压力稳定,供水管路无漏水点。

③各限位开关工作正常。

④链条、拖线小车动作正常,无异响,连接部位牢固。

⑤手操盒能正确操作端刷各动作,且反应灵敏,无停顿。

⑥端刷电控箱与控制柜连接正确,信号正常。

(9)闭路监控系统调试

清洗机闭路电视监控系统采用日本松下工业现场闭路监控系统。在洗车区域设置动点和静点共六个摄像单元,用动点监控前后端洗工作情况,定点监控车辆出库入库及侧刷、喷淋等机构工作情况。将每个摄像头作为单独的监控单元分别进行调试。按照设置向导对摄像头进行识别,当正确识别且显示画面后应分别对每个摄像头的焦距、拍摄位置和角度进行调整,以达到理想的监控效果。

闭路监控系统调试须达到以下标准:

①能正确显示六个监控界面,显示效果清晰。

②数字硬盘录像机能够正常存储,无错误、报警等信息。

③每个摄像头的监控范围均满足设计要求,覆盖主要刷洗工位和车辆出入库端。

(10)信号及故障报警系统调试

列车自动清洗机具有故障警报与保护设施:当清洗机主要部件失效,故障报警系统将及时提供声音、光、文字显示三种基本报警方式,避免造成不必要的损失。故障报警系统由警铃、警灯等组成,在洗刷间前、后及控制室内各设蜂鸣器及红色闪烁报警灯。在入库端、前端洗、出库端、后端洗等停车位置均设有信号灯,用以在洗车区域内指挥列车的行进。每组信号灯、故障报警单元须单独进行声光试验,调试时主要通过接触器点动、PLC 单独输出的方法来完成。调试时应注意声音和显示是否正常,各控制模块是否正确对应。在单独试验完成后,应选取三个或三个以上主要工位或设备进行故障报警的测试。

信号及故障报警系统调试须达到以下标准:

①每组信号灯、故障报警单元均能够正常工作,警灯显示清晰,警铃声音清脆。

②正确连接各控制模块,输出无错误。

③故障报警系统能够正确识别故障并及时做出警示。

(11)控制台手动调试

列车自动清洗机在控制室内配置控制台。列车自动清洗机的运行具有自动控制和手动控制两种控制方式。自动控制方式将按预定的清洗模式进行全过程的自动控制,具有显示洗车工序及水处理工序流程、工作状态及故障报警等显示功能;手动控制方式用于设备调试、检修时的局部装置的控制。在 Wincc 操作界面上分别测试各工位和设备的运行情况,如侧刷摆出、喷水、水泵运行等,确定相对应的控制是否正确,动作是否灵活,界面显示是否准确,有无报警信息和控制柜内各电气元件是否有无法工作或连通的现象等。在试验每个工位或设备时应按照前述几条调试的标准对其进行复查,发现问题及时处理。操作完成后要及时复位,不留隐患。

控制台手动调试须达到以下标准:

①Wincc 操作界面显示正确、清晰,方便操作。

②手动控制各工位或设备时反应灵敏,无停顿,控制准确。

③各工位或设备复查无问题。

(12)洗车调试

洗车调试即为联动调试,由列车配合,对前后端洗标志牌进行定位,调整各工位吃毛量、喷嘴角度等。列车进入洗车库,听从洗车机调试人员的指挥,将列车分别停在前端洗、后端洗的位置,由调试人员确定前、后端洗标志牌的具体位置。再将列车穿过洗车库停放,将洗车机各工位的刷毛的吃毛量调整到 50 ~ 80 mm。在此期间,可测试各对光电开关工作是否正常、喷水角度是否正确,能否覆盖车辆全身。

洗车调试须达到以下标准:

①各工位刷毛的吃毛量调整到 50 ~ 80 mm 之间,且各调整限位牢靠,无松动。

②端洗标志牌的放置应便于司机观察。

③各光电开关工作正常,响应正确。

④喷嘴流量正常，压力稳定，能够覆盖车辆全身。

(13)控制台模拟自动调试

列车自动清洗机的运行具有自动控制方式。自动控制方式将按预定的清洗模式进行全过程的自动控制，具有显示洗车工序及水处理工序流程、工作状态及故障报警等显示功能。控制台模拟自动调试主要为了测试系统的自动洗车功能是否能够正常运行，在列车正式清洗前对洗车机进行最后的联调，保证洗车安全。将控制台调至手动或自动，洗车机将自动完成侧洗、端洗等一系列动作。如有必要，仍需要对各工位或设备进行单独动作，确定其可靠性。检查柜内各电气元件响应是否正常，数值显示是否正确；Wincc 界面显示是否准确；设备各动作有无问题，操作有无困难。

控制台模拟自动调试须达到以下标准：

①各工位和设备动作正常、稳定。

②动作顺序正确，符合工艺要求。

③压力表、压力传感器等各仪表显示数值稳定，在规定范围内。

④系统无报警，控制柜内各电气元件工作正常。

(14)列车入库清洗调试

列车入库清洗调试是将洗车机调至自动模式，由列车根据信号和标志牌的提示进行全自动洗车的过程，是对洗车机安装和调试的最终检验，用以确定其设计、制造、安装、调试是否符合标准，是否满足要求。先开总电源，再将监控设备和工控机打开；将控制台上的旋钮调至“自动”，在 Wincc 界面选择监控模式；此时列车应根据洗车机信号驶入洗车库，按照洗车工艺的要求完成一次整体洗车过程。一次洗车时间大约在 15～20 min，洗车效果应在洗车后及时进行检验。

列车入库清洗调试须达到以下标准：

①圆满完成洗车过程，中间无停顿，无问题发生。

②Wincc 界面内无故障记录，设备运行良好。

③清洗效果符合预定的要求。

4. 注意事项、小结

(1)洗车库接触网的回流线与洗车机安装的起吊葫芦的工字钢干涉问题，也协调接触网施工单位调整了回流线位置。

(2)调试过程中发现我方给的信号灯电源 24 V，而供电是 60 V，电源指示灯长期亮的话容易烧毁，供电专业对信号电源电压进行了调整，调整到与设备相符的 24 V。

(3)进入现场前应由设备、安全负责人对全体调试人员进行安全交底。内容包括：工作位置，运行设备区域，试验警戒区的布置，工作中应注意的安全事项。

(4)调试中应与运行设备保持足够的安全距离，调试人员及其他无关人员不得进入运行区域，现场应加强监护。

(5)现场工作人员应配备并正确使用安全防护用品。

(6)进入现场的所有工作人员，应服从现场工作领导的统一指挥和安排，保证工作高效、顺利进行，保质、保量、安全按时完工。

(7)调试与试验人员应密切配合，在进行试验时，应设立明显的试验隔离区，无关人员应注意远离试验现场，对试验人及设备周围应有专人监护。

(8)设备动力的开动、关闭应按时检查,每天收工时均应检查确认关闭后方可离开现场。

(9)各工位或部件单独进行调试时,不应影响或损坏其他已完成或未完成调试的设备。

(10)施工完毕后,须检查系统是否恢复正常;检查无误后清理施工现场,确认无遗留物后,方可离散开现场。

13.5.4 安全联锁装置调试

在车辆基地、停车场各设一套安全联锁装置,应用区域包括DCC检调房,车辆基地的停车列检库、联合检修库,停车场的停车列检库,周月检库。车辆基地停车列检库包括17条停车/列检股道,分为A/B段,联合检修库包括周月检库(2个双面检修平台,3条股道)、静调库(1个单面检修平台,1条股道);白塔停车场停车列检库包括5条股道,分为A/B段,周月检库包括1个双面检修平台,2条股道。

在地铁出、入库及库内作业过程中,必须确保检修人员的人身和设备安全。作业区是被隔离的无电区,应通过隔离开关将额定电压为1 500 V的接触网断开并挂接接地线。在整个作业过程中,必须对库内的关键设备如车顶作业平台作业状态、接触网高压隔离开关等进行安全联锁控制,同时,还应对隔离开关的开闭状态、车顶平台作业状态进行全程安全监控。安全联锁系统结构见图13-5-2。

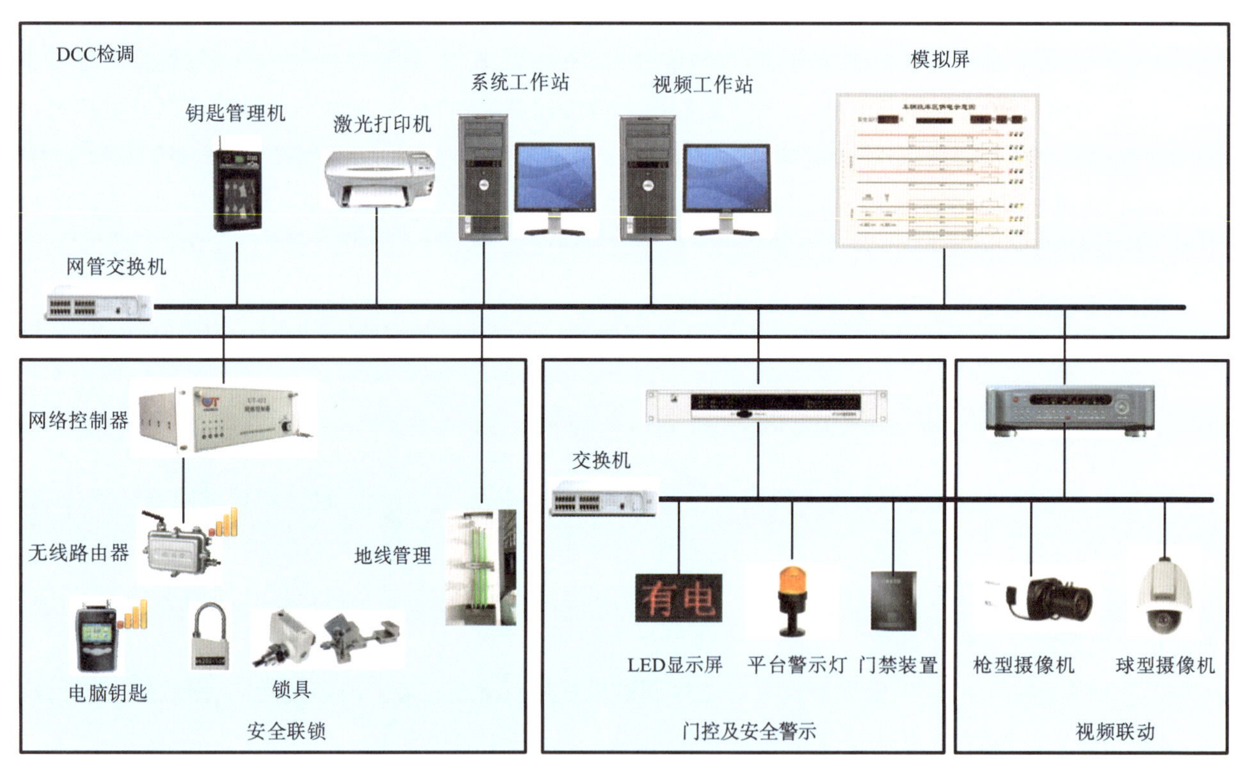

图13-5-2　安全联锁系统结构图

1. 调试流程

柜体检测;摄像机调试;系统调试。

2. 前置及配合条件

设备安装调整完毕,电气调试完毕,并经自检合格;调试前先请点;现场安全保护措施、劳动保护用品等完好齐全;调试阶段用工具及材料准备妥当。

3. 调试内容

(1)柜体检测

通信柜承上启下,是整个系统顺利运行的关键节点。因此,在调试之前,有必要对通信柜进行一次整体检测。包括屏体外观及标识检查;电源回路检测;屏体装置配置;网络通道检测。

①屏体外观及标识检查

柜体检查:柜体所属工程、屏体编号等相关所属记录与受控图纸一致,抽查确认各部件装配紧密、牢固情况,重点检测屏体螺丝,要求全部拧紧;屏眉外观的屏眉丝印内容、字体、图案、颜色等与受控图纸一致,屏眉黏合度良好、粘贴平整,满足《屏体来料检验规程》规定要求;喷漆颜色柜体各个角落喷漆良好,柜体颜色符合图面要求,色差最大不超过《物料检验通用标准》的规定要求,同一工程同种颜色的屏体,颜色要一致,屏体面板、螺丝无生锈现象;接地柜体的前后门、侧板等应与柜体框架的接地螺栓通过 10 mm^2 的铜编织带相连,接地汇流铜牌通过绝缘子固定在屏体下部,铜牌上应配上螺丝并将其拧紧。

门锁检查:前后门能正常开起和关闭,无卡涩,前门的开门方向符合图纸要求,侧板卡固正常,无突出部分,无悬空,须对前后门锁表面进行确认,表面应无刮伤,且运动灵活。

柜体设备屏上各装置设备的位置布局、标识必须与受控图纸一致,屏上各装置设备的详细型号、编号、程序版本、数量与受控图纸一致,屏上各装置设备的安装牢固、可靠、无松动,核对装置标识标签的完整性:如有标签框的装置、元器件,应在其标签框中标明标识,无标签框的装置、元器件,应在屏后靠近该装置、元件的地方做好标识,且标识的内容应与受控图纸的内容一致,图纸上有接地要求的装置、元器件,其对应接地端子应可靠接地,无松动。

配线工艺端子排固定牢靠,无损伤,端子排的接线端子及使用导线,应符合受控图纸要求。其端子有完整的序号,序号的颜色、字体大小应一致,标签的长度也应一致,根据受控图纸对屏内装置、元件及端子排的接线进行检查,确认端子有无错接线和漏接线。

屏内所有配线规格与受控图纸一致,配线工艺应整齐、美观,无损伤。压接线牢固,无松动;配线留有冗余,符合要求,无导线过短,拉扯、受力现象,导线压接头符合要求:无裸露铜线,装置/其他位置的连接线冷压端头绝缘胶未出现开裂。

②电源回路检测:检查屏内照明回路,上电之后,需通过分别打开和关闭柜门触动行程开关,检测屏内照明灯工作正常;装置电源回路检测:柜内设备逐级上电,逐个合上对应装置或元器件的空开,确定装置或元器件电源正常工作;柜内有无缺料设备,缺料设备电源做好防护措施。

③屏体装置配置:检查硬盘录像机、通讯管理机、网络交换机、光纤配线箱的装置型号/编号/程序版本/校验码。

④网络通道检测:检查主干环网交换机光口、电口工作正常,与库区控制柜交换 2 光口可靠通信。与通信管理机和硬盘录像机的 2 电口可靠通信。

(2)摄像机调试

现场调试时需设置控制器参数和定值。

①搜索摄像机。安装摄像机调试软件:SadpSetup,桌面生成“Sdap”快捷方式,双击打开,并单击“进入”(见图 13-5-3)。

如果网络中有运行着的摄像机,它会自动搜索出来,可以查看它们的 IP 地址,选中摄像机可以对其进行参数调试。

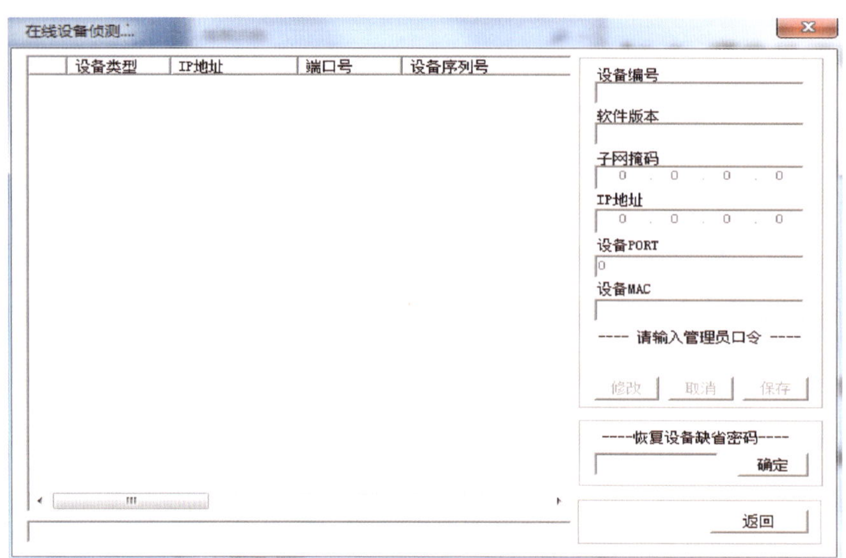

图 13-5-3　摄像机调试软件界面

②登录摄像机。摄像机出厂默认 IP:192. 168. 1. 64;超级用户:admin;用户密码:admin12345;端口号:8000。通过 Web 的方式登录(见图 13-5-4)。

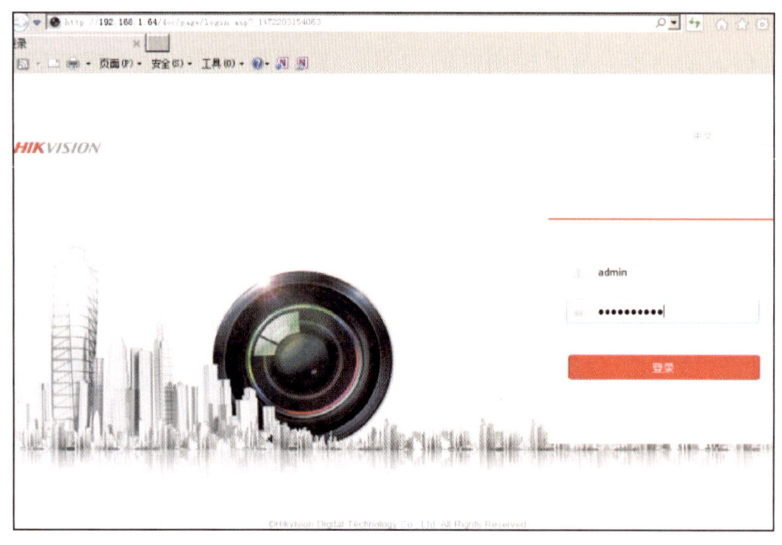

图 13-5-4　摄像机调试软件登录界面

③摄像机功能联调:两台红外高清网络固定机,安装在能够监视本站上网隔离开关位置,用于监视现场隔离开关工作状态。

(3)系统调试

①数据制作:安装 SQLServer2008 数据库,安装杀毒软件、辅控软件、轨道交通安全管理软件等,按照要求配置相应数据。

②通信调试:将库区各子系统接入汇聚层交换机进行通信测试,采集各设备信号,查看视频画面。

③功能联调:实现本站的接触网操作票的办理,实时监控本站安全联锁子功能、警示子功能、视频子功能、模拟屏子功能、门禁子功能。

4. 注意事项、小结

(1)车辆段调试过程中发现有电,无电,显示错乱,经过技术员确认,属于 IP 未设置保存成功,重新设置 IP 成功后,设备显示正常。

(2)车辆段安装过程中,由于线路通进库内地下预埋未贯通,导致无法进行布线,联系土建方对预埋管路进行了整改,整改完成后成功布线。

13.5.5　列车在线监测装置调试

列车在线监测装置设于车辆基地在线检测棚内,用于车辆轮对在线检测,该设备可对车辆基地内的地铁列车、工程轨道车辆(如内燃机调车机、轨道车、综合检测车、平板车等)自动检测轮对外形几何尺寸,踏面擦伤以及地铁列车与接触网作业车等受电弓的检测。对入库机车进行以下参数检测:轮对外形尺寸参数、踏面监视、车号识别、磨耗中心线检测、压力检测、车顶监控。该设备是保障客车车辆运行安全的重要装备。

系统采用光截图像检测技术、高精度传感器技术、图像识别技术等先进的检测技术,系统能实现全天候 24 h 自动检测,不占用动车车辆检修时间,实现通过在线式检测,系统自动化程度高,检测功能齐全。

1. 调试流程

(1)调试前进行静态检查:包括轮对动态检测系统的各箱体及支架外观和设备组成配置检查。

(2)进行上电前检查:包括查看各个部件或器件中有无灰尘、线头或其他残留物,同时对各接线端子进行紧固,排除因在运输途中造成的松动,避免通电时形成短路或造成以后的隐蔽性故障。

(3)上电检查:对设备逐级进行通电,先对上一级电源上电,确认无误后再对下一级电源上电。依次是配电箱电源、系统配电箱总电源、检测系统电源、照明电源、工控机电源,并检查相关的输出电压是否正常。

(4)现场单元的联调:运行所有的服务器程序,检查相关程序的设置,检查传感器信号,对各检测单元进行标定。

(5)远程控制中心设备调试:包括控制主机的调试硬件配置检查和软件配置检查。

(6)网络通信部分调试;远程控制中心和现场检测单元的联调,通过现场检测单元的联调后,主要功能及相关功能都进行测试,余下的联调工作主要检查远程传输通道的通信。调试工作可以通过交换机光纤收发模块面板上的指示灯进行,保证通信数据的传输、控制信号的传输和视频信号的传输。

(7)过车调试:过车检测后,在 BS 报表中查看检测值,并记录此次数据。车辆入库检修时,复核该车辆过检测棚的检测值,校正检测数据精度。

2. 前置及配合条件

设备现场部件安装完毕,设备机械、电气状态良好;正式电源接通,网络接通;调试、测试所需要的量具、工具准备就绪;调试人员就位,包括机械、电气调试人员各一名;请点并协调电客车配合最终调试。

3. 调试内容

(1)设备外观和组成配置检查

检查轮对故障动态检测系统箱体、支架及附件等外观;检查受电弓及车顶状态动态检测系统箱体、支架及附件等外观;检查轮对设备主要配置齐全;检查受电弓设备主要配置齐全。

(2)运动控制功能测试

轮对设备运动控制功能:LD/CCD 箱开关罩良好,开关到位信号指示灯正常;视频图像擦伤开关罩良好,开关到位信号指示灯正常。

受电弓设备运动控制功能：压力装置和双弓支架绝缘组件水平、机构运动灵活。

(3)单机调试

①磨耗中心线检测模块调试：利用系统标定工具调整系统，获取和修正系统物理特性参数，使系统误差在允差范围之内。

②压力检测模块调试：建立传感器模拟值与升弓拉力之间的线性关系，保证传感器采集测量数据准确。

③车顶监控模块调试：调节照明灯角度，调节监控相机车顶覆盖范围。

④尺寸模块调试：利用系统标定工具调整系统，完成系统模型拼接计算。

⑤擦伤模块标定：建立传感器模拟值与距离值之间的线性关系。

⑥踏面检测标定：模拟被检测车轮，标定相机拍摄角度和镜头焦距，确定传感器的安装位置。

(4)系统联调

系统联调包括现场单元的调试，远程控制中心设备调试，远程控制中心与现场检测单元通信、信号调试，过车调试。对系统的远程与现场联系的相关功能调试，包含了远程控制中心的相关设备的调试，关键是对通信、信号的测试。

轮对故障动态检测系统调试：检查尺寸检测程序软件功能；检查标定程序标定功能；检查现场控制程序功能；检查擦伤检测程序功能；检查远程主控程序功能；检查 B/S 报表程序功能。

受电弓及车顶状态动态检测系统调试：检查磨耗中心线检测程序功能；检查标定程序标定功能；检查压力检测程序功能；检查监控程序功能；检查 B/S 报表程序功能测试合格。

4. 注意事项、小结

(1)列车在线检测棚坐落于车辆段出段线上，列车在线检测装置的安装调试工作进行的同时，车辆动调及试运行工作也在同步进行。在这期间，安排施工单位根据联调单位的要求办好请点作业的相关手续，保证合理利用时间，不窝工。

(2)列车在线检测装置调试过程中发现从列车在线检测棚敷设到车辆段 DCC 室的网线缺失，导致数据不能及时上传。通过协调信号施工方及时整改，确保运营期间设备的功能齐备。

(3)设备调试完成后，在列车试运行的过程中，不断采集数据，并对测量数据进行持续校准优化，确保设备的测量精度满足要求。

13.5.6 自动化立体仓库调试

该设备位于车辆基地物资总库，该设备是车辆基地配备的用于存储的一项重要专用设备。主要用于各型备件的存储、发放和管理，可对材料及零配件的储运、领用、记转账、周转、点算、报废、报表等全部实现自动化处理，对材料及配件的流向进行全方位、全过程的质量跟踪。

1. 调试流程

货架及天地轨调试；堆垛机调试；输送机调试；电气设备调试；软件功能调试。

2. 前置及配合条件

自动化立体库设备的安装分三个阶段，即：货架及天地轨安装；堆垛机安装；输送机安装。每一个安装阶段完成之后就要进行该部分的机械部分的安装调试，否则会影响下一部分的安装。

3. 调试内容

(1)货架及天地轨调试：检查货架安装列向垂直度精度要求是否满足：倾斜≤ ±10 mm；检查货架安装排

向垂直度精度要求是否满足：倾斜≤ ±10 mm；检查货架安装水平度精度要求是否满足：水平≤ ±4 mm；检查地轨安装水平度；检查天地轨错位、间距；检查天轨安装水平度。

（2）堆垛机调试：检查地轨导轮与地轨间隙之和；检查安全夹钩与轨道的间隙精度要求是否满足 6 mm ≤h≤10 mm；检查清轨器与轨面的间隙精度要求是否满足：2 mm≤i≤5 mm；检查立柱垂直度是否满足误差范围：地轨长 <100 m 时，$f_1=f_2\leqslant \pm 3$ mm，地轨长 >100 m 时，$f_1=f_2\leqslant \pm 4$ mm；检查立柱间距精度要求是否满足：≤3 mm；检查天轨导轮与天轨间隙之和；检查载货台水平框架水平度；检查载货台垂直框架水平度；检查载货台-X、Z 向导轮累计间隙；检查上叉上表面高度差；检查伸叉时货叉远端间距等是否符合《安装技术条件》要求。

（3）输送机调试：检查划线是否正确，轴线是否与托盘中心对应，精度要求是否满足：±2 mm；检查输送机轴线位置与基准线的偏差精度要求是否满足：±2 mm；检查输送机工作面安装高度（基准点）精度要求是否满足：±3 mm；检查输送机水平度误差是否满足：0.5 mm；检查输送机对接部分高度方向偏差是否满足：0.2 mm；检查输送机运行方向直线度误差是否满足：0.5 mm；检查输送机对接部位主部件间距偏差是否满足：0.2 mm；检查过渡轮上表面低于输送机工作表面范围值是否满足：0 ~1 mm。

（4）电气设备部分调试

①堆垛机控制柜调试：检查 PLC 模块及接线端子紧固螺丝是否拧紧，有无在运输过程中导致的松动；检查 PLC 的所有接线，线号齐全，束缚整齐，有无在运输过程中导致的松动接线；检查所有变频器板卡有无松动，确保插到位，紧固螺丝拧紧；检查所有变频器的接线是否牢固，无短路、断路及虚接现象，线号齐全，板卡上的接线不对板卡有拉力；检查控制柜进出电缆是否所有电缆走线分明，无缠绕现象，标识齐全。屏蔽层进行规范处理，备用线进行捆扎处理；制动电阻单元端子接线进行妥善绝缘处理，无对地短接现象；所有器件安装牢固，接线无短路、断路及虚接现象，对所有器件的接线端子进行二次坚固；柜内清洁，柜内无铁屑，线头等杂物，行线槽盖扣合整齐；通电器件工作正常，通电后，柜内所有器件工作正常，无短路、断路及虚接现象。

②检查接线：按图纸技术要求检查控制屏内接线、控制屏外接线导线型号、规格、颜色等。

③检查安装：按图纸技术要求检查控制屏内器件安装、控制屏外器件安装是否整齐美观、工艺合理、操作和维护方便、牢固可靠等。

④检查外观和器件：按图纸和成品材料表要求检查外观、器件有无损伤和破损检查等。

（5）软件功能部分调试

①急停保护功能：急停功能，设备运行中，按下急停开关，观察设备是否能紧急停止，触屏有相应的信息；前极限停车功能，手动前进垛机，运行至前极限位置，观察垛机是否能自动停车。触屏有相应的信息；后极限停车功能，手动后退垛机，运行至后极限位置，观察垛机是否能自动停车。触屏有相应的信息；上极限停车功能，手动上升垛机，运行至上极限位置，观察垛机是否能自动停车。触屏有相应的信息；前极限断电功能，手动或用其他方式使前极限断电行程动作，观察垛机控制电路是否断开，垛机停止运行。触屏有相应的信息；后极限断电功能，手动或用其他方式使后极限断电行程动作，观察垛机控制电路是否断开，垛机停止运行。触屏有相应的信息；上极限断电功能，手动或用其他方式使上极限断电行程动作，观察垛机控制电路是否断开，垛机停止运行。触屏有相应的信息；横向原点停车功能，手动后退垛机，运行至原点位置，观察垛机是否能自动停车。是否能校正横向计数；纵向原点停车功能，手动下降垛机，运行至原点位置，观察垛机是否能自动停车，是否能校正纵向计数。其他保护功能：运行终端限速功能，手动或自动高速运行，垛机

行至强行减速处，是否能变为低速运行；货物超高检测功能（如配备），用超过规定的货物入库，货物是否能自动退回（如垛机未配置此功能，不做测试）；货物超出检测功能，人为使货物超出载货台，垛机是否报警，是否不在执行用户发送指令。所有用于超出的对射光电，都要一一测试；货叉联锁功能，货叉不在中位时，是否不执行用户指令，并不能手动前进，后退垛机；伸叉延时报警，伸叉时间大于正常伸叉动作时间时，叉电机自动停止运行；送重保护功能，所操作货位内有托盘，拒绝再次放入托盘。并有报警提示；取空报警功能，所操作货位内无托盘，不进行取盘动作。并有报警提示；松绳保护功能，提升钢丝绳松开，提升电机下降禁止；变频故障输出，各变频器有故障时，停止给变频器发送指令；声光报警功能，在出现报警事件时，报警灯是否闪烁，并有伴随报警声产生；手动/自动互锁，手动时自动失效，自动时手动失效。

②垛机定位尺寸：水平停车位，自动或手动用定位速运行至水平方向取货位；提升取货位，手动以定位速，将载货台运行至取货位，伸货叉，叉上表面距离（X）托盘底部，8 mm≤X≤15 mm，每隔一列所有层必测一次。填写至取货位测试表格中；提升放货位，手动以定位速，将载货台运行至放货位叉上表面距离（X）托盘底部，X≥20 mm；货叉中位，载货台至取货位，货叉手动高速，分别由左极限位和右极限位回中位，两次回到中位的偏差不得 >3 mm。中位开关动处于挡铁中间，达到规定按压行程；货叉左极限位，载货台至取货位，货叉手动高速，由中位反复伸至左极限位，保证速度切换平顺，伸叉距离达到设计要求，左极限接近开关被定位挡片遮挡不能小于 3/4，距挡片间隙小于 3 mm。保证开关、挡片固定牢固，运行可靠；货叉右极限位，同左极限位测试方法；货叉左、右极限一致性，手动高速伸叉，测得货叉左伸距离与右伸距离的偏差不得大于 3 mm。

4. 注意事项、小结

（1）安装过程中监督立体仓库货架固定化学锚栓的拉拔试验，确保关键工序符合要求。

（2）调试过程中发现配电柜型号不匹配，通过召开现场会议，及时安排相关方整改，保证调试过程有序进行。

13.5.7 综合检测车调试

轨道工程车中，我们以综合检测车为例主要进行说明。综合检测车是为地铁工务、电务部门配备的检测设备，用于轨道和接触网的设备动态状态检测。综合检测车是集成了网、轨检测系统的较为特殊的轨道工程车，主要由下列部分组成：供电系统、车体、车钩/缓冲器、转向架、制动系统、司机室、空调系统、电气及控制系统（辅助电源、照明）、安全保护/故障诊断系统、轨检系统和接触网检测系统等组成。

轨道检测系统采用基于 2D 的非接触式测试技术、国际通用的惯性基准测试技术、数字图像智能分析处理技术、数字模拟技术等先进技术，实现轨道几何状态高精度、实时、在线检测，为轨道的日常维护及检修提供依据。轨道检测系统主要设备包括：基于 2D 非接触式测试技术的轨距检测设备、基于 2D 非接触式测试技术的钢轨磨耗检测设备、钢轨全断面廓形检测设备、基于惯性基准的轨道不平顺检测设备、速度里程检测设备、基于电子标签的综合检测定位设备、工控机、打印机及全数字式轨道状态检测系统软件等组成。

接触网检测系统采用基于机器视觉的非接触式测量技术、综合定位技术、车体振动补偿技术、自适应滤波、抗电磁干扰处理技术，能快速检测接触线拉出值、接触线高度、平行线间距、线岔、弓网接触压力、硬点（弓网冲击）、磨耗等接触网几何及动力学参数，实现接触网几何参数高精度检测，为接触网的日常维护及检修提供依据。接触网检测系统主要设备包括：基于机器视觉的非接触式检测设备、线阵相机补偿照明光源组、几何参数前端预处理嵌入式计算机、车体综合振动补偿设备、弓网接触压力检测设备、硬点（弓网冲击）

检测设备、速度里程检测设备、接触网检测综合定位设备、接触网电压检测设备、接触网悬挂自动巡查装置、接触网磨耗检测设备、高清弓网成像设备、唐源电气全数字式接触悬挂综合检测系统软件、液晶电视、UPS、打印机(根据实际主要设备清单)等组成。

综合检测车的静态调试主要在工厂制造完成之后进行的测试、试验,我们主要介绍综合检测车到段后的现场动态调试过程。

1. 调试流程

动态调试过程包括:限界检查;联挂试验;运行试验;成套动作检查;制动距离测试;受电弓升降弓功能检测;轨道检测系统动态调试(主要包括:轨距重复性验证,水平重复性验证,左右高低重复性验证,左右轨向重复性验证);接触网检测系统动态调试(主要包括:几何参数(拉出值、导高)动态验证及重复性验证,弓网接触压力重复性验证,弓网成像动态验证,接触线磨耗重复性验证)。

2. 前置及配合条件

所有静态调试已完成;试验线路电子标签安装已完成;线路数据库已录入、并校正完毕;正线动态调试需请点作业,联调单位配合给予作业令;牵引机车完成整备工作和静态检查;相关的测试、调试所需的量具、工具均准备就绪,具体清单见表 13-5-2;调试人员、工程车司机就位,机车司机 1 名,机械、电气调试人员各 1 名。任选一段无道岔区间,此区间长度最少为 3 km(匀速运行)进行试验,或者选一段无缺陷轨道进行人工调整,形成人为缺陷进行试验。

表 13-5-2　联调作业清单

序　　号	工具名称	型号/规格	数　　量	单　　位	备　　注
	激光测量仪		1	台	地铁公司准备
	对讲机		3	台	地铁公司准备
	皮尺	TY-BD	1	台	
	安全帽		3	个	每人每个
	闪光背心		3	件	每人每件

3. 调试内容

(1)限界检查:符合轨道交通 1、2 号线限界要求。

(2)联挂试验:机车与网轨检测车进行连挂,车钩自动连挂和人工提钩分离应正常。

(3)运行试验:机车牵引接触网轨检测车在线路上运行。通过曲线时,网轨检测车各部件相对运动不应受限,车体与转向架连接装置及其他各部分不应发生碰撞和损伤。

(4)成套动作检查:与牵引机车重联后将柴油机起动后,检查车辆与牵引机车各操作联动性。内容包括:前进、后退换向 10 次无误动作,指示灯显示准确;Ⅰ挡和Ⅱ挡换挡 10 次无误动作,指示灯显示准确;常用制动,机车与车辆均实施常用制动;紧急制动,机车与车辆均实施紧急制动;故障与控制信号显示,机车故障与控制信号可在车辆显示;重联操作,在车辆端可正常控制机车运行。

(5)制动距离测试:记录见表 13-5-3。

表 13-5-3　制动距离测试数据记录表

制动初速(km/h)	10	20	30	40	50	60	65
理论制动距离(m)	不大于 18	不大于 43	不大于 75	不大于 115	不大于 165	不大于 225	不大于 245

续上表

制动初速(km/h)	10	20	30	40	50	60	65
第1次实测值(m)	7	25	55	82	120	—	—
第2次实测值(m)	8	27	56	85	123	—	—
第3次实测值(m)	7	26	58	84	125	—	—

(6)受电弓升降弓功能检测:升降弓动作正常,最大升弓高度(2 880 ± 10) mm。升弓时间≤8 s,降弓时间≤8 s。

(7)轨道检测系统动态调试:由于轨道检测系统采用惯性基准测量原理,检测系统的最大测量速度和最小测量速度差最好不超过5 km/h,因此测试速度 v_{max} = 50 km/h, v_{min} = 45 km/h。全线以测试速度往返两次,对轨距、水平、左右高低和左右轨向等检测项目进行对比,根据中国铁路总公司印发《轨道检测车运用管理办法》第三章第十条动态验证办法:短时间内,轨道检测车在相同条件下对同一段线路进行不少于两次的正常检测,各检测项目选取不少于30个偏差点,偏差点选取范围应涵盖直线、曲线、缓和曲线和曲线。对同一检验点取平均值作为约定真值,各次测试结果与平均值之差与检测项目最大允许误差(见表13-5-4)进行比较。

表13-5-4 测试结果最大允许误差表

参数	允许误差	达标率
轨距	±0.8 mm	>96%
左侧高低	±1.0 mm	>96%
右侧高低	±1.0 mm	>96%
左侧轨向	±1.5 mm	>96%
右侧轨向	±1.5 mm	>96%
水平	±1.5 mm	>96%

任意导入一次轨道检测实时数据,轨道检测系统能正确输出轨道检测报告、TQI总结、TQI公里总结、1到4级缺陷总结、缺陷公里总结、线路总结报表。

(8)接触网检测系统动态调试:检测线路应覆盖刚性直线段、刚性曲线(左/右)段、柔性直线段、柔性曲线(左/右)段,每段距离不应低于1 km。检测装置在动态调试过程中,车辆到达正线后,经施工负责人确认后进行升弓。调试速度依次定为35 km/h、45 km/h,每个速度级应保证正反向各3次有效测试。

几何参数(拉出值、导高)动态验证及重复性验证:在检测线路上,刚性直线选取10个定位点,刚性曲线左选取10个定位点,刚性曲线右选取10个定位点。柔性直线选取10个定位点,柔性曲线左选取10个定位点,柔性曲线右选取10个定位点,使用"激光测量仪"对接触网几何参数进行3次重复测量,取3次测量的平均值分别作为接触网几何参数标准值,并记录数据。

通过35 km/h、45 km/h各3次检测数据进行分析,得出6次正向检测的几何参数,计算其平均值,作为检测值。对比几何参数标准值及检测值,进行几何参数动态验证。

同时,通过接触网检测数据处理软件,分别对35 km/h、45 km/h的3次检测数据进行分析,检查对比几何参数曲线的重复性。

判定标准:测量数据≥90%满足误差要求,几何参数对比曲线重复性一致,则判定合格。

弓网接触压力重复性验证:通过接触网检测数据处理软件,分别对45 km/h、55 km/h的3次检测数据进行分析，检查对比弓网接触压力的重复性。

判定标准：弓网接触压力对比曲线重复性一致，则判定合格。

弓网成像动态验证：检查弓网成像模块在隧道中的成像质量，字幕显示等功能是否正常。

判定标准：弓网成像模块成像清晰，字幕显示功能正常，则判定合格。

接触线磨耗重复性验证：通过接触网检测数据处理软件，分别对 45 km/h、55 km/h 的 3 次检测数据进行分析，检查对比磨耗曲线的重复性。

判定标准：磨耗对比曲线重复性一致，则判定合格。

接触网悬挂自动巡查装置动态验证：通过 45 km/h、55 km/h 各 3 次检测，验证其成像质量、成像范围。

判定标准：接触网悬挂自动巡查装置成像清晰，成像范围满足要求，则判定合格。

4. 注意事项、小结

(1)在试验过程中一切听从施工负责人指令进行设备的正常调试，禁止上下车，进入轨行区需要提前联系施工负责人，同意后方可进入轨行区作业。

(2)设备在调试过程中车辆尽量保持匀速行驶，禁止突然加速或者减速影响设备的调试。

(3)试验区段就选择在 3 个区间进行来回往返作业，确保设备的数据重复性。

5. 调试总结

(1)现场工期比较紧张，交叉项目较为频繁，安装规划之前需要提前与相关参建单位沟通好，以免不必要的资源浪费，延误安装时间。

(2)设备基础、预埋件的安装是本项目最为耗时的一个环节，土建方与设备方所执行的尺寸精准度不一致，且其外包施工队伍没有接触过工艺设备基础的安装工作，沟通不及时很容易造成二次整改。

(3)前期一直接的是临时电，设备安装完毕后受电源容量的影响无法进行调试试验，且再出图以后，由于招标日期比较晚，部分设备的提资条件未满足，后期协调难度加大，不能及时满足安装需求。

(4)受自流平施工规划的影响，一段时间内设备方无法进场施工，自流平成型完工以后，大型货车无法进场卸货，大件的工艺设备不太容易安装，时刻都得注意自流平的成品保护工作，增加了施工的制约条件。

(5)受接触网的 1 500 V 高压电封闭库区的制约，再加上基础重新的整改工作，安装过程较为缓慢。

(6)库内环境比较复杂，要注意成品的防尘防护。

13.6　综合培训中心设备

13.6.1　项目概述

综合培训中心为线网性综合培训基地。综合培训系统是当今轨道交通司乘培训领域最安全、最经济、最科学、最先进的培训装备；设置了包含基础知识学习室、OCC 调度仿真培训系统、车站值班员仿真培训系统、站厅站台仿真模拟厅、多功能列车模拟驾驶仿真培训系统、简易模拟器群驾驶培训、练兵线、FAS、BAS 实训系统等全面、系统、逼真的培训设施，利用计算机仿真技术与列车动力学、列车控制理论、计算机图形图像、计算机多媒体技术等相结合的电子沙盘、视景系统，教学功能丰富、驾驶体验逼真，可以提供良好的学习互动环境。可实现轨道交通乘务人员、站务工作人员、调度人员、供电、通信、检修等多专业人员的培训，可实现不同层次、不同培训需求人员的培训。培训中心一层效果图见图 13-6-1 和图 13-6-2。

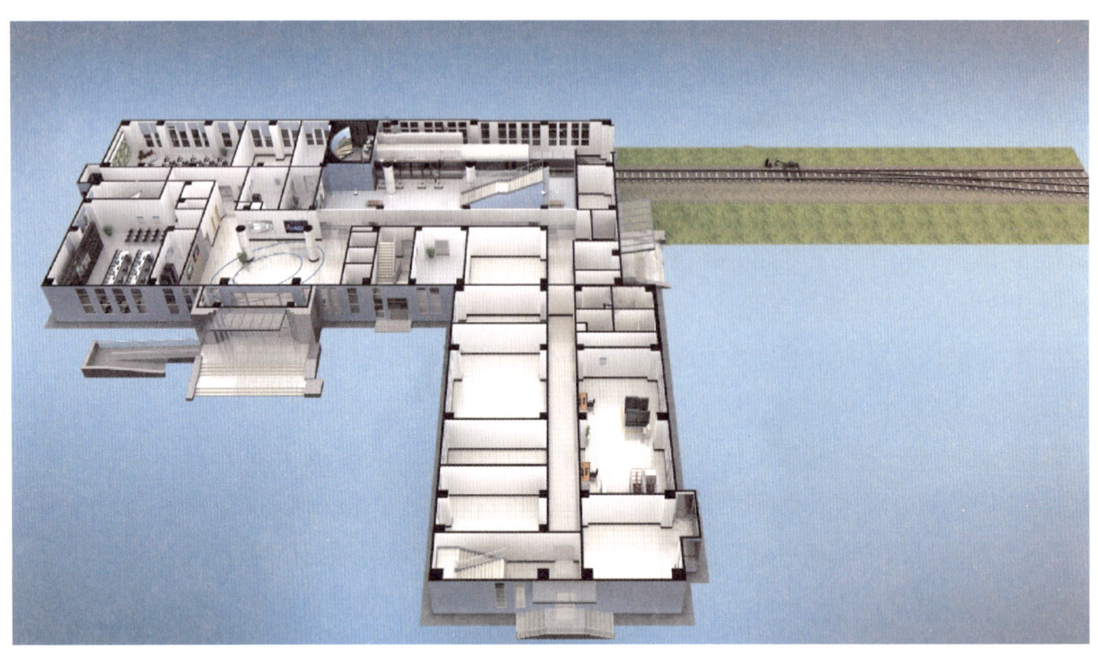

图 13-6-1　培训中心一层效果图

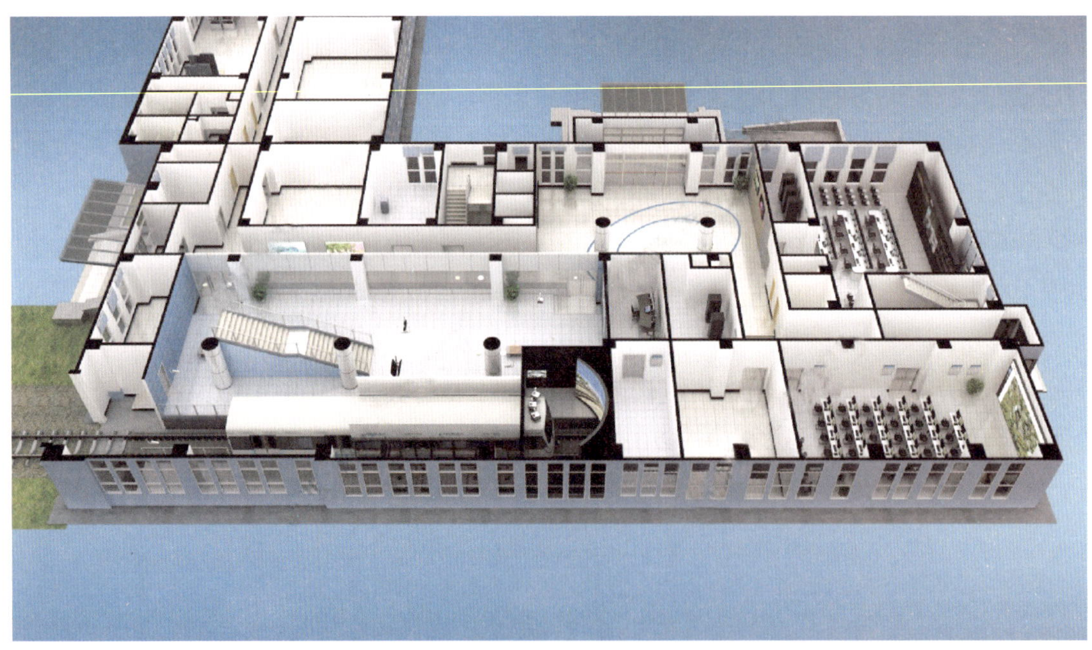

图 13-6-2　培训中心一层局部效果图

13.6.2　各子系统简介

1. 基础知识学习室

基础知识学习室共 3 间，配置了 110 套的学员计算机与席位，同时配备有教员讲台、投影仪及投影幕。每台教学和学员计算机上均安装有理论培训教学软件、多媒体教学课件及实训教学软件，包含在线考试系统、桌面驾驶仿真培训系统及三维运营仿真培训系统，学员可进行地铁车辆、信号、调度、供电等各专业的基础知识、基本原理、基本操作等内容的培训。其中三维运营仿真培训系统基于呼和浩特市地铁 1 号线及 2 号线（预留后期线路仿真接口）的真实场景，采用虚拟仿真技术，构建虚拟的车辆段、车站、隧道及相关设备三维模型，并能在场景中进行三维漫游以及交互操作。该系统主要用于运营专业的标准作业流程、设备原理、设备结构、故障处置以及应急演练等相关的培训。基础知识学习室效果图见图 13-6-3。

图 13-6-3　基础知识学习室效果图

2. OCC 调度仿真培训系统

OCC 调度仿真培训包括以下系统：教员系统、行调仿真系统、电调仿真系统、环调仿真系统、维修调度仿真系统、车辆段调度（DCC）仿真培训系统、大屏幕系统、CCTV 仿真系统。OCC 调度仿真培训室布置于综合培训中心一楼，面积约为 132 m^2（见图 13-6-4）。OCC 仿真培训系统通过构建轨道交通 1、2 号线运营环境模型，向设备终端提供与真实系统一致的界面，与真实系统一致的运行逻辑与过程数据。提供大屏幕系统、CCTV 仿真系统，模拟调度员真实的工作环境；能够模拟进行常态下的培训及非正常场景训练，涵盖调度工作内容；系统环境不受外界影响，训练可以随时开始、结束，故障可以随时设置，仿真的运营时间段可以任意设置。

具有大屏幕监视功能，能对轨道交通 1 号线控制中心大屏幕显示内容进行仿真；行车调度仿真系统能仿真实现行车调度相关的信号、联锁、运行图以及各种显示操作功能，可用于对行车调度员进行培训。在满足轨道交通 1 号线行车调度仿真培训的基础上能够加载 2 号线数据，实现 2 号线行车调度培训。满足 1 号线及 2 号线的调度数据并可以切换，预留新增其他线路调度的接口。同时可扩展无人驾驶相关培训功能。

车辆段调度（DCC）仿真培训系统可模拟轨道交通 1 号线车辆段的线路、站场显示、信号显示、站场布局以及列车出入库信号的开放。同时能够加载 2 号线数据，实现 2 号线车辆段调度培训。并满足 1 号线及 2 号线的调度数据并可以切换，预留新增其他线路车辆段调度的接口。

实现行调与电调、行调与环调、环调与电调、行调与值班员之间、OCC 系统与电子沙盘、OCC 系统与站厅站台 PIS、PA 设备、OCC 系统与实物车站站台门系统、OCC 系统与实物车站 IBP 盘等的联合演练功能。

3. 车站值班员仿真培训系统

车站值班员仿真培训系统应包括 2 套车控室仿真系统和 28 套值班员培训系统。值班员培训系统提供

图 13-6-4 OCC 仿真培训系统效果图

车站 LATS 仿真系统工作站,实现 LATS 工作站操作培训功能,满足轨道交通 1 号线、2 号线全线集控站 LATS 系统的联合培训。车控室仿真培训系统包含车站 LATS 仿真系统工作站、车站综合监控仿真系统工作站、车控室 IBP 盘、站台 CCTV 视频监控系统,能够实现车站作业的综合培训(见图 13-6-5)。2 套 IBP 盘(1、2 号线各一套)分设于车站值班员仿真培训室与仿真车站车控室内。模拟轨道交通 1 号线及 2 号线线路、车站配线、信号显示及 10 列以上在线运营列车等状况;仿真系统控制及显示信息(包括但不限于图形显示、人机对话方式、全线线路、信号设备布置)与轨道交通 1、2 号线一致;模拟地铁车站值班员的操作环境和相关控制设备,对车站值班员进行使用培训;训练地铁车站值班员标准化作业;训练地铁车站值班员故障及突发事件处理作业;实现与 OCC、列车驾驶仿真器、站台门、AFC 互联;满足轨道交通 1 号线车站作业仿真培训,并能够切换 2 号线数据同时预留后期线路数据的接口,实现 2 号线 LATS 培训。

图 13-6-5 车站值班员仿真培训系统效果图

4. 站厅站台仿真培训系统

站厅站台实训系统包括：AFC 实训系统、安检实训系统、站台门实训系统、急救训练系统、PIS 乘客信息显示设备、PA 广播设备、CCTV 视频监控设备、防暴设施。站厅站台实训系统设置于综合培训中心一层、二层模拟站台站厅。通信仿真系统根据轨道交通 1 号线地铁通信系统的实际功能和使用需求，实现学员与学员、学员与教员之间的信息通信。仿真车控室可与其他各实训室进行语音通话，仿真票亭可与其他实训室进行语音通信。站台门由站台门厂家安装调试，投标人配合并纳入综合培训系统中，模拟实际的站台门运行功能。

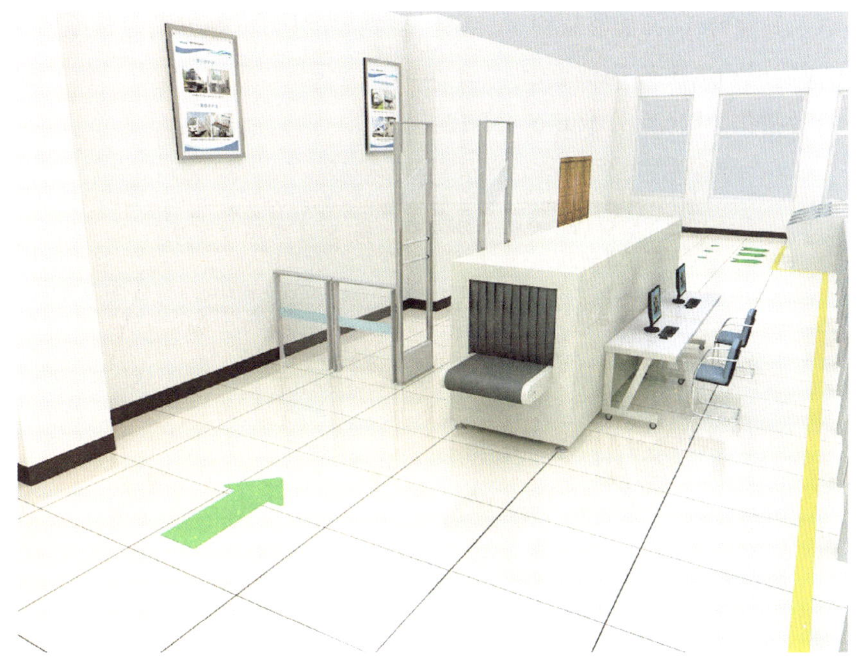

图 13-6-6　安检系统效果图

图 13-6-7　闸机效果

5. 多功能列车驾驶仿真培训系统

多功能列车驾驶仿真培训系统用于对地铁列车司机进行专业培训的实作系统。驾驶仿真器司机室内的设备与轨道交通1、2号线所使用列车上的设备具有完全一致的尺寸、外观、颜色和手感，且都应具有可操作性，并与实际列车上的对应设备具有相同的功能与控制逻辑。司机应可通过对这些设备的操纵实现列车的驾驶仿真与控制。培训系统设备对列车进行改造，改造后的列车输出变化时声音、视景系统同步变化，各类仪表同步反映列车运行状态。多功能型列车驾驶仿真培训系统能够实现地铁列车的性能、运行环境、运行信号以及车站客流变化的模拟，能够全面、真实地模拟列车在各种运行环境与工况下的运行状况、操纵特点、牵引/制动特性以及其他特性，并能够从视觉、听觉、触觉、操纵力度等方面逼真地再现列车在不同情况下的运行状况，并可以实现紧急状态下的驾驶训练。车辆前方设置投影系统，为一套三通道投影系统，使前向视景具有足够的有效视角范围(见图13-6-6～图13-6-18)。

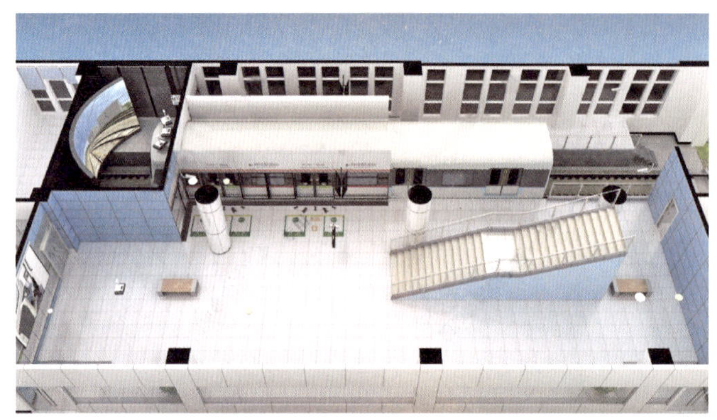

图13-6-8　多功能驾驶舱效果图

6. 简易模拟器群培训

简易型列车驾驶仿真培训系统有8套设备，是针对需要重复练习、熟练掌握的基本驾驶技能提供训练手段，使学员“熟悉”基本操作规程与操作方法，为学员从事多功能仿真驾驶和实际驾驶作铺垫，可以有效地提高培训效率与培训质量，且不受时间、地点的限制，主要用于认知性培训、基本操纵技能培训和应急处理培训，包括司机入职触及培训、制动施加、仿真部分故障、列车进路的熟悉、联合功能演练的培训(见图13-6-9)。

图13-6-9　基本型列车驾驶仿真培训系统

7. 练兵线

练兵线全长约 75 m,单线线路设计(见图 13-6-10)。线路铺设设置道床及配套的轨枕、扣件,并提供各类实操设备,同时配备接触网与相关信号设备。实训轨道练兵线有轨道、接触网、信号系统,练兵线不仅考虑到了单工种的实作培训需求,还充分考虑各专业之间培训的关联性,可将室外的信号设备室内计算机联锁及控制端设备,实现联动联操的培训方式,为多工种协同培训及演练提供真实可靠的实操环境,为实际运营维修提供准确有效的实验数据。

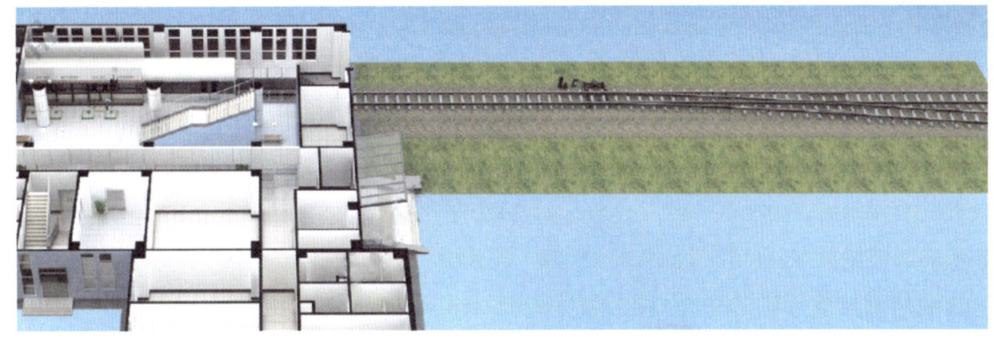

图 13-6-10　练兵线效果图

8. BAS、FAS 培训系统

BAS 实训系统包含给排水实训设备及人防系统培训设备。给排水实训设备以轨道交通 1 号线车站给排水系统为原型,进行一定比例缩放及采用低功率设备后构建的水循环系统,系统应包含各形式的水泵、水表、管道、阀门等设备,并且系统中机电设备应能够接入教员模拟的 BAS 控制端,实现对给排水设备进行联动控制与运行状态监视。

人防系统实训设备以轨道交通 1 号线车站地下防淹门系统结构、人防隔断门系统结构为原型,按照实物等比例缩小搭建实训平台,能满足学员手动防淹门系统、人防隔断门系统实施介入性控制培训(见图 13-6-11)。所有防淹门、人防隔断门设备能够接入教员模拟的 BAS 控制端,实现对人防设备进行联动控制与运行状态监控。

图 13-6-11　BAS、FAS 实训室效果图

FAS 实训系统以呼和浩特市地铁车站 FAS 系统为原型,进行一定比例缩放后构建的 FAS 仿真循环系统模型。模型中包含火灾报警控制器、手动报警装置、温感探测器、烟感探测器、气体灭火系统主机、声光警铃、消防栓箱、灭火器等实物。整个模型嵌到墙体之上,以 FAS 实训墙方式实训。模型中的手动报警、温感探测器、烟感探测器、自动灭火主机、声光警铃等装置均按照地铁消防分区进行组合配置,并且接入火灾报警控制器,实现火灾报警-消防的联动模拟。

13.6.3 调试简介

综合培训中心设备分为各子系统单机调试,各子系统综合联调。

1. 子系统调试范围

(1)培训管理系统。

(2)基础知识学习室。

(3)门厅显示屏系统。

(4)OCC 调度仿真培训室。

(5)车站值班员仿真培训室。

(6)站厅站台仿真实训厅。

(7)多功能列车驾驶仿真培训系统子系统调试。

(8)简易模拟器群实训室子系统调试。

(9)练兵线子系统调试。

(10)BAS 实训系统子系统调试。

(11)FAS 实训系统子系统调试。

2. 综合联调内容

(1)OCC 调度仿真培训系统、电子沙盘联合演练仿真培训方式。

(2)OCC 调度仿真培训系统、多功能列车驾驶仿真系统、简易模拟器、电子沙盘联合演练仿真培训方式。

(3)OCC 调度仿真培训系统、车站值班员仿真培训系统、站厅站台实训系统联合演练仿真培训方式。

(4)车站值班员仿真培训系统、站厅站台实训系统联合演练仿真培训方式。

(5)车站值班员仿真培训系统、站厅站台实训系统、多功能列车驾驶仿真系统、简易模拟器联合演练仿真培训方式。

(6)OCC 调度仿真培训系统、车站值班员仿真培训室、站厅站台实训系统、多功能列车驾驶仿真系统、简易模拟器、电子沙盘、练兵线联合演练仿真培训方式。

(7)OCC 调度仿真系统与仿真车站值班培训系统的联调。

(8)列车车门与站台门间的联动关系仿真。

(9)站台紧急停车按钮与列车间的联动关系仿真。

(10)ATS 与 PA 广播及 PIS 乘客信息系统间的信息交互关系仿真。

(11)列车群运行与牵引供电系统间的耦合计算关系仿真。

(12)阻塞模式下,ATS 与 BAS 通风大系统间的联动关系仿真。

(13)火灾模式下,FAS 与自动消防、AFC 闸机、电扶梯、通风空调、站台门等系统间联动关系仿真。

13.6.4　子系统调试

1. 培训管理系统调试流程

(1)硬件设备入场安装完毕后,架设服务器、交换机及局域网络,使各硬件设备连通。

(2)对所有硬件终端进行网络地址配置,测试各硬件终端设备数据通信正常。

(3)安装培训管理系统软件至各培训子系统管理计算机上。

(4)单机调试培训管理系统软件各项功能,直到单机功能全部测试通过。

(5)联机时,测试各子系统上传数据及联合管理相关功能。

(6)进行压力测试,多机同时运行测试。

(7)进行软件稳定性调试,长时间使用操作,测试稳定性。

(8)优化软件操作,达到验收标准,完成调试流程。

2. 前置及配合条件

(1)硬件设备安装完成。

(2)系统供电条件具备。

(3)网络布线安装调试完成。

(4)各培训子系统软件单独调试完成。

3. 调试内容

(1)人员管理:系统按角色对人员进行管理,不同角色管理内容操作权限不同。

(2)人员管理:系统可对不同角色人员的基本信息进行编辑。

(3)人员管理:系统含有人员培训电子档案管理功能。

(4)人员管理:系统含有远程查阅电子档案管理功能。

(5)人员管理:需预留与人力资源管理系统接口,以便于人力资源管理部门实现人员培训相关信息共享。

(6)设备管理:系统可对设备的基本信息编辑。

(7)设备管理:系统可对设备状态监控。

(8)设备管理:系统可对设备档案进行管理。

(9)设备管理:系统可对设备维护管理,能依据设备的修程/保养手册及设备当前保养记录提供设备保养状态的自动提醒。

(10)设备管理:设备的修程/保养手册、保养记录可通过系统录入、查询、修改及删除。

(11)教学管理:日志信息管理,管理数据储存五年以上,视频监控数据一年以上,系统管理员可查看管理。

(12)教学管理:系统班级化教学,可编辑管理。

(13)教学管理:系统根据培养计划自动编排生成教学计划管理功能。

(14)教学管理:系统可对教学计划进行重新编排、计划修改、计划发布等。

(15)培训计划管理:系统提供培训计划申报功能。

(16)培训计划管理:系统提供综合培训管理部门的计划审批。

(17)培训计划管理:系统提供培训计划下达功能。

(18)培训计划管理:系统能提供培训计划表。

(19)培训计划管理:系统含有培训计划执行情况监督及考核功能。

(20)课程管理:课程信息根据教学计划自动生成。

(21)课程管理:课程信息包含课程代码、课程名称、培训内容。

(22)课程管理:系统可对课程信息进行编辑。

(23)课程管理:系统含有课程信息远程查看及打印功能。

(24)考试管理:考试信息应能根据教学计划及课程信息自动生成。

(25)考试管理:系统含有考试信息编辑功能。

(26)考试管理:系统含有考试信息远程查看及打印功能。

(27)考试管理:系统含有考试关联信息编辑功能。

(28)考试管理:教员可编辑修改考试关联信息。

(29)成绩管理:系统含有成绩在线编辑功能。

(30)成绩管理:系统含有远程查询成绩功能,并支持成绩打印。

(31)成绩管理:系统提供成绩审核与发布功能。

(32)成绩管理:系统能自动生成各类成绩统计分析数据,并支持自动生成分析图表可打印分析结果。

(33)考勤管理:系统提供人员考勤信息管理功能,支持个人及班级考勤信息的查看。

(34)考勤管理:系统提供考勤规则的调整功能。

(35)上岗证管理:系统具有本项目综合培训系统中所包含的培训内容的相应上岗证(包括但不限于司机、站务、调度等)管理功能。

(36)上岗证管理:系统需根据运营公司对上岗证管理及发放流程,在该系统中建立上岗证获取流程。

(37)上岗证管理:在流程中体现培训人员获取上岗证所需完成的理论培训、理论考试、实操培训及实操考核等整套流程及相应的培训内容,对所有培训及考核需有相应的数据记录。

(38)上岗证管理:相关系统特种作业人员资格证的相关信息管理。

(39)App 软件:系统包括移动端操作软件(手机 App),可通过手机端远程登录、查询权限范围内相关信息。

(40)其他功能:系统含日志信息管理功能,系统管理员可进行查看管理。

(41)其他功能:管理数据需储存 5 年以上,视频监控数据需储存至少 1 年。

4. 注意事项、小结

(1)现场带电设备需注意用电安全。

(2)设备上电前应检查设备供电情况和设备接地良好。

(3)测试操作应逐项进行,防止漏测漏检。

(4)测试应严格按照操作规程执行,不得随意操作。

13.6.5 基础知识学习室

1. 调试流程

(1)硬件设备入场安装完毕后,架设服务器、交换机及局域网络,使各硬件设备连通。

(2)对所有硬件终端进行网络地址配置,测试各硬件终端设备数据通信正常。

(3)安装基础知识实训室相关软件至各培训计算机上。

(4)单机调试基础知识实训软件各项功能,直到单机功能全部测试通过。

(5)单机调试基础知识学习室教员管理软件相关功能。

(6)进行压力测试,多机同时运行测试。

(7)进行软件稳定性调试,长时间使用操作,测试稳定性。

(8)优化软件操作,达到验收标准,完成调试流程。

2. 前置及配合条件

(1)硬件设备安装完成。

(2)系统供电条件具备。

(3)网络布线安装调试完成。

(4)各工位学员机及教员机数据通信正常。

(5)各工位软件及教员软件安装完成。

3. 调试内容

(1)驾驶仿真培训系统—列车运行仿真系统:图形化列车司控台设备操作仿真。

(2)驾驶仿真培训系统—列车运行仿真系统:基本的电路控制逻辑仿真。

(3)驾驶仿真培训系统—列车运行仿真系统:列车牵引计算。

(4)驾驶仿真培训系统—列车运行仿真系统:VOBC 车载控制器及 DMI 人机交互仿真。

(5)驾驶仿真培训系统—列车运行仿真系统:MMI 人机交互仿真等仿真。

(6)驾驶仿真培训系统—列车运行仿真系统:列车操作及响应应与真实列车车辆情况一致。

(7)驾驶仿真培训系统—列车运行仿真系统:逻辑仿真模块必须反应列车真实的控制逻辑关系。

(8)驾驶仿真培训系统—列车运行仿真系统:所有的操作信息须实时更新,变更须自动反映相关的仿真。

(9)驾驶仿真培训系统—列车运行仿真系统:图形化司控台设备。

(10)驾驶仿真培训系统—列车运行仿真系统:系统的动力学仿真模型能真实地反映车辆牵引/制动特性。

(11)驾驶仿真培训系统—列车运行仿真系统:VOBC 车载设备仿真超速防护、自动驾驶等核心功能需与现场一致。

(12)驾驶仿真培训系统—声音仿真系统:采用数字音频技术实现对列车驾驶相关的声音仿真。

(13)驾驶仿真培训系统—声音仿真系统:声音仿真计算机生成的音频信号需通过立体声耳机播放。

(14)驾驶仿真培训系统—声音仿真系统:应能够逼真地模拟呼和浩特地铁列车运行时的声音环境。

(15)驾驶仿真培训系统—列车运行仿真系统:能够进行列车出库始发开车流程仿真培训。

(16)驾驶仿真培训系统—列车运行仿真系统:能够进行列车中途运行司机操作流程仿真培训。

(17)驾驶仿真培训系统—列车运行仿真系统:能够进行列车到站作业操作流程仿真培训。

(18)驾驶仿真培训系统—列车运行仿真系统:能够进行列车折返作业操作流程仿真培训。

(19)驾驶仿真培训系统—列车运行仿真系统:能够进行列车终到入库操作流程仿真培训。

(20)三维运营仿真培训系统—车站站台门作业仿真培训:提供精细的虚拟站台门设备模型,包含站台门固定门、端头门、应急门、活动门、承重机构、顶箱、盖板、门楣、门槛、门机系统、DSU 门控单元、门灯、LCB

就地控制盒、PSL 端头控制盒、PSC 主控机等设备。

(21)三维运营仿真培训系统—车站站台门作业仿真培训:提供虚拟的地铁车站作业环境,可实现学员在三维作业环境中的漫游与站台门设备操作。

(22)三维运营仿真培训系统—车站站台门作业仿真培训:车控室:含车控室虚拟 IBP 盘、ISCS 综合监控终端、PSC 等设备。

(23)三维运营仿真培训系统—车站站台门作业仿真培训:站台站厅:含站台门各类就地设备。

(24)三维运营仿真培训系统—车站站台门作业仿真培训:隧道模型。

(25)三维运营仿真培训系统—车站站台门作业仿真培训:站台门系统结构及组成认知实训与考核。

(26)三维运营仿真培训系统—车站站台门作业仿真培训:站台门系统与信号系统联动原理培训与考核。

(27)三维运营仿真培训系统—车站站台门作业仿真培训:站台门故障情况下运行模式的操作实训与考核,包含 PSL 端头控制、LCB 就地控制、PSD 活动门手动操作、车控室 IBP 盘人工控制等模式。

(28)三维运营仿真培训系统—车站站台门作业仿真培训:紧急情况下(如站台门夹人等)的应急操作实训与考核。

(29)三维运营仿真培训系统—车站 BAS 作业仿真培训:精细的虚拟 BAS 环控设备模型,对于风机、水泵、电扶梯等大型设备模型应具备三维模拟拆装功能。

(30)三维运营仿真培训系统—车站 BAS 作业仿真培训—通风空调设备模型:包含隧道通风、车站大小系统、冷水系统中各类风机、风阀、组合空调等设备模型。

(31)三维运营仿真培训系统—车站 BAS 作业仿真培训—给排水设备模型:包含各类水泵、提升装置、水管、阀门、水表设备模型。

(32)三维运营仿真培训系统—车站 BAS 作业仿真培训—电扶梯设备模型:包含垂直电梯、自动扶梯模型,内部须包含曳引驱动装置、张紧装置、导轨系统、制动器等主要设备模型。

(33)三维运营仿真培训系统—车站 BAS 作业仿真培训—动力照明设备模型:包含电控柜、配电箱、开关设备模型。

(34)三维运营仿真培训系统—车站 BAS 作业仿真培训—虚拟环境:提供虚拟的地铁车站作业环境,可实现学员在三维作业环境中的漫游与 BAS 设备操作。

(35)三维运营仿真培训系统—车站 BAS 作业仿真培训—虚拟环境—车控室:含车控室虚拟 IBP 盘、ISCS 综合监控终端等模型。

(36)三维运营仿真培训系统—车站 BAS 作业仿真培训—虚拟环境—环控设备室:含环控各类控制设备模型。

(37)三维运营仿真培训系统—车站 BAS 作业仿真培训—虚拟环境—隧道:含隧道通风、给排水等设备模型。

(38)三维运营仿真培训系统—车站 BAS 作业仿真培训—虚拟环境—站台站厅:含车站通风、给排水、电扶梯等设备模型。

(39)三维运营仿真培训系统—车站 BAS 作业仿真培训—实训功能:环控系统中通风空调、给排水、电扶梯、动照子系统结构及组成认知实训与考核。

(40)三维运营仿真培训系统—车站 BAS 作业仿真培训—实训功能:环控系统设备就地级操作实训及考核。

(41)三维运营仿真培训系统—车站 BAS 作业仿真培训—实训功能:环控系统设备远程设备监控与远动操作实训及考核。

(42)三维运营仿真培训系统—车站 BAS 作业仿真培训—实训功能:ISCS 时间表控制操作实训及考核。

(43)三维运营仿真培训系统—车站 BAS 作业仿真培训—实训功能:BAS 参数设定操作实训及考核。

(44)三维运营仿真培训系统—车站 BAS 作业仿真培训—实训功能:各类火灾模式下与 BAS 环控系统设备联动运行调节实训及考核。

(45)三维运营仿真培训系统—车站 FAS 作业仿真培训:供精细的虚拟 FAS 环控设备模型。

(46)三维运营仿真培训系统—车站 FAS 作业仿真培训—FAS 系统设备模型:包含火灾报警控制器、手动报警装置、温感探测器、烟感探测器、气体灭火系统、水喷淋系统、声光警铃、消防栓箱、灭火器等设备模型。

(47)三维运营仿真培训系统—车站 FAS 作业仿真培训—BAS 环控系统设备模型:包含通风系统设备模型、消防给水设备模型、电扶梯设备模型。

(48)三维运营仿真培训系统—车站 FAS 作业仿真培训—AFC 系统设备模型:包含进出站检票闸机等设备模型。

(49)三维运营仿真培训系统—车站 FAS 作业仿真培训—站台门设备模型:包含站台门设备模型。

(50)三维运营仿真培训系统—车站 FAS 作业仿真培训:提供虚拟的地铁车站作业环境,可实现学员在三维作业环境中的漫游与 FAS 设备操作。

(51)三维运营仿真培训系统—车站 FAS 作业仿真培训—车控室:含车控室虚拟 IBP 盘、ISCS 综合监控终端、火灾报警控制柜、气灭主机柜等模型。

(52)三维运营仿真培训系统—车站 FAS 作业仿真培训—各类设备室:含各类 FAS 报警及消防终端设备模型。

(53)三维运营仿真培训系统—车站 FAS 作业仿真培训—隧道:含各类 FAS 报警及消防终端设备、BAS 环控系统设备模型。

(54)三维运营仿真培训系统—车站 FAS 作业仿真培训—站台站厅:含各类 FAS 报警及消防终端设备、BAS 环控系统设备、AFC 系统设备、站台门设备模型。

(55)三维运营仿真培训系统—车站 FAS 作业仿真培训—实训功能:FAS 系统结构及组成认知实训与考核。

(56)三维运营仿真培训系统—车站 FAS 作业仿真培训—实训功能:FAS 系统报警、消防联动原理实训与考核。

(57)三维运营仿真培训系统—车站 FAS 作业仿真培训—实训功能:火灾模式下 FAS 系统与 BAS、AFC、站台门等系统联动原理实训与考核。

(58)三维运营仿真培训系统—车站 FAS 作业仿真培训—实训功能:火灾手动报警装置的使用实训与考核。

(59)三维运营仿真培训系统—车站 FAS 作业仿真培训—实训功能:消火栓及灭火水枪使用实训与考核。

(60)三维运营仿真培训系统—车站 FAS 作业仿真培训—实训功能:灭火器使用实训与考核。

(61)三维运营仿真培训系统—车站 FAS 作业仿真培训—实训功能:车控室、站台站厅、设备间、隧道等场所火灾情况下应急处理实训及考核。

(62)三维运营仿真培训系统—派班仿真培训:系统中具有派班流程培训功能,学员可通过三维虚拟派班流程演示完成派班流程学习。

(63)三维运营仿真培训系统—派班仿真培训:系统需具有漫游功能,学员可通过该系统完成派班流程的自主练习与考核。

(64)三维运营仿真培训系统—规章、礼仪培训:服务礼仪中的服务意识教学与考核。

(65)三维运营仿真培训系统—车站 FAS 作业仿真培训:服务常识教学与考核。

(66)三维运营仿真培训系统—车站 FAS 作业仿真培训:乘客投诉时售票员处理教学与考核。

(67)三维运营仿真培训系统—车站 FAS 作业仿真培训:发生应急类常见应急处理时各岗位处理教学与考核。

4. 注意事项、小结

(1)现场带电设备需注意用电安全。

(2)设备上电前应检查设备供电情况和设备接地良好。

(3)测试操作应逐项进行,防止漏测漏检。

(4)测试应严格按照操作规程执行,不得随意操作。

13.6.6 门厅显示屏系统

1. 调试流程

(1)壁挂电视安装完毕,确定安装位置合理,安装稳固。

(2)对电视机控制主机进行网络地址配置,测试硬件终端设备数据通信正常。

(3)测试视频线、电源等正常。

(4)播放测试图像对画面显示效果进行调试。

(5)调试控软件对视频显示的控制功能。

(6)进行压力测试,多机同时运行测试。

(7)进行稳定性调试,长时间播放,测试稳定性。

(8)优化软件操作,达到验收标准,完成调试流程。

2. 前置及配合条件

(1)预留电源线、视频线埋线接口。

(2)预留电视机安装位置及支座安装。

3. 调试内容

(1)控制终端:具备控制终端,并且能控制液晶电视的显示画面,且能自由切换显示画面。

(2)画面显示:能显示画面播放的画面。

(3)画面切换:能切换至画面想要显示的画面。

4. 注意事项、小结

安装结构稳固,设备断电时要注意所有设备是否已经关闭,以免造成设备损坏。

13.6.7　OCC 调度仿真培训室

1. 调试流程

(1)硬件设备入场安装完毕后,架设服务器、交换机及局域网络,使各硬件设备连通。

(2)对所有硬件终端进行网络地址配置,测试各硬件终端设备数据通信正常。

(3)安装 OCC 调度仿真培训室相关软件运行所需数据库至专用计算机上。

(4)安装 OCC 调度仿真培训室相关软件至各培训计算机上。

(5)检查各培训系统通信成功。

(6)单机调试 ATS 软件、综合监控软件、闭路电视软件的各项功能,直到单机功能全部测试通过。

(7)联机时,测试各子系统上传数据及联合管理相关功能。

(8)进行压力测试,多机同时运行测试。

(9)进行软件稳定性调试,长时间使用操作,测试稳定性。

(10)优化软件操作,达到验收标准,完成调试流程。

2. 前置及配合条件

(1)开发资料齐全。

(2)硬件设备安装完成。

(3)系统供电条件具备。

(4)网络布线安装调试完成。

(5)各工位学员机及教员机数据通信正常。

(6)各工位软件及教员软件安装完成。

3. 调试内容

(1)中心 ATS:设备终端提供与真实系统一致的界面。

(2)中心 ATS:系统能够模拟进行常态下的培训及非正常场景训练,涵盖调度工作内容。

(3)中心 ATS:系统环境应不受外界影响,训练可以随时开始、结束,故障可以随时设置,仿真的运营时间段可以任意设置。

(4)中心 ATS:可实现 DCC 调度功能与 OCC 调度功能在出入段线的信号转换轨后的工作界面的切换模拟培训。

(5)中心 ATS:与真实系统一致的运行逻辑与过程数据。

(6)中心 ATS:提供大屏幕系统、CCTV 仿真系统,模拟调度员真实的工作环境。

(7)中心 ATS:列车识别、追踪、车次号显示的仿真要求。

(8)中心 ATS:实现进路控制的仿真要求。

(9)中心 ATS:列车运行的自动调整及人工调整的仿真要求。

(10)中心 ATS:自动监视列车运行和设备状态的仿真要求。

(11)中心 ATS:实现站场图显示仿真要求。

(12)中心 ATS:实现信号逻辑的仿真要求。

(13)中心 ATS:实现虚拟设备的仿真要求。

(14)中心 ATS:实现出入库计划仿真要求。

(15)中心 ATS:实现虚拟列车功能仿真要求。

(16)中心 ATS:实现计划管理功能。

(17)中心 ATS:实现计划图仿真要求。

(18)中心 ATS:实际图仿真要求。

(19)中心 ATS:实现联锁系统功能仿真。

(20)中心 ATS:实现故障及其他模拟功能要求。

(21)中心 ATS:列车定位及显示。

(22)中心 ATS:列车自动追踪。

(23)中心 ATS:列车详细运行信息显示。

(24)中心 ATS:添加列车识别号。

(25)中心 ATS:删除列车识别号。

(26)中心 ATS:修改列车识别号。

(27)中心 ATS:列车进路自动控制。

(28)中心 ATS:列车进路人工控制。

(29)中心 ATS:目的地码功能。

(30)中心 ATS:进路自动控制与人工控制切换操作流程。

(31)中心 ATS:列车运行自动调整。

(32)中心 ATS:列车运行人工调整。

(33)中心 ATS:系统运行监视。

(34)中心 ATS:运行状态异常报警。

(35)中心 ATS:显示战场轨道设备各种状态。

(36)中心 ATS:显示站场信号机设备各种状态。

(37)中心 ATS:显示站场道岔各种状态。

(38)中心 ATS:显示站场站台各种表示状态。

(39)中心 ATS:显示站台门各种表示状态。

(40)中心 ATS:显示战场车站各种表示状态。

(41)中心 ATS:轨道设备功能的仿真。

(42)中心 ATS:道岔设备功能的仿真。

(43)中心 ATS:信号机设备功能的仿真。

(44)中心 ATS:进路功能的仿真。

(45)中心 ATS:多种进路类型的仿真。

(46)中心 ATS:进路监控功能。

(47)中心 ATS:输入或输出设备表示或命令。

(48)中心 ATS:相邻联锁的接口功能。

(49)中心 ATS:操作模式转换功能的仿真。

(50)中心 ATS:设备的控制和监视逻辑的仿真。

(51)中心 ATS:线路设备的仿真(包括线路段编号、长度、公里标、及线路限速等信息。)

(52)中心ATS:信号设备的仿真(需要包括设备编号、位置、显示状态及信号名称等信息)。

(53)中心ATS:道岔设备的仿真(需要包括设备编号、位置、状态及道岔名称等信息)。

(54)中心ATS:能够实现站台扣车及解除扣车。

(55)中心ATS:站台跳停及解除跳停。

(56)中心ATS:指定列车扣车或跳停。

(57)中心ATS:设置列车区间运行等级。

(58)中心ATS:能够实现催发车。

(59)中心ATS:停站时间设置。

(60)中心ATS:仿真与车辆控制相关的功能。

(61)中心ATS:正线中正常状态下的车辆能按照运行图运行。

(62)中心ATS:车辆的非正常运行模式。

(63)中心ATS:列车区间运行自动控制。

(64)中心ATS:车站站台定位停车控制。

(65)中心ATS:车站通过控制。

(66)中心ATS:车门、站台门的联动控制。

(67)中心ATS:创建当天计划。

(68)中心ATS:删除当天计划。

(69)中心ATS:创建一周计划。

(70)中心ATS:查看历史计划。

(71)中心ATS:下载当天计划。

(72)中心ATS:打开当天计划。

(73)中心ATS:显示当天计划。

(74)中心ATS:下载基本计划。

(75)中心ATS:打开基本计划。

(76)中心ATS:显示基本计划。

(77)中心ATS:下载当天实际图。

(78)中心ATS:打开当天实际图。

(79)中心ATS:动态显示当天实际图。

(80)中心ATS:排列进路联锁逻辑仿真。

(81)中心ATS:取消进路联锁逻辑仿真。

(82)中心ATS:延时解锁联锁逻辑仿真。

(83)中心ATS:进路自动解锁联锁逻辑仿真。

(84)中心ATS:道岔单操联锁逻辑仿真。

(85)中心ATS:道岔单锁、单解联锁逻辑仿真。

(86)中心ATS:引导进路联锁逻辑仿真。

(87)中心ATS:接近锁闭联锁逻辑仿真。

(88)中心ATS:模拟轨道区段占用、出清检测逻辑仿真。

(89)中心 ATS:计轴区段(包括道岔区段)故障。

(90)中心 ATS:信号机灯丝断丝故障。

(91)中心 ATS:道岔失去表示故障。

(92)中心 ATS:车地无线通信故障。

(93)中心 ATS:控制中心与集中站通信故障。

(94)中心 ATS:站台门故障。

(95)中心 ATS:非正常运营情景模拟:早点、晚点、路中断(改变交路运行)。

(96)DCC:正常办理入库、出库进路。

(97)DCC:办理库内调车进路、引导进路。

(98)DCC:按照出库计划完成列车出库功能的仿真。

(99)DCC:实现库内调车作业。

(100)DCC:取消进路。

(101)DCC:重开信号。

(102)DCC:开放引导信号。

(103)DCC:引导总锁。

(104)DCC:总人解进路。

(105)DCC:区故解轨道区段。

(106)DCC:定操道岔。

(107)DCC:反操道岔。

(108)DCC:单锁道岔。

(109)DCC:解锁道岔。

(110)DCC:封锁道岔、信号机、轨道区段。

(111)DCC:进行功能按钮的操作。

(112)DCC:创建、删除、编辑、打开以及显示出入库计划。

(113)DCC:仿真设备出现故障后站场设备的显示。

(114)DCC:显示以及操作界面与现场实际车辆段调度软件一致。

(115)DCC:具备控制权限获取功能。

(116)DCC:显示信号机的各种状态。

(117)DCC:按实际系统正常显示信号机操作按钮(列车按钮、调车按钮),并能正常操作信号按钮。

(118)DCC:能够显示道岔的各种状态(道岔定、反位表示、道岔四开状态、道岔挤岔状态、道岔单锁状态、道岔封锁状态等)。

(119)DCC:仿真道岔的各种操作,在搬动道岔时能够仿真道岔的动作过程。

(120)DCC:显示轨道的各种状态(轨道空闲、轨道占用、轨道锁闭、轨道封锁等)。

(121)DCC:显示各种报警类指示灯。

(122)中心教员:课程的设计和管理。

(123)中心教员:能够设置训练使用的时刻表,及训练开始时的课程时间。

(124)中心教员:能够设置车站的客流信息。

(125)中心教员:能够建立、保存新课程,浏览、编辑、删除已有课程。

(126)中心教员:能够查询现有的课程并获取包括但不限于课程编号、课程名称、备注信息、课程类型、创建者、创建时间、修改时间、最后编辑者、课程使用次数等课程说明信息,也能获取包括但不限于:运行线路、时刻表、故障及突发事件表和客流信息表等课程数据。

(127)中心教员:能够对用户数据进行管理。

(128)中心教员:能够实现故障及突发事件数据进行管理。

(129)中心教员:能够实现对时刻表数据进行管理。

(130)中心教员:能够实现训练记录数据进行管理。

(131)中心教员:能够实现监控训练过程。

(132)中心教员:教员可以通过图形化界面查看全线列车运行状态,也可以查看具体列车的运行状态。

(133)中心教员:能够查看实际运行图和计划运行图,并比较运行偏差。

(134)中心教员:能够实现选择故障或突发事件进行实时设置。

(135)联合演练:实现 OCC 调度仿真培训系统、电子沙盘联合演练仿真培训方式。

(136)联合演练:实现 OCC 调度仿真培训系统、多功能列车驾驶仿真系统、简易模拟器、电子沙盘联合演练仿真培训方式。

(137)联合演练:实现 OCC 调度仿真培训系统、车站值班员仿真培训系统、站厅站台实训系统联合演练仿真培训方式。

(138)联合演练:实现车站值班员仿真培训系统、站厅站台实训系统联合演练仿真培训方式。

(139)联合演练:实现车站值班员仿真培训系统、站厅站台实训系统、多功能列车驾驶仿真系统、简易模拟器联合演练仿真培训方式。

(140)综合监控—电调:通过模拟供电系统中各电气设备主要参数及模型,构建交流侧网络模型及直流侧牵引网络模型,并采用潮流计算方法实现整个系统在不同运行情况下的运行状态分析,以及各电气设备电气量的监测,能够培训电调人员对系统各种运行情况的状态分析。

(141)综合监控—电调:通过模拟不同电压等级或不同故障情况下,各设备间不同保护策略、联锁控制等逻辑关系,实现系统在正常运行、非正常运行及故障情况下,电调人员对设备的操作步骤、方法符合正确的设备动作逻辑的相关培训。

(142)综合监控—电调:通过模拟各设备仪表监测信息及设备报警信息,实现系统实时监控,培训电调人员应对系统或设备出现告警信息时的处理能力,并规范其处理流程。

(143)综合监控—电调:仿真真实监控软件的界面布局设计。

(144)综合监控—电调:界面图例的仿真应该采用真实监控软件的图例。

(145)综合监控—电调:仿真主变电所、各站变电所(包括降压所、牵混所)一次接线图。

(146)综合监控—电调:仿真全线交流环网系统图、全线直流接触网图。

(147)综合监控—电调:仿真系统遥测量、遥信量实时监控界面。

(148)综合监控—电调:仿真系统不同设备各电气量不同显示形式界面。

(149)综合监控—电调:仿真供电事件(SOE)界面。

(150)综合监控—电调:仿真供电权限移交界面。

(151)综合监控—电调:仿真报警界面。

(152)综合监控—电调:仿真事件界面。

(153)综合监控—电调:仿真设备远程(OCC)控制功能(分合闸)。

(154)综合监控—电调:仿真设备置位(接地、检修、人工置数、报警禁止、禁止扫描)功能。

(155)综合监控—电调:仿真设备保护动作后的复归功能。

(156)综合监控—电调:仿真开关设备定值组切换功能。

(157)综合监控—电调:仿真设备遥测量监测信息。

(158)综合监控—电调:仿真设备遥信量监测信息。

(159)综合监控—电调:仿真供电设备与车站进行权限移交功能。

(160)综合监控—电调:仿真主变电所与各供电区间开关设备停送电联控操作逻辑。

(161)综合监控—电调:仿真全线交流侧中压环网系统、动力照明系统双边供电,母线进线开关与备自投间三合两闭倒闸操作逻辑。

(162)综合监控—电调:仿真全线直流侧接触网顺控送电、停电倒闸操作逻辑。

(163)综合监控—电调:仿真系统因检修所需的各电压等级下进行的开关设备倒闸操作流程。

(164)综合监控—电调:仿真各电压等级断路器与隔离开关间的联控关系。

(165)综合监控—电调:仿真全线日常停送电(自定义顺控)操作流程。

(166)综合监控—电调:仿真各降压所、牵混所 35 kV 侧开关设备故障时,系统相关保护动作及联控设备跳闸现象。

(167)综合监控—电调:仿真各牵混所直流牵引侧不同类型开关设备故障时,系统相关保护动作及联控设备跳闸现象。

(168)综合监控—电调:仿真接触网故障时,接触网两端直流开关设备保护动作。

(169)综合监控—电调:仿真供电设备动作时能产生报警、事件信息。

(170)综合监控—电调:仿真供电设备操作时能产生事件(SOE)信息。

(171)综合监控—电调:仿真报警信息、事件信息的筛选、排序、确认操作。

(172)综合监控—环调:综合监控仿真系统应能通过模型仿真计算的方法实现站场温湿度、隧道通风、给排水、火灾报警等系统的仿真,实现对环调人员操作进行演练培训与非正常状态下系统分析的功能。

(173)综合监控—环调:能对环境影响较大的主要因素分别进行建模,能够实现时刻表,多种模式的编辑与调用等功能,并实现与行调系统、电调系统进行交互,实现各个相关调度系统的联动功能。

(174)综合监控—环调:能仿真实现基本运行的相关操作方法、操作规程与操作步骤,包括但不限于系统正常运行过程对各种设备、车站/隧道环境进行监控,对各种警告与报警信息进行确认,并采取相关措施。

(175)综合监控—环调:能仿真实现地铁环控系统运行中设备故障及异常突发事件的处理方法、处理规程及处理步骤,包括但不限于设备故障的排除以及事故、突发事件和异常现象的处理。

(176)综合监控—环调:仿真真实监控软件的界面布局设计。

(177)综合监控—环调:界面图例的仿真应该采用真实监控软件的图例。

(178)综合监控—环调:仿真全线机电设备集中监视图。

(179)综合监控—环调:仿真全线广播系统界面图。

(180)综合监控—环调:仿真全线乘客信息界面图。

(181)综合监控—环调:仿真全线售检票设备集中监视图。

(182)综合监控—环调:仿真全线信号系统监视图。

(183)综合监控—环调:仿真车站布局平面图。

(184)综合监控—环调:仿真隧道通风及大系统图。

(185)综合监控—环调:仿真车站小系统图。

(186)综合监控—环调:仿真车站空调水系统图。

(187)综合监控—环调:仿真车站给排水系统图。

(188)综合监控—环调:仿真车站照明系统图。

(189)综合监控—环调:仿真车站电扶梯系统图。

(190)综合监控—环调:仿真车站电伴热系统图。

(191)综合监控—环调:仿真车站传感器系统图。

(192)综合监控—环调:仿真车站人防门/防淹门系统图。

(193)综合监控—环调:仿真模式控制界面。

(194)综合监控—环调:仿真时间表控制界面。

(195)综合监控—环调:仿真车站闭路电视系统图。

(196)综合监控—环调:仿真车站广播系统图。

(197)综合监控—环调:仿真车站站台门系统图。

(198)综合监控—环调:仿真车站售检票系统图。

(199)综合监控—环调:仿真车站不间断电源系统图。

(200)综合监控—环调:仿真车站消防电源系统图。

(201)综合监控—环调:仿真车站电气火灾系统图。

(202)综合监控—环调:仿真车站火灾报警系统图。

(203)综合监控—环调:仿真车站门禁系统图。

(204)综合监控—环调:仿真车站感温光纤系统图。

(205)综合监控—环调:仿真可视化接地系统图。

(206)综合监控—环调:仿真报警界面。

(207)综合监控—环调:仿真事件界面。

(208)综合监控—环调:仿真权限移交界面。

(209)综合监控—环调:仿真机电设备与车站进行权限移交功能。

(210)综合监控—环调:仿真设备信息实时监视功能。

(211)综合监控—环调:仿真设备远程控制(单控/模控/时间表)功能。

(212)综合监控—环调:仿真设备控制逻辑条件。

(213)综合监控—环调:仿真设备置位(检修、人工置数、报警禁止、禁止扫描)功能。

(214)综合监控—环调:能一键设置设备控制方式(单控/模控)。

(215)综合监控—环调:能手动执行模式。

(216)综合监控—环调:能查看模式对照表。

(217)综合监控—环调:能查看模式执行情况及设备动作详情。

(218)综合监控—环调:能根据时间表执行相应模式。

(219)综合监控—环调:能查看不同类型的时间表。
(220)综合监控—环调:能切换闭路电视系统监视器。
(221)综合监控—环调:能通过切换镜头切换监视器中的画面。
(222)综合监控—环调:能调节监视器所显示场景的水平视角。
(223)综合监控—环调:能建立摄像机播放序列。
(224)综合监控—环调:能进行闭路电视序列播放功能。
(225)综合监控—环调:能实现广播编组功能。
(226)综合监控—环调:能实现预录广播播放功能。
(227)综合监控—环调:能实现话筒广播播放功能。
(228)综合监控—环调:能编辑定时广播且能按时间段执行。
(229)综合监控—环调:能播放普通/紧急乘客信息。
(230)综合监控—环调:能按时间段播放普通/紧急乘客信息。
(231)综合监控—环调:仿真火灾触发时的设备联动显示。
(232)综合监控—环调:能对消防风机启停进行监视。
(233)综合监控—环调:能对消防栓泵、喷淋泵启停进行监视。
(234)综合监控—环调:能对滑动门的开关动作及状态进行监视。
(235)综合监控—环调:能对售检票系统中客流量进行监视。
(236)综合监控—环调:能对 AFC 系统紧急释放进行监视。
(237)综合监控—环调:能对 ACS 系统紧急释放进行监视。
(238)综合监控—环调:能记录设备故障信息、报警信息。
(239)综合监控—环调:能记录设备操作事件信息。
(240)综合监控—环调:仿真报警信息、事件信息的筛选、排序、确认操作。
(241)综合监控—环调:仿真通风空调设备故障、报警显示。
(242)综合监控—环调:仿真传感器设备越限报警显示。
(243)综合监控—环调:仿真给排水设备水位报警显示。
(244)综合监控—环调:仿真电扶梯设备故障、报警显示。
(245)综合监控—环调:仿真站台门设备开关门故障显示。
(246)综合监控—环调:仿真火灾报警设备故障显示。
(247)综合监控—环调:仿真火灾报警设备火警显示。
(248)综合监控—环调:仿真门禁设备故障显示。
(249)综合监控—环调:仿真售检票设备故障显示。
(250)综合监控—环调:仿真车站不间断电源设备故障、报警显示。
(251)综合监控—环调:仿真车站消防电源设备故障、报警显示。
(252)综合监控—环调:仿真车站电气火灾设备故障、报警显示。
(253)综合监控—环调:仿真车站感温光纤设备故障、报警显示。
(254)综合监控—环调:仿真可视化接地设备故障、报警显示。
(255)闭路电视:能够显示站台门的动作状况,其动作与行调仿真系统中站台门的动作同步。

(256)闭路电视:能够同步监控站厅站台状态,能选择本控制台上显示器的监视图像。

(257)闭路电视:能够显示列车客室车门的动作状况。

(258)闭路电视:显示内容与行车调度仿真系统中的列车停靠站台的场景相对应。

(259)闭路电视:能够显示车站不同客流情况下乘客的上车、下车、候车情况。

(260)闭路电视:调度员可以切换监视器所显示的内容。

(261)闭路电视:调度员可以调节监视器所显示场景的水平视角。

4. 注意事项、小结

(1)现场设备须由专业人员进行操作。

(2)设备上电前应检查设备供电情况和设备接地良好。

(3)测试操作应逐项进行,防止漏测漏检。

(4)测试应严格按照操作规程执行,不得随意操作。

(5)测试完成后设备应断电恢复原状。

13.6.8 车站值班员仿真培训室

1. 调试流程

(1)硬件设备入场安装完毕后,架设服务器、交换机及局域网络,使各硬件设备连通。

(2)对所有硬件终端进行网络地址配置,测试各硬件终端设备数据通信正常。

(3)安装车站值班员仿真培训室相关软件至各计算机上。

(4)单机调试车站 ATS 软件、车站联锁软件、IBP 盘、综合监控软件、闭路电视软件、广播的各项功能,直到单机功能全部测试通过。

(5)检查各个培训系统通信成功。

(6)联机时,测试各子系统上传数据及联合管理相关功能。

(7)进行压力测试,多机同时运行测试。

(8)进行软件稳定性调试,长时间使用操作,测试稳定性。

(9)优化软件操作,达到验收标准,完成调试流程。

2. 前置及配合条件

(1)开发资料齐全。

(2)硬件设备安装完成。

(3)系统供电条件具备。

(4)网络布线安装调试完成。

(5)各工位学员机及教员机数据通信正常。

(6)各工位软件及教员软件安装完成。

3. 调试内容

(1)总体要求:模拟地铁车站值班员的操作环境和相关控制设备,对车站值班员进行使用培训。

(2)总体要求:训练地铁车站值班员标准化作业。

(3)总体要求:训练地铁车站值班员故障及突发事件处理作业。

(4)总体要求:实现与 OCC、列车驾驶仿真器、站台门、AFC 互联。

(5)车站 ATS:实现列车进路自动控制。

(6)车站 ATS:实现列车进路人工控制。

(7)车站 ATS:显示站场轨道设备各种状态。

(8)车站 ATS:显示站场信号机设备各种状态。

(9)车站 ATS:显示站场道岔各种状态。

(10)车站 ATS:显示站场站台各种表示状态。

(11)车站 ATS:能够显示站台门各种表示状态。

(12)车站 ATS:能够显示站场车站各种表示状态。

(13)车站 ATS:能够显示邻站站场图以及邻站的状态。

(14)车站 ATS:实现轨道设备功能的仿真。

(15)车站 ATS:能实现道岔设备功能的仿真。

(16)车站 ATS:实现信号机设备功能的仿真。

(17)车站 ATS:实现进路功能的仿真。

(18)车站 ATS:实现进路监控功能。

(19)车站 ATS:与相邻联锁的接口功能。

(20)车站 ATS:实现操作模式转换功能的仿真。

(21)车站 ATS:计轴区段(包括但不限于道岔区段)故障。

(22)车站 ATS:信号机灯丝断丝故障。

(23)车站 ATS:道岔失去表示故障。

(24)车站 ATS:站台门故障。

(25)联锁:区段封锁联锁逻辑仿真。

(26)联锁:排列调车进路联锁逻辑仿真。

(27)联锁:取消列车进路联锁逻辑仿真。

(28)联锁:人解列车进路联锁逻辑仿真。

(29)联锁:设置自动通过进路联锁逻辑仿真。

(30)联锁:取消自动通过进路联锁逻辑仿真。

(31)联锁:排列引导进路联锁逻辑仿真。

(32)联锁:进路延时解锁联锁逻辑仿真。

(33)联锁:进路自动解锁联锁逻辑仿真。

(34)联锁:信号重开联锁逻辑仿真。

(35)联锁:信号封锁联锁逻辑仿真。

(36)联锁:信号解封联锁逻辑仿真。

(37)联锁:道岔定位联锁逻辑仿真。

(38)联锁:道岔反位联锁逻辑仿真。

(39)联锁:道岔单锁联锁逻辑仿真。

(40)联锁:道岔单解联锁逻辑仿真。

(41)联锁:道岔单封联锁逻辑仿真。

(42)联锁:区段封锁联锁逻辑仿真。

(43)联锁:区段解封联锁逻辑仿真。

(44)联锁:计轴占用检测联锁逻辑仿真。

(45)联锁:确认计轴有效联锁逻辑仿真。

(46)车站教员:能模拟轨道交通 1、2 号线线路、车站配线、信号显示及 10 列以上在线运营列车等状况。

(47)车站教员:真系统控制及显示信息(包括但不限于图形显示、人机对话方式、全线线路、信号设备布置)与轨道交通 1、2 号线一致。

(48)车站教员:能模拟地铁车站值班员的操作环境和相关控制设备,对车站值班员进行使用培训。

(49)车站教员:能训练地铁车站值班员标准化作业。

(50)车站教员:能训练地铁车站值班员故障及突发事件处理作业。

(51)车站教员:在满足轨道交通 1 号线车站作业仿真培训的基础上能够切换 2 号线数据并预留后期线路数据的接口,实现 2 号线 LATS 培训。

(52)车站教员:能实现与 OCC、列车驾驶仿真器、站台门、AFC 互联。

(53)车站教员:教员能够对课程的设计和管理。

(54)车站教员:教员能够监控训练过程。

(55)车站教员:能够实现非正常情况下的培训功能(教员设置故障进行培训)。

(56)通信系统:根据轨道交通 1 号线地铁通信系统的实际功能和使用需求,结合考虑其运用的仿真模拟环境,实现学员与学员、学员与教员之间的信息通信。

(57)通信系统:教员台和每个车站工位配置语音通信设备。

(58)通信系统:教员台可选择任意车站工位进行语音通话。

(59)通信系统:各车间工位之间可进行语音通信。

(60)通信系统:车站工位可与其他各实训室进行语音通话。

(61)通信系统:能够监视站台门的动作状况(开启/关闭/重开)。

(62)通信系统:能够监视列车客室车门的动作状况。

(63)通信系统:监视内容与行车调度仿真系统中的列车停靠站台的场景相对应。

(64)通信系统:值班员可以切换监视器所显示的内容。

(65)通信系统:值班员可以调节监视器所显示场景的水平视角。

(66)电子沙盘:设有控制系统,能实现信号联锁、道岔转换、接触网供电、地铁列车运行等模拟运作。

(67)电子沙盘:具有与调度仿真、车站值班员仿真系统、驾驶仿真、简易驾驶器、车站控制仿真联动的功能。

(68)电子沙盘:仿真轨道交通 1、2 号线的线路结构和车站站场结构。

(69)电子沙盘:设计逼真的地铁线路周围景观,设备安装于车站值班员培训室。

(70)电子沙盘:可显示轨道交通 1、2 号线全线列车运行状况。

(71)电子沙盘:可显示某一段线路、某一车站及局部的运营状况。

(72)电子沙盘:可在车站、车辆段进行漫游。

(73)电子沙盘:可与运行列车绑定,以第一视角跟随显示沿线状况。

(74)电子沙盘:可实时显示所设置天气、线路的突发状况和信号设备的故障。

(75)电子沙盘:电子沙盘提供单机、联机两种运行模式。

(76)电子沙盘:单机运行时可以用单列车或几列车演示呼和浩特市地铁1号线和2号线整条线运行过程。

(77)电子沙盘:运行过程可鸟瞰,可放大缩小,可以以第一视角跟随某一列车显示沿线状况。

(78)电子沙盘:列车速度、环境(包括天气、时间、头灯等)等可自由控制。

(79)电子沙盘:可按照正线、车辆段的不同,设置轨道(含地面、高架、隧道)、信号、供电、车辆、站房等地铁设备微缩图像。

(80)电子沙盘:联机运行时列车的运行情况、设备状态与加入联合演练的列车驾驶仿真系统、OCC仿真培训系统、车站作业仿真系统中的列车/设备同步。

(81)电子沙盘:能够动态显示系统设备状态(包括信号机、道岔、屏蔽门等)。

(82)电子沙盘:能够切换到任意列车以第一视角、鸟瞰视角跟随显示沿线状况。

(83)综合监控—车控室:能对供电系统设备进行监视和控制。

(84)综合监控—车控室:能对隧道系统及大系统设备进行监视和控制。

(85)综合监控—车控室:能对车站小系统设备进行监视和控制。

(86)综合监控—车控室:能对车站空调水系统设备进行监视和控制。

(87)综合监控—车控室:能对车站给排水系统设备进行监视和控制。

(88)综合监控—车控室:能对照明系统设备进行监视和控制。

(89)综合监控—车控室:能对车站电扶梯系统设备进行监视。

(90)综合监控—车控室:能对车站电伴热系统设备进行监视和控制。

(91)综合监控—车控室:能对车站传感器系统设备进行监视。

(92)综合监控—车控室:能对车站人防门/防淹门系统设备进行监视。

(93)综合监控—车控室:能对车站模式监视和执行。

(94)综合监控—车控室:能对车站时间表进行监视。

(95)综合监控—车控室:能实现车站闭路电视系统功能。

(96)综合监控—车控室:能实现车站广播系统功能。

(97)综合监控—车控室:能对车站站台门系统设备进行监视。

(98)综合监控—车控室:能对车站售检票系统设备进行监视。

(99)综合监控—车控室:能对车站不间断电源系统设备进行监视。

(100)综合监控—车控室:能对车站消防电源系统设备进行监视。

(101)综合监控—车控室:能对车站电气火灾系统设备进行监视。

(102)综合监控—车控室:能对车站火灾报警系统设备进行监视。

(103)综合监控—车控室:能对车站门禁系统设备进行监视和控制。

(104)综合监控—车控室:能对车站感温光纤系统设备进行监视。

(105)综合监控—车控室:能对可视化接地系统设备进行监视。

(106)综合监控—车控室:能记录车站设备故障信息、报警信息。

(107)综合监控—车控室:能记录车站的事件信息。

(108)综合监控—车控室:仿真车站报警信息、事件信息的筛选、排序、确认操作。

(109)综合监控—车控室:能仿真设置车站设备故障、报警显示。

(110)综合监控—车控室:能与中心进行权限移交。

(111)综合监控—车控室:能对滑动门的开关状态进行监视。

(112)综合监控—车控室:能在售检票系统中对车站客流量进行监视。

(113)综合监控—车控室:能监视真实不间断电源设备的状态信息。

(114)IBP 盘仿真系统:能仿真车站环控 IBP 盘的钥匙选择开关功能。

(115)IBP 盘仿真系统:能仿真车站公共区、设备房的灾害模式控制及状态指示功能。

(116)IBP 盘仿真系统:能仿真阻塞模式控制及状态指示功能。

(117)IBP 盘仿真系统:能仿真车头及车尾火灾模式控制及状态指示功能。

(118)IBP 盘仿真系统:能仿真电扶梯运行状态指示功能。

(119)IBP 盘仿真系统:能仿真电扶梯故障状态指示功能。

(120)IBP 盘仿真系统:能仿真站台门的状态指示功能。

(121)IBP 盘仿真系统:能仿真站台门的控制功能。

(122)IBP 盘仿真系统:能仿真 AFC 系统的状态指示功能。

(123)IBP 盘仿真系统:能仿真 AFC 系统的控制功能。

(124)IBP 盘仿真系统:能仿真 ACS 系统的状态指示功能。

(125)IBP 盘仿真系统:能仿真 ACS 系统的控制功能。

(126)IBP 盘仿真系统:能仿真紧急停车、紧急停车取消功能。

(127)IBP 盘仿真系统:能仿真计轴复位功能。

(128)IBP 盘仿真系统:能仿真消防风机的状态指示功能。

(129)IBP 盘仿真系统:能仿真消防风机的控制功能。

(130)IBP 盘仿真系统:能仿真消防栓泵的状态指示功能。

(131)IBP 盘仿真系统:能仿真消防栓泵的控制功能。

(132)IBP 盘仿真系统:能仿真喷淋泵的状态指示功能。

(133)IBP 盘仿真系统:能仿真喷淋泵的控制功能。

4. 注意事项、小结

(1)现场设备须由专业人员进行操作。

(2)设备上电前应检查设备供电情况和设备接地良好。

(3)测试操作应逐项进行,防止漏测漏检。

(4)测试应严格按照操作规程执行,不得随意操作。

(5)测试完成后设备应断电恢复原状。

13.6.9　站厅站台仿真实训厅

1. 调试流程

(1)硬件设备入场安装完毕后,架设服务器、交换机及局域网络,使各硬件设备连通。

(2)对所有硬件终端进行网络地址配置,测试各硬件终端设备数据通信正常。

(3)安装站厅站台仿真实训厅相关软件运行所需数据库至专用计算机上。

(4)安装站厅站台仿真实训厅相关软件至各培训计算机上。

(5)清点防爆设施数量,查看设备标准是否满足要求。

(6)清点急救训练系统设备数量,查看设备标准是否满足要求。

(7)单机测试 PA 广播设备是否满足要求,然后进行压力和稳定性测试,查看设备在高清度和长时间工作情况下是否满足要求。

(8)单机测试通信系统是否满足要求,然后进行压力和稳定性测试,查看设备在高轻度和长时间工作情况下是否满足要求。

(9)单机测试 CCTV 视频监控设备是否满足要求,然后进行压力和稳定性测试,查看设备在高轻度和长时间工作情况下是否满足要求。

(10)单机测试 PIS 乘客信息显示设备是否满足要求,然后进行压力和稳定性测试,查看设备在高轻度和长时间工作情况下是否满足要求。

(11)清点安检实训系统设备数量,查看设备标准是否满足要求。

(12)单机测试站台门实训系统设备是否满足要求,然后进行压力和稳定性测试,查看设备在高轻度和长时间工作情况下是否满足要求。

(13)单机测试 AFC 实训系统设备是否满足要求,然后进行压力和稳定性测试,查看设备在高轻度和长时间工作情况下是否满足要求。

2. 前置及配合条件

(1)硬件设备安装完成。

(2)系统供电条件具备。

(3)网络布线安装调试完成。

(4)各工位学员机及教员机数据通信正常。

(5)各工位软件及教员软件安装完成。

3. 调试内容

(1)防爆设施:防暴设施应能够进行防暴设施设备使用方法训练。

(2)防爆设施:防暴设施应包含防暴盾牌、防爆桶、防暴钢叉、防暴棍等设备。

(3)急救训练系统:模型为成年男性整体人,解剖标志明显,手感真实,肤色统一,形态逼真,外形美观,便于操作定位,消毒清洗不变形,拆装更换方便。

(4)急救训练系统:模型的头可左右摆动,水平转动 180°。

(5)急救训练系统:生命特征模拟:瞳孔缩放,及颈动脉搏动的变化。

(6)急救训练系统:心肺复苏术:仰卧位,头可后仰,便于清除呼吸道异物,可进行打开气道。

(7)急救训练系统:可进行口对口人工呼吸或者使用简易呼吸器辅助呼吸,有效人工呼吸可见胸廓起伏。

(8)急救训练系统—电子监测:电子指示灯显示监测气道开放和按压部位。人工呼吸和胸外按压的正确次数计数和错误次数计数。

(9)急救训练系统—语音提示:训练和考核中全程中文语音提示,可开启和关闭语音,调节音量。

(10)急救训练系统:含复苏操作垫、现场急救常用技术手册。

(11)PA 广播设备:ISCS 可监测车站广播实训设备的使用指示(占用/不占用)。

(12)PA 广播设备:ISCS 可监测车站广播实训设备的故障指示(正常/不正常)。

(13)PA 广播设备:ISCS 可选区域进行广播(单区域/多区域/全部区域)。

(14)PA 广播设备:ISCS 可选择不同的广播信源(话筒/语音合成/预录)。

(15)PA 广播设备:ISCS 可对站内广播区域进行编组。

(16)PA 广播设备:ISCS 可对车站广播区域进行监听。

(17)PA 广播设备:ISCS 可对广播信息的优先级进行判定。

(18)PA 广播设备:车站广播实训设备可与 ATS 仿真培训系统实现联动,仿真实现列车到站信息、列车发车信息的语音自动播放功能。

(19)通信系统:仿真车控室可与其他各实训室进行语音通话。

(20)通信系统:仿真票亭可与其他实训室进行语音通信。

(21)CCTV 视频监控设备:ISCS 软件可监视摄像机工作状态信息(故障/占用)。

(22)CCTV 视频监控设备:ISCS 软件可发送摄像机图像切换指令。

(23)CCTV 视频监控设备:ISCS 软件可发送云台 PTZ 控制指令,包括方位(上下、左右)移动及镜头变倍、变焦。

(24)CCTV 视频监控设备:ISCS 软件可设置和调用预置位信息。

(25)PIS 乘客信息显示设备:ISCS 可监视 PIS 信息发布区的正常/占用等工作状态信息。

(26)PIS 乘客信息显示设备:ISCS 可监视 PIS 信息发布区的故障/通信故障等工作状态信息。

(27)PIS 乘客信息显示设备:ISCS 可向 PIS 发布区单选/组选发送指令。

(28)PIS 乘客信息显示设备:ISCS 可向 PIS 发布区发送实时/预存信息指令。

(29)PIS 乘客信息显示设备:ISCS 可向 PIS 发布区发送定时信息指令。

(30)PIS 乘客信息显示设备:站台 PIS 设备能够与 ATS 仿真培训系统实现联动,仿真实现列车到站信息、后续接近列车即将到站信息在 PIS 屏上自动更新显示。

(31)安检实训系统:应能够进行安检人员安检工作流程与设备使用培训,同时也可对安检设备进行日常检修、维护培训。

(32)安检实训系统:应能够接入到联合演练流程之中,实现联合演练中人员安检标准作业及应急事件处理协同作业培训。

(33)站台门实训系统:ISCS 可监视 PSD 门开启状态。

(34)站台门实训系统:ISCS 可监视 PSD 门关闭状态。

(35)站台门实训系统:ISCS 可监视 PSD 报警/故障状态。

(36)站台门实训系统:ISCS 可监视 PSL 端头控制模式。

(37)站台门实训系统:ISCS 可监视 LCB 就地控制模式。

(38)站台门实训系统:ISCS 可监视 PSD 滑动门手动操作模式。

(39)站台门实训系统:ISCS 可监视车控室 IBP 盘人工控制模式。

(40)站台门实训系统:IBP 可监视 PSD 门开启状态。

(41)站台门实训系统:IBP 可监视 PSD 门关闭状态。

(42)站台门实训系统:IBP 可向 PSD 门发送开启指令。

(43)站台门实训系统:IBP 可向 PSD 门发送关闭指令。

(44)站台门实训系统:多功能驾驶仿真器可接收 PSD 滑动门锁闭状态信息。

(45)站台门实训系统:多功能驾驶仿真器可接收 PSD 滑动门互锁解除状态信息。

(46)站台门实训系统:多功能驾驶仿真器可向 PSD 门发送开启指令。

(47)站台门实训系统:多功能驾驶仿真器可向 PSD 门发送关闭指令。

(48)AFC 实训系统:ISCS 可监视售票机、闸机正常运行状态。

(49)AFC 实训系统:ISCS 可监视售票机、闸机暂停运行状态。

(50)AFC 实训系统:ISCS 可监视售票机、闸机运营结束状态。

(51)AFC 实训系统:ISCS 可监视售票机、闸机报警/故障状态。

(52)AFC 实训系统:ISCS 可监视售票机、闸机通信中断。

(53)AFC 实训系统:ISCS 可监视 AFC 系统运营模式。

(54)AFC 实训系统:ISCS 可监视 AFC 系统客流量。

(55)AFC 实训系统:IBP 可向闸机等设备发送释放指令。

(56)AFC 实训系统:IBP 可向闸机等设备发送恢复指令。

4. 注意事项、小结

(1)现场带电设备需注意用电安全。

(2)设备上电前应检查设备供电情况和设备接地良好。

(3)测试操作应逐项进行,防止漏测漏检。

(4)测试应严格按照操作规程执行,不得随意操作。

(5)站台门实训系统有深基坑,注意安全,防止摔伤。

(6)防爆设施有尖锐物品,注意使用安全。

13.6.10 多功能列车驾驶仿真培训系统子系统调试

1. 调试流程

(1)测试教员系统功能。

(2)测试各个开关按钮、表盘功能及显示。

(3)测试各个屏界面及图标显示。

(4)测试真实设备(车门、站台门、发车倒计时、PSL 盘、车门解锁切除等)功能。

(5)测试故障屏功能。

(6)测试运行(一次标准作业)。

(7)测试通信功能。

(8)测试故障/突发事件/评价功能。

(9)调试场景功能。

(10)进行长时间压力测试。

(11)进行无序操作测试稳定性。

2. 前置及配合条件

(1)硬件设备安装调试完毕。

(2)资料齐全。

(3)相应软件已经安装完毕。

3. 调试内容

(1)声音仿真系统:能逼真地仿真地铁列车运行时的声音环境,包括:牵引制动声音,鸣笛声音,司机操作过程中列车产生的各种电器吸合、断开声音,列车报站广播声音,不同轮径的列车以不同运行速度在不同的线路上行进时的轨道声,列车以不同运行速度行进时的风声,列车碰撞障碍物、脱轨时的声音,空气制动系统产生的各种明显的气动声音等。

(2)投影系统:投影系统由一套三通道投影系统组成。

(3)列车运行仿真软件:能够模拟地铁列车的不同运行模式、不同运行条件、牵引特性、制动特性、停放制动、保持制动、紧急制动。

(4)牵引与制动设备子系统:全面模拟高压电路、主逆变器、牵引电机、制动控制系统、空气制动系统等相关系统和设备的控制逻辑与功能。

(5)辅助供电设备子系统:全面模拟辅助变压器、辅助逆变器、直流电路和交流电路的控制逻辑和功能。

(6)风源系统及风管路设备子系统:全面模拟空压机、制动缸、安全阀和风管路等控制逻辑与功能。

(7)车门设备子系统:模拟地铁列车所有车门的控制逻辑。

(8)空调和通风设备子系统:能实现列车空调、紧急通风等空调通风设备的控制逻辑模拟。

(9)列车管理系统子系统:能实现列车信息管理系统(TMS)、列车总线(Train Bus)的司机级全部控制逻辑和全部控制功能的模拟。

(10)ATC 设备子系统:能全面模拟车载 ATP、ATO、ATC 显示器功能。

(11)故障/突发事件功能:故障和突发事件的管理功能,包括可设置的故障和突发事件的添加、编辑、删除。

(12)故障/突发事件功能:培训/考核课程的编制中,故障和突发事件的离线(或预先)设置功能。

(13)故障/突发事件功能:模拟运行中,培训/考核课程中预先设置的故障和突发事件的适时触发功能。

(14)故障/突发事件功能:故障和突发事件的排除和处理功能。

(15)故障/突发事件功能:故障应分为以下几类:列车控制系统故障;列车牵引系统故障;列车制动系统故障;列车通信系统故障;列车车载信号系统故障;门控系统故障;供电系统故障。

(16)故障/突发事件功能。突发事件分为以下几种:乘客坠轨、火灾、水灾、接触网异物等。

(17)虚拟列车设备仿真系统:虚拟列车设备系统用于以多媒体软件的方式表现在主司机室以外的列车驾驶相关设备的状态,并提供交互式设备操作及故障处理功能。

(18)视景系统软件:视景系统提供前方轨道、沿途车站及景观的视图。

(19)视景系统软件:视景系统提供站台监视器的画面内容,站台监视器的视景,主要提供列车门的开闭、乘客的上下车情况的视图。

(20)视景系统软件:视景系统能够模拟地铁列车能够到达的所有区域范围相关的场景。

(21)视景系统软件:具备天气变化选择功能。

(22)教员软件:具备信号灯、道岔改变功能。

(23)教员软件:具备突发事件触发与取消功能。

(24)教员软件:应实现乘客与受训司机通话、车站与受训司机通话、受训司机与其他实训室人员进行语音通话。

(25)教员软件:培训课程设计:可以对练习的类型,列车的进路,天气情况,列车运行时刻表,突发事件进行设置。

(26)教员软件:故障管理:添加、编辑、修改、删除故障信息。

(27)教员软件:确定驾驶仿真器的培训课程。

(28)教员软件:运行控制和管理:管理并控制驾驶仿真器的运行,教员软件应提供整个地铁线路的示意图。

(29)教员软件:可以记录模拟训练或考核的过程。

(30)教员软件:评价应包含客观评价与主观评价两部分内容,客观评价内容主要应包括难以实时完成的客观评价内容,由系统在训练结束后自动完成。对于难以或无法进行客观评价的内容,采用教员主观评价的方式实现,非实时评价系统中可加入有限的主观评价项目,供教员进行主观的评价。

(31)教员软件—培训记录查询与整理:可实现以往各类培训、考核记录的查询与相应的各类统计功能,便于教员归纳总结。

(32)教员软件—数据库管理:可实现图形界面下的各类数据的日常管理功能。

(33)教员软件—系统维护:可实现整个系统的软件、部分硬件自检、故障诊断。

(34)教员软件—教员控制计算机:运行教员系统软件,教员通过该软件实现对系统的控制。

(35)教员软件—驾驶室 CCTV 监视器:与仿真器司机室内的低照度摄像头相连,便于教员观察仿真器司机室内的情况以及受训司机在操作及故障处理过程中的表现。

(36)教员软件—硬盘录像计算机:对 CCTV 的监视内容加以记录。

(37)教员软件—列车管理系统 TMS 显示器、ATC 显示器:仿真运行时可同步地显示与仿真器司机室操纵台上 TMS 显示器、ATC 显示器相同的内容,便于教员了解当前列车模拟运行的状态。

(38)教员软件—站台画面监视器:向教员提供站台的监视画面。

(39)教员软件—视景监视器:向教员提供仿真器的前向视景画面。

(40)教员软件—虚拟列车设备系统显示器:向教员提供仿真器的虚拟列车设备仿真画面。

(41)教员软件—通信设备:提供教员对仿真器司机室的通讯。教员可通过通信设备分别与仿真器司机室内的受训学员通话。

(42)教员软件:具备打印功能。

4. 注意事项、小结

(1)设备断电时要注意所有设备是否已经关闭,以免造成设备损坏。因前期真实设备厂家的软件未完成,且在运行过程中在不停更改和完善,导致软件开发周期较长,调试进度也相对较慢。

(2)每周至少开启运行设备 1 h 以上,防止计算机电池失电,造成的系统设置错误。

(3)现场带电设备需注意用电安全,设备上电前应检查设备供电情况和设备接地良好。

(4)测试操作应逐项进行,防止漏测漏检。

(5)测试应严格按照操作规程执行,不得随意操作。

13.6.11 简易模拟器群实训室子系统调试

1. 调试流程

(1)测试教员系统功能。

(2)测试各个开关按钮、表盘功能及显示。

(3)测试各个屏界面及图标显示。

(4)测试多台模拟器联合演练功能。

(5)测试故障屏功能。

(6)测试运行(一次标准作业)。

(7)测试通讯功能。

(8)测试故障/突发事件/评价功能。

(9)调试场景功能。

(10)进行长时间压力测试。

(11)进行无序操作测试稳定性。

2. 前置及配合条件

(1)硬件设备安装调试完毕。

(2)资料齐全。

(3)相应软件已经安装完毕。

3. 调试内容

(1)声音仿真系统:能逼真地仿真地铁列车运行时的声音环境。包括:牵引制动声音,鸣笛声音,司机操作过程中列车产生的各种电器吸合、断开声音,列车报站广播声音。

(2)列车运行仿真软件:能够模拟地铁列车的不同运行模式。

(3)辅助供电设备子系统:全面模拟辅助变压器、辅助逆变器、直流电路和交流电路的控制逻辑和功能。

(4)风源系统及风管路设备子系统:全面模拟空压机、制动缸等控制逻辑与功能。

(5)车门设备子系统:模拟地铁列车所有车门的控制逻辑。

(6)列车管理系统子系统:应能实现列车信息管理系统(TMS)、列车总线(Train Bus)的司机级全部控制逻辑和全部控制功能的模拟。

(7)ATC 设备子系统:能够全面模拟车载 ATP、ATO、ATC 显示器功能。

(8)故障/突发事件功能:故障和突发事件的管理功能,包括可设置的故障和突发事件的添加、编辑、删除。

(9)故障/突发事件功能:培训/考核课程的编制中,故障和突发事件的离线(或预先)设置功能。

(10)故障/突发事件功能:模拟运行中,培训/考核课程中预先设置的故障和突发事件的适时触发功能。

(11)故障/突发事件功能:故障和突发事件的排除和处理功能。

(12)虚拟列车设备仿真系统:虚拟列车设备系统用于以多媒体软件的方式表现在主司机室以外的列车驾驶相关设备的状态,并提供交互式设备操作及故障处理功能。

(13)视景系统软件:视景系统提供前方轨道、沿途车站及景观的视图。

(14)视景系统软件:视景系统提供站台监视器的画面内容,站台监视器的视景,主要提供列车门的开闭、乘客的上下车情况的视图。

(15)视景系统软件:视景系统能够模拟地铁列车能够到达的所有区域范围相关的场景。区域包括:车辆段、正线、渡线、折返线等。

(16)视景系统软件:具备天气变化选择功能,包括晴天、阴天、雾、雨、雪、沙尘暴等。

(17)视景系统软件:具备信号灯、道岔改变功能。

(18)视景系统软件:具备突发事件触发与取消功能。

(19)通信系统软件:应实现学员与学员之间的信息通信。

(20)教员软件:管理系统数据库。

(21)教员软件:培训/考核课程的准备与编辑。

(22)教员软件:故障信息的编辑与管理。

(23)教员软件:培训记录的管理。

(24)教员软件:对驾驶仿真器的运行进行全面的监控。

(25)教员软件:可设定驾驶仿真器运行环境与工况。

(26)教员软件:可对驾驶模拟的过程进行监控与干预。

4. 注意事项、小结

(1)设备断电时要注意所有设备是否已经关闭,以免造成设备损坏。因前期真实设备厂家的软件未完成,且在运行过程中在不停更改和完善,导致软件开发周期较长,调试进度也相对较慢。

(2)每周至少开启运行设备 1 h 以上,防止计算机电池失电,造成的系统设置错误。

(3)现场带电设备需注意用电安全,设备上电前应检查设备供电情况和设备接地良好。

(4)测试操作应逐项进行,防止漏测漏检。

(5)测试应严格按照操作规程执行,不得随意操作。

13.6.12 练兵线子系统调试

1. 调试流程

(1)检查练兵线设备:练兵线系统包含信号控制台,ATS 仿真终端一套,1∶48 仿真线路模型一套,练兵线仿真模型包含一段线路,由信号机,道岔,转辙机,轨道组成。

(2)练兵线模型设备上电启动。

(3)ATS 仿真终端上电启动。

(4)进行功能调试。

(5)设备断电。

2. 前置及配合条件

(1)练兵线仿真模型设备安装完成。

(2)练兵线系统供电条件具备。

(3)ATS 仿真终端软硬件安装完成。

3. 调试内容

测试信号机与信号控制台 ATS 仿真终端联动。

4. 注意事项、小结

(1)现场带电设备需注意用电安全。

(2)设备上电前应检查设备供电情况和设备接地良好。

(3)测试操作应逐项进行,防止漏测漏检。

(4)测试应严格按照操作规程执行,不得随意操作。

13.6.13　BAS 实训系统子系统调试

1. 调试流程

(1)调试流程遵循从局部到全局,先检查再操作,多人参与,做好安全监督、操作检查、技术图纸核对等要求。

(2)按照划分区域调试,分消防、给水、排水、排污系统、人防门调试。

(3)小区域联合调试。

(4)BAS 系统对外接口调试。

(5)人防系统电路控制调试。

(6)给排水系统加压测试。

2. 前置及配合条件

(1)调试前应该安装完毕的设备、管路、泵等安装牢固。

(2)功率满足要求、供电正常、总断路器操作正常。

(3)供给实验用的市政供水管道正常。

(4)室外排水通道正常不堵塞。

(5)头盔、机柜、控制柜接地安装完毕。

(6)电笔、万用表、扳手等调试工具齐全。

(7)现场外观检查无其他任何影响调试的异常情况。

3. 调试内容

(1)给排水水循环系结构:给排水水循环系统各类废水泵、管道等设备或模型,水可在给水及排水设备中完成整个水循环流动。

(2)BAS 控制端:教员模拟的 BAS 控制端,对给排水水循环系统的设备进行联动控制与运行状态监视。

(3)操作功能:手动控制防淹门系统、人防隔断门系统。

(4)BAS 控制端:教员模拟的 BAS 控制端,对防淹门系统、人防隔断门系统的设备进行联动控制与运行状态监视。

(5)培训功能:BAS 给排水系统、人防系统组成及系统结构认知培训。

(6)培训功能:BAS 给排水系统、人防系统工作原理、维修原理培训。

(7)培训功能:BAS 给排水系统设备、人防系统设备操作及工具使用培训。

(8)培训功能:排水系统阀门、管道、水泵等设备操作培训。

(9)培训功能:给水系统阀门、管道等设备操作培训。

(10)培训功能:消防系统消防泵、阀门、管道等设备操作培训。

(11)培训功能:防淹门系统、人防隔断门系统人工操作培训。

(12)培训功能:BAS 设备基本维护保养。

(13)培训功能:BAS 设备故障诊断与维修培训。

4. 注意事项、小结

参与调试的人员应该做好安全技术交底,应提前熟悉现场的设备安装情况及环境,熟悉给排水系统的管路连接,熟悉各技术设计图纸。

现场所有人员应该听从负责人的统一安排,遇到紧急情况时,有提前备用的人员能做急停操作或紧急处理操作。

13.6.4 FAS 实训系统子系统调试

1. 调试流程

(1)硬件设备入场安装完毕后,架设服务器、交换机及局域网络,使各硬件设备连通。

(2)对所有硬件终端进行网络地址配置,测试各硬件终端设备数据通信正常。

(3)安装 FAS 实训系统相关软件至各培训计算机上。

(4)单机调试 FAS 实训系统各项功能,直到单机功能全部测试通过。

(6)进行压力测试,一直触发火灾报警测试。

(7)进行软件稳定性调试,长时间使用操作,测试稳定性。

(8)优化软件操作,达到验收标准,完成调试流程。

2. 前置及配合条件

(1)硬件设备安装完成。

(2)系统供电条件具备。

(3)网络布线安装调试完成。

(4)各主机及教员机数据通信正常。

(5)各主机软件及教员软件安装完成。

3. 调试内容

(1)FAS 仿真循环系统:含火灾报警控制器、手动报警装置、温感探测器、烟感探测器、气体灭火系统主机、声光警铃、消防栓箱、灭火器等实物。

(2)FAS 仿真循环系统:整个模型应嵌到墙体之上,以 FAS 实训墙方式实训。

(3)FAS 仿真循环系统:手动报警、温感探测器、烟感探测器等装置均须按照地铁消防分区进行组合配置。

(4)FAS 仿真循环系统:系统须接入火灾报警控制器,实现火灾报警-消防的联动模拟。

(5)FAS 系统设备基本维护保养培训:火灾报警控制器的自检功能。

(6)FAS 系统设备基本维护保养培训:火灾报警控制器的消音复位功能。

(7)FAS 系统设备基本维护保养培训:火灾报警控制器的故障报警功能。

(8)FAS 系统设备基本维护保养培训:火灾报警控制器的报警记忆功能。

(9)FAS 系统设备基本维护保养培训:火灾报警控制器的主备电源以及主机电池、消防联动功能。

(10)FAS 系统设备基本维护保养培训:对火灾报警控制器主机灰尘、外观及线路的维护保养等。

(11)FAS 系统设备基本维护保养培训:烟感探测器的点烟测试的功能。

(12)FAS 系统设备基本维护保养培训:烟感探测器的手报测试等功能。

(13)FAS 系统设备基本维护保养培训:温度传感器的手报测试等功能。

(14)FAS 系统设备基本维护保养培训:声光警铃的报警状态检查。

(15)FAS 系统设备基本维护保养培训:声光警铃的联动情况检查。

(16)FAS 系统设备故障诊断与维修培训:提供 FAS 手报设备失效故障诊断与维修方面培训功能。

(17)FAS 系统设备故障诊断与维修培训:提供声光/报警设备失效故障诊断与维修方面培训功能。

(18)FAS 系统设备故障诊断与维修培训:提供消防联动功能失效故障诊断与维修方面培训功能。

(19)FAS 系统设备故障诊断与维修培训:提供探测器误报警功能故障诊断与维修方面培训功能。

4. 注意事项、小结

(1)现场带电设备需注意用电安全。

(2)设备上电前应检查设备供电情况和设备接地良好。

(3)测试操作应逐项进行,防止漏测漏检。

(4)测试应严格按照操作规程执行,不得随意操作。

13.6.15　OCC 调度仿真培训系统、电子沙盘联合演练仿真培训方式

1. 调试流程

(1)检查 OCC 调度仿真培训系统、电子沙盘系统软硬件设备安装情况。

(2)OCC 调度仿真培训系统设备上电启动。

(3)电子沙盘系统上电启动。

(4)载入 OCC 调度仿真培训系统、电子沙盘联合演练。

(5)逐项进行功能调试。

(6)调试完成设备断电。

2. 前置及配合条件

(1)OCC 调度仿真培训系统设备安装完毕,供电条件具备。

(2)电子沙盘系统设备安装完毕,供电条件具备。

(3)OCC 调度仿真培训系统子系统调试完毕。

(4)电子沙盘系统子系统调试完毕。

(5)OCC 调度仿真培训系统与电子沙盘间通信连接完成。

3. 调试内容

(1)检查各系统间语音通信系统连接正常。

(2)ATS 启动模拟列车运行,检查 OCC 各系统间联动状态一致:站台门状态,虚拟列车状态,接触网带电情况。

(3)检查虚拟车状态是否一致,ATS 向电子沙盘传递虚拟车状态:位置、运行方向、终点站、下一站、速度、牵引制动状态、车门站台门状态。

(4)检查 ATS 和电子沙盘进路状态一致:信号机状态、道岔状态、区段占用状态。

(5)检查 ISCS 系统和电子沙盘关联设备状态一致:照明状态,AFC 闸机状态、风机状态自动灭火装置状态、门禁状态。

(6)检查 PSCADA 系统和电子沙盘关联设备状态一致:接触网带电状态。

(7)检查教师机载入故障,各系统间设备故障状态及影响一致。

4. 注意事项、小结

(1)现场带电设备需注意用电安全。

(2)设备上电前应检查设备供电情况和设备接地良好。

(3)测试操作应逐项进行,防止漏测漏检。

(4)测试应严格按照操作规程执行,不得随意操作。

13.6.16 OCC调度仿真培训系统、多功能列车驾驶仿真系统、简易模拟器、电子沙盘联合演练仿真培训方式

1. 调试流程

(1)检查OCC调度仿真培训系统、多功能列车驾驶仿真系统、简易模拟器、电子沙盘系统软硬件设备安装情况。

(2)OCC调度仿真培训系统设备上电启动。

(3)电子沙盘系统上电启动。

(4)多功能列车驾驶仿真系统、简易模拟器上电启动。

(5)载入OCC调度仿真培训系统、多功能列车驾驶仿真系统、简易模拟器、电子沙盘联合演练。

(6)逐项进行功能调试。

(7)调试完成各设备断电恢复原状。

2. 前置及配合条件

(1)OCC调度仿真培训系统设备安装完毕,供电条件具备。

(2)电子沙盘系统设备安装完毕,供电条件具备。

(3)多功能列车驾驶仿真系统、简易模拟器设备安装完毕,供电条件具备。

(4)OCC调度仿真培训系统子系统调试完毕。

(5)电子沙盘系统子系统调试完毕。

(6)多功能列车驾驶仿真系统、简易模拟器子系统调试完毕。

(7)OCC调度仿真培训系统、多功能列车驾驶仿真系统、简易模拟器及电子沙盘间通信连接完成。

3. 调试内容

(1)检查各系统间语音通信系统连接正常。

(2)ATS启动,载入模拟列车运行,并向电子沙盘传递虚拟车状态,检查列车状态是否一致:位置、运行方向、终点站、下一站、速度、牵引制动状态、车门站台门状态。

(3)检查ATS、多功能列车驾驶仿真系统、简易模拟器和电子沙盘进路状态一致:信号机状态、道岔状态、区段占用。

(4)检查ISCS系统、多功能列车驾驶仿真系统、简易模拟器和电子沙盘关联设备状态一致:照明状态,AFC闸机状态、风机状态。

(5)检查PSCADA系统、多功能列车驾驶仿真系统、简易模拟器和电子沙盘关联设备状态一致:接触网带电状态。

(6)检查教师机载入故障,各系统间设备故障状态及影响一致。

4. 注意事项、小结

(1)现场带电设备须注意用电安全。

(2)设备上电前应检查设备供电情况和设备接地良好。

(3)测试操作应逐项进行,防止漏测漏检。

(4)测试应严格按照操作规程执行,不得随意操作。

(5)测试完成后设备应断电恢复原状。

13.6.17 OCC 调度仿真培训系统、车站值班员仿真培训系统、站厅站台实训系统联合演练仿真培训方式

1. 调试流程

(1)检查 OCC 调度仿真培训系统、车站值班员仿真培训系统、站厅站台实训系统软硬件设备安装情况。

(2)OCC 调度仿真培训系统设备上电启动。

(3)车站值班员仿真培训系统上电启动。

(4)站厅站台实训系统上电启动。

(5)载入 OCC 调度仿真培训系统、车站值班员仿真培训系统、站厅站台实训系统联合演练。

(6)逐项进行功能调试。

(7)调试完成各设备断电恢复原状。

2. 前置及配合条件

(1)OCC 调度仿真培训系统设备安装完毕,供电条件具备。

(2)车站值班员仿真培训系统设备安装完毕,供电条件具备。

(3)站厅站台实训系统设备安装完毕,供电条件具备。

(4)OCC 调度仿真培训系统子系统调试完毕。

(5)车站值班员仿真培训系统子系统调试完毕。

(6)站厅站台实训系统子系统调试完毕。

(7)OCC 调度仿真培训系统、车站值班员仿真培训系统、站厅站台实训系统间通信连接配置完成。

3. 调试内容

(1)ATS 启动模拟列车运行,检查 OCC 调度仿真系统间联动状态一致:站台门状态,虚拟列车状态,接触网带电情况。

(2)检查车站值班员仿真培训系统各软件间联动状态一致:站台门状态,虚拟列车状态,接触网带电情况。

(3)检查 OCC 调度软件和车站值班员软件运行状态一致:ATS,综合监控,PASCDA,CCTV。

(4)检查 OCC 调度软件、车站值班员软件、IBP 盘空间间操作状态一致。

(5)检查 OCC 调度仿真培训系统、车站值班员仿真培训系统、站厅站台实训系统间设备状态一致:站台门,AFC 闸机,站厅站台广播系统,语音通信系统,站台 PIS。

(6)检查 OCC 调度仿真培训系统、车站值班员仿真培训系统(软件和 IBP 盘)、站厅站台实训系统间设备操作和状态一致。

(7)检查 OCC、车站 CCTV 系统与站厅站台实训厅间设备操作状态一致性。

(8)检查教师机载入故障,各系统间设备故障状态及影响一致。

4. 注意事项、小结

(1)现场带电设备须注意用电安全。

(2)设备上电前应检查设备供电情况和设备接地良好。

(3)测试操作应逐项进行,防止漏测漏检。

(4)测试应严格按照操作规程执行,不得随意操作。

(5)站台门实训系统有深基坑,注意安全,防止摔伤。

(6)测试完成后设备应断电恢复原状。

13.6.18 车站值班员仿真培训系统、站厅站台实训系统联合演练仿真培训方式

1. 调试流程

(1)检查车站值班员仿真培训系统、站厅站台实训系统软硬件设备安装情况。

(2)车站值班员仿真培训系统上电启动。

(3)站厅站台实训系统上电启动。

(4)载入车站值班员仿真培训系统、站厅站台实训系统联合演练。

(5)逐项进行功能调试。

(6)调试完成各设备断电恢复原状。

2. 前置及配合条件

(1)车站值班员仿真培训系统设备安装完毕,供电条件具备。

(2)站厅站台实训系统设备安装完毕,供电条件具备。

(3)车站值班员仿真培训系统子系统调试完毕。

(4)站厅站台实训系统子系统调试完毕。

(5)车站值班员仿真培训系统、站厅站台实训系统间通信连接配置完成。

3. 调试内容

(1)ATS启动模拟列车运行,检查车站值班员仿真培训系统各软件间操作联动状态一致:ATS,综合监控,PSCADA,CCTV。

(2)逐项检查车站值班员仿真培训系统软件与IBP盘设备操作状态一致:信号、站台门、消防风机,喷淋泵,消火栓泵,自动扶梯,门禁,AFC闸机,车站环控,隧道通风。

(3)检查车站值班员仿真培训系统、站厅站台实训系统间设备操作状态一致:AFC闸机。

(4)检查车站值班员仿真培训系统、站厅站台实训系统间设备操作状态一致:站厅站台广播系统。

(5)检查车站值班员仿真培训系统、站厅站台实训系统间设备操作状态一致:语音通信系统。

(6)检查车站值班员仿真培训系统、站厅站台实训系统间设备操作状态一致:站台PIS。

(7)检查教师机载入故障,各系统间设备故障状态及影响一致。

4. 注意事项、小结

(1)现场带电设备须注意用电安全。

(2)设备上电前应检查设备供电情况和设备接地良好。

(3)测试操作应逐项进行,防止漏测漏检。

(4)测试应严格按照操作规程执行,不得随意操作。

(5)站台门实训系统有深基坑,注意安全,防止摔伤。

(6)测试完成后设备应断电恢复原状。

13.6.19　车站值班员仿真培训系统、站厅站台实训系统、多功能列车驾驶仿真系统、简易模拟器联合演练仿真培训方式

1. 调试流程

(1)检查车站值班员仿真培训系统、站厅站台实训系统、多功能列车驾驶仿真系统、简易模拟器软硬件设备安装情况。

(2)车站值班员仿真培训系统设备上电启动。

(3)站厅站台实训系统上电启动。

(4)多功能列车驾驶仿真系统、简易模拟器上电启动。

(5)载入车站值班员仿真培训系统、站厅站台实训系统、多功能列车驾驶仿真系统、简易模拟器联合演练。

(6)逐项进行功能调试。

(7)调试完成各设备断电恢复原状。

2. 前置及配合条件

(1)车站值班员仿真培训系统设备安装完毕,供电条件具备。

(2)站厅站台实训系统设备安装完毕,供电条件具备。

(3)多功能列车驾驶仿真系统、简易模拟器设备安装完毕,供电条件具备。

(4)车站值班员仿真培训系统子系统调试完毕。

(5)站厅站台实训系统子系统调试完毕。

(6)多功能列车驾驶仿真系统、简易模拟器子系统调试完毕。

(7)车站值班员仿真培训系统、站厅站台实训系统、多功能列车驾驶仿真系统、简易模拟器间通信连接完成。

3. 调试内容

(1)检查各系统间语音通信系统连接正常。

(2)ATS启动,载入模拟列车运行,检查列车行车状态是否一致:位置、运行方向、终点站、下一站、速度、牵引制动状态、车门站台门状态。

(3)检查ATS、多功能列车驾驶仿真系统、简易模拟器进路状态一致:信号机状态、道岔状态、区段占用。

(4)检查ATS,站厅站台实训厅,多功能列车驾驶仿真系统、简易模拟器设备功能联动关系一致:PIS乘客信息和PA广播,站台门状态,紧急停车按钮联动。

(5)检查车站ISCS系统、多功能列车驾驶仿真系统、简易模拟器和站厅站台实训厅关联设备状态一致:照明状态,AFC闸机状态、风机状态。

(6)检查车站PSCADA系统、多功能列车驾驶仿真系统、简易模拟器设备状态一致:接触网带电状态。

(7)检查IBP盘对于车站值班员仿真培训系统、站厅站台实训系统、多功能列车驾驶仿真系统、简易模拟器间的操作状态一致性。

(8)检查车站 CCTV 系统与站厅站台实训厅间设备操作状态一致性。

(9)检查教师机载入故障,各系统间设备故障状态及影响一致。

4. 注意事项、小结

(1)现场带电设备须注意用电安全。

(2)设备上电前应检查设备供电情况和设备接地良好。

(3)测试操作应逐项进行,防止漏测漏检。

(4)测试应严格按照操作规程执行,不得随意操作。

(5)测试完成后设备应断电恢复原状。

(6)站台门实训系统有深基坑,注意安全,防止摔伤。

13.6.20 OCC 调度仿真培训系统、车站值班员仿真培训室、站厅站台实训系统、多功能列车驾驶仿真系统、简易模拟器、电子沙盘、练兵线联合演练仿真培训方式

1. 调试流程

(1)检查 OCC 调度仿真培训系统、车站值班员仿真培训室、站厅站台实训系统、多功能列车驾驶仿真系统、简易模拟器、电子沙盘、练兵线软硬件设备安装情况。

(2)OCC 调度仿真培训系统设备上电启动。

(3)车站值班员仿真培训室设备上电启动。

(4)站厅站台实训系统设备上电启动。

(5)多功能列车驾驶仿真系统、简易模拟器上电启动。

(6)电子沙盘系统上电启动。

(7)练兵线设备上电启动。

(8)载入 OCC 调度仿真培训系统、车站值班员仿真培训室、站厅站台实训系统、多功能列车驾驶仿真系统、简易模拟器、电子沙盘、练兵线联合演练仿真培训方式。

(9)逐项进行功能调试。

(10)调试完成各设备断电恢复原状。

2. 前置及配合条件

(1)OCC 调度仿真培训系统设备安装完毕,供电条件具备。

(2)车站值班员仿真培训室设备安装完毕,供电条件具备。

(3)站厅站台实训系统设备安装完毕,供电条件具备。

(4)多功能列车驾驶仿真系统、简易模拟器设备安装完毕,供电条件具备。

(5)电子沙盘系统设备安装完毕,供电条件具备。

(6)练兵线设备设备安装完毕,供电条件具备。

(7)OCC 调度仿真培训系统子系统调试完毕。

(8)车站值班员仿真培训室子系统调试完毕。

(9)站厅站台实训系统子系统调试完毕。

(10)多功能列车驾驶仿真系统、简易模拟器子系统调试完毕。

(11)电子沙盘系统子系统调试完毕。

(12)练兵线子系统调试完毕。

(13)OCC 调度仿真培训系统、车站值班员仿真培训室、站厅站台实训系统、多功能列车驾驶仿真系统、简易模拟器、电子沙盘、练兵线间通信连接完成。

3. 调试内容

(1)检查各系统间语音通信系统连接正常。

(2)ATS 启动,载入模拟列车运行,并向所有系统传递虚拟车运行状态,检查各系统间对列车的行车操作状态是否一致:位置、运行方向、终点站、下一站、速度、牵引制动状态、车门站台门状态。

(3)检查各系统间进路操作状态一致:信号机状态、道岔状态、区段占用。

(4)检查各系统间关联设备操作状态一致:照明状态,AFC 闸机状态、风机状态。

(5)检查各系统间设备操作状态一致:接触网带电状态。

(6)检查各系统间场景一致性:CCTV,多功能列车驾驶仿真系统、简易模拟器、电子沙盘。

(7)检查教师机载入故障,各系统间设备故障状态及影响一致。

4. 注意事项、小结

(1)现场带电设备须注意用电安全。

(2)设备上电前应检查设备供电情况和设备接地良好。

(3)测试操作应逐项进行,防止漏测漏检。

(4)测试应严格按照操作规程执行,不得随意操作。

(5)站台门实训系统有深基坑,注意安全,防止摔伤。

(6)测试完成后设备应断电恢复原状。

13.6.21　OCC 调度仿真系统与仿真车站值班培训系统的联调

1. 调试流程

(1)检查 OCC 调度仿真培训系统、车站值班员仿真培训系统、站厅站台实训系统软硬件设备安装情况。

(2)OCC 调度仿真培训系统设备上电启动。

(3)车站值班员仿真培训系统上电启动。

(4)站厅站台实训系统上电启动。

(5)载入 OCC 调度仿真培训系统、车站值班员仿真培训系统、站厅站台实训系统联合演练。

(6)逐项进行功能调试。

(7)调试完成各设备断电恢复原状。

2. 前置及配合条件

(1)OCC 调度仿真培训系统设备安装完毕,供电条件具备。

(2)车站值班员仿真培训系统设备安装完毕,供电条件具备。

(3)站厅站台实训系统设备安装完毕,供电条件具备。

(4)OCC 调度仿真培训系统子系统调试完毕。

(5)车站值班员仿真培训系统子系统调试完毕。

(6)站厅站台实训系统子系统调试完毕。

(7)OCC 调度仿真培训系统、车站值班员仿真培训系统、站厅站台实训系统间通信连接配置完成。

3. 调试内容

(1)ATS启动模拟列车运行,检查OCC调度仿真系统间联动状态一致:站台门状态,虚拟列车状态,接触网带电情况。

(2)检查车站值班员仿真培训系统各软件间联动状态一致:站台门状态,虚拟列车状态,接触网带电情况。

(3)检查OCC调度软件和车站值班员软件运行状态一致:ATS界面显示,进路控制,列车运行情况,权限控制。

(4)检查OCC调度软件和车站值班员软件运行状态一致:综合监控状态显示,操作控制,权限控制。

(5)检查OCC调度软件和车站值班员软件运行状态一致:PASCDA状态显示,操作控制,权限控制。

(6)检查OCC调度软件和车站值班员软件运行状态一致:CCTV状态显示,操作控制,权限控制。

(7)检查车站IBP盘操作与ATS软件的操作状态一致性:信号、站台门。

(8)检查车站IBP盘操作与ISCS软件的操作状态一致性:站台门、消防风机,喷淋泵,消火栓泵,自动扶梯,门禁,AFC闸机,车站环控,隧道通风。

(9)检查教师机载入故障,各系统间设备故障状态及影响一致。

4. 注意事项、小结

(1)现场带电设备须注意用电安全。

(2)设备上电前应检查设备供电情况和设备接地良好。

(3)测试操作应逐项进行,防止漏测漏检。

(4)测试应严格按照操作规程执行,不得随意操作。

(5)测试完成后设备应断电恢复原状。

13.6.22　列车车门与站台门间的联动关系仿真

1. 调试流程

(1)测试车门/站台门能否正常工作。

(2)测试车门与站台门联动功能。

2. 前置及配合条件

涉及的单系统软件、硬件已安装完毕。

3. 调试内容

(1)车门与站台门在部分模式下是否联动开启或关闭。

(2)车门与站台门在部分模式下是否是单独开启或关闭。

(3)车门或者站台门未关闭时是否影响行车。

4. 注意事项、小结

开关门时注意安全,以免造成人员伤害。

13.6.23　站台紧急停车按钮与列车间的联动关系仿真

1. 调试流程

(1)测试站台紧急停车按钮是否正常工作。

(2)测试站台紧急停车按钮能否控制列车停车。

2. 前置及配合条件

涉及的单系统软件、硬件已安装完毕。

3. 调试内容

(1)站台紧急停车按钮功能。

(2)站台紧急停车按钮能否控制列车停车。

4. 注意事项、小结

操作结束后注意将按钮恢复原来的位置。

13.6.24 ATS 与 PA 广播及 PIS 乘客信息系统间的信息交互关系仿真

1. 调试流程

(1)检查 ATS 与 PA 广播及 PIS 乘客信息系统软硬件设备安装情况。

(2)ATS 系统设备上电启动。

(3)PA 广播及 PIS 乘客信息上电启动。

(4)载入 ATS 与 PA 广播及 PIS 乘客信息系统联合演练。

(5)逐项进行功能调试。

(6)调试完成设备断电。

2. 前置及配合条件

(1)ATS 调度仿真软件设备安装完毕,供电条件具备。

(2)PA 广播及 PIS 乘客信息系统设备安装完毕,供电条件具备。

(3)OCC 调度仿真培训系统子系统调试完毕。

(4)站厅站台仿真实训厅子系统调试完毕。

(5)OCC 调度仿真培训系统与站厅站台实训厅间通信连接完成。

3. 调试内容

(1)检查各系统间语音通信系统连接正常。

(2)ATS 启动模拟列车运行,检查 ATS 与 PA 广播及 PIS 乘客信息系统联动状态一致:列车到站、跳停、末班车、列车终到站、列车到站时间、列车离站时间、列车通过等信息。

(3)检查列车到站广播和 PIS 列车显示与 ATS 一致性。

(4)检查教师机载入故障,各系统间设备故障状态及影响一致。

4. 注意事项、小结

(1)现场带电设备需注意用电安全。

(2)设备上电前应检查设备供电情况和设备接地良好。

(3)测试操作应逐项进行,防止漏测漏检。

(4)测试应严格按照操作规程执行,不得随意操作。

13.6.25 列车群运行与牵引供电系统间的耦合计算关系仿真

1. 调试流程

(1)检查 OCC 调度仿真培训系统软硬件设备安装情况。

(2)OCC 调度仿真培训系统设备上电启动。

(3)载入 OCC 调度仿真培训系统联合演练。

(4)启动 ISCS,载入 ATS 软件运行,将 ISCS 与 ATS 互联。

(5)通过 ATS 软件,加载列车计划运行图,或者手动添加列车于正线轨道上。

(6)调试完成各设备断电恢复原状。

2. 前置及配合条件

(1)OCC 调度仿真培训系统设备安装完毕,供电条件具备。

(2)OCC 调度仿真培训系统子系统调试完毕。

(3)OCC 调度仿真培训系统各子系统间通信连接完成。

3. 调试内容

(1)检查各子系统间语音通信系统连接正常。

(2)通过 ISCS 供电系统监视随着列车数量变化,是否会导致供电参数的变化。

4. 注意事项、小结

(1)现场带电设备须注意用电安全。

(2)设备上电前应检查设备供电情况和设备接地良好。

(3)测试操作应逐项进行,防止漏测漏检。

(4)测试应严格按照操作规程执行,不得随意操作。

(5)测试完成后设备应断电恢复原状。

13.6.26 阻塞模式下,ATS 与 BAS 通风大系统间的联动关系仿真

1. 调试流程

(1)检查 OCC 调度仿真培训系统软硬件设备安装情况。

(2)OCC 调度仿真培训系统设备上电启动。

(3)载入 OCC 调度仿真培训系统联合演练。

(4)启动 ISCS,载入 ATS 软件运行,将 ISCS 与 ATS 互联。

(5)通过 ATS 软件,加载列车计划运行图,或者手动添加一辆车于正线轨道上。

(6)通过教师机,设置列车故障,或者接触网故障。

(7)将列车停留在正线区间内 3 min 及以上。

(8)手动执行列车区间阻塞模式。

(9)调试完成各设备断电恢复原状。

2. 前置及配合条件

(1)OCC 调度仿真培训系统设备安装完毕,供电条件具备。

(2)OCC 调度仿真培训系统子系统调试完毕。

(3)OCC 调度仿真培训系统各子系统间通信连接完成。

3. 调试内容

(1)检查各子系统间语音通信系统连接正常。

(2)当列车阻塞时,查看 ATS 是否产生报警信息及报警音。

(3)当列车阻塞时,查看 ISCS 是否产生报警信息、报警音、阻塞弹窗(是否执行列车区间阻塞模式)。

(4)在 ISCS 模式中查看区间阻塞模式执行情况。

(5)在 ISCS 隧道及大系统中查看风机及其他设备运行情况。

(6)在 ISCS 模式中查看风机及其他设备动作情况是否与模式表动作一致。

4. 注意事项、小结

(1)现场带电设备须注意用电安全。

(2)设备上电前应检查设备供电情况和设备接地良好。

(3)测试操作应逐项进行,防止漏测漏检。

(4)测试应严格按照操作规程执行,不得随意操作。

(5)测试完成后设备应断电恢复原状。

13.6.27　火灾模式下,FAS 与自动消防、AFC 闸机、电扶梯、通风空调、站台门等系统间联动关系仿真

1. 调试流程

(1)检查 OCC 调度仿真培训系统、FAS 实训系统、站台门实训系统、PA 广播实训系统、AFC 实训系统、给排水实训系统的软硬件设备安装情况。

(2)OCC 调度仿真培训系统、FAS 实训系统、站台门实训系统、PA 广播实训系统、AFC 实训系统、给排水实训系统设备上电启动。

(3)载入 OCC 调度仿真培训系统、FAS 实训系统、站台门实训系统、PA 广播实训系统、AFC 实训、给排水实训系统联合演练。

(4)通过烟枪触发温感报警器、烟感报警器或通过手动触发手报,触发火灾。

(5)将触发灾害设备复位,并与火灾报警主机上将报警信息复位。

(6)调试完成各设备断电恢复原状。

2. 前置及配合条件

(1)OCC 调度仿真培训系统、FAS 实训系统、站台门实训系统、PA 广播实训系统、AFC 实训系统、给排水实训系统安装完毕,供电条件具备。

(2)OCC 调度仿真培训系统、FAS 实训系统、站台门实训系统、PA 广播实训系统、AFC 实训系统、给排水实训系统调试完毕。

(3)OCC 调度仿真培训系统、FAS 实训系统、站台门实训系统、PA 广播实训系统、AFC 实训系统、给排水实训系统间通信连接完成。

3. 调试内容

(1)检查各子系统间语音通信系统连接正常。

(2)查看 FAS 主机是否产生报警信息及报警音。

(3)查看声光报警器或警铃是否产生报警。

(4)查看 ISCS 中是否产生报警信息及报警音。

(5)查看ISCS中是否出现“发生火灾,是否执行火灾模式”弹窗。

(6)手动确认后,在ISCS和FAS实训平台上查看灾害模式及风机等设备的运行情况,且是否一致。

(7)在ISCS中查看车站全部门禁是否释放。

(8)在ISCS中查看车站电梯是否归首。

(9)在ISCS和AFC实训系统中查看车站所有闸机是否释放。

(10)在ISCS和PA实训系统中查看车站是否播放火灾疏散紧急广播。

(11)在ISCS中查看车站三级负荷是否切除。

(12)在ISCS和FAS实训系统中查看消防排烟风机是否启动。

(13)在FAS实训系统和给排水实训系统中查看消防水泵是否启动,若是气灭区发生火灾,查看是否触发气体喷发。

4. 注意事项、小结

(1)现场带电设备须注意用电安全。

(2)设备上电前应检查设备供电情况和设备接地良好。

(3)测试操作应逐项进行,防止漏测漏检。

(4)测试应严格按照操作规程执行,不得随意操作。

(5)给排水实训系统中的消防水泵功率较大,注意水箱水量,防止空转烧坏设备。

(6)给排水实训系统运行时注意水箱水量,防止水淹。

13.6.28 调试总结

1. 安装方面问题

(1)多功能列车驾驶仿真培训系统问题:因前期图纸上未标注接触网支架安装位置及高度,导致车头上方安装投影机位置和接触网相互干涉。总结:后期注意考虑周全,将所有设备的安装位置标注在图纸中,有安装干涉的地方尽量避开。

(2)简易模拟群实训室问题:简易模拟群实训室因数量多,单台体积大,导致房间偏小,设备安装紧凑,墙上配电箱操作不方便。总结:设计初期应考虑后期房间有充足的冗余,方便更多学员进行培训。

(3)车站值班员仿真培训室问题:车站值班员仿真培训室因学员数量多,房间受限,而且是双屏显示,导致显示器摆放紧凑。车站值班员仿真培训室电子沙盘大屏,因设计要求长度不小于6 m和16∶9,显示面积很大,高度很高,但墙面净空高太低,可能导致后排观看视野受限。

总结:

(1)设计初期应考虑摆放位置和房间有充足的冗余。

(2)电子沙盘大屏墙面净空高设计得更高,便于整体观看。

2. 软件调试方面问题

(1)调试时间不充足:因前期真实设备厂家的软件未完成,且在运行过程中继续更改和完善,导致仿真软件开发周期变长,联调工作非常复杂涉及多个专业多个真实设备。所以,不是正线运营的时间节点,仿真软件就能同步使用,需要一定的开发和调试周期。总结:预留充足的调试时间,满足正常周期的调试需求。

(2)线路场景制作和调试周期不足:因正线在开通前不断完善装修及设备安装调试,导致取素材较晚,因车站较多,工作量大,需要正常的制作和调试周期。总结:预留充足的制作和调试时间,满足正常的开发和调试需求。

13.7　联调联试

13.7.1　概　　述

城市轨道交通联调联试是在各相关系统单系统调试完成后,对轨道交通整体功能和性能的综合验证和确认,它是各系统设备测试与调试过程的最后环节,通过开展跨专业、系统化、集成性测试,检验各主要系统间的接口关系是否正确、运作是否协调、能力是否满足设计要求,从整体上检验城市轨道交通系统运作的可用性、稳定性、安全性。这些错综复杂的设施与设备,经过全面复杂的联调过程,可以使独立的设备系统成网关联运转,使地铁运行的调度指挥有条不紊。联调联试也是轨道交通建设阶段与运营阶段协调、并向运营阶段有序过渡的关键环节,是实现城市轨道交通建设目标的有效措施,其成功与否决定了轨道交通工程能否顺利按时保质完成,是轨道交通开通运营前不可缺少的必要环节,是保证运营质量的重要手段。

呼和浩特市城市轨道交通 1 号线一期工程联调联试包含联调方案、联调大纲、联调管理办法、联调计划、应急预案、安保措施等的编制,联调准备阶段、实施阶段、总结评估阶段的全过程管理,以及联调报告编写、成果分析、总结评估等的成果输出。具体实施内容有:编制并宣贯联调联试管理办法、实施方案等;根据总体工程计划,编制联调节点计划;根据各相关专业计划,编制联调详细计划;组织设计单位、监理单位、施工单位、系统集成商/供货商共同对本工程两个及两个以上多系统间的工作状态、功能和系统间接口功能匹配关系进行调试验证;组织设计单位、监理单位、施工单位、系统集成商/供货商共同对各设备系统的预期功能及技术指标要求进行调试和确认。联调联试的范围包含全线 16 座地下站、3 座高架站、1 个地面站、2 座主变电所、OCC 及三间房车辆段和白塔停车场,涵盖了车辆、通信、信号、综合监控、环境与设备监控、火灾自动报警、气体灭火、变电所综合自动化、自动售检票、站台门、电扶梯、通风空调等 20 多个专业。联调联试的目的主要有:验证地铁设备系统的功能是否符合设计要求;验证各系统间接口关系是否满足技术规格书要求;验证各系统间联动关系的正确性、实时性、完整性;验证各系统间整体运行的安全性、稳定性和可靠性;检验各设备系统在地铁正常运营模式、降级运营模式和事故应急情况下的协调运作;评估地铁设备系统的整体状况是否满足初期运营要求,实现系统全功能运行的目标。

13.7.2　组织模式及岗位职责

轨道交通 1 号线一期工程联调联试采用建设单位主管、运营单位配合,委托联调联试服务商开展联调工作的模式。轨道交通公司设立联调联试管理组织机构,成立联调联试领导组,下设综合协调组、联合工作组。联调联试领导组负责总体指挥、协调,方案、计划审批;综合协调组负责协调联调联试过程中的接口工作,包含设备系统与土建接口、弱电系统与机电设备接口、市政外部接口等;联合工作组负责综合联调部、动车调试部、动态综合检测部、功能验证部的工作管理。综合协调组、联合工作组下设专业技术组,负责综合联调、动车调试、动态综合检测、功能验证等工作的具体执行。联调联试人员组织架构如图 13-7-1。

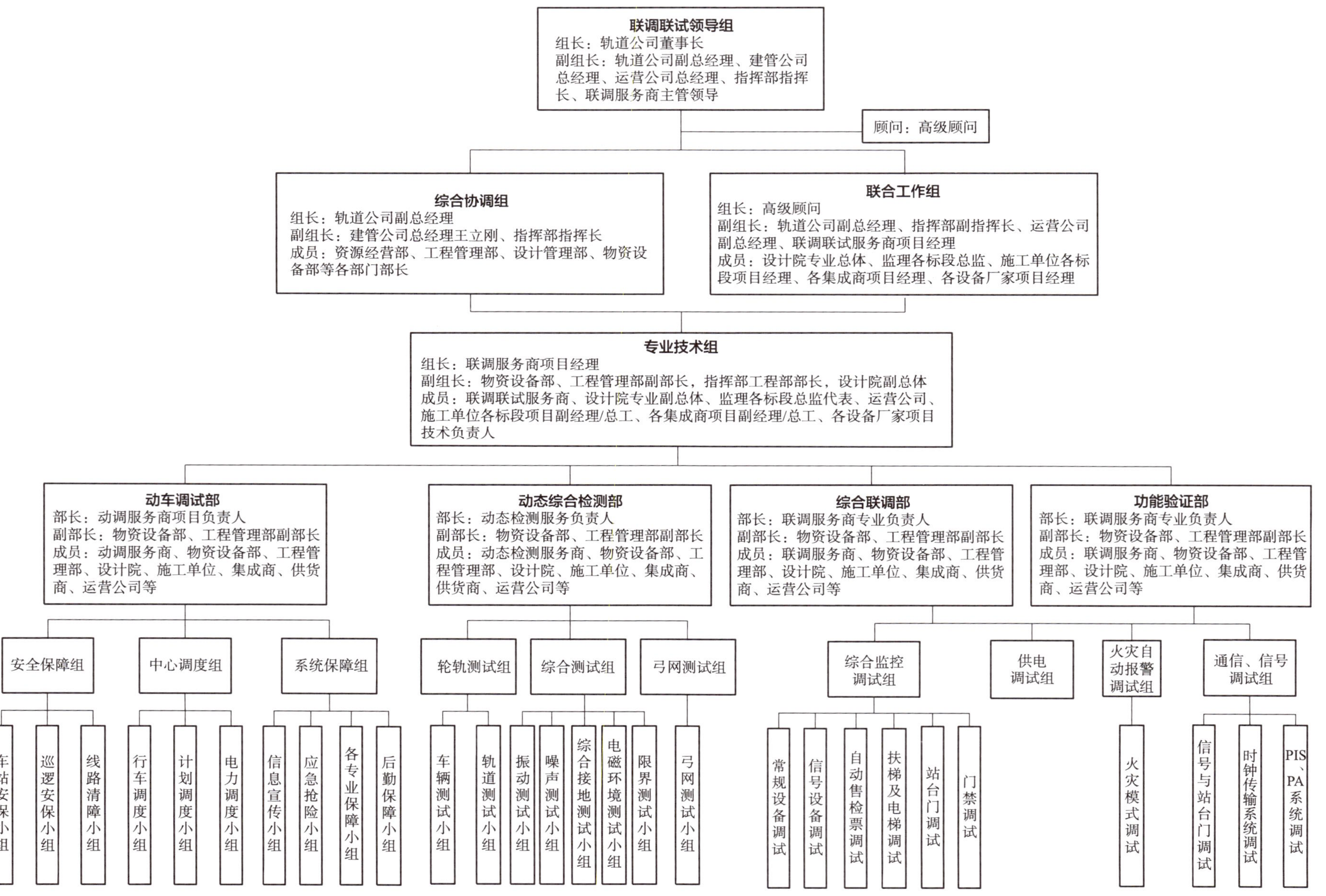

图 13-7-1　联调联试人员组织架构图

专业技术组负责动车调试、综合联调、功能验证、动态综合检测方案编制，并报联合工作组批准；全面及时掌握项目进展情况，根据不同阶段的工作特征和工作环境，制订切实可行的项目实施计划；按照联调联试总体进度要求、工程节点，积极组织协调、合理安排工程项目实施，确保在规定的时间内完成联调联试工作；负责问题库的建立、完善，汇总、上报调试过程中各参建单位配合、执行情况，传达考核结果；负责汇总联调联试所有的调试文档，提交评估报告。

为了保证联调联试安全、提高工作效率，将联调联试分为需进行封闭管理的动车调试和常规综合联调、功能验证以及动态综合检测。

动车调试部负责制定动车调试方案，报专业技术组批准；全面及时掌握项目进展情况，根据不同阶段的工作特征和工作环境，制订切实可行的项目实施计划；按照动车调试总体进度要求、工程节点，积极组织协调、合理安排工程项目实施，确保在规定的时间内完成动车调试工作；负责对参加动车调试工作的相关人员进行必要的安全教育及培训；防止无关人员进入动车调试区，避免发生触电或行车造成的人身伤亡事故；负责作业范围内线路的封闭管理以及所有人身、设备和环境安全；严格排查侵入限界的人员和物品，及时清除带有安全隐患的易燃易爆品，对动车调试实现封闭管理，避免因火灾、偷窃、车辆剐蹭等事故，造成国家财产损失。

综合联调部负责制定综合联调方案，报专业技术组批准；全面及时掌握项目进展情况，根据不同调试阶段的工作特征和工作环境，制订切实可行的联调实施计划；按照综合联调总体进度要求、工期节点，积极组织协调、合理安排联调项目实施，确保在规定的时间内完成规定的综合联调项目；负责问题库的建立、完善，汇总、上报调试过程中各参建单位配合、执行情况，传达考核结果；审查各设备系统承包商提出的各专业单系统调试大纲（含各专业单系统调试验收标准），以及接口联调/综合联调阶段的接口调试大纲与调试计划；配合委托方组织第三方试验检测评估机构开展相关工作；负责汇总综合联调所有的调试文档，提交评估报告；协助完成各设备系统单机、单系统调试，在保证安全的前提下，全面系统检验设备系统设计功能实现状况，并根据各设备系统调试情况，对各设备系统调试后是否具备进入系统联调的条件进行确认并提出意见。

功能验证部负责制订功能验证方案，报专业技术组批准；合理安排功能验证工期计划，完成各项功能验证测试内容，全面及时掌握项目进展情况，根据不同调试阶段的工作特征和工作环境，制定切实可行的功能验证实施计划；对功能验证测试中发现的不合格项，及时报专业技术组，经各相关单位整改后进行复测；记录试验结果、并编写功能验证报告。

动态综合检测部负责制订动态综合检测方案，报专业技术组批准；合理安排检测工期计划，完成各项检测试验内容，全面及时掌握项目进展情况，根据不同调试阶段的工作特征和工作环境，制定切实可行的动态综合检测实施计划；对检测中发现的不合格项，及时上报专业技术组，经各相关单位整改后进行复测；提交检测数据、编制检测报告。

13.7.3　联调联试实施

联调联试实施分三个阶段进行：准备阶段、实施阶段、总结评估阶段。

准备阶段：收集各设备系统的技术规格书、接口文件、施工图纸，掌握设计参数和最终功能需求；考察施工现场实际情况，编制可行性综合联调实施计划；收集各专业调试方案，编制综合联调实施方案；跟踪各设备系统单机调试和接口调试的完成情况。

实施阶段：组织车站级、中央级综合联调项目实施，提供全面的技术支持；定期组织专项会议，推进综合联调实施进度；配合开展第三方检测及相关政府专项验收。

总结评估阶段：编写呼和浩特市城市轨道交通1号线一期工程综合联调总结评估报告；配合开展初期运营安全评估相关工作。

13.7.3.1 准备阶段

联调联试准备阶段，主要从编制方案、管理办法，成立联调联试组织架构，制订联调联试计划，收集技术文件资料等几方面进行。

呼和浩特市城市轨道交通1号线一期工程联调准备阶段编制了《联调联试管理办法》（含管理组织架构、考核机制、临时电力调度管理办法、轨行区施工管理办法、计划调度管理办法、应急处置办法等）、《综合联调总体方案》（设置24个大项、63个小项）、《综合联调功能验证方案》（设置16个大项、31个小项）、《动态综合检测方案》，梳理了联调联试的前置条件和联调联试计划，收集整理技术文件（含各系统技术规格书、接口文件、设计图纸、点表等），准备相关物资、制定联调目标，确定验证方法，编写联调联试工作手册。

联调联试方案（含相关管理办法）在联调开始前1个月，由联调联试服务单位编制完成，经专家评审通过后，报轨道交通公司审批，下发各有关单位组织学习。

联调联试领导组、联合工作组及综合协调组成员在联调联试开始前1个月准备到位；联调联试服务商管理机构人员在联调联试开始前1个月到位，其他人员在联调联试开始前15天到位；各施工单位、供货商、集成商、设计、监理等人员在联调联试开始前1个月到位。

依据“三权”接管时间和各系统设备现状，按分期、分批、分级形式组织实施。以轨行区和车站两大调试区域为主线，按照调试条件和要求的不同，将系统联调联试分为动车调试、综合联调、动态综合检测、功能验证，同时根据项目之间的相关性采用多项目、同一时间平行作业模式，以提高时间与空间等资源的利用率。动车调试、综合联调、动态综合检测、功能验证节点计划详见表13-7-1、表13-7-2、表13-7-3、表13-7-4。

表13-7-1 动车调试节点计划

序号	动车调试节点内容		节点时间
1	地下段西二环站—后不塔气站	完成冷、热滑试验	2019年06月30日
		完成联锁授权	
		完成传输系统	
		完成动车调试	2019年09月20日
2	高架段什兰岱村站—坝堰村站	完成冷、热滑试验	2019年09月20日
		完成联锁授权	
		完成传输系统	
		完成动车调试	2019年10月15日

表 13-7-2 综合联调节点计划

序号	工作内容	节点时间
1	综合联调准备	2019 年 03 月 2019 年 04 月
2	综合联调大纲及方案编制	2019 年 05 月 20 日
3	联调方案评审会	2019 年 05 月 22 日
4	综合联调实施	2019 年 07 月 01 日 2019 年 11 月 10 日
4.1	第一阶段调试(西二环、呼钢东路、呼和浩特东站、后不塔气)	2019 年 07 月 01 日—2019 年 08 月 25 日
4.2	第二阶段地下站调试	2019 年 08 月 01 日—2019 年 10 月 25 日
4.3	第三阶段高架段及三间房站调试	2019 年 09 月 26 日—2019 年 10 月 31 日
4.4	遗留问题扫尾及模式演练	2019 年 10 月 26 日—2019 年 11 月 10 日

表 13-7-3 动态综合检测节点计划

序号	工作内容	节点时间
1	动态综合测试方案编制	2019 年 05 月 01 日 2019 年 05 月 20 日
2	动态测试方案评审会	2019 年 05 月 22 日
3	动态综合测试准备	2019 年 07 月 01 日 2019 年 07 月 31 日
4	动态综合测试实施	2019 年 08 月 01 日 2019 年 10 月 30 日
4.1	行车测试设备安装与调试	2019 年 08 月 01 日 2019 年 08 月 15 日
4.2	地下段动态综合测试	2019 年 08 月 16 日 2019 年 09 月 20 日
4.3	高架段动态综合测试	2019 年 09 月 21 日 2019 年 10 月 20 日
4.4	动态综合测试报告整理	2019 年 10 月 21 日 2019 年 10 月 30 日

表 13-7-4 功能验证节点计划

序号	工作内容	节点时间
1	信号系统功能验证	2019 年 10 月 01 日 2019 年 10 月 20 日
2	供电系统功能验证	2019 年 11 月 01 日 2019 年 11 月 10 日
3	通信系统功能验证	2019 年 09 月 20 日 2019 年 10 月 20 日
4	消防火灾联动功能验证 区间阻塞联动功能验证	2019 年 10 月 21 日 2019 年 11 月 10 日
5	车辆相关功能验证	2019 年 10 月 21 日 2019 年 11 月 10 日

13.7.3.2 实施阶段

综合联调每个实施项目的实施流程见图 13-7-2。

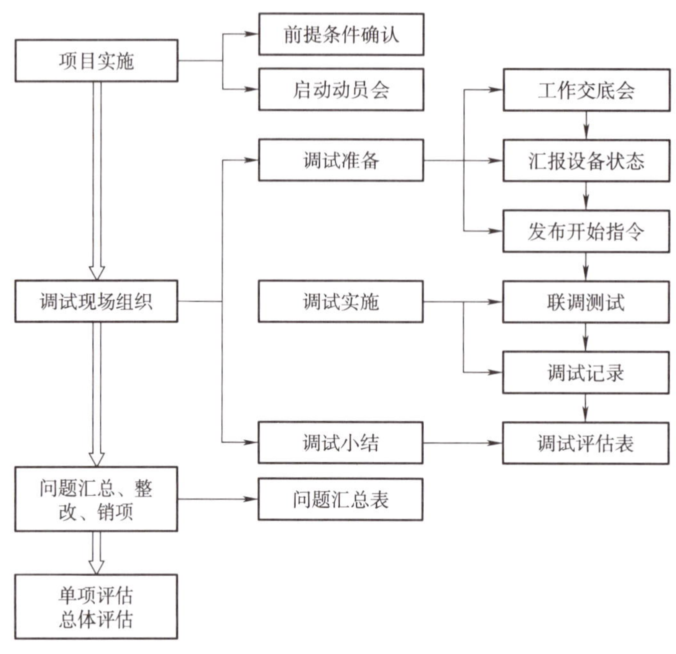

图 13-7-2 综合联调项目实施流程图

1. 方案培训

在联调实施前，联调工作组组织综合联调方案的联调实施细则交流和培训。培训的主要内容包括：

（1）综合联调项目实施的总体要求，包括项目实施内容、参考依据、调试步骤、人员分工、安全事项、调试记录表格、总结评估等内容交流和培训。

（2）明确调试各方的责任和义务，调试工作要求等。

2. 前提确认

（1）现场确认

多接口和复杂调试项目，在联调项目实施前，在启动调试实施前，要求各专业厂家、施工单位、设计单位、监理单位等在车站现场核查各接口功能具备情况，数据通信和各系统功能具备情况等，确认是否具备调试实施。现场核查见图 13-7-3。

图 13-7-3 现场核查启动条件

（2）电话确认/邮件确认

对于简单接口测试项目，在联调项目实施前，联调工作组向各单位电话或邮件了解前提条件，若基本具备联调条件，按计划进行，对不具备条件的系统做好记录并确认具备条件日期及修订计划。若不具备联调条件，专业组向联调工作组汇报，调整计划。

3. 交 底 会

在联调项目开始前，联调单位组织各参与单位召开项目交底会，落实调试的具体时间、具体调试内容、调试人员配备数量、工器具准备到位情况及提供单位等。

4. 调试准备

(1)准备会

各调试单位按时到场签到,执行组长组织全体调试参与人员召开调试前准备会,明确调试内容、做好分工安排、重申安全注意事项、约定指令传达要求。

(2)汇报设备状态

各调试人员抵达岗位,现场检查各系统/设备当前状态,检查现场环境,是否具备调试实施条件,向执行组长(或现场负责人)汇报设备状态是否可以启动联调。

(3)发布调试开始指令

收到各调试小组人员各相关设备满足调试条件的汇报后,执行组长(或现场负责人)通过对讲机或者手持台发布开始联调的指令,正式实施综合联调。

5. 调试实施

(1)设备调试

根据实施方案规定的调试内容与步骤,执行组长(或现场负责人)指挥各岗位人员开展调试工作,各岗位人员按照执行组长的指令操作设备、汇报设备状态。

(2)过程及结果记录

执行组长或其指定人员按调试步骤逐项填写调试记录表,记录调试过程与结果。

6. 调试小结

每日调试结束后,执行组长组织各参与单位代表召开调试小结会。

(1)现场总结单日调试情况,梳理本日调试过程中的主要问题;确定责任单位、整改措施与时限,填写调试评估表,各方签字确认。

(2)明确次日具体调试内容。

7. 问题汇总发布

在综合联调开展期间,联调工作组建立综合联调问题库和联调问题销项流程,并监督综合联调问题整改,各问题责任单位整改问题后交由相关监理单位核实,并由监理单位将核实问题表签字、盖章后提交联调单位和业主。

城市轨道交通联调联试目的是更可靠、更安全、更舒适的运营,是建设转向运营的关键一环。为此,综合联调从技术角度进行统一的考虑和验证,从系统的角度,验证各设备之间的接口衔接,优化各设备系统的技术性能和使用功能,实现各设备系统在同一技术水平、同一管理模式、同一安全认证平台上,机与机、人与机之间有序可控、安全可靠的协调运转。为确保综合联调按时、高质量完成,所有工作按照既定的程序执行并制定良好的保障措施。在联调实施过程中,分别从质量保障、进度保障、组织保障、经济保障、管理保障、信息管理保障和协调保障等方面制定科学、可靠、可行的措施应用于项目各阶段。

项目质量管理计划在联调服务开始阶段时已基本确定,其着重于设备系统调试咨询服务的质量管理,所以在项目准备阶段制作一些具体文件来满足综合联调服务总体质量要求。测试质量作为项目质量保证计划的延续,它勾画出对现场质量管理文档的指导,为了满足综合联调服务总体的要求,编写质量控制的手册,作为项目进行时执行质量控制系统的指导性文件。在设备安装工期紧、单调时间短的不利情况下,如何保证系统综合联调的有效推进,是综合联调项目部进度控制的重点工作,严格执行进度控制程序,采取合理的进度控制方法,制定可靠、可行的进度保障措施,对关键节点重点监督,保证线路联调顺利完成。具体保障措施为：

(1)建立健全管理技术措施

运用横道图、S形曲线、网络计划技术等，编制详细的工程进度计划。根据工程的总进度计划，对总进度目标进行分解，分解为年度、季度进度目标，各阶段进度目标，各项、子项进度目标。建立进度管理流程图，程序化控制工程进度。严格地进行过程控制工作。运用网络计划技术、控制理论等，建立工程实施作业计划体系和多级网络计划，并对工程进度进行动态分析，及时采取措施进行调整，使工程进度按计划实施。对工程进度进行风险分析，找出网络图关键线路上的控制工序，并根据现场情况分析最易引起工程滞后的因素，并采取有效措施。制定相应的进度控制管理表格，标准化、规范化进行进度管理。充分利用计算机辅助进度控制的手段。如：国外微软的 MS Project 进度管理软件和 Primavera 公司的 P3(Primavera Project Planner)、小 P3(Sure Track)进度管理软件。

(2)确保前置条件，紧抓关键节点

调试计划包括各车站、场段与中央控制系统之间的各种调试工作，包括中央控制中心和车辆段控制中心测试。为了确保每个车站各项测试计划的可行性，需要充分考虑各项工作所需的资源。同时也需要根据各个系统完成的时间，制定一个完成各项工作的计划时间表，以此来确保各系统之间的联调顺利进行。

测试计划的主要关键日期包括：轨道工程完成，开始电力供应等，并根据各系统完工以及直到整个项目完工的各阶段，制定出工作阶段的关键日期。为了有序协调联调各项工作，测试计划严格按照关键日期完成。

(3)加强进度检查，严控计划落实

严格执行进度检查，制定奖惩措施，实施过程进度控制。及时分析各种进度统计分析资料和进度控制报表，随时进行进度调整，保证进度计划的实现。综合联调是系统之间的联调和演练，有的联调涉及两个、三个甚至更多个系统。因此，各专业的工程进度将决定联调的项目多少、工期安排和先后顺序等，甚至会影响开通目标的实现。对收集的进度数据进行整理和统计，将计划与实际进行比较，从中发现是否出现进度偏差，分析进度偏差将带来的影响，提出可行的进度修改措施，重新调整进度计划并付诸实施。如果出现某联调项为总体工期的关键工序，应充分利用自由时差，合理的配置人员，同时保持信息反馈系统畅通。对于出现的进度偏差及时分析，制订措施，使进度计划的制订最大限度与实际相吻合。

根据综合联调的总体目标和现场实际进度、系统单调情况和外部因素等特点，提前预测有可能发生的配合不到位的现象，采取有效措施，抓住重点，攻克难点，优化资源组合，合理调配人员及设备等生产因素，确保综合联调切实可行。

(4)组织保障措施

综合联调是地铁工程建设阶段和运营阶段的关键环节，是向运营部门移交精品工程的重要保证；综合联调几乎涉及轨道交通系统的各个设备专业，就项目管理而言，是地铁工程中技术性最强、协调配合要求最高的一个阶段，组织措施是项目管理中强有力的保障措施。在联调过程中，必须制定完善的组织保障措施，方可确保联调顺利进行。如前文组织模式及岗位职责所述，轨道交通公司高层领导担任联调联试领导组组长和成员，确保联调联试组织、管理、协调力度，中高层领导担任联合工作组、综合协调组组长和成员，既保证联调联试执行过程中的组织、管理工作稳步有序开展，又保证联调联试过程中出现问题的有力协调解决，下面专业技术组及各分部由联调服务商和物资设备部、工程管理部、设计管理部等一线人员组成，确保了联调联试具体执行工作的全面开展、扎实推进。

(5)管理保障措施

管理体系层次简化、减少交叉,做到责权清晰、指挥唯一、高效有序。管理体系要确保设备单调、两两系统联调、多个系统联调、运营演练、观光运行、可靠性验证、空载试运行、开通初期运营有序衔接,做到界面清晰、责任明确、计划落实;明确地铁各参建方在完成系统联调中的职责范围。

以“安全、服务、高效、专业”为原则进行机构搭建、现场管理、文件制定、服务完善各项工作;以“统一管理、协调配合、热诚服务、确保安全”为指导思想,确保各子系统、多专业在综合联调前达到各项需求条件,保证联调任务的顺利完成。

(6)安全保障措施

综合联调进行过程中,必须保障设备和人员的安全。否则不仅会造成设备损坏和人员的伤亡,同时还会因处理这些意外事故而导致综合联调工作的中断,影响整体进度计划。因此,在综合联调开始前必须制定“综合联调安全保证措施”。

①预防安全隐患

综合联调的特点是参与的单位多、部门多、系统多、专业多,在空间不足、光线不足的隧道内,带电的接触网、以不同速度行驶的列车、加之综合联调阶段,列车司机和其他工作人员还缺乏在开通运营后所具备的高度警觉性,经常发生“无意识”的违章和“无制约”的违规作业。为此,通过多级教育、专题教育、每日教育的方式让参加调试人员了解联调工作中的安全隐患及预防措施。

②明确安全责任

建立分级管理的安全管理组织机构,明确各部门、各岗位的安全责任,使安全责任落实到具体的部门、岗位和人员。对参加联调的人员进行必要的安全培训,使之了解相关的安全管理规定和程序,对从事特殊作业的人员需要进行必要的资质考核,合格人员方可上岗作业。

③定期安全检查

建立必要的安全监督和检查机制,定期对参试单位的工作进行安全检查,及时发现安全隐患并予以更正和完善,确保各项安全规定和措施得到落实。

④制定安全手册

在综合联调期间,车辆和各系统均需根据联调项目(内容)的要求,按程序进行必要的操作和相应的配合。例如:供电系统的停、送电作业程序,轨旁作业或使用工程作业车作业的轨道占用程序等,这些都是保证安全作业的最基本的安全作业程序。为使安全管理程序和安全作业程序规范化、系统化,根据不同专业的特点制定安全管理和安全程序手册。

(7)信息管理保障措施

信息管理是支持质量管理、进度控制,使整个工作有条不紊正常开展的基础,而工程信息来源广、数量大,且内容繁杂,因此必须及时收集整理联调过程中有关各方的信息,充分利用信息管理平台保证综合联调保质保量的顺利实现。

建立项目信息管理机构,建设工程项目信息管理系统是整个管理系统中的一个子系统,是项目管理业务流程中的一个独立环节,需要有相应的信息管理机构,负责信息管理工作的规划、协调和管理工作。

文件管理应建立一套文件交收程序,妥善管理所有联调过程中的正式文件,包括书信、会议记录、图纸、施工进度表、文件模板、调试记录及相关软件等。为每份正式文件编定文件号码及档号,载明文件的日期、标题、版次、发件人、收件人、目的及回复期限等资料,分别由发件人及收件人签署确认。记录每份文件的交收详情,方便追踪查阅。

充分利用信息技术手段,建立联调联试日常工作微信群、问题协调微信群等,做到有问题及时在群里协调处理,每日计划调整及时在群里统保,每日联调问题及时在群里反馈,切实提高联调联试管理效率。

(8)实行项目经理负责制

选定的联调项目经理具有多年的地铁设计、咨询、监理经验,具有多条地铁联调及运营演练经验。主持综合联调项目各项工作的开展,并对项目班子工作质量负全责。

投入精干咨询队伍,按照优化配置,动态组织的原则,要求一线咨询人员配备精干、技术力量强、轨道交通设备专业齐全,为本项目顺利实施提供可靠的人力资源和技术力量保证。

(9)实行业绩考核

加强对联调项目机构人员的业绩考核工作,制定业绩考核标准、方法和准则,定期进行考核,对不合格项目咨询人员予以清除。

(10)加强廉政建设的教育工作

把联调项目机构人员的廉洁问题作为项目工作的重点工作来抓,不断加强对项目人员的廉洁教育,通过制定一系列的规章制度,来防范腐败事件的发生。

13.7.3.3 总结评估阶段

通过综合联调,重点核查、总结本工程各系统是否达到试运行的条件。在综合联调项目结束后,由联调联试专业技术组形成《综合联调质量评估报告》并提交呼和浩特市地铁1号线建设管理有限公司。综合联调质量评估报告目录详见表13-7-5。

表13-7-5 综合联调总结评估报告目录

序号	综合联调总结评估报告目录
1	项目概述
2	综合联调概述
3	综合联调实施
4	综合联调质量评估
5	综合联调各实施项目质量评估报告

报告摘要:根据呼和浩特市城市轨道交通1号线一期工程联调联试项目招标文件及合同文件相关要求,同时依据2019年5月22日专家审议通过的综合联调总体方案和功能验证方案、交通运输部《城市轨道交通初期运营前安全评估管理暂行办法》(2019年第1号)和交通运输部办公厅《城市轨道交通初期运营前安全评估技术规范第1部分:地铁和轻轨》(2019年第17号)等文件的要求,2019年7月2日铁科院(北京)工程咨询有限公司正式开展呼和浩特市城市轨道交通1号线一期工程综合监控、通信、信号、供电、FAS、BAS、AFC、站台门、电扶梯、车辆等设备系统综合联调和功能验证工作。

经过现场实际测试,验证各系统设备之间协同运作的功能是否满足设计的要求,检验各系统设备和相关运营人员在地铁正常运营和事故应急情况下能否协调、有序地工作。暴露存在的问题,及时对各系统的技术参数进行调整与修改,使其满足运营的实际需要。通过综合联调使运营人员熟悉线路、设备的技术参数、设计标准、操作方法、注意事项,为工程进入试运行及开通初期运营做好充分准备。

调试单位通过"合理组织、科学筹划、统一调度"的工作方针,对调试方案中综合联调24项调试科目、功能验证 16 项科目遵循调试方案组织测试，累计发现施工、设计、设备问题共计 762 项，并于责任单位整改完毕后进行复测验证，有力地保障呼和浩特市 1 号线设备系统顺利通过竣工验收，确保设备系统联动功能满足规范、合同及设计要求，达到开通初期运营标准。

13.7.4　动车调试

动车调试是对需要以动车来验证的设备系统进行的调试，它是以车辆为载体，依托车辆在轨道上的行驶，进行信号、通信、PIS、安全门等系统的动态调试，以检验相关系统与合同和设计要求的符合性，以及系统间、车地间接口配合的一致性和协调性。通过循序渐进的调试，对系统不断进行升级和完善，最终实现开通试运营，调试的重点是信号和车辆。

动车调试管理工作目的是在地铁整个工程或分段工程达到一定条件后，建设方通过授权委托动车调试服务商对工程进行管理，由服务商对工程行使设备使用权、调度指挥权、属地管理权，根据各个需要动车验证的专业提出的测试大纲、计划和必要条件，综合分配时间和空间资源，为动车调试提供安全、可靠、高效的试验环境，同时统筹、合理安排动车调试计划及剩余土建、装修和设备安装调试计划。既要保证系统调试按期完成，又要保证剩余尾工按期完成，既要保证安全，又要保证高效和质量，最终实现开通试运营。

在此期间建立一套完善的动车调试管理体系，将动车调试封闭管理，将封闭范围内各种施工、调试管理等纳入管理系统，统一调度指挥，保证动车调试安全、有序开展，降低对剩余施工的影响。

1. 动车调试管理体系及各方关系

为了保障动车调试的顺利进行，轨道交通 1 号线一期工程联调联试项目部依据实际情况，成立了专门的项目组织（见图 13-7-4）。

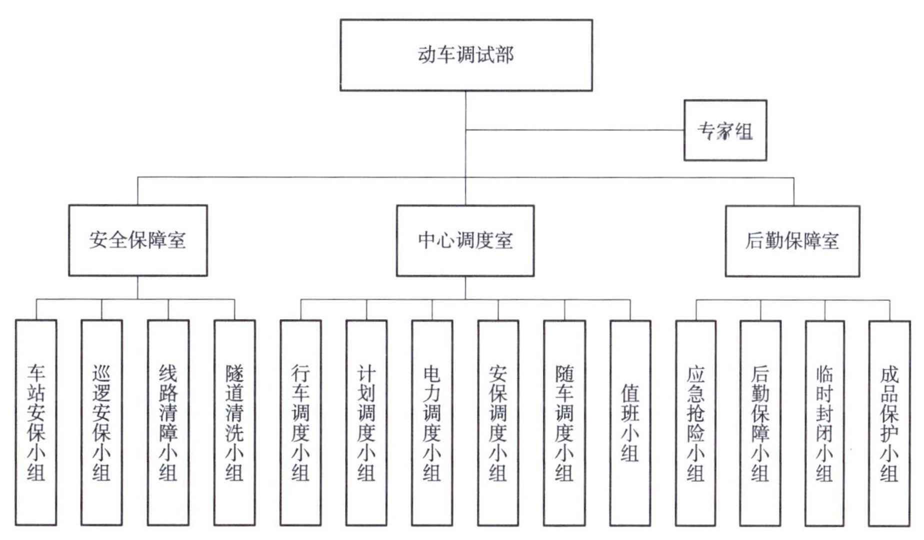

图 13-7-4　动车调试组织机构

动车调试各方逻辑关系（见图 13-7-5）。

2. 动车调试前置条件

动车调试虽然不是正常运营，但在动车期间依然要保证轨行区行车安全，在热滑后正式动车调试之前要检查各项前置条件，满足调试安全。

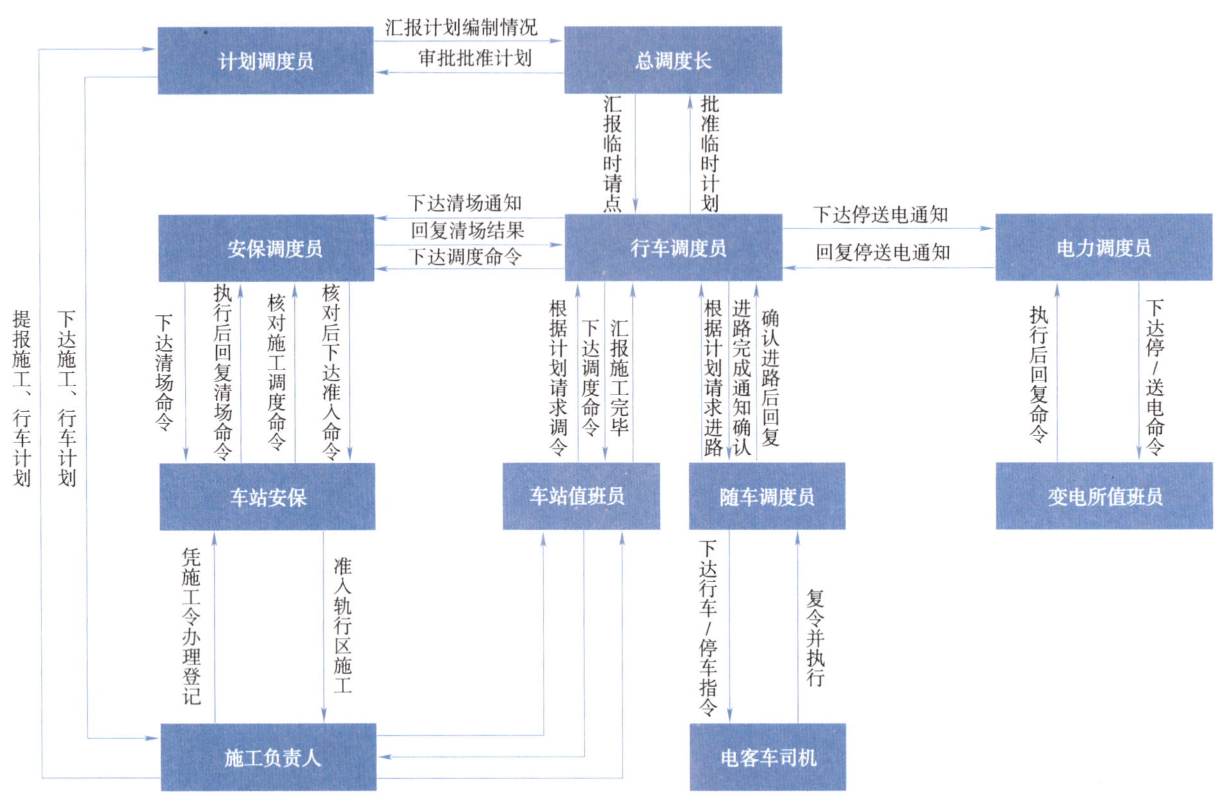

图 13-7-5　动车调试逻辑关系图

表 13-7-6　动车调试前置条件

涉及专业	前置条件
区间线路及相关工程	1. 区间不存在影响行车漏水点
	2. 区间联络通道施工完毕
	3. 区间风井等能进入轨行区的通道门安装完成，具备封闭条件
	4. 站台门安装完毕，滑动门、应急门、端门能够可靠闭锁
区间线路及相关工程	5. 轨道及线路工程完成分部分项工程验收（如未完成验收，需提供四方证明）
	6. 轨行区施工作业基本完毕，轨面无障碍，区间无垃圾及其他遗留物，满足行车要求；轨行区范围内的设备设施应经限界检查合格；与非调试区采取可靠的物理隔离
	7. 轨行区线路、安全标志需在热滑之前全部完成安装；轨行区安装的线缆、吊装设备设施必须安装牢固无松脱
	8. 道岔安装调试完毕，定反位转换良好，尖轨密贴
	9. 疏散平台安装完毕
	10. 限界检查、冷滑、热滑完成
车辆段停车场	1. 轨道铺设完毕并符合设计要求，满足行车条件；相关安全标志已全部安装完毕；行车限界符合要求
	2. 具备接车条件，且满足调试列车存放需求；试车线具备设计行车速度的行车条件，信号系统及其控制系统已具备功能，且能够顺利调车出厂，车辆检修配套设施具备使用条件
	3. 行车区域可靠围蔽，平交道口设置防护
车辆	动调所需电客车完成相关试验和整备工作，确保可以安全上线。需车辆主机厂和监理单位出具相关证明文件
信号系统	1. 信号系统实现联锁功能，提供联锁授权
	2. 车载系统完成静、动态试验
	3. 控制中心（或临时控制中心）具备进路排列功能

续上表

涉及专业	前置条件
供电系统	1. 主变电所及车站变电所(含跟随所)设备安装调试完毕,配备足够的安全器具(接地线、验电器、绝缘手套、安全帽、标示牌等)和工器具;电力监控系统完成安装和调试,实现站级控制功能
	2. 主变电所及车站变电所具备送电条件并已投入运行,所有功能均已完成具备,且运行良好
	3. 接触网设备完成安装、调试。电力监控完成安装和调试,具备对接触网设备监控功能。接触网通过限界检查、规定速度冷滑、热滑试验,并完成相关问题的整改,满足行车动车条件
站台门	1. 所有滑动门、端门、应急门安装完成,实现了就地操作(PSL)开、关控制的功能,完成站级功能的调试,完成与综合监控的接口调试(至少通信测试完成)
	2. 完成 5 000 次开关门测试(该测试不能与动车同期进行)
防淹门	1. 完成设备安装,保证动车调试安全
	2. 完成与综合监控的接口调试(至少通信测试完成)
	3. 完成与信号系统的接口调试
人防门	1. 完成设备安装,保证动车调试安全
	2. 完成与综合监控的接口调试
车站机电	1. 照明满足车站内车控室办公用电及照明条件
	2. 关键设备机房(信号、通信、供电)具备通风条件
轨行区机电	1. 轨行区广告灯箱完成安装调试
	2. 区间水泵安装完毕、具备正常自动启停功能
	3. 区间照明全部安装完毕
	4. 完成区间旁通道防火门安装,确认安装牢固无侵限
	5. 完成车站卧式组合风阀安装,确认安装牢固无侵限
轨行区通信	1. 专用无线调度电话/手持台开通,具备控制中心与车站(车辆段)、列车通话功能
	2. 专用电话、公用电话实现控制中心、车站(车辆段)通话功能
	3. 广播系统设备安装完成,车站、停车场、车辆段、区间具备语音广播的条件

3. 动车调试作业管理

调试单位需要进行调试时须进行施工作业申请,动车调试项目部建立了施工作业申请系统专门进行施工作业申请,作业令经过审批后方可进行施工调试。动车调式项目部在车辆段成立施工作业审批部门,在控制中心成立行车调度部门。申报调试作业令时同时提供次日调试大纲,调试大纲内需要包含调试内容、调试时间、配合单位、配合人员、行驶速度、调试区间等主要内容,联调联试项目部根据提供的调试大纲审核发放调度令,同时通知运营司机、车辆、信号等调试单位次日调试计划。施工调度作业令见表 13-7-7,调试调试作业令见表 13-7-8。

表 13-7-7　施工调度作业令(模板)

申请时间	年　月　日	令　号	
施工单位名称 (盖章)		准入证编号	
计划联络员		联系电话	
施工现场负责人		联系电话	
施工区域		施工人数	
是否带电作业	是□　否□	回执传真	
施工时间:	月　日　时　分起至　　月　日　时　分止		

续上表

施工内容及安全措施：	是否使用影响轨道限界工机具：是/否能否做到及时拆除避让：能/否 是否搭架子：是/否架子是否能避让轨道车：能/否
施工要求	施工单位阅读以下要求并确认打钩 □严格按照批准的时间和区域范围进行作业，严禁私自进入带电区域施工作业 □施工作业人员作业前需先验电，确认无电后再连接地线进行作业 □施工人员须穿反光服、佩戴安全防护用品，并设置安全防护措施 □施工过程中，注意避让轨道车，高空作业必须佩戴安全带 □施工作业人员要做好成品/半成品的保护工作，不得随意损坏 □施工完毕后，材料、工器具、垃圾应全部清理，人员撤离，满足行车条件
重要注意事项	
中心调度室审批（盖章）	调度员：　　　　年　　月　　日

1. 施工前施工负责人持轨行区施工进场作业令在保安处登记施工；
2. 施工结束后确认人员机具全部离场，持轨行区施工进场作业令在保安处销记；
3. 施工完成后必须按时销记，不得未经中心调度室允许私自进行延时施工

中心调度室值班电话：　　　　行车调度：　　　　计划调度

表 13-7-8　调试调度作业令（模板）

申请时间：	年　月　日	令　　号：	
调试单位名称（盖章）		调试证编号	
计划联络员		联系电话	
调试现场负责人		联系电话	
调试区域		回执传真	
停送电区域		调试人数	
调试时间	月　日　时　分起至　年　月　日　时　分止		
调试车号和具体区域及内容			
调试要求	调试单位阅读以下要求并确认打钩 □严格按照批准的时间和区域范围进行车调度试，严禁带电下车作业； □调试人员进入现场须佩戴安全防护用品； □调试人员要做好成品、半成品的保护工作； □调试时司机按调试人员的要求驾驶，严禁调试人员操控列车； □调试完毕调试单位清理车内杂物、整理调试现场所用仪器仪表。		
重要注意事项	（调试单位） （调度要求）		
登记/销记处所	登记车站：　　　　销记车站：		
中心调度室审批（盖章）	调度员：　　　　年　　月　　日		

1. 调试负责人销记后就自动视为全部人员及机具离场
2. 中心调度室值班电话：行车调度

相关证件模板见图 13-7-6。

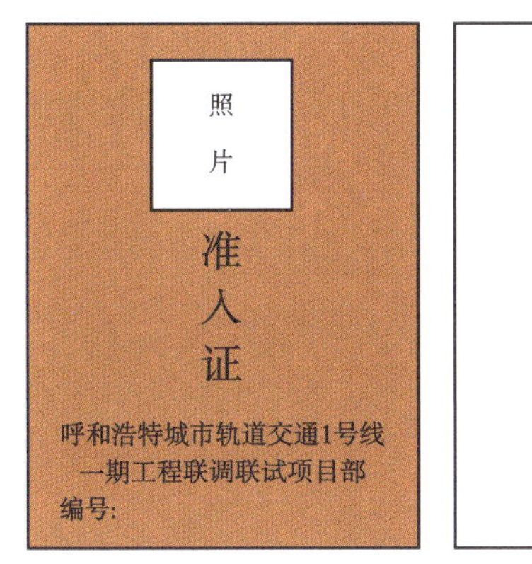

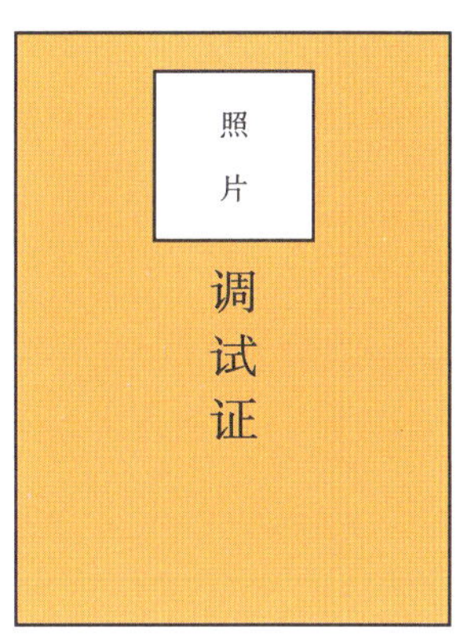

图 13-7-6　联调联试相关证件模板

随车调度根据调试大纲组织人员上车签到，依据调试大纲内容确认现场调试完成情况，随车调度与调试负责人双方共同签字确认。动车调试签到表见表 13-7-9，现场调试行车记录本见表 13-7-10。

表 13-7-9　动车调试签到表(模板)

动车调试签到表(随车调)				
专业：		地点：　　日期：		年　　月　　日
序　　号	姓　　名	单　　位	电　　话	备　　注
1	所有上车人员			
2				
3				
4				
5				
6				
7				
8				
9				

表 13-7-10　呼和浩特市城市轨道交通 1 号线一期工程现场调试行车记录本

时间：　年　　月　　日　　　　　　编号：

发车时间：				收车时间：	
调试区段开始调试时间：调试区段结束调试时间：					
序　　号	调试内容	完成情况	备　　注	调试单位	调试负责人
					调试单位签字

备注：调试期间，司机听从调试负责人指挥行车；严禁超范围试验。

调试司机：　　　　随车调度：　　　　监理：　　　　调试单位负责人：

4. 动车调试完成情况

呼和浩特市城市轨道交通1号线一期工程联调联试项目部动车调试工作自2019年3月份进场,5月份通过联调方案专家评审,6月进行动车调试前置条件检查确认,7月20日正式开始动车调试,陆续开展了信号、车辆、工程车、动态检测等各专业动车调试项目。陆续完成了24列车的到段接车工作,全部列车具备正线上线条件,完成信号、车辆、工程车、动态检测全部动车调试试验内容,已具备试运行条件。

5. 电客车静/动态调试

动车调试服务商在12个月中完成了24列电客车(0101—0124)的到段接车工作,组织车辆厂家、信号集成商对到段车辆开始库内静态调试工作及试车线动态调试工作,24列车具备正线上线条件,保证了安全评估和初期运营的顺利进行(见图13-7-7)。

图13-7-7 呼和浩特市城市轨道交通1号线电客车

6. 车辆型式试验

完成电磁兼容测试、曲线通过、能耗、受流性能试验、技术速度/旅行速度试验(AW0)、动力学试验(AW0)、旅行速度试验(AW3)、动力学试验(AW3)、故障运行试验(AW3)、坡道救援试验(AW3)、热容量试验(AW3)、典型运行图、故障运行等13项调试内容,测试结果符合设计要求。

7. 工程车车辆试验

完成综合检测车、作业车、平板车、放线车、平板吊车、轨道车的限界检测、牵引试验、坡起坡停,电子标签安装、综合检测车的轨道检测装置试验、综合检测车的接触网检测装置试验、作业车的接触网检测装置试验等调试内容(见图13-7-8)。

图13-7-8 呼和浩特市城市轨道交通1号线工程车

8. 动态检测

完成轮轨关系、弓网关系、限界检测、接地性能、动态 LTE 电磁环境、振动、噪声等调试内容(见图 13-7-9)。

9. 正线车站联锁试验

完成室内外配线及设备安装后检查,信号机、转辙装置、计轴设备、LTE 无线设备室内外一致性试验。联锁试验了正常开放信号、道岔位置不对不能开放信号、道岔无表示关闭信号、区段占用不能开放信号、超限计轴、带动道岔、防护道岔、信号开放后锁闭道岔、保护区段建立、保护区段道岔锁闭、紧急停车关闭信号、扣车关闭信号、站台门打开关闭信号、敌对信号、敌对照查、接近锁闭、区段人工解锁、防止重复开放信号、进路正常解锁、引导信号、联锁 A、B 机切换试验、电源屏转换试验等内容。

10. ATS 试验

完成硬件设备性能测试、系统显示试验、自动进路排列试验、故障报警、记录、诊断试验、列车运行自动调整/人工调整、时刻表编辑试验、运行图显示试验、自动生成各种报表试验、设计行车间隔的试验、折返间隔的试验、授权、职责功能试验等内容。

11. ATO 试验

完成驾驶模式转换、列车速度控制、车站停车、列车车门/屏蔽门开启、列车出发、车站扣车、车站跳停、车站进入禁止试验等内容。

图 13-7-9　呼和浩特市城市轨道交通 1 号线动车调试现场

12. ATP 试验

完成列车位置的确定、列车速度与行驶距离的确定、轮径自动校准、超速防护、牵引受阻、过冲回退防护、列车完整性监督、列车车门状态监督、临时限速、LMA 的计算及执行、紧急制动功能试验等内容。

13. DCS 试验

完成无线车-地通信、轨旁和控制中心之间的通信、在列车和 ATS 之间的通信、以及列车和 ZC 之间的通信、线路维护和诊断试验等内容。

14. 场段微机监测试验

完成道岔电流采集、灯丝电流采集、绝缘漏流采集、开关量采集、外电网采集、温湿度采集、道岔表示电压采集、灯丝报警采集、熔丝报警采集、计轴状态采集等监测内容。

15. 场段联锁试验

试验了正常开放信号、道岔位置不对不能开放信号、道岔无表示关闭信号、区段占用不能开放信号、超限计轴、带动道岔、防护道岔、信号开放后锁闭道岔、敌对信号、敌对照查、接近锁闭、人工限时解锁、区段人工解锁、防止重复开放信号、进路正常解锁、引导信号、轨道停电、调车中途折返解锁、联锁 A、B 机切换试验、电源屏转换试验等内容。

16. 维修支持子系统

完成道岔电流采集、灯丝电流采集、绝缘漏流采集、开关量采集、外电网采集、温湿度采集、道岔表示电压采集、灯丝报警采集、熔丝报警采集等监测内容。

17. 外部接口调试内容

完成信号与 PIS、PA、ISCS、通信时钟、传输、无线、车辆段/停车场、屏蔽门、防淹门、车辆等接口调试内容。

通过以上试验,证明轨道交通 1 号线一期工程满足空载试运行条件,为初期运营奠定良好基础。

18. 发现的问题及改进措施

(1)轨行区卫生及积水

自 2019 年 7 月 20 日动车调试以来出现多次因积水、遗留施工垃圾等导致调试中断,降低调试效率,延误调试工期。为确保动车调试顺利进行,由业主、指挥部牵头,组建动车调试施工单位紧急应急小组,各机电、土建单位项目经理、副经理或总工组成,对于区间突发情况快速响应,安排责任单位进行现场处理。根据现场情况合理安排轨行区动车调试,降低区间突发情况对于调试的影响。

(2)供变电设备停/送电管理

动车调试期间,出现过几次信号、通信设备掉电等情况,对于动车调试的行车安全造成直接的影响。为确保动车调试安全顺利进行,加强变电所倒闸作业审批,严禁行车期间进行 35 kV、1 500 V 停送电倒闸操作,提高施工单位安全施工意识,禁止行车期间非调试人员进入信号、通信设备间,避免无关人员误操作导致设备状态异常,加快 400 V 开关柜母联备自投功能及 UPS 电池安装、调试工作,避免设备异常掉电直接导致信号、通信设备突然失电。

(3)轨行区安全文明施工管理

轨行区施工遗留垃圾或未锁闭箱门存在行车侵限安全隐患,加强施工人员安全文明施工管理,对于未清理施工垃圾及锁闭箱门责任单位进行统计并汇报业主,由业主对施工单位进行通报批评并处罚。提高安保人员专业素质,落实施工人员登销记情况,加大行车前轨行区清场力度,避免行车安全事件发生。

(4)轨行区封闭管理

轨行区封闭是行车安全的重要前提条件,封闭不牢存在人员、工机具侵入行车限界隐患。动车调试开始以后,站台门及站厅-站台消防通道防火门多次出现封闭不严的情况,针对此情况,动车调试项目部加强与施工单位的沟通,督促跟踪封闭落实情况,采用临时封闭情况及安保人员盯守等措施保证动车调试顺利进行。

(5)外部接口调试管理

站台门、车辆等与行车相关专业单位施工调试进度直接影响动车调试效率,对于调试过程中发现的问题进行及时整理汇总,跟踪落实责任单位问题处理情况,对于不按时按质完成问题处理的由建管公司进行通报批评并罚款。

19. 隧道冲洗及安全保障

(1)隧道冲洗

隧道冲洗及清运垃圾也是动调工作的首要任务。我们要求动调单位配备了消防水枪、消防水带和平板车,组织了 30 人组成的作业队,利用夜间施工点对地下段轨行区进行清扫垃圾及隧道冲洗工作。这项工作自轨行区消防管道满足注水条件开始,直至隧道冲洗完毕结束,我们共组织了隧道清洗 10 余次,共清运垃圾 400 多袋。为试运行创造了有利条件。

(2)动车调试安全保障

动车调试期间,严格执行呼喊应答制,以中心行调为核心,中心行调、随车调度员、司机组成三重防护,同时行调、电调、随车调度员均配备录音笔，进行全程作业记录，交班时统一由中心备份存档，进一步提高作业人员的责任心，确保行车安全。

为了确保安全，项目部制定了《安全保卫工作方案》，确定了动调期间不发生人员伤亡、行车事故为工作目标及“全线封闭、严格管理、预防为主、保障安全”的工作原则，同时还制定了《安保调度职责》《突发事件处理预案》等规章制度，做到各项工作有章可循。并根据现场实际情况，在停车场及车站明显部位张贴“区间带电、严禁进入”等安全警示语，同时成立了安保调度组、现场保安组，各负其责，密切配合，现场保安都是经过严格筛选，并通过考核合格后才具备上岗资格，共同确保动车调试安全。

每天动调开始前的准备工作是动调安全的保障，清场工作是准备工作的第一道程序，也是动调安保工作的重中之重。在每次动调之前做出清场安排，包括清场时间、范围、目的、人员安排、注意事项等。动调当日现场组根据清场安排进行清场，发现问题随时处理并上报安保调度，安保调度接报后填写“清场记录表”。

由于线路长，沿线除各站出入口外，还存在许多为方便施工而开的临时出入口。项目部与安保部门，做了细致的现场调查工作，并对一些有条件的临时出入口进行了封堵，划定了站区封闭口和临时出入口警戒保卫区，配备足够的保安员值勤看守，确保全线区间的封闭。

为确保动调安全，我们对警戒保卫区严格实行准入制度，凭调度命令、准入证出入。进入警戒保卫区的检查、调试人员需持有《调度令》和《调试证》；施工作业人员须持有《调度令》和《准入证》，由值勤保安登记、查验并向安保调度核令，核实后将证、令暂扣并提醒其注意事项后准其入场，待施工结束后确保其人员、工具、施工垃圾清理出场后返还其证件，并向安保调度销令。这样就确保了警戒保卫区安全可靠。

20. 动车调试总体评估及总结

轨道交通 1 号线一期工程动车调试完成了正线车站联锁试验、ATS 试验、ATO 试验、ATP 试验、DCS 试验、场段微机监测试验、场段联锁试验、维修支持子系统、信号与 PIS、PA、ISCS、通信时钟、传输、无线、车辆段、屏蔽门、车辆等接口调试、车载设备调试、电客车车辆型式试验、工程车车辆试验、动态检测等与行车相关的所有调试内容，各项指标正常，达到了合同和设计要求，具备了试运行的条件。

在顺利完成动调工作后，我们也从过程中总结了一些经验。

在整个动调过程中对发生的各类故障都需要严格管理。尤其对人为故障和故障跟踪管理，要从动调开始起就严格要求各调度组对各设备故障进行记录和跟踪。每周要进行动调工作对接会，对一周动调工作进行分析总结。

严格安全管理。要从第一座变电所开始对各参建单位进行送电安全宣贯和安全教育。动车开始前要将动调单位编制的安全须知发各参建单位记名式传达，对动调单位各调度高标准，严要求，各调度人员必须经过严格培训后上岗。各动车作业工作必须依照操作流程执行。

时常检查动调单位工作。对动调单位的协调工作，轨行区防护工作进行不定时检查，发现问题及时纠偏。协调各单位进行动调工作。由于参加动调单位众多，需协调好土建单位，装修单位及各设备厂家齐心协力，奖罚分明，严格按照动调管理办法执行。

在做车辆型式试验过程中做重载试验时一定通知好信号供货商和动态检测第三方，三家共同进行同期实施，避免资源浪费工期拖延。

13.7.5 安全管理和质量保证措施

1. 安全管理

安全管理是运用安全系统工程的原理和方法,对工程可能存在的危险及可能产生的后果进行综合分析,并根据可能导致的事故风险的大小,采取相应的安全对策措施,实现工程、系统安全的活动。

联调联试安全管理是城市轨道交通项目安全管理的重要组成部分。联调联试期间的安全管理分为三个部分:首先是由轨道交通公司主持的、其他单位配合开展的现场安全管理;其次是由联调联试服务商主持的联调联试测试安全管理;最后是各参建单位主持的对联调联试期间开展的其他作业进行安全管理。无论是哪一类的安全管理,其遵循的原则、采用的方法和手段以及实现的目标都与整个项目安全管理的相关要求一致。

联调联试的各项工作需要严格遵守现场安全管理的相关规定,如轨行区管理细则、设备室管理细则、高压设备操作细则、测试人员上道作业细则等。联调联试安全管理要点如下:

(1)成立专门的安全管理机构

落实联调联试期间安全管理岗位是关键。在联调联试安全管理活动中,安全总监对联调联试安全负领导责任,项目经理是联调联试安全第一责任人,对联调联试安全负全面责任。

(2)定期做好踏勘工作

联调联试期间除了联调联试各项测试以外,还有很多的作业在此期间开展。联调联试面对的不是一个静止的、一成不变的测试环境,很多联调联试开展前并不存在的安全隐患会随着现场作业的逐步开展而产生。此外,尽管各个车站系统设置相同,即将开展的测试工作相同,但由于现场施工、安装、调试的进度不同,各个测试现场所面临的安全隐患各不相同,甚至差别很大。如果没有进行实际考察,只是一成不变地采用统一的安全措施对不同车站开展的调试工作进行安全管理和安全防护很可能会造成安全事故。

2. 质量保障措施

质量保障措施是确保联调联试测试质量的重要方法。在联调联试项目中,严格按照质量体系文件的要求,对联调联试方案的编制、标准制定、现场技术支持等各个阶段进行全过程的服务质量控制,为城市轨道交通联调联试项目提供高质量的服务。分析、确定联调联试所需要的过程和资源(包括所需要的外包过程)、过程的相互关系,以及运行、指导和控制过程所需要的准则、方法,并且确保在过程运作期间,能够对其质量、进度进行测量和监控,获得必要的信息,进而通过充分的定性、定量分析,寻找到持续改进的机会。

项目质量管理计划在系统联调联试服务开始阶段时已基本确定,其着重于在设备系统调试服务的质量管理。所以,在项目准备阶段制作一些具体文件从而满足系统联调联试服务总体质量要求。测试质量保证计划就是由此而产生,并作为项目质量保证计划的延续。在项目准备阶段,制定了现场联调指导质量管理文档和质量控制的保障手册。通过这些具体文件的制定,在准备阶段就形成了一套较为完整的质量管控体系,从而对项目的实施以及各成员具体的执行给出系统的指导,也保障了联调联试工作稳步有序地推进。

13.7.6 联调联试验收

联调联试验收包括系统间联动功能测试验收、运营演练验收和专项测试验收,参与的单位有联调联试牵头方、配合实施方、建设单位、运营单位、设计单位和监理单位等。轨道交通1号线一期工程联调联试验收由 1 号线建管公司组织，联调联试服务商、运营单位、施工方、供货方、设计方、监理方相关人员参加，成立验收领导小组、行车级检查小组、车站级检查小组、中央级检查小组、运营演练检查组、竣工资料检查组。验收邀请市质监站参与，监督检查运营设备、设施，联调联试验收组织形式、验收范围、验收程序、执行标准等情况，协调解决联调联试验收期间存在的问题。

1 号线建管公司在验收过程中负责组织各相关单位开展验收工作，制定验收计划及方案，负责组织验收各阶段问题的整改，督促设计、施工、监理、安装调试单位落实整改措施。联调联试服务商、运营单位、设计、监理等其他单位负责记录、统计联调联试运行情况，及时将运行情况和问题整改情况反馈至建设单位，配合建设单位完成整改工作。

验收的范围包括通信、信号、车辆、供电、综合监控、FAS、BAS、站台门等联调联试覆盖的所有专业，内容包括行车设备系统间联动工程测试、车站设备系统间联动功能测试、动态综合检测成果、应急演练、专项测试等。

验收时，需要重点检查联调联试过程中形成的各种记录、报告及资料；对联调联试的相关项目进行抽查；提出存在的质量缺陷及处理要求，复查并通过验收；联调联试的资料，如：单系统调试报告、分部验收和分项验收记录、联调联试报告、联调联试功能测试记录、运营演练记录、专项测试报告等，确保资料真实、记录完整、签字齐全。

验收的主要功能见表 13-7-11。验收关键技术有中央级和车站级关键技术（见表 13-7-12、表 13-7-13），内容演练见表 13-7-14。

表 13-7-11　行车关键技术层次图

与行车相关的联调联试关键技术	相关专业	技术等级
列车与信号、通信无线子系统联调技术	车辆、信号、通信	A
列车自动操作联调技术（ATO 自动驾驶、ATO 自动折返）	车辆、信号、通信	A
列车半自动操作联调技术	车辆、信号、通信	A
ATP 停车点功能联调技术	车辆、信号、通信	A
列车紧急制动联调技术	车辆、信号、通信	A
列车与站台屏蔽门联调技术	车辆、信号、屏蔽门、通信	B
列车到发自动广播联调技术	车辆、信号、通信	B
由车站控制列车运行联调技术	车辆、信号、通信	B
列车中央广播功能联调技术	车辆、通信	C
车辆短路联调技术	车辆、供电、信号	C

表 13-7-12　中央级关键技术层次图

与车站设备相关的联调联试关键技术（中央级）	相关专业	技术等级
ISCS 监控全线车站 FAS 联调技术	ISCS、FAS、通信	A
ISCS 监控全线车站 BAS 联调技术	ISCS、BAS、通信	A
ISCS 监视全线车站 PSD 联调技术	ISCS、PSD、通信	A
ISCS 监控全线 TFDS 联调技术	ISCS、TFDS、FAS、通信	B
ISCS 监视全线车站 AFC 系统联调技术	ISCS、AFC、通信	B
ISCS 监控 ACS 系统联调技术	ISCS、ACS、通信	B

续上表

与车站设备相关的联调联试关键技术(中央级)	相关专业	技术等级
ISCS 监控全线 PA 系统联调技术	ISCS、PA、通信	B
ISCS 监控全线车站 CCTV 系统联调技术	ISCS、CCTV、通信	B
ISCS 监控全线车站 PIS 系统联调技术	ISCS、PIS、通信	B
FAS(中央级)功能联调技术	FAS、BAS、通信及其他与消防相关的设备	C
BAS(中央级)功能联调技术	BAS、通信、电扶梯、屏蔽门、环控、给排水等	C
大屏幕投影显示系统联调技术	大屏幕、信号、通信、CCTV、ISCS、PSCADA 等	C
通信系统为其他专业提供时钟信号联调技术	通信、信号、AFC、ISCS 等其他各专业系统	C

表 13-7-13　车站级关键技术层次

与车站设备相关的联调联试关键技术(车站级)	相关专业	关键技术等级
车站 ISCS 与 FAS 联调技术	ISCS、FAS	A
车站 ISCS 与 BAS 联调技术	ISCS、BAS	A
FAS(车站级)功能联调技术	FAS、环控设备、给排水、气消、防火卷帘等	A
BAS(车站级)功能联调技术	BAS、动力照明、环控设备、电扶梯、PSD 等	A
车站 ISCS 与 PSD 联调技术	ISCS、PSD	B
车站 ISCS 与 AFC 联调技术	ISCS、AFC	B
车站 ISCS 与 PA 联调技术	ISCS、PA	B
车站 ISCS 与 CCTV 联调技术	ISCS、CCTV	B
车站 ISCS 与 PIS 联调技术	ISCS、PIS	B
ISCS 监控车站 TFDS 联调技术	ISCS、TFDS、FAS	C
ISCS 与 ACS 联调技术	ISCS、ACS	C
ISCS 与 PSCADA 联调技术	ISCS、PSCADA	C

表 13-7-14　运营演练

	相关专业	技术等级
应急演练	道岔故障处理、手动操作道岔办理进路	A
	屏蔽门故障	A
	列车故障救援	A
	电话闭塞和大小交路列车折返等演练	A
	相关专业	技术等级
	突发停电事故演练	A
	火灾	A
	爆炸事故演练	A
	突发客流演练	A
	列车相撞	A
	脱轨事故演练	A
正常模式下的运营演练	运营时刻表演练	B
	乘务司机上线演练	B
	车上无线电在正线及车辆段通信测试	B
	供电系统能力测试	B

1. 联调联试验收报审程序和流程

(1)建设单位介绍对联调联试验收工作的安排。

(2)联调联试牵头方提出验收报告。主要包括:联调联试完成情况、联调联试数据统计情况、联调联试通过情况。

(3)联调联试验收小组对联调联试的实体质量以及相应资料进行现场核查。

(4)召开竣工验收总结会议。验收小组对联调联试验收情况进行汇总讨论,形成联调联试验收意见。

2. 联调联试验收方法

(1)检查联调联试过程形成的各种记录、报告及资料。

(2)对联调联试的相关项目进行功能抽查。

(3)联调联试资料:主要查阅资料见表 13-7-15,要求资料真实、记录完整、签字齐全。

(4)提出存在的质量缺陷及处理要求,复查并通过验收。

表 13-7-15　联调联试审查资料表

序　号		资料名称	备　注
调试资料	1	单系统调试报告	施工单位和供货单位编制
	2	分部验收和分项验收记录	监理单位和设计单位签认
	3	联调联试报告	联调联试牵头方
	4	系统联调联试功能测试记录表	联调联试个参建方
	5	运营演练项目记录表	运营演练负责方
	6	专项测试报告	

第 14 章 动态综合检测

14.1 动态综合检测概述

国内外经验表明，静态的城市轨道交通工程竣工验收并不能全面反映城轨工程项目的完成质量。因缺乏动态验收环节与验收方法，而不能合理评估列车运营条件下系统间相互作用状态（如轮轨、弓网系统），以致轨道交通运营后，病害多发，给运营维保工作造成了极大的困扰。

在高铁领域，世界各国特别是日本、德国、法国等高速铁路技术先进的国家在新的高速铁路开通运营前，为检验是否达到预期的设计目的，必须将所有的系统技术进行测试，并将各系统作为统一完整的整体，统筹策划、全面协调，使新线各系统技术标准匹配、技术接口完整、技术装备合理。同样，我国技术领先的高速铁路在开通运营前都必须经历联调联试和动态检测，包括线路、接触网、供变电、信号、通信和综合接地等多个专业，并形成了一整套动态检测的技术标准、方法和流程，包括动态检测的内容、测试参数与评价指标、试验数据分析方法等，通过联调联试和动态检测，实现对各个专业系统及整个铁路系统的总体设计方案、系统集成方案、系统接口关系、总体功能、整体性能的调试、完善与优化。

国内如北京、呼和浩特等城市也已经逐渐认识到现存静态验收加动车调试的模式存在的不足，正逐渐开始重视并引进了动态综合测试技术，例如北京新机场线，北京地铁 7 号线东延、八通线南延；呼和浩特市城市轨道交通 1 号线、2 号线等，工程实践表明动态综合测试技术可以有效发现并解决相关系安全问题，为新线路的顺利开通提供了有力保障。

14.2 引入动态综合检测的必要性

14.2.1 为安全评估工作提供有力保障

2019 年初交通运输部相继颁布了《城市轨道交通初期运营前安全评估管理暂行办法》（交运规〔2019〕1 号）、《城市轨道交通初期运营前安全评估技术规范　第 1 部分：地铁和轻轨》（交办运〔2019〕17 号），对城市轨道交通初期运营前安全评估工作进行了部署，明确了城市轨道交通初期运营前需进行轮轨关系、弓网关系等系统联动测试，测试合格后方可开通运营。城市轨道交通工程质量牵涉到城市上百万乘客安全，因此提高工程验收质量，确保线路安全运营是目前城市轨道交通工程建设工作的重中之重。目前在城市轨道交通领域，新建线路的验收工作多以静态验收为主，地铁虽然有动车调试这一环节，但仅是在各单系统静态验收后，对供电、通信信号和车站设备系统等进行调试工作，轮轨、弓网等相关系统匹配状态的验证环节缺失，有必要进一步予以补充。制定城市轨道交通工程动态验收技术规范，将进一步完善工程验收体系，确保工程施工质量，为安全评估提供有力保障。

14.2.2　从系统角度全面验证城轨安全性和可靠性

城市轨道交通工程涉及专业多且不同系统间关系复杂，各系统间匹配状态极大影响着运营质量的好坏。城市轨道交通系统是人-机-环境三方面相互作用的，因此不仅要考虑单个设施（设备）的安全性与可靠性，还需要从系统的角度整体研究其安全性与可靠性问题，发现各种潜在的不安全因素和故障模式，为整个系统的安全运营管理工作提供理论依据。城市轨道交通工程动态验收要对包括线路、接触网、供变电、信号、车地无线传输、接地性能、振动噪声和电磁兼容等多个专业进行动态测试，形成一整套动态检测的技术标准和方法，实现对各个专业系统及整个城市轨道交通系统的总体设计方案、系统集成方案、系统接口关系、总体功能、整体性能的调试、完善与优化，从而充分保障了系统整体的安全性和可靠性。

14.2.3　城市轨道交通建设发展的需要

2019 年底，呼和浩特市城市轨道交通 1 号线已顺利开通运营，2 号线于 2020 年 10 月 1 日开通，按照规划后期将逐渐开通多条线路。为保证新建线路的安全顺利开通，轨道交通 1、2 号线已引入动态综合检测相关技术，随着新建线路的不断增多，开展新线动态验收相关研究和标准制定工作已迫在眉睫。动态检测工作作为地铁建设中的一个十分重要而不可缺少的环节，直接决定了将来开通运营的运行性能、运行品质和协调性、安全性。结合实际运用，逐步总结形成城市轨道交通工程动态验收技术规范，将指导新建线路的动态验收，为城市轨道交通系统功能、动态性能和系统状态的检测工作提供依据。

14.3　动态综合检测

14.3.1　轮轨关系

1. 轨道动态几何关系

（1）测试内容

轨道动态几何状态测试内容包括 1.5～42 m 波长范围高低不平顺、1.5～42 m 波长范围轨向不平顺、轨距、轨距变化率、水平、三角坑、车体横向加速度、车体垂向加速度、TQI。

（2）测试方法

本轨道动态几何检测系统安装于车辆第 1 车 2 位转向架，轨道检测系统主要由激光摄像组件、惯性测量组件、光电编码器组件、机柜、信号处理组件和数据处理组件等组成。采用惯性基准原理、无接触测量方式，采样间隔为 250 mm，采集数据的每一次采样以米为单位标记里程。检测系统结构示意图见图 14-3-1。

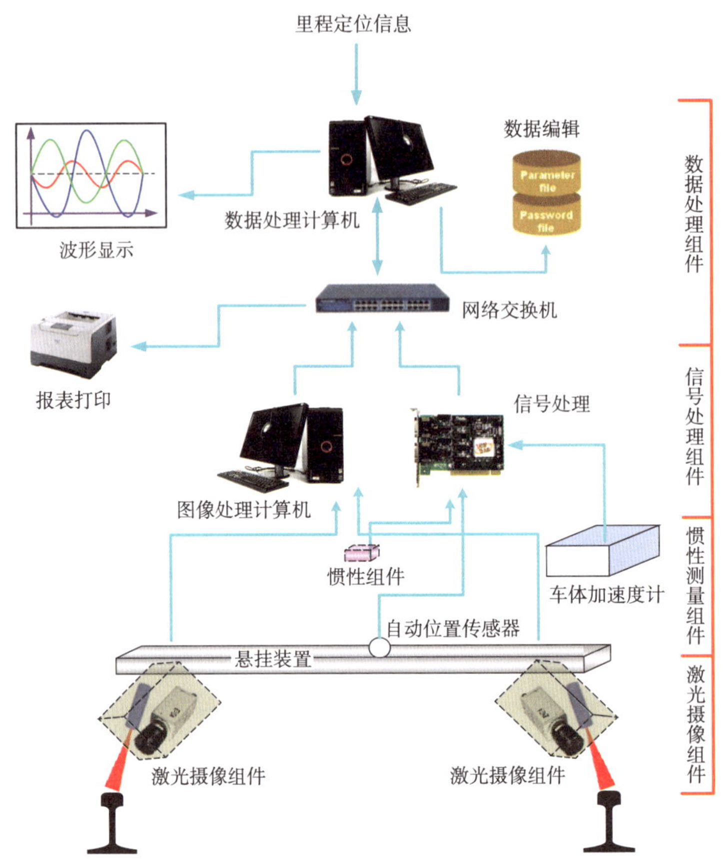

图 14-3-1　检测系统结构示意图

检测系统信号采集处理流程见图 14-3-2。

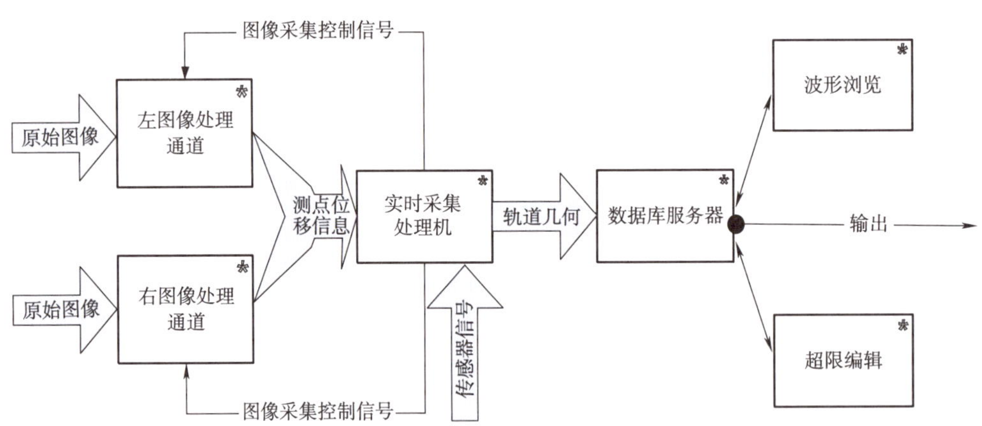

图 14-3-2　系统信号采集处理流程图

检测系统的主要传感器均集成于特殊设计的检测梁上，光电编码器安装于转向架轴端。设备安装见图 14-3-3 ~ 图 14-3-4。

（3）评价标准

依据《城市轨道交通初期运营前安全评估技术规范　第 1 部分：地铁和轻轨》（交办运〔2019〕17 号）中对轨道几何状态测试的评判标准进行评价。

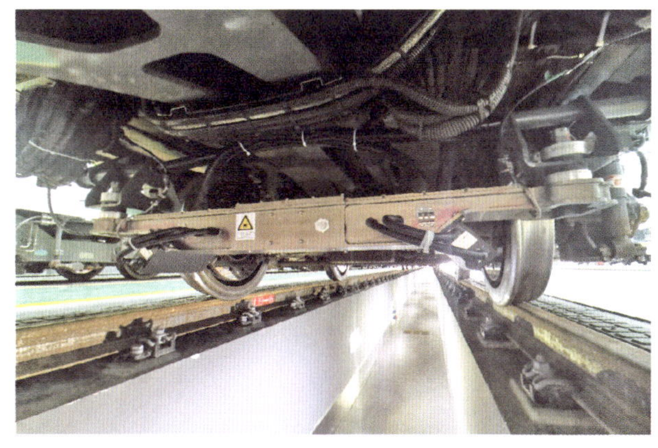

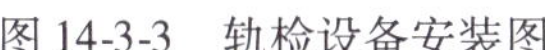
图 14-3-3　轨检设备安装图

图 14-3-4　光电编码器安装图

(4)轨道交通 1 号线测试情况

以伊利健康谷—西二环路上行区间为例,列车在 ATO(最高运行速度 80 km/h)运行模式下,轨道动态几何状态测试结果见图 14-3-5 和表 14-3-1。

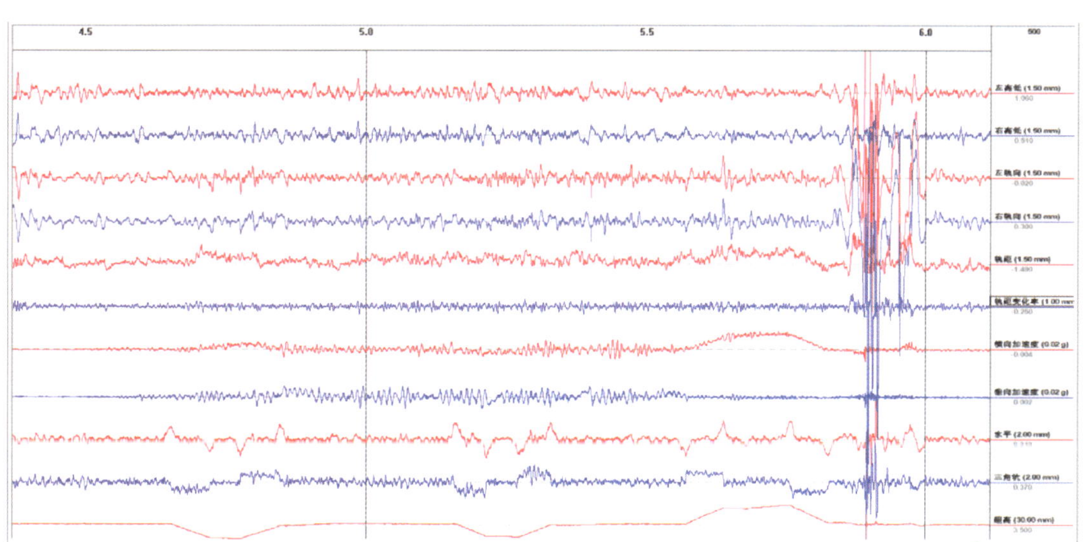

图 14-3-5　伊利健康谷—西二环路区间上行轨道动态几何波形图

表 14-3-1　伊利健康谷—西二环路区间上行轨道动态几何大值点

行　别	里　程	大值类型	大值(‰)	长度(m)	备　注
上行	K4 +709	大轨距	5.76 mm	2	
上行	K4 +712	轨距变化率	-1.33	1	
上行	K4 +986	轨距变化率	1.29	1	
上行	K4 +988	轨距变化率	-1.47	1	
上行	K5 +088	轨距变化率	-1.25	1	
上行	K5 +091	轨距变化率	1.32	1	
上行	K5 +383	轨距变化率	1.39	1	

续上表

行　别	里　程	大值类型	大值(‰)	长度(m)	备　注
上行	K5 +387	轨距变化率	-1.42	1	
上行	K5 +426	右轨向	-4.3	1	
上行	K5 +444	轨距变化率	-1.38	1	
上行	K5 +472	左轨向	4.15	1	
上行	K5 +474	轨距变化率	-1.3	1	
上行	K5 +559	轨距变化率	1.3	1	

2. 车辆动力学响应—运行平稳性

(1)测试内容

车辆动力学响应中车辆运行平稳性测试内容包括车体的垂向振动加速度和横向振动加速度。

(2)测试方法

在车辆的第1、2车安装8个振动加速度传感器,通过采集车体振动加速度,并结合安装在第1车1轴的速度传感器获取速度信号,监测Sperling平稳性指标和平均最大振动加速度,车体振动加速度采样频率为1 000 Hz。

按照《铁道车辆动力学性能评定和试验鉴定规范》(GB 5599—85),传感器位置位于1、2位转向架中心上方一侧1 000 mm的车体地板面处。图14-3-6所示其中b_1为垂向加速度传感器,b_2为横向加速度传感器。

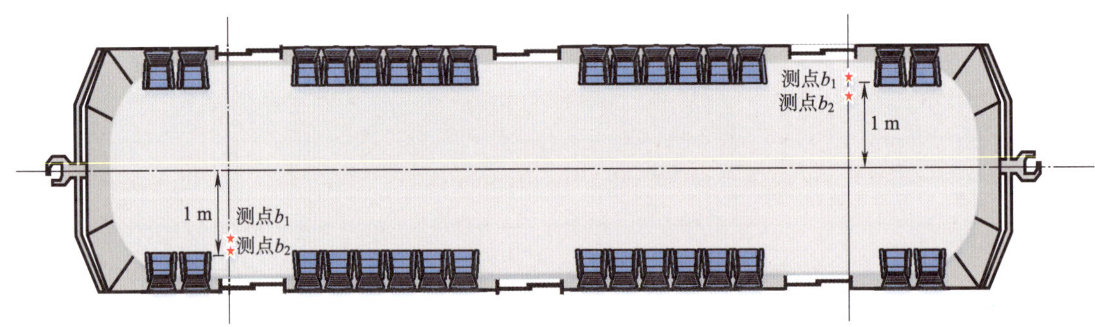

图14-3-6　车体振动加速度测点布置图(b_1垂向,b_2横向)

加速度传感器安装如图所示,先将车体同一位置的垂向和横向两个传感器通过螺栓固定在同一立方块上,然后找准测点的位置,将地面清理干净,在测点位置上粘一块胶带,然后通过双面胶将固定有传感器的立方块按照正确方向固定在胶带之上(见图14-3-7),传感器固定好之后,连接线缆,线缆通过座位下面引到数据采集仪处,座位下面的线缆用大力胶或者线槽固定在列车地板上。

图14-3-7　客室内加速度传感器安装图

(3)评价标准

车辆运行平稳性评价依据《城市轨道交通初期运营前安全评估技术规范》的有关规定进行。

(4)轨道交通 1 号线测试情况

以上行线各区间为例,列车在 ATO(最高运行速度 80 km/h)运行模式下,车辆动力学响应-运行平稳性测试结果见表 14-3-2。

表 14-3-2　上行线各区间车辆运行平稳性指标测试结果

区　间	平稳性指标	是否符合
伊利健康谷—西二环路	2.15	是
西二环路—孔家营	2.09	是
孔家营—呼钢东路	1.93	是
呼钢东路—西龙王庙	2.15	是
西龙王庙—乌兰夫纪念馆	2.04	是
乌兰夫纪念馆—附属医院	2.17	是
附属医院—新华广场	1.88	是
新华广场—人民会堂	2.10	是
人民会堂—将军衙署	2.27	是
将军衙署—艺术学院	1.90	是
艺术学院—东影路	1.77	是
东影路—内蒙古展览馆	1.97	是
内蒙古展览馆—内蒙古博物院	2.01	是
内蒙古博物院—市政府	2.06	是
市政府—呼和浩特东站	2.20	是
呼和浩特东站—后不塔气	2.00	是
后不塔气—什兰岱	2.19	是
什兰岱—白塔西	1.92	是
白塔西—坝堰(机场)	1.98	是

3. 列车纵向冲击率

(1)测试内容

在试验车辆选取其中一节车厢,在标准要求位置布置振动加速度传感器,对车辆车体纵向加速度进行测试,对列车纵向冲击率进行评价。

(2)测试方法

列车纵向冲击率测试采用具有零频响应的振动加速度传感器进行测试。车辆应符合规定的运用技术状态,选取在具有代表性的平直轨道线路地段开展测试工作。

在 01011 车地板上安装 1 个振动加速度传感器,布设方向为列车纵向,以记录列车运行过程中的纵向振动加速度值,通过其分析列车纵向冲击率指标。测试时,采样频率为 4 096 Hz。

(3)评价标准

根据《地铁设计规范》技术参数要求,列车纵向冲击率不大于 0.75 m/s^3。

(4)轨道交通1号线测试情况

以上行线为例,列车在ATO(最高运行速度80 km/h)运行模式下,列车纵向冲击率测试结果见图14-3-8。

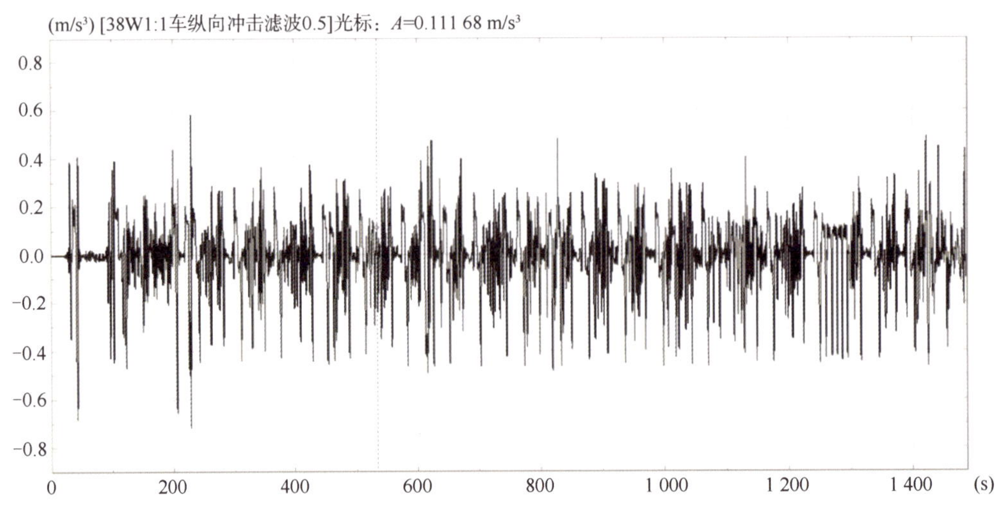

图14-3-8　上行线列车纵向冲击率时域波形

4. 轨道振动加速度

(1)测试内容

轨道振动加速度测试断面的选择时考虑三种轨道类型(双层非线性减振扣件、梯形轨枕、钢弹簧浮置板),同时兼顾线路条件(钢轨、曲线半径和坡度)、隧道形式(矩形、马蹄形或圆形)、列车类型、载重、列车速度(加速、减速或匀速)和行车方向等因素的相同或相似性。此外,各检测断面处隧道内应无积水,检测断面处前后同类型轨道铺设长度不宜小于100 m。在满足以上断面选取原则条件后,测试工况基本做到涵盖所有线路和车辆条件,可为全面分析轨道系统动力响应提供充足的数据支撑。本次测试选定的6个测试断面见表14-3-3。

表14-3-3　轨道测试断面

道床类型	直、曲线	里　程	铺设长度	断面编号
钢弹簧浮置板	直线段	YK14 +670	400 m	S1
	曲线段	YK14 +283	150 m	S2
梯形轨枕	直线段	ZK10 +400	390 m	S3
	曲线段	ZK11 +140	313 m	S4
双层非线性减振扣件	直线段	YK18 +200	560 m	S5
	曲线段	YK11 +140	316 m	S6

(2)测试方法

测试6个断面的轨道振源振动加速度,每个断面至少安装6个测点,内容包括两股钢轨和道床的垂向与横向振动加速度,共不少于36个测点。

轨道振源振动加速度测点布置,包括两股钢轨垂向和横向振动加速度测点、道床垂向和横向振动加速度测点,共6个测点(见图14-3-9)。

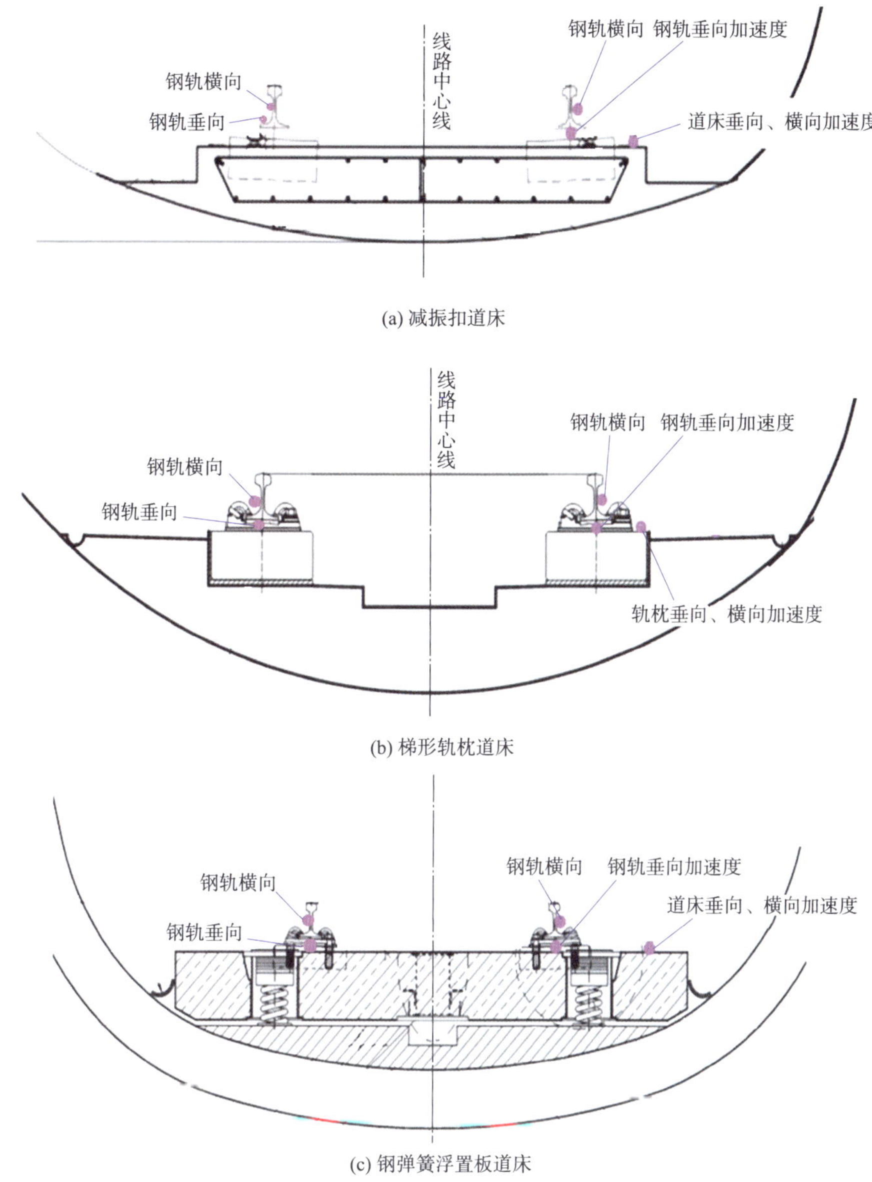

(a) 减振扣道床

(b) 梯形轨枕道床

(c) 钢弹簧浮置板道床

图 14-3-9　轨道振源振动加速度测点布置示意图

(3)评价标准

轨道结构振动加速度参考北京市交通委《城市轨道交通工程动态验收技术规范》的相关规定进行评价，标准值见表 14-3-4。

表 14-3-4　轨道结构振动加速度评价标准

检测项目	普通轨道	扣件类减振轨道	轨枕类减振轨道	道床类减振轨道
钢轨振动加速度(m/s^2)	2 000	2 500	2 500	2 500
轨道板振动加速度(m/s^2)	100	100	200	200

(4)轨道交通 1 号线测试情况

列车在 ATO(最高运行速度 80 km/h)运行模式下，轨道结构振动加速度测试结果见表 14-3-5 ~ 表 14-3-10。

表 14-3-5　钢弹簧浮置板道床直线段断面振动加速度测试结果(m/s^2)

指　标	左轨垂向	左轨横向	右轨垂向	右轨横向	道床垂向	道床横向
最大值	467.29	123.25	228.20	146.35	31.90	17.39
平均值	358.36	119.34	146.95	107.48	28.73	15.97
标准差	34.39	2.06	33.28	15.15	1.33	0.82

表 14-3-6　钢弹簧浮置板道床曲线段断面振动加速度测试结果(m/s^2)

指　标	左轨垂向	左轨横向	右轨垂向	右轨横向	道床垂向	道床横向
最大值	309.80	59.36	176.25	65.44	11.41	9.40
平均值	257.18	54.27	160.63	54.69	10.34	7.66
标准差	21.02	3.13	8.97	3.85	0.47	0.53

表 14-3-7　梯形轨枕道床直线段断面振动加速度测试结果(m/s^2)

指　标	左轨垂向	左轨横向	右轨垂向	右轨横向	道床垂向	道床横向
最大值	119.56	46.36	777.69	128.16	0.24	0.07
平均值	65.43	33.66	700.44	107.56	0.23	0.06
标准差	19.22	5.35	46.14	14.02	0.003	0.004

表 14-3-8　梯形轨枕道床曲线段断面振动加速度测试结果(m/s^2)

指　标	左轨垂向	左轨横向	右轨垂向	右轨横向	道床垂向	道床横向
最大值	202.92	114.74	220.34	94.21	0.48	0.48
平均值	158.30	82.124	192.81	84.55	0.43	0.40
标准差	18.71	13.60	14.25	4.64	0.02	0.03

表 14-3-9　双层非线性减振扣件直线段断面振动加速度测试结果(m/s^2)

指　标	左轨垂向	左轨横向	右轨垂向	右轨横向	道床垂向	道床横向
最大值	216.13	65.13	255.81	70.85	0.87	0.64
平均值	186.62	56.67	211.24	56.09	0.77	0.55
标准差	13.05	8.91	22.62	9.51	0.05	0.05

表 14-3-10　双层非线性减振扣件曲线段断面振动加速度测试结果(m/s^2)

指　标	左轨垂向	左轨横向	右轨垂向	右轨横向	道床垂向	道床横向
最大值	274.09	65.90	152.77	47.72	0.51	0.50
平均值	201.79	41.81	115.12	40.50	0.48	0.42
标准差	23.50	10.92	15.75	2.73	0.02	0.03

5. 轨道动位移

(1)测试内容

通过测试钢轨横向位移、钢轨动态轨距变化量等参数,分析评价扣件系统轨距保持能力及轨道结构稳定性。

(2)测试方法

选取的6个典型测试断面的轨道动位移,各测试断面均包括钢轨左、右股的竖向和横向动位移,减振轨道断面(梯形轨枕和钢弹簧浮置板)除上述测点外,增加道床竖向位置测点,双层非线性减振扣件断面共4

个测点，减振轨道（梯形轨枕和钢弹簧浮置板）断面共 6 个测点，共 32 个测点。

在梯形轨道轨枕和钢弹簧浮置板道床板布置垂向和横向动位移传感器，测量轨枕和道床动态相对变形和下沉量。测量时，钢弹簧浮置板道床相对于隧道壁竖向变形测点，需要使用特殊工装来固定位移传感器。轨道动位移测点位置见图 14-3-10。

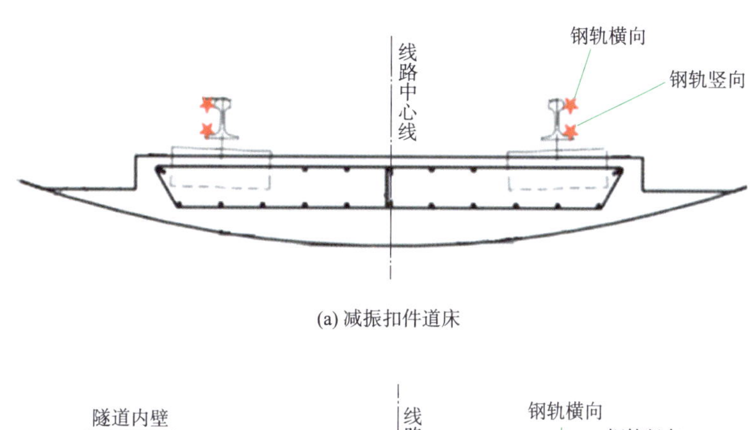

(a) 减振扣件道床

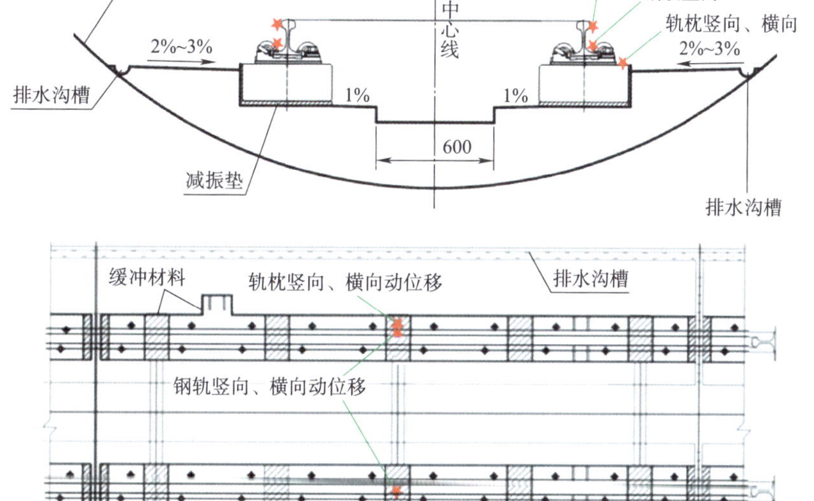

(b) 梯形轨枕道床

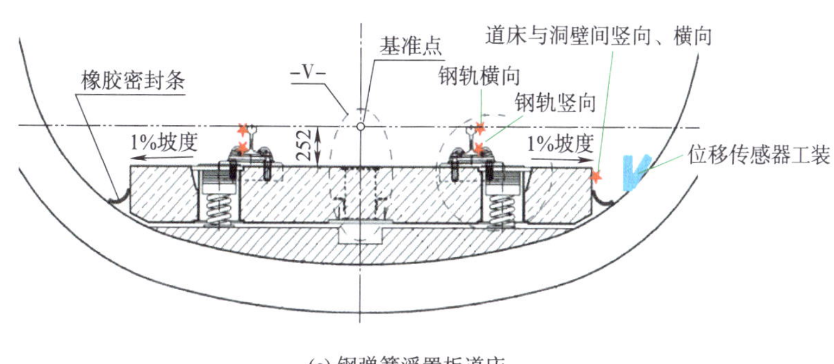

(c) 钢弹簧浮置板道床

图 14-3-10　轨道动位移测点位置示意图（单位：mm）

轨道结构动位移测试采用应变式位移计进行，现场安装调试完成后，采用标准厚度的塞尺进行测试数据的现场标定，标定结果与实际厚度误差不应大于3%，轨道结构动位移测试方法见图 14-3-11 和表 14-3-11。

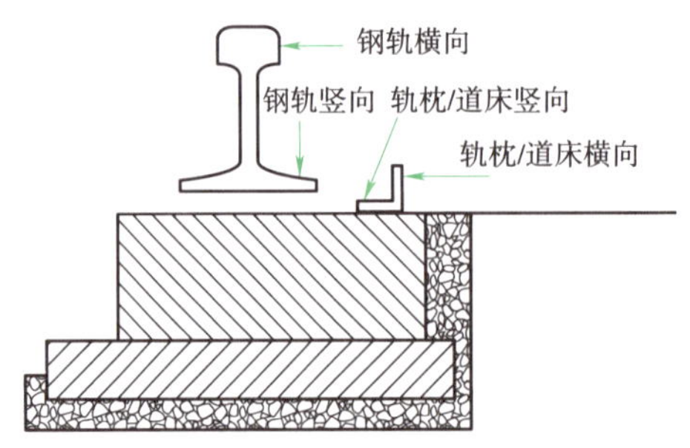

图 14-3-11　位移计布置示意图

表 14-3-11　位移测试方法

测　　点	钢轨和道床动位移
桥路连接	全桥
采样频率	4 096 Hz
截止频率	低通 100 Hz

(3)评价标准

轨道结构动位移评价参考北京市交通委标准《城市轨道交通工程动态验收技术规范》的相关规定进行，见图 14-3-12 和表 14-3-12。

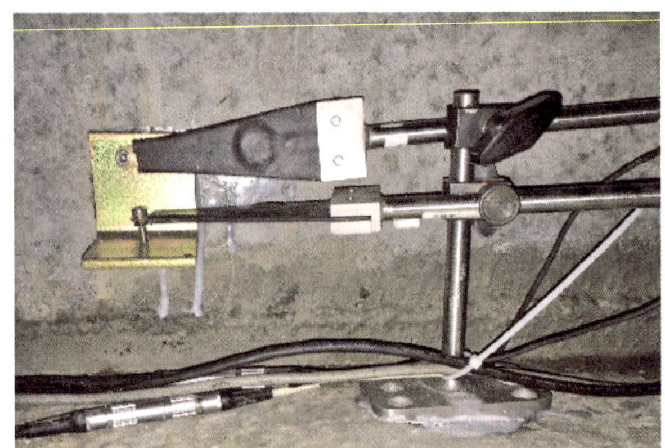

图 14-3-12　轨道结构动位移测点现场安装

表 14-3-12　轨道结构动力位移评价标准

检测项目	普通轨道	扣件类减振轨道	轨枕类减振轨道	道床类减振轨道
钢轨横向位移(mm)	1.0	1.0	1.0	1.0
钢轨垂向位移(mm)	1.0	2.5	2.5	4.0
轨道板(轨枕)垂向位移(mm)	—	—	1.5	3.0

(4)轨道交通 1 号线测试情况

列车在 ATO(最高运行速度 80 km/h)运行模式下，轨道结构动位移测试结果见表 14-3-13 ~ 表 14-3-18。

表 14-3-13　钢弹簧浮置板道床直线段断面动位移测试结果(mm)

指　标	左轨垂向	左轨横向	右轨垂向	右轨横向	道床垂向	道床横向
最大值	-3.08	-0.51	-3.12	-0.51	-3.08	-0.51
平均值	-3.01	-0.48	-3.05	-0.48	-3.01	-0.48
标准差	0.06	0.02	0.06	0.02	0.06	0.02

注:垂向位移负值表示方向向下,横向位移负值表示方向指向轨道中心,下同。

表 14-3-14　钢弹簧浮置板道床曲线段断面动位移测试结果(mm)

指　标	左轨垂向	左轨横向	右轨垂向	右轨横向	道床垂向	道床横向
最大值	-3.94	1.28	-3.45	0.86	-3.94	1.28
平均值	-3.78	1.04	-3.29	0.69	-3.78	1.04
标准差	0.09	0.12	0.11	0.09	0.09	0.12

表 14-3-15　梯形轨枕道床直线段断面动位移测试结果(mm)

指　标	左轨垂向	左轨横向	右轨垂向	右轨横向	道床垂向	道床横向
最大值	-1.86	-0.43	-2.16	-0.44	-1.86	-0.43
平均值	-1.80	-0.41	-2.06	-0.41	-1.80	-0.41
标准差	0.03	0.01	0.05	0.01	0.03	0.01

表 14-3-16　梯形轨枕道床曲线段断面动位移测试结果(mm)

指　标	左轨垂向	左轨横向	右轨垂向	右轨横向	道床垂向	道床横向
最大值	-1.97	1.44	-1.90	1.45	-1.97	1.44
平均值	-1.87	1.39	-1.76	1.41	-1.87	1.39
标准差	0.04	0.02	0.07	0.03	0.04	0.02

表 14-3-17　双层非线性减振扣件直线段断面动位移测试结果(mm)

指　标	左轨垂向	左轨横向	右轨垂向	右轨横向
最大值	-0.64	-0.44	-0.54	-0.38
平均值	-0.58	-0.40	-0.47	0.28
标准差	0.02	0.03	0.03	0.04

表 14-3-18　双层非线性减振扣件曲线段断面动位移测试结果(mm)

指　标	左轨垂向	左轨横向	右轨垂向	右轨横向
最大值	-1.21	1.31	-1.82	1.39
平均值	-1.16	1.25	-1.69	1.34
标准差	0.04	0.04	0.06	0.02

14.3.2　弓网关系

1. 接触网动态几何参数

(1)测试内容

接触网动态几何参数测试内容包括接触线拉出值、导高和定位点间高差。

(2)测试方法

接触网平面布置是影响受电弓滑板磨耗分布的主要原因,通过对全线动态几何参数的测量,测量全线拉出值和导高,掌握全线拉出值的分布情况。

在0101车第2车被测受电弓附近安装激光相位扫描仪、信号处理及传输装置,将测量信号引至车内的数据采集系统中进行集中处理,在运行时检测接触网拉出值和高度,通过安装在第1车1轴的速度传感器获取速度信号。测量原理见图14-3-13,传感器在车顶的安装见图14-3-14,设备通过相应工装固定在车顶相应位置,信号及电源线通过绑扎带和大力胶带进行固定,并通过车门引到车内采集设备上。

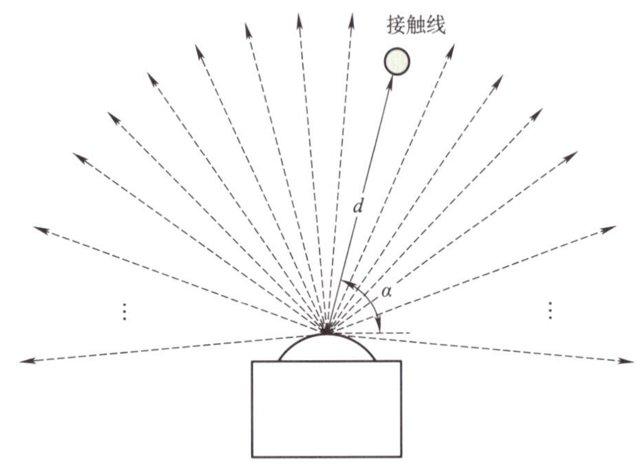

图14-3-13　激光相位扫描仪测量原理图

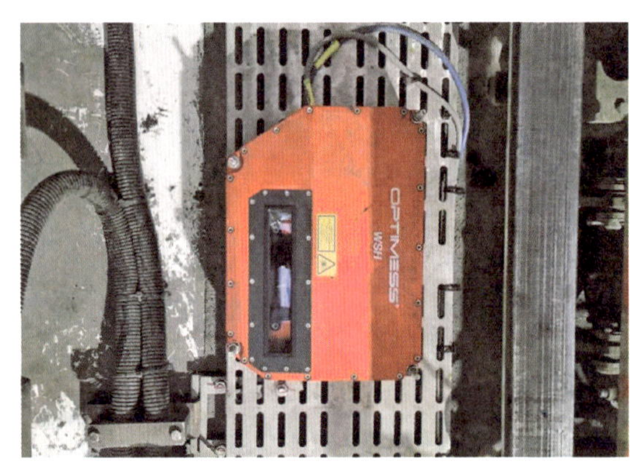

图14-3-14　激光相位扫描仪现场安装图

(3)评价标准

接触线动态拉出值、导高、定位点间高差等接触网几何参数应符合设计要求。

①接触线拉出值

刚性接触网: ±350 mm;柔性接触网: ±400 mm。

②接触线高度

刚性接触网:(4 040 ±50) mm;柔性接触网(车场段):4 900 ~5 150 mm;柔性接触网(高架段):4 500 ~4 750 mm。

③定位点间高差

刚性接触网定位点间高差不超过100 mm;柔性接触网定位点间高差不超过150 mm。

(4)轨道交通1号线测试情况

以伊利健康谷—西二环路上行区间为例,列车在ATO(最高运行速度80 km/h)运行模式下,接触网动态几何参数测试结果见图14-3-15、图14-3-16。

2. 燃　弧

(1)测试内容

弓网燃弧指标测试内容包括燃弧发生的次数,并统计分析燃弧时间和燃弧率。

(2)测试方法

在0101车第2车车顶受电弓开口方向侧安装紫外燃弧探测器(见图14-3-17),将测量信号引至车内的数据采集系统中进行集中处理,通过安装在第1车2轴的速度传感器获取速度信号。燃弧探测器测定燃弧发生的地点,统计燃弧时间和次数,检出最大燃弧时间,燃弧率等。记录列车运行状态下的数据,考核弓网受流质量。

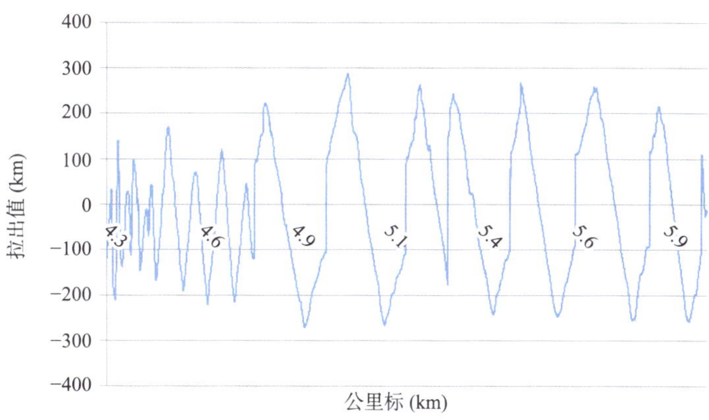

图 14-3-15　上行:伊利健康谷站—西二环路站接触线拉出值曲线图

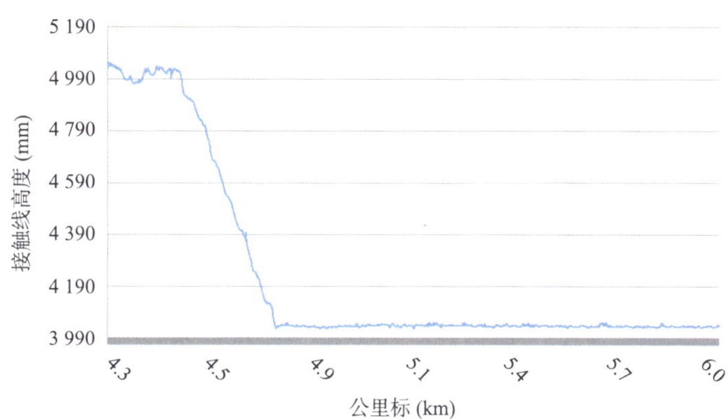

图 14-3-16　上行:伊利健康谷站—西二环路站接触线高度曲线图

图 14-3-17　燃弧传感器现场布置

(3)评价标准

燃弧次数应小于 1 次/160 m,燃弧率应小于 5%,一次燃弧最大时间应小于 100 ms。

(4)轨道交通 1 号线测试情况

列车在 ATO(最高运行速度 80 km/h)运行模式下,弓网燃弧指标测试测试结果如下见表 14-3-19 和表 14-3-20。

表 14-3-19　上行弓网燃弧指标测试结果

区　段	燃弧次数	燃 弧 率	最大燃弧时间	燃弧次数/160 m	是否符合
伊利健康谷—坝堰(机场)	15	0.071%	95 ms	0.090	是

表 14-3-20　下行弓网燃弧指标测试结果

区　间	燃弧次数	燃 弧 率	最大燃弧时间	燃弧次数/160 m	是否符合
坝堰(机场)—伊利健康谷	7	0.035%	92 ms	0.049	是

3. 弓网动态接触力

(1)测试内容

测试弓网动态接触力数据，通过测试数据计算每跨内的弓网动态接触力最大值、最小值、平均值和标准偏差。

(2)测试方法

为了测量弓网接触压力，选取0101车第2车受电弓作为测试对象，在滑板底部与托架上部之间串联安装压力传感器，通过串联压力传感器测试弓网接触力。压力传感器的安装方式和工装随受电弓型号的不同而不同，需结合受电弓实际情况确定安装方案，压力传感器现场安装见图14-3-18，信号线通过绑扎带和大力胶带进行固定，并通过车门引到车内采集设备上。

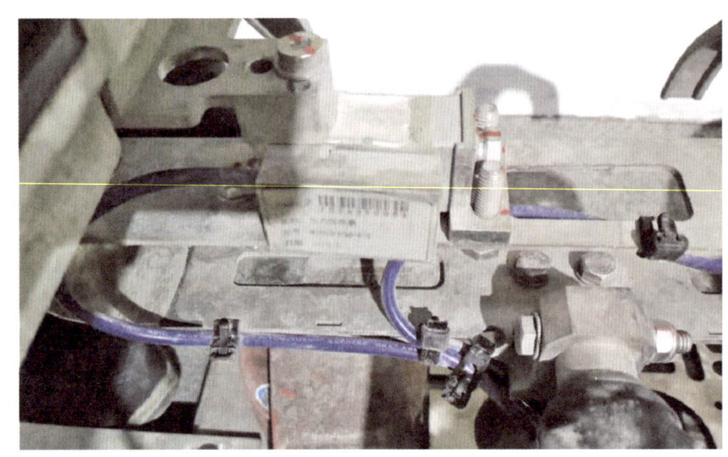

图 14-3-18　接触压力传感器安装位置示意图

接触式测试系统由压力传感器、补偿加速度传感器、信号滤波放大电路、信号采集处理电路、屏蔽线缆、光电信号转换等设备组成，测试原理如下：

接触点处的接触力有以下部分构成：静态向上力 F_0，通过调整受电弓升降系统的气囊空气压力来进行控制。摩擦力 F_R，作用于受电弓与减震器的连接处，由受电弓的具体设计而定，在10～30 N之间变化。空气动力 F_{dy}(正或负升力)，缘于上下架、受电弓弓头和接触片周围的气流。该力取决于车辆速度、火车顶部接近受电弓的组件结构以及受电弓的位置和结构；根据对受电弓的作用模型可计算出具体值动态力 F_{dyn}，是一种惯性力，由受电弓的质量分布和弓网相互动态作用的振动特性决定。

修正以后的垂直方向弓网接触压力分为前滑板接触压力和后滑板接触压力，分别为：

$$F_{OP前} = F_{z1} + F_{z2} + m \times (a_{z1} + a_{z2})/2$$

$$F_{OP后} = F_{z2} + F_{z4} + m \times (a_{z3} + a_{z4})/2$$

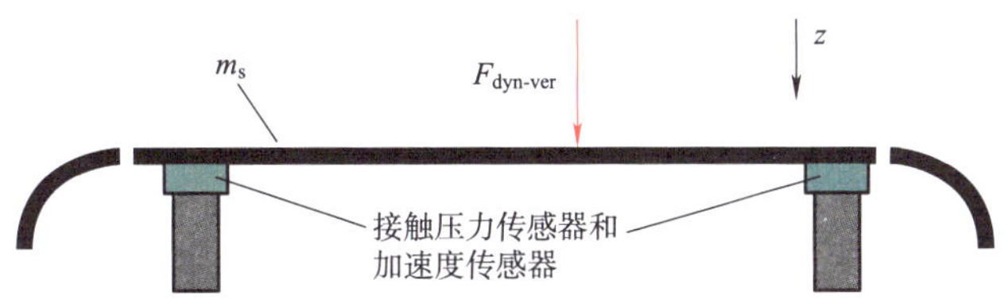

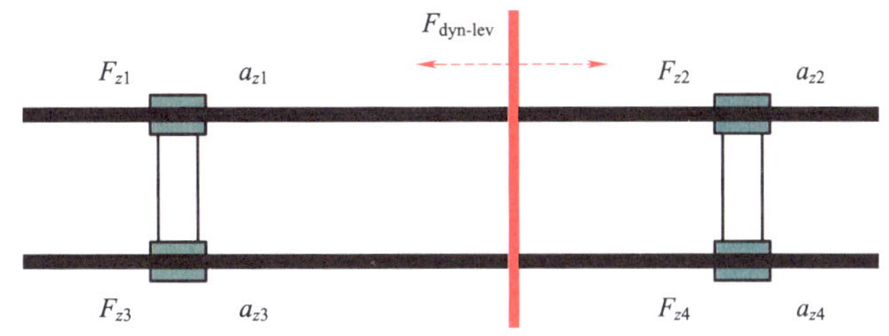

图 14-3-19　加速度产生的惯性力修正

图 14-3-19 中，a_{z1}、a_{z2}、a_{z3}、a_{z4}为 4 个加速度传感器的垂直方向的测量值；F_{z1}、F_{z2}、F_{z3}、F_{z4}为 4 个压力传感器的垂直方向的测量值；m_s 为前后滑板的归算质量。

(3)评价标准

弓网动态接触力应符合以下要求。

对于直流 1 500 V 制式，测试结果应符合以下评判标准：

平均接触力的最大值：

$$F_{m,max} < 0.000\ 97v^2 + 140 = 146.2$$

平均接触力的最小值：

$$F_{m,min} > 0.001\ 12v^2 + 70 = 77.2$$

标准偏差：

$$\sigma \leqslant 0.3 \times F_{m,max} = 43.9$$

(4)轨道交通 1 号线测试情况

列车在 ATO(最高运行速度 80 km/h)运行模式下，弓网动态接触力测试结果见图 14-3-20 和图 14-3-21。

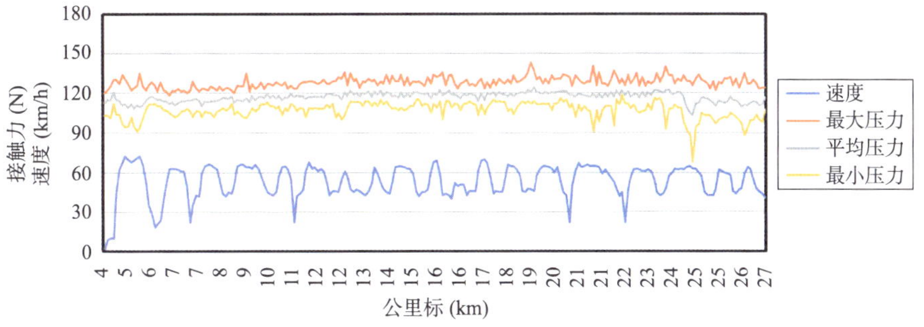

图 14-3-20　弓网动态接触力曲线图(上行线)

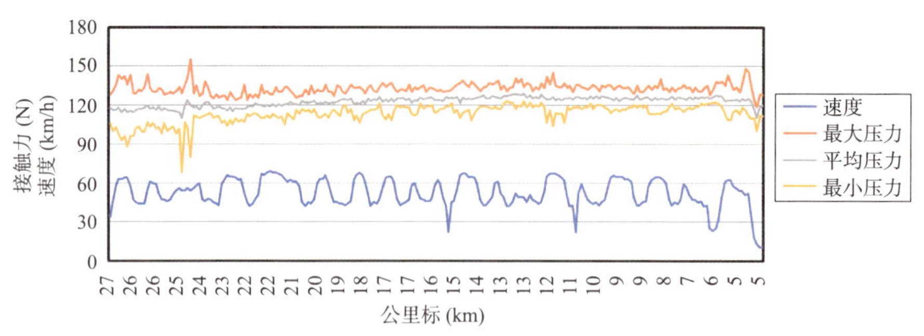

图 14-3-21　弓网动态接触力曲线图(下行线)

4. 受电弓垂向加速度

(1)测试内容

测试运行过程中受电弓滑板受到的垂向加速度(硬点)指标。

(2)测试方法

选取 0101 车第 2 车受电弓作为测试对象,在被测受电弓上弓头上安装加速度传感器,在受电弓底座上安装信号处理及传输装置,并将测量信号引至车内的数据采集系统中进行集中处理,通过安装在第 1 车 1 轴的速度传感器获取速度信号,在车辆运行时,测量接触线平顺性参数。

选取被测受电弓弓头对角共 2 个为被测位置进行受电弓硬点测量,与压力传感器共用工装,现场安装见图 14-3-22,信号线通过绑扎带和大力胶带进行固定,并通过车门引到车内采集设备上。

图 14-3-22　硬点测点安装图

(3)评价标准

受电弓垂向加速度应小于 490 m/s^2。

(4)轨道交通 1 号线测试情况

列车在 ATO(最高运行速度 80 km/h)运行模式下,受电弓垂向加速度(硬点)测试结果见图 14-3-23 和图 14-3-24。

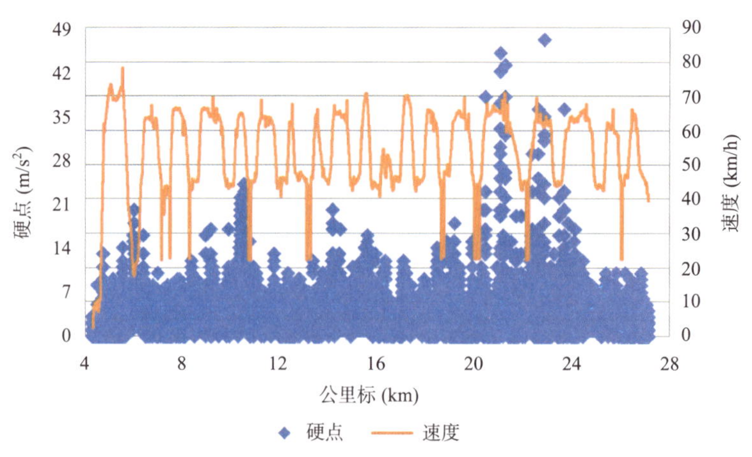

图 14-3-23　硬点散点图(上行线)

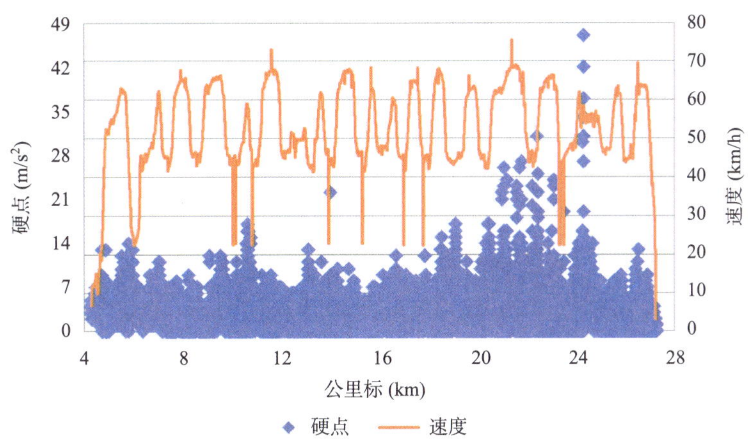

图 14-3-24 硬点散点图(下行线)

14.3.3 综合接地

1. 钢轨对地电位

(1)测试内容

对线路区间和站台处的钢轨电位进行抽样测试,行车速度在 60 ~ 80 km/h 之间,每个测点的行车测试次数不少于 3 次。

(2)测试方法

电压探头一端接钢轨,一端接参考地线端子(参比电极),两端子之间电位差即为钢轨电位,由录波仪记录(见图 14-3-25)。

为避免道床脏污和潮湿对测试结果的影响,钢轨对地电位测试时,道床表面应干净整洁,且避开隧道冲洗等作业至少 5 天以上。

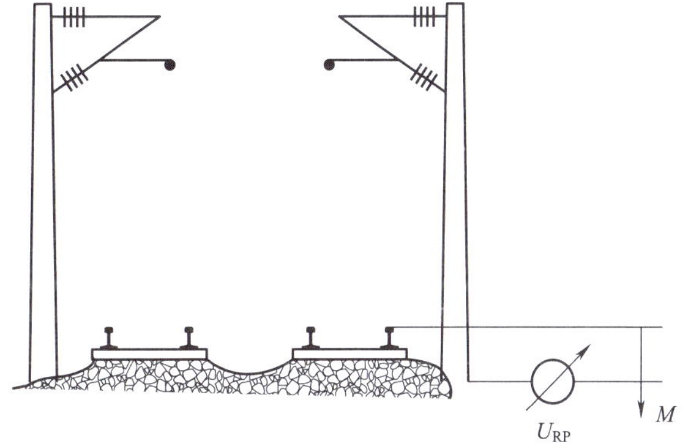

图 14-3-25 线路测点分布图

(3)评价标准

依据《城市轨道交通直流牵引供电系统》(GB/T 10411—2005)第 7.4.2 条规定:“利用走行轨回流,且在最大负载时,轨上任意一点对地电位差应不大于90 V。”

(4)呼和浩特地铁 1 号线测试情况

钢轨对地电位测试结果如下表 14-3-21。

表 14-3-21 测试结果统计表

测 点	位 置	钢轨电位最大值(V)	限值要求	是否符合标准
白塔西站—什兰岱站线路区间	线路上行区间中点	24.1	不超过 90 V	符合
孔家营站—呼钢东路站线路区间	线路下行区间中点	35.9		符合
人民会堂站—将军衙署站线路区间	线路上行区间中点	63.7		符合
白塔西站	线路上行站台中央	27.5		符合
呼和浩特东站	线路下行站台中央	35.5		符合

2. 轨道结构对地电阻

(1)测试内容

走行轨的轨道结构对地电阻:兼用作回流的走行轨与隧洞主体结构(或大地)之间的过渡电阻。

按照选取典型性测点的方式抽样检测,根据线路及测试项目的特点,结合标准中的相关内容,对线路抽样选取测点。

测试需要线路无车及停电状态。测点分布按照已选的五处测点进行逐一测试,整个测试周期共 4 天。测试设备及工具仅在上线测试时安装,当天测试完成后立即拆除并带出线路。每处测点的测试参数按照多次(不低于 3 次)测量取平均值的方法进行读取和记录。

(2)测试方法

①单位长度的钢轨纵向电阻

测试可按图 14-3-26 的方法进行,纵向电压降 UA 和 UB 可在轨道各相邻段间进行测量。轨条 1 和轨条 2 的电阻可按下式进行计算。在测量区域的轨条间和线路间不得有横向连接。

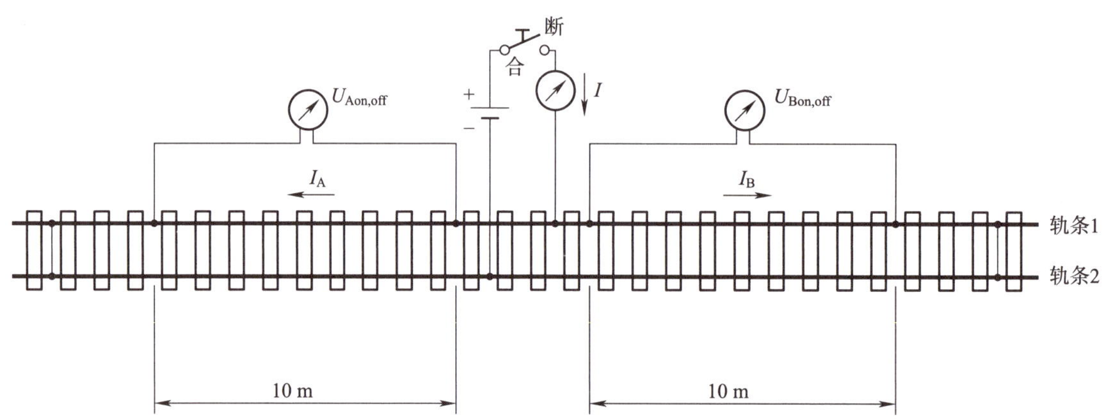

图 14-3-26　10 m 钢轨的纵向电阻测量

$$R_{10\,\text{m}}=\frac{(U_{Aon}-U_{Aoff})+(U_{Bon}-U_{Boff})}{I}$$

式中　$R_{10\,\text{m}}$——轨条 1 或轨条 2 的 10 m 钢轨的纵向电阻,Ω;

I——注入电流,A;

U_{on},U_{off}——分别为注入和不注入电流时轨条 1 或轨条 2 的电压降,V;A、B 代表两个不同的测试区段。

②轨道结构对地电阻

采用一种特殊的测量方法,无须做钢轨绝缘结即可测量轨道结构对地电阻。注入轨道与结构间的测试直流电流 I 应周期性地进行合、分闸操作。确认走行轨与隧道间没有其他连线和电压限制装置,避免影响测量结果。在隧道段两端作轨道绝缘使隧道内部线路与隧道外部线路隔离,防止来自外部的影响。

测试方案如图 14-3-27 所示,轨道结构对地电阻 R_{e} 可按照下式计算。

$$R_e=\frac{L}{3}\cdot\frac{\Delta U_1+\Delta U_2+\Delta U_3}{I-I_{RA}-I_{RC}-I_{RB}-I_{RD}}$$

$$\Delta U=U_{\text{on}}-U_{\text{off}}$$

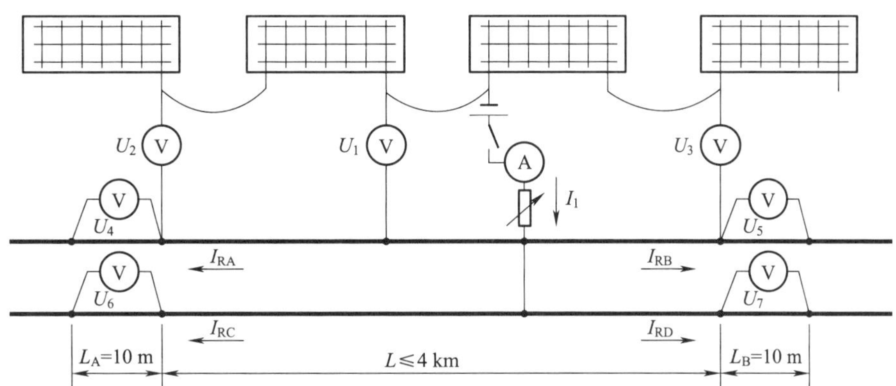

图 14-3-27　钢轨对地过渡电阻测量

$$I_{RA}=\frac{U_4}{R_{10\text{ m}}}I$$

式中　R_e——长度为 L(km)的轨道结构对地电阻值；

U——钢轨对地电压，V；

I——注入电流，A；

$R_{10\text{ m}}$——10 m 的钢轨纵向电阻值，Ω；

ΔU——注入电流开关闭合前后的电位差值。

测试注意事项：

①钢轨电流的测试

钢轨电流需要通过间接方式进行测试，即测出一定长度轨条上的压降，然后利用已经测试得到的轨条纵向电阻，二者相除得到轨条上的轨流。该轨条长度可以结合轨条纵向电阻中的测试长度进行，选择 10 m 或者 5 m，有条件优先 10 m。所选长度内不宜存在轨条焊缝。

②电流注入点位置

注入点的连接方式是将电流源两根输出线分别接在两根轨条上，注意记录正负极性，靠近站台侧为正极性。

③电流源设置

电流源输出电流适选择 40～80 A。

④数据采集仪设置

此处需要测试 5 处电压，包括 3 处轨地电压和 2 处钢轨纵向压降。

轨地电压部分，数据采集仪的量程可按照 10 V 量程设置。纵向压降部分仍可设置为 100 mV。轨地电压测量中的接地点，选择就近位置的隧道内接地端子。

⑤读数与测试结果计算

测试需要 3 台数据采集仪，使用同一台电脑对不同数据采集仪设备进行设置，有利于时钟同步。或者不同电脑都通过网络对时的方式校准电脑上的时间，保持一致性。测试次数建议不少于 3 次，取平均值作为最终测试结果。

测试完成后反转电流源输出点的电压极性再次测试，如果发现极性反转前后的数值差异较大，应对数值再次测试确认，并加以关注和分析原因。

现场部分测试情况见图 14-3-28。

图 14-3-28　现场测试照片

(3)评价标准

依据《轨道交通地面装置　第 2 部分：直流牵引系统杂散电流防护措施》(GB/T 28026.2—2018)中 5.2 条规定："对于开式路基系统，钢轨对地电导不大于 0.5 S/km(每股道)，且平均钢轨电位不大于 +5 V。"

注：①电导和电阻是倒数关系，因国标 GB 28026.2 参考引用的是国外 IEC 和 EN 标准，因此沿用了国外相关标准中使用电导作为评判的方式，标准中"钢轨对地电导不大于 0.5 S/km"，即为"轨道结构对地电阻不小于 2 Ω·km"；

②平均钢轨电位是指周期长度在 24 h 或 24 h 倍数，且只取钢轨电位正值情况下的统计均值。

(4)轨道交通 1 号线测试情况

轨道结构对地电阻测试结果见表 14-3-22。

表 14-3-22　轨道结构对地电阻及平均钢轨电位测试结果

测　点	位　置	轨道结构对地电阻测试结果(Ω·km)	同区段 24 h 平均钢轨电位测试结果(V)
孔家营—呼钢东路线路区间	线路上行	4.55	2.61
	线路下行	6.54	2.54
人民会堂—将军衙署线路区间	线路上行	9.00	2.84
市政府—呼和浩特东站线路区间	线路上行	5.72	2.54
	线路下行	5.10	2.72

3. 站台边缘的接触电压、跨步电压

(1)测试内容

对线路中的 20 处车站站台处接触电压和跨步电压进行遍历性测试,每个测点的行车测试次数不少于 3 次。

(2)测试方法

测量方法参考标准《接地装置特性参数测量导则》(DL/T 475—2017)和《直流接地极接地电阻、地电位分布、跨步电压和分流的测量方法》(DL/T 253—2012)。

当测试原理图中的电压表两端并接上等效人体的电阻 R_m 时,所得的值即为跨步电压和接触电压,这里的跨接电阻根据标准建议取 1.4 kΩ。图 14-3-29 中 1.8 m 和 0.8 m 分别是标准中对人体高度和步距取值。

选择一个测量点,以该点为圆心,在半径 1.0 m 的圆弧上选取 3 ~4 个不同方向测试,找出跨步电位差最大值,按照下式折算为最大入地电流下的实际值 U_S,与标准中的相关限值进行比较判断。

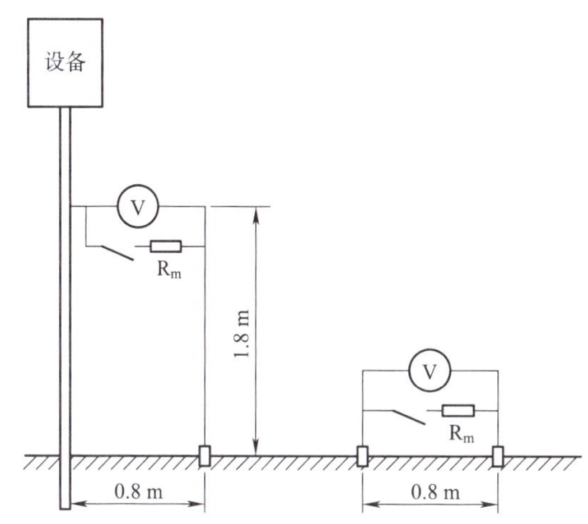

图 14-3-29　接触电压和跨步电压测试原理图

$$U_S = U'_S \frac{I_S}{I_m}$$

式中　I_m——注入地网的测试电流;

I_S——被测接地装置内系统单向接地故障电流。

直流接地极施加试验电流之后,测试跨步电位差和接触电位差。测试采用一对无极化电极和一块高精度直流电压表。测试结果均换算至最大入地电流。

跨步电位差的重点测试部位,在与接地极的连接处上方地面附近和局部土壤电阻率突变的地方。接触电位差的重点测试部位,选择在操作开关手柄和其他人可触及的部位。

最大跨步电位差测试时,选择一个测量点,放置一个不极化电极,以该点为圆心,在半径 1.0 m 的圆弧上用另一个不极化电极探测,选取 3 ~4 个不同方向测试,找出跨步电位差最大值的点。

最大接触电位差测试是以被测设备为圆心,在半径 1.0 m 的圆弧上,选取 3 ~4 个不同方向测试点,找出接触电位差最大值的点。

站台边缘接触电压和跨步电压现场测试照片见图 14-3-30。

(3)评价标准

接触电压:按照《轨道交通地面装置电气安全、接地和回流　第 1 部分:电击防护措施》(GB/T 28026.1—2018)中 9.3.2.2 的有效接触电压限值要求,时限按照短路保护设备的 0.2 s 进行计算,即有效接触电压限值为 520 V。

跨步电压:根据《高压直流接地极技术导则》(DL/T 437—2012)中的附录 C 要求,得到地面最大允许跨步电压计算式 $E_m = 7.42 + 0.0318\rho s$,其中站台地面按照混凝土的电阻率计算,将混凝土电阻率实测数据的分布均值 1 170 Ω · m 代入标准计算式,得出地面最大允许跨步电压计算式 44.6 V。

图 14-3-30　接触电压和跨步电压测试现场

(4)轨道交通 1 号线测试情况

站台边缘的接触电压、跨步电压测试结果见表 14-3-23。

表 14-3-23　测试结果统计表

序号	车　站	线路行车的测试结果		短路时的推算结果	
		接触电压(V)	跨步电压(V)	接触电压(V)	跨步电压(V)
1	伊利健康谷站	0.16	0.12	9.6	7.2
2	西二环路站	0.29	0.33	17.4	19.8
3	孔家营站	0.29	0.22	17.4	13.2
4	呼钢东路站	0.22	0.34	13.2	20.4
5	西龙王庙站	0.43	0.60	25.8	36.0
6	乌兰夫纪念馆站	0.32	0.45	19.2	27.0
7	附属医院站	0.51	0.58	30.6	34.8
8	新华广场站	0.13	0.12	7.8	7.2
9	人民会堂站	0.15	0.06	9.0	3.6
10	将军衙署站	0.37	0.25	22.2	15.0
11	艺术学院站	0.55	0.31	33.0	18.6
12	东影路站	0.49	0.48	29.4	28.8
13	内蒙古展览馆站	0.60	0.22	36.0	13.2
14	内蒙古博物院站	0.46	0.05	27.6	3.0
15	市政府站	0.40	0.15	24.0	9.0
16	呼和浩特东站	0.33	0.34	19.8	20.4
17	后不塔气站	0.15	0.25	9.0	15.0
18	什兰岱站	0.17	0.57	10.2	34.2
19	白塔西站	0.24	0.07	14.4	4.2
20	坝堰(机场)站	0.16	0.15	9.6	9.0

14.3.4 LTE 电磁环境

1. 车地无线通信测试

(1)测试内容

对全线动态 LTE 电磁环境进行测试与评价。地铁运行空间内电磁场环境复杂,轨道交通 LTE 系统须避免复杂电磁场对系统运行造成影响。

LTE 系统运行指标的测试主要包括以下内容:A、B 网覆盖场强 RSRP 和 SINR,LTE-M 网络连接建立时延、建立失败率、小区切换时间、小区切换成功率、数据传输时延、丢包率。

(2)测试方法

①LTE-M 无线覆盖测试

在轨道交通 1 号线一期工程沿线测试机车外部天线处的最小参考信号接收功率(RSRP)和信干噪(SINR)。

LTE-M 无线场强覆盖测试系统安装在检测列车上,检测设备连接合路器至检测列车外部天线,检测系统自动控制检测仪表实时采集 RSRP 和信干噪(SINR),结合公里标信息获得沿线场强覆盖情况。

②LTE-M 网络服务质量测试

在轨道交通 1 号线一期工程沿线测试连接建立时延及建立失败率、小区切换时间和越小区切换成功率、数据传输时延、丢包率。

检测系统安装在检测列车上,LTE-M 检测终端连接车顶天线,检测列车以规定速度运行条件下。

③连接建立时延及建立失败概率

测试控制部分控制专用测试系统中的 LTE-M 移动终端发起网络连接请求,记录时间戳 T1;测试控制部分收到 LTE-M 移动终端发来的连接建立成功指示,记录时间戳 T_2;计算时间戳 T_2 – 时间戳 T_1,统计出连接建立时间 = $T_2 - T_1$。

测试控制部分通过 LTE-M 移动终端向地面服务器发送短数据包,地面服务器收到短数据包后立即向测试控制部分返回所收到的数据,如果测试控制部分发送和接收的,则连接建立成功,连接建立时间测试样本有效。发起总连接次数记为 N_{Total},连接建立成功次数记为 $N_{Success}$,连接建立失败概率 = $(N_{Total}-N_{Success})/N_{Total}\times 100\%$。

在测试控制部分设置最大允许连接接入时间为 1 s,建立成功后连接保持 5 s,然后 LTE-M 移动终端自动中断连接;一次连接结束后,LTE-M 移动终端应在一定的时间后自动重新发起连接建立,连接结束到发起下一次建立间隔时间推荐为 10 s;. 若连接未能成功建立,LTE-M 移动终端在一定的间隔时间后自动发起下次连接,间隔时间可设为 10 s;记录成功的连接的建立时间。

④小区切换时间和小区切换成功率

检测列车按设计速度或运营速度运行,测试控制部分控制 LTE 移动终端附着网络,附着成功后保持与地面服务器处于应用数据交换状态。小区切换开始时间戳计为 T_1,切换成功执行完毕的时间戳计 T_2,小区切换执行时间 = T_2-T_1。成功的小区切换次数记为 $N_{Success}$,发起的总的小区切换次数记为 N_{Total},小区切换成功率 = $N_{Success}/N_{Total}\times 100\%$。

⑤数据传输时延

测试控制部分向 LTE-M 移动终端发送数据帧传送命令,并记下时间戳 T_1,地面服务器收到数据帧后将所收到的数据帧立即返回测试控制部分,测试控制部分在收到数据帧时记下时间戳 T2,与发送的数据帧进行对比，如果两者一致，则记为一次有效的数据终端设备与地面服务器之间传输时延样本；数据终端设备到地面服务器数据传输延时＝$(T_2-T_1)/2$。

⑥丢包率

测试控制部分向移动数据终端发送数据帧传送命令，地面服务器收到数据帧后将所收到的数据帧立即返回测试控制部分，测试控制部分收到返回数据帧后与发送的数据帧进行对比，如果两者一致，则记为一次有效的数据终端设备与地面服务器传输成功样本。总的传递成功样本记为 N_{Success}，总的传递次数记为 N_{Total}。数据终端设备到地面服务器传输丢包率＝$(N_{\text{Total}}-N_{\text{Success}})/N_{\text{Total}}\times 100\%$。

（3）评价标准

①LTE-M 网络无线覆盖指标应满足在 98% 统计概率下，最小参考信号接收功率（RSRP）不低于 －95 dBm 的机车外部天线处 SINR 信干噪比不低于 3 dB。

②承载 CBTC 的 LTE-M 系统单设备切换成功率应不小于 99.92% 的概率；延时不超过 150 ms 的概率不小于 98%。

③列车控制业务要求通信系统单路单向传输时延不超过 150 ms 的概率不小于 98%，不超过 2 s 的概率不小于 99.92%。

④列车控制业务要求丢包率不超过 1%，通信中断时间不超过 2 s 的概率不小于 99.99%。

⑤移动终端发起的连接建立时延小于 500 ms 的概率不低于 95%，移动终端发起的连接建立时延不超过 1 s 的概率为 100%，移动终端发起的连接建立时延大于 1 s 时，则认为连接建立失败。连接建立失败概率应小于 1%。

（4）轨道交通 1 号线测试情况

以上行线路 A 网为例，车地无线通信测试结果见表 14-3-24 ~ 表 14-3-28。

表 14-3-24　场强覆盖测试数据统计表

测试内容	标准值	统计概率	最大值	最小值	平均值
RSRP	≥－95 dBm(≥98%)	99.95%	－48.62 dBm	－95.87 dBm	－67.86 dBm
SINR	≥3 dB(≥98%)	99.78%	44.00 dB	－6 dB	27.09 dB

表 14-3-25　A 网覆盖下切换时间和切换成功率

测试内容	标准值	统计概率	统计值(ms)	最大值(ms)	最小值(ms)	平均值(ms)	样本数
切换执行时间	≤0.15 s(≥98%)	100.00%	78	78	6	24	22 次
切换成功率	≥99.92%	100.00%					22 次

表 14-3-26　A 网覆盖下数据传输延迟统计

测试内容	标准值	统计概率	统计值(ms)	最大值(ms)	最小值(ms)	平均值(ms)	样本数
端到端时延	≤0.15 s(≥98%)	99.2%	140	210	60	87	175 次
	≤2 s(≥99.92%)	100%	210				

表 14-3-27　A 网覆盖下数据传输丢包率

测试内容	标准值	统计概率	发包数
丢包率	≤1%	0.02%	146 707

表 14-3-28　A 网覆盖下连接建立时延及建立失败率

RRC 连接							
测试内容	标 准 值	统计概率	统计值（ms）	最大值（ms）	最小值（ms）	平均值（ms）	样 本 数
RRC 连接建立时延	<0.5 s(≥95%)	100.00%	78	78	5	31	279 次
	<1 s(100%)	100.00%	78				
建立失败率	<1%	0%					279 次

2. 通信、信号机房防电磁干扰测试

（1）测试内容

对全部通信、信号机房进行电磁防干扰测试。

（2）测试方法

①机房内低频磁场、电场强度测试

在信号机房或者通信机房内选取 5 个位置作为测点，分别位于房间的中心和 4 个边墙，测点与最近的墙体和金属物体的间距需大于 30cm，每个测点分别测试距地面 0.5 m、1 m、1.5 m 三个部位，每次测量不少于 3 min，记录工频电场、磁场最大值和平均值。

②机房内无线电干扰场强测试

在信号机房或者通信机房内中心位置，测试人员依次架设 2 m 高的环天线、双锥天线、对数天线，利用测量接收机（或频谱分析）扫频测试的最大保持功能分别测试 150 kHz ~ 30 MHz，30 ~ 200 MHz，200 MHz ~ 2 GHz 三个频段的空间无线电干扰场强最大值。

③机房内射频综合场强测试（30 MHz ~ 3 GHz）

在信号机房或者通信机房内分别选取房间的中心位置和人员工作区域作为测点，每个测点分别测试距地面 0.5 m、1 m、1.5 m 三个高度，每次测量不少于 6 min，记录射频综合场强的最大值和平均值。

④机房内静电干扰电压测试

随机选取机房内 3 ~ 5 处绝缘体，利用静电电压测试仪测试其表面静电电压的绝对值。每次测量不少于 3 次，取均值作为测试结果。

（3）评价标准

①通信、信号系统设备机房内低频磁场、电场强度

依据 1：《数据中心设计规范》（GB 50174—2017）中的第 5.2.2 条限值要求，“主机房和辅助区内，工频磁场场强不应大于 30 A/m。”

依据 2：《电磁环境控制限值》（GB 8702—2014）中的第 4.1 条限值要求，“0.025 ~ 1.2 kHz 频率范围内的电场强度 E 不超过 $200/f$，f 单位为 kHz。”，因此工频 50 Hz 下的电场强度不超过 4 000 V/m。

评判指标：通信、信号机房内工频磁场场强不大于 30 A/m，即不大于 37.6 μT，工频电场场强不大于 4 000 V/m。

②通信、信号系统设备机房内无线电干扰场强

依据 1：《通信中心机房环境条件要求》（YD/T 1821—2008）中的第 8.1 条限值要求，“机房内无线电干扰场强，在频率范围 0.15 ~ 1 000 MHz 时不大于 126 dB。”

依据 2：《数据中心设计规范》（GB 50174—2017）中的第 5.2.2 条限值要求，“主机房和辅助区内的无线

电骚扰环境场强在 1 400 ~ 2 000 MHz 频段范围内不应大于 130 dB(μV/m)。”

评判指标:通信、信号机房内无线电干扰场强在 0.15 MHz ~ 1 GHz 频段范围内不大于 126 dBμV/m,在 1.4 ~ 2 GHz 频段范围内不大于 130 dB(μV/m)。

③通信、信号系统设备机房内射频(30 MHz ~ 3 GHz)综合场强

依据:《电磁环境控制限值》(GB 8702—2014)中的第 4.1 条限值要求,“30 ~ 3 000 MHz 频率范围内的电场强度 E 不超过 12 V/m。”

评判指标:通信、信号机房内射频综合场强(30 MHz ~ 3 GHz)小于 12 V/m。

④通信、信号系统设备机房内静电干扰电压

依据:《计算机场地通用规范》(GB/T 2887—2011)中的第 5.8.4 条限值要求,“机房内静电电压应不大于 1 000 V。”

评判指标:通信、信号机房内绝缘体的静电电压绝对值不大于 1 kV。

(4)轨道交通 1 号线测试情况

以西二环路站信号设备室为例,通信、信号机房防电磁干扰测试测试结果见表 14-3-29。

表 14-3-29　测试数据统计表

序号	检验项目		技术要求	单位	检验结果	
					最大值	平均值
1	工频磁场	0.5 m	<37.5 (等效 30 A/m)	μT	0.23	0.18
		1.0 m			0.18	0.15
		1.5 m			0.15	0.12
2	工频电场	0.5 m	<4000	V/m	1.89	0.51
		1.0 m			1.38	0.50
		1.5 m			0.79	0.42
3	综合场强	0.5 m	<12	V/m	1.18	0.29
		1.0 m			0.99	0.43
		1.5 m			1.23	0.52
4	无线电干扰场强	0.15 MHz ~ 1 GHz	<126	dB(μV/m)	符合要求,其中: 107.0(197.4 kHz) 79.3(24.3 MHz) 67.0(47.0 MHz) 113.7(891.4 MHz)	
		1.4 Hz ~ 2 GHz	<130		符合要求,其中:77.3(1.8 GHz)	
5	静电测试		<1 kV	kV	符合要求,其中 max:0.27 kV	

14.3.5 振　　动

1. 测试内容

本项目振动测试应分别在一般整体道床、双层非线性减振扣件、梯形轨枕和钢弹簧浮置板等道床类型下,分别选取 1 个断面进行现场测试。测试内容包括不同道床类型下的钢轨垂向、道床垂向和隧道壁垂向振动加速度。

2. 测试方法

振动测试时,各断面测试内容应相同,以便横向对比减振效果。在现场测试时,主要布置钢轨铅垂向振

动加速度、道床铅垂向振动加速度和隧道壁铅垂向振动加速度等测点。具体振动测点布置见表 14-3-30 和图 14-3-31。测试现场照片见图 14-3-32 ~ 图 14-3-34。

表 14-3-30 轨道振动测点布置

测试内容	测点方向	位　置
钢轨垂向振动加速度	铅垂向	相邻扣件跨中钢轨垂向
道床垂向振动加速度	铅垂向	相邻扣件跨中道床垂向
隧道壁振动加速度	铅垂向	距轨面标高(1.25 ±0.25) m

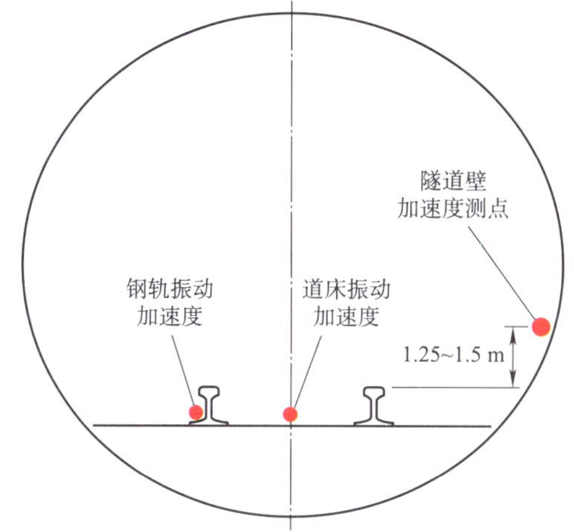

图 14-3-31 各断面测点布置示意图

图 14-3-32 钢轨振动测点

图 14-3-33 道床振动测点

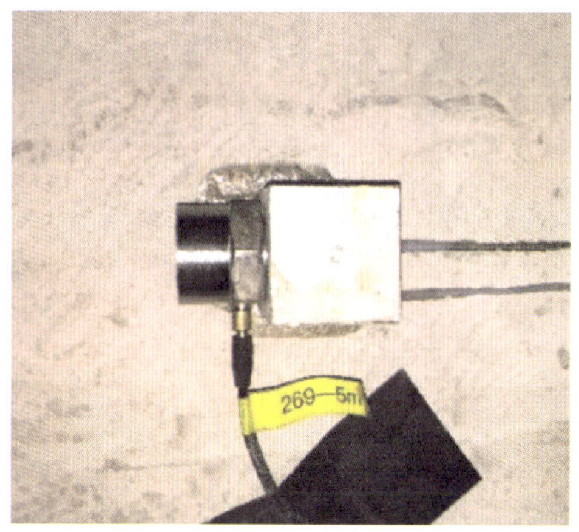

图 14-3-34 隧道壁振动测点

3. 评价标准

减振轨道产品的减振效果应满足设计文件或产品质量要求，当上述要求不明确时，给出各测试断面每个测点的具体测试结果。

4. 轨道交通 1 号线测试情况

选取 20 组列车通过时实测数据进行统计分析，得到各测点最大 Z 振级测试结果见表 14-3-31 ~ 表 14-3-35。

表 14-3-31　钢弹簧浮置板道床断面最大 Z 振级测试结果(dB)

指　标	钢轨垂向	道床垂向	隧道壁垂向
最大值	116.2	106.2	54.6
平均值	111.3	105.5	51.6
标准差	2.19	0.89	1.57

表 14-3-32　梯形轨枕道床断面最大 Z 振级测试结果(dB)

指　标	钢轨垂向	道床垂向	隧道壁垂向
最大值	117.9	79.0	65.8
平均值	115.1	77.0	65.2
标准差	0.84	0.98	0.26

表 14-3-33　普通道床断面最大 Z 振级测试结果(dB)

指　标	钢轨垂向	道床垂向	隧道壁垂向
最大值	113.2	87.1	82.7
平均值	112.0	84.5	81.6
标准差	0.55	0.82	0.52

表 14-3-34　双层非线性减振扣件断面最大 Z 振级测试结果(dB)

指　标	钢轨垂向	道床垂向	隧道壁垂向
最大值	111.1	101.3	75.8
平均值	106.3	93.8	73.2
标准差	2.51	3.42	1.57

表 14-3-35　各减振轨道减振效果(dB)

减振轨道测试结果		整体道床测试结果	减振效果
钢弹簧浮置板	51.6	81.6	30.0
梯形轨枕	65.2		16.4
双层非线性减振扣件	73.2		8.4

14.3.6　噪　　声

1. 噪声控制工程等效声级

(1)测试内容

根据本工程概况知,高架段约 2.8 km,因此,噪声控制工程选择 3 个断面进行测试所有噪声测试项目均在 ATO 行车条件下进行。

(2)测试方法

不同噪声控制工程地段的等效声级测试,按照《声屏障声学设计和测量规范》的相关规定进行,本项目采取间接测试法。测量时应按以下方法进行:

①测量记录列车通过时的 A 计权等效声级或最大 A 声级,如要了解降噪的频率特性,应测量 63 ~ 5 000 Hz 的 1/3 倍频带或 80 ~ 4 000 Hz 倍频带的插入损失。

②选择对比断面时,应充分考虑声源、地形、地貌、地表面、周边反射物、气象条件等因素在不同断面中

的等效程度。

③测量仪器应满足《电声学声级计　第 1 部分:规范》(GB/T 3785.1—2010)规定的 I 级声级计要求。

④测量时应使用风罩,且风罩不应影响传声器的频率响应。

⑤测量时,背景噪声应至少比测量值低 10 dB,若测量值和背景噪声相差 3 ~ 9 dB,则应进行数据修正。当差值小于 3 dB 时,测不符合测试条件,舍弃测量。

(3)评价标准

噪声控制工程的降噪声效果应满足设计文件或产品质量要求,当上述要求不明确时,给出各断面每个测点的具体测试结果。

列车辐射噪声参考 GB/T 12525—90《铁路边界噪声限值及其测量方法》修改方案中昼间 70 dB(A)的要求进行。值得说明的是,该标准中规定的测量时间为 1 h 等效声级,本工程中噪声分析结果采用列车通过时段等效声级进行分析,更加保守,利于环境保护。

(4)轨道交通 1 号线测试情况

以上行为例,选取不少于 5 趟列车通过时的等效声级进行分析,列车在正常运行模式下,列车通过时各断面等效声级及背景噪声测试结果见表 14-3-36。

表 14-3-36　上行列车通过时各断面等效声级及背景噪声

单位:dB(A)

断　面	距地面 1.2 m	背景噪声	距轨面 1.2 m	背景噪声	距钢轨中心 3.5 m	背景噪声
后不塔气—什兰岱	63	51	64	51	65	53
什兰岱—白塔西	62	50	63	51	64	53
白塔西—坝堰(机场)	60	52	62	50	63	53

2. 车内噪声

(1)测试内容

根据招标文件和相关标准要求,分别对客室车厢和司机室内噪声测试,评估列车在全线上下行各区间运行时的噪声水平。

(2)测试方法

车内噪声测试按照《城市轨道交通列车噪声限值和测量方法》(GB 14892—2006)中的相关规定进行:

①轨道状况应维护良好,符合正常运营要求。

②传声器应置于司机室中部或客室纵轴中部,距地板高度 1.2 m 的位置,方向朝上。

③测量时,所有门、窗应关闭,人员不超过 4 人。

④测量时应避开制动机排气、鸣笛、通信、说话等干扰,受到影响时,应在报告中说明。

(3)评价标准

现行国家标准《城市轨道交通列车噪声限值和测量方法》(GB 14892—2006)规定,城市轨道交通系统中地铁和轻轨列车噪声等效声级 L_{eq} 的最大容许限值为地下线司机室内不超过 80 dB,客室内不超过 83 dB;高架线司机室和客室不超过 75 dB。

(4)轨道交通 1 号线测试情况

以上行为例,列车在 ATO(最高运行速度 80 km/h)运行模式下,上行各区间客室车厢及司机室噪声测试结果见表 14-3-37。

表 14-3-37　上行各区间车内噪声

单位:dB(A)

区　间	最大值				备注
	客　室	是否超标	司机室	是否超标	
伊利健康谷—西二环路	82	否	79	否	
西二环路—孔家营	80	否	78	否	
孔家营—呼钢东路	79	否	77	否	
呼钢东路—西龙王庙	80	否	77	否	
西龙王庙—乌兰夫纪念馆	78	否	76	否	
乌兰夫纪念馆—附属医院	80	否	78	否	
附属医院—新华广场	81	否	81	否	
新华广场—人民会堂	80	否	77	否	
人民会堂—将军衙署	82	否	79	否	
将军衙署—艺术学院	82	否	79	否	
艺术学院—东影路	80	否	77	否	
东影路—内蒙古展览馆	80	否	78	否	
内蒙古展览馆—内蒙古博物院	80	否	77	否	
内蒙古博物院—市政府	82	否	78	否	
市政府—呼和浩特东站	81	否	78	否	
呼和浩特东站—后不塔气	80	否	76	否	
后不塔气—什兰岱	77	否	74	否	
什兰岱—白塔西	72	否	69	否	
白塔西—坝堰(机场)	74	否	69	否	

3. 站台噪声

(1)测试内容

对车站所有站台进行噪声测试。

(2)测试方法

①测点周围 2 m 以内不应有反射物。

②测量时应避开会车。

③测量时站台的背景噪声应低于被测噪声 10 dB 以上,否则应按相关要求进行修正,差值小于 5 dB 时应重新测量。

④测量时应避免受到广播等各种非列车运行噪声的干扰,如受到影响,应在报告中说明。

⑤传声器应置于车站站台中部、距地面高度 1.6 m 的位置,传声器前端应朝向被测列车轨道一侧,轴向与线路方向垂直,测量时应使用风罩。

⑥测量时,站台应保持空场状态。

(3)评价标准

现行国家标准《城市轨道交通车站站台声学要求和测量方法》(GB 14227—2006)规定,地铁和轻轨车站列车进、出站时站台上噪声等效声级 L_{eq} 的最大容许限值均不超过 80 dB(A)。

(4)轨道交通 1 号线测试情况

以上行为例,列车在 ATO(最高运行速度 80 km/h)运行模式下,各个站台噪声测试结果见表 14-3-38。

表 14-3-38　上行各个站台噪声

单位:dB(A)

区　间	最大值				是否符合
	进　站	是否超标	出　站	是否超标	
伊利健康谷	68	否	56	否	是
西二环路	76	否	76	否	是
孔家营	76	否	76	否	是
呼钢东路	75	否	75	否	是
西龙王庙	72	否	76	否	是
乌兰夫纪念馆	74	否	78	否	是
附属医院	73	否	77	否	是
新华广场	71	否	76	否	是
人民会堂	73	否	76	否	是
将军衙署	72	否	76	否	是
艺术学院	71	否	72	否	是
东影路	74	否	78	否	是
内蒙古展览馆	73	否	76	否	是
内蒙古博物院	74	否	78	否	是
市政府	73	否	79	否	是
呼和浩特东站	75	否	76	否	是
后不塔气	79	否	79	否	是
什兰岱	73	否	79	否	是
白塔西	73	否	78	否	是
坝堰(机场)	71	否	75	否	是

14.3.7　限　　界

(1)测试内容

对轨道交通 1 号线一期工程伊利健康谷站—坝堰(机场)站上下行线路进行限界检测,测试内容包括线路横断面各个扫描点的 X、Y 坐标值(以钢轨顶面连线中点为原点,以钢轨顶面连线为 X 轴,以垂直于钢轨顶面连线为 Y 轴),以及测试车运行速度、里程信息等辅助变量。

(2)测试方法

限界检测系统通过激光漫反射原理获取目标物体距离,激光扫描传感器内置的旋转镜头在高速旋转过程中对目标物体发射激光脉冲,经目标物体反射后激光向各方向散射。部分散射光返回到传感器接收器,被光学系统接收后成像到雪崩光电二极管上。激光束在空中的飞行时间与传感器和目标物体之间的距离成正比关系,记录并处理从光脉冲发出到返回被接收所经历的时间,即可测定传感器扫描中心距目标物体的距离。

(3)评价标准

轨道交通 1 号线一期工程限界检测评判标准为限界专业设计图纸。

(4)轨道交通 1 号线测试情况

轨道交通 1 号线一期工程限界测试以隧道内和隧道外设备限界实测典型测试断面为例(见图 14-3-35 和图 14-3-36)。

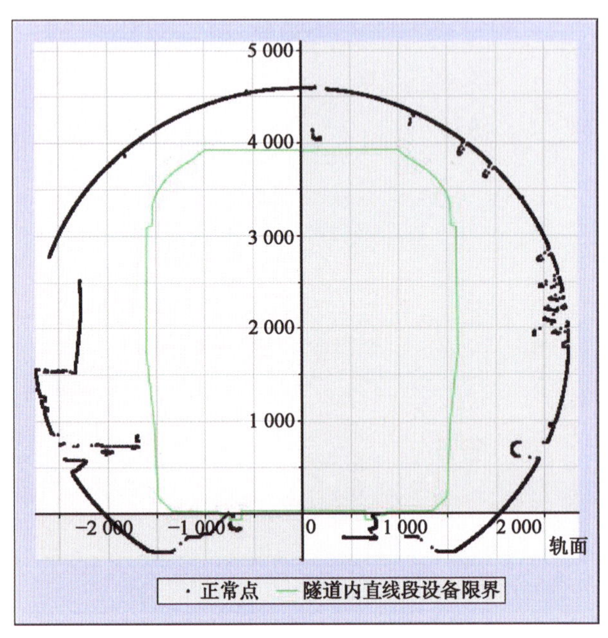

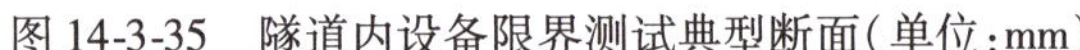

图 14-3-35　隧道内设备限界测试典型断面(单位:mm)

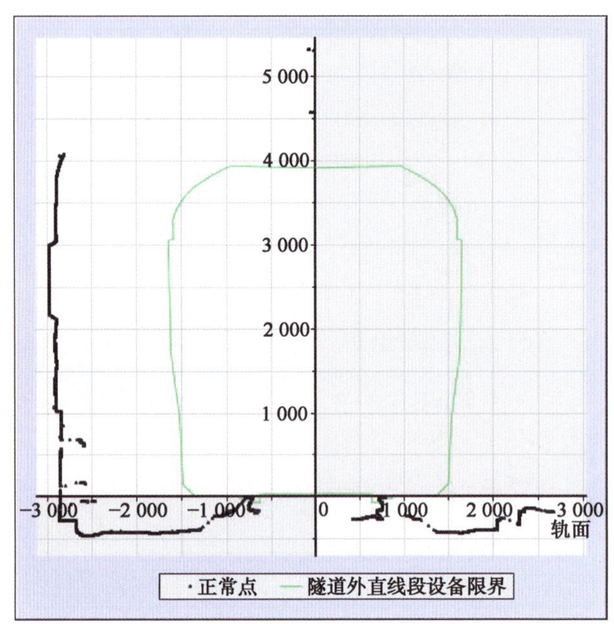

图 14-3-36　隧道外设备限界测试典型断面(单位:mm)

14.3.8　经验总结

轨道交通 1 号线于 2016 年 4 月开工建设,2019 年 12 月开通运营。正线全长 21.719 km,其中地下线 18.530 km,过渡段(U 型槽及底面线)0.337 km,高架线 2.852 km。一期工程共设车站 20 座(地下站 16 座,地上站 4 座),其中换乘站 4 座。开通运营前开展了相应的动态综合检测工作,其中涉及变电、接触网、轨道、车辆、通信、信号等多个专业。

整个动态综合检测工作从 2019 年 10 月 14 日开始第一次检测到 2019 年 12 月 20 日完成最后一次检测,前后持续近 2 个月,共进行四次。实施过程中出现问题较多的项目为弓网关系、轮轨关系、限界检测。

由于动态检测工作在动车调试期间进行,施工作业点较少,如若动态检测时发现的问题较多,问题整改将拖沓较长时间。这就要求各专业施工过程中加强对施工质量的控制,对交通运输部《城市轨道交通初期运营前安全评估管理暂行办法》交运规〔2019〕1 号和交通运输部办公厅《城市轨道交通初期运营前安全评估技术规范　第 1 部分:地铁和轻轨》交办运〔2019〕17 号等文件中提及的指标必须在施工过程中严格把关,避免后期大量整改工作。

在问题整改过程中弓网关系一定程度上受到轮轨关系的影响,接触网专业在整改问题的同时应关注轨道专业调整幅度较大的点如轨道的高低、三角坑等指标,避免因轨道专业调整使接触网专业出现新的问题。

限界检测是问题整改过程中容易被忽略的点,由于动车调试期间列车已经在线路上反复运行,虽然检测出有侵限点,却得不到相关专业重视,存在划伤车辆风险,务必要提高对限界问题的重视程度。

第 15 章 工程验收与评估

城市轨道交通建设工程验收分为单位工程验收、项目工程验收、竣工验收三个阶段。

单位工程验收是指在单位工程完工后，检查工程设计文件和合同约定内容的执行情况，评价单位工程是否符合有关法律法规和工程技术标准，符合设计文件及合同要求，对各参建单位的质量管理进行评价的验收。单位工程划分应符合国家、行业等现行有关规定和标准。

项目工程验收是指各项单位工程验收后、试运行之前，确认建设项目工程是否达到设计文件及标准要求，是否满足城市轨道交通试运行要求的验收。

竣工验收是指项目工程验收合格后、初期试运营之前，结合试运行效果，确认建设项目是否达到设计目标及标准要求的验收。

15.1 单位工程验收

为了加强呼和浩特市城市轨道交通工程施工质量管理与验收，对工程质量验收涉及的单位工程、分部工程、分项工程和检验批依据国家有关规范标准进一步详细划分，制定了《呼和浩特市轨道交通工程资料管理规程》(DBJ/T 03-95—2018)，并按内蒙古自治区工程建设地方标准进行发布执行。

15.1.1 验收单元划分

1. 单位工程

具备独立施工条件并能形成独立使用功能的轨道交通建筑物或构筑物。

2. 分部工程

按专业性质、建(构)筑物的一个完整部位或主要结构及施工阶段划分的工程实体。

3. 分项工程

按工种、工序、材料、施工工艺、设备类别等划分的工程实体。

4. 检 验 批

按同一的生产条件或按规定的方式汇总起来供检验用的，由一定数量样本组成的检验体。

15.1.2 (子)单位工程划分

1. 基本原则

城市轨道交通工程单位工程由土建工程及机电设备安装工程共同组成，当工程规模较大时，可将具有独立施工条件或独立使用功能的部分划分为一个子单位工程。一个单位工程采用不同工法修建时，将单位工程按工法分为若干个子单位工程。

2. 单位工程划分

(1)车站工程划分为一个单位工程,由若干个土建子单位工程和建筑设备安装子单位工程(含下一段区间隧道的机电设备安装工程)组成。把车站土建工程划分成若干个子单位工程主要是考虑了一个车站可能采用了多种施工方法、或车站不同部位施工时间不一致等因素,车站土建工程子单位工程包括地面及高架车站主体及附属工程等子单位工程。

(2)地下、地上及高架区间土建工程(包括附属工程)均作为一个单位工程,若一个区间被分割成多个合同段,或采用了不同的施工方法,或施工时间不一致,或功能不同,则划分为若干子单位工程。

(3)车辆段及综合基地划分为一个单位工程。按房建、路基、道路、桥梁、室外环境和室外安装等划分子单位工程,其中每栋房屋或每座桥梁划分为一个子单位工程。建筑设备安装工程作为主体工程项目的一个子单位工程,包括建筑电气、建筑暖卫、建筑通风、电梯、消防系统等分部工程。

(4)土建工程中轨道工程、人防门、站台屏蔽门、区间疏散平台等单独划分为单位工程。

(5)专业系统设备中通信、信号、供电、综合监控、云平台、自动售检票、集中 UPS 等各专业系统设备单独划分为单位工程。

15.1.3 单位工程验收

呼和浩特市城市轨道交通 1 号线一期工程共划分 56 个单位工程,轨道交通 2 号线一期工程共划分 61 个单位工程。

1. 单位工程验收前置条件

(1)完成工程设计和合同约定的各项内容,对不影响运营安全及使用功能的缓建项目已经相关部门同意。

(2)质量控制资料应完整。

(3)单位工程所含分部工程的质量均应验收合格。

(4)有关安全和功能的检测、测试和必要的认证资料应完整;主要功能项目的检验检测结果应符合相关专业质量验收规范的规定;设备、系统安装工程需通过各专业要求的检测、测试或认证。

(5)有勘察、设计、施工、工程监理等单位签署的质量合格文件或质量评价意见。

(6)观感质量应符合验收要求。

(7)住房城乡建设主管部门及其委托的工程质量监督机构等有关部门责令整改的问题已经整改完毕。

2. 单位工程验收组织

单位工程验收由建设单位组织,勘察、设计、施工、监理等各参建单位的项目负责人参加,组成验收小组。

(1)建设单位应对验收小组主要成员资格进行核查。

(2)建设单位应制定验收方案,验收方案的内容应包括验收小组人员组成、验收方法等。方案应明确对工程质量进行抽样检查的内容、部位等详细内容,抽样检查应具有随机性和可操作性。

(3)建设单位应当在单位工程验收 7 个工作日前,将验收的时间、地点及验收方案书面报送工程质量监督机构。

3. 单位工程验收的内容和程序

(1)建设、勘察、设计、施工、监理等单位分别汇报工程合同履约情况和工程建设中各个环节执行法律、法规和工程建设强制性标准的情况。

(2)验收小组实地查验工程质量,审阅建设、勘察、设计、监理、施工单位的工程档案资料,并形成验收意见。查验及审阅至少应包括以下内容:

①检查合同和设计相关内容的执行情况；

②检查单位工程实体质量（涉及运营安全及使用功能的部位应进行抽样检测），检查工程档案资料；

③检查施工单位自检报告及施工技术资料（包括主要产品的质量保证资料及合格报告）；

④检查监理单位独立抽检资料、监理工作总结报告及质量评价资料；

⑤工程质量监督机构出具验收监督意见。

单位工程验收时，对重要分部工程应核查质量验收记录，进行质量抽样检查，经验收记录核查和质量抽样检查合格后，方可判定所含的分部工程质量合格。单位工程质量验收时，可委托第三方质量检测机构进行工程质量抽测。

15.2　项目工程验收

15.2.1　基本要求

城市轨道交通试运行前应组织项目验收，以确认是否满足城市轨道交通的试运行需要，项目工程验收由建设单位牵头负责组织有关参建单位、运营单位等组成验收委员会进行验收，对满足轨道交通试运行前进行的条件和安全评估，验收通过后投入试运行。

15.2.2　项目工程验收前置条件

(1)项目所含单位工程均已完成设计及合同约定的内容，并通过了单位工程验收。对不影响运营安全及使用功能的缓建、缓验项目已经相关部门同意。

(2)单位工程质量验收提出的遗留问题、住房城乡建设行政主管部门或其委托的工程质量监督机构责令整改的问题已全部整改完毕。

(3)设备系统经联合调试符合运营整体功能要求，并已由相关单位出具认可文件。

(4)已通过对试运行有影响的相关专项验收。

15.2.3　项目工程验收组织

城市轨道交通建设项目工程验收工作由建设单位组织，各参建单位项目负责人以及运营单位、负责专项验收的市政府有关部门代表参加，组成验收组。

(1)建设单位应对验收组主要成员资格进行核查。

(2)建设单位应制定验收方案，验收方案的内容应包括验收组人员组成、验收方法等。

(3)建设单位应当在项目工程验收 7 个工作日前，将验收的时间、地点及验收方案书面报送工程质量监督机构。

15.2.4　项目工程验收内容和程序

项目工程验收的内容和程序：

(1)建设单位代表向验收组汇报工程合同履约情况和在工程建设中各个环节执行法律、法规和工程建设强制性标准的情况。

(2)各验收小组实地查验工程质量，复查单位工程验收遗留问题的整改情况；审阅建设、勘察、设计、监理、施工单位的工程档案和各项功能性检测、监测资料。

(3)验收组对工程勘察、设计、施工、监理、设备安装质量等方面进行评价，审查对试运行有影响的相关专项验收情况；审查系统设备联合调试情况，签署项目工程验收意见。

(4)工程质量监督机构出具验收监督意见。

15.3 政府专项验收

15.3.1 概　　述

城市轨道交通政府专项验收，即投入初期运营验收，指城市轨道交通工程项目初期运营前，在完成工程验收的基础上，由轨道交通公司向政府主管部门提出政府专项验收申请，由政府主管部门牵头组织对该工程项目的各项条件是否满足初期运营要求进行检查和确认，以确保轨道交通线路开通后的运营安全和服务水平。

根据《城市轨道交通初期运营前安全评估管理暂行办法》(交运规〔2019〕1 号，以下简称"《办法》")，城市轨道交通初期运营前安全评估前需要通过政府专项验收，即满足《办法》中第二章和第三章第八条规定之内容。根据《办法》精神，在城市轨道交通运营主管部门确定了第三方安全评估机构后，在满足开展初期运营前安全评估的前提下，由城市轨道交通建设单位(以下简称建设单位)会同运营单位提交竣工验收报告、甩项工程批复、重大设计变更批复、用地和建设许可文件、特种设备验收、消防验收、人防验收、卫生评价、档案验收等政府专项验收完成并取得验收报告，工程质量验收监督意见，以及建设单位编制的环保验收报告等材料齐备之后，由城市轨道交通运营主管部门确定的具有资质的第三方安全评估机构，对城市轨道交通初期运营前的安全性进行评估工作。具体包括工程整体风险点识别、系统功能核验、系统工程危害辨别以及工程风险控制方法，并提交《城市轨道交通初期运营前安全评估报告》，并由城市轨道交通运营主管部门依法向城市人民政府报告评估情况并申请办理初期运营手续(批复文件见图 15-3-1)。因此，可以将城市轨道交通政府专项验收工作视为开展城市轨道交通试运营前安全评估工作的前提条件。

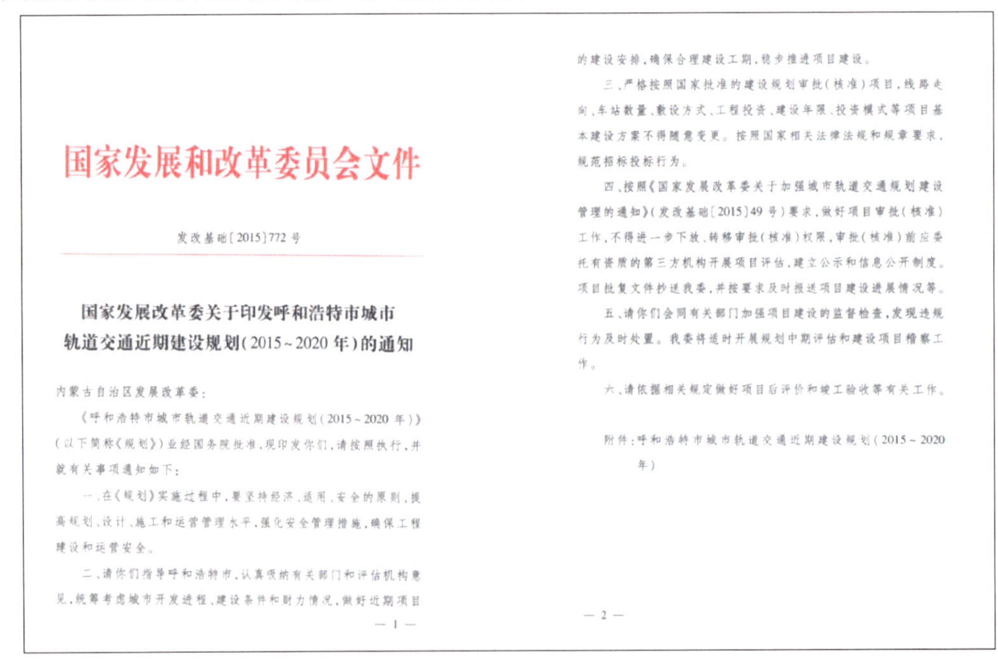

国家发展和改革委员会文件

发改基础〔2015〕772 号

国家发展改革委关于印发呼和浩特市城市轨道交通近期建设规划(2015~2020 年)的通知

内蒙古自治区发展改革委：

《呼和浩特市城市轨道交通近期建设规划(2015~2020 年)》(以下简称《规划》)业经国务院批准，现印发你们，请按照执行，并就有关事项通知如下：

一、在《规划》实施过程中，要坚持经济、适用、安全的原则，提高规划、设计、施工和运营管理水平，强化安全管理措施，确保工程建设和运营安全。

二、请你们指导呼和浩特市，认真吸纳有关部门和评估机构意见，统筹考虑城市开发进程、建设条件和财力情况，做好近期项目

— 1 —

的建设安排，确保合理建设工期，稳步推进项目建设。

三、严格按照国家批准的建设规划审批(核准)项目，线路走向、车站数量、敷设方式、工程投资、建设年限、投资模式等项目基本建设方案不得随意变更。按照国家相关法律法规和规章要求，规范招标投标行为。

四、按照《国家发展改革委关于加强城市轨道交通规划建设管理的通知》(发改基础〔2015〕49 号)要求，做好项目审批(核准)工作，不得进一步下放、转移审批(核准)权限，审批(核准)前应委托有资质的第三方机构开展项目评估，建立公示和信息公开制度。项目批复文件抄送我委，并按要求及时报送项目建设进展情况等。

五、请你们会同有关部门加强项目建设的监督检查，发现违规行为及时处置。我委将适时开展规划中期评估和建设项目稽察工作。

六、请依据相关规定做好项目后评价和竣工验收等有关工作。

附件：呼和浩特市城市轨道交通近期建设规划(2015~2020 年)

— 2 —

图 15-3-1　国家发展和改革委员会关于印发呼和浩特市城市轨道交通近期建设规划(2015—2020)的通知文件

15.3.2　呼和浩特市城市轨道交通工程项目投入初期运营验收文件及批复

内蒙古自治区、呼和浩特市政府相关主管部门有关呼和浩特市城市轨道交通 1 号线车站、区间、车辆段、停车场、控制中心、主变电所等土建工程及机电系统工程的建设批准文件，包括《建设项目选址意见书》《建设工程规划许可证》《建设工程用地许可证》《建筑工程施工许可证》。

截至 2019 年 12 月 24 日，已全部完成轨道交通 1 号线车站、区间、车辆段、停车场、控制中心、主变电所等土建工程及机电系统工程的《建筑工程施工许可证》等规划施工许可（见图 15-3-2）。

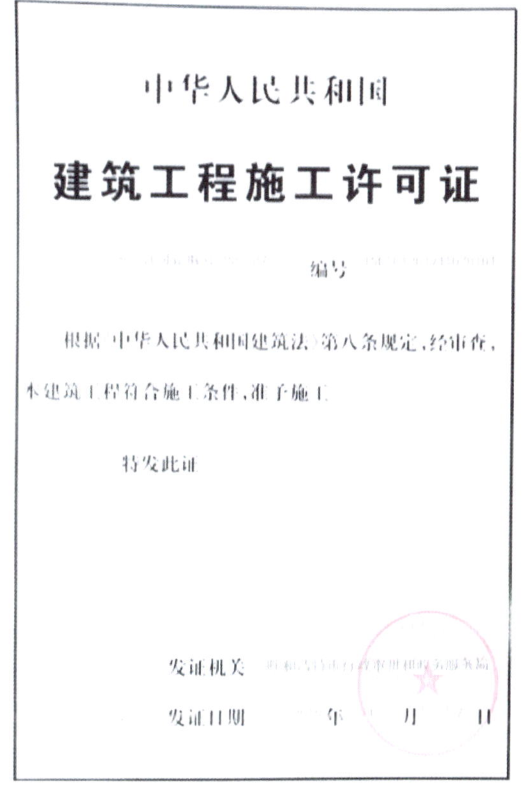

中华人民共和国

建筑工程施工许可证

编号

根据《中华人民共和国建筑法》第八条规定，经审查，本建筑工程符合施工条件，准予施工。

特发此证

发证机关

发证日期　　年　　月　　日

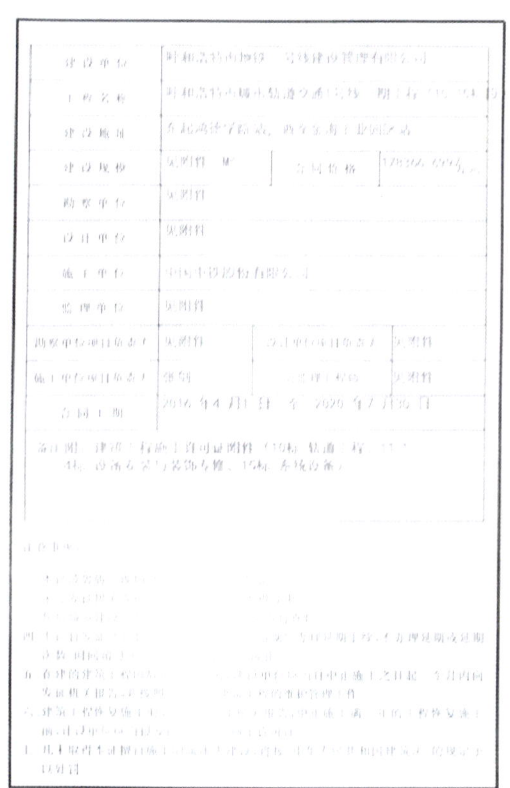

建设单位	[illegible]		
工程名称	[illegible]		
建设地址	[illegible]		
建设规模	见附件	合同价格	[illegible]
勘察单位	见附件		
设计单位	见附件		
施工单位	中国中铁股份有限公司		
监理单位	见附件		
勘察单位项目负责人	见附件	设计单位项目负责人	见附件
施工单位项目负责人	[illegible]	总监理工程师	见附件
合同工期	2016 年 4 月 1 日 至 2020 年 7 月 30 日		

图 15-3-2　建筑施工许可证

（1）市建设主管部门委托呼和浩特建设工程质量监督站对所监督的轨道交通建设项目土建工程及装饰装修、设备系统及安装工程投入试运营出具质量验收监督意见。

（2）消防验收是地铁工程验收工作中涉及范围最广的一项政府验收。验收包含土建结构、精装修工程、室外管线、设备安装、系统设备功能等诸多项目。按照计划安排，消防专项验收工作共分三阶段进行。第一阶段于 2019 年 11 月 20 日完成主管住建局和消防大队的消防报验工作；第二阶段于 2019 年 11 月 25 日完成全线的消防设施设备检测并出具检测合格意见书；第三阶段于 2019 年 12 月 24 日完成，并取得了 1 号线消防验收文件（见图 15-3-3）。

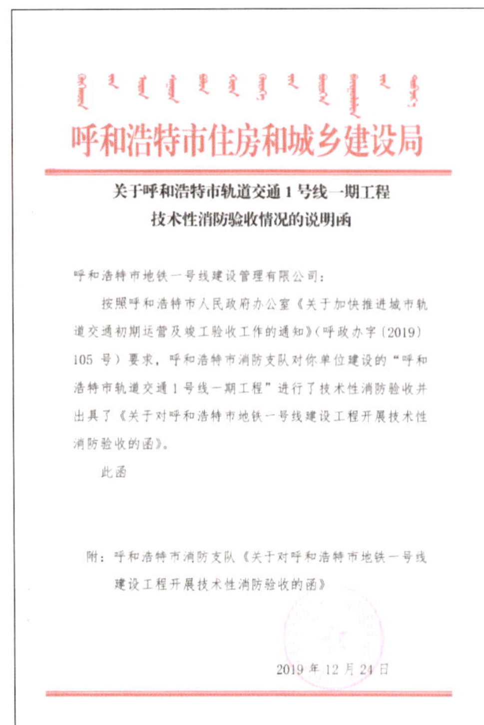

呼和浩特市住房和城乡建设局

关于呼和浩特市轨道交通1号线一期工程
技术性消防验收情况的说明函

呼和浩特市地铁一号线建设管理有限公司：

按照呼和浩特市人民政府办公室《关于加快推进城市轨道交通初期运营及竣工验收工作的通知》(呼政办字〔2019〕105号)要求，呼和浩特市消防支队对你单位建设的“呼和浩特市轨道交通1号线一期工程”进行了技术性消防验收并出具了《关于对呼和浩特市地铁一号线建设工程开展技术性消防验收的函》。

此函

附：呼和浩特市消防支队《关于对呼和浩特市地铁一号线建设工程开展技术性消防验收的函》

2019年12月24日

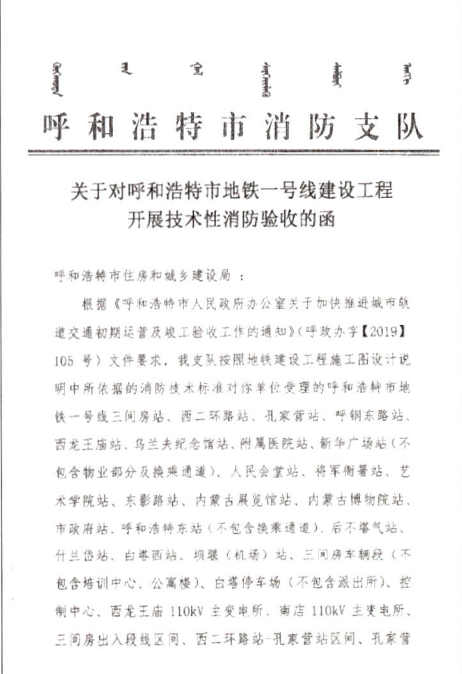

呼和浩特市消防支队

关于对呼和浩特市地铁一号线建设工程
开展技术性消防验收的函

呼和浩特市住房和城乡建设局：

根据《呼和浩特市人民政府办公室关于加快推进城市轨道交通初期运营及竣工验收工作的通知》(呼政办字【2019】105号)文件要求，我支队按照地铁建设工程施工图设计说明中所依据的消防技术标准对你单位受理的呼和浩特市地铁一号线三间房站、西二环路站、孔家营站、呼钢东路站、西龙王庙站、乌兰夫纪念馆站、附属医院站、新华广场站(不包含物业部分及换乘通道)、人民会堂站、将军衙署站、艺术学院站、东影路站、内蒙古展览馆站、内蒙古博物院站、市政府站、呼和浩特东站(不包含换乘通道)、后不塔气站、什兰岱站、白塔西站、坝堰(机场)站、三间房车辆段(不包含培训中心、公寓楼)、白塔停车场(不包含派出所)、控制中心、西龙王庙110kV主变电所、南店110kV主变电所、三间房出入段线区间、西二环路站-孔家营站区间、孔家营

图 15-3-3 政府主管部门专项验收及批复文件

(3)起重设备、电(扶)梯、压力容器等特种设备验收文件。

特种设备专项验收共包括天车、叉车、压力容器、电(扶)梯等设备。轨道公司在各特种设备安装就位、调试完成并完成电扶梯设备施工自检的基础上，上报内蒙古自治区特种设备检验院审批。由特检院进行现场验收，并出具《特种设备检验意见通知书》。在复检合格后特检院下发《监督检验报告》和特种设备使用标志，并由使用单位进行网上注册，上传相关资料。呼和浩特市市场监督管理局审批通过后完成设备注册登记。公司已于初期运营前安全评估之前全部完成轨道交通1号线全部特种设备验收工作，由于设备过多，仅选取个别验收文件作为代表(见图15-3-4)。

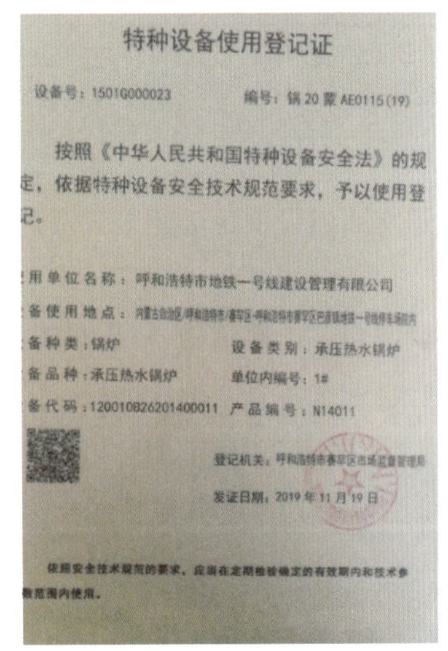

特种设备使用登记证

设备号：1501G000023　编号：锅20蒙AE0115(19)

按照《中华人民共和国特种设备安全法》的规定，依据特种设备安全技术规范要求，予以使用登记。

用单位名称：呼和浩特市地铁一号线建设管理有限公司

备使用地点：内蒙古自治区/呼和浩特市/赛罕区-呼和浩特市赛罕区巴彦镇地铁一号线停车场院内

备种类：锅炉　设备类别：承压热水锅炉

备品种：承压热水锅炉　单位内编号：1#

备代码：120010826201400011　产品编号：N14011

登记机关：呼和浩特市赛罕区市场监督管理局

发证日期：2019年11月19日

依照安全技术规范的要求，应当在定期检验确定的有效期内和技术参数范围内使用。

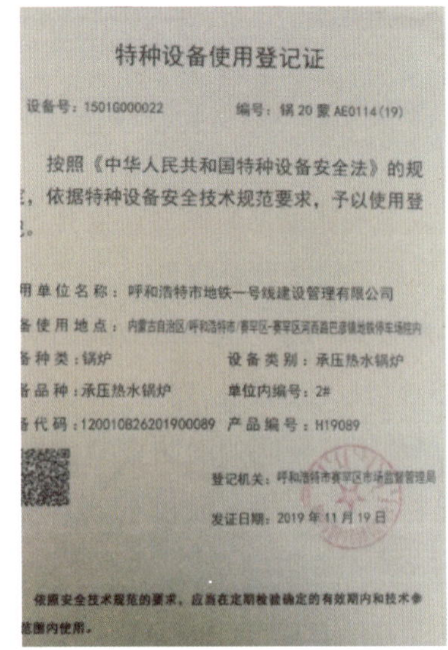

特种设备使用登记证

设备号：1501G000022　编号：锅20蒙AE0114(19)

按照《中华人民共和国特种设备安全法》的规定，依据特种设备安全技术规范要求，予以使用登记。

用单位名称：呼和浩特市地铁一号线建设管理有限公司

备使用地点：内蒙古自治区/呼和浩特市/赛罕区-赛罕区河西路巴彦镇地铁停车场院内

备种类：锅炉　设备类别：承压热水锅炉

备品种：承压热水锅炉　单位内编号：2#

备代码：120010826201900089　产品编号：H19089

登记机关：呼和浩特市赛罕区市场监督管理局

发证日期：2019年11月19日

依照安全技术规范的要求，应当在定期检验确定的有效期内和技术参数范围内使用。

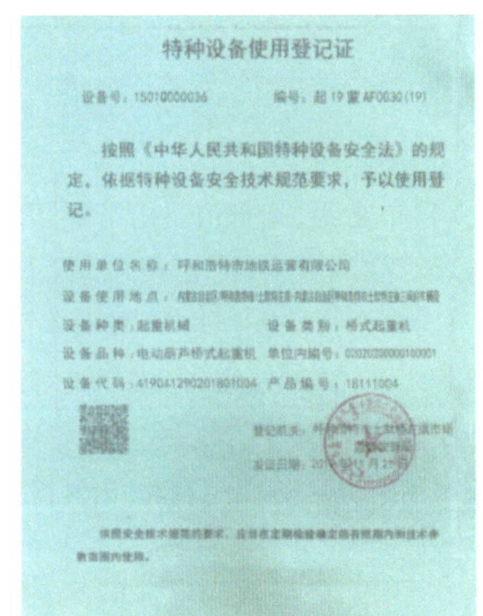

特种设备使用登记证

设备号：1501Q000036　编号：起19蒙AF0030(19)

按照《中华人民共和国特种设备安全法》的规定，依据特种设备安全技术规范要求，予以使用登记。

使用单位名称：呼和浩特市地铁运营有限公司

设备使用地点：[illegible]

设备种类：起重机械　设备类别：桥式起重机

设备品种：电动葫芦桥式起重机　单位内编号：02020208000100001

设备代码：419041290201801004　产品编号：18111004

登记机关：[illegible]

发证日期：[illegible]

依照安全技术规范的要求，应当在定期检验确定的有效期内和技术参数范围内使用。

图 15-3-4 部分特种设备使用登记证

(4)轨道交通公司 2019 年年初与呼和浩特市人民防空办公室(简称市人防办)对接人防验收方案及流程相关事宜,由于市人防办此前未接触地铁人防工程验收相关工作,所以决定于 2019 年 4 月份对天津等地人防办地铁人防工程验收工作进行考察调研,4 月底完成调研工作。2019 年 5 月至 9 月,市人防办开始梳理编制地铁人防工程验收方案及验收程序,9 月初初步完成地铁人防工程验收方案及验收程序。验收主要为人防办质检科前期地铁人防工程质量监督,质量监督完成后进行最终验收,合格后于 2019 年 12 月 20 日出具验收合格批复文件(见图 15-3-5),地铁人防验收工作正式完成。

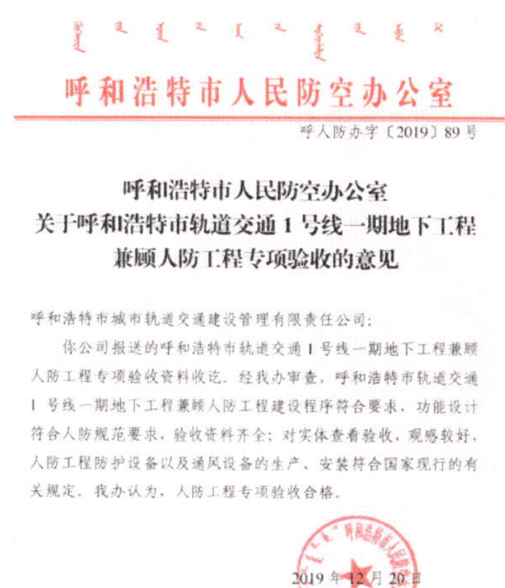

呼和浩特市人民防空办公室

呼人防办字〔2019〕89 号

呼和浩特市人民防空办公室
关于呼和浩特市轨道交通 1 号线一期地下工程
兼顾人防工程专项验收的意见

呼和浩特市城市轨道交通建设管理有限责任公司:

你公司报送的呼和浩特市轨道交通 1 号线一期地下工程兼顾人防工程专项验收资料收讫。经我办审查,呼和浩特市轨道交通 1 号线一期地下工程兼顾人防工程建设程序符合要求,功能设计符合人防规范要求,验收资料齐全;对实体查看验收,观感较好,人防工程防护设备以及通风设备的生产、安装符合国家现行的有关规定。我办认为,人防工程专项验收合格。

2019 年 12 月 20 日

图 15-3-5　人防工程验收文件

(5)轨道交通 1 号线需对 20 个车站公共场所卫生学评价检测工作,即公共区域环境卫生学检测、通风系统卫生学检测、生活饮用水卫生学检测及整体项目的卫生学评价,并出具《卫生学评价报告》。

2019 年 11 月 3 日全线地下车站具备进场检测条件,11 月 4 号邀请内蒙古疾控中心、组织第三方检测单位现场踏勘,进场检测满足检测要求的车站,不满足检测要求的提出整改要求现场及时整改,运营公司、现场管理部门及指挥部做好现场配合工作。11 月 23 号完成了全部检测工作,11 月底完成检测报告并报市卫健委审查,12 月 10 日前完成卫健委提出的问题整改并组织通过验收。12 月 24 日市卫生主管部门对 1 号线投入初期运营出具卫生评价文件(见图 15-3-6)。

(6)由内蒙古八思巴环保科技有限公司作为第三方环保评估机构,在经过现场核验和资料审查后出具了《呼和浩特市城市轨道交通 1 号线一期工程初期运营前环保设施调查报告》,确保满足 1 号线初期运营条件(见图 15-3-7)。

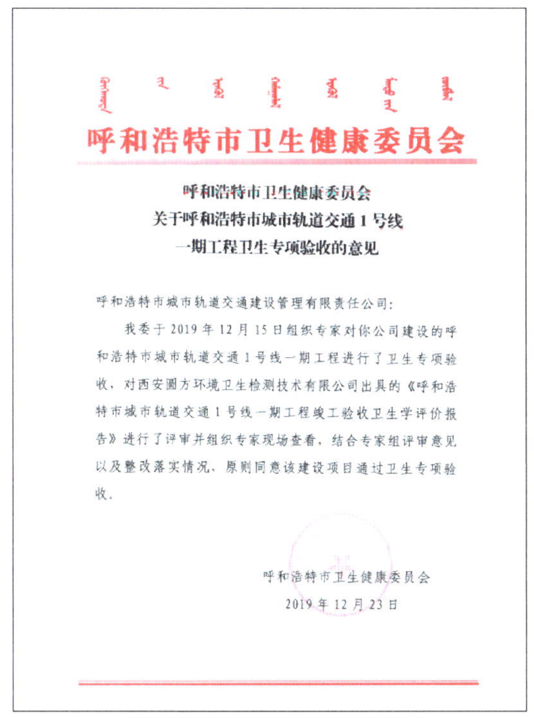

呼和浩特市卫生健康委员会

呼和浩特市卫生健康委员会
关于呼和浩特市城市轨道交通 1 号线
一期工程卫生专项验收的意见

呼和浩特市城市轨道交通建设管理有限责任公司:

我委于 2019 年 12 月 15 日组织专家对你公司建设的呼和浩特市城市轨道交通 1 号线一期工程进行了卫生专项验收,对西安圆方环境卫生检测技术有限公司出具的《呼和浩特市城市轨道交通 1 号线一期工程竣工验收卫生学评价报告》进行了评审并组织专家现场查看,结合专家组评审意见以及整改落实情况,原则同意该建设项目通过卫生专项验收。

呼和浩特市卫生健康委员会
2019 年 12 月 23 日

图 15-3-6　卫生专项验收文件

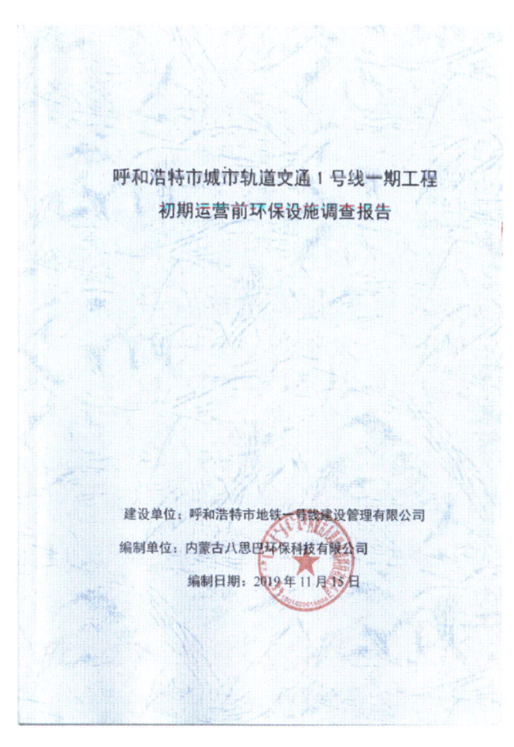

呼和浩特市城市轨道交通 1 号线一期工程
初期运营前环保设施调查报告

建设单位:呼和浩特市地铁一号线建设管理有限公司
编制单位:内蒙古八思巴环保科技有限公司
编制日期:2019 年 11 月 15 日

图 15-3-7　环保设施调查报告

(7)经与市档案主管部门积极沟通,呼和浩特市档案局于2019年11月19日出具了《关于呼和浩特市城市轨道交通1号线一期工程项目档案预验收情况的意见》,标志着1号线顺利通过档案验收工作(见图15-3-8)。

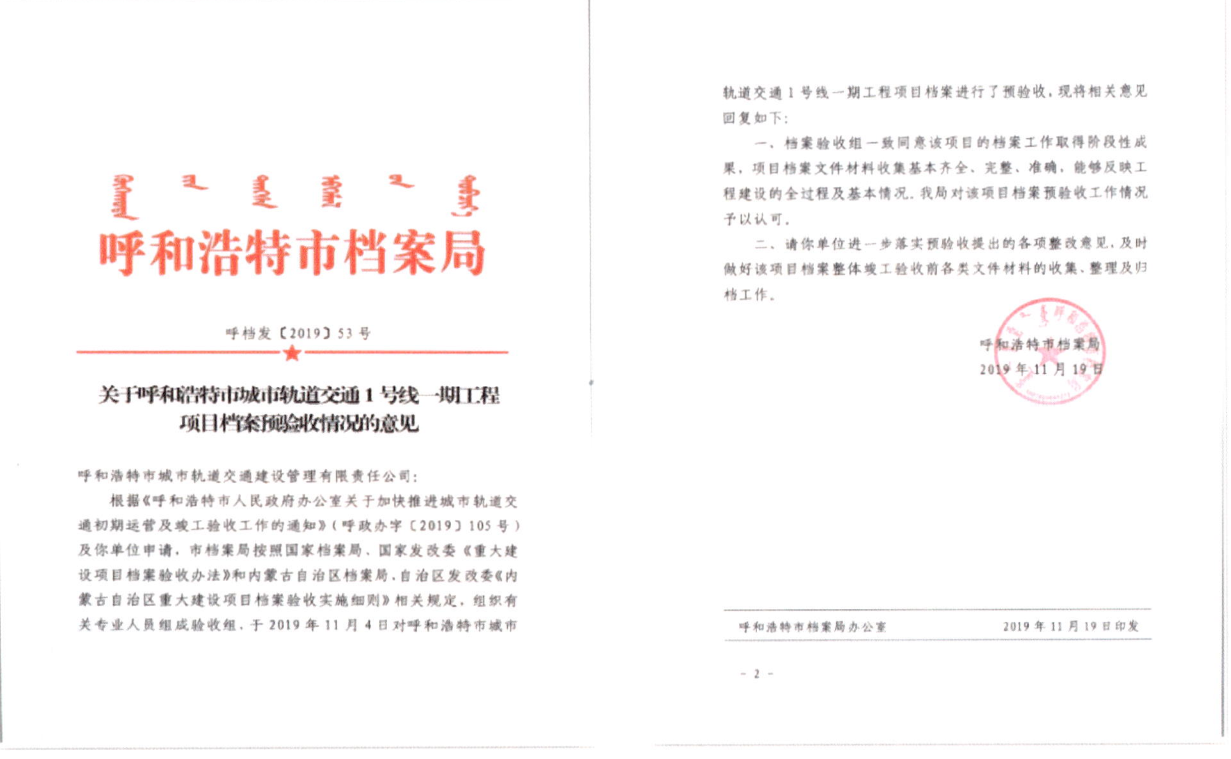

呼和浩特市档案局

呼档发〔2019〕53号

关于呼和浩特市城市轨道交通1号线一期工程项目档案预验收情况的意见

呼和浩特市城市轨道交通建设管理有限责任公司:

根据《呼和浩特市人民政府办公室关于加快推进城市轨道交通初期运营及竣工验收工作的通知》(呼政办字〔2019〕105号)及你单位申请,市档案局按照国家档案局、国家发改委《重大建设项目档案验收办法》和内蒙古自治区档案局、自治区发改委《内蒙古自治区重大建设项目档案验收实施细则》相关规定,组织有关专业人员组成验收组,于2019年11月4日对呼和浩特市城市轨道交通1号线一期工程项目档案进行了预验收,现将相关意见回复如下:

一、档案验收组一致同意该项目的档案工作取得阶段性成果,项目档案文件材料收集基本齐全、完整、准确,能够反映工程建设的全过程及基本情况。我局对该项目档案预验收工作情况予以认可。

二、请你单位进一步落实预验收提出的各项整改意见,及时做好该项目档案整体竣工验收前各类文件材料的收集、整理及归档工作。

呼和浩特市档案局
2019年11月19日

呼和浩特市档案局办公室 2019年11月19日印发

- 2 -

图15-3-8 档案验收文件

15.4 竣工验收

在项目工程验收合格后,进一步确认轨道交通建设工程是否满足设计目标、运营需求、既定功能、规范标准,达到技术档案和施工管理资料完整、试运行中发现的问题整改完毕、通过全部专项验收工作,结合试运行实际效果,建设单位组织开展竣工验收,正式开展初期运营前安全评估工作。

15.4.1 竣工验收前置条件

依据《建设工程质量管理条例》《房屋建筑和市政基础设施工程竣工验收备案管理办法》《房屋建筑和市政基础设施工程竣工验收规定》和《城市轨道交通工程安全质量管理暂行办法》等有关规定,以及2014年3月27日住房和城乡建设部印发的《城市轨道交通建设工程验收管理暂行办法》(建质〔2014〕42号),城市轨道交通建设工程竣工验收应具备以下条件:

(1)项目工程验收的遗留问题全部整改完毕。

(2)有完整的技术档案和施工管理资料。

(3)试运行过程中发现的问题已整改完毕,有试运行总结报告。

(4)已通过规划部门对建设工程是否符合规划条件的核实和全部专项验收,并取得相关验收或认可文件;暂时甩项的,应经相关部门同意。

15.4.2　竣工验收组织

城市轨道交通建设工程竣工验收由建设单位组织,各参建单位项目负责人以及运营单位、负责规划条件核实和专项验收的城市政府有关部门代表参加,组成验收委员会。自治区住房城乡建设主管部门应当加强对本行政区域内城市轨道交通建设工程竣工验收的监督。

(1)建设单位应对验收组主要成员资格进行核查。

(2)建设单位应制定验收方案,验收方案的内容应包括验收委员会人员组成、验收内容及方法等。

(3)验收委员会可按专业分为若干专业验收组。

(4)建设单位应当在竣工验收 7 个工作日前,将验收的时间、地点及验收方案书面报送工程质量监督机构。

15.4.3　竣工验收的内容和程序

(1)建设、勘察、设计、监理、施工等单位代表简要汇报工程概况、合同履约情况和在工程建设各个环节执行法律、法规和工程建设强制性标准的情况。

(2)建设单位汇报试运行情况。

(3)相关部门代表进行专项验收工作总结。

(4)验收委员会审阅工程档案资料、运行总结报告及检查项目工程验收遗留问题和试运行中发现问题的整改情况。

(5)验收委员会质询相关单位,讨论并形成验收意见。

(6)验收委员会签署工程竣工验收报告,并对遗留问题做出处理决定。

(7)工程质量监督机构出具验收监督意见。

15.5　初期运营前安全评估

城市轨道交通初期运营前安全评估,是根据《交通运输部关于印发〈城市轨道交通初期运营前安全评估管理暂行办法〉的通知》(交运规〔2019〕1 号)对城市轨道交通项目在投入初期运营前的工程建设总体情况是否达到初期运营标准而进行的综合性评估,是城市轨道交通正式投入初期运营前最后一关。作为对城市轨道交通整体建设情况的最后一道“大考”,初期运营前安全评估分别从前提条件、土建工程、设备系统、运营准备等方面进行审查。本节分别从前期准备、预评估、正式评估三个阶段阐述呼和浩特市城市轨道交通 1 号线一期工程初期运营前安全评估的工作历程。

15.5.1　前期准备

受呼和浩特市交通运输局(以下简称“市交通局”)委托,由轨道交通公司负责对呼和浩特市城市轨道交通 1 号线一期工程第三方安全评估机构进行公开招标。经过严肃的招标流程,最终确定由中国安全生产科学研究院(以下简称“安科院”)作为轨道交通 1 号线一期工程初期运营前安全评估的第三方评估单位。由于《城市轨道交通初期运营前安全评估管理暂行办法》(交运规〔2019〕1号)自2019年7月1日起实施,且轨道交通1号线一期工程作为内蒙古自治区首条地铁线路,轨道交通公司无任何安全评估经验可以借鉴。为了尽快摸清规则,明确工作思路,组织相关工作人员赴常州市轨道交通发展有限公司调研学习,深入探讨初期运营前安全评估工作方案和计划。作为新规实施后第一个通过初期运营前安全评估的地铁线路,常州市地铁1号线的经验对呼和浩特市城市轨道交通1号线一期工程初期运营前安全评估工作具有巨大的指导意义和借鉴作用。轨道交通公司先后出台了《关于成立呼和浩特市轨道交通1号线初期运营前安全评估工作领导小组的通知》(呼城轨字〔2019〕594号)、《呼和浩特市地铁1号线初期运营前安全评估工作总体方案》等一系列文件,更是形成了两日一次的安全评估推进例会制度,保证初期运营前安全评估的各项工作能够得到有力推进。

15.5.2 初期运营前安全评估预评估

为了保证轨道交通1号线初期运营前正式评估顺利通过,实现2019年年底正式通车目标。经市交通局和安科院组织,于11月5日—7日组织总体组、土建组、设备1组、设备2组、初期运营准备组5位专家组组长赴呼和浩特进行实地把脉。各位专家组组长针对各自专业对标17号文进行了资料审查和现场检查,就1号线实际建设进度和工程计划提出了若干条实质性意见,更为后续的预评估工作奠定了基础。随后,轨道交通公司针对专家意见逐项进行了整改落实,在预评估召开前全部落实到位。

2019年12月2日—4日,由市交通局组织召开轨道交通1号线一期工程初期运营前安全预评估会议。会议邀请了来自北京、天津、深圳、常州、合肥、南宁、西安等地的12名专家,按照专业划分为总体组、土建组、设备一组、设备二组、初期运营准备组。专家组深入轨道交通1号线各站点、区间、车辆段、停车场、南店主变电所、西龙王庙主变电所、控制中心进行了全面、细致的检查,通过现场踏勘,查看了工程建设情况,并详细了解了设计意图、工程质量以及初期运营准备工作,科学严谨地论证关键问题和具体细节。专家组还对各类工程资料和试验报告进行了认真审阅,仔细把关,对涉及系统设备功能实现方面的试验报告进行了重点核查,经过充分、审慎的论证后,最终形成了专家组意见。针对此次预评估专家提出的意见,轨道交通公司连夜组织施工、设计、监理等参建单位落实整改、责任到人,以最坚决的态度、最有效的措施完成了问题的整改。

15.5.3 初期运营前安全评估

根据《交通运输部办公厅关于印发〈城市轨道交通初期运营前安全评估技术规范　第1部分:地铁和轻轨〉的通知》(交办运〔2019〕17号)文件要求,正式评估前需要完成竣工验收等八项前提条件。经不懈努力,最终于12月24日完成了全部验收及前提条件,并取得了《呼和浩特市交通运输局同意开展呼和浩特市地铁1号线初期运营前安全评估的意见》。

根据《城市轨道交通初期运营前安全评估管理暂行办法》(交运规〔2019〕1号),12月25日—27日,市交通局委托安科院组织开展了呼和浩特市城市轨道交通1号线一期工程初期运营前安全评估。会议邀请了来自北京、天津、广州、西安、深圳、常州、青岛、佛山、金华的20位专家,分成督导组、土建组、设备一组、设备二组、初期运营准备组5个小组,对轨道交通1号线一期工程初期运营条件进行初期运营前安全评估。专家组听取了轨道交通1号线一期工程的建设情况、试运行与初期运营准备情况和公交配套方案的汇报。

在实地踏勘阶段,各专家组实地检查了轨道交通1号线一期工程的20座车站、19个区间、2座主变电所、车辆段、停车场、控制中心等部位的土建结构、线路、轨道、限界、机电设备等，与建设、运营、设计、施工、监理等单位进行了沟通交流，对系统功能、系统联动功能测试和运营准备进行了评估，对 34 项测试项目全部进行了核验。在各专业小组评估意见的基础上，形成了专家组评估报告。督导组专家张良宣读了督导意见，专家组组长龙赤宇宣读了评估报告。专家组一致认为，呼和浩特市城市轨道交通 1 号线一期工程通过初期运营前安全评估，已具备初期载客运营条件。在通过安全评估后，轨道交通公司与市交通局沟通无缝对接，连夜安排整改落实并提交了 1 号线初期运营前安全评估问题整改报告，并协调市交通局于 12 月 28 日向市政府提交开通 1 号线正式运营的申请，并最终取得了市政府关于 1 号线开通初期运营的批复，保障了 1 号线的如期开通。

第16章 运营筹备

16.1 管理体系构建

在北京地铁运营技术咨询公司的大力支持下,“后发优势”增加助力引擎,少走了很多“弯路”,在运营管理中持续不断学习借鉴先进的管理经验与做法,打造现代、科学、高效的轨道交通运营管理模式。

16.1.1 地铁运营业务和管理的工作内容

分析地铁运营的业务和管理工作内容及其特点,是科学、合理设计地铁运营管理模式的前提。地铁运营业务和管理工作内容,可以分为管理技术类、运营组织类、设备保障类和后勤类四大类。

1. 管理技术类

主要包括各项综合管理和专业管理工作。

(1)综合管理如财务管理、行政管理、人力资源管理、党群工作等。

(2)专业管理包括运输组织、车辆、供电、机电、通信、信号、自动售检票(AFC)、线路、土建等专业技术管理和资产管理及委外作业管理。

管理性工作的工作量及管理难度主要取决于地铁运营的业务规模和人员规模。

2. 运营组织类

地铁运营组织是与运送乘客直接有关的运输业务,包括列车的运行调度指挥、运输系统运行与监控、列车运营、乘务管理、站务管理、客流组织、票务管理等工作。

(1)列车运行调度指挥

包括编制运行图和运行时刻表、行车组织与行车作业、监控客流并调集人力物力和备用车辆,疏导突发大客流,调车作业等。

(2)运输系统运行与监控

列车运行与监控,信号系统运行与监控,通信系统运行与监控,供电系统运行与监控,环控、通风系统运行与监控,防灾报警系统运行与监控,自动售检票系统运行与监控,给排水系统运行与监控等。

(3)列车运营

包括正常状态列车的运营、非正常状态列车的运营、紧急状态列车的运营等方面。

(4)乘务管理

地铁列车司机担负着行车安全的主要职责。乘务管理包括制定值乘方案、合理安排乘务员作息时间、乘务人员培训及安全监督等。

(5)站务管理

工作内容包括各车站的行车组织、施工管理、客运管理、乘客服务、事故处理、车站清洁、车站治安管理等。

(6)客流组织

包括车站导向系统的设置,以及对乘客进站、购票、进入付费区、上下车、换乘、验票出站等全过程提供服务。

(7)票务管理

指从车票采购到车票回收及运营分析的一系列过程,包括车票的采购、初始化、车票销售、检票系统作业、车票回收以及票务数据分析。

地铁运营组织工作量及管理难度主要取决于地铁线路的条数、通车里程、车站数、客流量及运输系统自动化、信息化程度等因素。

3. 设备保障类

地铁运营的设备保障作业是为列车的运行提供技术设备保障的工作,包括列车、地铁各项技术设备的日常维护、故障维修、设备大修车辆段管理、停车场管理等工作。

(1)日常维护

指按照标准程序定期进行检查、清理、保养、组件更换及测试工作,以减少影响运营的故障。

(2)故障临修

故障临修是修复临时故障的系统,检测、调整、更换备件或抽换模块组件,使设备恢复到可用状态。故障临修包括日常运营中发生的各种故障,亦包括紧急情况下的故障的抢修。

(3)设备大修

设备大修是整理、维护由车站、车辆或轨道旁等拆卸的组件,在维护工厂进行。

(4)车辆段管理

车辆段是车辆停放、运用、检查、整备、检修和管理的基地,是实施地铁各系统设施维修保养和运营管理,配件检验试验,材料器材管理和开展科研技改工作的重要基地。

(5)停车场管理

停车场负责配属车辆的运用、停放、清洗、消毒等日常维修保养及运用技术交接等任务,是部分设施维护保养的辅助场所。

地铁设备保障业务的工作量及管理难度取决于地铁线路的条数、地铁各类技术设备的数量及技术相似性等因素。

4. 后 勤 类

主要包括保洁、保安、园林绿化、食堂等后勤辅助性业务。

影响后勤辅助业务的工作量及管理难度的主要因素包括:地铁运营规模、车站数量、人员规模等。

16.1.2 运营管理模式研究

我国城市轨道交通运营管理常见两种模式:一种是集分权结合管理模式,另一种是集权管理模式。

1. 管理模式选择原则

(1)要有利于资源综合利用,增强组织的整体实力,在每个业务单元内部不搞“大而全”“小而全”,在每个业务单元之间避免简单的重复。

(2)要有利于简化管理环节,各部门形成相对独立的管理系统,各分管领导能够集中精力自主的发挥才能,管理好所辖业务。

(3)要有利于对业务单元的业绩评价。

(4)要有利于公司实行有效的监督控制。

2. 管理模式体系

根据呼和浩特市城市轨道交通运营线路情况及部分业务采用委外管理的现状,地铁运营公司综合考虑采用集权管理模式。集权管理模式不设二级机构,直接由公司内设作业中心(车间),负责生产计划调度、人、财、物、安全和票务等方面的管理及列车运行、设备维修、养护等运营生产的组织与调度等方面的工作。

3. 管理模式的功能

集权管理模式实现了现代企业对于组织机构高效精简的要求,在管理机构、管理人员等方面减少了管理成本,极大地提高了沟通协调效率,符合现代企业对于组织机构高效精简的要求。

16.1.3 运营公司组织架构

规范的组织架构设计是地铁运营公司实现战略发展目标的重要措施,是员工开展各项工作的基础,是公司高效运转的保障。

1. 组织架构设计思路

(1)战略导向,突出重点

组织战略目标是企业存在和发展的根本所在,组织设计的目的就在于确保其战略目标的实现。组织设计必须符合公司整体战略规划,公司所有部门在体制设计和职能划分上要目标一致,共同服务于公司战略。

(2)稳定性和弹性保持均衡

组织的稳定性是开展正常活动的前提条件,但组织的外部环境和内部条件会经常发生变化,要求组织有良好的适应能力,克服僵化状态,能及时而方便地做出相应的改变,以适应内外环境变化的新情况、新要求。

(3)管理层次和管理幅度保持均衡

管理层次是指公司分级管理的层次数。管理幅度是指一名管理人员能有效地领导的下属人数。过多的管理层次和过宽的管理幅度都会引起管理效率的下降,因此应适当在这两者之间保持合理均衡,即尽可能实现最大程度的扁平化管理,又避免岗位管理幅度过大,从而实现高效管理。

(4)精简高效与专业能力提升保持均衡

"精简高效"是指首先通过精简机构设置、减少人员配备来实现公司的高效运营;其次,利用市场经济思维经营、管理公司;再次,利用技术创新、管理创新等实现地铁运营的集成化管理。公司在完成战略目标的前提下,应当力求做到机构最精干,人员配置最为合理,管理效率最高。

根据组织架构设计思路、边界条件,借鉴同行业标杆企业组织架构设置,并结合实际情况,地铁运营公司架构设置全面覆盖了行车组织、客运服务、设施设备维护、安全生产管理及职能管理等各个领域,能够确保地铁运营公司各项运营工作安全、有序、高效开展。

16.1.4 建立健全规章制度

规章制度是企业管理的重要组成部分,建立科学、完善、合理的规章制度体系,是地铁运营公司提高安全运营服务质量，发挥各专业之间的联动作用，规范员工的工作行为，降低消耗、增加效益、提高效率的重要手段，进而可以实现有效配置资源，打造核心竞争力，促进公司战略目标的实现。

1. 规划规章制度体系

在规章制度编制之前，首先应对规章制度体系进行合理的规划，对需编制的文件进行合理的分类。结合组织架构设置及工作职责，建立规章制度目录，组织制定相应规章。

规章制度体系规划应该具有前瞻性，既要囊括现在需要的规章制度，也要包含企业迅速发展后的规章制度体系的蓝图，以便日后呼和浩特地铁规划实现里程增加、企业规模扩大过程中的规章扩展，为企业贯彻实施管理体系标准打下良好基础。

2. 规章制度编制原则

规章制度建立应具有系统性、可执行性、可监督性、稳定性。通过建立、讨论、颁布、修订等环节，逐步完善规章制度。规章制度编制应遵循以下原则。

（1）适用性原则

制定的制度要从实际出发，根据地铁运营公司的规模、特点及管理方式的需要等方面综合考虑，保证规章制度具有可行性、适用性。

（2）科学性原则

制定制度应遵从管理客观规律，从需要出发，建立科学的管理体系。

（3）合法合理性原则

规章制度的编制应以贯彻国家和地方有关方针、政策、法律法规、规章和强制性标准为根本原则，不得发生抵触。

（4）完整性原则

规章制度要完整，形成体系，内容要求全面、系统、配套。

3. 规章制度编制范围

规章制度体系应涵盖以下几个方面。

（1）管理制度

实践证明"管理出质量""管理出效益"，管理的基础就是管理制度，是管理现代化的重要手段和方法。管理的对象应该涵盖日常安全运营生产的关键环节，管理的对象应是需要协调统一的重复性事务。地铁运营公司管理的事项包括但不限于服务营销、物资、运输、安全、卫生、技术、人力、生产等方面。

（2）技术标准与作业规程

地铁运营公司作为技术密集型企业，内部必须要协调统一技术标准和操作流程与规程，这些标准和规程是针对需要协调统一的技术相关事项，其形式基本表现为标准、规范、规程、守则、作业指导书等。地铁运营公司技术标准和作业规程涉及的专业较多，主要包括线路、房建、供电、机电、自动化、售检票、行车组织等，其相互之间的内在联系复杂。

（3）岗位作业规范及考核标准

岗位作业规范及考核标准是针对需要统一协调的工作事项而制定的岗位职责权限、岗位工作要求和检查考核标准。如果说管理规章制度和技术标准是对事的、对设备设施的标准，这里所说的规范和考核就是针对人的工作标准，对于强化企业管理、提高企业发展能力起着重要的作用。

4. 规章制度分类情况

地铁运营公司根据部门职责范围和公司的实际情况共确定规章制度298个,分为综合管理、党群管理、安全管理、行车管理、服务管理、维护维修、操作办法七大类。由各部门(中心)进行梳理、分析和定位,提出本部门(中心)管理制度、技术规程编写计划,依照“轻重缓急”的次序,分批次编制规章,编制工作分为三个阶段:准备阶段、编写阶段、评审阶段。过程中做好了内容查漏补缺、意见反馈等工作,为公司有序化、规范化、标准化运行和科学发展提供基本保证。

16.1.5 建立应急抢险体系

应急预案是指轨道交通运营发生突发事件后,为减少事故后果而预先制订的处置方案,是进行事故救援活动的行动指南。应急预案应依据相关法律、法规要求,按照安全第一、以人为本、快速响应、减少损失的原则编制。地铁运营公司据此制订应急预案91个,主要由综合应急预案、专项应急预案、现场处置方案构成。

1. 综合应急预案

综合应急预案是从总体上阐述处理事故的应急方针、政策应急组织结构及相关应急职责,应急行动、措施和保障等基本要求和程序,是应对各类事故的综合性预案。

2. 专项应急预案

专项应急预案是针对具体的事故类别(照明熄灭故障、排水设备故障、电梯故障等)、危险源和应急保障而制定的方案,是综合应急预案的组成部分,按照综合应急预案的程序和要求制定。

3. 现场处置方案

现场处置方案是针对具体的装置、场所或者设备方位制定的应急处置措施,现场处置方案应具体、简单、针对性强。

应急预案体系涵盖在运营过程中可能面临的各等级突发事件并明确相应的应急处置措施;涵盖客运、车辆、信号、通信、供电、土建、机电、线路、调度、AFC等专业;涵盖运营突发事件、自然灾害、公共卫生事件、社会安全事件等情况。

16.1.6 开展专题研究

地铁运营公司共确定专题研究7项,具体如下。

1. 票价方案

研究票务政策,包括票价结构、车票种类、票价水平等方面,明确影响轨道交通票制票价的主要因素和原则,对现有的票价计算基础模型进行分析和比较,结合呼和浩特市现状和现有票价制定基础方法,提出双目标优化模型,即充分考虑客票收入的最大化,以保证运营效益,同时考虑社会公益性,保证地铁票价在居民可承受的范围内。

2. 公交一体化研究

研究重点在于协调、优化组合城市轨道交通与地面常规公交,通过资源整合、衔接配合、信息共享发挥各自优势,将地面常规公交与城市轨道交通合理衔接、有效协调,建立一体化机制,有效缓解城市交通拥堵,节约土地资源,降低能源消耗,减少环境污染,提供市民便利出行的需求。

3. 电价政策研究

研究城市轨道交通电价政策、其他轨道交通运营电价,有效改善地铁运营成本,减轻财政补贴压力。

4. 轨道交通运营管理办法研究

包含设施保护、运营管理、安全与应急管理、违反办法规定的法律责任等相关内容。有利于规范运营管理,保障运营安全,确保城市轨道交通设备设施及其附属设施安全,提升乘客对轨道交通满意度水平,使运营管理有章可循。

5. 换乘站设备管理模式研究

研究换乘站设备故障下应急方案、换乘站设备接口划分、设备与客流组织协调等问题,有利于人员调配和应急处置,设备管理和施工组织的统一,行车组织和客运组织的同步,车站管理、服务事件调查的优化。

6. 开通模式研究

包含行车组织研究(运营交路计划、运行图、列车运行模式、行车规章、近远期运能等)和调度模式的研究(控制中心、日常调度、特殊情况下的调度等)。

7. 线网资源共享研究

研究国内、外运营线路资源共享实践的经验和存在的不足,分析资源共享的可行性和意义并对实现的经济效益和社会效益进行评价,有利于降低建设投资、减少运营成本,提高城市轨道交通应急指挥能力和运营效率。

16.2　培训与咨询服务

16.2.1　培训工作点滴,从无到有

2018 年 6 月,第一批操作生产类员工军训工作正式开启,人力资源部内、外部培训工作也由此拉开序幕。调查培训需求、制订培训计划、落实培训内容、完成培训效果调查问卷、完善培训效果总结等多项工作相继开始进行。按照公司年度培训计划,公司级、部门级培训工作多层次、全方位地开展。

2018 年 6 月,第一批操作生产类员工赴京培训工作启程。

2018 年 7 月,培训工作初见成效,首次部门级培训正式启动,培训题库正式建立,在此基础上开展第一次生产操作类人员培训月度考试工作。

2018 年 8 月,第二批操作生产类员工也踏上了前往北京培训的列车。

2018 年 9 月,公司培训体系正式构建,人力资源部对培训需求调查问卷、培训专用请假条、会议签到表、培训记录、培训效果满意度调查表等相应文件进行了规范,并通知各部门完善月度培训总结工作。

2018 年 10 月,地铁运营公司与呼和浩特职业学院正式开展了为期七天的新员工培训工作。入职培训工作结束后,部分员工于内蒙古电力交通职业技术学校接受后续理论培训。与此同时,第三批操作生产类员工也开始了繁忙而有序的赴京学习之旅。其间,人力资源部根据各部门实际情况调整培训计划,跟进培训质量,对教育培训管理工作、日常培训工作、重点培训工作的督导等工作进行考核,积极努力完成运营前培训工作。

2018 年 12 月,部门理论培训工作到达瓶颈期。针对此阶段实际情况,人力资源部组织各部门开展交流式互学培训,寻求专业共同点进行授课,查漏补缺。以期在互通互学中促进工作,增加部门之间的协调配合。

2019 年 1 月,培训档案正式建立,各部门依照公司下发文件梳理培训内容,规范建立培训档案,对培训体系进行完善。

2019 年 2 月,第四批操作生产类员工赴京培训顺利开始。

2019 年 3 月,厂家培训开始。厂家根据公司实际需求,提前制订了培训计划,将培训课程理论与现场相结合,确保员工能够在日常工作中做到学以致用。

2019 年 4 月,各车站设备安装逐步进行、三间房车辆基地开启冷滑热滑等试验、1 号线南店主变电所一次性授电成功。在此基础上,实操培训正式开启,各部门开始根据实际情况安排员工进行现场实操培训。

2019 年 5 月,员工培训管理办法正式出台,员工培训工作从此有据可依。

2019 年 7 月,最后一批赴京培训人员顺利抵达北京,开启为期 3 个月的学习生活。随着人员基数逐步壮大,在司人员月考工作转至各部室实行,人力资源部根据各部室提报月考材料不定期进行抽考工作(赴外培训人数及时长见表 16-2-1)。

2019 年 8 月,外派培训审批流程及各部门培训预算可列支范围进一步规范,新员工入职前培训协议正式制定,第二批生产操作类员工军训工作分批次开展并圆满结束。北京地铁咨询公司选调了优秀的教师来到呼和浩特,为求知若渴的学员们举办为期二十多天的在呼培训,也为 1 号线运营开通前的赴京培训画上圆满的句号。

2019 年 9 月,驻呼和浩特职业学院及驻内蒙古电力交通职业技术学院员工培训工作已相继完成,员工已根据部门工作实际需求相继投入到试运营工作中。9 月 12 日,2019 年军训汇演暨三间房车辆段入住仪式于三间房车辆段正式举办,五百余名员工充分展示了军训成果。

2019 年 10 月,厂家培训结束。此外,人力资源部还组织进行了运营筹备期生产员工培训质量抽查工作,涉及电客车司机、行车调度等 33 个岗位,总计 455 名员工参考,优秀率达 62%。按照 1 号线运营筹备路线图工作要求,运营筹备期内部培训工作均已圆满完成。

2019 年 11 月,为确保日常生产操作顺利开展,提升员工基本功,确保技能水平达到相应要求,将生产操作类员工原有月度理论考核转为实操月度考核。在各部门的积极配合下,根据岗位实际建立 16 个实操考核题库及技能评分标准。此外,为确保一线新员工上岗顺利,实现真正的以老带新,建立"导师制"培养方向,由各部门开展跟岗教学工作,确保工作质量。

2019 年 12 月,完成了共计 363 人次的在职培训,涵盖客运、变电、接触网、综合维修工、轨道、探伤等专业;所有员工均按照国家标准要求顺利完成培训任务并正常上岗。培训工作迎接行业内专业评审团队的检查,完成了 1 号线初期运营前安全评估工作;举行上岗证考试 32 场,完成调度部值班调度长等共计 36 个专业 1 100 余人次考试取证及发证工作;通过询价采购方式完成特种作业及特种设备操作证供应商并组织特种作业取证培训 459 人次;特种设备操作证培训 44 人次;急救证培训 200 人次并均已完成取证工作。

表 16-2-1 呼和浩特市地铁运营有限公司 1 号线赴外培训

序号	批　次	培训专业	培训人数	培训时长
1	第一批	电客车司机/内燃司机/行车调度/电力调度	196	8 个月
2	第二批	变电/接触网/机电/通信/信号	77	变电/接触网/机电 4 个月;通信/信号 3 个月
3	第三批	行车调度/信息调度/接触网/车辆检修/线路	81	行车调度 8 个月,其余 3 个月
4	第四批	综控/变电/机电/清分/建筑安装	323	综控/变电/机电 4 个月;清分/建筑安装 3 个月
5	第五批	客运/AFC/线路	105	2 个月

一年多来，根据呼和浩特市城市轨道交通实际情况并结合北京地铁委外培训优势，围绕运营筹备路线图及各部门实际人员需求，克服场地设施不足等局限，对培训工作进行统筹安排，时刻监督管理培训实施情况，积极跟踪不同培训场地的培训质量，为轨道交通 1 号线的顺利运营做好保障工作。培训工作在积极进取中成长，在不断完善中持续发展。

16.2.2　外部培训

1. 送培员工的宝贵经验

(1)谁更适合参加培训

对于外部培训而言，选择合适的并且需要培训的人往往是开启培训的第一步，地铁运营公司送外培训同样如此。

面对海量的岗位和形形色色的员工，地铁运营公司采用了“岗位优先”“因人而异”的选人策略。2018 年第一批外部培训开始，优先从电客车司机/内燃机车司机/行车调度/电力调度等重点岗位进行精挑细选，充分结合前期调研协调课程设置和每位员工不同的职业教育背景素养，将培训需求期望的培训目标与培训周期合理匹配，尽可能多向了解培训实施部门的职责分工、培训设备设施状态等，以便于提出合理可行的培训需求，使学员在充分保障培训时长的基础上收获最大化培训效果。

(2)外培期间如何管理

面对人员错综复杂的情况，培训的管理往往能决定培训内容贯彻程度以及培训实际质量的高低。在地铁运营公司的数次北京培训中，从班长 + 咨询公司 + 领队 + 学员四个方面保障培训期间的学习和生活能保质保量的进行和完成。

培训开始前，人员情况的摸底和选拔尤为重要。领队作为培训学员的一员，能够深入了解到学员情况，这也是领队能够及时解决问题的先决条件。一个优秀的领队需要的不仅是能做到上传下达，同时也需具备看出培训中潜在的风险、及时进行各方面沟通有效解决问题的能力。在外培期间，充分建立积极有效的沟通汇报模式，畅通公司、部门、领队、学员四级沟通渠道，以日汇报、周汇报、周例会等形式及时贯彻培训要求、解决培训问题、动态化培训进程，才能让学员与培训组织方、培训实施方有效配合，积极主动投身培训工作中。

2. 从小试牛刀到循序渐进

2018 年 6 月，地铁运营公司开启了第一批电客车司机和内燃司机的赴北京培训。从沟通培训方案、选拔培训学员、挑选优秀领队、进行学员宣贯和教育、送站工作、培训情况的汇报、培训如何验收、如何检验培训质量，到最后学员顺利返回公司，中间经历的曲折可谓纷繁复杂。随后几批赴北京培训工作顺利开展，都得益于第一批培训人员能够发现、解决问题并积累宝贵经验。

3. 如何保障外部培训质量与效果

培训质量与培训效果是培训工作无法绕开的重要环节。送外培训这种特殊的培训方式中，人员在远离公司的情况下如何能完成培训效果最大化的保障，也就成为如何成功组织培训的重要一环。

根据城市轨道交通行业运营技能人才培训经验总结，结合数次赴外培训成果来看，赴外培训成功主要取决于以下三个方面。

（1）培训方案与计划的完善程度：培训目标与培训周期设置的合理性、培训需求描述的细致程度，决定了培训方案和计划的细致程度和可操作性，以及培训考核方式的合理可行。

（2）培训组织实施到位程度：一个完美的培训方案有赖于培训组织实施，培训体系机制的保障、培训师和培训设备设施的配置、培训管理与培训质量的跟踪调优，确保培训方案实施到位和培训效果；

（3）培训学员的主动性：学员业务背景、学习态度、学习能力和方法也直接影响着培训效果和培训目标的达成，如何调动学员、领队参与培训的主动性，改善学习方法，学以致用是培训管理者培训方案计划设计的重点内容，也是学员领队积极思考和落实的关键要素。

地铁运营公司在培训开始前便协同各部门积极与咨询公司进行沟通调研，结合轨道交通1号线车型、设备和技术特点，从课程设置、师资力量安排，学员跟岗培训安排等细节入手进行组织安排。

培训中期公司依据实际设置了理论阶段考试、理论结业考试、实操结业考试等形式。以公司组织相关部门领导前往进行验收的工作方式，从考试方面着手保障学员培训效果。对未通过培训考试的学员施行相应的处罚措施，充分明确培训的重要性，以期达到学员积极主动进行学习的效果。

在培训后期，公司设置了学员打分环节，抽取学员对理论、跟岗实操时相应的老师、师傅进行打分评价，对评分较低的教师进行及时调换，从师资力量方面保障学员培训效果。

4. 借鉴经验与开拓

培训是运营筹备期自始至终贯穿的话题，对于新线开通亦是如此。在数次的送外培训中，总结得出如下经验：

（1）避免培训周期与培训目标的匹配性较弱，出现培训目标较高，但培训周期有限的情况。

（2）培训需求提出过于紧急，未预留充分时间确认培训需求和培训方案，匆忙开班导致培训实施过程中培训计划的频繁变更，学员学习目标性和体验感差，不利于增加培训效果。

（3）选择人岗匹配的适应性培训，才能做到培训效果的最大化。

（4）外部培训学员通常需在外培训较长时间，应及时关注学员心理活动，积极引导，定期组织心理座谈，让学员快乐学习。

（5）新线开通前员工面临非常多的培训工作，如何做到统筹协调，是培训工作的一大重点。

（6）外部培训工作中公司承担大额花销，应及时签订培训协议约定服务期，并在制度中完善相关条款，避免学员出现培训不合格无法处理或培训后离职的情况发生。

16.2.3 内部培训

1. 培训体系的建立

培训体系建设事关人才的培训和开发，是培训工作的核心。为提高培训的针对性、调动员工培训积极性，公司针对以下三个方面进行规范管理。

（1）培训制度

培训制度是公司培训活动规范的保障。2018年至2019年，人力资源部修订并完善了企业管理培训的实施办法，主要内容包括培训管理办法、培训相关通知、临时文件、培训计划、相关的表单、工作流程、培训评估报告。管理办法明确了公司、部门、个人培训的权利和义务，确保各级培训工作有法可依、有章可循，依法实施，落到实处，培训纪律奖惩分明。

此外，为确立科学的培训工作标准，地铁运营公司针对不同需求，制定长期、中期、短期的培训目标，在既有理论培训中添加桌面推演等丰富有趣的培训模式，同时开展在职自学模式、实操培训，学员在线路设备安装时跟岗学习，以多样化培训形式提升学员的积极性及好奇心，激发学习热情提升培训效果。

(2)培训课程与内容

人力资源部针对培训项目管理进行监控，把控培训课程的设计及开发的效果，在培训中加入较多关于企业理念、企业价值观、企业文化等方面的内容，给予员工信心和激情，使员工深入了解岗位职责及公司制度，帮助员工迅速了解企业文化，尽早熟悉业务，并快速在岗位上找到自身价值。

此外，根据部门实际工作需求，公司为员工提供专业技术岗位知识培训，在老员工赴外、赴厂培训、实操培训的基础上，以老带新，传授并且创新讲授已有课程内容。

(3)培训师

在现有人才环境下，建设企业培训师队伍，挑选有潜质、有能力的报名人员作为重点培养对象。培训师作为企业持续发展的桥梁，有着特殊的作用。在一年的努力下，培训师已具备较为丰富的专业知识、开放的沟通心态、较强的语言表达能力、良好的职业素养及好为人师的热情。

此外，针对企业内部培训师进行专业培训，企业选派公司内部培训人员赴外学习先进的培训方法、科技前沿技术，跟踪本专业技术发展方向，提高培训师培训技能，大力培养有开拓创新意识、能力强、素质高、职业操守好的“多面手”培训师。

2. 培训基地建设

在运营筹备期，培训场地有限，会议室使用紧张，且培训地点分散。在三间房培训中心建成前，公司克服诸多困难，勇于开拓，完成了众多临时场地的培训工作。

2018 年 6 月，公司人数较少，全体在蒙羊大厦进行培训。

2018 年 10 月，随着招聘工作逐步推进，公司用人需求增加，员工分别于内蒙古电力交通职业技术学校、蒙羊大厦进行日常培训工作。

2019 年 2 月，随着理论培训接近尾声，现场工作火热衔接，公司员工于大福星饭店、电力学校、蒙羊大厦进行理论培训并进行现场介入工作。

2019 年 5 月，公司培训场地条件日渐成熟，员工于三间房、南店变、电力学校、蒙羊大厦进行理论及现场培训。

2019 年 12 月，三间房培训楼完成最后施工，已具备理论及实操条件。占地 9 000 m^2 的三间房培训基地，基本涵盖了地铁各重要岗位的真实及仿真模拟设施设备，具备完善的培训系统及培训设施，员工可根据专业及工种进行对应的岗前实操培训。

2020 年 1 月，经过 4 次培训楼培训设计联络会，与相关部门沟通前往培训楼中标厂家所在公司进行现场监督及设计，进行楼内相关设施的情况汇报及监控系统、微课系统等培训辅助设备招标准备及初验工作。

3. 培训团队成长壮大

随着公司的发展和时间的推移，各部门最初的几个人发展成为几十甚至几百人的大团体。在此过程中,需培训人数逐渐增多,培训讲师与培训骨干亦逐渐增多,为提供优秀的培训资源打下基础(见表 16-2-2)。

表 16-2-2 培训人数发展表

部门	培训人员数量(人)		培训讲师数量(人)	
	2018 年 6 月	2019 年 12 月	2018 年 6 月	2019 年 12 月
财务部	4	6	0	3
综合部	5	12	0	5
人力资源部	8	13	0	6
党务工作部	4	6	0	3
纪检监察部	0	5	0	0
工青部	0	5	0	2
企业发展部	2	11	0	1
机关事务中心	0	14	0	1
安全监察部	7	12	0	8
物资部	4	8	0	1
调度部	4	47	0	5
供电部	8	126	0	8
车辆部	16	25	0	2
客运营销部	32	498	0	36
设备技术部	25	211	0	15

16.2.4 上岗证与特种作业证

1. 上 岗 证

对于运营筹备期而言,培养人员上岗能力、把控人员质量是保障各项工作顺利进行的头等大事。而人员是否能够胜任岗位,是解决工作实际问题的重要基础。员工持有上岗证作为地铁运营开通的先决条件,一方面决定了人岗匹配,另一方面也是相关法律法规的要求。地铁运营公司在上岗证取证方面经历了前期方案规划、考试流程管理、10 余次样式设计等复杂程序,最终决定制证厂家,公司统一组织相应人员取、发证考试。

对于取证工作,地铁运营公司施行部门培训、部门出题、人力资源部监督的工作流程。以部门培训为先导,对员工上岗应具备的技能进行培训。部门决定考试内容后,人力资源部针对考试内容随机抽取试题并开展考试工作。在保证学员上岗证培训学习与考试不脱节的前提下,体现公平、公正、公开的要求。

2. 特种作业证

地铁作为一个综合性的项目,通常涉及众多岗位,而每个岗位应该取得什么样的特种作业或特种设备操作证,乃至于急救证等相关准入类资格证,成为员工能否合法上岗的必要先决条件。

运营筹备初期,人力资源部通过大量的走访、电话咨询,与各相关委办局的积极沟通,确定了相关岗位人员需取得的准入类资格证。在前期招标过程中,因地域情况不同,公司举行的公开招标流标两次,这无疑给特种作业证等取证工作带来了极大的挑战。2019 年是各相关单位机构改革和考试改革之年,培训机构无法确定、培训考试无法如期等关键问题也尤为明显。

在与相关委办局的积极沟通下，特种作业证工作终于在 2019 年 6 月有了转机。人力资源部通过询价采购的方式确定了相关资格证的培训机构，并初步确定了培训考试时间。在短短三个月时间里完成了岗位所需资格证的培训及考试工作，为试运营评审创造了人员资格的先决条件。

地铁运营公司根据《中华人民共和国安全生产法》《中华人民共和国消防法》《城市轨道交通试运营基本条件》等相关法律规范，制定了《呼和浩特市地铁运营有限公司上岗证及特种作业、特种设备人员取证计划》，共完成 1 122 人上岗证取证工作，并按照国家特种作业规定，组织开展特种作业操作证、特种设备作业人员证培训取证工作，完成高压电工操作证、低压电工操作证、高处安装、维护、拆除作业证、熔化焊接与热切割作业证、电梯安全管理证、建(构)筑物消防员资格证等特种作业证，共 10 个种类 1 054 本，具体情况见表 16-2-3。

表 16-2-3

序号	部门/车间	岗　位	取证项目
1	调度部	电力及防灾环控调度	建构筑物消防员资格证/高压电工作业证
2	客运营销部 1 号线客运车间	值班站长	建构筑物消防员资格证
3	客运营销部 1 号线客运车间	综控员	建构筑物消防员资格证/急救证
4	客运营销部 1 号线客运车间	站务员	急救证
5	设备技术部 1 号线机电车间	AFC 维修工	低压电工作业证
6	设备技术部 1 号线机电车间	综合维修工	低压电工作业证/电梯安全管理证/熔化焊接与热切割作业证/空调制冷运行维护操作证
7	设备技术部 1 号线工建车间	探伤工	无损探伤资格证
8	设备技术部 1 号线工建车间	桥隧巡检工	高处安装维护拆除作业证
9	供电部	变电运检工	高压/低压电工作业证
10	供电部	接触网运检工	高压电工作业证/高处安装、维护拆除作业证
11	物资部	仓库管理员	叉车司机证

在数次特种作业证取证培训过程中，我们发现经常出现如下情况：学员从业前未接触过相关知识，取证通过率低，取证难度高，因此耗费的时间也往往较长。为解决这一问题，我们与培训机构进行积极沟通协调，在培训开始前 15 天左右由机构先行提供课件资料发放给学员，保证学员听课质量。临近考试前组织有经验学员进行传帮带活动，组织考前专题辅导突破，力求全员完成取证任务。

16.2.5　精准定位，因人制宜

1. 因材施教

由于员工个性及知识储备层次不同，对于授课强度及质量需求不同，公司根据员工既定知识层级，进行培训师试讲工作，要求部门挑选经验较为丰富、知识水平较高的老员工担任授课工作，合理安排完成现有理论培训工作。

对培训过程中积极向上的员工进行鼓励，拓展员工送培机会，拓宽员工发展方向及渠道，为员工争取尽可能多的条件提升自我，激发员工积极性；对思想保守、学习心态懈怠的员工施行相应的惩戒，提醒员工时刻严格要求自己，学习力度不放松，加强学习意识；对培训师，需加强培训师综合素养，提升培训师现场培训掌控能力，丰富培训师阅历，并且能够灵活使用各种培训方式方法，唤起全员积极性，达到良好的培训效果。

2. 因境施教

由于正处运营筹备初期,公司培训地点较多,部门培训由老员工定期推进,每月度进行考核;新员工及需要进一步加强基础理论知识的员工于公司指定临时培训地点进行每日培训,每周每月定期考核。

另外,员工于入职初期,学习状态积极,培训效果良好。经过一段时间的理论培训后,部分员工于培训中后期出现疲惫、厌学情绪,培训工作遇到瓶颈。根据此种情况,人力资源部合理调整计划,开启部门间交流互动式培训模式,开展部门间合作,实现部门间共同学习、共同进步。

3. 因时施教

入职之初组织新员工培训,使新员工在培训结束后对于企业有初步认识,根据企业文化做好人生职业规划,激发员工积极向上的心态。

随着开通日期的日渐临近,在员工日常理论培训中穿插现场跟岗培训、厂家培训等培训工作,以便各部门于开通运营之时能够更合理、顺畅地衔接工作,使用设备。

16.2.6 与时俱进,现代化培训模式

1. 自学模式

部分部门人员基数小,大部分员工赴外培训时,只留个别员工在司培训,此时采用自学模式进行培训。员工于自学之时,能够减去烦琐复杂的培训程序,查漏补缺,自行学习所欠缺的内容。

此外,部分部门按照实际需求订购了网络培训课程,团队进行集体培训学习,感受先进互联网自学模式带来的便利。

2. 团队模式

员工在日常培训中,按照日常授课模式长期培训难免会打消员工积极性,在讲授模式中穿插团队培训模式,将促进员工积极探索,合作互进。

3. 讲授模式

传统授课方式,按照公司培训计划,完成培训课程设计,采取多样化授课方式进行讲解,使用多媒体等现代化设备完成师带徒理论传授内容。

4. 员工交流模式

此模式在新员工进行入职前开展,培训旨在提升员工对于企业文化的认知程度,增进员工间感情,增加员工信心,通过问答及适当的游戏方式完成员工间交流工作。

16.2.7 独特化培训效果考核

培训效果考核方面,初期以考试为主要方式进行员工培训效果核查。部分员工在工作中表现出了较强的工作能力,专业技术功底扎实。后期培训效果考核中采取多样化的形式综合对培训效果进行测评。除日常理论考试外包括但不限定于以口试抽考、日常工作评定、模拟实操考评打分、培训总结、应急预案操作、故障处理等方式完成阶段考核工作。对多种考核方式进行细化,确定各考核方式在培训效果考核中所占比重,力求更加全面,综合性地对员工培训成果进行测评。

16.2.8　扎实基础，稳步前进，展望未来

1. 咨询工作前期经验

培训前期与北京咨询公司合作，借鉴培训各个模块经验，根据实际情况完成各项培训工作。

（1）内部培训部分

针对内部培训工作，咨询公司就培训制度等相关规范、条款提出建议，协助各部门根据实际情况调整培训策略，依托北京地铁成熟培训模式，在建设培训体系、完成培训档案、落实工作流程等方面提供了前期基础经验，为内部培训工作的顺利开展打下了坚实的基础。

（2）外部培训部分

外部培训因其特殊的性质，往往需要各单位和部门多线联动，共同发力，才能真正取得效果。北京咨询公司为公司提出了合理建议，同时也培养了富有成效的学员以及输送了北京咨询团队优秀的干部和先进的管理经验。从培训角度而言，培训工作需要做细、做精、做到实处，才能让学员真正学有所得，学有所获。

2. 培训工作后期规划

（1）日常培训工作

内蒙古地区规模最大的地铁人才培训中心三间房车辆基地培训中心已竣工，模拟站台、调度指挥及值班员仿真训练室等一系列实操训练室投入使用。后期培训工作将在理论培训的基础上依托实操训练室进行专业模拟实操培训。模拟实操培训时长需严格遵照各专业工种国家标准分批进行。由各部门制定专业模拟实操培训考核标准并编制打分表，模拟实操培训成绩计入培训档案。同时根据轨道交通 1、2 号线进入运营阶段的工作实际，进一步完善《呼和浩特市地铁运营有限公司培训管理办法》。在培训需求方面，细化、深化前期调查，力求全面、客观、公正，并在培训需求调查的基础上采取多种手段进行培训需求分析，合理利用公司资源。在培训效果评估方面，进一步推行合理规划，分级管理，一级培训为公司编制培训计划并组织实施的培训；二级培训为各部门编制培训计划并组织实施的培训。

培训档案作为培训工作实施的记录凭证，针对存在各部门版式不统一，填写不及时的情况，后期培训工作中将进一步完善培训档案，不定期对各部门进行检查，使培训档案更加规范化，具体化。2019 年 7 月起，培训月度考试由人力资源部下放至各部门进行统筹组织，人力资源部将在部门上交考试资料后进行抽查，并在后期的实践工作中对抽考细则进行细化。针对目前公司一些以基本安全知识和基本岗位专业知识进行授课的临时培训师，人力资源部也将对其进行考核，并从中挖掘人才，按照各部门培训师比例对能力突出者进行任用，正式聘任为公司内部培训师。

（2）对外咨询服务工作

在时代快速发展的今天，作为自治区首条开通的线路，运营工作承载着无数市民的期望同时也承载着无数员工夜以继日的努力。

公司于运营开通之初，经历各种艰难险阻成长壮大，在前期咨询公司的咨询服务引导下，逐渐培养成为一支能征善战的队伍，也许在将来的某一天，我们也能够为同行业输出优质的培训服务与管理经验。

16.3　维保组合策略解析

呼和浩特市城市轨道交通 1、2 号线的设备（设施）维保涉及多专业，包括信号、通信、车辆、综合监控、云

平台、自动售检票、供电、机电、轨道、土建结构等。此外，呼和浩特市城市轨道交通还应用了国内前沿的云平台和互联互通技术，对维保业务工作筹备提出较高要求。

16.3.1 维保模式探索

现代轨道交通设备技术发展迅速，需要必要的维保管理模式以保证其发挥合适、可期的功能作用。轨道交通系统设备的技术含量高，因此对于设备维保质量要求较高，同时影响维保模式优劣的要素比较复杂，仅用单一的评价方法和指标较难作为科学决策的依据。国内外各地运营管理单位根据自身特点、经验水平及市场环境等因素选择了不同的维保模式，总结为自维模式、外委模式、合资模式三类。

1. 自维模式

自维模式可分为运营商完全独立维保和外部技术支持下的运营商独立维保两种。运营商完全独立维保模式市场风险小，成本易于控制，但对运营商维保队伍人员的专业技术要求较高，不适合新成立的运营公司；而外部技术支持下的独立维保市场风险较小，质量、安全性高，两者经济性相差不大。该模式一定程度上避免了维保责任界定等问题，但容易造成运营公司机构臃肿，以及人力资源、设备、备品备件与材料等的大量投入，经济性较差。

2. 外委模式

外委模式的核心理念是将设备设施的日常维护保养、故障维修等完全或部分委托给外部维保单位，由外部维保单位提供人员、设备、技术，并负责设备维保工作，运营单位只需配备必要的技术人员进行维修管理、质量验收等工作。外委模式是在我国一些城市(如上海、广州、南京)运营轨道交通线路数量快速增加的背景下出现的。由于运营商参与全部维保程序，市场风险小，且支出费用更少，两者维保质量、安全性较高。但同时运营单位失去了自身维保人员的锻炼机会，容易造成对外委单位技术依赖程度较高，外委单位垄断的现象；多家外委单位在进行跨专业问题的处理时，一些接口问题较难协调，运营单位统筹组织难度大。

3. 合资模式

合资模式的核心理念是运营单位根据设备维保的难易程度、市场成熟度等因素，与核心技术供货商合作成立合资公司，进行设备维护保养工作。契合国家产业政策要求、可以发挥各方优势。合资模式属于运营单位的自有维修团队，风险可控、高度透明。借助核心技术供货商的技术优势，可以降低全生命周期的维护成本，具有显著的经济效益。

16.3.2 呼和浩特市城市轨道交通使用维保模式

呼和浩特市城市轨道交通 1、2 号线初期设计采用以计划修为主、状态修为辅的维保组合策略。根据设备状态及目前国内外检修维保情况，计划修主要根据设备行驶里程和运行时间双向标准行驶里程和运行时间以先到限者为准。除此之外，对设备进行临时故障修理；其次，结合设备运营现状对频发故障或易发故障进行针对性专项检查。维修方式和其他城市大同小异，但轨道交通在呼和浩特市是新产业，没有运营维修经验，而且本地区技术人才匮乏。

公司为了解决以上问题，综合考虑采用了合资模式。通过公开招投标的方式引进中车长春轨道客车股份有限公司、交控科技股份有限公司，合资成立了内蒙古中车长客轨道车辆有限公司、内蒙古交控安捷科技有限公司，分别负责车辆、通信、信号、综合监控、云平台系统设备的维保业务，确定了在轨道交通装备维保技术与管理、运营安全、产品研发与服务等领域开展战略合作。

1. 合资模式优点

(1)对于轨道交通建设初期,设备维保需要大量的专业技术性人才,合资维修公司可以解决建设初期技术人员缺乏,培养难度大的问题,有利于降低人力成本以及维保设备、材料成本。

(2)设备供货商提供技术支持,一定程度上规避了在自维或外委模式下,因设备技术复杂所带来的维保风险和成本不可控的情况产生。

(3)合资公司利用生产制造厂商专业技术性强,生产经验丰富,技术队伍素质较高,能解决关键重点部件涉及的核心技术故障或问题,设备故障处理能力较强,使维保趋向专业化、科学化;

(4)让专业经验强的技术队伍承担维护维保,有效降低地铁公司管理的风险成本,合资维修公司可以承担因设备维护不当造成的事故责任和人员管理风险;

(5)合资委外模式组织机构精简,减少人力资源投入。运营公司扁平化垂直管理,只需配备人员进行工作监督,质量检验和责任限定等工作,降低了管理难度和管理成本。

(6)合资维修中,运营公司可以不进行备品备件的储备,减少成本。利用制造厂供应商平台资源和物料存储能力,可以有效降低采购成本和物料积压成本。车辆制造厂供应商平台有 12 000 多家大型的车辆配套厂商,战略合作 10 年以上,配套物资储备经验丰富,采购渠道通常,供应物料及时,避免了不必要的物料积压,能做到快速响应。

(7)可以有效利用生产厂家在其他地铁公司维修经验,结合呼和浩特本地的特点。快速指定一套有效的维修机制,减少维修风险。形成成熟、高效的维修方式及策略,可以为以后其他兄弟城市建设轨道交通提供技术服务。

(8)借助生产厂家在研发和制造的优势更好的分析现有维修数据,将计划修模式快速过渡到状态修模式。

(9)结合双方优势实现"呼和地铁设备呼和造",并且在研发和技术革新放面取得新突破

2. 合资维保存在风险

(1)委外维保前期招标,技术细节谈判等过程需要耗费大量时间和精力。

(2)如委外业务需求不明确、委外项目监督管理不到位、考核办法不科学不合理、维保具体细则项点未明确细化等现象,可能会对维保提供单位的工作开展造成困难,并可能会造成责任划分不清楚,为未来留下维修质量隐患和商业纠纷。

(3)可能存在的技术垄断现象和技术依赖度过高所带来的某些隐患。

(4)考核机制制定不合理,导致无法真正督促合资单位有效运营。

(5)分工不明确,运营公司部分岗位管理职能与合资公司重叠。

16.3.3　委外维保管理方案的编制

委外维保实施管理工作主要包括工作界面及接口划分、技术管理对接与协议履行、物资管理、检查验收及考核办法等内容,需要在维保工作前以及试运行期间理顺运营公司与委外维保承包商单位之间的运作关系及接口规则,还应建立完善以下几方面的制度。

(1)委外维保单位与运营公司关于人员与技术培训方案。

(2)对委外维保的单位的职责划分。

(3)应急处理原则。

(4) 对于委外维保单位的检查验收及绩效考核。

(5) 对于委外维保单位生产安全、消防安全等制度的定期检查考核。

16.3.4 委外维保的综合评价体系

地铁运营公司成立初期，对于合资维保主要主优点在于管理规模简化，人力及技术成本有效降低，且外委单位可以承担因设备维护不当造成的事故责任及人员管理风险，故委外维保模式可以从图 16-3-1 中的几方面进行综合评价。

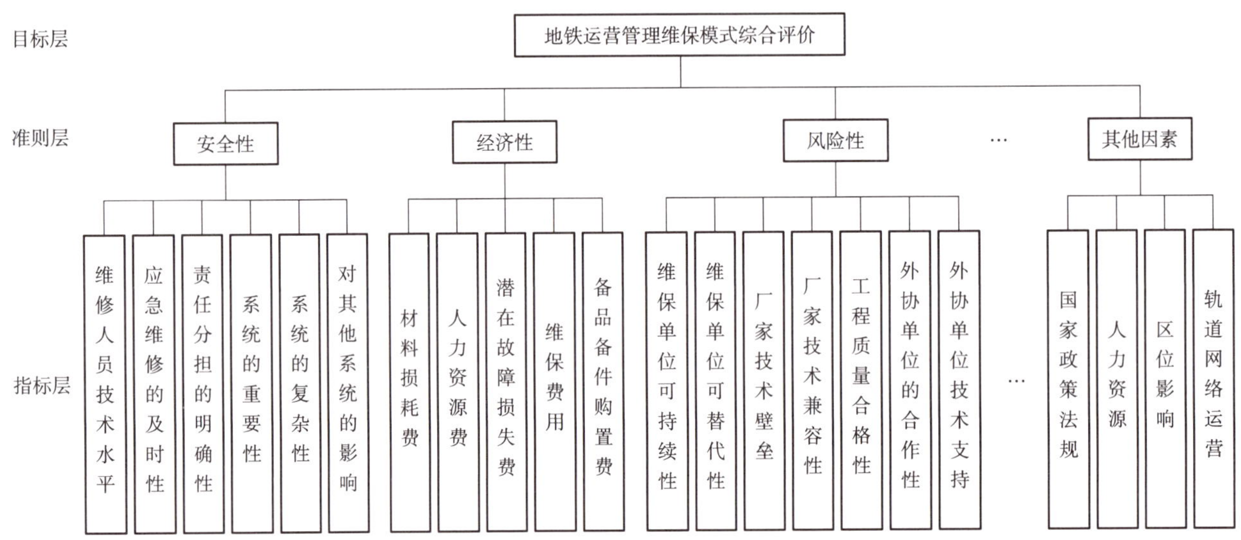

图 16-3-1　地铁运营管理维保模式评价指标体系

图 16-3-1 中，地铁维保综合评价体在运营层面主要包含安全性、经济性、风险等级等情况。每一层面又包含详细的评价指标，从而形成一个完整的综合评价体系。一般按照季度考核和年度总结的方式进行，综合评价主要从维保服务质量、维保技术、维保生产三个大方向进行评价，以综合评价、总评、抽评等方式进行。

主要项点包括但不限于：维保质量；质保期内，部件修的第一次维修及第二次返修指标，修程进度，修程技术标准，维保验收标准，现场生产安全管理；安全设施，防护用品的摆放处置管理；员工劳防用品发放，穿戴；检测工具，校准器具的检测校准时间是否过期，过期后是否重新送检，列车突发事件的应急管理及抢险管理，以及维保管理方案里涉及的其他内容。除此之外，还需要对委外维保业务提供方考核评价以下几点。

(1) 委外维护单位应具备完成维保业务所需的专业人力资源保障(包括维保作业人员的专业资质认定证书，维保业务配备足够相关专业的，合适学历的，对口质量、技术、安全主管及维保经理、线路经理等人员配备。

(2) 相关图纸、台账、履历、维护记录、图文资料、数据表格规章制度等内容的严格保密工作。

(3) 特种设备管理评价，定期对特种设备维护及检修。

(4) 应急管理评价，对应急管理制度的编制及应急队伍的建立，应急处置能力。

(5) 培训管理评价，对职工业务技术培训情况及业务能力进行抽评。

16.4 工程介入与配合

16.4.1 审查技术文件(用户需求书)

为保证城市轨道交通各系统设备功能完善、性能可靠,实现呼和浩特市城市轨道交通安全、高效的运行,地铁运营公司各部门积极参与到了工程介入工作中来,完成前期 350 多本用户需求书、技术规格书的审核,提出 500 余条意见及建议,并核对最终定稿,整理归档。

16.4.2 合同谈判、设计联络工作

针对运营需求,从设计、施工规范和实际运营角度去考虑问题。结合其他成熟地铁运营经验,在参加的 35 次合同谈判、设计联络会议中提出设备外观、标识、柜体结构、功能等方面 100 余条问题,其中主要解决的问题有以下几项。

(1)当发生道岔故障时,MSS 维护支持系统可区分故障点在室内室外。

(2)时钟服务器支持 GPS/北斗双时钟源,实现 GPS/北斗两套时钟同步。

(3)乘客信息系统线网中心车载视频监视控制器与视频监视系统线网中心接口服务器互联,实现车载视频实时监看、录像回看及数据下载等功能。

(4)明确站台门风阀的使用频率与使用目的,确定与 BAS 连接可以在站台火灾工况,协助站台排烟。

(5)消防专用风机回路的断路器取消过载保护。

提出的大部分问题,得到设计院及厂家的认可,积极整改。所有开口项已关闭。

16.4.3 工程先期介入

地铁运营公司共参加呼和浩特市轨道交通 1 号线全线 20 次土建结构分部分项工程验收工作。工建专业技术人员同建设单位、监理单位、第三方测量、第三方监测、施工单位共同深入车站、区间,对地铁土建结构实测实量、感观质量、工程资料等进行了细致的检查、分析。验收过程中主要发现的问题有墙、柱、顶等结构蜂窝、麻棉、错台、漏筋,车站区间漏水等。每次验收结束,有关问题均记录在案,形成验收报告,报建设单位汇总,要求有关责任单位限期整改。

为了高质量、高水平开通轨道交通 1 号线,减少交付运营时的遗留问题,运营人员在设备安装初期就开始介入工程建设,监督设备施工工艺及安装质量,从设计、施工规范和实际运营角度去发现、协调、解决问题,为今后的正式试运营夯实基础。为此设备技术部会定时跟踪工程建设进度,分批次进行工程介入。全程跟踪机电、通信、信号、工建等设备的安装工作,掌握现场施工质量和工程进度;及时、准确、全面地收集施工现场信息;对关键部位或重点作业,特别是隐蔽工程进行旁站监督、过程控制,并认真记录现场情况;收集、整理设备设施的现场技术资料;详细、准确记录设备设施的原始资料,包括设备名称、安装位置、设施数量、技术参数等。

在设备开始进场后,部门配合建设单位、监理单位对到场设备进行了开箱验收工作。对设备型号、规格、数量、质量是否符合设计要求及该产品标准的规定进行验收,并查看相关方验收单据及相应测试记录。

16.4.4 设备档案建立

为使各系统设备便于统一管理,地铁运营公司对各系统设备进行物资编码,各部门建立相应的设备台账。使其性能、参数、位置能够清晰地呈现在一线维护人员眼前,便于统一的管理与维护。

16.4.5 参与设备安装调试(包含厂验、单体调式、综合联调)

地铁运营公司制定综合联调计划,包括:联调时间、管理模式、参与人员、运营公司联调职责、整改程序及综合联调相关问题,并派员参与系统联调,记录联调中出现的各类问题并监督整改。为确保设备联调联试顺利高效进行,地铁运营公司成立联调领导小组和工作组,以便于加强沟通协调,更利于发现问题及时整改和落实,且采取如下措施:

(1)审核联调大纲。

(2)审核联调总体方案和各子项目联调方案。

(3)派员跟踪联调联试工作进度,积极跟进问题整改情况。

(4)根据各专业实际情况,由设备技术部总牵头,各专业小组分赴现场对设备安装、联调调试及综合联调情况进行全方位追踪。确保各系统间联动功能正常,各种模拟场景下,设备功能均能按照设计要求可靠实现,确保对运营的影响程度降到最低。同时,通过系统联调联试及综合联调验证各个单系统的功能,必保各项功能均能正常实现并顺利衔接。

(5)地铁运营公司定期参加联调联试及综合联调会议,对此阶段存在的问题及时与建管单位协调,共同督促施工单位、设备厂家整改。并要求将整改完成情况以正式报告或销号单的形式报送运营公司核存,同时要有运营人员对整改完成的签字确认。

16.4.6 冷滑配合

(1)制订冷滑试验配合方案。

(2)完成对冷滑条件研判、确认,冷滑具体时间确定后参与冷滑试验,并记录、协调解决冷滑中存在的问题。

16.4.7 热滑配合

(1)制订热滑试验配合方案。

(2)对热滑条件研判、确认,热滑具体时间确定后参与热滑试验,并记录、协调解决热滑中存在的问题。

16.4.8 演　练

地铁运营公司设计应急抢险管理体系,制订开通前演练计划,并牵头组织、进行应急演练,主要包括以下内容:

(1)信号专业:联锁故障、ATS 故障、道岔故障演练、手动操作道岔办理进路、屏蔽门故障、列车故障救援故障、电话闭塞和大小交路列车折返等演练。

(2)供电专业:弓网故障演练、接触网断线抢修演练、变电所框架保护动作演练、供电线电缆故障修复演练、特殊供电方式启动演练(单边、大单边、大双边、主所故障支援供电)、环网电缆故障等演练。

(3)机电专业:区间大面积积水应急演练、整侧屏蔽门不能正常打开应急演练、电梯困人救援应急演练、综合监控系统瘫痪应急演练、火灾、爆炸事故等演练。

(4)工建专业:结构漏水堵漏应急演练、轨道线路发生列车挤岔时故障应急处置演练、断轨应急处置演练、线路沉降应急等演练。

(5)通信专业:通信传输、电源、无线调度电话、专用调度电话等演练。

(6)AFC 专业:AFC 系统故障应急演练、AFC 系统大客流演练等。

(7)突发客流演练等。

(8)列车相撞、脱轨事故演练等。

(9)其他综合性演练。专、兼职应急抢险队伍,工作流程、职责等内容;应急所需要的专业器材和设备。

为确保应急演练效果落到实处,地铁运营公司特采取如下措施:

(1)确保在系统设备功能不全、系统功能不稳定或人员对设备不熟悉的情况下,具有充分准备,实现呼和浩特地铁 1 号线顺利开通及安全运作。

(2)提高运营人员在正常运营和事故情况下的应急、协调能力。

(3)深化运营维修人员对轨道线路、设备系统及应急抢修机具的运用,加强运营维修人员的故障应急处理能力。

(4)检验开通运营组织方案及应急预案的有效性和完备性,确定轨道交通 1 号线一期工程开通的相对最优且可行的应急救援方案,提高保障运营安全和处理突发事件的能力。

(5)最大限度预防和减少突发事件可能造成的损害,保障乘客生命安全及国家财产安全。

(6)为轨道交通 1 号线通前的安全评估及开通试运营工作做好充分准备。

(7)演练前确认"三权"移交、车辆移交、各设备系统安装调试及综合联调按计划进行,确保演练时机成熟,演练过程有效。

(8)明确演练的组织架构及人员职责,指定各单位主要负责人员及职责。

列明应急预案及演练项目清单,完成总体实施计划,保证演练内容全面、演练项目无遗漏、演练过程有序进行。

(9)演练完成后,对演练过程进行总结与评估,发现问题与不足,并提出相应整改计划。

16.4.9　配合方案编制

为保障轨道交通 1 号线顺利开通运营,地铁运营公司特对运营筹备期主要重难点制定如下措施:

(1)影响运营人员工程介入的重难点及应对措施。

(2)影响运营人员参与系统综合联调的重难点及应对措施。

(3)综合演练重难点及应对措施。

(4)验收、接管与安全评估难点及应对措施。

呼和浩特市城市轨道交通 1 号线作为呼和浩特市首条开通的城市轨道交通线路还面临以下难点。

1. 人 员 新

轨道交通 1 号线数千运营员工大部分均为新员工,有地铁运营管理、设备设施维护维修经验的员工只占极少比例。新员工不熟悉业务流程、不了解设备设施状况,不具备应急处置经验。

2. 设备设施新

轨道交通 1 号线数万台设备均为新设备,特别是行车设备(包括轨道、供电、车辆、通信、信号)和电梯、扶梯、屏蔽门等运转设备,在开通试运营期处于磨合期,也是事故高发期,发生事故时会引起中断行车、影响市民出行和乘客人身安全,负面影响大。

3. 乘 客 新

轨道交通 1 号线开通试运营首日大客流,乘客对扶梯、屏蔽门等运转设备和售检票设备不熟悉,特别是老人、小孩、幼儿到地铁车站试乘体验,易造成拥堵、恐慌、跌倒、摔伤等人身安全事件/事故。

针对以上三个难点,地铁运营公司特采取如下措施。

(1)保安全。

确保轨道交通 1 号线开通试运营期乘客和工作人员人身安全和设备设施生产安全是合作运营的重点,所有运营筹备培训工作均要围绕这个重点展开安排、组织、计划、开展工作。以"安全第一、预防为主、综合治理"方针制订具体保安全措施,建立健全安全管理保障体系、落实安全生产责任制,坚持"四不放过"原则对运营事件进行处理。

(2)能应急。

应急处置能力是检验运营队伍管理、指挥、组织、执行力的综合反映。

16.4.10 换乘站管理模式、开通模式专题研究

面对研究换乘站设备正常情况下与非正常情况下的管理操作方案、换乘站设备故障下应急方案、换乘站设备接口划分、设备与客流组织协调问题。

1. 地铁运营公司编制以下方案:《呼和浩特市轨道交通 1 号线和 2 号线换乘站设备管理模式专题研究报告》;《呼和浩特市轨道交通 1 号线和 2 号线换乘站设备管理应急模式专项预案》。

采取如下管理措施:

(1)收集呼和浩特市轨道交通 1 号线和 2 号线工可、初步设计有关换乘站设备设施数量、监控模式和站级、中央级管理措施等资料。

(2)委托专业机构进行专项、专题研究。

(3)参与对呼和浩特市设备设施维护维修社会力量的模查。

2. 针对开通模式地铁运营公司特编写以下方案:《呼和浩特市轨道交通 1 号线和 2 号线行车组织专题研究报告》;《呼和浩特市轨道交通 1 号线和 2 号线调度模式专项预案》。

采取如下管理措施:

(1)收集呼和浩特市轨道交通线网规划、1 号线运营交路计划、运行图、列车运行模式、行车规章、运能等资料。

(2)收集呼和浩特市轨道交通线网规划、1 号线和 2 号线控制中心、日常调度、特殊情况下的调度等资料。

(3)委托专业机构进行专项、专题研究,如编制《行车规则》等。

(4)编写行车组织、调度模式调研报告等。

16.4.11　人员进驻

为确保运营人员及早熟悉设备及维护维修流程，地铁运营公司制定人员进驻计划及相应的进驻物资筹备。

16.4.12　验收及“三权”移交

为确保验收及“三权”移交顺利进行，地铁运营公司从运营角度出发，提出进驻、接管、验收的内容、要求、实施时间、注意事项，组织实施，列出“三权”（指挥权、管理权、使用权）移交的内容、方式、实施时间、相关程序及表格等，明确运营接管与工程、预验收、竣工验收的关系及建设方、运营方的权利、义务、职责。提出安全评估的内容、要求、实施时间、方式，并组织开展安全评估工作及试运营基本条件的预评估工作。编制运营移交验收接管标准及进驻、接管、验收、筹备总体方案。并制定以下管理措施：

（1）组织试运营基本条件预评审，提前发现问题，利于 A 类问题整改。

（2）编制《运营移交验收接管标准》过程中与验收主管部门加强沟通，运营人员为发现问题、检查问题的主要方。

16.4.13　试 运 行

全线试运行期间，列车按不载客试运行，运营在明确开通试运行的基本条件和运营服务水平的情况下，实战模拟开通运营后的行车指挥调度、指挥车站客运组织设备维护管理等方面的各项工作要求，主要完成以下工作：运营演练、试运营方案报批、开展专家评审、观光试运行；提供服务团队在空载试运行期间组织呼市运营人员开展空载试运行工作，主要有以下内容。

（1）结合工程实际进展情况编制《试运行工作方案》，方案应确保组织得力、分工合理、责任明确、措施完备。

（2）对试运行阶段的行车组织、运营管理提出意见。组织试运行工作，对于试运行期间出现的故障及异常情况做出分析，提出解决方案，做好试运行收集整理工作。

（3）试运行情况进行总结评估，编制《试运行情况报告》，内容包括试运行前期准备、试运行开展及最后 20 天运营指标统计分析等内容。

管理措施包括以下内容：

（1）各级领导要高度重视。认真布置，精心组织，确保顺利开展工作。

（2）成立专项负责人，制定专项保障方案对可能出现的问题提前预判。

16.4.14　试 运 营

为确保试运营顺利进行，地铁运营公司完善调试及运营相关规章制度，完善应急预案，落实综合联调问题整改，完成整改验收，分析解决运营后出现的事件及设备故障，协调各设备供应商的设备质保，组织各专业日常生产，准备试运营验收材料。

制订下列方案：

（1）质保期设备厂商在保障期人员计划、联系方式、应急处置措施。

（2）稳步推进运营涉及的对外接口项目。

（3）按计划目标完成联调、试运行、试运营评审过程中发现的问题整改。

(4)为首期工程顺利开通营造良好外部环境。

采取如下管理措施:

(1)相关部门高度重视,认真策划,精心组织,积极落实各项任务,及时改进和完善计划实施过程中发现的问题。

(2)要深入研究,主动协调,提高各研究项目可操作性及兑现率。

(3)各部门定期检查工作计划执行落实情况,落实考核,确保各项工作能够按时完成。

16.5 运营行车组织

16.5.1 行车接管后的行车组织

当完成行车类设备的静态调试,即刻实施接触网(轨)的冷、热滑试验并提供书面报告;试验成功后且具备进驻条件,设备厂家对车辆、信号系统等相关设备、系统进行单项调试,单项调试结束后,开始联调商进行综合联调联试,运营公司各专业全程参与、配合单系统调试和综合联调联试,联调联试结束并提供书面报告,满足接管的条件,运营公司开始临管。“三权”移交后,由运营公司负责指挥正线列车运行。

16.5.2 空载试运行期间行车组织

1. 空载试运行的定义

空载试运行是指轨道交通工程完工后,冷热滑试验成功,联调联试结束,满足运营公司接管的条件,由建设单位会同运营单位组织的不载客列车运行。

2. 空载试运行的目的

试运行的主要目的是验证联调结果,检验各系统功能实现情况,对已建立的各项规章、制度、预案的可行性、合理性进行验证,检验各岗位人员专业技能和专业水平,针对不足和短板采取有效措施进一步完善。从而为初期运营奠定基础。

3. 空载试运行总体安排

针对新线接管和初期运营准备过程,围绕试运行进程,开展行车指挥权接管、设施设备使用权及属地管理权交接和初期运营基本条件认定准备工作,对总体流程和时间把控整理如下。

(1)自基本完成车站、线路土建施工后,至运营单位实施行车指挥权接管前,需要完成限界测试、冷滑、热滑及线路、供电、通信、信号、车辆与动车相关的系统调试等,并出具相关调试报告。

(2)运营单位接管行车指挥权后,直至运建双方完成设施设备使用权及属地管理权交接前,需完成车辆、信号动态调试及启动单系统调试、多系统联调联试,并出具各系统验收报告。

(3)初期运营基本条件认定需满足不少于3个月的空载试运行,且连续20天按图行车的8项指标满足交通运输部《城市轨道交通初期运行前安全评估技术规范　第1部分:地铁和轻轨》(交办运〔2019〕17号)要求。

(4)空载试运行期间,需按照计划进行专项演练和综合演练,对演练进行详细记录,做到有计划、有方案、有流程、有记录、有总结、有整改措施。

(5)初期运营基本条件认定通过后,需安排3天左右时间落实整改项,提请初期运营申请至得到政府主管部门批复。

4. 演练期间的行车组织

(1)行车组织机构体系

地铁运营公司涉及行车组织工作的部门有调度部、客运营销部和车辆部。运营线行车组织工作由调度部行车调度员统一指挥。列车的运行及有关作业由客运营销部司机负责。车站的行车工作由客运营销部车站综控员负责。车辆段(场)的行车工作由车辆部DCC调度员负责。

调度部行车调度员主要负责组织列车运行图的实施,遇列车偏离运行图时,及时调整列车运行,尽快恢复正点;及时下达有关行车命令及控制指令;监视列车在站到、发时刻及区间运行情况、设备运转状态;及时、妥善地处置运营线路上发生的突发事件;随时掌握客流变化,及时调整列车运行;及时向有关部门反馈信息;负责安排施工列车的开行和施工命令的下达工作;正确填写各种报表。

客运营销部车站综控员主要负责严格执行各项规章制度,积极落实各项工作;负责监视车站行车控制台,根据有关规定办理接发列车、接收调度命令、控制权变更、办理闭塞、排列进路、填写交递凭证等各项行车工作;遇有车站或线路上发生异常情况及危及行车和人身安全的紧急情况时,及时采取有效措施,依有关规定向值班站长、站区长、车间领导及调度中心等汇报,主动与邻站综控员及有关工种人员及时联系,密切配合,保证车站运营安全;根据施工计划和有关要求,办理施工登记注销及运营送电前巡视工作;认真监视综控室所辖设备,并负责监控、操作及故障报修;协调、配合相关单位完成本车站相关工作,完成上级交办的其他任务。

司机的主要职责严格执行各项规章制度,服从电客车司机班长的工作任务调配,积极落实各项工作。按轮乘计划完成电动客车的运营值乘任务;严格遵守各项规章制度,确保行车安全;执行作业标准,做到文明执乘、优质服务;负责列车回库后与试车调车司机交接车辆状况;负责对电客车副司机进行业务指导和安全监督;遇突发事件时按应急预案处置。协调、配合相关单位完成乘务车间相关工作,完成上级交办的其他任务。

车辆部DCC调度员的主要负责组织场段运营车辆使用计划的编排工作,落实运营计划;负责组织车辆段、停车场调车作业、试车作业工作;负责场段范围内施工计划的控制,监督和检查施工区域的安全;场段范围内行车设备检修维修施工作业临修计划的审批、组织实施及安全控制;贯彻落实规章制度,做好相关检修或施工计划审批工作;制定工程车车辆运用计划,编制调车作业计划并传达相关岗位执行;场段内停送电和隔离开关操作管理。指挥场段内行车设备故障、突发事故、事件情况下的应急处置;参与所辖范围应急预案演练及灾害天气条件下的防灾及救援工作。

(2)行车组织的原则

行车组织工作必须贯彻“安全第一,预防为主,综合治理”的工作方针,坚持“高度集中、统一指挥、逐级负责”的原则,各单位、各专业间要发扬团结协作精神,充分体现联动机的作用,使各个工作环节紧密联系,协调动作,以实现安全、准确、高效、服务的运输宗旨。有关行车人员必须执行调度命令,服从调度指挥。行车组织实行“行车调度员—司机”二级管理模式,综控员辅助行车工作。

列车运行的驾驶模式如下:自动驾驶模式(AM);自动防护人工驾驶模式(CM);限制人工驾驶模式(RM);非限制人工驾驶模式(EUM);无人自动折返驾驶模式(ATB)。正线运行时,列车基本驾驶模式为:AM模式。

驾驶模式间的相互转换,除在折返线(库线)和转换轨按司机规定的转换操作外,均应及时通报行车调度员。

按超速防护自动闭塞法行车时,AM 与 CM 模式间的相互转换应及时通报行车调度员;AM、CM 模式向 RM 或 EUM 模式转换时须得到行车调度员或综控员的允许后方可进行。

按进路闭塞法行车时的驾驶模式转换应及时通报行车调度员。

临时加开或停运列车的指定:施工列车、内燃机车或跨调度区段运行的列车,由使用单位申请,经调度部生产计划岗批准;客运列车、回空列车、调试列车、救援列车,由行车调度员指定。

特殊情况下,可使列车反方向运行。反方向运行列车的指定权限如下:客运列车,经调度部部长准许;除客运列车以外的其他列车,由行车调度员准许。如需延长运营时间,须由调度部部长准许。

(3)行车调度工作

为加强行车指挥工作的标准化管理,规范行车调度工作程序,明确行车调度的工作范围、工作内容,在日常行车调度工作中须按以下规定执行。

各项施工、计表维修作业应于每日 4:00 前结束,并完成注销工作。行车调度员应于 4:30 前完成收集车站巡视及送电广播工作。当确认各项准备工作已完成后,行车调度员向电力及防灾环控调度员(以下简称:电力调度员)要求接触网送电。因特殊情况全线不能按时送电或部分区段不能按时送电时,应及时查明原因通报信息调度员。当部分区段不能按时送电时,可先将具备送电条件的区段送电,当全线不能按时送电时,须按调度部值班调度长指示办理。

每日 4:30 前,行车调度员应完成各种行车设备状态、功能的检查与试验工作,发现故障及时通知有关单位进行维修,并将当日所需工作图表准备齐全,如发现下载图号与当日所需图号不符时,及时通知有关人员更正。

运营开始后,行车调度员应严格按运行图组织列车运行。发生突发事件时,应积极妥善的进行处置,确保安全、准确地完成运营生产任务。

运营中发生的问题应及时向信息调度员、调度部领导汇报。

行车调度员应严格执行交接班制度,做好交接班工作。

对运营信息应实时录入,应于次日 8:00 前完成前日运营信息的核对及报送工作。次日 8:00 前没有条件录入或次日 8:00 后发生需要变更的运营信息,向值班调度长汇报。

每日 19:30—20:30,行车调度员受理各单位施工项目的联系工作(对于有施工列车配合的施工作业联系时间限定 19:00—19:30),21:30 行车调度员与车站综控员(段、场 DCC)核对当日的施工情况,并下达施工命令。

在线运行的电动列车全部回段(场)后,及时通知电力调度员接触网停电。如有需要,可采取分段停电的办法。停电完毕,通知各站(信号楼)。遇夜间接触网不停电时,亦应通知车站(信号楼)。

夜间行车调度员须严格按照计划安排各项施工,指挥施工列车运行。及时处理施工中发生的各种问题,必要时通报信息调度员。

及时、准确地填写行车调度员工作日志及各种报表。

(4)行车调度模式研究

①调度管理模式

实施高效的综合调度指挥,综合调度应涵盖列车运行计划,列车运行管理,电力与防灾环控、信息发布,热线服务等方面任务,各调度工种共同高效地完成调度指挥任务,各岗位调度员应集中工作,以方便联系和协调解决问题。

强化各专业间的联动性,在设备、设施故障后尽快恢复设备使用功能,尽早恢复按图行车,这就需要行车—电力—信息调度间,以及信息调度—各专业生产调度间的联络畅通。调度还要关注线路上的天气、环境情况、灾害信息等,以便于提前组织列车运营,做好乘客服务工作。

②日常调度模式

a. 单线调度模式

值班调度长负责本班组的全面工作。组织本班组调度员对在线列车、车站及相关设备进行监控和指挥。处理随机发生的矛盾,保证安全运输乘客,提高正点率。

行车调度员负责通过综合监控系统对在线列车监控,依据列车运行图指挥列车运行,向司机、车站、车辆段/场发布调度命令。在正线出现突发情况时,对比列车运行图调整列车运行,尽快恢复按图行车。

信息调度员负责完成各类运营生产信息和应急信息收集及整理工作,及时向相关领导、部室,相关委、办、局报送信息,并将市相关单位和领导有关运营的信息、指令向相关部门通报传达。

b. 各线间调度联系模式

各调度员要牢固树立“线网”安全运营思想,建立“总体安全观”,充分体现联动机作用,保证信息通畅,协同动作。当发生大客流、过轨列车和延长运营时间等事件,1 号线与 2 号线间调度员需互相协调、配合,应建立良好的沟通配合工作机制。

c. 与相关单位间联系模式

信息准确及时正向流通是地铁安全高效服务运营的基础,信息准确及时正向流通更是加强地铁运营管理的必要条件。

信息调度作为调度部的信息窗口,应做好信息的上传下达。通过与运营公司各相关部门及市政相关单位建立信息联网,收集、整理运营生产信息和应急信息,及时了解运营情况、天气变化和地面交通等影响轨道交通运营的信息,并及时通报相关单位。

③发生大客流的调度模式

a. 1 号线开通大客流调度模式

当发生突发性大客流时,行车调度员应及时采取加开临客、延长早晚高峰的组织方式,缩小列车间隔,提升运力,确保为出行乘客提供更优质服务。

当发生可预见性大客流时,行车调度员应提前做好加开临客和延长早晚高峰的准备工作,与车站密切沟通,加强对全线车站的客流监视,并重点掌握发生大客流车站的乘降情况。

b. 2 号线开通大客流调度模式

2 号线开通运营后,发生大客流线路调度之间必须加强沟通、协调,分三级对大客流进行控制。第一级控制为本线控制,即大客流发生线路的控制;第二级控制为两条线联控,即在存在换乘关系的邻线调度组织列车减缓到达换乘站的措施,减少对大客流线路的冲击;第三级控制为停止换乘,邻线调度组织列车不停站通过换乘车站,使换乘客流不进入大客流的线路。

④突发事件情况下调度模式

a. 应急指挥部

总指挥由地铁运营公司董事长、总经理担任,负责公司范围内突发事件/事故的组织指挥决策。

副总指挥由主管安全工作的副总经理担任。在总指挥的组织下,进行突发事件抢险处置具体方案的决策;配合总指挥开展分管工作或部门的应急抢险及抢险过程中的指挥、协调工作。

各成员由相关部室部长/主任担任。在总指挥和副总指挥的领导下,进行突发事件/事故抢险救各专业调度处置突发事件时须牢固树立安全第一的思想,坚持高度集中、统一指挥的原则;迅速、准确地报告事件情况,一时不能判明需及时了解现场情况续报,确保信息渠道畅通,避免信息通报不及时、信息倒流;落实“险情”“故障”“灾害”就是“命令”,立即采取有效措施控制事态影响范围,防止次生灾害的发生,减少损失,确保乘客安全。

b. 调度中心(OCC)工作组

调度中心(OCC)工作组以调度中心值班调度长为组长,按照应急指挥部的指令,执行行车组织调整,终止、恢复运营等应急处置工作。

各专业调度处置突发事件时须牢固树立安全第一的思想,坚持高度集中、统一指挥的原则;迅速、准确地报告事件情况,一时不能判明需及时了解现场情况续报,确保信息渠道畅通,避免信息通报不及时、信息倒流;落实“险情”“故障”“灾害”就是“命令”,立即采取有效措施控制事态影响范围,防止次生灾害的发生,减少损失,确保乘客安全。

c. 突发事件报告原则

迅速、准确、逐级通报的原则。

内部、上级领导及协作单位并举的原则。

现场情况一时无法判明时,也应将所能了解的情况先行报告,待详情了解后,再行续报。

d. 突发事件信息报告内容

在运营时间内凡出现下列情况时,专业调度应尽快了解现场情况,及时通报信息调度、值班调度长、并向调度中心领导汇报。现场情况一时无法判明时,也应将所能了解的情况先行报告,待详情了解后,再行续报。

由于各种原因造成推迟开门运营时;运营中封闭车站、出入口时;采取非常态限流措施时;由于各种原因造成堵塞列车运行超过 5 min 或造成列车连续晚点超过 5 列时;列车冒进信号机时;车站照明灯光熄灭时;运营线发生可能构成等级事故的事件时;接触网无法按时停送电、接触网断电后试送电不成功时;排水系统发生故障无法及时排水时;列车、车站或运营线路出现烟雾、火情及火灾时;须在区间疏导乘客时;非工作人员进入运行线、运营线发生人员伤亡时;列车清人时;列车救援时;设备被盗时;站、车及运营线路上发现易燃、易爆或其他危险物品时;突发自然灾害影响正常运营时;各种原因造成乘客人身伤害时;运营线发生恐怖事件或刑事案件时;发生有可能影响运营安全、运营秩序或降低服务质量的情况时。

e. 突发事件报告要求

事件报告事项如下:报告人单位、姓名;事件发生线别、时间(时、分)、地点(线路、区间、百公尺标、公里标或股道)、车次、车号;突发事件概况、设备损坏情况及对运营影响程度;人员伤亡情况;请求配合、支援事项;其他必须说明的内容。

现场情况一时无法判明时,也应将所能了解的情况先行报告,待详情了解后,再行续报。当发现初报的内容有误时,汇报人应及时予以更正。

突发事件处置完毕后 40 min 内,专业调度应将突发事件处置过程以及突发事件影响情况向调度中心部长报告。

当供电、机电设备故障影响运营时,行车调度、电力及防灾环控调度应分别对故障情况、处置情况等进行记录,由行车调度汇总并经电力及防灾环控调度确认后,将故障情况及影响情况在 1 小时内通报信息调度;对于不影响运营的设备故障,由电力及防灾环控调度汇总后通报信息调度。

及时发布PIS信息,并通知相关站综控员及在线列车司机。

邻线的一名行车调度员或电环调度员值守监督其本线列车运行情况和设备运转状态,邻线另一名行车调度员或电环调度员协助事发线调度员进行应急处置工作。

f. 突发事件应急处理

当发生火灾、接触网停电等需由电环调度员予以配合的突发事件时:行车调度员与电环调度员间应加强沟通、协作,形成思路一致,执行一致的工作模式。行车调度员提出配合需求,电环调度员应以安全行车为中心,及时采取一切措施确保列车运行,乘客安全;行车调度员或电环调度员发现发生可能对对方调度指挥造成影响的事件时,应及时通知对方,及早采取措施,风险关口前移,降低运营影响。

线路故障:全线任何地段均有出现正常列车运行中断的可能。此时,根据线路故障地点的不同,利用本线线路特可采取小交路运行,维持区段运行,直到故障排除,恢复正常运行交路。

列车故障:当运行中的列车出现故障时,列车及时到最近的车站,疏散乘客,空车到就近停车线或直接回车辆段。

信号故障:车载信号设备故障时,可以通过变更闭塞方式,组织列车运行。地面信号故障时,采用限速人工驾驶,人工保证,出清故障区段后,恢复正常运行,并通知相关专业,尽快修复故障。

道岔故障:当道岔发生故障时,控制中心通知其所在的车站综控员,通过车站控制室设备或手摇道岔的方式,保障道岔位置正确且锁闭后,组织列车限速通过故障道岔。

⑤车站行车工作

a. 设备集中站与中心的控制权转换

遇下列情况之一时,控制权由中心下放到车站办理:调度工作站有关控制命令无法下达时。表示屏或调度工作站失去复示作用或不能正确复示时。实行电话闭塞法行车时。发生必须由车站办理的情事时。

b. 依据行车调度的命令,集中站综控员确认符合下列条件后,方可上交控制权:核对列车运行计划,确认列车位置。确认本站除站控按钮以外的其他按钮功能在非使用状态。确认本站进路未办理或进路已办理完毕。如遇特殊情况,集中站需协助非集中站办理相关业务。

c. 车站特殊行车作业办理

手摇道岔接发车:遇车站控制台无法操纵道岔、无法确认道岔位置、停电等情况,采取手摇道岔接发车时,须在室内综控员的统一指挥下办理。手摇道岔接发车作业时严格执行“二次核对、二次确认”制度。

d. 屏蔽门的故障处理

综控员如得到同方向连续两列列车报告车门打开但屏蔽门未打开,须立即报告行车调度。

遇屏蔽门故障导致车站无法进行接发车作业时,须立即报告行车调度,如单个屏蔽门故障,车站相关人员将该门改为“手动开”操作。

遇多个屏蔽门发生故障无法自动关闭时,车站工作人员须使用互锁解除及时进行接、发列车作业。利用列车间隔修复故障屏蔽门。

⑥调车作业

调车作业须凭车载ATP信号、地面信号机、调车手信号的显示进行。

遇车载ATP信号故障或车载信号设备无法收到信息时,司机须与行车调度或相关站综控员联系,得到准许后,按地面信号机的显示运行。

车辆段(场)在列车运行图规定的接发车以外的时间里,DCC调度员可以确定段(场)内的调车作业。

但影响段(场)接、发列车或正线列车运行时,应得到行车调度的准许。

使用手信号调车时,调车指挥人员由信号楼值班员、车站综控员担任。

16.6 物业开发

16.6.1 物业开发概述

地铁物业开发是一种典型的城市轨道交通与房地产的综合开发策略,即优先发展轨道交通沿线车站、停车场(车辆段)上盖物业及车站地下商业街或其他服务设施,对站点周边进行立体规划和开发,使地铁的建设与上盖物业及地下商业开发紧密联系在一起形成共赢。沿线的地产开发、物业开发支撑了地铁本身的建设、运营。

16.6.2 物业开发的必要性

呼和浩特市城市轨道交通系统的建成将给呼和浩特市交通空间结构形态带来革命性的影响,极大地方便居民出行。然而,轨道交通项目由于投资巨大、建设周期长、投资回收困难等因素,于呼和浩特市而言,可能带来财政上的巨大压力。因此,如何在保证轨道交通促进呼和浩特市公共交通和结构形态完善的同时,提高其产生的经济收益,使其能在经济上助推城市发展,是必须予以高度重视的问题。而进行合理的地铁物业开发,既会产生显著的社会效益,也会有可观的经济效益,在全国各市的轨道交通建设中被广为应用。所以,合理利用地铁车站及沿线地上地下的立体空间,进行呼和浩特市城市轨道交通的物业开发很有必要,即实现以呼和浩特市城市轨道交通为主体的“地铁+物业”新经济模式,并在城市轨道交通规划的过程中,使城市轨道交通的发展与城市规划密切融合,形成地下交通与地面公共交通的充分接驳,借助交通优势提升地下、上盖及沿线物业价值,以物业利润反哺城市轨道交通建设、运营,在较大程度上缓解呼和浩特市对轨道交通的投资压力。

16.6.3 物业开发的社会经济效益

呼和浩特是内蒙古自治区首府,是内蒙古的政治、经济、文化、科教和金融中心,距离首都北京约500 km,极具发展潜力。近年来,城市发展迅速,但面临主城区人口、建筑密集拥挤等问题,地上空间已明显不能满足城市的发展需要。而地铁物业开发在考虑地上空间资源利用的同时,更注重地下空间的发展,通过联合开发规划的实施,可以实现地上土地的高效利用以及地下空间的充分利用,这能产生巨大的社会效益。

从经济效益的角度看,城市轨道交通与土地资源的综合开发是呼和浩特市轨道交通建设运营筹资的有效途径,也是实现城市公共交通运营商业化的关键。

所以说,地铁物业开发是有利于我市建设和改造、有利于呼和浩特市轨道交通的建设和运营,有利于呼和浩特市地上地下空间综合利用的重要举措,对呼和浩特市未来的发展有重要意义。

16.6.4 物业开发现状

目前,呼和浩特市城市轨道交通1、2号线已开通运营,而轨道交通综合物业开发工作无论是操作理念还是管理办法，尚处于探索起步阶段，于呼和浩特市而言基础是空白的。根据国内外的经验总结，结合呼和浩特市目前的城市总体及轨道交通规划建设情况，当前一段时期内，呼和浩特市地铁物业开发模式的实践重点在于轨道交通站点空间开发和与现有商业区的接驳开发，大力推行站点地下空间商业街的开发。其次是地铁沿线 S2 用地的改造开发，还要在有条件的地铁站点、停车场（车辆段）进行上盖物业开发，并兼顾探索轨道交通站点邻近地区物业开发等。

目前，呼和浩特市地铁物业开发已在摸索中小有斩获，如轨道交通 1 号线新华广场站的地下商业街开发正在有条不紊的建设中，这个地下商业街已于 2021 年 12 月和市民见面，类似的还有地铁车站内的自动售卖机、便民服务站招租以及正在建设中的轨道交通 2 号线塔利东路站 3、4 层加盖等。

与此同时，呼和浩特市地铁已与数个市内知名商业区规划接驳，把地铁与大型商业区联通起来，实现互联互通，方便市民，也增强了地铁物业开发的商业竞争力。

除上述成果外，呼和浩特市新城区东统建小区 2、3、4 号楼的出租经营也值得一提。呼和浩特市新城区东统建小区 2、3、4 号楼位于新华大街与哲里木路交会处西南角，于 20 世纪 80 年代建成，属老旧小区。在轨道交通 1 号线博物馆站至将军衙署站盾构施工时，由于盾构区间下穿东统建楼小区 2、3、4 号楼正下方，考虑到施工时可能会对上述楼体结构产生安全隐患，政府依据相关要求及文件对上述三栋住宅楼进行征收。在盾构施工前后，我公司委托第三方房屋安全性鉴定机构对上述三栋住宅楼房屋结构进行了两次安全鉴定，鉴定结果为建筑结构及地基承载基本未受影响。考虑到上述房产地理位置优越，为了避免国有资产浪费、提高利用价值、增加国有资本收益，由我公司加固改造后拟进行出租经营。

16.6.5　物业开发模式展望

1. 轨道交通站点空间开发

此类开发通常与轨道交通设施结合在一起，优先发展轨道交通车站、停车场（车辆段）的地下商业街、上盖物业以及其他服务设施，根据开发规模分为站点、停车场（车辆段）上盖物业、上盖大平台、地下空间商业开发等模式。

地铁站点上盖物业一般是地铁和房地产开发紧密结合，地下为地铁车站，与之相联的是上面的商业建筑。地铁的主要出入口设置在与商场比邻的专用区域，直接与商场连接，还有数个直通室外的出口。地铁上盖物业都与地铁站都有良好的结合，这些站已经成为区域的交通、商业枢纽。

传统地铁地下空间多以交通功能为主导，可称为交通型地下空间。而要使城市轨道交通的地下空间成为以交通站点为核心，高效率、高效益的交通-商业型地下空间，这其中具有代表意义的就是轨道交通 1 号线的新华广场站地下商业街及内蒙古博物院站商业街。

2. 轨道交通站点邻近地区开发

此类开发是指轨道交通设施与其周边建筑物进行一体化规划和建设，开发地块靠近轨道交通设施，并且通常与之接驳，而不仅仅只是位于轨道设施空间位置或其上、下方。

站点地块与邻近地块的布局方式主要有两种："线形模式"和"轴 + 点联通式"。

"线形模式"是指沿地铁站内的主要交通方向，沿线布置各种小型公建，形成小型的公建带。"轴 + 点连通式"这种方式保证地铁站内的交通空间，在周边布置商业空间，通过多条通道相互连通。两种空间相对独立，同时也保持贯通。

3. 轨道交通沿线区域开发

此种开发是以轨道交通建设过程中,由于施工需要在轨道交通沿线征收的房屋、地块为依托进行的物业开发。利用轨道交通对城市功能产生极大的集聚作用,将彻底改变城市原有的均质发展状态,以站点为圆心由内向外形成由高强度到低强度开发的同心圆。轨道交通沿线的房屋、地块也因此而价值倍增,以这些产业为依托进行合理的开发既可以避免国有资产浪费、提高利用价值,也可以获得较大的收益,增加国有资本的收入。

地铁物业开发,最终目的就是合理利用日渐成型的立体空间,建立呼市地铁的"地铁 + 物业"新经济模式,与此同时,用其创造的经营收入反哺至地铁建设、运营,减少国家负担。在呼和浩特地铁物业开发的道路上,我们还需不断前行,不断探索,不断成长。

16.7 TOD 研究

16.7.1 呼和浩特市轨道交通建设投融资的探索

1. 呼和浩特市轨道交通投融资模式探索

呼和浩特市虽然作为内蒙古的首府城市,但是从经济实力上看,与早期建成地铁的北、上、广、深等城市不在同一量级,即使在目前全国已批轨道交通的城市中,经济实力也处于中下游水平。因此简单的模仿一线城市依靠政府财政支持轨道交通的建设模式明显不可取,多元化投融资手段助力轨道交通建设资金对于呼和浩特市推进工程建设有十分重要的作用。

2. 沿线土地综合开发对呼和浩特市的重要战略意义

开展沿线土地 TOD 综合开发并将开发收益反哺,对呼和浩特市最重要的意义在于提升客流和沿线土地价值,有利于后期运营补亏以及满足社会资本的投资回报,更事关轨道交通 1、2 号线的可持续发展以及后续规划线路的推进。

因此我们在轨道开工建设前期就进行了 TOD 的策划与研究。考虑到其他城市在 TOD 落地过程中普遍遇到的政策法规和机制体制问题,我们更是在全国创新地同时开展投融资导向的 TOD 研究和沿线土地控规调整。这种构思早于 2015 年 11 月住房和城乡建设部出台的《城市轨道沿线地区规划设计导则》中的要求,并且研究内容更为综合与深入。

目前 TOD 研究和沿线土地控规已完成结题评审,呼和浩特市也早已开始从多方面全力推进规划落实和出台相关政策,包括土地收储、土地资源的一、二级开发等。

16.7.2 呼和浩特市轨道交通建设 TOD 的探索

1. 呼和浩特市 TOD 综合开发的背景

从呼和浩特市交通既有资源探索适合本市的综合开发路径。在轨道交通工程立项初期,轨道交通公司已意识到解决建设资金筹措及运营期补贴的重要性。通过对上海、武汉、杭州等全国各先进城市进行考察学习。一方面与本市市、区各部门加强沟通协调,另一方面仔细分析其他城市的成功经验、教训、与制度设计,积极探索适合呼和浩特市的 TOD 发展战略。

从资源开发的角度来说,具体工作一方面应加强对广、通、商及地产资源的充分利用,同时更是强调以

“轨道 + 物业”的综合开发业务作为发展重点。提起“轨道 + 物业”的综合开发，香港的成功经验无疑是业内争相模仿的对象；然而呼和浩特市与国际大都市或国内一、二线城市还是存在较大差异。具体而言存在以下特征。

(1)城市现状能级较低，轨道交通客流压力大

呼和浩特市虽是首府，但城市规模和能级较低，人口、经济和产业基础相对薄弱，经济总量不大、结构欠优。目前市区人口只有 200 多万，相对于线网规划而言，运营期客流是否充足、是否能够稳步增长都存在较大不确定性。

(2)城市未来发展缺乏大能级的驱动引擎

呼和浩特市传统产业拉动力量逐渐减弱，新兴产业尚未形成有效支撑，转型升级任务艰巨；中心城市集聚辐射带动能力有待提升。尤其是在双新形势下，呼和浩特市存在着人口净流出的危险，对未来城市发展造成隐忧。

(3)房地产价格偏低，前景不明朗，1、2 号线沿线土地资源供给有限

呼和浩特市目前的房价偏低，且 1、2 号线主要覆盖中心城区建成区为主，可供综合开发的土地资源稀缺。从土地价值和土地资源的供给量来看，进行 TOD 综合开发的基础较为薄弱。

(4)轨道交通对未来城市功能与产业发展的带动作用有待深入研究

呼和浩特市国内第三产业占国内生产总值的比重，在国内新一轮发展轨道交通的城市中较低，显示出呼和浩特市的商业服务业还有很大的发展空间，以及需要积极促成城市格局重构以支撑地铁运营及综合开发的迫切需求。参考世界其他城市的经验，轨道交通运营的 30 年的期间里，城市结构至少会面临几阶段的重大变革，因此须充满预见性地对未来进行规划。毋庸置疑，先期建设的轨道交通线路必须首先考虑解决城市的既有交通问题。但同时，整个轨网如何充分考虑对未来城市带来的发展机遇和能级提升、如何兼顾近期客流和中远期开发，是需要深入研究的。

基于以上背景，轨道交通公司判断应该聚焦借综合开发实现资源反哺，尽早开展针对近期建设轨道交通 1、2 号线的综合开发工作。一方面须厘清沿线土地资源的量与质、城市的现状与预期，尤其是对资源的量化分析，摸清家底；同时借助前期研究对城市原有的结构布局提出有针对性的意见，启发市区各管理部门参与探讨，推动建立共识、形成合力实现资源高效利用反哺地铁运营和建设的执行落地。

2. 呼和浩特市 TOD 综合开发的策略分析

在策略拟定方面，呼和浩特市的 TOD 综合开发前期工作具体分四个层面推进：规划、市场、一体化整合、实施路径。

(1)规划方面

应从规划、交通、社会经济各维度梳理城市总体现况、发展目标与战略，分析轨道交通建设为城市所能带来的发展潜力，思考如何借助 TOD 理念使城市发展与轨道交通建设相协调，形成协同耦合的互补支撑态势。在此基础上提出可在总规、控规、详规各层面纳入原有体系的优化建议。

(2)市场方面

进行土地及房地产开发不是轨道交通公司的强项，因此须借助咨询机构及专业公司的力量。前期阶段应深入研究呼和浩特市的经济、产业情况及规划目标，城市及沿线地区物业市场情况，可开发土地资源的价值及可行性。并基于以上研究对未来的综合开发拟定具体的开发定位、业态及策略。

(3)一体化整合方面

为了提升轨道交通吸引力、提升客流,必须充分优化站点步行、鼓励零换乘,同时打造有序、宜人的站点空间环境。在轨道场站工程设计的同时,及早对站点进行一体化整合设计十分必要。众所周知,轨道工程的窗口期有限,而车站出入口、风亭、换乘衔接设施都将长久影响站点地区环境,并直接左右综合开发的成败。因此在轨道工程设计阶段,积极推进重点站地区的一体化整合设计,对地面可用土地、地下空间、换乘空间进行同步设计,力争在某些重点站实现同步建设。

(4)实施路径方面

实施路径的研究首先应帮助轨道交通公司厘清思路,针对自身情况及优势,探讨应如何参与到物业综合开发之中。一方面,拟定基于TOD策略实现土地溢价反哺的目标、路径、与工作重点。主要聚焦于一级开发还是大规模介入二级开发?应如何借助市场投资人的资金、经验,与实力,探索建立合理高效的联合关系,推动综合开发落地实施;另一方面,根据国内其他城市的经验,建立适用于轨道交通综合开发的体制机制是保障其顺利执行的关键。因此必须积极推动制度建设的研究工作,拟定适用于呼和浩特市的相关“管理办法”“指导意见”的法律法规,构建具有保障的长效机制。

3. 综合开发前期工作的独特组合

在具体的前期工作方面,创新地采取了TOD综合开发研究与沿线规划调整研究协同推进的方式。采取这一形式主要原因是:首先,借助城市轨道建设的契机重新审视沿线原有控规,有利于调整城市发展战略,优化城市结构,形成交通与城市发展更为协调,可充分体现TOD理念的控规成果。其次,无论是城市轨道建设的前期拆迁、征地工作,还是获取综合开发土地,包括挖掘轨道地区土地价值都离不开对规划的研究、与规划管理部门的协调和对原有规划的调整。基于市场层面的研究成果与一体化整合构想也都需要最终落实到控规层面,需要规划管理部门的认可。再次,传统的分区规划或控制性详细规划主要从公共服务与土地管理的视角进行编制;而综合开发则需要基于市场、物业策划、交通组织、工程一体化等其他方面研究的补充,才能获得较为全面的开发计划,推动其真正落地,实现资源反哺。

因此采取的前期工作包括:由轨道交通公司与市规划局牵头,委托进行轨道交通1、2号线全线长度约52.3 km两侧各500 m范围内的地块进行控制性详细规划编制;进而整理完善规划条件。与此同时由轨道交通公司牵头,针对1、2号线的12个重点站及15个次重点站进行综合开发一体化研究。两项研究工作同时开展、相互验证、动态调整,最终一体化研究的内容应作为控规编制工作的支持与补充,并纳入其成果。

控规研究的主要工作包括:①调整土地使用性质及其兼容性等用地功能控制要求;②调整容积率、建筑高度、建筑密度、绿地率等用地指标;③调整基础设施、公共服务设施、公共安全设施的用地规模、范围及具体控制要求,地下管线控制要求。

一体化研究的主要针对12个重点站与15个次重点站进行,成果包括:①上位规划回顾与TOD规划策略;②呼和浩特市物业市场研究;③站点地区开发定位、物业组合建议与规划指标优化;④站点地区综合开发策划与一体化整合设计研究;⑤站点地区综合开发价值评估。

4. 综合开发前期工作的一体化研究成果展示

(1)阿尔山路站

阿尔山路站是2号线南侧终点站,居于城市外围南临大黑河,周边现状以既有村落及少量工业设施为主,其东侧为阿尔山路车辆段。

随着地铁的开通将提高区域的可达性,同时大黑河的整治工程也极大提升了沿线的生态景观环境。轨道交通公司在征拆停车场用地的同时,有意向将其西侧的一块土地进行整体一级开发。

物业策划方面,结合紧邻大黑河景观公园的特质,定位为以休闲养生及养老住宅为主的 TOD 小镇建设。主要业态包括结合开发式街区的水岸住宅,吸引年轻的自住客群、积累人气;高端养老住宅及医疗、健康管理中心;同时建设区域级卖场,提升人气激活端头站地区。

空间设计方面紧邻车站区域设置休闲商业。北侧是符合 TOD 理念建设的开放式街区多层住宅区。将原先的大地块宽马路改造为小街廓及双向二分路,压窄车行路,创造更多步行街、广场及组团绿化。围合公共空间的沿街商铺可提供以健康、绿色、草原文化为主的特色零售,凝聚活力、营造 TOD 小镇特色氛围。北侧高层是集中的养老住宅区。

经测算,该项目一、二级开发利润总计约 22 亿元,利润率在 21% 左右。

(2)塔利东路站及新店停车场

塔利东路站是 2 号线北侧终点站。整体区位上,塔利东路站及停车场靠近呼和浩特东站及机场组成的城东枢纽片区,且靠近重点产业园区"如意开发区",正处于蓬勃发展阶段。

综合开发设计首先研判了停车场上盖开发的可行性。工程上停车场用地南北方向过于狭窄,若做上盖开发结构预留势必增加股道间距、缩减列位数,无法满足工程要求。另一方面,目前该片区的地价与物业价格过低,预估近期开发无法弥补上盖结构预留的额外成本。因此建议对库上空间的利用以景观绿化或体育公园为主。

在此基础上,采取保守开发以完善区域机能和公共服务为主要目标。为改善原车场临街立面单调呆板的问题,设置沿街商业及休闲开放空间。围绕车站主出入口打造商业广场,积聚活力。利用地块边角空间、西侧剩余空间、股道上空建设停车楼、机动车、非机动车停车场,提升换乘及公共服务。从而大大提升了停车场区域的空间品质,得到规划部门的认可。

在此过程中,对原先场站工程设计进行修改,为充分利用土地,压缩靠近车站部位的设施布局,留出更多沿街商业空间俘获客流。将车场办公楼与停车楼联建,保证沿街商业的完整,节约空间使用。同时将车站的风井与沿街商业进行一体化整合。

经测算,该项目一、二级开发利润总计约 2.6 亿元,利润率在 23% 左右。

(3)展览馆站

展览馆站是 1 号线的重点站,出于地铁出入口建设的工程需要拆除原临界建筑,从而产生了一块仅 4 000 m^2的用地。

从综合开发定位而言,但该站点位于新华大街上地处繁华地段,开发价值高。周边配套服务完善,居住成熟,紧临两大成熟商圈;建议充分利用邻近的内蒙古展览馆、博物馆题材,发展文化创意及商务配套功能。建议打造一栋以"文创产业"为主题的办公楼。

这是一个典型的地铁外挂综合开发项目,较为适合轨道交通公司先行探索与投资的。经测算,虽然地块很小且拆迁成本高,但一、二级开发利润约为 1 亿元,利润率约为 14%。

16.7.3　小　　结

1. 综合开发的预期成效

根据对 12 个重点站及 15 个次重点站综合开发策划方案的初步测算,预计在一、二级开发层面可实现反哺,这些可供综合开发的土地都是基于轨道设施建设需要,或是结合旧城区改造所代为拆迁并进行一级整理的用地。同时通过开发策划与相应的控规调整工作,大大提升了原有土地的规划价值,在规划和政府预控层面提升了轨道建设的正外部经济性,为近、中、远期有计划地推进 TOD 开发项目、将开发收益反哺轨道交通 1、2 号线运营并支持新线建设,打下了扎实基础。

另一方面,呼和浩特市启动轨道交通 1、2 号线建设以来,市民对地铁的期待以及轨道对城市的带动,事实上还是可以期待的。建设期内,呼和浩特市的房价上升不断,涨幅不断。

目前,轨道交通公司成立了地铁实业公司,开始探索对自有土地进行物业开发,一方面引入市场投资人展开示范性项目的投资建设,同时也着力进行专业团队培养,致力于在综合开发总体规划、规划协调、开发合作、运营管理等方面不断积累经验,以形成独立的业务线掌握核心优势。

在推进土地综合开发的同时,轨道交通公司也特别重视依托 TOD 平台多维度地助推城市发展。例如:在综合开发策划时,紧紧围绕草原文化和崛起的云计算平台这两大被社会广泛认识的独有元素,研究打造具有地域和文化特色的呼和浩特市轨道物业,引入特色项目。并依此展开一系列的经营、推广活动。如:依托呼和浩特市打造旅游城市战略的一系列成果,通过实施呼和浩特市轨道交通"草原服务驿站"等品牌战略,开展实施特色化服务,吸引和扩大城市旅游人群,突出体验式服务。

2. 后续工作展望

呼和浩特市城市轨道交通 1、2 号线控规研究与一体化研究为综合开发提供了较为完善的技术支持和决策依据,进一步推动针对性政策法规出台和体制机制建设是接下来的工作重点。

制度建设是轨道交通综合开发和沿线地上、地下空间综合利用的基础和重要保障。但是,受到当前土地使用制度、城市规划制度、建筑使用制度的制约,导致综合开发采取一事一议的方式,从而带来不确定性和制度风险。

未来的工作重点是如何建立有效的体制机制来实现项目落地,应吸取我国其他城市早期综合开发的经验和教训,出台目标更为明确、职责更为清晰、程序更为可操作、保障措施更为有力的政策法规。

希望呼和浩特市的探索和实践,能够为三、四线城市发展轨道交通带来一些借鉴和启发。

呼和浩特市城市轨道交通 1、2 号线大事记

2013 年

3 月 12 日

召开呼和浩特市城市轨道交通 1、2 号线一期工程总体设计审会。

2014 年

11 月 13 日

呼和浩特市城市轨道交通建设规划及线网规划环评通过国家环保部审查批复。

2015 年

4 月 15 日

国家发展和改革委员会完成对《呼和浩特市轨道交通近期建设规划(2015—2020)》的批复。

7 月 29 日

取得内蒙古住建厅关于呼和浩特市城市轨道交通 1、2 号线一期工程项目选址的批复。

8 月 31 日

收到呼和浩特市国土资源局下发关于呼和浩特市城市轨道交通 1、2 号线一期工程建设项目用地的初审意见。

9 月 17 日

获得国家文物局关于呼和浩特市城市轨道交通 1 号线一期工程沿线文物保护的批复文件。

9 月 30 日

获得内蒙古自治区发展和改革委员会关于呼和浩特市城市轨道交通 1 号线一期工程可行性研究报告的批复文件。

2016 年

3 月 10 日

收到呼和浩特市政府关于城市轨道交通 2 号线一期工程 PPP 项目批复文件。

3 月 30 日

呼和浩特市城市轨道交通 1、2 号线一期工程初步设计取得呼和浩特城乡建设委员会的批复文件。

4 月 14 日

呼和浩特市城市轨道交通 1 号线呼钢东站开启全线主体结构施工第一钻。

9 月 19 月

呼和浩特市城市轨道交通 2 号线一期工程正式开工。

11 月 23 日

呼和浩特市城市轨道交通 1 号线首个车站“呼钢东路站”车站主体结构顺利封顶。

12 月 28 日

呼和浩特市地铁一号线建设管理有限公司揭牌。

2017 年

2 月 16 日

《呼和浩特市轨道交通融合云平台应用研究科研项目建议书》通过专家评审，云平台应用研究科研项目立项。

3 月 17 日

公司邀请中国城市轨道交通协会，北京、深圳、广州等地专家召开城市轨道交通融合云平台应用科研项目专家评审会，并确定第一阶段测试方案。

3 月 20 日

呼和浩特市城市轨道交通 1 号线首台盾构机“草原雄鹰号”始发掘进，全线盾构区间施工正式展开。

4 月 17 日

分两次在苏州华为 openLAB 实验室进行业务系统单系统云化部署测试(2017 年 5 月 20 日,在苏州完成第一轮云平台科研测试;2018 年 1 月 31 日,在苏州完成第二轮云平台科研测试)。

5 月 20 日

呼和浩特市城市轨道交通 2 号线喇嘛营地下连续墙开槽第一抓。

5 月 31 日

呼和浩特市城市轨道交通 1 号线高架段首桩开钻,拉开高架段施工帷幕。

6 月 1 日

呼和浩特市城市轨道交通 2 号线内蒙古体育馆站深基坑开挖,为全线首座深基坑开挖车站。

6 月 4 日

呼和浩特市城市轨道交通 1 号线将军衙署站下穿鼓楼立交桥处完成全部桩基托换施工。

6 月 15 日

呼和浩特市城市轨道交通 1 号线西二环明挖区间首段底板顺利浇筑完成，拉开了区间主体结构施工帷幕。

8 月 1 日

呼和浩特市城市轨道交通 1 号线孔呼区间盾构右线顺利贯通，成为全线首个单线洞通区间。

9 月 30 日

呼和浩特市城市轨道交通 2 号线前期项目公主府站热力迁改施工完成，至此前期工程 11 座车站的热力迁改工作全部施工完毕。

11 月 1 日

呼和浩特市城市轨道交通 2 号线内蒙古体育场站至内蒙古体育馆站左线盾构机顺利下井，是全线首台盾构机下井。

11 月 13 日

呼和浩特市城市轨道交通 2 号线塔利东路站主体结构封顶，是 2 号线首座封顶车站。

12 月 7 日

呼和浩特市城市轨道交通 2 号线内大南校区站主体结构封顶，为全线采用地下连续墙围护结构的深基坑地下两层车站中首个封顶站。

12 月 15 日

呼和浩特市地铁运营有限公司注册成立。

2018年

3月9日

呼和浩特市城市轨道交通1号线三间房车辆基地完成开工条件核查，正式开工。

4月

城市轨道交通列车通信与运行控制国家工程实验室发布《城轨云运营生产系统测试报告》白皮书。

4月3日

呼和浩特市城市轨道交通2号线锡林公园站至五里营站区间左线率先实现贯通，成为2号线首条实现贯通的地铁隧道。

5月1日

呼和浩特市城市轨道交通1号线高架段首片箱梁架设。

6月26日

呼和浩特市城市轨道交通1号线首个采用“冷冻法”工艺的孔呼区间联络通道兼泵房顺利完工。

6月28日

呼和浩特市城市轨道交通1号线后不塔气站站后开工核查会的举行标志着全线正式步入站后施工阶段。

7月1日

呼和浩特市城市轨道交通1号线独条暗挖隧道——后什区间暗挖隧道全线贯通。

7月9日

公司组织召开云平台专项审查，为云平台项目落地迈出了关键的一步。

8月12日

呼和浩特市城市轨道交通2号线东二环路站—新城图书馆站区间左线洞通，标志着呼和浩特市城市轨道交通2号线首条穿河盾构区间顺利贯通。

8月21日

中国银联内蒙古分公司与轨道交通公司“移动支付便民示范工程暨呼和浩特地铁项目合作签约仪式”。

8 月 24 日

呼和浩特市城市轨道交通建设管理有限责任公司与交控科技股份有限公司成功举行成立合资公司签约仪式。

8 月 30 日

呼和浩特市城市轨道交通 1 号线一期工程第一幅轨排成功上线。

10 月 24 日

呼和浩特市城市轨道交通 2 号线锡林公园站至五里营站区间隧道分部工程顺利通过验收，标志着地铁 2 号线第一条区间隧道分部工程验收顺利完成。

10 月 31 日

呼和浩特市城市轨道交通 1、2 号线换乘车站新华广场站 1 号线主体结构全部完工。

11月9日

呼和浩特市轨道交通公司与中国政企基金投资公司就呼和浩特市城市轨道交通2号线一期工程股权转让签约仪式。

11月18日

呼和浩特市城市轨道交通2号线内大南校区站至锡林公园站盾构区间左线贯通，这是2号线贯通的首条强富水、穿越大风险源（小黑河）、砂砾层盾构隧道。

11月26日

呼和浩特市城市轨道交通1号线全线实现洞通。

12 月 1 日

呼和浩特市城市轨道交通 1 号线白塔停车场首桩开钻，正式开始施工。

12 月 4 日

地铁控制中心主楼主体结构完成封顶。

12 月 22 日

呼和浩特市地区管径最大的顶管工程——呼和浩特市城市轨道交通 1 号线呼和浩特东站主变电所外电源路由顶管顺利贯通。

12月29日

呼和浩特地铁门户官方网站正式上线。

2019年

1月7日至18日

呼和浩特市轨道交通公司组织召开城市轨道交通1、2号线云平台系统集成项目第一次设计联络会，标志着呼市地铁云平台项目正式进入实施阶段。

1月13日

呼和浩特市城市轨道交通1号线首列客车在中车长春客车股份有限公司客车制造中心装配一车间下线。

1 月 24 日

具备二维码扫码进站功能，同时支持互联网购票功能的自动售检票系统进入全面批量生产阶段。

3 月 31 日

呼和浩特市城市轨道交通 2 号线塔利东站地下线整体道床首次浇筑顺利完成，标志着 2 号线全线地下铺轨施工正式开始。

4 月 2 日

呼和浩特市城市轨道交通 1 号线三间房车辆段周月检库 L24 股道直流 1 500 V 顺利完成电通。

4 月 4 日

呼和浩特首列地铁车辆正式亮相 1 号线三间房车辆段。

4 月 23 日

呼和浩特市城市轨道交通 2 号线首台自动扶梯设备在帅家营站顺利进场。

4 月 28 日

呼和浩特市城市轨道交通 1 号线孔家营站首个完成附属结构全部施工。

4 月 28 日

呼和浩特市城市轨道交通 1 号线实现地下段“短轨通”。

4 月 30 日

呼和浩特市城市轨道交通 1 号线南店 110 kV 主变电所一次性授电成功。

4 月 30 日

呼和浩特市城市轨道交通 1 号线高架站什兰岱村站钢结构首个完成安装。

5 月 1 日

呼和浩特市城市轨道交通 1 号线三间房车辆段试车线动车调试工作正式启动。

5 月 18 日

坝堰站浇筑完成最后一块顶板，标志着呼和浩特市城市轨道交通 1 号线全线车站主体结构施工全部完成。

5 月 20 日

呼和浩特市城市轨道交通 1、2 号线云平台系统集成项目测试平台完成硬件部署，进入软件平台调试及功能自测阶段。

5 月 29 日

呼和浩特市城市轨道交通 1 号线白塔停车场运用库顺利封顶。

6 月 22 日

呼和浩特市城市轨道交通 1 号线一期供电工程地下段 35 kV 环网送电工作完成,实现地下站电通。

6 月 28 日

呼和浩特市城市轨道交通 1 号线完成模拟车辆接触网地下段冷滑试验中速测试。

7月2日

呼和浩特市城市轨道交通1号线召开地铁1号线联调联试启动会，全面进入现场联调阶段。

7月10日

呼和浩特市城市轨道交通1号线三间房车辆段（含）至后不塔气站K24+020段接触网顺利带电。

7月19日

呼和浩特市城市轨道交通1号线热滑试验结束，正式进入动调阶段。

7 月 24 日

呼和浩特市城市轨道交通建设管理有限公司与华为时代有限公司在北京海航大厦签署战略合作协议。

8 月 13 日

呼和浩特市城市轨道交通 1 号线全线实现长轨通。

8 月 19 日

生产中心云平台在控制中心完成自身部署,具备业务系统上云部署条件。

8 月 21 日

呼和浩特市轨道交通公司与北京市地铁运营有限公司在呼和浩特市正式签订战略合作协议。

呼和浩特市轨道交通公司　北京市地铁运营有限公司
战略合作签约仪式

8 月 31 日

呼和浩特市城市轨道交通 1 号线顺利完成单车 CBTC-ATP 功能测试。

9 月 6 日

呼和浩特市城市轨道交通 1 号线一期工程正式开启试运行。

9 月 11 日

呼和浩特市城市轨道交通 2 号线水上公园站—诺和木勒站右线贯通，2 号线全线洞通。

9 月 16 日

呼和浩特市城市轨道交通 1 号线一期工程高架段 35 kV 线路环网送电成功，至此，城市轨道交通 1 号线实现全线电通。

9 月 17 日

轨道交通公司地铁运营控制中心如期落成并入住。

9 月 28 日

呼和浩特市城市轨道交通 2 号线喇嘛营牵引变电所送电工作顺利完成。

9 月 30 日

呼和浩特市城市轨道交通 2 号线一期工程首列电动客车在喇嘛营车辆段亮相。

10 月 11 日

《呼和浩特城市轨道交通 2 号线一期工程联调联试方案》通过专家评审。

10 月 20 日

呼和浩特市城市轨道交通 1 号线完成全线车辆型式试验，为初期运营安全评估工作打下了坚实的基础。

11 月 4 日

呼和浩特市城市轨道交通 1 号线完成全线屏蔽门 5 000 次试验。

11 月 16 日

呼和浩特市城市轨道交通 2 号线第一座正线变电所送电成功。

11 月 28 日

呼和浩特市城市轨道交通 1 号线首批车站（西二环路站—乌兰夫纪念馆站）消防验收顺利完成。

11 月 29 日

呼和浩特市城市轨道交通 1 号线一期工程运营前安全评价报告专家评审会议顺利举行。

11 月 29 日

呼和浩特市城市轨道交通 1 号线西龙王庙主变电所送电。

12 月 4 日

呼和浩特市城市轨道交通 1 号线一期工程初期运营前安全预评估会议召开。

12 月 16 日

呼和浩特市城市轨道交通 1 号线一期工程初期运营前卫生评价报告通过专家评审。

12 月 17 日

呼和浩特市城市轨道交通 1 号线信号系统取得第三方支持初期运营安全认证。

证书

编号：18AJ90CE006

CENELEC 铁路标准

检查机构	莱茵技术（上海）有限公司
证书持有人	交控科技股份有限公司 中国北京市丰台区科技园海鹰路 6 号院 2 号楼，邮编：100070
评估系统	特定应用呼和浩特 1 号线一期信号系统工程
评估范围	呼和浩特 1 号线一期信号系统用于支持初期运营 （详细发布范围参见评估结论中的引用文件）
系统集成商/被评估方	交控科技股份有限公司 中国北京市丰台区科技园海鹰路 6 号院 2 号楼，邮编：100070
评估依据 [1]	EN 50126:1999，EN 50128:2011，EN 50129:2003
评估报告/日期 [2]	18AJ90RF006 V1.0, 2019-12-17
评估结论 [3]	本次评估目标为呼和浩特 1 号线一期信号系统用于支持初期运营。 评估员对《呼和浩特 1 号线信号系统项目安全证明文件》（编号：HTL1-8109/V7.0）章节 2.3 定义的信号系统进行了独立安全评估；该系统配置同时通过《呼和浩特 1 号线信号系统产品交付单》（编号：HTL1-07-20191215）交付；系统交付范围限制和安全相关应用条件在安全论据第 7 章中总结，并通过《呼和浩特 1 号线系统操作与维护安全须知》（编号：HTL1-8110/V7.0）输出给运营方。 在系统交付范围和遵循安全相关应用条件的前提下可用于支持初期运营阶段。系统可用范围仅限于《呼和浩特 1 号线信号系统项目安全证明文件》（编号：HTL1-8109/V7.0）所限定范围。在呼和浩特 1 号线一期上述信号系统用于支持初期运营期间，《呼和浩特 1 号线系统操作与维护安全须知》（编号：HTL1-8110/V7.0）中的安全相关应用条件必须被运营方遵守。
有效性	本证书的有效性适用于《呼和浩特 1 号线信号系统项目系统安全证明文件》（编号：HTL1-8109，版本：V7.0，日期：2019-12-16）章节 2.3 中所描述的特定应用呼和浩特 1 号线一期信号系统配置。

[1] 其他适用的规范和标准包含在参考的评估报告中。
[2] 评估报告是本证书不可分割的一部分。
[3] 评估结论的详细论证包含在评估报告中。

日期：2019-12-17

TÜV 莱茵集团
总部位于科隆，
Am Grauen 大街
51105 科隆，德国

授权签字人
（陈光智）

www.tuv.com

TÜVRheinland®
Precisely Right.

12 月 17 日

呼和浩特市城市轨道交通 2 号线南段（喇嘛营车辆段—五里营站）首次限界检测及冷滑试验顺利完成。

12 月 23 日

呼和浩特市城市轨道交通 1 号线一期工程顺利通过竣工验收。

12 月 27 日

呼和浩特市城市轨道交通 1 号线一期工程顺利通过初期运营前安全评估，标志着轨道交通 1 号线已具备初期载客运营条件。

12月29日

呼和浩特市城市轨道交通1号线开通初期运营。

2020年

1月5日

呼和浩特市城市轨道交通2号线呼和浩特站—阿尔山路站11站11区间35 kV环网一次送电成功，至此，2号线全线“电通”。

1月8日

呼和浩特市城市轨道交通2号线继“洞通”“电通”后，又实现了“轨通”，“三通”目标圆满实现。

3 月 30 日

呼和浩特市城市轨道交通 2 号线联调联试正式启动。

7 月 27 日

呼和浩特市城市轨道交通 2 号线锡林公园站顺利通过热烟测试。

7 月 28 日

呼和浩特市城市轨道交通 2 号线环保验收评审通过。

7月31日

公司取得BIM全生命周期应用研究相关3个计算机软件著作权登记书。

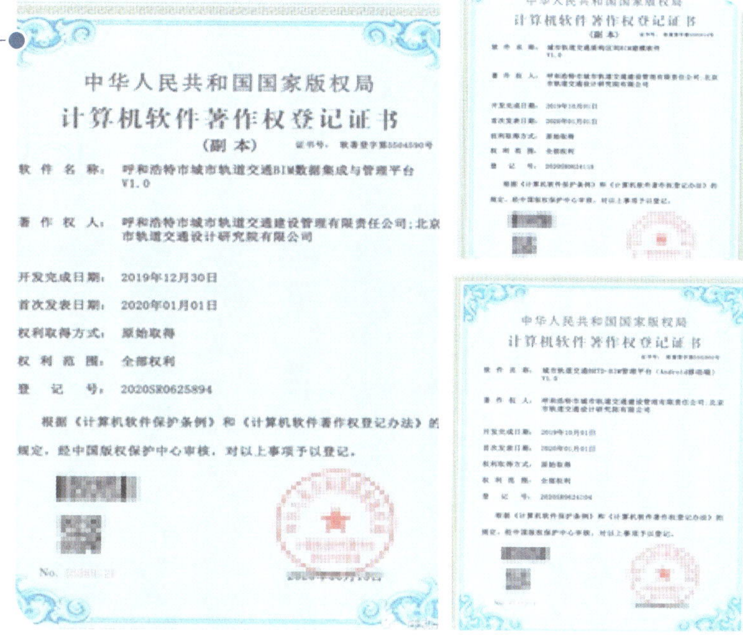
中华人民共和国国家版权局

计算机软件著作权登记证书

（副本）　　证书号：软著登字第5504590号

软件名称：呼和浩特市城市轨道交通BIM数据集成与管理平台V1.0

著作权人：呼和浩特市城市轨道交通建设管理有限责任公司；北京市轨道交通设计研究院有限公司

开发完成日期：2019年12月30日

首次发表日期：2020年01月01日

权利取得方式：原始取得

权利范围：全部权利

登记号：2020SR0625894

根据《计算机软件保护条例》和《计算机软件著作权登记办法》的规定，经中国版权保护中心审核，对以上事项予以登记。

8月1日

呼和浩特市城市轨道交通2号线空载试运行（跑图阶段）正式开启。

8月5日

呼和浩特市城市轨道交通1、2号线互联互通测试平台完成搭建，正式开始实验室交叉仿真测试。

8 月 12 日

呼和浩特市城市轨道交通 2 号线系统工程完成单位工程验收。

8 月 21 日至 23 日

呼和浩特市城市轨道交通 2 号线顺利完成安全预评估工作。

8 月 26 日

呼和浩特市城市轨道交通 2 号线呼和浩特站、公主府站完成单位工程验收，标志着全线单位工程验收完成。

8 月 28 日

呼和浩特市城市轨道交通 2 号线顺利通过项目工程验收，向全线开通运营又迈出了坚实的一步。

9 月 10 日至 12 日

呼和浩特市城市轨道交通 2 号线开展并顺利通过竣工验收，标志着距离开通初期运营又迈出关键的一步。

9 月 18 日至 20 日

呼和浩特城市轨道交通 2 号线初期运营前安全评估工作，完成了全部评估工作。

10 月 1 日

呼和浩特市城市轨道交通 2 号线开通运营，青城地铁步入换乘时代。

11 月 7 日

呼和浩特市城市轨道交通 1、2 号线信号系统互联互通共线室内测试成果及现场测试方案通过评审。

12 月 5 日

呼和浩特市城市轨道交通 2 号线全线配备 AED，至此，呼和浩特市城市轨道交通 1、2 号线车站 AED 设备实现全覆盖。

12 月 29 日

迎来呼和浩特市城市轨道交通 1 号线一周岁生日。

领导关怀

2020年7月23日，时任内蒙古自治区党委书记、内蒙古自治区人大常委会主任石泰峰莅临轨道交通2号线新华广场站，调研地铁工程建设和运营筹备工作。时任内蒙古自治区党委常委、呼和浩特市委书记王莉霞参加。

2016年9月20日，时任内蒙古自治区党委书记、内蒙古自治区人大常委会党组书记李纪恒莅临轨道交通1号线呼和浩特东站，调研地铁工程建设情况。时任内蒙古自治区党委常委、呼和浩特市委书记那顺孟和，时任内蒙古自治区党委常委、自治区副主席、政府党组副书记符太增参加。

2017年4月5日下午，时任内蒙古自治区党委书记、内蒙古自治区人大常委会主任、党组书记李纪恒，带领各盟市主要领导约130余人调研轨道交通1号线工程建设。

2019年12月13日，时任内蒙古自治区党委常委、呼和浩特市委书记王莉霞深入轨道交通1号线调研指导运营筹备工作。时任呼和浩特市委常委、常务副市长刘文玉，时任呼和浩特市委常委、组织部部长常培忠参加。

2019年12月29日，轨道交通1号线开通初期运营仪式在呼和浩特东站举行。时任内蒙古自治区党委常委、呼和浩特市委书记王莉霞，中国城市轨道交通协会副会长李国勇，时任呼和浩特市委副书记、党组书记、代市长、内蒙古和林格尔新区党工委书记张佰成，时任呼和浩特市十五届人大常委会主任云建东，时任内蒙古自治区呼和浩特市第十三届政协主席、党组书记孙建华，时任内蒙古自治区呼和浩特市委副书记、政法委书记贺海东，时任内蒙古自治区呼和浩特市委常委、副市长、市政府党组副书记刘文玉等领导出席仪式。

2020年7月15日，时任内蒙古自治区党委常委、呼和浩特市委书记王莉霞深入轨道交通2号线内大南校区站，调研工程建设和运营筹备工作。时任呼和浩特市委常委、秘书长吴文明参加。

2020 年 10 月 1 日上午，轨道交通 2 号线开通初期运营仪式在 1、2 号线换乘站——新华广场站举行。时任内蒙古自治区党委常委、呼和浩特市委书记王莉霞，时任内蒙古自治区副主席、政府党组成员包钢，中国城市轨道交通协会副会长李国勇，时任内蒙古自治区呼和浩特市委副书记、市政府党组书记、市长、内蒙古和林格尔新区党工委书记张佰成，时任内蒙古自治区呼和浩特市十五届人大常委会主任、党组书记云建东，时任呼和浩特市第十三届政协主席、党组书记孙建华，时任呼和浩特市委常委、秘书长吴文明等领导出席。

2019 年 4 月 2 日，时任内蒙古自治区政协主席、党组书记李秀领深入轨道交通 1 号线后不塔气站，调研地铁工程建设进展。

2017 年 4 月 10 日，时任内蒙古自治区政协主席、党组书记任亚平及部分全国、自治区政协委员，调研轨道交通 1 号线工程建设。

2016 年 10 月 9 日，时任内蒙古自治区党委副书记、政法委书记李佳莅临轨道交通 1 号线呼和浩特东站，调研地铁工程建设进展。时任内蒙古自治区呼和浩特市委常委、副市长、市政府党组副书记刘文玉陪同。

2018 年 12 月 19 日，时任内蒙古自治区政协党组书记、主席李佳莅临轨道交通 1 号线呼和浩特东站，调研地铁工程建设进展。时任呼和浩特市第十三届政协主席、党组书记孙建华陪同。

2020 年 8 月 12 日，时任内蒙古自治区党委副书记、政法委员会书记林少春莅临地铁控制中心，调研轨道交通大数据应用工作。时任内蒙古自治区呼和浩特市委副书记、政法委书记贺海东陪同。

2021 年 6 月 11 日，时任内蒙古自治区副主席、政府党组成员包钢莅临全区精细化管理现场会观摩点呼和浩特东客站，调研现场会筹备情况。内蒙古自治区人民政府副秘书长、政府办公厅党组成员孙利剑，内蒙古自治区住房和城乡建设厅党组书记、厅长冯任飞，内蒙古自治区自然资源厅党组书记、厅长赵大勇，内蒙古自治区呼和浩特市委副书记、市政府党组书记、市长、和林格尔新区党工委书记贺海东，内蒙古自治区呼和浩特市委常委、市政府党组副书记、常务副市长刘程民参加。

2016 年 8 月 17 日，时任内蒙古自治区党委常委、呼和浩特市委书记那顺孟和深入轨道交通 1 号线后不塔气站，调研指导地铁工程建设。

2018 年 2 月 11 日，时任内蒙古自治区党委常委、自治区政府常务副主席、党组副书记张建民莅临轨道交通 1 号线乌兰夫纪念馆站，调研地铁工程建设进展。时任内蒙古自治区呼和浩特市委常委、副市长、市政府党组副书记刘文玉陪同。

2017 年 4 月 1 日下午，时任内蒙古自治区党委常委、秘书长罗永纲莅临轨道交通 1 号线呼钢东路站，调研地铁工程建设进展。

2016 年 5 月 4 日，时任内蒙古自治区副主席、政府党组副书记符太增莅临轨道交通 1 号线后不塔气站，调研地铁工程建设情况。时任呼和浩特市委常委、副市长、市政府党组成员孙建华陪同。

2018 年 12 月 7 日，时任内蒙古自治区副主席、政府党组成员欧阳晓晖深入轨道交通 1 号线建设工地，调研农民工工资支付工作。时任内蒙古自治区呼和浩特市副市长徐睿霞陪同。

2021 年 6 月 15 日下午，内蒙古自治区人大常委会副主任、党组成员，自治区总工会主席和彦苓莅临地铁新华广场站，就全面深入持久开展民族团结进步创建工作、铸牢中华民族共同体意识情况进行调研。内蒙古自治区呼和浩特市人大常委会党组成员、市十五届人大常委会副主任马慧军，时任内蒙古自治区呼和浩特市副市长云新明陪同。

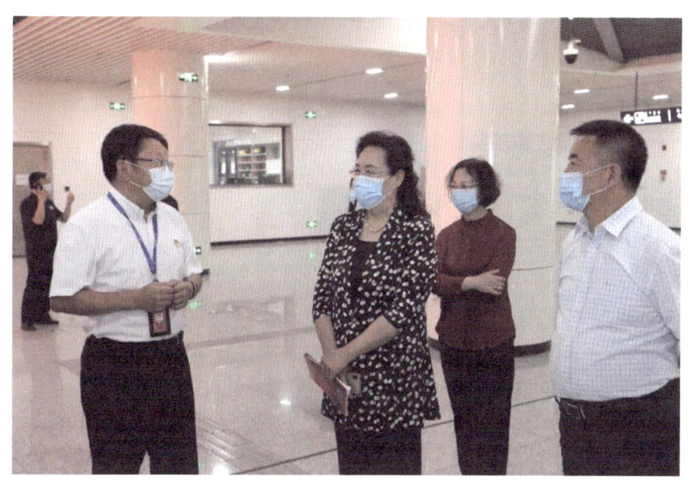

2019 年 9 月 5 日，时任内蒙古自治区呼和浩特市委副书记、政法委书记贺海东深入轨道交通 1 号线艺术学院站，调研指导地铁工程建设。

2020 年 9 月 8 日，时任内蒙古自治区呼和浩特市委副书记、市政府党组书记、市长，内蒙古和林格尔新区党工委书记张佰成一行调研轨道交通 2 号线调试运行、沿线路面恢复情况并现场办公。市委常委、常务副市长刘程民参加。

2021 年 2 月 4 日，时任内蒙古自治区呼和浩特市委副书记、市政府党组书记、市长、内蒙古和林格尔新区党工委书记张佰成赴地铁新华广场站，慰问地铁一线职工。

2017 年 9 月 11 日，时任内蒙古自治区呼和浩特市委副书记、代市长、市政府党组书记、内蒙古和林格尔新区党工委书记冯玉臻深入轨道交通 1 号线施工一线，调研指导地铁工程建设。时任内蒙古自治区呼和浩特市委常委、副市长、市政府党组副书记刘文玉参加。

2019 年 7 月 9 日，时任内蒙古自治区呼和浩特市委副书记、市长、市政府党组书记，内蒙古和林格尔新区党工委书记冯玉臻深入轨道交通 1、2 号线，调研指导地铁工程建设。时任内蒙古自治区呼和浩特市政府党组成员、副市长周强参加。

2019年4月9日，时任内蒙古自治区呼和浩特市十五届人大常委会主任、党组书记云建东深入轨道交通1号线三间房车辆段，调研地铁工程建设进展。

2017年7月27日，时任内蒙古自治区呼和浩特市第十二届政协主席、党组书记孙建华率政协观摩团一行60余人莅临轨道交通1号线呼钢东路站，调研地铁工程建设情况。

2021年4月30日，内蒙古自治区住房和城乡建设厅党组书记、厅长冯任飞调研呼和浩特城市精细化管理工作，观摩新华广场改造及地下空间互联互通项目和地铁网红街项目。时任内蒙古自治区住房和城乡建设厅副厅长王根小，时任内蒙古自治区呼和浩特市委常委、市政府党组副书记、常务副市长刘程民参加。

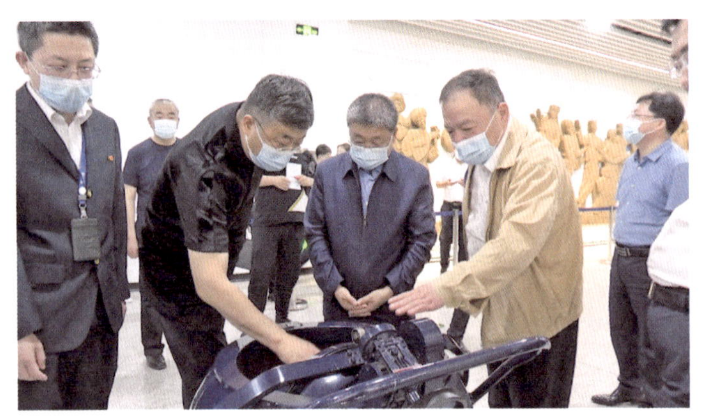

2021 年 6 月 11 日，内蒙古自治区呼和浩特市委副书记、政法委书记曹思阳赴地铁新华广场站，实地检查地铁安保维稳工作。

2020 年 6 月 3 日，时任内蒙古自治区呼和浩特市委常委、市政府党组副书记、常务副市长刘程民深入轨道交通 1、2 号线，调研指导 1 号线运营和 2 号线工程建设情况。

2021 年 1 月 28 日下午，时任内蒙古自治区呼和浩特市委常委、市政府党组副书记、常务副市长刘程民调研地铁安全生产工作。

2019 年 4 月 4 日，轨道交通 1 号线首列车接车仪式在三间房车辆段举行，时任内蒙古自治区呼和浩特市委常委、副市长、市政府党组副书记刘文玉，内蒙古自治区呼和浩特市十五届人大常委会副主任刘敏，内蒙古自治区呼和浩特市第十三届政协副主席、党组成员回力等领导出席。

2020 年 1 月 23 日上午，时任内蒙古自治区呼和浩特市委常委、副市长、市政府党组副书记刘文玉深入轨道交通 2 号线，调研检查安全生产工作。

2021 年 3 月 10 日，时任内蒙古自治区呼和浩特市政府党组成员、副市长乔允利深入轨道交通 1 号线新华广场站，调研地铁网红街项目推进情况。

2021 年 8 月 18 日晚，内蒙古自治区呼和浩特市政府党组成员、副市长徐守冀赴地铁控制中心，检查地铁防汛工作值班值守情况。

2021 年 6 月 3 日，内蒙古自治区安委办副主任、内蒙古自治区应急管理厅党委委员、副厅长巴利平，带领自治区检查组对轨道交通 1、2 号线进行安全专项检查。

2021 年 8 月 4 日上午，内蒙古自治区国企改革第一督导组组长，内蒙古自治区国有资产监督管理委员会党委委员、副主任马焕龙一行赴集团公司实地督导改革工作进展。

2021 年 10 月 25 日上午，内蒙古自治区呼和浩特市副市长、市政府党组成员刘建国赴地铁 1 号线内蒙古博物院站，实地督导检查疫情防控开展工作。